Jacoby/Thole
Unternehmensstabilisierungs- und -restrukturierungsgese

Beck'sche Kurz-Kommentare

# Unternehmens-stabilisierungs- und -restrukturierungsgesetz

Herausgegeben von

**Florian Jacoby und Christoph Thole**

Prof. Dr. Florian Jacoby ist Inhaber des Lehrstuhls für Bürgerliches Recht, Zivilverfahrens-, Insolvenz- und Gesellschaftsrecht an der Universität Bielefeld.

Prof. Dr. Christoph Thole, Dipl.-Kfm. ist Direktor des Instituts für Verfahrens- und Insolvenzrecht sowie des Instituts für Internationales und Europäisches Insolvenzrecht der Universität zu Köln.

Bearbeitet von

Karl Berner, Universität zu Köln; Rechtsanwalt Dr. Christian Brünkmans LL.M.; Rechtsanwalt Patrick Ehret; Leiter des Insolvenz- und Restrukturierungsgerichts Hamburg RiAG Dr. Axel Herchen, Amtsgericht Hamburg; Rechtsanwalt Dr. Matthias Hofmann; Prof. Dr. Florian Jacoby, Universität Bielefeld; Rechtsanwältin Dr. Hannah Krings; Leiter des Insolvenz- und Restrukturierungsgerichts Köln RiAG Dr. Peter Laroche, Amtsgericht Köln; Rechtsanwalt Prof. Dr. Torsten Martini; Rechtsanwältin Dr. Anne Deike Riewe; Rechtsanwältin Dr. Alexandra Schluck-Amend; Rechtsanwalt Dr. Jürgen D. Spliedt; Rechtsanwältin Jana Sturme; Prof. Dr. Christoph Thole, Universität zu Köln

2023

C.H.BECK

Zitiervorschlag:
Jacoby/Thole/*Bearbeiter* StaRUG § 2 Rn. 1

**www.beck.de**

ISBN 978 3 406 76814 9


Wilhelmstraße 9, 80801 München
Satz, Druck, Bindung und Umschlaggestaltung: Druckerei C. H. Beck Nördlingen
(Adresse wie Verlag)

$CO_2$ neutral
chbeck.de/nachhaltig

Gedruckt auf säurefreiem, alterungsbeständigem Papier
(hergestellt aus chlorfrei gebleichtem Zellstoff)

# Vorwort

Mit der Einführung des StaRUG zum 1.1.2021 hat der Gesetzgeber des SanInsFoG die deutsche Insolvenz- und Restrukturierungslandschaft um weitere Sanierungsoptionen ergänzt. Die vorliegende Kommentierung soll in gewohnter Manier der Beck'schen Kurz-Kommentare eine prägnante Erläuterung der einzelnen Vorschriften bieten, die sowohl praktische Fragen aufgreift als auch den Stand der wissenschaftlichen Diskussion in der gebotenen Knappheit wiedergibt. Herausgeber und Verlag freuen sich, dass es gelungen ist, einen renommierten Kreis an Autorinnen und Autoren aus allen Bereichen des Insolvenz- und Restrukturierungsrechts zu versammeln. Den Autorinnen und Autoren gilt der Dank für die besonderen Mühen, die mit einer Erstauflage verbunden sind, ebenso für die Geduld, die bei manchen Verzögerungen aufzubringen war. Unsere gemeinsame Hoffnung ist es, dass das nunmehr vorliegende Produkt den Bedürfnissen der Leserschaft gerecht wird und in dem Kreis der Kommentare zum StaRUG seinen festen Platz findet. Anregungen, Verbesserungsvorschläge, Lob, aber auch Kritik sind jederzeit willkommen und können gerne direkt an die Herausgeber gerichtet werden.

Das Werk befindet sich auf dem Stand von November 2022.

Bielefeld/Köln/München — Herausgeber und Verlag

# Autorenübersicht

| | |
|---|---|
| Einleitung | Prof. Dr. Florian Jacoby |
| § 1 | Prof. Dr. Christoph Thole |
| §§ 2–4 | Dr. Matthias Hofmann |
| §§ 5–16 | Dr. Christian Brünkmans LL.M. |
| §§ 17–23 | Dr. Matthias Hofmann |
| §§ 24–25 | Prof. Dr. Christoph Thole |
| §§ 26–28 | Prof. Dr. Florian Jacoby |
| §§ 29–43 | Dr. Alexandra Schluck-Amend |
| § 44 | Prof. Dr. Florian Jacoby |
| §§ 45–48 | Dr. Axel Herchen |
| §§ 49–54 | Dr. Anne Deike Riewe |
| §§ 55–56 | Prof. Dr. Florian Jacoby |
| §§ 57–59 | Dr. Anne Deike Riewe |
| §§ 60–62 | Prof. Dr. Christoph Thole |
| §§ 63–64 | Prof. Dr. Christoph Thole, Karl Berner |
| §§ 65–72 | Dr. Jürgen D. Spliedt |
| §§ 73–83 | Prof. Dr. Torsten Martini |
| §§ 84–88 | Dr. Peter Laroche |
| §§ 89–91 | Prof. Dr. Christoph Thole |
| §§ 92–93 | Dr. Hannah Krings, Jana Sturme |
| §§ 94–100 | Patrick Ehret |
| §§ 101–102 | Prof. Dr. Christoph Thole |

# Inhaltsübersicht



**Gesetz über den Stabilisierungs- und Restrukturierungsrahmen für Unternehmen (Unternehmensstabilisierungs- und -restrukturierungsgesetz – StaRUG)**

# Inhaltsverzeichnis



## Gesetz über den Stabilisierungs- und Restrukturierungsrahmen für Unternehmen (Unternehmensstabilisierungs- und -restrukturierungsgesetz – StaRUG)

### Einleitung

### Teil 1. Krisenfrüherkennung und Krisenmanagement



### Teil 2. Stabilisierungs- und Restrukturierungsrahmen

# Inhaltsverzeichnis

# Inhaltsverzeichnis

# Abkürzungsverzeichnis

| | |
|---|---|
| aA | anderer Auffassung |
| aaO | am angegebenen Ort |
| abl. | ablehnend |
| ABl. | Amtsblatt |
| Abs. | Absatz, Absätze |
| abw. | abweichend |
| AcP | Archiv für die civilistische Praxis |
| aE | am Ende |
| aF | alter Fassung |
| ÄndVO | Änderungsverordnung |
| AEUV | Vertrag über die Arbeitsweise der Europäischen Union |
| AG | Aktiengesellschaft, Amtsgericht, Die Aktiengesellschaft (Zeitschrift) |
| AGB | Allgemeine Geschäftsbedingung(en) |
| AktG | Aktiengesetz |
| allg. | allgemein, allgemeine |
| allgA | allgemeine Ansicht |
| allgM | allgemeine Meinung |
| Alt. | Alternative |
| amtl. | amtlich |
| AnfG | Gesetz betreffend die Anfechtung von Rechtshandlungen eines Schuldners außerhalb des Insolvenzverfahrens (Anfechtungsgesetz) |
| Anh. | Anhang |
| Anl. | Anlage |
| Anm. | Anmerkung(en) |
| AnwBl. | Anwaltsblatt |
| AO | Abgabenordnung, Anordnung |
| AP | Arbeitsrechtliche Praxis, Nachschlagewerk des Bundesarbeitsgerichts |
| ArbG | Arbeitsgericht |
| ArbGG | Arbeitsgerichtsgesetz |
| Arge | Arbeitsgemeinschaft |
| Art. | Artikel |
| Aufl. | Auflage |
| ausdr. | ausdrücklich |
| ausf. | ausführlich |
| BaFin | Bundesanstalt für Finanzdienstleistungsaufsicht |
| BAG | Bundesarbeitsgericht |
| BAGE | Entscheidungen des Bundesarbeitsgerichts |
| BAnz | Bundesanzeiger |

## Abkürzungsverzeichnis

| | |
|---|---|
| BauR | Zeitschrift für Baurecht |
| BayObLG | Bayerisches Oberstes Landgericht |
| BB | Der Betriebs-Berater |
| BC | Bankruptcy Code (USA) |
| Bd. | Band |
| Bearb. | Bearbeiter |
| BeckRS | Beck-Rechtsprechung |
| Begr. | Begründung |
| Beil. | Beilage |
| BetrAVG | Gesetz zur Verbesserung der betrieblichen Altersversorgung |
| BetrVG | Betriebsverfassungsgesetz |
| BfA | Bundesanstalt für Arbeit |
| BFH | Bundesfinanzhof |
| BFHE | Amtliche Sammlung der Entscheidungen des Bundesfinanzhofes |
| BFH/NV | Nichtamtliche Sammlung der Entscheidungen des Bundesfinanzhofes |
| BG | Bundesgericht (Schweiz) |
| BGB | Bürgerliches Gesetzbuch |
| BGBl. | Bundesgesetzblatt |
| BGH | Bundesgerichtshof |
| BGHSt | Entscheidungen des Bundesgerichtshofes in Strafsachen |
| BGHZ | Entscheidungen des Bundesgerichtshofes in Zivilsachen |
| BK | Berliner Kommentar |
| BKartA | Bundeskartellamt |
| BPatG | Bundespatentgericht |
| BMF | Bundesministerium der Finanzen |
| BMJ | Bundesministerium der Justiz |
| BMWi | Bundesministerium für Wirtschaft und Technologie |
| BNotO | Bundesnotarordnung |
| Bln-Bbg | Berlin-Brandenburg |
| BRAK-Mitt. | Bundesrechtsanwaltskammer Mitteilungen |
| BRAO | Bundesrechtsanwaltsordnung |
| BR-Drs. | Drucksache des Bundesrats |
| BReg. | Bundesregierung |
| Brüssel I-VO | Verordnung (EG) Nr. 44/2001 vom 22. Dezember 2000 des Rates über die gerichtliche Zuständigkeit und die Anerkennung und Vollstreckung von Entscheidungen in Zivil und Handelssachen |
| Brüssel Ia-VO | Verordnung (EU) Nr. 1215/2012 vom 12. Dezember 2012 des Europäischen Parlaments und des Rates über die gerichtliche Zuständigkeit und die Anerkennung und Vollstreckung von Entscheidungen in Zivil- und Handelssachen |

| | |
|---|---|
| BSG | Bundessozialgericht |
| BSHG | Bundessozialhilfegesetz |
| bspw. | beispielsweise |
| BStBl. | Bundessteuerblatt |
| BT-Drs. | Drucksache des Deutschen Bundestages |
| BVerfG | Bundesverfassungsgericht |
| BVerfGE | Entscheidungen des Bundesverfassungsgerichts |
| BVerwG | Bundesverwaltungsgericht |
| BVerwGE | Amtliche Sammlung der Entscheidungen des Bundesverwaltungsgerichts |
| bzgl. | bezüglich |
| bzw. | beziehungsweise |
| COMI | Center of main interests |
| CRO | Chief Restructuring Officer |
| COVInsAG | COVID-19-Insolvenzaussetzungsgesetz (heute umbenannt in SanInsKG) |
| D&O-Versicherung | Directors-and-Officers-Versicherung |
| dh | das heißt |
| DAV | Deutscher Anwaltverein |
| DB | Der Betrieb |
| Der Konzern | Der Konzern (Zeitschrift) |
| ders. | derselbe |
| dies. | dieselbe/dieselben |
| diff. | differenziert, differenzierend |
| DiskE | Diskussionsentwurf |
| Diss. | Dissertation |
| DGVZ | Deutsche Gerichtsvollzieher-Zeitung |
| DPMA | Deutsches Patent- und Markenamt |
| DRiG | Deutsches Richtergesetz |
| Drs. | Drucksache |
| DStR | Deutsches Steuerrecht |
| DZWIR | Deutsche Zeitschrift für Wirtschafts- und Insolvenzrecht (ab 1999) |
| DZWir | Deutsche Zeitschrift für Wirtschaftsrecht (bis 1998) |
| ebd. | ebenda |
| EG | Europäische Gemeinschaft/Einführungsgesetz |
| EGAktG | Einführungsgesetz zum Aktiengesetz |
| EGBGB | Einführungsgesetz zum Bürgerlichen Gesetzbuch |
| EGInsO | Einführungsgesetz zur Insolvenzordnung |
| EGInsOÄndG | Gesetz zur Änderung des Einführungsgesetzes zur Insolvenzordnung und anderer Gesetze |
| EGV | Vertrag zur Gründung der Europäischen Gemeinschaften |

## Abkürzungsverzeichnis

| | |
|---|---|
| EGZPO | Gesetz, betreffend die Einführung der Zivilprozessordnung |
| EHUG | Gesetz über elektronische Handelsregister und Gesetzesregister sowie das Unternehmensregister |
| Einf v | Einführung vor |
| Einl. | Einleitung |
| Erwgr | Erwägungsgrund |
| EStG | Einkommensteuergesetz |
| etc | et cetera |
| ESUG | Gesetz zur weiteren Erleichterung der Sanierung von Unternehmen vom 7.12.2011 (BGBl. I S. 2582) |
| et alt. | et alii |
| EU | Europäische Union |
| EuGH | Europäischer Gerichtshof |
| EuInsVO | Verordnung des Rates (EG) Nr. 1346/2000 vom 29.5.2000 über Insolvenzverfahren bzw. Verordnung des Europäischen Parlaments und des Rates (EU) 2015/848 vom 20.5.2015 über Insolvenzverfahren (Neufassung) |
| EuZW | Europäische Zeitschrift für Wirtschaftsrecht |
| evtl. | eventuell |
| EWiR | Entscheidungen zum Wirtschaftsrecht |
| EWIV | Europäische Wirtschaftliche Interessenvereinigung |
| EWS | Europäisches Wirtschafts- und Steuerrecht |
| EzA | Entscheidungssammlung zum Arbeitsrecht |
| f./ff. | folgende (Singular/Plural) |
| FK | Frankfurter Kommentar |
| FMStFG | Finanzmarktstabilisierungsfondsgesetz |
| Fn. | Fußnote(n) |
| FS | Festschrift |
| FG | Festgabe |
| G | Gesetz |
| GBl. | Gesetzblatt |
| GBO | Grundbuchordnung |
| GbR | Gesellschaft bürgerlichen Rechts |
| gem. | gemäß |
| GewO | Gewerbeordnung |
| GG | Grundgesetz für die Bundesrepublik Deutschland |
| ggf. | gegebenenfalls |
| ggü. | gegenüber |
| GKG | Gerichtskostengesetz |
| GmbH | Gesellschaft mit beschränkter Haftung |
| GmbHG | Gesetz betreffend die Gesellschaften mit beschränkter Haftung |

| | |
|---|---|
| GmbHR | GmbH-Rundschau |
| GmS OGB | Gemeinsamer Senat der obersten Gerichtshöfe des Bundes |
| GNotKG | Gerichts- und Notarkostengesetz |
| grds. | grundsätzlich |
| GRUR | Gewerblicher Rechtsschutz und Urheberrecht |
| GrS | Großer Senat |
| GS | Gedächtnisschrift |
| GuV | Gewinn- und Verlustrechnung |
| GVG | Gerichtsverfassungsgesetz |
| GVGA | Gerichtsvollzieher-Geschäftsanweisung |
| GWB | Gesetz gegen Wettbewerbsbeschränkungen |
| | |
| hA | herrschende Ansicht/Auffassung |
| HdB | Handbuch |
| HGB | Handelsgesetzbuch |
| hL | herrschende Lehre |
| hM | herrschende Meinung |
| Hrsg. | Herausgeber |
| hrsg. | herausgegeben |
| Hs. | Halbsatz |
| hRspr. | herrschende Rechtsprechung |
| | |
| idS | in diesem Sinne |
| idR | in der Regel |
| IDW | Institut Deutscher Wirtschaftsprüfer |
| IDW ES 11 | Entwurf eines IDW-Standards zur Beurteilung des Vorliegens von Insolvenzeröffnungsgründen |
| IDW S 11 | Standard zur Beurteilung des Vorliegens von Insolvenzeröffnungsgründen |
| iErg | im Ergebnis |
| IILR | International Insolvency Law Review |
| IIR | International Insolvency Review |
| Insbüro | Zeitschrift für das Insolvenzbüro |
| InsO | Insolvenzordnung |
| InsoBekV | Verordnung zu öffentlichen Bekanntmachungen in Insolvenzverfahren im Internet |
| InsVV | Insolvenzrechtliche Vergütungsverordnung |
| InVo | Insolvenz & Vollstreckung |
| IPR | Internationales Privatrecht |
| IPRax | Praxis des Internationalen Privat- und Verfahrensrechts |
| IPRG | Bundesgesetz über das internationale Privatrecht (Schweiz) |
| IPRspr. | Die dt. Rspr. auf dem Gebiet des IPR |
| iSd | im Sinne des |
| iSv | im Sinne von |

## Abkürzungsverzeichnis

| | |
|---|---|
| iVm | in Verbindung mit |
| iwS | im weiteren Sinne |
| iZw | im Zweifel |
| | |
| JuS | Juristische Schulung |
| JZ | Juristenzeitung |
| | |
| Kap. | Kapitel |
| KG | Kommanditgesellschaft, Kammergericht |
| KGaA | Kommanditgesellschaft auf Aktien |
| KK | Kölner Kommentar |
| KO | Konkursordnung |
| Konzern | s. Der Konzern |
| KostO | Kostenordnung |
| KS InsO | Kölner Schrift zur Insolvenzordnung |
| KSchG | Kündigungsschutzgesetz |
| KStG | Körperschaftsteuergesetz |
| KTS | Konkurs. Treuhand. Sanierung |
| KuT | Konkurs- und Treuhandwesen |
| KWG | Kreditwesengesetz |
| | |
| LAG | Landesarbeitsgericht |
| LG | Landgericht |
| Lit. | Litera (Buchstabe) |
| LMK | Leitsätze mit Kommentierung (LMK) Kommentierte BGH-Rechtsprechung |
| | |
| mAnm | mit Anmerkung |
| maW | mit anderen Worten |
| MarkenG | Markengesetz |
| Mat. | Materialien |
| MDR | Monatszeitschrift für Deutsches Recht |
| MüKo | Münchener Kommentar |
| mN | mit Nachweisen |
| MoMiG | Gesetz zur Modernisierung des GmbH-Rechts und zur Bekämpfung von Missbräuchen |
| MoPeG | Gesetz zur Modernisierung des Personengesellschaftsrechts |
| mwN | mit weiteren Nachweisen |
| | |
| nF | neuer Fassung |
| NJOZ | Neue Juristische Onlinezeitung |
| NJW | Neue Juristische Wochenschrift |
| NJW-RR | NJW-Rechtsprechungs-Report Zivilrecht |
| Nr. | Nummer |
| n rkr | nicht rechtskräftig |
| NRW | Nordrhein-Westfalen |

| | |
|---|---|
| NStZ | Neue Zeitschrift für Strafrecht |
| nv | nicht veröffentlicht |
| NVwZ-RR | Neue Zeitschrift für Verwaltungsrecht – Rechtsprechungs-Report |
| NZA | Neue Zeitschrift für Arbeitsrecht |
| NZA-RR | NZA Rechtsprechungs-Report Arbeitsrecht |
| NZG | Neue Zeitschrift für Gesellschaftsrecht |
| NZI | Neue Zeitschrift für Insolvenz und Sanierung |
| | |
| OFD | Oberfinanzdirektion |
| OGH | Oberster Gerichthof (Wien) |
| oHG | Offene Handelsgesellschaft |
| OLG | Oberlandesgericht |
| OLGE | Entscheidungen der Oberlandesgerichte |
| OLGR | OLG-Rechtsprechungsreport |
| OLGRspr | Die Rechtsprechung der Oberlandesgerichte auf dem Gebiet des Zivilrechts |
| OLGZ | Entscheidungen der Oberlandesgerichte in Zivilsachen einschließlich der freiwilligen Gerichtsbarkeit |
| o. | oben |
| oÄ | oder Ähnliche/s |
| oV | Ohne Verfasser |
| OVG | Oberverwaltungsgericht |
| OWiG | Gesetz über Ordnungswidrigkeiten |
| | |
| PartG | Partnerschaftsgesellschaft |
| PartGG | Partnerschaftsgesellschaftsgesetz |
| PKH | Prozesskostenhilfe |
| ProdHaftG | Produkthaftungsgesetz |
| PSV | Pensionssicherungsverein |
| PSVaG | Pensionssicherungsverein auf Gegenseitigkeit |
| | |
| RdA | Recht der Arbeit |
| Rn. | Randnummer(n) |
| RefE | Referentenentwurf |
| RegE | Regierungsentwurf |
| resp. | respektive |
| RG | Reichsgericht |
| RGBl. | Reichsgesetzblatt |
| RGRK | Reichsgerichtsräte-Kommentar |
| RGSt | Entscheidungen des Reichsgerichts in Strafsachen |
| RGZ | Entscheidungen des Reichsgerichts in Zivilsachen |
| RIW | Recht der internationalen Wirtschaft |
| rkr. | rechtskräftig |
| RL | Richtlinie |

# Abkürzungsverzeichnis

| | |
|---|---|
| RL 2019/1023 | Richtlinie (EU) 2019/1023 des Europäischen Parlaments und des Rates vom 20. Juni 2019 über präventive Restrukturierungsrahmen, über Entschuldung und über Tätigkeitsverbote sowie über Maßnahmen zur Steigerung der Effizienz von Restrukturierungs-, Insolvenz- und Entschuldungsverfahren und zur Änderung der Richtlinie (EU) 2017/1132 (Richtlinie über Restrukturierung und Insolvenz; ABl. L 172 vom 26.6.2019, S. 18) |
| Rn. | Randnummer |
| Rom I | Verordnung (EG) Nr. 593/2008 des Europäischen Parlaments und des Rates vom 17. Juni 2008 über das auf vertragliche Schuldverhältnisse anzuwendende Recht |
| Rom II | Verordnung (EG) Nr. 864/2007 des Europäischen Parlaments und des Rates vom 11. Juli 2007 über das auf außervertragliche Schuldverhältnisse anzuwendende Recht |
| RNotZ | Rheinische Notar-Zeitschrift |
| Rpfleger | Der Deutsche Rechtspfleger (Zeitschrift) |
| RPflG | Rechtspflegergesetz |
| Rspr. | Rechtsprechung |
| RWS-Dok. | RWS-Dokumentation |
| S. | Seite, Satz |
| s. | siehe |
| sa | siehe auch |
| SanInsFoG | Sanierungs- und Insolvenzrechtsfortentwicklungsgesetz vom 22. Dezember 2020 (BGBl. I S. 3256) |
| SanInsKG | Sanierungs- und insolvenzrechtliches Krisenfolgenabmilderungsgesetz |
| SchiedsVZ | Zeitschrift für Schiedsverfahren |
| SchVG | Schuldverschreibungsgesetz |
| sec. | section |
| SGB | Sozialgesetzbuch |
| Slg. | Sammlung der Rechtsprechung des Gerichtshofs der Europäischen Gemeinschaften und des Gerichts erster Instanz |
| sog | sogenannte(r/s) |
| SprAuG | Sprecherausschussgesetz |
| StaRUG | Unternehmensstabilisierungs- und -restrukturierungsgesetz |
| StBerG | Steuerberatungsgesetz |
| Stbg | Steuerberatung |
| StGB | Strafgesetzbuch |
| StPO | Strafprozessordnung |
| str. | strittig |

| | |
|---|---|
| TVG | Tarifvertragsgesetz |
| Tz. | Textziffer |
| u. | unten |
| ua | unter anderem |
| uÄ | und ähnliches |
| Überarb. | Überarbeiter |
| UG | Unternehmergesellschaft (haftungsbeschränkt) |
| umf. | umfassend |
| umstr. | umstritten |
| UmwG | Umwandlungsgesetz |
| UNCITRAL | United Nations Commission in International Trade Law |
| UrhbG | Urhebergesetz |
| Urt. | Urteil |
| U. S. C. | United States Code |
| usw | und so weiter |
| UStG | Umsatzsteuergesetz |
| UStR | Umsatzsteuer-Richtlinien |
| uU | unter Umständen |
| UWG | Gesetz gegen unlauteren Wettbewerb |
| v. | von, vom |
| va | vor allem |
| VersR | Versicherungsrecht |
| VGH | Verwaltungsgerichtshof |
| vgl. | vergleiche |
| VglO | Vergleichsordnung |
| VIA | Verbraucherinsolvenz aktuell |
| VO | Verordnung |
| Vor | Vorbemerkung |
| VuR | Verbraucher und Recht |
| VVG | Gesetz über den Versicherungsvertrag (Versicherungsvertragsgesetz) |
| WEG | Gesetz über das Wohnungseigentum und das Dauerwohnrecht (Wohnungseigentumsgesetz) |
| WM | Wertpapier-Mitteilungen, Zeitschrift für Wirtschafts- und Bankrecht |
| WPg | Die Wirtschaftsprüfung |
| WpHG | Wertpapierhandelsgesetz |
| WuB | Wirtschafts- und Bankrecht |
| WuW | Wirtschaft und Wettbewerb |
| zB | zum Beispiel |
| ZBB | Zeitschrift für Bankrecht und Bankwirtschaft |
| ZfA | Zeitschrift für Arbeitsrecht |

## Abkürzungsverzeichnis

| | |
|---|---|
| ZfIR | Zeitschrift für Immobilienrecht |
| ZfPW | Zeitschrift für die gesamte Privatrechtswissenschaft |
| ZGR | Zeitschrift für Unternehmens- und Gesellschaftsrecht |
| ZHR | Zeitschrift für das gesamte Handels- und Wirtschaftsrecht |
| Ziff. | Ziffer |
| ZInsO | Zeitschrift für das gesamte Insolvenzrecht |
| ZIP | Zeitschrift für Wirtschaftsrecht (früher: „und Insolvenzpraxis") |
| ZPO | Zivilprozessordnung |
| ZRI | Zeitschrift für Restrukturierung und Insolvenz |
| ZRP | Zeitschrift für Rechtspolitik |
| zusf. | zusammenfassend |
| zust. | zustimmend |
| ZVG | Gesetz über die Zwangsversteigerung und die Zwangsverwaltung (Zwangsversteigerung) |
| ZVI | Zeitschrift für Verbraucher- und Privat-Insolvenz |
| zw. | zweifelhaft |
| ZZP | Zeitschrift für Zivilprozess |

# Literaturverzeichnis


| | |
|---|---|
| Ahrens/Gehrlein/Ringstmeier, Insolvenzrecht | Kommentar, 4. Aufl. 2020 |
| Altmeppen | GmbHG, 10. Aufl. 2021 |
| Andres/Leithaus | Insolvenzordnung, Kommentar, 4. Aufl. 2018 |
| Bankrechts-Handbuch | s. Ellenberger/Bunte |
| BeckOK InsO | Fridgen/Geiwitz/Göpfert (Hrsg.), InsO, 28. Edition 2022 |
| BeckOK StaRUG | Skauradszun/Fridgen (Hrsg.), StaRUG Kommentar, 6. Edition 2022 |
| Berliner Kommentar zum Insolvenzrecht | Blersch/Goetsch/Haas (Hrsg.), Stand: 78. Lieferung, September 2022; zitiert: BK-InsO/*Bearbeiter* |
| Bork | Einführung in das Insolvenzrecht, 10. Aufl. 2020 |
| Bork/Hölzle | Handbuch Insolvenzrecht, 3. Aufl. 2023; zitiert: Bork/Hölzle InsR-HdB/*Bearbeiter* |
| Bork/Schäfer | Kommentar zum GmbHG, 5. Aufl. 2022 |
| Braun | InsO, 9. Aufl. 2022 |
| Braun | StaRUG, 2021 zit. Braun StaRUG/*Bearbeiter* |
| Brünkmans/Thole | Handbuch Insolvenzplan, 2. Aufl. 2020 |
| Ellenberger/Bunte | Bankrechts-Handbuch, 6. Aufl. 2022; zitiert: Ellenberger/Bunte/BankR-HdB/*Bearbeiter* |
| Flöther | Handbuch zum Konzerninsolvenzrecht, 2. Aufl. 2018 |
| Flöther | StaRUG, Kommentar, 2021, zitiert: Flöther/*Bearbeiter* |
| Foerste | Insolvenzrecht, 8. Aufl. 2022 |
| Frankfurter Kommentar zur Insolvenzordnung | Bornemann (Hrsg.), 10. Aufl., München 2022 zitiert: FK-InsO/*Bearbeiter* |
| Frege/Keller/Riedel | Insolvenzrecht, 9. Aufl., München 2022 |
| Gottwald/Haas | Insolvenzrechtshandbuch, 6. Aufl. 2020; zitiert: Gottwald InsR-HdB/ *Bearbeiter* |
| Graf-Schlicker | Kommentar zur Insolvenzordnung, 6. Aufl. 2021 |
| *Grüneberg* | Bürgerliches Gesetzbuch, 82. Aufl. 2023; zitiert: Grüneberg/*Bearbeiter* |

## Literaturverzeichnis


Haarmeyer/Mock ..... Insolvenzrechtliche Vergütung (InsVV), 6. Aufl. 2019

Hamburger Kommentar zum Insolvenzrecht ..................... A. Schmidt (Hrsg.), 9. Aufl. 2022; zitiert: HambKommInsR/*Bearbeiter*

Hamburger Kommentar zum Restrukturierungsrecht ............. A. Schmidt (Hrsg.), 3. Aufl. 2022; zitiert: HambKomm-RestR/*Bearbeiter*

Häsemeyer ............. Insolvenzrecht, 4. Aufl. 2007

Heidelberger Kommentar zur Insolvenzordnung ................ Kayser/Thole (Hrsg.), 11. Aufl. 2023; zitiert: HK-InsO/*Bearbeiter*

Henssler/Strohn ....... GesellschaftsR, 5. Aufl. 2021

Hopt ..................... Handelsgesetzbuch, 41. Aufl. 2022

Huber .................. Anfechtungsgesetz (AnfG), Gesetz über die Anfechtung von Rechtshandlungen eines Schuldners außerhalb des Insolvenzverfahrens, 12. Aufl. 2021

Jaeger .................... Insolvenzordnung, 1. Aufl. 2004 ff.; 2. Aufl. 2022

Jauernig/Berger/Thole .................... Insolvenzrecht, 24. Aufl 2022

Kölner Kommentar zur Insolvenzordnung ..... 2016 ff., zitiert: KK-InsO/*Bearbeiter*

Kübler .................. HRI – Handbuch Restrukturierung in der Insolvenz, 3. Aufl. 2018

Kübler/Prütting/Bork .................... Kommentar zur Insolvenzordnung, Loseblatt, Stand 93. Lieferung/September 2022; zitiert: KPB/*Bearbeiter*

Lutter/Hommelhoff .. GmbH-Gesetz, 21. Aufl. 2022

Mönning ............... Betriebsfortführung in Restrukturierung und Insolvenz, 3. Aufl. 2016; zitiert: Mönning BetriebsF Inso/*Bearbeiter*

Mohrbutter/Ringstmeier ................ Handbuch der Insolvenzverwaltung, 10. Aufl. 2021; zitiert: Mohrbutter/Ringstmeier InsVw-HdB/*Bearbeiter*

Morgen ................ StaRUG, Kommentar, 2. Aufl. 2021, zitiert: Morgan StaRUG/*Bearbeiter*

Münchener Kommentar zum Aktiengesetz . 5. Aufl. 2019–2021; zitiert: MüKoAktG/*Bearbeiter*

Münchener Kommentar zum Bürgerlichen Gesetzbuch ............ in 13 Bänden, 9. Aufl. 2021–2022; zitiert: MüKoBGB/*Bearbeiter*

Münchener Kommentar zum GmbHG ...... 4. Aufl. 2022; zitiert: MüKoGmbH/*Bearbeiter*

Münchener Kommentar zur Insolvenzordnung ..................... 4. Aufl. 2019–2021; zitiert: MüKoInsO/*Bearbeiter*

Münchener Kommentar zur Zivilprozessordnung ..................... 6. Aufl. 2020–2022; zitiert: MüKoZPO/*Bearbeiter*

Musielak/Voit ......... Kommentar zur Zivilprozessordnung, 19. Aufl. 2022

Nerlich/Römermann Insolvenzordnung (InsO), Kommentar, Loseblatt, 44. Auflage 2022; Stand: November 2021

Noack/Servatius/Haas ...................... Gesetz betreffend die Gesellschaft mit beschränkter Hafung, 23. Aufl. 2022

Obermüller ............ Insolvenzrecht in der Bankpraxis, 9. Aufl. 2016

Pannen/Riedemann/Smid ..................... StaRUG, Kommentar, 2021

Runkel/Schmidt ...... Anwalts-Handbuch Insolvenzrecht, 4. Aufl. 2022

Karsten Schmidt ....... Insolvenzordnung, Kommentar, 20. Aufl. 2023; zitiert: K. Schmidt InsO/*Bearbeiter*

Karsten Schmidt/Uhlenbruck ........... Die GmbH in Krise, Sanierung und Insolvenz, 6. Aufl. 2022; zitiert: K. Schmidt/Uhlenbruck/*Bearbeiter*

Scholz .................. GmbHG, 13. Aufl. 2022

Smid/Rattunde/Martini ................. Der Insolvenzplan: Handbuch für das Sanierungsverfahren nach dem neuen Insolvenzrecht mit praktischen Beispielen und Musterverfügungen, 4. Aufl. 2015

Staudinger ............. Kommentar zum Bürgerlichen Gesetzbuch mit Einführungsgesetz und Nebengesetzen, Stand 2023

Stein/Jonas ............ Kommentar zur Zivilprozessordnung, 23. Aufl. 2014 ff.

Stephan/Riedel ........ Insolvenzrechtliche Vergütungsverordnung: InsVV, 2. Aufl. 2021

Uhlenbruck ........... Insolvenzordnung, Kommentar, 16. Aufl. 2023

# Literaturverzeichnis


| | |
|---|---|
| Waza/Uhländer/ Schmittmann .......... | Insolvenzen und Steuern, 13. Aufl. 2021 |
| Westermann/Gursky/ Eickmann ............... | Sachenrecht: ein Lehrbuch, 8. Aufl. 2011 |
| Wolgast/Grauer ....... | StaRUG.online, 2. Aufl. 2022 |
| Zöller ..................... | Zivilprozessordnung, 34. Aufl. 2022 |

# Gesetz über den Stabilisierungs- und Restrukturierungsrahmen für Unternehmen (Unternehmensstabilisierungs- und -restrukturierungsgesetz – StaRUG)

Vom 22. Dezember 2020
(BGBl. I S. 3256)
FNA 311-20
Zuletzt geändert durch Art. 12 G zur Einführung virtueller Hauptversammlungen von Aktiengesellschaften und Änderung genossenschafts- sowie insolvenz- und restrukturierungsrechtlicher Vorschriften vom 20.7.2022
(BGBl. I S. 1166)

## Einleitung

**Schrifttum:** *Bosch* The transposition of Directive (EU) 2019/1023 into Spanish law: the main lines of reform of Spanish pre-insolvency law, ZVglRWiss 121 (2022), 353; *Bork* Neue Grundfragen des Restrukturierungsrechts, ZRI 2021, 345; *Degenhardt* Die Reform des französischen Insolvenzrechts zur Umsetzung der europäischen Restrukturierungsrichtlinie, NZI 2022, 201; *Frind* Das „plötzliche" StaRUG-Verfahren – Probleme und Verwendungsgrenzen, ZInsO 2021, 1093; *Frind* Plötzlich erfolgte Gesetzesänderungen im StaRUG – sinnvoll?, ZInsO 2022, 1540; *Garber* Präventive Restrukturierung: Nachbar Niederlande als Vorbild, ZInsO 2020, 830; *Kern* Ein Wettbewerb der Rechtsordnungen? Vergleich des niederländischen und des deutschen Umsetzungsgesetzes zur Restrukturierungsrichtlinie, NZI-Beilage 2021, 74; *Kluge/Wilke* Das StaRUG und seine österreichische Nachbarin ReO im Vergleich, NZI 2022, 10; *Nunner-Krautgasser/Schur* Die Umsetzung der Restrukturierungsrichtlinie in Österreich, ZVglRWiss 121 (2022), 310; *Podgorelec/Prelič* Präventive Restrukturierung in Slowenien, ZVglRWiss 121 (2022), 363; *Proske/Streit* Rettende Restrukturierung durch Rechtsrahmen? Lob und Kritik zum Regierungsentwurf des StaRUG, NZI 2020, 969; *Riggert* Allgemeine Grundsätze der Stabilisierung nach dem StaRUG, NZI-Beilage 2021, 40; *Ringelspacher/Nitsche* Das StaRUG im Vergleich mit der Umsetzung der EU-Direktive in Österreich, ZRI 2021, 477; *Skauradszun* Grundfragen zum StaRUG – Ziele, Rechtsnatur, Rechtfertigung, Schutzinstrumente, KTS 2021, 1; *Thole* Der Entwurf des Unternehmensstabilisierungs- und -restrukturierungsgesetzes (StaRUG-RefE), ZIP 2020, 1985; *Thole* Die Umsetzungsgesetzgebung zur Restrukturierungsrichtlinie in Europa – Gemeinsames und Trennendes – Synthese aus den Beiträgen des Heftes 3/2022 der ZVglRWiss), ZVglRWiss 121 (2022), 390.

## I. Ursprung

1 Das hier zu kommentierende Gesetz über den Stabilisierungs- und Restrukturierungsrahmen für Unternehmen (Unternehmensstabilisierungs- und -restrukturierungsgesetz – StaRUG) wurde durch Art. 1 des Gesetzes zur Fortentwicklung des Sanierungs- und Insolvenzrechts (Sanierungs- und Insolvenzrechtsfortentwicklungsgesetz – SanInsFoG) vom 22.12.2020 (BGBl. I 3256) geschaffen. In seinen insgesamt 25 Artikeln hat das SanInsFoG weitere erhebliche Änderungen für das Insolvenz- und Restrukturierungsrecht gebracht, die insbesondere Art. 5 mit den Änderungen der Insolvenzordnung und Art. 10 mit den Änderungen des COVID-19-Insolvenzaussetzungsgesetzes (COVInsAG) enthält, das inzwischen als Sanierungs- und insolvenzrechtliches Krisenfolgenabmilderungsgesetz (SanInsKG) firmiert. Das SanInsFoG insgesamt dient der Umsetzung der Richtlinie (EU) 2019/1023 des Europäischen Parlaments und des Rates vom 20.6.2019 über präventive Restrukturierungsrahmen, über Entschuldung und über Tätigkeitsverbote sowie über Maßnahmen zur Steigerung der Effizienz von Restrukturierungs-, Insolvenz- und Entschuldungsverfahren und zur Änderung der Richtlinie (EU) 2017/1132 (Richtlinie über Restrukturierung und Insolvenz; ABl. 2019 L 172, 18). Darüber hinaus soll das SanInsFoG **Erkenntnissen der ESUG-Evaluation** (*Jacoby/Madaus/Sack/H. Schmidt/Thole,* ESUG-Evaluierung, BT-Drs. 19/4880, 5 ff.) Rechnung tragen sowie die wirtschaftlichen Folgen der **COVID-19-Pandemie** abmildern (Begründung RegE, BT-Drs. 19/24181, 1). Im Folgenden soll ein Überblick über diese RL 2019/1023 sowie das StaRUG gegeben werden:

## II. RL 2019/1023 über Restrukturierung und Insolvenz

2 Die RL 2019/1023 verfolgt abgesehen von der prozessual ausgerichteten EuInsVO als erster Legislativakt das Anliegen, auf europäischer Ebene die unterschiedlichen nationalen Vorschriften und Verfahren über präventive Restrukturierung, Insolvenz, Entschuldung und Tätigkeitsverbote zu vereinheitlichen. Diese angestrebte Vereinheitlichung auf dem Gebiet des Insolvenz- und Restrukturierungsrechts soll das Funktionieren des Binnenmarktes und des freien Kapitalverkehrs sicherstellen (Erwgr. 1 RL 2019/1023). Zu diesem Zweck sollen rentable Unternehmen in finanziellen Schwierigkeiten Zugang zu nationalen **präventiven Restrukturierungsrahmen** haben, die ihnen die Fortführung des Betriebs erlauben. Darüber hinaus soll sichergestellt sein, dass der redliche insolvente Unternehmer nach einer angemessenen Zeit in den Genuss einer vollen Entschuldung kommen kann und dadurch eine **zweite Chance** erhält.

## 1. Entstehung

Der RL 2019/1023 liegen folgenden Materialien zugrunde: 3

- **Vorschlag der Europäischen Kommission** für eine Richtlinie des Rates über präventive Restrukturierungsrahmen, die zweite Chance und Maßnahmen zur Steigerung der Effizienz von Restrukturierungs-, Insolvenz- und Entschuldungsmaßnahmen und zur Änderung der Richtlinie 2012/30/EU (COM(2016) 723 final) v. 22.6.2016.
- **Stellungnahme des Europäischen Parlamentes** v. 21.8.2018 (Europäisches Parlament, Bericht des Rechtsausschusses, A8-0269/2018, sog. Niebler-Bericht, https://www.europarl.europa.eu/doceo/document/A-8–2018-0269_DE.html; zuletzt abgerufen am 4.11.2022).
- **Finale Fassung** des Richtlinienentwurfs als Ergebnis der informeller Trilog-Verhandlungen zwischen Europäischem Parlament, Kommission und Rat v. 17.12.2018 (Council of the European Union, Confirmation of the final compromise text with a view to agreement (15556/28), https://data.consilium.europa.eu/doc/document/ST-14278-2021-INIT/en/pdf; zuletzt abgerufen am 4.11.2022).

Der Kommissionsvorschlag war von einer hohen Regelungsdichte und der Verbindlichkeit bei der Umsetzung der Vorgaben an die Mitgliedstaaten geprägt. Dadurch sollte ein möglichst hoher Harmonisierungsgrad der mitgliedstaatlichen Regelungen erzeugt werden. Aufgrund unterschiedlicher Vorstelllungen der Mitgliedstaaten zur Ausgestaltung des präventiven Restrukturierungsrahmens gestalteten sich die Verhandlungen über den Vorschlag jedoch schwierig (eingehend Flöther/*Graf-Schlicker,* Sanierungsrecht, Vorwort Rn. 13 ff.). Die finale Fassung der Richtlinie räumt den Mitgliedstaaten nunmehr einen **deutlich größeren Umsetzungsspielraum** ein als noch der Kommissionsvorschlag (vgl. Rat der Europäischen Union, Allgemeine Ausrichtung v. 1.10.2018, III. Fazit, S. 6 f.). 4

## 2. Inhalt

Als Inhalte der in sechs Titel unterteilten RL 2019/2013 sind hervorzuheben: Im ersten Titel finden sich Regelungen zum Gegenstand und Anwendungsbereich der Richtlinie (Art. 1), die der Richtlinie zugrundeliegenden Begriffsbestimmungen (Art. 2) sowie Regelungen zu **Frühwarnsystemen** (Art. 3). Kernstück der Richtlinie ist der zweite Titel mit den Vorgaben für den **präventiven Restrukturierungsrahmen** (Art. 4–18) sowie **Anforderungen an die Unternehmensleitung** bei wahrscheinlicher Insolvenz (Art. 19). Der dritte Titel enthält Regelungen zur **Entschuldung und zu Tätigkeitsverboten** (Art. 20–24). Im vierten Titel finden sich Regelungen für **Maßnahmen zur Steigerung der Effizienz** von Restrukturierungs-, Insolvenz- und Entschuldungsverfahren (Art. 25–28), im fünften Titel Regelungen zum **Monitoring** von Restrukturierungs-, Insolvenz- und Entschuldungsverfahren (Art. 29 und 30) und schließlich im sechsten Titel die Schlussbestimmungen (Art. 31–35). 5

### 3. Umsetzung

6 Die Umsetzung der RL 2019/1023 war in Deutschland mit einer umfassenden Reform des Insolvenzrechts verbunden. Die Richtlinienvorgaben zur Entschuldung und zu Tätigkeitsverboten wurden mittels Änderungen der InsO durch Art. 2 des Gesetzes zur weiteren Verkürzung des Restschuldbefreiungsverfahrens v. 22.12.2020 (BGBl. I 3328) umgesetzt. So ermöglicht § 287 Abs. 2 InsO nunmehr eine Restschuldbefreiung nach drei Jahren. Im Übrigen lag es am SanInsFoG (→ Rn. 1), die Vorgaben der RL 2019/1023 umzusetzen. Neben dem StaRUG lassen sich vor allem folgende Regelungen benennen: Die allgemeinen Vorgaben zu den Anforderungen an die Rechtstellung von Verwaltern in Restrukturierungs-, Insolvenz- und Entschuldungsverfahren (Art. 26 u. 27 RL 2019/1023) waren Grundlage ua für die Neufassung von § 59 InsO, nach dem Schuldner und Gläubiger zur Vermeidung von Interessenkonflikten die Möglichkeit haben, die Auswahl eines Verwalters abzulehnen oder seine Ersetzung zu verlangen. Das Monitoring von Restrukturierungs- und Insolvenzverfahren (Art. 29 RL 2019/1023) setzt Art. 9 SanInsFoG mit der Änderung des Insolvenzstatistikgesetzes (InstStatG) um.

7 Zur Umsetzung der RL (EU) 2017/1132 in anderen EU-Mitgliedstaaten überblickend *Thole* ZVglRWiss 121 (2022), 390 sowie im Einzelnen:

– *Degenhardt* NZI 2022, 201 (Frankreich);
– *Garber* ZInsO 2020, 830, *Kern* NZI-Beilage 2021, 74 (Niederlande);
– *Kluge/Wilke* NZI 2022, 10, *Nunner-Krautgasser/Schur* ZVglRWiss 121 (2022), 310, *Ringelspacher/Nitsche* ZRI 2021, 477 (Österreich);
– *Podgorelec/Prelič* ZVglRWiss 121 (2022), 363 (Slowenien);
– *Bosch* ZVglRWiss 121 (2022), 353 (Spanien).

Die Umsetzungsfrist endete nach Art. 34 Abs. 1 RL 2019/1023 am 17.7.2021, konnte nach Art. 34 Abs. 2 RL 2019/1023 um maximal ein Jahr verlängert werden.

## III. StaRUG

8 Über das StaRUG geben die Kommentierungen der einzelnen Vorschriften im Weiteren ausführlich Auskunft. Die folgenden Bemerkungen stellen einen allgemeinen Überblick voran:

### 1. Entstehung und Änderung

9 Die relevanten Gesetzesmaterialen zum StaRUG als Art. 1 des SanInsFoG sind:

– **Referentenentwurf** des Bundesministeriums der Justiz und für Verbraucherschutz v. 18.9.2020 (https://www.bmj.de/SharedDocs/Gesetzgebungsverfahren/Dokumente/RefE_SanInsFoG.pdf?__blob=publicationFile&v=6; zuletzt abgerufen am 4.11.2022).
– **Gesetzesentwurf** der Bundesregierung v. 18.9.2020 (BT-Drs. 19/24181).

- **Beschlussempfehlung** des Ausschusses für Recht und Verbraucherschutz v. 15.12.2020 (BT-Drs. 19/25303).
- **Bericht** des Ausschusses für Recht und Verbraucherschutz v. 16.12.2020 (BT-Drs. 19/25353).

Zwei bedeutende Inhalte des Regierungsentwurfs wurden vom Rechtsausschuss verworfen und daher nicht Gesetz. Das sind zum einen §§ 2, 3 StaRUG-RegE, die ausdrücklich den sog. „shift of duties" regelten, dass mit Eintritt der drohenden Zahlungsunfähigkeit die Geschäftsleiter die Interessen der Gesamtheit der Gläubiger wahrnehmen (→ Rn. 13; *Thole* → § 1 Rn. 34) Zum anderen wurden §§ 51–55 StaRUG-RegE (→ Rn. 15) gestrichen, die dem Schuldner eine Möglichkeit einräumten, Verträge unter bestimmten Voraussetzungen wegen drohender Zahlungsunfähigkeit zu beenden. **10**

Durch Art. 12 des Gesetzes zur Einführung virtueller Hauptversammlungen von Aktiengesellschaften und Änderung genossenschafts- sowie insolvenz- und restrukturierungsrechtlicher Vorschriften v. 20.7.2022 (BGBl. I 1166) hat das StaRUG seinen ersten Änderungen erfahren: Neben einigen redaktionellen Änderungen wurde in § 63 ein neuer Absatz 2 eingefügt, der die Voraussetzungen der Versagung einer Planbestätigung konkretisiert (*Berner/Thole* → § 63 Rn. 38). Die maßgebliche Begründung für diese Änderungen enthalten Beschlussempfehlung und Bericht des Rechtsausschusses (BT-Drs. 20/2653, 36 f.). **11**

## 2. Inhalt

Das StaRUG ist in vier Teile gegliedert. **12**

**a) Krisenfrüherkennung und Krisenmanagement.** Der erste Teil „Krisenfrüherkennung und Krisenmanagement" enthält in der einzigen Bestimmung mit § 1 eine **rechtsformübergreifende Klarstellung** bislang nur vereinzelt gesetzlich geregelter Vorgaben zur Früherkennung bestandsgefährdender Entwicklungen und zur Krisenbewältigung (Begründung RegE, BT-Drs. 19/24181, 103) und dient der Umsetzung von Art. 19 RL 2017/1132. Die noch in §§ 2, 3 StaRUG-RegE enthaltene haftungsbewährte Pflicht der Geschäftsleiter zur vorrangigen Berücksichtigung der Interessen der Gläubigergesamtheit bei drohender Zahlungsunfähigkeit ist auf Empfehlung des Rechtsausschusses „mit Blick auf ihr unklares Verhältnis zu den im Gesellschaftsrecht verankerten Sanierungspflichten" und in der Erwartung, dass dadurch „keine Haftungslücken" entstehen, gestrichen worden (BT-Drs. 19/25353, 6) (*Thole* → § 1 Rn. 34). **13**

**b) Stabilisierungs- und Restrukturierungsrahmen.** Im zweiten Teil finden sich die Regelungen zum „Stabilisierungs- und Restrukturierungsrahmen", mit dem Art. 4–19 RL 2019/1023 umgesetzt werden. Damit wird nach langer rechtspolitischer Diskussion erstmals in Deutschland ein vorinsolvenzliches Verfahren geschaffen. In den Gesetzesberatungen, die in der **InsO** mündeten, wurde die Idee, ein sog. Insolvenzverhütungsverfahren einzuführen, schon früh im Anschluss an den Deutschen Juristentag 1982 und den Ersten Bericht der Kommission für Insolvenzrecht im Jahre 1985 nicht mehr weiterverfolgt (K. Schmidt, Möglichkeiten der Sanierung von Unternehmen **14**

durch Maßnahmen im Unternehmens-, Arbeits-, Sozial- und Insolvenzrecht – Unternehmens- und insolvenzrechtlicher Teil –, Gutachten D zum 54. Deutschen Juristentag, 1982, D 97 ff.; Erster Bericht der Kommission für Insolvenzrecht, 1985, 153 f.) In den **Beratungen zum ESUG** wurde diese Option wieder erwogen, dann aber zugunsten einer Stärkung der (vorläufigen) Eigenverwaltung fallen gelassen, allerdings nicht ohne diesen Aspekt ausdrücklich unter Evaluationsvorbehalt zu stellen (BT-Drs. 17/7511, 4 f.). Die **ESUG-Evaluation** empfahl dann, freilich bereits unter Einfluss der Beratungen der RL 2019/1023 die Einführung eines von einem Insolvenzverfahren losgelösten Restrukturierungsverfahrens (*Jacoby/Madaus/Sack/H. Schmidt/Thole,* ESUG-Evaluierung, BT-Drs. 19/4880, 134 ff., 300 f.).

**15** Herzstück des Restrukturierungsrahmens ist der **Restrukturierungsplan,** der in weiten Teilen den Regelungen zum Insolvenzplan (§§ 217–269 InsO) nachempfunden ist. Soll der Restrukturierungsplan gegen den Willen der Gläubiger durchgesetzt werden, muss dies beim Restrukturierungsgericht angezeigt werden und eine gerichtliche Planbestätigung erwirkt werden, deren Voraussetzung die **drohende Zahlungsunfähigkeit** (§ 18 Abs. 2 InsO) des Schuldners ist. Damit besteht für den drohend zahlungsunfähigen Schuldner fortan eine **Wahlmöglichkeit** zwischen fakultativem Insolvenzverfahren und den StaRUG-Maßnahmen. Beide Verfahren unterscheiden sich jedoch in wesentlichen Punkten, die da sind: Anders als der Insolvenzplan muss der Restrukturierungsplan **nicht sämtliche Gläubiger miteinbeziehen.** Bei einer StaRUG-Sanierung fehlt es an einer dem **Insolvenzgeld** entsprechenden Sozialleistung. Die noch in §§ 51–55 StaRUG-RegE angelegte Möglichkeit zur gerichtlich angeordneten **Beendigung** gegenseitiger, nicht vollständig erfüllter Verträge als Pendant zu § 103 ff. InsO ist auf Empfehlung des Rechtsausschusses nicht Gesetz geworden (BT-Drs. 19/25353, 9).

**16** **c) Sanierungsmoderation und Frühwarnsysteme.** In einem **dritten Teil** eröffnet das StaRUG die Möglichkeit einer „Sanierungsmoderation", bei der Sanierungsverhandlungen von einem Moderator begleitet werden und im Erfolgsfall in einem Sanierungsvergleich enden. Schließlich finden sich im **vierten Teil** mit § 101 Hinweise zur Verfügbarkeit von Frühwarnsystemen (§ 101) zur Umsetzung von Art. 3 RL 2019/1023 sowie in § 102 die gesetzliche Verankerung der Rechtsprechung des BGH zu den Steuerberater- und Wirtschaftsprüferpflichten bei der Jahresabschlusserstellung (BGHZ 213, 374 = NJW 2017, 1611).

### 3. Bewertung

**17** Die rechtspolitische Diskussion über das Für und Wider eines vorinsolvenzlichen Verfahrens (→ Rn. 14) lebt heute in der Diskussion über Sinn und Bedeutung des StaRUG fort. Insoweit muss man sich vergegenwärtigen, dass das StaRUG keinesfalls die InsO mit ihren Verfahrensalternativen verdrängen, sondern das restrukturierungsrechtliche Instrumentarium um zusätzliche Optionen für weniger alltägliche Gestaltungen bereichern will. Das StaRUG hat in erster Linie finanzwirtschaftliche Sanierungen, die früh greifen, im Blick. Es fehlen ihm die Sanierungsspritze des Insolvenzgeldes und die Möglichkeit, in laufende Verträge einzugreifen. Schließlich lassen sich die Leistungen des StaRUG auch nicht nach der Anzahl der StaRUG-Verfahren bemessen. Denn wie das abgestufte System der StaRUG-Instrumente des § 29 zeigt, zielt das Verfahren in erster Linie auf einen einvernehmlichen Sanierungsvergleich angesichts des Drucks der drohenden StaRUG-Instrumente.

# Teil 1. Krisenfrüherkennung und Krisenmanagement

## Krisenfrüherkennung und Krisenmanagement bei haftungsbeschränkten Unternehmensträgern

**1** (1) [1] **Die Mitglieder des zur Geschäftsführung berufenen Organs einer juristischen Person (Geschäftsleiter) wachen fortlaufend über Entwicklungen, welche den Fortbestand der juristischen Person gefährden können.** [2] **Erkennen sie solche Entwicklungen, ergreifen sie geeignete Gegenmaßnahmen und erstatten den zur Überwachung der Geschäftsleitung berufenen Organen (Überwachungsorganen) unverzüglich Bericht.** [3] **Berühren die zu ergreifenden Maßnahmen die Zuständigkeiten anderer Organe, wirken die Geschäftsleiter unverzüglich auf deren Befassung hin.**

(2) **Bei Gesellschaften ohne Rechtspersönlichkeit im Sinne von § 15a Absatz 1 Satz 3 und Absatz 2 der Insolvenzordnung gilt Absatz 1 entsprechend für die Geschäftsleiter der zur Geschäftsführung berufenen Gesellschafter.**

(3) **Weitergehende Pflichten, die sich aus anderen Gesetzen ergeben, bleiben unberührt.**

**Schrifttum:** *D'Avoine/Michels* Krisenfrüherkennung – Die neue (alte) Pflicht für Geschäftsführer, NZI 2022, 1; *Brinkmann* Die Solvenzsicherungspflicht der Geschäftsleiter, KTS 2021, 303, *Hölzle* Zur Begründung einer Restrukturierungsverschleppungshaftung, FS Gehrlein, 2022, 261; *Nickert/Nickert* Früherkennungssystem als Instrument zur Krisenfrüherkennung nach dem StaRUG, GmbHR 2021, 401; *Schwintowski* Das neue Frühwarnsystem nach § 1 StaRUG, NZG 2021, 901; *Steffan/Poppe/Roller* Die Unternehmensplanung im Spannungsfeld von Krisenfrüherkennung und Krisenmanagement nach § 1 StaRUG, KSI 2022, 53.

### Übersicht

## I. Normzweck

1 Die Vorschrift schafft eine **rechtsformübergreifende** Regelung der Krisenfrüherkennungspflichten (Abs. 1 S. 1) und Krisenreaktionspflichten (Abs. 1 S. 2 und 3) der Geschäftsleitung haftungsbeschränkter und von § 15a InsO erfasster Rechtsträger. Damit werden die Maßgaben, die punktuell im Gesetz vorhanden sind (wie in § 91 Abs. 2 AktG für die AG samt seiner anerkannten „Ausstrahlungswirkung" auf andere Rechtsformen), in einer einheitlichen Norm gebündelt. Es handelt sich um eine Ausformung **und Konkretisierung allgemeiner Geschäftsleiterpflichten** (*Brünkmans* ZInsO 2021, 1 (2); Flöther/*Goetker* § 1 Rn. 1; Pannen/*Weitzmann* § 1 Rn. 6 f.; *Scholz* ZIP 2021, 219 (229)) und zugleich um eine **gesetzliche Pflicht,** die als Teil der Legalitätspflicht zu beachten ist. Das „Ob" der Krisenfrüherkennung und -reaktion steht daher nicht zur Disposition der Gesellschafter (so auch *Brünkmans* ZInsO 2021, 1 (3)). Wie sich aus § 1 Abs. 3 ergibt, stellt § 1 nur **Mindestanforderungen** auf. Schutzziel des § 1 ist das Verbandsinteresse, aber damit mittelbar auch das Interesse der übrigen Stakeholder wie Gesellschafter und Gläubiger. Die weitergehenden Pflichten, die sich aus anderen, insbesondere den gesellschaftsrechtlichen Gesetzen ergeben, bleiben unberührt.

2 § 1 dient auch dazu, die Vorgabe des Art. 19 der RL 2019/1023 umzusetzen. Art. 19 lautet:

> *„Die Mitgliedstaaten stellen sicher, dass die Unternehmensleitung bei einer wahrscheinlichen Insolvenz mindestens Folgendes gebührend berücksichtigt:*
>
> *a) die Interessen der Gläubiger, Anteilsinhaber und sonstigen Interessenträger,*
>
> *b) die Notwendigkeit, Schritte einzuleiten, um eine Insolvenz abzuwenden, und*
>
> *c) die Notwendigkeit, vorsätzliches oder grob fahrlässiges Verhalten zu vermeiden, das die Bestandsfähigkeit des Unternehmens gefährdet."*

3 § 1 steht auch im Zusammenhang mit Art. 3 der RL 2019/1023, denn die Krisenfrüherkennung ist Teil des von der Richtlinie vorausgesetzten Frühwarnsystems. Nach § 101 werden Informationen über die Verfügbarkeit der von öffentlichen Stellen bereitgestellten Instrumentarien zur frühzeitigen Identifizierung von Krisen vom BMJV bereitgestellt (→ § 101 Rn. 2).

4 Im Konzept des StaRUG-RegE sollte § 1 insoweit einen Teilausschnitt des Pflichtenkreises der Geschäftsleiter betreffen, und zwar schon bezogen auf das **Stadium vor der wahrscheinlichen Insolvenz.** Der Kern der Umsetzung von Art. 19 RL 2019/1023 sollte bei den im Rechtsausschuss bedauerlicherweise gestrichenen §§ 2, 3 StaRUG-RegE liegen, die ab der drohenden Zahlungsunfähigkeit einen ***shift of fiduciary duties,*** dh einen Vorrang der Gläubigerinteressen vor den Gesellschafterinteressen vorgesehen hatten. Die §§ 2, 3 StaRUG-RegE sollten insoweit die Pflicht aus § 1 konkretisieren (Begründung RegE, BT-Drs. 19/24181, 105). Insofern hätte sich ein abgestuftes System ergeben, das mit einer allgemeinen Risikobeobachtungspflicht unter § 1 beginnt und dann ab Eintritt der drohenden Zahlungsunfähigkeit zu einer stärkeren und im Zweifel vorrangigen Berück-

sichtigung der Gläubigerinteressen und einer Zurückschneidung des Gesellschaftereinflusses geführt hätte. Aufgrund der Streichung des §§ 2, 3 StaRUG-RegE ist die Bedeutung der Krisenfrüherkennungs- und Reaktionspflicht gemäß § 1 gestiegen; zugleich kann aber in § 1 nicht schon der gesetzlich nicht verwirklichte *shift of duties* hineingelesen werden. Zu den weiteren Konsequenzen der Streichung von §§ 2, 3 StaRUG-RegE → Rn. 35. Zu den haftungsrechtlichen Konsequenzen → Rn. 41 ff.

## II. Anwendungsbereich

5 § 1 Abs. 1 gilt für die zur Geschäftsführung berufenen Organe **juristischer Personen.** Damit wird an die Grundaussage des § 15a Abs. 1 InsO (und des § 42 Abs. 2 BGB) angeknüpft. Aber auch juristische Personen des öffentlichen Rechts, die nach § 12 InsO ggf. nicht insolvenzfähig sind, können zu den juristischen Personen gehören (so Flöther/*Goetker* § 1 Rn. 15), doch wird man jedenfalls die Fälle des § 12 Abs. 1 Nr. 1 InsO (Bund und Länder) ausnehmen, und auch im Übrigen jedenfalls die Pflicht zur Krisenreaktion dem veränderten Handlungsradius anpassen müssen. Erfasst sind die **AG** (§ 1 Abs. 1 S. 1 AktG), **GmbH** (§ 13 Abs. 1 GmbHG), darunter auch die UG und die Rechtsanwaltsgesellschaft (§ 59c Abs. 1 BRAO), die KGaA (§ 278 Abs. 1 AktG), die SE (Art. 1 Abs. 3 SE-VO), der VvaG (§ 171 VAG), die eG (§ 17 Abs. 1 GenG). Auch Vor-GmbH und Vor-AG gehören hierzu (zu § 15a InsO MüKoInsO/*Klöhn* § 15a Rn. 48). Die Pflicht besteht bis zur Vollbeendigung der jur. Person fort (BeckOK StaRUG/*Mock* § 1 Rn. 41). Ebenfalls erfasst ist der **Verein** (§ 42 Abs. 2 BGB) einschließlich des von § 42 Abs. 2 BGB erfassten nicht eingetragenen Vereins (§ 54 BGB, vgl. MüKoBGB/*Leuschner* § 42 Rn. 69) sowie die Stiftung (§ 86 S. 1 BGB).

6 Ob **ausländische juristische Personen** erfasst sind, hängt von der kollisionsrechtlichen Qualifikation der Pflichten ab. Sie wäre durch Art. 7 EuInsVO unionsrechtlich determiniert, soweit es sich um eine öffentliche Restrukturierungssache handelte, die von Anhang A der EuInsVO erfasst wäre. Indes steht die Krisenfrüherkennung gerade im Vorfeld eines Restrukturierungsrahmens und es steht nicht fest, ob ein solcher Rahmen überhaupt genutzt werden wird; § 1 knüpft auch früher an als an die wahrscheinliche Insolvenz im Sinne der drohenden Zahlungsunfähigkeit, wie bei den §§ 2 ff. StaRUG vorausgesetzt. Zwar nimmt Abs. 2 auf § 15a InsO Bezug, doch handelt es sich bei § 1 um eine vor dem eigentlichen Restrukturierungsrahmen (§§ 2 ff.) eingreifende Norm, die im Wesentlichen die bekannten gesellschaftsrechtlichen Maßstäbe wie § 91 Abs. 2 AktG und deren Ausstrahlungswirkungen auf die anderen Rechtsformen zusammenfügt (Begründung RegE, BT-Drs. 19/24181, 103). Angesichts der Einbettung in die allgemeinen Geschäftsleiterpflichten muss die Pflicht aus Sicht des deutschen IPR **gesellschaftsrechtlich qualifiziert** werden. Ihre Anwendbarkeit gegenüber Auslandsgesellschaften kommt daher im Geltungsbereich der Gründungstheorie nicht in Betracht. Soweit die Sitztheorie greift und eine Scheinauslandsgesellschaft im Inland als rechtsfähige Personengesellschaft

(oHG) zu behandeln ist, greift § 1 Abs. 1 und 2 schon tatbestandlich mangels Haftungsbeschränkung nicht.

7 Nach **Abs. 2** sind auch die **„rechtsfähigen Personengesellschaften"** (Begriff des MoPeG ab 1.1.2024, bis dahin **„Gesellschaften ohne Rechtspersönlichkeit"** iSd § 11 Abs. 2 Nr. 1 InsO) vom Anwendungsbereich erfasst, allerdings nur solche iSd § 15a Abs. 1 S. 3, Abs. 2 InsO. Damit wird der Gleichlauf mit der Insolvenzantragspflicht angestrebt. Erfasst sind also nur solche Gesellschaften, bei denen „kein persönlich haftender Gesellschafter eine natürliche Person ist" einschließlich der von § 15a Abs. 2 InsO angesprochenen Schachtelkonstruktionen (Begriff bei Flöther/*Goetker* § 1 Rn. 19). Gemeint ist insbesondere die **GmbH & Co. KG,** bei der die Geschäftsführer der Komplementär-GmbH unter § 1 sowohl mit Blick auf die GmbH als auch die KG verpflichtet sind. Der Gesetzgeber hat demgegenüber bewusst davon abgesehen, auch die gewöhnlichen Personengesellschaften zu erfassen, weil hier die unbeschränkte Gesellschafterhaftung bereits Anreize zur Früherkennung setzt (Begründung RegE, BT-Drs. 19/24181, 103).

## III. Verpflichtete Person

8 Verpflichtet sind die (= alle) Mitglieder der zur Geschäftsführung berufenen Organe. Entscheidend ist die Stellung im Innenverhältnis zur Gesellschaft. Die Geschäftsleitung haben die Geschäftsführer (§§ 35, 37 GmbHG, ggf. iVm § 5a; Art. 19 Abs. 1 EWIV-VO; Komplementär der KGaA, § 278 Abs. 2 AktG, § 114 HGB), der Vorstand (§§ 76 f. AktG, § 26 BGB, § 27 Abs. 1 S. 1 GenG), das Leitungsorgan der dualistischen und die geschäftsführenden Direktoren der monistischen SE (Art. 39 Abs. 1 S. 1 SE-VO, Art. 40 Abs. 1 SEAG). Auf die wirksame Bestellung kommt es nicht an. Daher ist auch der **fehlerhaft bestellte Geschäftsleiter** erfasst. Gleiches gilt für den **faktischen Geschäftsführer,** wobei es insoweit auf ein Auftreten im Außenverhältnis nicht ankommen sollte (so aber BGH NJW 1988, 1788 (1789); NZG 2008, 468, stRspr).

9 Für die Geschäftsleiter gilt der Grundsatz der **Gesamtverantwortung** (exemplarisch für die GmbH BGH NJW 1997, 130 (132); näher für die AG *Fleischer* NZG 2003, 449 (450)). Ob und in welcher Weise dieser Grundsatz eine Aufgabenverteilung nach Ressorts und damit verbunden eine Anpassung der sich aus § 1 ergebenden Überwachungspflicht für die nicht primär befassten Geschäftsleiter begründen kann, ist nur rechtsformspezifisch nach den für die jeweiligen Gesellschaftsformen anerkannten Regeln zu entscheiden (Flöther/*Goetker* § 1 Rn. 28). Eine solche **Ressortaufteilung** kann aber in keinem Fall eine vollständige Abwälzung der jeden Geschäftsleiter treffenden Pflichten aus § 1 begründen, weil schon typologisch die Bestandsgefährdung unternehmensübergreifend zu betrachten ist und sich daher kaum ressortscharf abgrenzen lässt. Soweit **Gegenmaßnahmen** zu ergreifen sind (Abs. 1 S. 2), können diese zum **nicht delegierbaren Kernbereich der Gesamtverantwortung** gehören, etwa bei Einleitung eines StaRUG-Verfahrens oder bei der Erfüllung der Insolvenzantragspflicht. Nach außen

haften mehrere jeweils verantwortliche Geschäftsleiter grundsätzlich als Gesamtschuldner (→ Rn. 43).

Die **Aufsichtsorgane und die Gesellschafter** sind **nicht als verpflichtete Person** von § 1 adressiert (zur Haftung des Aufsichtsrats → Rn. 46). Der Sicherung ihrer Entscheidungskompetenz dient § 1, weil die Geschäftsleiter nach S. 2 den Überwachungsorganen Bericht zu erstatten haben. Daran ändert sich auch im Falle der **Führungslosigkeit** nichts, weil die Gesellschafter oder die Aufsichtsorgane dann zwar ggf. insolvenzantragspflichtig sind (§ 15a Abs. 3 InsO), aber nicht selbst die Geschäftsleitung übernehmen (müssen). Das entsprach auch dem Anliegen von § 2 Abs. 3 StaRUG-RegE, der die Gesellschafter „lediglich" dazu verpflichtete, die Führungslosigkeit der Gesellschaft zu verhindern, nicht aber selbst die Geschäfte zu lenken. Nicht ausgeschlossen erscheint es, einen Pflichtenverstoß von Gesellschaftern außerhalb von § 1 nach allgemeinen Regeln gegenüber der Gesellschaft und ggf. auch den Gläubigern (zB unter § 826 BGB) anzunehmen, wenn Gesellschafter fortgesetzt die Führungslosigkeit der Gesellschaft hinnehmen und dadurch Schäden verursachen. 10

## IV. Pflichten im Einzelnen

### 1. Überwachungspflicht (Abs. 1 S. 1)

Die in Abs. 1 S. 1 geregelte Überwachungspflicht ist ebenso wie etwa die Pflicht nach § 49 Abs. 3 GmbHG oder § 15a InsO **zwingend zu beachten** (Pannen/*Weitzmann* § 1 Rn. 25). Lediglich die **inhaltliche Umsetzung,** das „Wie", liegt im unternehmerischen **Ermessen** (*Brünkmans* ZInsO 2021, 1 (3); Flöther/*Goetker* § 1 Rn. 33 f.; *Seibt/Bulgrin* DB 2020, 2226 (2229)). Inhaltlich kann an die Maßstäbe des § 91 Abs. 2 AktG angeknüpft werden, die auch schon bisher bei anderen Gesellschaftsformen wie der GmbH Pate standen (Begründung RegE zum KonTraG, BT-Drs. 13/9712, 15). Der Geschäftsleiter unterliegt nach anerkannten Maßstäben einer **Pflicht zur permanenten Vergewisserung über die wirtschaftliche Lage** (BGH NJW-RR 1995, 669; NZI 2012, 567 Rn. 15; Pannen/*Weitzmann* § 1 Rn. 57). Soweit teils von Solvenzüberwachungspflicht die Rede ist (*Brinkmann* KTS 2021, 303 (309)), bedeutet dies nicht, dass unter Abs. 1 S. 1 nur auf die Liquiditätswahrung zu achten wäre. 11

Als **Entwicklungen** gelten nicht Risikozustände, sondern ihre unternehmensspezifische nachteilige Veränderung (*Blasche* CCZ 2009, 62 (63); Hüffer/*Koch* AktG § 91 Rn. 6; jeweils zu § 91 Abs. 2 AktG). In der Begründung RegE zum KonTraG (BT-Drs. 13/9712, 15) ist auch die **Aufnahme risikobehafteter Geschäfte** genannt, weil damit ein gesteigertes Geschäftsrisiko einhergeht. Entwicklungen in diesem Sinne können auch Einzelereignisse sein wie Verstöße gegen Vorschriften der Rechnungslegung oder gegen sonstige gesetzliche Vorschriften, aber auch die Verletzung von Covenants oder das Downgrading beim Rating (*Nickert/Nickert* GmbHR 2021, 401 (403); Pannen/*Weitzmann* § 1 Rn. 53). **Bestandsgefährdung** ist ein eher vager Begriff (vgl. auch *Nickert/Nickert* GmbHR 2021, 401 (402)). Er 12 meint, dass sich nachteilige Veränderungen auf Vermögens-, Ertrags- oder Finanzlage der Gesellschaft wesentlich auswirken können (Begründung RegE BT-Drs. 13/9712, 15). Bei § 91 Abs. 2 AktG orientiert sich die dort herrschende Meinung an insolvenzrechtlichen Vorgaben und nimmt eine Bestandsgefährdung an, wenn das Insolvenzrisiko erheblich gesteigert oder hervorgerufen wird (Spindler/Stilz/*Fleischer* § 91 AktG Rn. 32; Bürgers/Körber/*Bürgers* § 91 AktG Rn. 9; Henssler/Strohn/*Dauner-Lieb* § 91 AktG Rn. 7; iErg auch *Koch* § 91 AktG Rn. 6).

**13** Diese Definition kann erst recht für § 1 übernommen werden. Ein gesteigertes Insolvenzrisiko kann aber auch unabhängig von der Feststellung einer drohenden Zahlungsunfähigkeit gegeben sein und ihr vorausgehen. Obwohl die Liquiditätssicherung wegen des Insolvenzbezugs besonders bedeutsam sind, beginnt Krisenfrüherkennung aber nicht erst bei der Liquiditätskrise, sondern schon bei einer **Stakeholder-, Strategie-, Produkt- oder Ertragskrise;** es variiert dann jeweils der Grad der zu ergreifenden Gegenmaßnahmen. Freilich wird man nicht jedes Risiko für die Rentabilität gleichsam automatisch als *bestandsgefährdende* und wesentliche Entwicklung ansehen können (vgl. Spindler/Stilz/*Fleischer* § 91 Rn. 32). Das Institut der Wirtschaftsprüfer (IDW) definiert Risiken im PS 340 nF (zu den Neuerungen *Tiecks/Ottremba/Joos* DB 2020, 1913) als Entwicklungen oder Ereignisse, die zu einer für das Unternehmen negativen Zielabweichung führen können (darauf hinweisend *Bea/Dressler* NZI 2021, 67 (70); *Nickert/Nickert* GmbHR 2021, 401 (405)); die Risikotragfähigkeit wird als maximales Risikoausmaß definiert, welches das Unternehmen ohne Gefährdung seines Fortbestands tragen kann. Bestandsgefährdend sind danach Entwicklungen, wenn Risiken einzeln oder im Zusammenwirken mit anderen Risiken dem Ziel der Unternehmensfortführung entgegenstehen. Allerdings definiert der Prüfungsstandard nur die Pflichten des WP bei der (vergangenheitsorientierten) Abschlussprüfung, nicht die Rechtspflicht des § 1, kann aber immerhin ein Indikator für die Auslegung des Begriffs sein. Laut Begründung RegE zum StaRUG sind die Verhältnisse der Gesellschaft und relevante Entwicklungen auf ihr Potenzial zu überprüfen, bei ungehindertem Fortgang den Fortbestand des Unternehmens zu gefährden (Begründung RegE, BT-Drs. 19/24181, 104). Letztlich ist es eine **Bewertungsfrage im Einzelfall,** ob ein Zustand oder Ereignis, mithin eine Entwicklung zu erkennen ist, die zur Abwendung von Risiken für den Bestand eine Reaktion der Geschäftsleitung vernünftigerweise erwarten lassen. Die Praxis wird erst entsprechende Analysemuster und digitale Tools entwickeln (müssen); die Maßstäbe und Marktstandards sind noch nicht entwickelt (*Schwintowski* NZG 2021, 901 (902 ff.)). Wohlgemerkt stellt sich die Überwachungspflicht naturgemäß als laufende Pflicht dar und greift nicht erst dann ein, wenn solche Entwicklungen erkennbar geworden sind; dann besteht vielmehr schon die Pflicht zur Reaktion nach S. 2. Anders formuliert kann die Überwachungspflicht auch dann verletzt werden, wenn es keine bestandsgefährdenden Entwicklungen gibt; dann bleibt lediglich die Verletzung der Pflicht folgenlos.

**14** Die Umsetzung der Überwachungspflicht erfordert es in der Regel, auch **organisatorische Maßnahmen** zu ergreifen, um die Risikoüberwachung überhaupt leisten zu können. Dazu gehören Soll-Ist-Abgleiche (*Steffan/*

*Poppe/Roller* KSI 2022, 59 (60); *d'Avoine/Michels* NZI 2022, 1 (3 f.)). Die Überwachungspflicht ist nur erfüllt, wenn auf diese Weise auch die **frühzeitige Erkennung der Risiken** sichergestellt wird, was es erforderlich macht, bestandsgefährdende Entwicklungen so rechtzeitig zu erkennen, dass noch geeignete Maßnahmen zur Sicherung des Fortbestands des Unternehmens ergriffen werden können (vgl. *Bea/Dressler* NZI 2021, 67 (70)). Anders formuliert ist die Überwachungspflicht nicht deshalb erfüllt, weil *irgendwann* das Risiko entdeckt wird; es kann auch zu spät erkannt werden. Das **Wie,** dh die Ausgestaltung des ggf. zu schaffenden Früherkennungssystems, steht aber im unternehmerischen **Ermessen** und ist von den Umständen abhängig, solange es **geeignet** ist, bestandsgefährdende Entwicklungen zu erkennen (zu dieser Eignung vgl. auch *Tiecks/Ottremba/Joos* DB 2020, 1913 (1914)). Zu den Parametern gehören die Branche und Unternehmensgröße und die Rechtsform sowie Unternehmensstruktur und die Frage, wie überschaubar die Verhältnisse sind (Begr. RegE, BR-Drs. 619/20, 115). Generell wird man auch den wirtschaftlichen Aufwand berücksichtigen müssen, eine Aufklärung aller denkbarer Minimalrisiken um jeden Preis wäre nicht effizient. Bei kleineren Unternehmen wird ein formelles, organisatorisch verfestigtes Überwachungssystem daher nicht zwingend erforderlich (Begr. RegE BR-Drs. 619/20, 115; *Bork* ZIP 2011, 101 (103)). Überhaupt ist nicht alles, was als betriebswirtschaftliche *best practice* eines Früherkennungssystems angesehen wird, automatisch auch schon Rechtspflicht unter § 91 Abs. 2 AktG und § 1. Die Norm gibt keine genauen Vorgaben an das Prognoseverfahren vor (Morgen StaRUG/*Gerig* § 1 Rn. 28). Auch bei § 91 Abs. 2 AktG will sich der Gesetzgeber nicht auf ein bestimmtes betriebswirtschaftliches System festlegen (*Blasche* CCZ 2009, 62 (63)); das gilt dann erst recht für andere Rechtsformen.

Dennoch sind unter § 1 **Mindeststandards** einzuhalten. Es entspricht **15**
schon ungeachtet des § 1 der allgemeinen Geschäftsleiterpflicht, eine permanente Selbstprüfung des Unternehmens vorzunehmen (BGH NJW-RR 1995, 669; NZI 2012, 567 Rn. 15; Pannen/*Weitzmann* § 1 Rn. 57). Diese Pflicht sollte man wegen des Bezugs zur Insolvenz nicht geringschätzen. Das betrifft vor allem die im Vordergrund stehende Liquiditätssicherung (*Bork* ZIP 2011, 101 (103)). Vorgeschlagen wird im Schrifttum, als unabdingbar eine rollierende **13-Wochen-Liquiditätsplanung** (*Brünkmans* ZInsO 2021, 1 (2); Flöther/*Goetker* § 1 Rn. 37) anzusehen und bei größeren Unternehmen eine integrierte Vermögens-, Ertrags- und Finanzplan auf zwei bis drei Jahre (*Brünkmans* ZInsO 2021, 1 (2)). Generell wird man es, auch wenn ein echtes „System" nicht erforderlich ist, zu den Mindeststandards zählen können, die Bilanzen zu analysieren, betriebliche Statistiken auszuwerten, eine strategische Betrachtung des Unternehmensumfelds vorzunehmen und sodann eine Finanzplanung aufzustellen (*Bork* ZIP 2011, 101 (103)).

Ob man neben der 13-Wochen-Planung generell eine auf **24 Monate** **16**
**ausgelegte Liquiditätsplanung** verlangen muss (*Bea/Dressler* NZI 2021, 67 (70)), ist zu bejahen, weil die drohende Zahlungsunfähigkeit daran anknüpft und mithin das StaRUG selbst darin eine Krise im Gesetzessinne erkennt und folglich eine bestandsgefährdende Entwicklung. Das StaRUG will regelungssystematisch gerade erreichen, dass ab drohender Zahlungs-

unfähigkeit ein Restrukturierungsvorhaben erwogen wird. Daher muss der Geschäftsführer den Eintritt einer drohenden Zahlungsunfähigkeit überwachen (so auch Pannen/*Weitzmann* § 1 Rn. 50). Ob dies indes in Form einer dokumentierten integrierten Liquiditätsplanung erfolgen muss, lässt sich nicht pauschal sagen. Während die 13-Wochen-Planung engmaschig ist, kann die 24-Monats-Planung verschiedene Szenarien berücksichtigen. Die konkrete Dokumentation der Kontrollen dient der Entlastung im Rahmen eines Haftungsprozesses, ist aber nicht selbst Pflichteninhalt; empfiehlt sich aber gleichwohl stets (Flöther/*Goetker* § 1 Rn. 38). Soweit ein Früherkennungssystem etabliert wird, empfiehlt sich ab einer gewissen Unternehmensgröße ein mehrdimensionales System. Es sollte das permanente Liquiditäts-Monitoring, die Überprüfung des Geschäftsmodells und der Profitabilität, von Risiken aufgrund Wettbewerbs- und Marktveränderungen (zB auch ökologische Risiken, vgl. *Steffan/Poppe/Roller* KSI 2022, 53 (57)) einschließen und die Überwachung aller relevanter Stakeholder (zwecks Vermeidung der „Stakeholder-Krise") einbeziehen. Eine Pflicht zu einer konkreten Fassung eines solchen Systems besteht aber nicht, weil dies jedenfalls vom Auswahlermessen geeigneter Vorgehensweisen gedeckt ist.

**17** Die nach § 101 veröffentlichten Informationen zu Frühwarnsystemen sind zu berücksichtigen.

**18** Unklar ist, wie **Konzernsachverhalte** zu beurteilen sind. In der Begr. RegE zum KonTraG werden Gesellschaft und Konzern gleichbehandelt (Begründung RegE BT-Drs. 13/9712, 15). Bei einem Mutterunternehmen (§ 290 HGB) soll es unter § 91 Abs. 2 AktG auf Veränderungen ankommen, die unter der Fiktion eines einheitlichen Unternehmens (§ 297 Abs. 3 S. 1 HGB) Bedeutung erlangen können (MüKoAktG/*Spindler* § 91 Rn. 80; *Koch* AktG § 91 Rn. 6). Bloße Bestandsgefährdung auf Seiten der Tochter genügt dagegen nicht (MüKoAktG/*Spindler* § 91 Rn. 80). Für § 1 ist dies dahin zu verallgemeinern, dass auch **Bestandsrisiken, die sich in Konzerngliedern entwickeln, beachtlich** sind. Dennoch ist daraus nicht zu folgern, dass die Geschäftsleiter aller konzernangehörigen Gesellschaften gleichsam anlasslos sämtliche weiteren Konzernglieder überwachen müssten, denn diese Überwachung wäre kaum möglich. Denkbar erscheint dies **nur im Rahmen gesellschaftsrechtlicher Einwirkungsmöglichkeiten und Informationsflüsse;** nur in diesem Rahmen kann es dann eine konzerndimensionale Risikoerfassung und -auswertung geben (vgl. LG Stuttgart NZG 2018, 665 Rn. 215; MüKoAktG/*Spindler* § 91 Rn. 28). Der Geschäftsleiter hat daher die ihm im Rahmen des üblichen Geschäftsgangs und innerhalb des Konzernverbunds zugetragenen Informationen über andere Konzernglieder, die sich auf seine eigene Gesellschaft auswirken könnten, zu bewerten, aber er muss nicht proaktiv ohne Anlass Auskunftsbegehren oÄ im Konzern anstrengen, um seine Überwachungspflicht zu erfüllen. Sind Anhaltspunkte und Anlässe gegeben, mag sich die Pflicht dann weiter verdichten. Das StaRUG schaut auch insofern *grundsätzlich* rechtsträgerbezogen, und zwar schon deshalb, weil der präventive Restrukturierungsrahmen oder das Eigenverwaltungsverfahren als mögliche Gegenmaßnahmen ebenfalls nach einzelnen Schuldnern unterscheiden. Im Zweifel entscheiden über den Inhalt der Pflicht die Maßstäbe, die zu der jeweiligen Rechtsform schon bisher gesellschaftsrechtlich anerkannt sind. Der zumindest im Ansatzpunkt rechtsträgerbezogene Blickwinkel bedeutet freilich nicht, dass die Sanierungspflicht des Abs. 1 S. 2 sich nur auf die echte Rechtsträgersanierung bezöge, auch ein asset deal kann eine Lösung sein (richtig *Bork* ZIP 2011, 101).

### 2. Pflicht zur Ergreifung geeigneter Gegenmaßnahmen (Abs. 1 S. 2 Alt. 1)

Nach Abs. 1 S. 2 Alt. 1 haben die Geschäftsleiter, wenn sie bestandsgefährdende Entwicklungen erkennen, geeignete Gegenmaßnahmen zu ergreifen. Dahinter verbirgt sich eine **Sanierungspflicht** (Flöther/*Goetker* § 1 Rn. 45; Morgen StaRUG/*Gerig* § 1 Rn. 19) oder genauer eine **Pflicht zur (konkreten) Krisenreaktion.** Sie war schon bisher gesellschafts- und insolvenzrechtlich anerkannt (BGH ZIP 2007, 1501 Rn. 5; *Bork* ZIP 2011, 101 (106); *Drenckhan,* Gläubigerschutz in der Krise der GmbH, S. 66 ff.; *Friedrich/Flintrop* DB 2003, 223 (224); *Picot/Aleth,* Unternehmenskrise und Insolvenz, Rn. 240; *Veil* ZGR 2006, 374 (379); *Koch* AktG § 76 Rn. 34; *Frege* NZI 2006, 545 (546); *Schluck-Amend/Walker* GmbHR 2001, 375 (376); *K. Schmidt* Gutachten D zum 54. DJT, 1982, D 122; *K. Schmidt* ZIP 1988, 1497 (1504 f.); *Veil* ZGR 2006, 374 (378); vgl. auch *Piekenbrock* ZVglRWiss 108 (2009), 242 (271 f.)). Es bedeutet allerdings nicht, dass Sanierung stets Vorrang vor der Liquidation hätte, und erst recht gibt die Sanierungspflicht dem Geschäftsleiter nicht einen Freifahrtschein, trotz bereits eingetretener Insolvenzreife Sanierungsmaßnahmen noch um jeden Preis zu versuchen. Die Pflicht zur Ergreifung geeigneter Gegenmaßnahmen schließt zugleich die Pflicht ein, ungeeignete oder weiter bestandsgefährdende Verhaltensweisen zu unterlassen (Flöther/*Goetker* § 1 Rn. 43). **19**

Die Pflicht greift nach dem Wortlaut erst, wenn bestandsgefährdende Entwicklungen erkannt werden. Das bedeutet aber naturgemäß nicht, dass der Geschäftsleiter die Augen verschließen dürfte, um nicht reagieren zu müssen. Erkennt der Geschäftsleiter (schuldhaft) bestandsgefährdende Entwicklungen nicht und bleibt deshalb untätig, haftet er schon wegen Verletzung der Überwachungspflicht nach S. 1 (→ Rn. 11). **20**

Die in Abs. 1 S. 2 Alt. 2 geregelte Pflicht, den Überwachungsorganen Bericht zu erstatten (dazu → Rn. 29), erfüllt die Pflicht, Gegenmaßnahmen zu ergreifen, nicht schon generell, sondern ist davon gerade zu trennen. Allerdings ist unter § 1 die gesellschaftsrechtliche Organisationsverfassung zu wahren, so dass die Gegenmaßnahmen in das Kompetenzgefüge einzubetten sind und nach Maßgabe der spezialgesetzlichen Regelungen für Maßnahmen der Geschäftsführung erfolgen (vgl. Begründung RegE, BT-Drs. 19/24181, 104). Demnach kann und ggf. muss der Geschäftsleiter die Abstimmung mit den Überwachungsorganen suchen und muss insoweit deren Entscheidungsbefugnisse wahren. **21**

Allerdings wird man Abs. 1 S. 2 und S. 3 richtigerweise erweiternd dahin auslegen, dass den anderen Organen iSd S. 3 (Gesellschafterversammlung) auch Bericht zu erstatten ist, während den Überwachungsorganen (Aufsichtsrat) nicht nur Bericht zu erstatten ist, sondern auch auf deren Beschlussfassung hinzuwirken ist (*Jungmann* ZRI 2021, 209 (214)). **22**

**23** Das „Ob", geeignete Gegenmaßnahmen zu ergreifen, steht nicht im Ermessen des Geschäftsleiters (*Brünkmans* ZInsO 2021, 1 (3); Flöther/*Goetker* § 1 Rn. 41). Demgegenüber hat er ein Ermessen hinsichtlich der Auswahl der Gegenmaßnahmen und deren Durchführung (*Scholz* ZIP 2021, 219 (229)). Er darf aber keine ungeeigneten Maßnahmen ergreifen, wohl aber zwischen mehreren geeigneten Maßnahmen wählen. Zudem folgt die Ungeeignetheit im späteren Haftungsprozess nicht schon daraus, dass sie nicht erfolgreich war, weil der **ex ante-Zeitpunkt** maßgeblich ist. Auch bei der Frage, was aus dieser ex ante-Sicht geeignet ist, muss ein gewisser Beurteilungsspielraum greifen. Die Geeignetheit bezieht sich auf die Abwehr der Bestandsgefährdung. Eine einzelne Maßnahme muss dazu nicht allein geeignet sein, sondern kann auch eine Maßnahme von mehreren zur Erreichung dieses Ziels sein. Nicht erforderlich ist eine Bestandsfähigkeit iSd des IDW S 6-Standards (*Brünkmans* ZInsO 2021, 1 (3)). **Spekulative** Maßnahmen sind nicht geeignet, weil sie ihrerseits bestandsgefährdend sind (Goetker Rn. 43). Eine Gegenmaßnahme muss aber nicht generell risikolos sein (vgl. auch ErwGr 70 der RL 2019/1023; siehe ferner Lutter/Hommelhoff/*Kleindiek* § 43 Rn. 28), aber die Risiken müssen im Lichte des Beitrags zur Abwehr der Bestandsgefährdung vertretbar und verhältnismäßig sein. Zu Weisungen der Gesellschafter → Rn. 37.

**24** Wie auch sonst ist der Geschäftsleiter bei den Gegenmaßnahmen an die Rechtsordnung und die den Schuldner treffenden Pflichten gebunden (**Legalitätspflicht;** zur Legalitätspflicht des Geschäftsleiters BGH NJW 2012, 3439 Rn. 22; Lutter/Hommelhoff/*Kleindiek* GmbHG § 43 Rn. 28; → § 43 Rn. 12 ff.).

**25** Im Einzelnen setzt eine geeignete Gegenmaßnahme die **Krisenursachenanalyse** voraus, weil die Maßnahmen sonst an den Problemen vorbeizugehen drohen (vgl. *Seibt/v. Treuenfeld* DB 2019, 1190 (1192); *Bork* ZIP 2011, 101 (106)). Die Reaktionspflicht umfasst also zunächst die Sanierungsprüfung (Analyse des Ist-Zustands und Herstellung der Entscheidungsgrundlagen, *Bork* ZIP 2011, 101 (106 f.)). Auf zweiter Ebene sind dann die angemessenen Maßnahmen zu **identifizieren** und schließlich auch auf dritter Ebene **umzusetzen,** und, wie zu ergänzen ist, auf einer vierten Ebene ggf. im Zeitablauf und in der Umsetzungsphase **anzupassen** (Flöther/*Goetker* § 1 Rn. 46: adaptives Krisenmanagement). Das Ergreifen der Gegenmaßnahme iSd Abs. 1 S. 2 Alt. 1 bedingt auch, auf ihre Umsetzung hinzuwirken. Die gesellschaftlichen Zuständigkeiten bleiben dabei unberührt. In der GmbH sind bei wichtigen, grundlegenden und außergewöhnlichen Maßnahmen die Gesellschafter zu befragen (dazu noch → Rn. 31). Innerhalb der Restrukturierungssache nach Rechtshängigkeit gilt das nicht mehr (→ § 32 Rn. 7 ff.; → § 43 Rn. 8).

**26** Die möglichen Gegenmaßnahmen hängen von **Einzelfall** ab. Mit § 1 verbindet sich **keine Pflicht,** einen Restrukturierungsrahmen nach §§ 2 ff. oder Instrumente iSd § 29 zu nutzen oder einen freiwilligen Insolvenzantrag anzustrengen. Soweit darauf hingewiesen wird, eine solche Pflicht könne sich aus § 1 ergeben, wenn sich der Schuldner *nur* über einen StaRUG-Rahmen sanieren könne (*Brinkmann* KTS 2021, 303 (321)), ist das in aller Regel ein theoretischer Fall. In aller Regel wird es je nach Krisenstadium eine Reihe von Alternativen geben, die auf ihre Tauglichkeit zu bewerten sind.

Dabei kann es je nach Krisenursache und Ausmaß der Krise um interne Maßnahmen gehen wie etwa Kapitalmaßnahmen, Aufnahme von Gesellschafterdarlehen, Patronatserklärungen etc oder um externe Maßnahmen mit Beiträgen Dritter wie Stundungen oder Teilerlassen etc. Finanzielle und leistungswirtschaftliche Sanierung bedingen einander in der Regel; auch insoweit hängt es von der Krisenstruktur ab. **27**

Regelmäßig wird die Sanierung zunächst durch **außergerichtliche Sanierungsverhandlungen** geführt, ggf. auch als **Sanierungsmoderation** nach §§ 94 ff. StaRUG. Tritt die Akkordstörerproblematik hinzu, kommt auch der Gang in eine Restrukturierung nach §§ 2 ff. StaRUG in Frage. Daneben muss aber **geprüft werden,** ob nicht besser gleich ein Schutzschirmverfahren (§ 270d InsO) sinnvoll ist, etwa um von weiterreichenden Gestaltungsmöglichkeiten des **Insolvenzverfahrens** (zB Insolvenzgeld, § 103 InsO) Gebrauch machen zu können. Es trifft nicht zu, dass die bisher schon anerkannte Sanierungspflicht ausnahmslos nur eine Sanierung außerhalb des Insolvenzverfahrens gestattet hätte, weil nur diese dem Aktionärsinteresse hätte entsprechen können (so aber *Seibt/v. Treuenfeld* DB 2019, 1190 (1192)). **28**

### 3. Berichtspflicht (Abs. 1 S. 2 Alt. 2)

Die Geschäftsleiter müssen den zur Überwachung der Geschäftsleitung berufenen Organen Bericht erstatten und – in Erweiterung des Wortlauts (*Jungmann* ZRI 2021, 209 (214)) – auf deren Befassung im Rahmen ihrer Möglichkeiten hinwirken. Überwachungsorgan ist zwar bei § 276a InsO auch die Gesellschafterversammlung, aber die Begründung RegE will wohl die Gesellschafterversammlung nur von S. 3 erfassen (BT-Drs. 19/24181, 104). Gemeint ist bei Satz 2 also der vor allem der Aufsichtsrat. Die Berichtspflicht ergibt sich schon aus § 90 Abs. 1 S. 1 Nr. 3 und 4 AktG. Welche Pflichten der Aufsichtsrat sodann hat und in welchem Rahmen er den Geschäftsleitungsorganen Vorgaben machen kann, regelt § 1 selbst nicht. **29**

### 4. Pflicht zur Hinwirkung auf die Einbeziehung anderer Organe (Abs. 1 S. 3)

Gemäß Abs. 1 S. 3 besteht die Pflicht, unverzüglich auf die Befassung von anderen Organen hinzuwirken, soweit die zu ergreifenden Maßnahmen deren Zuständigkeiten berühren. Unverzüglich entspricht der Legaldefinition von § 121 BGB (ohne schuldhaftes Zögern). Wann die Zuständigkeiten anderer Organe, dh anderer als der schon nach Abs. 1 S. 2 erfassten Überwachungsorgane, berührt werden, ergibt sich aus dem jeweiligen Gesellschaftsrecht (Begründung RegE, BT-Drs. 19/24181, 104), dh aus Gesetz oder Satzung oder Gesellschaftsvertrag. Diese Vorgaben bestehen fort, weil außerhalb des Restrukturierungsrahmen und vor Rechtshängigkeit der Restrukturierungssache kein umfänglicher *shift of duties* eintritt (dazu → Rn. 34). **30**

31 **Ausdrückliche Zuständigkeiten** für die Gesellschafter und Gesellschafterversammlung können sich insbesondere bei Kapitalmaßnahmen ergeben (§ 119 Abs. 1 Nr. 6, 7 AktG, §§ 182 ff. AktG, §§ 222 f. AktG, § 221 AktG; §§ 53 ff., 58, 58a GmbHG). Die Pflicht des § 49 Abs. 3 GmbHG, § 92 Abs. 1 AktG, bei einem hälftigen Verlust des Grund- oder Stammkapitals die Gesellschafter-/Hauptversammlung einzuberufen, bleibt schon nach § 1 Abs. 3 unberührt (außerhalb des Insolvenzverfahrens). Nach allgemeinen gesellschaftsrechtlichen Maßstäben kommt bei der AG und der GmbH zudem eine **ungeschriebene Zuständigkeit** der Gesellschafter oder Aktionäre bei wesentlichen Grundlagenentscheidungen in Betracht, bei der AG namentlich nach der Holzmüller- und Gelatine-Doktrin (BGHZ 83, 122 = NJW 1982, 1703; NJW 2004, 1860). Im Aktienrecht werden mehrere Fallgestaltungen diskutiert wie zB das Delisting und damit verwandte Strukturmaßnahmen (ablehnend BGH NJW 2014, 146 gegen BGH NZG 2003, 280). In der GmbH gilt allgemein, dass wichtige, außergewöhnliche Maßnahmen und Grundlagengeschäfte der Gesellschafterversammlung vorzulegen sind (BGH NJW 1973, 1039; 1984, 1461 (1462); ZIP 1991, 509 (510); DStR 2005, 1066; 2019, 1048 Rn. 37 [Bedeutung des Geschäfts], vgl. *Brinkmann* ZIP 2020, 2361 (2363); *Eschwey* MittBayNot 2018, 299 (309); *Servatius* FS Stilz, 2014, 601 (609); Roth/Altmeppen/*Altmeppen*, GmbHG, 10. Aufl. 2021, § 37 Rn. 22; MüKoGmbHG/*Stephan/Tieves*, 3. Aufl. 2019, § 37 Rn. 143; Ulmer/Habersack/Löbbe/*Paefgen*, § 37 Rn. 19 mwN). Bei der GmbH & Co. KG ist schon wegen § 116 Abs. 2 HGB für außergewöhnliche Geschäfte die Gesellschafterversammlung einzubeziehen.

32 Vor diesem Hintergrund ist fraglich, ob für die Sanierung mittels Insolvenzverfahrens einerseits oder StaRUG andererseits ein **vorheriger Beschluss** der Gesellschafter/Aktionäre (im Innenverhältnis!) erforderlich ist. Bei „freiwilligen" Insolvenzanträgen (§ 18 InsO) wird dies verbreitet für die GmbH angenommen, bei der AG aus Praktikabilitätsgründen abgelehnt und dann allenfalls der Aufsichtsrat als Adressat einer **Zustimmungspflicht** angesehen (K. Schmidt InsO/*K. Schmidt* InsO § 18 Rn. 31; *Kebekus/Zenker* FS Maier-Reimer, 2010, 319 (335); *Wertenbruch* DB 2013, 1592 (1593), zur GmbH & Co. KG differenzierend *Wertenbruch* DB 2013, 1592 (1595)). Soweit nicht nur drohende Zahlungsunfähigkeit vorliegt, sondern Überschuldung oder erst recht Zahlungsunfähigkeit, gilt dies nicht, denn dann besteht eine zwingende Insolvenzantragspflicht nach § 15a InsO.

33 Für das StaRUG ist die Frage noch offen (dazu *Thole* BB 2021, 1347 (1349); umfassende Darstellung des Meinungsstands bei BeckOK StaRUG/*Spahlinger* § 17 Rn. 30; vgl. auch Braun StaRUG/*Ehret* § 1 Rn. 10; auch → § 31 Rn. 6). Ebenso ungeklärt ist sodann, ob die **Anzeige der Restrukturierungssache** (§ 31) eine solche **Zustimmung** voraussetzte oder erst die Vorlage eines Restrukturierungsplans, wenn die zu ergreifende Maßnahme die Gesellschafter berührt (also in den Fällen des § 2 Abs. 4). Eine Zuständigkeit der Gesellschafterversammlung widerspricht jedenfalls entgegen teilweise vertretener Auffassung nicht Art. 12 der RL 2019/1023, weil es stets nur um eine interne Pflicht geht. **Nach außen,** dh für die Wirksamkeit der Anzeige nach § 31 und innerhalb eines StaRUG-Sache **kommt es nicht darauf an,** ob eine etwa erforderliche Zustimmung der Gesell-

schafterversammlung eingeholt wurde. Auch Art. 19 lit. a RL 2019/1023 steht einer gesellschaftsinternen Pflicht, die Zustimmung der Gesellschafter einzuholen, kaum entgegen, weil die Vorschrift die im nationalen Recht angelegte Rangfolge bewusst offenlässt. Auch die Bilanzansätze (Fortführungswerte nach § 252 Abs. 1 Nr. 2 HGB) sind schon wegen ihres anderen systematischen Kontexts kein maßgebliches Argument (so aber *Skauradszun* KTS 2021, 1 (49 f.)). Darüber hinaus muss auch das klassische Insolvenzverfahren nicht generell auf Liquidation abzielen. Nachdem der deutsche Gesetzgeber das StaRUG gerade als funktionales Äquivalent zum Schutzschirmverfahren/Insolvenzplanverfahren konzipiert hat, liegt die Parallele zu § 18 InsO und den freiwilligen Insolvenzanträgen auf der Hand, selbst wenn die Restrukturierungssache nicht zur Auflösung der Gesellschaft führt (*Brünkmans* ZInsO 2021, 125 (127); *Thole* BB 2021, 1347 (1350)). Dass die Anzeige eine besonders bedeutsame und außergewöhnliche Maßnahme darstellt, ist schon deshalb zu bejahen, weil die Schuldnerin innerhalb der Restrukturierungssache sodann die Interessen der Gesamtheit der Gläubiger wahren muss (§ 32 Abs. 1 StaRUG), also der *shift of duties* eintritt (→ § 32 Rn. 9). Die Anzeige stellt aber nicht zwingend ein Grundlagengeschäft mit qualifiziertem Mehrheitserfordernis dar (so noch *Seibt/Bulgrin* DB 2020, 2226 (2236); differenzierend nach Art der in Aussicht genommenen Strukturmaßnahme *Rauhut* NZI-Beilage 2021, 52 (54)), wohl aber dürfte die Zustimmung mit dem einfachen Mehrheitserfordernis des § 47 GmbHG erforderlich sein (*Schäfer* ZIP 2020, 2164 (2168)). Bei der AG kann es nicht auf die Hauptversammlung ankommen, sondern den Aufsichtsrat (*Brinkmann* KTS 2021, 308 (317)) Bei einer bloßen **Sanierungsmoderation** (§§ 94 ff.) ist nicht ohne weiteres von einem Zustimmungserfordernis auszugehen, jedenfalls nicht schon bei dessen Beantragung, sondern nur dann, wenn der Vergleich außergewöhnliche Maßnahmen vorsieht (zB *asset deal*).

### 5. Kein umfassender *shift of duties*

Bedauerlicherweise hat der Gesetzgeber §§ 2, 3 StaRUG-RegE nicht umgesetzt. Danach hätte sich im Zweifelsfall ein Vorrang der Gläubigerinteressen vor den Gesellschafterinteressen ergeben; entgegenstehende Weisungen wären als unwirksam zu behandeln gewesen und Einschränkungen der Haftung nicht beachtlich. Die Rechtsprechung des BGH hatte bisher bei der GmbH den Schutz der Gläubiger nur „reflexartig“ als Schutzziel der Geschäftsleiterpflichten ausgemacht (BGHZ 110, 342 (360) = NJW 1990, 1725 (1730); BGHZ 148, 167 = NJW 2001, 3123). Weisungen der Gesellschafter und Haftungsbeschränkungen sind, von Sonderfällen wie § 43 Abs. 3 GmbHG und Existenzvernichtung abgesehen, grundsätzlich statthaft (MüKoGmbHG/*Fleischer* § 43 Rn. 275, 303 ff.). Der Rechtsausschuss begründet die Streichung mit der Feststellung, dass das Bedürfnis nach Gläubigerschutz durch die gesellschaftsrechtlichen Haftungsnormen aufgefangen werde und keine Haftungslücken entstünden (Bericht des Rechtsausschusses, BT-Drs. 19/25353, 6). **34**

Es wird daher teilweise angenommen, der *shift of duties* gelte nunmehr aufgrund der Wertung des § 1 ab drohender Zahlungsunfähigkeit auch un- **35** geachtet der fehlenden gesetzlichen Fixierung (Pannen/*Weitzmann* § 1 Rn. 27; *Bitter* ZIP 2021, 321 (336); tendenziell *Bea/Dressler* NZI 2021, 67 ff.; *Giorotto/Czerny* NZI-Beilage 2021, 66 (68); wohl auch Braun StaRUG/*Ehret* § 1 Rn. 10). Das dürfte aber, auch angesichts des erweiterten Prognosezeitraums der drohenden Zahlungsunfähigkeit von 24 Monaten (§ 18 InsO), kaum richtig sein, solange sich der BGH im hergebrachten System bewegt. Es ist allerdings zu hoffen, dass die Rechtsprechung den Gläubigerschutz künftig stärker betont. Für die Praxis muss aber einstweilen wegen der Streichung der §§ 2, 3 StaRUG-RegE von dem **hergebrachten gesellschaftsrechtlichen Regeln** ausgegangen werden. Im Aktienrecht gilt freilich immerhin § 93 Abs. 5 S. 3 AktG.

**36** Es wird erörtert, ob sich nicht aus den Vorgaben der RL 2019/1023, namentlich aus Art. 19 lit. c der RL 2019/1023 und Erwägungsgrund Nr. 71 in richtlinienkonformer Auslegung für das deutsche Recht ergeben müsse, dass ein Entlastungsbeschluss unbeachtlich sowie Weisungen und der Verzicht auf den Anspruch zugunsten der Gläubiger analog § 93 Abs. 5 S. 3 AktG unwirksam wären (*Scholz* ZIP 2021, 219 (221)). Diese auch im allgemeinen GmbH-Schrifttum erwogene analoge Anwendung des § 93 Abs. 5 S. 3 AktG bei der GmbH überführt dagegen eine aktienrechtliche Regelung in das GmbH-Recht, was nur mit Zurückhaltung geschehen kann (ablehnend für die GmbH daher Lutter/Hommelhoff/*Kleindiek* GmbHG, § 43 Rn. 65). Von *Kleindiek* wird entgegen der im GmbH-Recht vorherrschenden Auffassung vertreten, für die Einschränkbarkeit der Geschäftsführerhaftung sei nach den spezifisch gläubigerschützenden Geschäftsführerpflichten zu differenzieren, die (über die Gebote der §§ 30, 33 GmbHG und § 15b InsO hinaus) nicht zur Disposition der Gesellschafter stehen können. Für diese Pflichten müsse – in Analogie zu § 43 Abs. 3 S. 2 und 3 GmbHG – die vorherige Milderung des Haftungsmaßstabs ausgeschlossen sein; ein nachträglicher Verzicht oder Vergleich dürfe nur Anerkennung finden, soweit der Ersatzanspruch zur Gläubigerbefriedigung nicht erforderlich ist (Lutter/Hommelhoff/*Kleindiek* GmbHG, § 43 Rn. 65). Denkbar erschiene es, Verstöße gegen die Pflicht des § 1, Gegenmaßnahmen zu ergreifen, künftig in diesem Sinne als indisponibel zu begreifen, doch würde dies voraussetzen, dass sich die gesellschaftsrechtliche Rechtsprechung von der strikten Anlehnung an die Kapitalerhaltung (Fall des § 43 Abs. 3 GmbHG) als „Schwelle zum Gläubigerschutz" löst (*Thole* BB 2021, 1347 (1349)). Nachdem mit Streichung der §§ 2, 3 StaRUG-RegE die klare gläubigerschützende Ausrichtung aufgegeben wurde und die dort noch enthaltene Vorgabe, dass entgegenstehende Weisungen unwirksam sind, nicht im Gesetz zu finden ist, dürften diese Ansätze vorerst nicht dem Stand der gesellschaftsrechtlichen Lehre entsprechen. Im Übrigen steht einer weitergehenden Mobilisierung des § 1 als Ausdruck des *shift of duties* gerade entgegen, dass die Aussage des § 1 Abs. 1 S. 3 keinen rechten Sinne ergäbe, wenn die Gesellschafterversammlung doch nichts zu sagen hätte.

**37** Im Ergebnis darf man aber das Problem nicht überbewerten. In einer frühen Phase der Krise sind Verbands-, Gesellschafter- und Gläubigerinteresse noch weitgehend kongruent. Die **Weisungsrechte** der Gesellschafter können sich zudem nur in **dem von § 1 gespannten, wenngleich recht**

**weiten Korridor** bewegen. Über das Ob des Krisenmanagements und der Früherkennung darf aber nicht disponiert werden. Auch darf **nicht zu spekulativen,** und damit ihrerseits nicht bestandserhaltenden, sondern bestandsgefährdenden Maßnahmen angehalten werden. **Existenzvernichtende Eingriffe** sind den Gesellschaftern schon nach allgemeinen Regeln untersagt ebenso wie Verstöße gegen die Kapitalerhaltungsvorgaben (§ 43 Abs. 3 GmbHG). Die **Legalitätspflicht** bleibt unberührt. Außerdem ist die Verletzung der sich aus § 1 ergebenden Pflichten geeignet, vom Verwalter durchzusetzende Ansprüche der Gesellschaft aus § 43 Abs. 2 GmbHG, § 93 Abs. 2 AktG zu begründen (→ Rn. 42), was mittelbar dem Gläubigerschutz dient.

Spezifisch zur Haftungsentlastung durch Gesellschafterbeschluss → Rn. 45. 38

## V. Weitergehende Pflichten (Abs. 3)

§ 1 Abs. 3 enthält eine Klarstellung. Weitergehende Pflichten aus anderen 39
Gesetzen bleiben unberührt. § 1 enthält also nur Mindestanforderungen. Andere Gesetze sind **andere Bestimmungen,** mithin auch Vorgaben des StaRUG selbst (Flöther/*Goetker* Rn. 83). Insbesondere gilt nach Rechtshängigkeit der Restrukturierungssache durch Anzeige (§ 31) der *shift of duties.* § 32 ist insoweit nicht nur eine Grenze der gesellschaftsrechtlichen Legalitätspflicht des Geschäftsleiters, sondern Ausdruck des Vorrangs der Gläubigerinteressen innerhalb der Rechtshängigkeit. Dies ergibt sich aus §§ 32, 42, 43, 57 und dem systematischen Regelungsansatz des StaRUG, eine Alternative zum Eigenverwaltungs- und Schutzschirmverfahren anzubieten (Begründung RegE, BT-Drs. 19/24181, 105). Der in §§ 2, 3 StaRUG-RegE vorgesehene Einstieg in den *shift of duties* sollte gerade den graduellen Übergang der Pflichtenbindung zugunsten der Gläubiger ermöglichen.

§ 1 Abs. 3 bezieht sich auf § 91 Abs. 2 AktG sowie § 49 Abs. 3 GmbHG 40
und die besonderen Anforderungen an das Risikomanagement bei **Kreditinstituten** und Finanzdienstleistern unter § 25a Abs. 1 S. 3 KWG (kritisch zum Nebeneinander *Hopt/Kumpan* AG 2021, 129 (134)). Vergleichbare Regelungen bestehen für Versicherungsunternehmen nach §§ 23 ff. VAG, Kapitalanlagegesellschaften nach §§ 28 ff. KAGB. Auch ähnliche **aufsichtsrechtliche Vorgaben** bleiben unberührt. Ebenso unberührt bleibt die Insolvenzantragspflicht und das Zahlungsverbot (§§ 15a, 15b InsO).

## VI. Rechtsfolgen und zivilrechtliche Haftung bei Verstößen

Die Rechtsfolgen eines Verstoßes richtet sich nach den **allgemeinen** 41
**Regeln.** Denkbar sind im Einzelfall auch der Widerruf der Bestellung des Geschäftsleiters, § 84 Abs. 3 S. 1 AktG, § 38 Abs. 2 GmbHG und weitere **berufsspezifische Folgen.**

Für die **zivilrechtliche Haftung der Geschäftsleiter** gelten *innerhalb* 42
*eines Restrukturierungsrahmens* die besonderen Vorgaben nach § 43 und ggf.

des § 57 (siehe die Kommentierung dort); § 42 ist Schutzgesetz iSd § 823 Abs. 2 BGB (*Thole* ZIP 2020, 1985 (1991)). Für Verletzungen der sich aus § 1 ergebenden Krisenfrüherkennungspflichten und der daran anknüpfenden Krisenreaktionspflicht im Vorfeld einer etwaigen Restrukturierungssache greifen demgegenüber „nur" die allgemeinen Tatbestände des Gesellschaftsrechts wie § 93 Abs. 2 AktG und § 43 Abs. 2 GmbHG.

**43** Haften mehrere Geschäftsleiter (denkbar vor allem wegen des Grundsatzes der Gesamtverantwortung oder bei Kollegialentscheidungen), besteht eine **gesamtschuldnerische** Haftung. Angeknüpft wird dort an einen **Schaden der Gesellschaft,** der kausal und schuldhaft durch die Verletzung der Früherkennungs- oder reaktionspflicht entstanden sein muss. Bei der Frage, wie sich die Dinge hypothetisch entwickelt hätten, wenn der Geschäftsleiter die Krise erkannt hätte oder wenn er reagiert hätte, ist § 287 ZPO anwendbar, mithin das Beweismaß der überwiegenden Wahrscheinlichkeit. Dabei gilt die *allgemeine* **business judgment rule** nach den bekannten Regeln zu § 43 Abs. 1 GmbHG, § 93 Abs. 1 S. 2 AktG im Umfang von → Rn. 11 (*Scholz* ZIP 2021, 219 (229)). Die in § 2 Abs. 1 S. 2 StaRUG-RegE vorgesehene „restructuring judgment rule", die sich an dem insolvenzspezifischen Maßstab des BGH-Urteils zu § 60 InsO orientierte (BGH NZI 2020, 671 mit Anm. *Thole* BB 2020, 1359), aber inhaltlich vergleichbare Maßstäbe aufstellte, greift nicht, zumal § 1 nicht die drohende Zahlungsunfähigkeit voraussetzt. Allerdings wird man bei der inhaltlichen Ausfüllung der *business judgment rule* das Krisenstadium und das Ausmaß der Krise berücksichtigen müssen. Fraglich sein kann, welchen Schaden die Gesellschaft durch die fehlende oder verzögerte Krisenreaktion oder die unterlassene Krisenerkennung erleidet; es kommt auf die Beeinträchtigung des Gesellschaftsvermögens an. Häufig wird die Haftung maßgeblich von der Kausalität abhängen.

**44** Die Entscheidung über die Geltendmachung der Haftung obliegt der Gesellschafterversammlung (§ 46 Nr. 8 GmbHG), bei der AG beim Aufsichtsrat (ARAG-Grundsätze BGHZ 135, 244 (252 f.) = NJW 1997, 1926; BGH NZG 2018, 1301 Rn. 15; vgl. auch *Brünkmans* ZInsO 2021, 1 (3)), im Insolvenzverfahren beim Verwalter oder Sachwalter (§ 280 InsO) ohne Notwendigkeit eines Gesellschafterbeschlusses (MüKoGmbHG/*Fleischer,* 3. Aufl. 2019, § 43 Rn. 328). Bei der GmbH & Co. KG hat die KG einen direkten Anspruch gegen den Geschäftsführer der Komplementärin (BGH NJW 2013, 3636 Rn. 18).

**45** Ob ein vorheriger **Haftungsverzicht** der Gesellschafterversammlung oder eine **Weisung** den Geschäftsleiter der GmbH entlastet, ist nicht abschließend geklärt, seit §§ 2, 3 StaRUG-RegE für Fälle der drohenden Zahlungsunfähigkeit nicht umgesetzt wurden (dazu bereits → Rn. 4). Es wird erörtert, ob spezifisch eine Weisung wirksam wäre, die es dem Geschäftsleiter untersagte, ein StaRUG-Verfahren einzuleiten (verneinend *Scholz* ZIP 2021, 219 (226 f.) zumindest für Weisungsbeschlüsse betreffend die Untersagung der Planbestätigung oder zur Rücknahme der Anzeige der Restrukturierungssache). Doch solange das StaRUG die gesellschaftsrechtlichen Strukturen intakt lässt, bleibt auch die Entscheidung, ob die Gesellschaft ein Restrukturierungsvorhaben anzeigen möchte, **an diese gesell-**

**schaftsrechtliche Binnenverfassung gebunden.** Im Ergebnis sind rechtmäßige Weisungen entlastend, aber es ist darauf zu achten, dass die Gesellschafter über die Krisenreaktionspflicht nicht generell disponieren können und eine Anweisung zu ungeeigneten Gegenmaßnahmen nicht mit § 1 konform und daher rechtswidrig wäre. Für den Umgang mit rechtlich zweifelhaften oder mit eindeutig rechtswidrigen Weisungen gelten die allgemeinen Vorgaben des Gesellschaftsrechts (MüKoGmbHG/*Fleischer* § 43 Rn. 249 ff.; MüKoGmbHG/*Stephan/Tieves* § 37 Rn. 115 ff.). Von der Rechtswidrigkeit der Weisung ist das Verschulden des Geschäftsleiters zu unterscheiden.

§ 1 ist **nicht Schutzgesetz** für die Gläubiger über § 823 Abs. 2 BGB. **46** Dagegen spricht die bewusste Überantwortung der Haftung auf die allgemeinen gesellschaftsrechtlichen Innenhaftungstatbestände (Flöther/*Goetker* § 1 Rn. 123; *Bork* ZIP 2011, 101 (109); a. A. *Hölzle,* FS Gehrlein, 261 (276 ff.), zugleich mit vertragsrechtlichem Haftungsansatz) und der nur reflexhafte Schutz der Gläubiger, solange die Rechtsprechung nicht das Petitum des Rechtsausschusses aufgreift (→ Rn. 34). Im Einzelfall ist § 823 Abs. 1 BGB denkbar, wenn absolute Rechte kausal durch einen Verstoß gegen § 1 beeinträchtigt werden. Ist die Krise in Wahrheit schon mit der Insolvenzreife verbunden, gilt § 15a InsO (iVm § 823 Abs. 2 BGB sowie § 15b InsO). Nach Eintritt der Rechtshängigkeit einer Restrukturierungssache gilt § 43. Für die Haftung des **Aufsichtsrats** gelten allgemeinen Regeln. Die Haftung kann sich ergeben, wenn der (auch fakultative) Aufsichtsrat die Geschäftsleitung bei deren Einhaltung der Regeln aus § 1 nicht hinreichend überwacht. Das kann sich ggf. ergeben, wenn die Geschäftsleitung kein Risikofrüherkennungssystem, soweit erforderlich, etabliert hat. Die vom Geschäftsleiter im Einzelfall versäumte Berichterstattung an den Aufsichtsrat nach Abs. 1 S. 2 kann aber nicht für sich genommen zugleich den Vorwurf fehlender Überwachung durch den Aufsichtsrat begründen.

# Teil 2. Stabilisierungs- und Restrukturierungsrahmen

## Kapitel 1. Restrukturierungsplan

### Abschnitt 1. Gestaltung von Rechtsverhältnissen

#### Gestaltbare Rechtsverhältnisse

**2** (1) **Auf der Grundlage eines Restrukturierungsplans können gestaltet werden:**

1. **Forderungen, die gegen eine restrukturierungsfähige Person (Schuldner) begründet sind (Restrukturierungsforderungen), und**
2. **die an Gegenständen des schuldnerischen Vermögens bestehenden Rechte, die im Fall der Eröffnung eines Insolvenzverfahrens zur Absonderung berechtigen würden, es sei denn, es handelt sich bei ihnen um Finanzsicherheiten im Sinne des § 1 Absatz 17 des Kreditwesengesetzes oder um Sicherheiten, die dem Betreiber eines Systems nach § 1 Absatz 16 des Kreditwesengesetzes zur Absicherung seiner Ansprüche aus dem System oder der Zentralbank eines Mitgliedstaats der Europäischen Union oder der Europäischen Zentralbank gestellt wurden (Absonderungsanwartschaften).**

(2) [1] **Beruhen Restrukturierungsforderungen oder Absonderungsanwartschaften auf einem mehrseitigen Rechtsverhältnis zwischen dem Schuldner und mehreren Gläubigern, so sind auch Einzelbestimmungen in diesem Rechtsverhältnis durch den Restrukturierungsplan gestaltbar.** [2] **Satz 1 gilt auch für die Bedingungen von Schuldtiteln im Sinne des § 2 Absatz 1 Nummer 3 des Wertpapierhandelsgesetzes und von Verträgen, die zu gleichlautenden Bedingungen mit einer Vielzahl von Gläubigern geschlossen wurden.** [3] **Beruhen Restrukturierungsforderungen oder Absonderungsanwartschaften auf unterschiedlichen Rechtsverhältnissen und haben die Inhaber der Forderungen oder Anwartschaften untereinander und mit dem Schuldner Vereinbarungen über die Durchsetzung der gegenüber diesem bestehenden Forderungen oder Anwartschaften und das relative Rangverhältnis der aus der Durchsetzung resultierenden Erlöse getroffen, so sind auch die Bedingungen dieser Vereinbarung durch den Plan gestaltbar.**

(3) **Ist der Schuldner eine juristische Person oder eine Gesellschaft ohne Rechtspersönlichkeit, können auch die Anteils- oder Mitgliedschaftsrechte der an dem Schuldner beteiligten Personen durch den**

**Restrukturierungsplan gestaltet, sonstige gesellschaftsrechtlich zulässige Regelungen getroffen sowie Anteils- und Mitgliedschaftsrechte übertragen werden.**

(4) [1]**Der Restrukturierungsplan kann auch die Rechte der Inhaber von Restrukturierungsforderungen gestalten, die diesen aus einer von einem verbundenen Unternehmen im Sinne des § 15 des Aktiengesetzes als Bürge, Mitschuldner oder aufgrund einer anderweitig übernommenen Haftung oder an Gegenständen des Vermögens dieses Unternehmens zustehen (gruppeninterne Drittsicherheit); der Eingriff ist durch eine angemessene Entschädigung zu kompensieren.** [2]**Satz 1 Halbsatz 2 gilt entsprechend für eine Beschränkung der persönlichen Haftung eines persönlich haftenden Gesellschafters eines als Gesellschaft ohne Rechtspersönlichkeit verfassten Schuldners.**

(5) [1]**Maßgeblich für die Absätze 1 bis 4 sind die Rechtsverhältnisse zum Zeitpunkt der Unterbreitung des Planangebots (§ 17), im Fall einer Abstimmung im gerichtlichen Planabstimmungsverfahren zum Zeitpunkt der Antragstellung (§ 45).** [2]**Erwirkt der Schuldner vorher eine Stabilisierungsanordnung (§ 49), tritt an die Stelle des Planangebots oder des Antrags der Zeitpunkt der Erstanordnung.**

**Übersicht**

## I. Normzweck und Grundlagen

§ 2 regelt – als erste Norm im Kapitel 1 „Restrukturierungsplan" – grundlegend, welche Forderungen, Rechte und Rechtsverhältnisse einer Gestaltung durch einen Restrukturierungsplan zugänglich sind. Der Vorschrift des § 2 kommt damit zentrale Bedeutung für jeden Restrukturierungsplan zu, da sie den Umfang möglicher Eingriffe in Rechte der Planbetroffenen und damit den Gestaltungsspielraum für den Schuldner vorgibt. Ergänzt wird § 2 durch die Regelungen der §§ 3, 4, die zum einen Konkretisierungen für bedingte und nicht fällige Restrukturierungsforderungen und Forderungen aus gegenseitigen Verträgen (§ 3) und zudem Ausnahmen für bestimmte Rechtsverhältnisse (§ 4) vorsehen. **1**

Während die Restrukturierungs-Richtlinie (RL 2019/1023) in Art. 2, 4, 8 den nationalen Gesetzgebern einen weiten Gestaltungsspielraum bis hin zur Ermöglichung leistungswirtschaftlicher Sanierungen im Rahmen des präventiven Restrukturierungsrahmens eröffnet hat, entschied sich der deutsche Gesetzgeber letztlich für eine Fokussierung des StaRUG auf eine **finanzwirtschaftliche Sanierung** insolvenzbedrohter Unternehmen. Das StaRUG schließt damit eine zuvor bestehende Lücke in der deutschen Restrukturierungspraxis, die auch dazu geführt hat, dass in der Vergangenheit teils Möglichkeiten genutzt wurden, in anderen Jurisdiktionen sanierungsrechtliche Instrumente in Anspruch zu nehmen, um insbesondere gegen den Widerstand einzelner Akkordstörer mehrheitlich getragene Lösungen umzusetzen. Die zuvor mit Blick auf leistungswirtschaftliche Sanierungselemente noch im Raum stehenden Regelungsentwürfe zur Vertragsbeendigung, zuletzt in §§ 51 ff. RegE, hat der Gesetzgeber nach vorangegangener Kritik hieran aus Wissenschaft und Praxis letztlich nicht in Gesetzeskraft erwachsen lassen (zur Kritik zB *Thole* ZIP 2020, 1985 (1995); *Hofmann* NZI 2020, 871 (873 ff.)). Mit dem Regelungsumfang des § 2 hat sich der Gesetzgeber zugleich bewusst für eine Orientierung an den bewährten Gestaltungsmöglichkeiten des Insolvenzplanrechts orientiert, wobei Abs. 2 über die Möglichkeiten der §§ 217 ff. InsO hinaus im Rahmen von Restukturierungsplänen eine Gestaltung der Vertragsbeziehungen in Fällen „kollektiver Finanzierungsarrangements" zulässt (Begründung RegE, BT-Drs. 19/24181, 110 f.). **2**

## II. Gestaltbare Rechtsverhältnisse (Abs. 1)

3 § 2 Abs. 1 nennt als gestaltbare Rechtsverhältnisse zunächst die in seinen Nr. 1 und Nr. 2 definierten Restrukturierungsforderungen und Absonderungsanwartschaften.

### 1. Restrukturierungsforderungen

4 Forderungen, die gegen eine restrukturierungsfähige Person, den (Restrukturierungs-) Schuldner, begründet sind, können als Restrukturierungsforderungen iSv Abs. 1 Nr. 1 in einem Restrukturierungsplan gestaltet werden. Die Legaldefinition der Restrukturierungsforderung knüpft damit – wie auch die Definition der Insolvenzforderung in § 38 InsO – an die **Begründetheit** der Forderung an, wobei für den relevanten Zeitpunkt auf die Regelungen des Abs. 5 abzustellen ist. Die **Bedeutung der Abgrenzung** im praktischen Einzelfall darf dabei nicht unterschätzt werden, da dieser Abgrenzung letzten Endes dieselbe Bedeutung zukommt wie im Rahmen eines Insolvenzverfahrens: Die Abgrenzung zwischen Insolvenzforderung iSv § 38 InsO einerseits und Masseverbindlichkeit iSv § 55 InsO andererseits entscheidet darüber, ob der Gläubiger seine Forderung nur im Rahmen der Forderungsanmeldung durchsetzen und damit regelmäßig nur mit einer quotalen Befriedigung rechnen kann oder ob der Gläubiger die vorrangige Bedienung seiner Forderung durch die Insolvenzmasse beanspruchen kann. Demgegenüber entscheidet die Abgrenzung zwischen Restrukturierungsforderung und restrukturierungsrechtlicher Neuforderung darüber, ob der Gläubiger Eingriffe in seine Forderung auf Grundlage der Regelungen eines Restrukturierungsplans befürchten und unter den weiteren Voraussetzungen des StaRUG und unter Berücksichtigung des Minderheitenschutzes gemäß § 64 hinnehmen muss oder ob er seine Forderung ohne Sorge vor einer Gestaltung derselben weiterhin uneingeschränkt gegen den Schuldner durchsetzen kann.

5 **a) Begründetheit als maßgebliches Abgrenzungskriterium.** Um einer Gestaltung im Rahmen eines Insolvenzplans zugänglich zu sein, muss die Forderung gegen den Schuldner im gemäß Abs. 5 maßgeblichen Zeitpunkt gegen den Schuldner begründet sein. Da sich diese Abgrenzung am Vorbild der InsO orientiert, ist für die Begründetheit auf die zu § 38 InsO entwickelten Grundsätze zurückzugreifen (so ausdrücklich bereits Begründung RegE, BT-Drs. 19/24181Begründung RegE, Begründung RegE, BT-Drs. 19/24181, 111). Eine Restrukturierungsforderung liegt unter Heranziehung der Rechtsprechung des BGH zu § 38 InsO daher stets dann vor, wenn der anspruchsbegründende Tatbestand schon vor dem gemäß Abs. 5 maßgeblichen Zeitpunkt abgeschlossen ist (BGHZ 72, 263 (265 f.)). Ausreichend, aber auch erforderlich hierfür ist, dass die schuldrechtliche Grundlage des Anspruchs bereits entstanden ist; ob die Forderung selbst nach den für sie maßgeblichen Normen tatbestandlich bereits vollumfänglich entstan-

den oder fällig ist, ist demgegenüber unerheblich (BGH NZI 2011, 953 (954)).

**b) Beschränkung auf Geldforderungen.** Wenngleich § 2 wie auch die §§ 3, 4 hierzu keine ausdrückliche Regelung enthalten, findet die Gestaltbarkeit von Restrukturierungsforderungen eine wesentliche Grenze in der **Beschränkung auf Geldforderungen.** Anders als in der InsO, in der § 45 InsO eine Umrechnung von nicht auf Geld gerichteten Forderungen vorsieht, kommt eine Gestaltung solcher Forderungen im Fall des StaRUG nicht in Betracht (vgl. hierzu auch → § 3 Rn. 11); andernfalls würde bereits der Verzicht des Gesetzgebers auf das Instrument der Vertragsbeendigung durch eine mittels § 2 Abs. 1 vermittelte Vertragsanpassung unterlaufen. Dass der Gesetzgeber eine Einbeziehung von nicht auf Geld gerichteten Forderungen von vornherein für nicht zulässig erachtet hat, zeigt sich schließlich auch an den Regelungen des StaRUG zu den Stimmrechten planbetroffener Gläubiger: § 24 Abs. 2 Nr. 3 ordnet für Forderungen, die auf Geldbeträge unbestimmter Höhe gerichtet oder in ausländischer Währung oder einer Rechnungseinheit ausgedrückt sind, ausdrücklich eine Umrechnung unter Anwendung von § 45 InsO an, erwähnt nicht auf Geld gerichtete Forderungen indes nicht, obwohl diese den in § 45 InsO an erster Stelle genannten Fall der Umrechnung in der Insolvenz darstellen. Insbesondere auf eine nicht in einer Geldzahlung gerichtete Erfüllungsansprüche (vgl. hierzu auch → § 3 Rn. 11) sind damit der Gestaltung im Rahmen eines Restrukturierungsplans entzogen. Gleiches gilt erst recht für auch in der Insolvenz nicht den Tatbestand einer Insolvenzforderung erfüllende höchstpersönliche Ansprüche gegen den Schuldner wie zB Unterlassungsansprüche oder Ansprüche auf Vornahme nicht vertretbarer Handlungen. 6

**c) Besonderheiten einzelner Forderungsarten. aa) Dauerschuldverhältnisse.** Bei Forderungen aus Dauerschuldverhältnissen ist danach zu unterscheiden, ob die entsprechenden Forderungen auf einem einheitlichen Rechtsverhältnis beruhen oder ob jeweils – ggf. auf Grundlage einer Rahmenvereinbarung – neue Einzelansprüche begründet werden (Morgen StaRUG/*Knapp/Wilde* § 2 Rn. 2). Ergänzend ist im Rahmen vertraglicher Austauschverhältnisse § 3 Abs. 2 zu berücksichtigen, wonach Restrukturierungsforderungen nur insoweit gestaltbar sind, als die dem anderen Teil obliegende Leistung bereits erbracht ist (hierzu → § 3 Rn. 7 ff). **Mietforderungen** und gleichermaßen Pacht- oder Leasingforderungen sind einer Gestaltung im Restrukturierungsplan – unabhängig von der Frage der Begründung iSv Abs. 1 Nr. 1 – nach § 3 Abs. 2 nur insoweit zugänglich, als die Leistungszeiträume bereits vor dem maßgeblichen Zeitpunkt des Abs. 5 liegen. 7

**bb) Schadensersatzansprüche.** Für die Einordnung von Schadensersatzansprüchen als Restrukturierungsforderungen iSv Abs. 1 Nr. 1 ist maßgeblich, dass die Rechts- bzw. Pflichtverletzung und – im Fall vertraglicher Ansprüche – auch die Begründung des zugrundeliegenden Schuldverhältnisses bereits im maßgeblichen Zeitpunkt nach Abs. 5 begründet sind; demgegenüber kommt es auf den Zeitpunkt des Eintritts des Schadens nicht an (Morgen StaRUG/*Knapp/Wilde* § 2 Rn. 16). Dementsprechend sind ins- 8 besondere Ansprüche aus **Mängelgewährleistung** einer Restrukturierung auch dann zugänglich, wenn diese erst nach dem nach Abs. 5 maßgeblichen Zeitpunkt zu einem Schaden führen, wobei in der Praxis die Einbeziehung noch nicht bezifferbarer Restrukturierungsforderungen durchaus anspruchsvolle Fragen aufwirft, weshalb eine solche nicht den Regelfall darstellen wird.

9 **cc) Öffentlich-rechtliche Forderungen.** Öffentlich-rechtliche Forderungen sind ohne weiteres als Restrukturierungsforderungen iSv Abs. 1 Nr. 1 einzuordnen. Dies gilt insbesondere auch für Ansprüche der Sozialversicherungsträger auf Zahlung des **Gesamtsozialversicherungsbeitrags,** wobei insoweit auch für den Arbeitnehmeranteil keine Ausnahme nach § 4 Nr. 1 vorliegt, da es sich bei dem gegen den Arbeitgeber gerichteten Anspruch des Sozialversicherungsträgers gerade nicht um eine Forderung eines Arbeitnehmers handelt (so auch *Hunsalzer* ZInsO 2021, 1469 (1474)).

10 Auch **Steuerforderungen** sind klarerweise Restrukturierungsforderungen iSv Abs. 1 Nr. 1, wobei für die Abgrenzung auch insoweit auf die insbesondere von der Rechtsprechung des BFH geprägte Abgrenzung zwischen Insolvenzforderungen und Masseverbindlichkeiten heranzuziehen ist (aA Morgen StaRUG/*Knapp/Wilde* § 2 Rn. 17). Die Abgrenzung zwischen Restrukturierungsforderungen und restrukturierungsrechtlichen Neuforderungen richtet sich damit ausgehend von Abs. 1 Nr. 1 ausschließlich nach dem Zeitpunkt der Begründung der Forderung nach den für die Insolvenz maßgeblichen Grundsätzen, während es auf die steuerrechtliche Entstehung der Forderung oder deren Fälligkeit nicht ankommt; entscheidend ist auch hinsichtlich der Einordnung von Steuerforderungen als Restrukturierungsforderungen ausschließlich, wann der Rechtsgrund für den Anspruch gelegt wurde (BFH NZI 2019, 239 (240)).

11 Insbesondere sind Ertragsteuern, die aufgrund eines im Rahmen des Restrukturierungsplans entstehenden Sanierungsgewinns, nicht als Restrukturierungsforderung, sondern als restrukturierungsrechtliche Neuforderung zu qualifizieren, da der Steuertatbestand insoweit in Abhängigkeit von der konkreten Ausgestaltung des Restrukturierungsplans frühestens mit Wirksamwerden des Plans erfüllt sein kann (vgl. zur parallelen Abgrenzung im Fall eines Insolvenzplans BFH NZI 2019, 239).

12 Will der Schuldner Steuerforderungen, welche laufend entstehen, zum Beispiel Umsatzsteuern oder andere Verkehrssteuern, in einen Restrukturierungsplan einbeziehen, so empfiehlt sich in der Praxis eine Steuerung des maßgeblichen Zeitpunkts nach Abs. 5, beispielsweise dergestalt, dass eine Stellung des Antrags auf gerichtliche Planabstimmung gemäß § 45 am Monatsersten erfolgt, so dass die gesamte Umsatzsteuerzahllast des vorangegangenen Monats in den Plan mit einbezogen werden kann, ohne dass eine ggf. aufwändig mit dem Finanzamt abzustimmende untermonatige Abgrenzung erfolgen muss.

13 **dd) Insolvenzrechtlich nachrangige Forderungen.** Zuletzt können ohne weiteres auch solche Forderungen in einen Restrukturierungsplan einbezogen werden, die in einem Insolvenzverfahren gemäß § 39 InsO nachrangig wären. Dies ergibt sich bereits aus § 9 Abs. 1 Nr. 3, der im Rahmen der Gruppenbildung die zwingende Bildung von Gruppen für

Gläubiger von Forderungen im insolvenzrechtlichen Rang des § 39 Abs. 1 Nr. 4, Nr. 5 oder Abs. 2 InsO vorsieht, sofern deren Forderungen in einen Restrukturierungsplan einbezogen werden. Ausnahmen gelten gemäß § 4 Nr. 3 für die in § 39 Abs. 1 Nr. 3 InsO genannten Forderungen aus Geldstrafen, Geldbußen, Ordnungsgelder und Zwangsgelder sowie solche Nebenfolgen einer Straftat oder Ordnungswidrigkeit, die zu einer Geldzahlung verpflichten (hierzu → § 4 Rn. 11 f). Besonders praxisrelevant dürfte insbesondere die Einbeziehung von **Gesellschafterdarlehen** iSv § 39 Abs. 1 Nr. 5 InsO und von Rangrücktrittsdarlehen iSv § 39 Abs. 2 InsO sein.

Da § 9 Abs. 1 Nr. 3 eine obligatorische Gruppenbildung nur für die dort genannten nachrangigen Restrukturierungsforderungen vorsieht und ausdrücklich keine Bezugnahme auf § 39 Abs. 1 Nr. 1 und Nr. 2 InsO erfolgt, sind im Insolvenzverfahren nachrangige (künftige) **Zinsen** und der Anspruch auf Erstattung der **Kosten einer Teilnahme des einzelnen Gläubigers am Verfahren** in einem Restrukturierungsplan nicht als nachrangig zu behandeln; vielmehr teilen diese Forderungen im StaRUG das Schicksal der zugehörigen Hauptforderung, so dass sie als Restrukturierungsforderung iSv Abs. 1 Nr. 1 einzuordnen sind. In der Praxis empfiehlt es sich gleichwohl, das Schicksal dieser Forderungen ausdrücklich zu regeln, da andernfalls Streit darüber bestehen dürfte, ob zB die Kosten der Teilnahme des Gläubigers am Verfahren nach dem StaRUG als Verzugskosten zu erstatten sind. 14

**d) Plangestaltungen.** Zum Umfang der zulässigen Plangestaltungen äußert sich das StaRUG nicht. Vielmehr lässt sich § 7 Abs. 2 klar entnehmen, dass es einen festen Kanon zulässiger Gestaltungsmöglichkeiten nicht gibt, sondern der planvorlegende Schuldner sehr **weitreichende Gestaltungsfreiheit** genießt. Denkbar sind damit insbesondere, aber nicht abschließend: Reduzierung bzw. (teilweiser) Erlass von Forderungen, Stundungen, Rangrücktritte oder auch die Umwandlung von Forderungs- in Anteilsrechte (sog. Debt-Equity-Swap), wobei letztere gemäß § 7 Abs. 4 S. 1, 2 nicht gegen den Willen der betroffenen Gläubiger möglich ist. Wegen der einzelnen denkbaren Gestaltungen vgl. → § 7 Rn. 12 ff. 15

## 2. Absonderungsanwartschaften

Neben den als Restrukturierungsforderungen eingestuften Zahlungsansprüchen lässt Abs. 1 Nr. 2 auch eine Gestaltung sog. Absonderungsanwartschaften zu. Diese definiert die Norm als „die an Gegenständen des schuldnerischen Vermögens bestehenden Rechte, die im Fall der Eröffnung eines Insolvenzverfahrens zur Absonderung berechtigen würden", wobei bestimmt Finanzsicherheiten ausgenommen werden. Das StaRUG knüpft damit in Abs. 1 Nr. 2 ausdrücklich an insolvenzrechtliche Einordnung von Sicherungsrechten an: Sicherungsrechte, die insolvenzrechtlich als Absonderungsrechte einzuordnen sind, sind einer Gestaltung im Rahmen eines Restrukturierungsplans zugänglich. Demgegenüber können (Sicherungs-) Rechte, die im Insolvenzverfahren zur Aussonderung iSv § 47 InsO berechtigen würden, nicht Gegenstand einer Plangestaltung nach dem StaRUG sein (Begründung RegE, BT-Drs. 19/24181, 111). 16

17 **a) Einzelne Absonderungsanwartschaften.** Ausgehend von den insolvenzrechtlichen Vorgaben in §§ 49–50 InsO kommen damit insbesondere folgende Absonderungsanwartschaften in Betracht:

18 **Unbewegliches Vermögen** (vgl. hierzu § 49 InsO) kann Absonderungsanwartschaften insbesondere in Gestalt von (Sicherungs-) Grundschuld und Hypothek unterliegen. **Bewegliches Vermögen** kann Gegenstand von Absonderungsanwartschaften in Gestalt von vertraglichen, gesetzlichen oder im Wege der Zwangsvollstreckung erlangten Pfandrechten (§ 50 InsO), einer Sicherungsübereignung (vgl. § 51 Nr. 1 InsO) oder auch der in § 51 Nr. 2–4 erwähnten besonderen Zurückbehaltungsrechte bzw. öffentlicher Lasten sein. An **Forderungen und sonstigen Rechten** können Absonderungsanwartschaften insbesondere in Gestalt von Pfandrechten bzw. Sicherungsübertragungen bestehen (§§ 50, 51 Nr. 1 InsO).

19 Infolge der ausdrücklichen Ausnahme nach Abs. 1 Nr. 2 aE sind keine Absonderungsanwartschaften solche Rechte, bei denen es sich um Finanzsicherheiten iSv § 1 Abs. 17 KWG oder um Sicherheiten zur Absicherung des Betreibers eines Systems nach § 1 Abs. 16 KWG oder um Sicherheiten zugunsten der Zentralbank eines Mitgliedsstaats der Europäischen Union bzw. zugunsten der Europäischen Zentralbank handelt. Die entsprechende Ausnahme folgt damit dem Vorbild des Insolvenzplanrechts (§ 223 Abs. 1 S. 2 InsO) und setzt die Vorgaben der Finanzsicherheitenrichtlinie 2002/47/EG und der Finalitätsrichtlinie 199826/EG um (Begründung RegE, BT-Drs. 19/24181, 111).

20 **b) Begründetheit und Einbeziehung von Rechten an künftigen Gegenständen.** Abs. 1 Nr. 2 erfasst zunächst ohne weiteres solche Absonderungsanwartschaften, die im maßgeblichen Zeitpunkt nach Abs. 5 bereits vollumfänglich entstanden sind, zB durch Abschluss der Sicherungsabrede und Einräumung oder Übertragung des betreffenden dinglichen Rechts. Während in der Insolvenz § 91 InsO die Insolvenzmasse davor schützt, dass an erst nach dem Abgrenzungszeitpunkt entstehenden bzw. erworbenen Gegenständen Rechte Dritter, einschließlich Absonderungsrechten, entstehen, ist ein **künftiger Rechtserwerb** im StaRUG unbehandelt geblieben. Über den Wortlaut des Abs. 1 Nr. 2 hinaus, der nur von den an Gegenständen des schuldnerischen Vermögens *bestehenden* Rechten spricht, muss mit Blick auf die gesetzlichen Ziele des StaRUG, finanzwirtschaftliche Sanierungen zur Vermeidung von Insolvenzen zu ermöglichen, auch dann eine gestaltbare Absonderungsanwartschaft vorliegen, wenn der Rechtsgrund für das künftige Entstehen eines Sicherungsrechts bereits vor dem maßgeblichen Zeitpunkt des Abs. 5 gelegt wurde (ebenso Flöther/*Westpfahl/Dittmar* § 2 Rn. 28, Morgen StaRUG/*Knapp/Wilde* § 2 Rn. 36). Eine Absonderungsanwartschaft, deren Einbeziehung in den Restrukturierungsplan Abs. 1 Nr. 2 zulässt, liegt demnach auch dann vor, wenn die Sicherungsabrede vor dem maßgeblichen Zeitpunkt (Abs. 5) geschlossen wurde. Auf das spätere Entstehen des Sicherungsrechts als solchen, zB im Fall des künftigen Entstehens einer Forderung, die einer Globalzession unterliegt, kommt es in diesem Fall nicht an.

21 **c) Plangestaltungen.** Auch hinsichtlich der Gestaltung von Absonderungsanwartschaften lässt das StaRUG dem Schuldner denselben weiten

Gestaltungsspielraum wie die InsO im Insolvenzplanrecht. § 7 Abs. 2 fordert daher im gestaltenden Teil klare Bestimmungen zu Kürzungen, Stundungen oder sonstigen Regelungen. Die entsprechend denkbaren Gestaltungsmöglichkeiten reichen von einem Verzicht auf entsprechende Rechte bzw. von einer Rückübertragung übertragener Vermögenswerte über Rangvereinbarungen bis hin zu schuldrechtlichen Beschränkungen des Verwertungsrechts bzw. schuldrechtlichen Erlösverteilungsregelungen (vgl. im Einzelnen → § 7 Rn. 46 ff). Dabei kann der Restrukturierungsplan im Verhältnis zu den Inhabern von Absonderungsanwartschaften gerade auch schuldrechtliche Beschränkungen für die Geltendmachung eine Absonderungsanwartschaft vorsehen und hierdurch im Ergebnis die bisherige Sicherungsabrede wesentlich umgestalten, ohne dass der Anwendungsbereich des Abs. 2 eröffnet sein müsste. Die wesentliche Kontrolle der Plangestaltungen für die Absonderungsanwartschaftsberechtigten hat dabei nicht durch Einschränkung des zulässigen Kanons denkbarer Eingriffe in deren Rechte, sondern vielmehr im Einzelfall durch das Schlechterstellungsverbot im Rahmen des Minderheitenschutzes gemäß § 64 zu erfolgen.

## III. Gestaltung von Einzelbestimmungen mehrseitiger Rechtsverhältnisse (Abs. 2)

§ 2 Abs. 2 stellt eine der wesentlichen Neuerungen im StaRUG im Vergleich zu den bisherigen und auch zu den aktuellen Gestaltungsmöglichkeiten im Rahmen von Insolvenzplänen dar: Abs. 2 Satz 1 lässt ausdrücklich die Gestaltung von „Einzelbestimmungen" aus mehrseitigen Rechtsverhältnissen zwischen dem Schuldner und mehreren Gläubigern zu. Hintergrund der Regelung ist nach der Gesetzesbegründung der Befund, dass im Rahmen der insolvenzvermeidenden Restrukturierung des StaRUG – anders als im Fall des Insolvenzplans – die den gestalteten Forderungen oder Absonderungsanwartschaften zugrundeliegenden Rechtsverhältnisse weiter fortbestehen und durchgeführt werden sollen (Begründung RegE, BT-Drs. 19/24181, 112). § 2 Abs. 2 macht diese Rechtsverhältnisse einer Gestaltung durch den Restrukturierungsplan zugänglich, was unter Berücksichtigung der zu überwindenden Krise eine Fortdauer der entsprechenden Verträge überhaupt erst denkbar erscheinen lässt: So müssen insbesondere Nebenbestimmungen zu Finanzkennzahlen („financial covenants") oder Kündigungsrechte klar an die neuen Rahmenbedingungen angepasst werden. **22**

### 1. Sachlicher Anwendungsbereich

§ 2 Abs. 2 sieht eine Gestaltung von Einzelbestimmungen bzw. Bedingungen von Rechtsverhältnissen in drei verschiedenen Fallkonstellationen vor, denen gemein ist, dass das jeweilige Regelwerk inhaltlich identisch mit mehreren Gläubigern vereinbart ist. **23**

**a) Mehrseitige Finanzierungsverträge.** Die erste Anwendungsvariante des Abs. 2 bilden die in Satz 1 genannten mehrseitigen Rechtsverhältnisse zwischen dem Schuldner einerseits und mehreren Gläubigern eines Vertrags- **24**

verhältnisses andererseits. Die Gesetzesbegründung nennt als Paradefall eines derartigen mehrseitigen Finanzierungsarrangements die **Konsortialfinanzierung** (Begründung RegE, BT-Drs. 19/24181, 111). Nicht maßgeblich ist dabei, ob sich die Gläubiger im Rahmen der vertraglichen Vereinbarungen gesamtschuldnerisch oder jeweils einzeln zur Kreditvergabe verpflichtet haben, wobei letzteres den Regelfall der Konsortialfinanzierung in der Praxis darstellt. Auch bei Gewährung von Einzelkrediten oder Einzelkreditlinien durch die betroffenen Gläubiger rechtfertigt deren Verknüpfung durch die Konsortialabrede eine Anwendung von Abs. 2 Satz 1 (Morgen StaRUG/*Knapp/Wilde* § 2 Rn. 48).

**25** Konsortialkreditverträge sehen in der Praxis regelmäßig bestimmte Verhaltensauflagen für den Kreditnehmer vor (sog. *Undertakings*), zB die Verpflichtung, ohne (mehrheitliche) Zustimmung der Konsortialkreditgeber keine anderen Finanzverbindlichkeiten oder keine Sicherungsrechte zugunsten Dritter zu begründen. Zudem sehen entsprechende Verträge in aller Regel auch die Notwendigkeit der Einhaltung bestimmter Finanzkennzahlen vor (sog. *Financial Covenants*). Eine Verletzung der entsprechenden Pflichten oder der Covenants löst regelmäßig Kündigungsrechte für die Konsortialkreditgeber aus. Abs. 2 Satz 1 ermöglicht insoweit eine Anpassung der entsprechenden Bestimmungen an die Situation des Unternehmens nach Umsetzung des Restrukturierungsplans.

**26** Neben Konsortialkreditverträgen fallen aber auch andere Vereinbarungen unter Abs. 2 Satz 1, sofern Restrukturierungsforderungen oder insbesondere auch Absonderungsanwartschaften mehrerer Gläubiger bzw. Berechtigter auf diesen Vereinbarungen beruhen. In der Praxis kann dies insbesondere Sanierungs- oder Restrukturierungsvereinbarungen oder **Sicherheitenpoolverträge** betreffen, wobei deren Anpassung im Rahmen des Abs. 2 oftmals erforderlich sein wird, da beispielsweise die Voraussetzungen für eine zwangsweise Verwertung von Sicherheiten angesichts der zu überwindenden Krise ggf. eine Neudefinition benötigen.

**27** **b) Schuldtitel iSd WpHG, Schuldscheindarlehen und sonstige Verträge mit gleichlautenden Bedingungen.** Abs. 2 Satz 2 lässt zudem eine Gestaltung der Bedingungen von Schuldtiteln iSd § 2 Abs. 2 Nr. 3 WpHG sowie von „Verträgen, die zu gleichlautenden Bedingungen mit einer Vielzahl von Gläubigern geschlossen wurden".

**28** Schuldtitel im Sinne von § 2 Abs. 2 Nr. 3 WpHG sind nach der dortigen Legaldefinition Genussscheine, Inhaber- und Orderschuldverschreibungen, Hinterlegungsscheine, die Schuldtitel vertreten und gemäß § 2 Abs. 2 Nr. 3 Buchst. b WpHG auch Optionsscheine. In der Praxis relevant sind insoweit – gleich ob am Kapitalmarkt gehandelt oder nicht – Anleihen, Wandelanleihen und in Einzelfällen auch Genussrechte. Wenngleich das SchVG für Anleihen bereits Möglichkeiten einer Restrukturierung durch Mehrheitsbeschluss vorsieht, gehen die Möglichkeiten des StaRUG – gerade auch mit Blick auf die Regelungen des § 19 SchVG und auf die Möglichkeit der gruppenübergreifenden Mehrheitsentscheidung nach § 26 – deutlich hierüber hinaus und ermöglichen künftig erst insolvenzvermeidende Anleiherestrukturierungen.

Darüber hinaus lässt Abs. 2 Satz 2 auch eine Gestaltung von Bedingungen 29
solcher Rechtsverhältnisse zu, die zu gleichlautenden Bedingungen mit einer Vielzahl von Gläubigern geschlossen wurden. Wenngleich der Gesetzgeber in der Gesetzesbegründung ausdrücklich die in der Unternehmensfinanzierung mittlerer und großer Unternehmen bekannten Schuldscheindarlehen als Beispiel hierfür nennt (Begründung RegE, BT-Drs. 19/24181, 111), ist Abs. 2 Satz 2 Alt. 2 bei weitem nicht hierauf beschränkt. Vielmehr lässt Abs. 2 Satz 2 insoweit eine Gestaltung von vertraglichen Bestimmungen immer dann zu, wenn ein Vertragsverhältnis mit einer Vielzahl von Gläubigern zu gleichlautenden Bedingungen geschlossen wurde. In der Gesetzesbegründung findet sich kein Anhaltspunkt dafür, dass eine Gestaltung solcher Finanzierungen eine große Zahl betroffener Gläubiger voraussetzt oder dass insoweit eine Ungleichbehandlung mit Konsortialfinanzierungen iSv Abs. 2 Satz 1 angezeigt wäre, so dass unter systematischen und teleologischen Gesichtspunkten vieles auch dann für eine Anwendung von Abs. 2 spricht, wenn entsprechende gleichlautende Vertragsverhältnisse nur mit zwei Gläubigern bestehen, sofern die Vertragsbedingungen grundsätzlich für einen Einsatz in einer Vielzahl von Fällen vorgesehen waren. Weitere Beispiele gleichlautender Schuldverhältnisse neben den schon von der Gesetzesbegründung genannten Schuldscheindarlehen sind somit insbesondere Nachrangdarlehen, partiarische Darlehen oder atypisch stille Beteiligungen, wie sie zum Beispiel in der Finanzierung von Startup-Unternehmen oder im Bereich des Crowdfunding nicht unüblich sind.

Soweit nach Abschluss der ursprünglich gleichlautenden Vereinbarungen 30
im Verhältnis zu einzelnen Gläubigern Änderungen vereinbart wurden, kommt eine Anwendung von Abs. 2 Satz 2 denknotwendig nicht in Betracht, da im maßgeblichen Zeitpunkt des Abs. 5 eben gleichlautende Vereinbarungen vorliegen müssen, um diese einheitlich gestalten zu können.

**c) Intercreditor Agreements.** Zuletzt erweitert Abs. 2 Satz 3 den sach- 31
lichen Anwendungsbereich des Abs. 2 auch auf Vereinbarungen zwischen dem Schuldner einerseits und Gläubigern aus mindestens zwei verschiedenen Rechtsverhältnissen andererseits, die Fragen des relativen Rangverhältnisses zwischen diesen Gläubigern regeln. Derartige Interkreditorenvereinbarungen („Intercreditor Agreements“) sind insbesondere in Fällen üblich, in denen sich ein Unternehmen zu seiner Finanzierung mehrerer Finanzinstrumente bedient, zB einer Banken-/Konsortialfinanzierung, eines Schuldscheindarlehens und ggf. noch nachrangiger oder Mezzanine-Finanzierungen. Unabhängig davon, ob sich eine derartige ggf. komplexe Finanzierungsstruktur über einen gewissen Zeitablauf entwickelt hat oder von Anfang an so konzipiert war, besteht vielfach ein Bedürfnis dafür, die Verhältnisse der Gläubiger(gruppen) untereinander und im Verhältnis zum Schuldner in bestimmten Bereichen zu regeln, um im Fall einer Krise einen Wettlauf der Gläubiger um die besten Handlungsmöglichkeiten und um das ggf. noch drittrechtsfreie Haftungssubstrat zu vermeiden (Flöther/*Westpfahl/Dittmar* § 2 Rn. 51).

Gegenstand von Intercreditor-Agreements sind regelmäßig das Rangver- 32
hältnis zwischen den verschiedenen Gläubigern, die Verteilung von Erlösen

aus der künftigen Verwertung etwaiger Sicherheiten oder auch Beschränkungen hinsichtlich der Nutzung vertraglicher Gestaltungsrechte, zB dergestalt, dass eine Kündigung von Kreditverträgen nur bei Erreichen bestimmter Quoren unter allen Finanzierungspartnern zugelassen wird.

**33** Da auch Abs. 2 Satz 3 – wie bereits Abs. 2 Sätze 1 und 2 – bereits ausweislich des Wortlauts klar eine Beteiligung des Schuldners als Partei der zu gestaltenden Vereinbarung voraussetzt, können Intercreditor-Vereinbarungen, die ausschließlich zwischen einzelnen Gläubigern und ohne Einbindung des Schuldners bestehen, nach zutreffender hM nicht Gegenstand einer Anpassung nach Abs. 2 sein (*Thole* NZI 2021, 436 (437); aA Braun StaRUG/*Esser* § 2 Rn. 27).

### 2. Umfang und Grenzen der Gestaltbarkeit von Einzelbestimmungen mehrseitiger Rechtsverhältnisse

**34** Zum zulässigen Umfang der Gestaltbarkeit der in Abs. 2 genannten Rechtsverhältnisse enthalten die Norm selbst wie auch die Gesetzesbegründung kaum Hinweise. Auch Anleihen aus dem Insolvenzplanrecht und aus der Praxis des Insolvenzplans sind insoweit nicht möglich. Da Abs. 2 ausdrücklich nur „Einzelbestimmungen" einer Gestaltung zugänglich macht, ist jedenfalls die völlige Neugestaltung des gesamten Rechtsverhältnisses – zB durch Vorlage eines völlig eigenständigen neuen Regelungswerks – nicht von § 2 Abs. 2 gedeckt. Andererseits muss bei der Frage nach Umfang und Grenzen zulässiger Gestaltungen das Ziel des Gesetzgebers berücksichtigt werden, dem Schuldner zur Insolvenzvermeidung im Rahmen einer finanzwirtschaftlichen Sanierung einen weiten Gestaltungsspielraum einzuräumen.

**35** Wenngleich die Gesetzesbegründung und auch die Literatur im Zusammenhang mit § 2 Abs. 2 vielfach nur von einer Anpassung von **Nebenbestimmungen** sprechen, lässt § 2 Abs. 2 nicht nur eine Änderung von Nebenbedingungen des Vertragsverhältnisses zu. Da nach § 2 Abs. 1 gerade auch die Anpassung der Hauptleistungspflichten – zB durch Begrenzung des Rückzahlungsbetrags auf eine bestimmte Quote oder durch Stundungen – zulässt und auch der Wortlaut des § 2 Abs. 2 gerade nicht von Nebenbestimmungen, sondern von Einzelbestimmungen spricht, eröffnet § 2 Abs. 2 eine Anpassung jedweder Bestimmung des einer Restrukturierungsforderung zugrundeliegenden Rechtsverhältnisses, gleich ob es sich dabei um eine Bestimmung der Essentialia des Rechtsverhältnisses oder um Nebenbestimmungen handelt.

**36** Der konkrete Umfang der denkbaren Gestaltungen bzw. Änderungen der Bestimmungen des gemäß Abs. 2 zu gestaltenden Rechtsverhältnisses hängt stark vom jeweiligen Einzelfall ab, wobei nach Maßgabe der nachfolgenden Ausführungen im Grundsatz alle außerhalb des StaRUG individualvertraglich zulässigen Vertragsänderungen als denkbare Gestaltung in Betracht kommen.

**37** Nach zutreffender Auffassung lässt Abs. 2 neben einer Anpassung bereits bestehender (Neben-) Bestimmungen des zu gestaltenden Rechtsverhältnisses auch die **Einführung neuer Bestimmungen** zu (aA *Skauradszun/Kümpel* WM 2021, 1122 (1125)). Sowohl unter teleologischen, als auch unter praktischen Gesichtspunkten kann eine Begrenzung auf bereits bestehende Bestimmungen des Rechtsverhältnisses nicht überzeugen, zumal es in der Praxis oftmals kaum möglich wäre, eine trennscharfe Grenze zwischen der Anpassung einer bereits existierenden Bestimmung und der Einführung einer neuen Bestimmung zu ziehen (ebenso Morgen StaRUG/*Knapp/Wilde* § 2 Rn. 62).

Auch finden die Gestaltungsmöglichkeiten des § 2 Abs. 2 **keine ungeschriebene Grenze** in denjenigen Änderungen, die zur Erreichung des Restrukturierungsziels erforderlich sind oder die für entsprechende Vertragsverhältnisse typisch erscheinen (so auch AG Köln NZI 2021, 433 (434)). Vielmehr muss insoweit der Gestaltungsfreiheit des Schuldners Rechnung getragen werden, dem im Rahmen des § 2 Abs. 2 ein weites und letztlich nur im Rahmen des Minderheitenschutzes gemäß § 64 überprüfbares Ermessen hinsichtlich der zur Erreichung des Restrukturierungsziels geeigneten Gestaltungen zusteht. Damit sind auch Regelungen mit einer „überschießenden Tendenz" zulässig (AG Köln NZI 2021, 433 (434); *Naujoks/Schönen* ZRI 2021, 437 (444)). **38**

**Unzulässig** sind demgegenüber Plangestaltungen, die über den gemäß § 2 Abs. 5 maßgeblichen Bestand einer Restrukturierungsforderung hinaus eine Verpflichtung zur **Eingehung zusätzlicher oder weitergehender Verbindlichkeiten** begründen, da § 2 Abs. 2 stets eine Verknüpfung mit iSv § 2 Abs. 1, Abs. 5 bereits begründeten Restrukturierungsforderungen oder Absonderungsanwartschaften voraussetzt (*Naujoks/Schönen* ZRI 2021, 437 (443)). Insbesondere die Vergabe zusätzlicher Kredite kann Gläubigern daher im Rahmen des § 2 Abs. 2 nicht aufgezwungen werden. Auch eine Verpflichtung zur Offenhaltung von noch nicht in Anspruch genommenen Darlehen oder Kontokorrentlinien kann nicht im Wege der Anpassung von Einzelbestimmungen, zB durch Anpassung eines Kündigungsrechts, geschaffen werden, da § 2 Abs. 2 gerade keine Erhöhung der Risikoposition eines planbetroffenen Gläubigers ermöglichen soll (*Naujoks/Schönen* ZRI 2021, 437 (443)). Die Anpassung von Einzelbestimmungen eines Rechtsverhältnisses im Sinne von § 2 Abs. 2 begrenzt dieses damit endgültig auf die im Zeitpunkt des § 2 Abs. 5 bestehenden Forderungen. Eine Neuvalutierung von nach dem Zeitpunkt des § 2 Abs. 5 bzw. im Rahmen der Planerfüllung zurückgeführten Forderungen dürfte jedoch grundsätzlich möglich sein, wobei gerade in derartigen Fällen eine Prüfung der Voraussetzungen des Minderheitenschutzes gemäß § 64 komplexe wirtschaftliche Fragen nach sich ziehen wird (vgl. hierzu auch *Naujoks/Schönen* ZRI 2021, 437 (443)). **39**

Gerade für **Konzernsachverhalte** wird teils bemängelt, dass § 2 Abs. 3 eine Gestaltung des Rechtsverhältnisses zu weiteren auf Seiten des Schuldners beteiligten Personen nicht zulasse, sondern insoweit jeweils eine Zustimmung aller beteiligten Gläubiger und Schuldner erforderlich sei (so zB Morgen StaRUG/*Knapp/Wilde* § 2 Rn. 51, 61). Dies erscheint nach hier vertretener Auffassung indes nicht zwingend: § 2 Abs. 4 lässt – soweit dessen Voraussetzungen, dh insbesondere die Qualifizierung der weiteren Vertragspartner als verbundene Unternehmen, vorliegen – gerade auch eine Einbeziehung von Drittsicherheiten in den Restrukturierungsplan ausdrücklich zu, wobei § 2 Abs. 4 eine Kompensation durch entsprechende angemessene Entschädigung verlangt. Angesichts der gesetzgeberischen Zielsetzung der **40**

Regelungen des § 2 Abs. 2 und § 2 Abs. 4, einerseits den Fortbestand von Rechtsverhältnissen für den Fall einer Restrukturierung nach dem StaRUG durch Gestaltung einzelner Bestimmungen des Vertragsverhältnisses erst zu ermöglichen und andererseits eine Vielzahl von Restrukturierungs- oder Insolvenzverfahren zu vermeiden, wenn verbundene Unternehmen ebenfalls haften oder Sicherheiten gestellt haben, muss auch eine **kombinierte Anwendung von § 2 Abs. 2 und § 2 Abs. 4** im Grundsatz zulässig sein. In der Praxis werden derartige Fälle freilich von hoher Komplexität geprägt sein, da die Anpassungen des Rechtsverhältnisses in ihrer Gesamtschau für jedes beteiligte verbundene Unternehmen dahingehend zu prüfen sind, in welchem Umfang zugunsten der beteiligten Gläubiger eine angemessene Entschädigung zu berücksichtigen ist.

## IV. Einbeziehung der Anteils- und Mitgliedschaftsrechte (Abs. 3)

### 1. Vorbemerkung

**41** Handelt es sich bei dem Restrukturierungsschuldner um eine juristische Person oder eine Gesellschaft ohne Rechtspersönlichkeit, so ermöglicht Abs. 3 eine Einbeziehung auch der Anteils- und Mitgliedschaftsrechte der am Schuldner beteiligten Personen in die Gestaltungen eines Restrukturierungsplans. Abs. 3 folgt damit dem Vorbild des Insolvenzplans und führt zu einem Gleichlauf mit den dortigen Regelungen der §§ 217 Abs. 1 S. 2, 225a InsO (Begründung RegE, BT-Drs. 19/24181, 113).

**42** Die RL 2019/1023 überantwortet in Art. 2 Abs. 1 Nr. 2 und Art. 12 Abs. 1 eine Einbeziehung der Gesellschafter ausdrücklich dem Ermessen der nationalen Gesetzgeber. Gerade vor diesem Hintergrund waren die Frage der Einbeziehung der Gesellschafter in den Restrukturierungsplan wie auch verfassungsrechtliche Implikationen einer Einbeziehung oder Nichteinbeziehung Gegenstand einer breiten Diskussion in Literatur und Praxis (vgl. hierzu zB Morgen StaRUG/*Tresselt* § 2 Rn. 66 ff. sowie Rn. 73 ff.).

**43** Im Ergebnis erscheint die vom Gesetzgeber vorgenommene Einbeziehung der Gesellschafterrechte in den Restrukturierungsplan nicht nur trotz der verfassungsmäßig verbürgten Rechte der Gesellschafter zulässig, sondern mit Blick auf die gleichermaßen durch Art. 14 GG geschützten Rechte der Gläubiger sogar geboten; relevante Eingriffe in die Rechte der Gläubiger, wie sie das StaRUG zulässt, ließen sich nicht rechtfertigen, wenn sie dazu führten, dass die Anteilsinhaber ohne Gegenleistung einen Wert auf Kosten der Gläubiger be- oder erhielten (so ausdrücklich bereits Begründung RegE, BT-Drs. 19/24181, 113).

### 2. Anwendungsbereich

**44** Abs. 3 erfasst in seinem Anwendungsbereich juristische Personen und Gesellschaften ohne Rechtspersönlichkeit, so dass im Ergebnis jede (teil-) rechtsfähige Rechtsform erfasst ist. **Juristische Personen** sind dabei neben dem eingetragenen Verein (§ 21 BGB) als Grundform juristischer Personen des Privatrechts vor allem die in der Praxis bedeutsamen Kapitalgesellschaften GmbH, AG und SE. Wenngleich § 2 Abs. 3 keine Einschränkung mit Blick auf juristische Personen des öffentlichen Rechts enthält ist zu beachten, dass nach § 30 Abs. 1 restrukturierungsfähig nur solche Personen sind, die auch insolvenzfähig sind, so dass die entsprechenden Einschränkungen des § 12 InsO für juristische Personen des öffentlichen Rechts auch im StaRUG zu beachten sind. Die Gesellschaft ohne Rechtspersönlichkeit ist in § 11 Abs. 2 Nr. 1 InsO legaldefiniert: **Gesellschaften ohne Rechtspersönlichkeit** sind damit sämtliche Personengesellschaften, namentlich die Gesellschaft bürgerlichen Rechts, die oHG, die KG, die PartG sowie die in der Praxis nicht sehr verbreiteten Rechtsformen der Partenreederei und der Europäischen wirtschaftlichen Interessenvereinigung.

Das StaRUG sieht hinsichtlich der Einbeziehung von Anteils- und Mit- 45
gliedschaftsrechten **keine Ausnahmen** vor. Insbesondere sind auch Anteilsrechte von Arbeitnehmern, zB im Rahmen von Mitarbeiterbeteiligungsprogrammen erworbene Anteile, gemäß § 2 Abs. 3 Gestaltungen gegenüber offen, da § 4 S. 1 Nr. 1 nur „Forderungen", also Restrukturierungsforderungen iSv § 2 Abs. 1, erfasst, nicht hingegen gesellschaftsrechtliche Anteils- und Mitgliedschaftsrechte.

### 3. Gestaltungsmöglichkeiten

Die mit Blick auf die Anteils- und Mitgliedschaftsrechte zulässigen Gestal- 46
tungsmöglichkeiten regeln Abs. 3 und insbesondere § 7 Abs. 4. Als zulässige Gestaltungen nennt § 7 Abs. 4 die Kapitalherabsetzung oder Kapitalerhöhung, die Leistung von Sacheinlagen, den Ausschluss von Bezugsrechten, die Zahlung von Abfindungen an ausscheidende an dem Schuldner beteiligte Personen sowie die Übertragung von Anteils- und Mitgliedschaftsrechten. Zudem ist auch die Umwandlung von Restrukturierungsforderungen in Anteils- und Mitgliedschaftsrechte unter den in § 7 Abs. 4 genannten Maßgaben zulässig (sog. Debt-Equity-Swap). Darüber hinaus lassen Abs. 3 und § 7 Abs. 4 S. 5 jede gesellschaftsrechtlich zulässige Maßnahme zu, so dass insbesondere auch weitere Gesellschafterbeschlüsse einschließlich Maßnahmen nach dem UmwG im Rahmen eines Restrukturierungsplans implementiert werden können.

Vgl. wegen der Einzelheiten auch die Kommentierung zu § 7 Abs. 4 (dort 47
→ § 7 Rn. 87 ff).

## V. Gruppeninterne Drittsicherheiten (Abs. 4)

Abs. 4 eröffnet – wie die parallel zum StaRUG mit dem SanInsFoG für 48
den Insolvenzplan geschaffenen Regelungen in § 217 Abs. 2, 223a, 238b InsO – die Möglichkeit, auch (Sicherungs-) Rechte von Gläubigern zu gestalten, welche gegen verbundene Unternehmen bestehen. Ergänzt wird Abs. 4 durch Regelungen in §§ 6 Abs. 3, 7 Abs. 2 S. 2, 9 Abs. 1 S. 3, 26 Abs. 2, 49 Abs. 3 und weitere Detailregelungen.

### 1. Normzweck und Grundlagen

49 Die mit Abs. 4 und den Parallelregelungen im Insolvenzplanrecht mit Inkrafttreten des SanInsFoG am 1.1.2021 geschaffenen Möglichkeiten kommen einem praktischen Bedürfnis nach, in der Krise bzw. Insolvenz einzelner Gesellschaften, welche einer Unternehmensgruppe bzw. einem Konzern angehören, Dominoeffekte dergestalt zu vermeiden, dass die Krise bzw. Insolvenz eines gruppenangehörigen Unternehmens die gesamte Unternehmensgruppe infiziert. Eine Einbeziehung von gruppeninternen Drittsicherheiten sah die RL 2019/1023 nicht vor, so dass der Gesetzgeber die Thematik über den Regelungsumfang der Richtlinie hinaus aufgegriffen hat, um den präventiven Restrukturierungsrahmen auch für Konzernsachverhalte attraktiver zu gestalten.

50 Die Regelung erweist sich – sowohl aus Sicht der betroffenen Gläubiger, als auch der mit in den Plan einbezogenen Drittsicherheitengeber – als überaus ausgewogen, da der Gläubiger durch die zwingend vorgesehene Entschädigung und der Sicherheitengeber durch das Erfordernis seiner Zustimmung jeweils angemessenen Schutz erfahren. In der Praxis dürfte die Umsetzung einer Einbeziehung von gruppeninternen Drittsicherheiten freilich oftmals an der hohen Komplexität scheitern, gerade dann, wenn eine Vielzahl von Konzernunternehmen als Mitschuldner oder Sicherheitengeber an einer Konzernfinanzierung beteiligt sind. Andererseits wird ggf. allein die Existenz des Abs. 4, der eine Einbeziehung grundsätzlich denkbar erscheinen lässt, auch insoweit den Weg für einvernehmliche Lösungen mit den betreffenden Gläubigergruppen ebnen können.

51 Verfahrensrechtlich flankiert wird Abs. 4 insbesondere auch durch eine Einbeziehung gruppeninterner Sicherheiten auch in den zulässigen Umfang einer Stabilisierungsanordnung: Nach § 49 Abs. 3 kann das Restrukturierungsgericht im Rahmen einer Stabilisierungsanordnung auch eine Durchsetzungssperre für Rechte aus gruppeninternen Drittsicherheiten anordnen. Problematisch hieran dürfte indes sein, dass in diesen Fällen zwar die zwangsweise Durchsetzung der Rechte – gerade im Fall von Realsicherheiten – effektiv gehindert ist, im Fall von Personalsicherheiten jedoch trotz Durchsetzungssperre ggf. sehr schnell die Zahlungsunfähigkeit von mithaftenden verbundenen Unternehmen eintreten kann, was letztlich zu dem eigentlich zu vermeidenden Dominoeffekt führen könnte.

### 2. Anwendungsbereich

52 **a) Betroffene Sicherungsrechte.** Abs. 4 erfasst in der Sache alle Personal- oder Realsicherheiten, soweit diese einem Restrukturierungsgläubiger von einem in den persönlichen Anwendungsbereich des Abs. 4 fallenden Dritten gewährt wurden. Der Drittsicherheit muss damit eine **Restrukturierungsforderung** iSv Abs. 1 Nr. 1 zugrunde liegen, wobei unerheblich ist, ob das Sicherungsrecht als akzessorisches oder nichtakzessorisches Recht ausgestaltet ist.

53 Erfasste **persönliche Sicherheiten** sind insbesondere die Bürgschaft und die Mitschuldnerschaft – gleich, ob anfänglich oder durch spätere Bürg-

schaftsübernahme bzw. durch späteren Schuldbeitritt begründet. Darüber hinaus kann angesichts des weit gefassten Wortlauts des Abs. 4 Satz 1 jede anderweitige Haftungsübernahme in einen Restrukturierungsplan einbezogen werden, zB in Gestalt von (Zahlungs-) Garantien oder auch von Patronatserklärungen, sofern diese dem Gläubiger einer Restrukturierungsforderung ein eigenes Recht gegen den Patron einräumen (ebenso für externe Patronatserklärungen Morgen StaRUG/*Tresselt* § 2 Rn. 123).

Auch die **Realsicherheiten** erfasst Abs. 4 Satz 1 ohne Einschränkung. Es **54** ist damit unerheblich, welche Art von Gegenstand dem Sicherungsrecht unterliegt, so dass neben Immobilien, beweglichen Sachen oder Forderungen auch jedwede sonstigen Rechte als Sicherungsgegenstand in Betracht kommen, zB Gesellschaftsanteile oder immaterielle Rechte. Auch hinsichtlich der erfassten Rechte normiert Abs. 4 keinen festen Kanon, so dass jedes (Sicherungs-) Recht denkbar ist, insbesondere Grundpfandrechte, Pfandrechte an beweglichem oder sonstigem Vermögen, Sicherungsübereignung, Sicherungsabtretung oder sonstige zu Sicherungszwecken erfolgende Rechtsübertragungen.

**b) Verbundene Unternehmen.** Die ersten Entwurfsfassungen des Sta- **55** RUG – wie auch der korrespondierenden Neuregelungen im Bereich des Insolvenzplanrechts – sahen für den persönlichen Anwendungsbereich der Einbeziehung von Drittsicherheiten noch eine Beschränkung auf Sicherheiten von Tochterunternehmen iSv § 290 HGB vor (vgl. § 4 Abs. 4 RegE-StaRUG, Begründung RegE, BT-Drs. 19/24181, 15). Erst im Rahmen der letzten Beratungen vor dem Rechtsausschuss wurde schließlich die aktuelle Gesetzesfassung implementiert, wonach jedes **verbundene Unternehmen iSv § 15 AktG** geeigneter Drittsicherheitengeber ist. Erst diese Erweiterung im Rahmen des Gesetzgebungsverfahrens hat die nunmehr vorliegende umfängliche Einbeziehung von Gruppen- bzw. Konzernsicherheiten ermöglicht. Abs. 4 ermöglicht nunmehr gleichermaßen die Einbeziehung von Upstream- und Downstream-Sicherheiten wie auch von Sicherheiten von Schwesterunternehmen.

Voraussetzung einer Einbeziehung ist lediglich, aber auch mindestens, dass **56** der in § 15 AktG definierte Tatbestand des verbundenen Unternehmens iSd Konzernrechts erfüllt ist. Damit unterfallen Abs. 4 alle Formen des Konzerns, angefangen vom Eingliederungskonzern der §§ 319 ff. AktG über den Vertragskonzern (§ 291 AktG) bis hin zum faktischen Konzern iSv § 17 AktG.

Den Begriff des verbundenen Unternehmens kann hierbei auch eine **na-** **57** **türliche Person** erfüllen, sofern diese über die Beteiligung an einer Gesellschaft hinaus anderweitige wirtschaftliche Interessenbindungen hat, zB aufgrund gewerblicher oder freiberuflicher Tätigkeit oder aufgrund Beteiligung an wenigstens einer weiteren Gesellschaft (vgl. hierzu zB BGH ZIP 1985, 1263 (1266) – Autokran). Beschränkt sich das wirtschaftliche Interesse einer natürlichen Person jedoch allein auf die Beteiligung an einer Gesellschaft, so erfüllt diese Person nicht den Tatbestand des „Unternehmens" iSv § 15 AktG, selbst wenn es sich bei der Gesellschaft um eine Holding handelt, die ihrerseits an etlichen weiteren Gesellschaften beteiligt ist.

58 Voraussetzung einer Gestaltung der entsprechenden Drittsicherheiten im Rahmen des Restrukturierungsplans ist die **Zustimmung des jeweiligen Sicherungsgebers,** wobei die Zustimmung gemäß § 15 Abs. 4 dem Plan als Anlage beizufügen ist.

### 3. Gestaltungsmöglichkeiten

59 Zu den denkbaren Gestaltungsmöglichkeiten für gruppeninterne Drittsicherheiten äußert sich Abs. 4 nicht, so dass dem Planersteller auch an dieser Stelle im Rahmen des sonst rechtlich zulässigen weite Spielräume zur Verfügung stehen. Denkbar sind insbesondere, aber nicht abschließend

- ein vollständiger oder teilweiser Verzicht auf akzessorische Sicherungsrechte bzw. eine Freigabe oder Rückübertragung nicht akzessorischer Sicherungsrechte auf den Sicherungsgeber,
- ein Austausch der bislang gestellten Sicherheiten gegen neue Sicherheiten von Seiten des Schuldners oder von Seiten Dritter,
- die Übertragung nicht akzessorischer Sicherungsrechte auf Dritte, zB auch als Sicherungsmittel für neue Finanzierungen,
- Vereinbarungen zu Art und Weise der Sicherheitenverwertung (Verwertungsart, Verwertungsbefugnis, Verwertungszeitpunkt), oder
- Vereinbarungen zur Erlösverteilung im Verwertungsfalle, zB Deckelung auf bestimmte Erlöshöhe, Pooling mehrerer Sicherheiten, Rangfolge bei mehreren besicherten Gläubigern.

60 Eine bloße **Stundung oder ein Teil-Erlass der besicherten Forderung** stellt demgegenüber nach hier vertretener Auffassung **keine Gestaltung iSv Abs. 4** dar (aA zB Morgen StaRUG/*Tresselt* § 2 Rn. 125). Vielmehr liegt in diesen Fällen eine einfache Gestaltung iSv Abs. 1 Nr. 1 vor, da andernfalls nicht zu erklären wäre, dass auch solche Restrukturierungsforderungen im Rahmen von Abs. 1 Nr. 1 gestaltbar sind, die von Seiten nicht als verbundener Unternehmen zu qualifizierender Dritter besichert sind. Gleichwohl ist in derartigen Fällen zu beachten, dass für Gläubiger, die über Drittsicherheiten verfügen, ggf. gemäß § 9 Abs. 1 S. 1 eigenständige Gruppen zu bilden sind, wenn in die Sicherungsrechte nur mittelbar – zB eben über die Stundung oder über einen Teil-Erlass – eingegriffen würde. Zudem dürfte auch in diesen Fällen zur Vermeidung von erfolgversprechenden Minderheitenschutzanträgen gemäß § 64 eine gesonderte Vergleichsrechnung sinnvoll sein.

### 4. Angemessene Entschädigung (Abs. 4 Satz 1 Hs. 2)

61 Jeder Eingriff in gruppeninterne Drittsicherheiten ist nach Abs. 4 Satz 1 Hs. 2 durch eine angemessene Entschädigung zu kompensieren.

62 **Schuldner der Entschädigung** ist – wenngleich gesetzlich nicht ausdrücklich geregelt – im Regelfall der Restrukturierungsschuldner, da der Plan als solcher ohnehin nur den Schuldner verpflichten kann (so bereits die Gesetzesbegründung, vgl. Begründung RegE, BT-Drs. 19/24181, 113). Da indes im Restrukturierungsplan auch Verpflichtungen Dritter mit deren Zustimmung zulässig sind, kann auch das sicherheitsgebende verbundene

Unternehmen oder ein Dritter die Entschädigung leisten, sofern dies im Gestaltenden Teil des Plans ausdrücklich so vorgesehen ist, wobei dem Plan in diesem Fall zugleich die Verpflichtungserklärung des zahlungspflichtigen Dritten gemäß § 15 Abs. 3 beizufügen ist. Eine Belastung Dritter mit Entschädigungspflichten gegen deren Willen ist demgegenüber bereits als Vertrag zulasten Dritter unzulässig und scheitert im Fall des Restrukturierungsplans am Fehlen der in diesen Fällen obligatorischen Plananlagen gemäß § 15 Abs. 3, Abs. 4.

Zur Höhe der Entschädigung sieht Abs. 4 Satz 1 Hs. 1 vor, dass eine **63** „angemessene Entschädigung" vorzusehen ist. Bereits die Gesetzesbegründung geht hierzu unter gleichzeitiger Heranziehung des Schlechterstellungsverbots und der Möglichkeit des Minderheitenschutzes (§ 64) davon aus, dass sich die Entschädigung daran zu orientieren hat, in welchem Umfang das Sicherungsrecht werthaltig ist (Begründung RegE, BT-Drs. 19/24181, 113). Zur Klärung der **Angemessenheit** der Entschädigung ist daher eine Bewertung der einbezogenen Drittsicherheiten unverzichtbar, wobei sich diese Bewertung am jeweiligen Einzelfall zu orientieren hat. Ein teils unter argumentativer Heranziehung der Sanierungsfreundlichkeit des StaRUG vertretenes weitgehendes Abstellen auf den Liquidationswert (so ausdrücklich Morgen StaRUG/*Tresselt* § 2 Rn. 131) erscheint verfehlt, da es dem Gesetzgeber bei der Höhe der angemessenen Entschädigung ausdrücklich um den Schutz des Gläubigers, in dessen Sicherungsrecht eingegriffen werden soll, ging (vgl. Begründung RegE, BT-Drs. 19/24181, 113). Auch mit Blick auf die zugunsten der betroffenen Gläubiger bestehende Eigentumsgarantie ist daher für den konkreten Einzelfall zu ermitteln, in welchem Umfang der Gläubiger im Fall eines Scheiterns des Restrukturierungsplans mit Erlösen aus der gruppeninternen Drittsicherheit rechnen könnte. Im Fall von Realsicherheiten wird zu prüfen sein, auf welchem Weg der Gläubiger seine Sicherheit verwerten könnte und mit welchen Erlösen hierbei zu rechnen ist; gerade im Fall austauschbarer Wirtschaftsgüter wird hierbei regelmäßig der Verkehrswert im Sinne des im Rahmen einer Verwertungsmaßnahme erzielbaren Liquidationswerts maßgeblich sein (so zurecht auch Morgen StaRUG/*Tresselt* § 2 Rn. 133). Die Bewertung von Personalsicherheiten setzt demgegenüber eine vertiefte Auseinandersetzung mit Vermögen und Schulden sowie mit der Ertragslage des sicherheitsgebenden verbundenen Unternehmens voraus, so dass insoweit letztlich eine vollwertige Vergleichsrechnung erforderlich sein wird, für welche die Maßgaben des § 6 Abs. 2 sinngemäß heranzuziehen sind: soweit dies nicht aussichtslos erscheint, ist der Vergleichsrechnung daher die Unternehmensfortführung und nicht die Liquidation zugrunde zu legen.

Auch zu Art und Weise der Entschädigung verhält sich Abs. 4 Satz 1 Hs. 2 **64** nicht. Die Entschädigung wird hierbei in aller Regel in einer **Geldzahlung** bestehen. Indes sind auch andere Formen der Entschädigung nicht ausgeschlossen, zB der Austausch einer gruppeninternen Drittsicherheit gegen eine neue (Dritt-) Sicherheit, wobei dies letztlich die dargestellten Bewertungsfragen nochmals verkompliziert.

Um den betroffenen Gläubigern eine Prüfung der Angemessenheit der **65** vorgesehenen Entschädigung zu ermöglichen, sieht § 6 Abs. 3 vor, dass im

Fall eines Eingriffs in gruppeninterne Drittsicherheiten eine **Erweiterung des darstellenden Teils** um die Verhältnisse des sicherheitgebenden Unternehmens und die Auswirkungen des Plans auf dieses Unternehmens zu erfolgen hat. Letztlich dürfte davon auszugehen sein, dass im Fall von Personalsicherheiten zusätzlich zu entsprechenden erläuternden Ausführungen zu Vermögen und Verbindlichkeiten des haftenden verbundenen Unternehmens auch eine gesonderte Vergleichsrechnung für das haftende verbundene Unternehmen vorzulegen ist, da andernfalls eine Bewertung der persönlichen Haftung nicht möglich erscheint, welche wiederum Grundlage für die Prüfung der Angemessenheit der im Plan vorgesehenen Entschädigung nach Abs. 4 Satz 1 Hs. 2 ist. Im Fall von Realsicherheiten dürfte eine derartige Vergleichsrechnung demgegenüber verzichtbar sein, da es in diesem Fall maßgeblich auf die Frage der erwartbaren Verwertungserlöse ankommt, welche unabhängig von einer umfassenden Vergleichsrechnung einer Bewertung zugänglich sind.

66 Da die Angemessenheit der Entschädigung als wesentliche inhaltliche Vorgabe an den Inhalt des Restrukturierungsplans anzusehen und damit eine Voraussetzung der **Planbestätigung** iSv § 63 Abs. 1 Nr. 2 ist, sieht § 73 Abs. 3 Nr. 2 die Prüfung der Angemessenheit der Entschädigung nach Abs. 4 Satz 1 Hs. 2 ausdrücklich als eines der Fallbeispiele vor, in welchen das Gericht einen Restrukturierungsbeauftragten als Sachverständigen mit Prüfungen betrauen darf.

67 In der **Praxis** ist davon auszugehen, dass – jedenfalls in Fällen komplexer Konzernfinanzierungen mit einer Vielzahl von Sicherheitengebern – der Umfang der insoweit nötigen Vergleichsrechnungen einen Umfang erreicht, der die Transparenz und die Durchführbarkeit eines Restrukturierungsplans insgesamt gefährden könnte; vor diesem Hintergrund erscheint es in der Praxis empfehlenswert, Regelungen zu Drittsicherheiten nach wie vor möglichst außerhalb des Plans einvernehmlich zu treffen, wobei auch in diesen Fällen – indes ohne Prüfung der Angemessenheit und ohne die Notwendigkeit einer Einbindung von Vergleichsrechnungen in den darstellenden Teil – eine grobe Darstellung der Eckpunkte entsprechender Vereinbarungen zwingend im darstellenden Teil enthalten sein muss.

### 5. Entschädigung in Fällen der Beschränkung der persönlichen Haftung eines persönlich haftenden Gesellschafters (Abs. 4 Satz 2)

68 Abs. 4 Satz 2 erweitert schließlich den Anwendungsbereich der Entschädigungsregelung des Abs. 4 Satz 1 Hs. 1 auch auf Beschränkungen der persönlichen Haftung eines persönlich haftenden Gesellschafters einer Gesellschaft ohne Rechtspersönlichkeit, dh einer Personengesellschaft.

69 Für die Restrukturierung von Personengesellschaften sieht § 11 S. 2 grundlegend vor, dass – soweit der Restrukturierungsplan nichts anderes vorsieht – die persönliche Haftung der persönlich haftenden Gesellschafter des Schuldners auf die im Plan vorgesehenen Ansprüche der Restrukturierungsgläubiger beschränkt wird. Demzufolge können sich Gläubiger – soweit der Plan dies nicht ausdrücklich anders vorsieht – für die erlassenen

Teile von Forderungen nicht bei den persönlich haftenden Gesellschaftern freihalten. Den Gläubigern gestalteter Restrukturierungsforderungen, denen gegenüber Gesellschafter gemäß § 128 HGB bzw. aus entsprechenden Rechtsgrundlagen persönlich haften, entzieht der Restrukturierungsplan somit nicht nur die Möglichkeit, gegen den Schuldner über den Plan hinaus vorzugehen, sondern auch die korrespondierende akzessorische Haftung, so dass die Sachlage bei wirtschaftlicher Betrachtung dieselbe ist wie im Fall einer gruppeninternen Bürgschaft. Es ist daher folgerichtig, dass der Gesetzgeber in Abs. 4 Satz 2 auch für diesen Fall eine angemessene Entschädigung verlangt.

Für die Bemessung der angemessenen Entschädigung gelten dieselben Grundsätze wie für die Angemessenheit einer Entschädigung im Fall des Eingriffs in Personalsicherheiten. Im Regelfall ist daher eine Vergleichsrechnung auf Grundlage von Vermögen und Schulden der persönlich haftenden Gesellschafter erforderlich, um die Angemessenheit der Entschädigung darstellen bzw. bewerten zu können (vgl. hierzu bereits → Rn. 63). 70

Auch für eine Beschränkung der Haftung des persönlich haftenden Gesellschafters einer KGaA ist Abs. 4 Satz 2 analog anzuwenden (aA wohl Braun StaRUG/*Esser* § 2 Rn. 68). Die Nichtnennung der juristischen Person **KGaA** in Abs. 4 Satz 2 dürfte insoweit auf einem gesetzgeberischen Versehen und nicht auf einer bewussten Ausklammerung dieser in der Praxis relativ seltenen Fallkonstellation beruhen. Zudem ist die wirtschaftliche Ausgangslage für die betroffenen Gläubiger, deren Haftungsansprüche gegen den persönlich haftenden Gesellschafter einer KGaA beschränkt werden sollen, identisch mit derjenigen von Gläubigern einer Personengesellschaft, so dass bereits die Eigentumsgarantie des Art. 14 GG einen kompensationslosen Eingriff in derartige Rechte verbieten würde. 71

## VI. Maßgeblicher Zeitpunkt (Abs. 5)

Da es im StaRUG an der für die insolvenzrechtliche Abgrenzung iSv § 38 InsO maßgeblichen gerichtlichen Eröffnungsentscheidung fehlt, ist der maßgebliche Zeitpunkt für die Abgrenzung von gestaltbaren Rechtsverhältnissen iSv § 2 Abs. 1–4 Gegenstand der Regelung des Abs. 5. Entscheidend ist insoweit im Regelfall der Zeitpunkt, in dem sich der Schuldner des Plans mit dem Ziel einer Planabstimmung final entäußert (Begründung RegE, BT-Drs. 19/24181, 114). 72

Im Fall der außergerichtlichen Planabstimmung findet die Abgrenzung im Zeitpunkt des Planangebots nach § 17 statt. Da ein einheitlicher Abgrenzungszeitpunkt erforderlich ist, kann insoweit nicht der Zugang des Planangebots bei dem einzelnen Gläubiger maßgeblich sein; vielmehr kommt es – auch unter Berücksichtigung der Gesetzesbegründung (Begründung RegE, BT-Drs. 19/24181, 114) – auf den Zeitpunkt der Unterbreitung des Planangebots. Dabei kann es zur Vermeidung von Abgrenzungsschwierigkeiten nicht darauf ankommen, wann das schriftliche Planangebot zum Versand kommt, sondern es ist ausschließlich auf das Datum abzustellen, dass der Restrukturierungsplan als Datum seiner Finalisierung vorsieht. 73

74 Kommt der Plan im gerichtlichen Verfahren zur Abstimmung, so ist der Antrag des Schuldners gemäß § 45 maßgeblich, wobei auch insoweit auf den Zeitpunkt der Finalisierung des Antrags durch den Schuldner abzustellen ist.

75 War bereits vor dem gemäß Abs. 5 Satz 1 maßgeblichen Zeitpunkt eine Stabilisierungsanordnung nach § 49 angeordnet, so ist maßgeblich einzig der Zeitpunkt der Erstanordnung der Stabilisierungsanordnung. Wird eine Stabilisierungsanordnung erst nach dem gemäß Abs. 5 Satz 1 maßgeblichen Planangebot bzw. Antrag angeordnet, so verlagert sich der maßgebliche Zeitpunkt ausdrücklich nicht nach hinten (so auch Begründung RegE, BT-Drs. 19/24181, 114).

76 Zieht der Schuldner sein außergerichtliches Planangebot zurück oder nimmt er seinen Antrag nach § 45 zurück und kommt es danach im Rahmen desselben verfahrensrechtlichen Rahmens zu einem neuen Planangebot bzw. Antrag nach § 45 – zB weil der Schuldner anstelle der zunächst angestrebten gerichtlichen Planabstimmung eine außergerichtliche Planabstimmung anstrebt – so ist nach Abs. 5 auf den Zeitpunkt abzustellen, der für den zuletzt vorgelegten Plan maßgeblich ist, da die Wirkungen der ersten Planvorlage letztlich durch die Rücknahme entfallen sind, so dass auch kein Raum für eine materiell-rechtliche Abgrenzung auf diesen Zeitpunkt ist. Wird ein Plan gemäß § 20 Abs. 4 im Rahmen der Planerörterung geändert, so bleibt es demgegenüber bei dem mit der ersten Vorlage eines finalen Plans maßgeblichen Zeitpunkt.

77 Abs. 5 ist mit Blick auf die für den Rechtsverkehr nötige Klarheit darüber, ob eine Plangestaltung zulässig ist oder nicht, zwingend und damit nicht plandispositiv. Zugleich ist jedoch zu beachten, dass der Restrukturierungsplan nach § 8 gerade nicht alle Restrukturierungsgläubiger erfassen muss, sondern der Schuldner im Rahmen des teilkollektiven Verfahrens in den Grenzen des § 8 eine Auswahl der Planbetroffenen vornehmen darf. Eine kurzzeitige **Rückverlegung des Abgrenzungszeitpunkts** der in einen Restrukturierungsplan einbezogenen Restrukturierungsforderungen, zB auf den der Vorlage des Plans vorangehenden Monatsletzten, erscheint dabei als sachgerechtes Kriterium iSv § 8 Nr. 2 denkbar, sofern nicht hierdurch bewusst einzelne Gläubiger bevorzugt werden sollen. Eine **Vorverlegung des Abgrenzungszeitpunkt** auf einen nach dem maßgeblichen Zeitpunkt gemäß Abs. 5 liegenden Zeitpunkt ist demgegenüber unzulässig, was zur Versagung der Planbestätigung gemäß § 63 Abs. 1 Nr. 2 zu führen hat.

## Bedingte und nicht fällige Restrukturierungsforderungen; Forderungen aus gegenseitigen Verträgen

**3** (1) **Restrukturierungsforderungen sind auch dann gestaltbar, wenn sie bedingt oder noch nicht fällig sind.**

(2) **Restrukturierungsforderungen aus gegenseitigen Verträgen sind nur insoweit gestaltbar, als die dem anderen Teil obliegende Leistung bereits erbracht ist.**

**Übersicht**



## I. Normzweck und Grundlagen

1 § 3 ergänzt die Regelungen des § 2 Abs. 1 Nr. 1 und stellt klar, in welchem Umfang einerseits bedingte bzw. noch nicht fällige Restrukturierungsforderungen (Abs. 1) und andererseits Restrukturierungsforderungen aus gegenseitigen Verträgen (Abs. 2) in einen Restrukturierungsplan einbezogen werden können. Die Norm dient somit einerseits dem Schutz des Schuldners, für den durch die Klarstellung des Umfangs der gestaltbaren Restrukturierungsforderungen die Sanierung erleichtert werden soll, andererseits aber auch dem Schutz von Gläubigern, denen die Einrede des nicht erfüllten Vertrags gemäß § 320 BGB zusteht und für die Abs. 2 diesen Schutz auch im StaRUG erhalten will.

## II. Nicht fällige und Bedingte Restrukturierungsforderungen

2 Abs. 1 unterwirft ausdrücklich auch (noch) nicht fällige und bedingte Forderungen einer Gestaltung im Rahmen eines Restrukturierungsplans. Da die entsprechenden Forderungen im maßgeblichen Zeitpunkt des § 2 Abs. 5 ohnehin bereits im restrukturierungsrechtlichen Sinne „begründet" iSv § 2 Abs. 1 Nr. 1 sind, ist die Norm letztlich deklaratorisch (so auch BT-Drs. 19/24181, 114).

### 1. Nicht fällige Forderungen

3 Nicht fällige Forderungen spielen in der Praxis der finanzwirtschaftlichen Restrukturierung mit Hilfe der Instrumente des StaRUG eine erhebliche Rolle. Gerade mit Blick auf die als Zugangsvoraussetzung erforderliche drohende Zahlungsunfähigkeit iSv § 18 InsO ist offensichtlich, dass sich der Schuldner künftig fälligen Forderungen ausgesetzt sehen wird, zB im Fall bisheriger Stundungen oder im Fall künftig fälliger Rückzahlungsansprüchen aus Kreditverträgen oder aus Schuldverschreibungen. Abs. 1 stellt insoweit – ohne dass dies nötig gewesen wäre – klar, dass derartige Forderungen zum Gegenstand der Regelungen eines Restrukturierungsplans gemacht werden können. Wann die Forderung nach den vertraglichen Regelungen fällig wird, ist damit für die Plangestaltung im Grundsatz unerheblich; einzig im Fall unverzinslicher Forderungen ordnet § 24 Abs. 2 Nr. 2 für Zwecke der Bestimmung des auf die Forderung entfallenden Stimmrechts die Abzinsung an.

### 2. Bedingte Forderungen

4 Bedingte Forderungen sind ebenfalls – gleich ob, auflösend oder aufschiebend bedingt (so bereits Begründung RegE, BT-Drs. 19/24181, 114) – ohne weiteres einer Plangestaltung zugänglich. Bedingte Forderungen zeichnen sich insoweit dadurch aus, dass im Fall einer **aufschiebenden Bedingung** die Wirkung einer bereits getroffenen vertraglichen Vereinbarung erst mit Eintritt eines ungewissen künftigen Ereignisses eintritt (§ 158 Abs. 1 BGB) bzw. im Fall einer **auflösenden Bedingung** die Wirkung eines Rechtsgeschäfts mit Eintritt der Bedingung entfällt (§ 158 Abs. 2 BGB).

5 Die von bedingten Rechtsgeschäften ausgehenden Unsicherheiten wirken sich gerade im Fall von Unternehmenskrisen oftmals als erhebliches Sanierungshemmnis aus, da letzten Endes stets Prognoserisiken verbleiben, welche anderen Gläubigern oder den Anteilsinhabern eine Bewertung der Handlungsalternativen erschwert. Die in Abs. 1 klargestellte Zulässigkeit auch der Einbeziehung bedingter Restrukturierungsforderungen löst dieses Dilemma auf. In der Praxis relevant sind insoweit – zB im Fall vorausgegangener außergerichtlicher Sanierungsvereinbarungen – insbesondere auch sog. **Besserungsscheine,** welche das Wiederaufleben einer zuvor erlassenen Forderung oder den endgültigen Erlass einer Forderung an den Eintritt bestimmter Bedingungen knüpfen, zB an das Erreichen bestimmter Finanzkennzahlen.

6 Die zur Erreichung einer nachhaltigen Sanierung oftmals zwingende Einbeziehung bedingter Forderungen in einen Restrukturierungsplan löst in vielen Fällen komplexe **praktische Schwierigkeiten** aus: Abgesehen von der Frage des Stimmrechts der Gläubiger bedingter Forderungen (vgl. hierzu § 24 Abs. 2 Nr. 1) stellt sich gerade für die Vergleichsrechnung sowie für die Prüfung des im Minderheitenschutz des § 64 und auch in den Regelungen zum cross class cramdown (vgl. § 26 Abs. 1 Nr. 1) verankerten Schlechterstellungsverbots die Frage nach der Bewertung der entsprechenden Eintrittswahrscheinlichkeiten.

## III. Forderungen aus gegenseitigen Verträgen

7 Abs. 2 regelt die Gestaltbarkeit von Forderungen aus gegenseitigen Verträgen bzw. schränkt diese zum Schutz des Vertragspartners ein. Die Norm ist dabei insbesondere auch im Kontext der Rechtsstellung von Gläubigern bzw. Vertragspartnern des Schuldners im Insolvenzverfahren zu sehen: In der Insolvenz sind die Vertragspartner des Schuldners umfassenden Gestaltungsrechten des Insolvenzverwalters bzw. des eigenverwaltenden Schuldners gemäß §§ 103 ff. InsO ausgesetzt, die als Elemente einer leistungswirtschaftlichen Unternehmenssanierung zum Einsatz kommen können; insbesondere besteht insoweit für beiderseits noch nicht erfüllte Verträge ein Erfüllungswahlrecht gemäß §§ 103, 105 InsO und für Mietverträge des Schuldners als Mieter ein Sonderkündigungsrecht gemäß § 109 InsO. Nach der Gesetzesbegründung des StaRUG sind Eingriffe in das vertragliche Synallagma im Rahmen des StaRUG demgegenüber nur in den gesetzlich ausdrücklich zugelassenen Fällen möglich (Begründung RegE, BT-Drs. 19/24181, 114).

Nachdem sich der Gesetzgeber im Rahmen des Gesetzgebungsverfahrens letzten Endes dazu entschieden hat, die zunächst in den Entwurfsfassungen vorgesehenen Regelungen zur **Vertragsbeendigung** nicht umzusetzen (vgl. zur vorangegangenen Kritik am Referentenentwurf zB *Thole* ZIP 2020, 1985 (1995); *Hofmann* NZI 2020, 871 (873 ff.)), verbleibt als denkbarer Eingriff in synallagmatische Vertragsbeziehungen nur noch der in § 2 Abs. 2 zugelassene Eingriff in Nebenbestimmung von Verträgen mit mehreren Vertragspartnern (Begründung RegE, BT-Drs. 19/24181, 114). Ausgehend hiervon stellt Abs. 2 klar, dass synallagmatische Forderungen im Übrigen nur insoweit gestaltbar sind, als der Gläubiger seine Leistung bereits erbracht hat.

Hat der Vertragspartner des Schuldners seine Leistung im Wege der **Vorleistung** erbracht, so ist seine hieraus resultierende Forderung gemäß Abs. 2 einer Plangestaltung zugänglich. Dies gilt unabhängig davon, ob er vertraglich zu einer entsprechenden Vorleistung verpflichtet war oder ob er – unter Nichtausübung der ihm zuvor zustehenden Einrede des § 320 BGB – freiwillig eine Vorleistung erbracht hat. In beiden Fällen hat der Vertragspartner das Insolvenz- bzw. Restrukturierungsrisiko für seine Forderung in Kauf genommen. Aufgrund des klaren Wortlauts der Norm („insoweit") kommt bei teilbaren Vertragsverhältnissen auch eine Anwendung der Norm auf bereits erbrachte **Teilleistungen** in Betracht, wobei hierzu auf die zu § 105 InsO entwickelten Grundsätze zurückzugreifen ist (ebenso Braun StaRUG/*Esser* § 3 Rn. 9; Morgen StaRUG/*Knapp/Wilde* § 3 Rn. 11). **8**

Insbesondere ermöglicht Abs. 2 damit bei **Dauerschuldverhältnissen,** zB bei Mietverträgen oder Energielieferungsverträgen, eine Einbeziehung der Forderungen der Vertragspartner aus bis zum Stichtag des § 2 Abs. 5 bereits abgelaufenen Zeiträumen in einen Restrukturierungsplan. **9**

Im Falle **noch ausstehender Leistung** des Vertragspartners kommt eine Gestaltung der diesem vertraglich zustehenden Forderung demgegenüber nach Abs. 2 grundsätzlich nicht in Betracht. Auch dies gilt unabhängig davon, ob er vertraglich zur Vorleistung verpflichtet ist oder nicht, da selbst der vorleistungspflichtige Vertragspartner dem Schuldner nicht schutzlos gegenübersteht, sondern sich auf die Unsicherheitseinrede des § 321 BGB berufen kann (so zutreffend Morgen StaRUG/*Knapp/Wilde* § 3 Rn. 12). **10**

Da Abs. 2 nur die „dem anderen Teil obliegende Leistung" in Bezug nimmt, was auch Zahlungen des anderen Teils erfassen würde, wäre bei bloßer Wortlautbetrachtung auch denkbar, Erfüllungsansprüche von Gläubigern im Rahmen eines Restrukturierungsplans zu gestalten, zB dergestalt, dass der Vertragspartner des Schuldners, der bereits eine (An-) Zahlung geleistet hat, verpflichtet wird, diese – ggf. teilweise – nochmals zu leisten, um seinen Beitrag zur Restrukturierung zu erbringen. Ein derartiges Verständnis von Abs. 2 liege indes der Gesamtsystematik der Regelungen der §§ 2, 3 klar zuwider, weswegen **nicht auf Zahlung gerichtete (Erfüllungs-) Ansprüche** einer Gestaltung durch einen Restrukturierungsplan nicht zugänglich sein können. Andernfalls, dh bei Zulassung einer Gestaltung von Erfüllungsansprüchen – zB im Projektgeschäft nach Leistung von Abschlagszahlungen – auf Grundlage von Abs. 3, würde – trotz Verzichts des Gesetzgebers auf die Vertragsbeendigung im StaRUG – ein Eingriff in das Synallagma stattfinden. Daher sind die Regelungen der §§ 2 Abs. 1 **11**

Nr. 1, 3 Abs. 2 teleologisch und auch systematisch dahingehend auszulegen bzw. zu reduzieren, dass im Ergebnis nur Geldforderungen einer Restrukturierung zugänglich sind. Dieser Befund wird auch dadurch gestützt, dass sich im StaRUG an keiner Stelle, insbesondere nicht im Rahmen der Regelungen zu den Stimmrechten, Regelungen zur Umrechnung von nicht auf Geldbeträge gerichteten Forderungen finden. Zudem deckt sich dies mit der bereits erwähnten Gesetzesbegründung, wonach Eingriffe in das vertragliche Synallagma nur in den klar gesetzlich geregelten Fällen zulässig sind, von denen nach Wegfall der Vertragsbeendigung letztlich nur die Änderung von Nebenbestimmungen nach § 2 Abs. 2 verblieben ist.

## IV. Rechtsfolgen

12 Während Abs. 1 letztlich nur klarstellende Funktion hat, verbietet Abs. 2 die Einbeziehung bestimmter Restrukturierungsforderungen in einen Restrukturierungsplan. Verstößt der Plan gegen Abs. 2, indem er eine Gestaltung einer nicht gestaltbaren synallagmatischen Forderung vorsieht, so liegt hierin ein Verstoß gegen eine Vorschrift betreffend den Inhalt des Restrukturierungsplans, was nach § 63 Abs. 1 Nr. 2 zur Versagung der Planbestätigung führen muss. Das Restrukturierungsgericht dürfte insoweit bereits zuvor – ggf. im Rahmen eines Vorprüfungstermins gemäß § 46 – gehalten sein, auf die fehlende Bestätigungsfähigkeit des Plans wegen **Verletzung einer Vorschrift über den Inhalt** des Restrukturierungsplans in einem wesentlichen Punkt hinzuweisen.

13 Wird ein Restrukturierungsplan trotz Verstoßes gegen Abs. 2 fehlerhaft bestätigt, so kann die entsprechende gegen Abs. 2 verstoßende Planregelung die materielle Rechtslage nicht gegen den Willen des Vertragspartners gestalten. Sofern der Vertragspartner mit den vorgesehenen Regelungen einverstanden ist, findet demgegenüber eine aufgrund der Vertragsfreiheit jederzeit mögliche Vertragsanpassung statt.

### Ausgenommene Rechtsverhältnisse

**4** **[1]Einer Gestaltung durch einen Restrukturierungsplan sind unzugänglich:**

1. **Forderungen von Arbeitnehmern aus oder im Zusammenhang mit dem Arbeitsverhältnis, einschließlich der Rechte aus Zusagen auf betriebliche Altersversorgung,**
2. **Forderungen aus vorsätzlich begangenen unerlaubten Handlungen und**
3. **Forderungen nach § 39 Absatz 1 Nummer 3 der Insolvenzordnung.**

**[2]Handelt es sich bei dem Schuldner um eine natürliche Person, gilt dies auch für Forderungen und Absonderungsanwartschaften, die mit dessen unternehmerischer Tätigkeit in keinem Zusammenhang stehen.**

**Übersicht**



## I. Normzweck und Grundlagen

1 § 4 ergänzt §§ 2, 3 und definiert verschiedene Bereichsausnahmen, in deren Rahmen Forderungen einer Gestaltung durch einen Restrukturierungsplan entzogen sind. Für die Praxis von höchster Bedeutung ist die in § 4 S. 1 Nr. 1 vorgesehene Ausnahme für Forderungen aus Arbeitsverhältnissen, mit welcher der Gesetzgeber von dem Wahlrecht des Art. 1 Abs. 5 Buchst. a der Richtlinie Gebrauch gemacht hat. Über den Verzicht auf künftige Vertragsanpassungen hinaus hat sich der Gesetzgeber insoweit zugunsten eines umfassenden Arbeitnehmerschutzes gegen unfreiwillige Sanierungsbeiträge entschieden. Auch in den restlichen Regelungen dient § 4 letztlich dem Schutz besonders schutzwürdiger Gläubigergruppen (so auch Morgen StaRUG/*Röger* § 4 Rn. 1); neben Arbeitnehmerforderungen stuft die Norm deliktische Ansprüche (Satz 1 Nr. 2), Geldstrafen und andere Sanktionen (Satz 1 Nr. 3) sowie der Privatsphäre zugeordnete Forderungen (Satz 2) als schutzwürdig ein und entzieht diese Plangestaltungen.

## II. Nicht restrukturierungsfähige Forderungen

### 1. Forderungen aus Arbeitsverhältnissen

2 § 4 S. 1 Nr. 1 nimmt zunächst „Forderungen von Arbeitnehmern aus oder im Zusammenhang mit dem Arbeitsverhältnis, einschließlich der Rechte aus Zusagen auf betriebliche Altersversorgung“ von einer Gestaltung mittels Restrukturierungsplans aus.

3 **a) Sachlicher Anwendungsbereich.** Die Ausnahmeregelung des Satz 1 Nr. 1 erfasst in der Sache alle Restrukturierungsforderungen „aus oder im Zusammenhang mit dem Arbeitsverhältnis, einschließlich der Rechte aus Zusagen auf betriebliche Altersversorgung“. Der Wortlaut allein gebietet daher im Grundsatz eine weite Auslegung der Regelung. Sämtliche arbeitsrechtlich geprägte Forderungen sind damit einer Plangestaltung entzogen, unabhängig davon, ob sie auf dem Arbeitsvertrag selbst, auf Tarifvertrag, auf

Betriebsvereinbarung oder auf gesetzlichen Regelungen beruhen. Satz 1 Nr. 1 erfasst damit insbesondere, aber nicht abschließend

- Ansprüche auf Lohn- bzw. Gehaltszahlung einschließlich Zuschlägen, Zulagen, Provisionen, Tantiemen, Boni oder anderer variabler Gehaltsbestandteile,
- Urlaubs- und Urlaubsabgeltungsansprüche und Rechte aus Arbeitszeitkonten,
- Ansprüche auf Zahlung von Abfindungen, zB auch aus arbeitsgerichtlichen Vergleichen oder Sozialplänen.

4 Besondere Relevanz im Rahmen von Satz 1 Nr. 1 haben die dort ausdrücklich erwähnten Rechte aus Zusagen auf **betriebliche Altersversorgung.** Der Gesetzgeber hat sich insoweit bewusst dagegen entschieden, im Rahmen des BetrAVG Regelungen zu treffen, welche – parallel zu den Regelungen des § 7 BetrAVG – eine Einbeziehung von Pensionsansprüchen unter gleichzeitigem Eintritt des Pensionssicherungsvereins jedenfalls ermöglichen. Sofern eine Nichteinbeziehung von Pensionsverpflichtungen eine finanzwirtschaftliche Restrukturierung mittels eines Restrukturierungsplans ausschließt und auch eine in Einzelfällen denkbare individualvertragliche Einbindung des Pensionssicherungsvereins nicht in Betracht kommt, bleibt in der Praxis letztlich nur noch die Möglichkeit einer Sanierung des Unternehmens im Rahmen eines Insolvenzverfahrens.

5 Eine Einbeziehung von Anteilsrechten von Arbeitnehmern in einen Restrukturierungsplan verbietet Satz 1 Nr. 1 demgegenüber nicht, da die Norm ausdrücklich nur Restrukturierungsforderungen in Bezug nimmt. Anteile oder Mitgliedschaftsrechte, die zB aufgrund eines Programms zur **Mitarbeiterbeteiligung** an Arbeitnehmer ausgegeben wurden oder die von Arbeitnehmern auf Managementebene als Zeichen ihrer Bindung an das Unternehmen erworben wurden, können damit gemäß § 2 Abs. 3 im Rahmen eines Restrukturierungsplans gestaltet werden (ebenso Morgen StaRUG/*Röger* § 4 Rn. 14). Gleiches gilt für unmittelbar aus der Beteiligung am Schuldner folgende Rechte wie zB Dividenden- oder Gewinnansprüche (ebenso Braun StaRUG/*Esser* § 4 Rn. 6, aA Morgen StaRUG/*Röger* § 4 Rn. 14); derartige Ansprüche folgen unmittelbar aus der Beteiligung oder Mitgliedschaft am Schuldner, welche wiederum auf der Entscheidung des Arbeitnehmers, die Beteiligung zu übernehmen fußt, so dass der originäre Zusammenhang zum Arbeitsverhältnis insoweit unterbrochen erscheint. Der schuldrechtliche Anspruch auf künftige Ausgabe von Anteilen oder Mitgliedschaftsrechten am Schuldner ist demgegenüber klar eine aus dem Arbeitsverhältnis herrührende Restrukturierungsforderung, so dass in derartige Ansprüche und Rechte nach Abs. 1 Nr. 1 nicht eingegriffen werden kann. Sollten entsprechende arbeitsvertragliche Regelungen ein Sanierungshemmnis darstellen, so muss hierzu eine individualvertragliche Regelung mit den betroffenen Arbeitnehmern gefunden werden.

6 **b) Persönlicher Anwendungsbereich.** Satz 1 Nr. 1 erfasst zunächst klarerweise **derzeitige Arbeitnehmer,** also solche Personen die im gemäß § 2 Abs. 5 maßgeblichen Zeitpunkt in einem Arbeitsverhältnis zum Schuldner stehen. Darüber hinaus sind auch **ehemalige Arbeitnehmer** ohne

weiteres erfasst, sofern deren Forderungen sachlich aus oder im Zusammenhang mit dem Arbeitsverhältnis herrühren. Dies folgt insbesondere auch aus der Gesetzesbegründung, die ausdrücklich darauf abstellt, dass Arbeitnehmer im Fall einer Sanierung mit Mitteln des StaRUG nicht den insolvenzbezogenen Schutz durch das Insolvenzgeld genießen, weshalb ihre Forderungen gemäß Satz 1 Nr. 1 ausgenommen sind (Begründung RegE, BT-Drs. 19/24181, 115).

Während der Vorstand einer AG mangels Weisungsgebundenheit in keinem Fall als Arbeitnehmer einzustufen ist, ist im Fall des **(Fremd-)Geschäftsführers** einer GmbH im jeweiligen Einzelfall zu prüfen, ob dieser unter den Arbeitnehmerbegriff fällt, wobei insoweit auf den unionsrechtlichen Arbeitnehmerbegriff abzustellen ist (Morgen StaRUG/*Röger* § 4 Rn. 18). Forderungen von Fremdgeschäftsführern einer GmbH – soweit diese aus oder in Zusammenhang mit deren Anstellungsverhältnis stehen – sind daher einer Plangestaltung zugänglich, wobei dies mit Blick auf § 3 Abs. 2 freilich nur für bereits verdiente Forderungen gelten kann, nicht hingegen für solche, die Gegenleistung künftiger Leistungen darstellen. 7

Aufgrund des Wortlauts von Satz 1 Nr. 1 ist hingegen eine Erweiterung des persönlichen Anwendungskreises auch auf **Hinterbliebene** von Arbeitnehmern, denen Ansprüche auf Hinterbliebenenversorgung zustehen, nicht geboten (ebenso Morgen StaRUG/*Röger* § 4 Rn. 19). 8

## 2. Forderungen aus vorsätzlich begangenen unerlaubten Handlungen

§ 4 S. 1 Nr. 2 entzieht Forderungen aus vorsätzlich begangenen unerlaubten Handlungen einer Plangestaltung im Rahmen des StaRUG. Die entsprechende Regelung fußt auf Art. 1 Abs. 5 Buchst. c der Richtlinie, wonach der Gesetzgeber Forderungen aus einer deliktischen Haftung des Schuldners vom präventiven Restrukturierungsrahmen ausschließen kann. Der Gesetzgeber macht hierfür für den Bereich vorsätzlich begangener unerlaubter Handlungen Gebrauch, was teilweise zu einem Gleichlauf mit der Regelung des § 302 Nr. 1 InsO führt. Andernfalls bestünde die Gefahr, dass die von der Haftung für vorsätzliches Handeln ausgehende Steuerungswirkung beeinträchtigt worden wäre (Begründung RegE, BT-Drs. 19/24181, 115). Für die Frage, welche Ansprüche den Tatbestand der (vorsätzlich begangenen) unerlaubten Handlung erfüllen, ist ausschließlich auf deren zivilrechtliche Einordnung in das **Deliktsrecht der §§ 823 ff. BGB** abzustellen, so dass insbesondere Ansprüche gemäß § 823 Abs. 1 BGB oder gemäß § 823 Abs. 2 BGB in Verbindung mit der Verletzung entsprechender Schutzgesetze als ausgenommene Forderungen in Betracht kommen, sofern eine vorsätzliche Erfüllung des Deliktstatbestands vorliegt. 9

Anders als in § 302 Nr. 1 InsO erfasst § 4 S. 1 Nr. 2 indes nicht Steuerschulden, welche in Zusammenhang mit **Steuerstraftaten** stehen; insoweit spricht sich die Gesetzesbegründung bewusst für eine andere Behandlung als im Rahmen des § 302 Nr. 1 InsO aus, da jedenfalls der Steueranspruch als 10 solcher unabhängig von der deliktischen bzw. strafbaren Handlung bereits entstanden war (Begründung RegE, BT-Drs. 19/24181, 115).

### 3. Geldstrafen, Geldbußen und ähnliche Forderungen

**11** Nach § 4 S. 1 Nr. 3 sind schließlich auch die in § 39 Abs. 1 Nr. 3 InsO genannten Forderungen einer Gestaltung durch einen Restrukturierungsplan unzugänglich, womit das StaRUG einen Gleichlauf mit § 225 Abs. 3 InsO herstellt, der ebenfalls die in § 39 Abs. 1 Nr. 3 InsO genannten „Geldstrafen, Geldbußen, Ordnungsgelder und Zwangsgelder sowie solche Nebenfolgen einer Straftat oder Ordnungswidrigkeit, die zu einer Geldzahlung verpflichten" von einer Plangestaltung ausnimmt. Nach der Gesetzesbegründung müssen über die Nichteinbeziehung vorsätzlicher Deliktsforderungen hinaus erst recht die hier in Bezug genommenen Sanktionszahlungen einer Gestaltung durch einen Restrukturierungsplan entzogen werden (Begründung RegE, BT-Drs. 19/24181, 115).

**12** Im Fall der Begehung von Straftaten oder Ordnungswidrigkeiten sind damit Geldstrafen und Geldbußen sowie auch andere Nebenfolgen, die zu einer Geldzahlung verpflichten, einer Restrukturierung entzogen; zu letzteren gehören insbesondere auch Ansprüche auf **Einziehung des Werts von Taterträgen** gemäß §§ 73c, 74c StGB (BGH NZI 2010, 607 f.). Darüber hinaus verbietet Nr. 3 aber auch eine Einbeziehung von Ordnungsgeldern und Zwangsgeldern in einen Restrukturierungsplan, die in vielen Rechtsgebieten zur Durchsetzung von Mitwirkungshandlungen in Rechtsstreiten oder Verwaltungsverfahren anzutreffen sind.

### 4. Forderungen aus dem nicht-unternehmerischen Bereich natürlicher Personen

**13** § 4 S. 2 verbietet im Fall einer natürlichen Person als Schuldner zudem eine Gestaltung von Forderungen und Absonderungsanwartschaften, die mit der unternehmerischen Tätigkeit des Schuldners in keinem Zusammenhang stehen. Mit § 4 S. 2 hat der Gesetzgeber die Regelung des Art. 1 Abs. 2 Buchst. h Richtlinie umgesetzt, der eine Ausnahme für nicht unternehmerisch tätige natürliche Personen vorsieht (Begründung RegE, BT-Drs. 19/24181, 115). Die weitreichenden Gestaltungsmöglichkeiten, die ihre Grundlage im Ziel der Insolvenzvermeidung sanierungsfähiger Unternehmen hat, sollen insoweit nicht zur Befreiung von der privaten Lebensführung zuzuordnenden Schulden missbraucht werden können.

**14** Die Abgrenzung der nicht gestaltbaren Forderungen und Absonderungsanwartschaften aus der nicht-unternehmerischen Sphäre des Schuldners kann in der Praxis im Einzelfall durchaus Schwierigkeiten bereiten. Insbesondere bei Darlehensverbindlichkeiten dürfte oftmals nicht klar abgrenzbar sein, ob ein unternehmerischer Zusammenhang besteht. Da § 4 S. 2 von „keinem" Zusammenhang spricht, dürfte im Zweifelsfall bereits ein geringfügiger oder mittelbarer Zusammenhang ausreichen, so dass die Regelung entsprechend eng auszulegen sein wird.

## III. Rechtsfolge

Eine Gestaltung von Restrukturierungsforderungen, die eine der Fallgruppen des § 4 erfüllen, durch einen Restrukturierungsplan ist gemäß § 4 unzulässig. Sieht ein Restrukturierungsplan gleichwohl hierauf gerichtete Regelungen vor, so hat das Restrukturierungsgericht eine beantragte Planbestätigung gemäß § 63 Abs. 1 Nr. 2 zu versagen bzw. bereits zuvor – ggf. im Rahmen eines Vorprüfungstermins gemäß § 46 – auf die fehlende Bestätigungsfähigkeit des Plans wegen **Verletzung einer Vorschrift über den Inhalt** des Restrukturierungsplans in einem wesentlichen Punkt hinzuweisen. 15

Sieht ein – insoweit fehlerhaft – bestätigter Restrukturierungsplan entgegen § 4 eine Gestaltung von Forderungen iSv § 4 vor, so findet wegen Verletzung des § 4 eine materielle Gestaltung der Forderungen nicht statt (im Ergebnis ebenso Morgen StaRUG/*Röger* § 4 Rn. 26, der von einer Nichtigkeit gemäß § 134 BGB ausgeht). Zulässig bleiben demgegenüber individualvertragliche Gestaltungen außerhalb eines Restrukturierungsplans. 16

## IV. Personalwirtschaftliche Restrukturierung

Unabhängig von der Nichteinbeziehung von Forderungen gegen Arbeitnehmer in den Restrukturierungsplan besteht vielfach die Notwendigkeit auch einer personalwirtschaftlichen Restrukturierung des Unternehmens des Schuldners, wobei es sich hierbei um einen Teilbereich der leistungswirtschaftlichen Sanierung handelt, welche der Gesetzgeber bewusst nicht zum Gegenstand der Instrumente des Restrukturierungsrahmens nach dem StaRUG gemacht hat. Gleichwohl kann der Schuldner für Zwecke seiner Restrukturierung personalwirtschaftliche Restrukturierungsmaßnahmen ergreifen, die ihm außerhalb des StaRUG zur Verfügung stehen. Die Frage, ob und – falls ja – welche personalwirtschaftliche Maßnahmen ergriffen wurden oder werden, ist insoweit in jedem Fall im Rahmen des gestaltenden Teils des Restrukturierungsplans zu beantworten, da „die Auswirkungen des Restrukturierungsvorhabens auf die Beschäftigungsverhältnisse sowie Entlassungen und Kurzarbeiterregelungen und die Modalitäten der Unterrichtung und Anhörung der Arbeitnehmervertretung" nach Nr. 7 der Anlage zu § 5 S. 2 zu den zwingenden Mindestangaben des Restrukturierungsplans gehören. 17

# Abschnitt 2. Anforderungen an den Restrukturierungsplan

## Gliederung des Restrukturierungsplans

**5** **[1]Der Restrukturierungsplan besteht aus einem darstellenden und einem gestaltenden Teil. [2]Er enthält mindestens die nach der**

**Anlage zu diesem Gesetz erforderlichen Angaben. [3] Dem Restrukturierungsplan sind die nach den §§ 14 und 15 erforderlichen Anlagen beizufügen.**

**Schrifttum:** *Hofmann* Der Restrukturierungsplan im künftigen deutschen Restrukturierungsverfahren – Restrukturierungs- vs. Insolvenzplan?, NZI Beilage 2019, 22; *Schelo* Das Gesetz über den Stabilisierungs- und Restrukturierungsrahmen für Unternehmen (StaRUG), WM 2021, 513.

**Übersicht**



## I. Normzweck

1 Der Restrukturierungsplan ist das Herzstück des neuen Stabilisierungs- und Restrukturierungsgesetzes. Die form- und inhaltsgerechte (§§ 5–16) Erstellung und Vorlage beim Restrukturierungsgericht ist Voraussetzung für die Inanspruchnahme der in § 29 Abs. 2 genannten Stabilisierungs- und Restrukturierungsinstrumente. Lediglich für den Antrag einer Stabilisierungsanordnung ist nur ein Entwurf des Restrukturierungsplans oder ein Konzept erforderlich, vgl. § 50 Abs. 2 Nr. 1.

2 § 5 regelt Mindestanforderungen an Aufbau und Inhalt des Restrukturierungsplanes. Aus S. 1 und S. 3 wird die grobe Gliederung des Restrukturierungsplanes ersichtlich, welche sich an der für den Insolvenzplan bekannten Unterteilung in einen darstellenden und gestaltenden Teil (vgl. § 219 S. 1 InsO) sowie den Plananlagen (vgl. § 219 S. 2 InsO) orientiert. Damit wollte der Gesetzgeber bewusst eng an die bereits in der Praxis erprobten insolvenzplanrechtlichen Regelungen anknüpfen. Änderungen und Ergänzungen wurden vom Gesetzgeber nur dort vorgenommen, wo dies durch die Eigenheiten des Stabilisierungs- und Restrukturierungsrahmens veranlasst ist (Begründung RegE, BT-Drs. 19/24181, zu § 7 S. 115 f.).

3 Die Unterscheidung in darstellende und gestaltende Planelemente spiegelt zwei grundlegende Funktionen des Restrukturierungsplanes wider: Der darstellende Teil dient der Information der Planbetroffenen und des Restrukturierungsgerichts. Er entspricht in der außergerichtlichen Sanierung dem

Sanierungskonzept oder gegebenenfalls Sanierungsgutachten, etwa nach dem Standard des Instituts der Wirtschaftsprüfer (IDW S 6) **(Informationsfunktion).** Im gestaltenden Teil werden hingegen die Rechtswirkungen des Restrukturierungsplans – etwa Forderungsverzichte, Stundungen – unmittelbar geregelt **(Gestaltungs- und Vollzugsfunktion).** Er entspricht im Wesentlichen der Sanierungs- oder Restrukturierungsrahmenvereinbarung bei der außergerichtlichen Sanierung.

Anders als die Parallelvorschrift zum Insolvenzplan enthält S. 2 darüber 4 hinaus konkrete inhaltliche Mindestvorgaben, welche in der Anlage (zu § 5 S. 2) zum StaRUG näher aufgeführt sind (siehe Ausführungen dort). Damit wollte der Gesetzgeber die umfangreichen Vorgaben des Art. 8 Abs. 1 der Restrukturierungsrichtlinie (RL 2019/1023) über den Inhalt von Restrukturierungsplänen in nationales Recht umsetzen. Zur Entlastung und besseren Lesbarkeit des Gesetzestextes wurden diese in die Anlage zum StaRUG ausgelagert (siehe im Einzelnen Ausführungen zur Anlage zu § 5 S. 2), weitere Anforderungen an den Inhalt eines Restrukturierungsplanes sind in den §§ 6–16 geregelt (siehe im Einzelnen Ausführung dort). Bei der Auslegung der Regelungen über den Inhalt und Aufbau des Restrukturierungsplanes kann Art. 8 Abs. 1 der Restrukturierungsrichtlinie (RL 2019/1023) hilfsweise herangezogen werden.

## II. Restrukturierungsplan, Restrukturierungskonzept

### 1. Einführung

Voraussetzung für die Inanspruchnahme der Instrumente des Stabilisie- 5 rungs- und Restrukturierungsrahmens ist die Anzeige des Restrukturierungsvorhabens beim zuständigen Restrukturierungsgericht (§ 31 Abs. 1). Als Instrumente mit unmittelbarem Planbezug kommen dabei die gerichtliche Planbestimmung (§ 29 Abs. 2 Nr. 1), die Vorprüfung (Nr. 2) und insbesondere die Planbestätigung (Nr. 4) in Betracht. Der Schuldner wird in der Regel das Instrument der Planbestätigung in Anspruch nehmen wollen, stärkt dies doch seine Verhandlungsposition gegenüber einzelnen obstruierenden Gläubigern. Mit Anzeige der Restrukturierungssache beim Restrukturierungsgericht ist noch nicht zwingend der vollständige Entwurf eines Restrukturierungsplanes vorzulegen. Vielmehr reicht die Vorlage eines Konzepts für die Restrukturierung, welches auf der Grundlage einer Darstellung von Art, Ausmaß und Ursachen der Krise das Ziel der Restrukturierung (Restrukturierungsziel) sowie die Maßnahmen beschreibt, welche zur Erreichung des Restrukturierungsziels in Aussicht genommen werden (vgl. § 31 Abs. 2) (im Einzelnen unter → § 31 Rn. 16 ff.).

Da das Gesetz auch für das (alternative) Restrukturierungskonzept inhalt- 6 liche Mindestanforderungen vorsieht, sollte das Restrukturierungskonzept so früh wie möglich in der Form (wenn auch ersten Entwurfes) eines Restrukturierungsplanes verfasst werden. Auch wenn zunächst eine außergerichtliche, konsensuale Sanierung angestrebt wird, bietet es sich an, Bestandteile des idR bereits vorliegenden Sanierungsgutachtens und des Entwurfes einer

Restrukturierungsrahmenvereinbarung frühzeitig in das Format eines Restrukturierungsplanes überzuleiten. Unter dem Eindruck, dass es als Alternative zur vollkonsensualen Sanierung auch die gerichtliche Bestätigung des Restrukturierungsplanes gibt, lassen sich möglicherweise die Gläubiger dann auf eine Zustimmung zum Plan ein. Um den gerichtlich bestätigten Restrukturierungsplan als glaubhafte Eskalationsstufe zu demonstrieren, macht es daher Sinn, auch im Rahmen der außergerichtlichen Sanierung die inhaltlich-formalen Voraussetzungen eines Restrukturierungsplanes einzuhalten (so auch *Schelo* WM 2021, 513 (514)).

### 2. Allgemeine Grundsätze beim Abfassen eines Restrukturierungsplanes

7 Der Restrukturierungsplan ist übersichtlich und gut lesbar zu verfassen, denn Ziel ist es, die Planbetroffenen von der Annahme des Restrukturierungsplanes zu überzeugen und auch das Gericht frühzeitig mit dem Restrukturierungskonzept vertraut zu machen. Unklare und komplizierte Darstellungen wecken Misstrauen und führen somit nicht zum Ziel. Über die gesetzlich zwingende Aufgliederung des Restrukturierungsplanes in einen darstellenden und gestaltenden Teil sowie den Plananlagen kann bei der Erstellung des Restrukturierungsplanes im Wesentlichen auf die bewährte Praxis bei der Erstellung eines Insolvenzplanes zurückgegriffen werden (siehe beispielhaft Brünkmans/Thole Insolvenzplan-HdB/*Brünkmans* § 5 Rn. 2ff.). Diese Unterscheidung dient der Transparenz, Verständlichkeit und Rechtsklarheit. Durch diese strikte formale Trennung zwischen „Informationen" und „Regeln" sollen Interpretationsspielräume (Was soll geregelt sein und was soll lediglich der Information dienen?) vermieden werden (vgl. Flöther/*Tasma* § 5 Rn. 2).

## III. Aufbau und Gliederung des Restrukturierungsplanes

### 1. Deckblatt

8 Der Restrukturierungsplan beginnt mit einem Deckblatt, welches die Schuldnerin mit Namen und Anschrift, sowie das zuständige Restrukturierungsgericht nennt. Sobald das Restrukturierungsvorhaben beim Restrukturierungsgericht angezeigt wurde (§ 31 Abs. 1), sollte auch das Aktenzeichen auf dem Deckblatt angegeben werden.

### 2. Zusammenfassung (Executive Summary)

9 Ferner bietet es sich an, dem darstellenden und gestaltenden Teil eine Einführung und eine kurze Zusammenfassung im Sinne einer Executive Summary voranzustellen (zum Insolvenzplan Brünkmans/Thole Insolvenzplan-HdB/*Brünkmans* § 5 Rn. 3).

### 3. Darstellender Teil

Während im gestaltenden Teil die durch den Plan zu bewirkenden Rechtsänderungen festgelegt werden, beschreibt und erläutert der darstellende Teil das Restrukturierungskonzept, das auf Grundlage des Plans und mit der Bewirkung der im gestaltenden Teil vorgesehen Rechtsfolgen verwirklicht werden soll. Darzustellen sind auch Maßnahmen, die nicht über Gestaltungswirkungen des Plans herbeigeführt werden können oder sollen, sondern auf anderem Wege umzusetzen sind (Begründung RegE, BT-Drs. 19/24181, S. 115 f.; siehe im Einzelnen die Ausführungen zu § 6). Hier sind die in der Anlage zu § 5 S. 2 aufgeführten Mindestangaben zu beachten, die sich im Wesentlichen auf Angaben im darstellenden Teil beziehen und auf Art. 8 Abs. 1 der Restrukturierungsrichtlinie (RL 2019/1023) zurückzuführen sind (siehe im Einzelnen Ausführungen Anlage zu § 5 S. 2). **10**

### 4. Gestaltender Teil

Der gestaltende Teil legt fest, wie die Rechtsstellung der Planbetroffenen geändert werden soll. Die dort geregelte Gestaltung der Rechte der Planbetroffenen tritt mit Bestätigung des Restrukturierungsplanes (genauer: mit Verkündung des Bestätigungsbeschlusses nach § 63 Abs. 1 und nicht entsprechend dem Insolvenzplan erst mit Rechtskraft der Bestätigung (vgl. § 254 Abs. 1 InsO)). unmittelbar für und gegen sie ein, und zwar auch gegen Planbetroffene, die gegen den Plan gestimmt oder nicht an der Abstimmung teilgenommen haben (§ 67 S. 1). Ohne eine gerichtliche Bestätigung des Restrukturierungsplanes erfolgt die Rechtsgestaltung gemäß §§ 17 ff. nach den allgemeinen zivilrechtlichen Regeln über den Vertragsschluss (§§ 145 ff. BGB), dh über die Zustimmung sämtlicher Planbetroffener treten die Gestaltungen – ähnlich wie in einer Restrukturierungsrahmenvereinbarung – in Kraft (Flöther/*Madaus* § 17 Rn. 2). **11**

Ungeachtet der Frage, auf welchem Weg der gestaltende Teil des Restrukturierungsplanes seine Rechtswirkungen entfaltet, sind wie beim Insolvenzplan die Anforderungen an die Bestimmtheit bzw. Bestimmbarkeit der im Plan geregelten Rechtsänderungen zu beachten (Flöther/*Tasma* § 5 Rn. 4). Ist eine gerichtliche Bestätigung des Restrukturierungsplanes (§ 29 Abs. 2 Nr. 4) vorgesehen, kann die Festlegung oder Konkretisierung der Rechtswirkungen nicht erst durch den Bestätigungsbeschluss erfolgen, die Rechtswirkungen müssen vielmehr aus dem Plan heraus erkennbar sein (Begründung RegE, BT-Drs. 19/24181, S. 116). **12**

Der gestaltende Teil des Restrukturierungsplanes lässt sich wie unter D. der Mustergliederung (→ Rn. 18) gliedern (vgl. auch Wolgast/Grauer StaRUG.online/*Grauer* § 5 Rn. 7). **13**

### 5. Antrag

Anders als beim Insolvenzplan bietet es sich nicht in allen Fällen an, einen Antrag des Schuldners mit in den Restrukturierungsplan aufzunehmen, denn mit Anzeige des Restrukturierungsvorhabens beim Restrukturierungsgericht ist möglicherweise noch offen, welches Instrument im modularen Baukasten **14**

(§ 29 Abs. 2) vom Schuldner in Anspruch genommen wird. Steht allerdings fest, dass über die Annahme des Restrukturierungsplanes im Rahmen eines gerichtlichen Planabstimmungsverfahrens (§ 29 Abs. 2 Nr. 1) abgestimmt werden soll und wegen zu erwartender dissentierender Planbetroffener eine gerichtliche Bestätigung des Restrukturierungsplanes (§ 29 Abs. 2 Nr. 4) erforderlich sein wird, können diese Anträge an das Restrukturierungsgericht aufgenommen werden.

#### 6. Plananlagen (S. 3)

**15** Schließlich folgen die Plananlagen, denen zur Übersichtlichkeit ein Anlageverzeichnis voran gestellt werden sollte. Dabei ist zwischen den Pflichtanlagen iSv § 5 S. 3 iVm §§ 14, 15 und den weiteren Anlagen zu unterscheiden. Bei den Pflichtanlagen handelt es sich um gesetzlich zwingend vorgeschriebene Anlagen, während die weiteren Anlagen lediglich der (zusätzlichen) Information der Planbetroffenen dienen, die im Einzelfall aber aufgrund des Transparenzgebots nach § 6 Abs. 1 ebenfalls zwingend beizufügen sind. Letzteres ist etwa der Fall, wenn sich die Planbetroffenen ohne die konkrete Plananlage kein umfassendes Bild über die Grundlagen und Auswirkungen des Plans verschaffen können. Im Anlagenkonvolut sollte mit den Pflichtanlagen begonnen werden. Sie sind notwendiger Inhalt des Restrukturierungsplans, deren Unvollständigkeit oder Fehlerhaftigkeit zur Versagung der Planbestätigung (§ 63 Abs. 1 Nr. 2) führen kann (siehe auch Braun StaRUG/*Böhm* § 5 Rn. 6).

**16** Zu den Pflichtanlagen des Restrukturierungsplanes gehören die Erklärung zur Bestandsfähigkeit (§ 14 Abs. 1; im Einzelnen → § 14 Rn. 11 ff.), eine Vermögensübersicht sowie die Ergebnis- und Finanzplanung (§ 14 Abs. 2). Im Einzelfall sind darüber hinaus zwingend weitere Erklärungen anzuhängen, namentlich Fortführungserklärungen von persönlich haftenden Gesellschaftern (§ 15 Abs. 1), Zustimmungserklärungen von Gläubigern im Fall eines Debt-Equity-Swaps (§ 15 Abs. 2), die Erklärung von Drittverpflichtungen (§ 15 Abs. 3) sowie die Zustimmungserklärung des verbundenen Unternehmens bei gruppeninternen Drittsicherheiten (§ 15 Abs. 4) (ausführlich → § 15 Rn. 5 ff.).

**17** Neben diesen Pflichtanlagen aus § 14 und § 15 kommen weitere Anlagen zum Restrukturierungsplan in Betracht, wenn dies dem Informationsinteresse der Planbetroffenen dienlich ist, wie zB die Vergleichsversionen umfassender Kreditdokumentationen (dazu → § 6 Rn. 66 ff.). Wurden rechtsgeschäftliche Erklärungen des Schuldners im gestaltenden Teil des Restrukturierungsplanes aufgenommen, sollte die korrespondierende Erklärung des Vertragspartners als Anlage zum Restrukturierungsplan beigefügt werden (vgl. zum Insolvenzplan, Brünkmans/Thole Insolvenzplan-HdB/*Brünkmans* § 5 Rn. 14; ausführlich unter → § 15 Rn. 5 ff.).

### IV. Muster einer Plangliederung

**18** Der Restrukturierungsplan kann wie folgt gegliedert werden (vgl. auch Morgen StaRUG/*Knapp/Wilde* § 5 Rn. 32; Wolgast/Grauer/*Grauer* § 5

Rn. 7; *Hofmann* NZI Beilage 2019, 22 (23); Braun StaRUG/*Böhm* § 5 Rn. 5; zur Mustergliederung eines Insolvenzplans siehe Brünkmans/Thole Insolvenzplan-HdB/*Brünkmans* § 41):

**A. Einführung**

- Identität des Schuldners: Firma/Name, Registergericht, Geburtsdatum, Adresse (ggf. bereits auf dem Deckblatt) (siehe Nr. 1 der Anlage zu § 5 S. 2)
- Restrukturierungsgericht, Aktenzeichen
- Prozessgeschichte des Restrukturierungsverfahrens
- Angaben zu Verfahrenshilfen, zB eine Stabilisierungsanordnung
- Bisherige außergerichtliche Vergleichsverhandlungen
- Name, Anschrift des Restrukturierungsbeauftragten (siehe Nr. 6 der Anlage zu § 5 S. 2)

**B. Zusammenfassung: Ziele und Eckpunkte des Restrukturierungsplans**

**C. Darstellender Teil**

I. Darstellung des „Ist-Zustandes“
 1. Rechtliche Verhältnisse des Schuldners
  a) Geschäftsführungs- und Vertretungsverhältnisse
  b) Gesellschafter, Stammkapital und sonstige Haftungsverhältnisse, zB Vertragskonzern
  c) Ggf. Einbindung in eine Unternehmensgruppe
  d) Steuerliche Verhältnisse, zuständiges Finanzamt, Steuernummer etc
 2. Wirtschaftliche Lage des Schuldners (siehe Nr. 2 der Anlage zu § 5 S. 2)
  a) Darstellung der wirtschaftlichen Situation des Schuldners:
   aa) Aktuelle Vermögenslage durch Gegenüberstellung von Vermögenswerten (einschließlich Bewertung) und Verbindlichkeiten des Schuldners
   bb) Aktuelle Ertragslage
   cc) Darstellung der drohenden Zahlungsunfähigkeit, § 18 InsO
  b) Analyse von Ursachen und Umfang der wirtschaftlichen Schwierigkeiten
  c) Stellung der Arbeitnehmer

II. Sanierungsmaßnahmen
 1. Leistungswirtschaftliche Maßnahmen (außerhalb des Plans)
 2. Finanzwirtschaftliche Maßnahmen gemäß dem gestaltenden Teil des Restrukturierungsplans

III. Darstellung des „Soll-Zustandes“ – Leitbild des sanierten Unternehmens

IV. Darstellung der Planbetroffenen und Begründung der Auswahlentscheidung (siehe Nr. 3 der Anlage zu § 5 S. 2)
 1. Gläubiger
 2. Anteilsinhaber
 3. Ggf. gruppeninterne Drittsicherheiten

V. Darstellung der Gruppen unter Angabe der Stimmrechte sowie Kriterien für die Gruppeneinteilung (siehe Nr. 4 der Anlage zu § 5 S. 2)
VI. Darstellung der nicht einbezogenen Gläubiger/Gesellschafter mit Erläuterung der Gründe für die Nichteinbeziehung (siehe Nr. 5 der Anlage zu § 5 S. 2)
VII. Auswirkung des Restrukturierungsvorhabens auf die Planbetroffenen
VIII. Auswirkung des Restrukturierungsvorhabens auf die Arbeitnehmer und Darstellung der bisherigen Unterrichtung und Anhörung der Arbeitnehmervertretung (siehe Nr. 7 der Anlage zu § 5 S. 2)
IX. Ggf. Eingriff in gruppeninterne Drittsicherheiten: Darstellung der wirtschaftlichen Lage des verbundenen Unternehmens und Auswirkung des Restrukturierungsplans auf das verbundene Unternehmen (§ 2 Abs. 4)
X. Ggf. neue Finanzierung: Darstellung der Gründe für die Erforderlichkeit (siehe Nr. 8 der Anlage zu § 5 S. 2)
XI. Vergleichsrechnung (§ 6 Abs. 2)

**D. Gestaltender Teil**
I. Auswahl der Planbetroffenen
II. Gruppenbildung
III. Veränderung der Rechtsstellung der Planbetroffenen nach Gruppen
1. Gläubigergruppen
– Regelung von Verzichten, Stundungen, sonstigen Maßnahmen (§§ 7 Abs. 1, 2, 11 S. 1) und Höhe (Befriedigungsquote) sowie Art und Zeitpunkt der Befriedigung
– Änderung von Nebenbestimmungen (§ 7 Abs. 3 iVm § 2 Abs. 2)
2. Maßnahmen bzgl. Anteilsinhabern, insbesondere Regelung der Gesellschafterbeschlüsse und Einzelerklärung (§ 7 Abs. 4)
3. Eingriff in gruppeninterne Drittsicherheiten (§ 7 Abs. 1)
4. Sonstige Planregelung, zB Übereignung von Vermögensgegenständen (§ 13)
IV. Sonstige Regelung
1. Regelung einer neuen Finanzierung (§ 12)
2. Regelung zur Planüberwachung (§ 72 Abs. 1)
3. Planbedingung
4. Bereitstellung von Planmitteln (§ 64 Abs. 3)

**E. Plananlagen**
1. Erklärung zur Bestandsfähigkeit (§ 14 Abs. 1)
2. Vermögensübersicht (§ 14 Abs. 2 S. 1)
3. Plan-GuV sowie Liquiditätsplanung (§ 14 Abs. 2 S. 2 und 3)
4. Ggf. Fortführungserklärung persönlich haftender Gesellschafter (§ 15 Abs. 1)
5. Ggf. Umwandlungserklärung der Gläubiger beim Debt-Equity-Swap (§ 15 Abs. 2)

6. Ggf. Verpflichtungserklärung gegenüber Gläubiger (Plangarantie) (§ 15 Abs. 3)
7. Ggf. Zustimmung verbundener Unternehmen (§ 2 Abs. 4)
8. Freiwillige Dritterklärungen
9. Sonstige Anlagen, die für das Informationsinteresse der Gläubiger erforderlich sind, zB Kreditverträge als Endfassung und ggf. Vergleichsversionen bei Änderungen von Nebenbestimmungen

**F. Stellungnahme des Restrukturierungsbeauftragten (§ 76 Abs. 4 S. 2)**

## V. Rechtsfolgen bei Verstoß

Werden die Vorschriften über den Inhalt des Restrukturierungsplanes in einem wesentlichen Punkt nicht beachtet, ist die Bestätigung des Restrukturierungsplanes – ggf. nach Aufforderung zur Nachbesserung – vom Restrukturierungsgericht von Amts wegen zu versagen (§ 63 Abs. 1 Nr. 2). 19

Für die Frage der Wesentlichkeit des inhaltlichen Mangels vgl. → § 63 Rn. 31 f. 20

## Anlage (zu § 5 S. 2)

*Anhang A. Notwendige Angaben im Restrukturierungsplan* 1

*Neben den sich aus den §§ 5 bis 15 ergebenden Angaben hat der Restrukturierungsplan mindestens die folgenden Angaben zu enthalten:* 2

1. *Firma oder Namen und Vornamen, Geburtsdatum, Registergericht und Registernummer, unter der der Schuldner in das Handelsregister eingetragen ist, Geschäftszweig oder Beschäftigung, gewerbliche Niederlassungen oder Wohnung des Schuldners und bei mehreren Niederlassungen die Hauptniederlassung;*
2. *die Vermögenswerte und Verbindlichkeiten des Schuldners zum Zeitpunkt der Vorlage des Restrukturierungsplans, einschließlich einer Bewertung der Vermögenswerte, eine Beschreibung der wirtschaftlichen Situation des Schuldners und der Position der Arbeitnehmer sowie eine Beschreibung der Ursachen und des Umfangs der wirtschaftlichen Schwierigkeiten des Schuldners;*
3. *die Planbetroffenen, die entweder namentlich zu benennen oder unter hinreichend konkreter Bezeichnung der Forderungen oder Rechte zu beschreiben sind;*
4. *die Gruppen, in welche die Planbetroffenen für die Zwecke der Annahme des Restrukturierungsplans unterteilt wurden, und die auf deren Forderungen und Rechte entfallenden Stimmrechte;*
5. *die Gläubiger, Inhaber von Absonderungsanwartschaften sowie Inhaber von Anteils- oder Mitgliedschaftsrechten, die nicht in den Restrukturierungsplan einbezogen wurden, zusammen mit einer Erläuterung der Gründe für die unterbliebene Einbeziehung; eine Beschreibung unter Bezugnahme auf Kategorien gleichartiger Gläubiger, Inhaber von Absonderungsanwartschaften sowie Inhaber von Anteils- oder Mitgliedschaftsrechten genügt, wenn dadurch die Überprüfung der sachgerechten Abgrenzung nach § 8 nicht erschwert wird;*

*6. Name und Anschrift des Restrukturierungsbeauftragten, sofern ein solcher bestellt ist;*
*7. die Auswirkungen des Restrukturierungsvorhabens auf die Beschäftigungsverhältnisse sowie Entlassungen und Kurzarbeiterregelungen und die Modalitäten der Unterrichtung und Anhörung der Arbeitnehmervertretung;*
*8. sofern der Restrukturierungsplan eine neue Finanzierung (§ 12) vorsieht, die Gründe für die Erforderlichkeit dieser Finanzierung.*

**Schrifttum:** *Frind* Überreguliert statt saniert?, ZInsO 2020, 2241.

## I. Normzweck

3 Die Anlage regelt in Ergänzung zu den §§ 5–15 inhaltliche Mindestanforderungen an den Reststrukturierungsplan in Form eines Anforderungskatalogs (Begründung RegE, BT-Drs. 19/24181, S. 188). Sie dient der Umsetzung von Art. 8 Abs. 1 der Restrukturierungsrichtlinie (RL 2019/1023), welcher einzelne Vorgaben für die inhaltliche Ausgestaltung des Restrukturierungsplans regelt. Der Gesetzgeber hat zum Zwecke der besseren Übersichtlichkeit und Lesbarkeit der Gesetze von einer Regelung im Gesetzestext abgesehen, stattdessen inhaltliche Vorgaben in die Anlage zu § 5 S. 2 ausgelagert (Begründung RegE, BT-Drs. 19/24181, S. 115 f.). Die in Nr. 1–8 aufgeführten Angaben konkretisieren im Wesentlichen die Anforderungen des § 6 an den darstellenden Teil. Überschneidungen zum gestaltenden Teil bestehen lediglich bzgl. der Angaben zur Gruppenbildung in Nr. 4. Es handelt sich daher **nicht** um eine weitere, neben dem darstellenden und gestaltenden Teil gesondert beizufügende Plananlage (Flöther/*Tasma* Anlage zu § 5 S. 2 Rn. 1).

4 Die in Nr. 6 und Nr. 8 vorgesehenen Angaben sind nur im Fall der Bestellung eines Restrukturierungsbeauftragten (Nr. 6) oder einer neuen Finanzierung iSd § 12 (Nr. 8) zu machen.

## II. Mindestangaben (Nr. 1–8)

### 1. Angaben zum Schuldner (Nr. 1)

5 Die nach Nr. 1 der Anlage anzugebende Information soll die eindeutige Identifikation des Schuldners gewährleisten. Dies wird auch von Art. 8 Abs. 1 lit. a der Restrukturierungsrichtlinie (RL 2019/1023) als eine der Mindestinformationen gefordert.

### 2. Vermögenswerte und Verbindlichkeiten (Nr. 2)

6 Nr. 2 formuliert Mindestangaben im Restrukturierungsplan über den „Ist-Zustand" des Unternehmens und einer Krisenursachenanalyse. Stellt man bei der Abfassung des darstellenden Teils auf den Standard IDW S 6 ab, was ab einer bestimmten Unternehmensgröße empfehlenswert ist, werden die Vorgaben aus Nr. 2 erfüllt sein (siehe auch Morgen StaRUG/*Knapp*/

*Wilde* § 5 Rn. 10). Nr. 2 entspricht im Wesentlichen Art. 8 Abs. 1 lit. b der Restrukturierungsrichtlinie (RL 2019/1023). Im Einzelnen:

**a) Vermögenswerte und Verbindlichkeiten.** Mit der Gegenüberstellung der Vermögenswerte und Verbindlichkeiten des Schuldners im Zeitpunkt der Planvorlage soll den Planbetroffenen ermöglicht werden, sich einen Überblick über die Vermögenslage zu verschaffen. Sie dient insbesondere auch der Beurteilung, ob eine im Restrukturierungsplan vorgesehene Maßnahme, insbesondere Forderungsverzichte der Planbetroffenen, angemessen ist. Es sind alle begründeten (Eventual-) Verbindlichkeiten (nicht nur die Verbindlichkeiten gegenüber Planbetroffenen) unabhängig von ihrer Fälligkeit darzustellen (Morgen StaRUG/*Knapp/Wilde* § 5 Rn. 11). Die Angabe des (ggf. negativen) Eigenkapitals ist ebenfalls hilfreich. 7

Zu beachten ist, dass sich die Darstellung der Vermögenslage nach Nr. 2 der Anlage auf den Zeitpunkt der Vorlage des Restrukturierungsplans bezieht, während § 14 Abs. 2 S. 1 auf die Vermögenssituation zum Zeitpunkt des Wirksamwerdens des Plans abstellt. Während Nr. 2 der Anlage den gegenwärtigen Ist-Zustand und damit das gegenwärtige Ausmaß der Krise beschreiben soll, ist der Zweck von § 14 Abs. 2 S. 1 (im Einzelnen → Rn. 24), die Vermögenslage nach Bestätigung und Wirksamwerden des Restrukturierungsplans darzustellen (Flöther/*Tasma* Anlage zu § 5 S. 2 Rn. 4). Die Gegenüberstellung beider Perspektiven (Vermögenslage vor und nach Sanierungsmaßnahmen) führen den Planbetroffenen die Wirkung des Restrukturierungsplans vor Augen und dient als eine wesentliche Information für deren Meinungsbildung über die Effektivität und Zustimmungswürdigkeit des vorgelegten Restrukturierungsplans. 8

Die Bewertung der Vermögensgegenstände erfolgt grundsätzlich auf Basis von Fortführungswerten (im Einzelnen → § 14 Rn. 25 ff.). 9

**b) Beschreibung der wirtschaftlichen Situation.** Zur Beschreibung der wirtschaftlichen Situation des Schuldners gehört über die Darstellung der ausdrücklich erwähnten Vermögenslage die gegenwärtige Ertrags- sowie Liquiditätslage. Zu einer angemessenen Beschreibung der gegenwärtigen Liquiditätslage gehören ein Liquiditätsstatus, eine kurzfristige Liquiditätsplanung (13-Wochenplanung) sowie eine mittelfristige Liquiditätsplanung mit einem Planungshorizont von mindestens 24 (besser 36) Monaten. Die mittelfristige Liquiditätsplanung dient dazu, die drohende Zahlungsunfähigkeit als vom Restrukturierungsgericht nachprüfbare Zugangsvoraussetzung (siehe AG Köln ZRI 2021, 377) zu dokumentieren. 10

Ferner sind die für den konkreten Einzelfall und das konkrete Geschäftsmodell wichtigen Informationen, die besonderen Einfluss auf die wirtschaftliche Lage haben, anzugeben, wie etwa die Einhaltung von Lieferverpflichtungen gegenüber Kunden und etwaige Auftragseinbrüche etc. (Morgen StaRUG/*Knapp/Wilde* § 5 Rn. 13). 11

**c) Position der Arbeitnehmer.** Entsprechend der Vorgaben aus Art. 8 Abs. 1b der Restrukturierungsrichtlinie (RL 2019/1023) hat die Darstellung der „Ist-Lage“ gemäß Nr. 2 auch eine Beschreibung der Position der Arbeitnehmer zu enthalten. Während sich Nr. 2 auf die Ausführungen der Gegen- 12 wart und Vergangenheit beziehen – gab es in der Vergangenheit bereits Lohneinschnitte, wie ist die gegenwärtige Personalstruktur, besteht ein Personalüberhang und wenn ja warum? – bezieht sich Nr. 7 auf die zukünftigen Auswirkungen des Restrukturierungsvorhabens auf die Arbeitnehmer (siehe Ausführungen dazu → Rn. 20 ff.).

13 **d) Beschreibung der Ursachen und des Umfangs der wirtschaftlichen Schwierigkeiten.** Jede erfolgreiche Sanierung setzt eine Krisenursachenanalyse voraus (siehe auch IDW S 6 Rn. 61). Nur wenn die Ursachen für die Krise als „Ist Zustand" klar analysiert und im Restrukturierungsplan (schonungslos) herausgearbeitet werden, können die Planbetroffenen die Wirkungen der Sanierungsmaßnahmen und die Realisierbarkeit des im Leitbild des sanierten Unternehmens dargestellten „Soll-Zustands" beurteilen. Eine Krisenursachenanalyse wird in § 6 Abs. 1 S. 2 bereits unmittelbar gefordert (dazu → § 6 Rn. 16 f.).

### 3. Planbetroffene (Nr. 3)

14 Der Restrukturierungsplan hat nach Nr. 3 der Anlage Angaben über die Planbetroffen zu enthalten, die entweder namentlich zu benennen oder unter hinreichend konkreter Bezeichnung der Forderungen oder Rechte zu beschreiben sind.

15 Nr. 3 dient der Umsetzung der Vorgaben aus Art. 8 Abs. 1 lit. c der Restrukturierungsrichtlinie (RL 2019/1023). Die genaue Bezeichnung und Identifikation der Planbetroffenen ist im Vergleich zum Insolvenzplan von gesteigerter Bedeutung, weil dem Restrukturierungsplan als Instrument eines teilkollektiven Verfahrens über die Auswahl der Planbetroffenen in einem ersten Schritt die Funktion zukommt, zu definieren, welche Gläubiger des Schuldners überhaupt vom Restrukturierungsplan erfasst werden sollen.

16 Soweit dies möglich ist, sollten die Planbetroffenen namentlich genannt werden. Anders als der Wortlaut von Nr. 3 vermuten lässt, hat dies jedoch kumulativ zu der eigentlichen Forderungsbezeichnung zu erfolgen. Da Eingriffe nach dem Restrukturierungsplan rechtebezogen erfolgen, ist die Forderung stets so konkret wie möglich zu beschreiben. Der betroffene Personenkreis ist zusätzlich durch ausdrückliche namentliche Nennung anzugeben. Falls dies nicht möglich oder praktikabel ist, erfolgt die Bestimmung des betroffenen Personenkreises über die abstrakte Beschreibung der Forderung und sorgt so für Bestimmbarkeit des betroffenen Personenkreises über die Forderungsinhaberschaft. Bei anonym gehandelten börsennotierten Aktien oder Anleihen erfolgt die Beschreibung des Planbetroffenenkreises in der Regel ausschließlich über die Beschreibung der Rechtekategorie, da die Inhaber dem Schuldner in der Regel nicht bekannt sind (Morgen StaRUG/*Knapp/Wilde* § 5 Rn. 18; Flöther/*Tasma* Anlage zu § 5 S. 2 Rn. 8).

### 4. Gruppen (Nr. 4)

17 Nach Nr. 4 der Anlage sind die Gruppen, in welche die Planbetroffenen zum Zweck der Annahme des Restrukturierungsplans unterteilt wurden, und die auf deren Forderungen und Rechte entfallenden Stimmrechte anzugeben. Nr. 4 setzt Art. 8 Abs. 1lit. d der Restrukturierungsrichtlinie (RL 2019/1023) um. Der Wortlaut verlangt lediglich die Angabe der Gruppen – und damit insbesondere auch die gruppenspezifischen Abgrenzungskriterien – sowie der Stimmrechte (vgl. im Einzelnen zu § 24) innerhalb der Gruppe. Nach der Rechtsprechung des Bundesgerichtshofes zum Insolvenzplan ist dies jedoch nicht ausreichend. Es sind darüber hinaus auch die für die Gruppenbildung maßgeblichen Erwägungen anzugeben (BGH NZI 2015, 697 Rn. 10). Während die eigentliche Gruppenbildung als Gestaltungsakt im gestaltenden Teil erfolgt, sind die Erläuterungen zur Gruppenbildung im darstellenden Teil vorzunehmen (ausführlich zu → § 9 Rn. 43 f.).

### 5. Nicht-Betroffene (Nr. 5)

18 Nach Nr. 5 der Anlage sind die Gläubiger, Inhaber von Absonderungsanwartschaften sowie Inhaber von Anteils- oder Mitgliedschaftsrechten, die nicht in den Restrukturierungsplan einbezogen wurden, zusammen mit einer Erläuterung der Gründe für die unterbliebene Einbeziehung im Plan gesondert aufzuführen. Nr. 5 setzt Art. 8 Abs. 1 lit. e der Restrukturierungsrichtlinie (RL 2019/1023) um. Anders als bei der Benennung der Planbetroffenen geht es nicht um die Einhaltung des Bestimmtheitsgrundsatzes zur Absicherung der Planwirkungen. Vielmehr dient die Angabe der Nicht-Betroffenen dem Informationsinteresse der Planbetroffenen. Die Planbetroffenen sollen erfahren und nachvollziehen können, welche Parteien aus welchem Grund nicht in den Restrukturierungsplan einbezogen wurde, um die Angemessenheit der von ihnen geforderten Lastentragung beurteilen zu können (vgl. Morgen StaRUG/*Knapp/Wilde* § 5 Rn. 24; siehe auch → § 8 Rn. 25 f.). Vor diesem Hintergrund genügt eine Beschreibung unter Bezugnahme auf Kategorien gleichartiger Gläubiger, Inhaber von Absonderungsanwartschaften sowie Inhaber von Anteils- und Mitgliedschaftsrechten, wenn dadurch die Überprüfung der sachgerechten Abgrenzung nach § 8 nicht erschwert wird (vgl. Nr. 5 Hs. 2). Eine umfassende Angabe aller Gläubiger und Anteilsinhaber ist bei größeren Unternehmen und Publikumsgesellschaften weder sinnvoll noch erforderlich (Flöther/*Tasma* Anlage zu § 5 S. 2 Rn. 10; *Frind* ZInsO 2020, 2241 (2242)).

### 6. Restrukturierungsbeauftragter (Nr. 6)

19 Sofern ein Restrukturierungsbeauftragter bestellt wurde, sind nach Nr. 6 der Anlage Name und Anschrift im Restrukturierungsplan anzugeben. Mit Nr. 6 der Anlage wird Art. 8 Abs. 1lit. f der Restrukturierungsrichtlinie (RL 2019/1023) umgesetzt, wonach die Identität des Restrukturierungsbeauftragten anzugeben ist. Ferner sollten – wenn auch nicht rechtlich zwingend – über die bloße Anschrift hinaus weitere Kontaktdaten, insbesondere E-Mail-Adresse und Telefonnummer des Büros des Restrukturierungsbeauf-

tragten angegeben werden, damit Planbetroffene ihn oder seine Mitarbeiter bei Fragen kontaktieren können.

### 7. Auswirkungen auf die Beschäftigungsverhältnisse (Nr. 7)

**20** Nach Nr. 7 sind die Auswirkungen des Restrukturierungsvorhabens auf die Beschäftigungsverhältnisse sowie Entlassungen und Kurzarbeiterregelungen im Restrukturierungsplan anzugeben. Nr. 7 setzt Art. 8 Abs. 1lit. g iii und iv der Restrukturierungsrichtlinie (RL 2019/1023) um.

**21** Zwar sind Forderungen der Arbeitnehmer aus dem Beschäftigungsverhältnis gemäß § 4 S. 1 Nr. 1 ausdrücklich der Disposition des Restrukturierungsplans entzogen. Dennoch wird nur in Ausnahmefällen eine rein finanzwirtschaftliche Sanierung ausreichen, um die Bestandsfähigkeit des Schuldners sicher- oder wiederherzustellen (vgl. § 14 Abs. 1). Leistungswirtschaftliche Maßnahmen, welche Auswirkung auf die Beschäftigungsverhältnisse der Arbeitnehmer haben, sind im Restrukturierungsplan anzugeben, wobei Entlassungen und Kurzarbeiterregelungen – keinesfalls abschließende – Beispiele sind. Auch wenn personale Umstrukturierungen außerhalb des gestaltenden Teils des Restrukturierungsplans umgesetzt werden, sind sie im darstellenden Teil zu erläutern, solange sie Bestandteil des dem Restrukturierungsplan zugrunde liegenden Sanierungskonzeptes sind. Aufgrund des gegenwärtigen (und wohl auch zukünftigen) Fachkräftemangels wird die Darstellung der Mitarbeiterentwicklung, insbesondere bei der Abhängigkeit des Geschäftsmodells von „klugen Köpfen“, eine wichtige Rolle für die nachhaltige Bestandsfähigkeit des Schuldners spielen.

**22** Neben den allgemeinen Auswirkungen des Restrukturierungsvorhabens sind gemäß Nr. 7 Halbsatz 2 im Besonderen die Modalitäten der Unterrichtung und Anhörung der Arbeitnehmervertretung anzugeben. Dadurch soll dem Umstand Rechnung getragen werden, dass insbesondere größere Restrukturierungen mit erheblichen Auswirkungen auf die Personalstruktur nur mit einer angemessenen Einbindung der Arbeitnehmervertreter erreicht werden kann (vgl. Erwgr. 10 der Restrukturierungsrichtlinie (RL 2019/1023)).

### 8. Neue Finanzierung (Nr. 8)

**23** Sofern der Restrukturierungsplan eine neue Finanzierung (§ 12) vorsieht, sind die Gründe für die Erforderlichkeit der Finanzierung gemäß Nr. 8 im Restrukturierungsplans anzugeben. Damit wird Art. 8 Abs. 1lit. g vi der Richtlinie (RL 2019/1023) umsetzt. Die Einstufung als neue Finanzierung im Sinne von § 12 erfolgt über eine Regelung im gestaltenden Teil (ausführlich unter → § 12 Rn. 21). Die Erläuterung, dass die im gestaltenden Teil vorgesehene neue Finanzierung erforderlich ist, hat hingegen im darstellenden Teil zu erfolgen (unter → § 12 Rn. 19).

## III. Folgen bei Nichtbeachtung

**24** Mit den in Nr. 1–8 geregelten Vorgaben regelt der Gesetzgeber Anforderungen an den Inhalt des Restrukturierungsplans. Fehlen entsprechende

Angaben oder sind sie unzureichend **kann der Restrukturierungsplan im Einzelfall an** einen wesentlichen Mangel leiden, der gemäß § 63 Abs. 1 Nr. 2 zur Zurückweisung durch das Restrukturierungsgericht führt (unter → § 63 Rn. 16 ff.).

## Darstellender Teil

**6** (1) [1]**Der darstellende Teil beschreibt die Grundlagen und die Auswirkungen des Restrukturierungsplans.** [2]**Der darstellende Teil enthält alle Angaben, die für die Entscheidung der von dem Plan Betroffenen über die Zustimmung zum Plan und für dessen gerichtliche Bestätigung erheblich sind, einschließlich der Krisenursachen und der zur Krisenbewältigung vorzunehmenden Maßnahmen.** [3]**Soweit Restrukturierungsmaßnahmen vorgesehen sind, die nicht über den gestaltenden Teil des Plans umgesetzt werden können oder sollen, sind sie im darstellenden Teil gesondert hervorzuheben.**

(2) [1]**Der darstellende Teil enthält insbesondere eine Vergleichsrechnung, in der die Auswirkungen des Restrukturierungsplans auf die Befriedigungsaussichten der Planbetroffenen dargestellt werden.** [2]**Sieht der Plan eine Fortführung des Unternehmens vor, ist für die Ermittlung der Befriedigungsaussichten ohne Plan zu unterstellen, dass das Unternehmen fortgeführt wird.** [3]**Dies gilt nicht, wenn ein Verkauf des Unternehmens oder eine anderweitige Fortführung aussichtslos ist.**

(3) **Sieht der Restrukturierungsplan Eingriffe in die Rechte von Gläubigern aus gruppeninternen Drittsicherheiten (§ 2 Absatz 4) vor, sind in die Darstellung auch die Verhältnisse des die Sicherheit gewährenden verbundenen Unternehmens und die Auswirkungen des Plans auf dieses Unternehmen einzubeziehen.**

**Schrifttum:** *Arlt/Brägelmann/Ludwig* Unbegrenzte Gestaltungsmöglichkeiten bei Konsortialverträgen und Kreditentscheidungen per Restrukturierungsplan?, ZInsO 2021, 1485; *Bernsau/Beyer* Die praktische Anwendung der Regelungen des StaRUG in einem größeren Restrukturierungsverfahren, ZInsO 2021, 2533; *Distler* Das Schlechterstellungsverbot gem. § 26 Abs. 1 Nr. 1 StaRUG in Theorie und Praxis, ZIP 2021, 1033; *Fiebig* StaRUG – eine Auswertung erster praktischer Fälle, ZRI 2021, 561; *Girotto/Czernay* Externer Sachverstand und betriebswirtschaftliche Expertise im Kontext des StaRUG, NZI-Beilage 2021, 66; *Grauer/Münzel* Gerichtliche Bestätigung eines Restrukturierungsplans – Voraussetzungen für Schlechterstellung eines Planbetroffenen, NZI 2021, 893; *Groß/Jungclaus* Stabilisierungs- und Restrukturierungsrahmen oder Insolvenzplanverfahren?, SanB 2021, 6; *Harig/Harder* Der IDW S 2 und das SanInsFoG: Neuer Standard für Insolvenzpläne, ZRI 2021, 67; *Hölzle* Zur Reichweite der Kompetenzen des schwachen vorläufigen Insolvenzverwalters, ZIP 2011, 1889; *Leib/Rendels* Zurückweisung der Beschwerde gegen die Bestätigung des Suhrkamp-Insolvenzplans wegen überwiegenden Vollzugsinteresses, EWiR 2015, 23; *Müller/Dresen* Die ehrliche Vergleichsrechnung und Optionsprüfung im IDW S 6 im Kontext der aktuellen geopolitischen Spannungen, ZInsO 2022, 2269; *Naujoks/Schönen* Die Anpassung von Einzelbestimmungen in Finanzierungsverträgen nach dem StaRUG, ZRI 2021, 437; *Proske* Zur Beweislast betreffend die drohende Zahlungsunfähigkeit in § 63 Abs. 1 Nr. 1 StaRUG, EWiR 2021, 308; *Ringelspacher/Fehl-Weileder* Die Vergleichsrechnung: Streitfragen und Erfahrungen oder Business as usual, ZRI

2022, 210; *Skauradszun* Grundfragen zum StaRUG – Ziele, Rechtsnatur, Rechtfertigung, Schutzinstrumente, KTS 2021, 1; *Spahlinger* Gruppen, Stimmrechte und erforderliche Mehrheiten, NZI-Beilage, 2021, 32; *Stahlschmidt* Die Möglichkeiten des neuen Sanierungsrechts anhand eines Fallbeispiels, ZInsO 2021, 205; *Steffan/Oberg/Poppe* SanInsFoG: Vom Grobkonzept zum Vollkonzept – Anforderungen an die betriebswirtschaftlichen Konzepte in Restrukturierungsplan, Eigenverwaltungsplanung und Insolvenzplan, ZIP 2021, 617; *Tan/Lambrecht* Die Quotenvergleichsrechnung im Insolvenzplan als Instrument der Interessenverfolgung, NZI 2019, 249; *Thole* Feststellung der drohenden Zahlungsunfähigkeit nach StaRUG – Gegenstände des Restrukturierungsplans, NZI 2021, 433; *Thole* Der Entwurf des Unternehmensstabilisierungs- und restrukturierungsgesetzes (StaRUG-RefE), ZIP 2020, 1985; *Westpfahl/Dittmar* Die Behandlung gruppeninterner Sicherheiten im StaRUG, NZI-Beilage, 2021, 46; *Ziegenhagen* Sechs Monate StaRUG – Bewertung der ersten Rechtsprechung zur Anwendung des neuen Restrukturierungsgesetzes, ZInsO 2021, 2053.

**Übersicht**

## I. Normzweck

1 § 6 regelt, welche Informationen im darstellenden Teil des Restrukturierungsplanes enthalten sein müssen. Die Regelung ist an § 220 InsO zum Insolvenzplan angelehnt. Wie auch dort hat der Gesetzgeber sich im Wesentlichen darauf beschränkt, Zweck, Funktion und Zielrichtung des darstellenden Teils in Abs. 1 zu definieren. Abgesehen von den Vorgaben in der Anlage zu § 5 (dazu → Rn. 15 ff.) und Abs. 2 des § 6 zur Vergleichsrechnung, gibt das Gesetz dem Planverfasser kein starres Korsett vor. Auch die auf der Grundlage von § 16 vom Bundesministerium der Justiz zu veröffentlichende Checkliste ist lediglich als unverbindliche Orientierungshilfe zu verstehen (dazu → § 16 Rn. 1). Der Inhalt des Restrukturierungsplanes ist vielmehr stets für den konkreten Einzelfall am Ziel einer bestmöglichen Informations- und Entscheidungsgrundlage für die Planbetroffenen auszurichten.

2 Die allgemeine Leitlinie für die Abfassung des darstellenden Teils formuliert § 6 Abs. 2 S. 2: Der darstellende Teil hat alle Angaben, die für die Entscheidung der von **dem Plan Betroffenen** über die Zustimmung zum Plan und für dessen **gerichtliche Bestätigung** erheblich sind, zu enthalten. Der darstellende Teil dient somit vornehmlich der Information der Planbetroffenen und des Restrukturierungsgerichts. Diese sollen ihre Entscheidung auf umfassende und verständliche Informationen über die zu ergreifenden Maßnahmen, deren Auswirkungen und Folgen stützen können (Begründung RegE, BT-Drs. 19/24181, S. 116).

3 Detaillierte inhaltliche Vorgaben enthält lediglich die Anlage zu § 5, welche Art. 8 der EU-Restrukturierungsrichtlinie (RL 2019/1023) im Wesentlichen wiedergibt und über § 5 S. 2 zum Mindestinhalt von Restrukturierungsplänen erhoben wird. Die Vorgaben in der Anlage zu § 5 betreffen größtenteils Mindestangaben, die im darstellenden Teil zu verorten sind. Da der Restrukturierungsplan zwingend auf die Sanierung des Unternehmens ausgerichtet ist, hätte der Gesetzgeber über diesen europarechtlich vorgegebenen Mindestinhalt hinaus detailliertere Vorgaben – etwa in Anlehnung an den Standard nach IDW S 6 – machen können. Wenn auch gesetzlich nicht geboten, bietet es sich dennoch an, sich bei der inhaltlichen Ausgestaltung

des Restrukturierungsplanes an die in der Praxis erprobten Standards, insbesondere dem Standard nach IDW S 6 (IDW S 6, IDW Life 8/2018, S. 813 ff.), zu orientieren.

4 Deutlich konkretere Vorgaben hat der Gesetzgeber in Abs. 2 für die Vergleichsrechnung aufgenommen. Dies verwundert nicht, ist die Vergleichsrechnung doch *die* wesentliche Entscheidungsgrundlage für die Planbetroffenen und damit „Herzstück" des Restrukturierungsplanes. Zweck der Vergleichsrechnung ist es, die Gläubigerinteressen zu wecken. Dem Gläubiger soll systematisch aufgezeigt werden, dass er mit Plan besser steht als ohne. Darüber hinaus kommt der Vergleichsrechnung besondere Bedeutung zur Rechtfertigung einer gruppenübergreifenden Mehrheitsentscheidung (§ 26 Abs. 1 Nr. 1) und zur Abwehr von Minderheitenschutzanträgen (§ 64) zu.

5 Sieht der Restrukturierungsplan Eingriffe in die Rechte von Gläubigern aus gruppeninternen Drittsicherheiten (§ 2 Abs. 4) vor, verlangt Abs. 3 für den darstellenden Teil nicht nur die Berücksichtigung der Perspektive des Schuldners, sondern auch die des gruppeninternen Sicherungsgebers.

## II. Inhalt des darstellenden Teils

### 1. Allgemeine Grundsätze

6 Die für den darstellenden Teil maßgebliche Generalklausel ist Abs. 2 S. 2, wonach der darstellende Teil alle Angaben enthalten muss, die für die Entscheidung der **Planbetroffenen** über die Zustimmung zum Plan und für dessen **gerichtliche Bestätigung** erheblich sind. Hinsichtlich der in der Anlage zu § 5 genannten Informationen ist von einer solchen Entscheidungserheblichkeit nach dem Willen des Gesetzgebers stets auszugehen, sodass diese zwingend in den Plan aufzunehmen sind (Flöther/*Tasma* § 6 Rn. 5).

7 Der darstellende Teil ist Informationsgrundlage für die Investitions- bzw. Desinvestitionsentscheidung der Planbetroffenen, dh für die Entscheidung über eine Zustimmung zum Plan. Der darstellende Teil muss daher sämtliche für diese Entscheidung relevanten Informationen enthalten. Welche Informationen das sind, ist stets eine Frage des Einzelfalls und hängt von der Größe des Unternehmens, der Zusammensetzung der Planbetroffenen (dazu → Rn. 10 ff.), der Vermögenslage des Schuldners sowie der jeweiligen Sanierungsbeiträge der Planbetroffenen etc ab (Morgen StaRUG/*Knapp/Wilde* § 6 Rn. 15). Stets ist die Frage zu beantworten, welche Informationen erforderlich sind, um als Planbetroffener über die Annahme des Restrukturierungsplanes mit den konkreten Maßnahmen zu entscheiden. Der Planersteller muss daher Informationen im darstellenden Teil zur Verfügung stellen, welche ein kaufmännisch versierter Planbetroffener vernünftigerweise erwarten kann, um eine Entscheidung über die Zustimmung zum Plan treffen zu können (BGH WM 2012, 1640; Morgen StaRUG/*Knapp/Wilde* § 6 Rn. 6).

8 Die Ausführungen müssen für die Planbetroffenen verständlich sein. Dabei hat sich der Planersteller am durchschnittlichen Empfängerhorizont der im

konkreten Fall einbezogenen Planbetroffenen zu orientieren. Bezieht der Restrukturierungsplan beispielsweise lediglich Finanzgläubiger ein, kann der Planverfasser von einem Verständnis der Planbetroffenen in Restrukturierungs- und Finanzangelegenheiten ausgehen (so auch Flöther/*Tasma* § 6 Rn. 4). Die Verwendung von Fachbegriffen, Verweise auf Gesetze etc ist in diesem Fall unproblematisch. Werden auch Kleingläubiger oder Verbraucher einbezogen, ist dies bei der Abfassung des Planes jedoch zu berücksichtigen. Das Ziel muss es sein, dass der Restrukturierungsplan auch ohne Restrukturierungserfahrung oder wirtschaftliche Bewandtnis aus sich heraus verständlich ist. Eine zum Teil geforderte, ergänzende Heranziehung der Rechtsprechung zur Aufklärung und Vollständigkeit von Informationen über Kapitalanlagen (Morgen StaRUG/Knapp/Wilde § 6 Rn. 9; für Insolvenzplan K. Schmidt InsO/*Spliedt* InsO § 220 Rn. 4) ginge jedoch zu weit. Der Planverfasser darf ein gewisses kaufmännisches Grundverständnis bei den Planbetroffenen erwarten. Sollte dies im Einzelfall nicht gegeben sein, kommt die vom Gesetz vorgesehene Rolle des Restrukturierungsbeauftragten (vgl. § 73 Abs. 1 Nr. 1) zur Geltung, der die Planbetroffenen bei der wirtschaftlichen Einordnung des Planangebotes zu unterstützen und deren Interessen zu wahren hat (Begründung RegE, BT-Drs. 19/24181, zu § 80 S. 170).

Auch wenn das StaRUG Verfahren ein nichtöffentliches Verfahren ist, **9**
sollte der Planverfasser darauf achten, dass im Restrukturierungsplan keine Geschäftsgeheimnisse offengelegt werden (BeckOK StaRUG/*Fridgen* § 6 Rn. 9).

## 2. Erforderliche Angaben

**a) Klassische Dreistufigkeit von Sanierungskonzepten.** Das Gesetz **10**
regelt in § 6 sowie in Anhang A inhaltliche Vorgaben, welche als Mindestbestandteile des darstellenden Teils, aber keinesfalls als enumerativ abschließend, zu verstehen sind. Auch entspricht der Aufbau und die Reihenfolge von § 6 nicht der logischen Reihenfolge des Aufbaus eines Restrukturierungsplanes (siehe Vorschlag für den Aufbau eines Restrukturierungsplanes → § 5 Rn. 18). Dennoch ist eine logische Dreistufigkeit von Sanierungskonzepten (vgl. IDW S 6, IDW Life 8/2018, S. 813) dem Gesetz zu entnehmen: Stufe 1: Darstellung des „Ist-Zustandes“ (vgl. § 6 Abs. 1 S. 1 Var. 1) nebst Vergangenheitsanalyse (Krisenursachenanalyse) (§ 6 Abs. 1 S. 2 Var. 1), Stufe 2: Darstellung der Sanierungsmaßnahmen (§ 6 Abs. 1 S. 2 Var. 2) sowie Stufe 3: Darstellung des „Soll-Zustandes“, dh Auswirkungen des Restrukturierungsplanes durch Umsetzung der Sanierungsmaßnahmen, insbesondere auf die Planbetroffenen (Zielstruktur) (§ 6 Abs. 1 S. 1 Var. 1 und § 6 Abs. 2). Eine integrierte Vermögens-, Ertrags- und Finanzplanung enthalten die Anlagen zum Restrukturierungsplan nach § 14 Abs. 2.

Ab einer bestimmten Unternehmensgröße kann man im Hinblick auf **11**
Gliederung und Inhalt des Restrukturierungsplanes den Standard des Instituts für Wirtschaftsprüfer für Sanierungskonzepte (IDW S 6) heranziehen (Braun StaRUG/*Böhm* § 6 Rn. 5; *Harig/Harder* ZRI 2021, 67 (74); Flöther/*Tasma* § 6 Rn. 4; vgl. auch *Steffan/Oberg/Poppe* ZIP 2021, 617 (617 ff.)).

Häufig ist das für die Umsetzung eines Planvorhabens notwendige Restrukturierungskonzept schon aufgrund eines vorausgegangenen verfahrenslosen, voll konsensualen Sanierungsversuchs als IDW S 6 Gutachten vorhanden (*Girotto/Czernay* NZI-Beilage 2021, 66 (68)). Lediglich bei einer ausschließlich finanzwirtschaftlich geführten Restrukturierung ohne Anpassung des operativen Geschäftsbetriebs können sich die detaillierten Vorgaben des IDW S 6 im Einzelfall als überfrachtend erweisen (vgl. Flöther/*Tasma* § 6 Rn. 4).

12 **b) Beschreibung des Ist-Zustandes und Vergangenheitsanalyse (Stufe 1). aa) Grundlagen des Restrukturierungsplanes (Abs. 1 S. 1).** Zunächst verlangt § 6 Abs. 1 S. 1, dass der darstellende Teil die **Grundlagen** des Restrukturierungsplanes zu beschreiben hat (siehe im Einzelnen die Mustergliederung unter → § 5 Rn. 18). Zu Beginn des darstellenden Teils wird der Leser in die rechtlichen und wirtschaftlichen Verhältnisse des Schuldners eingeführt. Zu den rechtlichen Verhältnissen gehören die unter Nr. 1 der Anlage zu Nr. 5 genannten Angaben über die Identität des Schuldners. Darüber hinaus sind Angaben zu Organisation, Rechtsform, Gesellschafterstruktur, Beteiligungen, Vertretungsverhältnissen, Einbindung der Schuldnerin in einen Konzern, Geschäftsführung und steuerlichen Basisinformationen zu machen. Die Daten sind unter Berücksichtigung ihrer Relevanz für das Sanierungskonzept zu ordnen und in klarer und übersichtlicher Form darzustellen (vgl. auch IDW S 6, IDW Life 8/2018, S. 813, Rn. 53).

13 Es folgt die Darstellung der wirtschaftlichen Verhältnisse des Schuldners. Hier ist zunächst die Vermögenslage darzustellen. Nr. 2 der Anlage zu § 5 sieht dabei vor, die Vermögenswerte einschließlich einer Bewertung den Verbindlichkeiten des Schuldners gegenüberzustellen.

14 Zu der Beschreibung der wirtschaftlichen Verhältnisse im Ist-Zustand gehört auch die Darstellung der aktuellen Ertragslage sowie der beiden vorangehenden Geschäftsjahre. Schließlich ist die aktuelle Liquiditätslage anhand eines Liquiditätsstatus, einer kurzfristigen Liquiditätsplanung (13-Wochenplanung) sowie einer mittelfristigen Liquiditätsplanung darzustellen. Letztere dient der Darlegung der drohenden Zahlungsunfähigkeit iSv § 18 InsO. Da die Darlegung der drohenden Zahlungsunfähigkeit eine vom Restrukturierungsgericht zu überprüfende Voraussetzung für den Zugang zu den Restrukturierungs- und Stabilisierungsinstrumenten ist, kommt dieser Darstellung eine besondere Bedeutung zu.

15 Schließlich sind die wesentlichen leistungswirtschaftlichen und personalwirtschaftlichen (siehe Nr. 2 der Anlage zu § 5; siehe auch IDW S 6, IDW Life 8/2018, S. 813, Rn. 54) Verhältnisse darzustellen. Auch die externen Chancen und Risiken des Unternehmens im Markt sind zu identifizieren. Zur Beschreibung des „Ist-Zustandes" des Unternehmens gehört auch eine Analyse unternehmensinterner Stärken und Schwächen, wie etwa die Qualität und Nutzbarkeit des vorhandenen Managements, Vertriebs-, Beschaffungs-, Technologie-, Belegschafts-, Innovations- und Finanzierungspotentiale (IDW S 6, IDW Life 8/2018, S. 813, Rn. 57), unternehmerische und fachliche Kompetenz des Managements (IDW S 6, IDW Life 8/2018,

S. 813, Rn. 58), sowie eine Darstellung, inwieweit das Unternehmen voraussichtlich in der Lage sein wird, sich auf die Herausforderungen der Digitalisierung rechtzeitig einzustellen (IDW S 6, IDW Life 8/2018, S. 813, Rn. 60).

**bb) Krisenursachen (Abs. 1 S. 2).** Ferner verlangt § 6 Abs. 1 S. 2 die 16
Darstellung der **Krisenursachen.** Den Planbetroffenen muss verdeutlicht werden, warum das Unternehmen in die Schieflage geraten ist, insbesondere was der Treiber der drohenden Zahlungsunfähigkeit ist (siehe AG Köln NZI 2021, 433; AG München NZG 2022, 31; vgl. auch *Fiebig* ZRI 2021, 561 (564 f.); kritisch da eigentlich Nichtvorlag einer drohenden Zahlungsunfähigkeit negative Voraussetzung für die Verweigerung der Planbestätigung ist *Thole* NZI 2021, 436).

Die Krisenursachen sind möglichst konkret zu identifizieren, insbesondere 17
ob diese allein aus der Finanzierungslast resultiert, oder ob der Betrieb unwirtschaftlich, insbesondere nicht kostendeckend oder sonst mit Verlusten arbeitet (vgl. BGH NZI 2016, 636 Rn. 40; IDW S 6, IDW Life 8/2018, S. 813, Rn. 61).

**c) Zur Krisenbewältigung vorzunehmende Maßnahmen (Abs. 1** 18
**S. 2, S. 3) (Stufe 2).** Aus dem Ergebnis der Krisenursachenanalyse ist das Leitbild des sanierten Unternehmens zu entwickeln, dh Konturen eines Unternehmens, das eine nachhaltige Wettbewerbsfähigkeit aufweist (vgl. IDW S 6, IDW Life 8/2018, Rn. 63; vgl. zum Restrukturierungsplan auch Braun StaRUG/*Böhm* § 6 Rn. 8). Damit sollen geeignete Sanierungsmaßnahmen identifiziert werden, die erforderlich sind, um die Ertragsfähigkeit und angemessene Eigenkapitalausstattung und damit die Bestandsfähigkeit des Unternehmens (dazu unter → § 14 Rn. 11 ff.) wiederherzustellen oder dauerhaft zu erhalten. Die vorgesehenen Sanierungsmaßnahmen sind zu erläutern und es ist zu begründen, warum der Planersteller diese für geeignet hält.

Es bietet sich an, mit den leistungswirtschaftlichen Maßnahmen, die 19
außerhalb des Planes umzusetzen sind, zu beginnen. Soweit Restrukturierungsmaßnahmen vorgesehen sind, die nicht über den gestaltenden Teil des Plans umgesetzt werden können oder sollen, sind sie im darstellenden Teil gesondert hervorzuheben (Abs. 1 S. 3) (siehe auch Mustergliederung → § 5 Rn. 18). Denn im Gegensatz zum Insolvenzplan ist eine sachgerechte Bewertung des Restrukturierungsplanes aufgrund seines teilkollektiven Charakters nur auf der Grundlage einer Gesamtschau des dem Restrukturierungsplan zugrundeliegenden Restrukturierungskonzepts und des bei Ablehnung des Restrukturierungsplanes voraussichtlich eintretenden Geschehensverlaufs möglich (Begründung RegE, BT-Drs. 19/24181, zu § 8 Abs. 1 S. 116). Im Einzelfall kann es auch geboten sein, solche Sanierungsmaßnahmen im Plan aufzunehmen, die zwar erwogen wurden, aber von denen man Abstand genommen hat (vgl. auch Flöther/*Tasma* § 6 Rn. 10; für den Insolvenzplan K. Schmidt InsO/*Spliedt* InsO § 220 Rn. 6). Typische Maßnahmen, die außerhalb des Restrukturierungsplans umgesetzt werden, sind: Der Abbau von Arbeitsplätzen über einen Sozialplan, die Restrukturierung von Mietverträgen, Abschluss neuer Liefer- oder Kundenverträge etc.

20 Es folgt die Darstellung der finanzwirtschaftlichen Maßnahmen. Zunächst sind die Planbetroffenen zu benennen und deren Auswahl zu begründen (vgl. Nr. 3 der Anlage zu § 5 S. 2). Im Anschluss sind die Sanierungsbeiträge der Planbetroffenen (Forderungsverzichte, Stundungen, Rangrücktritte etc) zu erörtern. Dieser Teil ist besonders sorgfältig abzufassen, weil die Planbetroffenen überzeugt werden müssen, im Vergleich zu den nicht einbezogenen Gläubigern und ggf. Anteilsinhabern ein Sonderopfer zu erbringen. Ferner unterliegt die sachgemäße Auswahlentscheidung der gerichtlichen Überprüfung (im Einzelnen unter → § 8 Rn. 27 ff.). Es folgt die Darstellung der Gruppen unter Angabe der Stimmrechte sowie Kriterien für die Gruppeneinteilung (siehe Nr. 4 der Anlage zu § 5 S. 2). Schließlich sind die nicht einbezogenen Gläubiger/Gesellschafter aufzuzeigen und zu begründen, warum diese nicht einbezogen wurden (siehe Nr. 5 der Anlage zu § 5 S. 2).

21 **d) Auswirkungen des Restrukturierungsplanes, Soll-Zustand (Stufe 3).** Schließlich sind die Auswirkungen des Restrukturierungsplans im darstellenden Teil zu erläutern (§ 6 Abs. 1 S. 1). Um Redundanzen zu vermeiden, können die Auswirkungen bereits bei den einzelnen Sanierungsmaßnahmen der Planbetroffenen beschrieben werden (siehe im Einzelnen Gliederung zu → § 5 Rn. 18). Zu der Darstellung der Auswirkungen des Restrukturierungsplanes gehören nicht nur die Sanierungseffekte aus Sicht des Schuldners (Forderungsverzichte, Stundung etc), sondern auch die Darstellung der wirtschaftlichen Auswirkungen des Restrukturierungsplanes auf die Planbetroffenen, insbesondere Art, Zeitpunkt und Umfang (Quote) ihrer wirtschaftlichen Befriedigung. Herzstück der Darstellung der Auswirkungen des Restrukturierungsplanes auf die Planbetroffenen ist schließlich die nach Abs. 2 S. 2 gebotene Vergleichsrechnung (dazu im Einzelnen → Rn. 24 ff.).

22 Darüber hinaus sieht Nr. 7 der Anlage zu § 5 vor, dass die Auswirkungen des Restrukturierungsvorhabens auf die Beschäftigungsverhältnisse dargestellt werden.

23 Die Darstellung der Auswirkung des Restrukturierungsplanes (sowohl für die Planbetroffenen als auch die nicht einbezogenen Gläubiger) wird nach der gesetzlichen Konzeption zum Teil auf die Anlagen ausgelagert. Dazu gehört etwa die Erklärung zu den Aussichten der Beseitigung der drohenden Zahlungsunfähigkeit sowie der Sicher- oder Wiederherstellung der Bestandsfähigkeit (§ 14 Abs. 1), die Darstellung der Vermögenslage nach Planbestätigung (§ 14 Abs. 2 S. 1) sowie die Ertrags- und Liquiditätsplanung (§ 14 Abs. 2 S. 2 und 3) (dazu im Einzelnen unter → § 14 Rn. 28 ff.).

### 3. Vergleichsrechnung (Abs. 2)

24 **a) Normzweck.** Herzstück des Restrukturierungsplanes ist die Vergleichsrechnung. In der Vergleichsrechnung werden die Auswirkungen des Restrukturierungsplans – dh dessen Umsetzung – auf die Befriedigungsaussichten der Planbetroffenen darstellt und begründet (ggf. auch separate Darstellung der Planwirkung zum Zweck der Übersichtlichkeit → § 5 Rn. 7).

25 Nach Abs. 2 S. 1 ist die Vergleichsrechnung Bestandteil des darstellenden Teils. Bei größeren Unternehmen oder komplexeren Sanierungen ist es angebracht, im darstellenden Teil lediglich eine zusammenfassende Ausfüh-

rung aufzunehmen, die Detailrechnung jedoch in eine Anlage zum Restrukturierungsplan auszulagern.

Auch insoweit lehnt sich die Regelung an das Insolvenzplanrecht (vgl. § 220 Abs. 2 S. 2–4 InsO nF; vgl. allgemein zur Vergleichsrechnung *Müller/Dresen* ZInsO 2022, 2269) an (vor Inkrafttreten des SanInsFoG wurde die Notwendigkeit einer Vergleichsrechnung aus der in §§ 245 Abs. 1 Nr. 1, 247 Abs. 2 Nr. 1, 251 Abs. 1 Nr. 2 und 253 Abs. 3 Nr. 3 InsO zugrunde gelegten Gesamtkonzeption, dass eine Planbestätigung gegen den Willen einzelner Beteiligter nur möglich ist, wenn die Beteiligten nicht schlechter gestellt werden als ohne Plan, abgleitet). Ein Zwang zur Zustimmung eines Restrukturierungsplanes ist nur dann gerechtfertigt, wenn die Beteiligten nicht schlechter gestellt werden als ohne Plan. Die Vergleichsrechnung ist zunächst eine wesentliche Informationsgrundlage, um den Planbetroffenen von der Zustimmung zum Plan (und damit von seiner Besserstellung bzw. mindestens nicht Schlechterstellung) zu überzeugen (vgl. Begründung RegE, BT-Drs. 19/24181, S. 116; *Girotto/Czernay* NZI-Beilage, 2021, 66 (69)). Sie dient dem Schutz der Planbetroffenen vor missbräuchlicher Gestaltung. Darüber hinaus ist die Vergleichsrechnung aber auch Legitimationsgrundlage, um dissentierende Gläubiger oder Gesellschafter in das Plankonzept zu zwingen, indem die Wirkungen des gestaltenden Teils auch ohne deren Zustimmung in Kraft treten. Das Schlechterstellungsverbot des Planbetroffenen ist der Gesamtkonzeption des StaRUG immanent und findet seinen gesetzlichen Niederschlag in § 26 Abs. 1 Nr. 1 (gruppenübergreifende Mehrheitsentscheidung) und § 61 Abs. 1 S. 1 (Minderheitenschutz). 26

Nach der Restrukturierungsrichtlinie (RL 2019/1023) können die Mitgliedstaaten auf unterschiedliche Vergleichsmaßstäbe abstellen. In Betracht kommt die Gegenüberstellung mit einer Liquidation oder mit dem nächstbesten Alternativszenario (Erwgr. 48, 49 der RL 2019/1023). Wie aus Abs. 2 ersichtlich, ist der deutsche Gesetzgeber dem Konzept des nächstbesten Alternativszenarios gefolgt (Begründung RegE, BT-Drs. 19/24181, S. 116). 27

**b) Gegenstand der Vergleichsrechnung – Was wird verglichen?** 28
Nach § 6 Abs. 2 S. 1 sind in der Vergleichsrechnung die Auswirkungen des Restrukturierungsplanes auf die Befriedigungsaussichten der Planbetroffenen darzustellen. Der Restrukturierungsplan muss die Befriedigungsaussichten im Falle dessen Wirksamwerdens (Szenario 1) mit den voraussichtlichen Befriedigungsaussichten ohne einen Restrukturierungsplan (Szenario 2) vergleichen (Begründung RegE, BT-Drs. 19/24181, S. 116; siehe auch Flöther/*Tasma* § 6 Rn. 10). Wie dem Wortlaut aus Abs. 2 S. 1 *„Auswirkungen des Restrukturierungsplans auf die Befriedigungsaussichten der Planbetroffenen"* zu entnehmen ist, ist Vergleichsgegenstand ausschließlich die wirtschaftliche Stellung des jeweiligen Planbetroffenen. Das gilt auch für in den Restrukturierungsplan einbezogene Gesellschafter. Auf die Rechtsstellung als solche – mit oder ohne Plan – kommt es nicht an.

**c) Prüfungsschritte einer Vergleichsrechnung. aa) Grundlagen und Überblick.** Wie bereits ausgeführt ist Gegenstand der Vergleichsrechnung die wirtschaftliche Befriedigungsaussicht der Planbetroffenen. Die Ver- 29 gleichsrechnung folgt einer dreistufigen Logik. Dabei sind auf erster Stufe die Befriedigungsaussichten der Planbetroffenen für den Fall des Inkrafttretens des Restrukturierungsplanes herauszuarbeiten (Szenario 1). Auf der zweiten Stufe sind dann die Befriedigungsaussichten der Planbetroffenen ohne Restrukturierungsplan (Szenario 2) zu eruieren, um schließlich auf dritter Stufe die beiden Szenarien miteinander zu vergleichen.

**30** **bb) Befriedigungsaussichten der Planbetroffenen im Restrukturierungsplan (Szenario 1).** Im Restrukturierungsplan dürfen den Planbetroffenen nur Befriedigungsquoten angeboten werden, die im Zeitpunkt der Planbestätigung mit überwiegender Wahrscheinlichkeit auch zu realisieren sind (*Spahlinger* NZI-Beilage, 2021, 32 (34); Flöther/*Tasma* § 6 Rn. 14; *Skauradszun* KTS 2021, 1 (64); zum Insolvenzplan, Brünkmans/Thole Insolvenzplan-HdB/*Thole* § 17 Rn. 14). Sollte die Befriedigung der Planbetroffenen nicht über einen Investorenbeitrag (siehe *Bernsau/Beyer* ZInsO 2021, 2533 in Sachen *eterna,* siehe auch AG Hamburg ZRI 2021, 473; *Ziegenhagen* ZInsO 2021, 2053 (2055)), sondern über zukünftige *Cash Flows* finanziert werden, kommt es darauf an, dass sich das Sanierungskonzept und die dort vorgesehenen Liquiditätszuflüsse mit überwiegender Wahrscheinlichkeit realisieren lassen.

**31** Bestehen Zweifel, ob sich die im Restrukturierungsplan beschriebenen Befriedigungsaussichten realisieren lassen, ist der Restrukturierungsplan angreifbar. In offensichtlichen Fällen kann das Restrukturierungsgericht die Bestätigung des Plans von Amts wegen zurückzuweisen (§ 63 Abs. 1 Nr. 3). Die Erfüllbarkeit der Forderungen über den Maßstab „offensichtlich" hinaus wird vom Restrukturierungsgericht ferner im Zusammenhang mit der Bestandsfähigkeitserklärung nach § 14 Abs. 1 überprüft (Flöther/*Laroche* § 63 Rn. 20; zum Prüfungsmaßstab → § 14 Rn. 36). Bei einem Minderheitenschutzantrag (§ 64) muss der Antragsteller zumindest geltend machen, dass mit überwiegender Wahrscheinlichkeit eine Schlechterstellung in Szenario 1 im Vergleich zum relevanten Alternativszenario (Szenario 2) gegeben ist (Flöther/*Knapp* § 64 Rn. 29; Braun StaRUG/*Fendel* § 64 Rn. 13). Diese Schlechterstellung kann nachgewiesen werden, indem die Realisierung der Planquote nicht überwiegend wahrscheinlich erscheint und die tatsächlich realistische Quote unter dem nächstbesten Alternativszenario liegt. Bei einer gruppenübergreifenden Mehrheitsentscheidung wird das Schlechterstellungsverbot von Amt wegen geprüft (§ 26 Abs. 1 Nr. 1). Auch hier wird das Restrukturierungsgericht den Restrukturierungsplan nur dann bestätigen, wenn es zu der Einschätzung kommt, dass die Realisierung der im Restrukturierungsplan ausgewiesenen Befriedigungsaussichten überwiegend wahrscheinlich ist.

**32** Sieht der Restrukturierungsplan unterschiedliche Leistungen für die verschiedenen Gruppen der Planbetroffenen vor, hat die Darstellung und Wahrscheinlichkeitsprognose jeweils separat und gruppenbezogen zu erfolgen.

**33** **cc) Befriedigungsaussichten ohne Plan (Szenario 2). (1) Das nächstbeste Alternativszenario.** In einem zweiten Schritt sind die Befriedigungsaussichten ohne Plan herauszuarbeiten (Szenario 2/Vergleichsszenario).

Während beim Insolvenzplan das Vergleichsszenario „Befriedigungsquote ohne Plan“ unmittelbar greifbar ist – kommt ein Insolvenzplan nicht zustande, ist der Schuldner im Regelinsolvenzverfahren abzuwickeln – ist dies beim Restrukturierungsplan schwieriger. Ein gescheiterter Restrukturierungsplan fällt nicht wie beim Insolvenzplan auf ein eröffnetes Insolvenzverfahren zurück (Begründung RegE, BT-Drs. 19/24181, S. 163). Weder § 6 Abs. 2 noch §§ 26 Abs. 1 Nr. 1, 63 Abs. 1 Nr. 3 geben vor, auf welches Vergleichsszenario bei einer Ermittlung der Befriedigungsquote ohne Plan abzustellen ist (Braun StaRUG/*Böhm* § 6 Rn. 13; Wolgast/Grauer/*Grauer* § 6 Rn. 11). Abs. 2 S. 2 und 3 geben lediglich vor, dass grundsätzlich zu unterstellen ist, dass das Unternehmen fortgeführt wird (zu den Auswirkungen → Rn. 38 ff.), es sei denn, ein Verkauf des Unternehmens oder eine anderweitige Fortführung ist aussichtslos. Aufschluss über die Frage, wie das maßgebliche Szenario ohne Plan zu bestimmen ist, gibt indes die Gesetzesbegründung (Begründung RegE, BT-Drs. 19/24181, zu § 28 Abs. 1 Nr. 1 S. 128). Maßgeblich ist das nächstbeste Alternativszenario (siehe auch AG Dresden NZI 2021, 893; AG Köln NZI 2021, 433 (437) mAnm *Thole; Skauradszun* KTS 2021, 1 (64 ff.); AG Hamburg NZI 2021, 544 (545)). 34

**(2) Bestimmung des nächstbesten Alternativszenarios.** Es stellt sich die Frage, wie das sog. nächstbeste Alternativszenario zu ermitteln ist. Dem Begriff selbst (das nächstbeste) ist zu entnehmen, dass es nur ein nächstbestes Alternativszenario geben kann (*Spahlinger* NZI-Beilage 2021, 32 (33); Morgen StaRUG/*Knapp/Wilde* § 6 Rn. 15; *Thole* NZI 2021, 433 (436); *Proske* EWiR 2021, 308 (309); aA BeckOK StaRUG/*Fridgen* § 6 Rn. 59 f.; wohl auch AG Köln ZIP 2021, 806 (807)). Dieses eine Szenario (Vergleichsszenario oder auch Szenario 2) und dessen voraussichtliche Befriedigungsaussichten für die Planbetroffenen sind in der Vergleichsrechnung nach § 6 Abs. 2 mit den Befriedigungsaussichten der Planbetroffenen gemäß des Restrukturierungsplanes (Planszenario oder auch Szenario 1) zu vergleichen. 35

Als mögliche Alternativszenarien kommen nur solche Szenarien in Betracht, die der Schuldner im Fall des Scheiterns des Plans mit (zumindest) *überwiegender Wahrscheinlichkeit* (*Spahlinger* NZI-Beilage 2021, 32 (33 f.); *Ringelspacher/Fehl-Weileder* ZRI 2022, 210 (212); vgl. RegE, BT-Drs. 19/24181, 163 spricht von „hinreichend wahrscheinlich“) auch rechtlich und tatsächlich umsetzen könnte. Rein theoretische Alternativszenarien kommen daher nicht in Betracht, die Schlechterstellung des Planbetroffenen zu belegen (*Spahlinger* NZI-Beilage 2021, 32 (33 f.); Morgen StaRUG/*Knapp/Wilde* § 6 Rn. 16). Dabei hat der Planverfasser einen gewissen Beurteilungsspielraum (Flöther/*Tasma* § 6 Rn. 14; Morgen StaRUG/*Knapp/Wilde* § 6 Rn. 18). 36

Könnten mehrere Alternativszenarien im Fall des Scheiterns des Plans mit überwiegender Wahrscheinlichkeit umgesetzt werden, ist das für die Planbetroffenen wirtschaftlich beste Szenario das zu vergleichende „nächstbeste Alternativszenario“ (*Spahlinger* NZI-Beilage 2021, 32 (33 f.); Morgen StaRUG/*Knapp/Wilde* § 6 Rn. 17). Bei mehreren realistischen (= überwiegend wahrscheinlich umsetzbaren) Szenarien muss der Planverfasser grundsätzlich für alle Szenarien Alternativrechnungen aufstellen, um von den realisierbaren 37

Szenarien ohne Plan das Beste herauszuarbeiten (Flöther/*Tasma* § 6 Rn. 14; *Spahlinger* NZI-Beilage 2021, 32 (33 f.); AG Köln NZI 2021, 433; aA *Proske* EWiR 2021, 309 (310)). Es muss plausibel dargestellt werden, dass das Szenario, worauf der Plan gestützt wird, die beste Alternative ist. Richtigerweise ist aber nicht jedes realisierbare Szenario ausführlich darzulegen, sondern nur das nächstbeste (wohl anders Flöther/*Tasma* § 6 Rn. 14). Hier sollte eine ausführliche Begründung erfolgen, warum man dieses Szenario für überwiegend wahrscheinlich und als das beste Szenario ohne Plan erachtet. Nur wenn es kein klares nächstbestes Szenario gibt, wird man mehrere Alternativszenarien prüfen müssen (so auch *Thole* NZI 2021, 433 (436)). Für die anderen – grundsätzlich realisierbaren – Szenarien genügt ein Hinweis, dass man diese Alternativen geprüft hat und kurz begründet, warum die Befriedigungsaussichten unter dem bestmöglichen Alternativszenario liegen. Nur theoretisch denkbare, im konkreten Einzelfall jedoch aussichtslose Szenarien brauchen nicht erwähnt werden (Flöther/*Tasma* § 6 Rn. 14).

**38** Eine umfangreiche Darstellung des „Second Best"-Alternativszenarios ist allerdings dann geboten, wenn der Planersteller als nächstbestes Alternativszenario auf die Liquidation (Zerschlagungswerte) des Unternehmens abstellt, während der Restrukturierungsplan jedoch ein Fortführungsszenario vorsieht. Abs. 2 S. 2 und S. 3 dürfen in diesem Fall nicht dahingehend verstanden werden, dass bei der Suche des bestmöglichen Alternativszenarios grundsätzlich oder gar zwingend auf ein Fortführungsszenario abzustellen ist. Aus der Regel-Ausnahme Systematik des Abs. 2 S. 2 und S. 3 folgt lediglich, dass der Schuldner nicht ohne eine fundierte Begründung für das Unternehmen Zerschlagungswerte ansetzen darf, um sich damit größere Spielräume für Eingriffe in die Rechte der Planbetroffenen verschaffen zu können (Begründung RegE, BT-Drs. 19/24181, S. 134). Da nach Abs. 2 S. 2 grundsätzlich auf ein Fortführungsszenario abzustellen ist und nur ausnahmsweise auf ein Liquidations-/Zerschlagungsszenario abgestellt werden darf, wenn eine anderweitige Fortführung und der Verkauf des Unternehmens aussichtslos sind, ist dieser Ausnahmefall jedoch besonders zu begründen, indem das Second Best-Fortführungsszenario grundsätzlich im Hinblick auf die Befriedigungsaussichten dargestellt wird.

**39** In allen anderen Fällen sollte vorsorglich kurz dargelegt werden, warum die üblicherweise in Betracht kommenden Alternativszenarien wie (1.) „Fortführung ohne Restrukturierungsplan ggf. mit Verkauf bestimmter Geschäftsbereiche", (2.) „Verkauf als fortgeführtes Unternehmen", (3.) „Verkauf als fortgeführtes Unternehmen aus der Insolvenz" und (4.) „Fortführung im Rahmen eines Insolvenzplanverfahrens" aus Sicht des Schuldners als nächstbestes Alternativszenario nicht in Betracht kommen (so auch *Ziegenhagen* ZInsO 2021, 2053 (2056); vgl. aber die fünf Szenarien bei *Ringelspacher/Fehl-Weileder* ZRI 2022, 210 (212)).

**40** Aufgrund der hohen Bedeutung der Vergleichsrechnung empfiehlt es sich das zugrunde gelegte Alternativszenario und dessen Begründung im Vorfeld mit den Planbetroffenen abzustimmen, um auch mögliche Minderheitenschutzanträge „abzufangen" (*Ringelspacher/Fehl-Weileder* ZRI 2022, 210 (214)).

**(3) Mögliche Alternativszenarien.** Als nächstbestes Alternativszenario kommen Szenarien sowohl innerhalb als auch außerhalb eines Insolvenzverfahrens in Betracht. Letzteres kann nur dann ein mögliches nächstbestes Alternativszenario sein, wenn mit ihm die Insolvenzgefahr (drohende Zahlungsunfähigkeit) mit überwiegender Wahrscheinlichkeit nachhaltig beseitigt wird (siehe auch *Spahlinger* NZI-Beilage 2021, 32 (34)). 41

**(a) Szenarien außerhalb des Insolvenzverfahrens. (aa) Alternativer Restrukturierungsplan.** Als nächstbestes Alternativszenario kommt nicht ein alternativer Restrukturierungsplan in Betracht (AG Köln NZI 2021, 433; *Spahlinger* NZI-Beilage 2021, 32 (34); Flöther/*Tasma* § 6 Rn. 18; anders dagegen *Ringelspacher/Fehl-Weileder* ZRI 2022, 210 (212 f.), Altnativplan ist zu berücksichtigen, wenn eine konkret abweichende Planlösung bereits diskutiert wurde und ihre Umsetzungswahrscheinlichkeit die 50%-Marke übersteigt). Dafür spricht zunächst der Wortlaut von § 26 Abs. 1 Nr. 1 (Obstruktionsverbot) und § 64 Abs. 1 S. 1 (Minderheitenschutz) „ohne einen Plan". Die Formulierung ist an § 245 Abs. 1 Nr. 1 InsO angelehnt, auch dort wird auf die Befriedigungsaussichten „ohne Insolvenzplan" abgestellt. Auch beim Insolvenzplan ist anerkannt, dass der Vergleich gerade nicht zu einem Alternativplan zu erfolgen hat (LG Stade ZInsO 2018, 616; LG Hamburg ZInsO 2015, 159; AG München ZInsO 2018, 1925; *Skauradszun* ZIP 2021, 1091; MüKoInsO/*Sinz* § 251 Rn. 26; K. Schmidt InsO/*Spliedt* § 251 Rn. 6; *Tan/Lambrecht* NZI 2019, 249 (251)). Das Gesetz überlässt die Suche und Entscheidung über das wirtschaftliche Optimum der Mehrheit der Planbetroffenen im Vertrauen auf ihre Verhandlungsmacht. Bezieht man hingegen einen Alternativplan in die Vergleichsbetrachtung mit ein, würde das Restrukturierungsgericht im Ergebnis – im Rahmen eines Minderheitenschutzantrages oder v. A. w. im Rahmen des Obstruktionsverbots – überprüfen, ob nicht ein anderer Restrukturierungsplan besser für die Planbetroffenen wäre (Flöther/*Tasma* § 6 Rn. 18). 42

Entsprechend werden auch einzelne, im Restrukturierungsplan enthaltene Sanierungsmaßnahmen oder Planregelungen nicht auf ihre Erforderlichkeit zur nachhaltigen Beseitigung der drohenden Zahlungsunfähigkeit und Wiedererlangung der Bestandsfähigkeit hin überprüft (AG Köln ZRI 2021, 377 (378, 380); *Ziegehagen* ZInsO 2021, 2053 (2054); *Thole* NZI 2021, 436 f.; *Naujoks/Schönen* ZRI 2021, 437 (444); für eine beschränkte Überprüfung auf „krasse Fälle" *Arlt/Brägelmann/Ludwig* ZInsO 2021, 1485). Es genügt, wenn die einzelne Maßnahme dem vorgenannten Zweck dient (Zweckmäßigkeit) (*Thole* NZI 2021, 436 f.; *Naujoks/Schönen* ZRI 2021, 437 (444); *Ziegehagen* ZInsO 2021, 2053 (2054)). Sog. „Headrooms" im Rahmen der Mindestliquidität des Unternehmens sind zweckmäßig für die nachhaltige Beseitigung der drohenden Zahlungsunfähigkeit und damit grundsätzlich erlaubt (*Ziegehagen* ZInsO 2021, 2053 (2054)). Eine Beschränkung der Maßnahmen (Eingriff in das Recht der Planbetroffenen) auf das für die Planbetroffenen mildeste Mittel (Erforderlichkeit) ginge zu Lasten der anderen Gläubiger, denn je höher die im Restrukturierungsplan vorgesehene Befriedigungsquote der Planbetroffenen, desto höher die Risiken, dass eine Sanierung nachträglich scheitert und die Befriedigungsaussichten der Gläubiger 43 insgesamt geschmälert werden (für eine enge Ausrichtung des Restrukturierungsverfahrens an die Interessen der Planbetroffenen Flöther/*Goetker* § 43 Rn. 23; aA für eine Ausrichtung an alle Gläubiger Flöther/*Hoffmann/Braun* § 32 Rn. 4; Flöther/*Tasma* § 6 Rn. 18; BeckOK StaRUG/*Kramer* § 32 Rn. 20; differenzierend Morgen StaRUG/*Janjuah/Tangermann* § 32 Rn. 53 ff.).

44 **(bb) Konsensualer Restrukturierungsplan.** Der Abschluss eines außergerichtlichen Sanierungsvergleichs kommt als nächstbestes Alternativszenario grundsätzlich in Betracht (vgl. LG Dresden BeckRS 2021, 23099 Rn. 11; Flöther/*Tasma* § 6 Rn. 21; Begründung RegE, BT-Drs. 19/24118, S. 163). Dabei ist jedoch zu beachten, dass der Abschluss eines vollkonsensualen Sanierungsvergleichs mit überwiegender Wahrscheinlichkeit bejaht werden müsste. Darüber hinaus müsste das Ziel einer nachhaltigen Beseitigung der drohenden Zahlungsunfähigkeit mit dem außergerichtlichen Sanierungsvergleich ebenfalls mit überwiegender Wahrscheinlichkeit bejaht werden können. In der Praxis wird sich vor diesem Hintergrund nur in seltenen Ausnahmefällen das nächstbeste Alternativszenario in einer außergerichtlichen vollkonsensualen Sanierung finden (vgl. Flöther/*Tasma* § 6 Rn. 21; Brünkmans/Thole Insolvenzplan-HdB/*Thole* § 30 Rn. 34, *Distler* ZIP 2021, 1033 (1037); siehe aber vorschnelle Unterstellung im Kontext der drohenden Zahlungsunfähigkeit AG Köln NZI 2021, 433 Rn. 10; AG Dresden ZInsO 2021, 1398), zB wenn offensichtlich und eindeutig alle Planbetroffenen einem konsensualer Vergleich mit niedrigeren Sanierungsbeiträgen zugestimmt hätten, etwa indem alle wesentlichen Gläubiger ein gemeinsames „Gegenangebot" abgegeben haben und eine nachhaltige Sanierung (Bestandsfähigkeit) offensichtlich auch bei diesem geringen Eingriff erzielbar gewesen wäre. Bei solchen klaren Fällen einer Sanierung des Unternehmens auf Kosten der Gläubiger zu Gunsten der Gesellschafter wird der Plan allerdings idR schon keine qualifizierte Mehrheit der Planbetroffenen in den Gruppen erhalten (*Grauer/Münzel* NZI 2021, 893 (897) Anm. zu AG Dresden ZInsO 2021, 1398).

45 Der Nachweis einer für die Planbetroffenen günstigen vollkonsensualen Sanierung wird umso schwerer, wenn man bedenkt, dass es keinesfalls Bedingung für eine spätere Planbestätigung nach StaRUG ist, dass die Schuldnerin vorab den Planbetroffenen ihr Restrukturierungsvorhaben ankündigt oder mit diesen zuvor (erfolglos) konsensuale Sanierungslösungen gesucht hat. Auch wenn in der Praxis alternative Finanzierungsmöglichkeiten idR in vielen Verhandlungsrunden vor der Anzeige des Restrukturierungsvorhabens erfolglos versucht wurden, lässt sich aus den Angabepflichten im Rahmen der Restrukturierungsanzeige gemäß § 31 Abs. 2 Nr. 2 kein zwingendes Erfordernis ableiten, dass die Schuldnerin vorab Sanierungsverhandlungen mit allen Planbetroffenen führen muss (AG Hamburg NZI 2021, 544; *Ziegenhagen* ZInsO 2021, 2053 (2056)).

46 **(cc) Verkauf des Unternehmens.** Auch der Verkauf des Unternehmens als Ganzes zu Fortführungswerten kommt als nächstbestes Alternativszenario in Betracht. Es kommt auf den Wert an, den ein Erwerber durch Veräußerung des ganzen Unternehmens im Rahmen eines Gesamtkaufpreises

für den einzelnen konkreten Vermögensgegenstand zu zahlen bereit wäre. Der Fortführungswert (Wert im Fall der Veräußerung des Unternehmens als Ganzes) kann durch einen „Markttest" im Rahmen eines M&A Prozesses oder auf der Grundlage anerkannter betriebswirtschaftlicher Bewertungsmethoden wie zB dem Cash-Flow- oder dem Ertragswertverfahren ermittelt werden (Flöther/*Tasma* § 6 Rn. 23; Morgen StaRUG/*Knapp/Wilde* § 6 Rn. 24). Eine im Kontext des Insolvenzplanverfahrenes diskutierte verpflichtende parallele Investorensuche (sog. Dual-Track-Verfahren) ist abzulehnen (für das Insolvenzplanverfahren ablehnend LG Stade ZInsO 2018, 614; AG Cuxhaven ZInsO 2017, 2128; *Schröder* ZInsO 2018, 668; K. Schmidt InsO/*Spliedt* InsO § 245 Rn. 41; *Buchalik/Schröder* ZInsO 2017, 189 (190); Brünkmans/Thole Insolvenzplan-HdB/*Brünkmans* § 2 Rn. 88 ff.; HK-InsO/*Brünkmans* § 270 Rn. 32; aA *Leib/Rendels* EWiR 2015, 23 (24); *Hözle* ZIP 2011, 1889 (1891 f.)). Ein solches stünde im Widerspruch zu einem frühen, schnellen und leisen Sanierungsinstrument. Liegt ein konkretes und aktuelles Erwerbsangebot vor, ist dieses bei der Bewertung zu berücksichtigen (Braun StaRUG/*Böhm* § 6 Rn. 24; Morgen StaRUG/*Knapp/Wilde* § 6 Rn. 20). Anstelle eines – über ein Investorenprozess – ermitteltes Erwerbsangebot kann ein fiktiver Kaufpreis unter anerkannten Bewertungsmethoden ermittelt werden (Wolgast/Grauer/*Grauer* § 6 Rn. 17; Flöther/*Tasma* § 6 Rn. 23; *Girotto/Czernay* NZI-Beilage 2021, 66 (68); *Ringelspacher/Fehl-Weileder* ZRI 2022, 210 (212); vgl. auch AG Köln ZIP 2021, 806 (808), Ermittlung des Unternehmenswertes auf der Grundlage von Multiples). Der Unternehmenswert kann dabei durch eine Szenarien-Betrachtung inkl. einer darauf aufbauenden Unternehmensbewertung bestimmt werden, wobei im Einzelfall auf die Grundsätze für die Erstellung einer Fairness Opinion (IDW S 8-Standard (Stand: 17.1.2011)) oder marktüblicher Multiples zurückgegriffen werden kann (AG Köln ZIP 2021, 806 Rn. 28; *Girotto/Czernay* NZI-Beilage 2021, 66 (68); *Ringelspacher/Fehl-Weileder* ZRI 2022, 210 (212)). Eine umfassende Unternehmensbewertung (IDW S 1-Standard (Stand: 4.7.2016)) wird angesichts des kurzen Zeitfensters eines Restrukturierungsverfahrens häufig nicht möglich sein. Ein Verkauf außerhalb der Insolvenz setzt jedoch voraus, dass mit ihm die drohende Zahlungsunfähigkeit mit überwiegender Wahrscheinlichkeit beseitigt wird, dh der Veräußerungserlös rechtszeitig vor Eintritt der prognostizierten Zahlungsunfähigkeit zur Verfügung steht und damit auch sämtliche Verbindlichkeiten befriedigt werden könnten (*Bernsau/Beyer* ZInsO 2021, 2533 (2537)).

**(dd) Liquidation (Zerschlagung).** Ist ein Liquidationsszenario ausnahmsweise für die Planbetroffenen besser als jedes mit überwiegender Wahrscheinlichkeit realisierbare Fortführungsszenario, ist auf das Liquidationsszenario abzustellen (*Spahlinger* NZI-Beilage, 2021, 32 (34)). Entgegen dem Wortlaut (vgl. *Distler* ZIP 2021, 1033 (1038) „Der Wortlaut des Gesetzes scheint hier sogar einen noch strengeren Maßstab anzulegen, wenn es in § 6 Abs. 2 S. 2 heißt, dass im darstellenden Teil des Plans die Fortführung des Unternehmens dann nicht als alternativ Szenario zu unterstellen ist, wenn „ein Verkauf des Unternehmens oder eine anderweitige Fortführung aussichtslos ist.") des § 6 Abs. 2 S. 3 ist das Liquidationsszenario nicht erst bei 47 der Vergleichsrechnung zu unterstellen, wenn ein Verkauf des Unternehmens oder eine anderweitige Fortführung aussichtslos ist, sondern bereits dann, wenn das Liquidationsszenario mit überwiegender Wahrscheinlichkeit zu einer im Vergleich zu sämtlichen (überwiegend wahrscheinlich umsetzbaren) Fortführungsszenarien besser ist. Die Unternehmensfortführung ist nämlich kein durch Abs. 2 S. 3 geschützter Selbstzweck, vielmehr dient sie dem Schutz der Planbetroffenen.

**48** Der Ansatz von Liquidationswerten bedarf allerdings einer besonders fundierten Begründung, warum kein besseres, überwiegend wahrscheinlich umsetzbares Fortführungsszenario besteht (→ Rn. 38 f.; anders Flöther/*Tasma* § 6 Rn. 24, welcher für die **Aussichtslosigkeit** der Fortführung einen besonderen Begründungsaufwand verlangt; wie hier *Spahlinger* NZI Beilage 2021, 32 (34)). Das Liquidationsszenario ist in einem Insolvenzverfahren nur dann als „Untergrenze" des nächstbesten Alternativszenarios maßgeblich, wenn kein alternatives, dh für die Planbetroffenen günstigeres Fortführungsszenario ersichtlich ist bzw. dargelegt wird (AG Hamburg NZI 2021, 544 (545)). Der Schuldner soll nicht ohne fundierte Begründung eine Liquidation unterstellen dürfen, um sich damit größere Spielräume für Eingriffe in die Rechte der Planbetroffenen verschaffen zu können (*Girotto/Czernay* NZI-Beilage 2021, 66 (68); *Desch* BB 2020, 2498 (2504); *Grauer/Münzel* NZI 2021, 893 (896), Anm. zu AG Dresden ZInsO 2021, 1398). Allein die nicht weiter unterlegte Behauptung, es gäbe keine Kaufinteressenten, ist nicht hinreichend (*Grauer/Münzel* NZI 2021, 893 (896), Anm. zu AG Dresden ZInsO 2021, 1398). Auch hier ist zu bedenken, dass eine Liquidation außerhalb des Insolvenzverfahrens nur dann als Vergleichsszenario in Betracht kommt, wenn dadurch auch die Zahlungsunfähigkeit abgewendet wird.

**49** **(b) Szenarien innerhalb des Insolvenzverfahrens. (aa) Insolvenzverfahren als Regelfall eines Alternativszenarios.** Da die drohende Zahlungsunfähigkeit Eingangsvoraussetzung für den Eintritt in das StaRUG ist, wird in den meisten Fällen das nächstbeste Alternativszenario eine Verwertung des Unternehmens und Befriedigung der Planbetroffenen im Insolvenzverfahren sein. Ein alternatives Verwertungsszenario ohne Insolvenzverfahren wird eher in seltenen Fällen überwiegend wahrscheinlich sein (→ Rn. 41 ff.). Aus Abs. 2 S. 2 und 3 kann gerade nicht abgeleitet werden, dass auf das Insolvenzszenario nur ausnahmsweise zurückgegriffen werden kann, denn als Fortführungsszenario iSv § 6 Abs. 2 S. 2 kommt grundsätzlich auch die Fortführung in der Insolvenz in Betracht (vgl. AG Hamburg NZI 2021, 544). Problematisch sind jedoch Fälle, in denen die drohende Zahlungsunfähigkeit auf eine Verbindlichkeit aus einem Gesellschafterdarlehen gestützt wird, um das Insolvenzverfahren als Vergleichsmaßstab zu ermöglichen oder zu untermauern (*Grauer/Münzel* NZI 2021, 893 (896), Anm. zu AG Dresden ZInsO 2021, 1398). Steht fest, dass sich die Zahlungsunfähigkeit oder Überschuldung ohne einen Restrukturierungsplan nicht vermeiden lässt, ist die Befriedigungsaussicht der Planbetroffenen im Alternativszenario so zu ermitteln, wie die Befriedigung der Planbetroffenen in einem Insolvenzverfahren im Zeitpunkt der Planbestätigung aussehen würde. Nicht überzeugend ist hingegen ein in der Literatur vertretener Ansatz, wonach auf den Zeitpunkt des prognostizierten Eintritts der Zahlungsunfähigkeit abgestellt wird (so *Distler* ZIP 2021, 1033 (1038)). Nach diesem Ansatz wäre dann für einzelne Gläubiger zu unterscheiden, wann die Forderungen der planbetroffenen Gläubiger fällig werden. Für kurzfristig fällig werdende Forderungen im nächstbesten Alternativszenario wäre nach diesem Ansatz **eine Befriedigung in voller Höhe anzusetzen.** Werden die Forderungen hingegen erst mittel- oder langfristig, dh nach der prognostizierten Zahlungsunfähigkeit fällig, so wäre ein entsprechender Ausfall anzusetzen (so *Distler* ZIP 2021, 1033 (1038)).

Dieser Ansatz ist jedoch abzulehnen. Richtigerweise ist für jeden Plan- **50** betroffenen auf das als unvermeidbar erachtete Insolvenzszenario im Zeitpunkt der Planbestätigung abzustellen. Andernfalls müsste man für jeden Planbetroffenen prüfen, ob er aufgrund der Fälligkeitsstruktur seiner Forderung „seine Befriedigung bis zum Eintritt der Zahlungsunfähigkeit noch schafft". Droht die Zahlungsunfähigkeit in den nächsten 12 Monaten, wäre beim Schuldner im nächstbesten Alternativszenario wegen in der Regel bestehender Überschuldung bei Kapitalgesellschaften ohnehin schon jetzt der Gang ins Insolvenzverfahren verpflichtend. Ferner müsste man konsequenterweise eine mögliche Anfechtbarkeit (immerhin liegt drohende Zahlungsunfähigkeit vor (§ 133 InsO), und diese wird ein betroffener Gläubiger auch kennen) berücksichtigen.

Lässt sich die Insolvenz mit überwiegender Wahrscheinlichkeit nicht ver- **51** meiden, ist unter den überwiegend wahrscheinlich umsetzbaren Verwertungsoptionen im Insolvenzverfahren (Insolvenzplan, übertragende Sanierung und Einzelverwertung) das beste Verwertungsszenario maßgeblich.

**(bb) Insolvenzplan.** Grundsätzlich ist auch ein Vergleich mit den Be- **52** friedigungsaussichten der planbetroffenen Gläubiger in einem Insolvenzplanverfahren erforderlich (*Skauradszun* KTS 2021, 1 (69); Flöther/*Tasma* § 6 Rn. 19; vgl. auch *Girotto/Czernay* NZI-Beilage 2021, 66 (68); *Distler* ZIP 2021, 1033 (1039)). Eine Sanierung über einen Insolvenzplan ist bereits bei drohender Zahlungsunfähigkeit möglich, sodass es sich daher für den Schuldner um eine realistische Handlungsalternative handelt. Bei der Prüfung einer Insolvenzplansanierung als Vergleichsszenario sind die Befriedigungsaussichten der Planbetroffenen in einem Insolvenzplan darzustellen. Sieht der Restrukturierungsplan einen engen Planbetroffenenkreis vor, kann sich die Befriedigungsposition der Planbetroffenen im Vergleichsszenario Insolvenzplan dadurch verbessern, dass dort grundsätzlich alle Gläubiger einzubeziehen sind und etwaige Forderungskürzungen somit auf „mehreren Schultern" verteilt werden. Bei arbeitsintensiven Betrieben sind die Effekte des Insolvenzgeldes zu berücksichtigen, für verlustträchtige Verträge ist das Wahlrecht in Betracht zu ziehen (*Distler* ZIP 2021, 1033 (1038)).

Diese – im Einzelfall möglichen – Vorteile einer Insolvenzplanlösung sind **53** den höheren Kosten für die Vergütung von Insolvenzverwalter und Sachwalter sowie den durch das Insolvenzstigma möglicherweise verursachten indirekten Insolvenzkosten gegenüberzustellen (Flöther/*Tasma* § 6 Rn. 19). Insbesondere bei der Bewertung der indirekten Insolvenzkosten steht dem

Schuldner ein hoher Beurteilungsspielraum zu. Keinesfalls darf die abzulehnende Prüfung von Alternativplänen (→ Rn. 37) durch die Hintertür der Insolvenzplanalternative Einzug erhalten.

54 **(cc) Übertragender Sanierung.** Mit dem Szenario einer übertragenden Sanierung ist der Restrukturierungsplan dann zu vergleichen, wenn eine Veräußerung des Unternehmens oder Teile davon im Insolvenzverfahren überwiegend wahrscheinlich ist und dieses Szenario die nächstbeste Verwertungsalternative darstellt (Flöther/*Tasma* § 6 Rn. 19; *Skauradszun* KTS 2021, 1 (66)). Dabei sind gemäß § 6 Abs. 2 S. 2 Fortführungswerte anzusetzen, wenn der Plan eine Fortführung des Unternehmens vorsieht.

55 Ein konkretes Erwerbsangebot, das dazu auch noch für den Insolvenzfall gelten soll, ist nicht erforderlich (Flöther/*Tasma* § 6 Rn. 19; vgl. aber strenger AG Hamburg ZRI 2021, 473 „konkretes und verlässliches Alternativszenario"). Anhand betriebswirtschaftlicher Methoden oder durch eine Markteinschätzung eines erfahrenen M&A-Beraters kann der Unternehmenswert ermittelt werden (Flöther/*Tasma* § 6 Rn. 19; *Bernsau/Beyer* ZInsO 2021, 2533 (2537); vgl. aber strenger AG Hamburg ZRI 2021, 473: konkretes und verlässliches Alternativszenario; *Skauradszun* KTS 2021, 1 (66)). Die Durchführung eines M&A Prozesses ist nicht erforderlich. Es gelten die gleichen Grundsätze wie beim Verkauf des Unternehmens außerhalb der Insolvenz (→ Rn. 46).

56 **(dd) Einzelverwertung in der Insolvenz.** Eine Vergleichsrechnung auf Basis der Liquidationswerte (Abs. 2 S. 3) kommt nur in Betracht, wenn die Einzelverwertung ausnahmsweise günstiger ist oder eine übertragende Sanierung sich nicht – mit überwiegender Wahrscheinlichkeit – realisieren ließe. § 6 Abs. 2 S. 3 fordert für diese Fälle einen besonderen Begründungsaufwand. Es gelten die Ausführungen unter → Rn. 48 entsprechend. Fortführungshindernisse können aber im Insolvenzverfahren selbst liegen, etwa wenn aufgrund der besonderen Kunden- und Produktstruktur eine Fortführung des operativen Geschäftsbetriebs der Schuldnerin im Rahmen eines Insolvenzverfahrens ausgeschlossen ist (vgl. AG Dresden NZI 2021, 893; kritisch *Grauer/Münzel* NZI 2021, 893 (896)).

57 **dd) Vergleich der beiden Szenarien.** Bei dem eigentlichen Vergleich werden nun die beiden Szenarien (das tatsächliche Szenario des Plans (Szenario 1) mit der hypothetischen Position im Fall einer Restrukturierung ohne Plan (Szenario 2)) miteinander verglichen. Dabei kommt es ausschließlich auf das wirtschaftliche Endergebnis („Befriedigungsaussichten") für die jeweiligen Planbetroffenen und nicht auf deren Rechtsstellung in den beiden Szenarien an (→ Rn. 28; *Distler* ZIP 2021, 1033 (1039); *Spahlinger* NZI-Beilage, 2021, 32 (33); Braun StaRUG/*Böhm* § 6 Rn. 11 *„Befriedigungsaussichten der Planbetroffenen"*; vgl. auch für den Insolvenzplan LG Traunstein WM 2000, 680 (684)). Entscheidend ist eine überwiegende Wahrscheinlichkeit, dass die Mitglieder der ablehnenden Planbetroffenen durch den Restrukturierungsplan nicht schlechter gestellt werden als ohne den Plan. Nicht erforderlich ist eine Besserstellung (*Distler* ZIP 2021, 1033 (1040)).

**d) Maßgeblicher Zeitpunkt für die Vergleichsrechnung.** Maßgeblicher Zeitpunkt für die Vergleichsrechnung ist die Bestätigung des Restrukturierungsplanes durch das Gericht, weil in diesem Zeitpunkt der Restrukturierungsplan wirksam wird (Flöther/*Tasma* § 6 Rn. 13; vgl. zum Insolvenzplan Uhlenbruck/*Lüer/Streit* InsO § 220 Rn. 14, Brünkmans/Thole Insolvenzplan-HdB/*Harmann* § 6 Rn. 218; HambKomm-RestR/*Thies/Lieder* § 22 Rn. 7). Wenn während des laufenden Restrukturierungsvorhabens ein Übernahmeangebot unterbreitet wird und sich dadurch ein wahrscheinliches Fortführungsszenario ergibt, in dem eine höhere Befriedigungsquote zu erwarten wäre, ist dieses zu berücksichtigen (Flöther/*Tasma* § 6 Rn. 13). Trifft ein solches Angebot zwischen der Planabstimmung und Planbestätigung ein, ist die Ernsthaftigkeit eines solchen Angebots jedoch zu hinterfragen, insbesondere die Gründe, warum ein solches Angebot nicht bereits vorher unterbreitet wurde. „Scheinangebote" zur Flankierung eines Minderheitenschutzantrages eines Planbetroffenen sind nicht zu berücksichtigen. 58

**e) Formelle Anforderungen an die Vergleichsrechnung.** Die Ausführungen zur Vergleichsrechnung erfolgen im darstellenden Teil (§ 6 Abs. 2). Allerdings können sich die Ausführungen dort auf eine Zusammenfassung beschränken, während die genauere Berechnung in einer Anlage zum Restrukturierungsplan erfolgt. Die Vergleichsrechnung kann auch auf die nach § 14 Abs. 2 beizufügende Vermögensübersicht und Planrechnung Bezug nehmen. 59

Die Belastbarkeit und Akzeptanz der Berechnung des Alternativszenarios setzt eine klar nachvollziehbare und transparente Darstellung voraus, wobei auf allgemeine Standards für die Beurteilung von Handlungsalternativen – zB dem IDW Standard „Grundsätze für die Erstellung von Fairness Opinions" (IDW S 8) (→ Rn. 46) – zurückgegriffen werden kann (vgl. *Girotto/Czernay* NZI-Beilage, 2021, 66 (68); Flöther/*Tasma* § 6 Rn. 14). 60

**f) Überprüfung durch Restrukturierungsgericht.** Im Rahmen der gerichtlichen Planbestätigung prüft das Restrukturierungsgericht auch die wirtschaftlichen Annahmen des Plans (AG Köln NZI 2021, 433). Dies ergibt sich aus dem Verweis in § 63 Abs. 1 Nr. 2 auf die Vorschriften zum Inhalt des Plans. Allerdings ist der gerichtliche Prüfungsmaßstab hinsichtlich der wirtschaftlichen Annahmen des Plans deutlich reduziert. Es hat lediglich eine Schlüssigkeitsprüfung zu erfolgen, ob das vom Planersteller angelegte Alternativszenario plausibel ist und daher unter den getroffenen wirtschaftlichen Annahmen als das nächstbeste Szenario ohne den Plan erscheint (*Thole* NZI 2021, 433 (436)). Die Schlechterstellung durch den Plan muss schon nach den von der Schuldnerin vorgelegten Unterlagen überwiegend wahrscheinlich sein (LG Dresden BeckRS 2021, 23099 Rn. 11). Substantiierte Hinweise eines Planbetroffenen können die Plausibilität und Schlüssigkeit der Vergleichsrechnung zwar in Frage stellen. Nach richtiger Auffassung sollten an die Substantiierung eines weiteren nächstbesten Alternativszenarios hohe Anforderungen gestellt werden, da dissentierende Planbetroffene andernfalls durch bloßes Behaupten potenzieller Alternativszenarien den Restrukturie- 61 rungsprozess torpedieren könnten (*Ziegenhagen* ZInsO 2021, 2053 (2055); *Thole* NZI 2021, 436 (437)).

**62** Vielmehr hat der Planbetroffene durch einen Minderheitenschutzantrag nach § 64 die Tatsachen glaubhaft zu machen, welche – bei Unterstellung – zu einer Schlechterstellung führen. Gelingt ihm die Glaubhaftmachung der Tatsachen, aus denen die (voraussichtliche) Schlechterstellung abgeleitet wird, prüft das Restrukturierungsgericht von Amts wegen die Schlechterstellung, allerdings beschränkt auf die glaubhaft gemachten Umstände (→ § 64 Rn. 10 ff.; Flöther/*Knapp* § 64 Rn. 32 f.; zum Insolvenzplan siehe BGH NZI 2014, 751 Rn. 39; 2011, 410 Rn. 9; 2009, 515 Rn. 13; ZInsO 2007, 491 Rn. 10).

**63** Schließlich muss das Gericht den eigentlichen Vergleich anstellen und zu dem Schluss kommen, dass der Planbetroffene durch den Plan voraussichtlich **nicht schlechter gestellt wird** als ohne den Plan (*Distler* ZIP 2021, 1033 (1037); wohl anders *Stahlschmidt* ZInsO 2021, 205 (206): „Die Vergleichsrechnung muss belegen, dass die Gläubiger durch einen Restrukturierungsplan bessergestellt werden").

**64** Im Fall einer gruppenübergreifenden Mehrheitsentscheidung (Cross-Class-Cram-Down) prüft das Restrukturierungsgericht die voraussichtliche Schlechterstellung von Amts wegen. In diesem Fall genügt keine bloße Schlüssigkeitsprüfung (Wolgast/Grauer/*Grauer* § 6 Rn. 8). In der Regel wird das Gericht den Restrukturierungsbeauftragten mit der Überprüfung der Vergleichsrechnung beauftragen (§ 73 Abs. 3 Nr. 1).

**65** Im Einzelfall kann die Anberaumung eines Vorprüfungstermins zwecks Erörterung der Vergleichsrechnung mit den Planbetroffenen sinnvoll sein, da die Vergleichsrechnung häufig Angriffspunkt etwaiger Rechtsmittel dissentierender Planbetroffener (§ 64 Abs. 1 bzw. § 26 Abs. 1 Nr. 1) darstellt (vgl. auch *Ziegenhagen* ZInsO 2021, 2053 (2055)).

## III. Besonderheiten bei der Anpassung von Nebenbestimmungen iSv § 2 Abs. 2

**66** Sieht der Restrukturierungsplan die Anpassung von Nebenbestimmungen von Kreditverträgen vor, müssen Art und Ausmaß der Änderungen für den Planbetroffenen deutlich werden. Während im gestaltenden Teil die neuen Bestimmungen festgesetzt werden (→ § 7 Rn. 69 ff.), sind im darstellenden Teil sowohl die ursprünglichen Regelungen als auch die vorzunehmenden Änderungen anzugeben. Dies lässt sich praktisch am einfachsten mithilfe einer Vergleichsversion (Altvertrag zu Neuvertrag mit Änderungen) darstellen, welche als Anlage dem Restrukturierungsplan beigefügt und auf die im darstellenden Teil explizit Bezug genommen wird (*Naujoks/Schönen* ZRI 2021, 437 (445)).

## IV. Besonderheiten bei Eingriffen in gruppeninterne Drittsicherheiten (Abs. 3)

### 1. Überblick

67 Wie aus §§ 2 Abs. 4, 7 Abs. 1 ersichtlich, sind auch zwangsweise Eingriffe von Planbetroffenen in gruppeninternen Drittsicherheiten (iSd § 2 Abs. 4; dort → § 7 Rn. 55 ff.) möglich, wie zB die Erstreckung eines teilweisen Erlasses einer Kreditforderung auf den Schuldbeitritt einer Tochtergesellschaft. Ein solcher Eingriff (in die Drittsicherheit) ist in diesem Fall gemäß § 2 Abs. 4 S. 1 Hs. 2 durch eine angemessene Entschädigung zu kompensieren.

68 Vor diesem Hintergrund ist es naheliegend, dass der Restrukturierungsplan im darstellenden Teil auch die Verhältnisse des die Sicherheit gewährenden verbundenen Unternehmens und die Auswirkungen des Plans auf dieses Unternehmen darzustellen hat. Diesem Informationsbedürfnis kommt Abs. 3 nach. Die Darstellung dient dazu, dem gesicherten Gläubiger – der im Rahmen einer gesonderten Gläubigergruppe (§ 9 Abs. 1 S. 3) über den Plan abstimmt – eine Beurteilung der Werthaltigkeit der Sicherheit und Angemessenheit der im Plan vorgesehenen Entscheidung zu ermöglichen (Begründung RegE, BT-Drs. 19/24181, S. 116).

### 2. Darstellung der Verhältnisse des verbundenen Unternehmens

69 Die Pflicht zur angemessenen Entschädigung für Eingriffe in gruppeninterne Drittsicherheiten ist in § 2 Abs. 4 geregelt. In dem Umfang, in dem das Sicherungsrecht werthaltig ist, ist eine Entschädigung zu leisten (*Westpfahl/Dittmar* NZI-Beilage 2021, 46). Die Entschädigung ist im gestaltenden Teil des Restrukturierungsplanes zu regeln. Zu der Frage, wer Schuldner der Entschädigung ist, → § 7 Rn. 61.

70 Der Umfang der erforderlichen Darstellung kann je nach wirtschaftlicher Bedeutung der Drittsicherheit für den Sicherungsnehmer variieren. Bei der Entschädigungshöhe ist mindestens die bei der Einzelrealisierung der Sicherheit zu erwartende Befriedigung des Sicherungsnehmers zu gewähren (Runkel/Schmidt AH-Insolvenzrecht/*Brünkmans* § 4 Rn. 217; *Thole* ZIP 2020, 1985 (1987)). Dies entspricht dem aus dem Minderheitenschutz (§ 64 Abs. 1 InsO) bekannten Schlechterstellungsverbot. Die Einhaltung wird über die Vergleichsrechnung dokumentiert. Eine angemessene Entschädigung hätte somit bereits über das Schlechterstellungsverbot abgesichert werden können; § 2 Abs. 4 ist jedoch zu entnehmen, dass es dem Gesetzgeber auf eine besondere Ausweisung der Entschädigung im Restrukturierungsplan ankam (*Thole* ZIP 2020, 1985 (1987); vgl. auch *Westpfahl/Dittmar* NZI-Beilage 2021, 46 (48) „klarstellende Regelung"; *Groß/Jungclaus* SanB 2021, 6 (8)). Im darstellenden Teil des Restrukturierungsplanes ist daher eine separate Vergleichsrechnung für Restrukturierungsforderungen, die mit gruppeninternen Drittsicherheiten besichert sind, anzusetzen.

71 Bei **Personalsicherheiten** hängt die Entschädigung maßgeblich von der Solvenz des Drittsicherungsgebers ab, ob dieser über ausreichend nicht wertausschöpfend belastetes Vermögen verfügt, das er für die Erfüllung der Verpflichtung einsetzen kann (Runkel/Schmidt AH-Insolvenzrecht/*Brünkmans* § 4 Rn. 217; Braun StaRUG/*Esser* § 2 Rn. 59; *Thole* ZIP 2020, 1985 (1987)). Letztlich hat eine Forderungsbewertung nach Maßgabe der Schuldendeckungsfähigkeit zu erfolgen, die maßgeblich von Vermögen, Ertrag und Finanzlage des verbundenen Unternehmens abhängt. Im Ergebnis wird ein Eingriff in Drittsicherheiten eines anderen Unternehmens nur dann gerechtfertigt sein, wenn auch dieses Unternehmen nicht leistungsfähig ist und ohne die entsprechende Entlastung insolvent werden würde (Braun StaRUG/*Böhm* § 6 Rn. 29).

72 **Dingliche Sicherheiten** aus dem Vermögen des verbundenen Unternehmens richten sich nach dem Wert des Sicherungsgegenstandes unter Berücksichtigung evtl. vorrangiger Sicherungsrechte und aller realistischen Verwertungsalternativen, die im Rahmen der Einzelvollstreckung oder im Insolvenzverfahren in Betracht kommen (Runkel/Schmidt AH-Insolvenzrecht/*Brünkmans* § 4 Rn. 217; wohl weiter Braun StaRUG/*Esser* § 2 Rn. 59, „alle Verwertungsalternativen"). Bei der Bewertung dinglicher Sicherheiten darf nicht pauschal auf die Buchwerte der HGB-Bilanz abgestellt werden, vielmehr ist der tatsächliche Wert (zB Grundstückswert bei Grundpfandrechten) zu ermitteln. Für Pfandrechte an Gesellschaftsanteilen kann der Wert der Sicherheit nur über eine Unternehmensbewertung ermittelt werden. **Verwertungsbeschränkungen,** wie etwa aufgrund der kapitalerhaltungsrechtlichen Bindungen oder aus einer vereinbarten Limitation Language, sind bei der Bewertung der Sicherheiten zu berücksichtigen (Runkel/Schmidt AH-Insolvenzrecht/*Brünkmans* § 4 Rn. 218; *Wilkens* WM 2021, 573 (578); Braun StaRUG/*Esser* § 2 Rn. 59). Bei der Berechnung einer hypothetischen Befriedigung sind Doppelberücksichtigungen rechtlich verschiedener aber wirtschaftlich identischer Sicherheiten, wie zB bzgl. Geschäftsanteilsverpfändung einerseits und der Ablösung einer Garantieerklärung andererseits zu vermeiden (Braun StaRUG/*Esser* § 2 Rn. 59).

73 Erfolgt die Entschädigung in Form eines **Sicherheitentausches,** ist der Wert der Ersatzsicherheit zu bestimmen und mit der ursprünglichen Sicherheit zu vergleichen.

## V. Folgen der Nichtbeachtung

74 Werden die Vorgaben aus § 6 nicht beachtet, kommt eine Versagung der Planbestätigung nach § 63 Abs. 1 Nr. 2 in Betracht. Die Prüfung des Gerichts, ob der darstellende Teil den Anforderungen des § 6 entspricht, ist auf eine Schlüssigkeitsprüfung der relevanten Annahmen, Prämissen und offensichtliche Mängel beschränkt (Flöther/*Tasma* § 6 Rn. 29).

75 Die Versagung der Planbestätigung durch das Restrukturierungsgericht setzt ferner voraus, dass der Mangel wesentlich ist (dazu → § 63 Rn. 16 ff.). Wesentliche Mängel des darstellenden Teils sind zB unrichtige Angaben über Umsätze, Verbindlichkeiten und Vermögenswerte des Schuldners (Flöther/

*Tasma* § 6 Rn. 29; Morgen StaRUG/*Knapp/Wilde* § 6 Rn. 20), insbesondere wenn dadurch eine angemessene Vergleichsrechnung nicht möglich ist. Zu den Bestandteilen der gerichtlichen Überprüfung und Angreifbarkeit der Vergleichsrechnung → Rn. 61 ff.

## Gestaltender Teil

# 7

**(1) Der gestaltende Teil des Restrukturierungsplans legt fest, wie die Rechtsstellung der Inhaber der Restrukturierungsforderungen, der Absonderungsanwartschaften, der Rechte aus gruppeninternen Drittsicherheiten und der Anteils- oder Mitgliedschaftsrechte (Planbetroffenen) durch den Plan geändert werden soll.**

**(2) [1] Soweit Restrukturierungsforderungen oder Absonderungsanwartschaften gestaltet werden, ist zu bestimmen, um welchen Bruchteil diese gekürzt, für welchen Zeitraum sie gestundet, wie sie gesichert und welchen sonstigen Regelungen sie unterworfen werden sollen. [2] Satz 1 gilt entsprechend für die Gestaltung der Rechte aus gruppeninternen Drittsicherheiten (§ 2 Absatz 4).**

**(3) Soweit vertragliche Nebenbestimmungen oder Vereinbarungen nach § 2 Absatz 2 gestaltet werden, legt der gestaltende Teil fest, wie diese abgeändert werden sollen.**

**(4) [1] Restrukturierungsforderungen können auch in Anteils- oder Mitgliedschaftsrechte an dem Schuldner umgewandelt werden. [2] Eine Umwandlung gegen den Willen der betroffenen Gläubiger ist ausgeschlossen. [3] Insbesondere kann der Plan eine Kapitalherabsetzung oder -erhöhung, die Leistung von Sacheinlagen, den Ausschluss von Bezugsrechten oder die Zahlung von Abfindungen an ausscheidende an dem Schuldner beteiligte Personen vorsehen. [4] Der Plan kann vorsehen, dass Anteils- oder Mitgliedschaftsrechte übertragen werden. [5] Im Übrigen kann jede Regelung getroffen werden, die gesellschaftsrechtlich zulässig ist. [6] § 225a Absatz 4 und 5 der Insolvenzordnung ist entsprechend anzuwenden.**

**Schrifttum:** *Arlt/Brägelmann/Ludwig* Unbegrenzte Gestaltungsmöglichkeiten bei Konsortialverträgen und Kreditentscheidungen per Restrukturierungsplan?, ZInsO 2021, 1485; *Balthasar* Allgemeine Zugangsvoraussetzungen zu den Restrukturierungsinstrumenten, NZI Beilage 2021, 18; *Bernsau/Beyer* Sanieren mit dem StaRUG: von der Regelung einer finanziellen Schieflage bis zur Durchsetzung eines Gesellschafterwechsels – ein Praxisbericht BB 2022, 1090; *Blankenburg* Probleme des Insolvenzplans in Kleinverfahren, ZInsO 2015, 1293; *Brünkmans* Geschäftsleiterpflichten und Geschäftsleiterhaftung nach dem StaRUG und SanInsFoG – Nachtrag zu ZInsO 2021, 1 ff., ZInsO 2021, 125; *Brünkmans* Die Unternehmensakquisition über einen Kapitalschnitt im Insolvenzplanverfahren, ZIP 2014, 1857; *Brünkmans* Abfindungs- und Bewertungsfragen bei gesellschaftsrechtlichen Maßnahmen im Insolvenzplan, ZInsO 2017, 1401; *Brünkmans/Greif-Werner* Die Prüfung gesellschaftsrechtlicher Regelungen im Insolvenzplan durch Insolvenzgericht und Registergericht, ZInsO 2015, 1585; *Brünkmans/Uebele* Rechtsschutz gegen missbräuchliche Insolvenzanträge und insolvenzzweckwidrige Insolvenzpläne?, ZInsO 2014, 265; *Bruyn/Ehmke* StaRUG & InsO: Sanierungswerkzeuge des Restrukturierungs- und Insolvenzverfahrens, NZG 2021, 661; *Desch* Der neue Stabilisierungs- und Restrukturierungsrahmen nach dem Regierungsentwurf StaRUG in der Praxis, BB 2020, 2498; *Eckert/Holze/Ippen* StaRUG aus dem Gleichgewicht?, NZI 2021, 153; *Fuhrmann/Heinen/Schilz* Die gesellschaftsrechtlichen Aspekte des StaRUG NZG 2021, 684; *Gehrlein* Rechte der Gesellschafter im Restrukturierungsverfahren, BB 2022, 1096; *Greif-Werner* Umwandlungen im Insolvenzplanverfahren, 2018; *Heckschen/Weitbrecht* Aktuelle Probleme der Umwandlung in der Krise, ZIP 2021, 179; *Heerma/Bergmann* Zur vollstreckungsrechtlichen Zulässigkeit von sog. Gesamtabgeltungsklauseln in Insolvenzplänen, ZIP 2018, 949; *Hoegn/Kranz* Neue Möglichkeiten der Konzernsanierung durch SanInsFoG und StaRUG, NZI 2021, 105; *Hölzle/Kahlert* Der sog. Sanierungserlass ist tot – Wie geht es weiter?, ZIP 2017, 510; *Horstkotte* Anmerkung zu einer Entscheidung des AG Charlottenburg – Handelsgericht (Beschluss vom 9.2.2015 – HRB 153203, ZInsO 2015, 413) zum Prüfungsrahmen des Registergerichts bei Eintragungen aufgrund eines rechtskräftigen Insolvenzplans, ZInsO 2015, 416; *Martini/Horstkotte* Häufige Fehler bei der Aufstellung von Insolvenzplänen und der Durchführung von Insolvenzplanverfahren, ZInsO 2017, 1913; *Morgen StaRUG/Arends/Schierhorn* Sanierungsmittel der Wahl – Insolvenzplan nach InsO n. F. oder Restrukturierungsplan nach StaRUG?, ZRI 2021, 305; *Mulert/Steiner* Gesellschaftsrechtlich zulässige Regelungen im Insolvenz- und Restrukturierungsplan, NZG 2021, 673; *Müller* Die Umsetzung der EU-Richtlinie über präventive Restrukturierungsrahmen, ZIP 2020, 2253; *Naujoks/Schönen* Die Anpassung von Einzelbestimmungen in Finanzierungsverträgen nach dem StaRUG, ZRI 2021, 437; *Paulus/Bähr/Hackländer* Konzernweite Restrukturierungen – Hilft das StaRUG?, ZIP 2021, 1085; *Proske/Streit* Rettende Restrukturierung durch Rechtsrahmen? Lob und Kritik zum Regierungsentwurf des StaRUG, NZI 2020, 969; *Pühl* Der Debt-Equity-Swap im Insolvenzplanverfahren, FS Peter Hommelhoff, 2012, 543; *Rauhut* Die Gesellschafter unter dem StaRUG, NZI Beilage 2021, 52; *Rechtmann* Eingriffe in Kreditforderungen und Kreditsicherheiten im Rahmen des StaRUG, WM 2021, 520; *Röper/Denkhaus* Finanzierungsoptionen im Restrukturierungsverfahren, ZRI 2021, 1043; *Schäfer* Zur Einbeziehung der Gesellschafter in ein vorinsolvenzliches Restrukturierungsverfahren nach dem Regierungsentwurf eines „StaRUG“, ZIP 2020, 2164; *Schönfelder* Kreditvertragliche Kündigungsrechte im StaRUG-Verfahren – Viel Lärm um nichts?, WM 2022, 361; *Thole* Der Entwurf eines Unternehmensstabilisierungs- und restrukturierungsgesetzes (StaRuG-RefE), ZIP 2020, 1985; *Thole* Feststellung der drohenden Zahlungsunfähigkeit nach StaRUG – Gegenstände des Restrukturierungsplans, NZI 2021, 433; *Tresselt/Nagel* Gestaltung von Insolvenzplänen, DB 2018, 1969; *Weber* Gesamtabgeltungsklausel auf dem Prüfstand – Zulässigkeit und Vollstreckbarkeit von Insolvenzplänen mit dynamischer Quote, ZInsO 2017, 255; *Weitbrecht* § 254 Abs. 1, 3 InsO als abdingbares Recht? – Zur fehlenden Plantauglichkeit von „Erlöschensklauseln“, ZIP 2019, 1849; *Westpfahl/Dittmar* Die Behandlung gruppeninterner Sicherheiten im StaRUG, NZI-Beilage, 2021, 46; *Wilhelm/Hoffmann/Richter* Gesetz über den Stabilisierungs- und Restrukturierungsrahmen: Neue Optionen zur vorinsolvenzlichen Sanierung, DB 2021, 381; *Wilkens* Der präventive Restrukturierungsrahmen, WM 2021, 573; *Zuleger* Kreditsicherheiten nach dem StaRUG, NZI-Beilage 2021, 43.

**Übersicht**

## I. Normzweck

§ 7 definiert die Funktion des gestaltenden Teils im Restrukturierungsplan. Der gestaltende Teil legt die Rechtsänderungen der Planbetroffenen unmittelbar fest (Abs. 1). Die Norm ist im Wesentlichen den Regelungen §§ 221, 223 und 225a InsO zum Insolvenzplan nachgebildet. Seine besondere Bedeutung als unmittelbar rechtsgestaltendes Instrument erhält der Restrukturierungsplan – wie auch der Insolvenzplan – durch den gestaltenden Teil, indem die dort vorgesehenen Regelungen gemäß § 67 Abs. 1 S. 1 mit gerichtlicher Planbestätigung für und gegen die Planbetroffenen wirksam werden, auch wenn sie an der Abstimmung nicht teilgenommen oder gar gegen den Plan gestimmt haben (§ 67 Abs. 1 S. 2). 1

Abs. 1 ist an § 221 S. 1 InsO angelehnt. Aus diesem wird die rechtsgestaltende Funktion des Restrukturierungsplans unmittelbar deutlich. Zusätzlich enthält Abs. 1 eine Legaldefinition des Begriffs der Planbetroffenen als zentraler Begriff des StaRUG. Da der Restrukturierungsplan nicht zwingend alle Gläubiger erfassen muss und vielmehr der Schuldner in den Grenzen von § 8 bestimmen kann, welche Gläubiger und/oder Anteilsinhaber unter die Bestimmungen des gestaltenden Teils des Restrukturierungsplanes fallen (auch als teilkollektives Verfahren bezeichnet), kommt der Bestimmung der Planbetroffenen besondere Bedeutung zu. Mit der Festlegung wird die personale Reichweite der im Restrukturierungsplan vorgesehen Rechtsgestaltungen unmittelbar festgelegt. 2

Abs. 2 zeigt mögliche Eingriffe in Restrukturierungsforderungen, Absonderungsanwartschaften sowie gruppeninterne Drittsicherheiten auf. In Bezug auf die Inhaber von einbezogenen Restrukturierungsforderungen ist Abs. 2 dem § 224 InsO und hinsichtlich der Inhaber von Absonderungsanwartschaften dem § 223 Abs. 2 InsO nachgebildet (Begründung RegE, BT-Drs. 19/24181, S. 117). 3

Abs. 3 (Änderung vertraglicher Nebenbestimmungen und Vereinbarungen) liegt hingegen kein insolvenzplanrechtliches Vorbild zugrunde, da vertragliche Nebenbestimmungen nicht dem Insolvenzplan unterworfen sind, das StaRUG insoweit Neuland betritt (Begründung RegE, BT-Drs. 19/24181, S. 111 f.; vgl. aber die Möglichkeit zur Änderung von Anleihebedingungen, § 5 Abs. 1 SchVG). 4

Abs. 4 regelt die Einbeziehung der Anteils- oder Mitgliedschaftsrechte der am Schuldner beteiligten Personen und findet in § 225a InsO sein insolvenzplanrechtliches Vorbild. Abs. 4 S. 1–3 entsprechen dabei im Wesentlichen § 225a Abs. 2, Abs. 4 S. 4–5 entspricht § 225a Abs. 3. Über die ausdrückliche Verweisung in Abs. 4 S. 6 werden § 225a Abs. 4 (Change of Control-Sperre) und 5 (Abfindung) InsO unmittelbar einbezogen. 5

Aufgrund der vorgenannten Anlehnung an den Insolvenzplan kann auf das entsprechende rechtliche Verständnis und Rechtsprechung zurückgegriffen werden, soweit Besonderheiten aus dem teilkollektiven Charakter (→ Rn. 2) oder dem fehlenden Insolvenzverfahren nicht etwas anderes gebieten. 6

## II. Gegenstand und typische Planregelungen

### 1. Bestimmung der Planbetroffenen (Abs. 1) und Gruppenbildung

7 Der Begriff des Planbetroffenen aus § 7 Abs. 1 entspricht dem des Beteiligten im Insolvenzplanverfahren (§ 221 S. 1 InsO) (zum unterschiedlichen Verständnis des Begriffs Beteiligten siehe Brünkmans/Thole Insolvenzplan-HdB/*Brünkmans* § 7 Rn. 22). Anders als im Insolvenzplanverfahren stehen die Beteiligten im Restrukturierungsverfahren als teilkollektives Verfahren nicht von vornherein fest. Vielmehr werden die Planbetroffenen erst durch eine Bestimmung im Restrukturierungsplan zu Planbetroffenen. Bei der Auswahl der Planbetroffenen setzt § 7 Abs. 1 dem Schuldner insoweit Grenzen, als zum Planbetroffen nur Inhaber von gemäß §§ 2–4 gestaltbaren Rechtsverhältnissen, dh Inhaber von Restrukturierungsforderungen (§ 2 Abs. 1 Nr. 2), Absonderungsanwartschaften (§ 2 Abs. 1 Nr. 2), Inhaber von Rechten aus gruppeninternen Drittsicherheiten (§ 2 Abs. 4) und von Anteils- oder Mitgliedschaftsrechten (§ 2 Abs. 3), gekoren werden können. Die Planbetroffenheit knüpft nicht an die Person, sondern an die Rechte der Planbetroffenen an. Ein Inhaber mehrerer Rechtpositionen kann für eine Position Planbetroffener sein, für die andere uU nicht (Flöther/*Tasma* § 7 Rn. 3).

8 Vor diesem Hintergrund ist die Auswahl der Planbetroffenen der erste Gestaltungsakt im gestaltenden Teil des Restrukturierungsplanes, noch bevor die Planbetroffenen in Gruppen eingeteilt werden und die konkrete Gestaltung der Rechte bestimmt wird. Wegen der weitreichenden Rechtsfolgen muss im gestaltenden Teil des Restrukturierungsplanes klar und eindeutig geregelt werden, welche Personen mit welcher Rechtsposition zu Planbetroffenen werden. Welche Inhaber von welchen Rechtspositionen Planbetroffene werden, wird sich idR unmittelbar aus der gestaltenden Regelung, etwa dem (teilweisen) Forderungserlass von bestimmten Finanzverbindlichkeiten ergeben. Aus Gründen der Rechtsklarheit ist es allerdings empfehlenswert, die Planbetroffenen vorab im gestaltenden Teil festzulegen.

9 Von vornherein keine Planbetroffenen sind Inhaber von Rechtspositionen, die nicht von dem Numerus clausus gestaltungsfähiger Rechtsverhältnisse (§ 2) erfasst oder gemäß § 4 von diesen ausgenommen werden, wie zB aussonderungsberechtigte Gläubiger und Forderungen von Arbeitnehmern aus oder im Zusammenhang mit dem Arbeitsverhältnis.

10 Entscheidend für die Eigenschaft als Planbetroffener und damit Einbeziehung in den Abstimmungsprozess über den Restrukturierungsplan ist, dass seine Rechte durch den Restrukturierungsplan unmittelbar gestaltet werden. Eine lediglich mittelbare Betroffenheit begründet hingegen nicht die Stellung als Planbetroffener (Morgen StaRUG/*Knapp* Art. 2 Rn. 5; Flöther/*Tasma* § 7 Rn. 4; vgl. auch Art. 2 Abs. 1 Nr. 2 der RL 2019/1023). Ob eine unmittelbar (rechtliche) Gestaltung oder bloß (wirtschaftliche) Betroffenheit vorliegt, lässt sich an der **Finalität der Planregelung** messen. Wird in den Gehalt der betroffenen Rechtsposition (zB Höhe oder Fälligkeit einer

Forderung, Kapital- oder Gewinnbeteiligung eines Anteilsrechts) unmittelbar eingegriffen, liegt eine Planbetroffenheit vor. Für Anteilsinhaber stellt sich die Frage, ob diese auch dann planbetroffen und damit an der Planabstimmung zu beteiligen sind, wenn eine mittelbare Beeinträchtigung in Form einer wirtschaftlichen Entwertung so schwerwiegend ist, dass sie nach dem allgemeinen Gesellschaftsrecht als Eingriff in die Mitgliedschaft selbst angesehen wird. Zu denken ist hier an das Zustimmungserfordernis der Hauptversammlung für den Fall der Verpflichtung der Aktiengesellschaft auf Übertragung des (nahezu) gesamten Vermögens der Aktiengesellschaft (§ 179a AktG) oder nach der Holzmüller und Gelantine-Rechtsprechung (BGH NJW 1982, 1703; ZIP 2004, 993; 2004, 1001). Sieht der gestaltende Teil des Restrukturierungsplanes eine übertragende Sanierung durch Übertragung des gesamten schuldnerischen Vermögens oder eines wesentlichen Teils davon auf eine Erwerbsgesellschaft vor (§ 90 Abs. 2), wären nach § 179a AktG die Anteilsinhaber mit einzubeziehen. Für die GmbH folgt eine solche Zustimmungspflicht aus dem Erfordernis eines zustimmenden Beschlusses der Gesellschafterversammlung für besonders bedeutsame Geschäfte aus § 49 Abs. 2 GmbHG (BGH NZG 2019, 505 Rn. 34 ff.; *Müller* NZG 2019, 807 (808); MüKoGmbHG/*Harbarth* § 53 Rn. 233). Nach *Tasma* sind daher die Anteilsinhaber als unmittelbar Planbetroffene in den Restrukturierungsplan einzubeziehen, sobald nicht nur unwesentliche Teile des Schuldnervermögens im Sinne der Holzmüller- und Galantine Rechtsprechung veräußert werden (Flöther/*Tasma* § 7 Rn. 5). Dem ist grundsätzlich zuzustimmen, wobei richtigerweise eine Zustimmungspflicht erst dann besteht, wenn ein wesentlicher Teil des Vermögens veräußert werden soll. Unsachgemäße Blockanden der Gesellschafter können unter den Voraussetzungen der §§ 26, 27 überwunden werden. Umgekehrt greifen die verschiedenen Schutzmechanismen zugunsten der Planbetroffenen (§§ 64, 26, 27), dh insbesondere der Minderheitenschutz der Anteilsinhaber (§ 64), wonach die Anteilsinhaber durch den Restrukturierungsplan nicht schlechter gestellt werden dürfen, als sie ohne den Plan nach dem nächstbesten Alternativszenario stünden. Kann letzteres bejaht werden, kann die Übertragung des gesamten wesentlichen Vermögens über eine gruppenübergreifende Mehrheitsentscheidung nach § 26 ff. auch ohne Zustimmung der Gesellschafter umgesetzt werden (so auch Flöther/*Tasma* § 7 Rn. 5).

## 2. Gruppenbildung

Neben der Auswahl der Planbetroffenen erfolgt im gestaltenden Teil auch deren Zuteilung in Gruppen (§ 9) gemäß den im darstellenden Teil geschilderten Kriterien (zur Gruppenbildung siehe § 9). Die Einteilung in Gruppen kann dabei über eine abstrakte Regelung, dh abstrakte generelle Beschreibung der Gruppe oder durch Bezugnahme auf ein als Anlage zum Plan beigefügtes Gläubiger(gruppen)verzeichnis unter Nennung von Name/Firma und Adresse sowie Grund und Höhe der Forderung erfolgen (BeckOK StaRUG/*Fridgen* § 7 Rn. 13). In den meisten Fällen bietet sich eine vorangestellte abstrakte Definition mit dem Zusatz „insbesondere die im anliegenden Gruppenverzeichnis aufgeführten Gläubiger“ an. Bei einer bloß wirt- 11 schaftlichen Restrukturierung mit überschaubaren Finanziererkreis mag eine Benennung der Kreditsicherheiten und Kreditgeber im gestaltenden Teil im Einzelfall ausreichen.

### 3. Gestaltung von Restrukturierungsforderungen (Abs. 2 S. 1 Alt. 1)

12 **a) Allgemeine Grundsätze.** In der Praxis wird nahezu jeder Restrukturierungsplan eine Gestaltung von Restrukturierungsforderungen (zum Begriff siehe § 2 Abs. 1 Nr. 1 und dort → § 2 Rn. 4 ff.) zum Gegenstand haben. Die in § 7 Abs. 2 vorgesehenen Eingriffe sind damit idR Kern eines jeden Restrukturierungsplanes (zu § 224 InsO vgl. Uhlenbruck/*Lüer/Streit* InsO § 224 Rn. 2; Kübler/Prütting/Bork InsO/*Spahlinger* § 224 Rn. 1; HK-InsO/*Haas* § 224 Rn. 1).

13 Abs. 2 S. 1, welcher § 224 InsO entspricht, schreibt in diesem Fall vor, dass im gestaltenden Teil festzulegen ist, um welchen Bruchteil die Restrukturierungsforderung gekürzt, für welchen Zeitraum sie gestundet, wie sie gesichert und welchen sonstigen Regelungen sie unterworfen werden soll. Aus der Formulierung „sonstige Regelung“ ist zu entnehmen, dass Kürzung und Stundung nur beispielhaft zu verstehen sind, vielmehr auch ***alle anderen*** denkbaren ***Eingriffe*** im gestaltenden Teil geregelt werden können (Uhlenbruck/*Lüer/Streit* InsO § 224 Rn. 2; Kübler/Prütting/Bork InsO/*Spahlinger* § 224 Rn. 1; K. Schmidt InsO/*Spliedt* § 224 Rn. 3). Die dinglichen Willenserklärungen, die auf unmittelbare Änderung der sachenrechtlichen Wirkung ausgerichtet sind, können ebenfalls im gestaltenden Teil aufgenommen werden (vgl. → § 13 Rn. 4 ff.). Auch Nebenbestimmungen der den Restrukturierungsforderungen oder Absonderungsanwartschaften zugrundeliegenden Vertragsbeziehung können unter bestimmten Voraussetzungen durch den gestaltenden Teil geändert werden (ausführlich dazu unter → Rn. 69 ff.).

14 Die Zulässigkeit von Gestaltungen findet ihre Grenze in neuen Verpflichtungen, die den Planbetroffenen auferlegt werden, wie etwa die Verpflichtung zur Vergabe neuer Kredite in der Form von Überbrückungs- und Sanierungskrediten und die Verpflichtung zu sonstigen Leistungen, wie etwa der (Weiter-)Belieferung des Schuldners mit Waren oder zum Ankauf bestimmter Gegenstände des Schuldnervermögens (Flöther/*Westpfahl/Dittmar* § 2 Rn. 36). Diese neue Verpflichtungen können nur auf freiwilliger Basis übernommen werden. Auch streitige Forderungen können über den Restrukturierungsplan gestaltet werden (vgl. § 70) (Begründung RegE, BT-Drs. 19/24181, S. 167; Wolgast/Grauer/*Grauer* § 7 Rn. 18).

15 **b) Einzelne Gestaltungsregelungen.** Für die Gestaltung der Restrukturierungsforderungen können beispielhaft die nachfolgend aufgeführten Regelungen in Betracht kommen:

16 **aa) Festlegung der Planquote.** Von besonderer wirtschaftlicher Bedeutung ist die **Festlegung der Befriedigungsquote** (oder auch Planquote) im gestaltenden Teil des Restrukturierungsplans, denn diese wird maßgeblich für die Entscheidung der Gläubiger sein, ob sie dem Plan zustimmen

werden oder nicht. Auch die Fälligkeit der Planquote ist im Restrukturierungsplan zu regeln. Für den Insolvenzplan haben sich in der Praxis zwei unterschiedliche Formen der Planfinanzierung herauskristallisiert, die auch Einfluss auf die Fälligkeit der Planquote haben. Wird die Planquote durch einen Investor finanziert, ist die Zahlung der Planquote idR unmittelbar nach Zahlung der Einlage durch den Investor zzgl. einer Nachfrist von zwei bis vier Wochen fällig (sog. Cash-out-Plan) (Brünkmans/Thole Insolvenzplan-HdB/*Brünkmans* § 8 Rn. 10; § 2 Rn. 106 ff.). Wird die Planquote hingegen aus zukünftigen Gewinnen finanziert (sog. Earn-out-Plan), kann die Fälligkeit an den Zeitpunkt der Feststellung des jeweiligen Jahresabschlusses angeknüpft werden, aus dem sich die Höhe des ausschüttbaren Gewinns ergibt, verbunden mit einer entsprechenden Nachfrist (Brünkmans/Thole Insolvenzplan-HdB/*Brünkmans* § 8 Rn. 12).

Auch dynamische Planquoten können grundsätzlich im Restrukturie- **17**
rungsplan festgelegt werden, etwa indem die verteilungsfähige Liquidität festgelegt wird, welche dann auf die der Höhe nach erst später feststehenden Restrukturierungsforderungen ausgeschüttet werden (sog. dynamische Planquote mit offener Passivmasse) oder indem etwa die Verwertung eines bestimmten Vermögensgegenstandes (zB ein nicht betriebsnotwendiges Grundstück) der Befriedigung der Restrukturierungsforderungen dient (sog. dynamische Planquote mit offener Aktivmasse) (Brünkmans/Thole Insolvenzplan-HdB/*Brünkmans* § 8 Rn. 15, 17).

Allerdings ist zu beachten, dass trotz der Dynamik der Planquote den **18**
Gläubigern von Restrukturierungsforderungen mindestens die Quote aus dem nächstbesten Alternativszenario zugestanden werden muss (→ Rn. 10). Als Mindestquote muss daher die im Rahmen der Vergleichsrechnung (→ § 6 Rn. 29 ff.) ermittelte Befriedigungsquote im nächstbesten Alternativszenario ohne Restrukturierungsplan gewährleistet sein (vgl. für den Insolvenzplan, Brünkmans/Thole Insolvenzplan-HdB/*Brünkmans* § 8 Rn. 16). Darüber hinaus ist zu beachten, dass § 71 Abs. 1 den Restrukturierungsgläubigern mit rechtskräftiger Bestätigung des Restrukturierungsplanes einen Vollstreckungstitel gewährt. Richtigerweise muss die Planregelung noch nicht aus sich selbst heraus vollstreckungsfähig sein (für den Insolvenzplan so aber AG Hannover ZIP 2016, 2081; *Blankenburg* ZInsO 2015, 1293 (1298); wie hier *Heerma/Bergmann* ZIP 2018, 949 (950); *Martini/Horstkotte* ZInsO 2017, 1913 (1921); *Weber* ZInsO 2017, 255 (259); AG Hannover 2016, 2081, dazu EWiR 2017, 23 (24) *(Körner/Rendels); Tresselt/Nagel* DB 2018, 1969 (1972); s. auch *Jacoby/Madaus/Sack/Schmidt, H./Thole,* ESUG-Evaluierung, S 187, mit Empfehlung einer Klarstellung durch den Gesetzgeber; *Brinkmann/Denkhaus/Horstkotte/Schmidt, A./Westphal/Wierzbinski/Ziegenhagen* ZIP 2017, 2430 (2431)). Hinreichend ist vielmehr, dass der Restrukturierungsplan die Berechnungsgrundlage für die Planquote klar regelt (Bestimmbarkeit) und den Nachweis der Planquote im Klauselerteilungsverfahren – etwa durch Vorlage einer Quotenberechnung eines Wirtschaftsprüfers oder des Restrukturierungsbeauftragten – festlegt (auch → Rn. 178 f.; vgl. für den Insolvenzplan, Brünkmans/Thole Insolvenzplan-HdB/*Brünkmans* § 8 Rn. 20).

**19** Auch der in der Restrukturierungspraxis weit verbreitete Besserungsschein kann im Restrukturierungsplan geregelt werden. Wie bei den dynamischen und variablen Quoten steht die Höhe der am Ende zu erhaltenden Befriedigungsquote noch nicht endgültig fest, allerdings erhalten die Restrukturierungsgläubiger beim Besserungsschein eine **fixe Befriedigungsquote** und lediglich als Hoffnungswert eine zusätzliche **Befriedigungsoption im Besserungsfall,** abhängig von der wirtschaftlichen Entwicklung des Unternehmens nach Plansanierung oder vom Erlös eines geordneter Abverkaufs von nicht betriebsnotwendigen Vermögensgegenständen (vgl. zum Insolvenzplan, Brünkmans/Thole Insolvenzplan-HdB/*Brünkmans* § 8 Rn. 26 ff.).

**20** Nach hM ist der Besserungsschein in rechtlicher Hinsicht ein auflösend bedingter Erlassvertrag iSv § 397 Abs. 1 BGB (Gottwald HdB InsR/*Drukarczyk/Schöntag* § 3 Rn. 113; *Jaeger-Henckel* InsO § 38 Rn. 12; K. Schmidt InsO/Uhlenbruck Die GmbH in Krise, Sanierung und Insolvenz/*K. Schmidt* S. 287 Rn. 360 ff.; Brünkmans/Thole Insolvenzplan-HdB/*Brünkmans* § 8 Rn. 26 ff.). Der auflösend bedingte Erlass und die Besserungsabrede werden entsprechend als Planregelung in den gestaltenden Teil des Restrukturierungsplans aufgenommen.

**21** Die Besserungsabrede kann alle erdenklichen Voraussetzungen für den Besserungsfall definieren, wie zB die wirtschaftliche Stabilisierung des Schuldners durch Erfüllung **wirtschaftlicher Kennzahlen** oder das **Überschreiten einer bestimmten Ertragsschwelle** (EBIT oder EBITDA) (Ausführlich dazu Gottwald HdB InsR/*Drukarczyk/Schöntag* § 3 Rn. 114).

**22** **bb) Forderungserlass.** Ist im Restrukturierungsplan nichts anderes bestimmt, wird der Schuldner nach § 11 S. 1 mit der im gestaltenden Teil vorgesehenen Befriedigung der Gläubiger (Planquote) von seinen restlichen Verbindlichkeiten gegenüber diesen aus den in den Plan einbezogenen Restrukturierungsforderungen befreit.

**23** Diese in § 11 S. 1 vorgesehene Befreiung führt jedoch nicht zu einem Forderungserlass, sondern gemäß § 67 Abs. 4 lediglich zu einer **unvollkommenen Verbindlichkeit** (zu → § 11 Rn. 8). Das Fortbestehen als unvollkommene Verbindlichkeit bedeutet, dass eine Erfüllung der Verbindlichkeit zwar nicht mehr verlangt werden kann (Durchsetzungssperre), eine etwaige Leistung auf diese aber nicht rechtsgrundlos wäre.

**24** Anstelle dieser gesetzlichen Rechtsfolge kann der gestaltende Teil des Restrukturierungsplanes ausdrücklich einen Erlass im Sinne von § 397 Abs. 1 BGB regeln (Flöther/*Tasma* § 11 Rn. 5; BeckOK StaRUG/*Fridgen* § 11 Rn. 12; Morgen StaRUG/*Knapp/Wilde* § 11 Rn. 15). Beim Forderungserlass handelt es sich um das klassische Instrument der finanzwirtschaftlichen Unternehmenssanierung, insbesondere bei Kapitalgesellschaften, um die Überschuldung der Gesellschaft und damit die Insolvenzantragspflichten der Organe (§ 15a InsO) zu beseitigen (Brünkmans/Thole Insolvenzplan-HdB/*Brünkmans* § 8 Rn. 79). Mit Bestätigung des Restrukturierungsplanes werden die Willenserklärungen von Schuldner und Restrukturierungsgläubiger zum Abschluss eines verfügenden Erlassvertrages fingiert (§§ 67, 13). Für den Insolvenzplan ist jedoch umstritten, ob ein im Insolvenzplan geregelter Erlass die Rechtsfolge eines vollständigen Erlöschens der Forderung hat oder ebenfalls im Sinne von § 67 Abs. 1, 4 (entspricht § 254 Abs. 1, 3 InsO) die Forderung als unvollkommene Verbindlichkeit weiterbesteht. Die Regelung eines vollständigen Erlasses setzt voraus, dass die in § 67 Abs. 1, 4 (§ 254 Abs. 1, 3 InsO) vorgesehene Umgestaltung in eine unvollkommene Verbindlichkeit disponibel ist. Dies ist richtigerweise zu bejahen (so für den Insolvenzplan zu § 254 Abs. 3 InsO HK-InsO/*Haas* § 254 Rn. 4; Kübler/Prütting/Bork InsO/*Spahlinger* § 254 Rn. 20; *Martini*/Horstkotte ZInsO 2017, 1913 (1918); Brünkmans/Thole Insolvenzplan-HdB/*Brünkmans* § 8 Rn. 76 ff.; Uhlenbruck/*Lüer*/*Streit* InsO § 227 Rn. 13; dagegen: MüKo-InsO/*Huber*/*Madaus* § 254 Rn. 21; Jaeger InsO/*Jaeger* § 254 Rn. 44; *Weitbrecht* ZIP 2019, 1849). Dagegen spricht auch nicht § 69 (§ 255 InsO), denn für das Wiederaufleben einer erlassenen Forderung ist nicht erforderlich, dass diese als unvollkommene Verbindlichkeit zunächst fortbesteht (siehe zum Insolvenzplan auch Kübler/Prütting/Bork InsO/*Spahlinger* § 254 Rn. 20).

**cc) Stundungen.** Selbstverständlich kann der Restrukturierungsplan auch die Fälligkeit der Restrukturierungsforderungen neu regeln. Neben dem Hinausschieben der Endfälligkeit der Restrukturierungsforderung kann der Restrukturierungsplan etwa auch die Änderung der Tilgungstabelle, Stundung der Darlehenszinsen und eine teilweise oder vollständige Kapitalisierung der Zinsen (payment in kind, PIK) vorsehen (Flöther/*Westpfahl*/*Dittmar* § 2 Rn. 19). Auch die Anknüpfung der Fälligkeit an bestimmte Milestones kommt in Betracht (K. Schmidt InsO/*Spliedt* § 224 Rn. 2). 25

**dd) Rangrücktritt.** Gewissermaßen als milderes Mittel zum Forderungsverzicht kann der Restrukturierungsplan auch einen (qualifizierten) Rangrücktritt (zu den Voraussetzungen s. BGH ZIP 2015, 638, dazu *Bork* EWiR 2015, 209) für Restrukturierungsforderungen regeln. 26

**ee) Umwandlung in Eigenkapital.** Der Restrukturierungsplan kann die Umwandlung der Restrukturierungsforderung in Eigenkapital vorsehen. Bei einem **Debt -Equity-Swap** werden die Restrukturierungsforderungen iR einer Sachkapitalerhöhung durch Verzicht oder Abtretung eingebracht und wandeln sich in Eigenkapital in Form von Geschäftsanteilen um. Die Übernahme von Geschäftsanteilen durch Restrukturierungsgläubiger bedarf allerdings der ausdrücklichen Zustimmung desselben, Abs. 4 S. 2, § 15 Abs. 2 (ausführlich unter → § 15 Rn. 11 ff.). 27

Auch ein **Debt-Mezzanine-Swap** kann im Restrukturierungsplan geregelt werden. Dieser beinhaltet die Umwandlung der Restrukturierungsforderung in eigenkapitalähnliches Mezzanine, wie etwa Genussrechte oder stille Beteiligungen. Fremdkapitalgeber können dadurch ähnlich wie bei einem Debt-EquitySwap am Erfolg wirtschaftlich beteiligt werden, ohne aber eine formale Gesellschafterstellung einzunehmen und dadurch die bisherigen Gesellschafter ganz oder teilweise zu verdrängen (Flöther/*Westpfahl*/*Dittmar* § 2 Rn. 21). 28

**ff) Forderungsabtretung.** Die Abtretung von Restrukturierungsforderungen kann im Restrukturierungsplan geregelt werden. In diesem Fall sind die **Abtretungserklärungen der Gläubiger** im Rahmen des dinglichen Abtretungsvertrages zwischen Insolvenzgläubiger (als Abtretendem = Ze- 29 dent) und Abtretungsempfänger (Zessionar) im gestaltenden Teil des Restrukturierungsplanes zu regeln, während die Annahmeerklärung des Zessionars als Plananlage analog § 230 Abs. 3 beizufügen ist (Uhlenbruck/*Lüer/Streit* InsO § 224 Rn. 4).

30 Praktische Bedeutung kann die Regelung einer Abtretung etwa für börsennotierte Aktiengesellschaften haben, indem die Restrukturierungsforderungen zunächst an eine Zweckgesellschaft abgetreten werden, die Zweckgesellschaft die Umwandlung (Sacheinlage) vornimmt und den Gläubigern ein Optionsrecht zugestanden wird, entweder die umgewandelten Aktien an Erfüllungs statt zu übernehmen oder eine Quote aus dem Abverkauf der umgewandelten Forderungen zu erlangen (siehe im Einzelnen zum Insolvenzplan, Brünkmans/Thole Insolvenzplan-HdB/*Brünkmans* § 8 Rn. 180 ff.).

31 **gg) Schuldbefreiende Übernahme von Verbindlichkeiten (Debt-Push-Up).** Bei einem **Debt-Push-Up** verpflichtet sich der Schuldübernehmende, eine Schuld inhaltlich unverändert von dem bisherigen Schuldner (Altschuldner) zu übernehmen, während der Altschuldner mit befreiender Wirkung aus dem Schuldverhältnis austritt. Zwar kann die Schuldübernahme mit dem Verzicht oder einer Forderungskürzung verglichen werden und – je nach Solvenz des Neuschuldners – wirtschaftlich eine weniger einschneidende Maßnahme sein. Da jedoch dem Auswechseln des Schuldners rechtlich eine andere Gestaltungsqualität zukommt als die Änderung von Bestand, Höhe, Fälligkeit oder Rang einer Forderung, ist die Zulässigkeit einer – gegen den Willen einzelner Restrukturierungsgläubiger durchsetzbaren – Planregelung zweifelhaft (siehe auch Flöther/*Westpfahl/Dittmar* § 2 Rn. 22).

32 **hh) Leistung an Quote statt und Nichtbargebote.** Das StaRUG geht – wie die Insolvenzordnung auch – von einer Befriedigung der Restrukturierungsgläubiger in Geld aus. Für die Gläubiger kann die Befriedigung durch eine sonstige Leistung anstatt einer Quotenzahlung in Geld jedoch wirtschaftlich interessant sein. Ob der Restrukturierungsplan mit Zwangswirkung gegen die Planbetroffenen eine Befriedigung vorsehen kann, der nicht aus Geld oder liquiden Mitteln iSv § 266 Abs. 2 B. IV. HGB besteht, ist fraglich. Explizit geregelt ist nur der Fall der Gewährung von Anteilen am Schuldner anstatt der Quote (Debt-Equity-Swap). Hier verlangt Abs. 4 S. 2, § 15 Abs. 2 die ausdrückliche Zustimmung der von der Umwandlung betroffenen Restrukturierungsgläubiger. Zum Insolvenzplan besteht darüber hinaus kein einheitliches Meinungsbild. Teile der Literatur schießen aus §§ 225a Abs. 2 S. 2, 230 Abs. 2 InsO (entspricht Abs. 4 S. 2, § 15 Abs. 2) ein generelles Verbot von Nichtbargeboten (Braun/*Braun/Frank* § 224 InsO Rn. 1). Richtigerweise schützten Abs. 4 S. 2, § 15 Abs. 2 allein die negative Vereinigungsfreiheit nach Art. 9 Abs. 1 GG und nicht darüber hinaus ein Recht auf Befriedigung in Geld (Morgen StaRUG/*Knapp/Wilde* § 15 Rn. 3; zum Insolvenzplan vgl. Braun/*Braun/Frank* § 224 InsO Rn. 2). Eine Leistung an Quote statt kann daher grundsätzlich im Restrukturierungsplan geregelt werden. Allerdings sind damit häufig fehleranfällige Bewertungspro-

bleme verbunden, sodass eine solche nur im Einzelfall mehrheitsfähig und praktikabel erscheint.

**ii) Novation, Debt-Debt-Swap.** Die Umwandlung von Restrukturierungsforderungen in ein anderes Kreditinstrument, zB einer ausstehenden Lieferantenforderung in ein Darlehen, kann im Restrukturierungsplan geregelt werden. 33

**jj) Besicherung.** Im gestaltenden Teil des Restrukturierungsplanes kann auch eine (Neu-)Besicherung von Restrukturierungsforderungen geregelt werden. In Betracht kommen Personalsicherheiten (Garantien, Schuldbeitritt etc) sowie dingliche Sicherheiten (Verpfändung von Geschäftsanteilen, Grundschulden, Sicherungsübereignung des beweglichen Anlage- und Vorratsvermögens, Globalzessionen, Verpfändung von Forderungen auf Auszahlung von Bankguthaben, Sicherungszessionen, Verpfändung von Marken oder Patentrechten etc) (Flöther/*Westpfahl/Dittmar* § 2 Rn. 19). Als Planregelung kommt auch ein Teilverzicht und eine Besicherung des verbleibenden Forderungsteils in Betracht (Flöther/*Westpfahl/Dittmar* § 2 Rn. 19). 34

**kk) Nachrangige Restrukturierungforderungen, insbesondere Gesellschafterdarlehen.** Anders als beim Insolvenzplan (siehe dort § 225 InsO) werden in der Insolvenz nachrangige Restrukturierungsforderungen im Restrukturierungsplan nur dann gestaltet, wenn sie ausdrücklich in den Plan einbezogen werden. Dies entspricht der Logik eines teilkollektiven Verfahrens, allerdings wird nicht selten ein vollständiger Verzicht auf die nachrangige Forderung für die Annahme- und Bestätigungsfähigkeit des Restrukturierungsplanes (vgl. auch § 27 Abs. 1 Nr. 2) erforderlich sein. 35

**ll) Schuldverschreibungen.** Zu den nach § 2 Abs. 1 Nr. 1 gestaltbaren Restrukturierungsforderungen gehören auch Schuldverschreibungen (Anleihen). Der Schuldner kann die Gestaltung der Schuldverschreibung auf der Grundlage des Restrukturierungsplans (vgl. § 19 Abs. 6) oder nach dem Verfahren nach dem StaRUG vornehmen. Entscheidet sich der Schuldner für eine Restrukturierung der Anleihe nach dem SchVG, während andere Verbindlichkeiten unmittelbar durch den Restrukturierungsplan gestaltet werden sollen, so können beide Verfahren über entsprechende Bedingungen miteinander verknüpft werden (*Naujoks/Schönen* ZRI 2021, 437 (440)). 36

**mm) Avalkredit.** Der Aufwendungsersatzanspruch des Avalkreditgebers gegen den Schuldner nach §§ 675, 670 BGB sowie der Bürgenregressanspruch nach § 774 BGB können über den gestaltenden Teil des Restrukturierungsplans gestaltet werden. Gleiches gilt für den Anspruch auf Barunterlegung bei Beendigung des Avalkreditvertrages (*Naujoks/Schönen* ZRI 2021, 437 (439)). 37

**nn) Befreiung von Restverbindlichkeiten.** Enthält der Restrukturierungsplan keine anderweitigen Regelungen, wird der Schuldner gemäß § 11 mit der im gestaltenden Teil vorgesehenen Befriedigung der Gläubiger gegenüber den Planbetroffenen von seinen restlichen Verbindlichkeiten aus den in den Plan einbezogenen Restrukturierungsforderungen befreit (→ Rn. 22 ff. sowie → § 11 Rn. 3 ff.; Wolgast/Grauer/*Grauer* § 7 Rn. 8). 38

39 **oo) Sonstige Regelungen.** Die genannten Beispiele sind nicht abschließend. Wie dem Wortlaut in § 7 Abs. 2 „sonstige Regelungen" zu entnehmen ist, sind sämtliche denkbaren Rechtsgestaltungen von Restrukturierungsforderungen möglich.

### 4. Gestaltung von gegenseitigen Verträgen und Forderungen daraus

40 Für Forderungen aus gegenseitigen Verträgen ist nach § 3 Abs. 2 eine Gestaltung nur möglich, soweit der andere Teil seine Leistung bereits erbracht hat. Eingriffe in das vereinbarte Synallagma für zukünftige Leistungen können über den gestaltenden Teil somit nicht durchgesetzt werden. Der Schuldner kann daher zwar einen bereits bestehenden Zahlungsrückstand aus dem Mietverhältnis gestalten, nicht aber die Miete für die Zukunft reduzieren (*Wilkens* WM 2021, 573 (576)). Die im Gesetzentwurf der Bundesregierung vom 9.11.2020 in §§ 51–55 noch vorgesehene Möglichkeit zur Beendigung von Verträgen (Begründung RegE, BT-Drs. 19/24181, S. 31 ff.) wurde ersatzlos gestrichen. Vorzeitige Vertragsbeendigungen bleiben dem Insolvenzverfahren vorbehalten (zB §§ 103 Abs. 2, 109 Abs. 1 S. 1 InsO).

### 5. Absonderungsanwartschaften (Abs. 2 S. 1 Alt. 2)

41 **a) Begriff und Planbetroffenheit.** Nach § 2 Abs. 1 Nr. 2 können an Gegenständen *des schuldnerischen Vermögens* bestehende Rechte, die im Fall der Eröffnung eines Insolvenzverfahrens zur Absonderung berechtigen (§§ 49 ff. InsO, § 110 VVG, § 76 AO, § 10 ZVG, §§ 32 f. DepotG) würden, auf der Grundlage eines Restrukturierungsplanes gestaltet werden. Im wesentlichen betreffen Absonderungsanwartschaften (§ 2 Abs. 1 Nr. 2) Pfandrechte, Grundpfandrechte, Sicherungszession und Sicherungsübereignungen.

42 Keine Absonderungsanwartschaften sind dingliche und persönliche Sicherheiten Dritter, wie zB eine Grundschuldbelastung auf dem Grundstück des Gesellschafters zugunsten eines Gläubigers der Gesellschaft. Eingriffe in dingliche und persönliche Sicherheiten Dritter sind nur für gruppeninterne Drittsicherheiten (dazu → § 2 Rn. 48 ff.) möglich. Der Inhaber des Rechts an Gegenständen des schuldnerischen Vermögens muss jedoch keine Restrukturierungsforderung gegen den Schuldner haben (BeckOK StaRUG/*Fridgen* § 7 Rn. 34). Die überschießende Forderung (Ausfall nach Verwertung der Sicherheit) ist in der Gruppe der ungesicherten Planbetroffenen geltend zu machen.

43 Eine Absonderungsanwartschaft ist nur dann durch den Restrukturierungsplan gestaltbar, wenn das zugrunde liegende Recht im maßgeblichen Zeitpunkt bereits entstanden ist (§ 2 Abs. 5, im Einzelnen dort unter → § 2 Rn. 72 ff.; Flöther/*Westpfahl/Dittmar* § 2 Rn. 27).

44 Wie auch beim Insolvenzplan können **Aussonderungsrechte** durch einen Restrukturierungsplan nicht gestaltet werden (Begründung RegE, BT-Drs. 19/24181, S. 111). Sollen Aussonderungsrechte in das Plankonzept einbezogen werden, bedarf es einer bilateralen Vereinbarung mit dem Aus-

sonderungsberechtigten in der Form einer Dritterklärung (im Einzelnen unter → § 15 Rn. 22 ff.; vgl. für Insolvenzplan Brünkmans/Thole Insolvenzplan-HdB/*J. Schmidt* § 10 Rn. 14; HambKomm-RestR/*Thies/Lieder* § 230 Rn. 9).

Inhaber von Absonderungsanwartschaften sind nur dann als Planbetroffene im Restrukturierungsplan einzubeziehen, wenn in ihre Rechtsposition eingegriffen wird. **45**

**b) Mögliche Eingriffe und Planregelungen.** Abs. 2 bestimmt als mögliche Eingriffe in Absonderungsanwartschaften – wie auch für Restrukturierungsforderungen – Kürzungen um Bruchteile, Stundungen, sowie (vgl. „wie gesichert") einen Sicherheitentausch. Werden Absonderungsanwartschaften in den Plan einbezogen und sieht der Plan keine anderweitige Regelung vor, wird der Schuldner gemäß § 11 S. 1 mit der im gestaltenden Teil für den Eingriff vorgesehenen Befriedigung von derselben befreit. **46**

Bei der Abfassung der Planregelung ist im besonderen Maße der sachenrechtliche Bestimmtheitsgrundsatz einzuhalten. Bei der Gruppenbildung ist darauf zu achten, dass der Absonderungsanwartschaftsberechtigte mit seiner werthaltigen Forderung von der Gruppe Absonderungsanwartschaften erfasst ist und nicht mit seiner Ausfallforderung (→ § 9 Rn. 15). **47**

**Ablösung/Freigabe:** Eine klassische Eingriffsregelung für Absonderungsanwartschaften ist die Ablösung der Sicherheit gegen Zahlung einer Entschädigung. Dadurch soll die Sicherheit künftig für andere Sicherungszwecke wieder zur Verfügung stehen. Rechtstechnisch erfolgt die Ablösung durch Regelung einer Freigabe- und Verzichtserklärung des Absonderungsanwartschaftsberechtigten sowie eines Abfindungsanspruchs, welcher nach Höhe und Fälligkeit hinreichend bestimmt sein muss. Bei der Bestimmung der Entschädigungshöhe ist auf den Verwertungserlös im nächstbesten Alternativszenario als Untergrenze (§ 64) abzustellen (vgl. aber BeckOK StaRUG/*Fridgen* § 7 Rn. 45). Der Entschädigungsbetrag ist auf die gesicherte Restrukturierungsforderung anzurechnen. Zur dinglichen Aufgabe der Sicherheit etwaig erforderliche Rückübereignungserklärungen nach §§ 929 ff. BGB können im Restrukturierungsplan ebenfalls aufgenommen werden (vgl. → § 13 Rn. 5 ff.). Denkbar ist auch, dass bei einer Sicherungsübereignung von Sachgesamtheiten auf einzelne Zugriffsgegenstände verzichtet wird oder Verwertungserlöse teilweise dem Schuldnervermögen zufließen (Flöther/*Westpfahl/Dittmar* § 2 Rn. 29). **48**

Im Plan regelbar ist auch ein Hinausschieben der Verwertungsreife. **49**

Zur Umwandlung der gesicherten Forderung in Eigenkapital (Debt-Equity-Swap) → Rn. 27 f. **50**

**Neustrukturierung der Sicherheiten:** Absonderungsanwartschaftsberechtigte können über den Restrukturierungsplan nicht nur zum Verzicht auf die Absonderungsanwartschaft gegen Entschädigung (Ablösung) gezwungen werden. Vielmehr können auch Sicherheiten ausgetauscht, neue Sicherheiten bestellt oder die Verwertungsmodalität geändert werden (BeckOK StaRUG/*Fridgen* § 7 Rn. 37; *Zuleger* NZI-Beilage 2021, 43). Die dinglichen Willenserklärungen, zB die Einigung nach §§ 929 ff. BGB sind unter Beachtung des sachenrechtlichen Bestimmtheitsgrundsatzes unmittelbar im **51**

Restrukturierungsplan zu regeln. Der Restrukturierungsplan hat im Rahmen der Vergleichsrechnung eine Bewertung der von dem Austausch betroffenen Sicherheiten anzugeben, um den Informationsinteressen der planbetroffenen Gläubiger zu genügen (Flöther/*Westpfahl/Dittmar* § 2 Rn. 31).

**52** Auch eine Änderung der Rangverhältnisse kann unmittelbar dinglich im Restrukturierungsplan geregelt werden, soweit sich dies mit dem Schlechterstellungsverbot aus § 64 Abs. 1 vereinbaren lässt (*Wilkens* WM 2021, 573 (576)). Absonderungsanwartschaftsberechtigte können allerdings nicht gegen ihren Willen in **Verwertungsgemeinschaften,** wie zB Lieferantenpools gezwungen werden (Flöther/*Westpfahl/Dittmar* § 2 Rn. 32).

**53** **c) Planwirkung.** Die Absonderungsanwartschaften können über den Restrukturierungsplan unmittelbar gestaltet werden, indem die dafür erforderlichen sachenrechtlichen Willenserklärungen (→ § 13 Rn. 4 ff.) im gestaltenden Teil aufgenommen werden, welche mit Bestätigung des Restrukturierungsplanes als formgerecht abgegeben gelten (§ 67 Abs. 1, 68 Abs. 1). Enthält der Restrukturierungsplan für den Sicherungsgegenstand keine sachenrechtliche Regelung, besteht lediglich ein schuldrechtlicher Anspruch des Schuldners gegen den Absonderungsanwartschaftsberechtigten auf Vollzug (Brünkmans/Thole Insolvenzplan-HdB/*Brünkmans* § 8 Rn. 225). Anders als beim Insolvenzplan kann über den Restrukturierungsplan nicht in die insolvenzverfahrensrechtliche Stellung (Abweichung von §§ 165–173 InsO) eingegriffen werden. Da § 69 lediglich das Wiederaufleben von Restrukturierungsforderungen im Fall der Nichterfüllung vorsieht, ist eine ausdrückliche Planregelung für das Wiederaufleben der Sicherheiten erforderlich (Flöther/*Tasma* § 7 Rn. 17). Ein unmittelbar dinglicher „Sicherheitenrückfall" ist im Einzelfall – je nach Art der Sicherheit – aufgrund des sachenrechtlichen Bestimmtheitsgrundsatzes in der Praxis schwer umsetzbar.

**54** Der Eingriff in die Absonderungsanwartschaft ist von dem Eingriff in die gesicherte Restrukturierungsforderung zu unterscheiden. Der Eingriff in die gesicherte Forderung kann jedoch Auswirkung auf die Absonderungsanwartschaft haben. Zwar ist die gesetzlich vorgesehene Rechtsfolge eines Forderungsverzichtes der Fortbestand der Forderung als Naturalobligation (§ 67 Abs. 1 u. 4), mit der Folge, dass – auch akzessorische – Sicherungsrechte fortbestehen (dazu → § 11 Rn. 14). Mit Regelung eines (teilweisen) Erlasses der Forderung nach § 397 BGB unter Abbedingung der genannten Rechtsfolgen (dazu → Rn. 24) erlöschen insoweit auch – wenn der Plan nicht ausdrücklich etwas anderes vorsieht – die akzessorischen Sicherheiten (die Abdingbarkeit ist für die korrespondierende Insolvenzplanregelung § 254 Abs. 3 InsO streitig, dafür HK-InsO/*Haas* § 254 Rn. 4; Kübler/Prütting/Bork InsO/*Spahlinger* § 254 Rn. 20; *Martini*/Horstkotte ZInsO 2017, 1913 (1918); Brünkmans/Thole Insolvenzplan-HdB/*Brünkmans* § 8 Rn. 76 ff.; Uhlenbruck/*Lüer/Streit* InsO § 227 Rn. 13; dagegen: MüKoInsO/*Huber/Madaus* § 254 Rn. 21; Jaeger InsO/*Jaeger* § 254 Rn. 44; *Weitbrecht* ZIP 2019, 1849). Für die nicht akzessorischen Sicherheiten entsteht nach Planbestätigung ein Rückübertragungsanspruch. Wird die Fälligkeit der Forderung im Restrukturierungsplan neu gestaltet, wirkt sich das auch auf die Verwertungsreife der Sicherheit aus.

### 6. Forderungen aus gruppeninternen Drittsicherheiten

**a) Normzweck.** Nach Abs. 2 S. 1 gelten die Grundsätze für die Gestaltung von Restrukturierungsforderungen und Absonderungsanwartschaften auch für die Gestaltung von Rechten aus gruppeninternen Drittsicherheiten. Damit können ausnahmsweise in bestimmte Forderungen, die nicht gegen den Schuldner, sondern gegen einen Dritten gerichtet sind, wie zB Bürgschaftsschulden oder Schuldbeitritte, mittels einer Regelung im gestaltenden Teil des Restrukturierungsplans eingegriffen werden. Gleiches gilt ausnahmsweise für dingliche Sicherheiten, die nicht aus dem Vermögen des Schuldners stammen. Ein oft kosten- und zeitintensives Parallelverfahren auf Ebene des Sicherheitenschuldners (verbundenes Unternehmen) soll mit der Einbeziehung in den Restrukturierungsplan des Kreditnehmers verhindert werden. Der Gesetzgeber hat mit der Einbeziehung gruppeninterner Drittsicherheiten der in der Praxis häufig anzutreffenden Ausgangslage Rechnung getragen, dass bei Konzernfinanzierungen die wesentlichen operativen Gruppengesellschaften typischerweise die Kreditverbindlichkeiten anderer Gesellschaften in der Gruppe besichern (Flöther/*Westpfahl/Dittmar* § 2 Rn. 65). Ohne eine ausdrückliche Einbeziehung gruppeninterner Drittsicherheiten in den gestaltenden Teil bleiben diese jedoch im Grundsatz unberührt (vgl. § 67 Abs. 3 S. 1). **55**

§ 2 Abs. 4 S. 1 eröffnet für gruppeninterne Drittsicherheiten die Regelung eines ausdrücklichen Eingriffs gegen Entschädigung. Der Schutz der betroffenen Gläubiger erfolgt durch die Pflicht zur angemessenen Entschädigung (§ 2 Abs. 4 S. 1 Hs. 2), der Bildung einer eigenständigen Gruppe (§ 9 Abs. 1 S. 3) sowie das Schlechterstellungsverbot aus § 26 Abs. 2 und den Minderheitenschutz (§ 64 Abs. 1) (*Thole* ZIP 2020, 1985 (1988 f.); Flöther/*Westpfahl/Dittmar* § 2 Rn. 80). **56**

**b) Eingriffsvoraussetzungen. aa) Gruppeninterne Drittsicherheiten.** Die Einbindung von Drittsicherheiten in den gestaltenden Teil des Restrukturierungsplanes setzt voraus, dass es sich um **gruppeninterne** Drittsicherheiten, dh eine von einem mit dem Schuldner verbundenen Unternehmen (§ 15 AktG) für Verbindlichkeiten des Schuldners gewährte Personal- oder Realsicherheit handelt (ausführlich → § 2 Rn. 48 ff.) Erfasst sind sowohl Ober- als auch Untergesellschaften des Schuldners, inländische sowie (EU)-ausländische Gesellschaften (die Einbeziehung ausländischer Gesellschaften wirft jedoch Fragen einer verfahrensmäßigen Anerkennung des Eingriffs auf, vgl. Flöther/*Westpfahl/Dittmar* § 2 Rn. 68). **57**

Der **sachliche Anwendungsbereich** ist für sämtliche vom verbundenen Unternehmen gewährte Personal- und Sachsicherheiten eröffnet, dh es können insbesondere Bürgschaften (§ 765 BGB), Garantien und Schuldbeitritte, sowie Immobiliarsicherheiten (Grundschulden, Hypothek), gesetzliche Mobiliarpfandrechte, verlängerte oder erweiterte Eigentumsvorbehalte und bestimmte Zurückbehaltungsrechte gestaltet werden (Flöther/*Westpfahl/Dittmar* § 2 Rn. 70). Hat das verbundene Unternehmen nicht nur eine Sicherheit gewährt, sondern ist als **Mitkreditnehmer** in die Gruppenfinanzierung einbezogen, scheidet ein Eingriff über den gestaltenden Teil aus, weil die **58**

Voraussetzungen für eine gruppeninterne Drittsicherheit iSv § 2 Abs. 4 in diesem Fall nicht erfüllt sind (*Wilkens* WM 2021, 573 (578); BeckOK StaRUG/*Fridgen* § 7 Rn. 52a; ausführlich → § 2 Rn. 52 ff.). Vielmehr ist eine Gestaltung der Ansprüche gegen den Mitkreditnehmer nur durch eine freiwillige Einbeziehung in den Restrukturierungsplan über eine bilaterale Vereinbarung oder einen parallelen Restrukturierungsplan auf Ebene des Mitkreditnehmers möglich.

59 **bb) Angemessene Entschädigung.** Nach § 2 Abs. 4 S. 1 Hs. 2 ist der Eingriff in gruppeninterne Drittsicherheiten nur zulässig, wenn dieser durch eine angemessene (§ 6) Entschädigung kompensiert wird. Zur Höhe einer angemessenen Entschädigung unter → Rn. 63.

60 Da es sich bei der Entschädigungspflicht um die zentrale Gläubigerschutzvorschrift handelt, welche den Eingriff in eine gruppeninterne Drittsicherheit überhaupt rechtfertigt, muss die Entschädigung unmittelbar im Restrukturierungsplan vorgesehen und näher geregelt werden (wohl auch Flöther/*Tasma* § 7 Rn. 20). Eine Entschädigungspflicht würde sich auch ohne § 2 Abs. 4 aus dem Schlechterstellungsverbot nach § 26 Abs. 1 Nr. 1 und § 64 ergeben.

61 Aus dem Wortlaut von § 2 Abs. 4 S. 1 Hs. 2 ist nicht unmittelbar ersichtlich, **wer** die angemessene Entschädigung aufzubringen hat. Die Gesetzesbegründung geht offensichtlich davon aus, dass die Entschädigung **aus dem Vermögen des Schuldners** zu leisten ist (Begründung RegE, BT-Drs. 19/24181, S. 113). Richtigerweise kann die Entschädigung aber auch vom Sicherungsgeber oder einem Dritten aufgebracht werden (für eine Entschädigung ausschließlich durch den Schuldner: Desch Restrukturierungsrecht/*Desch* § 3 Rn. 14; Flöther/*Westpfahl/Dittmar* § 2 Rn. 78; wohl auch *Hoegen/Kranz* NZI 2021, 105 (108); wie hier *Paulus/Bähr/Hackländer* ZIP 2021, 1085 (1088); *Morgen StaRUG/Arends/Schierhorn* ZRI 2021, 305 (310); Runkel/Schmidt AH InsolvenzR/*Brünkmans* § 4 Rn. 214; Braun StaRUG/*Esser* § 2 Rn. 62; Morgen StaRUG/*Tresselt* § 2 Rn. 36). In diesem Fall wird die Entschädigung allerdings nicht im gestaltenden Teil des Insolvenzplanes geregelt, sondern über eine freiwillige Verpflichtungserklärung des Drittsicherungsgebers gewährleistet. Eine solche Entschädigungsverpflichtung wird über eine Verpflichtungserklärung als Plananlage iSd § 15 Abs. 3 abgesichert. Handelt es sich bei dem Drittsicherungsgeber um eine Tochter- oder Schwestergesellschaft, kann im Rahmen der gesellschafts- und konzernrechtlichen Grenzen der Drittsicherungsgeber zur Abgabe einer entsprechenden Verpflichtungserklärung angewiesen werden. Ein Verstoß gegen §§ 30, 31 GmbHG oder die gesellschaftsrechtlichen Treuepflichten liegt jedenfalls dann nicht vor, wenn im Ergebnis der Eingriff in die Drittsicherheit gegen Kompensation auch für den Drittsicherungsgeber vorteilhaft ist.

62 Durch die explizite Anknüpfung des Eingriffs an eine Entschädigungspflicht muss sich das Restrukturierungsgericht inhaltlich in jedem Fall mit der Frage der Angemessenheit der Kompensation für Eingriffe in Drittsicherheiten auseinandersetzen (*Wilkens* WM 2021, 573 (578); *Thole* ZIP 2020, 1985 (1988); *Westpfahl/Dittmar* NZI Beilage, 2021, 46 (47)). Das Restrukturierungsgericht kann den Restrukturierungsbeauftragten mit der

Prüfung der Angemessenheit der Entschädigung beauftragen (§ 73 Abs. 3 Nr. 2).

**cc) Bildung einer Gruppe für gruppeninterne Drittsicherheiten.** Sieht der Restrukturierungsplan Eingriffe in gruppeninterne Drittsicherheiten vor, ist für die insoweit betroffenen Gläubiger gemäß § 9 Abs. 1 S. 3 eine eigenständige Gruppe zu bilden (ausführlich → § 9 Rn. 23). 63

**dd) Zustimmung des verbundenen Unternehmens.** Sieht der Plan Eingriffe in die Rechte von Gläubigern aus gruppeninternen Drittsicherheiten vor, so ist die Zustimmung des verbundenen Unternehmens erforderlich. Die Zustimmungserklärung ist gemäß § 15 Abs. 4 dem Plan als Anlage beizufügen (→ § 15 Rn. 28 f.). 64

**ee) Drohende Zahlungsunfähigkeit des Drittsicherungsgebers?** Die Inanspruchnahme von Instrumenten des Restrukturierungsrahmens setzt voraus, dass der Schuldner drohend zahlungsunfähig ist (§ 29 Abs. 1). Nicht erforderlich ist, dass auch das verbundene Unternehmen, dh der Drittsicherungsgeber drohend zahlungsunfähig ist (*Hoegen/Kranz* NZI 2021, 107; *Rechtmann* WM 2021, 520). Allerdings werden sich bei einem wirtschaftlich stabilen verbundenen Unternehmen Eingriffe wegen des Schlechterstellungsverbots aus § 64 Abs. 1 S. 1 (→ § 64 Rn. 1 ff.) nur schwer rechtfertigen lassen. 65

**c) Mögliche Gestaltungen von gruppeninternen Drittsicherheiten.** Wie aus dem Verweis in § 7 Abs. 2 S. 2 ersichtlich, gelten die Grundsätze für die Gestaltung von Restrukturierungsforderungen und Absonderungsanwartschaften aus § 7 Abs. 2 S. 1 entsprechend auch für die Gestaltung von gruppeninternen Drittsicherheiten. Für dingliche Sicherheiten kommen insbesondere der (teilweise) Verzicht auf das Sicherungsrecht, die Stundung der Verwertung der Sicherheit oder der Austausch der Sicherheit in Betracht (→ Rn. 51). Bei Personalsicherheiten als Eventualforderung gelten die Grundsätze für die Gestaltung von Restrukturierungsforderungen (§§ 7 Abs. 2 S. 1, 3 Abs. 1 Nr. 1) entsprechend (dazu → Rn. 15 ff.), dh als Eingriffe kommen insbesondere der (teilweise) Erlass der Forderung, der Rangrücktritt, die Umwandlung in Eigenkapital sowie eine Stundung in Betracht (Flöther/*Westpfahl/Dittmar* § 2 Rn. 73; Morgen StaRUG/*Tresselt* § 2 Rn. 125). Es gelten die gleichen Grundsätze bei der Formulierung der Eingriffsregelung wie auch sonst, insbesondere ist auf die hinreichende Bestimmtheit der Regelung zu achten (→ Rn. 177). 66

**d) Rechtsfolgen.** Mit Bestätigung des Restrukturierungsplans treten die für gruppeninterne Drittsicherheiten vorgesehenen Gestaltungen unmittelbar in Kraft (§ 67). Die allgemeinen Grundsätze bzgl. Rechtfolgen von Regelungen im gestaltenden Teil des Restrukturierungsplanes gelten insoweit auch für gruppeninterne Drittsicherheiten gegenüber den betroffenen verbundenen Unternehmen. 67

Liegen die in den Plan einbezogenen Drittsicherheiten nicht in Deutschland, stellt sich das Problem, ob der grenzüberschreitende Wirkungsanspruch des Restrukturierungsplanes am ausländischen Belegenheitsort der Sicherheit 68 entsprechende Anerkennung findet. Für Konsortialfinanzierungen wird als praktische Lösung zur Umgehung dieses Problems vorgeschlagen, die üblicherweise bei 100 % liegenden Zustimmungserfordernisse für Sicherheitenfreigaben mittels einer nach § 2 Abs. 2 zulässigen Vertragsumgestaltung (dazu → § 2 Rn. 24 ff.) abzusenken und die Freigabe sodann außerhalb des Plans mit planunterstützender Mehrheit der Konsorten umzusetzen (*Wilkens* WM 2021, 573 (578)).

### 7. Gestaltung von Vertragsbedingungen (Nebenbestimmungen) (Abs. 3)

69 **a) Normzweck/Überblick.** Mit Abs. 3 und § 2 Abs. 2 wird in Abweichung zum Insolvenzplanverfahren die Möglichkeit eröffnet, durch den Restrukturierungsplan auch vertragliche Nebenbestimmungen für die Zukunft zu ändern. Die Möglichkeit, vertragliche Einzelbestimmungen ohne eine vertragliche Ermächtigung (zum vertraglich vereinbarten Mehrheitsprinzip bei Konsortialkrediten vgl. *Diem/Jahn,* Akquisitionsfinanzierung, § 36 Rn. 3)durch Mehrheitsentscheidung zu ändern, war bisher nur im Schuldverschreibungsgesetzt (dort §§ 5 Abs. 1 und 3) vorgesehen. Die Änderung von vertraglichen Nebenbestimmungen erfolgt nach Abs. 3 durch eine entsprechende Regelung im gestaltenden Teil.

70 **b) Voraussetzung für die Gestaltung von Nebenbestimmungen.** Durch den Restrukturierungsplan können vertragliche Nebenbestimmungen nur bezogen auf (1) Restrukturierungsforderungen, die auf mehrseitigen Rechtsverhältnissen „beruhen" (§ 2 Abs. 2 S. 1) (zB Konsortialkreditvertrag (*Rechtmann* WM 2021, 520; *Röper/Denkhaus* ZRI 2021, 1043 (1043); *Naujoks/Schönen* ZRI 2021, 437 (438)); Sanierungs- oder Restrukturierungsrahmenvereinbarungen (*Naujoks/Schönen* ZRI 2021, 437 (440); AG Köln ZIP 2021, 806 (807); Morgen StaRUG/*Knapp/Wilde* § 2 Rn. 50; kritisch *Thole* NZI 2021, 433 (436 f.))), (2) Schuldverschreibungen (§ 2 Abs. 2 S. 2) oder (3) Verträge, die zu gleichlautenden Bedingungen mit einer Vielzahl von Gläubigern geschlossen wurden (insbesondere Schuldscheindarlehen (Begründung RegE, BT-Drs. 19/24181, S. 111, bei den Schuldscheindarlehen greift kein Mehrheitsprinzip wie bei dem Konsortialkredit und auch das SchVG findet keine Anwendung, *Naujoks/Schönen* ZRI 2021, 437 (440))), geändert werden. Die Anpassung von Vertragsbedingungen bloßer Einzelkreditverträge ist hingegen nicht möglich.

71 Weitere Voraussetzung für eine Gestaltung der Vertragsbedingungen ist, dass das Kreditverhältnis zum maßgeblichen Zeitpunkt (§ 2 Abs. 5) noch nicht gekündigt wurde (Kümpel/Mülbert/Früh/Seyfried Bankrecht und Kapitalmarktrecht/*Büchel* Rn. 3.666; *Wilkens* WM 2021, 573 (577)). Dabei ist zu beachten, dass die Finanzierer den Kreditvertrag nach § 490 Abs. 1 BGB oder nach den „alten" vertraglichen Kündigungsgründen kündigen können, wenn die Voraussetzungen dafür gegeben sind. Das Verbot der Lösungsklauseln aus Anlass der Rechtshängigkeit der Restrukturierungssache (§ 44) steht dem nicht entgegen (*Schönfelder* WM 2022, 361 (362)). Für bereits valutierte Darlehen kommt eine Einschränkung der Kündigungsrech-

te aus § 490 Abs. 1 BGB gemäß § 55 Abs. 3 allerdings im Fall des Erlasses einer Stabilisierungsanordnung (§ 49) in Betracht (streitig, wie hier *Schönfelder* WM 2022, 361 (365); aA HambKommInsR/*Undritz/Knof* § 55 Rn. 27 ff.; dazu → § 55 Rn. 42). Ohne eine Stabilisierungsanordnung könnten sich einzelne Planbetroffene durch Einzelkündigung einer Vertragsanpassung entziehen. In den meisten Konsortialkreditverträgen dürfte jedoch ohnehin das Kündigungsrecht nicht dem einzelnen Kreditgeber, sondern der qualifizierten Kreditgebermehrheit von 66 2/3 der gesamten Kreditzusage zustehen (Diem/Jahn Acquisition Finance Agreements in Germany/*Diem* II.28 Rn. 130). Die Kreditgebermehrheit ist allerdings in der Lage, durch Ausübung eines bestehenden Kündigungsrechts zu verhindern, dass Nebenbestimmungen durch eine gruppenübergreifende Mehrheitsentscheidung nach §§ 26 ff. gegen ihren Willen umgesetzt werden. In diesem Fall können die dann fälligen Rückzahlungsansprüche aber nach wie vor nach den allgemeinen Regeln zwangsweise gestaltet werden, indem der gestaltende Teil einen Teilverzicht der Kreditforderungen oder Anpassung der Kreditfälligkeit durch Stundungsregelung enthält (vgl. *Wilkens* WM 2021, 573 (577)).

Die Einführung gänzlich neuer Vertragsbestimmungen über den gestaltenden Teil nach Abs. 3 dürfte jedoch unzulässig sein. Ist die vorgesehene Bestimmung allerdings im bisherigen Vertrag thematisch angelegt, ist dies für eine Gestaltbarkeit über den Restrukturierungsplan hinreichend (siehe auch Flöther/*Westpahl/Dittmar* § 2 Rn. 54; BeckOK StaRUG/*Skauradszun* § 2 Rn. 80; *Röper/Denkhaus* ZRI 2021, 1043 (1044)). 72

**c) Typische Gestaltungsgegenstände.** Die Änderung folgender in Kreditverträgen typischer Nebenbestimmungen kommen in Betracht: 73

**Änderung von Kreditauflagen und Undertakings** (*Wilkens* WM 2021, 573 (577); *Naujoks/Schönen* ZRI 2021, 437 (440)): Die unternehmerische Handlungsfreiheit des Schuldners wird in Kreditverträgen häufig in Form von Kreditauflagen oder sog. „negative undertakings" eingeschränkt, indem bestimmte Maßnahmen (zB Veräußerung von Betriebsgrundstücken, Verbot von Besicherungen *(negative Pledge)*) nur mit Zustimmung einer qualifizierten Mehrheit möglich sind. Im Restrukturierungsplan kann zunächst eine solche Zustimmung über eine Regelung im gestaltenden Teil ersetzt werden. Da diese Auflagen im Einzelfall mit dem operativen Sanierungskonzept des Restrukturierungsplanes nicht vereinbar sind, können sie für die Zukunft geändert, angepasst oder vollständig aufgehoben werden (Begründung RegE, BT-Drs. 19/24181, S. 112; Flöther/*Tasma* § 7 Rn. 21; *Naujoks/Schönen* ZRI 2021, 437 (438)). 74

**Financial Covenants:** Nur in seltenen Fällen werden die in den Kreditverträgen geregelten Financial Covenants mit dem durch die Restrukturierungssituation geänderten Businessplan vereinbar sein. Im gestaltenden Teil kann die Verpflichtung des Schuldners zur Einhaltung bestimmter Finanzkennzahlen (sog. covenants) daher angepasst werden, um den kurz- oder mittelfristigen Eintritt von Kündigungsgründen zu verhindern (Begründung RegE, BT-Drs. 19/24181, S. 112; *Wilkens* WM 2021, 573 (577); *Röper/Denkhaus* ZRI 2021, 1043 (1049); *Naujoks/Schönen* ZRI 2021, 437 (440); Flöther/*Tasma* § 7 Rn. 21). 75

76 **Zusicherungen (Reps and Warranties),** welche im Rahmen der Inanspruchnahme-Mitteilung zu wiederholen sind, können über den gestaltenden Teil des Restrukturierungsplanes für die Zukunft angepasst werden (*Wilkens* WM 2021, 573 (577)). Gleiches gilt für die Vereinbarung von **Kündigungsgründen (Events of Default)** (*Wilkens* WM 2021, 573 (577); Flöther/*Tasma* § 7 Rn. 21)).

77 Die Gestaltung der **Kreditlaufzeit** (*Wilkens* WM 2021, 573 (577); Flöther/*Tasma* § 7 Rn. 21) im Sinne des Hinausschiebens der Fälligkeit des Rückzahlungsanspruchs betrifft die unmittelbare Gestaltung der Hauptforderung und bestimmt sich damit nach den allgemeinen Voraussetzungen für den Eingriff in Restrukturierungsforderungen (→ Rn. 12 ff.) und nicht nach den Voraussetzungen für die Änderungen von Nebenbestimmungen (Abs. 3 iVm § 2 Abs. 2) (wohl anders Flöther/*Tasma* § 7 Rn. 21; vgl. auch Begründung RegE, BT-Drs. 19/24181, S. 112)).

78 Bezüglich **Intercreditor Agreements** (§ 2 Abs. 2 S. 3) wird eine Gestaltung unmittelbar durch den Restrukturierungsplan überwiegend nur dann für möglich erachtet, wenn das schuldnerische Unternehmen Partei des anzupassenden Vertrags ist (*Thole* NZI 2021, 433 (437); Wolgast/Grauer/*Doebert* § 2 Rn. 46; *Naujoks/Schönen* ZRI 2021, 437 (443); Flöther/*Westphal/Dittmar* § 2 Rn. 54; aA Braun StaRUG/*Esser* § 2 Rn. 27; *Wilkens* WM 2021, 573 (577)).

79 **Ancillary Facilities:** Über den gestaltenden Teil des Restrukturierungsplanes können Einzelbestimmungen bilateraler Darlehensverträge (Ancillary Facilities), welche auf der Grundlage eines Konsortialkredits gewährt werden, nicht unmittelbar geändert werden (*Naujoks/Schönen* ZRI 2021, 437 (439)).

80 **Avalkreditbedingungen:** Beruht der Avalkredit auf einem mehrseitigen Rechtsverhältnis, etwa einem Konsortialkreditvertrag, können auch die Bedingungen für Avalkredite angepasst werden (*Naujoks/Schönen* ZRI 2021, 437 (440)).

81 **Einführung/Neuregelung des vertraglichen Mehrheitsprinzips:** In Konsortialkreditverträgen werden idR einzelne Vertragsregelungen oder Maßnahmen kraft vertraglicher Regelung dem Mehrheitsprinzip unterworfen, so zB für die Erteilung von Waivern durch den Facillity Agent, für die Ausübung von Kündigungsrechten, etc (*Diem/Jahn,* Akquisitionsfinanzierung, § 36 Rn. 3). Über den Restrukturierungsplan kann die vertragliche Regelung über das Mehrheitsprinzip verändert werden, etwa indem die Mehrheitsschwellen (zB von 75 % auf 2/3-Mehrheit) abgesenkt oder das Mehrheitsprinzip auf neue Vertragsregelungen oder Maßnahmen ausgeweitet wird (*Naujoks/Schönen* ZRI 2021, 437 (440); wohl auch *Wilkens* WM 2021, 573 (578)).

82 **d) Grenzen der Gestaltung von Nebenbestimmungen. aa) Gestaltung des Forderungsbestandes zum Zeitpunkt aus § 2 Abs. 5.** Eine Anpassung von Nebenbestimmungen kommt nur im Hinblick auf die im maßgeblichen Zeitpunkt (§ 2 Abs. 5) bestehenden Restrukturierungsforderungen und Absonderungsanwartschaften in Betracht. Keinesfalls kann durch einen Mehrheitsbeschluss eine Verpflichtung der Finanzierer zur Eingehung

einer zusätzlichen Verbindlichkeit begründet werden. Daher darf die im Restrukturierungsplan aufgenommene Änderung der vertraglichen Nebenbestimmungen nicht dazu führen, dass Planbetroffene Darlehensbeträge zur Verfügung stellen oder Ausfallrisiken übernehmen müssen, die oberhalb der Restrukturierungsforderung, dh oberhalb des zum maßgeblichen Zeitpunkt nach § 2 Abs. 5 in Anspruch genommenen Teils einer Kreditlinie oder Avals liegen (*Naujoks/Schönen* ZRI 2021, 437 (443)).

**bb) Erforderlichkeit und typische Bestimmungen?** Die Möglichkeit 83 der Anpassung von Vertragsbedingungen ist nicht auf vertragstypische Bestimmungen beschränkt (AG Köln NZI 2021, 433). Die Änderungen müssen für die Erreichung des Ziels (Beseitigung der drohenden Zahlungsunfähigkeit und Sicher- oder Wiederherstellung der Bestandsfähigkeit, vgl. § 14 Abs. 1) zweckmäßig, nicht aber zwingend erforderlich sein (AG Köln NZI 2021, 433; Begründung RegE, BT-Drs. 19/24181, S. 112; *Naujoks/Schönen* ZRI 2021, 437 (444); *Thole* NZI 2021, 433 (436); *Röper/Denkhaus* ZRI 2021, 1043 (1049); kritisch *Arlt/Brägmann/Ludwig* ZInsO 2021, 1485). Eine Gestaltungsgrenze liegt allenfalls bei Missbrauchsfällen vor, wenn die Änderungen der Vertragsbedingungen offensichtlich nicht erforderlich sind, um eine nachhaltige Beseitigung der (drohenden) Zahlungsunfähigkeit und Wiederherstellung der Bestandsfähigkeit zu erreichen.

**e) Unmittelbarer Regelungsgegenstand im gestaltenden Teil** 84 **(Abs. 3).** Im gestaltenden Teil des Restrukturierungsplans sind die Änderungen der Vertragsbedingungen – ähnlich wie bei einem Nachtrag zum Vertrag – einzeln zu regeln. Beispiel: „§ X (Financial Covenants) des Konsortialkreditvertrages vom XXX wird wie folgt geändert: […]. Am Ende sollte auf die finale Clean Version des Vertrages, welche ebenfalls als Anlage dem Restrukturierungsplan beigefügt wird, verwiesen und festgestellt werden, dass nach rechtskräftiger Bestätigung des Restrukturierungsplans der in der Anlage beigefügte Vertrag rechtsverbindlich zwischen den Planbetroffenen und dem Schuldner ist (ähnlich *Naujoks/Schönen* ZRI 2021, 437 (445 f.)).

**f) Rechtsfolgen.** Mit Bestätigung des Restrukturierungsplanes treten die 85 veränderten Vertragsbedingungen in Kraft (§ 67). Eine Kündigung des Kreditvertrages ist dann nur noch auf der Grundlage der neuen Vertragsbedingungen möglich.

Mit der Anpassung der Nebenbestimmungen durch die gerichtliche Be- 86 stätigung des Restrukturierungsplanes können Roll-over-Darlehen oder Kontokorrentlinien weiterlaufen und die Finanzierer können einem erneuten Auszahlungsverlangen nach zwischenzeitlicher Rückführung keine Einwendungen mehr entgegenhalten (*Naujoks/Schönen* ZRI 2021, 437 (443)).

### 8. Gesellschaftsrechtliche Maßnahmen (Abs. 4)

**a) Normzweck – Überblick.** § 2 Abs. 3 unterwirft die Anteils- oder 87 Mitgliedschaftsrechte der an der schuldnerischen Gesellschaft beteiligten Personen der Gestaltung durch einen Restrukturierungsplan. § 7 Abs. 1 und Abs. 4 stellen klar, dass die Gestaltung von Anteils- und Mitgliedschaftsrechten durch Aufnahme einer entsprechenden Regelung in den gestaltenden Teil des Restrukturierungsplanes erfolgt. Abs. 4 orientiert sich an § 225a InsO zum Insolvenzplanrecht und verweist in Teilen auf diese Vorschrift. Die Anteilsinhaber können – aber müssen nicht (AG Köln NZI 2021, 433) – als Planbetroffene in den Restrukturierungsplan einbezogen werden.

**88** Die rechtstechnische Bedeutung der Einbeziehung der Anteils- und Mitgliedschaftsrechte der am Schuldner beteiligten Personen wird in § 68 Abs. 2 deutlich. Die in den Restrukturierungsplan aufgenommenen Beschlüsse und sonstigen Willenserklärungen der planbetroffenen Anteilsinhaber gelten mit der Bestätigung des Restrukturierungsplanes als in der vorgeschriebenen Form abgegeben.

**89** Mit der in Abs. 4 iVm § 2 Abs. 4 vorgesehenen optionalen Einbeziehung der Gesellschafter sollen Blockadestellungen der Gesellschafter hinsichtlich der Durführung von Sanierungsmaßnahmen zurückgedrängt werden (BeckOK StaRUG/*Fridgen* § 7 Rn. 57). Zwar ist für die Gesellschafter eine eigene Gruppe zu bilden, wenn sie als Planbetroffene in den Restrukturierungsplan einbezogen werden (§ 9 Abs. 1 S. 2 Nr. 4). Der Restrukturierungsplan ist in der Gruppe der Anteilsinhaber erst angenommen, wenn die Anteilsinhaber mit 75 % des Nennkapitals dem Restrukturierungsplan zugestimmt haben. Anders als beim Insolvenzplan (dort einfache Mehrheit) ist somit für die restrukturierungsbedeutenden Strukturmaßnahmen (Kapitalerhöhung, -herabsetzung, Umwandlung nach UmwG etc) eine den gesellschaftsrechtlichen Normen (§§ 179 Abs. 2 S. 1, 182 Abs. 1 S. 1 AktG, § 53 Abs. 2 S. 1 GmbHG, zB § 39 UmwG) entsprechende qualifizierte Mehrheit erforderlich. Jedoch kann über eine gruppenübergreifende Mehrheitsentscheidung (§ 26) der Widerstand der Anteilsinhaber gebrochen, dh die gesellschaftsrechtliche Regelung unter diesen Voraussetzungen umgesetzt werden, selbst wenn alle Anteilsinhaber gegen den Restrukturierungsplan gestimmt haben.

**90** Dieser „Cram Down-Hebel" gegen die Anteilsinhaber ist in der Literatur vor dem Hintergrund des Art. 14 GG als unangemessen eingestuft worden, weil bei einer drohenden Zahlungsunfähigkeit typischerweise nicht von einer vollständigen Entwertung der Gesellschaftsanteile ausgegangen werden könne (*Schäfer* ZIP 2020, 2164 (2168); *Müller* ZIP 2020, 2253 (2255); vgl. auch *Wilhelm/Hoffmann/Richter* DB 2021, 381 (383); *Proske/Streit* NZI 2020, 969 (970)). Angesichts der eindeutigen gesetzlichen Regelung und der umfassenden Auseinandersetzung mit der Kritik in der Gesetzesbegründung (siehe Begründung RegE zu § 4 Abs. 3, BT-Drs. 19/24181, S. 113) bedarf es keiner korrigierenden Auslegung. Aus verfassungsrechtlicher Sicht ist entscheidend, dass der Plan eine hinreichende Kompensation bereithält, wenn die Anteile noch einen Wert haben sollten (vgl. *Müller* ZIP 2020, 2253 (2255)). Auch wenn die vorgetragenen Einwände im Ergebnis nicht zutreffen – das Schlechterstellungsverbot garantiert zumindest eine Wertkompensation, wenn die Gesellschaftsanteile noch einen Wert haben – wird die Möglichkeit eines Cram Downs der Anteilsinhaber praktisch durch das Zustimmungserfordernis der Gesellschafter beim Weg in das StaRUG eingeschränkt. Denn für die Anzeige der Restrukturierungssache bei dem Restrukturierungsgericht ist nach überwiegender Auffassung die Zustimmung der Gesellschafterversammlung erforderlich, um als Geschäftsführer pflichtgemäß zu handeln (für die notwendige Zustimmung durch einfache Mehrheit plädiert *Rauhut* NZI Beilage 2021, 52 (54); *Brünkmans* ZInsO 2021, 125 (127); die Zustimmung von mind. 75 % verlangen *Fuhrmann/Heinen/Schilz* NZG 2021, 684 (689 f.); *Balthasar* NZI Beilage 2021, 18 (21 f.); *Gehrlein* BB 2022, 1096; wohl auch *Eckert/Holze/Ippen* NZI 2021, 153 (154); für die Entbehrlichkeit der Zustimmung *de Bruyn/Ehmke* NZG 2021, 661 f.; *Desch* BB 2020, 2498 (2501); wohl auch *Bernsau/Beyer* BB 2022, 1090 (1093); dazu → § 31 Rn. 6).

**b) Allgemeine Voraussetzungen. aa) Anwendungsbereich – der Gesellschafter als Planbetroffener.** Unter Anteils- und Mitgliedschaftsrechten im Sinne von Abs. 1 und Abs. 4 sind die untrennbar damit verbundenen Rechtspositionen zu verstehen. Vom Anteil oder der Mitgliedschaft abtrennbare Rechte, wie zB Ansprüche aus Gewinnverwendungsbeschluss (vgl. ausdrücklich für die AG: OLG München AG 2014, 864, Leitsatz 1; ebenso zur GmbH MüKoGmbHG/*Ekkenga* GmbHG § 29 Rn. 118), sind hingegen nach den Vorschriften über Restrukturierungsforderungen zu gestalten. Werden Inhaber von Anteils- und Mitgliedschaftsrechten nicht in den Plan einbezogen, bleiben deren Anteils- und Mitgliedschaftsrechte unberührt. **91**

Der Begriff Anteils- oder Mitgliedschaftsrechte wird – wie auch in der Insolvenzordnung bei § 225a InsO – nicht weiter definiert (vgl. MüKo-InsO/*Eidenmüller* § 225a Rn. 18). Anteilsrechte enthalten idR auch Mitgliedschaftsrechte, wohingegen Mitgliedschaftsrechte auch ohne Beteiligung am Gesellschaftskapital entstehen können, zB bei einer Vereinsmitgliedschaft (Wolgast/Grauer/*Grauer* § 7 Rn. 25: vgl. zum Insolvenzplan: MüKoInsO/*Eidenmüller* § 225a Rn. 19; K. Schmidt InsO/*Spliedt* § 225a Rn. 15 f.). Der Anwendungsbereich und Gestaltungsspielraum von Abs. 4 entspricht weitgehend § 225a InsO (Begründung RegE, BT-Drs. 19/24181, S. 117). Unter Abs. 4 fallen daher alle Gesellschafter von Kapital- und Personengesellschaften, Inhaber von Genossenschaftsanteilen und Komplementäre ohne Kapitalanteil, aber auch Vereinsmitglieder (Wolgast/Grauer/*Grauer* § 7 Rn. 25; vgl. zum Insolvenzplan K. Schmidt InsO/*Spliedt* § 225a Rn. 15 f.). **92**

Nach allgemeinem Grundsatz ist der Gesellschafter nur dann Planbetroffener, wenn durch den Restrukturierungsplan unmittelbar final in seine Rechtsposition eingegriffen werden soll. Eine lediglich mittelbare Betroffenheit macht den Rechteinhaber nicht zum Planbetroffenen. Bei der Veräußerung des wesentlichen Vermögens der Gesellschaft wird mit unterschiedlichen Begründungen (§ 179a AktG, § 37 Abs. 1 GmbHG (BGH NZG 2019, 505)) ein Zustimmungsvorbehalt der Gesellschafterversammlung bzw. Hauptversammlung angenommen. Dann sind die Anteilsinhaber auch Planbetroffene iSv § 9 Abs. 1 Nr. 4 (dazu ausführlich → Rn. 10). Sollten die Anteilsinhaber ihre Zustimmung zum „Asset-Deal Restrukturierungsplan" verweigern, kann ihre Zustimmung durch eine gruppenübergreifende Mehrheitsentscheidung nach §§ 26 ff. ersetzt werden. Den Anteilsinhabern ist im Restrukturierungsplan eine Kompensation bereitzustellen, wenn ihnen im nächstbesten Alternativszenario (dazu → § 6 Rn. 35 ff.) ein Wert verbliebe. **93**

94 **bb) Rechtlicher Rahmen und Grenzen gesellschaftsrechtlicher Planregelungen.** Nach Abs. 4 S. 5 kann im Restrukturierungsplan jede Regelung getroffen werden, die gesellschaftsrechtlich zulässig ist. Damit wird nicht nur eine umfassende Öffnung des Restrukturierungsplans für gesellschaftsrechtliche Maßnahmen, sondern gleichzeitig auch eine Grenze inhaltlicher Ausgestaltungen gezogen, die in der Einhaltung des jeweils einschlägigen Gesellschaftsrechts liegt (für den Insolvenzplan *Horstkotte* ZInsO 2015, 416 (417); Brünkmans/Thole Insolvenzplan-HdB/*Brünkmans* § 31 Rn. 56).

95 Allerdings kommt es auch beim StaRUG zu einer **Überlagerung und Verdrängung** einzelner Normen des Gesellschaftsrechts. So werden die gesellschaftsrechtlichen Regelungen zur Beschlussfassung (§§ 47, 48, 49, 51 GmbHG, §§ 121 ff., 133 ff. AktG) durch besondere Regelungen im StaRUG (§§ 24 Abs. 1 Nr. 3, 45, § 241 Abs. 2 InsO iVm § 45 Abs. 4 S. 1, § 68 Abs. 2) verdrängt (Wolgast/Grauer/*Grauer* § 7 Rn. 33). Der gesellschaftsrechtliche Minderheitenschutz der Anteilsinhaber wird durch den Minderheitenschutz aus § 64 verdrängt, sowie der gesellschaftsrechtliche **Gleichbehandlungsgrundsatz** (§ 53a AktG) durch den besonderen Gleichbehandlungsgrundsatz innerhalb der jeweiligen Gruppe der Planbetroffenen (§ 10) (für den Insolvenzplan Brünkmans/Thole Insolvenzplan-HdB/*Brünkmans* § 31 Rn. 58). Danach sind innerhalb der Gruppe der Anteilsinhaber alle Gesellschafter gleich zu behandeln. Eine Ungleichbehandlung kann lediglich durch die Bildung einer Untergruppe iSv § 10 Abs. 2 erreicht werden, wobei diese Bildung wiederum sachlich gerechtfertigt sein muss (dazu → § 9 Rn. 33 f.). Auch die **gesellschaftsrechtlichen Treuepflichten** werden durch den Minderheitenschutz (§ 61) und das Gleichbehandlungsgebot (§ 10) verdrängt (vgl. zum Insolvenzplan *Thole,* Gesellschaftsrechtliche Maßnahmen in der Insolvenz, Kap. E Rn. 280 ff.; *Thole* ZIP 2013, 1937 f.; *Eidenmüller* NJW 2014, 17 (18); *Brünkmans/Uebele* ZInsO 2014, 265 (272)). Regelungen, die ausschließlich dem Schutz der Altgesellschafter dienen, finden keine Anwendung, da das StaRUG es ermöglicht, den Gesellschaftern über einen Restrukturierungsplan sämtliche Anteile – ggf. gegen Kompensation – zu entziehen (vgl. zum Insolvenzplan *Brünkmans/Greif-Werner* ZInsO 2015, 1585 (1588); wohl anders AG Charlottenburg InsO 2015, 413 (413 ff.)). Bei Kapitalmaßnahmen sind jedoch die für die Rechtsform des Schuldners einschlägigen Kapitalaufbringungs- und Kapitalerhaltungsvorschriften zu beachten (Wolgast/Grauer/*Grauer* § 7 Rn. 34; HambKomm-RestR/*Thies* § 225a Rn. 19).

96 Die gesellschaftsrechtliche Maßnahme muss **zweckmäßig** sein, dh dem Sanierungszweck dienen (weiter offensichtlich *Bernsau/Beyer* BB 2022, 1090 (1090), welche neben der klassischen Finanzrestrukturierung auch die Beilegung von Gesellschafterstreitigkeiten und Konflikten in der Unternehmensnachfolge als legitimes Ziel ansehen). Ob die Sanierung des Schuldners auch ohne die gesellschaftsrechtliche Maßnahme erreicht werden kann, die Maßnahme also erforderlich ist, um den Zweck der Sanierung zu erreichen, ist abgesehen von klaren Missbrauchsfällen hingegen keine Voraussetzung (vgl. AG Köln NZI 2021, 433 zur Frage der Frage der Überprüfung der Erforderlichkeit von Planregelungen allgemein).

97 Eine bedeutende Grenze bei der Ausgestaltung gesellschaftsrechtlicher Regelungen im Restrukturierungsplan ist das aus dem Minderheitenschutz

(§ 64) und den Voraussetzungen für eine gruppenübergreifende Mehrheitsentscheidung (§ 26 Abs. 1 Nr. 1) resultierende Schlechterstellungsverbot. Danach dürfen die Anteilsinhaber durch den Restrukturierungsplan nicht schlechter gestellt werden als sie ohne den Plan stünden (§ 26 Ab. 1 Nr. 1, § 64 Abs. 1). Für die Ermittlung der Stellung der Anteilsinhaber ohne Plan ist auf das nächstbeste Alternativszenario (dazu unter → § 6 Rn. 35 ff.) abzustellen. Ist das Insolvenzverfahren ohne Restrukturierungsplan unvermeidbar, kommt es auf einen etwaigen Überschuss bei der Schlussverteilung (§ 199 InsO) an. Führt die im Restrukturierungsplan geregelte gesellschaftsrechtliche Maßnahme zum Verlust der Anteile und würde den Anteilsinhabern prognostisch bei der Schlussverteilung ein Überschuss zustehen, ist im Restrukturierungsplan eine Abfindung mindestens in dieser Höhe für die ausscheidenden Gesellschafter zu regeln (→ Rn. 134 ff.).

**c) Besonderheiten im Verfahren bei Einbeziehung der Anteilsinhaber.** Werden die Anteilsinhaber in den Restrukturierungsplan einbezogen, ist zwingend eine Gruppe der Anteilsinhaber zu bilden (§ 9 Abs. 1 Nr. 4). Das im Gesellschaftsrecht für die Beschlussfassung geregelte Verfahren (§§ 47 ff. GmbHG, §§ 121 ff. AktG) findet keine Anwendung. Es kommt vielmehr allein auf die formell ordnungsgemäße Durchführung des Restrukturierungsplanverfahrens an, das sich – je nachdem, ob ein gerichtlicher Erörterungs- und Abstimmungstermin stattfinden soll oder nicht – ausschließlich nach den §§ 17 ff. (ohne gerichtliche Planabstimmung) oder nach den §§ 23, 45 f. (mit gerichtlicher Planabstimmung) richtet (*Mulert/Steiner* NZG 2021, 673 (676)). Dabei sind für das Verfahren über die Annahme des Restrukturierungsplans im Fall der Einbeziehung der Anteilsinhaber folgende Besonderheiten zu beachten: 98

- Die Anteilsinhaber bilden nur eine oder ggf. mehrere Gruppen neben den verschiedenen Gläubigergruppen. An die Stelle der Einberufung der Hauptversammlung oder Gesellschafterversammlung tritt die Einberufung der Versammlung der Planbetroffenen (§ 20) oder der Erörterungs- und Abstimmungstermin (§ 45). Form und Fristen der Ladung richten sich ausschließlich nach § 20 oder §§ 23, 45 und nicht nach den gesetzlichen oder satzungsmäßigen Bestimmungen.
- Das Stimmrecht der Anteilsinhaber richtet sich ausschließlich nach dem Anteil am gezeichneten Kapital oder Vermögen des Schuldners (24 Abs. 1 Nr. 3). Stimmrechtsbeschränkungen, Sonder- oder Mehrstimmrechte bleiben außer Betracht.
- Zur Annahme des Restrukturierungsplans innerhalb der Gruppe der Anteilsinhaber ist die Zustimmung von 75 % der Stimmrechte erforderlich (§ 25 Abs. 1). Allerdings kann unter den Voraussetzungen einer gruppenübergreifenden Mehrheitsentscheidung (§ 26) die gesellschaftsrechtliche Maßnahme auch gegen die Stimmen sämtlicher Anteilsinhaber durchgesetzt werden (→ Rn. 99 f.).
- Eine sonst erforderliche notarielle Beurkundung – etwa für einen Kapitalerhöhungsbeschluss entsprechend § 53 Abs. 2 GmbHG – ist bei einer gerichtlichen Planbestätigung nicht erforderlich (§ 68 Abs. 2).

99 **d) Gruppenübergreifende Mehrheitsentscheidung (§§ 26 ff.).** Wird bei der Abstimmung über den Restrukturierungsplan für die Gruppe der Anteilsinhaber nicht die Zustimmung von 75 % der Stimmrechte erreicht, kann der Restrukturierungsplan mit der entsprechenden Regelung dennoch über eine gruppenübergreifende Mehrheitsentscheidung (§§ 26 ff.) in Kraft treten.

100 Wesentliche Voraussetzung dafür ist, dass die Mehrheit der abstimmenden Gruppen dem Plan mit den erforderlichen Mehrheiten zugestimmt hat (§ 26 Abs. 1 Nr. 3) und die Anteilsinhaber durch den Restrukturierungsplan voraussichtlich nicht schlechter gestellt werden, als sie ohne einen Plan stünden (§ 26 Abs. 1 Nr. 1). Dabei kommt es auf die Stellung im nächstbesten Alternativszenario an (dazu → § 6 Rn. 33 ff.). Die dritte Voraussetzung, eine angemessene Beteiligung am wirtschaftlichen Wert des Restrukturierungsplans (§ 26 Nr. 2), ist für die Gruppe der Anteilsinhaber in § 27 Abs. 2 näher definiert und dürfte unter Berücksichtigung korrigierender Gesetzesauslegung in der Regel erfüllt sein (für Abs. 2 Nr. 2 ist richtigerweise zu fragen, ob eine Besserstellung anderer – ohne den Plan gleichgestellter – Anteilsinhaber vorliegt, siehe BeckOK StaRUG/*Spahlinger* § 27 Rn. 27; Braun StaRUG/*Herzig* § 27 Rn. 15; wohl auch Flöther/*Knapp* § 27 Rn. 23; aA Wolgast/Grauer/*Hansen* § 27 Rn. 22).

101 **e) Einzelne gesellschaftsrechtliche Maßnahmen. aa) Debt-Equity-Swap (Abs. 4 S. 1 und S. 2). (1) Überblick.** Als mögliche gesellschaftsrechtliche Maßnahme eines Restrukturierungsplans sieht Abs. 4 in S. 1 zunächst die Umwandlung von Fremd- in Eigenkapital (Debt-Equity-Swap) vor. Die Umwandlung hat nach den allgemeinen gesellschaftsrechtlichen Grundsätzen zu erfolgen, dh im Wege einer Sachkapitalerhöhung (Gehrlein/Born/Simon GmbHG/*Born* § 5 Rn. 32; Scholz GmbHG/*Veil* § 5 Rn. 45; Lutter/Hommelhoff GmbHG/*Bayer* § 5 Rn. 17) (§§ 183 f. AktG, § 56 GmbHG), wobei Gegenstand der Sacheinlage dabei die Forderung gegen den Schuldner ist. Insoweit ist Abs. 4 S. 1 ein Sonderfall zu S. 3, welcher allgemein die Kapitalerhöhung oder -herabsetzung als Planmaßnahme vorsieht (dazu → Rn. 110 ff.).

102 Die Einbringung der Sacheinlage erfolgt entweder durch Erlass der Forderung gegen den Schuldner oder Abtretung derselben und der damit verbunden Konfusion. Die Eliminierung der Forderung auf diesem Weg hat einerseits günstige Auswirkung auf eine etwaige Überschuldung, andererseits auch im Hinblick auf Zins- und Tilgungsverpflichtungen auf die Liquidität (vgl. zum Insolvenzplan: Brünkmans/Thole Insolvenzplan-HdB/*Brünkmans* § 32 Rn. 308; HambKomm-RestR/*Thies/Lieder* § 225a Rn. 13).

103 Der Debt-Equity-Swap setzt sich somit aus den folgenden Bestandteilen zusammen, welche jeweils an anderer Stelle ausführlich erörtert werden: (1.) ggf. Kapitalherabsetzung; (2.) Kapitalerhöhung (dazu → Rn. 110) unter Ausschluss der Bezugsrechte (dazu → Rn. 128 ff.) und Zulassung planbetroffener Gläubiger; (3.) Übernahme der neuen Anteile; (4.) Leistung der Sacheinlagen (dazu → Rn. 126 f.) durch Forderungserlass oder Abtretung an den Schuldner (Konfusion) (dazu → Rn. 22); (5.) Anmeldung und Eintragung der Sachkapitalerhöhung in das Handelsregister.

**(2) Wert der Forderung.** § 67 Abs. 5 sieht wie § 254 Abs. 4 InsO für den Insolvenzplan vor, dass der Schuldner keine Ansprüche wegen einer Überbewertung der Forderung (Differenzhaftung vgl. § 19 Abs. 4 GmbHG, § 27 Abs. 3 AktG) gegen den Einlegenden geltend machen kann. Dennoch ist der Grundsatz der realen Kapitalaufbringung auch bei einem im Restrukturierungsplan geregelten Debt-Equity-Swap zu beachten. Die Planbestätigung durch das Restrukturierungsgericht setzt demnach voraus, dass die Forderung richtig und genau bewertet wird (zum StaRUG Flöther/*Tasma* § 7 Rn. 32; BeckOK StaRUG/*Fridgen* § 7 Rn. 75; zum Insolvenzplan Brünkmans/Thole Insolvenzplan-HdB/*Brünkmans* § 32 Rn. 324; K. Schmidt InsO/*Spliedt* § 225a Rn. 21). Nach der herrschenden Meinung ist für die Bewertung auf die Schuldendeckungsfähigkeit abzustellen. Eine Forderung ist danach nur insoweit zum Nennwert einlagefähig, als sie fällig, liquide und wollwertig ist (RGZ 68, 121 (122); 134, 262 (268 f.); BGHZ 90, 370 (373) = ZIP 1984, 698; BGHZ 110, 47 (60) = ZIP 1990, 156; BGHZ 113, 335 (341 f.) = ZIP 1991, 511; BGHZ 125, 141 (146) = ZIP 1994, 701; s. auch Brünkmans/Thole Insolvenzplan-HdB/*Brünkmans/Harman* § 35 Rn. 112; MüKoAktG/*Pentz* § 27 Rn. 29; K. Schmidt AktG/*Lutter-Bayer* § 27 Rn. 20; Scholz GmbHG/*Veil* § 5 Rn. 46). In der Literatur wird vereinzelnd auch die grundsätzliche Einlegung zum Nennwert vertreten (Brünkmans/Thole Insolvenzplan-HdB/*Brünkmans/Harman* § 35 Rn. 98; *Cahn/Simon/Theiselmann* CFL 2010, 238; *Cahn/Simon/Theiselmann* DB 2010, 1629 (1631 f.); VGR, Gesellschaftsrecht in der Diskussion 2011/*Maier-Reimer* S. 107, 113 ff.; K. Schmidt InsO/*Spliedt* § 225a Rn. 23; Kübler HRI/*Hölzle* § 21 Rn. 47 ff.; *Karollus* ZIP 1994, 589 (595 f.)). Diese ist jedoch abzulehnen. Die uneingeschränkte Einbringung zum Nennwert ist mit dem Schutz der Neugläubiger unvereinbar, denn sie kann im Einzelfall ein verzerrtes Bild über die Finanzausstattung der Gesellschaft erzeugen (*Brünkmans* ZInsO 2017, 1401 (1406); *Pühl,* Der Debt-Equity-Swap im Insolvenzplanverfahren, Rn. 805). 104

Ist die einzubringende Forderung noch **nicht fällig,** hat eine Abzinsung vom Zeitpunkt der Fälligkeit auf den Zeitpunkt der Bewertung zu erfolgen (*Habersack/Weber* ZGR 2014, 509 (522); Brünkmans/Thole Insolvenzplan-HdB/*Brünkmans/Harman* § 35 Rn. 112). **Liquide** ist eine Forderung, wenn sie nach Grund und Höhe unbestritten ist und ihr keine Einreden oder Einwendungen der Gesellschaft entgegenstehen (*Habersack/Weber* ZGR 2014, 509 (522); Brünkmans/Thole Insolvenzplan-HdB/*Brünkmans/Harman* § 35 Rn. 112). Eine gegen die Gesellschaft bestehende Forderung ist nach der Rechtsprechung des BGH nicht **vollwertig,** wenn die Gesellschaft im Zeitpunkt der Befriedigung dieser Forderung überschuldet war, dh das Gesellschaftsvermögen nicht ausreicht, um alle fälligen Forderungen ihrer Gläubiger zu erfüllen. Dies ist nach der Rechtsprechung anhand eines Überschuldungsstatus der Gesellschaft festzustellen, in dem die tatsächlichen Vermögenswerte – unter Auflösung etwaiger stiller Reserven, angesetzt werden (*Weber/Schneider* ZInsO 2012, 374 (379)). Richtigerweise kann, sollte der Überschuldungsstatus nicht ausgeglichen sein, die Vollwertigkeit der Forderung angenommen werden, wenn trotz einer vollständigen Rückführung der Forderung im Zeitpunkt der Fälligkeit eine positiver Fortbestehensprog- 105 nose (§ 19 Abs. 2 InsO) und auch keine drohende Zahlungsunfähigkeit (§ 18 InsO) vorliegt.

**106** Die Schuldendeckungsfähigkeit als Maßstab der Forderungsbewertung gilt grundsätzlich auch bei einem Debt-Equity-Swap über einen Restrukturierungsplan. Fraglich ist, auf welches Verwertungs- und Befriedigungsszenario für die Bestimmung der Schuldendeckungsfähigkeit der Gesellschaft abzustellen ist. Kommt es darauf an, welche Befriedigung der wandelnde Gläubiger im nächstbesten Alternativszenario erhalten hätte oder ist auf die Planperspektive abzustellen? Da der Restrukturierungsplan in seinem gestaltenden Teil ein finanzwirtschaftliches Gesamtsanierungskonzept enthält, können dessen Wirkungen auch bei der Bewertung der Forderung iR der Kapitalaufbringung berücksichtig werden (vgl. zum Insolvenzplan Brünkmans/Thole Insolvenzplan-HdB/*Brünkmans/Harman* § 35 Rn. 123, 130 f.; *Pühl,* Der Debt-Equity-Swap im Insolvenzplanverfahren, Rn. 897; anders *Simon* CFL 2010, 448 (451)). Dieser Ansatz ist auch mit dem Stichtagsprinzip vereinbar, wonach eine Bewertung der Forderung auf den Stichtag der Anmeldung der Kapitalerhöhung zum Handelsregister zu erfolgen hat (BeckOK GmbHG/*Ziemons/Jaeger-Ziemons* § 57a Rn. 13; Noack/Servatius/Haas GmbHG/*Servatius* § 57a Rn. 11; Michalski GmbHG/*Hermanns* § 57a Rn. 15; *Koch* AktG § 183 Rn. 21; K. Schmidt AktG/*Lutter-Veil* § 183 Rn. 30; zum Stichtagsprinzip vgl. Beck Bil-Komm./*Störk/Kliem/Meyer* HGB § 272 Rn. 50 ff.; BeckOGK/*Pöschke* HGB § 272 Rn. 24 ff.), denn im Zeitpunkt der Anmeldung ist der Fortführungsweg bereits beschritten (Fleischer/Hüttemann, Rechtshandbuch Unternehmensbewertung/*Wieland-Blöse* § 3 Rn. 69; Brünkmans/Thole Insolvenzplan-HdB/*Brünkmans/Harman* § 35 Rn. 123). Entscheidend ist somit die Fortführungsquote der zu wandelnden Forderung, welche sich aus der Fähigkeit des Unternehmens, mit dem operativen Geschäft zukünftig Zahlungsströme (Cashflows) zu generieren, ergibt. Diese sind entsprechend der DCF-Methode (Bewertung mit zukünftigen Einnahmeüberschüssen) auf den Bewertungsstichtag mit einem entsprechend risikoadjustierten Zinssatz zu diskontieren (vgl. Weber/Schneider ZInsO 2012, 374 (378); Brünkmans/Thole Insolvenzplan-HdB/*Brünkmans/Harman* § 35 Rn. 123). Dabei kann ggf. auf die Ergebnis- und Finanzplanung nach § 14 (dort → § 14 Rn. 23 ff.) aufgesetzt werden.

**107** **(3) Zustimmung der Gläubiger.** Abs. 4 S. 2 stellt klar, dass eine Umwandlung der Forderung in Eigenkapital nicht gegen den Willen des Forderungsinhabers erfolgen kann. Vielmehr ist nach § 15 Abs. 2 die Zustimmung von jedem Gläubiger, der von der Forderungsumwandlung betroffenen ist, dem Restrukturierungsplan beizufügen (dort → § 15 Rn. 11 ff.). Abs. 4 S. 2 iVm § 15 Abs. 2 entspricht §§ 225a Abs. 2 S. 2, 230 Abs. 2 InsO für das Insolvenzplanverfahren. Eine Umwandlung gegen den Willen der Gläubiger ließe sich vor dem Hintergrund der negativen Vereinigungsfreiheit aus Art. 9 Abs. 1 GG nur schwer begründen (Brünkmans/Thole Insolvenzplan-HdB/*Brünkmans* § 32 Rn. 328).

**108** Die Zustimmungspflicht der Gläubiger besteht grundsätzlich auch für Gläubiger von **Schuldverschreibungen,** wenn Schuldverschreibungen in den Restrukturierungsplan einbezogen werden. Diese Zustimmung zur Umwandlung der Schuldverschreibung in Anteilsrechte kann allerdings nach den Regeln des Schuldverschreibungsgesetzes ersetzt werden (dazu unter → § 15 Rn. 20).

Für die Inhaber der umzuwandelnden Restrukturierungsforderungen ist eine gesonderte Gläubigergruppe zu bilden (Wolgast/Grauer/*Grauer* § 7 Rn. 30; vgl. zum Insolvenzplan: HambKomm-RestR/*Thies*/*Lieder* § 225a Rn. 15). 109

**bb) Sonstige Kapitalmaßnahmen, insbesondere Kapitalherabsetzung und Kapitalerhöhung (Abs. 4 S. 3). (1) Kapitalherabsetzung (Abs. 4 S. 3 Var. 1). (a) Bedeutung für die Sanierungspraxis.** Beim Insolvenzplan ist der Hauptanwendungsfall für gesellschaftsrechtliche Maßnahmen die Kapitalerhöhung, häufig verbunden mit einer vorherigen Kapitalherabsetzung. Dies ist auch für den Restrukturierungsplan nach dem StaRUG zu erwarten (für die ersten StaRUG-Entscheidungen siehe etwa AG Hamburg NZI 2021, 544; siehe auch der Fall eterna, *Bernsau*/*Beyer* ZInsO 2021, 2533; AG München NZI 2022, 31). Ist das Stammkapital der schuldnerischen Gesellschaft aufgezehrt, wird der Restrukturierungsplan eine Kombination aus nomineller Kapitalherabsetzung und effektiver Kapitalerhöhung (Kapitalschnitt) vorsehen. Vor dem Hintergrund der besonderen Bedeutung des Kapitalschnitts in der Sanierungspraxis (siehe ausführlich Brünkmans/Thole Insolvenzplan-HdB/*Brünkmans* § 32 Rn. 62) ist es nicht verwunderlich, dass der Gesetzgeber in Abs. 4 S. 3 diese ausdrücklich als zulässige Planmaßnahmen nennt. Schon die ersten Fälle nach Inkrafttreten des StaRUG zeigen, dass die effektive Kapitalerhöhung eine besondere Bedeutung in der Praxis haben wird (siehe bereits AG Hamburg NZI 2021, 544; zur Kapitalerhöhung unter Bezugsrechtsausschluss im Fall eterna siehe *Bernsau*/*Beyer* ZInsO 2021, 2533 (2536)). Die Barkapitalerhöhung dient häufig der Umsetzung eines sog. „Cash-out-Plans". Ein solcher Cash-out Plan besteht aus einer Bilanzsanierung durch Schuldenschnitt verbunden mit der Bareinlage (idR eines Investors), welche zu einem wesentlichen Teil der Befriedigung der Gläubiger und zu einem anderen Teil der Finanzierung der Betriebsfortführung dient. Mit Zahlung der durch die Barkapitalerhöhung finanzierten Planquote verzichten die Gläubiger auf den Rest der Forderung und die Gesellschaft ist entschuldet (zum Restrukturierungsplan siehe *Bernsau*/*Beyer* BB 2022, 1090 (1093); zum Insolvenzplan siehe Brünkmans/Thole Insolvenzplan-HdB/*Brünkmans* § 32 Rn. 66; *Brünkmans* ZIP 2014, 1857 (1861); *Horstkotte*/*Martini* ZInsO 2012, 557 (560)). Wird das Bezugsrecht der Altgesellschafter ausgeschlossen (dazu → Rn. 128 ff.) und ein außenstehender Dritter zur Übernahme der Geschäftsanteile zugelassen, stellt die Barkapitalerhöhung (ggf. verbunden mit einer vorherigen Kapitalherabsetzung) eine Alternative zum Anteilserwerb (Share Deal) dar (Brünkmans/Thole Insolvenzplan-HdB/*Brünkmans* § 32 Rn. 67). Bei der Aktiengesellschaft steht die Kapitalherabsetzung durch Einziehung der Aktien zur Verfügung (BGH NZG 2013, 220; zur Einziehung im Insolvenzplan siehe AG Charlottenburg ZInsO 2015, 413 mAnm *Horstkotte; Brünkmans*/*Greif-Werner* ZInsO 2015, 1585 (1589)). 110

**(b) Voraussetzungen einer Kapitalherabsetzung.** Da das Stammkapital der Gesellschaft in der Krise häufig nicht mehr vollständig vorhanden, 111 nicht selten sogar vollständig aufgebraucht ist, findet die Kapitalherabsetzung in der Form der nominellen Kapitalherabsetzung zum Ausgleich von Wertminderungen oder sonstigen Verlusten statt (Scholz GmbHG/*Priester* Vor. § 58a Rn. 10). Die nominelle Kapitalherabsetzung wird dabei als vereinfachte Kapitalherabsetzung nach den §§ 58a ff. GmbHG, §§ 229 f. AktG durchgeführt (Scholz GmbHG/*Priester/Tebben* Vor. § 58a Rn. 10).

**112** Auch die im gestaltenden Teil des Restrukturierungsplans geregelte vereinfachte Kapitalherabsetzung muss die Voraussetzungen der §§ 58a ff. GmbH bzw. §§ 229 ff. AktG erfüllen. Die Einhaltung dieser Voraussetzungen wird vom Restrukturierungsgericht im Rahmen der Planbestätigung geprüft. Die Herabsetzung des Stammkapitals muss dem Zweck dienen, Verluste oder Wertminderungen auszugleichen, die nicht durch Auflösung von anderen Eigenkapitalposten wie etwa durch die Verwendung eines Gewinnvortrages, Auflösung der Gewinnrücklagen (§ 272 Abs. 3 HGB) oder Kapitalrücklagen (§ 272 Abs. 2 HGB) ausgeglichen werden können. Die Gesellschafterbeschlüsse über die Auflösung von Gewinnrücklagen, Eigenkapital oÄ können ebenfalls als beschlussersetzende Regelung im Restrukturierungsplan aufgenommen werden (siehe zum Insolvenzplan ausführlich Brünkmans/Thole Insolvenzplan-HdB/*Brünkmans* § 32 Rn. 76). Für den Nachweis des Verlustes des Stammkapitals kann auf den letzten Jahresabschluss verbunden mit der Darstellung der Vermögenslage der integrierten Planung im Restrukturierungsplan (Anlage gemäß § 14 Abs. 2) zum Zeitpunkt des Wirksamwerdens des Plans zurückgegriffen werden. Eine über diese Anforderungen hinausgehende sachliche Rechtfertigung der Kapitalherabsetzung ist nach herrschender Auffassung nicht erforderlich (BGHZ 138, 71; Scholz GmbHG/*Priester/Tebben* § 58a Rn. 16; Rowedder/Schmidt-Leithoff/*Schnorbus* GmbHG § 58a Rn. 25; MüKoGmbHG/*Vetter* Vor. § 58 Rn. 61 ff.; Saenger/Inhester GmbHG/*Inhester* § 58a Rn. 14; Habersack/Casper/Löbbe GmbHG/*Casper* § 58a Rn. 38 ff.).

**113** Das Stammkapital kann unter den in § 5 Abs. 1 bestimmten Mindestnennbetrag iHv 25.000 EUR herabgesetzt werden, wenn dieser durch eine Kapitalerhöhung wieder erreicht wird, die zugleich mit der Kapitalherabsetzung beschlossen und innerhalb von drei Monaten zusammen mit der Kapitalherabsetzung im Handelsregister eingetragen wird (vgl. § 58a Abs. 4 S. 1 GmbHG). Der Mindestnennbetrag darf in diesem Fall nur durch eine Barkapitalerhöhung, nicht hingegen durch eine Sachkapitalerhöhung, aufgebracht werden. Unter diesen Voraussetzungen ist nach herrschender Meinung auch eine Kapitalherabsetzung auf Null zulässig (BeckHdB GmbH/*Otto* § 8 Rn. 172; BGH DB 1992, 2383 (2386); ZIP 2005, 985 ff.). Dies gilt erst recht für eine Kapitalherabsetzung im Restrukturierungsplan, bei der zusätzlich zum aufgezehrten Stammkapital die drohende Zahlungsunfähigkeit als weitere Krisenfaktor hinzukommt. Für den Insolvenzplan ist die Möglichkeit einer Kapitalherabsetzung auf Null allgemein anerkannt (*Brünkmans* ZIP 2014, 1857 (1861); *Horstkotte/Martini* ZInsO 2012, 557 (562); K. Schmidt InsO/*Spliedt* InsO § 225a Rn. 52; *Decher/Voland* ZIP 2013, 103 (105)), außerhalb des Insolvenzverfahrens werden jedoch besonders hohe Anforderungen an den Bezugsrechtsausschluss gestellt (→ Rn. 128 ff.).

Der Beschluss über die vereinfachte Kapitalherabsetzung ist ein satzungsändernder Beschluss (§ 53 GmbHG). Auch eine Satzungsänderung kann über eine beschlussersetzende Regelung im Restrukturierungsplan umgesetzt werden (dazu → Rn. 159). Der Zweck der Kapitalherabsetzung (idR zur Deckung von Verlusten) ist in der beschlussersetzenden Regelung anzugeben. Ferner müssen die Folgen für die Geschäftsanteile, insbesondere die Anpassung deren Nennwerte, festgelegt werden (Lutter/Hommelhoff GmbHG/*Kleindiek* § 58a Rn. 23; vgl. zum Insolvenzplan Brünkmans/Thole Insolvenzplan-HdB/*Brünkmans* § 32 Rn. 88). 114

Nach § 58a Abs. 5 iVm § 54 GmbHG ist die Kapitalherabsetzung zum Handelsregister anzumelden. Bei einer Regelung im Restrukturierungsplan bedeutet dies, dass unmittelbar nach Prüfung und Bestätigung des Restrukturierungsplans durch das Restrukturierungsgericht eine Anmeldung zum Handelsgericht erfolgen kann. Da das Restrukturierungsgericht bereits die Voraussetzungen der Kapitalherabsetzung umfassend prüft, erfolgt nur noch eine eingeschränkte Prüfung durch das Registergericht (dazu → Rn. 166). Mit Eintragung in das Handelsregister wird die Kapitalherabsetzung wirksam (§ 54 Abs. 3 GmbHG, § 181 Abs. 3 AktG). Bei einer Kapitalherabsetzung unter den Mindestnennbetrag darf diese nur zusammen mit der Kapitalerhöhung in das Handelsregister eingetragen werden (Scholz/*Priester/Tebben* GmbHG § 58a Rn. 42; Habersack/Casper/Löbbe GmbHG/*Casper* § 58a Rn. 62; Rowedder/Schmidt-Leithoff/*Schnorbus* GmbHG § 58a Rn. 17; Altmeppen GmbHG/*Altmeppen* § 58a Rn. 28). 115

**(2) Kapitalerhöhung (Abs. 4 S. 3 Var. 2). (a) Effektive Kapitalerhöhung.** Abs. 4 S. 3 erwähnt ausdrücklich die Kapitalerhöhung als eine im gestaltenden Teil des Restrukturierungsplans regelbare gesellschaftsrechtliche Maßnahmen. Da das Eigenkapital der Gesellschaft in der Krise knapp oder sogar vollständig aufgebraucht ist, steht in der Sanierungspraxis die ordentliche Kapitalerhöhung gegen Einlagen (effektive Kapitalerhöhung) im Fokus. Die Erhöhung des Stamm- oder Grundkapitals aus Gesellschaftsmitteln (nominelle Kapitalerhöhung) spielt hingegen keine Rolle. 116

Die Barkapitalerhöhung führt sowohl zur Stärkung des Eigenkapitals und über die Bareinlage auch zur Liquidität. Sie ist im Insolvenzplan die häufigste Form der Kapitalerhöhung und dürfte auch für den Restrukturierungsplan nach StaRUG zukünftig die bedeutendste gesellschaftsrechtliche Maßnahme sein (siehe bereits AG Hamburg NZI 2021, 544; zur Kapitalerhöhung unter Bezugsrechtsausschluss im Fall eterna siehe *Bernsau/Beyer* ZInsO 2021, 2533 (2536)). 117

Hauptanwendungsfall einer Sachkapitalerhöhung im Restrukturierungsplan ist der Debt-Equity Swap, welcher nach den Regeln der Sachkapitalerhöhung umgesetzt wird (→ Rn. 123 ff.). 118

**(b) Barkapitalerhöhung.** Die Barkapitalerhöhung vollzieht sich in folgenden Schritten: (1.) satzungsändernder Kapitalerhöhungsbeschluss unter Festlegung des Nennwertes der neuen Geschäftsanteile; (2.) ggf. Bezugsrechtsausschluss und Beschluss für die Zulassung bestimmter Personen zur Übernahme des erhöhten Kapitals; (3.) Übernahme der neuen Geschäfts- 119 anteile durch die zugelassenen Personen; (4.) Leistung der Einlage; (5.) Anmeldung der Kapitalerhöhung zum Handelsregister.

120 Im gestaltenden Teil des Restrukturierungsplans werden die Beschlüsse (1.) und (2.) geregelt (siehe zum Insolvenzplan Brünkmans/Thole Insolvenzplan-HdB/*Brünkmans* § 32 Rn. 144 ff.). Eine Verpflichtung zur Leistung der Bareinlage entsteht erst mit Abgabe der Übernahmeerklärung des übernehmenden Gesellschafters. Die Ermächtigung des Geschäftsführers zur Entgegennahme der Übernahmeerklärung kann ebenfalls im gestaltenden Teil des Restrukturierungsplans geregelt werden, nicht hingegen die Übernahmeerklärung des übernehmenden Gesellschafters. Letzteres gilt für einen außenstehenden Drittinvestor, aber auch für zeichnende Altgesellschafter, die zwar Planbetroffene sind, jedoch über den majorisierenden Restrukturierungsplan nicht zu einer neuen Verpflichtung gezwungen werden können. Die notariell zu beglaubigende Übernahmeerklärung (§ 55 GmbHG) kann und soll als Anlage zum Restrukturierungsplan genommen werden (*Bernsau/Beyer* ZInsO 2021, 2533 (2537); zum Insolvenzplan Brünkmans/Thole Insolvenzplan-HdB/*Brünkmans* § 32 Rn. 166f; *Brünkmans* ZIP 2015, 1052).

121 Die Leistung der Einlage und Anmeldung der Kapitalerhöhung zum Handelsregister erfolgt hingegen nach den allgemeinen gesellschaftsrechtlichen Grundsätzen.

122 Das Restrukturierungsgericht prüft die im Restrukturierungsplan geregelten Kapitalerhöhungsbeschlüsse und sonstige Annexbeschlüsse ((1.) und (2.)), insbesondere den rechtlich notwendigen Inhalt der Kapitalerhöhungsregelung. Das Registergericht prüft richtigerweise nur im Rahmen einer Evidenzprüfung auf schwerwiegende und offensichtliche Fehler (→ Rn. 166) (Brünkmans/Thole Insolvenzplan-HdB/*Brünkmans* § 32 Rn. 181 f.). Die ordnungsgemäße Übernahmeerklärung und die Leistung der Einlagen werden hingegen vom Registergericht umfassend überprüft. Die Kapitalerhöhung wird mit Eintragung in das Handelsregister wirksam (§ 54 Abs. 3 GmbHG, § 181 Abs. 3 AktG) und der Übernehmende erwirbt automatisch die neuen Geschäftsanteile.

123 **(c) Sachkapitalerhöhung.** Für die **Sachkapitalerhöhung** gelten im Ausgangspunkt die gleichen unter → Rn. 119 bis 122 dargestellten Grundsätze. Besonderheiten bestehen bezüglich des Inhalts der Beschlussregelung (1.) und der Anmeldung der Kapitalerhöhung zum Handelsregister (5.).

124 Im Kapitalerhöhungsbeschluss ist neben der Person des Einbringenden der Gegenstand der Sacheinlage (§ 56 GmbHG) vollständig und genau zu bezeichnen. Ferner muss der Einlagegegenstand einlagefähig sein (zur Einlagefähigkeit siehe Scholz GmbHG/*Priester/Tebben* § 56 Rn. 9; Noack/Servatius/Haas/*Servatius* GmbHG § 56 Rn. 7). Schließlich ist in der beschlussersetzenden Regelung der Nennbetrag des Geschäftsanteils, auf den sich die Sacheinlage bezieht, zu bezeichnen. Übersteigt der Wert der Sacheinlage die Einbringungsverpflichtung, so sollte im Restrukturierungsplan auch geregelt werden, wie mit dem übersteigenden Sachwert zu verfahren ist, etwa indem der überschießende Teil als Zahlung in die Kapitalrücklage gewertet wird.

125 Nach überwiegender Auffassung ist ein Sachkapitalerhöhungsbericht für die reguläre Kapitalerhöhung einer GmbH nicht zwingend erforderlich

(Brünkmans/Thole Insolvenzplan-HdB/*Brünkmans* § 32 Rn. 193; Scholz GmbHG/*Priester* § 56 Rn. 38; MüKoGmbHG/*Lieder* § 56 Rn. 111 f.; Roth/Altmeppen GmbHG/*Roth* § 56 Rn. 7; Michalski/*Heidinger/Leible/J. Schmidt-Hermanns* GmbHG § 56 Rn. 64. Nach aA besteht eine Pflicht zur Erstellung eines Sachkapitalerhöhungsbericht: OLG Stuttgart BB 1982, 398; *Priester* DNotZ 1980, 526). Dennoch bietet es sich bei der Regelung einer Sachkapitalerhöhung in einem Restrukturierungsplan an, im darstellenden Teil eine zusammenfassende Erläuterung und in der Anlage zum Restrukturierungsplan Ausführungen zur Werthaltigkeit der Sachanlage in Anlehnung an einen Sachkapitalerhöhungsbericht aufzunehmen. Im Einzelfall empfiehlt sich die Werthaltigkeitsbestätigung eines Wirtschaftsprüfers. Letzteres ist bei Aktiengesellschaften im Rahmen einer formellen Sachkapitalerhöhungsprüfung zwingend vorgeschrieben (§ 183 Abs. 3 S. 1 AktG). Zur Leistung der Sacheinlage (nachfolgend → Rn. 126).

**(3) Leistung von Sacheinlagen (Abs. 4 S. 3 Var. 3).** Neben der Kapitalerhöhung allgemein erwähnt § 7 Abs. 4 S. 3 ausdrücklich die Leistung von Sacheinlagen. Die Übernahmeerklärung (→ Rn. 120) begründet lediglich die schuldrechtliche Verpflichtung des Inferenten, die Sacheinlage zu leisten. Die Erfüllung (Leistung) der Sacheinlage erfolgt mit separatem dinglichen Vertrag nach den Vorschriften, welche für die Übertragung des einzubringenden Gegenstandes gelten, dh bewegliche Sachen werden nach den §§ 929 ff. BGB übereignet, Grundstücke nach §§ 873, 925 BGB aufgelassen und Forderungen (§ 398 BGB) sowie Geschäftsanteile nach § 15 Abs. 1 GmbHG an die Schuldnerin abgetreten (Lutter/Hommelhoff GmbHG/*Bayer* § 7 Rn. 17; Scholz GmbHG/*Veil* § 7 Rn. 42 ff.). 126

Im Rahmen des dinglichen Vollzugsvertrages kann jedoch nur die Erklärung des Schuldners (formwirksam, vgl. § 68 Abs. 2) im gestaltenden Teil des Restrukturierungsplans geregelt werden, nicht hingegen die dingliche Erklärung des Inferenten (siehe für den Insolvenzplan Brünkmans/Thole Insolvenzplan-HdB/*Brünkmans* § 32 Rn. 202). 127

**(4) Bezugsrechtsausschluss.** Kapitalerhöhungen im Zusammenhang einer Sanierung erfordern häufig einen Ausschluss des Bezugsrechts der Altgesellschafter, weil der Eintritt eines außenstehenden Investors oder eines Gläubigers im Rahmen eines Debt-Equity-Swaps ermöglicht werden soll. Nicht selten haben die Altgesellschafter auch nicht die Mittel, den von den Gläubigern verlangten Eigenkapitalbeitrag aufzubringen. In § 7 Abs. 4 S. 3 Var. 3 wird daher der Bezugsrechtsausschluss als gesellschaftsrechtliche Planmaßnahme ausdrücklich erwähnt. 128

Wie alle anderen Maßnahmen wird dieser auch im gestaltenden Teil des Restrukturierungsplans geregelt. 129

Außerhalb der Insolvenz ist allgemein anerkannt, dass ein rechtmäßiger Bezugsrechtsausschluss sachlich gerechtfertigt sein muss (stRspr BGH NJW 1978, 1316; 1993, 400). Die Rechtsprechung verlangt mit Rücksicht auf die Grundrechte aus Art. 14 GG (Eigentumsgarantie) und Art. 9 (Vereinigungsfreiheit), dass der Bezugsrechtsausschluss im Interesse der Gesellschaft liegt und zur Erreichung des angestrebten Zwecks erforderlich und verhältnismäßig ist (vgl. *Koch* AktG § 186 Rn. 20–43a; MüKoAktG/*Schürnbrand/* 130

*Verse* § 186 Rn. 73 ff.). Für eine Kapitalerhöhung im Insolvenzplan ist umstritten, ob überhaupt und, wenn bejaht, der Bezugsrechtsausschlussnach gleichen oder ähnlichen Grundsätzen gerechtfertigt sein muss (zum Streitstand siehe Brünkmans/Thole Insolvenzplan-HdB/*Brünkmans* § 32 Rn. 286 ff.). Nach einer Auffassung bedarf es für den Bezugsrechtsausschluss im Insolvenzplan keiner sachlichen Rechtfertigung. Im Insolvenzplanverfahren sei dem Altgesellschafter über das Obstruktionsverbot lediglich der Wert der Anteile über einen etwaigen Wertersatz garantiert (MüKoInsO/*Eidemüller* § 225a Rn. 50; *Eidenmüller* NJW 2014, 17 (18); *Decher/Voland* ZIP 2013, 103 (106 f., 110); *Fischer* NZI 2013, 823 (827); *Gehrlein* NZI 2012, 257 (261); *Thole* Gesellschaftsrechtliche Maßnahmen in der Insolvenz Rn. 322). Andere wollen die gesellschaftsrechtlichen Grundsätze für den Bezugsrechtsausschluss uneingeschränkt auch auf den Insolvenzplan übertragen (*K. Schmidt* ZGR 2012, 566 (580); *Simon/Merkelbach* NZG 2012, 121 (125 f.); *Brinkmann* WM 2011, 97 (101); Kübler HRI/*Hölzle* § 31 Rn. 39; *Schäfer* ZIP 2019, 1305 (1309)). Eine vermittelnde Auffassung fordert zwar im Ausgangspunkt eine sachliche Rechtfertigung des Bezugsrechtsausschlusses, geht allerdings davon aus, dass diese in der Regel vorliegt (*Madaus* ZIP 2012, 2133 (2137, Fn. 33); wohl auch *Hölzle* KTS 2011, 291 (321 f.); *Horstkotte/Martini* ZInsO 2012, 557 (563, Fn. 45); wohl auch Kübler/Prütting/Bork InsO/*Spahlinger* § 225a Rn. 24 ff.).

**131** Auch für einen Bezugsrechtsausschluss im Restrukturierungsplan wird in der Literatur mit ähnlicher Begründung wie zum Insolvenzplan eine sachliche Rechtfertigung für nicht erforderlich gehalten. Sachlich gerechtfertigt sei der Bezugsrechtsausschluss durch die Erforderlichkeit des Restrukturierungsverfahrens, das letztlich auf einer nicht durchgeführten Kapitalzuführung durch die Anteilsinhaber beruhe (siehe BeckOK StaRUG/*Fridgen* § 7 Rn. 73). Nach der Gesetzesbegründung rechtfertige die drohende Zahlungsunfähigkeit Eingriffe in Gesellschafterrechte, weil der Schuldner grundsätzlich auch ein Insolvenzverfahren verfolgen könnte, in dem vergleichbare Eingriffe in die Rechte der Anteilsinhaber möglich sind (Flöther/*Tasma* § 7 Rn. 30). Die Betroffenen Anteilsinhaber können sich gegen übermäßige Eingriffe wehren, indem sie die Planannahme verweigern und im Fall einer (gruppenübergreifenden) Mehrheitsentscheidung geltend machen, durch den Plan unzulässig schlechter gestellt worden zu sein (Flöther/*Tasma* § 7 Rn. 30; kritisch *Schäfer* ZIP 2020, 2164 (2166 ff.)). Jedenfalls in all denjenigen Fällen, in denen die Gesellschafter der Anzeige des Restrukturierungsvorhabens zugestimmt haben (zur Erforderlichkeit eines solchen Gesellschafterbeschlusses → § 31 Rn. 6), hätten sich die Gesellschafter bewusst der Gefahr von Eingriffen in ihre Rechtsposition ausgesetzt (Flöther/*Tasma* § 7 Rn. 30; vgl. auch *Bernsau/Beyer* BB 2022, 1090 (1091)).

**132** Inwieweit die Argumentation aus dem Insolvenzplanrecht auf den Bezugsrechtsausschluss im Restrukturierungsplan uneingeschränkt übertragen werden kann, ist zweifelhaft. Dies wird man nur dann annehmen können, wenn als nächstbestes Alternativszenario (dazu → § 6 Rn. 33 ff.) das Insolvenzverfahren über das Vermögen des Schuldners feststeht. Dennoch wird das Sanierungserfordernis in der Regel einen Bezugsrechtsausschluss rechtfertigen, wie dies bereits auch in außergerichtlichen Sanierungskapitalerhöhungen anerkannt ist (siehe zur erleichterten Rechtfertigung eines Bezugsrechtsausschlusses in Sanierungssituationen, Brünkmans/Thole Insolvenzplan-HdB/*Brünkmans* § 32 Rn. 279 ff.). Einer besonderen Rechtfertigung des Bezugsrechtsauschluss bedarf es nach der gesellschaftsrechtlichen Literatur bei einer Kapitalherabsetzung auf null, weil damit ein vollständiger Ausschluss der Gesellschafter verbunden ist. Ein Bezugsrechtausschluss ist danach nur dann gerechtfertigt, wenn (1) dieser zur Sanierung der Gesellschaft erforderlich ist, (2) eine Alternative ausscheidet und (3) die erfolgreiche Sanierung bei Ausschluss des Bezugsrechts gewährleistet ist sowie (4) die völlige Wertlosigkeit der bestehenden Beteiligungen zweifelsfrei feststeht (Brünkmans/Thole Insolvenzplan-HdB/*Brünkmans* § 32 Rn. 285; MünchHdb. GesR/*Krieger* § 60 Rn. 16; *Priester* DNotZ 2003, 592 (598); *Koch* AktG § 228 Rn. 2a; *Reger/Stenzel* NZG 2009, 1210 (1211); gegen die Möglichkeit des Bezugsrechtsausschluss bei einer Kapitalherabsetzung auf null jedenfalls bei personalistischer Struktur vgl. *K. Schmidt* ZIP 2012, 2085 (2086); *K. Schmidt* ZGR 2012, 566 (578); vgl. auch *Decher/Voland* ZIP 2013, 103 (106), der diese Auffassung als Mindermeinung in der Literatur bezeichnet). Ob diese strengen Anforderungen auch im Restrukturierungsplan gelten, ist fraglich. Die gesetzliche Konzeption des StaRUG ist – ähnlich wie das Insolvenzplanverfahren – eher darauf ausgerichtet, Zwangseingriffe zuzulassen und bei einer verbleibenden Werthaltigkeit der Anteile, im Restrukturierungsplan eine Kompensation zu gewähren („dulde und liquidiere"). Dies wird nicht zuletzt auch durch § 7 Abs. 4 S. 3 selbst belegt, wonach bei dem Bezugsrechtsausschluss ausdrücklich von „die Zahlung von Abfindungen an ausscheidenden, an dem Schuldner beteiligten Personen" die Rede ist.

Bis zur höchstrichterlichen Klärung dieser Frage ist der Praxis ohnehin zu **133** empfehlen, die sachliche Rechtfertigung eines im Restrukturierungsplan vorgesehenen Bezugsrechtsausschlusses ausführlich zu begründen.

**cc) Abfindungen für ausscheidende Gesellschafter (Abs. 4 S. 3 Var. 4, Abs. 4 S. 6 iVm § 225a Abs. 5 InsO). (1) Abfindung bei Anteilsentzug oder freiwilligen Ausscheiden.** Nach Abs. 4 S. 3 kann **134** der Plan die Zahlung von Abfindungen an ausscheidende, an dem Schuldner beteiligte Personen vorsehen. Die Vorschrift entspricht § 225a Abs. 2 S. 3 InsO. Wie auch für den Insolvenzplan folgt der StaRUG-Gesetzgeber dem Prinzip „dulde und liquidiere", dh in die Anteils- und Mitgliedschaftsrechte der Gesellschafter kann über den Restrukturierungsplan – auch gegen den Willen sämtlicher Gesellschafter – eingegriffen werden. Jedoch muss der Restrukturierungsplan eine Kompensation vorsehen, wenn die Anteils- und Mitgliedschaftsrechte noch einen Vermögenswert haben (s. a. Morgen StaRUG/*Tresselt* § 7 Rn. 28; *Bernsau/Beyer* BB 2022, 1090 (1091); vgl. zum Insolvenzplan Brünkmans/Thole Insolvenzplan-HdB/*Brünkmans/Harmann* § 35 Rn. 9 ff.).

Der praktisch wichtigste Anwendungsfall für die Regelung einer Ab- **135** findung ist, wenn der Restrukturierungsplan unmittelbar einen **Anteilsentzug** regelt, wie zB durch eine Übertragung von Anteilen (dazu → Rn. 141 ff.) oder einer Kapitalherabsetzung mit Bezugsrechtsausschluss (dazu → Rn. 110 ff.). Beide Maßnahmen können zu einem vollständigen

Verlust der Anteile führen. Ohne eine angemessene Abfindung bei Eingriffen in werthaltige Anteilsrechte wäre der Restrukturierungsplan bei einer gruppenübergreifenden Mehrheitsentscheidung (§ 26) wegen des Schlechterstellungsverbotes aus § 26 Abs. 1 Nr. 1 nicht bestätigungsfähig oder ein ausscheidender Anteilsinhaber könnte die Versagung der Planbestätigung gemäß § 64 erreichen.

**136** **(2) Bewertungsmaßstab bei Anteilsentzug.** Der Bewertungsmaßstab für die zu leistende Abfindung bei Anteilsentzug über eine Planregelung ermittelt sich anhand des nächstbesten Alternativszenarios ohne Restrukturierungsplan (§ 6 Abs. 2 spricht zwar von einer Darstellung der Auswirkungen des Restrukturierungsplans auf die „Befriedigungsaussichten der Planbetroffenen“. Allerdings dürfen die gleichen Grundsätze auch für die Gesellschafter gelten, wenn diese als Planbetroffene in den Restrukturierungsplan einbezogen wurden, dazu → § 6 Rn. 33 ff.). Der in § 225a Abs. 5 InsO iVm § 7 Abs. 4 S. 6 vorgesehene Bewertungsmaßstab entsprechend eines Abwicklungsszenarios findet hingegen keine Anwendung, da dieser Abfindungsmaßstab nur für freiwillige planbedingte Austritte greift (→ Rn. 138 ff.; anders Morgen StaRUG/*Tresselt* § 7 Rn. 46).

**137** Maßgeblich ist das überwiegend wahrscheinlich zu realisierende nächstbeste Alternativszenario ohne Restrukturierungsplan (ausführlich → § 6 Rn. 33). Sieht der Restrukturierungsplan eine Fortführung des Unternehmens vor, sind in der Regel Fortführungswerte anzusetzen (§ 6 Abs. 2 S. 2), es sei denn, ein Verkauf des Unternehmens oder eine anderweitige Fortführung ist aussichtslos. Auf Zerschlagungswerte kann somit nur ausnahmsweise und mit besonderem Begründungsaufwand abgestellt werden. Ist die drohende Zahlungsunfähigkeit nicht anderweitig abwendbar, wäre die Rechtsstellung der Anteilsinhaber im Verteilungsregime der Insolvenzordnung (§ 199 InsO) idR maßgeblich. Eine Abfindung der Anteilsinhaber für den Anteilsentzug kommt nach den Regeln der absoluten Priorität (§ 27 Abs. 1 Nr. 2) nur in Betracht, wenn die Forderungen aller Gläubiger in voller Höhe befriedigt werden (vgl. zum Insolvenzplan Brünkmans/Thole Insolvenzplan-HdB/*Brünkmans/Harmann* § 35 Rn. 69; *Pühl,* Der Debt Equity Swap im Insolvenzplanverfahren, Rn. 746). Ist das Unternehmen mit den auf der Grundlage des Stichtagsprinzips bereits angelegten Sanierungsmaßnahmen in der Lage, Ertragsüberschüsse oder Zahlungsströme bei vollständiger Befriedigung der Gläubiger zu generieren, ist im Einzelfall zu prüfen, ob der im Wege der Ertragswertmethode/DCF-Methode ermittelte Anteilswert (Fortführungswert) über dem Liquidationswert liegt. Der Fortführungswert wird auf der Grundlage des Restrukturierungsplans ermittelt, wobei nur die im Zeitpunkt der Annahme des Restrukturierungsplans bereits eingeleiteten oder hinreichend konkretisierten Maßnahmen zu berücksichtigen sind (*Eidenmüller,* Unternehmenssanierung zwischen Markt und Gesetz, S. 90; Brünkmans/Thole Insolvenzplan-HdB/*Brünkmans/Harmann* § 35 Rn. 52). Bewertungsstichtag ist der Zeitpunkt der Bestätigung des Restrukturierungsplans (vgl. *Eidenmüller,* Unternehmenssanierung zwischen Markt und Gesetz, S. 90; Brünkmans/Thole Insolvenzplan-HdB/*Brünkmans/Harmann* § 35 Rn. 52).

**(3) Bewertungsmaßstab bei austrittsberechtigenden Gestaltungen.** Abfindungs- und Bewertungsfragen stellen sich nicht nur beim unmittelbaren Entzug, sondern auch bei austrittsberechtigenden Gestaltungen im Restrukturierungsplan. Sieht der Restrukturierungsplan eine Regelung vor, welche nach den allgemeinen gesellschaftsrechtlichen Grundsätzen zum Austritt eines Gesellschafters berechtigt und macht der planbetroffene Gesellschafter von seinem Austrittsrecht Gebrauch, richtet sich die Abfindung nach § 225a Abs. 5 InsO iVm § 7 Abs. 4 S. 6 StaRUG (vgl. zum Insolvenzplan ausführlich Brünkmans/Thole Insolvenzplan-HdB/*Brünkmans/Harmann* § 35 Rn. 8). Als Beispiel dafür kann die Abfindung des austretenden Gesellschafters gemäß § 207 UmwG bei einem Austritt nach Formwechsel oder der Austritt aus wichtigem Grund bei einer personalistisch strukturierten Gesellschaft und planbedingten wesentlichen Veränderung der Gesellschaftsstrukturen genannt werden (Begr. Beschlussempfehlung und Bericht des Rechtsausschusses, BT-Drs. 17/7511, S. 36; Uhlenbruck/*Hirte* InsO § 225a Rn. 51). Ob ein Austrittsgrund besteht, bestimmt sich nach den außerhalb des Insolvenzverfahrens geltenden Grundsätzen (Uhlenbruck/*Hirte* InsO § 225a Rn. 51; K. Schmidt InsO/*Spliedt* § 225a Rn. 43; *Brünkmans* ZInsO 2017, 1401 (1401 ff.)). 138

Macht der Anteilsinhaber freiwillig von seinem Austrittsrecht Gebrauch und tritt damit freiwillig aus der Gesellschaft aus, legt § 225a Abs. 5 InsO, welcher über den Verweis in § 7 Abs. 4 S. 6 auch für den Restrukturierungsplan gilt, als Bewertungsmaßstab für den Abfindungsanspruch den Liquidationswert fest (Brünkmans/Thole Insolvenzplan-HdB/*Brünkmans/Harmann* § 35 Rn. 8). 139

§ 225a Abs. 5 S. 2 InsO iVm § 7 Abs. 4 S. 6 sieht vor, dass der austrittsbedingte Abfindungsanspruch über einen Zeitraum von bis zu drei Jahren gestundet werden kann. Gemäß § 225a Abs. 5 S. 3 InsO iVm § 7 Abs. 4 S. 6 ist der gestundete Abfindungsanspruch zu verzinsen (zur Höhe der Zinsen siehe K. Schmidt InsO/*Spliedt* § 225a Rn. 60 ff.; Uhlenbruck/*Hirte* InsO § 225a Rn. 54). 140

**dd) Übertragung von Anteils- oder Mitgliedschaftsrechten (Abs. 4 S. 4). (1) Bedeutung.** Abs. 4 S. 4 eröffnet die Möglichkeit, die Anteils- oder Mitgliedschaftsrechte über eine Planregelung zu übertragen (vgl. zum Insolvenzplan auch § 225a Abs. 3 InsO). Damit ist die Übertragung der Anteilsrechte an der Schuldnerin selbst, nicht etwa Anteilsrechte der Schuldnerin an anderen – etwa an Tochtergesellschaften – gemeint. Eine Abfindung der Altgesellschafter richtet sich nach den Grundsätzen für den Anteilsentzug und nicht nach § 225a Abs. 5 InsO iVm § 7 Abs. 4 S. 6 (dazu → Rn. 138 ff.). Die Regelung einer Übertragung bzw. eines zwingenden Verkaufs der Geschäftsanteile im Plan kommt insbesondere dann in Betracht, wenn ein Ausscheiden der Altgesellschafter für das Gelingen der Sanierung notwendig erscheint, aber die bestehenden Verluste für eine vereinfachte Kapitalherabsetzung auf Null nicht ausreichen (*Bernsau/Beyer* BB 2022, 1090 (1091)). Ob die zwangsweise Übertragung der Anteilsrechte auch für die Auflösung eines blockierenden Gesellschafterstreits geeignet ist, wie zT angenommen (so *Bernsau/Beyer* BB 2022, 1090 (1093)), ist jedoch zweifelhaft, 141 weil der Zugang zum StaRUG-Verfahren nach wohl überwiegender Auffassung eines ermächtigenden Gesellschafterbeschlusses bedarf (→ § 31 Rn. 6)

142 **(2) Rechtstechnische Umsetzung.** Rechtstechnisch erfolgt die Übertragung der Anteilsrechte durch die Regelung der Abtretungserklärungen im gestaltenden Teil des Restrukturierungsplans. Neben den dinglichen Abtretungserklärungen können auch schuldrechtliche Verpflichtungserklärungen im Restrukturierungsplan aufgenommen werden (*Bernsau/Beyer* BB 2022, 1090 (1091); siehe zum Insolvenzplan *Brünkmans* ZIP 2015, 1052 (1053)). Über die reine Übertragung der Geschäftsanteile hinausgehende Verpflichtungen der Altgesellschafter – etwa Garantien oder Freistellungsverpflichtungen – können hingegen nicht im Restrukturierungsplan aufgenommen werden (*Brünkmans* ZIP 2014, 1857 (1859)). Die formwirksame Abgabe der Abtretungserklärung der Anteilsinhaber der schuldnerischen Gesellschaft wird mit Bestätigung des Restrukturierungsplans fingiert (§ 68 Abs. 2). Da der Erwerber – jedenfalls hinsichtlich des Erwerbsvorgangs – nicht Planbetroffener ist, kann seine Annahmeerklärung nicht durch den gestaltenden Teil des Restrukturierungsplans ersetzt werden. Etwaige Formerfordernisse, wie die notarielle Beurkundung der Abtretungserklärung bzgl. GmbH-Geschäftsanteile (§ 15 Abs. 3 GmbHG), sind für den Erwerber zu wahren und werden richtigerweise auch nicht dadurch ersetzt, dass die Annahmeerklärung als Anlage zum Restrukturierungsplan (§ 15 Abs. 3) genommen wird (auch → § 15 Rn. 24; für den Insolvenzplan wie hier *Horstkotte/Martini* ZInsO 2012, 557 Fn. 98; *Brünkmans* ZIP 2015, 1052 (1056 ff.); Brünkmans/Thole Insolvenzplan-HdB/*Brünkmans* § 7 Rn. 123; für eine Wahrung der Formfiktion als Anlage iSv § 15 Abs. 3: MüKoInsO/*Eidenmüller* § 217 Rn. 161; HambKomm-RestR/*Thies/Lieder* § 254a Rn. 4).

143 Bei der Übertragung von **Aktien** hängt der jeweilige Übertragungstatbestand davon ab, ob es sich um Inhaber- oder Namensaktien handelt und wie die Art der Verwahrung und die Form der Verbriefung ausgestaltet wurde (siehe ausführlich zum Insolvenzplan Brünkmans/Thole Insolvenzplan-HdB/*Brünkmans* § 32 Rn. 405 ff.).

144 **(3) Besonderheiten bei Personengesellschaften.** Auch bei **Personengesellschaften** kann die Abtretungserklärung des Altgesellschafters im gestaltenden Teil des Restrukturierungsplans geregelt werden. Die nach allgemeinen Personengesellschaftsrecht erforderliche Ermächtigung zur Übertragung der Anteile im Gesellschaftsvertrag oder alternativ die Zustimmung sämtlicher Gesellschafter kann durch eine entsprechende Regelung im Restrukturierungsplan ersetzt werden. Der Schutz der Altgesellschafter, nicht mit einem „aufgezwungenen Gesellschafter" die Gesellschaft fortführen zu müssen, erfolgt über § 15 Abs. 1, wonach Gesellschafter, welche nach dem Restrukturierungsplan persönlich haftende Gesellschafter des Unternehmens sein sollen, ihre ausdrückliche Fortführungsbereitschaft zu erklären haben (→ § 15 Rn. 6 ff.).

145 Die Regelung der Übertragung von Anteilsrechten im Restrukturierungsplan bedarf grundsätzlich keiner besonderen materiellen Rechtfertigung. Insbesondere muss diese für die Restrukturierung nicht zwingend erforder-

lich, jedoch zweckmäßig sein (vgl. allgemeine AG Köln NZI 2021, 433; *Thole* ZIP 2020, 1985).

**(4) Gruppenbildung.** Sollen nur bestimmte und nicht alle Anteilsinhaber von der Übertragung betroffen sein, ist für diese Gruppe der Anteilsinhaber wegen des gruppeninternen Gleichbehandlungsgebotes (§ 10 Abs. 1) eine besondere Untergruppe zu bilden (→ § 10 Rn. 5). Die Bildung einer Untergruppe setzt allerdings eine wirtschaftliche Rechtfertigung voraus. Die bloße Ermöglichung einer selektiven Übertragung von Anteilsrechten als solche reicht für die Bildung einer Untergruppe nicht aus. Denkbar ist jedoch die Differenzierung anhand der Sanierungsbereitschaft, dh in die Gruppe der Anteilsinhaber, deren Anteilsrechte übertragen werden, werden diejenigen eingruppiert, die keinen Sanierungsbeitrag leisten (*K. Schmidt* ZGR 2012, 566 (579); K. Schmidt InsO/*Spliedt* § 222 Rn. 16; Brünkmans/Thole Insolvenzplan-HdB/*Brünkmans* § 31 Rn. 72 u. § 32 Rn. 432; kritisch *Thole,* Gesellschaftsrechtliche Maßnahmen in der Insolvenz, Rn. 253). 146

**ee) Maßnahmen nach UmwG. (1) Überblick.** Da das Umwandlungsrecht Teil des Gesellschaftsrechtes ist, können auch Maßnahmen nach dem UmwG wie Spaltungen, Ausgliederungen oder Formwechsel im Restrukturierungsplan geregelt werden. Maßnahmen nach dem UmwG spielen in der Restrukturierungspraxis eine große Bedeutung, denn so können Vermögensmassen (Betriebe, Betriebsteile) im Wege der Gesamtrechtsnachfolge auf andere Rechtsträger übertragen und gewissermaßen die „Spreu vom Weizen“ getrennt werden. Sanierungs- oder verkaufsfähige Teile können beispielsweise vom Schuldner auf einen übernehmenden Rechtsträger ausgegliedert werden (vgl. zB in den Verfahren Senvion, AG Hamburg ZInsO 2019, 1326 oder Loewe Opta, AG Coburg – 1 IN 259/13). In der Praxis wird sich der übertragende Rechtsträger in der Regel im Restrukturierungsverfahren befinden (vgl. zum Insolvenzplan *Simon/Brünkmans* ZIP 2014, 657; *Brünkmans* ZInsO 2014, 2533), sodass sich die vorliegende Darstellung daran orientiert, dass der Schuldner des Restrukturierungsplanes der übertragende Rechtsträger ist. 147

Da Umwandlungsmaßnahmen durch mehrere Verfahrensakte, an der in der Regel mindestens zwei Rechtsträger beteiligt sind, umgesetzt werden, ist genau zu differenzieren, welche Rechtsakte von welchem der beteiligten Rechtsträgern über eine Regelung im gestaltenden Teil des Restrukturierungsplans erfolgen und welche nach den allgemeinen Vorschriften zum Umwandlungsgesetz umgesetzt werden müssen. Eine Verschmelzung, Spaltung oder Ausgliederung nach UmwG besteht aus dem (1.) Abschluss eines Verschmelzungs-, Spaltungs- oder Ausgliederungsvertrages zwischen dem übertragenden und übernehmenden Rechtsträger, (2.) einem Verschmelzungs-, Spaltungs- oder Ausgliederungsbericht, (3.) der Unterrichtung der Gesellschafter, (4.) der Einbindung des Betriebsrats, (5.) Zustimmungsbeschlüsse der beteiligten Rechtsträger und (6.) der Anmeldung und Eintragung der Umwandlungsmaßnahme in die Handelsregister. 148

**(2) Besonderheiten für Umwandlungen durch Restrukturierungsplan.** Für die vorgenannten Verfahrensabschnitte eines Umwandlungsvorgangs gelten im Restrukturierungsplan nachfolgende Besonderheiten: 149

**150** (1.) Der übertragende und der übernehmende Rechtsträger schließen einen **Verschmelzungs-, Spaltungs- oder Ausgliederungsvertrag** mit dem in §§ 5, 29 Abs. 1 S. 1, 35, 36, 37 UmwG vorgesehenen Mindestinhalt ab. Die Vertragserklärung des Schuldners kann als Regelung im Restrukturierungsplan aufgenommen werden und gilt mit Bestätigung des Restrukturierungsplans als formwirksam abgegeben (§§ 67 Abs. 1, 68 Abs. 2) (siehe zum Insolvenzplan OLG Bremen ZIP 2016, 1480). Die Erklärung des Rechtsträgers, welcher sich nicht im StaRUG-Verfahren befindet, bedarf nach den allgemeinen Vorschriften der notariellen Beurkundung (siehe zum Insolvenzplan, *Brünkmans* ZInsO 2014, 2533 (2537)).

**151** (2.) **Verschmelzungs-, Spaltungs- oder Ausgliederungsbericht:** Für den Schuldner ist der Bericht bereits nach § 68 Abs. 2 entbehrlich, weil der Zustimmungsbeschluss durch eine Regelung im gestaltenden Teil des Restrukturierungsplans ersetzt wird. Bei dem Verschmelzungs-, Spaltungs- oder Ausgliederungsbericht handelt es sich um eine „sonstige Maßnahme zur Vorbereitung von Beschlüssen" iSv § 68 Abs. 2. Als Entscheidungsgrundlage für die Zustimmung zum Restrukturierungsplan dient dessen darstellender Teil. Ein zusätzlicher Bericht wäre überflüssig (Brünkmans/Thole Insolvenzplan-HdB/*Brünkmans* § 32 Rn. 549 und Rn. 598; *Greif-Werner,* Umwandlungen im Insolvenzplanverfahren, S. 132). Für die Anteilsinhaber des übernehmenden Rechtsträgers wäre jedoch ein Bericht zu erstellen, wenn nicht auf diesen verzichtet wird (§ 8 Abs. 3 iVm § 127 S. 2 UmwG), was in der Restrukturierungspraxis häufig geschieht, weil der übernehmende Rechtsträger in der Regel eine reine Zweckgesellschaft ist. Hilfsweise kann ein Verzicht (auch bzgl. einer sonst gesetzlich vorgesehenen Spaltungsprüfung (§ 125 S. 1 iVm §§ 9 Abs. 3, 12 Abs. 3, 8 Abs. 3 UmwG)) der Gesellschafter als Einzelerklärung im Restrukturierungsplan aufgenommen werden.

**152** (3.) Die **Übersendung des Verschmelzungs-, Spaltungs- oder Ausgliederungsvertrages** an die Gesellschafter (für die GmbH: § 47 UmwG) oder (für die AG: § 61 UmwG) Einreichung zum Handelsregister ist wegen § 68 Abs. 2 für die schuldnerische Gesellschaft entbehrlich (bereits zu (2) → Rn. 151). Das Informationsbedürfnis der Gesellschafter wird über die gerichtliche Ladung der Planbetroffenen (§ 45 Abs. 3) gewahrt. Wenn auch nicht ausdrücklich dem Wortlaut des § 45 zu entnehmen, ist der Ladung eine Abschrift des Plans samt allen Anlagen beizufügen (Flöther/*Laroche* § 45 Rn. 6).

**153** (4.) Nach § 5 Abs. 3 UmwG ist der Verschmelzungs-, Spaltungs- oder Ausgliederungsvertrag oder sein Entwurf einen Monat vor der Versammlung der Anteilsinhaber den **Betriebsräten** jedes beteiligten Rechtsträgers zuzuleiten. Der Betriebsrat kann auf die Zuleitung nicht verzichten, nach hM wohl aber auf die Einhaltung der Monatsfrist (so hM, LG Gießen Der Konzern 2004, 622 (623); OLG Naumburg GmbHR 2003, 1433; KölnKomm-UmwG/*Hohenstatt/Schramm* § 5 Rn. 256; Lutter/*Drygala* UmwG § 5 Rn. 148; Schmitt/Hörtnagl/*Stratz-Langner* UmwG § 5 Rn. 120; Semler/Stengel/*Schröer* UmwG § 5 Rn. 145). Da das StaRUG für den Restrukturierungsplan eine Einbeziehung des Betriebsrats nicht vorsieht – insofern anders als im Insolvenzplanverfahren (vgl. §§ 232 Abs. 1 Nr. 1 InsO und § 235 Abs. 3 S. 1, 2 InsO) (siehe zur Überlagerung im Insolvenzplanverfahren, *Brünkmans* ZInsO 2014, 2533 (2537)) – und nach § 92 die allgemeinen Beteiligungsrechte des Betriebsrats durch das StaRUG ausdrücklich unberührt bleiben, gelten die Zuleitungsregeln auch für die Schuldnerin. Zur Beschleunigung ist daher auf eine Abkürzung der Frist durch den Betriebsrat (siehe zur Möglichkeit des Verzichts auf die Monatsfrist Semler/Stengel/Leonard/*Schröer/Greitemann* UmwG § 5 Rn. 145 f.) hinzuwirken.

(5.) **Zustimmungsbeschlüsse:** Für den Schuldner können die nach § 13 (iVm § 125), § 193 UmwG erforderlichen Zustimmungsbeschlüsse der Anteilsinhaber durch eine Regelung im Restrukturierungsplan ersetzt werden. Diese Beschlüsse werden mit Bestätigung des Restrukturierungsplans als formwirksam abgegeben fingiert, wenn eine entsprechende beschlussersetzende Regelung im gestaltenden Teil des Restrukturierungsplans aufgenommen wurde. Gleiches gilt für etwaige Individualerklärungen der Anteilsinhaber des Schuldners, wie zB der Verzicht auf Anteilsgewährung am übernehmenden Rechtsträger (vgl. §§ 54 Abs. 1 S. 3, 68 Abs. 1 S. 3 UmwG) (siehe zum Insolvenzplan, Brünkmans/Thole Insolvenzplan-HdB/*Brünkmans* § 32 Rn. 501). Das UmwG wird von dem Grundsatz geprägt, dass die Übertragung der Vermögensmassen gegen Gewährung von Anteilsrechten am übernehmenden Rechtsträger erfolgt (BeckOGK UmwG/*Verse* UmwG § 126 Rn. 26 ff., § 123 Rn. 66; Henssler/Strohn GesR/*Galla/Cé. Müller* UmwG § 126 Rn. 10; Hauschild/Kallrath/Wachter Notarhandbuch Gesellschafts- und UnternehmensR/*Weiler* § 25 Rn. 15 f.). Die **neuen Anteilsrechte** werden dabei im Rahmen einer **Sachkapitalerhöhung** geschaffen, bei der das im Rahmen der Umwandlung zu übertragende Vermögen als Sacheinlage dient (*Brünkmans* ZInsO 2014, 2533 (2534); *Simon/Brünkmans* ZIP 2014, 657 (659)). Dies setzt allerdings voraus, dass der übertragende Betriebsteil nicht überschuldet ist bzw. nicht überschuldet auf den übernehmenden Rechtsträger übertragen wird. Von diesem Grundsatz kann abgewichen werden, wenn alle Anteilsinhaber des übertragenden Rechtsträgers auf die Gewährung von Anteilen am übernehmenden Rechtsträger verzichten (§ 68 Abs. 1 S. 3 Hs. 1 UmwG). Genau diese Individualerklärung kann auch im gestaltenden Teil als Regelung aufgenommen und notfalls gegen den Willen der Anteilsinhaber durchgesetzt werden (siehe zum Insolvenzplan, Brünkmans/Thole Insolvenzplan-HdB/*Brünkmans* § 32 Rn. 551; *Greif-Werner,* Umwandlungen im Insolvenzplanverfahren, S. 182 ff.). **154**

Für den übernehmenden Rechtsträger (ohne Restrukturierungsplan) sind die Zustimmungsbeschlüsse zu den Umwandlungsmaßnahmen nach den allgemeinen gesellschaftsrechtlichen Vorschriften vorzunehmen. **155**

(6.) Die Verschmelzung, Spaltung oder Ausgliederung ist zum **Handelsregister anzumelden** (§ 17 UmwG) (zur Abgrenzung der Prüfungskompetenz von Restrukturierungsgericht und Registergericht vgl. → Rn. 166). Mit Eintragung der Umwandlung in das Handelsregister ist diese wirksam. **156**

157 **(3) Gesamtschuldnerische Haftung aus § 133 UmwG.** Bei einer Spaltung oder Ausgliederung zu Sanierungszwecken werden dem übertragenden Rechtsträger im Spaltungsvertrag häufig die Verbindlichkeiten zugewiesen, um auf diese Weise den „unbelasteten" wirtschaftlichen Neustart der abgespalteten Unternehmensteile durch den übernehmenden Rechtsträger zu erleichtern (*Heckschen/Weitbrecht* ZIP 2021, 179 (184)). Nach herrschender Auffassung in der Literatur findet § 133 UmwG im Wege einer teleologischen Reduktion bei einer Spaltung oder Ausgliederung im Insolvenzplanverfahren keine Anwendung (Brünkmans/Thole Insolvenzplan-HdB/*Brünkmans* § 32 Rn. 515; *Greif-Werner,* Umwandlungen im Insolvenzplanverfahren, S. 268 ff.; *Heckschen/Weitbrecht* ZIP 2021, 179 (184); *Kahlert/Gehrke* DStR 2013, 975 (977 f.); *Schröder/Berner* NZI 2017, 837 (840 f.); *Hölzle/Kahlert* ZIP 2017, 510 (513 f.); Kübler/Prütting/Bork InsO/*Spahlinger* § 225a Rn. 84; K. Schmidt InsO/*Spliedt* § 225a Rn. 49; *Simon/Brünkmans* ZIP 2014, 657 (664 f.); *Thole,* Gesellschaftsrechtliche Maßnahmen in der Insolvenz, Rn. 359; aA *Priester* FS Kübler 2015, 557 (559 f.); MüKoInsO/*Eidenmüller* § 225a Rn. 100). Sinn und Zweck der gesamtschuldnerischen Nachhaftung des übernehmenden Rechtsträgers ist es, die Gläubiger des übertragenden Rechtsträgers zeitlich befristet so zu stellen, als hätte keine Spaltung stattgefunden, um damit einen Ausgleich für die grundsätzlich zulässige disproportionale Verteilung von Verbindlichkeiten und haftendem Vermögen (Grundsatz der Spaltungsfreiheit) zu schaffen (Semler/Stengel/Leonard/*Seulen* UmwG § 133 Rn. 1; Kallmeyer UmwG/*Sikinger/Lanfermann* § 133 Rn. 1; Lutter UmwG/*Schwab* § 133 Rn. 12). Dieser Schutz ist bei einer Spaltung über einen Insolvenzplan nicht erforderlich, weil die Gläubiger selbst über die Annahme des Insolvenzplans entscheiden und im Übrigen über §§ 251, 245 Abs. 1 InsO auch ein Individualschutz der Gläubiger vor Verlagerung von Vermögen zulasten der Gläubiger besteht. Ferner hätte eine uneingeschränkte Anwendung von § 133 UmwG zur Folge, dass der übernehmende Rechtsträger für sämtliche Verbindlichkeiten des insolventen Rechtsträgers haftet. Sinnvolle Spaltungs- oder Ausgliederungsmaßnahmen zugunsten einer bestmöglichen Befriedigung der Gläubiger würden von vorherein verhindert (siehe aus ähnlichen Erwägungen die teleologische Reduktion der Haftungstatbestände aus § 25 HGB, BGH NJW 1987, 1019; § 613a BGB, BAG NJW 1993, 2259).

158 Zum Teil wird eine teleologische Reduktion auch für eine Spaltung/Ausgliederung auf der Grundlage eines Restrukturierungsplans angenommen (*Heckschen/Weitbrecht* ZIP 2021, 179 (185); wohl auch Morgen StaRUG/*Tresselt* § 7 Rn. 74). Dies überzeugt jedoch nicht, weil das Sanierungsverfahren nach StaRUG bzw. die Annahme und Bestätigung des Restrukturierungsplans nur ein teilkollektives Verfahren ist, dass eben nicht sämtliche Gläubiger im Abstimmungsprozess einbezieht (dies verkennen *Heckschen/Weitbrecht* ZIP 2021, 179 (185), die unterstellen, dass sämtliche von § 133 UmwG geschützten Gläubiger auch wie im Insolvenzplanverfahren auch am „Restrukturierungsplanverfahren" als Abstimmungsberechtigte teilnehmen). Ferner besteht auf Ebene des übertragenden Rechtsträgers bloß eine drohende Zahlungsunfähigkeit und noch keine materielle Insolvenz. Anders als im Insolvenzverfahren sind auch noch nicht alle Forderungen fällig gestellt,

sodass auch nicht zwingend mit einem Totalrückgriff sämtlicher Gläubiger auf den übernehmenden Rechtsträger zu rechnen ist. Es besteht auch kein zwingendes Bedürfnis für eine teleologische Reduktion von § 133 UmwG. Ein im Restrukturierungsplan geregelter Forderungserlass der planbetroffenen Gläubiger hat selbstverständlich auch Wirkung gegenüber der gesamtschuldnerischen Haftung des übernehmenden Rechtsträgers aus § 133 UmwG, dh der übernehmende Rechtsträger haftet von vornherein nur in Höhe der durch den Restrukturierungsplan gekürzten Forderung (siehe dazu ausführlich *Brünkmans* ZInsO 2014, 2533 (2552 f.); *Simon/Brünkmans* ZIP 2014, 657 (664)). Darüber hinaus kann die Haftung aus § 133 UmwG im gestaltenden Teil des Restrukturierungsplans für die planbetroffenen Gläubiger (nicht für sämtliche Gläubiger!) ausgeschlossen werden (so auch Morgen StaRUG/*Tresselt* § 7 Rn. 74; siehe bereits zum Insolvenzplan, Brünkmans/Thole Insolvenzplan-HdB/*Brünkmans* § 32 Rn. 585 ff.).

**ff) Sonstige, gesellschaftsrechtlich zulässige Regelungen (Abs. 4 S. 5).** Die in Abs. 4 S. 1–4 aufgeführten gesellschaftsrechtlichen Maßnahmen sind keinesfalls abschließend. Abs. 4 S. 5 stellt klar, dass darüber hinaus jede Reglung getroffen werden kann, die gesellschaftsrechtlich zulässig ist. Zulässig sind damit alle Maßnahmen, die nicht gegen den gesellschaftsrechtlichen Typenzwang verstoßen (*Mulert/Steiner* NZG 2021, 673 (675); Flöther/*Tasma* § 7 Rn. 35). Dies entspricht § 225a Abs. 3 InsO für den Insolvenzplan. Als weitere praxisrelevante gesellschaftsrechtliche Maßnahmen kommen in Betracht: **159**

- Sämtliche Binnenorganisationsbeschlüsse, zB Bestellung und Abberufung von Gesellschaftsorganen
- **Satzungsänderung,** Änderung des Gesellschaftsvertrages
- **Pfandrechtsbestellung** an Geschäftsanteilen
- **Ausschluss von Gesellschaftern, Einziehung von Geschäftsanteilen:** Die sonst erforderliche Satzungsermächtigung oder ein wichtiger Grund ist richtigerweise bei einem Ausschluss von Gesellschaftern durch den Restrukturierungsplan nicht erforderlich (siehe ausführlich zum Insolvenzplan, *Brünkmans*/Greif-Werner ZInsO 2015, 1585 (1589); Brünkmans/Thole Insolvenzplan-HdB/*Brünkmans* § 32 Rn. 442 ff.; aA AG Charlottenburg NZG 2015, 1326 f.; mA n *Horstkotte* ZInsO 2015, 413).
- Zustimmung zum **Asset Deal „Holzmüller-Beschlüsse“:** Wie an anderer Stelle ausgeführt, ist für die Übertragung von sämtlichen oder wesentlichen Vermögensgegenständen der Schuldnerin nach den allgemeinen gesellschaftsrechtlichen Grundsätzen die Zustimmung der Anteilsinhaberversammlungen erforderlich (→ Rn. 10). Diese „Holmüller-Beschlüsse“ können im gestaltenden Teil des Restrukturierungsplans aufgenommen und bei Ablehnung der Anteilsinhaber durch eine gruppenübergreifende Mehrheitsentscheidung (§§ 26 ff.) ersetzt werden.

**f) Rechtsfolgen gesellschaftsrechtlicher Planregelungen. aa) Fiktion der formgerechten Beschlussfassung.** Die besondere Bedeutung von gesellschaftsrechtlichen Regelungen liegt darin, dass Beschlüsse der Anteilsinhaber oder anteilsbezogene Einzelerklärungen derselben mit Bestäti- **160**

gung des Restrukturierungsplans formwirksam fingiert werden und damit uU auch bei vollständiger Verweigerung der Anteilsinhaber über eine gruppenübergreifende Mehrheitsentscheidung (§§ 26 ff.) ersetzt werden können.

**161** Gesellschaftsrechtliche Ladungen, Bekanntmachungen und sonstige Maßnahmen zur Vorbereitung von Beschlüssen der Planbetroffenen gelten als in der vorgeschriebenen Form bewirkt. Wie beim Insolvenzplan werden die im gestaltenden Teil geregelten Gesellschafterbeschlüsse und ggf. Einzelerklärungen der Gesellschafter mit Bestätigung des Restrukturierungsplanes (§ 67 Abs. 1) ersetzt. Diese Ersetzung der Gesellschafterbeschlüsse und Einzelerklärungen durch eine Regelung im gestaltenden Teil tritt jedoch nur dann ein, wenn der Restrukturierungsplan vom Restrukturierungsgericht bestätigt wird. Andernfalls sind die gesellschaftsrechtlichen Verfahrens-, Form- und Mehrheitserfordernisse zu berücksichtigen. Im letzteren Fall erfolgt die Annahme des Restrukturierungskonzeptes zwischen Gläubigern und Gesellschaftern in der Regel separat, indem der Restrukturierungsplan/Restrukturierungsvergleich von den Gläubigern (ggf. nach den Regeln der §§ 17 ff.) unter der aufschiebenden Bedingung der im Restrukturierungsplan vorgesehenen Beschlussfassung der Gesellschafter erfolgt.

**162** **bb) Sperrung von „Change of Control Klauseln".** Ferner sieht § 225a Abs. 4 InsO iVm § 7 Abs. 4 S. 6 ein Ausschluss von vertraglichen Kündigungs- oder Rücktrittsrechten vor. Kündigungs- und Rücktrittsrechte, welche bei Umsetzung einer gesellschaftsrechtlichen Maßnahme im Restrukturierungsplan nach den einschlägigen vertraglichen Bestimmungen eigentlich ausgelöst würden, werden gesperrt.

**163** Der Hauptanwendungsfall sind die häufig in Dauerschuldverträgen (Liefer-, Lizenz-, Nutzungsüberlassungs- und Finanzierungsverträgen, aber auch Vorstandsanstellungsverträge) enthaltenen sog. „Change of Control Klauseln", welche zur Kündigung berechtigten, wenn es bei einem Vertragspartner zu einem Mehrheitswechsel kommt. Findet ein Kontrollwechsel aufgrund einer restrukturierungsplanbedingten Veränderung der Anteilsverhältnisse statt, können die Vertragspartner des Schuldners den Vertrag trotz eines im Vertrag geregelten Kündigungsrechts wegen § 225a Abs. 4 InsO iVm § 7 Abs. 4 S. 6 nicht kündigen (Brünkmans/Thole Insolvenzplan-HdB/*Brünkmans* § 31 Rn. 185). Durch die Kündigungssperre sollen die Vorteile einer zwangsweisen Änderung der Beteiligungsverhältnisse nicht durch Rücktritte oder Kündigungen von Verträgen durch Dritte konterkariert werden und dadurch möglicherweise die Sanierungsaussichten des Schuldners gefährden (siehe ausführlich *Brinkmann/Steinhauser* FS Kübler 2015, 87 (89)). Eine Kündigung aus anderen Gründen ist jedoch durch § 225a Abs. 4 InsO iVm § 7 Abs. 4 S. 6 nicht ausgeschlossen.

**164** In der Literatur wird die uneingeschränkte Kündigungssperre für verfassungsrechtlich bedenklich erachtet und vielmehr eine teleologische Reduktion auf die Fälle gefordert, in denen der Fortbestand des Vertragsverhältnisses für die Fortführung des Unternehmens von erheblicher Bedeutung ist (HK-InsO/*Haas* § 225a Rn. 40; HambKommInsR/*Thies/Lieder* § 225a Rn. 59 f.). Eine solche Beschränkung ist aus dem Wortlaut jedoch nicht ersichtlich und würde in der Praxis zu erheblichen Abgrenzungsproblemen führen (wie hier Kübler/Prütting/Bork InsO/*Spahlinger* § 225a Rn. 94).

Nicht erfasst von der Kündigungssperre sind Unternehmensverträge iSv § 297 AktG. Anders als bei der direkten Anwendung von § 225a InsO im Insolvenzplanverfahren besteht bei einem Anteilswechsel über den Restrukturierungsplan nicht stets parallel ein wichtiger Grund in der Eröffnung des Insolvenzverfahrens (darauf hinweisend Kübler/Prütting/Bork InsO/*Spahlinger* § 225a Rn. 94a), sodass die Frage bei einem Restrukturierungsplan nach StaRUG durchaus praktische Relevanz haben kann. Ein Anteilswechsel löst bei einem Unternehmensvertrag richtigerweise jedoch den **gesetzlichen** außerordentlichen Kündigungsgrund aus § 297 AktG aus (MHdB AG/*Krieger* § 71 Rn. 202; *Krieger/Jannott* DStR 1995, 1473 (1476); Henssler/Strohn/*Paschos* § 297 Rn. 5; Hölters/Weber AktG/*Deilmann* § 297 Rn. 16; den Wegfall der Geschäftsgrundlage betonend MüKoAktG/*Altmeppen* AktG § 297 Rn. 30; aA *Koch* AktG § 297 Rn. 7; OLG Oldenburg NZG 2000, 1138 (1140)), weil ein Unternehmensvertrag (Beherrschungs- und/oder Gewinnabführungsvertrag) derart eng mit einem gesellschaftsrechtlichen Ober- und Unterverhältnis verbunden ist (vgl. MüKoAktG/*Altmeppen* AktG § 297 Rn. 30). Vor diesem Hintergrund wird das Kündigungsrecht aus § 297 AktG nicht durch § 225a Abs. 4 InsO iVm § 7 Abs. 5 S. 4 gesperrt. 165

**g) Prüfungsumfang und Prüfungstiefe des Registergerichts.** Der Prüfungsumfang und die Prüfungstiefe des Registergerichts bezüglich anteilsbezogener Planregelungen ist für das Insolvenzplanverfahren umstritten und bisher nicht durch höchstrichterliche Rechtsprechung geklärt (für eine umfassende Prüfung des Registergerichts neben dem Insolvenzgericht (Parallelprüfung): *Horstkotte/Martini* ZInsO 2012, 557 (567, dort Fn. 67); Keidel/*Heinemann* FamFG § 381 Rn. 21a; AG Charlottenburg ZIP 2015, 394; ZInsO 2015, 413 (415) mAnm *Horstkotte;* dagegen *Brünkmans/Greif-Werner* ZInsO 2015, 1585 (1593 f.); ähnlich *Klausmann* NZG 2015, 1300 (1305), gegen jegliche Prüfungskompetenz; bzgl. inhaltlicher Rechtmäßigkeit MüKoInsO/*Eidenmüller* § 225a Rn. 103; *Thole,* Gesellschaftsrechtliche Maßnahmen in der Insolvenz, Rn. 266; *Madaus* ZIP 2012, 2133 (2135); *Müller* KTS 2012, 419 (448)). Der Prüfungsmaßstab des Restrukturierungsgerichts entspricht dem des Insolvenzgerichts bei der Bestätigung eines Insolvenzplanes. Bevor das Restrukturierungsgericht den Restrukturierungsplan bestätigt, hat es diesen umfassend zu prüfen, dh Maßstab der Prüfung ist das gesamte zwingende Recht einschließlich der gesellschaftsrechtlichen Regelungen (unter → § 63 Rn. 19; Flöther/*Laroche* § 63 Rn. 11 mit Verweis zum Insolvenzplan auf BGH NJW 2015, 2660). Vor diesem Hintergrund stellen sich die gleichen Abgrenzungsprobleme wie im Insolvenzplanverfahren. Richtigerweise ist das Registergericht an die Entscheidung des Restrukturierungsgerichts gebunden. Da das Restrukturierungsgericht im Rahmen der Planbestätigung abschließend klären muss, ob die in dem Plan aufgenommenen gesellschaftsrechtlichen Maßnahmen iSv § 7 Abs. 4 zulässig sind, erstreckt sich der Bestätigungsbeschluss grundsätzlich auch auf diese Frage, sodass das Registergericht die bereits vom Restrukturierungsgericht 166 geprüfte Maßnahme grundsätzlich einzutragen hat. Diese Wirkung hat jedoch dort seine Grenzen, wo der Restrukturierungsplan an einem besonders schwerwiegenden Fehler leidet und dies offensichtlich ist (vgl. § 44 Abs. 1 VwVfG), etwa bei Verstoß gegen den gesellschaftsrechtlichen Numerus Clausus oder einer Sachkapitalerhöhung mit einem nicht einlagefähigen Gegenstand (vgl. zum Insolvenzplan *Brünkmans/Greif-Werner* ZInsO 2015, 1585; ausführlich zur Rechtskraftwirkung von Planbestätigungsbeschlüssen siehe *Brünkmans* ZIP 2022, 1573). Eine solche, auf schwerwiegende und offensichtliche Fehler reduzierte Prüfungskompetenz des Registergerichts entspricht der Rechtslage des Gesetztes zur Reorganisation von Kreditinstituten (vgl. § 21 Abs. 2 S. 2 KredReorgG).

**167** **h) Asset Deal – übertragende Sanierung.** Wie aus § 90 Abs. 2 (siehe auch Art. 2 Abs. 1 Nr. 1 der RL 2019/1023) ersichtlich, kann der Restrukturierungsplan auch die Übertragung von Unternehmensteilen bis hin zum ganzen Unternehmen im Rahmen eines Asset Deals vorsehen. In diesem Fall kann der gestaltende Teil gemäß § 13 sämtliche Erklärungen für eine dingliche Übertragung der einzelnen Vermögensgegenstände enthalten (Flöther/*Tasma* § 7 Rn. 36). Anders als im Insolvenzverfahren ist dann jedoch die Zustimmung der Anteilsinhaber durch einen Gesellschafter- oder Hauptversammlungsbeschluss erforderlich, welche über eine Regelung im Restrukturierungsplan und ggf. einer gruppenübergreifenden Mehrheitsentscheidung nach §§ 26 ff. ersetzt werden kann (→ Rn. 93).

## 9. Neue Finanzierung (§ 12)

**168** Nach § 12 *können* im Restrukturierungsplan Regelungen zur Zusage von Darlehen oder sonstigen Krediten aufgenommen werden, die zur Finanzierung der Restrukturierung auf der Grundlage des Plans erforderlich sind (neue Finanzierung) (ausführlich zu → § 12 Rn. 3 ff.).

**169** Anders als für die sonstigen Regelungsgegenstände des gestaltenden Teils wird durch die Aufnahme der neuen Finanzierung nicht unmittelbar der Finanzierungsvertrag (Kreditvertrag) bzw. die Vertragserklärungen ersetzt. Insbesondere die Finanzierungszusage (Kreditvertrag) des Kreditgebers hat auf der Grundlage eines gewöhnlichen Kreditvertrages zu erfolgen, ggf. aufschiebend bedingt auf die Aufnahme der neunen Finanzierung in den gerichtlich bestätigten Restrukturierungsplan. Die Regelung der neuen Finanzierung im gestaltenden Teil des Restrukturierungsplanes ist vielmehr erforderlich, um in den Anfechtungsschutz des § 90 zu gelangen (vgl. Bieg/Borchardt/Frind, Unternehmenssanierung und Betriebsfortführung/*Bismarck/Schulz/Steiger* Teil 2 IX Rn. 11). Die Gestaltungswirkung durch Aufnahme der neuen Finanzierung in den gestaltenden Teil des Restrukturierungsplans liegt damit in der Aktivierung des Anfechtungsschutzes aus § 90, ähnlich wie die Aufnahme eines Kredits als Kreditrahmen in den gestaltenden Teil des Insolvenzplans (vgl. § 264 Abs. 1 InsO), wodurch eine Vorrangstellung dieser Kredite in engen Ausnahmen geschaffen wird. Vor diesem Hintergrund ist es dann auch nicht erforderlich, den gesamten Kreditvertrag unmittelbar im gestaltenden Teil zu regeln (vgl. aber Flöther/*Tasma* § 7 Rn. 38). Ausreichend ist vielmehr eine Regelung im gestaltenden Teil des Restrukturierungsplans, dass – aufschiebend bedingt auf die Bestätigung des Restrukturierungsplans – der in der Anlage zum Restrukturierungsplan beigefügt Kreditvertrag abgeschlossen wurde und als neue Finanzierung im Sinne von § 12 eingestuft wird. Die Eckpunkte wie Darlehenssumme, Laufzeit, Zinssatz, Besicherung etc können im gestaltenden Teil aufgenommen werden und im Übrigen wird auf den in der Anlage beigefügten Kreditvertrag verwiesen.

Die Darlegung der Gründe, weshalb die Finanzierung für die Umsetzung 170 des Plans erforderlich ist, erfolgt hingegen im darstellenden Teil (so auch Flöther/*Tasma* § 7 Rn. 38). (ausführlich zu → § 12 Rn. 19; Mustergliederung → § 5 Rn. 18)

### 10. Änderung sachenrechtlicher Verhältnisse (§ 13)

Wie beim Insolvenzplan (dort § 228 InsO) können nach § 13 auch im 171 Restrukturierungsplan die sachenrechtlichen Verhältnisse unmittelbar geregelt werden. Neben dem (teilweisen) Forderungserlass als dingliche Verfügung fallen darunter auch Übereignungserklärungen nach §§ 929 ff. BGB, wie etwa die Aufhebung einer Sicherungsübereignung im Rahmen eines Sicherheitenaustausches (dazu → Rn. 51). Diese dinglichen Erklärungen der Planbetroffenen werden unmittelbar im Restrukturierungsplan geregelt und mit Bestätigung unter Wahrung der allgemeinen Formvorschriften ersetzt. Letzteres gilt allerdings nur für die Erklärung des Planbetroffenen und nicht für die dingliche Erklärung eines außenstehenden Dritten, welche als Anlage zum Insolvenzplan genommen werden muss (ausführlich unter → § 13 Rn. 9).

### 11. Sonstige Regelungen im gestaltenten Teil

**Planüberwachung:** Die Anordnung der Planüberwachung durch einen 172 Restrukturierungsbeauftragten hat gemäß § 72 Abs. 1 im gestaltenden Teil des Restrukturierungsplans zu erfolgen (zur Planüberwachung im Einzelnen → § 72 Rn. 2 ff.)

**Bedingter Restrukturierungsplan:** Soweit Restrukturierungsmaßnah- 173 men nicht über den gestaltenden Teil des Plans umgesetzt werden können oder sollen, können diese nach Maßgabe des § 62 über einen „bedingten Restrukturierungsplan" mit dem Plan verknüpft werden. In diesem Fall wird der Restrukturierungsplan erst bestätigt, wenn die Maßnahmen verwirklicht wurden. Es handelt sich dabei nicht um eine rechtsgeschäftliche Bedingung iSv § 158 BGB, sondern um eine verfahrensrechtliche Voraussetzung für die Bestätigung des Restrukturierungsplans durch das Restrukturierungsgericht. Als Bedingungen für die Bestätigung des Restrukturierungsplans können aufgenommen werden: Die Gewährung neuer Kredite, die Bestellung neuer Sicherheiten, die verbindliche Auskunft der Finanzverwaltung zur Einordnung als Sanierungsgewinn iSv § 3a EStG (*Bernsau/Beyer* ZInsO 2021, 2533 (2537)), die Anpassung von Kunden-, Liefer- oder Mietverträgen, arbeitsrechtliche Maßnahmen wie Sanierungs- und Fortführungstarifvertrag, der Abschluss und Vollzug von Unternehmenskaufverträgen, die Besetzung der

Gesellschaftsorgane der Schuldnerin, der Abschluss von Unternehmensverträgen, die Einzahlung eines Investorenbeitrags auf ein Sonderkonto, das Erreichen eines bestimmten Quorums für die Zustimmung zum Umtausch im Rahmen eines Debt-Equity Swaps (dazu → Rn. 107) und die Gewährung einer staatlichen Beihilfe (siehe ausführlich zum Insolvenzplan: Brünkmans/Thole Insolvenzplan-HdB/*Brünkmans* § 8 Rn. 399 ff.).

**174** Alternativ kann eine Verknüpfung auch über eine **echte Planbedingung iSv § 158 BGB** erfolgen, insbesondere wenn zunächst die Annahme des Restrukturierungsplans ohne gerichtliche Bestätigung nach den §§ 17 ff. erfolgen soll. Dabei können einzelne Planregelungen oder der gesamte Restrukturierungsplan unter einer aufschiebenden Bedingung stehen (zum Insolvenzplan vgl. *Brünkmans* ZIP 2015, 1052 (1060); Brünkmans/Thole Insolvenzplan-HdB/*Brünkmans* § 7 Rn. 88 ff.; Uhlenbruck/*Lüer/Streit* InsO § 249 Rn. 4 ff.; Kübler HRI/*Balthasar* § 26 Rn. 194 ff.).

**175** Auch die **Planmittel iSv § 64 Abs. 3** zur Vermeidung einer Schlechterstellung (siehe ausführlich zu § 64) sind im gestaltenden Teil des Restrukturierungsplans zu regeln.

**176** Sollen abweichende Regelungen zum gesetzlich vorgesehenen Wiederaufleben gestundeter und erlassener Forderungen im Fall unterbliebener oder verzögerter Planerfüllung getroffen werden, ist dies im gestaltenden Teil des Restrukturierungsplans aufzunehmen (§ 69 Abs. 3).

## III. Formelle Anforderungen an den gestaltenden Teil

**177** Bei der Abfassung des gestaltenden Teils ist es geboten, besonders sorgfältig und präzise zu arbeiten, weil dieser Teil des Restrukturierungsplans unmittelbar rechtsgestaltende Wirkung erzeugt. Für dingliche Verfügungsgeschäfte (wie Forderungserlasse, Übereignungsgeschäfte etc) ist der sachenrechtliche Bestimmtheitsgrundsatz zu beachten. Die einzelnen Regelungen des gestaltenden Teils müssen bestimmt genug sein, insbesondere müssen sie Art, Zeit und Umfang der Gläubigerbefriedigung eindeutig und umfassend zu erkennen geben (BGH NZI 2018, 691 Rn. 39).

**178** Da aus dem rechtskräftig bestätigten Restrukturierungsplan die Restrukturierungsgläubiger wie aus einem vollstreckbaren Urteil die Zwangsvollstreckung gegen den Schuldner betreiben können, ist auf die Vollstreckbarkeit der Planregelung zu achten. Richtigerweise muss der Restrukturierungsplan allerdings nicht zwingend einen aus sich selbst heraus vollstreckungsfähigen Inhalt haben (so für den Insolvenzplan aber AG Hannover ZIP 2016, 2081, dazu *Körner/Rendels* EWiR 2017, 23; *Blankenburg* ZInsO 2015, 1293 (1298)). Mit Blick auf § 726 Abs. 1 ZPO muss die hinreichende Bestimmtheit noch nicht im Zeitpunkt der Abstimmung über die Annahme des Restrukturierungsplans vorliegen, sondern erst, wenn aus dem Plan vollstreckt werden soll und kann. Voraussetzung dafür ist jedoch, dass der Restrukturierungsplan die Berechnungsgrundlage für die Planquote klar regelt und den Nachweis der Planquote im Klauselerteilungsverfahren festlegt. Eine bestimmbare Planquote im Restrukturierungsplan reicht somit aus, sodass im Wege des qualifizierten Klauselerteilungsverfahrens nach § 726

ZPO die Erteilung einer Vollstreckungsklausel beantragt werden kann (vgl. K. Schmidt InsO/*Spliedt* § 257 Rn. 8; Uhlenbruck/*Lüer/Streit* InsO § 257 Rn. 16; Brünkmans/Thole Insolvenzplan-HdB/*Brünkmans* § 8 Rn. 22).

Die aufgeführten Anforderungen an die Bestimmtheit der Regelungen werden vom Restrukturierungsgericht im Rahmen der Vorprüfung und der Planbestätigung geprüft (siehe zum Insolvenzplan BGH ZIP 2015, 1346 (1347)). **179**

Die Regelungen im Restrukturierungsplan sind der Auslegung nach §§ 133, 157 BGB zugänglich, dh im Fall einer unklar formulierten Planregelung ist eine Auslegung des Gewollten möglich (vgl. zum Insolvenzplan: BGH ZInsO 2006, 38; Brünkmans/Thole Insolvenzplan-HdB/*Thole* § 1 Rn. 13 ff.). Eine vermeintlich nach dem Wortlaut eindeutige Regelung kann ggf. entgegen dem Wortlaut ausgelegt werden, wenn feststeht, dass etwas anderes gewollt war (für den Insolvenzplan: Brünkmans/Thole Insolvenzplan-HdB/*Thole* § 1 Rn. 13). Maßgeblich ist das individuelle Verständnis derjenigen, die den Restrukturierungsplan beschlossen haben (BGH ZIP 2006, 39; 2015, 1346, dazu EWiR 2015, 483 *(Spliedt)*). **180**

## IV. Wirkung gestaltender Teil bei Planbestätigung

Gemäß § 67 Abs. 1 treten die im gestaltenden Teil des Restrukturierungsplans festgelegten Wirkungen bereits mit Verkündung des Bestätigungsbeschlusses (§ 65 Abs. 1) und nicht, wie beim Insolvenzplan, erst mit dessen Rechtskraft ein. Die im Restrukturierungsplan geregelten Willenserklärungen der Planbetroffenen gelten als unwiderruflich und formwirksam (§ 68 Abs. 2) abgegeben und zwar auch im Verhältnis zu den Planbetroffenen, die gegen den Plan gestimmt oder an der Abstimmung nicht teilgenommen haben (im Einzelnen → § 67 Rn. 4 ff.). **181**

## V. Folge bei wesentlichen Mängeln im gestaltenden Teil

Für den Restrukturierungsplan ist die Planbestätigung nach § 63 Abs. 1 Nr. 2 zu versagen, wenn der gestaltende Teil wesentliche Mängel aufweist und der Schuldner den Mangel nicht beheben kann oder innerhalb einer angemessenen, vom Restrukturierungsgericht gesetzten Frist nicht behebt (zur Frage der Wesentlichkeit im Einzelnen → § 63 Rn. 16 ff.). **182**

### Auswahl der Planbetroffenen

**8** **[1] Die Auswahl der Planbetroffenen hat nach sachgerechten Kriterien zu erfolgen, die im darstellenden Teil des Plans anzugeben und zu erläutern sind. [2] Die Auswahl ist sachgerecht, wenn**

**1. die nicht einbezogenen Forderungen auch in einem Insolvenzverfahren voraussichtlich vollständig erfüllt würden,**

**2. die in der Auswahl angelegte Differenzierung nach der Art der zu bewältigenden wirtschaftlichen Schwierigkeiten des Schuldners**

**und den Umständen angemessen erscheint, insbesondere, wenn ausschließlich Finanzverbindlichkeiten und die zu deren Sicherung bestellten Sicherheiten gestaltet werden oder die Forderungen von Kleingläubigern, insbesondere Verbrauchern, Klein- und Kleinstunternehmen oder mittleren Unternehmen, unberührt bleiben oder**

**3. mit Ausnahme der in § 4 genannten Forderungen sämtliche Forderungen**

**einbezogen werden.**

**Schrifttum:** *Bernsau/Beyer* Die praktische Anwendung der Regelungen des StaRUG in einem größeren Restrukturierungsverfahren, ZInsO 2021, 2533; *Gehrlein* Das Gesetz über den Stabilisierungs- und Restrukturierungsrahmen für Unternehmen (StaRUG) – ein Überblick, BB 2021, 66.

**Übersicht**



## I. Normzweck

1 Der Zweck der Norm wird aus dem Charakter des Stabilisierungs- und Restrukturierungsrahmens als teilkollektive Verfahrenshilfe (Begründung RegE zu § 8, BT-Drs. 19/24181, S. 135; *Gehrlein* BB 2021, 66 (69)) deutlich. Anders als beim Insolvenzverfahren werden vom Restrukturierungsplan nicht alle Gläubiger erfasst. Zunächst sind die in § 4 genannten Forderungen, insbesondere Forderungen von Arbeitnehmern aus oder im Zusammenhang mit dem Arbeitsverhältnis, einer Gestaltung durch einen Restrukturierungsplan unzugänglich. Darüber hinaus wird dem Schuldner ein Auswahlermessen bei der Bestimmung derjenigen Gläubiger eingeräumt, denen er Beiträge zur Erreichung des Restrukturierungsziels abverlangt. Allerdings steht die Auswahl der Planbetroffenen nicht im *freien* Ermessen

des Schuldners. § 8 S. 1 verlangt vielmehr, dass die Auswahl nach sachgerechten Kriterien zu erfolgen hat, die im darstellenden Teil des Restrukturierungsplans zu erläutern sind. S. 2 regelt Maßstäbe für eine sachgerechte Auswahl der Planbetroffenen, welche entsprechend den Vorgaben der Restrukturierungsrichtlinie (RL 2019/1023) der gerichtlichen Nachprüfung unterliegen (Begründung RegE, BT-Drs. 19/24181, S. 117).

Dadurch soll das Auswahlermessen des Schuldners zur Verhinderung manipulativer Plangestaltungen eingeschränkt werden. Durch die nach S. 1 gebotene Erläuterung der Auswahlkriterien im darstellenden Teil können die Planbetroffenen selbst beurteilen, ob sie das Restrukturierungskonzept und ihre Lastentragung für sachgerecht und angemessen erachten. **2**

Dass der Schuldner zum Zwecke der eigenen Sanierung nur von einem beschränkten Gläubigerkreis, etwa den Finanzgläubigern, Sanierungsbeiträge verlangt, ist in der außergerichtlichen Sanierung gängige Praxis. Der wesentliche Unterschied zur außergerichtlichen Sanierung beruht jedoch darauf, dass die Planbetroffenen über das Prinzip der qualifizierten Mehrheit (§ 25) und der gruppenübergreifenden Mehrheitsentscheidung (§ 26) majorisiert werden können. Die sachgerechte Auswahl der Planbetroffenen unterliegt daher der vollständigen richterlichen Überprüfung (Begründung RegE, BT-Drs. 19/24181, S. 118; Erwgr. 46 S. 3 der RL 2019/1023). **3**

Entgegen der Überschrift zu § 8 „Auswahl der Planbetroffenen" erfolgt die Auswahl nicht personen-, sondern rechtebezogen. Inhaber mehrerer Rechte können hinsichtlich bestimmter Rechte (zB Restrukturierungsforderungen aus Kreditverhältnissen) einbezogen sein, hinsichtlich anderer Rechte desselben Planbetroffenen jedoch nicht (Flöther/*Tasma* § 8 Rn. 2; Wolgast/Grauer/*Kirchner* § 8 Rn. 2). In diesem Fall unterfallen lediglich die in den Plan einbezogene Rechte der Gestaltungswirkung eines bestätigten Restrukturierungsplans aus § 67 Abs. 1. **4**

Die Auswahl der Planbetroffenen hat – wie die Einteilung der Gruppen (→ § 10 Rn. 3 ff.) – erhebliche strategische Bedeutung. Werden Rechte beispielsweise von Verbrauchern oder mittleren, kleinen oder Kleinstunternehmen in den Restrukturierungsplan einbezogen, hat das Restrukturierungsgericht nach § 73 Abs. 1 Nr. 1 grundsätzlich einen Restrukturierungsbeauftragten zu bestellen (im Einzelnen → § 73 Rn. 12 ff.). **5**

Umgekehrt kann eine Beschränkung auf Unternehmen des Finanzsektors als Planbetroffene dazu führen, dass bei einer absehbar notwendigen gruppenübergreifenden Mehrheitsentscheidung gemäß § 26 ausnahmsweise kein Restrukturierungsbeauftragter bestellt werden muss. **6**

## II. Kriterien für eine sachgerechte Auswahl (S. 2)

### 1. Allgemeines

Zum Schutz der Planbetroffenen hat die Auswahl der Planbetroffenen nach § 8 S. 1 anhand von sachgerechten Kriterien zu erfolgen. Eine sachgerechte Auswahl liegt stets und ohne Weiteres vor, wenn die Auswahl die in S. 2 Nr. 1–3 geregelten Kriterien erfüllt. Dabei kann offenbleiben, ob S. 2 **7** als abschließende Regelung für eine sachgerechte Auswahl zu verstehen ist. Jedenfalls ist Nr. 2 generalklauselartig offen formuliert, sodass über die dort genannten Regelbeispiele hinaus eine Vielzahl weiterer Fälle sachgerechter Auswahlkriterien denkbar sind (vgl. BeckOK StaRUG/*Fridgen* § 8 Rn. 46 ff.; Flöther/*Tasma* § 8 Rn. 8). Anderseits ist stets und ohne weiteres von einer sachgerechten Auswahl auszugehen, wenn diese eines der in S. 2 Nr. 1–3 geregelten Kriterien erfüllt (vgl. Begründung RegE, BT-Drs. 19/24181, S. 118 „Hiernach liegt stets und ohne weiteres eine angemessene Auswahl vor…"). Davon zu unterscheiden ist die Frage, ob die Erfüllung der in Nr. 2 genannten Regelbeispiele zwingend und ausnahmslos eine sachgerechte Auswahl begründet (→ Rn. 29).

**8** Strategische Erwägungen, die Zustimmung zum Plan sicherzustellen, schließen eine iÜ sachgerechte Auswahl nicht aus. Erst wenn die Auswahl der Planbetroffenen missbräuchlich erscheint, weil keine weiteren, nachvollziehbaren Gründe für die Einbeziehung bestimmter Gläubiger ersichtlich sind, ist die Planbetroffenenauswahl nicht mehr sachgerecht.

## 2. Voraussichtliche Vollbefriedigung im Insolvenzverfahren (S. 2 Nr. 1)

**9** Nach **§ 8 S. 2 Nr. 1** ist die Auswahl zunächst sachgerecht, wenn die nicht einbezogenen Forderungen auch in einem Insolvenzverfahren voraussichtlich vollständig erfüllt würden. Müssen bestimmte Gläubiger in der Insolvenz nicht mit einem Ausfall ihrer Forderung rechnen, so liegt es auf der Hand, dass die Herausnahme dieser Gläubiger aus dem Restrukturierungsplan sachgerecht ist, denn deren Einbeziehung wäre entweder sinnlos, weil der Restrukturierungsplan keinen Eingriff in diese Gläubigergruppe enthält, oder angreifbar, weil jede Forderungs- oder Rechtekürzung den Restrukturierungsplan aufgrund des Schlechterstellungsverbotes (§§ 26 Abs. 1 Nr. 1, 64 Abs. 1) zu Fall bringen würde. Dies betrifft etwa hinreichend besicherte Gläubiger, die auch im Fall der Insolvenz aufgrund ihrer Sicherheiten und daraus resultierenden Absonderungsrechte eine vollständige Befriedigung erlangen würden (Braun StaRUG/*Böhm* § 8 Rn. 7; BeckOK StaRUG/*Fridgen* § 8 Rn. 20). Die Anfechtbarkeit der Sicherheit nach den §§ 129 ff. InsO ist dabei zu berücksichtigen, dh eine vollständige Besicherung der Forderung hindert die Einbeziehung der Forderung dann nicht, wenn diese etwa nach § 133 InsO anfechtbar ist. S. 2 Nr. 1 findet keine Anwendung auf Forderungen, deren Gläubiger in der Insolvenz des Schuldners aufgrund von Drittsicherheiten eine vollständige Befriedigung erlangen würden, solange Regressmöglichkeiten gegen den Schuldner bestehen (BeckOK StaRUG/*Fridgen* § 8 Rn. 20). Aussonderungsrechte sind schon nach § 2 Abs. 1 nicht gestaltbar und deren Rechteinhaber scheiden insoweit bereits als Planbetroffener aus (wohl anders BeckOK StaRUG/*Fridgen* § 8 Rn. 20).

**10** Die voraussichtliche Befriedigung in einem Insolvenzverfahren bestimmt sich nach dem im Zeitpunkt des Wirksamwerdens wahrscheinlichsten Insolvenzszenario (*Flöther/Tasma* § 8 Rn. 9). Ist mit überwiegender Wahrscheinlichkeit mit einer vollständigen Befriedigung im Insolvenzverfahren zu rechnen, ist die fehlende Einbeziehung der Forderung sachgerecht iSv § 8 S. 2

Nr. 1 (strenger BeckOK StaRUG/*Fridgen* § 8 Rn. 23, „keine vernünftigen Erwägungen erwarten lassen, dass die nicht ausgewählten Forderungen im Insolvenzverfahren nicht voll bedient werden"; ähnlich wie hier Flöther/*Tasma* § 8 Rn. 10; Morgen StaRUG/*Knapp/Wilde* § 8 Rn. 12). Die zum Teil vertretenen höheren Wahrscheinlichkeitsmaßstäbe (siehe etwa BeckOK StaRUG/*Fridgen* § 8 Rn. 23) überzeugen nicht, denn es ist dem Schuldner unzumutbar, Gläubiger als Planbetroffene einzubeziehen, bei denen die Voraussetzungen für einen Minderheitenschutz nach § 64 vorliegen. Für den Minderheitenschutzantrag muss der Antragsteller nämlich nach allgemeiner Auffassung Tatsachen glaubhaft machen, die seine Schlechterstellung mit überwiegender Wahrscheinlichkeit belegen (zum Minderheitenschutz nach § 64 Flöther/*Knapp* § 64 Rn. 23; BeckOK StaRUG/*Skauradszun* § 64 Rn. 52; zum Insolvenzplan BGH NZI 2011, 410 Rn. 9; 2009, 515 Rn. 13; K. Schmidt InsO/*Spliedt* § 251 Rn. 13; Brünkmans/Thole Insolvenzplan-HdB/*Hirschberger* § 20 Rn. 29). Sofern der Restrukturierungsplan die Unternehmensfortführung vorsieht, sind bei den Befriedigungsaussichten im Insolvenzverfahren unter den gleichen Voraussetzungen wie in der Vergleichsrechnung grundsätzlich Fortführungswerte anzusetzen (vgl. § 6 Abs. 2) (zum nächstbesten Alternativszenario → § 6 Rn. 33 ff.).

### 3. Differenzierung nach Art der wirtschaftlichen Schwierigkeiten und den Umständen angemessen (S. 2 Nr. 2)

**a) Generalklausel. § 8 S. 2 Nr. 2** formuliert zunächst generalklauselartig, dass eine Auswahl sachgerecht ist, wenn die in der Auswahl angelegte Differenzierung nach der *Art* der zu bewältigenden wirtschaftlichen Schwierigkeiten des Schuldners und *den Umständen* angemessen erscheint. Das soll sich nach der Gesetzesbegründung in erster Linie nach den Maßnahmen richten, die nach den konkreten Umständen erforderlich erscheinen, um die Restrukturierungslösung überhaupt realisieren zu können (Begründung RegE, BT-Drs. 19/24181, S. 118). Beispielhaft für eine angemessene Differenzierung nennt S. 2 Nr. 2 den Fall ausschließlicher Einbeziehung von **Finanzverbindlichkeiten** und die zu deren Sicherung bestellten Sicherheiten oder wenn die Forderungen von Kleingläubigern unberührt bleiben. Dabei handelt es sich um Regelbeispiele, welche zwar normalerweise eine sachgerechte Differenzierung begründen, die im Einzelfall bei Eintritt außergewöhnlicher Umstände aber einer abweichenden Einschätzung zugänglich sind (vgl. bezüglich des Beispiels Kleingläubiger: Morgen StaRUG/*Knapp/Wilde* § 8 Rn. 22). Vor dem Hintergrund des grundsätzlichen Auswahlermessens des Schuldners (→ Rn. 1) dürfte bei einer Differenzierung anhand der Regelbeispiele allerdings nur in seltenen Ausnahmefällen eine unangemessene Differenzierung vorliegen. 11

**b) Ausschließliche Gestaltung von Finanzverbindlichkeiten und deren Besicherung.** Finanzverbindlichkeiten sind nach allgemeinem Sprachgebrauch solche, die aus einem Kreditgeschäft resultieren und verzinslich sind (Morgen StaRUG/*Knapp/Wilde* § 8 Rn. 16). 12

**13** Ein Restrukturierungsplan, der ausschließlich Finanzverbindlichkeiten und die zu deren Sicherung bestellten Sicherheiten gestaltet, ist nach der Vorstellung des Gesetzesgebers sachgerecht, weil an ihr typischerweise ausschließlich professionelle Gläubiger beteiligt sind, die ohne weiteres in der Lage sind, ihren Interessen im Restrukturierungsprozess wirkungsvoll Geltung zu verschaffen und die Informationen im darstellenden Teil angemessen zu interpretieren (Begründung RegE, BT-Drs. 19/24181, S. 118). Im Hinblick auf die Gefahr einer unsachgerechten und unangemessenen Abwälzung der Sanierungsbeiträge sind nach der Vorstellung des Gesetzgebers Finanzgläubiger weniger schutzbedürftig. Auch in der außergerichtlichen, freien Sanierung ist es häufig anzutreffen, dass Sanierungsbeiträge der Gläubiger ausschließlich von Finanzgläubigern getragen werden. Damit soll der operative Geschäftsbetrieb von Friktionen – etwa Lieferstopp durch Lieferanten – im Restrukturierungsprozess freigehalten werden. Dies schließt die Einbeziehung von Forderungen aus Lieferantenkrediten nicht aus, wenn dies unter Berücksichtigung von Forderungshöhe und des zu erreichenden Restrukturierungsziels erforderlich erscheint (Begründung RegE, BT-Drs. 19/24181, S. 118).

**14** Eine ausschließliche Restrukturierung der Finanzverbindlichkeiten kommt bei gesunden operativen Unternehmen mit überhöhtem Verschuldungsgrad, zB weil das Unternehmen im Rahmen einer LBO-Transaktion mit anschließendem Debt-Push-Down erworben wurde, in Betracht (Flöther/*Tasma* § 8 Rn. 13).

**15** Die ersten Erfahrungen mit dem StaRUG-Verfahren hat die Annahme, dass Restrukturierungspläne in der Praxis ausschließlich auf die Restrukturierung von Finanzverbindlichkeiten Anwendung finden wird, nicht bestätig (so Ergebnis der Analyse der ersten StaRUG Fälle *Fiebig* ZRI 2021, 561 (563); siehe aber *Bernsau/Beyer* ZInsO 2021, 2533 (2533)).

**16** **c) Ausnahme von Kleingläubigern.** Ferner erkennt S. 2 Nr. 2 als sachgerechtes Kriterium an, Kleingläubiger von den Wirkungen des Plans auszunehmen. Als Kleingläubiger nennt das Gesetz beispielhaft Verbraucher, Klein- und Kleinstunternehmen oder mittlere Unternehmen.

**17** Hintergrund dieses Regelbeispiels ist, dass Sanierungsbeiträge, die von solchen Gläubigern erwartet werden können, oftmals hinter den Beiträgen zurückbleiben, die von Groß- oder Finanzgläubigern geleistet werden können. Durch gesteigerten Aufklärungs- und Schutzbedarf steigen umgekehrt jedoch die Transaktionskosten, etwa die Kosten des dann zwingend zu bestellenden Restrukturierungsbeauftragten (§ 73 Abs. 1 Nr. 1) und erhöhtem Verhandlungsaufwand. Der Kosten- und Nutzeneffekt von Sanierungsbeiträgen ist bezüglich Forderungen von Kleingläubigern deutlich geringer (Begründung RegE, BT-Drs. 19/24181, S. 118).

**18** Die Einbeziehung von Kleingläubigern ist aber nicht stets oder auch nur ohne weiteres unsachgemäß. Die Einbeziehung von Kleingläubigern kann im konkreten Fall durchaus sachgerecht sein, etwa wenn es sich bei dem Schuldner selbst um ein Kleinunternehmen handelt, das auf Sanierungsbeiträge seiner Kleinunternehmer-Geschäftspartner angewiesen ist (Begründung RegE, BT-Drs. 19/24181, S. 118; Braun StaRUG/*Böhm* § 8 Rn. 10).

**d) Weitere Fallgruppen für sachgerechte Auswahl.** Dem Wortlaut des § 8 S. 2 („insbesondere") und der Gesetzesbegründung ist zu entnehmen, dass die dort genannten Beispiele „Finanzgläubiger" und „Kleingläubiger" nicht abschließend sind (Begründung RegE, BT-Drs. 19/24181, S. 118). Maßgeblich für eine sachgerechte Auswahl ist, dass die in der Auswahl angelegte Differenzierung nach der *Art* der zu bewältigenden *wirtschaftlichen Schwierigkeiten* des Schuldners und den *Umständen* angemessen erscheint. Dabei können die in der Gesetzesbegründung als Rechtfertigung für die Regelbeispiele „Finanzgläubiger" und „Kleingläubiger" genannten Wertungskriterien für die Rechtfertigung auf der Grundlage der Generalklausel herangezogen werden. Dazu gehören der Professionalisierungsgrad der Planbetroffenen, der Schutz des operativen Geschäfts, die Verhinderung von Kollektivhandlungsproblemen und die Höhe der Transaktionskosten (Begründung RegE, BT-Drs. 19/24181, S. 118; s. a. Flöther/*Tasma* § 8 Rn. 15). Auch die Höhe einer Forderung kann ein angemessenes Differenzierungskriterium sein (Begründung RegE, BT-Drs. 19/24181, S. 118). **19**

Gleiches gilt für die Beteiligungshöhe von Anteilsinhabern, insbesondere Kleinstbeteiligte oder Streubesitz können vom Plan ausgenommen werden (Flöther/*Tasma* § 8 Rn. 17). **20**

§ 7 SanInsKG verbietet den Umstand, dass Forderungen, die im Rahmen von staatlichen Programmen zur Bewältigung der COVID 19 Pandemie gewährt wurden, für sich allein als Kriterium für die Einbeziehung in den Restrukturierungsplan heranzuziehen. **21**

### 4. Einbeziehung sämtlicher Forderungen (S. 2 Nr. 3)

Nach § 8 S. 2 Nr. 3 ist die Einbeziehung sämtlicher durch Restrukturierungsplan gestaltbaren Forderungen gegen den Schuldner sachgerecht. Da alle nach dem Gesetz gestaltbaren Forderungen in den Restrukturierungsplan einbezogen werden, kann es denklogisch nicht zu einer unangemessenen Differenzierung kommen. **22**

### 5. Zwingende Einbeziehung der Gesellschafter?

Fraglich ist, ob die Nichteinbeziehung der Gesellschafter stets zu einer nicht sachgerechten Auswahl führt, weil den vorrangigen Finanzgläubigern in diesem Fall Opfer abverlangt würden, während Gesellschafter von Eingriffen verschont bleiben. Richtigerweise ist die Einbeziehung der Gesellschafter zwar regelmäßig sachgerecht, umgekehrt setzt § 8 die Einbeziehung der Gesellschafter aber nicht zwingend voraus (AG Köln ZIP 2021, 806 (807); Morgen StaRUG/*Knapp/Wilde* § 8 Rn. 18). Eine solche zwingende Einbeziehung ist weder in § 8 ausdrücklich vorgesehen, noch besteht dafür ein Bedürfnis. Gläubiger werden keinem Restrukturierungsplan zustimmen, der eine nicht zu rechtfertigende Besserstellung der Gesellschafter vorsieht. Im Rahmen einer gruppenübergreifenden Mehrheitsentscheidung werden Gläubiger gemäß § 26 Abs. 1 Nr. 2 iVm § 27 Abs. 1 Nr. 2 vor Wertzuweisungen zugunsten der Gesellschafter geschützt (Morgen StaRUG/*Knapp/Wilde* § 8 Rn. 18). **23**

## III. Betroffenenauswahl im gestaltenden Teil

24 Die Auswahl der Planbetroffenen erfolgt im gestaltenden Teil, das heißt der gestaltende Teil legt fest, welche Gläubiger oder Anteilschuldner eine Sanierungsleistung durch Eingriff in ihre Rechtsstellung zu leisten haben. Zwar muss die Einbeziehung nicht zwingend ausdrücklich durch namentliche Nennung des Gläubigers erfolgen. Vielmehr kann auch indirekt aus der Gestaltungsregelung entnommen werden, wer mit welcher Rechtsposition planbetroffen sein soll. Aus Gründen der Klarheit ist jedoch zu empfehlen – wie auch bei der Bestimmung der Gläubigergruppen – ausdrücklich zu regeln, welche Gläubiger vom Restrukturierungsplan erfasst werden sollen (auch unter → § 7 Rn. 8). Die Erwägungsgründe sind dann im darstellenden Teil auszuführen (nachfolgend → Rn. 25).

## IV. Angaben und Erläuterungen im darstellenden Teil

25 Nach § 8 S. 1 sind die Kriterien für die Auswahl der Planbetroffenen im darstellenden Teil des Restrukturierungsplans anzugeben und zu erläutern. Dabei sind die konkretisierenden Vorgaben aus Nr. 3 und Nr. 5 der Anlage zu § 5 zu beachten, dh es sind sowohl die einbezogenen als auch die nicht einbezogenen Rechteinhaber zu benennen und die Gründe für die unterbliebene Einbeziehung zu erläutern (vgl. auch Art. 8 Abs. 1 lit. b, c der Restrukturierungsrichtlinie (RL 2019/1023)). Dadurch wird die notwendige Transparenz geschaffen. Die betroffenen Gläubiger können sich ein Bild darüber machen, ob sie ihre Lastentragung für sachgerecht oder missbräuchlich erachten und auf dieser Grundlage dem Restrukturierungsplan zustimmen. Das Insolvenzgericht wird wiederum in die Lage versetzt, die sachgerechte Auswahl der Planbetroffenen zu überprüfen (Morgen StaRUG/*Knapp/Wilde* § 8 Rn. 24; Flöther/*Tasma* § 8 Rn. 19; dazu nachfolgend → Rn. 27 ff.).

26 Das Ergebnis der Ermessensentscheidung des Schuldners muss aus dem Plan heraus nachvollzogen und geprüft werden können (Wolgast/Grauer/*Kirchner* § 8 Rn. 5).

## V. Gerichtliche Überprüfung und Folgen bei rechtswidriger Auswahl der Planbetroffenen

27 Die Auswahl der Planbetroffenen wird von Amts wegen im Rahmen der gerichtlichen Planbestätigung (§ 63 Abs. 1 Nr. 2) überprüft. Vorher ist die Prüfung einer sachgemäßen Auswahl auf Antrag des Schuldners iR eines Vorprüfungstermins (§ 46 Abs. 1 Nr. 1) oder eines Vorprüfungsverfahrens (§§ 47 f.) möglich.

28 Die Prüfung der sachgerechten Auswahl der Planbetroffenen durch das Restrukturierungsgericht erfolgt – ähnlich wie bei der Gruppenbildung (→ § 9 Rn. 47 ff.) – ausschließlich auf der Grundlage der Angaben und

Erläuterungen im Restrukturierungsplan. Gegenstand der gerichtlichen Prüfung ist, ob die Auswahl der Planbetroffenen anhand sachgerechter (siehe zum Insolvenzplan BGH NZI 2015, 697; Flöther/*Tasma* § 8 Rn. 19) Kriterien erfolgt ist (Braun StaRUG/*Böhm* § 8 Rn. 1; Flöther/*Tasma* § 8 Rn. 21). Sind die Angaben unzureichend und die richterliche Überprüfung der Planbetroffenenauswahl daher nicht möglich, ist der Plan bereits wegen der Verletzung von inhaltlichen Vorschriften vom Restrukturierungsgericht zurückzuweisen (§ 63 Abs. 1 Nr. 2). Die Tiefe und Intensität der gerichtlichen Überprüfung der Planbetroffenenauswahl hängt wiederum davon ab, nach welchen in S. 2 Nr. 1–3 geregelten Kriterien der Schuldner die Auswahl getroffen hat. Wurden nach Angaben des Schuldners im Restrukturierungsplan alle gestaltbaren Rechte einbezogen **(S. 2 Nr. 3),** überprüft das Gericht diese Voraussetzungen ausschließlich anhand objektiver Kriterien (Flöther/*Tasma* § 8 Rn. 21). Die Frage, ob mit überwiegender Wahrscheinlichkeit die bewusst nicht einbezogenen Gläubiger im Insolvenzfall eine vollständige Erfüllung erlangen würden **(S. 2 Nr. 1),** ist hingegen eine Prognoseentscheidung des Schuldners. Die der Prognose zugrunde gelegten Prämissen unterliegen der vollständigen richterlichen Überprüfung. Bei der Beurteilung der Eintrittswahrscheinlichkeit zukünftiger (ungewisser) Ereignisse muss man dem Schuldner jedoch einen gewissen Beurteilungsspielraum belassen, sodass das Gericht lediglich die Plausibilität der Prognose überprüft (vgl. auch Morgen StaRUG/*Knapp*/*Wilde* § 8 Rn. 28).

Ein ähnlicher Maßstab ist bei der Prüfung der Angemessenheit nach S. 2 **29**
Nr. 2 anzuwenden. Bei der Differenzierung auf Grundlage von Nr. 2 kommt es im besonderen Maße darauf an, dass der darstellende Teil hinreichend Informationen zur Verfügung stellt, um für die Auswahl der Planbetroffenen eine sachgerechte Differenzierung nachvollziehen zu können (→ Rn. 11 ff.). In diesem Zusammenhang prüft das Restrukturierungsgericht umfassend, ob die Informationsangaben zur Differenzierung hinreichend sind. Ob die angegebenen Gründe tatsächlich vorliegen, prüft das Restrukturierungsgericht lediglich im Rahmen einer Plausibilitätsprüfung. Schließlich prüft es, ob die angegeben Gründe für eine differenzierte Behandlung der Gläubiger sachgerecht sind (dazu → Rn. 28). Die Richtigkeit des Abwägungsergebnisses des Schuldners kann jedoch grundsätzlich nicht vom Gericht in Frage gestellt werden, solange der Schuldner sachgerechte Differenzierungskriterien herangezogen hat. Vor dem Hintergrund des schuldnerischen Auswahlermessens kann das Gericht allenfalls, wenn die Differenzierung (aufgrund an sich sachgemäßer Kriterien) evident unangemessen oder offensichtlich missbräuchlich erscheint, die Planbestätigung aus diesen Gründen ausnahmsweise verweigern (vgl. BeckOK StaRUG/*Fridgen* § 8 Rn. 30 ff.; Flöther/*Tasma* § 8 Rn. 23).

Das Restrukturierungsgericht hat den Plan zurückzuweisen, wenn dieser **30**
wesentliche Mängel aufweist (§ 63 Abs. 1 Nr. 2). Wesentlich ist der Mangel, wenn er auf die Annahme des Plans durch die Planbetroffenen Einfluss gehabt haben könnte (BGH NZI 2012, 139; Morgen StaRUG/*Knapp*/*Wilde* § 8 Rn. 31). Das wird bei einer unsachgerechten Auswahl der Planbetroffenen in der Regel der Fall sein, weil die Annahme des Plans bei einer anderen Zusammensetzung der Planbetroffenen ungewiss ist. Im Fall einer gericht-

lichen Bestätigung des Restrukturierungsplans ist die Rüge der unsachgerechten Planbetroffenenauswahl nur noch im Wege der sofortigen Beschwerde (§ 66) möglich.

## Einteilung der Planbetroffenen in Gruppen

**9** (1) [1]**Bei der Festlegung der Rechte der Planbetroffenen im Restrukturierungsplan sind Gruppen zu bilden, soweit Planbetroffene mit unterschiedlicher Rechtsstellung betroffen sind.** [2]**Es ist zu unterscheiden zwischen**

1. **den Inhabern von Absonderungsanwartschaften,**
2. **den Inhabern von Forderungen, die im Fall der Eröffnung eines Insolvenzverfahrens als nicht nachrangige Insolvenzforderungen geltend zu machen wären, nebst darauf entfallender Zinsen und Säumniszuschläge (einfache Restrukturierungsgläubiger),**
3. **den Inhabern von Forderungen, die im Fall der Eröffnung eines Insolvenzverfahrens nach § 39 Absatz 1 Nummer 4, 5 oder Absatz 2 der Insolvenzordnung als nachrangige Insolvenzforderungen anzumelden wären (nachrangige Restrukturierungsgläubiger), wobei für jede Rangklasse eine Gruppe zu bilden ist, und**
4. **den Inhabern von Anteils- oder Mitgliedschaftsrechten.**

[3]**Sieht der gestaltende Teil des Restrukturierungsplans Eingriffe in die Rechte von Gläubigern aus gruppeninternen Drittsicherheiten vor, bilden die davon betroffenen Gläubiger eigenständige Gruppen.**

(2) [1]**Die Gruppen können nach Maßgabe wirtschaftlicher Interessen in weitere Gruppen unterteilt werden.** [2]**Sie müssen sachgerecht voneinander abgegrenzt werden.** [3]**Die Kriterien für die Abgrenzung sind im Plan anzugeben. 4Kleingläubiger sind im Rahmen der nach Absatz 1 zu bildenden Gruppen zu eigenständigen Gruppen zusammenzufassen.**

**Schrifttum:** *Bernsau/Beyer* Die praktische Anwendung der Regelungen des StaRUG in einem größeren Restrukturierungsverfahren, ZInsO 2021, 2533; *Gehrlein* Auszahlung stehen gelassener Gewinne als Tilgung einer darlehensgleichen Forderung, NZI 2021, 165; *Lojowsky* Aufstellung des Insolvenzplans: Bildung von Kleingläubigergruppen (Anm. zu LG Neuruppin), NZI 2013, 646; *Spahlinger* Gruppen, Stimmrechte und erforderliche Mehrheiten, NZI-Beilage, 2021, 32; *Thole* Feststellung der drohenden Zahlungsunfähigkeit nach StaRUG – Gegenstände des Restrukturierungsplans, NZI 2021, 433.

**Übersicht**

## I. Normzweck

Mit § 9 wird Art. 9 Abs. 4 der Restrukturierungsrichtlinie (RL 2019/ 1 1023) umgesetzt, wonach die Mitgliedstaaten die Einteilung der Planbetroffenen in unterschiedliche „Klassen" auf der Grundlage überprüfbarer Kriterien zu gewährleisten haben (vgl. auch Erwgr. 44 zur RL 2019/1023). Die Vorschrift orientiert sich im Wesentlichen an § 222 InsO zur Gruppenbildung im Insolvenzplan.

Auch das StaRUG setzt eine Abstimmung über den Restrukturierungsplan 2 in Gruppen voraus (§ 25). Eine Majorisierung anderer Gläubiger erfordert allerdings (zu gruppenübergreifenden Mehrheitsentscheidungen siehe §§ 26 ff.) eine 3/4-Mehrheit innerhalb jeder einzelnen Gruppe. Der Hauptzweck der Gruppenbildung und des gruppenbezogenen Abstimmungsverfahrens liegt darin, Abstimmungskörper zu schaffen, die ein möglichst hohes

Maß an Interessenparallelität der Abstimmenden aufweisen (MüKoInsO/*Eidenmüller* § 222 Rn. 4).

**3** § 9 legt Vorgaben für die Einteilung der Planbetroffenen in Gruppen fest, die sich an § 222 InsO zum Insolvenzplan orientieren. Für Planbetroffene unterschiedlicher Rechtsstellungen sind nach Abs. 1 S. 1 *zwingend* jeweils Gruppen zu bilden (Abs. 1) (Pflichtgruppen). Darüber hinaus *können* für diese zwingenden, rechtsstellungsbezogenen Gruppen weitere Untergruppen nach Maßgabe wirtschaftlicher Interessen gebildet werden (Abs. 2) (fakultative Untergruppen).

**4** Die Gruppenbildung nach Abs. 2 ist wie beim Insolvenzplan von zentraler strategischer Bedeutung, denn durch Bildung von Untergruppen lässt sich die Zusammensetzung einer Gruppe beeinflussen und damit ggf. vorteilhaftere Mehrheiten erreichen. Ferner kann durch die Anzahl der gebildeten Gruppen die Möglichkeit einer gruppenübergreifenden Mehrheitsentscheidung nach § 26 Abs. 1 Nr. 3 beeinflusst werden. Die Gruppenbildung legt ferner den Umfang und die Grenzen einer unterschiedlichen Behandlung der Planbetroffenen fest, denn innerhalb einer Gruppe sind Gläubiger und Anteilsinhaber zwingend gleich zu behandeln (→ § 10 Rn. 3). Auch im Hinblick auf Minderheitsrechte spielt die Gruppenbildung eine Rolle. So steht beispielsweise das Antragsrecht für die Bestellung eines fakultativen Restrukturierungsbeauftragen (§ 77 Abs. 1) den Gläubigern nur als gemeinschaftliches Recht zu, wenn auf sie mehr als 25 % der Stimmrechte in einer Gruppe entfallen.

**5** Die Gruppenbildung und Abstimmung innerhalb derselben ist nicht nur im Rahmen der gerichtlichen Planabstimmung (§ 23), sondern auch bei den außergerichtlichen Planabstimmungsverfahren nach §§ 17 ff. zu beachten (*Spahlinger* NZI-Beilage 2021, 32).

## II. Pflichtgruppen nach Rangklassen (Abs. 1)

### 1. Allgemeiner Grundsatz für die Bildung und Zuordnung zu einer Pflichtgruppe

**6** Abs. 1 S. 1 regelt, dass die Planbetroffenen im Restrukturierungsplan zwingend in Gruppen zu unterteilen sind, soweit Planbetroffene mit **unterschiedlicher Rechtsstellung** betroffen sind (Pflichtgruppen).

**7** Verfolgen Planbetroffene gleicher Rechtsstellung innerhalb der Pflichtgruppe unterschiedliche wirtschaftliche Interessen, kann die Pflichtgruppe unter den in Abs. 2 geregelten Voraussetzungen in weitere Untergruppen aufgeteilt werden (dazu im Einzelnen → Rn. 24 ff.). Wie aus dem Wortlaut „betroffen" deutlich wird ist keine Gruppe zu bilden, wenn der Restrukturierungsplan eine der in § 9 Abs. 1 S. 2 genannten Rechtspositionen völlig unberührt lässt, zB wenn der Restrukturierungsplan nicht in Absonderungsanwartschaften oder Anteilsrechte eingreift (Flöther/*Tasma* § 9 Rn. 5).

**8** S. 2 legt die unterschiedlichen Rechtsstellungen und damit die Grundlage für die Pflichtgruppenbildung fest. Es sind stets unterschiedliche Pflichtgruppen zu bilden, soweit Planbetroffene mit unterschiedlicher Rechtsstellung betroffen sind. Grundsätzlich sind auch Pläne mit einer Gruppe denkbar. Entscheidend für die Bildung von Pflichtgruppen ist, ob durch den Restrukturierungsplan in unterschiedliche Rechtspositionen eingegriffen wird. Ein Gläubiger in Person kann dabei bzgl. mehrerer Rechtspositionen betroffen sein, zB als Vertragspartner eines Konsortialkredits im Hinblick auf Darlehensrückzahlungsansprüche, Inhaber von Restrukturierungsforderungen bzgl. Sicherheiten, Inhaber von Absonderungsanwartschaften und schließlich Drittsicherungsgläubiger bzgl. einer Sicherheit gegen ein mit dem Schuldner verbundenes Unternehmen. In diesem Fall sind zwingend drei Gruppen zu bilden, selbst wenn die Zusammensetzung der Gruppen identisch ist. Zum Teil wird – aufgrund der Personenidentität – nur eine Gruppe als rechtmäßig erachtet (AG Köln ZIP 2021, 806 (808) mit Verweis auf AG Köln NZI 2016, 537). Dies überzeugt jedoch nicht, denn dies liefe auf eine telelogische Reduktion von § 9 Abs. 1 (Bildung von Pflichtgruppen bei unterschiedlichen Rechtspositionen) hinaus. Für eine solche teleologische Reduktion besteht weder ein Bedürfnis noch eine Rechtfertigung (so auch *Thole* NZI 2021, 433 (437)). Die Anrechnung der anderen Rechtspositionen auf die Ausgangsforderung ist im Insolvenzplan allgemein anerkannt und steht der Einteilung in verschiedene Gruppen gerade nicht entgegen (*Thole* NZI 2021, 433 (437); zum Insolvenzplan siehe Brünkmans/Thole Insolvenzplan-HdB/*Beck/Pechartscheck* § 9 Rn. 19 ff.).

Der Gesetzgebar hat sich bei der Pflichtgruppenbildung an der Rechts- 9
stellung im Insolvenzverfahren bezüglich der Befriedigungsreihenfolge orientiert:

## 2. Gruppe der Absonderungsanwartschaften (Abs. 1 S. 2 Nr. 1)

**a) Begriff der Absonderungsanwartschaft.** Nach S. 2 Nr. 1 ist für 10
Absonderungsanwartschaften zwingend eine Pflichtgruppe zu bilden, soweit der Restrukturierungsplan einen Eingriff in diese Rechtsposition vorsieht. Der Begriff der Absonderungsanwartschaften ist wiederum in § 2 Abs. 1 Nr. 2 legal definiert (im Einzelnen dort → § 2 Rn. 16 ff.). Danach handelt es sich bei Absonderungsanwartschaften um die an **Gegenständen des Schuldnervermögens** bestehenden Rechte, die in einem Insolvenzverfahren zur Absonderung berechtigen würden, dh Grundpfandrechte an unbeweglichen Gegenständen (§ 49 InsO), Pfandrechte an Rechte oder beweglichen Sachen (§ 50) und sonstige Absonderungsrechte wie Sicherungsübereignung oder Sicherungszession (§ 51).

Die Rechtsposition in S. 2 Nr. 1 erfasst nur Sicherheiten am Vermögen 11
des Schuldners. Drittsicherheiten, dh Sicherheiten zur Besicherung einer Forderung gegen den Schuldner aus dem Vermögen eines Dritten, können nur für den Ausnahmefall konzerninterner Drittsicherheiten in den Restrukturierungsplan einbezogen werden. In diesem Fall ist dann aber nach S. 3 eine weitere Pflichtgruppe zu bilden (→ Rn. 23). Die Drittbesicherung einer Restrukturierungsforderung kann jedoch auch außerhalb konzerninterner Drittsicherheiten durchaus ein Kriterium für die Bildung einer Untergruppe innerhalb der Pflichtgruppe Restrukturierungsforderungen rechtfertigen (Morgen StaRUG/*Kowalewski/Praß* § 9 Rn. 32).

12 **b) Eingriff in Absonderungsanwartschaften.** Selbstverständlich ist eine Gruppe für Inhaber von Absonderungsanwartschaften nur dann zu bilden, wenn der Restrukturierungsplan in ihre Rechte eingreift (das Recht Gegenstand einer Plangestaltung ist), denn andernfalls wären sie schon nicht Planbetroffene im Sinne von § 8. Sind zwar Absonderungsanwartschaften vorhanden, wird aber über den Restrukturierungsplan nicht in diese eingegriffen, sollte dies klarstellend erläutert werden (HambKomm-RestR/*Thies*/*Lieder* § 222 Rn. 8).

13 Ein Eingriff in Absonderungsanwartschaften ist jede Kürzung oder Stundung dieses Rechtes. Eine von den §§ 165 ff. InsO abweichende Regelung zur Verwertung im Insolvenzfall (Erlösverteilung, Verzinsungs- und Wertersatzansprüche (§§ 169, 172 InsO)) kann über den Restrukturierungsplan indes nicht erfolgen (anders Morgen StaRUG/*Kowalewski*/*Praß* § 9 Rn. 32), denn eine Abweichung von der insolvenzverfahrensspezifischen Verteilungsordnung ist nur auf der Grundlage eines Insolvenzplans möglich (§ 217 InsO). Ein mittelbarer Eingriff in ein Absonderungsrecht liegt vor, wenn durch den Plan in eine vom Schuldner gesicherte persönliche Forderung eingegriffen wird, mit der Folge, dass Bestand, Höhe oder Durchsetzbarkeit eines Absonderungsanwartschaftsrechts beeinträchtigt werden. Dies kann etwa aufgrund des akzessorischen Charakters (vgl. §§ 1137, 1163, 1211, 1252 BGB) oder wegen der Verknüpfung durch eine Sicherheitsabrede der Fall sein (Morgen StaRUG/*Kowalewski*/*Praß* § 9 Rn. 33; zum Insolvenzplan MüKoInsO/*Eidenmüller* § 222 Rn. 53; Kübler/Prütting/Bork InsO/*Spahlinger* § 222 Rn. 14). Bei dem klassischen Eingriff in die Forderung durch im Insolvenzplan geregelten Forderungsverzicht gilt dies jedoch nicht, solange die Rechtsfolge aus § 67 Abs. 4 (kein Erlöschen, sondern Umwandlung in Naturalobligation) nicht im Restrukturierungsplan abbedungen wurde (zur Abdingbarkeit von § 67 Abs. 4 vgl. → § 7 Rn. 24), denn andernfalls besteht die Sicherheit trotz Forderungsverzichtes in voller Höhe fort, wenn der Insolvenzplan keine abweichende Regelung enthält (auch → § 11 Rn. 14).

14 Eine weitere Unterteilung nach Art der Absonderungsanwartschaften ist nur möglich, wenn die Voraussetzungen für die Bildung von Untergruppen (Abs. 2), insbesondere unterschiedliche wirtschaftliche Interessen, vorliegen.

15 **c) Unterscheidung Absonderungsrecht und besicherte Forderung.** Für die Bildung einer Gruppe von Inhabern von Absonderungsanwartschaften ist es unerheblich, ob der Schuldner den absonderungsberechtigten Gläubigern oder einem Teil dieser zugleich auch persönlich haftet (Kübler/Prütting/Bork InsO/*Spahlinger* § 222 Rn. 14; Uhlenbruck/*Lüer*/*Streit* InsO § 222 Rn. 13; K. Schmidt InsO/*Spliedt* InsO § 222 Rn. 6). Inhaber von Absonderungsanwartschaften, denen der Schuldner auch persönlich haftet, können mit den übrigen Inhabern von Absonderungsanwartschaften in einer Gruppe zusammengefasst werden. Ein absonderungsberechtigter Gläubiger, dem der Schuldner auch persönlich haftet, gehört mit seiner Forderung jedoch nur insoweit in eine Gruppe der Inhaber von Absonderungsanwartschaften, wie seine Forderung durch die Absonderungsanwartschaft gedeckt ist (Kübler/Prütting/Bork InsO/*Spahlinger* § 222 Rn. 14). Soweit seine Forderung nicht in voller Höhe durch seine Absonderungsanwartschaft gedeckt

ist, hätte er in der Insolvenz eine Ausfallforderung im Rang des § 38 InsO und ist immanent der Gruppe nicht nachrangiger Restrukturierungsgläubiger zuzuordnen. Die Zuordnung sowohl mit ihren werthaltig gesicherten Forderungen als auch mit ihren Ausfallforderungen zu einer Gruppe, wäre eine unzulässige Mischgruppenbildung (BGH ZIP 2005, 1648; HambKomm-RestR/*Thies/Lieder* § 222 Rn. 16).

16 Nach der überwiegenden Auffassung zum Insolvenzplan nehmen Gläubiger nur in Höhe ihres geschätzten Ausfalls in der Gruppe der nicht nachrangigen Gläubiger teil (Kübler/Prütting/Bork InsO/*Spahlinger* § 222 Rn. 15; Nerlich/Römermann InsO/*Rühle* § 222 Rn. 9; Uhlenbruck/*Lüer/Streit* InsO § 222 Rn. 16; HambKomm-RestR/*Thies/Lieder* § 222 Rn. 9; Graf-Schlicker InsO/*Kebekus/Wehler* § 222 Rn. 2). Die Gegenauffassung will die absonderungsberechtigten Gläubiger hingegen in Höhe ihrer vollen Forderung auch der Gruppe der nicht nachrangigen Insolvenzgläubiger zuordnen, das Stimmrecht bei der Abstimmung über den Plan dann aber nach § 237 Abs. 1 S. 2 auf den Ausfall beschränken (MüKoInsO/*Eidenmüller* InsO § 222 Rn. 57; Kübler HRI/*Bierbach* § 28 Rn. 52 ff.; HK-InsO/*Haas* § 222 Rn. 6; Andres/Leithaus InsO/*Andres* § 222 Rn. 3). Die erste Auffassung überzeugt und ist auch für den Restrukturierungsplan zugrunde zu legen. Die gesicherte Restrukturierungsforderung ist demnach der Gruppe der nicht nachrangigen Restrukturierungsgläubiger nach § 9 Abs. 1 S. 2 Nr. 2 nur in Höhe des Ausfalls zuzuordnen (Flöther/*Tasma* § 9 Rn. 9; BeckOK StaRUG/*Fridgen* § 9 Rn. 55; Braun StaRUG/*Böhm* § 9 Rn. 4). Das Stimmrecht besteht nach § 24 Abs. 3 lediglich in Höhe des Verzichts bzw. Ausfalls der Absonderungsanwartschaft.

17 Von praktischer Bedeutung ist die Frage, nach welchen Maßstäben der Ausfall der Absonderungsanwartschaftsberechtigten zu schätzen ist, um dann spätestens zum Zeitpunkt der Abstimmung über den Plan das Stimmrecht in der Gruppe Restrukturierungsforderungen festzusetzen (Kübler/Prütting/Bork InsO/*Spahlinger* § 222 Rn. 18). Richtigerweise sind für den Sicherungsgegenstand Fortführungswerte anzusetzen, sofern der Plan eine Fortführung des Unternehmens vorsieht. Ist ein Verkauf des Unternehmens oder eine anderweitige Fortführung aussichtslos, sind Liquidationswerte anzusetzen (vgl. § 6 Abs. 2 S. 2).

18 Soweit der Wert der Absonderungsanwartschaft den Wert einer zu sichernden Restrukturierungsforderung übersteigt, umfasst die Absonderungsanwartschaft wie das Absonderungsrecht in der Insolvenz auch Nebenforderungen, wie zB Zinsen (Flöther/*Tasma* § 9 Rn. 8; vgl. zum Insolvenzplan BGH NZI 2005, 619 (621)).

### 3. Einfache Restrukturierungsforderung (Abs. 1 S. 2 Nr. 2)

19 In die Gruppe der einfachen Restrukturierungsgläubiger gehören Forderungen, die im Fall eines Insolvenzverfahrens als nicht nachrangige Insolvenzforderungen geltend zu machen wären, dh alle im Restrukturierungsplan einbezogenen Forderungen im Rang des § 38 InsO. Sie entspricht der Gruppe der nicht nachrangigen Gläubiger im Insolvenzplanverfahren (§ 222 Abs. 1 S. 2 Nr. 2 InsO). In dieser Gruppe werden alle ungesicherten Re-

strukturierungsforderungen erfasst, soweit diese in einem Insolvenzverfahren nicht nachrangig gemäß § 39 InsO wären. Gesicherte Forderungen werden in dieser Gruppe nur in Höhe des Ausfallbetrages erfasst (→ Rn. 16). Zukünftige Zinsansprüche und Säumniszuschläge sind in Abweichung zu § 39 Abs. 1 Nr. 1 InsO als einfache Restrukturierungsforderungen iSv Abs. 1 Nr. 2 und **nicht** als nachrangige Restrukturierungsforderungen iSv Abs. 1 Nr. 3 einzuordnen (Begründung RegE, BT-Drs. 19/24181, S. 118).

### 4. Nachrangige Restrukturierungsforderungen (Abs. 1 S. 2 Nr. 3)

**20** Zu den nachrangigen Restrukturierungsforderungen gehören Forderungen, die im Fall der Eröffnung eines Insolvenzverfahrens nach § 39 Abs. 1 Nr. 4, 5 oder Abs. 2 InsO als nachrangige Forderungen anzumelden wären. Erfasst werden nicht alle von § 39 erfassten Forderungen, sondern vielmehr nur unentgeltliche Leistungen des Schuldners (§ 39 Abs. 1 Nr. 4 InsO), Rückgewähransprüche aus Gesellschafterdarlehen (§ 39 Abs. 1 Nr. 5 InsO) sowie Forderungen, für die ein Rangrücktritt vereinbart wurde (§ 39 Abs. 2 InsO). Für jede dieser Rangklassen ist eine eigene Gruppe zu bilden (Morgen StaRUG/*Kowalewski/Praß* § 9 Rn. 42; Skauradszun/Fridgen/*Fridgen* § 9 Rn. 64; Flöther/*Tasma* § 9 Rn. 12). Gesellschafterdarlehen, die unter § 2 Abs. 1 Nr. 1 SanInsKG fallen, gehören hingegen in die Rangklasse der einfachen Insolvenzforderung (AG Dresden ZInsO 2021, 1398 (1399)).

**21** Zu beachten ist, dass es an einer Parallelnorm zu § 225 Abs. 1 InsO im StaRUG fehlt. Da Gläubiger nur selten mit einem (teilweisen) Forderungsverzicht einverstanden sein werden, wenn in der Insolvenz nachrangige Gesellschafterdarlehen unberührt bleiben, sind diese in der Regel mit in den Restrukturierungsplan aufzunehmen und darauf vollständig zu verzichten (siehe im Fall eterna, *Bernsau/Beyer* ZInsO 2021, 2533). Ein vollständiger Verzicht auf Gesellschafterdarlehen ist nach §§ 26 Abs. 1 Nr. 2, 27 Abs. 1 Nr. 2 jedenfalls dann unerlässlich, wenn die Planannahme nur über eine gruppenübergreifende Mehrheitsentscheidung durchsetzbar ist.

### 5. Anteils- und Mitgliedschaftsrechte (Abs. 1 S. 2 Nr. 4)

**22** Nach § 9 Abs. 1 S. 2 Nr. 4 ist für Inhaber von Anteils- und Mitgliedschaftsrechten eine eigenständige Gruppe zu bilden, wenn deren Rechte durch den Plan gestaltet werden (zum Begriff der Anteils- und Mitgliedschaftsrechte → § 2 Rn. 41 ff. und → § 7 Rn. 91 ff.). Bei der Zuordnung ist genau zu unterscheiden, ob es sich um einen Eingriff in das Anteilsrecht als solches handelt (dann Gruppe der Anteilsrechte) oder (ggf. zusätzlich) in daraus resultierende, bereits entstandene Ansprüche, wie zB Gewinnansprüche nach Gewinnverwendungsbeschluss (dann ggf. nachrangige Restrukturierungsforderung) (vgl. BGH NZI 2021, 180; *Gehrlein* NZI 2021, 165 (165 f.)).

### 6. Inhaber von Rechten aus gruppeninternen Drittsicherheiten (Abs. 1 S. 3)

Sieht der gestaltende Teil des Restrukturierungsplans Eingriffe in gruppeninterne Drittsicherheiten vor, ist für die davon betroffenen Gläubiger eine eigenständige Gruppe zu bilden (S. 3). Die Zuordnung der gruppeninternen Drittsicherheiten zu einer eigenen Plangruppe soll die unterschiedliche Wirkungsweise von Dritt- und Eigensicherheiten und die unterschiedliche wirtschaftliche Stellung der durch Dritt- und Eigensicherheiten begünstigten Gläubiger widerspiegeln (Begründung RegE, BT-Drs. 19/24181, S. 119). Wie bei Absonderungsanwartschaften (dazu → Rn. 16 f.) richtet sich das Stimmrecht innerhalb der Gruppe nach dem Wert der gruppeninternen Drittsicherheit (§ 24 Abs. 1 Nr. 2 Alt. 2). Für die Bewertung gelten die Grundsätze unter → Rn. 16 ff. Für die besicherte Forderung besteht ein Stimmrecht nur insoweit, als die Drittsicherheit die gesicherte Forderung wertmäßig nicht deckt. In beiden Gruppen zusammen kann das Stimmgewicht höchstens dem Nominalbetrag der Forderung entsprechen (Begründung RegE, BT-Drs. 19/24181, S. 126). 23

## III. Weitere Untergruppen innerhalb einer Rangklasse (Abs. 2)

### 1. Überblick

Die rangklassenbezogenen Gruppen können nach Maßgabe wirtschaftlicher Interessen in weitere Gruppen (sog. Untergruppen) unterteilt werden. Eine Unterteilung in Untergruppen führt zu vollwertigen Gruppen, für die zur Planannahme eine Mehrheit gemäß § 25 innerhalb der Untergruppe erforderlich ist. Dabei ist zwischen freiwilligen Untergruppen, deren Bildung unter den Voraussetzungen von Abs. 2 S. 1–2 im Ermessen des Schuldners stehen und Pflichtuntergruppen für Kleingläubiger nach Abs. 2 S. 4 zu unterscheiden. 24

### 2. Freiwillige Untergruppen (Abs. 2 S. 1–3)

**a) Anlass und strategische Bedeutung.** Mit der Möglichkeit zur Bildung von Untergruppen wird dem Schuldner zunächst eröffnet, Rechteinhaber innerhalb einer Rangklasse vor dem Hintergrund des strengen Gleichbehandlungsgrundsatz innerhalb der Plangruppe (§ 10) unterschiedliche Befriedigungsquoten anzubieten. Aufgrund unterschiedlicher wirtschaftlicher Interessen innerhalb einer Rangklasse, welche zugleich Abgrenzungskriterien und Rechtfertigungsgrund für die Bildung von Untergruppen ist (dazu im Einzelnen unter → Rn. 28 ff.), kann es im Einzelfall nicht sachgerecht sein, wenn der Schuldner den Rechteinhabern einer Rangklasse die gleiche Befriedigungsquote anbietet. 25

Darüber hinaus hat die Bildung von Untergruppen erhebliche strategische Bedeutung. Durch die Bildung einer zusätzlichen Untergruppe kann im Einzelfall die Voraussetzung für eine gruppenübergreifende Mehrheitsent- 26 scheidung geschaffen werden, indem erreicht werden kann, dass die Mehrheit der Gruppen dem Restrukturierungsplan zustimmt (§ 26 Abs. 1 Nr. 3). Solche strategischen Erwägungen bei der Gruppenbildung sind grundsätzlich möglich, da die Bildung von Untergruppen im Ermessen des Planerstellers steht, solange die Gruppen nach wirtschaftlich gleichen Interessen sachgerecht voneinander abgegrenzt werden (vgl. → Rn. 31 f.). Die Grenze missbräuchlicher Gruppenbildung ist erst dort überschritten, wo sich die Gruppenbildung ausschließlich durch strategische Erwägungen der Mehrheitsfindung erklären lässt. Dann liegt allerdings auch keine Gruppenbildung anhand wirtschaftlicher Interessen vor.

27 **b) Pflicht zur Bildung einer Untergruppe?** Für den Insolvenzplan wird zum Teil vertreten, dass der Planersteller im Einzelfall verpflichtet sein kann, eine bestimmte Untergruppe zu bilden. Eine Pflicht zur Bildung einer Untergruppe innerhalb einer Rangklasse bestehe dann, wenn die wirtschaftlichen Interessen von Gläubigern mit der gleichen Rechtsstellung ganz offensichtlich und in erheblichem Maße divergieren. Begründet wird dies im Wesentlichen durch eine verfassungskonforme Einschränkung des planerischen Ermessens des Schuldners in der wesentlich Ungleiches nicht gleich behandelt werden dürfe (Art. 3 GG) (MüKoInsO/*Eidenmüller* § 222 Rn. 35, 119 ff.; *Jungmann* KTS 2008, 218 (220)). Diese Auffassung überzeugt nicht (Morgen StaRUG/*Kowalewski*/*Praß* § 9 Rn. 69; zum Insolvenzplan siehe Kübler/Prütting/Bork InsO/*Spahlinger* § 222 Rn. 31; Nerlich/Römermann InsO/*Rühle* § 222 Rn. 17; Kübler HRI/*Bierbach* § 28 Rn. 78). Der Wortlaut „*können* nach Maßgabe wirtschaftlicher Interessen" sowie die Systematik von Abs. 2 S. 1 zu Abs. 1 (rechtsbezogene Pflichtgruppen) und Abs. 2 S. 4 (Pflichtuntergruppe für Kleingläubiger) sprechen dagegen. Eine andere Frage ist, ob das eigentliche Planziel eine Ungleichbehandlung der Gläubiger einer Pflichtgruppe erfordert und daher zur Wahrung des Gleichbehandlungsgebotes des § 10 Abs. 1 zwingend eine Untergruppe zu bilden ist (Kübler/Prütting/Bork InsO/*Spahlinger* § 222 Rn. 31; vgl. auch BGH 2005, 619 (621)).

28 **c) Voraussetzungen für die Bildung einer freiwilligen Untergruppe. aa) Methoden der Bildung einer freiwilligen Untergruppe.** Abs. 2 sieht die Möglichkeit vor, innerhalb einer obligatorischen Gruppe weitere Untergruppen nach Maßgabe wirtschaftlicher Interessen zu bilden (Abs. 2 S. 1). Die Untergruppen müssen sachgerecht voneinander abgegrenzt werden (Abs. 2 S. 2).

29 Im Rahmen dieser Vorgaben hat der Schuldner, wie beim Insolvenzplan auch beim Restrukturierungsplan, ein weitgehendes Ermessen bei der Gruppenbildung (*Spahlinger* NZI-Beilage, 2021, 32). Er kann sich daher grundsätzlich auch durch taktische Überlegungen leiten lassen.

30 In einem ersten Schritt ist das Differenzierungskriterium einer fakultativen Gruppe gegenüber einer Pflichtgruppe oder einer anderen fakultativen Gruppe aufzuzeigen. Im zweiten Schritt ist zu gewährleisten, dass sämtliche Gläubiger auch in die jeweils für sie zutreffende Gruppe eingeordnet wurden (zum Insolvenzplan *Madaus* NZI 2015, 539 (540)). So ist die Gruppenbildung etwa fehlerhaft, wenn in die Gruppe „Forderung aus Erbringung

von Dienstleistungen“ tatsächlich auch rückständige Mitgliedsbeiträge, Forderungen aus Werkvertrag und Forderung aus Maklervertrag eingeordnet werden (AG Köln NZI 2015, 537 (538)). Schließlich muss die Abgrenzung auch sachgerecht sein. Im Einzelnen:

**bb) Gleichartige wirtschaftliche Interessen (Abs. 2 S. 1).** Die Bildung von Untergruppen setzt zunächst voraus, dass innerhalb der obligatorischen Gruppe Gläubiger mit unterschiedlichen wirtschaftlichen Interessen bestehen und die Gläubiger mit jeweils gleichen wirtschaftlichen Interessen der jeweiligen Untergruppe zugeordnet werden (für den Insolvenzplan Brünkmans/Thole Insolvenzplan-HdB/*Beck*/*Pechartscheck* § 9 Rn. 44; MüKoInsO/*Eidenmüller* § 222 Rn. 101). Nach der Rechtsprechung zu § 222 Abs. 2 InsO, die hier übertragen werden kann (so auch Morgen StaRUG/*Kowalewski*/*Praß* § 9 Rn. 63; BeckOK StaRUG/*Fridgen* § 9 Rn. 27; Flöther/*Tasma* § 9 Rn. 18), ist der Begriff „gleichartige wirtschaftliche Interessen“ dahingehend zu verstehen, dass die *wichtigsten insolvenzbezogenen* (=restrukturierungsbezogenen) wirtschaftlichen Interessen der Mitglieder einer Gruppe übereinstimmen müssen (zum Insolvenzplan BGH NZI 2015, 697 Rn. 10). Darunter sind die dem Planziel einhergehenden Erwartungen, Handlungsspielräume, Konsequenzen und Befriedigungsaussichten des jeweiligen Beteiligten zu verstehen. Hierunter sollen sowohl kurz- als auch mittel- oder langfristig gerichtete Interessen an einer bestimmten Planwirkung fallen (Morgen StaRUG/*Kowalewski*/*Praß* § 9 Rn. 63; für den Insolvenzplan, Brünkmans/Thole Insolvenzplan-HdB/*Beck*/*Pechartscheck* § 9 Rn. 44, MüKoInsO/*Eidenmüller* § 222 Rn. 84 f.; K. Schmidt InsO/*Spliedt* § 222 Rn. 15). 31

Die Rechtsprechung stellt bei der Gruppenbildung nur auf die *wichtigsten* wirtschaftlichen Interessen ab, dh es müssen im Umkehrschluss nicht alle wirtschaftlichen Interessen der Gruppenmitglieder deckungsgleich sein (BGH ZIP 2015, 1346). Als Kontrollüberlegung kann man sich stets fragen, ob auch in dem Fall, dass ein oder mehrere Gruppenangehörige von den übrigen Gruppenangehörigen überstimmt wurden, deren restrukturierungsbezogene wirtschaftliche Interessen von den übrigen Gruppenangehörigen repräsentiert werden (vgl. Brünkmans/Thole Insolvenzplan-HdB/*Beck*/*Pechartscheck* § 9 Rn. 48). 32

**cc) Sachgerechte Abgrenzung der Gruppen (Abs. 2 S. 2).** Gleichartige wirtschaftliche Interessen innerhalb der (Unter-)Gruppe sind eine notwendige, aber keine hinreichende Voraussetzung für die Bildung einer fakultativen Untergruppe. Neben der Gewährung gleichartiger wirtschaftlicher Interessen innerhalb einer Untergruppe muss die Abgrenzung sachgerecht sein, dh für die Unterscheidung zwischen zwei oder mehr gebildeten Gruppen muss es einen sachlich gerechtfertigten Grund geben. Mit dem Kriterium der sachgerechten Abgrenzung soll vor allem das weite gestalterische Ermessen des Schuldners bei der Gruppenbildung eingeschränkt werden, um zu verhindern, dass Gläubiger künstlich auf verschiedene Gruppen aufgeteilt werden (Kübler/Prütting/Bork InsO/*Spahlinger* § 222 Rn. 38; HambKomm-RestR/*Thies*/*Lieder* § 222 Rn. 20; vgl. auch MüKoInsO/*Eidenmüller* § 222 Rn. 100). Durch die Erhöhung der Zahl der zustimmenden 33

Gruppen kann nämlich die Voraussetzung für eine gruppenübergreifende Mehrheitsentscheidung (§ 26 Abs. 1 Nr. 3) beeinflusst werden (bereits → Rn. 26).

**34** Ob ein sachlich gerechtfertigter Grund vorliegt, hängt von der konkreten Situation im Einzelfall ab (LG Mainz ZIP 2016, 587 (588); MüKoInsO/*Eidenmüller* § 222 Rn. 101; Kübler/Prütting/Bork InsO/*Spahlinger* § 222 Rn. 38). Ein sachlich gerechtfertigter Grund liegt insbesondere dann *nicht* vor, wenn die wichtigsten wirtschaftlichen Interessen derjenigen, deren Rechte in unterschiedliche Gruppen eingeordnet wurden, unstreitig gleichartig oder im Wesentlichen gleichartig sind (AG Köln ZRI 2021, 377 (379); Braun StaRUG/Böhm § 12 Rn. 12; Flöther/*Tasma* § 9 Rn. 10; siehe zum Insolvenzplan Kübler/Prütting/Bork InsO/*Spahlinger* § 222 Rn. 38; MüKo-InsO/*Eidenmüller* § 222 Rn. 101). Zulässig und damit nicht von vornherein sachwidrig ist die Bildung einer Gruppe mit nur einem Planbetroffenen (Flöther/*Tasma* § 9 Rn. 20). Ebenfalls nicht erforderlich für eine sachgerechte Gruppenbildung ist, dass den verschiedenen Gruppen auch unterschiedliche Rechte einräumt werden (vgl. aber für den Insolvenzplan, AG Köln ZInsO 2016, 1218 Rn. 13; HambKomm-RestR/*Thies/Lieder* § 222 Rn. 18; wie hier *Madaus* NZI 2015, 539 (540); Kübler/Prütting/Bork InsO/*Spahlinger* § 222 Rn. 38). Unzureichend begründete Gruppenbildung zur verfahrenstaktischen Mehrheitsbeschaffung werden von den Gerichten häufig abgelehnt (vgl. LG Neuruppin ZIP 2013, 1539 (1540)).

**35** **dd) Anerkannte Abgrenzungskriterien.** Die jeweiligen Abgrenzungskriterien können vielfältig sein und ihre sachliche Rechtfertigung ist stets eine Frage des Einzelfalls. In Betracht kommen: Persönliche Beziehungen (Gläubiger mit familiären Verbindungen zum Schuldner (HambKomm-RestR/*Thies/Lieder* § 222 Rn. 17)), Entstehungsgrund (deliktische oder vertragliche Gläubiger, öffentlich rechtliche Gläubiger (siehe zum Insolvenzplan BGH NZI 2015, 697 Rn. 21)) des jeweiligen Rechts, die geschäftlichen Erwartungen an die weitere Zusammenarbeit und Erhalt des Schuldners (Lieferanten oder Kunden) des betroffenen Gläubigers (HambKomm-RestR/*Thies/Lieder* § 222 Rn. 17) oder das wirtschaftliche Interesse des Anteilsinhabers am Erhalt des Schuldners (Mitunternehmer oder Kapitalbeteiligter?) (Brünkmans/Thole Insolvenzplan-HdB/*Beck/Pechartscheck* § 9 Rn. 45), wirtschaftlichen Bedeutung der Geschäftsverbindung für den Schuldner (die zehn größten Kunden bzgl. Gewährleistungsansprüche), Umfang der Rechtsposition, insbesondere Forderungshöhe (Klein- und Großgläubiger), Werthaltigkeit der Rechte der Planbetroffenen (besichert oder unbesicherte Forderungen), mögliche Alternativen zur Beteiligung an der Restrukturierung (Schuldscheingläubiger; Konsortialkreditgeber), Verfolgung von kurz- bis mittelfristigen finanziellen Zielen oder strategischer, langfristiger operativer Zusammenarbeit (Flöther/*Tasma* § 9 Rn. 18), das Interesse nur vom Fortführungswert abgedeckte Absonderungsberechtigte an der Sanierung des Unternehmens, das fortdauernde Mietverhältnis als sachliches Abgrenzungskriterium des Vermieters von anderen Gläubigern (AG Köln NZI 2015, 537 (538)), die der Forderung zugrunde liegende Vertragsart (Liefer-, Kredit, Versorgung oder Dienstleistungsvertrag) (HambKomm-

RestR/*Thies/Lieder* § 222 Rn. 17), die Fälligkeit der Forderung oder Art einer Sicherheit (HambKomm-RestR/*Thies/Lieder* § 222 Rn. 17) sowie Gläubiger ohne Gewinnerzielungsabsicht.

Ob die entsprechenden Gläubiger gegebenenfalls auch zu Sanierungsbeiträgen bereit sind, vor allem die Bereitschaft zur Teilnahme an einem Debt-Equity-Swap, kann ein zulässiges Abgrenzungskriterium sein (Kübler/Prütting/Bork InsO/*Spahlinger* § 222 Rn. 36). Für Beteiligte einer Konsortialfinanzierung oder Inhaber von Schuldverschreibungen können fakultative Gruppen gebildet werden, da ihre Rechte auch unter Einbeziehung der Vertragsbedingungen durch den Restrukturierungsplan geändert werden können (§ 2 Abs. 2) (Flöther/*Tasma* § 9 Rn. 20; vgl. AG Köln NZI 2015, 537). **36**

Die Höhe der Forderung sowie Grenzhöhen für Gläubigerforderungen als Kriterium für die Gruppeneinteilung (zB bis 1.000 EUR, zwischen 1.001–5.000 EUR und über 5.000 EUR) sind hingegen stets besonders erläuterungsbedürftig und nur in seltenen Fällen sachlich gerechtfertigt (BGH NZI 2015, 697 Rn. 22; *Madaus* NZI 2015, 539 (540); LG Neuruppin ZIP 2013, 1539; *Frind* EWiR 2013, 661 (662); *Lojowsky* NZI 2013, 646 (648)). **37**

Bezüglich Inhabern von Anteils- und Mitgliedschaftsrechten (§ 9 Abs. 1 S. 2 Nr. 4) kann trotz Fehlens einer § 222 Abs. 3 S. 2 entsprechenden Vorschrift für Kleinbeteiligte eine gesonderte Gesellschaftergruppe zugeordnet werden, wenn diese andere wirtschaftliche Interessen verfolgen als die übrigen Gesellschafter (zB Leistung eines Sanierungsbeitrages oder nicht). Auch eine Aufteilung anhand der Art der Beteiligung (zB Stamm- und Vorzugsaktien, Mehrheitsgesellschafter oder Minderheitsgesellschafter) oder anhand unterschiedlicher gesellschaftsvertraglicher Rechte und Pflichten ist möglich (Flöther/*Tasma* § 9 Rn. 21). **38**

### 3. Obligatorische Untergruppe der Kleingläubiger (Abs. 2 S. 4)

**a) Zweck – Abweichung zum Insolvenzplan.** Kleingläubiger sind im Rahmen der nach Abs. 1 zu bildenden Gruppen zwingend zu eigenständigen Gruppen zusammenzufassen (Abs. 2 S. 4). Damit unterscheidet sich die Behandlung von Kleingläubigern bezüglich der Gruppenbildung zu den insolvenzplanrechtlichen Regelungen, wonach die Bildung einer Untergruppe für Kleingläubiger zwar gemäß § 222 Abs. 3 S. 2 InsO idR gerechtfertigt ist, es jedoch im Ermessen des Planerstellers verbleibt, ob er eine Gruppe der Kleingläubiger begründet. Der Gesetzgeber begründet dies mit den vom Insolvenzrecht abweichenden Mehrheitserfordernissen. Während im Insolvenzplanrecht nach § 244 Abs. 1 InsO jeweils eine kumulative Kopf- und Summenmehrheit in den einzelnen Gruppen erforderlich ist, bedarf es nach § 27 Abs. 1 bei der Abstimmung über den Restrukturierungsplan in den Gruppen jeweils einer Summenmehrheit von 75 % ohne zusätzliche Kopfmehrheit (Begründung RegE, BT-Drs. 19/24181, S. 119). Die Bildung einer zwingenden Gruppe der Kleingläubiger ist somit als Ausgleich für die im Restrukturierungsplan weggefallene Kopfmehrheit zu betrachten. **39**

Mit Abs. 2 S. 4 wird Art. 9 Abs. 4 UAbs. 4 der RL 2019/1023 umgesetzt, wonach die Mitgliedstaaten geeignete Maßnahmen ergreifen, um sicher- **40** zustellen, dass bei der Klassenbildung insbesondere dem Schutz schutzbedürftiger Gläubiger wie kleinere Lieferanten Rechnung getragen wird. Sie reiht sich ein in mehrere Vorkehrungen zum Schutz von Kleingläubigern, wie zB die zwingende Bestellung eines Restrukturierungsbeauftragten (§ 73 Abs. 1 Nr. 1).

41 **b) Definition Kleingläubiger.** Der Begriff der Kleingläubiger ist weder im StaRUG noch in der InsO definiert. Nach der Gesetzesbegründung soll sich der Kreis der Kleingläubiger prinzipiell anhand der Höhe der Forderung bestimmen, wenn auch nach Art des Unternehmens und der Gläubigerstruktur unterschiedliche Kriterien herangezogen werden können. Bei der Einordnung der Höhe der Forderungen können relative Kriterien (Anteil der Verbindlichkeiten gegenüber dem betroffenen Gläubiger an der Gesamtsumme aller Verbindlichkeiten des Schuldners) und absolute Kriterien (absolute Höhe der Forderung des betreffenden Gläubigers) herangezogen werden (Begründung RegE, BT-Drs. 19/24181, S. 119). Dieser forderungsgezogene (objektbezogene) Ansatz weicht von dem personenbezogenen Verständnis des Begriffs des Kleingläubigers aus § 8 S. 2 Nr. 2 ab. Dies ist dem anderen Regelungszweck der Norm geschuldet.

42 **c) Klärung von Rechtsunsicherheiten bei der Vorprüfung.** Die fehlende Definition des Begriffs Kleingläubiger und die damit verbundene Auslegungsunsicherheit ist misslich, weil für Kleingläubiger zwingend eine Gruppe zu bilden ist, dh das Restrukturierungsgericht je nach Verständnis vom Begriff der Kleingläubiger die Bestätigung des Restrukturierungsplans verweigern wird (§ 63 Abs. 1 Nr. 2 → Rn. 16 ff.). Die Praxis wird sich damit behelfen müssen, im Zweifel eine Gruppe der Kleingläubiger zu eröffnen, wenn die Einstufung einzelner Planbetroffener als Kleingläubiger möglich erscheint oder diese Frage im Rahmen der gerichtlichen Vorprüfung (§ 46) zu klären.

## IV. Festlegung und Angaben der Gruppenbildung im Plan

### 1. Allgemeine Grundsätze

43 Nach Nr. 4 der Anlage zu § 5 S. 2 sind die Gruppen, in welche die Planbetroffenen zum Zwecke der Annahme des Restrukturierungsplans unterteilt wurden und die auf deren Forderungen und Rechte entfallenden Stimmrechte im Restrukturierungsplan anzugeben. Die eigentliche konstitutive Gruppenbildung erfolgt zwingend im gestaltenden Teil des Restrukturierungsplans (zur Formulierung der Gruppenbildung im gestaltenden Teil unter → § 7 Rn. 177 ff.) (Brünkmans/Thole Insolvenzplan-HdB/*Beck/Pechartscheck* § 9 Rn. 4; Brünkmans/Thole Insolvenzplan-HdB/*Brünkmans.,* § 8 Rn. 6 f.; Kübler/Prütting/Bork InsO/*Spahlinger* § 222 Rn. 68; Kübler HRI/*Bierbach* § 28 Rn. 13; Rendels/Zabel Rn. 119; aA MüKoInsO/*Eidenmüller* § 222 Rn. 22; HK-InsO/*Haas* § 222 Rn. 4). Dies folgt daraus, dass mit der Gruppenbildung „die Festlegung der Rechte der Beteiligten" ver-

bunden ist (siehe zum Insolvenzplan Kübler/Prütting/Bork InsO/*Spahlinger* § 222 Rn. 68).

Die Erläuterung und Begründung, insbesondere die in § 9 Abs. 2 S. 3 vorgeschriebene Darstellung der Abgrenzungskriterien für die Bildung fakultativer Untergruppen, erfolgt hingegen im darstellenden Teil des Restrukturierungsplans (Kübler/Prütting/Bork InsO/*Spahlinger* § 222 Rn. 68; dagegen für die Erläuterung der Gruppenbildung im gestaltenden Teil Brünkmans/Thole Insolvenzplan-HdB/*Beck/Pechartscheck* § 9 Rn. 4). Nach einem Urteil des Bundesgerichtshofes zum Insolvenzplan (BGH ZIP 2015, 1346 Rn. 10) ist es aber zulässig, die Erläuterungen auch im gestaltenden Teil vorzunehmen. Aus Gründen der Übersicht empfiehlt es sich dennoch entsprechend der Plansystematik im gestaltenden Teil nur rechtsgestaltende Regelungen und im darstellenden Teil Erläuterungen aufzunehmen. Der Bundesgerichtshof verlangt in seiner Entscheidung aus 2015 zum Insolvenzplan auch, dass im Plan anzugeben ist, nach welchen Vorschriften die Gruppen gebildet wurden (BGH NZI 2015, 697; kritisch Kübler/Prütting/Bork InsO/*Spahlinger* InsO § 222 Rn. 71). Dies sollte auch bei der Erläuterung der Gruppenbildung im Restrukturierungsplan beachtet werden. **44**

## 2. Besonderheiten für fakultative Untergruppen (Abs. 2 S. 3)

Für die nach § 9 Abs. 2 S. 3 gebotene Darstellung der sachgerechten Abgrenzung der fakultativen Untergruppen bietet es sich an, in einem ersten Schritt die wirtschaftlichen, restrukturierungsbezogenen Interessen der betroffenen Gläubiger zu erläutern und in einem zweiten Schritt darzulegen, dass alle Planbetroffenen mit übereinstimmenden Interessen tatsächlich auch in einer Gruppe zusammengefasst und worin genau die Unterscheidungskriterien begründet sind (Morgen StaRUG/*Kowalewski/Praß* § 9 Rn. 88; vgl. zum Insolvenzplan MüKoInsO/*Eidenmüller* § 222 Rn. 107). Schließlich erfolgt die Begründung, worin sich die Interessen der Gläubiger der Untergruppen unterscheiden. **45**

Die Tiefe und der Umfang der Darstellung der Gruppenbildungskriterien hängt vom Einzelfall je nach Professionalisierungsgrad der Planbetroffenen und Komplexität der Auswahlkriterien ab (Flöther/*Tasma* § 9 Rn. 26; zum Insolvenzplan siehe Kübler/Prütting/Bork InsO/*Spahlinger* § 222 Rn. 38; *Wimmer* § 222 Rn. 15; HK-InsO/*Haas* § 222 Rn. 15). Der Begründungsaufwand wird höher, wenn Gläubiger mit ähnlichen wirtschaftlichen Interessen im Plan unterschiedlich behandelt werden sollen. Soll beispielsweise der Debt-Equity-Swap nur bestimmten, ausgewählten Gläubigern angeboten werden, so ist regelmäßig ein erhöhter Begründungsaufwand erforderlich (Morgen StaRUG/*Kowalewski/Praß* § 9 Rn. 90). Ein bloßes Abschreiben von allgemeinen Abgrenzungskriterien aus der Kommentarliteratur ohne eine konkrete Bezugnahme auf den Schuldner und seine Gläubiger ersetzt nicht die erforderliche Begründung für eine Differenzierung zwischen den gebildeten Gruppen (AG Köln NZI 2015, 537(538)). **46**

## V. Gerichtliche Kontrolle der Gruppenbildung

**47** Die Gruppenbildung unterliegt bei der Planbestätigung nach § 63 Abs. 1 Nr. 2 der Kontrolle durch das Restrukturierungsgericht. Es wird die Bestätigung versagen, wenn die Gruppenbildung nicht den rechtlichen Anforderungen des § 9 entspricht.

**48** Das Gericht prüft zunächst, ob die im konkreten Fall erforderlichen Pflichtgruppen gemäß § 9 Abs. 1 S. 2 gebildet und ob die Planbetroffenen auf diese Gruppen ordnungsgemäß aufgeteilt wurden (Flöther/*Tasma* § 9 Rn. 28).

**49** Bezüglich der Bildung fakultativer Untergruppen nach Abs. 2 prüft das Restrukturierungsgericht, ob gleiche wirtschaftliche Interessen der Gläubiger der Untergruppe vorliegen und ob die Abgrenzung sachgerecht ist, dh insbesondere ob die insolvenzbezogenen wirtschaftlichen Interessen der Gläubiger der Untergruppen von den übrigen abweichen. Im Rahmen dieser Prüfung werden die Annahmen und Prämissen des Planerstellers lediglich auf Plausibilität hin überprüft. Maßgeblich ist, ob der Schuldner auf Basis einer angemessenen Informationsgrundlage vernünftigerweise von der Sachgerechtigkeit der Gruppenbildung ausgehen durfte (Flöther/*Tasma* § 9 Rn. 28). Grundlage der gerichtlichen Überprüfung bilden ausschließlich die Angaben im Restrukturierungsplan (Begründung RegE, BT-Drs. 19/24181, S. 119; zum Insolvenzplan BGH NZI 2015, 697 Rn. 10). Fehlen solche Erläuterungen, ist der Plan wegen eines Verstoßes gegen § 9 Abs. 2 S. 3 zurückzuweisen (zum Insolvenzplan BGH NZI 2015, 697 Rn. 10).

## VI. COVID-19 Finanzhilfen

**50** Nach § 7 S. 1 SanInsKG ist der Umstand, dass Forderungen im Zusammenhang mit staatlichen Leistungen stehen, die im Rahmen von staatlichen Programmen zur Bewältigung der COVID-19-Pandemie gewährt wurden, allein kein geeignetes Kriterium für die Gruppenbildung. Geschützt werden soll der Fiskus, um zu vermeiden, dass sich Schuldner unter Mitwirkung anderer Gläubiger zulasten der Steuerzahler über eine gruppenübergreifende Mehrheitsentscheidung der Verpflichtung zur Rückzahlung von staatlichen Corona Hilfen entledigen können (Morgen StaRUG/*Kowalewski*/*Praß* § 9 Rn. 57). Der Gesetzgeber befürchtete, dass die anlässlich der COVID-19 Pandemie gewährten staatlichen Hilfen zu gezielten Entschuldungskampagnen ausgenutzt werden könnten (Beschlussempfehlung des Ausschusses für Recht und Verbraucherschutz, BT-Drs. 19/25303, S. 140; BeckOK InsR/*Fridgen* COVInsAG § 7 Rn. 1).

**51** Der Begriff staatliche Leistungen ist in § 7 S. 2 SanInsKG näher definiert. Erfasst werden sollen insbesondere KfW-Kredite, Kredite des Wirtschaftsstabilisierungsfonds (WSF) sowie Förderbanken. Betroffen sind sowohl Rückzahlungsansprüche aus den Hilfsprogrammen als auch Rückforderungen der Hilfen aufgrund ungerechtfertigter Inanspruchnahme sowie auch zu

Unrecht erhaltener Steuervergünstigungen (BeckOK InsR/*Fridgen* SanInsKG § 7 Rn. 7).

Zum Teil wird angenommen, aus § 7 S. 1 SanInsKG folge, dass die Bildung einer Gruppe, allein bestehend aus derartigen staatlichen COVID-19 Forderungen, unzulässig sei und einem Restrukturierungsplan in diesem Fall die gerichtliche Bestätigung versagt werden müsse (BeckOK InsR/*Fridgen* SanInsKG § 7 Rn. 5). Richtigerweise verbietet § 7 SanInsKG jedoch nicht pauschal die Gruppierung staatlicher Corona-Hilfen in eine eigene Gruppe. Durch die Formulierung „allein für sich" wird vielmehr klargestellt, dass eine separate Gruppe und eine andere Behandlung im Einzelfall möglich sind, soweit andere sachliche Abgrenzungskriterien vorliegen als der bloße Umstand, dass es sich um eine staatliche Finanzhilfe handelt (Morgen StaRUG/*Kowalewski/Praß* § 9 Rn. 57; Nerlich/Römermann/*Römermann* COVInsAG § 7 Rn. 12; Kübler/Prütting/Bork InsO/*Spahlinger* § 222 Rn. 42c; Desch Das neue Restrukturierungsgesetz/*Biendl* § 10 Rn. 38; siehe auch Bericht des Ausschusses für Recht und Verbraucherschutz, BT-Drs. 19/25353, S. 17). 52

## Gleichbehandlung von Planbetroffenen

**10** (1) **Innerhalb jeder Gruppe sind allen Planbetroffenen gleiche Rechte anzubieten.**

(2) [1] **Eine unterschiedliche Behandlung der Planbetroffenen in einer Gruppe ist nur mit Zustimmung aller Planbetroffenen, zu deren Lasten die unterschiedliche Behandlung geht, zulässig.** [2] **In diesem Fall ist dem Restrukturierungsplan die zustimmende Erklärung eines jeden Planbetroffenen, zu dessen Lasten die unterschiedliche Behandlung geht, beizufügen.**

(3) **Jedes Abkommen des Schuldners oder Dritter mit einzelnen Planbetroffenen, durch das diesen für ihr Verhalten bei Abstimmungen oder sonst im Zusammenhang mit dem Restrukturierungsverfahren ein nicht im Plan vorgesehener Vorteil gewährt wird, ist nichtig.**

**Schrifttum:** *Eidenmüller* Der Insolvenzplan als gesellschaftsrechtliches Universalwerkzeug, NJW 2014, 17.

**Übersicht**

## I. Normzweck

1 Die Vorschrift regelt das gruppeninterne Gleichbehandlungsgebot. Innerhalb einer Gruppe sind den Planbetroffenen stets gleiche Rechte anzubieten (Abs. 1). Eine unterschiedliche Behandlung innerhalb einer Gruppe ist ausnahmsweise nur mit Zustimmung des jeweils benachteiligten Planbetroffenen möglich (Abs. 2). Schließlich wird der gruppeninterne Gleichbehandlungsgrundsatz durch Abs. 3 flankierend abgesichert, indem die Gewährung eines nicht im Plan vorgesehenen Vorteils für das Abstimmungsverhalten eines Planbetroffenen für verboten und nichtig erklärt wird (Abs. 3).

2 Ein ausdrückliches, gruppeninternes Gleichbehandlungsgebot ist in der Restrukturierungsrichtlinie (RL 2019/1023) nicht vorgegeben. Lediglich in den Erwägungsgründen (Nr. 44) ist von der Gewährleistung einer „fairen" Behandlung von im Wesentlichen ähnlichen Rechten die Rede. Der Gesetzgeber hat sich bei der Ausgestaltung von § 10 an § 226 InsO orientiert.

## II. Gruppeninterner Gleichbehandlungsgrundsatz (Abs. 1)

3 **a) Bedeutung und Funktion.** Nach Abs. 1 sind die zu einer Gruppe zusammengefassten Planbetroffenen gleich zu behandeln. Eine unterschiedliche Behandlung von Betroffenen, die unterschiedlichen Gruppen angehören, ist damit im Umkehrschluss zulässig, aber nicht zwangsläufig geboten (unter → Rn. 7). Mit Bildung einer Untergruppe innerhalb der Pflichtgruppe (dazu → § 9 Rn. 24 ff.) wird somit zugleich die Möglichkeit eröffnet, Planbetroffene mit gleicher Rangklasse unterschiedlich zu behandeln. Die Ungleichbehandlung muss sich bei der Gruppenbildung über das Kriterium der Sachgerechtigkeit rechtfertigen lassen, welche die Auswahl der Planbetroffenen (§ 8) und die Einteilung der Gruppen (§ 9 Abs. 2 S. 2) steuert (Begründung RegE, BT-Drs. 19/24181, S. 119). Diese Möglichkeit der Ungleichbehandlung innerhalb einer Rangklasse durch Bildung einer Untergruppe wird jedoch wiederum beschränkt, wenn der Restrukturierungsplan nur über eine gruppenübergreifende Mehrheitsentscheidung annahmefähig ist, dh in einer Untergruppe nicht die nach § 25 Abs. 1 erforderliche Mehrheit erreicht wird. In diesem Fall verlangen §§ 26 Abs. 1 Nr. 2, 27

Abs. 1 Nr. 3 wieder die Gleichbehandlung aller Planbetroffener gleicher Rangklasse. Eine Ungleichbehandlung wird dabei jedoch stets im Verhältnis der Planbetroffenen und der nicht in den Plan einbezogenen Gläubiger oder Anteilsinhaber bestehen (Begründung RegE, BT-Drs. 19/24181, S. 119).

**b) Anforderungen an Gleichbehandlung innerhalb der Gruppe.** 4 Innerhalb einer Gruppe sind allen Planbetroffenen gleiche Rechte anzubieten (Abs. 1). Die entscheidende Frage ist, was man unter „gleiche Rechte" versteht. Für § 226 InsO wird in diesem Zusammenhang insbesondere die Frage diskutiert, ob es auf eine formale Gleichbehandlung im Sinne einer gleichförmigen rechtlichen Regelung (so für den Insolvenzplan: LG Berlin NZI 2015, 66; Kübler/Prütting/Bork InsO/*Spahlinger* § 226 Rn. 5 f.; BeckOK InsO/*Geiwitz/v. Dankelmann* § 226 Rn. 2; Andres/Leithaus/*Andres* InsO § 226 Rn. 2) oder auf eine wirtschaftliche Gleichbehandlung (so für den Insolvenzplan MüKoInsO/*Breuer* § 226 Rn. 8; HK-InsO/*Haas* § 226 Rn. 2; Braun/*Braun/Frank* InsO § 226 Rn. 6; Ahrens/Gehrlein/Ringstmeier InsR/*Silcher* § 226 Rn. 5) ankommt. In der Diskussion zum Insolvenzplan wird dabei häufig nicht klar unterschieden, ob neben der formalen Gleichbehandlung noch eine wirtschaftliche Gleichbehandlung im Sinne einer gleichen wirtschaftlichen Auswirkung auf die Planbetroffenen erforderlich ist oder die materielle Gleichbehandlung zusätzliche Gestaltungsoptionen eröffnet, indem den Mitgliedern innerhalb der Gruppe formal unterschiedliche Rechte gewährt werden können, solange sie nur wirtschaftlich gleich zu betrachten sind.

Richtigerweise kommt es bei der gruppeninternen Gleichbehandlung ausschließlich auf die rein formale Gleichbehandlung an (wie hier Flöther/*Tasma* § 10 Rn. 2; anders hingegen für eine wirtschaftliche Gleichbehandlung Morgen StaRUG/*Kowalewski/Praß* § 10 Rn. 9 ff., 12; vgl. Braun StaRUG/*Böhm* § 10 Rn. 3). Eine zusätzliche Prüfung, dass die Auswirkungen der für alle gleich geltenden Planregelung bei jedem einzelnen Beteiligten die gleichen Effekte und damit die gleichen wirtschaftlichen Ergebnisse auslöst, ist nicht erforderlich (auf unterschiedliche steuerliche Auswirkungen beim Planbetroffenen kommt es nicht an, siehe zum Insolvenzplan LG Berlin NZI 2015, 66 zu umwandlungsrechtlich ausgelösten Steuertatbeständen). Schon der Wortlaut „gleiche Rechte" spricht für eine rein formale Betrachtung. Dies wird bestätigt durch den systematischen Vergleich zu § 27 Abs. 1 Nr. 3 (entspricht § 245 Abs. 2 Nr. 3 InsO), welcher verlangt, dass kein planbetroffener Gläubiger der gleichen Rangklasse bessergestellt werden darf, und damit eine im Gegensatz zu Abs. 1 wirtschaftliche Gleichbehandlung verlangt (so hM zu § 245 Abs. 2 Nr. 3 InsO, K. Schmidt InsO/*Spliedt* § 245 Rn. 29; Brünkmans/Thole Insolvenzplan-HdB/*Thole* § 17 Rn. 8; Uhlenbruck/*Lüer/Streit* InsO § 245 Rn. 7; Nerlich/Römermann InsO/*Rühle* § 245 Rn. 6). Auch der Sinn und Zweck des gruppeninternen Gleichbehandlungsgrundsatzes spricht für eine formale Gleichbehandlung. Sie lässt sich einfach anhand der Planregelung ablesen, während sich die wirtschaftliche Gleichbehandlung hingegen häufig nur durch komplexe Bewertungsprüfungen bestätigen lässt. Die Regelungstatbestände im gestaltenden Teil (Forderungserlasse, sachenrechtliche Änderungen iSv § 13 etc) werden grup-

5

penbezogen formuliert. Unterschiedliche Gestaltungsregelungen müssten wieder zu den Mitgliedern der Gruppe abgegrenzt werden. Sollte die Planregelung innerhalb der Gruppe der Planbetroffenen zu (erheblich) unterschiedlichen wirtschaftlichen Auswirkungen führen, kann der Schuldner darauf reagieren, indem eine weitere Untergruppe gebildet wird. Genaue diese unterschiedlichen wirtschaftlichen Auswirkungen der Planbetroffenen einer Rangklasse führen zu einer sachgerechten Differenzierung (§ 9 Abs. 2) bei der Bildung einer fakultativen Gruppe der Planbetroffenen (→ § 9 Rn. 31).

**6** Eine formale Gleichbehandlung der Planbetroffenen innerhalb einer Gruppe liegt auch dann vor, wenn die Planregelung den Planbetroffenen verschiedene Rechte im Sinne einer Option gewährt (AG Köln NZI 2021, 433; ZRI 2021, 377 (379)). Entscheidend ist dabei nur, dass allen Mitgliedern der Gruppe das gleiche Optionsrecht gewährt wird, dh jedem Planbetroffenen die gleichen Optionen angeboten werden und jeder Planbetroffene zwischen den Optionen frei wählen darf. Nicht entscheidend ist somit, dass alle Planbetroffenen am Ende auch die gleichen Rechte erhalten müssen (so auch Morgen StaRUG/*Kowalewski/Praß* § 10 Rn. 13; zum Insolvenzplan siehe ausführlich Brünkmans/Thole Insolvenzplan-HdB/*Brünkmans* § 31 Rn. 81). Eine solche Planregelung findet sich häufig im Zusammenhang mit der Regelung eines Debt-Equity-Swaps, indem Gläubiger wählen können zwischen einer Wandlung der Forderung in Aktien oder einer Barquote (siehe zum Insolvenzplan Brünkmans/Thole Insolvenzplan-HdB/*Brünkmans* § 31 Rn. 81). Auf wirtschaftliche Zwänge oder unterschiedliche mittelbare (steuer-) rechtliche Anreize bei den Planbetroffenen kommt es dabei nicht an (→ Rn. 5).

**7** **c) Verbot gruppenübergreifender Gleichbehandlung?** Für den Insolvenzplan wird vereinzelnd vertreten, dass im Fall der Bildung einer fakultativen Untergruppe von Planbetroffenen der gleichen Rangklasse in den unterschiedlichen Gruppen der gleichen Rangklasse den Planbetroffenen stets unterschiedliche Rechte anzubieten sind (AG Köln NZI 2016, 537 (538); dagegen die wohl hA: Uhlenbruck/*Lüer/Streit* InsO § 222 Rn. 25; Kübler/Prütting/Bork InsO/*Spahlinger* § 222 Rn. 29; Braun InsO/*Braun/Frank* § 222 Rn. 21 Fn. 40). Dies liefe auf ein Verbot gruppenübergreifender Gleichbehandlung – oder anders ausgedrückt zur Pflicht der ungleichen Behandlung zwischen den Gruppen – hinaus. Eine solche Pflicht ist weder dem Gesetz zu entnehmen noch nach dem Zweck der Gruppenbildung geboten. Im Gegenteil würde eine Pflicht zur Ungleichbehandlung eine gruppenübergreifende Mehrheitsentscheidung im Fall der Bildung einer Untergruppe stets unmöglich machen (vgl. §§ 27 Abs. 1 Nr. 1, 26 Abs. 1 Nr. 2) (ausführlich unter → § 9 Rn. 27).

**8** **d) Verdrängung des gesellschaftsrechtlichen Gleichbehandlungsgrundsatzes.** Für die Aktionäre einer AG besteht nach § 53a AktG ein umfassender Gleichbehandlungsgrundsatz. Entsprechendes wird für andere Rechtsformen, so etwa für die Gesellschafter einer GmbH aus §§ 19 Abs. 2, 24, 26 Abs. 2 und Abs. 3, 29 Abs. 3, 31 Abs. 3, 47 Abs. 2 GmbHG, angenommen. Werden Gesellschafter als Planbetroffene in den Restrukturierungsplan einbezogen, ist der gesellschaftsrechtliche Gleichbehandlungsgrundsatz jedoch durch das vom StaRUG zur Verfügung gestellte, differenzierte System der Gleichbehandlung verdrängt (siehe zum Insolvenzplan: *Thole* Gesellschaftsrechtliche Maßnahmen Rn. 276; Brünkmans/Thole Insolvenzplan-HdB/*Brünkmans* § 31 Rn. 77 ff.; *Eidenmüller* NJW 2014, 17 (18); *Haas* NZG 2012, 961 (965)). Sowohl der gesellschaftsrechtliche als auch der restrukturierungsrechtliche Gleichbehandlungsgrundsatz aus § 10 verbieten im Ergebnis die unterschiedliche Behandlung ohne sachlichen Grund (auch der aktienrechtliche Gleichbehandlungsgrundsatz aus § 53a AktG gilt nicht absolut, sondern erlaubt sachlich gerechtfertigte Ungleichbehandlungen, Koch AktG/*Koch* § 53a Rn. 8; Hölters/Weber AktG/*Mayer/Albrecht vom Kolke* § 53a Rn. 11), wobei das Restrukturierungsrecht die Frage des sachlichen Grundes bei der Gruppenbildung verortet (wohl anders Morgen StaRUG/*Kowalewski/Praß* § 10 Rn. 18).

Wird eine formale Ungleichbehandlung von Anteilsinhabern angestrebt, 9
ist für die Gruppe der Anteilsinhaber eine weitere fakultative Untergruppe zu bilden (Brünkmans/Thole Insolvenzplan-HdB/*Brünkmans* § 31 Rn. 79 f.). Eine weitere Untergruppe innerhalb der Gruppe der Anteilsinhaber wäre beispielsweise zu bilden, wenn nur bestimmten Anteilsinhabern ein Bezugsrecht gewährt wird, für die anderen somit ein Bezugsrechtsausschluss vorgesehen ist oder nur bestimmte Anteilsinhaber für einen Debt-Equity-Swap zugelassen werden. Ob eine solche differenzierte Behandlung zulässig ist, entscheidet sich dann wiederum nach dem allgemeinen Kriterium der Sachgerechtigkeit (§ 9 Abs. 2 S. 2) für die Bildung von fakultativen Untergruppen (→ § 9 Rn. 33 f.).

**e) Absoluter, gruppenübergreifender Gleichbehandlungsgrundsatz** 10
**für Schuldverschreibungsgläubiger (§ 19 Abs. 4 iVm Abs. 6 SchVG).** Werden Gläubiger von Schuldverschreibungen in den Restrukturierungsplan einbezogen, ist der Gleichbehandlungsgrundsatz aus § 19 Abs. 4 iVm Abs. 6 SchVG zu beachten. Danach sind den Schuldverschreibungsgläubigern im Restrukturierungsplan die gleichen Rechte anzubieten. Eine differenzierte Behandlung der Schuldverschreibungsgläubiger durch Bildung einer weiteren Untergruppe innerhalb der Gruppe der Schuldverschreibungsgläubiger ist somit nicht möglich (vgl. Morgen StaRUG/*Kowalewski/Praß* § 10 Rn. 13; für den Insolvenzplan Hopt/Seibt SchVG/*Knapp* § 19 Rn. 130). Versteht man den Gleichbehandlungsgrundsatz aus § 19 Abs. 4 iVm Abs. 6 SchVG wie § 10 Abs. 1 StaRUG ebenfalls formal und nicht wirtschaftlich (dazu → Rn. 4 ff.), kann der Restrukturierungsplan auch nicht über unterschiedliche Plangruppen bestimmte Schuldverschreibungsgläubiger für die Umwandlung der Anleihen in Aktien im Rahmen eines Debt-Equity-Swaps zulassen und Mitglieder der anderen Gruppe davon ausschließen (wohl anders Veranneman SchVG/*Rattunde* § 19 Rn. 110). Der gruppenübergreifende, absolute Gleichbehandlungsgrundsatz für Schuldverschreibungsgläubiger wird indes nach allgemeinen Grundsätzen (→ Rn. 6) gewahrt, wenn allen Schuldverschreibungsgläubigern die gleichen Optionsrechte gewährt werden. Auf die verschiedenen Wirkungen je nach Ausübung der Option kommt es nicht an.

## III. Zulässige, konsensuale Ungleichbehandlung (Abs. 2)

11 Eine unterschiedliche Behandlung der Planbetroffenen innerhalb einer Gruppe ist ausnahmsweise zulässig, wenn alle Planbetroffenen, zu deren Lasten die unterschiedliche Behandlung geht, der Ungleichbehandlung zustimmen (Abs. 2 S. 1). Dem Restrukturierungsplan ist in diesem Fall die Zustimmungserklärung als Plananlage beizufügen.

12 Nach dem hier vertretenen formalen Gleichbehandlungsgrundsatz (→ Rn. 4 ff.) ist die Zustimmung des betroffenen Gläubigers schon immer dann erforderlich, wenn bestimmte Gläubiger aus einem günstigen Regelungstatbestand herausgenommen werden. Bestehen unterschiedliche Regelungstatbestände, ist grundsätzlich die Zustimmung aller Planbetroffenen erforderlich, es sei denn, dass einige Planbetroffene *eindeutig* bessergestellt werden. Dann ist lediglich die Zustimmung der Benachteiligten erforderlich (vgl. zum Insolvenzplan Uhlenbruck/*Lüer/Streit* InsO § 226 Rn. 6; HambKomm-RestR/*Thies/Lieder* § 226 Rn. 4; Begründung BT-Drs. 12/2443, S. 202). Sofern die Regelungen zwar unterschiedlich, aber nicht offensichtlich ungleichwertig sind, müssen alle Planbetroffenen der Gruppe der Regelung ausdrücklich zustimmen (so auch Morgen StaRUG/*Kowalewski/Praß* § 10 Rn. 22, der allerdings dem materiellen Ansatz bei Gleichbehandlung folgt, siehe dazu Morgen /*Kowalewski/Praß* § 10 Rn. 9 ff.). Praktikabel ist eine solche Vorgehensweise jedoch nicht. Die damit verbunden Probleme lassen sich durch die Bildung von Untergruppen vermeiden. Praktisch hat Abs. 2 somit nur für die Fälle Bedeutung, in denen fraglich ist, ob die Bildung einer weiteren Untergruppe sachgerecht ist (→ § 9 Rn. 33 f.) und die Zustimmung der offensichtlich benachteiligten Mitglieder der Gruppe aufgrund der Vorgespräche sicher erscheint.

13 Abs. 2 S. 2 verlangt in formeller Hinsicht, dass die nach Abs. 1 S. 1 erforderlichen Zustimmungserklärungen der Planbetroffenen dem Restrukturierungsplan als Anlage beizufügen sind und schriftlich (Morgen StaRUG/*Kowalewski/Praß* § 10 Rn. 23; Wolgast/Grauer/*Kirchner* § 10 Rn. 6; vgl. zum Insolvenzplan K. Schmidt InsO/*Spliedt* § 226 Rn. 5; HambKomm-RestR/*Thies/Lieder* § 226 Rn. 3) zu erfolgen haben.

## IV. Nichtigkeit von Umgehungsgeschäften (Abs. 3)

### 1. Normzweck

14 Abs. 3 erklärt jedes Abkommen des Schuldners oder Dritter mit einzelnen Planbetroffenen, durch das diesen für ihr Verhalten bei Abstimmungen oder sonst im Zusammenhang mit dem Restrukturierungsverfahren ein nicht im Plan vorgesehener Vorteil gewährt wird, für nichtig. Die Vorschrift schützt die Transparenz und Integrität des Abstimmungsprozesses über den Restrukturierungsplan (Begründung RegE, BT-Drs. 19/24181, S. 120). Aus der systematischen Stellung innerhalb von § 10 ist ferner das Ziel ersichtlich, zu verhindern, dass der formale Gleichheitsgrundsatz aus Abs. 1 durch „Zu-

geständnisse am Plan vorbei" unterwandert wird. Es soll ein nicht offengelegter Stimmenkauf verhindert werden. Die Regelung entspricht § 226 Abs. 3 zum Insolvenzplan.

### 2. Tatbestand allgemein

Der Begriff „Abkommen" im Sinne von Abs. 3 ist wie bei der insolvenz- 15
planrechtlichen Parallelvorschrift insoweit zum wortgleichen § 226 Abs. 3 weit auszulegen. Mit Abkommen ist jede einvernehmliche Besserstellung, sei es durch eine vertragliche Vereinbarung oder eine anderweitige zweckgerichtete Gewährung eines wie auch immer gearteten Vorteils zu verstehen (Morgen StaRUG/*Kowalewski/Praß* § 10 Rn. 24; BeckOK StaRUG/*Fridgen* § 9 Rn. 17; Flöther/*Tasma* § 10 Rn. 5; vgl. zum Insolvenzplan K. Schmidt InsO/*Spliedt* § 226 Rn. 6; Nerlich/Römermann InsO/*Ober* § 226 Rn. 9; HambKomm-RestR/*Thies/Lieder* § 226 Rn. 7; MüKoInsO/*Breuer* § 226 Rn. 14). Allerdings muss das Tatbestandsmerkmal „nicht im Plan vorgesehener Vorteil" auf *unmittelbare* Vorteile eingegrenzt werden. Mittelbare Vorteile – wie etwa Geschäftschancen eines Planbetroffenen – gehören nicht dazu (siehe auch Morgen StaRUG/*Kowalewski/Praß* § 10 Rn. 25). Vereinbarungen mit Planbetroffenen, die keine Gewährung von Vorteilen im Sinne von Abs. 3 zum Gegenstand haben, müssen im Restrukturierungsplan nicht offengelegt werden, sind aber im Einzelfall nach den strengen Maßstäben von § 138 BGB nichtig (Kübler/Prütting/Bork InsO/*Spahlinger* § 226 Rn. 8). Problematisch in der Praxis ist der Nachweis des Kausalzusammenhangs zwischen Vorteilsgewährung und Abstimmungsverhalten (siehe zum Insolvenzplan: Kübler/Prütting/Bork InsO/*Spahlinger* § 226 Rn. 8).

### 3. Forderungskauf im Besonderen

Praktische Bedeutung hat die Parallelvorschrift zum Insolvenzplan (§ 226 16
Abs. 3) im Zusammenhang mit den Forderungskäufen zur Erlangung von Gläubigermehrheiten erlangt. Nach dem Leitsatz einer Entscheidung des Bundesgerichtshofes aus dem Jahre 2005 sind Forderungskaufverträge nach Abs. 3 (= § 226 Abs. 3) nichtig, wenn ein Insolvenzgläubiger oder ein Dritter einzelnen anderen Insolvenzgläubigern Forderungen zu einem Preis abkauft, der die in einem vorgelegten Insolvenzplan vorgesehene Quote übersteigt, um mit der so erlangten Abstimmungsmehrheit die Annahme des Insolvenzplans zu bewirken (BGH NZI 2005, 325 (1. Leitsatz)). Dies soll unabhängig davon gelten, ob der Forderungskauf heimlich oder offen durchgeführt wird. Ein Verstoß gegen Abs. 3 läge nach diesem Verständnis nur dann nicht vor, wenn die Begünstigung zustimmungsfähig unmittelbar im Restrukturierungsplan geregelt wäre, dh der Vorteil durch Kaufpreisaufschlag entweder allen Gläubigern der jeweiligen Gruppe zugutekäme (Abs. 1) oder eine ausdrückliche Zustimmung zur Ungleichbehandlung nach Abs. 2 vorliegt (vgl. BGH NZI 2005, 325 (327)).

Die Entscheidung des BGH ist in der Literatur zu Recht auf Kritik 17
gestoßen (Brünkmans/Thole Insolvenzplan-HdB/*Thole* § 19 Rn. 41 ff.; Kübler/Prütting/Bork InsO/*Spahlinger* § 226 Rn. 11; K. Schmidt InsO/

*Spliedt* § 226 Rn. 8; Uhlenbruck/*Lüer/Streit* InsO § 226 Rn. 9; MüKo-InsO/*Breuer* § 226 Rn. 14). Dabei gibt weniger das Ergebnis im konkret vom BGH entschiedenen Fall, sondern vielmehr die Begründung Anlass zur Kritik. Der Kaufpreisaufschlag (Kaufpreis höher als Planquote) und das Ziel der Sicherung einer Abstimmungsmehrheit allein kann nicht die Nichtigkeit nach Abs. 3 begründen. Wenn der Käufer/Zessionar bereit ist, mehr zu zahlen als die (Quoten-) Forderung wert ist, ist das seine freie wirtschaftliche Entscheidung (Kübler/Prütting/Bork InsO/*Spahlinger* § 226 Rn. 11; Brünkmans/Thole Insolvenzplan-HdB/*Thole* § 19 Rn. 41 ff.).

**18** Zu unterscheiden ist daher ein echter Forderungskauf mit Übernahme des vollständigen wirtschaftlichen Risikos und ein bloßer Stimmrechtskauf, dh Gewährung eines wirtschaftlichen Vorteils für ein bestimmtes Abstimmungsverhalten. Ersteres setzt jedoch voraus, dass der Käufer auch das wirtschaftliche Risiko der Abnahme und Bestätigung des Restrukturierungsplans trägt. Diese Voraussetzung war in dem vom BGH zu entscheidenden Fall nicht erfüllt. Vielmehr war die Wirksamkeit des Forderungskaufs aufschiebend bedingt auf den Zeitpunkt der rechtskräftigen Bestätigung des Insolvenzplans, zugleich wurde dem Käufer eine sofort wirksame Abstimmungsvollmacht erteilt, die dieser unabhängig von Weisungen des Verkäufers ausüben konnte. Der Käufer hatte somit kein wirtschaftliches Risiko übernommen. Somit lag ein Stimmenkauf durch Vorteilsgewährung außerhalb des Plans vor (K. Schmidt InsO/*Spliedt* § 226 Rn. 8). Stellt man hingegen im Rahmen von § 226 Abs. 3 maßgeblich auf das wirtschaftlich ungleiche Ergebnis der Planbetroffenen ab (vgl. Ausführungen bei BGH NZI 2005, 325 (327): „Wenn ein Insolvenzgläubiger einzelnen anderen Insolvenzgläubigern – nicht allen anderen – deren Forderungen zu einem Preis abkauft, der die in dem Insolvenzplan vorgesehene Quote übersteigt (…)"), wäre allen übrigen Gläubigern ein Kaufangebot zu machen. Richtigerweise ist dieser Ansatz jedoch abzulehnen, solange der „nicht im Plan vorgesehene Vorteil" (siehe Abs. 3) nicht aus der Insolvenzmasse stammt. Allein das wirtschaftlich ungleiche Ergebnis zwischen den Gläubigern ist unbeachtlich (vgl. Uhlenbruck/*Lüer/Streit* InsO § 226 Rn. 9). Bei unabhängig von der Planabstimmung wirksamen Forderungskäufen handelt es sich richtigerweise somit nicht um unzulässige Abkommen iSv § 10 Abs. 3 (iE auch Morgen StaRUG/*Kowalewski/Praß* § 10 Rn. 26; Flöther/*Tasma* § 10 Rn. 6 f.; wohl auch BeckOK StaRUG/*Fridgen* § 10 Rn. 19; zum Insolvenzplan HambKomm-RestR/*Thies/Lieder* § 226 Rn. 10; HK-InsO/*Haas* § 226 Rn. 4).

#### 4. Rechtsfolge

**19** Zu der Rechtsfolge bei einem Verstoß gegen Abs. 3 → Rn. 22 f.

### V. Rechtsfolgen

#### 1. Verstoß gegen Abs. 1 und Abs. 2

**20** Das Restrukturierungsgericht prüft die Einhaltung der gruppeninternen Gleichbehandlung im Rahmen der gerichtlichen Planbestätigung. Liegt eine formale Ungleichbehandlung (Abs. 1 im Einzelnen unter → Rn. 4 ff.) und auch keine Einzelzustimmung nach Abs. 2 (im Einzelnen → Rn. 11 ff.) vor, hat das Restrukturierungsgericht die Bestätigung des Plans gemäß § 63 Abs. 1 Nr. 2 zu versagen, denn § 10 ist eine Vorschrift über den zwingenden Inhalt des Restrukturierungsplans (Morgen StaRUG/*Brackmann/Langer* § 63 Rn. 33). Ein Verstoß gegen Abs. 1 dürfte stets wesentlich sein, weil das Abstimmungsergebnis innerhalb der Gruppe bei formaler Gleichbehandlung offenbleibt. Haben die benachteiligten Planbetroffen hingegen zugestimmt, fehlt es lediglich an den schriftlichen Zustimmungserklärungen zum Plan. Dieser Mangel kann beseitigt werden, indem die schriftliche Zustimmungserklärung nachträglich – aber noch vor der Bestätigung des Restrukturierungsplans – eingeholt und zur Plananlage genommen wird (vgl. Morgen StaRUG/*Kowalewski/Praß* § 10 Rn. 23).

Bei Zweifelsfragen kann der Schuldner selbstverständlich die Wahrung des Gleichbehandlungsgrundsatzes im Rahmen der Vorprüfung gemäß §§ 47 S. 2, 46 S. 2 Nr. 1 klären lassen. 21

### 2. Verstoß gegen Abs. 3

Ein Verstoß gegen Abs. 3 führt zur Nichtigkeit sowohl des vorteilsgewährenden Verpflichtungsgeschäfts, als auch des dinglichen Vollzugsgeschäfts (Flöther/*Tasma* § 10 Rn. 5; Morgen StaRUG/*Kowalewski/Praß* § 10 Rn. 29; zum Insolvenzplan K. Schmidt InsO/*Spliedt* § 226 Rn. 6; Nerlich/Römermann InsO/*Ober* § 226 Rn. 10). 22

Nach der Rechtsprechung des BGH darf der Restrukturierungsplan (Insolvenzplan) nicht bestätigt werden, wenn dessen Annahme auf einer nach Abs. 3 verbotenen Vorteilsgewährung beruht (BGH NZI 2005, 325 (327); zum Beruhen vgl. K. Schmidt InsO/*Spliedt* § 226 Rn. 6; Kübler/Prütting/Bork InsO/*Spahlinger* § 226 Rn. 9). Wird das Abkommen vor der Planbestätigung bekannt, hat das Restrukturierungsgericht in diesem Fall die Bestätigung des Restrukturierungsplans nach § 63 Abs. 4 von Amts wegen zu versagen. 23

## Haftung des Schuldners

**11** **[1]Ist im Restrukturierungsplan nichts anderes bestimmt, wird der Schuldner mit der im gestaltenden Teil vorgesehenen Befriedigung der Gläubiger von seinen restlichen Verbindlichkeiten gegenüber diesen aus den in den Plan einbezogenen Restrukturierungsforderungen und Absonderungsanwartschaften befreit. [2]Handelt es sich bei dem Schuldner um eine Gesellschaft ohne Rechtspersönlichkeit oder eine Kommanditgesellschaft auf Aktien, so gilt Satz 1 entsprechend für die persönliche Haftung der unbeschränkt haftenden Gesellschafter.**

**Schrifttum:** *Dellit/Hamann* Forderungserlass und Insolvenzplan, ZIP 2015, 308.

**Übersicht**



## I. Normzweck

1 § 11 enthält eine Auslegungsregel, nach welcher der Schuldner von den restlichen Verbindlichkeiten und die persönlich haftenden Gesellschafter vorbehaltlich abweichender Bestimmungen im Plan von ihrer Haftung aus den plangestalteten Forderungen befreit werden. Die in § 11 vorgesehene schuldbefreiende bzw. schuldgestaltende Wirkung (→ Rn. 8 f.) wird wiederum in §§ 67, 69 durch die gerichtliche Bestätigung oder der vollkonsensualen Annahme des Restrukturierungsplans gemäß §§ 17–19 erzeugt. Die Vorschrift orientiert sich an § 227 Abs. 1 InsO. Anders als beim Insolvenzplan (§ 254b InsO) beschränkt sie sich – folgerichtig aus der Natur eines teilkollektiven Verfahrens – auf die Haftung für die in den Plan einbezogenen Forderungen und gilt nicht für die Forderungen der Gläubiger, die vom Plan nicht betroffen werden (Begründung RegE, BT-Drs. 19/24181, S. 120). Da die finanzwirtschaftliche Sanierung (Bilanzsanierung) idR das Hauptziel eine Restrukturierungsplans sein wird, sollte die Enthaftung im Restrukturierungsplan ausdrücklich geregelt sein, sodass ein Rückgriff auf die Auslegungsregel nicht erforderlich ist.

2 Aus der Restrukturierungsrichtlinie (RL 2019/1023) ist keine ausdrückliche Vorgabe zur Einführung einer solchen Auslegungsregel erkennbar, allerdings entspricht dies dem Sinn und Zweck des Restrukturierungsverfahrens (siehe Erwgr. 1 der RL 2019/1023; Morgen StaRUG/*Knapp/Wilde* § 11 Rn. 2; BeckOK StaRUG//*Fridgen* § 11 Rn. 5).

## II. Enthaftungstatbestände

### 1. Haftungsbefreiung des Schuldners (S. 1)

3 Ist im Restrukturierungsplan nichts anderes bestimmt, wird der Schuldner mit der im gestaltenden Teil vorgesehenen Befriedigung der Gläubiger von seinen restlichen Verbindlichkeiten befreit.

**a) Anwendungsbereich.** Von der Haftungsbefreiung nach S. 1 sind sämtliche im Restrukturierungsplan einbezogenen Restrukturierungsforderungen, dh sowohl einfache Restrukturierungsforderungen (§ 9 Abs. 1 Nr. 2) als auch nachrangige Restrukturierungsforderungen (§ 9 Abs. 1 Nr. 3), erfasst. Nach S. 1 Var. 2 ebenfalls ausdrücklich erfasst sind Absonderungsanwartschaften an Rechten und Gegenstände des Schuldners sowie gruppeninterne Drittsicherheiten (§§ 2 Abs. 4, 67 Abs. 3 S. 1), soweit diese im Restrukturierungsplan einbezogen werden. Nicht erfasst werden hingegen einfache Drittsicherheiten, wohl aber Regressforderungen der Sicherungsgeber, wenn diese im Restrukturierungsplan einbezogen wurden. **4**

Die Auslegungsregel aus S. 1 bezieht sich nur auf die planbetroffenen Gläubiger, dh Gläubiger, deren Forderungen in den Restrukturierungsplan nach § 8 einbezogen wurden. Eine für den Insolvenzplan vorgesehene „Generalbereinigung" für alle Insolvenzforderungen (vgl. § 254b InsO) findet gerade nicht statt. **5**

Nichtgruppeninterne Drittsicherheiten werden hingegen nicht von den Wirkungen der §§ 11, 67, dh gegenüber dem Schuldner, erfasst (vgl. § 67 Abs. 3 S. 1). Hingegen greift die Enthaftungswirkung wohl auf den Regress des Sicherungsgebers (§ 67 Abs. 3 S. 2). **6**

Die Wirkung der Haftungsbefreiung setzt einen wirksamen und in Kraft getretenen Restrukturierungsplan voraus. Dies kann durch eine gerichtliche Bestätigung, aber auch durch eine konsensuale Annahme des Restrukturierungsplans durch alle Planbetroffene nach §§ 17–19 oder §§ 20–22 erfolgen (vgl. aber Morgen StaRUG/*Knapp/Wilde* § 11 Rn. 7; BeckOK StaRUG/*Fridgen* § 11 Rn. 25, die ausschließlich auf die gerichtliche Bestätigung des Restrukturierungsplans abstellen). Im letzteren Fall dient § 11 ebenfalls als Auslegungshilfe. Soweit im Restrukturierungsplan nichts anderes vereinbart wurde, ist die Befreiung von der Restschuld zu unterstellen. **7**

**b) Wirkung der Haftungsbefreiung. aa) Rechtsverbindlichkeit als Naturalobligation.** Die Auslegungsregel zur Restschuldbefreiung nach § 11 S. 1 stellt auf die gesetzlich in § 67 Abs. 1, 4 vorgesehene Rechtsfolge ab, dh im Zweifel bleiben die Verbindlichkeiten als unvollkommene Verbindlichkeiten bzw. Naturalobligationen bestehen. Sie sind nicht mehr durchsetzbar, aber jederzeit erfüllbar (siehe zum Insolvenzplan BGH NZI 2011, 538 Rn. 8; MüKoInsO/*Breuer* § 227 Rn. 8; HambKomm-RestR/*Thies/Lieder* § 227 Rn. 5; K. Schmidt InsO/*Spliedt* § 254 Rn. 12; Uhlenbruck/*Lüer/Streit* InsO § 227 Rn. 6; aA *Dellit/Hamann* ZIP 2015, 308 (316) (Erlöschen, aber gesetzliche Schutzwirkungen der §§ 254 ff. bleiben unberührt)). Richtigerweise kann der Restrukturierungsplan im Hinblick auf die Restschuldbefreiung eine abweichende Regelung vorsehen, etwa indem ein vollständiger Erlass mit der Wirkung vereinbart wird, dass die Forderung auch nicht als Naturalobligation fortbesteht (streitig, dazu → § 7 Rn. 24). **8**

Gerät der Schuldner mit der Erfüllung des Restrukturierungsplans gegenüber einem Gläubiger erheblich in Rückstand, leben dessen im Plan gestundeten oder erlassenen Forderungen (§ 11 S. 1) wieder auf und können in voller Höhe vollstreckt oder aufgerechnet werden (§ 69 S. 1). Wird vor der Planerfüllung ein Insolvenzverfahren über das Vermögen des Schuldners **9** eröffnet, so ist ein im Restrukturierungsplan geregelter Erlass hinfällig (§ 69 Abs. 2) und die gekürzten Restrukturierungsforderungen können in voller Höhe wieder zur Insolvenztabelle angemeldet werden.

10 **bb) Aufrechnung.** Mit einer lediglich als Naturalobligation fortbestehenden Forderung kann grundsätzlich nicht aufgerechnet werden. Zwar lässt der BGH Aufrechnungslagen, die bereits vor Eröffnung des Insolvenzverfahrens bestanden, unter Heranziehung von § 94 InsO in voller Höhe, dh ohne Berücksichtigung der im Restrukturierungsplan vorgesehenen Kürzung, zu (BGH NZI 2011, 538 (540)). Dies ist allerdings in der Literatur zum Insolvenzplan bereits auf Kritik gestoßen (siehe Brünkmans/Thole Insolvenzplan-HdB/*Brünkmans* § 8 Rn. 115; *Braun* NZI 2009, 409 (412); Uhlenbruck/*Sinz* InsO § 94 Rn. 84; *Jacobi* NZI 2009, 351 (353)). Nach der in der Literatur überwiegend vertretenen Ansicht besteht die Aufrechnungsbefugnis nur bis zum Abstimmungstermin über den Plan oder bis zur rechtskräftigen Bestätigung des Insolvenzplans (Uhlenbruck/*Sinz* InsO § 94 Rn. 84; *Braun* NZI 2009, 409 (412); *Föther/Wehner* ZInsO 2009, 503 (506)). Danach ist eine Aufrechnung nur noch iHd im Restrukturierungsplan gewährten Quote möglich. Bereits zum Insolvenzplan überzeugt die Heranziehung des Rechtsgedanken aus § 94 InsO nicht (siehe ausführlich Brünkmans/Thole Insolvenzplan-HdB/*Brünkmans* § 8 Rn. 115). Noch weniger passt die Übertragung des Gedankens auf Aufrechnungslagen, bezogen auf Restrukturierungsforderungen, weil das StaRUG ein „Einfrieren von Aufrechnungslagen" entsprechend § 94 InsO gerade nicht vorsieht. Der Restrukturierungsgläubiger erhält frühzeitig Kenntnis von der Einbeziehung seiner Restrukturierungsforderung in einen Restrukturierungsplan und kann seine Aufrechnungslage verwirklichen, indem er rechtzeitig vor Planbestätigung die Aufrechnung erklärt (so auch BeckOK StaRUG/*Fridgen* § 11 Rn. 32; Morgen StaRUG/*Knapp/Wilde* § 11 Rn. 10; Braun StaRUG/*Böhm* § 11 Rn. 3).

11 **c) Zwangsvollstreckung.** Die Zwangsvollstreckung aus titulierten, nunmehr nur noch als Naturalobligation fortbestehenden Forderungen ist unzulässig (§ 71 Abs. 4) (Morgen StaRUG/*Knapp/Wilde* § 11 Rn. 8).

12 **d) Festsetzung von Steuerverbindlichkeiten.** Da die (teilweise) Befreiung des Schuldners von seinen Verbindlichkeiten durch den Restrukturierungsplan den Fortbestand der Restforderung als natürliche, unvollkommene Verbindlichkeit unberührt lässt (→ Rn. 8), ist das Finanzamt bei der Festsetzung von Steuerforderungen nicht auf die im Restrukturierungsplan vorgesehene Quote beschränkt, auch wenn Steuerforderungen ausdrücklich in den Restrukturierungsplan einbezogen wurden (BFH ZInsO 2022, 1641; aA *Pfirrmann* FS Gosch 2016, 321 (324)). Die (teilweise) Befreiung von der Steuerverbindlichkeit wird vielmehr beim Steuererhebungsverfahren berücksichtigt.

13 **e) Nachrangige Restrukturierungsforderungen.** Die aufgezeigten Wirkungen gelten grundsätzlich auch für nachrangige Restrukturierungsforderungen, soweit im Restrukturierungsplan nichts anderes geregelt ist.

Anders als für den Insolvenzplan gelten die Forderungen nachrangiger Gläubiger nicht als erlassen (siehe § 225 Abs. 1 InsO).

**f) Sicherheiten.** Der in § 11 Abs. 1 S. 1 geregelte Fortbestand der Restforderung als (nicht durchsetzbare aber jederzeit erfüllbare) Naturalobligation hat Bedeutung für den Fortbestand akzessorischer Sicherungsrechte. Diese bestehen fort, wenn sie nicht ebenfalls im Plan umgestaltet werden (Flöther/*Tasma* § 11 Rn. 2; zum Insolvenzplan Uhlenbruck/*Lüer/Streit* InsO § 227 Rn. 7; Braun InsO/*Braun/Frank* § 227 Rn. 6; BeckOK InsO/*Geiwitz/v. Danckelmann* § 227 Rn. 3; OVG Magdeburg BeckRS 2021, 6601). Die Wirkung des § 11 erstreckt sich nicht auf Drittsicherheiten. Dies folgt aus § 67 Abs. 3 S. 1, wonach diese Sicherheiten durch den Plan „nicht berührt" werden. Die Planwirkungen greifen nur zugunsten des Schuldners und nicht dessen Drittsicherungsgeber. Diese Wirkung wird durch § 67 Abs. 3 S. 2 abgesichert, indem auch der Regressanspruch des in Anspruch genommenen Sicherungsgebers gegen den Schuldner im gleichen Umfang gemindert wird wie die gesicherte Forderung (Brünkmans/Thole Insolvenzplan-HdB/*Madaus* § 23 Rn. 34). Die gleiche (eingeschränkte) Wirkung trifft grundsätzlich auch auf gruppeninterne Drittsicherheiten zu, es sei denn, der Restrukturierungsplan sieht die Gestaltung der gruppeninternen Drittsicherheiten gemäß § 2 Abs. 4 ausdrücklich vor (→ § 2 Rn. 48 ff. und → § 7 Rn. 54). 14

**g) Zeitpunkt des Wirkungseintritts.** Der Zeitpunkt des Wirkungseintritts von § 11 ist für die korrespondierende Norm zum Insolvenzplan, § 227 InsO, streitig. Nach einem Teil der Literatur tritt die Befreiung von der Restschuld erst mit Zahlung der Planquote ein (Kübler/Prütting/Bork InsO/*Spahlinger* § 227 Rn. 3). Als maßgebliches Argument wird der Wortlaut von § 227 Abs. 1 InsO (entspricht § 11 Abs. 1) „*mit* der im gestaltenden Teil vorgesehenen *Befriedigung*" herangezogen. Die überwiegende Auffassung stellt für den Insolvenzplan hingegen auf die Rechtskraft des Plans ab (OLG Frankfurt a. M. ZIP 2015, 888; HK-InsO/*Haas* § 227 Rn. 3; Braun/*Braun/Frank* InsO § 227 Rn. 4; FK-InsO/*Jaffe* § 227 Rn. 9; HambKomm-RestR/*Thies/Lieder* § 227 Rn. 2; Uhlenbruck/*Lüer/Streit* InsO § 227 Rn. 3; aA anscheinend ohne nähere Begründung Kübler/Prütting/Bork InsO/*Spahlinger* § 227 Rn. 3). Letztere Auffassung überzeugt und ist auf den Restrukturierungsplan zu übertragen. Die Befreiungswirkung bzgl. der Restverbindlichkeit tritt somit bereits mit Bestätigung (genauer: Verkündung des Bestätigungsbeschlusses, anders beim Insolvenzplan dort erst mit Rechtskraft des Bestätigungsbeschlusses, siehe § 254 Abs. 1 InsO) des Restrukturierungsplans und nicht erst mit Zahlung der Planquote ein (so auch Braun StaRUG/*Böhm* § 11 Rn. 5; Morgen StaRUG/*Knapp/Wilde* § 11 Rn. 14; Flöther/*Tasma* § 11 Rn. 3; BeckOK StaRUG/*Fridgen* § 11 Rn. 25). Dafür spricht schon die Systematik zu § 69 (entspricht § 255 InsO), denn § 69 lässt „den Erlass" erst entfallen, wenn der Schuldner mit der Erfüllung erheblich im Rückstand ist (vgl. zum Insolvenzplan HK-InsO/*Haas* § 227 Rn. 3). Die Regelung wäre überflüssig, wenn der Teilerlass ohnehin erst mit Erfüllung des nicht erlassenen Teils der Forderung einträte. 15

Selbstverständlich kann der Restrukturierungsplan eine ausdrückliche Regelung enthalten, welche die Wirkung aus §§ 11, 67 Abs. 1, 4 oder den 16 echten Teilerlass unter der aufschiebenden Bedingung der Erfüllung der im Restrukturierungsplan vorgesehenen Befriedigungsquote vorsieht. Auch die Wirkungen aus § 69 Abs. 1 (Wiederaufleben erlassener Forderungen) können im Restrukturierungsplan abbedungen werden, allerdings nicht zum Nachteil des Schuldners (§ 69 Abs. 3).

### 2. Haftung der persönlich haftenden Gesellschafter (S. 2)

**17** Handelt es sich bei dem Schuldner um eine Gesellschaft ohne Rechtspersönlichkeit (GbR, OHG, KG) oder eine Kommanditgesellschaft auf Aktien erstreckt S. 2 die Wirkung aus S. 1 iVm § 67 Abs. 2 auch auf die Gesellschafter. Im Zweifel ist mit der Erfüllung der Planquote nicht nur die Restschuld erlassen oder im Sinne einer verbleibenden Naturalobligation einredebehaftet, sondern auch die persönliche Haftung der Gesellschafter. Für die GbR, OHG und KG ist S. 2 nur deklaratorisch, denn die Erstreckung der Einwendungen aus der Hauptschuld auf die persönliche Haftung der Gesellschafter ergibt sich aus der Akzessorietät der Gesellschafterhaftung gemäß §§ 128, 161 HGB (für die GbR §§ 128 ff. HGB analog, siehe BGH NZG 2007, 140; NJW 2001, 1056; MüKoBGB/*Schäfer* § 714 Rn. 36; BeckOK HGB/*Klimke* § 128 Rn. 2).

**18** Die Haftungsbefreiung aus § 11 S. 2 greift auch für bereits ausgeschiedene Gesellschafter bezüglich einer möglichen Nachhaftung (siehe zu § 227 Abs. 2 InsO Uhlenbruck/*Lüer/Streit* InsO § 228 Rn. 19; Braun/*Braun/Frank* InsO § 227 Rn. 8; K. Schmidt InsO/*Spliedt* § 227 Rn. 5). Für eine zum Insolvenzplan teilweise vertretene (MüKoInsO/*Breuer* § 227 Rn. 13; HambKomm-RestR/*Thies/Lieder* § 227 Rn. 8) Einschränkung der Anwendbarkeit von S. 2 auf ausgeschiedene Gesellschafter mangels Mitunternehmereigenschaft besteht weder ein Bedürfnis noch lässt sich diese mit dem Zweck der Norm begründen.

**19** Besteht zusätzlich die Mithaftung eines Gesellschafters für die Schuld der Gesellschaft aus einem besonderen Rechtsgrund, etwa aufgrund einer persönlichen Bürgschaft oder einer dinglichen Sicherheit aus dem Privatvermögen, greift S. 2 hingegen nicht. Vielmehr ist das Schicksal der Sicherheit anhand der Vorschriften über Drittsicherheiten zu beurteilen, dh nach § 67 Abs. 3 werden die Rechte der Gläubiger gegen den Gesellschafter als Sicherungsgeber durch die Gestaltung der Hauptschuld im Restrukturierungsplan nicht berührt (Morgen StaRUG/*Knapp/Wilde* § 11 Rn. 18; Flöther/*Tasma* § 11 Rn. 6; BeckOK StaRUG/*Fridgen* § 11 Rn. 29; zum Insolvenzplan Uhlenbruck/*Lüer/Streit* InsO § 227 Rn. 16; K. Schmidt InsO/*Spliedt* § 227 Rn. 5).

## Neue Finanzierung

**12** **[1]In den Restrukturierungsplan können Regelungen zur Zusage von Darlehen oder sonstigen Krediten aufgenommen werden, die zur Finanzierung der Restrukturierung auf der Grundlage des Plans erforderlich sind (neue Finanzierung). [2]Als neue Finanzierung gilt auch deren Besicherung.**

**Schrifttum:** *Krafszyk* Stundung und Prolongation als neue Finanzierung gem. § 12 StaRUG, ZRI 2021, 313; *Röper/Denkhaus* Finanzierungsoptionen im Restrukturierungsverfahren, ZRI 2021, 1043.

**Übersicht**



## I. Normzweck

Der Wortlaut von § 12 beschränkt sich zunächst auf die Legaldefinition der „neue(n) Finanzierung" (S. 1) und darauf, dass die Zusage einer solchen neuen Finanzierung im gestaltenden Teil des Restrukturierungsplans aufgenommen werden kann. Der eigentliche Zweck der Vorschrift wird vielmehr im Zusammenhang mit §§ 89, 90 deutlich, indem die Aufnahme der neuen Finanzierung in den Restrukturierungsplan einen Anfechtungsschutz gewährleistet (*Röper/Denkhaus* ZRI 2021, 1043 (1044)). Die Umsetzung von Restrukturierungsvorhaben erfordert idR Liquidität (sog. fresh money) für die Aufrechterhaltung des Geschäftsbetriebs und zur Finanzierung der Restrukturierungsmaßnahmen. Wer in dieser Situation die erforderliche Restrukturierungsfinanzierung zur Verfügung stellt, wird die Darlehensvergabe so rechtssicher und haftungsarm wie möglich ausgestalten wollen (Bieg/Borchardt/Frind Unternehmenssanierung und Betriebsfortführung/*Bismarck/Schulz/Steiger* Teil 2 IX Rn. 2). § 12 dient der Umsetzung von Art. 17 der Restrukturierungsrichtlinie (RL 2019/1023), wonach die Mitgliedsstaaten sicherzustellen haben, dass neue Finanzierungen und Zwischenfinanzierungen in angemessener Weise geschützt werden. Von der Ermächtigung in Art. 17 Abs. 4 der RL 2019/1023, wonach die Mitgliedstaaten für diese Finanzierungen im Fall einer Anschlussinsolvenz einen Vorrang – ähnlich wie für Kreditrahmen gemäß § 264 InsO – einführen können, hat der Gesetzgeber hingegen keinen Gebrauch gemacht. 1

Da eine neue Finanzierung im Fall des Scheiterns der Restrukturierung umgekehrt die Insolvenzquote verwässern und die Befriedigungsaussichten der Gläubiger verschlechtern kann, unterliegt die neue Finanzierung zu- 2 gleich der strengen gesetzlichen Kontrolle nach § 6 (Morgen StaRUG/*Knapp/Wilde* § 12 Rn. 2; dazu → Rn. 22 f.).

## II. Voraussetzungen für eine privilegierte neue Finanzierung iSv § 12

3 Nach § 12 S. 1 umfasst der Begriff der neuen Finanzierung (1.) eine *Zusage von Darlehen oder sonstigen Krediten,* die (2.) zur Finanzierung der Restrukturierung auf der Grundlage des Plans *erforderlich* sind.

### 1. Zusage von Darlehen, sonstigen Krediten oder deren Besicherung

4 **a) Darlehen oder sonstiger Kredit (S. 1).** Darlehen sind zunächst Gelddarlehen im Sinne von § 488 BGB, aber auch Sachdarlehen iSv § 607 BGB, etwa im Zusammenhang mit sog. Wertpapierleihgeschäften (Morgen StaRUG/*Knapp/Wilde* § 12 Rn. 2). Darüber hinaus sind Zusagen sonstiger Kredite erfasst. Eine weitere Definition für den Begriff „sonstige Kredite" enthält das Gesetzt nicht. Die RL 2019/1023 spricht in Art. 2 Abs. 1 Nr. 7 von einer *„neuen finanziellen Unterstützung"*. Daraus lässt sich ableiten, dass ein weites Verständnis zugrunde zu legen ist und sonstige Finanzierungsformen wie Waren- und Lieferantenkredite, Leasing, Factoring, Avale, Akkreditivkredite, Anleihen (vgl. Erwgr. 66 zur RL 2019/1023) sowie unechte Massekredite erfasst sind.

5 **Keine neue Finanzierung** im Sinne von § 12 ist hingegen die **Prolongation** eines bestehenden Kredits oder einer bestehenden Kreditlinie sowie die **Stundung** einer Forderung. Ebenfalls kein Kredit iSv § 12 ist die Übernahme einer Bürgschaft oder Abgabe einer Garantie für Altverbindlichkeiten (Flöther/*Tasma* § 12 Rn. 7; Morgen StaRUG/*Knapp/Wilde* § 12 Rn. 7; Braun StaRUG/*Tashiro* § 12 Rn. 14; BeckOK StaRUG/*Fridgen* § 12 Rn. 38; aA Pannen/Riedemann/Smid/*Smid* § 12 Rn. 7; *Krafszyk* ZRI 2021, 313 (315); Bieg/Borchardt/Frind Unternehmenssanierung und Betriebsfortführung/*Bismarck/Schulz/Steiger* Teil 2 B IX Rn. 8).

6 Durch die Bezugnahme auf „sonstige Kredite" wird deutlich, dass nur Fremdkapitalfinanzierungen von § 12 erfasst werden sollen. Sämtliche Formen der **Eigenkapitalfinanzierungen** wie Kapitalerhöhungen, Einlage in die Kapitalrücklage etc fallen somit nicht unter § 12 (Morgen StaRUG/*Knapp/Wilde* § 12 Rn. 10; Flöther/*Tasma* § 12 Rn. 6). Bei hybriden Finanzierungsformen wie Wandeldarlehen und Mezzanine kommt es auf die handelsrechtliche (handelsbilanzielle) Einordnung (siehe § 266 HGB) an, dh nur wenn die Finanzierung handelsbilanziell als Fremdkapital einzuordnen ist, fällt sie unter den Begriff der neuen Finanzierung aus § 12 (vgl. auch Flöther/*Tasma* § 12 Rn. 6; zu den Abgrenzungskriterien siehe MüKoHGB/*Reiner* § 266 Rn. 97). **Gesellschafterdarlehen** stellen eine neue Finanzierung dar. Sie unterfallen allerdings nicht dem Anfechtungsschutz aus § 90.

Unbeachtlich für die Einordnung als neue Finanzierung iSv § 12 ist, ob der Kreditgeber aus dem Kreis der bestehenden Gläubiger oder ein Neugläubiger ist (Bieg/Borchardt/Frind Unternehmenssanierung und Betriebsfortführung/*Bismarck/Schulz/Steiger* Teil 2 B IX Rn. 8). 7

**b) Besicherung (S. 2).** Nach S. 2 gilt auch die Besicherung einer neuen Finanzierung selbst als „neue Finanzierung". Vor dem Hintergrund der Rechtsfolge (Anfechtungsschutz) hat die Ausweitung auf Sicherheiten eine höhere Praxisrelevanz, weil ein Bedürfnis nach Anfechtungsschutz im Hinblick auf die Besicherung besteht, denn Darlehensgewährungen sind – anders als Darlehensrückgewährungen – idR nicht von Anfechtungen bedroht (Morgen StaRUG/*Knapp/Wilde* § 12 Rn. 15). Die bloße Neu- oder Nachbesicherung einer bereits bestehenden Finanzierung stellt keine neue Finanzierung nach § 12 S. 2 stellt dar, weil sich die Besicherung gerade auf eine neue Finanzierung beziehen muss (Flöther/*Tasma* § 12 Rn. 10; BeckOK StaRUG/*Fridgen* § 12 Rn. 19). 8

## 2. Finanzierung der Restrukturierung als Darlehenszweck

Das Darlehen oder der Kredit muss dem Zweck der Finanzierung der Restrukturierung dienen. Zwar fordert der Wortlaut von § 12 S. 1 keine ausdrückliche Zweckbestimmung, jedoch setzt die „Erforderlichkeit" zunächst in einem ersten Schritt voraus, dass der Kredit dem Zweck der Restrukturierung dient. 9

Nicht der Restrukturierungsfinanzierung dienen sog. Zwischen- und Überbrückungsfinanzierungen. Während die Brückenfinanzierung dem Schuldner in erster Linie die kurzfristig notwendigen Mittel verschaffen soll, um den Betrieb des Unternehmens während der Ausarbeitung des Restrukturierungsplans aufrechtzuerhalten, soll die neue Finanzierung hieran anknüpfen und mittelfristig die erfolgreiche Umsetzung des Restrukturierungsplans ermöglichen, dh zur Beseitigung der drohenden Zahlungsunfähigkeit und Wiederherstellung der Bestandsfähigkeit des Schuldners (§ 14) beitragen (Morgen StaRUG/*Knapp/Wilde* § 12 Rn. 11). 10

Da die Brückenfinanzierung schon vor Ausarbeitung des Plans gewährt wird, würde es keinen Sinn machen, diese im Restrukturierungsplan aufzunehmen. Da die Schlüssigkeitsprüfung des Restrukturierungskonzepts durch das Restrukturierungsgericht im Fall einer neuen Finanzierung der „Krediteingangskontrolle" dient, würde dies für eine bereits gewährte und möglicherweise schon verbrauchte Brückenfinanzierung keinen Sinn machen. Auch greift der Anfechtungsschutz aus § 90 Abs. 1 nicht für Brückenfinanzierungen, da es sich bei Brückenfinanzierungen wegen des Vergangenheitsbezugs weder um Regelungen eines rechtskräftig bestätigten Restrukturierungsplans noch um Rechtshandlungen „im Vollzug eines solchen Plans" handelt. 11

Auch wenn das Darlehen oder der sonstige Kredit nicht den gesamten Sanierungszeitraum, sondern lediglich die Finanzierung eines oder mehrerer Abschnitte (Milestones) abdeckt, dient sie der Finanzierung der Restrukturierung (Morgen StaRUG/*Knapp/Wilde* § 12 Rn. 11; Morgen Präventive Restrukturierung/*Bork* Art. 17 Rn. 17 f.; wohl anders BeckOK StaRUG/ 12

*Fridgen* § 12 Rn. 23 „der Zeitraum der Restrukturierungsfinanzierung muss andauern, bis die Restrukturierung nachhaltig erfolgt ist"). Eine andere Frage ist, ob der Restrukturierungsplan dann überhaupt bestätigungsfähig ist, weil die Durchfinanzierung des Sanierungszeitraums in Frage steht.

### 3. Erforderlichkeit zur Finanzierung der Restrukturierung

**13** Darüber hinaus muss die Finanzierung für die Restrukturierung auf der Grundlage des Plans erforderlich sein. Die Darlehens- oder Kreditaufnahme muss für die Umsetzung des im Restrukturierungsplan abgebildeten Sanierungskonzepts notwendig und zugleich das relativ mildeste Mittel darstellen (Morgen StaRUG/*Knapp/Wilde* § 12 Rn. 12; Flöther/*Tasma* § 12 Rn. 9: Bieg/Borchardt/Frind Unternehmenssanierung und Betriebsfortführung/*Bismarck/Schulz/Steiger* Teil 2 B IX Rn. 12). Maßgeblich ist, ob die Restrukturierung – ex ante aus Sicht eines verständigen und mit den erforderlichen Informationen vertrauten Fachmanns – auf die Finanzierung in ihrer konkreten Form angewiesen war und zudem keine andere, die Schuldner- und Gläubigerinteressen potenziell geringfügiger beschneidende Finanzierungsmöglichkeit bestand (Morgen StaRUG/*Knapp/Wilde* § 12 Rn. 12). Dem Schuldner ist bei der Frage der Erforderlichkeit jedoch ein großzügiger Beurteilungsspielraum zuzugestehen (→ Rn. 23).

**14** Mit dem Kriterium der Erforderlichkeit werden in zeitlicher Hinsicht (Kreditlaufzeit, Laufzeit der Inanspruchnahme) und im Hinblick auf das Kreditvolumen Grenzen gesetzt. Finanzierungen, die über den eigentlichen Sanierungszeitraum (vollständige Umsetzung des Restrukturierungsplans) hinaus gewährt werden bzw. deutlich mehr Mittel umfassen, als im Zeitraum der Planumsetzung voraussichtlich benötigt werden, sind zur Planumsetzung jedenfalls nicht erforderlich und damit keine neue Finanzierung (Flöther/*Tasma* § 12 Rn. 9; Morgen StaRUG/*Knapp/Wilde* § 12 Rn. 12). Maßgeblich ist nicht die Laufzeit des Kredits, andernfalls müssten die Kredite zum Ende der Sanierungsphase stets endfällig sein. Vielmehr ist die Inanspruchnahme der Darlehensvaluta auf den Sanierungszeitraum begrenzt. Sie kann sowohl einzelner, im Restrukturierungsplan vorgesehener Investitionsmaßnahmen als auch der Betriebsmittelfinanzierung während des Sanierungszeitraums dienen. Sowohl im Hinblick auf Dauer und Umfang der Finanzierung können angemessene Sicherheitenpuffer vorgesehen werden (BeckOK StaRUG/*Fridgen* § 12 Rn. 24; Morgen StaRUG/*Knapp/Wilde* § 12 Rn. 13; Flöther/*Tasma* § 12 Rn. 9).

**15** Die Frage, ob es sich bei der neuen Finanzierung um das mildeste Mittel handelt, entscheiden in erster Linie die Planbetroffenen im Rahmen der Planabstimmung. Die Darlegung einer Alternativlosigkeit der Finanzierung wird nicht verlangt (Flöther/*Tasma* § 12 Rn. 9; Bieg/Borchardt/Frind Unternehmenssanierung und Betriebsfortführung/*Bismarck/Schulz/Steiger* Teil 2 B IX Rn. 12; Flöther Sanierungsrecht/*Hoegen/Wolf* Kap. F. Rn. 470; tendenziell strenger Morgen StaRUG/*Knapp/Wilde* § 12 Rn. 12).

## III. Aufnahme der neuen Finanzierung in den Restrukturierungsplan

### 1. Aufnahmepflicht?

Es stellt sich die Frage, ob die Gewährung einer neuen Finanzierung iSv § 12 zwingend im gestaltenden Teil des Restrukturierungsplans aufzunehmen ist. Der Wortlaut von § 17 S. 1 „können Regelungen ... aufgenommen werden" spricht für ein Ermessen des Schuldners. Für ein Ermessen des Schuldners spricht auch die Systematik zu den §§ 63 Abs. 2, 90. 16

Der Schuldner hat grundsätzlich die freie Wahl, die Sanierungsfinanzierung außerhalb des Restrukturierungsplans aufgrund eines gewöhnlichen Kreditvertrages zu regeln oder die Finanzierungszusage im gestaltenden Teil des Restrukturierungsplans aufzunehmen. Nur im letzten Fall wird dem Kreditgeber der Anfechtungsschutz aus § 90 Abs. 1 durch die gerichtliche Planbestätigung gewährt (iE auch BeckOK StaRUG/*Fridgen* § 12 Rn. 46; vgl. Bieg/Borchardt/Frind Unternehmenssanierung und Betriebsfortführung/*Bismarck/Schulz/Steiger* Teil 2 B IX Rn. 11; wohl auch Morgen StaRUG/*Knapp/Wilde* § 12 Rn. 18; aA Flöther/*Tasma* § 12 Rn. 8). Nur im Fall einer neuen Finanzierung iSv § 12 greifen die verstärkten Prüfungspflichten des Restrukturierungsgerichts nach § 63 Abs. 3 (→ Rn. 22). Der Anfechtungsschutz wird somit durch eine gerichtliche Schlüssigkeitsprüfung des Sanierungskonzepts erkauft. Dies ist auch zweckgerecht, denn wird die Bestellung einer Sicherheit privilegiert, geht dies zu Lasten der anderen Gläubiger, wenn die Grundlage der neuen Finanzierung nicht ein valides und aussichtsreiches Sanierungskonzept ist (siehe BGH NZI 2014, 68, zur Anfechtung von Sicherheitenbestellungen gemäß § 133 InsO (Sanierungsaufwand verbrennt zu Lasten der anderen Gläubiger, während der Neugläubiger sich auf die Sicherheit zurückziehen kann)). 17

Allerdings lässt sich ein Anfechtungsschutz bezüglich der praxisrelevanten Besicherung des Sanierungskredits auch durch das Bargeschäftsprivileg nach § 142 InsO (BGH ZIP 2015, 585 Rn. 22; 2016, 2423 Rn. 31; 2017, 1232 Rn. 7) oder ein von den tatsächlichen Gegebenheiten ausgehendes Sanierungskonzept, das mindestens in den Anfängen schon in die Tat umgesetzt war und die ernsthafte und begründete Aussicht auf Erfolg rechtfertigte, erreichen (BGH NZI 2018, 840 (841); 2016, 636 (637); 2009, 171 (177)). 18

### 2. Notwendige Angaben im darstellenden Teil

Die neue Finanzierung muss im darstellenden Teil erläutert werden. Der Schwerpunkt der Begründung liegt bei der Frage der Erforderlichkeit (→ Rn. 13 ff.) der neuen Finanzierung (Begründung RegE, BT-Drs. 19/24181, S. 120; vgl. Nr. 8 der Anlage zu § 5 S. 2). 19

Auch wenn die Finanzierung nicht als neue Finanzierung iSv § 12 über den gestaltenden Teil des Restrukturierungsplans gewährt wird (→ Rn. 16 ff.), entspricht es dem allgemeinen Informationsbedürfnis der 20

Planbetroffenen, dass die Finanzierung im darstellenden Teil des Restrukturierungsplans ausführlich erörtert wird.

### 3. Regelung der Finanzierungszusage im gestaltenden Teil

21 Wie aus dem Wortlaut von § 12 „Regelungen" zu entnehmen ist, setzt die Annahme einer neuen Finanzierung mit dem ausgeführten Anfechtungsschutz (→ Rn. 1) die Regelung der Finanzierungszusage im gestaltenden Teil des Restrukturierungsplans voraus. Eine vom Kreditgeber – aufschiebend bedingt auf die Planbestätigung (Bieg/Borchardt/Frind Unternehmenssanierung und Betriebsfortführung/*Bismarck/Schulz/Steiger* Teil 2 B IX Rn. 11) – abgegebene Finanzierungszusage wird durch eine entsprechende Klassifizierung im gestaltenden Teil als neue Finanzierung iSv § 12 mit den entsprechenden Rechtsfolgen (→ Rn. 22) eingestuft. Im gestaltenden Teil werden die Eckpunkte der neuen Finanzierung wie Darlehenssumme, Laufzeit, Zinssatz, Besicherung etc unmittelbar aufgenommen und im Übrigen wird auf die Angaben im darstellenden Teil oder den in der Anlage beigefügten Kreditvertrag verwiesen (auch unter → § 7 Rn. 168 ff.).

## IV. Rechtsfolgen und gerichtliche Überprüfung

22 Erfüllt die geplante Sanierungsfinanzierung die Voraussetzungen aus § 12 (→ Rn. 3 ff.) kann die Finanzierungszusage im gestaltenden Teil des Restrukturierungsplans als „neue Finanzierung" im Sinne von § 12 eingestuft werden (→ Rn. 16 ff.). In diesem Fall greift der Anfechtungsausschluss des § 90 Abs. 1 bei Planbestätigung und der besondere gerichtliche Prüfungsmaßstab aus § 63 Abs. 3 (auch unter → § 63 Rn. 42 f.).

23 Das Restrukturierungsgericht prüft zunächst, ob die Voraussetzungen aus § 12 erfüllt sind. Bei der Erforderlichkeit der neuen Finanzierung hat das Gericht den Einschätzungsspielraum des Schuldners zu akzeptieren (Plausibilitätsprüfung) (→ Rn. 13). Liegen nach Auffassung des Gerichts die Voraussetzungen für eine neue Finanzierung iSv § 12 vor, prüft das Gericht in einem zweiten Schritt die Schlüssigkeit und Erfolgsaussichten des Restrukturierungskonzepts gemäß § 63 Abs. 3. Das Gericht ist hierbei auf eine Schlüssigkeitsprüfung unter Berücksichtigung offensichtlicher Mängel beschränkt (Flöther/*Tasma* § 12 Rn. 13; im Einzelnen unter → § 63 Rn. 42). Liegen die Voraussetzungen für eine neue Finanzierung nicht vor, ist die Planbestätigung nach § 63 Abs. 1 Nr. 2 zu versagen. Wird der Restrukturierungsplan trotzdem bestätigt und rechtskräftig, tritt der Anfechtungsschutz aus § 90 dennoch ein.

### Änderung sachenrechtlicher Verhältnisse

**13** **[1] Sollen Rechte an Gegenständen begründet, geändert, übertragen oder aufgehoben werden, so können die erforderlichen Willenserklärungen der Beteiligten in den gestaltenden Teil des Restrukturierungsplans aufgenommen werden. [2] Sind im Grundbuch eingetragene Rechte an einem Grundstück oder an eingetrage-**

**nen Rechten betroffen, so sind diese Rechte unter Beachtung des § 28 der Grundbuchordnung genau zu bezeichnen. [3] Für Rechte, die im Schiffsregister, im Schiffsbauregister oder im Register für Pfandrechte an Luftfahrzeugen eingetragen sind, gilt Satz 2 entsprechend.**

**Schrifttum:** *Brünkmans* Sanierungstransaktionen in Insolvenzplänen – gilt die Formfiktion des § 254a InsO für Erklärungen außenstehender Dritter?, ZIP 2015, 1052.

**Übersicht**



## I. Normzweck

Nach dem Vorbild des § 228 InsO zum Insolvenzplan sieht § 13 auch für den Restrukturierungsplan vor, dass die sachenrechtlichen Verhältnisse unmittelbar auf der Grundlage von Regelungen im gestaltenden Teil des Restrukturierungsplans geändert werden können. Sie ist Ausdruck des im deutschen Zivilrecht geltenden Trennungs- und Abstraktionsprinzips (zum Insolvenzplan BeckOK InsO/*Geiwitz/v. Danckelmann* § 228 Rn. 1); entsprechend enthält die Restrukturierungsrichtline auch keine diesbezüglichen Vorgaben. 1

Die Vorschrift wird flankiert durch § 68 Abs. 2. Danach gelten die in den Restrukturierungsplan aufgenommenen Willenserklärungen als in der vorgeschriebenen Form abgegeben. Rechtstechnisch ersetzen (fingieren) die Planregelungen im gestaltenden Teil des Restrukturierungsplans die für das jeweilige dingliche Rechtsgeschäft erforderlichen Willenserklärungen (siehe für den Insolvenzplan Brünkmans/Thole Insolvenzplan-HdB/*Brünkmans* § 7 Rn. 12), wie etwa die dingliche Einigung in Rahmen von §§ 929 ff. BGB für eine Rückübereignung einer Raumsicherungsübereignung, die Abtretungserklärungen nach § 398 BGB, die Forderungserlasserklärung des Gläubigers nach § 397 BGB oder – bei Einbeziehung der Gesellschafter in den Restrukturierungsplan (→ Rn. 8) – der Erklärung über die Abtretung der Geschäftsanteile nach § 15 Abs. 3 GmbHG. Wegen der Formfiktion aus § 68 Abs. 2 bedarf es für die Abtretung auch nicht der sonst nach § 15 Abs. 3 GmbHG erforderlichen (siehe § 15 Abs. 3 GmbHG) notariellen Beurkundung. 2

§ 13 dient – wie auch § 228 InsO zum Insolvenzplan – der Effektivität des Restrukturierungsplans (siehe zum Insolvenzplan MüKoInsO/*Breuer* § 228 3

Rn. 1). Beinhaltet der Restrukturierungsplan für die Planbetroffenen lediglich eine schuldrechtliche Verpflichtungswirkung, müssten diese vom Schuldner und anderen Planbetroffenen – uU im Klagewege – durchgesetzt werden. Die unmittelbare dingliche Umsetzung ist somit über § 13 gewährleistet und verleiht der Mehrheitsentscheidung der Planbetroffenen die gebotene Durchschlagskraft. Der Plan kann sich aber auch auf die Regelung schuldrechtlicher Verhältnisse beschränken (zum Insolvenzplan Kübler/Prütting/Bork InsO/*Spahlinger* § 228 Rn. 2).

## II. Voraussetzungen für eine sachenrechtliche Änderung

4 Für die Begründung, Änderung, Übertragung oder Aufhebung von Rechten an Gegenständen können die erforderlichen Willenserklärungen der Beteiligten in den gestaltenden Teil des Restrukturierungsplans aufgenommen werden.

### 1. Begründung, Änderung, Übertragung oder Aufhebung von Rechten an Gegenständen

5 Inhalt einer Planregelung nach § 13 sind sämtliche Verfügungsgeschäfte, dh Rechtsgeschäfte, die bestehende Rechte mit unmittelbarer Wirkung aufheben, übertragen, belasten oder inhaltlich verändern.

6 Mit **„Rechte an Gegenständen"** sind nicht nur körperliche Gegenstände (= Sachen) iSv § 90 BGB gemeint. Unter Gegenstände ist vielmehr alles zu verstehen, was Objekt von Rechten sein kann (MüKoInsO/*Breuer* § 228 Rn. 2; HK-InsO/*Haas* § 228 Rn. 4). Entgegen des zum Teil missverständlichen Wortlautes der Überschrift kann Gegenstand der „Änderung sachrechtlicher Verhältnisse" auch die Verfügung über Rechte wie Forderungen, Geschäftsanteile, Patente, immaterielle Rechte etc sein (Uhlenbruck/*Lüer/Streit* InsO § 228 Rn. 1; MüKoInsO/*Breuer* § 228 Rn. 2). Neben dem Forderungserlass (§ 397 BGB) ist Hauptanwendungsfall für die Reglung dinglicher Verhältnisse im Restrukturierungsplan die Neuordnung der Sicherheitenarchitektur und betrifft daher insbesondere die im Restrukturierungsplan einbezogenen Absonderungsanwartschaften.

7 Wie aus § 925 Abs. 1 S. 3 BGB ersichtlich, kann im Restrukturierungsplan auch die Auflassungserklärung für ein Grundstück aufgenommen werden. Soweit für ein Rechtsgeschäft die Eintragung in ein Register erforderlich ist, können auch die dafür erforderlichen **Verfahrenserklärungen** in den Restrukturierungsplan aufgenommen werden, zB die Eintragungsbewilligung bei Grundstücken nach § 19 GBO und der Eintragungsantrag nach § 13 GBO (BeckOK StaRUG/*Fridgen* § 13 Rn. 29; Morgen StaRUG/*Knapp/Wilde* § 13 Rn. 9; zum Insolvenzplan siehe HK-InsO/*Haas* § 228 Rn. 6; MüKoInsO/*Breuer* § 228 Rn. 6).

### 2. Erforderliche Willenserklärung der Beteiligten

8 Wie dem Wortlaut des § 13 zu entnehmen ist, können nur Gegenstände der „Beteiligten" unmittelbar durch den Restrukturierungsplan gestaltet

werden. Beteiligte des Restrukturierungsplans sind die Inhaber der in § 2 geregelten planunterworfenen Rechtspositionen, dh Restrukturierungsforderungen (§ 2 Abs. 1 Nr. 1), Absonderungsanwartschaften (§ 2 Abs. 1 Nr. 2), Anteilsrechte (§ 2 Abs. 3) und gruppeninterne Drittsicherheiten (§ 2 Abs. 4), soweit sie über die Planbetroffenenauswahl (§ 8) einbezogen wurden (siehe zum Insolvenzplan ausführlich Brünkmans/Thole Insolvenzplan-HdB/*Brünkmans* § 7 Rn. 76).

Darüber hinaus ist auch der Schuldner Beteiligter iSv § 13, sodass Gegen- **9**
stand einer Planregelung auch die Verfügung über Gegenstände des Schuldnervermögens sein kann (siehe zum Insolvenzplan ausführlich Brünkmans/Thole Insolvenzplan-HdB/*Brünkmans* § 7 Rn. 76). Die Willenserklärungen der Planbetroffenen und des Schuldners werden fingiert (→ Rn. 12). Dies gilt jedoch dann nicht, wenn den Planbetroffenen im Zusammenhang mit der dinglichen Rechtsänderung neue Pflichten auferlegt werden sollen (so auch Flöther/*Tasma* § 13 Rn. 4). Insoweit ist der Planbetroffene wie ein Dritter zu behandeln, seine Verpflichtungs- oder Verfügungserklärung ist außerhalb des gestaltenden Teils des Restrukturierungsplans abzugeben und der Plananlage beizufügen. Richtigerweise nicht erfasst sind jedoch massefremde Gegenstände (streitig, siehe zum Insolvenzplan, *Brünkmans* ZIP 2015, 1052 (1054 f.); Brünkmans/Thole Insolvenzplan-HdB/*Brünkmans* § 7 Rn. 86; HK-InsO/*Haas* § 228 Rn. 4; Kübler/Prütting/Bork InsO/*Spahlinger* § 228 Rn. 4; MüKoInsO/*Breuer* § 228 Rn. 3). So ist die Bestellung massefremder Drittsicherheiten (zB Sicherungsübereignung) nur durch Abschluss des nach allgemeinen Grundsätzen zustande kommenden dinglichen Rechtsgeschäftes möglich, wobei die dingliche Erklärung des Drittsicherungsgebers als Anlage zum Restrukturierungsplan genommen werden sollte und das Rechtsgeschäft üblicherweise unter der aufschiebenden Bedingung der Bestätigung des Restrukturierungsplans gestellt wird. Praktische Auswirkung hat dieser Streit jedoch nur auf die Frage, ob die Formfiktion aus § 68 Abs. 2 auch für die Dritterklärung gilt. Selbst die Vertreter, die eine Aufnahme von Dritterklärungen im gestaltenden Teil des Restrukturierungsplans zulassen, erkennen an, dass zusätzlich die Zustimmung des Dritten (als Anlage zum Plan) erforderlich ist (Kübler/Prütting/Bork InsO/*Spahlinger* § 228 Rn. 4). Der Wortlaut von § 13 „Willenserklärungen der Beteiligten" spricht gegen die Aufnahme von dinglichen Erklärungen außenstehender Dritter in den gestaltenden Teil des Restrukturierungsplans. Werden außenstehende Dritte einbezogen, verwendet das Gesetz ausdrücklich die Bezeichnung „Dritter" (vgl. § 15 Abs. 3 Verpflichtungserklärungen Dritter, § 2 Abs. 4 gruppeninterne Drittsicherheiten). Ferner liegt der Sinn und Zweck des gestaltenden Teils in der Zwangswirkung. Auch wenn die Regelungen im gestaltenden Teil dem äußeren Anschein nach als Willenserklärung der Planbetroffenen formuliert sind, handelt es sich um Regelungen eines Rechtsinstrumentariums sui generis (so das Verständnis des BGH zum Insolvenzplan, BGH ZIP 2006, 39; siehe auch Brünkmans/Thole Insolvenzplan-HdB/*Thole* § 1 Rn. 9 ff.). Der gestaltende Teil enthält somit über die Majorisierungsfunktion des Restrukturierungsplans fingierte Willenserklärungen (vgl. § 68 Abs. 2: *„Die in den Restrukturierungsplan aufgenommenen [...] Willenserklärungen der Planbetroffenen und des Schuldners gelten als in der vorgeschriebe-*

*nen Form abgegeben“*). der Planbetroffenen und des Schuldners, nicht jedoch „echte“ Willenserklärungen iSv §§ 116 ff. BGB (siehe ausführlich *Brünkmans* ZIP 2015, 1052 (1054 f.)).

## III. Anforderungen an die Formulierung der Planregelung im gestaltenden Teil

**10** Bei der Formulierung der sachenrechtlichen (dinglichen) Erklärungen der Beteiligten (zum Begriff → Rn. 8) ist der Bestimmtheitsgrundsatz nach den jeweils einschlägigen sachenrechtlichen Vorschriften (zB §§ 929 ff. BGB für bewegliche Sachen) zu wahren, dh insbesondere die hinreichend genaue Bezeichnung des zu übertragenden oder verändernden Gegenstands (Kübler/Prütting/Bork InsO/*Spahlinger* § 228 Rn. 2). Dies folgt aus dem sachenrechtlichen Bestimmtheitsgrundsatz.

**11** Sind Rechte an einem Grundstück oder an eingetragenen Rechten betroffen, so schreibt S. 2 ausdrücklich vor, dass diese unter Beachtung des § 28 der Grundbuchordnung genau zu bezeichnen sind, dh das Grundstück ist übereinstimmend mit dem Grundbuch oder durch Hinweis auf das Grundbuchblatt anzugeben. Für Rechte, die im Schiffsregister oder im Register für Pfandrechte an Luftfahrzeugen eingetragen sind, gilt Entsprechendes.

## IV. Rechtsfolgen

**12** Mit der Bestätigung des Restrukturierungsplans gelten die auf eine dingliche Rechtsänderung abzielenden Willenserklärungen nach den §§ 67 Abs. 1, 68 Abs. 1 und 2 als formgerecht abgegeben. Die Fiktion der Willenserklärungen tritt – anders als beim Insolvenzplan – bereits mit Wirksamkeit des Bestätigungsbeschlusses, dh mit Verkündung des Bestätigungsbeschlusses nach § 65 Abs. 1, ein und nicht erst mit Rechtskraft (vgl. zum Insolvenzplan § 254 Abs. 1 InsO). Eine über die Ersetzung der Willenserklärungen hinausgehende Gestaltungswirkung hat der Restrukturierungsplan indes nicht. Hängt der Eintritt der Rechtsänderung nach allgemeinem Zivilrecht von zusätzlichen tatsächlichen Voraussetzungen ab, wie etwa die Übergabe der Sache für eine Übereignung nach § 929 S. 1 BGB oder der Eintragung der Rechtsänderung im Grundbuch, so werden diese Publizitätsakte durch die Regelung im gestaltenden Teil nicht ersetzt, sondern sind zusätzlich ganz normal umzusetzen (Brünkmans/Thole Insolvenzplan-HdB/*Brünkmans* § 7 Rn. 15; Kübler/Prütting/Bork InsO/*Spahlinger* § 228 Rn. 4). Ist die Regelung über die sachenrechtliche Verfügung nicht hinreichend bestimmt, so geht diese ins Leere, dh die dingliche Rechtsänderung schlägt fehl (so nach allgemeinen Zivilrechtlichen Grundsätzen BGH NZW 1986, 1985; MüKoBGB/*Oechsler* § 929 Rn. 6, aber anders Morgen StaRUG/*Knapp/Wilde* § 13 Rn. 9; BeckOK StaRUG/*Fridgen* § 13 Rn. 27; Flöther/*Tasma* § 13 Rn. 6, die von einer Unwirksamkeit „der Erklärung“ ausgehen).

## V. Prüfung des Restrukturierungsgerichts

13 Das Restrukturierungsgericht prüft den Restrukturierungsplan vollumfänglich auf rechtliche Mängel (zum Insolvenzplan siehe BGH ZIP 2015, 1346 (1346 f.) (vollumfängliche Rechtmäßigkeitsprüfung)), somit auch auf die Einhaltung des sachrechtlichen Bestimmtheitsgrundsatzes. Handelt es sich um einen wesentlichen Mangel und wird dieser nicht innerhalb einer vom Gericht gesetzten Frist behoben, ist die Bestätigung des Restrukturierungsplans zu versagen. Ein Mangel ist wesentlich, wenn er geeignet war, die Entscheidung der Planbetroffenen über die Annahme des Plans zu beeinflussen, wobei nicht erforderlich ist, dass eine entsprechende Kausalität sicher festgestellt werden kann (Morgen StaRUG/*Brackmann/Langer* § 63 Rn. 43; zum Insolvenzplan HK-InsO/*Haas* § 250 Rn. 5). Da ein Verstoß gegen den sachenrechtlichen Bestimmtheitsgrundsatz bedeutet, dass eine für die Planbetroffenen oder den Schuldner im Plan vorgesehene dingliche Rechtsänderung ins Leere geht, wird man in der Regel von einer Wesentlichkeit des Mangels ausgehen.

14 Eine Pflicht des Restrukturierungsgerichtes, im Fall der Aufnahme eines eintragungspflichten Rechtsgeschäfts den Restrukturierungsplan nach Bestätigung an das betreffende Grundbuchamt oder Registergericht zu übersenden, besteht nicht (so auch BeckOK StaRUG/*Fridgen* § 13 Rn. 29; aA Morgen StaRUG/*Knapp/Wilde* § 13 Rn. 9; zum Streitstand beim Insolvenzplan siehe MüKoInsO/*Breuer* § 228 Rn. 10 (Pflicht bejahend); Kübler/Prütting/Bork InsO/*Spahlinger* § 228 Rn. 5 (Pflicht verneinend)). Zwecks Verfahrensbeschleunigung ist eine solche Vorgehensweise allerdings begrüßenswert.

### Erklärung zur Bestandsfähigkeit; Vermögensübersicht; Ergebnis- und Finanzplan

**14** (1) **Dem Restrukturierungsplan ist eine begründete Erklärung zu den Aussichten darauf beizufügen, dass die drohende Zahlungsunfähigkeit des Schuldners durch den Plan beseitigt wird und dass die Bestandsfähigkeit des Schuldners sicher- oder wiederhergestellt wird.**

(2) [1] **Dem Restrukturierungsplan ist eine Vermögensübersicht beizufügen, in der die Vermögensgegenstände und die Verbindlichkeiten, die sich bei Wirksamwerden des Plans gegenüberstünden, mit ihren Werten aufgeführt sind.** [2] **Zudem ist aufzuführen, welche Aufwendungen und Erträge für den Zeitraum, während dessen die Gläubiger befriedigt werden sollen, zu erwarten sind und durch welche Abfolge von Einnahmen und Ausgaben die Zahlungsfähigkeit des Unternehmens während dieses Zeitraums gewährleistet werden soll.** [3] **Dabei sind neben den Restrukturierungsforderungen auch die vom Plan unberührt bleibenden Forderungen sowie die künftig nach dem Plan zu begründenden Forderungen zu berücksichtigen.**

**Schrifttum:** *Balthasar* Allgemeine Zugangsvoraussetzungen zu den Restrukturierungsinstrumenten, NZI-Beilage 2021, 18; *Desch* Der neue Stabilisierungs- und Restrukturierungsrahmen nach dem Regierungsentwurf StaRUG in der Praxis, BB 2020, 2498; *Fiebig* StaRUG – eine Auswertung der ersten praktischen Fälle, ZRI 2021, 561; *Gerig/Meller/Nientkewitz* Wiederherstellung des Eigenkapitals als Anforderung einer nachhaltigen Sanierung, ZIP 2017, 2029; *Jungmann/Zündorf* Die voraussichtliche Schlechterstellung überstimmter Minderheiten durch einen Restrukturierungsplan, ZRI 2022, 89; *Pluta/Konen* Die Anzeige eines Restrukturierungsvorhabens (§ 33 StaRUG), SanB 2020, 149; *Proske/Streit* Rettende Restrukturierung durch Rechtsrahmen? Lob und Kritik zum Regierungsentwurf des StaRUG, NZI 2020, 969; *Reiner* Rechtliche Anforderungen an Sanierungskonzepte – zugleich Besprechung des Urteils des BGH vom 12.5.2016 = WM 2016, 1182 –, WM 2018, 993; *Sämisch* Die unzureichende Sicherung der Bestandsfähigkeit nach dem SanInsFoG, ZInsO 2020, 2520; *Sax/Andersch/Philipp* Aus aktuellem Anlass: Rechtliche Anforderungen an das bilanzielle Eigenkapital für eine nachhaltige Sanierung, ZIP 2017, 710; *Steffan/Oberg/Poppe* SanInsFoG: Vom Grobkonzept zum Vollkonzept – Anforderungen an die betriebswirtschaftlichen Konzepte in Restrukturierungsplan, Eigenverwaltungsplanung und Insolvenzplan, ZIP 2021, 617; *Steffan/Solmecke* Sanierungskonzepte auch für den Mittelstand, WPg 2017, 1415; *Thole* Der Entwurf eines Unternehmensstabilisierungs- und restrukturierungsgesetzes (StaRuG-RefE), ZIP 2020, 1985.

**Übersicht**



## I. Normzweck

1 Nach Abs. 1 ist dem Restrukturierungsplan eine begründete Erklärung über die Beseitigung der drohenden Zahlungsunfähigkeit und die Sicher- oder Wiederherstellung der Bestandsfähigkeit beizufügen. Abs. 1 setzt Art. 8 Abs. 1 Buchst. h S. 1 der Restrukturierungsrichtlinie (RL 2019/1023) um. Von der in Art. 8 Abs. 1 Buchstabe h S. 2 der RL 2019/1023 vorgesehenen Option, die Erklärungen zwingend von einem externen Experten oder dem Restrukturierungsbeauftragten abzugeben, hat der deutsche Gesetzgeber kei-

nen Gebrauch gemacht. Die Bestands- und Zahlungsfähigkeitserklärung nach Abs. 1 hat somit rein deklaratorische Bedeutung und ist nicht im Sinne eines Bestätigungsvermerks für die Richtigkeit der Annahmen und Vorteilhaftigkeit der Sanierungslösung zu verstehen, selbst wenn diese Erklärung (freiwillig) von einem externen Experten abgeben wird (weiter → Rn. 4 ff.). Soweit ein Restrukturierungsbeauftragter bestellt wurde, nimmt dieser zu der Erklärung nach Abs. 1 Stellung (§ 76 Abs. 4).

Nach Abs. 2 sind dem Plan eine Vermögensübersicht und verschiedene Planungsrechnungen beizufügen. Die Planbetroffenen sollen dadurch in die Lage versetzt werden, sich eine eigene Meinung über die betriebswirtschaftliche Belastbarkeit des Vorhabens zu bilden und eine Entscheidung auf hinreichender Informationsgrundlage treffen zu können. Mit Abs. 2, welcher sich an § 229 S. 1 und 2 InsO orientiert, wird Art. 8 Abs. 1 Buchst. b und g Ziff. v der RL 2019/1023 umgesetzt. **2**

Sowohl die Bestandsfähigkeits- und Zahlungsfähigkeitserklärung nach Abs. 1 als auch die Vermögensübersicht und Planungsrechnung nach Abs. 2 sind zwingende Bestandteile des Restrukturierungsplans und als separate Anlage diesem beizufügen. Eine Integration im darstellenden Teil entspräche nicht der vorgegebenen Gliederung (großzügiger Morgen StaRUG/*Wolf* § 14 Rn. 7). Allerdings ist eine Bezugnahme möglich und auch sinnvoll. **3**

## II. Zahlungsfähigkeits- und Bestandsfähigkeitserklärung des Schuldners (Abs. 1)

### 1. Überblick

Nach Abs. 1 ist dem Restrukturierungsplan eine begründete Erklärung zu den Aussichten beizufügen, dass die drohende Zahlungsunfähigkeit des Schuldners durch den Plan beseitigt wird und dass die Bestandsfähigkeit des Schuldners sicher- oder wiederhergestellt wird. **4**

Dem Wortlaut von Abs. 1 ist eine gewisse Zweiteilung zu entnehmen, indem zunächst die Prognoseeinschätzung des Erklärenden über den durch den Restrukturierungsplan angestrebten Endzustand (Beseitigung der drohenden Zahlungsunfähigkeit und Sicher- oder Wiederherstellung der Bestandsfähigkeit) ausgesprochen werden soll und diese Aussage zu begründen ist. Darüberhinausgehende Vorgaben über Form und Umfang der Erklärung sind dem Gesetz nicht zu entnehmen. **5**

Da sich die Kombination aus Bestätigung und zusammenfassender, abschließender Stellungnahme bereits auf einen formalisierten Restrukturierungsplan bezieht, ähnelt die Erklärung eher der Schutzschirmbescheinigung iSv § 270d InsO, allerdings mit dem Unterschied, dass diese Schutzschirmbescheinigung zwingend von einem externen Experten und nicht von den vertretungsberechtigten Organen auszustellen ist (aA Morgen StaRUG/*Wolf* § 14 Rn. 15 f.). Nicht erforderlich und auch nicht zielführend ist hingegen, „ein zweites Sanierungskonzept" neben dem darstellenden Teil in der Bestandsfähigkeitserklärung zu integrieren (aA Morgen StaRUG/*Wolf* § 14 **6**

Rn. 17). Eine kurze Zusammenfassung der Ausführungen zum darstellenden Teil verbunden mit großzügigen Verweisen ist hinreichend.

**7** Ist ein Restrukturierungsbeauftragter bestellt, nimmt dieser nach Abs. 1 Stellung zur Bestandsfähigkeitserklärung (§ 76 Abs. 4). Soweit der Restrukturierungsbeauftragte vor der Planabstimmung bestellt wurde, ist seine Stellungnahme dem Restrukturierungsplan als weitere Anlage beizufügen.

### 2. Erklärung zur Beseitigung der drohenden Zahlungsunfähigkeit

**8** Die Erklärung nach Abs. 1 Alt. 1 muss sich zunächst auf die Aussichten zur Beseitigung der drohenden Zahlungsunfähigkeit beziehen. Die drohende Zahlungsunfähigkeit ist in § 18 InsO geregelt, dh es muss dargelegt werden, dass der Schuldner voraussichtlich nicht in der Lage sein wird, die bestehenden Zahlungspflichten im Zeitpunkt der Fälligkeit zu erfüllen. Nach § 18 Abs. 2 InsO ist in aller Regel ein Prognosezeitraum von 24 Monaten zugrunde zu legen. Ausgangspunkt für die Zahlungsfähigkeitsprognose ist der Zeitpunkt der Planbestätigung (Skauradszun/Fridgen/*Fridgen* § 14 Rn. 21; HambKomm-RestR/*Ellers/Friel* § 14 Rn. 10).

**9** Die Planung kann grundsätzlich auf Monatsbasis erfolgen. Im Einzelfall bietet sich eine detaillierte Planung auf Wochenbasis an, wenn für den jeweiligen Monat der Liquidationsbestand voraussichtlich gering sein wird.

**10** Auch wenn Abs. 2 nicht zwingend eine Liquiditätsplanung mit einem Planungshorizont von 24 Monaten verlangt, bietet es sich dennoch an, in einer mindestens 24-monatigen Planung darzustellen, dass die drohende Zahlungsunfähigkeit durch die Restrukturierungsmaßnahmen voraussichtlich beseitigt wird (Abs. 1) und die Forderungen der Planbetroffenen gemäß den Regelungen im Restrukturierungsplan befriedigt werden (Abs. 2). Sieht der Restrukturierungsplan eine Befriedigung über 24 Monate hinaus vor, ist der Prognosezeitraum für die Liquiditätsplanung zwingend zu erweitern. Da für die Inanspruchnahme der StaRUG-Instrumente die drohende Zahlungsunfähigkeit des Schuldners nach § 29 Abs. 1 nachhaltig beseitigt werden muss, sollte grundsätzlich ein Planungshorizont von 36 Monaten abgebildet werden (vgl. *Balthasar* NZI-Beilage 2021, 18 (18)). Ist die drohende Zahlungsunfähigkeit Folge einer unzureichenden Ertragskraft des Unternehmens, so ist die nachhaltige Beseitigung der drohenden Zahlungsunfähigkeit durch die Wiederherstellung der Ertragskraft darzulegen (*Balthasar* NZI-Beilage 2021, 18 (19); zur Bestandsfähigkeit → Rn. 11 ff.).

### 3. Bestandsfähigkeit

**11** Darüber hinaus muss sich der Planersteller zur Sicher- bzw. Wiederherstellung der Bestandsfähigkeit des Schuldners erklären (§ 14 Abs. 1 Alt. 2). Damit hat das StaRUG zwar einen neuen Rechtsbegriff eingeführt, allerdings weder im Gesetz noch in der Gesetzesbegründung erläutert, was unter Bestandsfähigkeit zu verstehen ist. Da eine Aussage zur Bestandsfähigkeit zusätzlich zur drohenden Zahlungsunfähigkeit erfolgen muss, besteht insoweit Klarheit, dass die Wiederherstellung der Bestandsfähigkeit nicht lediglich als Beseitigung der drohenden Zahlungsunfähigkeit verstanden werden kann. Auch die Beseitigung einer Überschuldung kann nicht gemeint sein, weil durch die Beseitigung einer drohenden Zahlungsunfähigkeit auch stets eine Fortbestehensprognose iSv § 19 Abs. 2 InsO gegeben ist (Flöther/*Tasma* § 14 Rn. 4; Skauradszun/Fridgen/*Fridgen* § 14 Rn. 30).

Überwiegend wird die Bestandsfähigkeit im Sinne einer Sanierungsfähigkeit nach der BGH-Rechtsprechung verstanden (Flöther/*Tasma* § 14 Rn. 6; *Steffan/Oberg/Poppe* ZIP 2021, 617 (619); *Pluta/Konen* SanB 2020, 149 (152); HambKomm-RestR/*Ellers/Friel* § 14 Rn. 14; kritisch Skauradszun/Fridgen/*Fridgen* § 14 Rn. 28). Die Sanierungsfähigkeit setzt grundsätzlich die Wiederherstellung der Rentabilität der unternehmerischen Tätigkeit *am Ende des Sanierungszeitraums* voraus (BGH NZI 2016, 636 Rn. 36; s. a. IDW S 6 Rn. 24). Die Länge des Sanierungszeitraums hängt von den konkreten Umständen, insbesondere den noch umzusetzenden Sanierungsmaßnahmen ab und wird maßgeblich durch das Sanierungskonzept bestimmt. **12**

Im Hinblick auf die Qualität und die Anforderungen an eine Wiederherstellung der Rentabilität wird der BGH unterschiedlich interpretiert. Teilweise wird das Erwirtschaften einer angemessen iS einer branchenüblichen Rendite verlangt (IDW S 6 Rn. 27 und IDW F&A zu S 6, Frage 5.2; *Steffan/Oberg/Poppe* ZIP 2021, 617 (619)). Nach anderer Auffassung soll hingegen ein ausgeglichenes Jahresergebnis („schwarze Null") ausreichen (Skauradszun/Fridgen/*Fridgen* § 14 Rn. 28; HambKomm-RestR/*Ellers/Friel* § 14 Rn. 20; vgl. enger IDW F&A zu S 6, Frage 5.2. nur in Ausnahmefällen sei eine „schwarze Null" hinreichend, wenn sich Unternehmen nicht den Wettbewerbsgesetzen stellen müssen). Die letztere Auffassung überzeugt. Solange die Liquidität mit überwiegender Wahrscheinlichkeit nachhaltig, also auch über den Planungshorizont hinaus, ausreichend ist, um alle Verbindlichkeiten bei Fälligkeit zu bedienen, gibt es rechtlich keinen Anlass, dem Unternehmen die Bestätigung der Sanierungsfähigkeit zu verweigern (vgl. *Sax/Andersch/Philipp* ZIP 2017, 710 (712), allerdings bzgl. Eigenkapitalerfordernis). Das „Abstellen von Verlusten" ist dafür ausreichend, denn das Restrukturierungsverfahren dient der verbesserten Befriedigung der Planbetroffenen und nicht der Sicherstellung der zukünftigen Rendite für Investoren (Skauradszun/Fridgen/*Fridgen* § 14 Rn. 28). Richtigerweise wird ausnahmsweise sogar für verlustige Unternehmen die Bestandsfähigkeit bejaht werden können, wenn die langfristige Durchfinanzierung sichergestellt ist, etwa wenn das Sanierungskonzept die Integration in einen Konzern mittels Beherrschungs- und Gewinnabführungsvertrages verbunden mit der Einbindung in den Konzern-Cash-Pool vorsieht. **13**

Auch die Wiederherstellung des Eigenkapitals wird als weitere Voraussetzung für die Annahme einer Sanierungsfähigkeit gesehen (so wird BGH WM 2017, 383 Rn. 3, 33 f. zum Teil verstanden, siehe *Reiner* WM 2018, 993 (998); vgl. auch IDW S 6, IDW Life 8/2018, S. 818, Rn. 27 f.; *Steffan/Oberg/Poppe* ZIP 2021, 617 (619)). Streitig ist in diesem Zusammenhang, ob damit das bilanzielle Eigenkapital gemeint ist (*Steffan/Solmecke* WPg 2017, 1415, *Gerig/Meller/Nientkewitz* ZIP 2017, 2038; *Reiner* WM 2018, 993 (998 f.)). Richtigerweise ist das wirtschaftliche Eigenkapital maßgeblich, dh stille Reserven können auf der Aktivseite berücksichtigt und die Passivseite **14** kann durch qualifizierte Nachrangdarlehen entlastet werden (*Sax/Philipp/Andersch* ZIP 2017, 710; *Pape/Opp,* Sanierungsgutachten, Rn. 808; vgl. IDW S 6 Rn. 29 (nur in Ausnahmefällen könne auf das wirtschaftliche Eigenkapital abgestellt werden)). Wie bereits beim Kriterium der Rentabilität gilt auch hier: Die Wiederherstellung des bilanziellen Eigenkapitals wäre nur dann zwingend erforderlich, wenn die nachhaltige Aufrechterhaltung der Zahlungsfähigkeit andernfalls grundsätzlich ausgeschlossen wäre. Dies ist nicht der Fall. Das schwache bilanzielle Eigenkapital mag je nach Branche ein Wettbewerbsnachteil für Unternehmen sein. Dieser evtl. Wettbewerbsnachteil allein kann indes nicht ein K.O.-Kriterium für die gläubigerbezogene Bestandsfähigkeitsbewertung sein. Abgesehen von Unternehmen aus dem Finanz- oder Versicherungssektor sieht das deutsche Recht auch für die Gründung von Unternehmen weder ein Mindestkapital geschweige denn eine Mindestrendite vor (darauf zu Recht hinweisend HambKomm-RestR/*Ellers/Friel* § 14 Rn. 20).

**15** Kann die Bestandsfähigkeit nicht abgebildet werden, ist die Planbestätigung gemäß § 63 Abs. 1 Nr. 2 zu versagen (Skauradszun/Fridgen/*Fridgen* § 14 Rn. 7).

### 4. Wer gibt die Zahlungs- und Bestandsfähigkeitserklärung ab?

**16** Wer die begründete Zahlungs- und Bestandsfähigkeitserklärung abzugeben hat, ist dem Gesetz nicht unmittelbar zu entnehmen. Richtigerweise ist die Erklärung grundsätzlich vom Schuldner bzw. den Vertretungsorganen abzugeben (Skauradszun/Fridgen/*Fridgen* § 14 Rn. 15; Braun StaRUG/*Koch/Müller* § 14 Rn. 11; Morgen StaRUG/*Wolf* § 14 Rn. 18). § 14 schließt aber nicht aus, dass die Erklärung von einem Dritten, sinnvollerweise Sachverständigen, abgegeben wird (Skauradszun/Fridgen/*Fridgen* § 14 Rn. 16; Flöther/*Tasma* § 14 Rn. 12; Braun StaRUG/*Koch/Müller* § 14 Rn. 12), denn nur so lässt sich erklären, warum die Erklärung dem Restrukturierungsplan beizufügen und nicht unmittelbar Bestandteil desselben ist. Zur Steigerung der Überzeugungskraft kann es im Einzelfall sinnvoll sein, die Bestandsfähigkeit eines Unternehmens (durch einen Experten) zu begutachten und das Expertengutachten der Erklärung nach § 14 Abs. 1 beizufügen. Ab einer gewissen Größe des Unternehmens und/oder Komplexität der Sanierungsmaßnahmen wird der Markt ein solches Expertengutachten erwarten, da einem „Selbsttestat" bezogen auf den eigens erstellten Restrukturierungsplan häufig die notwendige Akzeptanz fehlen wird (vgl. Braun StaRUG/*Koch/Müller* § 14 Rn. 12; HambKomm-RestR/*Ellers/Friel* § 14 Rn. 8).

### 5. Begründung der Erklärung

**17** Die Erklärung zu den Aussichten, die drohende Zahlungsunfähigkeit des Schuldners durch den Plan zu beseitigen und die Bestandsfähigkeit des Schuldners sicher bzw. wiederherzustellen, ist nach dem Wortlaut von § 14 Abs. 1 zu begründen. Aus der Begründung muss sich die Beseitigung der drohenden Zahlungsunfähigkeit und Sicher-/Wiederherstellung der Bestandsfähigkeit für den Planadressaten im jeweiligen Einzelfall schlüssig ergeben (Flöther/*Tasma* § 14 Rn. 9). Maßstab für die Prognoseerwartung ist die überwiegende Wahrscheinlichkeit (*Steffan/Oberg/Poppe* ZIP 2021, 617 (625); Braun StaRUG/*Koch/Müller* § 14 Rn. 8; IDW S 6 Rn. 21). Der Fokus liegt dabei auf der Erörterung und Bewertung der Restrukturierungsmaßnahmen und deren Beitrag, die gegenwärtige Liquiditätslage und Ertragsfähigkeit innerhalb des Prognosezeitraums (dazu → Rn. 8, 10) zu verbessern und ein marktgerechtes Eigenkapital wiederaufzubauen.

Das Sanierungskonzept ist Bestandteils des darstellenden Teils. Die Maßnahmen zur Beseitigung der drohenden Zahlungsunfähigkeit und Wiederherstellung bzw. Sicherstellung der Bestandsfähigkeit sind auch im darstellenden Teil aufzuzeigen, da im darstellenden Teil die für die Entscheidung der Planbetroffenen über die Annahme des Restrukturierungsplans wesentlichen Informationen enthalten sein müssen. Die integrierte Vermögens-, Finanz- und Ertragsplanung ist dem Restrukturierungsplan gemäß § 14 Abs. 2 als Anlage beizufügen. Die Erklärung zur Bestandsfähigkeit ist somit kein zweites Sanierungsgutachten neben dem Plan (in diesem Sinne aber wohl Flöther/*Tasma* § 14 Rn. 9; *Steffan/Oberg/Poppe* ZIP 2021, 617 (625)). Vielmehr ist die Zahlungs- und Bestandsfähigkeitserklärung ein zusammenfassendes Gesamturteil darüber, ob auf Grundlage der Bestandteile des Restrukturierungsplans unter der Voraussetzung des Wirksamwerdens des Plans mit überwiegender Wahrscheinlichkeit von einer Beseitigung der drohenden Zahlungsunfähigkeit und einer Wiederherstellung bzw. Sicherstellung der Bestandsfähigkeit des Schuldners ausgegangen werden kann (vgl. Braun StaRUG/*Koch/Müller* § 14 Rn. 8). Die Erklärung erfolgt in einem gesonderten, dem Plan beizufügenden Dokument. Auf Planinhalte oder Plananlagen kann Bezug genommen werden, um die Übersichtlichkeit des Plans nicht zu beeinträchtigen (Skauradszun/Fridgen/*Fridgen* § 14 Rn. 1, 18). Die vollständige Wiedergabe eines IDW S 6 Gutachtens ist hingegen nicht erforderlich. **18**

Die Zahlungs- und Bestandsfähigkeitserklärung nach § 14 Abs. 2 sollte folgende vorangestellte Aussage enthalten: **19**

(1) Der Restrukturierungsplan geht von den tatsächlichen Gegebenheiten bei dem Schuldner aus und ist in sich schlüssig und durchführbar, (2) die dargestellte Vermögens-, Ertrags- und Finanzlage des Schuldners ist zutreffend und aus den Buchhaltungsunterlagen des Schuldners abgeleitet, (3) der Restrukturierungsplan enthält eine zutreffende Analyse der wirtschaftlichen Lage des Unternehmens im Rahmen seiner Wirtschaftsbranche und arbeitet die Krisenursachen schlüssig heraus (4) die im Restrukturierungsplan vorgesehenen Maßnahmen sind in der Ergebnis- und Finanzplanung mit ihren Effekten zutreffend abgebildet und (5) bei Wirksamwerden des Restrukturierungsplans ist die drohende Zahlungsunfähigkeit beseitigt und mit überwiegender Wahrscheinlichkeit die Bestandsfähigkeit des Schuldners sicher-/wiederhergestellt (Braun StaRUG/*Koch/Müller* § 14 Rn. 10; HambKomm-RestR/*Ellers/Friel* § 14 Rn. 16). **20**

Für die Begründung der Zahlungs- und Bestandsfähigkeitserklärung kann auf die entsprechenden Passagen im Restrukturierungsplan und den Anlagen nach § 14 Abs. 2 verwiesen werden, um Redundanzen zu vermeiden. Die **21**

Begründung kann dabei wie folgt aufgebaut werden (vgl. auch Skauradszun/Fridgen/*Fridgen* § 14 Rn. 19.1; Braun StaRUG/*Koch/Müller* § 14 Rn. 10):

1. Person des Erklärenden und Umfang des Auftrages, falls es sich nicht um den Schuldner handelt.
2. Stichtag für die Beurteilung.
3. Einschätzung der Krisenursachen und der aktuellen Vermögens-, Ertrags-, und Finanzlage.
4. Schlüssigkeit und Umsetzbarkeit des Sanierungskonzepts.
5. Auswirkungen der Umsetzung der Sanierungsmaßnahmen auf die Vermögens-, Ertrags- und Finanzlage.
6. Einschätzung der Aussichten, dass die drohende Zahlungsunfähigkeit durch den Plan beseitigt wird und die Bestandsfähigkeit durch den Plan mit überwiegender Wahrscheinlichkeit sicher- oder wiederhergestellt wird.

### 6. Stellungnahmen durch Beauftragten

22 Der von Amts wegen bestellte Restrukturierungsbeauftragte hat gemäß § 76 Abs. 4 S. 1 Stellung zu der Zahlungs- und Bestandsfähigkeitserklärung im Sinne von § 14 Abs. 1 zu nehmen. Ein auf Antrag des Schuldners oder der Gläubiger bestellter Restrukturierungsbeauftragter nimmt hingegen nur dann zu der Erklärung Stellung, wenn ihm diese Aufgabe auf Antrag gemäß § 77 Abs. 2 zugewiesen wurde.

## III. Vermögensübersicht, Ergebnis- und Finanzplanung (Abs. 2)

### 1. Normzweck – Überblick

23 Abs. 2 verlangt, dass dem Restrukturierungsplan eine Vermögensübersicht, Gewinn- und Verlustrechnung sowie Liquiditätsplanung beizufügen ist. Dadurch soll die Wiederherstellung der Bestandsfähigkeit und Beseitigung der drohenden Zahlungsunfähigkeit nach Umsetzung der Sanierungsmaßnahmen nachgewiesen werden (vgl. Morgen StaRUG/*Wolf* § 14 Rn. 44).

### 2. Vermögensübersicht (Abs. 2 S. 1)

24 Nach § 14 Abs. 2 S. 1 ist dem Restrukturierungsplan eine Vermögensübersicht beizufügen, in der die Vermögensgegenstände und die Verbindlichkeiten, die sich bei Wirksamwerden des Plans gegenüberstünden, mit ihren Werten aufzuführen sind. Bei dieser Plananlage handelt es sich im Ergebnis um die Eröffnungsbilanz des Schuldners (Planbilanz) für den anschließenden Sanierungszeitraum (Morgen StaRUG/*Wolf* § 14 Rn. 25). Mit der Vermögensübersicht sollen die Effekte des Restrukturierungsplans auf die Kapital- und Finanzierungsstruktur zum Zeitpunkt dessen Wirksamwerdens dargestellt werden. Die Planbetroffenen sollen sich auf dieser Grundlage ein Bild über die Haftungsmasse machen können.

Für die Aktivseite kann der Detailierungsgrad der Struktur der HGB- oder IFRS-Bilanz entsprechen, denn diese ist in der Regel hinreichend, um sich ein Bild über die Vermögenssituation zu verschaffen. Die Bewertung erfolgt auf Basis von Fortführungswerten (Flöther/*Tasma* § 14 Rn. 14; Morgen StaRUG/*Braun* § 14 Rn. 14; Skauradszun/Fridgen/*Fridgen* § 14 Fn. 40). **25**

Für die Passivseite ist die Vermögensübersicht jedoch an den besonderen Bedürfnissen des Restrukturierungsplans auszurichten. Hier sind insbesondere die Wirkungen des Restrukturierungsplans auf die Forderungspositionen der Planbetroffenen nach Gruppen sowie die nicht planbetroffenen Forderungen transparent und nachvollziehbar darzustellen (Morgen StaRUG/*Wolf* § 14 Rn. 34). **26**

Eine über den Stichtag der Planbestätigung hinausgehende Bilanzplanung ist nach § 14 Abs. 2 nicht vorgesehen, allerdings als Bestandteil einer integrierten Business-Planung in der außergerichtlichen Sanierung üblich und daher auch im Rahmen eines Restrukturierungsplans grundsätzlich zu empfehlen (IDW S 6 Rn. 72, 78), insbesondere wenn es im konkreten Fall für die Bestandsfähigkeit auf die Wiederherstellung eines marktgerechten Eigenkapitals und der Bestandsfähigkeit ankommt (dazu → Rn. 11 ff.). **27**

### 3. Gewinn- und Verlustrechnung

Neben einer Vermögensübersicht ist dem Restrukturierungsplan nach § 14 Abs. 2 S. 2 eine Ertragsplanung (Plan GuV) sowie eine Finanzplanung (Liquiditätsplan) beizfügen. **28**

Bei der Planung sind Auszahlungen sowohl von planbetroffenen als auch solcher Forderungen, die vom Restrukturierungsplan unberührt bleibenden sowie künftig nach dem Plan zu begründende Forderungen zu berücksichtigen (Abs. 2 S. 3). **29**

Planungshorizont ist nach Abs. 2 S. 2 der gesamte Zeitraum, der für die Befriedigung der planbetroffenen Gläubiger vorgesehen ist, dh die Planung muss mindestens bis zu dem nach dem Restrukturierungsplan vorgesehenen letzten Fälligkeitsdatum der planbetroffenen Gläubiger gehen. Da die Beseitigung der drohenden Zahlungsunfähigkeit allerdings nach Abs. 1 dargestellt werden muss und zwei unterschiedliche Planungen nach Abs. 1 und Abs. 2 nicht sinnvoll erscheinen, ist auf den 24-Monatszeitraum aus § 18 InsO als Mindestplanungshorizont bzw. 36-Monatszeitraum zur Darlegung einer nachhaltigen Beseitigung der drohenden Zahlungsunfähigkeit (dazu → Rn. 10) abzustellen (iE auch Braun StaRUG/*Koch/Müller* § 14 Rn. 21; Flöther/*Tasma* § 14 Rn. 15; wohl anders Skauradszun/Fridgen/*Fridgen* § 15 Rn. 49). Sieht der Restrukturierungsplan die Gestaltung von oder Umwandlung in langfriste Tilgungsdarlehen vor, deren Rückzahlung sich über viele Jahre erstreckt, ist ein Planungszeitraum bis zum Ende der Sanierungsphase bzw. bis zum Ende des folgenden Geschäftsjahres, in dem die Sanierungsphase prognostiziert abgeschlossen werden soll (idR 3–5 Jahre), hinreichend. Eine Erstreckung des Planungszeitraums bis zur letzten Tilgungsrate würde aufgrund der abnehmenden Planungsgenauigkeit keinen zusätzlichen Informationsgehalt bieten (siehe auch Morgen StaRUG/*Wolf* § 14 Rn. 55). **30**

31 Für die ersten 24 Monate ab Planbestätigung ist die Finanzplanung mindestens auf Monatsbasis darzustellen. Besteht die Gefahr, dass unterjährige Spitzen im Liquiditätsbedarf unerkannt bleiben, ist uU auf Wochenbasis aufzufächern. Parallel zur mittelfristigen Finanzplanung hat sich eine rollierende kurzfristige Liquiditätsplanung für die nächsten 13 Wochen bewährt, welche allerdings nicht Bestandteil des Restrukturierungsplans ist, sondern vielmehr als regelmäßig fortzuschreibendes Liquiditätssteuerungsinstrument dient.

32 Da die Finanzplanung die Gewährleistung der Zahlungsfähigkeit während des Planungszeitraums dokumentieren muss, reicht eine reine Cashflow-Betrachtung nicht aus, sie kann allerdings zusätzlich zur Darstellung der Kapitaldienstfähigkeit sinnvoll sein (Morgen StaRUG/*Wolf* § 14 Rn. 45).

33 Für die Planungsrechnung nach Abs. 2 ist eine schlichte tabellarische Darstellung der Ergebnis-, Finanz- und Vermögensplanung ausreichend. Für die wesentlichen Planannahmen kann auf den darstellenden Teil verwiesen werden (Morgen StaRUG/*Wolf* § 14 Rn. 68). Abs. 2 verlangt dabei eine Einzelplanung der jeweiligen planbetroffenen Schuldnerin. Für die Einordnung in den wirtschaftlichen Gesamtkontext ist eine konsolidierte Planung zu Informationszwecken im Einzelfall allerdings hilfreich.

34 Beim Insolvenzplan besteht die Pflicht zur Erstellung einer Vermögensübersicht, Ergebnis- und Finanzplanung gemäß § 229 InsO nur bei den – in der Praxis eher seltenen – Earnout Plänen. Sieht der Restrukturierungsplan hingegen die unmittelbare Ablösung der planbetroffenen Gläubiger vor (sog. „Cashout-Plans", siehe dazu Brünkmans/Thole Insolvenzplan-HdB/*Brünkmans* § 13 Rn. 104 ff.), spielt für diese die Aufbringung der Ablösesumme durch einen Investor, nicht jedoch die Entwicklung der Vermögens-, Ertrags- und Finanzplanung des Schuldners, eine Rolle. Da § 14 Abs. 2 keine entsprechende Beschränkung auf Earnout-Pläne vorsieht, wäre nach § 14 Abs. 2 eine Vermögensübersicht auf den Stichtag der Planbestätigung und eine Ertrags- und Finanzplanung jedenfalls zumindest bis zum Ablösedatum zu erstellen. Allerdings ist auch beim Cash-Out Restrukturierungsplan für die Darstellung der Beseitigung der drohenden Zahlungsunfähigkeit und Wiederherstellung der Bestandsfähigkeit im Rahmen von § 14 Abs. 1 eine Ertrags- und Finanzplanung von mindestens 36 Monaten erforderlich (dazu → Rn. 10).

## IV. Gerichtliche Prüfung

### 1. Erklärung nach Abs. 1

35 Das Restrukturierungsgericht hat die Bestätigung des Restrukturierungsplans von Amts wegen zu versagen, wenn die Vorschriften über den Inhalt des Restrukturierungsplans in einem wesentlichen Punkt nicht beachtet worden sind (§ 63 Abs. 1 Nr. 2). In der Gesetzesbegründung zu § 63 Abs. 1 Nr. 2 wird die Zahlungs- und Bestandsfähigkeitserklärung ausdrücklich als Beispiel einer Vorschrift über den Inhalt des Restrukturierungsplans iSv § 63

Abs. 1 Nr. 2 erwähnt (Begründung RegE BT-Drs. 19/24181, S. 162). Für eine Überprüfung der Erklärung durch das Restrukturierungsgericht spricht ferner Art. 10 Abs. 3 der Restrukturierungsrichtlinie (RL 2019/1023), wonach die Mitgliedsstaaten sicherzustellen haben, dass das Restrukturierungsgericht die Bestätigung des Restrukturierungsplans ablehnen kann, wenn keine vernünftige Aussicht besteht, dass der Plan die Insolvenz des Schuldners verhindert oder die Bestandsfähigkeit des Unternehmens gewährleistet. Gegen eine solche gerichtliche Überprüfung der Bestandsfähigkeitserklärung könnte die Systematik zu § 63 Abs. 3 sprechen, welcher eine Schlüssigkeitsprüfung bzgl. des Restrukturierungskonzepts lediglich für den Fall einer neuen Finanzierung vorsieht. Dennoch dürfte eine richtlinienkonforme Auslegung von § 63 Abs. 1 Nr. 2 erfordern, dass auch die Erklärung über die Aussichten, die drohende Zahlungsunfähigkeit zu beseitigen und die Bestandsfähigkeit des Schuldners sicher- bzw. wiederherzustellen, Teil des gerichtlichen Prüfungsprogramms bei der Planbestätigung ist (Flöther/*Tasma* § 14 Rn. 16; Skauradszun/Fridgen/*Fridgen* § 14 Rn. 18; *Desch* BB 2020, 2498 (2505); *Fiebig* ZRI 2021, 561 (565); Flöther/*Laroche* § 63 Rn. 22; *Hölzle,* Praxisleitfaden SanInsFoG, Rn. 40; *Thole* ZIP 2020, 1985 (1989); *Sämisch* ZInsO 2020, 2520 (2521); *Proske/Streit* NZI 2020, 969 (974); dazu → § 63 Rn. 23).

Die Zahlungs- und Bestandsfähigkeitserklärung nach § 14 Abs. 1 unterliegt allerdings lediglich einer Schlüssigkeitsprüfung. Das Restrukturierungsgericht prüft, ob überhaupt eine Bestandsfähigkeitserklärung vorhanden ist, die dort getroffenen Aussagen denklogisch zueinander passen und, gedanklich ihre Richtigkeit unterstellt, zu einer Restrukturierung des Unternehmens führen. Ob die Angaben tatsächlich richtig sind, wird nicht überprüft, solange keine Umstände bekannt sind, aus denen sich ergibt, dass das Sanierungskonzept nicht von den tatsächlichen Gegebenheiten ausgeht (vgl. § 63 Abs. 3) (*Fiebig* ZRI 2021, 561 (565); *Jungmann/Zündorf* ZRI 2022, 89 (92)). Die Wahrscheinlichkeitsprognose des Planverfassers bzgl. der künftigen Ereignisse im Planungszeitraum darf das Gericht nicht durch eigene Erwägungen ersetzten (Flöther/*Tasma* § 14 Rn. 16). Inwieweit damit der Prüfungsmaßstab des Gerichts bzgl. der Bestandsfähigkeitserklärung im Ergebnis stets der gleiche ist wie für den Sonderfall, dass der Restrukturierungsplan eine neue Finanzierung vorsieht (§ 63 Abs. 3) (so etwa Flöther/*Laroche* § 63 Rn. 22), bleibt fraglich. Sicher dürfte die Bedeutung der gerichtlichen Prüfung bei einer neuen Finanzierung mit dem korrespondierenden Anfechtungsschutz aus § 90 (dazu → § 12 Rn. 1) noch höher sein als sonst, denn wird eine neue, im Fall der gerichtlichen Bestätigung idR anfechtungsfest besicherte Finanzierung gewährt, ist das Schadenspotential eines nicht tragfähigen Sanierungskonzepts für die Gläubiger besonders hoch. Im Fall einer neuen Finanzierung sieht § 63 Abs. 3 darüber hinaus ausdrücklich auch die Prüfung begründeter Erfolgsaussichten vor. In der Praxis dürften sich diese Nuancen zwischen der Prüfung der Bestandsfähigkeitserklärung nach § 63 Abs. 1 und der Schlüssigkeitsprüfung des Restrukturierungskonzepts nach § 63 Abs. 3 jedoch kaum auswirken. **36**

### 2. Übersichten und Planungen nach Abs. 2

37 Ein wesentlicher Mangel iSv § 63 Abs. 1 Nr. 2 liegt vor, wenn die Vermögensübersicht und Planungen nach § 14 Abs. 2 schlicht fehlen. Im Übrigen gelten die Ausführungen unter 1. (→ Rn. 35 f.) entsprechend, dh das Gericht prüft lediglich, ob die Planung plausibel ist und auf einer angemessen Informationsgrundlage beruht. Vorgaben über formale Anforderungen an die Vermögensübersicht und Planungsrechnungen sind dem Gesetz nicht zu entnehmen, sodass der Restrukturierungsplan aus diesen Gründen nicht zurückgewiesen werden kann, es sei denn, die Darstellung ist nach dem objektiven Empfängerhorizont schlicht unverständlich.

## Weitere beizufügende Erklärungen

**15** (1) **Handelt es sich bei dem Schuldner um eine Gesellschaft ohne Rechtspersönlichkeit oder eine Kommanditgesellschaft auf Aktien, so ist dem Restrukturierungsplan eine Erklärung der Personen beizufügen, die nach dem Plan persönlich haftende Gesellschafter des Unternehmens sein sollen, dass sie zur Fortführung des Unternehmens auf der Grundlage des Plans bereit sind.**

(2) **Sollen Gläubiger Anteils- oder Mitgliedschaftsrechte oder Beteiligungen an einer juristischen Person, einem nicht rechtsfähigen Verein oder einer Gesellschaft ohne Rechtspersönlichkeit übernehmen, so ist dem Restrukturierungsplan die Zustimmungserklärung eines jeden dieser Gläubiger beizufügen.**

(3) **Hat ein Dritter für den Fall der Bestätigung des Restrukturierungsplans Verpflichtungen gegenüber den Gläubigern übernommen, so ist dem Plan die Erklärung des Dritten beizufügen.**

(4) **Sieht der Restrukturierungsplan Eingriffe in die Rechte von Gläubigern aus gruppeninternen Drittsicherheiten vor, so ist dem Plan die Zustimmung des verbundenen Unternehmens beizufügen, das die Sicherheit gestellt hat.**

**Schrifttum:** *Thole* Die Restrukturierung von Schuldverschreibungen im Insolvenzverfahren, ZIP 2014 293; *Weßling* Bonitätsnachweis bei Einzahlungsverpflichtungen Dritter nach § 230 Abs. 3 InsO?, ZInsO 2020, 714.

**Übersicht**

## I. Normzweck

1 Nach der Grundkonzeption des Restrukturierungsplans – wie auch des Insolvenzplans – werden die Rechtsverhältnisse der Planbetroffenen über eine entsprechende Regelung im gestaltenden Teil des Restrukturierungsplans gestaltet, indem die nach der allgemeinen Rechtsgeschäftslehre erforderlichen Willenserklärungen mit Bestätigung des Restrukturierungsplans fingiert werden (§§ 67 Abs. 1, 68 Abs. 2) (→ § 7 Rn. 181; → § 13 Rn. 12; → § 67 Rn. 2 ff.; → § 68 Rn. 7 f.). § 15 bezieht sich im Unterschied dazu auf Erklärungen von Beteiligten einer Restrukturierung, die nicht durch den Restrukturierungsplan ersetzt werden können. Der Gesetzeger erhebt diese in Abs. 1–4 aufgeführten Erklärungen aus ganz unterschiedlichen Gründen zu Pflichtanlagen, dh sie müssen zwingend dem Restrukturierungsplan (körperlich) als Anlage beigefügt werden. § 15 ist an § 230 InsO angelehnt.

2 Die Einstufung als Pflichtanlagen dient dem Transparenzzweck. Mit der physischen Verbindung dieser Erklärung mit dem Restrukturierungsplan wird gewährleistet, dass die Planbetroffenen einschätzen können, ob das Restrukturierungskonzept umsetzbar ist und auch über die Planbetroffenen des § 8 hinaus die im Restrukturierungsplan vorgesehenen Beiträge anderer tatsächlich geleistet werden. Daher sind grundsätzlich die rechtsverbindlichen Willenserklärungen und nicht nur unverbindliche Entwurfsfassungen bereits im Zeitpunkt der Abstimmung über den Restrukturierungsplan beizufügen. Ob, in welchem Umfang und zu welchem Zeitpunkt diese Erklärungen bereits Rechtsbindungen erzeugen, richtet sich nach den allgemeinen Vorschriften über Willenserklärungen (§§ 116 ff. BGB) und Verträge (§§ 145 ff. BGB). Zulässig und in der Praxis auch üblich ist, die Erklärungen unter die aufschiebende Bedingung der Bestätigung des Rechtsstrukturierungsplans zu stellen.

## II. Fortführungserklärung persönlich haftender Gesellschafter (Abs. 1)

### 1. Überblick, Normzweck

3 Nach Abs. 1 ist die Bereitschaft von persönlich haftenden Gesellschaftern zur Fortführung des Unternehmens auf Grundlage des Restrukturierungsplans ausdrücklich zu erklären und diese Erklärung als Anlage dem Restrukturierungsplan beizufügen. Abs. 1 ist an § 230 Abs. 1 S. 2 InsO angelehnt. Eine Parallelregelung zu § 230 Abs. 1 S. 1 und S. 3 InsO, wonach der Schuldner im Fall einer natürlichen Person eine solche Fortführungserklärung abzugeben hat, ist für den Restrukturierungsplan entbehrlich, da anders als im Insolvenzplanverfahren allein der Schuldner berechtigt ist, einen Restrukturierungsplan zur gerichtlichen Bestätigung vorzulegen, die Fortführungsbereitschaft somit in der Planvorlage zu sehen ist (vgl. auch § 230 S. 3 InsO) (Begründung RegE, BT-Drs. 19/24181, S. 120).

4 Die Fortführungserklärung persönlich haftender Gesellschafter ist notwendig, weil sie aufgrund der persönlichen Haftung für Schulden der Gesellschaft mit einer Fortführung mittelbar Zahlungs- oder Haftungsverpflichtungen für die Zukunft eingehen. Die Majorisierungsmacht der Planbetroffenen über den Restrukturierungsplan endet allgemein dort, wo den Planbetroffenen neue Verpflichtungen auferlegt werden (→ § 7 Rn. 14). Durch die Fortführungserklärung soll die Bereitschaft der persönlich haftenden Gesellschafter zur Unternehmensfortführung und Übernahme der damit verbundenen persönlichen unbeschränkten Haftung sichergestellt werden (siehe zum Insolvenzplan Brünkmans/Thole Insolvenzplan-HdB/*Brünkmans* § 13 Rn. 85, 88).

### 2. Notwendige Zustimmung persönlich haftender Gesellschafter (Abs. 1)

5 **a) Gesellschaft ohne Rechtspersönlichkeit oder KGaA.** Die Pflicht, dem Restrukturierungsplan eine Fortführungserklärung persönlich haftender Gesellschafter beizufügen, bezieht sich auf Gesellschaften ohne Rechtspersönlichkeit. Dazu gehören die offene Handelsgesellschaft, die Kommanditgesellschaft, die Partnerschaftsgesellschaft, die Gesellschaft bürgerlichen Rechts, die Partenreederei und die Europäische wirtschaftliche Interessenvereinigung (vgl. § 11 Abs. 2 Nr. 1 InsO). Alle Gesellschaften haben – zumindest auch – persönlich haftende Gesellschafter in ihrem Gesellschafterkreis. Ebenso von § 15 Abs. 1 erfasst ist die Kommanditgesellschaft auf Aktien (KGaA), die neben Kommanditaktionären mindestens einen persönlich haftenden Gesellschafter hat (vgl. § 278 Abs. 1 AktG). Sollte eine Gesellschaft ausländischer Rechtsordnung über einen Restrukturierungsplan nach StaRUG saniert werden (dazu → § 30 Rn. 18), gelten die gleichen Kriterien. Abs. 1 ist anwendbar, wenn die Gesellschaft nach ausländischem Gesellschaftsstatut mindestens einen persönlich haftenden Gesellschafter vorsieht, wie zB die englische Limited Partnership.

**b) Nach dem Restrukturierungsplan persönlich haftende Gesellschafter.** Abs. 1 verlangt eine Fortführungserklärung nur von Personen „die nach dem Plan persönlich haftende Gesellschafter des Unternehmens sein sollen“. Entscheidend ist somit nicht, wer bisher persönlich haftender Gesellschafter der Schuldnerin war, sondern, welche Personen **in Zukunft** – nach Bestätigung des Restrukturierungsplans – als **persönlich haftende Gesellschafter** vorgesehen sind. Demzufolge sind dem Restrukturierungsplan die Fortführungserklärungen sowohl der verbleibenden persönlich haftenden Altgesellschafter als auch von den erst auf der Grundlage des Restrukturierungsplans neu eintretenden persönlich haftenden Gesellschaftern beizufügen (siehe zum Insolvenzplan Brünkmans/Thole Insolvenzplan-HdB/*Brünkmans* § 32 Rn. 31; Begr. RegE ESUG BT-Drs. 17/5712, S. 32; K. Schmidt InsO/*Spliedt* § 230 Rn. 4; FK-InsO/*Jaffé* § 230 Rn. 5; MüKoInsO/*Eidenmüller* § 230 Rn. 21; Kübler/Prütting/Bork InsO/*Spahlinger* § 230 Rn. 6). Dies gilt nicht, wenn der Restrukturierungsplan für Altgesellschafter den Verlust ihrer Stellung als persönlich haftende Gesellschafter vorsieht, indem diese ausscheiden oder in die Position eines Kommanditisten wechseln (zum Insolvenzplan Brünkmans/Thole Insolvenzplan-HdB/*Brünkmans* § 32 Rn. 32; wohl anders Skauradszun/Fridgen/*Fridgen* § 15 Rn. 7). 6

Die Zustimmungserklärung ist auch dann erforderlich, wenn der Gesellschaftsvertrag der Schuldnerin explizit vorsieht, dass ein Fortsetzungsbeschluss auch mit Mehrheitsentscheidung – und damit uU gegen den Willen des persönlich haftenden Gesellschafters – gefasst werden kann. § 15 Abs. 1 liegt der Gedanke zugrunde, dass die Entscheidung nach einer – ggf. majorisierenden – Restrukturierung in der Gesellschaft als persönlich haftender Gesellschafter zu verbleiben, im freien Ermessen des Gesellschafters steht. Dem persönlich haftenden Gesellschafter darf nach einer Sanierung nicht das Risiko einer persönlich haftenden Gesellschafterstellung aufgezwungen werden (siehe zum Insolvenzplan Brünkmans/Thole Insolvenzplan-HdB/*Brünkmans* § 32 Rn. 31; aA MüKoInsO/*Eidenmüller* § 230 Rn. 30). 7

Wie bereits zum Insolvenzplan ist die Frage, ob Abs. 1 auch dann Anwendung findet, wenn es sich bei dem persönlich haftenden Gesellschafter um eine juristische Person handelt, bisher ungeklärt (zum Restrukturierungsplan: Gegen eine Anwendung Braun StaRUG/*Böhm* § 17 Rn. 3; wohl auch Morgen StaRUG/*Knapp/Wilde* § 15 Rn. 10; Flöther/*Tasma* § 15 Rn. 4; zum Insolvenzplan Streitstand bei MüKoInsO/*Eidenmüller* § 230 Rn. 24; HambKomm-RestR/*Thies/Lieder* § 230 Rn. 3; FK-InsO/*Jaffé* § 230 Rn. 5; Brünkmans/Thole Insolvenzplan-HdB/*Brünkmans* § 32 Rn. 33). Der Wortlaut sieht eine solche Beschränkung nicht vor. Im Übrigen droht der juristischen Person bei Übernahme der unbeschränkten Haftung der vollständige Verlust ihres Kapitals (vgl. Uhlenbruck/*Sinz* InsO § 230 Rn. 2; HK-InsO/*Haas* § 230 Rn. 4). Eine Einschränkung ließe sich nur dann argumentieren, wenn der Zweck der Vorschrift ausschließlich in dem Schutz natürlicher Personen vor unbeschränkter Haftung liege. Aufgrund der Offenheit dieser Frage ist die Praxis gut beraten, dem Restrukturierungsplan eine entsprechende Fortführungserklärung auch für juristische Personen als persönlich haftende Gesellschafter beizufügen. 8

### 3. Rechtsfolge und Inhalt der Fortführungserklärung

9 Die Fortführungserklärung ist eine materielle Willenserklärung und muss den eindeutigen Erklärungsinhalt haben, dass die erklärende Person zur Fortführung des Unternehmens in der Stellung als persönlich haftender Gesellschafter auf der Grundlage des Restrukturierungsplans bereit ist (für den Insolvenzplan, MüKoInsO/*Eidenmüller* § 230 Rn. 14, 35; Brünkmans/Thole Insolvenzplan-HdB/*Brünkmans* § 32 Rn. 35). Die Fortführungserklärung sollte ausdrücklich unter der aufschiebenden Bedingung der Bestätigung eines bestimmten Restrukturierungsplans stehen. Eine solche aufschiebende Bedingung wird man idR auch ohne ausdrückliche Regelung konkludent in die Erklärung hineinlesen können (Brünkmans/Thole Insolvenzplan-HdB/*Brünkmans* § 32 Rn. 35).

10 Wie man dem Wortlaut von Abs. 1 („ist dem Restrukturierungsplan […] beizufügen") entnehmen kann, ist die Fortführungserklärung zwingend dem Restrukturierungsplan *als Anlage* beizufügen.

## III. Notwendige Zustimmung von Gläubigern beim Debt-Equity-Swap (Abs. 2)

### 1. Normzweck und Überblick

11 Nach Abs. 2 sind dem Restrukturierungsplan im Fall einer Umwandlung von Forderungen in Anteilsrechte (Debt-Equity-Swap) die Zustimmungserklärungen eines jeden davon betroffenen Gläubiger beizufügen. Abs. 2 steht im unmittelbaren Zusammenhang zu § 7 Abs. 4 S. 2, wonach eine Umwandlung von Restrukturierungsforderungen in Anteils- oder Mitgliedschaftsrechte an dem Schuldner gegen den Willen der Betroffenen Gläubiger ausgeschlossen ist. Die Vorschrift ist an § 230 Abs. 2 InsO angelehnt (Begründung RegE BT-Drs. 19/24181, S. 120). Sie dient der Absicherung der negativen Vereinigungsfreiheit aus Art. 9 GG. Betroffene Gläubiger sollen nicht gegen ihren Willen eine Gesellschafterstellung aufgedrängt bekommen (zum Restrukturierungsplan: Morgen StaRUG/*Knapp/Wilde* § 15 Rn. 3; Flöther/*Tasma* § 15 Rn. 5; Skauradszun/Fridgen/*Fridgen* § 15 Rn. 17; für den Insolvenzplan HK-InsO/*Haas* § 230 Rn. 5; MüKoInsO/*Eidenmüller* § 230 Rn. 48).

12 Die Unvereinbarkeit einer Zwangsmitgliedschaft in einem privatrechtlichen Verband mit der negativen Vereinigungsfreiheit aus Art. 9 GG lässt sich insbesondere dadurch erklären, dass mit einer entsprechenden Beteiligung nicht nur Rechte, sondern regelmäßig auch Pflichten iSv Beitrags- und Treuepflichten sowie ggf. auch Haftungsrisiken verbunden sind (MüKoInsO/*Eidenmüller* § 230 Rn. 48; Brünkmans/Thole Insolvenzplan-HdB/*Brünkmans* § 32 Rn. 328). Letzteres Argument greift tendenzielle nicht, wenn Gläubiger nicht in die Position einer „Mitunternehmerstellung" einrücken, sondern die Umwandlung der Forderung in fungible börsennotierte Aktien erfolgt. Wirtschaftlich ist ein Debt-Equity-Swap bei einer börsennotierten Aktiengesellschaft vergleichbar mit einer – zwangsweise gegen den einzelnen betroffenen Gläubiger – durchsetzbaren Stundung. Die Befriedi-

gung hängt in beiden Fällen von der zukünftigen Ertragfähigkeit des Unternehmens ab, wobei für die Gläubiger im Fall der Umwandlung in Aktien die Fungibilität der Aktien über den Kapitalmarkt als Vorteil hinzukommt (Brünkmans/Thole Insolvenzplan-HdB/*Brünkmans* § 32 Rn. 329; vgl. auch MüKoInsO/*Eidenmüller* § 230 Rn. 48). Somit sprechen zwar gute Gründe für eine teleologische Reduktion von Abs. 2 bei der Umwandlung von Forderungen (insbesondere Anleihen) in Aktien an einer börsennotierten Aktiengesellschaft. Aufgrund der Unsicherheiten ist dies in der Praxis jedoch kaum ein gangbarer Weg.

Anders als zum Teil angenommen liegt der Zweck von Abs. 2 nicht **13** generell darin, Gläubiger vor Nichtbargeboten, dh vor Befriedigungen durch andere Leistungen als Geldzahlungen, zu schützen (so aber Morgen StaRUG/*Knapp/Wilde* § 15 Rn. 3, 12; Flöther/*Tasma* § 15 Rn. 5; zum Insolvenzplan Nerlich/Römermann InsO/*Ober* § 230 Rn. 7 f.; K. Schmidt InsO/*Spliedt* § 230 Rn. 5; wie hier zum Insolvenzplan vgl. MüKoInsO/*Eidenmüller* § 230 Rn. 47; Kübler/Prütting/Bork InsO/*Spahlinger* § 230 Rn. 2; siehe dazu → Rn. 18 sowie → § 7 Rn. 32). Weder Wortlaut noch Gesetzeshistorie lassen auf einen solchen Zweck schließen.

## 2. Voraussetzungen nach Abs. 2

Die Zustimmungspflicht nach Abs. 2 findet Anwendung, wenn Gläubiger **14** Anteils- oder Mitgliedschaftsrechte oder Beteiligungen an einer juristischen Person, einem nicht rechtsfähigen Verein oder einer Gesellschaft ohne Rechtspersönlichkeit übernehmen.

**a) Qualität und Rang der Ausgangsforderung unbeachtlich.** Auf die **15** Qualität oder den Rang der zu wandelnden Forderung kommt es nicht an. Die Zustimmungserklärung des betroffenen Gläubigers ist daher nicht nur bei einer Wandelung von einfachen Restrukturierungsforderungen, sondern auch für nachrangige Restrukturierungsforderungen und Absonderungsanwartschaften einzuholen (LG Düsseldorf ZIP 2015, 2182; Kübler/Prütting/Bork InsO/*Spahlinger* § 230 Rn. 7; Uhlenbruck/*Sinz* InsO § 230 Rn. 4; MüKoInsO/*Eidenmüller* § 230 Rn. 49; zum StaRUG siehe auch Morgen StaRUG/*Knapp/Wilde* § 15 Rn. 11).

**b) Qualität der Zielbeteiligung.** Ebenfalls nicht entscheidend ist, ob **16** die Forderung der Gläubiger in Anteilsrechte **am Schuldner** oder einer anderen Gesellschaft getauscht werden. Von Abs. 2 erfasst ist somit auch eine im Restrukturierungsplan vorgesehene Umwandlung von Forderungen in Beteiligungen an einer Übernahme- oder Auffanggesellschaft (sog. „Reverse-Debt-to-Equity-Swap“ (MüKoInsO/*Eidenmüller* § 230 Rn. 53“)) oder in Anteile an Tochtergesellschaften (sog. „Debt-to-Asset-Swap“ (Brünkmans/Thole Insolvenzplan-HdB/*Brünkmans* § 13 Rn. 94)). Gleiches gilt, wenn eine Beteiligung nur mittelbar erworben werden soll, etwa im Rahmen eines Nießbrauchs, einer Treuhand oder einer Innengesellschaft (Brünkmans/Thole Insolvenzplan-HdB/*Brünkmans* § 33 Rn. 332).

Die bloße Gewährung einer **Wandlungsoption** löst hingegen keine Zu- **17** stimmungspflicht aus. Es genügt, wenn die Option im gestaltenden Teil des

Restrukturierungsplans geregelt ist. Da die Optionsausübung nach Bestätigung des Restrukturierungsplans erfolgt, können und müssen diese Optionserklärungen nicht als Anlage zum Restrukturierungsplan genommen werden.

**18** Fraglich ist, ob die Zustimmungspflicht auch dann greift, wenn die Forderungen zwar nicht in formale Anteilsrechte, jedoch in eigenkapitalähnliche Instrumente (Mezzanine, Hybridkapital) umgewandelt werden sollen. Für den Insolvenzplan ist die Anwendung von § 230 Abs. 2 InsO auf die Umwandlung von Forderungen in Hybridkapital (stille Beteiligung, Gewinnrechte oder Nachrangdarlehen) umstritten (dafür K. Schmidt InsO/*Spliedt* § 230 Rn. 5 f.; Uhlenbruck/*Sinz* InsO § 230 Rn. 4; HambKomm-RestR/*Thies/Lieder* § 230 Rn. 5; dagegen MüKoInsO/*Eidenmüller* § 230 Rn. 56; Kübler/Prütting/Bork InsO/*Spahlinger* § 230 Rn. 2; Brünkmans/Thole Insolvenzplan-HdB/*Brünkmans* § 32 Rn. 374 und § 8 Rn. 199 f.). Hybridkapitalinstrumente enthalten aufgrund ihrer wirtschaftlichen Ausgestaltung typische Merkmale von Fremdkapital und Eigenkapital. Die Beantwortung der Frage der Anwendbarkeit von Abs. 2 auf Umwandlungen in Hybridkapital hängt davon ab, ob man aus Abs. 2 den Grundsatz der Barabgeltung ableitet. So wird zum Insolvenzplan vertreten, § 230 Abs. 2 InsO sei zu entnehmen, dass die Befriedigung von Gläubigern durch andere Leistungen als durch Geldzahlungen stets der Zustimmung des betroffenen Gläubigers bedürfe. Dies überzeugt jedoch nicht. Schon dem Wortlaut nach erfasst Abs. 2 nur den Erwerb von Anteils- oder Mitgliedschaftsrechten. Auch der Gesetzbegründung ist keine allgemeine Anwendung von Abs. 2 auf „Nichtbargebote" zu entnehmen (von den Vertretern, die § 230 Abs. 2 InsO als Ausdruck einer Pflicht zu Barangeboten sehen, wird auf die Formulierung im RegE BT-Drs. 12/2443, zu § 274 S. 203 *„Keinem Gläubiger sollen gegen seinen Willen Anteils- oder Mitgliedschaftsrechte oder Beteiligen* ***anstelle einer Befriedigung in Geld*** *aufgedrängt werden."* Bereits zur Insolvenzordnung wird dies zu Recht als Überinterpretation der Gesetzesmaterialien gesehen (vgl. Kübler/Prütting/Bork/*Spahlinger* § 230 Rn. 2). In der Gesetzesbegründung zum StaRUG (RegE 19/24181) ist die Formulierung *„anstelle einer Befriedigung in Geld"* nicht zu finden, vgl. zu § 9 (= 7), zu Abs. 4 S. 117; zu § 17 (= § 15) Abs. 2 S. 120, sodass dieses Argument auch nicht für § 15 Abs. 2 herangezogen werden kann; dazu auch → § 7 Rn. 32). Bei Hybridkapital in Form von stillen Beteiligungen, Genussrechten oder Nachrangdarlehen handelt es sich nicht um Anteils- oder Mitgliedschaftsrechte, sondern schlicht schuldvertragliche Rechtsbeziehungen. Wird echtes Fremdkapital in Hybridkapital umgewandelt, ist dies eine Umgestaltung der planbetroffenen Forderung im Hinblick auf Laufzeit (Stundung), Rang und Befriedigungsvoraussetzungen. Beides ist isoliert über den Restrukturierungsplan möglich. Abs. 2 ist daher als (verfassungsrechtlich, Art. 9 GG, intendierter) Schutz vor einer Zwangsbeteiligung an einem Verband zu sehen (siehe zu § 230 InsO, MüKoInsO/*Eidenmüller* § 230 Rn. 48).

**19** **c) Besonderheiten bei Anleihen.** Über den gestaltenden Teil des Restrukturierungsplans kann in die Rechtsstellung der Anleihegläubiger eingegriffen werden, da sie Inhaber einer Restrukturierungsforderung iSv § 2

Abs. 1 Nr. 1 sind. Der Restrukturierungsplan kann zwar die für die Umsetzung eines Debt-Equity-Swaps notwendige Sachkapitalerhöhung – über die gruppenübergreifende Mehrheitsentscheidung auch gegen den Willen der Anteilsinhaber – regeln. Allerdings gilt im Ausgangspunkt auch für Anleihegläubiger, dass der Restrukturierungsplan als solcher die Anleihegläubiger nicht zwingen kann, ihre Forderung in Anteilsrechte umzuwandeln (→ Rn. 11 ff.).

Eine solche „Wandlungspflicht" durch Mehrheitsentscheidung kann für Anleihegläubiger jedoch über § 5 Abs. 3 Nr. 3 SchVG erreicht werden. Danach können Anleihegläubiger mehrheitlich mit Wirkung gegenüber allen Anleihegläubigern die Umwandlung von Schuldverschreibungen in Gesellschaftsanteile mit einer qualifizierten Mehrheit von 75 % (vgl. § 5 Abs. 4 S. 2 SchVG) beschließen. Wie beim Insolvenzplan ist jedoch streitig, ob der qualifizierte Mehrheitsbeschluss die Zustimmung unmittelbar ersetzt und damit der Mehrheitsbeschluss dem Restrukturierungsplan als Anlage beizufügen ist (so Morgen StaRUG/*Knapp/Wilde* § 15 Rn. 13; zum Insolvenzplan siehe auch Brünkmans/Thole Insolvenzplan-HdB/*Brünkmans* § 33 Rn. 335; MüKoInsO/*Eidenmüller* § 230 Rn., 58; HambKomm-RestR/*Thies/Lieder* § 230 Rn. 5; Kübler/Prütting/Bork InsO/*Spahlinger* § 230 Rn. 7 f.; Uhlenbruck/*Sinz* InsO § 230 Rn. 4; Begründung RegE ESUG BT-Drs. 17/5712, 31), oder die Anleihegläubiger nach § 19 Abs. 2 iVm Abs. 6 zunächst einen gemeinsamen Vertreter bestellen und diesen durch qualifizierten Mehrheitsbeschluss gemäß § 6 Abs. 4 SchVG anweisen müssen, die Zustimmung für alle betroffenen Schuldverschreibungsgläubiger zu erklären (so Flöther/*Tasma* § 15 Rn. 7; Morgen StaRUG/*Knapp/Wilde* § 15 Rn. 13; zum Insolvenzplan siehe auch *Thole* ZIP 2014, 293 (300); *Westpfahl* FS Kübler, 773 (777); MüKoInsO/*Eidenmüller* § 230 Rn. 58). Im letzteren Fall wären die Anforderungen des § 15 Abs. 2 erfüllt, wenn dem Restrukturierungsplan die Zustimmungserklärung des gemeinsamen Vertreters beigefügt wird. 20

Wird der Beschluss der Anleihegläubiger im Wege der Beschlussmängelklage angefochten, kann der Beschluss vor einer rechtskräftigen Entscheidung des zuständigen Gerichts grundsätzlich nicht vollzogen werden. Folgt man der ersten Auffassung, sind die Voraussetzungen des § 15 Abs. 2 nicht gegeben und folgt man der zweiten Auffassung, darf der gemeinsame Vertreter mangels rechtskräftigen Beschlusses die Zustimmungserklärung im Innenverhältnis zu den Anleihegläubigern nicht abgeben. Die Voraussetzungen aus § 15 Abs. 2 sind jedoch gegeben, wenn das zuständige OLG den Vollzug im Wege des Freigabeverfahrens nach § 20 Abs. 3 SchVG freigibt (Morgen StaRUG/*Knapp/Wilde* § 15 Rn. 13; zum Insolvenzplan siehe auch Brünkmans/Thol HdB Insolvenzplan/*Brünkmans* § 33 Rn. 335; MüKoInsO/*Eidenmüller* § 230 Rn. 58). 21

## IV. Erklärungen von Dritten (Abs. 3)

### 1. Normzweck und Überblick

22 Hat ein Dritter für den Fall der Bestätigung des Restrukturierungsplans Verpflichtungen gegenüber den Gläubigern übernommen, so ist dem Plan nach Abs. 3 die Erklärung des Dritten beizufügen. Die Regelung entspricht § 230 Abs. 3 InsO und dient der vollständigen Unterrichtung der Restrukturierungsgläubiger über Verpflichtungen Dritter, sodass ihre genaue Tragweite von jedem Restrukturierungsgläubiger beurteilt werden kann (für den Insolvenzplan RegE InsO zu § 274, BT-Drs. 12/2443, 204; Uhlenbruck/*Sinz* InsO § 231 Rn. 5; MüKoInsO/*Eidenmüller* § 230 Rn. 2). Entscheidend für die Einstufung als Pflichtanlage dürfte jedoch die Vollstreckbarkeit sein. Aus einer Verpflichtungserklärung eines Dritten im Sinne von Abs. 3 kann nämlich unter den Voraussetzungen des § 71 Abs. 2 gegen den Dritten im Fall einer rechtskräftigen Planbestätigung vollstreckt werden.

### 2. Voraussetzungen für die Einstufung als Pflichtanlage iSv Abs. 3

23 **a) Verpflichtungserklärung eines Dritten.** Dritte sind alle natürlichen oder juristischen Personen, die nicht Schuldner oder Inhaber von Restrukturierungsforderungen sind, zB Verwandte des Schuldners, die Muttergesellschaft einer Tochtergesellschaft, die jeweils zur Leistung eines Sanierungsbeitrages bereit sind oder eine Übernahmegesellschaft (Flöther/*Tasma* § 15 Rn. 8; für den Insolvenzplan, Uhlenbruck/*Sinz* InsO § 230 Rn. 5; MüKoInsO/*Eidenmüller* § 230 Rn. 75). Dritter kann aber auch ein Restrukturierungsgläubiger oder Gesellschafter sein, sofern er eine besondere Verpflichtung übernimmt.

24 Wie aus dem Wortlaut „Verpflichtungen … übernommen" ersichtlich, ist eine rechtsverbindliche Erklärung erforderlich, die den Dritten zu einer vollstreckungsfähigen Leistung verpflichtet (vgl. § 71 Abs. 2). Als Beispiele sind zu nennen: Bürgschaftserklärungen, Garantieerklärungen, Erklärung über die Bestellung von Sicherheiten, Erklärung einer Auffanggesellschaft über die Fortführung des notleidenden Unternehmens etc (für den Insolvenzplan MüKoInsO/*Eidenmüller* § 230 Rn. 76). Eine bloße Absichtserklärung erfüllt den Tatbestand der Zwangsanlage aus § 15 Abs. 3 indes nicht. Die Verpflichtung steht in der Regel unter der aufschiebenden Bedingung der Planbestätigung, was Abs. 3 durch die Formulierung *„für den Fall der Bestätigung des Restrukturierungsplans"* ausdrücklich zulässt. Unerheblich ist, ob die Verpflichtung des Dritten bereits wirksam begründet wurde oder ob dieser zunächst eine auf Begründung einer entsprechenden Verpflichtung gerichtete Willenserklärung abgegeben hat, wie zB die Abgabe einer Bürgschaftserklärung (vgl. zum Insolvenzplan MüKoInsO/*Eidenmüller* § 230 Rn. 77). Lag noch kein verpflichtender Vertrag, sondern lediglich eine einseitige Verpflichtungserklärung vor, so ist das entsprechende Angebot gemäß § 145 BGB grundsätzlich bindend, es sei denn, dass der Antragende

diese Bindung ausgeschlossen hat. Mit der Planannahme bestätigen die Gläubiger ihren Annahmewillen im Hinblick auf die abgegebene Verpflichtungserklärung (§ 151 BGB), und zwar nach der Wertung des Gesetzes auch die Widersprechenden (arg. § 67 Abs. 1 S. 2) (vgl. zum Insolvenzplan MüKoInsO/*Eidenmüller* § 230 Rn. 90).

Soll die beigefügte Erklärung für die Restrukturierungsgläubiger tatsächlich den Aufklärungszweck über die Tragweite des Restrukturierungsplans erfüllen (→ Rn. 2), so wird es entscheidend auf die Bonität des Dritten ankommen. Der Erklärung allein ist nicht anzusehen, ob der Dritte die mit der Erklärung übernommenen Verpflichtungen auch erfüllen kann. Daher wird die Erklärung die Restrukturierungsgläubiger nur dann überzeugen, wenn der Dritte die Erfüllbarkeit in geeigneter Form, zB durch die selbstschuldnerische Bürgschaft einer Bank, belegt (Uhlenbruck/*Sinz* InsO § 230 Rn. 5). Allerdings ist fraglich, ob das Restrukturierungsgericht von sich aus entsprechende Erfüllbarkeitsnachweis verlangen kann (so für den Insolvenzplan LG Hamburg ZIP 2016, 335). Grundsätzlich ist davon auszugehen, dass die Planbetroffenen selbst darüber entscheiden, ob sie weitere Belege und ggf. Sicherheiten für erforderlich halten (Kübler/Prütting/Bork InsO/*Spahlinger* § 230 Rn. 10; vgl. auch *Weßling* ZInsO 2020, 714 (716 f.)). Die Übernahme von Verpflichtungen ist noch bis zum Abstimmungstermin möglich. **25**

**b) Erklärung gegenüber Restrukturierungsgläubigern.** Nach dem Wortlaut von Abs. 3 sind nur Verpflichtungen unmittelbar gegenüber den Gläubigern erfasst. Abs. 3 steht im engen Zusammenhang mit § 71 Abs. 2, wonach Verpflichtungserklärungen gegenüber Gläubigern mit gerichtlicher Planbestätigung einen Vollstreckungstitel begründen. Dennoch wendet die überwiegende Literaturmeinung zum Insolvenzplan Abs. 3 (analog) auch auf Verpflichtungserklärungen Dritter an, die zwar keine unmittelbaren Ansprüche der Gläubiger begründen sollen, aber dennoch für die Planerfüllung maßgeblich sind (zum Restrukturierungsplan siehe Flöther/*Tasma* § 15 Rn. 8; Morgen StaRUG/*Knapp/Wilde* § 15 Rn. 17; Uhlenbruck/*Sinz* InsO § 230 Rn. 6; Kübler/Prütting/Bork InsO/*Spahlinger* § 230 Rn. 9; K. Schmidt InsO/*Spliedt* § 230 Rn. 9; MüKoInsO/*Eidenmüller* § 230 Rn. 90; kritisch; Brünkmans/Thole Insolvenzplan-HdB/*Brünkmans* § 33 Rn. 335). Vor dem Hintergrund des Zusammenhangs mit § 71 Abs. 2 (→ § 71 Rn. 9) ist dies jedoch zweifelhaft. In der Praxis kann in den meisten Fällen jedoch offenbleiben, ob die Plananlage als Pflichtanlage im Sinne von Abs. 3 zu werten ist oder aus dem allgemeinen Informationsbedürfnis der Planbetroffenen sinnvoll und geboten erscheint. Die Einordnung als Pflichtanlage iSv Abs. 3 oder „freiwillige Plananlage" hat lediglich für die Formfiktion (§ 68 Abs. 3) und ggf. Titulierungswirkung nach § 71 Abs. 2 Bedeutung. **26**

Ungeachtet der Herleitung – aus § 6 oder § 15 Abs. 3 – sind zur Gewährleistung des Informationsbedürfnisses der Planbeteiligten etwa folgende Erklärungen als Anlage dem Restrukturierungsplan beizufügen: **27**

– Bei Regelung einer Kapitalerhöhung die Übernahmeerklärungen für die neuen Geschäftsanteile in notariell beglaubigter Form und im Original (zum Restrukturierungsplan *Bernsau/Beyer* ZInsO 2021, 2533 (2537); zum Insolvenzplan *Brünkmans* ZIP 2015, 1052).

– Verpflichtungserklärung eines Plangaranten gegenüber den Schuldnern.
– Ggf. Massekreditvertrag; Verpflichtungserklärung der Massekreditgeber.

## V. Verbundene Unternehmen (Abs. 4)

28 Abs. 4 setzt für den Eingriff in gruppeninterne Drittsicherheiten die Zustimmung des verbundenen Unternehmens (Drittsicherungsgeber) voraus, wobei die Zustimmungserklärung dem Restrukturierungsplan als Anlage beizufügen ist.

29 Dem Wortlaut nach ist die Zustimmungserklärung bei jedem Eingriff in gruppeninterne Drittsicherheiten erforderlich und nicht nur wenn eine nach § 2 Abs. 4 S. 1 Hs. 2 gebotene angemessene Entschädigung durch den konzernverbundenen Drittsicherungsgeber aufgebracht wird (vgl. zum Insolvenzplan aber Kübler/Prütting/Bork InsO/*Spahlinger* § 230 Rn. 11; zum Adressaten der Entschädigungspflicht → § 7 Rn. 61).

## VI. Wirksamkeit der Erklärung

30 Die Wirksamkeit der Erklärungen des § 15 richtet sich nach den §§ 104 ff. BGB (Morgen StaRUG/*Knapp/Wilde* § 15 Rn. 22). Im Zweifel ist davon auszugehen, dass sich der Erklärende bis zum Beginn der Planabstimmung einen Widerruf oder Rücktritt vorbehalten wollte, sodass entsprechende Rechte bis dahin wirksam ausübbar sind (Morgen StaRUG/*Knapp/Wilde* § 15 Rn. 23; aA Skauradszun/Fridgen/*Fridgen* § 15 Rn. 41; vgl. zum Streitstand beim Insolvenzplan Nerlich/Römermann InsO/*Ober* § 320 Rn. 12; MüKoInsO/*Eidenmüller* § 230 Rn. 89 f.; Uhlenbruck/*Sinz* InsO § 230 Rn. 1; aA K. Schmidt InsO/*Spliedt* § 230 Rn. 9).

## VII. Folgen bei Nichtbeachtung

31 Fehlt eine Erklärung nach § 15 Abs. 1–4 oder entspricht der Inhalt in wesentlichen Punkten nicht den gesetzlichen Anforderungen, ist dies ein wesentlicher Mangel iSd § 63 Abs. 1 Nr. 2. Sofern der Mangel nicht innerhalb einer vom Gericht zu bestimmenden angemessenen Frist behoben wird, ist die Planbestätigung durch das Restrukturierungsgericht zu versagen (§ 63 Abs. 1 Nr. 2) (Flöther/*Tasma* § 15 Rn. 10; Morgen StaRUG/*Knapp/Wilde* § 15 Rn. 23; Skauradszun/Fridgen/*Fridgen* § 15 Rn. 36; für den Insolvenzplan LG Hamburg NZI 2016, 34; Nerlich/Römermann InsO/*Ober* § 230 Rn. 14).

### Checkliste für Restrukturierungspläne

**16** **[1]Das Bundesministerium der Justiz und für Verbraucherschutz macht eine Checkliste für Restrukturierungspläne bekannt, welche an die Bedürfnisse von kleinen und mittleren Unter-**

**nehmen angepasst ist. [2]Die Checkliste wird auf der Internetseite www.bmjv.bund.de veröffentlicht.**

**Schrifttum:** *Knof* Die Checkliste für Restrukturierungspläne nach § 16 StaRUG – „Türöffner" für den Zugnag natürlicher Personen zum StaRUG? (§ 16 StaRUG), ZVI 2022, 368.

**Übersicht**



## I. Normzweck

Die Vorschrift soll die Planung und Durchführung eines Restrukturierungsvorhabens für kleinere und mittlere Unternehmen („KMU") durch Einführung von Standards erleichtern. Mit der Veröffentlichung der Checkliste soll für KMUs Planungssicherheit geschaffen werden, indem bei einer Orientierung an der Checkliste regelmäßig die inhaltlichen Vorgaben des Restrukturierungsplans nach §§ 5 ff. eingehalten werden und die Gefahr einer Zurückweisung des Restrukturierungsplans wegen inhaltlicher Mängel (§ 63 Abs. 1 Nr. 2) ausscheidet. Dadurch sollen KMUs einen besseren Zugang zu kosteneffizienten Sanierungslösungen erhalten (Morgen StaRUG/*Knapp/Wilde* § 16 Rn. 2). 1

Mit der Vorschrift wird Art. 8 Abs. 2 der Restrukturierungsrichtlinie (RL 2019/1023) umgesetzt. In der Sanierungspraxis werden KMUs vergleichsweise häufiger liquidiert als restrukturiert, da sie im Vergleich zu größeren Unternehmen unverhältnismäßig hohe Kosten zu tragen haben. KMUs verfügen häufig nicht über die erforderlichen Mittel, um die hohen Restrukturierungskosten zu tragen. Um solchen Schuldner bei einer kostengünstigen Restrukturierung zu helfen, sollten umfassende Checklisten für Restrukturierungspläne, die an die Bedürfnisse und Besonderheiten von KMU angepasst sind, auf nationaler Ebene entwickelt und online zur Verfügung gestellt werden (Erwgr. 17 der RL 2019/1023). 2

## II. Tatbestand

§ 16 S. 1 verpflichtet das Bundesministerium der Justiz, eine Checkliste für Restrukturierungspläne bekannt zu machen, welche an die Bedürfnisse von kleinen und mittleren Unternehmen angepasst ist. Die Checkliste hat praktische Leitlinien zu enthalten, wie der Restrukturierungsplan zu erstellen ist (vgl. Art. 8 Abs. 2 S. 2 der Restrukturierungsrichtline). 3

Neben dem bloßen Erstellungsauftrag hat das Bundesministerium für Justiz die Checkliste auf ihrer Internetseite zu veröffentlichen. Die Checkliste für 4

Restrukturierungspläne ist mit Stand 14.7.2022 unter www.bmj.de verfügbar.

## III. Rechtsfolge

5 Handelt es sich bei dem Schuldner um ein KMU und orientiert sich der Restrukturierungsplan an der veröffentlichten Checkliste, scheidet eine Zurückweisung des Restrukturierungsplans wegen inhaltlicher Mängel (§ 63 Abs. 1 Nr. 2) in der Regel aus. Umgekehrt kommt eine Versagung der Bestätigung des Restrukturierungsplans nicht allein mit der Begründung in Betracht, dass ein KMU die Checkliste nicht verwendet hat (*Knof* ZVI 2022, 368 (369)).

# Abschnitt 3. Planabstimmung

## Unterabschnitt 1. Planangebot und Planannahme

### Planangebot

**17** (1) [1]**Das an die Planbetroffenen gerichtete Angebot des Schuldners, den Restrukturierungsplan anzunehmen (Planangebot), hat den deutlichen Hinweis darauf zu enthalten, dass der Plan im Fall seiner mehrheitlichen Annahme und gerichtlichen Bestätigung auch gegenüber Planbetroffenen wirksam wird, die das Angebot nicht annehmen.** [2]**Dem Planangebot ist der vollständige Restrukturierungsplan nebst Anlagen sowie eine Darstellung der bereits angefallenen und der noch zu erwartenden Kosten des Restrukturierungsverfahrens einschließlich der Vergütung des Restrukturierungsbeauftragten beizufügen.**

(2) **Aus dem Planangebot muss hervorgehen, mit welchen Forderungen oder Rechten der jeweilige Planbetroffene in den Restrukturierungsplan einbezogen ist, welchen Gruppen der Planbetroffene zugeordnet ist und welche Stimmrechte die ihm zustehenden Forderungen und Rechte gewähren.**

(3) **Hat der Schuldner vor Abgabe des Planangebots nicht allen Planbetroffenen Gelegenheit zur gemeinschaftlichen Erörterung des Plans oder des Restrukturierungskonzepts gegeben, das durch den Plan umgesetzt werden soll, hat das Planangebot den Hinweis darauf zu enthalten, dass auf Verlangen eines Planbetroffenen oder mehrerer Planbetroffener eine Versammlung der Planbetroffenen zwecks Erörterung des Plans abgehalten wird.**

(4) [1]**Sofern im Verhältnis zu einzelnen Planbetroffenen nichts anderes vereinbart ist, unterliegt das Planangebot der Schriftform.** [2]**Bestimmt der Schuldner im Planangebot keine andere Form, unterliegt auch die Plannahme der Schriftform.**

**Übersicht**



## I. Normzweck und Grundlagen

§ 17 regelt mit dem Planangebot den Ausgangspunkt des in §§ 17 ff. geregelten **außergerichtlichen Planabstimmungsverfahrens,** das sowohl versammlungslos nach den §§ 17–19, als auch unter Einberufung einer außergerichtlichen Planbetroffenenversammlung zur Abstimmung über den Plan ablaufen kann; den außergerichtlichen Möglichkeiten der Plannahme steht das gerichtliche Planabstimmungsverfahren gemäß §§ 45 f. gegenüber (Begründung RegE, BT-Drs. 19/24181, 123; vgl. zur Wahl zwischen den Abstimmungsmöglichkeiten § 23). § 23 sieht dabei ausdrücklich vor, dass die §§ 17 ff. im gerichtlichen Abstimmungsverfahren nicht gelten. Demgegenüber ist im Fall der Planabstimmung im Rahmen einer außergerichtlichen Planbetroffenenversammlung nach § 20 insbesondere § 17 durchaus zu beachten, der gerade nicht nur für das versammlungslose Planannahmeverfahren gelten kann (eingehend hierzu → § 20 Rn. 13 f.; aA Flöther/*Madaus* § 17 Rn. 3). 1

§ 17 regelt wesentliche inhaltliche und formale Fragen des Planangebots und bezweckt dabei im Wesentlichen den **Schutz der Planbetroffenen.** Ziel der Norm ist es, den Planbetroffenen für den außergerichtlichen Abstimmungsprozess von Anfang an eine transparente und verbindliche Entscheidungsgrundlage zu bieten (so auch Morgen StaRUG/*Tresselt* § 17 Rn. 1). 2

3 Mit § 17 setzte der Gesetzgeber unter anderem **Art. 9 Abs. 7 RL 2019/1023** um, der es dem nationalen Gesetzgeber ermöglichte, neben einem gerichtlichen Abstimmungsverfahren auch ein Zustandekommen eines Restrukturierungsplans mittels einer Vereinbarung zu ermöglichen. Inhaltliche Vorgaben für die Ausgestaltung eines Planangebots oder das Annahmeverfahren sieht die Restrukturierungsrichtlinie demgegenüber nicht vor, so dass der deutsche Gesetzgeber insoweit weitreichende Gestaltungsfreiheit hatte.

## II. Wesen des Planangebots

4 § 17 Abs. 1 S. 1 definiert das Planangebot als *„das an die Planbetroffenen gerichtete Angebot des Schuldners, den Restrukturierungsplan anzunehmen"*. Das Planangebot und korrespondierend die Planannahme stellen damit **Willenserklärungen** dar, für die grundsätzlich die Regelungen der §§ 145 ff. BGB gelten, sofern nicht §§ 17 ff. hiervon abweichende Sonderregelungen enthalten (ebenso Begründung RegE, BT-Drs. 19/24181, 121; vgl. zur Anwendung der Regelungen über Willenserklärungen im Einzelnen → Rn. 33 ff.). Planangebot und Planannahme beschränken sich dabei auf die Annahme des Restrukturierungsplans, der wiederum eigenständig zu betrachten ist.

## III. Initiativrecht des Schuldners

5 Das Planinitiativrecht, also das Recht zur Abgabe eines Planangebots nach § 17 wie auch zur Vorlage eines Restrukturierungsplans im Rahmen eines außergerichtlichen oder gerichtlichen Abstimmungsverfahrens, steht ausschließlich dem **Schuldner** zu. Der deutsche Gesetzgeber hat sich damit gegen ein nach Art. 9 Abs. 1 S. 2 RL 2019/1023 optional vorgesehenes Initiativrecht auch der Gläubiger oder des Restrukturierungsbeauftragten entschieden.

6 Handelt es sich bei dem Schuldner nicht um eine natürliche Person, sondern um eine juristische Person oder eine Gesellschaft ohne Rechtspersönlichkeit, so ist für die Abgabe des Planangebots im Außenverhältnis das gesellschaftsrechtlich vorgesehene **Vertretungsorgan** zuständig. Da der Gesetzgeber die im Regierungsentwurf des StaRUG noch enthaltenen Regelungen zum klaren Vorrang der Gläubigerinteressen gegenüber den Gesellschafterinteressen (vgl. § 2 RegE, BT-Drs. 19/24181, 14) im Gesetzgebungsverfahren ersatzlos gestrichen hat, geht die hM für das Innenverhältnis davon aus, dass die Geschäftsleiter Aufsichts- oder Gesellschafterorgane vorab einzubinden haben (vgl. hierzu im Einzelnen § 1 Rn. 32 f.).

## IV. Inhalte des Planangebots

7 § 17 Abs. 1 regelt wesentliche Inhalte des Planangebots. Auf die Beachtung der entsprechenden Regelungen ist in der Praxis besonderes Augenmerk zu legen, da eine Verletzung der entsprechenden Mindestinhalte regel-

mäßig das Risiko einer späteren Versagung der Planbestätigung wegen Verletzung wesentlicher Verfahrensvorschriften gemäß § 63 Abs. 1 Nr. 2 nach sich ziehen kann.

### 1. Hinweis auf Mehrheitsprinzip (Abs. 1)

Zunächst stellt § 17 Abs. 1 S. 1 klar, dass das Planangebot den **deutlichen Hinweis** enthalten muss, dass der Plan im Fall seiner mehrheitlichen Annahme und seiner gerichtlichen Bestätigung auch gegenüber solchen Planbetroffenen wirksam wird, die das Angebot nicht annehmen. Die ausdrückliche Verstärkung der Hinweispflicht durch den Zusatz „deutlich" macht den Stellenwert des Hinweises klar. Zur Vermeidung eines gemäß § 63 Abs. 1 Nr. 2 zur Versagung der Planbestätigung führenden Verfahrensmangels ist in der Praxis darauf zu achten, dass der entsprechende Hinweis – zB durch Fettdruck und durch seine Positionierung – tatsächlich keinem Leser des Planangebots verborgen bleiben kann. 8

### 2. Beifügung des Restrukturierungsplans nebst Anlagen

Gemäß § 17 Abs. 1 S. 2 ist dem Planangebot der **vollständige Restrukturierungsplan nebst sämtlichen Anlagen** beizufügen. Da auch die §§ 20 Abs. 1 S. 5 und 45 Abs. 3 S. 2 für Ladungen zu außergerichtlichen oder gerichtlichen Abstimmungsterminen eine Übermittlung des vollständigen Restrukturierungsplans nebst Anlagen vorsieht, setzt das StaRUG – unabhängig davon, ob der Plan außergerichtlich oder gerichtlich zur Abstimmung bzw. Annahme gelangen soll – auf eine vollumfängliche und ungekürzte Information der Planbetroffenen. Während im Fall der Ladung zum Erörterungs- und Abstimmungstermin über einen Insolvenzplan § 235 Abs. 3 S. 2 InsO eine Vereinfachung dahingehend vorgesehen hat, dass dort Anlagen des Plans nicht in Bezug genommen wurden und sogar eine Zusammenfassung des wesentlichen Inhalts übersandt werden kann, hat der Gesetzgeber im StaRUG von ähnlichen Erleichterungen Abstand genommen. Dies zeigt, dass der Gesetzgeber der vollumfänglichen Information der Planbetroffenen einen hohen Stellenwert beigemessen hat. 9

### 3. Darstellung der Kosten des Restrukturierungsverfahrens

§ 17 Abs. 1 S. 2 sieht zudem die Beifügung einer **Darstellung der bereits angefallenen und der noch zu erwartenden Kosten des Restrukturierungsverfahrens einschließlich der Vergütung des Restrukturierungsbeauftragten** vor. 10

Wenngleich aufgrund der systematischen Einordnung der Regelung im Rahmen der Mindestinhalte des Planangebots gemäß § 17 eine entsprechend Pflicht ausdrücklich nur in Fällen bestünde, in welchen der Schuldner den Plan im schriftlichen Verfahren zur Annahme bringen will, hat eine Offenlegung der Kosten nach hier vertretener Auffassung durch **analoge Anwendung des § 17 Abs. 1 S. 2 in jedem Fall eines Restrukturierungsplans** zu erfolgen. Hierbei ist zu beachten, dass die Norm des § 17 Abs. 1 S. 2 erst im Rahmen der Beratungen im Rechtsausschuss des Bundestages in den 11

Gesetzesentwurf des StaRUG aufgenommen wurde, wobei der Bericht des Rechtsausschusses als Begründung der Regelung ausdrücklich klarstellt, dass der Schuldner angesichts der Bedeutung der anfallenden Kosten eine „vollständige Information der Planbetroffenen über die bereits angefallenen und noch zu erwartenden Restrukturierungskosten" sicherstellt (Begründung RegE, BT-Drs. 19/25353, 7). Es empfiehlt sich daher, die Darstellung der Kosten entweder in den Restrukturierungsplan aufzunehmen oder diesem als Anlage beizufügen, wobei im Rahmen des Planangebots unter Transparenzgesichtspunkten auf die entsprechende Verortung der Kostendarstellung hingewiesen werden sollte, sofern die Darstellung Teil des Plans oder Anlage des Plans ist.

**12** Vom inhaltlichen Umfang erfordert die Norm eine Offenlegung der erwarteten Kosten des Verfahrens nach dem StaRUG, wobei hierzu neben den Gerichtskosten und der erwähnten Vergütung eines Restrukturierungsbeauftragten auch die Honorare der an der Vorbereitung und Durchführung des Verfahrens beteiligten Berater gehören, wobei der Rechtsausschuss insoweit ausdrücklich vom Schuldner beauftragte Sanierungsberater mit einbezieht (BT-Drs. 19/25353, 7). Die Angabe einer Gesamthöhe aller Kosten dürfte den Anforderungen an die vom Gesetzgeber angestrebte Transparenz nicht genügen; ausreichend erscheint indes eine Angabe der einzelnen Kostenpositionen unter Angabe der jeweils bereits angefallenen und der noch erwarteten Kosten.

**13** Im Einzelfall kann insbesondere die **Einordnung von Beraterhonoraren** als Kosten des Restrukturierungsverfahrens schwierig sein, da nicht alle Kosten der Restrukturierung des Schuldners als solcher auch Kosten des Verfahrens nach dem StaRUG sein werden. Beispielsweise sind Kosten der arbeitsrechtlichen Beratung im Zusammenhang mit Personalanpassungsmaßnahmen im Verlauf des Restrukturierungsprozesses nicht als Kosten des Restrukturierungsverfahrens einzuordnen, da das StaRUG Arbeitnehmerrechte ausdrücklich ausklammert. Auch die Leistungen von Unternehmensberatungen oder Wirtschaftsprüfern gehören regelmäßig nur insoweit zu den Kosten des Restrukturierungsverfahrens, als zB die dem Restrukturierungsplan beigefügten Planzahlen erarbeitet werden, während weitergehende Leistungen, zB die von einzelnen Gläubigern ggf. über den Restrukturierungsplan hinaus eingeforderte Erstellung eines Sanierungsgutachtens nach oder in Anlehnung an den Standard IDW S 6, nach hier vertretener Auffassung nicht zu den Kosten des Verfahrens nach dem StaRUG gehören. Gleichwohl sollte der Schuldner angesichts des gesetzgeberischen Ziels der Regelung, die Planbetroffenen auch über die anfallenden Kosten (des Verfahrens) transparent zu informieren, Beraterkosten im Zweifelsfall eher als solche des Restrukturierungsverfahrens offenlegen, als sie zu verschweigen.

**14** Fehlt eine Darstellung der Kosten der Restrukturierungssache vollends, so stellt dies – ausgehend von dem Stellenwert, den der Gesetzgeber der Kostendarstellung beigemessen hat (BT-Drs. 19/25353, 7) – einen wesentlichen Verfahrensmangel iSv § 63 Abs. 1 Nr. 2 dar. Ergeben sich inhaltliche Unstimmigkeiten, zB weil einzelne Kosten nicht angegeben wurden oder die Schätzung der noch künftig anfallenden Kosten letztlich deutlich überstiegen wurde, so dürfte ein wesentlicher Verfahrensmangel indes nur in

Ausnahmefällen vorliegen, in welchen die Abweichung einerseits dem Schuldner anzulasten ist und andererseits der Betrag derart relevant ist, dass er die Entscheidung eines Planbetroffenen über die Zustimmung oder Nichtzustimmung zu einem Restrukturierungsplan beeinflusst haben könnte.

### 4. Übersicht über die einbezogenen Forderungen bzw. Rechte des Planbetroffenen (§ 17 Abs. 2)

Nach Abs. 2 hat das Planangebot Ausführungen dazu zu enthalten, mit welchen Forderungen oder Rechten der jeweilige Planbetroffene in den Restrukturierungsplan einbezogen ist, welchen Gruppen der Planbetroffene zugeordnet ist und welche Stimmrechte die ihm zustehenden Forderungen und Rechte gewähren. Ausgehend von der Gesetzesbegründung (Begründung RegE, BT-Drs. 19/24181, 122) und vom klaren Wortlaut der Norm ist eine **individualisierte Übersicht** über die konkrete Einbeziehung des jeweiligen Planbetroffenen zwingender Bestandteil des Planangebots (so auch Morgen StaRUG/*Tresselt* § 17 Rn. 12). Nicht ausreichend sind demgegenüber ein bloßer Verweis auf entsprechende Ausführungen des Restrukturierungsplans oder eine Übersicht aller beteiligter Planbetroffener. Abs. 2 verlangt eine Information des konkreten Empfängers des Planangebots, der aus dem Planangebot selbst zweifelsfrei ersehen können soll, in welchem Umfang er in den Plan einbezogen ist und in welchen Gruppen er mit welchem Stimmrecht abstimmungsberechtigt ist (Begründung RegE, BT-Drs. 19/24181, 122). 15

### 5. Hinweis auf Recht auf Planerörterungsversammlung (§ 17 Abs. 3)

Eine weitere Hinweispflicht betrifft das Recht der Planbetroffenen auf **Erörterung des Plans** in einer Planbetroffenenversammlung. Für Fälle, in welchen dem Planangebot keine Planbetroffenenversammlung vorausgegangen ist, in welcher der Schuldner allen Planbetroffenen Gelegenheit zur gemeinschaftlichen Erörterung des Plans oder des Restrukturierungskonzepts gegeben hat, verlangt § 17 Abs. 3 den Hinweis darauf, dass auf Verlangen eines Planbetroffenen oder mehrerer Planbetroffener eine Versammlung der Planbetroffenen zwecks Erörterung des Plans abgehalten wird. Für eine solche auf Verlangen einzuberufende **Erörterungsversammlung** gelten die Regelungen des § 21. § 17 Abs. 3 gibt einzelnen Planbetroffenen demgegenüber **kein Recht auf eine Planabstimmung in einer Planbetroffenenversammlung.** Die Entscheidung über die Durchführung eines (außer-) gerichtlichen Abstimmungstermin steht – vorbehaltlich § 76 Abs. 2 Nr. 1 – ausschließlich dem Schuldner, in keinem Fall jedoch einzelnen oder mehreren Planbetroffenen zu. 16

In der Praxis ist zu beachten, dass § 17 Abs. 3 den Planbetroffenen ein Recht auf Erörterung des Restrukturierungsplans in einer Planbetroffenenversammlung nicht uneingeschränkt einräumt. § 17 Abs. 3 und § 21 Abs. 1 sehen ausdrücklich vor, dass ein solches Recht nur dann besteht, wenn der 17

Schuldner zuvor darauf verzichtet hat, allen Planbetroffenheit Gelegenheit zur gemeinschaftlichen Erörterung des Restrukturierungsplans oder des Restrukturierungskonzepts zu geben. Zu den näheren Modalitäten dieser Gelegenheit zur gemeinschaftlichen Erörterung äußert sich § 17 Abs. 3 nicht. Da die Gesetzesbegründung (Begründung RegE, BT-Drs. 19/24181, 122) indes ausdrücklich von einem Recht darauf spricht, dass „wenigstens einmal eine gemeinsame Erörterung" stattgefunden hat, muss die Gelegenheit in einer Planbetroffenenversammlung bestehen. Für die Einberufung und Durchführung einer solchen **frühen Erörterungsversammlung** ist auf eine **analoge Anwendung der §§ 21 Abs. 2, Abs. 3, 20 Abs. 3** zurückzugreifen. Ferner ist zu beachten, dass der Restrukturierungsplan als solcher im Rahmen dieser frühen Erörterungsversammlung noch nicht vorliegen muss; vielmehr genügt gemäß § 17 Abs. 3 ausdrücklich eine gemeinschaftliche Erörterung des Restrukturierungskonzepts, wobei dieses – wie auch im Fall des § 19 S. 3 (vgl. → § 19 Rn. 9) – bereits alle wesentlichen Planinhalte umfassen muss. Deckt sich der letztlich mit dem Planangebot vorgelegte Restrukturierungsplan in wesentlichen Punkten nicht mit dem zuvor erörterten Restrukturierungskonzept oder enthält der vorgelegte Plan wesentliche Änderungen gegenüber dem erörterten Plan, so lebt – auch unter Beachtung des Rechtsgedankens des § 20 Abs. 4 – das Recht auf eine (erneute) Erörterungsversammlung wieder auf, so dass auch die Hinweispflicht des § 17 Abs. 3 in derartigen Fällen besteht. Schuldnern und ihren Beratern ist daher anzuraten, von der Erörterung lediglich eines Restrukturierungskonzepts anstelle des Restrukturierungsplans oder von relevanten Planänderungen nach einem Erörterungstermin Abstand zu nehmen oder in Zweifelsfällen ggf. auf das (nochmalige) Erörterungsrecht hinzuweisen.

**18** Liegt ein Verstoß gegen die Hinweispflicht vor, dürfte – angesichts der Bedeutung, welche die Gesetzesbegründung dem Recht auf gemeinschaftliche Planerörterung beimisst – zugleich ein wesentlicher Verfahrensmangel iSv § 63 Abs. 1 Nr. 2 vorliegen, der eine Versagung der Planbestätigung nach sich zieht.

### 6. Annahmefrist als weiterer Mindestinhalt (§ 19)

**19** Über die in § 17 genannten Mindestinhalte des Planangebots hinaus ist § 19 S. 1 zu beachten, wonach der Schuldner eine **Annahmefrist** zu setzen hat (vgl. im Einzelnen dort).

### 7. Hinweise zu Minderheitenschutz und Rechtsmitteln als fakultativer Inhalt des Planangebot (§§ 63 Abs. 2, 64 Abs. 4, 66 Abs. 3)

**20** Fakultativer Inhalt des Planangebots sind die in §§ 63 Abs. 2, 64 Abs. 4 bzw. 66 Abs. 3 vorgesehenen Hinweise an die Planbetroffenen, welche zu einer Einschränkung der Rechte auf Minderheitenschutz oder Rechtsmittel gegen eine Planbestätigung führen.

**21** Für den Fall des Nichtvorliegens der Voraussetzungen einer gruppenübergreifenden Mehrheitsentscheidung nach §§ 26–28 infolge unzutreffender

Unternehmensbewertung sieht § 63 Abs. 2 nF vor, dass eine Versagung der Planbestätigung nur auf Antrag eines hierdurch benachteiligten Planbetroffenen und nicht von Amts wegen erfolgt, wobei dies im außergerichtlichen Planannahmeverfahren nur bei vorangegangenem Hinweis hierauf gilt.

Auch Minderheitenschutzanträge sind gemäß § 64 Abs. 2 nur dann zulässig, wenn der Planbetroffene bereits im Abstimmungsverfahren dem Plan widersprochen und geltend gemacht hat, dass er durch den Plan voraussichtlich schlechter gestellt wird als er ohne Plan stünde; auch dies gilt nach § 64 Abs. 4 jedoch nur im Fall eines besonderen Hinweises auf das Erfordernis der Geltendmachung der voraussichtlichen Schlechterstellung durch den Plan im Rahmen des Planangebots bzw. des Einberufungsschreibens. 22

Schließlich gilt die in § 66 Abs. 2 vorgesehene Einschränkung des Rechts auf Einlegung einer sofortigen Beschwerde gegen die Planbestätigung auf Fälle, in denen der Beschwerdeführer dem Plan widersprochen und gegen den Plan gestimmt hat, gemäß § 66 Abs. 3 nur im Fall eines besonderen Hinweises hierauf im Rahmen des Planangebots bzw. eines Einberufungsschreibens. 23

Die entsprechenden Hinweise sollten daher in der Regel Teil des Planangebots sein. 24

### 8. Praxishinweise zur inhaltlichen Gestaltung des Planangebots

Die Regelungen des § 17 bringen klar zum Ausdruck, dass das Planangebot eine gesonderte Erklärung darstellt, die nicht im Restrukturierungsplan enthalten sein kann; vielmehr ist letzterer nach Abs. 1 Satz 2 gerade zwingende Anlage des Planangebots. Das Planangebot ist damit getrennt vom Restrukturierungsplan als **eigenständiges Dokument** zu gestalten (so auch Flöther/*Madaus* § 17 Rn. 8). 25

Das Planangebot selbst muss daher folgenden **zwingenden Inhalt** haben: 26

- Planangebot als solches,
- deutlicher Hinweis auf Mehrheitsprinzip (Abs. 1 Satz 1), wobei ein Aufgreifen des Gesetzeswortlauts vorzugswürdig erscheint,
- individualisierte Darstellung der Planbetroffenheit des jeweiligen Adressaten (Abs. 2) und
- Annahmefrist (§ 19 S. 1).

Zudem sind folgende **zwingende Anlagen** erforderlich: 27

- Restrukturierungsplan nebst sämtlichen Anlagen (Abs. 1 Satz 2) und
- Darstellung der Kosten des Restrukturierungsverfahrens (Abs. 1 Satz 2).

Mit Blick auf **fakultative Inhalte** des Planangebots sollte dieses zudem noch die Hinweise nach §§ 63 Abs. 2, 64 Abs. 4 und 66 Abs. 3 enthalten. Zudem macht es Sinn, die Form der Planannahme zu bestimmen (§ 17 Abs. 4 S. 2, hierzu auch → Rn. 32) und einen Hinweis aufzunehmen, falls der Schuldner für die Einhaltung der Annahmefrist von den Regelungen des § 19 und des § 148 BGB abweichen will (vgl. → § 19 Rn. 14 ff.). Zudem empfiehlt es sich ggf., ein vorgefertigtes Annahmeformular beizufügen, dem sich zugleich entnehmen lässt, welche weitergehenden Unterlagen der Plan- 28 betroffene der Planannahme beifügen soll (zB Vertretungsnachweise, auch → Rn. 44).

29 Um die Hinweispflichten des § 17 durch übersichtliche Gestaltung des Planangebots ordnungsgemäß zu erfüllen, erscheint es im Übrigen empfehlenswert, darauf zu verzichten, in das Dokument über die vorgenannten Punkte hinaus in größerem Umfang inhaltliche Ausführungen aufzunehmen.

## V. Form von Planangebot und Planannahme (§ 17 Abs. 4)

30 Abs. 4 Satz 1 sieht für das **Planangebot** grundsätzlich die **gesetzliche Schriftform** vor. Gemäß § 126 BGB ist damit zur Fristwahrung die eigenhändige Unterschrift des Schuldners bzw. eines vertretungsberechtigten Vertreters des Schuldners erforderlich (vgl. zur Stellvertretung → Rn. 41 ff.); zulässig ist es gemäß § 126 Abs. 3 BGB zudem, die Schriftform durch die elektronische Form des § 126a BGB zu ersetzen, was jedoch eine qualifizierte elektronische Signatur erforderlich macht. Abweichungen von der gesetzlichen Formvorschrift lässt Abs. 4 Satz 1 ausdrücklich zu, wobei hierfür eine Vereinbarung mit dem jeweiligen Planbetroffenen erforderlich ist.

31 Die **Vereinbarung einer abweichenden Form,** zB der Textform des § 126b BGB oder der telekommunikativen Übermittlung unterzeichneter Erklärungen, setzt eine Vereinbarung mit jedem einzelnen Planbetroffenen voraus, dem gegenüber der Schuldner die Formerleichterung zu nutzen beabsichtigt. Sofern bereits vor Abgabe des Planangebots Verhandlungen stattfinden oder zB eine Planbetroffenenversammlung stattgefunden hat, besteht insoweit die Möglichkeit, entsprechende Vereinbarungen abzuschließen, wobei der Abschluss der Vereinbarung einer von § 17 Abs. 4 abweichenden Form selbst nicht formbedürftig ist, jedoch angesichts § 60 Abs. 1 S. 3 auf eine ausreichende Dokumentation der Formvereinbarung zu achten ist. Die Vereinbarung einer abweichenden Form für das Planangebot kann grundsätzlich auch durch nachträgliche Vereinbarung – ggf. sogar konkludent – zustande kommen, zB wenn ein Planbetroffener ein in Textform unterbreitetes Planangebot annimmt (so Flöther/*Madaus* § 17 Rn. 13). In der Praxis dürfte eine solche nachträgliche Vereinbarung nicht empfehlenswert sein, da dies gerade eine Annahme des Plans oder jedenfalls eine Annahme der Formvereinbarung durch alle Planbetroffenen voraussetzt, was für den Schuldner in der Praxis schwer zu prognostizieren ist.

32 Auch die **Planannahme** unterliegt nach Abs. 4 Satz 2 der gesetzlichen Schriftform des § 126 BGB, sofern der Schuldner im Planangebot keine andere Form bestimmt. Will der Schuldner den Planbetroffenen auch mit Blick auf die Notwendigkeit einer hohen Zahl rechtzeitiger Planannahmeerklärungen die Rückmeldung erleichtern und insbesondere eine Übermittlung von unterzeichneten Originalurkunden sowie Postlaufzeiten vermeiden, so dürfte es überaus sinnvoll sein, eine **telekommunikativen Übermittlung unterzeichneter Erklärungen** zuzulassen, wie sie § 127 Abs. 2 BGB für die gewillkürte Schriftform zulässt. Eine ebenfalls mögliche Vereinbarung der **Textform** des § 126b BGB als ausreichend erscheint demgegenüber mE

nicht empfehlenswert, da dies mit Blick auf den vom Schuldner gemäß § 60 Abs. 1 S. 3 zu führenden Nachweis der Planannahme zu Schwierigkeiten führen könnte.

## VI. Anwendung der Regelungen über Willenserklärungen auf Planangebot und Planannahme

Bereits die Gesetzesbegründung bestätigt ausdrücklich die Anwendung der Regelungen über Willenserklärungen, sofern die §§ 17 ff. nichts Abweichendes vorsehen (Begründung RegE, BT-Drs. 19/24181, 121). Damit ist für Planangebot und Planannahme grundsätzlich auf die Regelungen des allgemeinen Teils des BGB zurückzugreifen. 33

### 1. Willensmängel und Anfechtung

Die Regelungen über Willensmängel gemäß §§ 116 ff. BGB einschließlich der Regelungen über die Anfechtung nach §§ 119 ff. BGB gelten zunächst uneingeschränkt für Planangebot und Planannahme (so bereits ausdrücklich Begründung RegE, BT-Drs. 19/24181, 121). Allerdings sieht das StaRUG vor, dass derartige Willensmängel nur bis zur Rechtskraft der Planbestätigung geltend gemacht werden können, da mit Eintritt der Rechtskraft der Planbestätigung gemäß § 67 Abs. 6 eine **Heilung etwaiger Willensmängel** von Planangebot und Planannahme eintritt. In der Praxis dürfte allenfalls die Anfechtung der Planannahme durch einen oder mehrere Planbetroffene Bedeutung zukommen, wobei – letztlich in missbräuchlich gestalteten Fällen – allenfalls eine Anfechtung wegen arglistiger Täuschung gemäß § 123 BGB vorstellbar erscheint, während ein Inhaltsirrtum eines Planbetroffenen gemäß § 119 BGB angesichts der klaren Dokumentation des Planangebots und der Hinweise nach § 17 kaum vorstellbar ist. Relevanz für das Planbestätigungsverfahren hat die Anfechtung der Planannahme letztlich nur dann, wenn der Wegfall der Planannahme des anfechtenden Planbetroffenen zum Wegfall der von § 25 Abs. 1 geforderten Mehrheit in der betreffenden Plangruppe führt. 34

### 2. Auslegung des Planangebots und des Restrukturierungsplans

Planangebot und Planannahme sind als jeweils empfangsbedürftige Willenserklärungen grundsätzlich einer Auslegung zugänglich, wobei für die Auslegung die zivilrechtlichen Auslegungsregeln der §§ 133, 157 BGB gelten, ohne dass insoweit Besonderheiten zu berücksichtigen wären (Begründung RegE, BT-Drs. 19/24181, 121). Für die Auslegung des Planangebots sind damit einerseits der wirkliche Wille des Schuldners und andererseits der **objektive Empfängerhorizont des jeweils adressierten Planbetroffenen** maßgeblich zu berücksichtigen. Da der Inhalt des Planangebots indes in § 17 klar definiert ist und sich die Planannahme regelmäßig in einer kurzen akzeptierenden Erklärung beschränken wird, dürfte in der Praxis kaum Bedarf einer entsprechenden Auslegung entstehen. 35

**36** Von der Auslegung der in Planangebot und Planannahme liegenden Willenserklärungen zu unterscheiden ist demgegenüber eine **Auslegung des Restrukturierungsplans** als solchen, für welche angesichts des Umfangs der dort möglichen und regelmäßig auch vorgesehenen Regelungen in der Praxis durchaus Bedarf entstehen könnte. Für die Frage nach der Auslegung des Restrukturierungsplans kommt es maßgeblich auf die vom Gesetzgeber offengelassene **Rechtsnatur des Plans** an (vgl. bereits Begründung RegE, BT-Drs. 19/24181, 121). Während in Fällen, in denen der Plan durch Annahme aller Planbetroffener ohne gerichtliche Planbestätigung zustande kommt, ein Vertrag unter Beteiligung einer Vielzahl von Vertragsparteien vorliegt, kann eine vertragliche Rechtsnatur in Fällen der Überwindung fehlender Zustimmung einzelner Beteiligter nicht überzeugen; ähnlich wie der BGH dies für den Insolvenzplan angenommen hat (BGH NZI 2015, 697, 700), ist daher in der gerichtlich bestätigte Restrukturierungsplan dogmatisch als **„spezifisch restrukturierungsrechtliches Instrument"** mit vertragsähnlichem Charakter einzuordnen (so bereits *Hofmann* NZI-Beilage 2019, 23; HambKomm-RestR/*Jensen* § 17 Rn. 13; aA wohl *Madaus* NZI-Beilage 2021, 36: „Vertrag"). Für die Auslegung des Plans ist daher – soweit nicht der vollstreckbare Teil des Plans betroffen ist – das individuelle Verständnis derjenigen maßgebend zu berücksichtigen, die ihn beschlossen haben, so dass für die nicht vollstreckbaren Teile des Plans auf die Auslegungsregeln der §§ 133, 157 BGB abzustellen ist; demgegenüber kann eine Auslegung der vollstreckbaren Inhalte des Plans, zB der im Plan vorgesehenen Zahlungspflichten, vorrangig nur anhand des Wortlauts und lediglich ergänzend anhand der weiteren Ausführungen des Plans erfolgen (so bereits *Hofmann* NZI-Beilage 2019, 23).

**37** Ob im Restrukturierungsplan aus der Kautelarpraxis bekannte **salvatorische Klauseln** zulässiger Inhalt des Restrukturierungsplans sein können, ist bislang nicht gerichtlich geklärt. Für den Insolvenzplan hat der BGH – auch angesichts der in § 221 S. 2 InsO vorgesehenen Berichtigungsvollmacht – entschieden, dass salvatorische Klauseln keinen zulässigen Planinhalt darstellen, so dass Insolvenzpläne mit salvatorischen Klauseln im Ergebnis nicht bestätigungsfähig sind (BGH NZI 2015, 700). Wie auch im Fall des Insolvenzplans gelten für den gestaltenden Teil des Restrukturierungsplans die Grundsätze der Vollständigkeit und Eindeutigkeit (Begründung RegE, BT-Drs. 19/24181, 116). Dem liefe die Zulassung salvatorischer Klauseln zuwider, welche die Füllung von Vertragslücken erst einer späteren interessengerechten Auslegung zugänglich machen. Auch in Restrukturierungsplänen sind daher salvatorische Klauseln – soweit eine gerichtliche Planbestätigung erfolgen soll – als unzulässig einzuordnen (ebenso HambKomm-RestR/*Jensen* § 18 Rn. 18). Kommt der Restrukturierungsplan indes ohne gerichtliche Bestätigung durch Annahme durch alle Planbetroffenen zustande, so liegt eine mehrseitige vertragliche Vereinbarung vor, für welche das allgemeine Vertragsrecht vollumfänglich zur Anwendung kommen kann, so dass in derartigen Fällen salvatorische Klauseln zulässig erscheinen (HambKomm-RestR/*Jensen* § 18 Rn. 19).

### 3. Bedingungsfreundlichkeit des Planangebots

Planangebot und Planannahme sind als Willenserklärungen grundsätzlich bedingungsfreundlich, was sich bereits aus der sonst nicht nachvollziehbaren Zweifelsfallregelung des § 18 ergibt. Der Schuldner kann sein Planangebot daher – auch über § 18 hinaus – unter Bedingungen abgeben. Solange eine vorgesehene aufschiebende Bedingung indes nicht eingetreten ist, hat die Plannannahme, auf die sich Schuldner und annehmende Planbetroffene einigen, indes gemäß § 158 Abs. 1 BGB noch keine Wirkung. 38

Von Bedingungen des Planangebots zu unterscheiden sind **Bedingungen des Restrukturierungsplans** selbst; für diese gilt § 62, wobei der Eintritt der Bedingung letztlich – neben der Annahme des Plans durch die Planbetroffenen – überhaupt Voraussetzung einer gerichtlichen Bestätigung des Plans ist. 39

Eine **Planannahme unter Bedingungen** gilt demgegenüber gemäß § 150 Abs. 2 BGB als Ablehnung verbunden mit einem neuen Planangebot, welches jedoch – mangels Planinitiativrecht des Planbetroffenen gemäß § 17 – unzulässig und damit unwirksam ist. 40

### 4. Stellvertretung bei Planangebot und Planannahme

Planangebot und Planannahme stellen keine höchstpersönlichen Willenserklärungen dar, so dass sie einer Stellvertretung iSv §§ 164 ff. BGB ohne weiteres zugänglich sind. 41

Angesichts der gravierenden Bedeutung des **Planangebots** aus Sicht des Schuldners ist jedoch nach hier vertretener Auffassung zu beachten, dass – ähnlich wie im Fall eines Insolvenzantrags – eine ausdrücklich auf ein Planangebot bzw. die Vorlage eines Restrukturierungsplans bezogene **besondere Vollmacht** erforderlich ist. Auch eine Prokura oder auch eine Generalvollmacht ermächtigen zur Stellvertretung im Rahmen von Willenserklärungen oder Prozesshandlungen nach dem StaRUG nur dann, wenn die Vertretungsmacht ausdrücklich durch eine zusätzliche Vollmacht erweitert wurde. 42

Eine Zurückweisung des Planangebots gemäß § 174 S. 1 BGB mangels **Vorlage einer Originalvollmachtsurkunde** kommt nicht in Betracht, da es sich bei dem Planangebot nicht um ein einseitiges Rechtsgeschäft, sondern um einen Antrag auf Abschluss eines zweiseitigen Rechtsgeschäfts handelt. Gerade in Fällen mit einer großen Zahl von Planbetroffenen kann es angesichts der gemäß Abs. 4 vorgesehenen gesetzlichen Schriftform daher Sinn machen, dass die Planangebote durch rechtsgeschäftliche Vertreter, zB durch entsprechend bevollmächtigte Mitarbeiter oder durch die ohnehin zur Vorbereitung des Restrukturierungsplan hinzugezogenen Rechtsanwälte, unterzeichnet werden, wobei dem Planangebot aus Transparenzgründen eine Vollmachtskopie beigefügt werden kann. 43

Die **Planannahme** stellt demgegenüber für den Planbetroffenen eine laufende Angelegenheit dar, so dass insoweit keine besondere Vollmacht erforderlich erscheint; Prokuristen oder – soweit deren Vollmacht nicht konkret beschränkt ist – Generalbevollmächtigte können daher für Adressaten von Planangeboten die Annahme erklären. Auch im Fall der Planannah- 44 me durch einen vertretenen Planbetroffenen findet eine Zurückweisung gemäß § 174 S. 1 BGB im Fall fehlender Vollmachtsvorlage nicht statt. Die Erklärung ist insoweit auch bei Nichtvorlage einer Vollmachtsurkunde wirksam. Allerdings erscheint es mit Blick auf den gemäß § 60 Abs. 1 nötigen Nachweis im Rahmen des Bestätigungsverfahrens zwingend, dass der Schuldner – soweit die Vertretungsmacht der unterzeichnenden Person nicht völlig unzweifelhaft ist – vor einem Antrag auf Planbestätigung die nötigen Dokumente, zB Vollmachts- und Ausweiskopien, einholt.

#### 5. Keine AGB-Kontrolle gemäß §§ 305 ff. BGB

45 Planangebot und Planannahme unterliegen nicht den Regelungen des Rechts der **Allgemeinen Geschäftsbedingungen** (vgl. zB Morgen StaRUG/*Tresselt* § 17 Rn. 25; BeckOK StaRUG/*Spahlinger* § 17 Rn. 22). Zwar handelt es sich beim Planangebot und auch beim Restrukturierungsplan als solchen um vom Schuldner vorformulierte Vertragsbedingungen; allerdings sind diese nicht für eine Vielzahl von Verträgen formuliert worden, so dass der Tatbestand der in § 305 Abs. 1 BGB legaldefinierten Allgemeinen Geschäftsbedingungen nicht erfüllt ist: Planangebot und Planannahme sind nämlich gerade nicht auf den Abschluss einer Vielzahl gleichlautender Verträge gerichtet, sondern letztlich auf das Wirksamwerden eines einheitlichen Regelwerks, des Restrukturierungsplans.

### Auslegung des Planangebots

**18** **Im Zweifel ist anzunehmen, dass das Planangebot unter der Bedingung steht, dass sämtliche Planbetroffene zustimmen oder dass der Plan gerichtlich bestätigt wird.**

**Übersicht**



### I. Normzweck und Grundlagen

1 § 18 normiert eine wichtige Auslegungsregel, welche für Fälle gilt, in denen dem Planangebot kein anderer Erklärungsinhalt entnommen werden kann: Die Plannahme führt in Zweifelsfällen nur dann zum Wirksamwerden des Plans, wenn diesem alle Planbetroffenen zustimmen oder wenn der Plan gerichtlich bestätigt wird. Die Auslegung des Planangebots als unter entsprechenden Bedingungen abgegeben dient einerseits dem **Schutz des Schuldners** davor, dass sich einzelne Planbetroffene auf ggf. für sie günstige Planregelungen berufen wollen, obwohl das Restrukturierungsvorhaben im Ergebnis am Widerstand anderer Planbetroffener oder an einer Versagung der Planbestätigung gescheitert ist. Andererseits dient die Auslegungsregel

auch dem **Schutz der Planbetroffenen** davor, dass der Schuldner oder ggf. ein später eingesetzter Insolvenzverwalter trotz Scheiterns der Restrukturierungssache zustimmende Planbetroffene an den Regelungen des Restrukturierungsplans festhalten will (so auch Morgen StaRUG/*Tresselt* § 18 Rn. 1).

Für den Regelfall einer Restrukturierung entspricht die Auslegungsregel des § 18 den Notwendigkeiten der Praxis, da sich die Sanierungsbeiträge der verschiedenen Beteiligten in aller Regel wechselseitig bedingen, um Rechtsträger und Unternehmen tatsächlich nachhaltig zu sanieren. Sollte im Einzelfall eine andere Sichtweise angezeigt sein, kann der Schuldner durch ausdrückliche Erklärung von der Auslegungsregel des § 18 abweichen (hierzu → Rn. 7 ff.) 2

Über die hier normierte Auslegungsregel hinaus enthalten weder § 18, noch die §§ 17 ff. im Übrigen Aussagen zum zulässigen Umfang von Bedingungen des Planangebots. Ausgehend von der Auslegungsregel des § 18 geht das StaRUG davon aus, dass das Planangebot eine **bedingungsfreundliche Willenserklärung** ist, so dass das Planangebot unter Bedingungen stehen kann. Von Bedingungen des Planangebots zu unterscheiden sind demgegenüber Bedingungen des Restrukturierungsplans als solchen. Vgl. zu den Einzelheiten zu Bedingungen des Planangebots → § 17 Rn. 38. 3

Mit weitergehenden Auslegungsregeln für Planangebot und Restrukturierungsplan befasst sich § 18 nicht (vgl. zur Auslegung von Planangebot und Restrukturierungsplan bereits → § 17 Rn. 38 f.). 4

## II. Tatbestand und Rechtsfolgen

Die Auslegungsregel des § 18 gilt als Zweifelsfallregelung stets dann, wenn sich dem Planangebot selbst keine abweichenden Erklärungsinhalte entnehmen lassen. Da bei der Auslegung des Planangebots auch der Inhalt des gemäß § 17 Abs. 1 S. 2 beizufügenden Plans zu berücksichtigen ist, hindert auch eine ausdrückliche anderslautende Erläuterung im Restrukturierungsplan eine Anwendung der Auslegungsregel des § 18. Äußern sich Planangebot oder Restrukturierungsplan demgegenüber nicht anderweitig oder liegt ein anderer Zweifelsfall vor, so gilt im Interesse der Rechtssicherheit die Auslegungsregel des § 18. 5

Im Anwendungsbereich des § 18 stellt die Auslegungsregel klar, dass die Regelungen des Restrukturierungsplans im Verhältnis zu jedem einzelnen Planbetroffenen nur dann Wirkung entfalten, wenn der Plan – sei es, durch 100-%-ige Annahme seitens aller Planbetroffener oder gemäß § 67 Abs. 1 durch gerichtliche Bestätigung – gegenüber allen Planbetroffenen wirksam wird. In allen anderen Fällen entfalten Planangebot und Restrukturierungsplan keine Wirkung. 6

## III. Abweichende Planangebote

Als Zweifelsfallregelung ist § 18 abweichenden Erklärungen im Rahmen des Planangebots ohne weiteres zugänglich. In der Praxis denkbar sind insbesondere folgende Abweichungen: 7

8 Einerseits kann der Schuldner eine Annahme des Planangebots auch für den Fall des Scheiterns seines Restrukturierungsvorhabens als Ganzen ermöglichen, indem er ausdrücklich ein **unbedingtes Planangebot** abgibt und den Planbetroffenen anbietet, dass der Inhalt des Restrukturierungsplans im Verhältnis zum Adressaten des konkreten Planangebots unabhängig davon gelten soll, ob die Planbetroffenen mit ausreichenden Mehrheiten zustimmen oder der Restrukturierungsplan gerichtlich bestätigt wird. Angesichts der privatautonomen Ausgestaltung des Planangebots bestehen dabei auch keine Einwände dagegen, dass das Planangebot nur für einzelne Beteiligte, zB Finanz- oder Großgläubiger, so ausgestaltet wird, dass dessen Annahme unabhängig von einem Wirksamwerden des Plans gegenüber allen Planbetroffenen möglich sein soll. Ein ausschließlich unbedingtes Planangebot dürfte in der **Praxis** gleichwohl nicht empfehlenswert erscheinen, da der Schuldner Gefahr läuft, dass Planbetroffene dieses Planangebot allein deswegen ablehnen, weil sie Sorge haben, dass sie – ggf. als einzige – in entsprechende Sanierungsbeiträge einwilligen, während andere ablehnende Planbetroffene aufgrund nachfolgender Entwicklungen ggf. von Eingriffen verschont bleiben. Sofern der Schuldner von der Möglichkeit eines unbedingten Planangebots Gebrauch machen will, so erscheint es daher zulässig und empfehlenswert, allen oder einzelnen Planbetroffenen sowohl ein unbedingtes, als auch ein bedingtes Planangebot mit der Maßgabe zu unterbreiten, dass der Planbetroffene bei der Plannannahme – zB durch Ankreuzen – entscheiden kann, ob er das Planangebot unabhängig von einem Wirksamwerden des Plans gegenüber allen Planbetroffenen oder eben nur für diesen Fall annimmt.

9 Andererseits kann der Schuldner das Planangebot auch so ausgestalten, dass es **ausschließlich unter der Bedingung der gerichtlichen Planbestätigung** steht. Die Annahme des Planangebots durch sämtliche Planbetroffene würde in diesem Fall nicht ausreichen, um bereits das Zustandekommen des Plans zu bewirken. Insbesondere in Fällen, in denen den Beteiligten am Anfechtungsschutz des § 90 gelegen ist, kann eine derartige Ausgestaltung des Planangebots sinnhaft sein.

## Annahmefrist

**19** **[1]Für die Annahme des Restrukturierungsplans setzt der Schuldner eine Frist. [2]Die Frist beträgt mindestens 14 Tage. [3]Sie kann kürzer sein, wenn dem Plan ein Restrukturierungskonzept zugrunde liegt, das allen Planbetroffenen seit mindestens 14 Tagen in Textform zugänglich gemacht ist.**

**Übersicht**

## I. Normzweck und Grundlagen

1 § 19 zwingt den Schuldner zur Setzung einer Frist zur Annahme des Planangebots, wobei er die in der Norm einzuhaltende Mindestfrist einzuhalten hat. Die Norm dient damit insbesondere dem **Schutz der Planbetroffenen;** das Erfordernis der Einhaltung einer Mindestfrist soll sicherstellen, dass die Planbetroffenen eine ausreichende Bedenkzeit haben (BT-Drs. 19/24181, 122 f.). Zugleich hat – worauf bereits die Gesetzesbegründung hinweist – auch der Schuldner ein Interesse an einer ausreichenden Annahmefrist, da er andernfalls Gefahr läuft, die gemäß § 25 anhand aller Stimmrechte berechneten Mehrheiten zu erreichen und nicht abgegebene Stimmen somit wie Ablehnungen wirken (BT-Drs. 19/24181, 122 f.).

2 Die Restrukturierungsrichtlinie trifft zu Annahmefristen keine Aussage, so dass der Gesetzgeber in der Ausgestaltung entsprechender Regelungen breiten Umsetzungsspielraum hatte.

## II. Annahmefrist

### 1. Zwingende Fristsetzung

3 § 19 S. 1 zwingt den Schuldner zunächst, überhaupt eine Frist zu setzen. Die Abgabe eines Planangebots ohne Fristsetzung lässt § 19 nicht zu. Lediglich im Fall der Durchführung einer **Planbetroffenenversammlung zum Zweck der Abstimmung** über die Annahme des Restrukturierungsplans steht es dem Schuldner frei, auf die Setzung einer Annahmefrist zu verzichten, da in diesem Fall die Planannahme ohnehin nur in der Versammlung durch Teilnahme an der Abstimmung erklärt werden kann, sofern der Schuldner in seinem Planangebot nicht ausdrücklich etwas hiervon Abweichendes vorsieht.

4 Vorbehaltlich der Pflicht zur Setzung einer Frist als solcher und vorbehaltlich der Einhaltung der Mindestfrist gemäß Sätzen 2 und 3 steht dem Schuldner auch hinsichtlich der Fristsetzung – wie auch hinsichtlich der gesamten Gestaltung des Planannahmeverfahrens im Übrigen – weitreichende **Gestaltungsfreiheit** zu. Er kann daher anstelle der Frist im engeren Sinne einen durch Datum oder ggf. sogar Uhrzeit bestimmten konkreten **Annahmetermin** festlegen. Auch kann der Schuldner bestimmen, ob es für die Fristwahrung auf den Eingang der Annahmeerklärung beim Schuldner oder auf deren Abgabe durch den Planbetroffenen ankommen soll (ebenso BeckOK StaRUG/*Spahlinger* § 19 Rn. 17; HambKomm-RestR/*Jensen* § 19 Rn. 5). Trifft das Plangebot hierzu keine Aussage, so kommt es für die Wahrung der Annahmefrist nach den allgemeinen Regeln der §§ 148, 149 BGB auf den Zugang der Annahmeerklärung an, wobei bei rechtzeitiger

Absendung der Annahmeerklärung insbesondere die Fristwahrungsfiktion des § 149 S. 2 BGB zu beachten ist.

### 2. Einhaltung der Mindestfrist

5 Wesentlicher Regelungsinhalt des § 19 im Interesse des zugunsten der Planbetroffenen wirkenden Überholungsschutzes ist die in § 19 S. 2 und 3 geregelte Mindestfrist.

6 **a) Dauer und Berechnung der Mindestfrist.** Nach § 19 S. 2 beträgt die Annahmefrist **mindestens 14 Tage.** Für die Berechnung der Frist gelten ohne weiteres die Regelungen der §§ 186 ff. BGB. Offen lässt § 19 indes den **Fristbeginn,** dh die Frage, mit welchem Ereignis die zweiwöchige Mindestfrist iSv § 187 BGB zu laufen beginnt.

7 Nach zutreffender Auffassung kann die 14-tägige Mindestfrist im Sinne einer **subjektiv berechneten Frist** nur individuell mit dem Zugang beim jeweiligen Planbetroffenen zu laufen beginnen; nur auf diesem Wege kann der Zweck des § 19 S. 2 erreicht werden, jeden einzelnen Planbetroffenen durch Einräumung einer Mindestbedenkzeit vor übereilten Entscheidungen zu schützen (ebenso Flöther/*Madaus* § 19 Rn. 5; HambKomm-RestR/*Jensen* § 19 Rn. 9). Die aA, die – letztlich im Interesse der Rechtssicherheit bzw. im Interesse praktikabler Umsetzung von Restrukturierungsvorhaben durch den Schuldner – vertritt, dass der Schuldner berechtigt sei, den Beginn der (Mindest-) Frist im Sinne einer **angemessenen objektiven Mindestfrist** dadurch festzulegen, dass er ausgehend von üblichen Postlaufzeiten einen fiktiven Tag des Zugangs des Planangebots annimmt, von dem ab die Mindestfrist des § 19 S. 2 berechnet wird (so aber BeckOK StaRUG/*Spahlinger* § 19 Rn. 12; Morgen StaRUG/*Tresselt* § 19 Rn. 8), ist wegen des klaren Widerspruchs zum gesetzgeberischen Ziel der Mindestfrist, die Planbetroffenen davor zu schützen, übereilte Entscheidungen treffen zu müssen, klar abzulehnen. Jedem Planbetroffenen muss damit im Ergebnis mindestens eine Frist von 14 Tagen ab Zugang des Planangebots bei ihm eingeräumt werden.

8 **b) Verkürzung der Mindestfrist.** § 19 S. 3 lässt ein Unterschreiten der 14-tägigen Mindestfrist zu, wenn dem Plan ein Restrukturierungskonzept zugrunde liegt, das den Planbetroffenen seit mindestens 14 Tagen in Textform zugänglich gemacht ist.

9 Um den Schutzzweck der Mindestfrist des § 19 S. 2, 3 zu erreichen, muss das **Restrukturierungskonzept** letztlich alle wesentlichen Planinhalte umfassen und die für die Planbetroffenen vorgesehene Gestaltung von deren Rechtsstellung klar benennen (ebenso bereits BT-Drs. 19/24181, 123). Insbesondere die jedem Planbetroffenen abverlangten Sanierungsbeiträge müssen hierbei genauso klar erkennbar sein wie die für die Entscheidungsfindung nötigen Grundlagen des Restrukturierungsvorhabens, da andernfalls das Restrukturierungskonzept nicht geeignet ist, den bei jedem Planbetroffenen nötigen Überlegungs- und Entscheidungsprozess auszulösen. Da das Gesetz im Übrigen keine Vorgaben an das Restrukturierungskonzept macht, ist der Schuldner insoweit in der Gestaltung frei, so dass auch ein ausführliches

Termsheet genügen kann (so auch BeckOK StaRUG/*Spahlinger* § 19 Rn. 21). Die Verkürzungsmöglichkeit des § 19 S. 3 kann der Schuldner dabei nur dann nutzen, wenn der letztlich mit seinem Planangebot vorgelegte Restrukturierungsplan auf dem zuvor zugänglich gemachten Restrukturierungskonzept beruht. Kleinere Änderungen des Restrukturierungsplans gegenüber dem vorangegangenen Restrukturierungskonzept dürften daher in den Grenzen der §§ 20 Abs. 4 bzw. 240 InsO zulässig sein, sofern der Schuldner einen deutlichen **Hinweis auf die konkreten Änderungen** gegenüber dem Restrukturierungskonzept in sein Planangebot aufnimmt.

Die Zugänglichmachung des Restrukturierungskonzepts muss in der 10
**Textform des § 126b BGB** erfolgen, wobei insbesondere eine Übermittlung eines Ausdrucks des Konzepts, eine Übermittlung per E-Mail oder auch eine Übermittlung eines Datenträgers, zB einer CD oder eines USB-Sticks, diesen Anforderungen genügen. Eine E-Mail mit einem Download-Link nebst Zurverfügungstellung des Restrukturierungskonzepts zum Download genügt den Anforderungen des § 126b BGB demgegenüber nach hier vertretener Auffassung nicht (aA wohl HambKomm-RestR/*Jensen* § 19 Rn. 31), da die Textform nach höchstrichterlicher Rechtsprechung nur dann gewahrt ist, wenn die zur Verfügung zu stellenden Informationen bei dem Empfänger in einer zur dauerhaften Wiedergabe geeigneten Weise zugehen, dh wenn der Empfänger von der Download-Möglichkeit auch Gebrauch macht (BGH 29.4.2010 – I ZR 66/08, NJW 2010, 3566).

Eine **absolute Mindestfrist** lässt sich § 19 S. 3 für den Fall der Verkür- 11
zung der Mindestfrist nicht entnehmen; eine solche besteht damit nicht (aA wohl BeckOK StaRUG/*Spahlinger* § 19 Rn. 22: Untergrenze von mindestens drei Tagen). Unabhängig hiervon sollte der Schuldner in der Praxis jedoch beachten, dass nur innerhalb der von ihm gesetzten Frist eine Annahme des Planangebots rechtlich möglich ist (hierzu sogleich → Rn. 12), so dass eine zu kurze Fristsetzung letztlich insbesondere zum Nachteil des Schuldners gereichen würde, da nicht rechtzeitige Annahmen letztlich als Ablehnungen eine Erreichung der Mehrheiten des § 25 gefährden.

### 3. Verlängerung der Annahmefrist

Sofern das Planangebot von Anfang an einen **Fristverlängerungsvor-** 12
**behalt** enthält, ist der Schuldner berechtigt, **vor Fristablauf** die von ihm gesetzte Frist gegenüber allen Planbetroffenen einheitlich zu verlängern (ebenso BeckOK StaRUG/*Spahlinger* § 19 Rn. 15). Ohne einen Verlängerungsvorbehalt kommt eine Verlängerung der Frist indes nicht in Betracht, da dies mit dem (teil-) kollektiven Charakter des Planvorhabens nicht in Einklang zu bringen wäre und bereits vorliegende Annahmeerklärungen einzelner Planbetroffener ggf. auch auf Grundlage der vorgesehenen Fristen abgegeben wurden (aA wohl HambKomm-RestR/*Jensen* § 19 Rn. 32). Im Falle eines entsprechend ausgestalteten und allen Planbetroffenen kommunizierten Verlängerungsvorbehalts ist es zudem denkbar, dass der Schuldner **nach Ablauf der Annahmefrist** den Planbetroffenen das vorläufige Ergebnis der schriftlichen Planabstimmung mitteilt und zugleich den ablehnenden Planbetroffenen eine Nachfrist zur Änderung ihrer Entscheidung setzt (so

auch BeckOK StaRUG/*Spahlinger* § 19 Rn. 16; HambKomm-RestR/*Jensen* § 19 Rn. 33).

**13** Eine **gesetzliche Verlängerung der Annahmefrist** tritt schließlich im Fall des § 21 Abs. 4 ein, wobei sich die Annahmefrist im Fall der Durchführung einer Erörterungsversammlung gemäß § 21 bis zum Ablauf des Tages der Versammlung oder bis zu dem Termin verlängert, den der Schuldner bis zum Ende der Versammlung bestimmt. In diesem Fall ist auch zu beachten, dass mit der Fristverlängerung ausnahmsweise die Bindung an bereits zuvor abgegebene Erklärungen von Planbetroffenen gemäß § 21 Abs. 4 S. 2 entfällt, sofern sich der Planbetroffene innerhalb der gesetzlich verlängerten Frist neu erklärt.

### 4. Annahmeerklärung und Fristversäumnis

**14** Bereits die Gesetzesbegründung stellt klar, dass nicht abgegebene Stimmen wie Ablehnungen wirken (BT-Drs. 19/24181, 123). Damit ist klar, dass das Planangebot des Schuldners durch die Planbetroffenen angenommen werden muss (vgl. zur Form der Planannahme bereits → § 17 Rn. 32). Keine klare Aussage enthalten Gesetzesbegründung und StaRUG demgegenüber zu der Frage, ob eine **Annahme nach Fristablauf** noch zur Einigung über die Annahme des Restrukturierungsplans führen kann. Für die Frage der Fristeinhaltung kommt es dabei – soweit der Schuldner nicht ausdrücklich etwas anderes, zB den Zeitpunkt der Abgabe der Annahmeerklärung, bestimmt hat – auf den Zugang der Annahmeerklärung beim Schuldner an (vgl. hierzu bereits → Rn. 4).

**15** Im Übrigen ist der Grundsatz des § 148 BGB zu beachten, wobei eine Annahme des Angebots nur innerhalb der Annahmefrist erfolgen kann. Sofern es auf den Zugang der Annahmeerklärung ankommt, können verspätet zugegangene Annahmeerklärungen nach zutreffender Auffassung daher nur in dem in § 149 BGB genannten Fall ausnahmsweise noch als nicht verspätet berücksichtigt werden. Voraussetzung ist, dass der Schuldner erkennen kann, dass eine ihm verspätet zugehende Annahmeerklärung rechtzeitig abgesandt wurde; sofern in diesem Fall keine Verspätungsanzeige gemäß § 149 S. 1 BGB erfolgt, was mit Blick auf die Zielrichtung des Schuldners, sein Planvorhaben zum Erfolg zu führen, der Fall sein wird, gilt die Annahme gemäß § 149 S. 2 BGB als rechtzeitig.

**16** In allen anderen Fällen sind **verspätete Annahmeerklärungen als Ablehnung des Planangebots** zu berücksichtigen; insbesondere kann eine Einigung über die Plannahme in diesen Fällen nicht unter Nutzung der Regelung des § 150 Abs. 1 BGB konstruiert werden, da eine Berücksichtigung der verspäteten Annahme als neues Angebot mangels Planinitiativrechts der Planbetroffenen nicht in Betracht kommt (ebenso BeckOK StaRUG/*Spahlinger* § 19 Rn. 18; aA wohl Flöther/*Madaus* § 19 Rn. 12).

### 5. Praxishinweise

**17** Dem Schuldner ist in der Praxis zu empfehlen, die Frist nicht zu kurz auszugestalten und von der Möglichkeit der Unterschreitung der Mindestfrist des § 19 S. 3 nur sehr vorsichtig Gebrauch zu machen, da insbesondere die Anforderungen an ein ausreichendes Restrukturierungskonzept erhebliches Diskussions- und Angriffspotenzial für dissentierende Planbetroffene bieten dürften.

In der Praxis dürfte es empfehlenswert erscheinen, dass der Schuldner eine Annahmefrist dergestalt vorsieht, dass er als Frist die **Zeitspanne bis zu einem konkreten Datum** festlegt, **mindestens jedoch eine Frist von 14 Tagen ab Zugang** des Planangebots bei dem jeweiligen Planbetroffenen setzt. Eine derartige Fristsetzung stellt einerseits eine Einhaltung der Mindestfrist sicher und vermeidet zudem die Einräumung einer überlangen Bedenkfrist, um etwaige Unwägbarkeiten im Postlauf auszuschließen. **18**

Zur Sicherstellung einer hinreichenden Dokumentation des Zugangs und des Fristlaufs sollte der Schuldner zudem dafür Sorge tragen, dass er Zugangsnachweise erhält, zB durch Nutzung der Möglichkeiten von Einwurfeinschreiben oder andere Formen dokumentierter Briefzustellungen. **19**

## III. Rechtsfolgen eines Verstoßes gegen § 19

Unterschreitet der Schuldner die in § 19 niedergelegte Mindestfrist von 14 Tagen, so stellt dies einen wesentlichen Verfahrensmangel dar, der gemäß § 63 Abs. 1 Nr. 2 zur **Versagung der Planbestätigung** führt (so auch Morgen StaRUG/*Tresselt* § 19 Rn. 11). Da die Fristen jedoch dem Schutz jedes einzelnen Planbetroffenen dienen, kann – wie beispielsweise nach allgemeinen Regelungen des Prozessrechts – der Mangel der Fristenwahrung durch ausdrücklichen **nachträglichen Verzicht** aller Planbetroffenen geheilt werden; ein Vorabverzicht ist demgegenüber wegen des klaren Widerspruchs gegen den Normzweck des § 19 S. 2, 3 unzulässig. **20**

## Abstimmung im Rahmen einer Versammlung der Planbetroffenen

**20** (1) **[1]Der Schuldner kann den Restrukturierungsplan im Rahmen einer Versammlung der Planbetroffenen zur Abstimmung stellen. [2]Die Einberufung erfolgt schriftlich. [3]Die Einberufungsfrist beträgt 14 Tage. [4]Räumt der Schuldner die Möglichkeit einer elektronischen Teilnahme ein, beträgt die Frist sieben Tage. [5]Der Einberufung ist der vollständige Restrukturierungsplan nebst Anlagen beizufügen.**

(2) **Das Planangebot kann vorsehen, dass Planbetroffene auch ohne Anwesenheit an dem Versammlungsort teilnehmen und sämtliche oder einzelne ihrer Rechte ganz oder teilweise im Wege elektronischer Kommunikation ausüben können (elektronische Teilnahme).**

(3) **[1]Den Vorsitz der Versammlung führt der Schuldner. [2]Er hat jedem Planbetroffenen auf Verlangen Auskunft über den Restrukturierungsplan und die für die sachgemäße Beurteilung des Plans rele-**

**vanten Verhältnisse sowie im Fall des § 2 Absatz 4 Satz 1 jeder betroffenen Tochtergesellschaft zu erteilen. [3]Planbetroffene haben das Recht, Vorschläge zur Abänderung des Plans zu unterbreiten. [4]Die Vorschläge sind dem Schuldner mindestens einen Tag vor dem Beginn der Versammlung in Textform zugänglich zu machen.**

(4) **In der Versammlung kann auch dann über den Plan abgestimmt werden, wenn dieser aufgrund der Erörterungen in der Versammlung inhaltlich in einzelnen Punkten abgeändert wird.**

(5) **[1]Jede Gruppe der Planbetroffenen stimmt gesondert ab. [2]Im Übrigen legt der Schuldner die Modalitäten der Abstimmung fest. [3]Üben Planbetroffene ihr Stimmrecht elektronisch aus, ist diesen der Zugang der elektronisch abgegebenen Stimme elektronisch zu bestätigen. [4]Die Stimmabgabe ist auch ohne Teilnahme an der Versammlung bis zum Ende der Abstimmung möglich.**

**Schrifttum:** *Bernsau/Beyer* Die praktische Anwendung der Regelungen des StaRUG in einem größeren Restrukturierungsverfahren, ZInsO 2021, 2533.

**Übersicht**



## I. Normzweck und Grundlagen

1 § 20 regelt das Verfahren der außergerichtlichen Planabstimmung, soweit sich der Schuldner für die Durchführung einer der Abstimmung über den Plan dienenden Versammlung aller Planbetroffenen entscheidet. Die Norm begründet damit zunächst das entsprechende **Wahlrecht des Schuldners,** anstelle eines versammlungslosen Planannahmeverfahrens die Durchführung einer Planbetroffenenversammlung vorzusehen (Begründung RegE, BT-Drs. 19/24181, 123). Mit den in § 20 vorgesehenen Möglichkeiten, die neben das schriftliche Planannahmeverfahren der §§ 17–19 treten, setzt der

Gesetzgeber insbesondere Art. 9 Abs. 2 der Restrukturierungsrichtlinie um, wonach die Mitgliedstaaten sicherstellen, dass die Planbetroffenen grundsätzlich in einem förmlichen Verfahren über die Annahme eines Restrukturierungsplans abstimmen, sofern nicht eine förmliche Abstimmung durch eine gemäß Art. 9 Abs. 7 der Richtlinie zulässige Vereinbarung ersetzt wird.

Die Regelungen des § 20 sind damit einerseits gesetzliche Bestätigung der **Gestaltungsfreiheit des Schuldners** hinsichtlich des Verfahrens der Plannahme; andererseits dienen die in § 20 enthaltenen Schranken dieser Gestaltungsfreiheit vor allem aber dem **Schutz der Planbetroffenen.** Dies gilt insbesondere für die in Abs. 1 vorgesehenen Einberufungsfristen und für die in Abs. 4 geregelten Schranken von Planänderungen. 2

Wenngleich § 20 und § 17 das gesetzliche **Verhältnis zwischen Planangebot und Einberufung zur außergerichtlichen Planabstimmungsversammlung** nicht klar regeln, muss nach dem Zweck derjenigen Regelungen der §§ 17–19, die den Schutz der Planbetroffenen zum Ziel haben, das Schutzniveau im Fall der Durchführung einer Planbetroffenenversammlung dem Schutzniveau der §§ 17–19 entsprechen (eingehend hierzu → Rn. 13 f.; aA Flöther/*Madaus* § 17 Rn. 3). 3

## II. Einberufung (Abs. 1)

Abs. 1 regelt zunächst die Modalitäten der Einberufung zur außergerichtlichen Planbetroffenenversammlung. Denknotwendig erfolgt die **Einberufung durch den Schuldner.** Dies gilt auch in denjenigen Fällen, in denen die Versammlungsleitung gemäß § 76 Abs. 2 Nr. 1 einem Restrukturierungsbeauftragten obliegt (ebenso HambKomm-RestR/*Radunz* § 20 Rn. 7). 4

### 1. Form der Einberufung

Die Einberufung hat gemäß Abs. 1 Satz 1 schriftlich zu erfolgen, dh der Schuldner hat die **gesetzliche Schriftform** gemäß § 126 BGB zu wahren (Begründung RegE, BT-Drs. 19/24181, 123). 5

### 2. Einberufungsfrist

Abs. 1 Satz 3 sieht eine als **Mindestfrist** zu verstehende Einberufungsfrist von 14 Tagen vor, die sich bei Möglichkeit einer elektronischen Teilnahme iSv Abs. 2 auf sieben Tage verkürzt. Die Frist dient – wie die Annahmefrist des § 19, an deren Stelle die Einberufungsfrist letztlich im Planannahmeverfahren mit Versammlung tritt – dem Schutz der Planbetroffenen vor Überrumpelung und soll zudem die Organisation der Anreise im Fall einer nur vor Ort stattfindenden Versammlung ermöglichen, indem für diesen Fall eine Einberufungsfrist von jedenfalls 14 Tagen vorgesehen ist (Begründung RegE, BT-Drs. 19/24181, 123). Bei den in Abs. 1 vorgesehenen Fristen handelt es sich jeweils um Mindestfristen, wobei der Schuldner ohne weiteres längere Fristen einräumen kann. 6

7 Da – anders als im Fall der Zustellung der Ladungen zu einem gerichtlichen Abstimmungstermin durch Gericht oder Restrukturierungsbeauftragten (vgl. § 41 Abs. 1 S. 3) – für die Zustellung der Einberufungsschreiben im Inland keine Zustellungsfiktion vorgesehen ist, muss die Einberufung jedem einzelnen Planbetroffenen nachweislich zugegangen sein. Dies und auch der Schutzzweck der Einberufungsfrist erfordern es, dass – wie bereits im Zusammenhang mit der Planannahmefrist (vgl. → § 19 Rn. 7) – für den Beginn der Einberufungsfrist und für deren Berechnung der **Zugang beim jeweiligen Planbetroffenen** maßgeblich ist (ebenso Flöther/*Madaus* § 20 Rn. 6). Die auf den Versand der Einberufung bzw. den hiervon ausgehend regelmäßig zu erwartenden Zugang abstellende aA (BeckOK StaRUG/*Spahlinger* § 20 Rn. 9; HambKomm-RestR*Radunz* § 20 Rn. 16; wohl auch Morgen StaRUG/*Tresselt* § 20 Rn. 4, § 19 Rn. 8) kann demgegenüber aus den unter → § 19 Rn. 7 genannten Gründen nicht überzeugen; insbesondere bestünden bei Verzögerungen des Postlaufs ggf. erhebliche Schwierigkeiten, die Anreise an den Versammlungsort zu organisieren, was klar dem Schutzzweck des Abs. 1 Satz 2 zuwiderliefe.

8 Eine **Verkürzung der Mindesteinberufungsfrist auf sieben Tage** sieht Abs. 1 Satz 3 vor, falls der Schuldner den Planbetroffenen die Möglichkeit zur elektronischen Teilnahme an der Versammlung iSv Abs. 2 einräumt. Ausweislich der Gesetzesbegründung ist jedoch auch in diesem Fall jedenfalls eine **Einhaltung der Fristen des § 19 S. 2 und 3** erforderlich, so dass den Planbetroffenen der Plan oder ein Restrukturierungskonzept mindestens 14 Tage vor der Planbetroffenenversammlung zur Verfügung stehen muss (Begründung RegE, BT-Drs. 19/24181, 123).

### 3. Inhalt und Anlagen der Einberufung

9 Notwendiger **Mindestinhalt** der Einberufung sind **Gegenstand, Ort** und **Zeitpunkt** der einberufenen Versammlung sowie – soweit vorgesehen – die Modalitäten einer etwaig möglichen elektronischen Teilnahme iSv Abs. 2.

10 Hinsichtlich notwendiger **Anlagen des Einberufungsschreibens** ist in jedem Fall Abs. 1 Satz 5 zu beachten, wonach der Einberufung der **vollständige Restrukturierungsplan** einschließlich Anlagen beizufügen ist; soweit über denselben Plan abgestimmt werden soll, der bereits im Rahmen eines vorangegangenen Planangebots nach § 17 übermittelt wurde, kann auf eine erneute Beifügung des Plans ausnahmsweise verzichtet werden, sofern im Einberufungsschreiben ein Hinweis aufgenommen wird, dass sich gegenüber dem Planangebot keinerlei Änderungen ergeben haben (so bereits HambKomm-RestR/*Radunz* § 20 Rn. 17).

11 Sofern die außergerichtliche Planabstimmung nach der Anzeige des Restrukturierungsvorhabens und nach Bestellung eines Restrukturierungsbeauftragten erfolgt, ist die in § 76 Abs. 4 S. 1 vorgesehene **Stellungnahme des Restrukturierungsbeauftragten** zur Erklärung des Schuldners gemäß § 14 Abs. 1 – sofern § 76 Abs. 4 S. 2 nicht bereits dahingehend zu verstehen ist, dass diese Stellungnahme dem Plan als weitere Anlage beizufügen ist –

jedenfalls dem Einberufungsschreiben als weitere Anlage beizufügen (so HambKomm-RestR/*Radunz* § 20 Rn. 18).

In der Praxis empfehlenswerter, **fakultativer Inhalt der Einberufung** sind die Hinweise der §§ 64 Abs. 4 bzw. 66 Abs. 3. Nach § 64 Abs. 2 S. 1 ist ein Minderheitenschutzantrag eines Planbetroffenen nur dann zulässig, wenn dieser dem Plan bereits im Abstimmungsverfahren widersprochen und eine voraussichtliche Schlechterstellung geltend gemacht hat, wobei dies nach § 64 Abs. 4 S. 2 nur dann gilt, wenn der Schuldner auf das Erfordernis der Geltendmachung einer voraussichtlichen Schlechterstellung bereits im Einberufungsschreiben hingewiesen hat. Nach § 66 Abs. 3 gelten auch die das Beschwerderecht der Planbetroffenen einschränkenden Regelungen des § 66 Abs. 2 Nr. 1 und 2 nur dann, wenn im Einberufungsschreiben auf die Notwendigkeit des Widerspruchs im Planabstimmungsverfahren und der Ablehnung des Plans hingewiesen wird. 12

### 4. Notwendigkeit eines Planangebots gemäß §§ 17–19

Weder das StaRUG, noch die Gesetzesbegründung bringen klar zum Ausdruck, ob es auch im Fall der Einberufung einer Abstimmungsplanbetroffenenversammlung gemäß § 20 eines Planangebots unter Einhaltung der Regelungen der §§ 17–19 bedarf. Das Verhältnis zwischen Planangebot nach § 17 und Einberufung nach Abs. 1 sind insoweit nicht klar. Teils wird hierzu vertreten, dass die Regelungen der §§ 17–19 nur für den Fall des versammlungslosen Planannahmeverfahrens gelten, nicht hingegen auch für das Planannahmeverfahren unter Durchführung einer Versammlung zur Abstimmung über den Plan gemäß § 20 (so ausdrücklich Flöther/*Madaus* § 17 Rn. 3). Nach zutreffender Auffassung besteht demgegenüber auch im Fall der Einberufung einer Planbetroffenenversammlung nach § 20 die **Notwendigkeit eines Planangebots unter Wahrung der Vorgaben des § 17** (so auch HambKomm-RestR/*Jensen* § 17 Rn. 7a). Nur dieses Verständnis der Regelungstechnik der §§ 17 ff. wird der Systematik der §§ 17 ff. einerseits und der ratio der Regelungen der §§ 17–19 andererseits gerecht. Gerade das Fehlen wesentlicher Schutzelemente des § 17 in den Regelungen des § 20 macht deutlich, dass der in den Anforderungen des § 17 verwurzelte Schutz der Planbetroffenen auch im Fall der Abstimmung über den Restrukturierungsplan in einer Planbetroffenenversammlung erforderlich erscheint. Auch der Gesetzgeber hat dies in Abs. 2 durch Nennung des Planangebots im Wortlaut der Norm zum Ausdruck gebracht. Auch § 2 Abs. 5 macht klar, dass der Gesetzgeber zwingend von der Notwendigkeit eines Planangebots im Fall jeglicher außergerichtlicher Planannahme ausgeht, da § 2 Abs. 5 S. 1 als maßgeblichen Zeitpunkt zur Beurteilung der Gestaltungsfähigkeit von Rechtsverhältnissen ausschließlich der Zeitpunkt des Planangebots des § 17, nicht hingegen auch der Zeitpunkt einer Einberufung nach § 20 genannt wird. 13

In der Praxis kommt dabei neben einer Trennung von Planangebot und Einberufung ohne weiteres auch eine **Verbindung von Planangebot und Einberufung** in einem Dokument in Betracht, wobei in diesen Fällen sowohl die Regelungen der § 17 als auch die Vorgaben des § 20 zu beachten 14 sind. Dabei ist es unschädlich, wenn der Schuldner das Planangebot nicht ausdrücklich als solches bezeichnet, da auch die bloße Übermittlung des Einberufungsschreibens den Willen des Schuldners klar zum Ausdruck bringt, sich mit den Planbetroffenen über die Annahme des dem Einberufungsschreibens beigefügten Restrukturierungsplans zu einigen. Unabhängig hiervon hat jedoch der Schuldner bei Verbindung von Planangebot und Einberufung über den bloßen Inhalt der Einberufung gemäß Abs. 1 hinaus den **deutlichen Hinweis des § 17 Abs. 1 S. 1** auf das Wirksamwerden des gerichtlich bestätigten Plans auch gegenüber nicht annehmenden Planbetroffenen und die **nach § 17 Abs. 2 vorgesehene individuelle Mitteilung** der einbezogenen Rechte, der Gruppenzuordnung und der Stimmrechte des jeweiligen Planbetroffenen mit aufzunehmen. Unterbleiben diese Hinweise, sind wesentliche Verfahrensvorschriften iSv § 63 Abs. 1 Nr. 2 missachtet, was zur Bestätigung der Planversagung führen dürfte; entsprechende Mängel gelten lediglich im Fall einer nachfolgenden rechtskräftigen Planbestätigung gemäß § 67 Abs. 6 als geheilt. Demgegenüber sind die Hinweise gemäß § 17 Abs. 3 und die Setzung einer Annahmefrist gemäß § 19 entbehrlich, da im Rahmen der einberufenen Planbetroffenenversammlung die in § 17 Abs. 3 genannte Gelegenheit zur gemeinschaftlichen Erörterung des Plans ohnehin eingeräumt wird und an die Stelle einer Annahmefrist letztlich der Termin der einberufenen Planbetroffenenversammlung tritt; letzteres erklärt wiederum, dass bereits die Gesetzesbegründung auch im Fall einer Verkürzung der Einberufungsfrist gemäß Abs. 1 Satz 4 jedenfalls die Einhaltung der Fristen nach § 19 S. 2 und 3 voraussetzt. Vgl. im Übrigen zu den Inhalten des Planangebots → § 17 Rn. 7 ff.

## III. Durchführung der Versammlung und Planabstimmung

15 § 20 regelt wesentliche Eckpunkte für die Planbetroffenenversammlung und lässt im Übrigen dem Schuldner einen breiten Gestaltungsspielraum für das Abstimmungsverfahren.

### 1. Physische Teilnahmemöglichkeit, Versammlungsort und elektronische Teilnahme (Abs. 2)

16 Die Systematik der Abs. 1 und 2, aber auch die Gesetzesbegründung zu Abs. 2 stellen zunächst klar, dass die Versammlung zwingend jedenfalls als **physische Versammlung** an einem bestimmten Versammlungsort stattzufinden hat (Begründung RegE, BT-Drs. 19/24181, 123). Rein elektronische oder **digitale Versammlungen** lässt das StaRUG damit ausdrücklich nicht zu. Eine rein virtuelle bzw. digitale Versammlung ist allenfalls dergestalt denkbar, dass freiwillig alle Planbetroffenen einem Vorschlag des Schuldners folgen, an der Versammlung nur elektronisch teilzunehmen (ähnlich HambKomm-RestR/*Radunz* § 20 Rn. 22).

17 Jede Versammlung muss damit einen **Versammlungsort** haben, an dem jeder Planbetroffene physisch an der Versammlung teilnehmen könnte, so-

fern er dies wünscht. Dabei trifft § 20 zum Versammlungsort selbst keinerlei Aussage, so dass der Schuldner in der Bestimmung des Versammlungsorts frei ist (so auch Flöther/*Madaus* § 20 Rn. 8). Insbesondere besteht keine Beschränkung dahingehend, dass die Versammlung am Sitz des Schuldners oder im Bezirk des zuständigen Restrukturierungsgerichts stattfinden müsste. Raum für eine gerichtliche Missbrauchskontrolle hinsichtlich der Wahl des Versammlungsorts besteht nach hier vertretener Auffassung allenfalls in Extremfällen, in denen der Schuldner willkürlich einen für die Planbetroffenen schwer erreichbaren, sachlich in keiner Weise nachvollziehbaren Versammlungsort auswählt, eine kurze Einberufungsfrist am unteren Rahmen der vorgesehenen Mindestfrist des Abs. 1 Satz 3 nutzt und keine Möglichkeit zur elektronischen Teilnahme vorsieht; nur in derartigen Extremfällen kann die Auswahl des Versammlungsorts die physische Teilnahmemöglichkeit der Planbetroffenen faktisch in einem Maße beschränken, dass deren Verfahrensrechte missachtet sind.

Abs. 2 enthält die Legaldefinition der auch in Abs. 1 Satz 4 in Bezug **18** genommenen elektronischen Teilnahme als Ausübung sämtlicher oder einzelner Rechte von am Versammlungsort nicht anwesenden Planbetroffenen ganz oder teilweise im Wege elektronischer Kommunikation. Die **elektronische Teilnahme** verlangt dabei zwingend die Schaffung technischer Voraussetzungen dafür, dass die Planbetroffenen auf elektronischem Weg während der gesamten Versammlungsdauer alle wesentlichen Vorgänge wahrnehmen, sich wie anwesende Beteiligte äußern und gleichermaßen mit anderen Teilnehmern kommunizieren können (Begründung RegE, BT-Drs. 19/24181, 123). Insbesondere die inzwischen im Geschäftsverkehr üblichen Videokonferenzsysteme genügen diesen Anforderungen, da hier eine wechselseitige Kommunikation in Ton und Bild ermöglicht wird, die einer physischen Anwesenheit am selben Ort nahekommt. Der Schuldner hat hierbei jedoch auch zu gewährleisten, dass die Qualität der Übertragung vom Versammlungsort es allen elektronischen Teilnehmern ermöglicht, dem Verlauf der Versammlung und etwaigen Wortbeiträgen durchgängig zu folgen. Im Zweifelsfall hat der Schuldner auch den Nachweis zu erbringen, dass technische Schwierigkeiten, welche eine durchgängige Teilnahme einzelner Planbetroffener gehindert haben, nicht in seiner Verantwortungssphäre lagen (so bereits Begründung RegE, BT-Drs. 19/24181, 123).

### 2. Ablauf der Versammlung und Versammlungsleitung (Abs. 3)

**a) Versammlungsleitung.** Die Versammlungsleitung der außergericht- **19** lichen Planbetroffenenversammlung liegt gemäß Abs. 3 Satz 1 im Grundsatz beim **Schuldner.** Dieser Grundsatz gilt uneingeschränkt in denjenigen Fällen, in denen die außergerichtliche Planabstimmung bereits vor der Anzeige nach § 31 erfolgt, was ohne weiteres zulässig ist, jedoch in der Praxis die Ausnahme darstellen dürfte. Abweichend hiervon leitet gemäß § 76 Abs. 2 Nr. 1 ein **Restrukturierungsbeauftragter** die Versammlung, sofern ein solcher bestellt ist und die Voraussetzungen von § 73 Abs. 1 Nr. 1 oder Nr. 2 oder Abs. 2 vorliegen (hierzu auch → § 76 Rn. 14).

20 **b) Teilnahmerecht und Zulassung Dritter.** Das Recht zur Teilnahme an der Planbetroffenenversammlung ist in § 20 nicht ausdrücklich geregelt. Teilnahmeberechtigt sind neben dem Schuldner und einem etwaig bestellten Restrukturierungsbeauftragten jedenfalls die **Planbetroffenen.** Eine Vertretung durch **Bevollmächtigte** ist hierbei ohne weiteres zulässig, wobei – anders als im Fall eines gerichtlichen Abstimmungstermins, für den nach § 38 S. 1 die Vorschriften der ZPO entsprechend gelten – keine Beschränkung dahingehend besteht, dass als Bevollmächtigte nur Rechtsanwälte oder die in § 79 Abs. 2 S. 2 ZPO genannten Personen sein können. Insbesondere ist es daher auch zulässig, dass der Schuldner den Planbetroffenen die **Bevollmächtigung eines Stimmrechtsvertreters** vorschlägt bzw. anbietet, der zB Arbeitnehmer des Schuldners sein kann.

21 Sind in den Restrukturierungsplan die Forderungen von Gläubigern einer Anleihe bzw. Schuldverschreibung iSd SchVG einbezogen, so ist – sofern ein solcher bestellt ist – der **gemeinsame Vertreter** der Anleihegläubiger ebenfalls teilnahmeberechtigt, da er – sofern der Plan nach seiner Annahme zur gerichtlichen Bestätigung vorgesehen ist – gemäß § 19 Abs. 3, Abs. 6 SchVG allein zur Ausübung des Stimmrechts der Anleihegläubiger berechtigt ist (ebenso BeckOK StaRUG/*Spahlinger* § 20 Rn. 18a). Neben dem gemeinsamen Vertreter besteht jedoch gleichermaßen ein **Teilnahmerecht der Anleihegläubiger** (*Bernsau/Beyer* ZInsO 2021, 2533 (2534); BeckOK StaRUG/*Spahlinger* § 20 Rn. 18a mwN).

22 Soweit Planbetroffene durch Organe oder durch rechtsgeschäftliche Vertreter, zB Rechtsanwälte, vertreten sind, erscheint es – auch mit Blick auf die mit dem Planbestätigungsantrag vorzulegende Dokumentation (§§ 22, 60 Abs. 1 S. 2) – empfehlenswert, dass sich der Versammlungsleiter **Vertretungsnachweise** in Gestalt von Handelsregisterauszügen oder Vollmachtsurkunden vorlegen lässt und diese auch als Anlagen der Dokumentation des § 22 beifügt.

23 Über die vorgenannten Personen hinaus besteht kein Recht auf eine Teilnahme an der Planbetroffenenversammlung; dies gilt insbesondere auch für nicht planbetroffene Gläubiger. Im Rahmen der Versammlungsleitung steht es dem Schuldner bzw. dem die Versammlung leitenden Restrukturierungsbeauftragten jedoch frei, auch **Dritte** als Gäste zuzulassen. Dies kann gerade für nicht in den Plan einbezogene Gläubiger, für Arbeitnehmervertreter, für im Rahmen des Plans neu eintretende Investoren und sogar für Pressevertreter Sinn machen. Auch **Berater einzelner Planbetroffener** oder andere Begleiter von Beteiligten können als Gäste zugelassen werden. Ob Dritte zur Teilnahme zugelassen werden, steht dabei im freien **Ermessen** des Versammlungsleiters.

24 **c) Regelmäßiger Ablauf der Versammlung.** Der Ablauf der Planbetroffenenversammlung nach § 20 steht weitgehend im Ermessen des Schuldners bzw. des die Versammlung leitenden Restrukturierungsbeauftragten, wobei freilich die Rahmenbedingungen der Abs. 3–5 zu beachten sind. In der Praxis dürfte es sich empfehlen, den Aufbau der Versammlung am Ablauf eines gerichtlichen Erörterungs- und Abstimmungstermins zu orientieren.

Demnach gliedert sich die Versammlung – abgesehen von formal nicht nötigen Begrüßungen und Verabschiedungen – im Wesentlichen in folgende Tagesordnungspunkte: 25

- Feststellung der anwesenden Personen (ggf. einschließlich Identitätsfeststellung durch Ausweisvorlage), Prüfung der Teilnahmeberechtigung und ggf. Zulassung Dritter durch den Versammlungsleiter
- Erörterung des Restrukturierungsplans und etwaiger Planänderungen
- Erörterung der Stimmrechte
- Abstimmung über den Plan
- Feststellung des Abstimmungsergebnisses

Im Rahmen der **Erörterung des Restrukturierungsplans** wird regelmäßig der Schuldner den Restrukturierungsplan vorstellen und etwaige zwischen Einberufung und Versammlung erforderlich gewordene Änderungen erörtern (hierzu auch sogleich → Rn. 30 ff.). Anschließen sollte sich – soweit ein Restrukturierungsbeauftragter bestellt ist – eine kurze Stellungnahme des Restrukturierungsbeauftragten. Im Rahmen seiner Ausführungen oder im Anschluss hieran muss der Schuldner gemäß Abs. 3 Satz 2 Fragen der Planbetroffenen zum Restrukturierungsplan, aber auch zu den Verhältnissen der Schuldnerin oder bei Einbeziehung von gruppeninternen Drittsicherheiten auch zu den Verhältnissen der betreffenden Gesellschaften beantworten. Zudem sollte – soweit gewünscht – eine Aussprache oder Diskussion der Teilnehmer zugelassen werden. 26

Die **Erörterung der Stimmrechte** erfolgt auf Grundlage der im Plan selbst vom Schuldner vorgesehenen Stimmrechte (vgl. hierzu auch § 24 Abs. 4). Ein Streit über einzelne Stimmrechte sollte im Wege einer Einigung über das Stimmrecht beigelegt werden, wobei dies gemäß § 22 Abs. 1 S. 2 in der Dokumentation zu vermerken ist. Kommt eine Einigung nicht zustande und hängt das Abstimmungsergebnis voraussichtlich von der entsprechenden Feststellung des Stimmrechts ab, so steht dem Schuldner gemäß §§ 47, 46 Abs. 1 S. 2 Nr. 2 das Recht zu, das Stimmrecht im Rahmen einer gerichtlichen **Vorprüfung** klären zu lassen, wobei dies wiederum eine Vertagung der Versammlung voraussetzt (hierzu → Rn. 38). Der Restrukturierungsbeauftragte soll gemäß § 76 Abs. 2 Nr. 1 im Fall eines Streits über ein Stimmrecht auf eine derartige Vorprüfung hinwirken, wobei das Antragsrecht nach § 47 ausschließlich beim Schuldner liegt. Kommt es nicht zu einer gerichtlichen Vorprüfung, so ist für Zwecke der Abstimmung gemäß § 24 Abs. 4 das vom Schuldner zugrunde gelegte Stimmrecht anzusetzen, wobei eine gerichtliche Überprüfung sodann inzident im Rahmen der Entscheidung über den Planbestätigungsantrag des Schuldners erfolgt. 27

Die **Abstimmung über den Plan** und die Feststellung des Abstimmungsergebnisses erfolgen unter Beachtung der in Abs. 5 genannten Grundsätze (hierzu → Rn. 40 ff.). 28

Eine **Beschränkung von Fragen und Diskussionsbeiträgen** kommt im Rahmen der Versammlungsleitung in Ausnahmefällen in Betracht, da einzelne Planbetroffene andernfalls die Möglichkeit hätten, den Fortgang der Versammlung und insbesondere eine Abstimmung über den Plan zu unterbinden (ebenso BeckOK StaRUG/*Spahlinger* § 20 Rn. 23). Gleichwohl ist 29 zu empfehlen, von der Möglichkeit einer Beschränkung des Frage- und Aussprachrechts nur zurückhaltend Gebrauch zu machen, da nach § 63 Abs. 4 Zweifel hinsichtlich des Verfahrens im Bestätigungsverfahren zulasten des Schuldners gehen, so dass der Vorwurf, dass Fragen zum Restrukturierungsplan nicht ausreichend beantwortet wurden oder eine von einzelnen Planbetroffenen für notwendig erachtete weitere Aussprache zum Restrukturierungsplan durchaus schwer wiegen können.

30 **d) Planänderungen (Abs. 4, Abs. 3 Satz 3 und 4).** Die Frage, auf welchem Weg und in welchem Umfang Planänderungen während des laufenden Abstimmungsverfahrens erfolgen können, ist für den Schuldner und die Planbetroffenen von entscheidender Bedeutung. Hierbei ist dem **Schutz der Planbetroffenen,** insbesondere der nicht an der Planbetroffenenversammlung teilnehmenden Planbetroffenen, davor Rechnung zu tragen, dass ihre Rechtsposition sich gegenüber der ihnen bekannten, mit der Einberufung gemäß Abs. 1 Satz 5 übersandten Planfassung verschlechtert. Abs. 4 regelt insoweit – im Wesentlichen in inhaltlicher Übereinstimmung mit der für den Insolvenzplan maßgeblichen Vorschrift des § 240 InsO, die über § 45 Abs. 4 S. 1 im gerichtlichen Abstimmungsverfahren zur Anwendung kommt – den verfahrensmäßigen Umgang mit Änderungen des Restrukturierungsplans nach Einberufung der Planbetroffenenversammlung. Ergänzt wird Abs. 4 durch die Regelungen des Abs. 3 Satz 3 und 4, welche das Vorschlagsrecht der Planbetroffenen zur Unterbreitung von Planänderungsvorschlägen behandeln.

31 Abs. 3 Satz 3 sieht zunächst ein **Vorschlagsrecht der Planbetroffenen** hinsichtlich Abänderungen des Plans, wobei entsprechende Vorschläge dem Schuldner nach Abs. 3 Satz 4 mindestens einen Tag vor Beginn der Versammlung in Textform zugänglich zu machen sind. Nach Abs. 4 kann im außergerichtlichen Planabstimmungsverfahren auch ein geänderter Plan zur Abstimmung kommen, sofern es sich um eine Abänderung in einzelnen Punkten aufgrund der Erörterungen in der Versammlung handelt.

32 Den Regelungen des Abs. 3 Satz 3 und 4 sowie des Abs. 4 liegt ein ausschließliches **Abänderungsrecht des Schuldners** zugrunde, wobei dieser zu Änderungen auch im Fall rechtzeitiger Vorschläge in keinem Fall verpflichtet ist; ausgehend von dem nur dem Schuldner zustehenden Planinitiativrecht hat er es in der Hand zu bestimmen, welchen Plan er zur Abstimmung bringt (Begründung RegE, BT-Drs. 19/24181, 123). Die Planbetroffenen dürfen – sowohl vor der Versammlung, als auch noch während der Versammlung – Planänderungen vorschlagen oder anregen. Auf Grundlage der Regelungen des Abs. 3 Satz 3 und 4 hat der Schuldner die Pflicht, rechtzeitige Änderungsvorschläge im Rahmen der Versammlung einzeln zu behandeln (Begründung RegE, BT-Drs. 19/24181, 123). Unter Berücksichtigung der Regelung des § 193 BGB muss dem Schuldner ein voller Werktag zur Prüfung von Änderungsvorschlägen zur Verfügung stehen, um diese Pflicht auszulösen, so dass Planvorschläge nur dann rechtzeitig sind, wenn sie dem Schuldner spätestens am vorletzten Werktag vor der Versammlung vorliegen (aA wohl HambKomm-RestR/*Radunz* § 20 Rn. 31: „mindestens 24 Stunden"). Der Schuldner wird jedoch in aller

Regel bereit sein, auch verspätete Änderungsvorschläge oder gar spontane Anregungen während der Versammlung zu erörtern, um auf diesem Weg die Akzeptanz des von ihm letztlich zur Abstimmung gestellten Plans zu erhöhen (ähnlich HambKomm-RestR/*Radunz* § 20 Rn. 32).

Der Schuldner ist unter den Voraussetzungen des Abs. 4 berechtigt, die **Abstimmung über einen geänderten Plan** noch im Rahmen der zuvor einberufenen Versammlung durchführen zu lassen. Hierbei ist es unerheblich, ob eine vom Schuldner vorgenommene Planänderung auf einen Vorschlag eines Planbetroffenen nach Abs. 3 Satz 3, auf die Diskussion in der Versammlung selbst oder auf andere Ursachen zurückgeht (so Begründung RegE, BT-Drs. 19/24181, 124). Planänderungen müssen dabei nach Abs. 4 stets Gegenstand der **Erörterungen** in der Planbetroffenenversammlung gewesen sein, so dass der Schuldner auch zwischen Einberufung und Versammlung nötig oder sinnvoll werdende Planänderungen zwingend in der Versammlung zu besprechen hat. Gerade mit Blick auf die Zweifelsfallregelung des § 63 Abs. 4 sollte in der Praxis gerade für eine vollumfängliche Dokumentation der in der Versammlung erörterten Planänderungen Sorge getragen werden. 33

Inhaltlich schränkt Abs. 4 Planänderungen dahingehend ein, dass der Plan **nur in einzelnen Punkten** abgeändert werden darf. Bereits nach der Gesetzesbegründung ist für diese Abgrenzung zulässiger und unzulässiger Planänderungen auf die Rechtsprechung zu § 240 InsO zurückzugreifen (Begründung RegE, BT-Drs. 19/24181, 124). Dies zeigt, dass an den zulässigen Umfang von Planänderungen gerade **kein großzügigerer Maßstab** anzulegen als im Fall der Änderung von Insolvenzplänen gemäß § 240 InsO. Die aA (Morgen StaRUG/*Tresselt* § 20 Rn. 15) verkennt, dass auch im Fall des Restrukturierungsplans nicht erschienene Planbetroffene regelmäßig keinen Minderheitenschutz gemäß § 64 mehr in Anspruch nehmen können, so dass gerade sie – unabhängig von den höheren Mehrheitserfordernissen im StaRUG – davor zu schützen sind, dass der Plan in Kernbereichen Änderungen erfährt. Für die Frage, ob eine Änderung nur einzelne Punkte erfasst oder darüber hinausgeht, kommt es wie im Fall des § 240 InsO im Ergebnis darauf an, ob die Änderung den **Kern des Plans** berührt (Flöther/*Madaus* § 20 Rn. 13). Insbesondere wesentliche Verschlechterungen für einzelne Gruppen von Planbetroffene oder Änderungen des gesamten Plankonzepts sind demnach nicht mehr im Rahmen des Abs. 4 zulässig. 34

Gehen vom Schuldner beabsichtigte Planänderungen über den vorgenannten Umfang hinaus, darf der Plan nach Abs. 4 nicht im Rahmen derselben Planbetroffenenversammlung zur Abstimmung kommen. Vielmehr ist in diesem Fall eine **erneute Einleitung des Planannahmeverfahrens** durch den Schuldner erforderlich, indem er entweder ein neues Planangebot gemäß § 17 zur Annahme im versammlungslosen Verfahren unterbreitet oder aber erneut zu einer Abstimmungsversammlung gemäß § 20 einberuft – jeweils unter Beifügung des geänderten Plans nebst Anlagen (vgl. §§ 17 Abs. 1 S. 2, 20 Abs. 1 S. 5; so bereits Begründung RegE, BT-Drs. 19/24181, 124). 35

**e) Vertagung und Unterbrechung der Versammlung.** Im Rahmen der Versammlungsleitung sind auch Unterbrechungen der Versammlung sowie eine Vertagung der Versammlung möglich. 36

37 Eine **Unterbrechung der Versammlung** kommt insbesondere dann in Betracht, wenn wegen bereits längerer Dauer der Versammlung eine Pause für die Teilnehmer erforderlich erscheint oder wenn aus Sachgründen Diskussionen außerhalb des Versammlungsplenums zur Vorbereitung der weiteren Versammlung sachgerecht erscheinen.

38 In Ausnahmefällen kann auch eine **Vertagung der Versammlung** erforderlich oder sachgerecht sein. Eine Vertagung muss dabei – sofern nicht alle erschienenen Planbetroffenen der konkret vorgeschlagenen Vertagung zustimmen – die Mindestfristen des Abs. 1 Satz 3 und 4 berücksichtigen, um den erschienen Planbetroffenen die Organisation ihrer Teilnahme auch an der fortgesetzten Versammlung zu ermöglichen. Im Rahmen der Vertagungsentscheidung sind Ort und Termin zur Fortsetzung der vertagten Versammlung ausdrücklich mitzuteilen.

39 Die Entscheidung über Unterbrechung oder Vertagung der Versammlung obliegt ausschließlich dem Versammlungsleiter.

### 3. Modalitäten der Abstimmung (Abs. 5)

40 Hinsichtlich des Abstimmungsverfahrens als solchen sieht Abs. 5 Satz 1 lediglich vor, dass jede Gruppe der Planbetroffenen gesondert abstimmt. Nach Abs. 5 Satz 2 ist der Schuldner darüber hinaus in der Festlegung der **Modalitäten der Abstimmung** im Wesentlichen frei. Im Fall der Versammlungsleitung durch den Restrukturierungsbeauftragten (§ 76 Abs. 2 Nr. 1) gehört die Festlegung der Abstimmungsmodalitäten indes zu dessen Aufgaben (so auch HambKomm-RestR/*Radunz* § 20 Rn. 42; aA BeckOK StaRUG/*Spahlinger* § 20 Rn. 29), da § 76 Abs. 2 Nr. 1 insoweit ausdrücklich die Entscheidung, „wie der Restrukturierungsplan zur Abstimmung gebracht wird", auf den Restrukturierungsbeauftragten überträgt.

41 Zu beachten ist jeweils die Abstimmung der Planbetroffenen in Gruppen, so dass ein Planbetroffener, der wegen unterschiedlicher Forderungen oder Rechte Mitglied mehrerer Gruppen ist, auch mehrere Stimmen abzugeben hat, wobei er hierbei nicht zu einer einheitlichen Stimmabgabe gezwungen ist. Denkbare Abstimmungsmodalitäten sind im Übrigen die Abstimmung durch Handzeichen oder durch Wahlzettel (Begründung RegE, BT-Drs. 19/24181). Sofern eine **elektronische Stimmabgabe** vorgesehen ist, zB durch ein internetbasiertes Abstimmungstool, ist den Planbetroffenen, die hiervon Gebrauch machen, der Zugang der elektronisch abgegebenen Stimme gemäß Abs. 5 Satz 3 elektronisch zu bestätigen; soweit die Stimmabgabe im Rahmen einer Videokonferenz erfolgen soll, empfiehlt es sich – jedenfalls bei überschaubarer Beteiligtenzahl – die in der jeweiligen Gruppe stimmberechtigten Planbetroffenen einzeln zur Stimmabgabe aufzufordern und deren Stimmabgabe in der Dokumentation des § 22 Abs. 2 S. 1 zu dokumentieren.

42 Gemäß Abs. 5 Satz 4 kann auch eine **Stimmabgabe ohne jegliche Teilnahme an der Versammlung** bis zum Ende der Abstimmung zugelassen werden. Dies bedeutet insbesondere, dass das Abstimmungsprozedere von Anfang an eine **Briefabstimmung** dergestalt vorsehen kann, dass Planbetroffenen die Möglichkeit haben, ihre Stimme bereits im Vorfeld der

Versammlung schriftlich abzugeben. Dabei ist jedoch zu beachten, dass sich entsprechende Stimmabgaben nur auf die Abstimmung über einen Plan ohne jegliche Änderung iSv Abs. 4 beziehen können; zudem dürfte die vorherige Stimmabgabe in analoger Anwendung von § 21 Abs. 4 S. 2 dann keine Bindung entfalten, wenn sich der Planbetroffene im Rahmen der Abstimmung in der Versammlung oder anderweitig bis zum Ende der Abstimmung erneut erklärt.

Die Versammlung gemäß § 20 endet schließlich mit der **Bekanntgabe des Abstimmungsergebnisses,** welche nach § 22 Abs. 1 S. 1 zu dokumentieren ist. 43

## IV. Rechtsfolgen eines Verstoßes

Kommt es im Rahmen des Planannahmeverfahrens zu einem Verstoß gegen die Vorgaben des § 20, so kann dies ggf. einen zur Versagung der Planbestätigung führenden **wesentlichen Verfahrensmangel** iSv § 63 Abs. 1 Nr. 2 darstellen. Dies gilt insbesondere für die Verletzung der vorgesehenen Mindesteinberufungsfristen des Abs. 1 und für die Verletzung der Regelungen des Abs. 4, wenn also ein Plan zur Abstimmung kommt, der in wesentlichen Punkten nochmals geändert wurde; eine **Heilung entsprechender Verfahrensmängel** kommt in diesen Fällen nur in Betracht, wenn alle Planbetroffenen – unabhängig davon, ob sie an der Versammlung teilgenommen haben – auf die Einhaltung der entsprechenden Vorgaben ausdrücklich nachträglich verzichtet haben. In anderen Fällen von Verstößen gegen Vorgaben des § 20 ist jeweils zu prüfen, ob es sich um einen wesentlichen Verfahrensmangel handelt (vgl. hierzu auch → § 63 Rn. 31 f.). 44

### Erörterung des Restrukturierungsplans

**21** (1) **Findet eine Abstimmung im Rahmen einer Versammlung der Planbetroffenen nicht statt, ist unter den Voraussetzungen des § 17 Absatz 3 auf Verlangen eines Planbetroffenen eine Versammlung der Planbetroffenen zur Erörterung des Plans abzuhalten.**

(2) [1]**Die Einberufung erfolgt schriftlich.** [2]**Die Frist zur Einberufung beträgt mindestens 14 Tage.** [3]**Räumt der Schuldner die Möglichkeit einer elektronischen Teilnahme ein, beträgt die Frist sieben Tage.**

(3) **§ 20 Absatz 3 gilt entsprechend.**

(4) [1]**Findet die Versammlung nach Ablauf einer zur Plannahme gesetzten Frist statt, verlängert sich diese bis zum Ablauf des Tags der Versammlung oder bis zu dem Termin, den der Schuldner bis zum Ende der Versammlung bestimmt.** [2]**Hatte sich ein Planbetroffener bereits zum Planangebot erklärt, entfällt die Bindung an diese Erklärung, wenn er sich binnen der verlängerten Frist erneut erklärt.**

**Übersicht**



## I. Normzweck und Grundlagen

1 § 21 steht in untrennbarem Zusammenhang mit der Regelung des § 17 Abs. 3 und gilt ausschließlich für das versammlungslose Planannahmeverfahren. Die Norm regelt die Modalitäten der in § 17 Abs. 3 bereits dem Grunde nach vorgesehenen Erörterungsversammlung, die auf Antrag eines Planbetroffenen einzuberufen ist. Die Regelung dient damit einerseits dem Interesse des Schuldners, sein Planvorhaben ohne nochmalige Einleitung eines Abstimmungstermins trotz Erörterungsbedarf von Seiten einzelner Beteiligter zügig abschließen zu können; andererseits dienen die Regelungen des §§ 17 Abs. 3, 21 freilich dem **Schutz der Planbetroffenen** vor uninformierten bzw. nicht hinreichend informierten Entscheidungen, da jeder einzelne Planbetroffene auf diesem Weg die Gelegenheit erhält, eine Beantwortung seiner Fragen zum Plan und zur Restrukturierung als solcher zu stellen.

2 Die Restrukturierungsrichtlinie lässt in Art. 9 Abs. 7 ausdrücklich ein versammlungsloses Planannahmeverfahren zu, ohne hierzu weitere Vorgaben zu machen, so dass die Regelungen der §§ 17 Abs. 3, 21 über die Vorgaben der Richtlinie im Ergebnis hinausgehen.

## II. Voraussetzungen der Erörterungsversammlung

### 1. Keine vorangegangene Erörterungsmöglichkeit und keine Abstimmungsversammlung

3 Abs. 1 stellt zunächst klar, dass § 21 nur zur Anwendung kommt, wenn keine Abstimmung im Rahmen einer Versammlung der Planbetroffenen iSv § 20 stattfindet. Zudem knüpft Abs. 1 an die Voraussetzungen des § 17 Abs. 3 an, so dass es für den Anwendungsbereich des § 21 darauf ankommt, ob der Schuldner bereits zuvor eine **Gelegenheit zur gemeinschaftlichen Erörterung des Plans** oder des Restrukturierungskonzepts gegeben hat (vgl. hierzu → § 17 Rn. 16 ff.).

### 2. Rechtzeitiges Verlangen eines Planbetroffenen

Die Planerörterungsversammlung findet nach Abs. 1 nur auf Verlangen eines Planbetroffenen statt, wobei jeder Planbetroffene von diesem Recht ohne Angabe von Gründen Gebrauch machen darf (Begründung RegE, BT-Drs. 19/24181, 124). Eine **Form** ist für das Einberufungsverlangen in §§ 17 Abs. 3, 21 Abs. 1 nicht vorgesehen, so dass dieses sogar mündlich dem Schuldner gegenüber geäußert werden kann (ebenso BeckOK StaRUG/*Spahlinger* § 20 Rn. 4). Gleichwohl empfiehlt sich für den Planbetroffenen eine Dokumentation des Verlangens und eine Dokumentation des Zugangs bei dem Schuldner, um einen etwaigen Verstoß gegen seine Rechte nachweisen zu können. 4

Zwar sieht das Gesetz im Grundsatz weder in § 21, noch in § 17 Abs. 3 eine Frist für das Einberufungsverlangen nicht vor. Aus systematischen Erwägungen ist jedoch klar, dass ein Einberufungsverlangen **nur innerhalb der Annahmefrist des § 19** erklärt werden kann, da andernfalls das Planannahmeverfahren bereits beendet ist (ebenso BeckOK StaRUG/*Spahlinger* § 21 Rn. 4). Hat ein Planbetroffener sich bereits verbindlich auf das Planangebot des Schuldners erklärt, sei es durch Annahme oder durch Ablehnung, so erlischt auch sein individuelles Recht auf Durchführung einer Erörterungsversammlung. 5

## III. Einberufung und Durchführung der Erörterungsversammlung

Liegen die Voraussetzungen der §§ 17 Abs. 3, 21 Abs. 1 vor, so hat der Schuldner die Erörterungsversammlung einzuberufen und durchzuführen. 6

### 1. Einberufung

Die denknotwendig dem Schuldner obliegende Einberufung zur Erörterungsversammlung hat nach Abs. 2 Satz 1 schriftlich, dh in der Form des § 126 BGB, zu erfolgen. Die Einberufungsfrist beträgt nach Abs. 2 Satz 2, 3 mindestens 14 bzw. – bei Möglichkeit zur elektronischen Teilnahme – mindestens 7 Tage. Die Regelungen zur Einberufung decken sich damit inhaltlich mit denjenigen des § 20 Abs. 1 S. 2–4, so dass auf die dortigen Anmerkungen verwiesen werden kann (vgl. → § 20 Rn. 4 ff.). 7

### 2. Durchführung der Erörterungsversammlung

Da Abs. 3 eine entsprechende Anwendung des § 20 Abs. 3 anordnet, gelten für die Durchführung der Planbetroffenenversammlung im Wesentlichen die zu § 20 entwickelten Grundsätze. Denknotwendig findet hierbei jedoch eine Abstimmung über den Plan in der auf Grundlage von § 21 einberufenen Versammlung nicht statt. 8

Die **Leitung der Erörterungsversammlung** des § 21 liegt gemäß Abs. 3, § 20 Abs. 3 S. 1 beim Schuldner. Auch bei Bestellung eines Restrukturierungsbeauftragten obliegt diesem die Versammlungsleitung nicht 9 nach § 76 Abs. 2 Nr. 1, da die dortige Aufgabenzuweisung nur Versammlungen erfasst, welche auf Abstimmung über den Plan gerichtet; allerdings steht es dem Schuldner frei, die Versammlungsleitung auf den Restrukturierungsbeauftragten zu übertragen (BeckOK StaRUG/*Spahlinger* § 21 Rn. 17; HambKomm-RestR/*Radunz* § 21 Rn. 11).

**10** Wie in der Versammlung des § 20 ist der Schuldner gemäß Abs. 3, § 20 Abs. 3 S. 2 indes verpflichtet, **Auskünfte** zum Plan, zum Schuldner und zu gemäß § 2 Abs. 4 S. 1 einbezogenen verbundenen Unternehmen zu erteilen. Zudem hat er ihm rechtzeitig übermittelte Planänderungsvorschläge zu diskutieren, wobei – mangels Planabstimmung in der Versammlung nach § 21 – im Fall vorzunehmender Planänderungen das Planannahmeverfahren neu einzuleiten ist.

**11** Im Übrigen gelten für die Erörterungsversammlung des § 21 angesichts der in Abs. 3 angeordneten Anwendung der Regelungen zur Abstimmungsversammlung des § 20 Abs. 3 die Ausführungen zur Abstimmungsverfahren gleichermaßen, so dass insbesondere auf die dortigen Ausführungen zu physischer Teilnahmemöglichkeit, Versammlungsort, elektronischer Teilnahme (→ § 20 Rn. 16 ff.), zum Teilnahmerecht (→ § 20 Rn. 20 ff.) sowie Vertagung und Unterbrechung (→ § 20 Rn. 36 ff.) verwiesen werden kann.

## IV. Verlängerung der Annahmefrist und Entfall der Bindung an Erklärung (Abs. 4)

**12** Sofern – was angesichts der Einberufungsfristen des Abs. 2 regelmäßig der Fall sein wird – die Erörterungsversammlung nach § 21 nach Ablauf der vom Schuldner gemäß § 19 gesetzten Planannahmefrist stattfindet, sieht Abs. 4 Satz 1 eine **gesetzliche Verlängerung der Annahmefrist bis zum Ende des Tages der Versammlung** vor. Zudem stellt Abs. 4 Satz 1 im Sinne eines gesetzlichen Fristverlängerungsvorbehalts dem Schuldner frei, bis zum Ende der Versammlung eine **gewillkürte Verlängerung der Annahmefrist** bis zu einem von ihm gesetzten Termin zu bestimmen. Die Regelung soll sicherstellen, dass die Planbetroffenen, welche die Erörterung des Plans erbeten haben oder diese jedenfalls abwarten wollen, sich auch nach Durchführung der Erörterungsversammlung zum Planangebot des Schuldners erklären können, da andernfalls der Zweck der Erörterungsversammlung nicht erreicht werden könnte (Begründung RegE, BT-Drs. 19/24181, 124).

**13** Abs. 4 Satz 2 ergänzt diese Regelung dahingehend, dass für Planbetroffene, die sich bereits zum Planangebot erklärt haben, die Bindung an ihre Klärung entfällt, soweit sie sich innerhalb der verlängerten Frist erneut erklären. Der **Entfall der Bindungswirkung** tritt dabei unabhängig davon ein, ob sie das Planangebot zuvor angenommen oder abgelehnt haben, da Abs. 4 Satz 2 eine erneute Erklärung ermöglichen will, soweit Planbetroffene aufgrund der Erörterung in der Versammlung zu einer abweichenden Meinung gelangen (Begründung RegE, BT-Drs. 19/24181, 124). Über den Wortlaut des Abs. 4 Satz 2 entfällt die Bindungswirkung aus teleologischen Gründen auch dann, wenn die Erörterungsversammlung bereits vor Ablauf der ursprünglich gemäß § 19 gesetzten Frist stattfindet, da auch in diesem

Fall eine erneute Willensbildung erfolgen kann (ebenso Morgen StaRUG/*Tresselt* § 21 Rn. 7; BeckOK StaRUG/*Spahlinger* § 21 Rn. 22).

Auf die Fristverlängerung bis zum Tag der Erörterungsversammlung, auf die Möglichkeit zur Einräumung einer weiteren Fristverlängerung und auf den Wegfall der Bindungswirkung sollte der Schuldner im Rahmen der Einberufung gemäß Abs. 1 unter Transparenzgründen hinweisen; eine Pflicht zu einem entsprechenden Hinweis oder gar zu einem Hinweis auf eine im Rahmen des Erörterungstermins bekanntgegebene Fristverlängerung besteht demgegenüber nach zutreffender Auffassung nicht (BeckOK StaRUG/*Spahlinger* § 21 Rn. 23; aA HambKomm-RestR/*Radunz* § 21 Rn. 16); in diesem Zusammenhang ist auch zu beachten, dass der Schuldner im Interesse einzelner Teilnehmer der Erörterungsversammlung zB gemäß Abs. 4 Satz 2 bestimmen könnte, dass er die Frist für die Planannahme noch um einen oder zwei Tage über den Tag der Versammlung hinaus verlängert, wobei in diesen Fällen bereits logistisch ein Hinweis der nicht erschienenen Planbetroffenen kaum möglich erscheint. **14**

## V. Rechtsfolgen eines Verstoßes

Verletzt der Schuldner das Recht der Planbetroffenen auf Durchführung einer Erörterungsversammlung, indem er trotz rechtzeitigen Verlangens und Vorliegens der weiteren Voraussetzungen keine Erörterungsversammlung durchführt, so stellt dies einen nicht heilbaren wesentlichen Verfahrensmangel dar, der nach § 63 Abs. 1 Nr. 2 die Versagung der Planbestätigung nach sich zieht (Begründung RegE, BT-Drs. 19/24181, 124). Verletzt der Schuldner im Rahmen der Erörterungsversammlung ggf. Rechte einzelner Planbetroffener, zB durch Beschränkung des Fragerechts, so ist im jeweiligen Einzelfall zu klären, ob ein wesentlicher Verfahrensmangel vorliegt. **15**

### Dokumentation der Abstimmung

**22** (1) [1] **Der Schuldner dokumentiert den Ablauf des Plananahmeverfahrens und hält das Ergebnis der Abstimmung nach Ablauf der Annahmefrist oder nach Durchführung der Abstimmung unverzüglich schriftlich fest.** [2] **Ist die Auswahl der Planbetroffenen, deren Einteilung in Gruppen oder die Zuweisung von Stimmrechten streitig geworden, ist dies in der Dokumentation zu vermerken.**

(2) **Die Dokumentation ist den Planbetroffenen unverzüglich zugänglich zu machen.**

**Übersicht**

## I. Normzweck und Grundlagen

1 Die von § 22 geforderte Dokumentation des Planannahmeverfahrens und des Abstimmungsergebnisses, welche keine Grundlage in der Restrukturierungsrichtlinie hat, dient der Information der Planbetroffenen und des Restrukturierungsgerichts (vgl. § 60 Abs. 1 S. 3). Wesentliches Ziel der Dokumentation des Annahmeverfahrens ist es, den Planbetroffenen und dem Gericht eine Kontrolle der Einhaltung des Annahmeverfahrens wie auch der Dokumentation des richtigen Abstimmungsergebnisses zu ermöglichen. Die Regelung dient daher im Kern dem **Schutz der Planbetroffenen;** zudem bildet die Dokumentation letztlich die **Grundlage für die gerichtliche Prüfung** der Voraussetzungen der Planbestätigung (so bereits Begründung RegE, BT-Drs. 19/24181, 124).

2 Die Dokumentationspflicht gilt insoweit im gesamten Anwendungsbereich der §§ 17 ff., dh sowohl für das versammlungslose Planannahmeverfahren, als auch für das Planannahmeverfahren im Fall des § 20.

## II. Dokumentationspflicht

### 1. Zuständigkeit für Dokumentation

3 Nach dem Grundsatz des Abs. 1 Satz 1 ist der **Schuldner,** in dessen Händen letztlich das gesamte außergerichtliche Planannahmeverfahren liegt, für die Dokumentation und die Festhaltung des Abstimmungsergebnisses zuständig. Lediglich im Anwendungsbereich des § 76 Abs. 2 Nr. 1 tritt an die Stelle des Schuldners der **Restrukturierungsbeauftragte,** der demnach die Abstimmung zu dokumentieren hat; die Dokumentation des Restrukturierungsbeauftragten kann dabei jedoch nur soweit gehen, wie auch sonst seine Aufgaben reichen, dh er dokumentiert lediglich den Verlauf einer von ihm geleiteten Planbetroffenenversammlung einschließlich des Abstimmungsergebnisses, nicht hingegen die weiteren Schritte des Planannahmeverfahrens, zB die Einberufung der Planbetroffenenversammlung.

### 2. Umfang der Dokumentation nach Abs. 1

4 Nach Abs. 1 Satz 1 ist der **„Ablauf des Planannahmeverfahrens"** zu dokumentieren, wobei das Ergebnis der Abstimmung – sei es im versammlungslosen Verfahren nach Ablauf der Frist des § 19 oder im Rahmen der Abstimmungsversammlung des § 20 – unverzüglich schriftlich festzuhalten ist. Vom Schuldner bzw. – in seinem Zuständigkeitsbereich – vom Restrukturierungsbeauftragten ist daher zu verlangen, dass die wesentlichen Verfahrensschritte im Rahmen einer geordneten Dokumentation gesichert werden, wobei die Dokumentation hierbei nicht jegliches Detail enthalten muss, da andernfalls nicht nachvollziehbar wäre, dass § 60 Abs. 1 S. 3 als notwendige Anlagen zum Planbestätigungsantrag des Schuldners nicht nur die

Dokumentation des Abstimmungsergebnisses, sondern auch weitere Urkunden und Nachweise genannt werden.

Sofern es – insbesondere im Rahmen einer Abstimmungsversammlung gemäß § 20 oder auch einer Erörterungsversammlung gemäß § 21 – zu einem **Streit** über die Auswahl der Planbetroffenen (§ 8), über die Einteilung der Planbetroffenen in Gruppen (§§ 9, 10) oder über die Zuweisung von Stimmrechten (§ 24) kommt, ist dies gemäß Abs. 1 Satz 2 in der Dokumentation ausdrücklich zu vermerken. Um dem Normzweck zu genügen, hat die Dokumentation in diesen Fällen nicht nur der Streit als solchen zu benennen, sondern auch die an der Diskussion beteiligten Planbetroffenen und die vertretenen Positionen bzw. die wesentlichen vorgebrachten Argumente (ähnlich BeckOK StaRUG/*Spahlinger* § 22 Rn. 14). 5

### 3. Form der Dokumentation

Abs. 1 Satz 1 verlangt vom Schuldner lediglich die **schriftliche Festhaltung des Abstimmungsergebnisses,** so dass hierfür § 126 BGB zu beachten ist. Hinsichtlich der Formanforderungen für die weitergehende Dokumentation des Planannahmeverfahrens äußert sich Abs. 1 nicht, so dass dies dem Schuldner freisteht. Mit Blick auf die Notwendigkeit, die Dokumentation im Rahmen des Planbestätigungsverfahrens vorzulegen (§ 60 Abs. 1 S. 3) und mit Blick auf die Zweifelsfallregelung des § 63 Abs. 4 dürfte jedoch wenigstens die Textform zu achten sein. Darüberhinausgehende Anforderungen hat der Schuldner nicht zu beachten. 6

## III. Zugänglichmachung der Dokumentation (Abs. 2)

Nach Abs. 2 ist die Dokumentation den Planbetroffenen unverzüglich zugänglich zu machen. Zu Art und Weise der Zugänglichmachung der Dokumentation äußern sich Gesetzesbegründung und Gesetz nicht, so dass der Schuldner insoweit weitgehende Gestaltungsfreiheit hat. Eine besondere Form für die Zugänglichmachung ist vom Schuldner mangels entsprechender Regelung in Abs. 2 nicht zu beachten (aA Morgen StaRUG/*Tresselt* § 22 Rn. 8: Schriftform analog § 17 Abs. 4; wie hier BeckOK StaRUG/*Spahlinger* § 22 Rn. 17). Damit genügt insbesondere eine Übermittlung in Textform, zB per E-Mail, oder auch die Zurverfügungstellung einer Downloadmöglichkeit zur Wahrung der Pflichten nach Abs. 2 (ebenso Flöther/*Madaus* § 22 Rn. 10). 7

## IV. Rechtsfolgen von Verstößen

Erfolgt die Dokumentation des Abstimmungsergebnisses nicht schriftlich im Sinne von § 126 BGB, so stellt dies zwar einen Verstoß gegen die Regelung des Abs. 1 Satz 1 dar, der indes jedenfalls dann nicht wesentlich iSv § 63 Abs. 1 Nr. 2 sein wird, wenn eine dem Schuldner bzw. Restrukturierungsbeauftragten zuordenbare inhaltlich hinreichende Dokumentation in 8 anderer Form vorliegt, welche den Zweck der Schriftform gleichermaßen erfüllt, zB in Form eines durch digitale Signatur unterzeichneten elektronischen Dokuments.

9 Unterbleibt eine Übermittlung der Dokumentation an die Planbetroffenen vollständig oder in wesentlichen Teilen, so dürfte dies zwar einen wesentlichen Verfahrensmangel iSv § 63 Abs. 1 Nr. 2 darstellen, der indes durch Nachholung der Zugänglichmachung heilbar ist. Eine Versagung der Planbestätigung wegen Verletzung der Regelung des § 22 Abs. 2 kann daher nur dann erfolgen, wenn der Schuldner den Verfahrensmangel nicht innerhalb einer vom Restrukturierungsgericht gemäß § 63 Abs. 1 Nr. 2 gesetzten, angemessenen Frist behebt.

## Gerichtliches Planabstimmungsverfahren

**23 Der Schuldner kann den Restrukturierungsplan in einem gerichtlichen Verfahren zur Abstimmung stellen, welches nach den §§ 45 und 46 durchzuführen ist; die §§ 17 bis 22 finden in diesem Fall keine Anwendung.**

### Übersicht



## I. Normzweck und Grundlagen

1 § 23 stellt klar, dass es dem Schuldner freisteht, anstelle des in §§ 17 ff. vorgesehenen außergerichtlichen Planannahmeverfahrens den Plan im gerichtlichen Planabstimmungsverfahren der §§ 45 f. zur Abstimmung zu stellen. Die Norm hat damit **deklaratorischen Charakter,** da sich ihre Aussagen bereits in der Systematik des StaRUG widerspiegeln (so auch BeckOK StaRUG/*Spahlinger* § 23 Rn. 1). Die in § 23 zum Ausdruck kommende Parallelität ist hierbei gerade Ausfluss der Umsetzung von Art. 9 Abs. 7 der Restrukturierungsrichtlinie, der es den nationalen Gesetzgebern überlässt, dem Schuldner neben einem förmlichen Planabstimmungsverfahren auch andere Formen der Annahme eines Restrukturierungsplans vorzusehen.

2 Das gerichtliche Planabstimmungsverfahren setzt stets eine Anzeige nach § 31 und einen Antrag nach § 45 voraus, während das außergerichtliche Planannahmeverfahren sowohl vor, als auch nach einer Anzeige des Restrukturierungsvorhabens gemäß § 31 zur Verfügung steht.

## II. Wahlrecht des Schuldners

3 Das **Wahlrecht** zwischen den Abstimmungsverfahren steht gemäß § 23 grundsätzlich dem **Schuldner** zu. Allerdings ist hierbei § 76 Abs. 2 Nr. 1 zu beachten, wonach ab Bestellung eines Restrukturierungsbeauftragten im Fall des Vorliegens der Voraussetzungen des § 73 Abs. 1 Nr. 1 oder Nr. 2 oder Abs. 2 der **Restrukturierungsbeauftragte** die Entscheidung über die Art der Planabstimmung zu treffen hat. Dies gilt selbst dann, wenn der Schuldner bereits vor der Bestellung des Restrukturierungsbeauftragten, zB gleichzeitig mit der Anzeige nach § 31 einen Antrag auf Bestimmung eines gerichtlichen Erörterungs- und Abstimmungstermins gestellt hat.

## III. Anwendbare Vorschriften für das gerichtliche Planabstimmungsverfahren

4 Der – deklaratorische – Aussagegehalt des § 23 besagt lediglich, dass die §§ 17–22 im Fall des abschließend in §§ 45 f. sowie den dort anwendbar erklärten Regelungen der InsO geregelten gerichtlichen Planabstimmungsverfahrens nicht zur Anwendung kommen. Insbesondere bedarf es damit im gerichtlichen Abstimmungsverfahrens keines Planangebots und keiner Hinweise nach § 17; vielmehr gelten für die Ladung zum gerichtlichen Abstimmungstermin in diesem Fall die Regelungen des § 45 Abs. 3.

## IV. Praxisüberlegungen zur Wahl des Planannahmeverfahrens

5 Der Frage, welchen der im StaRUG vorgesehenen Wege zum Wirksamwerden eines Restrukturierungsplans der Schuldner einschlägt, kommt in der Restrukturierungspraxis erhebliche Bedeutung zu. Empfehlungen lassen sich dabei nicht schematisch, sondern nur im jeweiligen **Einzelfall** unter Berücksichtigung aller Umstände aussprechen.

6 Wesentliche **Vorteile der außergerichtlichen Planannahmeverfahren** gemäß §§ 17–22 sind deren auf der weitreichenden Gestaltungsfreiheit des Schuldners basierende **Flexibilität** und die hiermit einhergehende Möglichkeit zur **Beschleunigung** der Planannahme. Während im gerichtlichen Verfahren die vorgesehenen Termine durch das Gericht anberaumt werden, so dass die Terminierung dem Einflussbereich des Schuldners entzogen ist, erfolgt die Setzung der Frist nach § 19 bzw. die Einberufung der Abstimmungsversammlung nach § 20 Abs. 1 durch den Schuldner, der sich lediglich im Fall des § 76 Abs. 2 Nr. 1 mit dem Restrukturierungsbeauftragten abzustimmen hat. Auch die Kombination aus schriftlicher Stimmabgabe und Abstimmungsversammlung (vgl. § 20 Abs. 5 S. 4) ist – vorbehaltlich dann nicht möglicher Planänderungen (vgl. → § 20 Rn. 30 ff.) – als klarer Vorteil der außergerichtlichen Planabstimmung gegenüber gerichtlichen Abstimmungstermin zu sehen. Auch lassen ich die Möglichkeiten **elektronischer Teilnahme** von Planbetroffenen an Versammlungen iSv § 20 Abs. 2 im

außergerichtlichen Planabstimmungsverfahren deutlich leichter umsetzen, als dies im gerichtlichen Verfahren gemäß § 38 S. 2 StaRUG, § 128a ZPO der Fall ist, zumal bislang nur wenige Insolvenz- und Restrukturierungsgerichte von den Möglichkeiten elektronischer Teilnahme Gebrauch machen.

7 Kehrseite und damit Nachteil der mit der Gestaltungsfreiheit des Schuldners einhergehenden **Gerichtsferne** der außergerichtlichen Planannahmeverfahren ist jedoch zugleich, dass die gerichtliche Prüfung der gemäß § 60 Abs. 1 S. 3 vorzulegenden Dokumentation und Unterlagen ein **aufwändigeres und langwierigeres Bestätigungsverfahren** auslösen wird, als dies bei Abstimmung über den Plan in einem gerichtlichen Erörterungs- und Abstimmungstermin gemäß § 45 der Fall ist; Teile der zeitlichen Vorteile aus der Entscheidung für ein außergerichtliches Planannahmeverfahren können hierdurch wieder zunichte gemacht werden. Zudem ist als wesentlicher Nachteil der außergerichtlichen Planannahmeverfahren die **Zweifelsfallregelung des § 63 Abs. 4** zu sehen, wonach Zweifel am Planannahmeverfahren zulasten des Schuldners gehen.

8 Demgegenüber liegt genau in der **verfahrensrechtlichen Sicherheit einer gerichtlichen Planabstimmung** der wesentliche **Vorteil des gerichtlichen Verfahrens** gemäß §§ 45, 46. Zudem kann die **Akzeptanz des Verfahrens** unter den Planbetroffenen bei Versammlungs- und Verfahrensleitung durch das Gericht höher sein, als dies ggf. bei Durchführung des Verfahrens unter Leitung des Schuldners der Fall ist. Einen Mittelweg bietet insoweit in geeigneten Fällen die Durchführung der außergerichtlichen Planabstimmung unter der Leitung des Restrukturierungsbeauftragten (§ 76 Abs. 2 Nr. 1).

9 Soweit teils vertreten wird, dass die **Kosten** für die Wahl der Verfahrensvariante nicht relevant sein dürften (BeckOK StaRUG/*Spahlinger* § 23 Rn. 14 f.), trifft dies mit Blick auf die dort genannten Gerichts- und Zustellungskosten zu; indes können **Vergütung und Auslagen des Restrukturierungsbeauftragten** durchaus zu einer relevanten Erhöhung der Restrukturierungskosten führen, sofern dieser frühzeitig bestellt wird, was jedoch nicht zwingend mit der Wahl des Planannahmeverfahrens zusammenhängt, sondern insbesondere mit dem Zeitpunkt der Anzeige nach § 31, die der Schuldner im Fall der außergerichtlichen Planannahme theoretisch auch erst nach Durchlaufen des gesamten Planannahmeverfahrens einreichen kann. Gleichwohl wird dies in der Praxis nicht empfehlenswert sein, da die frühzeitige Bestellung eines Restrukturierungsbeauftragten in vielen Fällen auch Vorteile mit sich bringen wird, welche gerade auch im Fall eines außergerichtlichen Planannahmeverfahrens teilweise die dortigen Unsicherheiten und Risiken minimierefn können.

## Unterabschnitt 2. Stimmrecht und erforderliche Mehrheiten

### Stimmrecht

**24** (1) **Das Stimmrecht richtet sich**

**1. bei Restrukturierungsforderungen nach deren Betrag, soweit sich aus Absatz 2 nichts anders ergibt,**

**2. bei Absonderungsanwartschaften und gruppeninternen Drittsicherheiten nach deren Wert und**

**3. bei Anteils- oder Mitgliedschaftsrechten nach dem Anteil am gezeichneten Kapital oder Vermögen des Schuldners; Stimmrechtsbeschränkungen, Sonder- oder Mehrstimmrechte bleiben außer Betracht.**

(2) **Für Zwecke der Bestimmung des Stimmrechts, das Restrukturierungsforderungen gewähren, werden angesetzt:**

**1. bedingte Forderungen mit dem ihnen unter Berücksichtigung der Wahrscheinlichkeit des Bedingungseintritts zukommenden Wert;**

**2. unverzinsliche Forderungen mit dem Betrag, der sich in Anwendung des § 41 Absatz 2 der Insolvenzordnung durch Abzinsung auf den Tag der Planvorlage ergibt;**

**3. Forderungen, die auf Geldbeträge unbestimmter Höhe gerichtet oder in ausländischer Währung oder einer Rechnungseinheit ausgedrückt sind, mit dem nach § 45 der Insolvenzordnung zu bestimmenden Wert;**

**4. auf wiederkehrende Leistungen gerichtete Forderungen mit dem nach Maßgabe des § 46 der Insolvenzordnung bestimmten Wert.**

(3) **Durch Absonderungsanwartschaften oder gruppeninterne Drittsicherheiten gesicherte Forderungen vermitteln in einer Gruppe von Restrukturierungsgläubigern nur insoweit ein Stimmrecht, wie der Schuldner für die gesicherten Forderungen auch persönlich haftet und der Inhaber der Absonderungsanwartschaft auf diese verzichtet oder mit einer abgesonderten Befriedigung ausfallen würde. Solange der Ausfall nicht feststeht, ist die Forderung mit dem mutmaßlichen Ausfall zu berücksichtigen.**

(4) **Ist das auf eine Forderung oder ein Recht entfallende Stimmrecht streitig, kann der Schuldner der Abstimmung das Stimmrecht zugrunde legen, das er den Planbetroffenen zugewiesen hat. In der Dokumentation der Abstimmung vermerkt er, dass, inwieweit und aus welchem Grund das Stimmrecht streitig ist.**

**Übersicht**

## I. Normzweck

1 § 24 regelt, welche **Stimmrechte** die Planbetroffenen bei der **Abstimmung** über den Restrukturierungsplan haben. Davon zu **unterscheiden** und vorgelagert ist die Frage, welche **Gruppen** gebildet werden und wie die Planbetroffenen ausgewählt werden (§§ 8, 9). Die Norm orientiert sich am Vorbild des Insolvenzrechts und mithin an §§ 237–238a InsO (Begründung RegE, BT-Drs. 19/24181, 125). Die erforderlichen Mehrheitsverhältnisse ergeben sich aus § 25. § 24 Abs. 1 regelt die Stimmrechte bei Restrukturierungsforderungen, Absonderungsanwartschaften, gruppeninternen Drittsicherheiten und bei Anteilen- und Mitgliedschaftsrechten. Das gilt jeweils nur, soweit diese Gruppen in den Plan einbezogen sind. Abs. 2 enthält besondere Modalitäten. Abs. 3 betrifft gesicherte Forderungen und die Bemessung des Stimmrechts zwischen der Restrukturierungsforderung und der Sicherheit. In Abs. 4 ist geregelt, wie bei streitigen Forderungen vorzugehen ist.

## II. Höhe des Stimmrechts (Abs. 1)

### 1. Restrukturierungsforderungen (Abs. 1 Nr. 1)

2 Vorbehaltlich des Abs. 2 ist bei Restrukturierungsforderungen für die Höhe des Stimmrechts der **nominale Betrag der Forderung** maßgebend. Der Forderungsbetrag setzt sich aus der Hauptforderung und den bis zum Zeitpunkt des § 2 Abs. 5 aufgelaufenen Zinsen zusammen (vgl. auch Flöther/*Westpfahl*/*Knapp* § 24 Rn. 3). Die nach Planvorlage und damit nach dem Zeitpunkt des § 2 Abs. 5 auflaufenden Zinsen sind nicht zu berücksichtigen, auch nicht durch Bildung einer Gruppe nachrangiger Restrukturierungsgläubiger (*Thole* ZIP 2020, 1985 (1989); Begründung RegE BT-Drs. 19/24181, 118 f.).

### 2. Absonderungsanwartschaften und gruppeninterne Drittsicherheiten (Abs. 1 Nr. 2)

3 Für Eingriffe in Absonderungsanwartschaften und gruppeninterne Drittsicherheiten sind jeweils eine eigene Gruppe zu bilden (§ 9 Abs. 1). Für die Höhe des Stimmrechts ist der Wert der Sicherheit maßgebend. Dieser Wert ermittelt sich nicht unmittelbar nach dem Wert des Sicherungsgegenstandes, sondern nach dem bei Verwertung des Rechts realisierbaren Befriedigungsbetrags (Begründung RegE, BT-Drs. 19/24181, 126; siehe auch BeckOK StaRUG/*Spahlinger* § 24 Rn. 14). Die Regelung folgt dem Vorbild des § 76 Abs. 2 Hs. 2 InsO. Wie der Wert zu bemessen ist, legt § 24 nicht im Einzelnen fest. Im Insolvenzplanverfahren gilt entweder der Fortführungswert des Sicherungsgutes oder der Liquidationswert (BGH NZI 2005, 619 (621); Karsten Schmidt InsO/*Spliedt* InsO § 237 Rn. 6; Flöther/*Westpfahl*/*Knapp* § 24 Rn. 5). Im genannten Fall hat der BGH betreffend den Insolvenzplan für ein Grundpfandrecht auf den durch die Zwangsverwaltung

erzielbaren Erlös abgestellt. Da im StaRUG ohnehin das Fortführungsszenario und der **Fortführungswert** den grundsätzlichen Vergleichsmaßstab bilden, ist mithin die Fortführung zu unterstellen und der dann sich mit überwiegender Wahrscheinlichkeit realisierbare Wert anzusetzen. Insgesamt wird man einen gewissen **Beurteilungsspielraum** des Schuldners anerkennen müssen (BeckOK StaRUG/*Spahlinger* § 24 Rn. 15).

Zu berücksichtigen sind **vertragliche Verwertungsbeschränkungen** 4
etwa durch eine Limitation Language (Flöther/*Westpfahl*/*Knapp* § 24 Rn. 4). Der angesetzte Wert kann denklogisch nicht über den Wert der zugrundeliegenden Forderung hinausgehen. Bei gruppeninternen Drittsicherheiten ist zu fragen, ob und in welcher Höhe die Gläubiger beim Drittsicherungsgeber Befriedigung erhalten hätten.

Soweit der Schuldner dem Inhaber der Absonderung zur Anwartschaft oder der Drittsicherheit auch persönlich haftet, werden die Stimmrechte aus der Restrukturierungsforderung und dem Wert der Sicherheit nicht addiert, sondern aufgespalten, Näheres regelt Abs. 3.

### 3. Anteils- und Mitgliedschaftsrechte (Abs. 1 Nr. 3)

Soweit gemäß §§ 2 Abs. 3, 7 Abs. 1 und Abs. 4 im Restrukturierungsplan 5
auch in Anteils- und Mitgliedschaftsrechte eingegriffen wird, ist für deren Inhaber gemäß § 9 Abs. 1 S. 1 Nr. 4 eine eigene Gruppe zu bilden. Das Stimmgewicht ergibt sich nach Abs. 1 Nr. 3 durch Anlehnung an den Maßstab des § 238a InsO (Begründung RegE, BT-Drs. 19/24181, 126). Folglich ist allein die Beteiligungshöhe am gezeichneten Kapital maßgebend. Stimmrechtsbeschränkungen und Sonder- oder Mehrstimmrechte bleiben außer Betracht. Daraus ergibt sich eine Abweichung von den gesellschaftsrechtlichen Stimmrechtsgestaltungen.

Mit Blick auf die funktionale Äquivalenz von Restrukturierungsplan und 6
Sanierung durch das Insolvenzverfahren erscheint diese Festlegung vertretbar. Das gezeichnete Kapital ist bei Kapitalgesellschaften satzungsgemäß festgelegt. Bei Personengesellschaften geht es um die Beteiligung der Gesellschafter am Vermögen.

## III. Sonderfälle der Restrukturierungsforderungen (Abs. 2)

Abs. 2 enthält Sonderbestimmungen für Stimmrechte bei Forderungen, 7
die noch nicht fällig, bedingt oder ihrer Höhe nach noch nicht bestimmbar sind.

### 1. Bedingte Forderungen (Nr. 1)

Bei bedingten Forderungen, die gemäß § 3 Abs. 1 in einem Restrukturie- 8
rungsplan durchaus gestaltet werden können, darf nicht ohne weiteres der Nominalwert angesetzt werden, da die Bedingung und die Wahrscheinlichkeit des Bedingungseintritts die Werthaltigkeit der Forderung beeinflussen (Morgen StaRUG/*Tresselt* § 24 Rn. 8). Demnach ist, insoweit in Abwei-

chung von dem auf auflösend bedingte Forderungen zugeschnittenen § 42 InsO, der Nominalwert mit der Wahrscheinlichkeit zu gewichten, mit welcher im Fall der auflösenden Bedingung das Fortbestehen der Forderung und im Fall der aufschiebenden Bedingung das Entstehen der Forderung angenommen werden kann. Erforderlich ist demnach eine Prognose über den Eintritt der Bedingung. Auch insofern sollte ein gewisser Beurteilungsspielraum anerkannt sein. Das darf freilich kein Freibrief für eine unzureichende oder unsorgfältige Analyse der Wahrscheinlichkeit des Bedingungseintritts sein (vgl. auch Flöther/*Westpfahl*/*Knapp* § 24 Rn. 1).

**9** Entgegen § 77 Abs. 3 Nr. 1, Abs. 2 InsO ist die Wertfestlegung **nicht zwingend vom Gericht** vorzunehmen, sondern grundsätzlich dem Schuldner überlassen. Das schließt naturgemäß die Vorprüfung gemäß § 47 iVm § 46 Abs. 1 S. 2 Nr. 2 nicht aus.

### 2. Unverzinsliche Forderungen (Nr. 2)

**10** Bei unverzinslichen Forderungen orientiert sich das Gesetz an § 41 Abs. 2 InsO (Begründung RegE BT-Drs. 19/24181, 126). Bei diesen nichtfälligen, unverzinslichen Forderungen ist die Forderung auf den Tag der Planvorlage zu diskontieren, und zwar mit dem gesetzlichen Zinssatz von 4 % gemäß § 246 BGB, bei beiderseitigen Handelsgeschäften gemäß § 352 Abs. 1 S. 1 HGB mit 5 %. Die Berechnung erfolgt nach der sogenannten Hoffmann'schen Methode (MüKoInsO/*Bitter* § 41 Rn. 21 f.). Nr. 2 gilt nur für unverzinsliche Forderungen. Bei **verzinslichen** Forderungen sind die Zinsen nach der Regelung des Abs. 1 Nr. 1 anzusetzen. Unverzinslich ist die Forderung, wenn der Gläubiger für die Kreditierung des Betrags keine Gegenleistung erhält. An der Unverzinslichkeit fehlt es beispielsweise, wenn bei einem Lieferantenkredit zwar keine Zinsen, wohl aber ein Aufschlag auf die Preise vereinbart ist (OLG Köln ZIP 1992, 1478). **Säumniszuschläge** bei betagten Steuerforderungen sind den Zinsen nicht gleichzustellen (BFHE 115, 307 (310); MüKoInsO/*Bitter* § 41 Rn. 17; zweifelhaft).

### 3. Der Höhe nach unbestimmte Forderungen und Forderungen in fremder Währung (Nr. 3)

**11** Abs. 2 Nr. 3 verweist auf § 45 InsO. Bei unbestimmten Forderungen und Forderungen, die nicht in inländischer Währung notieren, ist für den Zeitpunkt des Planangebots bzw. des Antrags auf Abstimmung über den Plan oder der erstmaligen Stabilisierungsanordnung (§ 2 Abs. 5) eine Schätzung vom Schuldner vorzunehmen. Der Schuldner hat die Forderung und das ihr beigemessene Stimmrecht bei Planvorlage **auszuweisen** (Flöther/*Westpfahl*/*Knapp* § 24 Rn. 13). Der Höhe nach unbestimmt können beispielsweise Schadensersatzforderungen gegen den Schuldner sein, bei denen die Schadensersatzpflicht dem Grunde nach feststeht, der Schaden aber noch geschätzt werden muss. Entsprechendes gilt beispielsweise bei **Geldrenten** oder ähnlichen der Höhe nach noch unsicheren Forderungen. Die Umrechnung von Forderungen in ausländischer Währung in inländische Währung erfolgt nach dem Kurswert des Euro am Zahlungsort (§ 45 S. 2 InsO). Auch hier ist der Zeitpunkt des § 2 Abs. 5 maßgebend (Morgen StaRUG/*Tresselt* § 24 Rn. 10).

Zu Forderungen in ausländischer Währung sind auch Forderungen in **Bitcoins** zu rechnen (Flöther/*Westpfahl/Knapp* Rn. 16). **12**

Davon zu unterscheiden sind Forderungen, die **von vornherein nicht auf Geld** gerichtet sind wie höchstpersönliche Ansprüche, Gestaltungsrechte oder Ansprüche auf unvertretbare Handlungen und Unterlassungen. Sie können Gegenstand des Restrukturierungsplans sein, wenn sie aus dem Vermögen des Schuldners beigetrieben werden können. Auch insofern ist dann der Geldwert zu **schätzen** (Braun StaRUG/*Herzig* § 24 Rn. 20; Flöther/*Westpfahl/Knapp* § 24 Rn. 15). **13**

### 4. Forderungen auf wiederkehrende Leistungen (Nr. 4)

Bei Forderungen, die auf wiederkehrende Leistungen gerichtet sind, wie insbesondere bei Dauerschuldverhältnissen, ist ggf. eine Gestaltung über § 3 Abs. 2 denkbar. Insofern verweist das Gesetz bei der Stimmrechtsbemessung auf § 46 InsO. Es sind jeweils die abzuzinsenen einzelnen Leistungen maßgebend. **14**

## IV. Gesicherte Restrukturierungsforderungen (Abs. 3)

Abs. 3 lehnt sich an § 237 Abs. 1 S. 2 InsO an und spaltet das Stimmrecht von Sicherungsnehmern auf, die zugleich Inhaber einer Restrukturierungsforderung sind. Sie kommen in der Gruppe der Absonderungsanwartschaftsberechtigten bzw. der Gruppe der gruppeninternen Drittsicherheiten im vollen Umfang des Wertes nach Abs. 1 Nr. 2 und Nr. 3 zum Tragen, als Inhaber der Restrukturierungsforderung haben sie aber nur insoweit ein Stimmrecht, als sie auf die Absonderungsanwartschaft oder die gruppeninterne Drittsicherheit **verzichten** oder mit dieser **ausfallen** würden. Abs. 3 ordnet also als Grundsatz an, dass der gesicherte Gläubiger nicht mit der Restrukturierungsforderung selbst an der Abstimmung teilnimmt. Soweit Abs. 3 Satz 1 lediglich von dem Verzicht oder dem Ausfall des Inhabers der Absonderungsanwartschaft spricht, beruht dies auf einem Redaktionsversehen und meint gleichermaßen die Inhaber gruppeninterner Drittsicherheiten. **15**

Ist die Sicherheit nicht voll werthaltig oder wird darauf verzichtet, richtet sich das verbleibende Stimmgewicht bei der Restrukturierungsforderung nach dem mutmaßlichen Ausfall, der zu schätzen ist, Abs. 3 S. 2. Das birgt Streitpotential.

Insgesamt ist das **Stimmgewicht** durch den **Nominalbetrag der gesicherten Restrukturierungsforderung begrenzt** (BeckOK StaRUG/*Spahlinger* § 24 Rn. 31; Flöther/*Westpfahl/Knapp* § 24 Rn. 21). Die Situation, dass die **Summe der Werte der Absonderungsanwartschaft und gruppeninternen Drittsicherheit** den Nominalbetrag der Restrukturierungsforderung übersteigt (Flöther/*Westpfahl/Knapp* § 24 Rn. 22), ist im Gesetz nicht geregelt. Der Wert der einzelnen Sicherheit kann nicht über **16** den Wert der Restrukturierungsforderung hinausgehen, weil die Wertbemessung der Sicherheit am realisierbaren Wert zu orientieren ist. Realisierbar kann die Sicherheit aber höchstens bis zum Nominalwert der Forderung sein. Was nun die Summe der Werte angeht, wenn sich der Gläubiger sowohl aus der Absonderungsanwartschaft als auch aus einer gruppeninternen Drittsicherheit befriedigen kann (was unter Umständen davon abhängt, ob die Drittsicherheit mit der Einrede der Vorausklage belastet ist) (zum Problem auch Flöther/*Westpfahl/Knapp* § 24 Rn. 23), sollte man beide Sicherheiten isoliert betrachten, also keine Aufspaltung vornehmen. Abs. 3 regelt nur die Auswirkungen auf die Restrukturierungsforderung, nicht aber im Verhältnis der Sicherheiten untereinander.

## V. Streitigkeiten über das Stimmrecht (Abs. 4)

**17** Aus Absatz 4 ergibt sich mittelbar, dass der Schuldner das Stimmrecht bei der Planvorlage und Planabstimmung festsetzt. Er weist es den Planbetroffenen zu. Das gilt nach Abs. 4 Satz 1 auch, wenn eine Forderung oder das darauf entfallende Stimmrecht streitig sind. Allerdings hat der Schuldner die Streitigkeit in der Dokumentation der Abstimmung zu vermerken, um dies für eine spätere gerichtliche Überprüfung bei der Planbestätigung vorzuhalten. Das beizulegende Stimmgewicht kann auch von dem ursprünglichen Planangebot abweichen, sofern dies offengelegt wird (Begründung RegE, BT-Drs. 19/241818, 126).

**18** Das Stimmgewicht unterliegt der gerichtlichen Prüfung nach § 63 Abs. 4 S. 2. Das Restrukturierungsgericht kann bei der Planbestätigung ein anderes Stimmrecht zugrunde legen, wodurch die Gefahr einer Versagung der Bestätigung entsteht. Diese Gefahr kann durch vorherige Einholung einer Vorprüfung nach § 46 Abs. 1 S. 2 Nr. 2 vermieden werden. Denkbar ist auch, die Abstimmung der Verantwortung des Restrukturierungsgerichts nach § 45 zu überantworten. Eine gerichtliche Entscheidung nach § 45 Abs. 4 S. 2 über das Stimmgewicht unterliegt nicht der sofortigen Beschwerde (zu dem Problem der Überprüfung im Rahmen der sofortigen Beschwerde bei der Planbestätigung → § 63 Rn. 29).

**19** Die Festlegung des Stimmrechts und Zuweisung durch den Schuldner hat auch Auswirkungen auf die spätere Plandurchführung. Bei streitigen Forderungen wird nach § 70 Abs. 1 und Abs. 2 S. 1 vorläufig von der Maßgeblichkeit der Stimmrechtszuweisung ausgegangen. Nach § 70 Abs. 2 S. 2 hat allerdings das Restrukturierungsgericht nachträglich festzustellen, in welchem Ausmaß der Schuldner die Forderung vorläufig zu berücksichtigen hat, wenn keine gerichtliche Stimmrechtsentscheidung erfolgt ist (zu den mit § 70 verbundenen Rechtsunsicherheiten kritisch Morgen StaRUG/*Tresselt* § 24 Rn. 16 ff.).

### Erforderliche Mehrheiten

**25** (1) **Zur Annahme des Restrukturierungsplans ist erforderlich, dass in jeder Gruppe auf die dem Plan zustimmenden Grup-**

**penmitglieder mindestens drei Viertel der Stimmrechte in dieser Gruppe entfallen.**

(2) **Planbetroffene, denen eine Forderung oder ein Recht gemeinschaftlich zusteht, werden bei der Abstimmung als ein Planbetroffener behandelt. Entsprechendes gilt, wenn an einem Recht ein Pfandrecht oder ein Nießbrauch besteht.**

**Übersicht**



## I. Normzweck

1 § 25 legt die bei der Abstimmung über den Restrukturierungsplan erforderlichen Mehrheiten fest. Die Vorschrift setzt die Vorgaben von Art. 9 der Richtlinie 2019/1023 um. Nach der Richtlinie bestehen Spielräume für den nationalen Umsetzungsgesetzgeber. Im Hinblick auf die erforderlichen Mehrheiten innerhalb der Gläubigerklassen sieht Art. 9 Abs. 6 UAbs. 2 S. 2 RL vor, dass keine über 75 % hinausgehende Mehrheit gefordert werden darf. Zwingend als Untergrenze vorausgesetzt ist die einfache Summenmehrheit in jeder Klasse. Den nationalen Gesetzgebern steht es aber auch frei, zusätzlich zu der Summenmehrheit eine Kopfmehrheit vorzusehen (Art. 9 Abs. 6 UAbs. 1 S. 2). Soweit Art. 9 Abs. 6 S. 1 auf die Summenmehrheit abstellt, wird, ohne dass dies völlig klar wäre, auf die Stimm*rechte* abgestellt und folglich Stimmenthaltung als Versagung der Zustimmung gewertet (näher Morgen StaRUG/*Kowalewski/Praß* § 25 Rn. 5). Der deutsche Gesetzgeber hat sich für eine **Summenmehrheit** von 75 % der Stimmrechte entschieden. Damit weicht das StaRUG von § 244 InsO ab, nach welchem in jeder Gruppe eine doppelte Mehrheit erforderlich ist. Damit will § 25 Komplikationen vermeiden, die mit Blick auf mögliche Umgehungsstrategien bei einem Erfordernis der Kopfmehrheit entstehen könnten (BT-Drs. 19/24181, 127). Um bei der Summenmehrheit die Dominanz von Großgläubigern zu verringern, verlangt § 9 Abs. 2 S. 4, dass für **Kleingläubiger** separate Gruppen zu bilden sind.

## II. Mehrheitserfordernis (Abs. 1)

2 Abs. 1 legt die Mehrheiten für die Annahme des Restrukturierungsplans fest. Abgestellt wird auf sämtliche Planbetroffene in der jeweiligen Gruppe. Mithin werden die gesamten Stimmrechte in der Gruppe relevant. Zur Stimmrechtszuweisung im Einzelnen siehe § 24 und die dortige Kommentierung. Wird die Zustimmung aller Gruppen nicht erreicht, kommt ein **cross-class cram-down nach §§ 26 f.** in Betracht. Das hohe Erfordernis

von 75% der Stimmrechte in der jeweiligen Gruppe rechtfertigt sich aus dem Bedürfnis, die Bindung innerhalb der Gruppe und den damit verbundenen cram-down des unterlegenen Gläubigers zu rechtfertigen. Eine Zustimmungsfiktion wie bei §§ 246 Nr. 2, 246a InsO bei Nichtbeteiligung an der Abstimmung gilt bei dem Restrukturierungsplan nicht. Beteiligt sich eine Gruppe gar nicht an der Abstimmung, gilt dies als Ablehnung, sodass dann nur der cross-class cram-down bleibt (Flöther/*Westpfahl/Knapp* § 25 Rn. 6; BeckOK StaRUG/*Spahlinger* § 25 Rn. 10).

3 Das Mehrheitserfordernis gilt sowohl bei der schuldnerautonomen Abstimmung als auch bei der gerichtlich durchgeführten Abstimmung iSd §§ 46f.

4 Zu der Bestellung **eines gemeinsamen Vertreters** nach § 19 Abs. 6 iVm Abs. 2 SchVG verhält sich § 25 StaRUG nicht (näher dazu *Thole* ZHR 186 [2022], 213 (241)). Dafür gilt die einfache Summenmehrheit in der ersten Gläubigerversammlung. Das kann man entweder aus der Formulierung „durch Mehrheitsbeschluss" in § 19 Abs. 2 SchVG ableiten, jedenfalls aus Anwendung des § 5 Abs. 4 S. 1 SchVG oder ggf. auch unter Rückgriff auf die allgemeine Grundregel des § 19 Abs. 1 SchVG und entsprechende Anwendung der Regeln des § 76 InsO.

## III. Gemeinschaftlich gehaltene Forderungen und Rechte (Abs. 2)

5 Die Vorschrift von § 25 Abs. 2 regelt die auch bei § 244 Abs. 2 angesprochene Situation. Nach Abs. 2 sind Stimmabgaben aus gemeinschaftlich gehaltenen Forderungen und Rechten nur einmal zu berücksichtigen. Gemeinschaftlich Berechtigte sind Gesamtgläubiger (§ 428 BGB), Gesamthandsgläubiger (432 BGB), Gesellschafter einer BGB-Personengesellschaft oder Miterben (§ 2032 BGB).

6 § 244 Abs. 2 InsO, der Pate stand, gilt eigentlich nur für die Kopfmehrheit (darauf hinweisend auch Flöther/*Westphal/Knapp* § 25 Rn. 7). Insofern handelt es sich bei Abs. 2 im Grunde um eine Klarstellung, dass ein und dieselbe Forderung, an der gemeinschaftliche Rechte bestehen, für die Summenmehrheit nicht doppeltes Stimmgewicht haben kann.

7 Eine damit verbundene Frage ist, ob sich aus § 25 Abs. 2 auch ableiten lässt, dass die Beteiligten nicht nur als ein Gläubiger für die Kopfmehrheit gerechnet werden, sondern auch einheitlich abstimmen müssen. Das verweist auf das Innenverhältnis, sodass die Frage auftaucht, ob sich die Beteiligten zunächst nach den internen vertraglichen Vereinbarungen über die Stimmabgabe einig werden müssen (dazu Morgen StaRUG/*Kowalewski/Praß* § 25 Rn. 35). Teils wird angenommen, bei Feststellbarkeit der jeweiligen internen Anteile könnten die Beteiligten selbständig an der Planabstimmung teilnehmen und in Höhe ihres Anteils abstimmen. Das macht indes die Planung des Verfahrens schwierig, zumal auch der Schuldner keinen Einblick in die internen Berechtigungen haben muss und es dem Schuldner obliegt, die Stimmrechte zuzuweisen. Es sollte dabei bleiben, dass eine **einheitliche Stimmabgabe erforderlich** ist (so auch BeckOK StaRUG/

*Spahlinger* § 25 Rn. 16). Soweit allerdings beim Sicherheitenpool eine rechtsfähige Personengesellschaft vorliegt, ist diese selbst Planbetroffene (Morgen StaRUG/*Kowalewski/Praß* § 25 Rn. 59, BeckOK/*Spahlinger* § 25 Rn. 13).

Es bleibt allein die Frage, ob für den Fall, dass sich die Beteiligten im **8** Innenverhältnis auf eine interne Zustimmungsquote betreffend die Stimmabgabe auf zB 90 % geeinigt haben, diese interne Quote Einfluss auf das Handeln im StaRUG-Rahmen nimmt. Teils wird aus teleologischen Gründen angenommen, eine interne Mehrheitsquote von mehr als 75 % müsse entsprechend beschränkt werden auf höchstens 75 % (dies erwägend Morgen StaRUG/*Kowalewski/Praß* § 25 Rn. 36). Damit wird jedoch das Innenverhältnis mit dem eigentlichen prozessualen Handeln vermengt. § 25 regelt nur die Stimmabgabe innerhalb der Rechtshängigkeit und innerhalb des Verfahrensrahmens. Wenn sich die Beteiligten im Innenverhältnis auf hohe Mehrheitsquoten – spezifisch für das Handeln innerhalb des StaRUG – festgelegt haben, rüttelt das StaRUG daran nicht. Umgekehrt wäre eine Stimmrechtsausübung durch einen vertretungsberechtigten Vertreter der gemeinschaftlich Berechtigten auch dann wirksam, wenn die im Innenverhältnis erforderlichen Vorabstimmungen nicht erfolgt sind. Bei einem Konsortialkredit wird man allerdings von **individuellen Forderungen** der beteiligten Banken ausgehen können, so dass Abs. 2 nicht greift. Anders mag das im Einzelfall bei gegenständlichen Sicherheiten sein. Demnach kann bei Konsortialfinanzierungen jeder Kreditgeber selbständig und allein abstimmen, und zwar ungeachtet etwaiger Mehrheitserfordernisse aus den entsprechenden Finanzierungsverträgen. Ob ein entsprechender Agent Vertretungsmacht für den Kreditgeber in einem Restrukturierungsverfahren hat, lässt sich nur auf Grundlage der konkreten Vertragsklauseln erörtern; die Befugnis zu Verwertungsmaßnahmen begründet keine Vertretungsmacht für den Restrukturierungsplan. Eine Zustimmung zum Plan durch einen Konsorten begründet grundsätzlich keine Schadensersatzpflicht gegenüber Mitkonsorten. Es bleibt dem jeweiligen individuellen Kreditgeber unbenommen, seine gesetzlichen Rechte in dem Verfahren wahrzunehmen. Eine (interne) Bindung bei der Abstimmung an interne Vorgaben des Intercreditor Agreements kann letztlich nur bestehen, wenn das ausdrücklich vereinbart ist (so auch im Ergebnis Morgen StaRUG/*Kowalewski/Praß* § 25 Rn. 54 f.). Gemeinschaftlich gehaltene Sicherheiten liegen nicht vor, wenn lediglich die Erlösverteilung im Innenverhältnis geregelt wird (Morgen StaRUG/*Kowalewski/Praß* § 25 Rn. 59). Bei Sicherheiten kommt es auf den Einzelfall an.

Wird ein Gegenstand des Schuldners für mehrere Gläubiger im Hinblick **9** auf deren individuelle Forderungen verpfändet oder sonst als Sicherheit genutzt, fehlt es an der gemeinsamen Berechtigung der Gläubiger iSd Abs. 2.

Die Regelung des § 25 Abs. 2 gilt nach Abs. 2 S. 2 auch entsprechend, **10** wenn an einem Recht ein Pfandrecht oder Nießbrauch besteht. Das Gesetz behandelt diesen Fall als gemeinschaftliche Berechtigung von Gläubiger und Pfandrechtsinhaber. Der Unterschied zum Fall des Abs. 2 S. 1 besteht darin, dass die Beteiligten auf unterschiedlichen Ebenen agieren. So kann hier

Gläubiger ein Inhaber der Sicherungsforderung gegen den Schuldner sein und das Pfandrecht gerade an dieser Sicherungsforderung des Gläubigers gegen den Schuldner bestehen, wenn diese Sicherungsforderung restrukturiert werden soll (Morgen StaRUG/*Kowalewski/Praß* § 25 Rn. 41).

## Gruppenübergreifende Mehrheitsentscheidung

**26** (1) **Wird in einer Gruppe die nach § 25 erforderliche Mehrheit nicht erreicht, gilt die Zustimmung dieser Gruppe als erteilt, wenn**

**1. die Mitglieder dieser Gruppe durch den Restrukturierungsplan voraussichtlich nicht schlechter gestellt werden als sie ohne einen Plan stünden,**

**2. die Mitglieder dieser Gruppe angemessen an dem wirtschaftlichen Wert beteiligt werden, der auf der Grundlage des Plans den Planbetroffenen zufließen soll (Planwert), und**

**3. die Mehrheit der abstimmenden Gruppen dem Plan mit den erforderlichen**

**Mehrheiten zugestimmt hat; wurden lediglich zwei Gruppen gebildet, genügt die Zustimmung der anderen Gruppe; die zustimmenden Gruppen dürfen nicht ausschließlich durch Anteilsinhaber oder nachrangige Restrukturierungsgläubiger gebildet sein.**

(2) **Wird die nach § 25 erforderliche Mehrheit in einer Gruppe nicht erreicht, die nach § 9 Absatz 1 Satz 3 zu bilden ist, so gelten Absatz 1, § 27 Absatz 1 und § 28 für diese Gruppe nur, wenn die vorgesehene Entschädigung die Inhaber der Rechte aus der gruppeninternen Drittsicherheit für den zu erleidenden Rechtsverlust oder den Verlust der Haftung des persönlich haftenden Gesellschafters angemessen entschädigt.**

**Schrifttum:** *Bork* Neue Grundfragen des Restrukturierungsrechts, ZRI 2021, 345; *Distler* Das Schlechterstellungsverbot gem. § 26 Abs. 1 Nr. 1 StaRUG in Theorie und Praxis, ZIP 2021, 1033; *Frind* Das „plötzliche" StaRUG-Verfahren – Probleme und Verwendungsgrenzen ZInsO 2021, 1093; *Frind* Plötzlich erfolgte Gesetzesänderungen im StaRUG – sinnvoll?, ZInsO 2022, 1540; *Grau/Pohlmann/Radunz* Erste Praxiserfahrungen mit dem StaRUG, NZI 2021, 522; *Ringelspacher/Fehl-Weileder* Die Vergleichsrechnung: Streitfragen und Erfahrungen oder Business as usal, ZRI 2022, 210; *Skauradszun* Grundfragen zum StaRUG – Ziele, Rechtsnatur, Rechtfertigung, Schutzinstrumente, KTS 2021, 1; *Spahlinger* Gruppen, Stimmrechte und erforderliche Mehrheiten, NZI-Beilage 2021, 32; *Ziegenhagen* Sechs Monate StaRUG – Bewertung der ersten Rechtsprechung zur Anwendung des neuen Restrukturierungsgesetzes, ZInsO 2021, 2053.

**Übersicht**

## I. Normzweck und Grundlagen

Die Planabstimmung soll durch das Mehrheitsprinzip ermöglichen, dissentierende Beteiligte zu überstimmen, um das Holdout-Problem (Trittbrettfahrer) zu lösen. Während § 25 mit seinem Quorum innerhalb jeder Gruppe die Mehrheitsentscheidung eröffnet, schafft § 26 die Möglichkeit, die Zustimmung einzelner Gruppen angesichts der Zustimmung anderer Gruppen zu fingieren (Cross-Class Cram-down). Die drei Voraussetzungen dieser Zustimmungsfiktion, die allesamt vorliegen müssen, enthält § 26 Abs. 1 im seinem Katalog. Unter diesen Voraussetzungen enthält § 26 Abs. 1 Nr. 3 das eigentliche Mehrheitserfordernis, dass grundsätzlich die Mehrheit der Gruppen zustimmen muss. § 26 Abs. 1 Nr. 1 enthält mit dem Schlechterstellungsverbot darüber hinaus eine wesentliche Zumutbarkeitsgrenze, dass durch den Plan der Wert der Position des Beteiligten nicht berührt wird. Schließlich soll § 26 Abs. 1 Nr. 2 die angemessene Beteiligung am Planwert sicherstellen. Diese Grenze wird durch die beiden weiteren Bestimmungen in §§ 27, 28 noch näher ausgestaltet. Die Regelung des § 26 Abs. 1 entspricht weitgehend § 245 Abs. 1 InsO. § 26 Abs. 2 enthält noch eine weitere Grenze, um eine Gruppe zu überstimmen, wenn der Plan in Sicherungen gegenüber Dritten eingreift. **1**

### 1. Regelungszweck

Der deutsche Gesetzgeber hat mit § 26 die Vorgaben des Art. 11 RL 2019/1023 zum klassenübergreifenden Cram-down umgesetzt (BT-Drs. 19/24181, 127 f.), die auf Erwgr. 53 ff. beruhen. Dabei ist er von der entsprechenden Regelung in § 245 Abs. 1 InsO ausgegangen. Insoweit konnte er in § 26 Abs. 1 Nr. 1 schlicht das Schlechterstellungsverbot aus § 245 Abs. 1 Nr. 1 InsO übertragen. So wird nämlich dem Erfordernis von Art. 11 Abs. 1 UAbs. 1 lit. a in Verbindung mit Art. 10 Abs. 2 UAbs. 1 lit. d RL 2019/1023 mit dem Verweis auf das von Art. 2 Abs. 1 Nr. 6 RL 2019/1023 folgendermaßen definierte Kriterium des Gläubigerinteresses genügt: **2**

„Kriterium des Gläubigerinteresses" ein Kriterium, das erfüllt ist, wenn kein ablehnender Gläubiger durch einen Restrukturierungsplan schlechter gestellt würde als bei Anwendung der normalen Rangfolge der Liquidationsprioritäten nach nationalem Recht, sei es im Falle der Liquidation, unabhängig davon, ob diese stückweise oder in Form eines Verkaufs als fortgeführtes Unternehmen erfolgt, oder im Falle des nächstbesten Alternativszenarios, wenn der Restrukturierungsplan nicht bestätigt würde;

**3** Für die Sicherstellung am angemessenen Planwert durch § 26 Abs. 1 Nr. 2 konnte an § 245 Abs. 1 Nr. 2 InsO angeknüpft werden, weil die maßgeblichen Details insoweit nicht § 26, sondern §§ 27 f. enthalten.

**4** Das Erfordernis der Mehrheit der Gruppen orientiert sich an § 245 Abs. 1 Nr. 3 InsO. Dass, anders als bei § 245 InsO, bei bloß zwei Klassen die Zustimmung einer Klasse genügt, entspricht Erwgr. 54 RL 2019/1023. Die qualifizierten Anforderungen von § 26 Abs. 1 Nr. 3 Hs. 2 beruhen auf den Vorgaben von Art. 11 Abs. 1 UAbs. 1 lit. b RL 2019/1023 an die Qualität der zustimmenden Gruppen, die folgenden Inhalt haben:

Er [der Plan] ist angenommen worden von

i) einer Mehrheit der Abstimmungsklassen betroffener Parteien, sofern mindestens eine dieser Klassen eine Klasse gesicherter Gläubiger ist oder gegenüber der Klasse gewöhnlicher ungesicherter Gläubiger vorrangig ist, oder anderenfalls
ii) mindestens einer der Abstimmungsklassen der betroffenen Parteien oder, wenn im nationalen Recht vorgesehen, der beeinträchtigten Parteien, bei der es sich weder um eine Klasse von Anteilsinhabern noch um eine andere Klasse handelt, die im Falle einer Bewertung des Schuldners als fortgeführtes Unternehmen bei Anwendung der normalen Rangfolge der Liquidationsprioritäten nach nationalem Recht keine Zahlung erhalten oder keine Beteiligung behalten würde oder, wenn im nationalen Recht vorgesehen, bei der vernünftigerweise davon ausgegangen werden könnte, dass sie keine Zahlung erhalten oder keine Beteiligung behalten würde,

Schließlich hat der deutsche Gesetzgeber von der Ermächtigung des Art. 11 Abs. 1 UAbs. 3 RL 2019/1023 Gebrauch gemacht, der eine Erhöhung der erforderlichen Anzahl der zustimmenden Gruppen mit folgendem Wortlaut zulässt:

Die Mitgliedstaaten können die Mindestzahl der Klassen betroffener Parteien oder, wenn im nationalen Recht vorgesehen, beeinträchtigter Parteien, die den Plan gemäß Unterabsatz 1 Buchstabe b Ziffer ii genehmigen müssen, erhöhen.

**5** § 26 Abs. 2 knüpft an die besondere Qualität von Eingriffen an, die mit den durch § 2 Abs. 4 zugelassenen Eingriffen verbunden sind. Das sind zum einen Eingriffe in gruppeninterne Drittsicherheiten, für die § 9 Abs. 1 S. 3 ausdrücklich die Bildung einer eigenen Gruppe verlangt, und zum anderen Eingriffe in die die Haftung persönlich haftender Gesellschafter. Wenn hier § 2 Abs. 4 die Kompensation durch eine angemessene Entschädigung verlangt, muss § 26 Abs. 2 auch deren Vorliegen verlangen.

## 2. Regelungskontext

**6** Auf Tatbestandsseite des § 26 besteht in zwei Richtungen ein zwingender Normzusammenhang zu den benachbarten Normen. Der ausdrücklich in Bezug genommene § 25 definiert das Quorum, an dessen Nichterreichen § 26 anknüpft. §§ 27 f. definieren den unbestimmten Rechtsbegriff der angemessenen Beteiligung am Planwert aus § 26 Abs. 1 Nr. 2. Auf Rechtsfolgenseite kann § 26 maßgeblich die Entscheidung über die Bestätigung des Restrukturierungsplans nach § 65 beeinflussen. Denn nach § 63 Abs. 1 Nr. 2 ist die Bestätigung zu versagen, wenn die Vorschriften über die Annahme des Plans nicht eingehalten sind. Allerdings macht der nachträglich wegen Art. 14 RL 2019/1023 eingefügte § 63 Abs. 2 (dazu BT-Drs. 20/2653, 40; kritisch *Frind* ZInsO 2022, 1540 (1543)) die Prüfung der Voraussetzungen des § 26 vom Antrag eines Planbetroffenen abhängig, wenn der Mangel von der Bewertung des Unternehmens abhängt. Der Minderheitenschutzantrag nach § 64 Abs. 1 S. 1 setzt eine Schlechterstellung des Antragstellers voraus, während das Schlechterstellungsverbot des § 26 Abs. 1 Nr. 1 sich auf die Gruppe bezieht (→ Rn. 10).

Dem § 26 Abs. 1 entspricht im Wesentlichen § 245 Abs. 1 InsO. **7**

## II. Anwendungsbereich

§ 26 gilt unmittelbar für das außergerichtliche Planabstimmungsverfahren nach §§ 17 ff. Auf das gerichtliche Planabstimmungsverfahren nach §§ 23, 45 f. findet § 26 über § 45 Abs. 4 entsprechende Anwendung. **8**

## III. Tatbestand

§ 26 knüpft an die Sachlage an, dass das von § 25 geforderte Mehrheitsquorum in zumindest einer Gruppe nicht erfüllt wurde. Für diesen Fall ordnet § 26 Abs. 1 eine Zustimmungsfiktion an, falls die in seinem Katalog aufgezählten drei Voraussetzungen allesamt erfüllt sind. Macht der Plan noch von den Eingriffsmöglichkeiten des § 2 Abs. 4 in Drittsicherheiten oder in die Haftung der persönlich haftenden Gesellschafter Gebrauch, muss zusätzlich noch die Voraussetzung des § 26 Abs. 2 gegeben sein. **9**

### 1. Schlechterstellungsverbot, § 26 Abs. 1 Nr. 1

§ 26 Abs. 1 Nr. 1 verlangt die Einhaltung des Schlechterstellungsverbots. Die Mitglieder der Gruppe, deren Zustimmung fingiert werden soll, dürfen durch den Plan nicht schlechter gestellt werden, als sie ohne einen Plan stünden. Das Verbot betrifft also alle nach Maßgabe von § 9 gebildeten Gruppen, gleich ob es sich um Anteilsinhaber oder Gläubiger handelt (*Skauradszun* KTS 2021, 1 (53)). Das Tatbestandsmerkmal „voraussichtlich" betont den in die Zukunft gerichteten Prognosecharakter dieser Feststellung (→ Rn. 16). Grundsätzlich ist danach die Entwicklung zugrunde zu legen, die „überwiegend wahrscheinlich" ist (Flöther/*Knapp* StaRUG § 26 Rn. 11; *Ringelspacher/Fehl-Weileder* ZRI 2022, 210 (212); *Spahlinger* NZI-Beilage 2021, 32 (34)). Die Prüfung hat auf Grundlage einer wirtschaftlichen Betrachtung und in Konsequenz der Vorgaben zur Gruppenbildung nach §§ 9 f. gruppenbezogen zu erfolgen (Flöther/*Knapp* StaRUG § 26 Rn. 9; BeckOK StaRUG/*Spahlinger* StaRUG § 26 Rn. 10; zweifelnd Wolgast/Grauer/*Münzel* StaRUG § 26 Rn. 5; zur Abgrenzung von § 64 → Rn. 8). **10**

11 **a) Vergleichsrechnung.** Die Prüfung der Schlechterstellung erfolgt durch Vergleich der Planlösung mit dem, wie es Erwgr. 49, 52 RL 2019/1023 und Regierungsentwurf (BT-Drs. 19/24181, 128) bezeichnen, nächstbesten Alternativszenario. Damit ist die Aufgabe der Vergleichsrechnung beschrieben, die § 6 Abs. 2 als Bestandteil des darstellenden Teils des Plans verlangt. Diese Vergleichsrechnung ist bereits dort umfassend kommentiert (*Brünkmans* → § 6 Rn. 24 ff). Im Anschluss daran ist festzuhalten:

12 Gegenstand der Vergleichsrechnung sind die Befriedigungsaussichten der Planbetroffenen, so dass in einem **ersten Schritt** die **Befriedigungsaussichten durch den Plan** darzustellen sind. Die in Aussicht gestellte Befriedigung muss überwiegend wahrscheinlich sein.

13 Als **zweiter** Schritt sind die **Befriedigungsaussichten im nächstbesten Alternativszenario** zu prognostizieren: Es ist zu bestimmen, welcher andere Umgang mit der drohenden Zahlungsunfähigkeit als ein Restrukturierungsplan die besten Befriedigungsaussichten für die jeweiligen Gruppenmitglieder versprechen. Dabei scheiden alternative StaRUG-Planszenarien schon wegen der Formulierung „ohne Plan" aus (AG Köln NZI 2021, 433 Rn. 32; *Brünkmans* → § 6 Rn. 42; abweichend *Ringelspacher/Fehl-Weileder* ZRI 2022, 210 (212 f.)). In Betracht kommen außerhalb eines Insolvenzverfahrens ein konsensualer Restrukturierungsplan, ein Unternehmensverkauf, eine Liquidation und im Rahmen eines Insolvenzverfahrens ein Insolvenzplan, eine übertragende Sanierung und eine Liquidation durch Einzelverwertung. Schon diese Aufzählung führt vor Augen, dass nicht alle Möglichkeiten mit der erforderlichen überwiegenden Wahrscheinlichkeit realisierbar sein werden.

14 Als **dritter und letzter Schritt** ist das Planszenario mit dem nächstbesten Alternativszenario zu vergleichen. Dafür ist auf den Zeitpunkt abzustellen, in dem der Plan durch die Verkündung der Bestätigungsentscheidung wirksam wird, § 65 Abs. 1, § 67 Abs. 1. Das kann erforderlich machen, die mit dem Plan nach § 6 Abs. 2 beigefügte Vergleichsrechnung bis zu diesem Zeitpunkt fortzuschreiben.

15 **b) Kontrolle der Vergleichsrechnung.** Die zum darstellenden Teil des Plans gehörende Vergleichsrechnung wird das Schlechterstellungsverbot einhalten. Daher ist das Schlechterstellungsverbot gewahrt, wenn die vorliegende Vergleichsrechnung der (gerichtlichen) Kontrolle im Zuge der Bestätigungsentscheidung standhält. Nach § 73 Abs. 3 Nr. 1 kann das Gericht einen Restrukturierungsbeauftragten bestellen, damit dieser als Sachverständiger Prüfungen vornimmt. Herausfordernd ist, für die der Vergleichsrechnung zugrundeliegenden Prognoseentscheidungen die geeigneten Prüfungsmaßstäbe zu benennen. In Anknüpfung an die Formulierung des § 64 Abs. 3 zur Prüfung bei neuen Finanzierungen wird eine Schlüssigkeitsprüfung verlangt (AG Köln NZI 2021, 433 Rn. 28 ff.; im Ausgangspunkt zustimmend *Thole* NZI 2021, 436 (437); *Brünkmans* → § 6 Rn. 61). Das sollte man dahin verstehen, dass das Gericht (und für dieses ggf. der Restrukturierungsbeauftragte) keine eigene Vergleichsrechnung erstellen soll, sondern die vorliegende **auf Fehler zu prüfen** hat.

**16** Um den Prüfungsmaßstab zu bestimmen, hilft es, sich den Prognosecharakter der Vergleichsrechnung vor Augen zu führen. Angesichts dessen gibt es nicht nur eine richtige Vergleichsrechnung, sondern es ist zu fragen, ob das Prognoseermessen bei der Erstellung der Vergleichsrechnung fehlerfrei ausgeübt wurde. Neben der Ermessensfehlerlehre im öffentlichen Recht enthält für das Privatrecht allein in § 93 Abs. 1 S. 2 AktG – freilich im Hinblick auf die Haftungsrelevanz von unternehmerischen Entscheidungen (gegen eine Übertragung auf § 60 InsO BGHZ 225, 90 = NJW 2020, 1800 Rn. 29 ff.; krit. *Jacoby* JZ 2021, 155 ff.) – Kriterien für eine Ermessensprüfung. Dort kommt es darauf an, ob der Unternehmensleiter „(3) vernünftigerweise annehmen durfte, (1) auf der Grundlage angemessener Information (2) zum Wohle der Gesellschaft zu handeln". Überträgt man das auf die Aufstellung der Vergleichsrechnung muss diese (1) auf Grundlage angemessener Information (2) ohne Verfolgung sachwidriger Sonderinteressen (3) mittels anerkannter betriebswirtschaftlicher Methoden erstellt werden.

**17** Die Aufgabe, das **nächstbeste Alternativszenario** zu bestimmen, erfordert die Entscheidung, in welchem Umfange es angemessen ist, Informationen zu beschaffen und einzustellen. Die Beschränkung auf das nächstbeste Alternativszenario (→ Rn. 11) macht es entbehrlich, mehrere Alternativszenarien durchzurechnen (*Proske* EWiR 2021, 309 (310); *Thole* NZI 2021, 436 (437); *Ziegenhagen* ZInsO 2021, 2053 (2056); alle drei gegen AG Köln NZI 2021, 433 Rn. 31). Es sollte aber begründet werden, warum es sich beim ausgewählten Szenario um das nächstbeste Alternativszenario handelt. So ist es insbesondere notwendig zu erläutern, warum typischerweise günstigere Szenarien nicht realisierbar sind (*Ziegenhagen* ZInsO 2021, 2053 (2056)).

**18** Entsprechendes lässt sich § 6 Abs. 2 S. 3 entnehmen, wenn statt **Fortführungs- Zerschlagungswerte** angesetzt werden sollen. Dann bedarf es einer Erläuterung, warum die Fortführung ausscheidet. So genügte dem LG Dresden (LG Dresden ZIP 2021, 2596 (2597)) nicht die Begründung, dass die auf öffentliche Aufträge angewiesene Schuldnerin mit der Insolvenz ihre Vergabefähigkeit verliere, weil die Insolvenz den Verkauf im Wege einer übertragenden Sanierung (Asset Deal) nicht hindere. Auch die großzügige Linie des AG Hamburg (AG Hamburg NZI 2021, 544 Rn. 7) wurzelt wohl darin, dass hier der Vergleichsrechnung zwar eine Liquidation des Unternehmensträgers, aber unter Unternehmensfortführung im Wege einer übertragenden Sanierung zugrunde lag (*Grau/Pohlmann/Radunz* NZI 2021, 522 (525)).

**19** Über die Erforderlichkeit einer Investorensuche **(Dual Track)** ist gleichfalls als Problem angemessener Informationen zu entscheiden. Insoweit ist zunächst zu klären, was Ziel eines solchen Prozesses wäre: Geht es um die Klärung, ob es überhaupt potentielle Investoren gibt (so wohl *Frind* ZInsO 2021, 1093 (1098)) oder steht der erzielbare Wert in Rede (Flöther/*Knapp* StaRUG § 26 Rn. 19). Anlässlich eines StaRUG-Verfahrens sprechen freilich vielfach gewichtige Gründe gegen eine solche Investorensuche. Das sind die (mögliche) Nichtöffentlichkeit des Verfahrens (*Ringelspacher/Fehl-Weileder* ZRI 2022, 210 (213)), vor allem aber auch Aufwand an Zeit und Kosten (Flöther/*Knapp* StaRUG § 26 Rn. 19). Auf der anderen Seite ist zu erwägen, ob die mit dem Investorenprozess angestrebten Ergebnisse anders zu erzielen sind. Dafür bieten sich Berechnungen auf Grundlage betriebswirtschaftlicher Methoden an. Ein entsprechendes Modell bietet der IDW S 8 mit seinen Grundsätzen für die Erstellung von Fairness Opinions. Daher wird regelmäßig die Notwendigkeit ausscheiden, einen Investorenprozess einzuleiten (*Frind* ZInsO 2021, 1093 (1098); Flöther/*Knapp* StaRUG § 26 Rn. 19; *Ringelspacher/Fehl-Weileder* ZRI 2022, 210 (213)).

**20** Die in → Rn. 16 dargelegten Kriterien sind auch zur Prüfung der eigentlichen wirtschaftlichen Berechnungen (vgl. dazu exemplarisch AG Köln NZI 2021, 433 Rn. 28 f.) heranzuziehen. Die Bewertungen haben daher auf Grundlage anerkannter betriebswirtschaftlicher Methoden Prognosen auf Grundlage hinreichender Informationen anzustellen.

### 2. Angemessene Beteiligung am Planwert, § 26 Abs. 1 Nr. 2

**21** § 26 Abs. 1 Nr. 2 verlangt für die Mitglieder der Gruppe, deren Zustimmung ersetzt werden soll, eine angemessene Beteiligung am Planwert. Diese Voraussetzung ist eigens in § 27 in Gestalt der absoluten Priorität geregelt (§ 27), die freilich durch Art. 28 nochmals durchbrochen wird (§ 28).

### 3. Zustimmung einer Mehrheit an Gruppen, § 26 Abs. 1 Nr. 3

**22** § 26 Abs. 1 Nr. 3 ergänzt die materiellen Kriterien in § 26 Abs. 1 Nr. 1 u. 2 um ein **formelles Zustimmungskriterium,** das sich aus einem quantitativen Merkmal „Mehrheit" sowie einem qualitativen Merkmal „Zustimmung nicht bloß aus dem Nachrang" zusammensetzt.

**23** a) Das **quantitative Merkmal** verlangt schlicht, dass bei der Abstimmung in mehr Gruppen die nach § 25 erforderliche Mehrheit erreicht wurde, als dass diese Mehrheit verfehlt wurde. Es ist irrelevant, wie groß die jeweiligen Gruppen sind, welche Forderungen diese Gruppen vereinigen oder wie deutlich die Zustimmung erreicht oder verfehlt wurde.

**24** Grundsätzlich genügt bei einer geraden Anzahl an Gruppen ein **Patt** nicht, damit die erforderliche Zustimmung einer Mehrheit an Gruppen gegeben ist. Eine auf der Richtlinie beruhende (→ Rn. 4) Ausnahme findet sich aber im zweiten Halbsatz für den Fall, dass nur zwei Gruppen gebildet sind. Dann soll die Zustimmung der einen ablehnenden Gruppe ersetzt werden können.

**25** b) Das **qualitative Merkmal** muss zusätzlich zum quantitativen Merkmal gegeben sein. Es knüpft an die Gruppenbildung des § 9 an. Dort werden in § 9 Abs. 1 S. 2 Nr. 3 als nachrangige Restrukturierungsgläubiger diejenigen definiert, die im Insolvenzverfahren nachrangige Insolvenzgläubiger wären, weil sie Gläubiger von Forderungen auf eine unentgeltliche Leistung des Schuldners (§ 39 Abs. 1 Nr. 4), Gläubiger eines Gesellschafterdarlehens oder einer gleichgestellten Forderung (§ 39 Abs. 1 Nr. 5) oder einer Forderung sind, für die vertraglich der Nachrang vereinbart wurde (§ 39 Abs. 2 InsO). Ferner ordnet § 9 Abs. 1 S. 2 Nr. 4 an, dass für die Inhaber von Anteils- oder Mitgliedschaftsrechten eine Gruppe zu bilden ist. Zwar sind diese Gruppen bei der Berechnung, ob eine Mehrheit der Gruppen zugestimmt haben, allesamt mitzurechnen. Das qualitative Merkmal verlangt aber, dass auf Seiten der zustimmenden Gruppen auch eine solche Gruppe zugestimmt haben muss, die nicht unter diese nachrangigen Gruppen nach § 9 Abs. 1 S. 2 Nr. 3 u. 4 fällt.

#### 4. Sonderfall gruppeninterne Drittsicherheiten, § 26 Abs. 2

§ 2 Abs. 4 S. 1 enthält eine Legaldefinition der gruppeninternen Drittsicherheit. Es handelt sich um jede Art persönlicher oder gegenständlicher Haftung, die ein Dritter für eine Restrukturierungsforderung übernommen hat, wenn dieser Dritte gruppenintern ist, weil er im Verhältnis zum Schuldner verbundenes Unternehmen iSd § 15 AktG ist. Neben der Definition erlaubt § 2 Abs. 4 S. 1, im Plan Eingriffe in solche gruppeninternen Drittsicherheiten vorzunehmen. Diese Erlaubnis steht allerdings unter dem Vorbehalt, dass der Eingriff durch eine angemessene Entschädigung kompensiert wird. Für diese Gläubiger, die von einem solchen Eingriff betroffen sind, muss nach § 9 Abs. 1 S. 3 eine eigenständige Gruppe gebildet werden. Die fehlende Zustimmung einer solchen Gruppe nach § 26 Abs. 1 zu ersetzen, ist nach § 26 Abs. 2 nur möglich, wenn die Entschädigung tatsächlich angemessen ist. Das hat das Gericht bei der Entscheidung über die Planbestätigung nach den für die Prognoseentscheidung dargelegten Kriterien (→ Rn. 16) zu überprüfen. 26

#### 5. Sonderfall Haftung persönlicher Gesellschafter, § 26 Abs. 2

§ 2 Abs. 4 S. 2 legitimiert auch einen Eingriff in die Haftung persönlich haftender Gesellschafter gegenüber Restrukturierungsgläubigern aus § 128, §§ 171 ff. HGB und künftig ab 1.1.2024 aus § 721 BGB-MoPeG. Dieser Eingriff muss ebenfalls durch eine angemessene Entschädigung kompensiert werden. Denn insoweit nimmt § 2 Abs. 4 S. 2 den § 2 Abs. 4 S. 1 Hs. 2 ausdrücklich in Bezug. Angesichts des Schlussteils in § 26 Abs. 2 sollte man diesen Verweis dahin verstehen, dass auch die in § 26 Abs. 2 und § 9 Abs. 1 S. 3 vorgesehenen Regelungen gelten. Es muss also über den Wortlaut des § 9 Abs. 1 S. 3 hinaus für solche Gläubiger eine eigene Gruppe gebildet werden und deren Zustimmung kann nur ersetzt werden, wenn sich die Angemessenheit der Entschädigung feststellen lässt. 27

## IV. Rechtsfolge

§ 26 Abs. 1 ordnet an, dass die Mehrheit in der betroffenen Gruppe als erteilt gilt. **Unmittelbare Rechtswirkungen** gehen von der Fiktion aber nicht aus (vgl. Morgen StaRUG/*Kowalewski/Praß* StaRUG § 26 Rn. 71). Es fehlt auch an einer Beschlussfeststellung, bei der die Zustimmungsfiktion zu berücksichtigen wäre. Insbesondere die Dokumentation der Abstimmung nach § 22 beschränkt sich auf die Darstellung der tatsächlichen Geschehnisse, während für die Subsumtion unter einen Fiktionstatbestand kein Raum ist. 28

Die Zustimmungsfiktion gewinnt ihre Bedeutung als Vorfrage des § 63 Abs. 1 Nr. 2. Danach hängt die **Bestätigung des Plans** davon ab, ob die 29

Vorschriften über die Annahme des Plans beachtet worden sind. Dazu zählt die Zustimmung zum Plan in allen Gruppen, sei es durch das tatsächliche Erreichen der erforderlichen Mehrheit nach § 25, sei es durch die Fiktion dieser Mehrheit nach § 26 Abs. 1.

## Absolute Priorität

**27** (1) **Eine Gruppe von Gläubigern ist angemessen am Planwert beteiligt, wenn**

**1. kein anderer planbetroffener Gläubiger wirtschaftliche Werte erhält, die den vollen Betrag seines Anspruchs übersteigen,**
**2. weder ein planbetroffener Gläubiger, der ohne einen Plan in einem Insolvenzverfahren mit Nachrang gegenüber den Gläubigern der Gruppe zu befriedigen wäre, noch der Schuldner oder eine an dem Schuldner beteiligte Person einen nicht durch Leistung in das Vermögen des Schuldners vollständig ausgeglichenen wirtschaftlichen Wert erhält und**
**3. kein planbetroffener Gläubiger, der in einem Insolvenzverfahren gleichrangig mit**

**den Gläubigern der Gruppe zu befriedigen wäre, bessergestellt wird als diese Gläubiger.**

(2) **Für eine Gruppe der an dem Schuldner beteiligten Personen liegt eine angemessene Beteiligung am Planwert vor, wenn nach dem Plan**

**1. kein planbetroffener Gläubiger wirtschaftliche Werte erhält, die den vollen Betrag seines Anspruchs übersteigen, und**
**2. vorbehaltlich des § 28 Absatz 2 Nummer 1 keine an dem Schuldner beteiligte Person, die ohne Plan den Mitgliedern der Gruppe gleichgestellt wäre, einen wirtschaftlichen Wert behält.**

**Schrifttum:** § 26.

### Übersicht

## I. Normzweck und Grundlagen

Die Bestimmung konkretisiert die Anforderungen, die an eine der Voraussetzungen einer gruppenübergreifenden Mehrheitsentscheidung zu stellen sind, nämlich an die angemessene Beteiligung am Planwert nach § 26 Abs. 1 Nr. 2. Dafür folgt die Bestimmung entsprechend ihrer Überschrift dem Prinzip der **absoluten Priorität.** Ausdruck dessen ist insbesondere, dass nach § 27 Abs. 1 Nr. 2 ein Planbetroffener gegenüber jemandem, der ihm gegenüber im Insolvenzverfahren nur nachrangig berücksichtigt werden würde, nicht nur relativ bessergestellt werden muss, sondern dass der Nachrangige absolut keine Berücksichtigung im Plan finden darf. Darüber hinaus verbieten § 27 Abs. 1 Nr. 3 die Besserstellung Gleichrangiger und § 27 Abs. 1 Nr. 1 die Überbefriedigung. Vom Besserstellungsverbot und vom Verbot der Berücksichtigung Nachrangiger enthält § 28 Durchbrechungen. 1

Wie § 245 Abs. 2 u. 3 InsO unterscheidet § 27 in seinen Voraussetzungen danach, ob die Gruppe, deren Zustimmung zu ersetzen ist, aus Gläubigern (→ Rn. 1) oder aus Anteilsinhabern besteht. Für Letztere bestimmt § 27 Abs. 2 eigenständige Voraussetzungen. 2

### 1. Regelungszweck

Mit der Regelung will der Gesetzgeber eine angemessene Verteilung des Planwerts sichergestellt wissen. Dafür macht er von den durch die RL 2019/1023 eingeräumten Gestaltungsmöglichkeiten unter Anknüpfung an die insolvenzrechtliche Regelung in § 245 Abs. 2 u. 3 InsO Gebrauch (BT-Drs. 19/24181, 129). So setzt der Gesetzgeber zunächst mit § 27 Abs. 1 Nr. 1 und Abs. 2 Nr. 1 das Verbot der Überbefriedigung um, wie es Art. 11 Abs. 1 UAbs. 1 lit. d RL 2019/1023 verlangt, der folgendermaßen lautet: 3

> keine Klasse betroffener Parteien kann nach dem Restrukturierungsplan mehr erhalten oder behalten als den vollen Betrag ihrer Forderungen oder Beteiligungen.

Art. 11 Abs. 1 UAbs. 1 lit. c RL 2019/1023 verlangt neben dem Besserstellungsverbot gegenüber Gleichrangigen, das in § 27 Abs. 1 Nr. 3 und Abs. 2 Nr. 2 umgesetzt wurde, nur die (relative) Besserstellung gegenüber Nachrangigen mit folgendem Wortlaut: 4

> Er gewährleistet, dass ablehnende Abstimmungsklassen betroffener Gläubiger mindestens ebenso wie andere gleichrangige Klassen und besser als alle nachrangigen Klassen gestellt werden, (…)

Der deutsche Gesetzgeber hat in § 27 Abs. 1 Nr. 2 aber in Anknüpfung an § 245 Abs. 2 Nr. 2 InsO von dem Spielraum Gebrauch gemacht, den Art. 11 Abs. 2 RL 2019/1023 mit folgendem Wortlaut einräumt:

> [1] Abweichend von Absatz 1 Buchstabe c können die Mitgliedstaaten bestimmen, dass die Forderungen betroffener Gläubiger in einer ablehnenden Abstimmungsklasse in vollem Umfang und in gleicher oder gleichwertiger Weise befriedigt werden, wenn eine nachrangige Klasse nach dem Restrukturierungsplan eine Zahlung erhält oder eine Beteiligung behält.

[2] Die Mitgliedstaaten können von Unterabsatz 1 abweichende Vorschriften beibehalten oder einführen, wenn diese erforderlich sind, um die Ziele des Restrukturierungsplans zu erreichen, und wenn der Restrukturierungsplan die Rechte oder Beteiligungen betroffener Parteien nicht in unangemessener Weise beeinträchtigt.

### 2. Regelungskontext

5 § 27 bildet einen Regelungszusammenhang mit seinen beiden Nachbarnormen. Denn er gestaltet das Tatbestandsmerkmal der angemessenen Planbeteiligung in § 26 Abs. 1 Nr. 2 aus. Vergleichbar enthält § 28 Ausnahmen zu den Vorgaben von § 27 Abs. 1 Nr. 2 u. 3 sowie Abs. 2 Nr. 2. Im Übrigen lässt sich wegen des Charakters des § 27 als Hilfsnorm für § 26 auf den dort dargestellten systematischen Zusammenhang verweisen (→ § 26 Rn. 6).

6 Dem § 27 entspricht in weiten Teilen § 245 Abs. 2 und 3 InsO.

## II. Anwendungsbereich

7 § 27 teilt seinen Anwendungsbereich mit dem des § 26 (→ § 26 Rn. 8). So findet die Bestimmung unmittelbar auf das außergerichtliche Planabstimmungsverfahren nach §§ 17 ff. Anwendung, entsprechend über den Verweis in § 45 Abs. 4 aber auch auf das gerichtliche Planabstimmungsverfahren nach §§ 23, 45 f.

## III. Angemessene Beteiligung einer Gläubigergruppe

8 § 27 Abs. 1 bestimmt die Voraussetzungen dafür, dass eine Gläubigergruppe angemessen am Planwert beteiligt ist. Die drei in dem Katalog von § 27 Abs. 1 genannten Voraussetzungen müssen kumulativ gegeben sein.

9 Allen drei Voraussetzungen ist gemein, dass sie sich nur auf **planbetroffene Gläubiger** und Gläubigergruppen bezieht. Ein Vergleich zu nicht planbetroffenen Gläubigern wird nicht gezogen. Denn dieser Vergleich betrifft die Sachgerechtigkeit der Auswahl der Planbetroffenen, die in § 8 geregelt ist (BT-Drs. 19/24181, 129).

10 Weiterhin teilen alle drei Voraussetzungen regelmäßig **Bewertungsprobleme.** Geldleistungen lassen sich typischerweise leichter bewerten als Sachleistungen, etwa Anteile am Schuldner oder gewinnabhängige Versprechen, namentlich Genussrechte. In die Berechnung müssen insbesondere der Zeitpunkt der Leistung und die übernommenen Bonitätsrisiken einfließen. Diese Bewertungsfragen verlangen vielfach einschlägige betriebswirtschaftliche Modelle zugrunde zu legen. Ungeachtet dessen muss der tatsächlich realisierbare Marktwert, nicht ein theoretischer Modellwert ermittelt werden (BeckOK StaRUG/*Spahlinger* § 27 Rn. 10). Damit kommt es auch nicht darauf an, welche Vorteile diese Position subjektiv dem Erwerber bringt, sondern was objektiv für den Gegenstand am Markt zu erlangen ist (BeckOK StaRUG/*Spahlinger* § 27 Rn. 11). Der Planregelung zugrundeliegende

Prognosen sind vom Gericht allein auf Ermessensfehler zu kontrollieren (→ § 26 Rn. 16, 20 zur Vergleichsrechnung). Maßgeblicher Zeitpunkt für die jeweilige Berechnung ist derjenige, in dem die Planregelung durch die Verkündung der Bestätigungsentscheidung nach § 65 Abs. 1, § 67 Abs. 1 wirksam wird (vgl. → § 26 Rn. 14 zum Schlechterstellungsverbot des § 26 Abs. 1 Nr. 1).

### 1. Keine Überbefriedigung eines anderen Gläubigers

§ 27 Abs. 1 Nr. 1 verbietet die Überbefriedigung eines Gläubigers. Der Wert dessen, was ein anderer planbetroffener Gläubiger erhält, darf den Betrag seines Anspruchs nicht übersteigen. Damit ist ein **Vergleich** anzustellen. Auf der einen Seite steht der nach § 17 Abs. 2 in den Plan einbezogene **Anspruch des Gläubigers,** der nicht mit seinem Wert, sondern seinem Betrag einzustellen ist, was freilich nur bei Zahlungsansprüchen möglich ist. Das wird auch der typische Inhalt von Restrukturierungsforderungen sein. Anderenfalls ist der Anspruch wie bei § 45 InsO anhand des Werts des geschuldeten Gegenstands zu berechnen. Auch insoweit darf nicht auf den Wert des Anspruchs abgestellt werden, wofür die eingeschränkten Realisierungschancen einzupreisen wären. Der Betrag bleibt auch dann maßgeblich, wenn der Gläubiger die Forderung unterhalb des Nennwerts erworben hat (BeckOK StaRUG/*Spahlinger* § 27 Rn. 12). 11

Auf der anderen Seite steht das, was der Gläubiger durch den Plan erhält. Insoweit kommt der allgemein angesprochenen Bewertung (→ Rn. 10) maßgebliche Bedeutung zu. Gerade beim Erwerb von Beteiligungen **(Debt-Equity-Swap)** oder Genussrechten kommt es daher darauf an, den Marktwert dieser Position auf den Zeitpunkt des Wirksamwerdens des Plans zu bestimmen. Es lässt sich daher nicht auf den Wert der Anteile ohne den Plan abstellen, vielmehr ist ein etwaiger durch den Plan generierter Mehrwert zu berücksichtigen (Morgen StaRUG/*Kowalewski/Praß* § 27 Rn. 28). 12

In spezifischen Sachlagen mag sich ein Gläubiger noch zusätzliche Entgelte versprechen lassen. Als praktische Beispiele werden insbesondere **Zinsen für Kreditverlängerungen** (Morgen StaRUG/*Kowalewski/Praß* § 27 Rn. 29) und **Restructuring Fees** genannt (Flöther/*Knapp* § 27 Rn. 7). In solchen Sachlagen kann es nur darauf ankommen, ob diese Entgelte zusätzliche Leistungen der Gläubiger angemessen vergüten. Dann sind diese Beträge bei dem Vergleich nach § 27 Abs. 1 Nr. 1 nicht zu berücksichtigen, weil sie neutral bleiben. Der dahingehende Gedanke des § 27 Abs. 1 Nr. 2 (→ Rn. 14, 17) ist zu verallgemeinern. 13

### 2. Keine wirtschaftlichen Werte an nachrangige Personen

Auf der Voraussetzung des § 27 Abs. 1 Nr. 2 beruht die Überschrift der gesamten Norm, weil diese den absoluten, nicht bloß relativen Vorrang gegenüber nachrangigen Positionen verlangt (→ Rn. 1). Daher darf eine nachrangige Person keinen wirtschaftlichen Wert durch den Plan erhalten. Dieses Verbot ist gewahrt, wenn die betroffene Person zwar einen Wert 14 erhält, diesen aber durch eine Gegenleistung vollständig ausgleicht, vgl. § 27 Abs. 1 Nr. 2 am Ende. Maßgeblich ist also die wirtschaftliche (bilanzielle) Betrachtung des Wertzuflusses.

15 **a) Nachrangige Gläubiger.** § 27 Abs. 1 Nr. 2 Fall 1 nimmt nachrangige Gläubiger in Bezug. Zur Entscheidung der Frage, ob eine Nachrang besteht, verweist die Bestimmung auf den Rang in der Insolvenz. Das insolvenzrechtliche Rangverhältnis der Gläubiger ergibt sich aus §§ 38 f. InsO. Allerdings hebt sich diese Rangfolge nur scheinbar von der Unterscheidung ab, die § 9 Abs. 1 S. 2 zur Abgrenzung von einfachem (Nr. 2) und nachrangigem (Nr. 3) Restrukturierungsgläubiger trifft. Denn nachrangige Restrukturierungsgläubiger sind nach § 9 Abs. 1 S. 2 Nr. 3 diejenigen, die Gläubiger von Forderungen auf eine unentgeltliche Leistung des Schuldners (§ 39 Abs. 1 Nr. 4 InsO), Gläubiger eines Gesellschafterdarlehens oder einer gleichgestellten Forderung (§ 39 Abs. 1 Nr. 5 InsO) oder einer Forderung sind, für die vertraglich der Nachrang (mit dem Schuldner nicht unter den Gläubigern) vereinbart wurde (§ 39 Abs. 2 InsO). Nur auf diese Gläubiger kann sich § 27 Abs. 1 Nr. 2 beziehen. Indessen können die Gläubiger, die im Insolvenzverfahren gem. § 39 Abs. 1 Nr. 1–3 InsO behandelt werden, keine planbetroffenen Gläubiger sein. Für die Gläubiger aus dem Rang des § 39 Abs. 1 Nr. 3 InsO folgt dieses Ergebnis aus § 4 S. 1 Nr. 3. Denn danach sind diese Forderungen nicht plangestaltbar. Für die Forderungen des Ranges aus § 39 Abs. 1 Nr. 1 u. 2 InsO gilt dieses deswegen, weil dieser Rang an die Eröffnung eines Insolvenzverfahrens anknüpft, an dem es hier fehlt. Zweifel an der Einordnung von Forderungen auf Zinsen und Säumniszuschläge (vgl. Wolgast/Grauer/*Hansen* § 27 Rn. 9) sollte es schon deswegen nicht geben, weil § 9 Abs. 1 S. 2 Nr. 2 diese als einfache Restrukturierungsforderung einordnet, so dass der Plan diese Forderung kaum als nachrangig behandeln kann.

16 Absonderungsberechtigte Gläubiger nach §§ 49 ff. InsO, die § 9 Abs. 1 S. 2 Nr. 1 als Inhaber von Absonderungsanwartschaften bezeichnet, streiten nicht mit den anderen Gläubigern um die gleichmäßige Befriedigung aus dem Gesamtvermögen des Schuldners. Ihr Vorrang beschränkt sich auf den einzelnen Gegenstand, an dem ihnen das Absonderungsrecht zusteht. Im Übrigen können sie nach § 52 InsO mit ihrem Ausfall im Rang von (einfachen) Insolvenzgläubigern teilnehmen. Daher stehen einfache Insolvenzgläubiger im Verhältnis zu ihnen nicht im Nachrang (*Skauradszun* KTS 2021, 1 (71); BeckOK StaRUG/*Spahlinger* § 27 Rn. 20). Eine abweichende Stellungnahme, die gar Zweifel an der Richtlinienkonformität erhebt (Morgen StaRUG/*Kowalewski/Praß* § 27 Rn. 29), fokussiert zu sehr auf den Gegenstand des Absonderungsrecht, ohne die – sofern der Absonderungsberechtigte auch persönlicher Gläubiger ist – gleiche Stellung hinsichtlich des übrigen Vermögens hinreichend zu würdigen. Die Vorrangstellung an der Sicherheit wird hinreichend durch das Schlechterstellungsverbot des § 26 Abs. 1 Nr. 1 geschützt (Wolgast/Grauer/*Hansen* § 27 Rn. 10)

17 Soll die Zustimmung einer Gruppe im Rang der einfachen Restrukturierungsgläubiger ersetzt werden, darf also keinem Mitglied der Gruppen nachrangiger Insolvenzgläubiger durch den Plan ein Wert zufließen. Der Konflikt

kann sich aber auch unter den nachrangigen Restrukturierungsgläubigern ergeben, für die jeweils eine eigene Gruppe zu bilden ist, § 9 Abs. 1 S. 2 Nr. 3. Hier entscheidet der Rang des § 39 Abs. 1 InsO sowie für den vertraglichen Nachrang der Inhalt der Abrede. Freilich kann der Wertzuwachs unter Wahrung der absoluten Priorität stets durch eine Gegenleistung ausgeglichen werden, wenn diese den Wertzuwachs vollständig kompensiert. Für die erforderliche Bewertung sei auf die allgemeinen Ausführungen verwiesen (→ Rn. 10).

**b) Schuldner und Anteilseigener.** Auch die Rechtsstellung von Schuldner und Anteilseigner wird als nachrangig behandelt. Das entspricht der insolvenzrechtlichen Bestimmung des § 199 InsO, aber auch den sonstigen spezialgesetzlichen Regelungen zur Liquidation, dass ein Erlös auf diese nur entfällt, wenn die Gläubiger vollständig befriedigt sind. 18

Ein von § 27 Abs. 1 Nr. 2 verbotener Wertzuwachs kann sich für Schuldner und vor allem Anteilseigner aus der **Beibehaltung ihrer Rechtsstellung** aufgrund des Plans ergeben. Dass allein die Erhaltung der bisherigen Rechtsstellung einen solchen bemakelten Wertzuwachs bedeuten kann, ergibt sich aus § 28 Abs. 2. Denn diese Bestimmung setzt einen solchen Wertzuwachs voraus und bestimmt Ausnahmefälle, in denen dieser Wertzuwachs entgegen § 27 Abs. 1 Nr. 2 nicht schadet. 19

Damit rückt das **Bewertungsproblem** in den Vordergrund (→ Rn. 10). Es ist zu bestimmen, in welchem Umfang die Planannahme den Wert der Beteiligung (oder der Rechtsstellung des Schuldners als Unternehmensinhaber) erhöht. Dafür ist zum einen der Wert der Beteiligung ohne Plan zu bestimmen, die keineswegs ohne Weiteres mit Null angesetzt werden darf (*Bork* ZRI 2021, 345 (358); *Skauradszun* KTS 2021, 1 (55)). Zum anderen ist zu bestimmen, welchen Wert diese Rechtsstellung aufgrund des Plans im Zeitpunkt seines Wirksamwerdens hat. Insoweit sollte die einschlägige Ausgangsfrage durchaus sein, was die Veräußerung dieser Rechtsposition am Markt im Augenblick der Planannahme einbrächte (*Bork* ZRI 2021, 345 (358); → Rn. 10; krit. Morgen StaRUG/*Kowalewski*/*Praß* § 27 Rn. 36 f.). Insoweit greift es gewiss zu kurz, wenn man eine Veräußerungsmöglichkeit allein deswegen verneint, weil „der Akte kein übernahmebereiter Dritter zu entnehmen" sei (so AG Dresden NZI 2021, 893 Rn. 25). Das wäre nur dann überzeugend, wenn diese Feststellung Ergebnis einer belegten und ernsthaften Investorensuche wäre. Hat man eine solche unterlassen, muss man durch alternative betriebswirtschaftliche Berechnungen (→ § 27 Rn. 19) den Wert der Rechtsstellung berechnen (Wolgast/Grauer/*Hansen* § 27 Rn. 14 f.; Morgen StaRUG/*Kowalewski*/*Praß* § 27 Rn. 36 f.). Insbesondere darf nicht unberücksichtigt bleiben, wenn die Beteiligung durch Aufnahme weiterer Gesellschafter, etwa im Wege eines Debt-Equity-Swaps verwässert wurde (*Bork* ZRI 2021, 345 (358)). 20

In den meisten Fällen wird sich in dem Vergleich von Wert der Rechtsstellung ohne Plan und mit Plan eine Wertsteigerung feststellen lassen. Dann wirft § 27 Abs. 1 Nr. 2 noch die Frage auf, ob diese Wertsteigerung durch Leistung des Schuldners vollständig kompensiert wurde. Als mögliche Kompensation kommt jede Geld-, Sach- oder Arbeitsleistung in Betracht. Zu 21 denken ist auch an die Übernahme einer persönlichen Haftung (*Bork* ZRI 2021, 345 (358)). Das Gesetz gibt auch keinen Zeitpunkt für die Leistung vor (Wolgast/Grauer/*Hansen* § 27 Rn. 17; Morgen StaRUG/*Kowalewski*/*Praß* § 27 Rn. 58). Je komplexer die Gegenleistung ist, umso mehr ergeben sich freilich die Bewertungsprobleme (Wolgast/Grauer/*Hansen* § 27 Rn. 16; Morgen StaRUG/*Kowalewski*/*Praß* § 27 Rn. 58). BeckOK StaRUG/*Spahlinger* § 27 Rn. 17). In der Theorie kommt es aber allein darauf an, dass sich durch entsprechende Berechnungen belegen lässt, dass sich im Zeitpunkt des Wirksamwerdens des Plans Wertsteigerung und Kompensation entsprechen (→ Rn. 10). Lässt sich keine Kompensation feststellen, kann eine Durchbrechung der absoluten Priorität durch § 28 Abs. 2 legitimiert sein (→ § 28 Rn. 13 ff.).

**22** Es wird auch als Planregelung vorgeschlagen, dass Schuldner bzw. Anteilsinhaber sich verpflichten, den erzielten Planmehrwert an die Gläubiger auszukehren (Morgen StaRUG/*Kowalewski*/*Praß* § 27 Rn. 59). Das ist gewiss theoretisch ein gangbarer Weg. Es ist aber schief, wenn der Anteilsinhaber später tatsächlich erzielte Erlöse aus Veräußerung oder Gewinnausschüttungen auskehrt. Denn die maßgebliche Frage besteht darin, den Planmehrwert auf den Zeitpunkt des Wirksamwerdens des Plans zu bestimmen.

### 3. Keine Besserstellung gleichrangiger Gläubiger

**23** Das Besserstellungsverbot betrifft die planbetroffenen Gläubigergruppen (→ Rn. 9 zur Sachgerechtigkeit ihrer Auswahl nach Maßgabe von § 8). Ob Gläubigergruppen als gleichrangig einzustufen sind, richtet sich nach dem fiktiven Insolvenzszenario (→ Rn. 15). Bejaht man danach den Gleichrang, verbietet § 27 Abs. 1 Nr. 3, dass gegenüber einer Gläubigergruppe, deren Zustimmung ersetzt werden soll, eine Gruppe gleichrangiger Gläubiger bessergestellt wird. Damit wird nicht eine Gleichbehandlung eingefordert. Umgekehrt wird dem Besserstellungsverbot dadurch entsprochen, dass man auf alle Gläubiger im gleichen Rang dieselbe Regelung anwendet. Diese Voraussetzung ist auch erfüllt, wenn man allen gleichrangigen Gläubigern dieselbe Wahl lässt. Auch dann kommt es nicht darauf an, ob die einzelnen Optionen wirtschaftlich gleichwertig sind, weil alle Gläubiger dieselben Einwirkungsmöglichkeiten haben (Morgen StaRUG/*Kowalewski*/*Praß* § 27 Rn. 64).

**24** Werden auf gleichrangige Gläubigergruppen unterschiedliche Regelungen angewendet, stellt sich wiederum das Problem, diese Regelungen zu bewerten, um sie vergleichen zu können. Insoweit sei auf die allgemeinen Ausführungen verwiesen (→ Rn. 10). Es genügt, wenn die Gruppe, deren Zustimmung ersetzt werden soll, jedenfalls nicht schlechter gestellt wird, als die Gruppe gleichrangiger Gläubiger, die mit der erforderlichen Mehrheit nach § 25 zugestimmt haben. So hat das AG Dresden (NZI 2021, 893 Rn. 30) die Zustimmung der einen Gläubigergruppe ersetzt, die nach dem Plan sofort 50 % ihrer Forderung erhalten sollte, während die Gläubiger der zustimmenden gleichrangigen Gruppe über rund 19 Jahre 66 % ihrer Forderungen erhalten sollte. Das hat das Gericht nicht als Besserstellung angesehen, weil die langfristigen Zahlungen nicht nur abzuzinsen, sondern auch mit einem deutlich höheren Ausfallrisiko belastet seien. Eine nach § 27 Abs. 1 Nr. 3 verbotene Besserstellung kann allerdings als sachgerecht durch § 28 Abs. 1 legitimiert werden (→ § 28 Rn. 7 ff.).

## IV. Angemessene Beteiligung einer Gruppe von Anteilsinhabern

§ 27 Abs. 2 bestimmt die Voraussetzungen dafür, dass eine Gruppe von Anteilsinhabern angemessen am Planwert beteiligt ist. Die zwei in dem Katalog von § 27 Abs. 2 genannten Voraussetzungen müssen kumulativ gegeben sein. 25

### 1. Keine Überbefriedigung eines Gläubigers

§ 27 Abs. 2 Nr. 1 entspricht mit dem Verbot der Überbefriedigung eines Gläubigers dem § 27 Abs. 1 Nr. 1, auf dessen Kommentierung Bezug genommen wird (→ Rn. 11 ff.) 26

### 2. Kein Wert für gleichgestellte Anteilsinhaber

§ 27 Abs. 2 Nr. 2 verbietet, dass gleichgestellten Anteilseignern ein Wert verbleibt. Damit weicht § 27 Abs. 2 zum einen von § 27 Abs. 1 Nr. 3 ab, der bei Gleichrang nur die Besserstellung der anderen Gruppe verbietet. Zum anderen stellt § 27 Abs. 2 auch höhere Anforderungen als die insolvenzrechtliche Parallelnorm in § 245 Abs. 3 Nr. 2 InsO, die ebenfalls nur eine Besserstellung verbietet und die als Vorbild für diese Bestimmung des § 27 Abs. 2 Nr. 2 laut Regierungsentwurf dienen sollte (BT-Drs. 19/24181, 129). Daher überrascht die strenge Anordnung des § 27 Abs. 2 Nr. 2 weithin (Wolgast/Grauer/*Hansen* § 27 Rn. 22; Flöther/*Knapp* § 27 Rn. 23; Morgen StaRUG/*Kowalewski*/*Praß* § 27 Rn. 69; BeckOK StaRUG/*Spahlinger* § 27 Rn. 27). Ungeachtet dieser Gesetzesgeschichte muss der Wortlaut von § 27 Abs. 2 Nr. 2 beachtet werden (**aA** BeckOK StaRUG/*Spahlinger* § 27 Rn. 27), schon weil der Gesetzgeber das Gesetz vom 20.7.2022 (BGBl. I 1166) zum Anlass genommen hat, verschiedene redaktionelle Korrekturen vorzunehmen (vgl. BT-Drs. 20/2653, 39 f.), ohne aber § 27 Abs. 2 Nr. 2 zu ändern. 27

Daher schränkt die Vorschrift die Gestaltung des Plans erheblich ein. Wenn mehrere Gruppen für Anteilsinhaber gebildet werden sollen, schließt § 27 Abs. 2 Nr. 2 de facto aus, die Zustimmung der überstimmten Gruppe zu ersetzen. Denn die Unterscheidung zwischen den Anteilsinhabergruppen macht doch nur Sinn, wenn beiden Gruppen (unterschiedliche) Werte zugewiesen werden sollen. Den einzigen Ausweg weist der von § 27 Abs. 2 Nr. 2 selbst als Erlaubnistatbestand in Bezug genommene § 28 Abs. 2 Nr. 1 (→ § 28 Rn. 20). 28

## V. Rechtsfolge

29 Ist § 27 Abs. 1 oder Abs. 2 erfüllt, liegt damit eine Voraussetzung des § 26 Abs. 1 vor, nämlich die angemessene Beteiligung am Planwert nach § 26 Abs. 1 Nr. 2. § 27 ist damit reine Hilfsnorm, um die Rechtsfolgen des § 26 (→ § 26 Rn. 28 f.) herbeizuführen.

## Durchbrechung der absoluten Priorität

**28** (1) [1]**Der angemessenen Beteiligung einer Gruppe von planbetroffenen Gläubigern am Planwert steht es nicht entgegen, wenn eine von § 27 Absatz 1 Nummer 3 abweichende Regelung nach der Art der zu bewältigenden wirtschaftlichen Schwierigkeiten und nach den Umständen sachgerecht ist.** [2]**Eine von § 27 Absatz 1 Nummer 3 abweichende Regelung ist nicht sachgerecht, wenn auf die überstimmte Gruppe mehr als die Hälfte der Stimmrechte der Gläubiger der betroffenen Rangklasse entfällt.**

(2) **Einer angemessenen Beteiligung einer Gruppe von planbetroffenen Gläubigern am Planwert steht es nicht entgegen, wenn der Schuldner oder eine an dem Schuldner beteiligte Person entgegen § 27 Absatz 1 Nummer 2 am Unternehmensvermögen beteiligt bleibt, sofern**

1. **die Mitwirkung des Schuldners oder der an dem Schuldner beteiligten Person an der Fortführung des Unternehmens infolge besonderer, in seiner Person liegender Umstände unerlässlich ist, um den Planwert zu verwirklichen, und sich der Schuldner oder die an dem Schuldner beteiligte Person im Plan zu der erforderlichen Mitwirkung sowie zur Übertragung der wirtschaftlichen Werte für den Fall verpflichtet, dass seine Mitwirkung aus von ihm zu vertretenden Gründen vor dem Ablauf von fünf Jahren oder einer kürzeren, für den Planvollzug vorgesehenen Frist endet oder**
2. **die Eingriffe in die Rechte der Gläubiger geringfügig sind, insbesondere, weil die Rechte nicht gekürzt werden und deren Fälligkeiten um nicht mehr als 18 Monate verschoben werden.**

**Schrifttum:** § 26.

**Übersicht**

## I. Normzweck und Grundlagen

1 § 26 fingiert die Zustimmung einer Gruppe, in der in der Abstimmung das nach § 25 erforderliche Quorum verfehlt wurde. Diese Fiktion knüpft § 26 Abs. 1 Nr. 2 neben weiteren Voraussetzungen daran an, dass die Gläubigergruppe, deren Zustimmung ersetzt werden soll, angemessen am Planwert beteiligt wird. § 28 ist wie § 27 Hilfsnorm, um über das Vorliegen dieser Voraussetzung zu befinden. Denn § 28 suspendiert von bestimmten Voraussetzungen, die § 27 an die angemessene Beteiligung am Planwert stellt. So weicht § 28 Abs. 1 vom Besserstellungsverbot des § 27 Abs. 1 Nr. 3 ab. § 28 Abs. 2 durchbricht die Anforderungen an die absolute Priorität des § 27 Abs. 1 Nr. 2 dahingehend, dass der Schuldner bzw. Anteilsinhaber, der bzw. die gegenüber der betroffenen Gläubigergruppe grundsätzlich im Nachrang stehen, unter bestimmten Voraussetzungen auch am Planwert beteiligt werden dürfen, obwohl die betroffene vorrangige Gläubigergruppe durch den Plan Einbußen hinnehmen muss. Über den Wortlaut des § 28 Abs. 2 hinaus erstreckt der Vorbehalt in § 27 Abs. 2 Nr. 2 die Durchbrechung der absoluten Priorität durch § 28 Abs. 2 Nr. 1 auch auf den Fall, in dem nicht die Zustimmung einer Gläubigergruppe, sondern die einer Gruppe von Anteilsinhabern ersetzt werden soll.

### 1. Regelungszweck

2 Die zwei Regelungen in den beiden Absätzen werden von verschiedenen Zwecken getragen. Die **Ausnahme vom Besserstellungsverbot** in § 28 Abs. 1 will mit dem teilkollektiven Charakter des Verfahrens harmonieren (BT-Drs. 19/24181, 129 f.). Wenn § 8 erlaubt, nach sachgerechten Kriterien auszuwählen, welche gleichrangigen Gläubiger überhaupt vom Plan betroffen werden (→ § 27 Rn. 9, 23), muss unter entsprechenden Voraussetzungen auch eine unterschiedliche Behandlung gleichrangiger Gläubiger entgegen der Regel des § 27 Abs. 1 Nr. 3 zulässig sein. Auf Empfehlung des Rechtsausschusses wurde allerdings eine Beschränkung durch § 28 Abs. 1 S. 2 eingefügt. Die Begründung des Ausschusses lässt das Ansinnen vermuten, Forderungen zu schützen, die im Zusammenhang mit staatlichen Leistungen stehen, die im Rahmen von staatlichen Programmen zur Bewältigung der COVID-19-Pandemie gewährt wurden, wie es § 7 COVInsAG spezifisch im Hinblick auf §§ 8, 9 anordnet. Die Begründung des Ausschusses führt allerdings ganz allgemein aus, dass die Sanierung nicht auf Kosten der Mehrheit durchgeführt werden solle (BT-Drs. 19/25353, 7 f.; Kritik etwa Morgen StaRUG/*Kowalewski*/*Praß* § 28 Rn. 19 f.). § 28 Abs. 1 S. 1

weicht mit seiner Ausnahme vom Besserstellungverbot zwar auch von der entsprechenden Forderung des Art. 11 Abs. 1 UAbs. 1 lit. c RL 2019/1023 ab (→ § 27 Rn. 4). Abweichungen des nationalen Gesetzgebers werden aber durch Art. 11 Abs. 2 RL 2019/1023 zugelassen.

3 § 28 Abs. 2 Nr. 1 enthält eine Ausnahme von Grundsatz der absoluten Priorität in § 27 Abs. 1 Nr. 2, wie sie von Art. 11 Abs. 1 UAbs. 1 lit. c RL 2019/1023 ohnehin nicht verlangt wird. Ziel dieser Ausnahme ist es, Planlösungen zu erleichtern, wenn es auf den Schuldner bzw. Anteilsinhaber für die Fortführung ankommt. Eine entsprechende Regelung wurde zugleich in § 245 Abs. 2 S. 2 u. 3 InsO eingefügt. § 28 Abs. 2 Nr. 2 soll geringfügige Eingriffe erleichtern.

### 2. Regelungskontext

4 § 28 bildet einen Regelungszusammenhang mit §§ 26 f. Denn die Bestimmung enthält Ausnahmen dafür, wie § 27 die Voraussetzung des § 26 Abs. 1 Nr. 2 definiert. Die Ausnahme des § 28 Abs. 1 steht parallel zur Ausnahme des § 8 S. 2 Nr. 2, Gläubiger in den Plan nicht einzubeziehen. Freilich fehlt in § 8 eine Beschränkung, wie sie der nachträglich eingefügte § 28 Abs. 1 S. 2 zum Schutze der Mehrheit enthält. Allerdings sieht § 7 COVInsAG eine spezifische Regelung zum Schutze von Forderungen vor, die im Zusammenhang mit staatlichen Leistungen stehen, die im Rahmen von staatlichen Programmen zur Bewältigung der COVID-19-Pandemie gewährt wurden. Im Übrigen lässt sich wegen des Charakters des § 28 als Hilfsnorm für § 26 auf den dort dargestellten systematischen Zusammenhang verweisen (→ § 26 Rn. 6).

5 Dem § 28 Abs. 2 Nr. 1 entspricht § 245 Abs. 2 S. 2 u. 3 InsO. Im Übrigen ist die Bestimmung ohne Entsprechung in der Insolvenzordnung. Das liegt bei § 28 Abs. 1 schon daran, dass diese Bestimmung an die Teilkollektivität des Verfahrens anknüpft, wie sie § 8 vorsieht.

## II. Anwendungsbereich

6 § 28 teilt seinen Anwendungsbereich mit dem des § 26 (→ § 26 Rn. 8). So findet die Bestimmung unmittelbar auf das außergerichtliche Planabstimmungsverfahren nach §§ 17 ff. Anwendung, entsprechend über den Verweis in § 45 Abs. 4 aber auch auf das gerichtliche Planabstimmungsverfahren nach §§ 23, 45 f.

## III. Sachgerechte Abweichung vom Besserstellungsverbot

7 Parallel zu der von § 8 S. 2 Nr. 2 eingeräumten Möglichkeit, bestimmte (gleichrangige) Gläubiger aus sachgerechten Gründen von Planwirkungen ganz auszunehmen, erlaubt § 28 Abs. 1 S. 1 aus ebensolchen Gründen eine Ausnahme vom Verbot der Besserstellung nach § 27 Abs. 1 Nr. 3. Diese Erlaubnis wird aber durch die Ausnahme des § 28 Abs. 1 S. 2 erheblich eingeschränkt.

### 1. Erlaubnis der Besserstellung

Die Begründung der Sachgerechtigkeit hat nach § 28 Abs. 1 auf Grundlage der Art der zu bewältigenden wirtschaftlichen Schwierigkeiten und nach den (sonstigen) Umständen zu erfolgen. Diese Kriterien verwendet ebenfalls § 8 S. 2 Nr. 2, um Vorgaben für die Sachgerechtigkeit zu machen, bestimmte Gläubiger nicht in die Planwirkungen einzubeziehen. Dort werden mit Finanzverbindlichkeiten und deren Besicherung noch Beispiele von Positionen genannt, auf die typischerweise beschränkt werden kann. Gleichzeitig werden als Beispiele für Gläubiger, die ausgespart werden können, Kleingläubiger wie Verbraucher, Kleinst- und Kleinunternehmen sowie mittlere Unternehmen genannt. 8

Aus diesen Beispielen werden zu § 8 S. 2 Nr. 2 als maßgebliche Kriterien der Professionalisierungsgrad der Planbetroffenen, der Schutz des operativen Geschäfts, die Verhinderung von Kollektivhandlungsproblemen, die Höhe der Transaktionskosten, aber auch die Höhe einer Forderung genannt (*Brünkmans* → § 8 Rn. 19). Manche dieser Kriterien, die auf eine Vereinfachung der Planabstimmung zielen, scheinen ungeeignet, um eine Besserstellung der betroffenen Gläubiger zu begründen. Es lässt sich also nicht stets argumentieren, dass ein Kleingläubiger auch besser behandelt werden kann, allein weil man ihn nach § 8 S. 2 Nr. 2 auch ganz hätte unberücksichtigt lassen können. Die größte Bedeutung kommt als sachgerechtes Kriterium dem Schutz des operativen Geschäfts zu (vgl. BeckOK StaRUG/*Spahlinger* § 28 Rn. 5). 9

Letztlich wird sich die Sachgerechtigkeit anhand des Sanierungsplans bemessen lassen müssen (Flöther/*Knapp* § 28 Rn. 5): Welche Eingriffe sind für den Sanierungserfolg notwendig und den Gläubigern zumutbar? Insoweit wird man anders als im Rahmen des § 27 (→ § 27 Rn. 11) berücksichtigen können, was der Gläubiger für den Erwerb seiner Forderung eingesetzt hat. Aber auch die Sicherung der Überlebensfähigkeit eines relevanten Vertragspartners ist ein sachgerechtes Kriterium. 10

### 2. Erlaubnissperre zum Schutze der Mehrheit

§ 28 Abs. 1 S. 2 sperrt allerdings die Möglichkeit nach Satz 1, ungeachtet des Verstoßes gegen das Besserstellungsverbot die Zustimmung einer Gruppe zu ersetzen. Wie stets beim Besserstellungsverbot stehen Gläubiger in Rede, die denselben Rang nach § 9 Abs. 1 teilen (→ § 27 Rn. 15, 23). Es kann sich also um Inhaber von Absonderungsanwartschaften, um einfache Restrukturierungsgläubiger oder um im Gleichrang stehende nachrangige Restrukturierungsgläubiger handeln. § 28 Abs. 1 S. 2 steht der Legitimation der Besserstellung aus Gründen der Sachgerechtigkeit allein in dem Fall entgegen, in dem die Gläubiger, deren Zustimmung ersetzt werden soll, mehr als die Hälfte der Stimmrechte der Gläubiger der betroffenen Rangklasse innehaben. Die Stimmkraft richtet sich nach § 24, also im Fall von Restrukturierungsgläubigern grundsätzlich nach dem Betrag (Abs. 1 Nr. 1). Dabei kann es ungeachtet des nicht eindeutigen Wortlauts nicht darauf ankommen, ob sich diese Mehrheitschon in einer Gruppe findet, deren 11

Zustimmung ersetzt werden soll, oder sich auf mehrere Gruppen verteilt, wenn nur die Zustimmung aller dieser Gruppen ersetzt werden muss (BeckOK StaRUG/*Spahlinger* § 28 Rn. 12).

**12** § 28 Abs. 1 S. 2 bestimmt seine Rechtsfolge, indem er die fehlende Sachgerechtigkeit fingiert. Tatsächlich trifft das Quorum aber keine Aussage über die Sachgerechtigkeit. Daher kann insbesondere auch aus dem Nichterreichen des Quorums kein Argument für die Sachgerechtigkeit einer Besserstellung hergeleitet werden (BT-Drs. 19/25353, 7). Dass diese Sperre inhaltlich von der Sachgerechtigkeit unabhängig zu beurteilen ist, veranschaulicht auch ein Blick auf die von § 8 S. 2 Nr. 2 angeführten Beispiele (→ Rn. 8). Wenn beispielsweise ein Plan vorsieht, dass Groß-Finanzgläubiger stärkere Eingriffe hinnehmen müssen als kleine Zulieferer oder Abnehmer, werden regelmäßig diese Großgläubiger mehr als die Hälfte der Forderungen auf sich vereinigen. § 28 Abs. 1 S. 2 sperrt dann die Befreiung vom Besserstellungsverbot.

## IV. Durchbrechung der absoluten Priorität

**13** § 28 Abs. 2 enthält eine Durchbrechung der absoluten Priorität des § 27 Abs. 1 Nr. 2, allerdings nur zugunsten von Schuldner oder Anteilsinhaber. (Nachrangige) Restrukturierungsgläubiger werden indessen nicht erfasst. Daher erstreckt sich der Schutz nicht auf Forderungen von Anteilsinhabern aus einem nach § 39 Abs. 1 Nr. 5 InsO nachrangigen Gesellschafterdarlehen (BT-Drs. 19/24181, 130; abweichend BeckOK StaRUG/*Spahlinger* § 28 Rn. 25 ff.).

**14** Zur Legitimation der Durchbrechung bestimmt der Katalog des § 28 Abs. 2 mit der Unerlässlichkeit der Mitwirkung und dem Bagatelleingriff zwei alternative Sachlagen. Unmittelbar nach § 28 Abs. 2 greift die Durchbrechung immer nur zu Lasten von Gläubigergruppen, über deren angemessene Beteiligung am Planwert nach § 27 Abs. 1 zu entscheiden ist. Eine Erweiterung des Anwendungsbereichs folgt allerdings aus § 27 Abs. 2 Nr. 2 (→ Rn. 20).

### 1. Durchbrechung wegen Unerlässlichkeit der Mitwirkung

**15** § 28 Abs. 2 Nr. 1 lässt die Durchbrechung der absoluten Priorität zu, um Anreize bei Schuldner bzw. Anteilsinhaber zu setzen, durch ihre Mitwirkung den angestrebten Planwert zu realisieren.

**16** **a) Sachlage.** Es muss sich um Eigenschaften von Schuldner oder (geschäftsführenden) Anteilsinhabern handeln, die entweder schon objektiv nicht substituierbar sind (vgl. *Bork* ZRI 2021, 345 (358)) oder für die sich in der konkreten Sachlage kein Ersatz finden lässt (großzügiger insoweit BeckOK StaRUG/*Spahlinger* § 28 Rn. 17). Beispiele sind individuelle Erfahrungen oder Expertise oder persönliche Beziehungen zu Geschäftspartnern, auf die das Unternehmen zur Erzielung des Planwerts angewiesen ist (Flöther/*Knapp* § 28 Rn. 10). Auch insoweit handelt es sich um eine Prognoseentscheidung, die gerichtlich nur auf Ermessensfehler zu kontrollieren ist

(→ § 26 Rn. 15 f.; vgl. auch BeckOK StaRUG/*Spahlinger* § 28 Rn. 16: überwiegende Wahrscheinlichkeit genügt).

**b) Verpflichtung von Schuldner bzw. Anteilsinhaber.** Der Schuldner muss sich zur Mitwirkung verpflichten. Er muss also vertraglich die Verpflichtung eingehen, die Dienstleistung zu erbringen, die nur er vornehmen kann, um den Planwert zu erzielen. Zusätzlich muss der Schuldner sich für den Fall, dass er diese Verpflichtung aus von ihm zu vertretenen Gründen nicht erfüllt, zur Herausgabe der erlangten wirtschaftlichen Werteverpflichten. **17**

Diese beiden Verpflichtungen stehen nebeneinander. So kommt in Betracht, dass der Schuldner bei schuldhafter Verletzung der von ihm übernommenen Dienstverpflichtung nach § 280 BGB Schadensersatz zu leisten hat (BeckOK StaRUG/*Spahlinger* § 28 Rn. 23). Die zusätzlich übernommene Verpflichtung zur Herausgabe des erlangten Wertes steht aber unabhängig vom Umfang des Schadens und dessen Nachweis. Dieser Herausgabeanspruch zielt genau auf den Betrag, der dem Schuldner oder Anteilinhaber im Augenblick der Planbestätigung zuwächst und aufgrund dessen die absolute Priorität nach § 27 Abs. 2 nicht gewahrt ist (**aA** Flöther/*Knapp* § 28 Rn. 13). Die tatsächliche spätere Entwicklung hat angesichts dieses Zwecks der Herstellung der absoluten Priorität außer Betracht zu bleiben. Das wirtschaftliche Risiko des Unternehmens, aber auch dessen Chancen tragen indessen Schuldner bzw. Anteilsinhaber wie in dem Falle, in dem die absolute Priorität von Anfang an durch Kompensation gewahrt ist. Es ist freilich ohnehin eine komplexe Bewertungsfrage, inwieweit die Übernahme der Dienstverpflichtung selbst nicht schon eine vollständige Kompensation nach § 27 Abs. 1 Nr. 2 darstellt (vgl. *Bork* ZRI 2021, 345 (358); → § 27 Rn. 21). **18**

Schwierigkeiten bereitet es, den Gläubiger dieser auf der Verpflichtung beruhenden Forderung zu bestimmen (Flöther/*Knapp* § 28 Rn. 12; BeckOK StaRUG/*Spahlinger* § 28 Rn. 21). Der Schuldner kommt allein in Betracht, wenn die Verpflichtung einen Anteilsinhaber betrifft. Den Gläubigern würde es an Koordination fehlen. Letztlich bedarf es einer Person, die als Treuhänder im Interesse der Gläubiger durch Vertragsschluss mit Schuldner bzw. Anteilsinhaber im eigenen Namen diese Ansprüche erwirbt, mithin nicht im Plan, sondern anlässlich des Plans. Insbesondere der Restrukturierungsbeauftragte könnte neben der Planüberwachung nach § 72 eine solche Dienstleistung im eigenen Namen anbieten. **19**

**c) Erstreckung auf § 27 Abs. 2 Nr. 2.** § 27 Abs. 2 Nr. 2 erstreckt die Ausnahme des § 28 Abs. 2 Nr. 1, um über die angemessene Beteiligung von Anteilsinhabern am Planwert zu entscheiden. Dann sind freilich die Anteilsinhaber, deren Zustimmung nach § 26 Abs. 1 fingiert werden soll, von den Anteilsinhabern zu unterscheiden, deren Wertzuwachs durch § 28 Abs. 2 Nr. 1 legitimiert werden soll. Hinsichtlich der Anforderungen ergeben sich keine Unterschiede. **20**

### 2. Durchbrechung bei Bagatelleingriffen

21 § 28 Abs. 2 Nr. 2 durchbricht die absolute Priorität schließlich in dem Fall, in dem der Eingriff in die Rechte der Mitglieder der Gläubigergruppe, deren Zustimmung ersetzt werden soll, gering ist. Als Anhaltspunkt für die Geringfügigkeit formuliert die Bestimmung ein Beispiel (vgl. BT-Drs. 19/24181, 130), dass eine Forderung zwar nicht im Betrag gekürzt, aber die Fälligkeit um 18 Monate hinausgeschoben wird. Damit ist die Obergrenze der Gestaltungsmöglichkeiten bezeichnet (Morgen StaRUG/*Kowalewski*/*Praß* § 28 Rn. 35; **aA** BeckOK StaRUG/*Spahlinger* § 28 Rn. 24). Daher darf die Prolongation, die eine Zinspflicht zudem nicht berühren darf, nicht verlängert werden. Die Prolongation mutet dem Gläubiger zu, das Bonitätsrisiko über einen verlängerten Zeitraum zu tragen. Das ist nur bis zu 18 Monate zumutbar. Es kann auch nicht durch einen (aufgezwungenen) erhöhten Zinssatz ausgeglichen werden.

## V. Rechtsfolge

22 Ist § 28 Abs. 1 oder Abs. 2 erfüllt, kann das neben weiteren Voraussetzungen des § 27 dazu beitragen, eine angemessene Beteiligung am Planwert nach § 26 Abs. 1 Nr. 2 zu bejahen. Unter den weiteren Voraussetzungen des § 26 lässt sich dann die Zustimmung einer Gruppe fingieren. § 28 ist damit reine Hilfsnorm, um die Rechtsfolgen des § 26 (→ § 26 Rn. 28 f.) herbeizuführen.

# Kapitel 2. Stabilisierungs- und Restrukturierungsinstrumente

## Abschnitt 1. Allgemeine Bestimmungen

### Unterabschnitt 1. Instrumente des Stabilisierungs- und Restrukturierungsrahmens; Verfahren

#### Instrumente des Stabilisierungs- und Restrukturierungsrahmens

**29** (1) **Zur nachhaltigen Beseitigung einer drohenden Zahlungsunfähigkeit im Sinne des § 18 Absatz 2 der Insolvenzordnung können die in Absatz 2 genannten Verfahrenshilfen des Stabilisierungs- und Restrukturierungsrahmens (Instrumente) in Anspruch genommen werden.**

(2) **Instrumente des Stabilisierungs- und Restrukturierungsrahmens im Sinne des Absatzes 1 sind:**

1. **die Durchführung eines gerichtlichen Planabstimmungsverfahrens (gerichtliche Planabstimmung),**
2. **die gerichtliche Vorprüfung von Fragen, die für die Bestätigung des Restrukturierungsplans erheblich sind (Vorprüfung),**
3. **die gerichtliche Anordnung von Regelungen zur Einschränkung von Maßnahmen der individuellen Rechtsdurchsetzung (Stabilisierung) und**
4. **die gerichtliche Bestätigung eines Restrukturierungsplans (Planbestätigung).**

(3) **Soweit sich aus den Bestimmungen dieses Gesetzes nichts Abweichendes ergibt, kann der Schuldner die Instrumente des Stabilisierungs- und Restrukturierungsrahmens unabhängig voneinander in Anspruch nehmen.**

**Schrifttum:** *Balthasar* Allgemeine Zugangsvoraussetzungen zu den Restrukturierungsinstrumenten, NZI-Beilage 2021, 18; *Bitter* Geschäftsleiterhaftung in der Insolvenz – Alles neu durch SanInsFoG und StaRUG?, ZIP 2021, 321; *Brinkmann* Die Haftung der Geschäftsleiter in der Krise nach dem Gesetz zur Fortentwicklung des Sanierungs- und Insolvenzrechts, ZIP 2020, 2361; *Braun* Die vorinsolvenzliche Sanierung von Unternehmen; *de Bruyn/Ehmke* StaRUG & InsO: Sanierungswerkzeuge des Restrukturierungs- und Insolvenzverfahrens, NZG 2021, 661; *Deppenkemper* Ziel erreicht? Außergerichtliche Sanierung ab 1.1.2021!, ZIP 2020, 2432; *Desch* Der neue Stabilisierungs- und Restrukturierungsrahmen nach dem Regierungsentwurf StaRUG in der Praxis, BB 2020, 2498; *Fiebig* StaRUG – Eine Auswertung der ersten praktischen Fälle, ZRI 2021, 561; *Doebert/Krüger* Die strategische Gestaltung von Restrukturierungsplänen, NZI 2021, 614; *Frind* Überreguliert statt saniert?, ZInsO 2020, 2241; *Frind* Nutzen und Grenzen der gerichtlichen Vorprüfung im StaRUG-Verfahren, NZI 2021, 609; *Gehrlein* Sorgfaltsmaßstab der Organ- und Insolvenzverwalterhaftung – Anwendbarkeit der Business Judgement Rule, NZG 2020, 801; *Hölzle* Zur Umsetzung des präventiven Restrukturierungsrahmens in Deutschland, ZIP 2020, 585; *Hölzle/Curtze* Eine Krise – Ein Verfahren! Folgen eines vorangegangenen Restrukturierungsverfahrens nach StaRUG, ZIP 2021, 1293; *Korch* Restrukturierungsgesellschaftsrecht – Zur Überformung des Gesellschaftsrechts durch den StaRUG-Regierungsentwurf, NZG 2020, 1299; *Kuntz* Geschäftsleiterhaftung bei drohender Zahlungsunfähigkeit nach StaRUG, ZIP 2021, 597; *Morgen/Arends/Schierhorn* Sanierungsmittel der Wahl – Insolvenzplan nach InsO n. F. oder Restruturierungsplan nach StaRUG?, ZRI 2021, 305; *Müller* Die Umsetzung der EU-Richtlinie über präventive Restrukturierungsrahmen, ZIP 2020, 2253; *Müller* Sanierung nach der geplanten EU-Restrukturierungs-Richtlinie, ZGR 2018, 56; *Proske/Streit* Rettende Restrukturierung durch Rechtsrahmen? Lob und Kritik zum Regierungsentwurf des StaRUG, NZI 2020, 969; *Rendels/Zabels/Körner* Nur drohend zahlungsunfähig oder überschuldet? Anforderungen an die Fortbestehensprognose nach SanInsFoG?, ZRI 2021, 653; *Ringelspacher/Ruch* Der Restrukturierungsplan – Das Herzstück des StaRUG-Entwurfs im Überblick, ZRI 2020, 637; *Skauradszun* Neuralgische Punkte der Restrukturierungsverfahren nach dem StaRUG, ZRI 2020, 625; *Skauradszun* Überblick zum StaRUG, KTS 2021, 1; *Schluck-Amend/Hacker* Revolution der vorinsolvenzlichen Unternehmenssanierung?, WPg 2019, 737; *Scholz* Die Krisenpflichten von Geschäftsleitern nach Inkrafttreten des StaRUG, ZIP 2021, 219; *Schulz* Haftungs- und Pflichtenregime für Geschäftsleiter in der Krise. Was bringt das SanInsFoG? NZI 2020, 1073; *Thole* Der Entwurf des Unternehmensstabilisierungs- und restrukturierungsgesetzes (StaRUG-RefE), ZIP 2020, 1985; *Thole* ZInsO 2019 1622 (1627); *Thole* ZIP 2020, 1985 (1995); *Vallender* Aufgaben und Befugnisse des Restrukturierungsgerichts nach dem Gesetz über den Stabilisierungs- und Restrukturierungsrahmen für Unternehmen, ZInsO 2020, 2579 und 2677; *Ziegenhagen* Referentenentwurf des BMJV zur Fortentwicklung des Sanierungs- und Insolvenzrechts – „Sanierungsrechtsfortentwicklungsgesetz – SanInsFoG", ZInsO 2020, 2090.

**Übersicht**



## I. Normzweck

1 Das zweite Kapitel widmet sich den Verfahrenshilfen des Stabilisierungs- und Restrukturierungsrahmens. Das Kapitel ist nach dem Klammerprinzip aufgebaut und sieht zunächst in Abschnitt 1 allgemeine Bestimmungen für die Restrukturierungssache vor, ehe Voraussetzungen und Wirkungen der vier in § 29 Abs. 2 aufgelisteten Instrumente folgen.

2 Die in § 29 Abs. 2 genannten „Verfahrenshilfen" stehen dem Schuldner optional neben dem Restrukturierungsplan und grundsätzlich auch unabhängig voneinander zur Verfügung. Dieses Baukastensystem entspricht der Erwartung des Gesetzgebers, dass eine nachhaltige Beseitigung der drohenden Zahlungsunfähigkeit bestmöglich durch die Bereitstellung der Instru-

mente, die der Schuldner eigenverantwortlich nutzen kann, gelingt. Eine Inanspruchnahme ist deshalb ohne ein auf einem Eröffnungsantrag basierendes formalisiertes Verfahren möglich (vgl. Begründung RegE, BT-Drs. 19/24181, S. 131).

§ 29 Abs. 1 statuiert mit der nachhaltigen Beseitigung der drohenden Zahlungsunfähigkeit die Zielbestimmung nicht nur der Instrumente des Stabilisierungs- und Restrukturierungsrahmens, sondern des gesamten StaRUG. Insoweit erfolgt in bewusster Übereinstimmung mit dem eigenverwaltungsbasierten Insolvenzplanverfahren eine bewusste Anlehnung an das Insolvenzrecht und die dort in § 18 InsO geregelte drohende Zahlungsunfähigkeit (zu Parallelen und Unterschieden zwischen Insolvenzplan und Restrukturierungsplan: *Morgen StaRUG/Arends* ZRI 2021, 305). Zugleich resultiert aus § 29 Abs. 1 iVm § 33 Abs. 2 S. 1 Nr. 1, dass die drohende Zahlungsunfähigkeit Voraussetzung für den Zugang zu den Instrumenten des Stabilisierungs- und Restrukturierungsrahmens ist (vgl. Begründung RegE, BT-Drs. 19/24181 S. 132). Zahlungsunfähige oder überschuldete Unternehmen können diese Instrumente demnach nicht in Anspruch nehmen. Jene sind im Fall der Insolvenzreife auf das für die Einbeziehung aller Gläubiger vorgesehene Insolvenz(plan)verfahren verwiesen (vgl. Begründung RegE, BT-Drs. 19/24181, S. 90). 3

Auch § 29 Abs. 2 weist mit der abschließenden Aufzählung der vorgesehenen Instrumente des Stabilisierungs- und Restrukturierungsrahmens funktionelle Übereinstimmungen zum Insolvenzplanverfahren als Schutzschirmverfahren auf. 4

§ 29 Abs. 3 ist Ausdruck des gesetzgeberischen Willens zur eigenverantwortlichen Verfahrensausgestaltung durch den Schuldner. Dieser soll einschätzen und entscheiden, ob und welche Instrumente sowie deren Reihenfolge er in der konkreten Situation als zielführend erachtet (vgl. Begründung RegE, BT-Drs. 19/24181 S. 132). 5

## II. Umsetzung der Richtlinie

Die Einführung der Instrumente des präventiven Restrukturierungsrahmens im 2. Kapitel ergeht in Umsetzung von Art. 4 Abs. 1 RL 2019/1023. Danach sind die Mitgliedsstaaten verpflichtet, für den Fall der wahrscheinlichen Insolvenz eines Schuldners Zugang zu einem präventiven Restrukturierungsrahmen zu gewährleisten, der der Abwendung einer Insolvenz dient. Zur Wahrung des funktionellen Gleichlaufs mit dem bereits bestehenden Regime des Insolvenzverfahrens wurde dem Begriff der „wahrscheinlichen Insolvenz" (likelihood of insolvency) keine allein dem StaRUG innewohnende Bedeutung verliehen, sondern dieser in die bereits bekannte „drohende Zahlungsunfähigkeit" überführt (dies befürwortend *Thole* ZInsO 2019, 1622 (1625)). Dieser Schritt mag sich Kritik aus der Literatur gegenübersehen (etwa „sehr hohe Einstiegshürde" *Müller* ZIP 2020, 2253 (2254)), an der Vereinbarkeit mit Art. 4 Abs. 1 RL 2019/1023 bestehen aber keine ernstlichen Zweifel (Braun StaRUG/*Haffa/Schuster* § 29 Rn. 19). Art. 2 Abs. 2b) RL 2019/1023 überlässt die Ausfüllung dem nationalen Gesetz- 6 geber. Damit wurde zwar die Möglichkeit der Einführung eines eigenen Restrukturierungsgrundes verpasst (etwa durch Anknüpfung an konkrete Unternehmenskennzahlen); dafür kann auf die zu § 18 InsO bereits entwickelte Dogmatik zurückgegriffen werden, ohne dass durchgreifende Bedenken bestehen, dass aufgrund eines zu frühen zeitlichen Anknüpfungspunktes Gläubigerrechte ohne sachliche Rechtfertigung beeinträchtigt werden. Die Richtlinienkonformität vor dem Hintergrund von Erwägungsgrund 24 RL 2019/1023 mit dem Verweis auf den pluralen Charakter der drohenden Zahlungsunfähigkeit als Einstiegsvoraussetzung in das Insolvenz- und das Restrukturierungsverfahren zu verneinen, überzeugt aufgrund des lediglich bestehenden Antragsrechts nach § 18 InsO nicht. Eine mögliche, lediglich faktische Überlappung zur Überschuldung nach § 19 InsO führt aufgrund der unterschiedlichen Struktur der Insolvenzgründe nicht dazu, dass die iSd Erwägungsgrundes 24 RL 2019/1023 gebotene Distanz zu den Insolvenzgründen unterschritten wird (so auch Braun StaRUG/*Haffa/Schuster* § 29 Rn. 20 ff.).

**7** Die Gestaltung des Rahmens obliegt nach Art. 4 Abs. 5 RL 2019/1023 den Mitgliedsstaaten und erfordert kein linear laufendes Sanierungsverfahren, das mit einem Eröffnungsantrag beginnt.

## III. Instrumente des Stabilisierungs- und Restrukturierungsrahmens (Abs. 2)

**8** § 29 Abs. 2 zählt abschließend die dem Schuldner zur Verfügung stehenden Instrumente des Stabilisierungs- und Restrukturierungsrahmens auf. Sie sollen die privatautonomen Restrukturierungsverhandlungen begleitend ihre Durchführung erleichtern und die Erfolgsaussichten wahren (vgl. Begründung RegE, BT-Drs. 19/24181, S. 93). Aus dem Zusammenspiel mit § 31 Abs. 1 wird ersichtlich, dass die Instrumente nur in Anspruch genommen werden können, wenn das Restrukturierungsvorhaben dem zuständigen Restrukturierungsgericht zuvor angezeigt wurde (Rechtshängigkeit der Restrukturierungssache) und die Rechtswirkungen der Anzeige nicht entfallen sind, vgl. § 31 Abs. 4. Die Instrumente sind:

1. die gerichtliche Planabstimmung → § 45 Rn. 4.
2. die gerichtliche Vorprüfung von für die spätere Planbestätigung relevanten Fragen → § 47 Rn. 6 ff.; → § 48 Rn. 1 ff.
3. die Stabilisierung durch Vollstreckungs- und Verwertungssperren zur Verhinderung der Beeinträchtigung der Restrukturierung durch Versuche der individuellen Rechtsdurchsetzung → § 49 Rn. 1 ff.
4. die gerichtliche Planbestätigung → § 60 Rn. 1 ff.

**9** Noch im Referenten- und Regierungsentwurf enthalten war die Möglichkeit der gerichtlichen Beendigung von gegenseitigen, noch nicht beiderseitig vollständig erfüllten Verträgen, § 31 Abs. 2 Nr. 3 RegE-StaRUG. Damit sollte dem Schuldner unter den zusätzlichen Einschränkungen der §§ 51 ff. RegE-StaRUG ein Instrument an die Hand gegeben werden, um sich von Verträgen zu befreien, die einer erfolgreichen Restrukturierung entgegenstehen. Die Implementierung des Instruments der Vertragsbeendigung ist von der Richtlinie vorgesehen, aber nicht zwingend vorgegeben (Art. 2 Abs. 1 Nr. 1 RL 2019/1023 sieht von einer Restrukturierung auch operative Maßnahmen erfasst, zu denen nach Erwägungsgrund 2 auch die Abänderung und Beendigung von Vertragsverhältnissen gehören). Schließlich erfolgte nach eingehender Diskussion zahlreicher mit der Vertragsbeendigung einhergehender Probleme kurz vor Verabschiedung des Gesetzentwurfs noch die Streichung des Instruments der Vertragsbeendigung (vgl. etwa *Thole* ZIP 2020, 1985 (1995), *Hofmann* NZI 2020, 871 (874), Stellungnahme des NIVD eV zum Referentenentwurf eines Gesetzes zur Fortentwicklung des Sanierungs- und Insolvenzrechts (Sanierungsfortentwicklungsgesetz – SanInsFoG) v. 1.10.2020, S. 1).

## IV. Verfahrensherrschaft des Schuldners; weitere Verfahrensgrundsätze (Abs. 3)

Nach § 29 Abs. 3 kann der Schuldner die Instrumente unabhängig voneinander in Anspruch nehmen, soweit sich aus den Bestimmungen des StaRUG nichts Abweichendes ergibt. Die Bedeutung von § 29 Abs. 3 ist vor dem Hintergrund der Gesetzgebungsgeschichte zu erläutern. Das zunächst vorgesehene Instrument der Vertragsbeendigung konnte gem. § 51 Abs. 1 S. 2 RegE-StaRUG nur zusammen mit der gerichtlichen Planbestätigung beantragt werden, weil gem. § 52 Abs. 2 RegE-StaRUG über beide Anträge gemeinsam entschieden werden sollte. **10**

Auf den ersten Blick verdeutlicht § 29 Abs. 3, was bereits als offensichtlich erscheint: Dem Konzept des Baukastensystems folgend wählt der Schuldner selbst, welche Instrumente er hinzuziehen will. Ausdrückliche gesetzliche Vorgaben zur Verbindung oder Exklusivität einzelner Verfahrenshilfen zueinander gibt es nicht mehr (auf den logischen Ausschluss einzelner Kombinationen weist zutreffend BeckOK StaRUG/*Kramer,* 6. Ed. 1.10.2022, § 29 Rn. 90 hin). **11**

§ 29 Abs. 3 ist zudem aber Ausdruck der Verfahrensgrundsätze, die dem Restrukturierungsverfahren innewohnen. Dass allein der Schuldner die Instrumente in Anspruch nehmen kann (Ausnahme: § 76 Abs. 2 Nr. 1), zeigt, dass er die Herrschaft über die Restrukturierungssache hat. Anders als im Fall der Insolvenzreife soll bei der vorgelagerten Restrukturierung allein der Schuldner entscheiden dürfen, ob und welche Verfahrenshilfen er unterstützend hinzuziehen möchte. Zudem kann allein der Schuldner die Restrukturierungsanzeige gem. § 31 Abs. 1 vornehmen (→ § 60 Rn. 1.) und gem. § 31 Abs. 4 Nr. 1 wieder zurücknehmen (→ § 31 Rn. 6 ff.). Indem der Gesetzgeber dem Schuldner in der Krise das Restrukturierungsverfahren in dieser konkreten Ausgestaltung an die Hand gibt, hat er das faktische Machtverhältnis zwischen Gläubiger und Schuldner zugunsten des letzteren verschoben (*Paulus* NZI-Beilage 2021, 9 (10), der jedoch weiterhin nicht von einem schuldnerzentrierten Ansatz sprechen will). Mit dieser Verfahrensherrschaft nicht vereinbar gewesen wäre die Bitte des Bundesrats, allein die mildeste bei mehreren zur Verfügung stehenden Verfahrenshilfen zuzulassen **12**

(BR-Drs. 2019/24903, 7). Das Restrukturierungsgericht muss den Einsatz der Instrumente ausgehend vom Ziel einer nachhaltigen Restrukturierung für sich auf seine Rechtmäßigkeit hin überprüfen. Nach der Streichung des Instruments der Vertragsbeendigung ist der Bedarf für eine Verhältnismäßigkeitsprüfung zwischen den Instrumenten entfallen. Zudem würde diese aber auch unnötigerweise den Spielraum des Schuldners beschneiden und verkennen, dass eine nachhaltige Sanierung nicht ohne oder gegen den Willen des Schuldners durchgesetzt werden kann.

**13** Die Gläubigerschaft bleibt darauf verwiesen, ihre Interessen – bis zum Eintritt der Insolvenzreife – bei den außergerichtlichen Verhandlungen einzubringen. Beschränkende Maßnahmen ohne oder gegen den Willen des Schuldners bleiben allein im Insolvenzverfahren möglich.

## V. Drohende Zahlungsunfähigkeit als Zugangsvoraussetzung

**14** Auch wenn das StaRUG sie nicht ausdrücklich als Schwelle zu den Verfahrenshilfen des Stabilitäts- und Restrukturierungsrahmens aufführt, bildet die drohende Zahlungsunfähigkeit eine materielle Zugangsvoraussetzung (*Balthasar* NZI-Beil. 2021, 18; *Deppenkemper* ZIP 2020, 2432 (2434); *Fiebig* ZRI 2021, 561 (564); Flöther/*Hoffmann*/*Braun* § 29 Rn. 2). Dabei ist es im Ergebnis unerheblich, ob diese Zugangsvoraussetzung in § 31 Abs. 1 (so *Deppenkemper* ZIP 2020, 2432 (2434)) oder § 29 Abs. 1 (so *Thole* ZIP 2020, 1985 (1990)) verankert wird. Um trotz des identischen Wortlauts letzte Zweifel auszuräumen, stellt § 29 Abs. 1 klar, dass drohende Zahlungsunfähigkeit im Sinne des StaRUG auch drohende Zahlungsunfähigkeit iSd § 18 Abs. 2 InsO meint. Demnach ist ein Schuldner drohend zahlungsunfähig, wenn er voraussichtlich nicht in der Lage sein wird, die bestehenden Zahlungsverpflichtungen im Zeitpunkt der Fälligkeit zu erfüllen. Für die erforderliche Prognose ist gem. § 18 Abs. 2 S. 2 InsO ein Zeitraum von 24 Monaten zugrunde zu legen. Über den Startpunkt des Prognosezeitraums wurde noch keine Einigung gefunden: Eine Verlagerung auf den Zeitpunkt der letzten mündlichen Verhandlung mit dem Verweis, dass dieser für die Willensbildung der Gläubiger maßgeblich sei (AG Köln NZI 2021, 433 Rn. 9), wird ebenso vertreten wie ein Beginn im Zeitpunkt der jeweiligen Prüfung durch das Gericht (*Thole* NZI 2021, 433 (436)).

**15** Aus dem Zusammenspiel mit §§ 32 Abs. 3, 33 Abs. 2 ergibt sich, dass allein die drohende Zahlungsunfähigkeit und nicht auch die gleichzeitige Überschuldung oder die bereits eingetretene Zahlungsunfähigkeit die Tür zum StaRUG öffnet. Wird im Stadium der drohenden Zahlungsunfähigkeit ein StaRUG-Verfahren initiiert, löst dies Wechselwirkungen auf die Frage einer zugleich bestehenden Überschuldung aus. Die in diesem Rahmen gem. § 19 Abs. 2 S. 1 InsO anzustellende Fortführungsprognose kann positiv ausfallen, wenn das Sanierungsbemühen in Form der Restrukturierung aufgrund eines schlüssigen und tragfähigen Konzeptes erfolgversprechend ist. Die Sanierung muss dafür überwiegend wahrscheinlich sein, was der Fall ist, wenn Aussicht auf Annahme und Bestätigung des Plans besteht (*Thole* ZIP

2020, 1985 (1992);BeckOK StaRUG/*Kramer,* 6. Ed. 1.10.2022, § 29 Rn. 17). Selbstverständlich kann sich ein solches Sanierungskonzept umgekehrt nicht auf die prognostischen Elemente der drohenden Zahlungsunfähigkeit gem. § 18 Abs. 2 S. 1 InsO auswirken, weil sonst dem sanierungsbemühten Schuldner durch Verwehrung des Zugangs zu den Verfahrenshilfen des StaRUG die Grundlage seines Konzepts entzogen werden würde. Erfolgsaussichten der Sanierung sind hier folglich außenvorzulassen (*Thole* ZInsO 2019, (1622) (1626)).

Fraglich bleibt, zu welchem Zeitpunkt die drohende Zahlungsunfähigkeit des Schuldners vorliegen muss. Diesbezüglich ist zwischen einem noch nicht drohend zahlungsunfähigen und dem bereits zahlungsunfähigen oder überschuldeten Schuldner (auch unter Berücksichtigung der Erfolgsaussichten eines StaRUG-Verfahrens → § 29 Rn. 15) zu unterscheiden. Liegt im Zeitpunkt der Anzeige oder einem späteren Zeitpunkt bis zum Verlust der Wirkungen der Anzeige gem. § 31 Abs. 4 Insolvenzreife vor, hebt das Gericht die Restrukturierungssache gem. § 33 Abs. 2 S. 1 Nr. 1 vorbehaltlich der Ausnahmetatbestände auf. Ist der Schuldner im Zeitpunkt der Anzeige hingegen noch nicht drohend zahlungsunfähig, ist dieses Ergebnis nicht zwingend. Zwar nennt § 33 keinen Aufhebungstatbestand für den Fall, dass der Schuldner noch nicht drohend zahlungsunfähig ist, doch lässt sich aus § 29 Abs. 1 sowie Art. 1 Abs. 1 lit. A RL 2019/1023 entnehmen, dass der Stabilisierungs- und Restrukturierungsrahmen nur für solche Schuldner vorgesehen ist, die einer wahrscheinlichen Insolvenz gegenüberstehen, also entsprechend der Umsetzung des deutschen Gesetzgebers drohend zahlungsunfähig sind. Daraus könnte geschlossen werden, dass auch im Fall des noch nicht drohend zahlungsunfähigen Schuldners eine gerichtliche Aufhebung ohne Ermessen zu erfolgen hat (BeckOK StaRUG/*Kramer,* 6. Ed. 1.10.2022, § 33 Rn. 59). Dafür streitet jedoch wenig. Gerade der Schuldner, der im 24-Monats-Zeitraum noch nicht drohend zahlungsunfähig ist, aber während des Restrukturierungsverfahrens in die drohende Zahlungsunfähigkeit rutschen wird und sich vor dem Hintergrund dessen um eine frühzeitige Sanierung mithilfe des Stabilisierungs- und Restrukturierungsrahmens einsetzt, kann und soll von den Instrumenten des Rahmens profitieren. Auch die gesetzgeberische Entscheidung für die drohende Zahlungsunfähigkeit als Zugangsvoraussetzung zu den Instrumenten des Rahmens wird durch diese Entscheidung nicht unterlaufen. Die drohende Zahlungsunfähigkeit bildet einen Anknüpfungspunkt in der Krise, bei dem diese bereits in ein verschärftes Stadium vorgedrungen ist und die deshalb bereits Eingriffe in die Rechte von möglichen Planbetroffenen gestattet. Diese Wertung bleibt aber erhalten, da sowohl die Stabilisierungsanordnung als auch die gerichtliche Planbestätigung die drohende Zahlungsunfähigkeit als zwingende Voraussetzung statuieren. Ein pauschaler Missbrauchsvorwurf gegenüber dem noch nicht drohend zahlungsunfähigen Schuldner ist also nicht zu erheben, bei gezielter Verschleierung der eigenen finanziellen Situation, um in den Genuss der Verfahrenshilfen zu kommen, aber möglich (BeckOK StaRUG/*Kramer,* 6. Ed. 1.10.2022, § 29 Rn. 28 ff.). Auch die gesetzgeberische Festlegung des Prognosezeitraums von 24 Monaten gem. § 18 Abs. 2 S. 2 InsO wird dadurch nicht unterlaufen; lediglich der maßgebliche Zeitpunkt, wann 16 die drohende Zahlungsunfähigkeit vorliegen muss, ist am Zweck des Gesetzes, gerade dem strukturierten und weitsichtigen Schuldner erfolgversprechende Sanierungsinstrumente an die Hand zu geben, auszurichten. Die drohende Zahlungsunfähigkeit ist also erst dann zu prüfen, wenn das StaRUG dies ausdrücklich vorschreibt, mithin bei Beantragung der Stabilisierungsanordnung und der gerichtlichen Planbestätigung. Zuvor liegt es am Schuldner, das Gericht hinreichend über die eigene finanzielle Situation zu unterrichten (§ 32 Abs. 2), um eine zügige Prüfung des Vorliegens der drohenden Zahlungsunfähigkeit zu ermöglichen. Somit bildet die drohende Zahlungsunfähigkeit im Grundsatz eine materielle, aber keine formelle Zugangsvoraussetzung zum Stabilisierungs- und Restrukturierungsrahmen (BeckOK StaRUG/*Kramer,* 6. Ed. 1.10.2022, § 29 Rn. 41).

**17** Folgerichtig ist auch die während des gerichtlichen Restrukturierungsverfahrens endende drohende Zahlungsunfähigkeit und der Wiedereintritt des Schuldners in die Zahlungsunfähigkeit an sich kein Aufhebungsgrund (aA BeckOK StaRUG/*Kramer,* 6. Ed. 1.10.2022, § 29 Rn. 37). Eine Stabilisierungsanordnung kann aber ebenso wenig wie eine gerichtliche Planbestätigung erwirkt werden.

**18** Zu Willensmängeln bei der außergerichtlichen Planannahme betreffend die irrige Annahme der drohenden Zahlungsunfähigkeit des Schuldners → § 17 Rn. 34. Zur Heilung von Willensmängeln bei der Bestätigung im gerichtlichen Restrukturierungsverfahren → § 67 Rn. 23 ff.

## VI. Kosten

**19** Geregelt sind die Gerichtskosten des StaRUG in Anlage 1 Hauptabschnitt 5. Abschnitt 1 behandelt das Verfahren vor dem Restrukturierungsgericht. Nr. 2511 sieht im Verfahren über den Antrag auf Inanspruchnahme von Instrumenten des Stabilisierungs- und Restrukturierungsrahmens eine Gerichtsgebühr von 1.000,00 EUR vor, auf die die Gebühr Nr. 2510 KV GKG der Anzeige der Restrukturierungssache vollständig angerechnet wird. Vorbehaltlich der Ausnahme der Nr. 2512 KV GKG fällt die Gebühr der Nr. 2511 ungeachtet der Anzahl oder Art der beantragten Instrumente nur einmal an. Bei Nr. 2512 KV GKG kommt es auf die Art der Instrumente, nicht deren Anzahl an (Begründung RegE, BT-Drs. 19/24181, S. 219). Gem. § 13a GKG ist ein Gerichtskostenvorschuss zu leisten.

**20** Bezüglich der anwaltlichen Vergütung wurde zum Gegenstandswert § 29a RVG eingefügt. Nach Nr. 3317 VV RVG ist eine 1,0 Verfahrensgebühr zu entrichten. Unklar ist, ob diese bei der generellen Inanspruchnahme von Instrumenten oder bei jedem einzelnen Instrumentenantrag anfällt.

### Restrukturierungsfähigkeit

**30** (1) [1]**Die Instrumente des Stabilisierungs- und Restrukturierungsrahmens können vorbehaltlich des Absatzes 2 von jedem insolvenzfähigen Schuldner in Anspruch genommen werden.** [2]**Für**

**natürliche Personen gilt dies nur, soweit sie unternehmerisch tätig sind.**

(2) **Die Bestimmungen dieses Kapitels sind auf Unternehmen der Finanzbranche im Sinne des § 1 Absatz 19 des Kreditwesengesetzes nicht anzuwenden.**

**Schrifttum:** Siehe bei § 29.

**Übersicht**



## I. Normzweck

1 § 30 bestimmt in Anlehnung an die Bestimmungen der Insolvenzordnung (§ 11 InsO) den persönlichen Anwendungsbereich der Instrumente des Stabilisierungs- und Restrukturierungsrahmens. Im Grundsatz stehen diese jedem Schuldner zur Verfügung, über dessen Vermögen ein Insolvenzverfahren eröffnet werden könnte (Rechtsgrundverweisung). Einschränkungen finden sich in § 30 Abs. 1 S. 2 für natürliche Personen, die oder **soweit** sie nicht unternehmerisch tätig sind. Dies eröffnet die Möglichkeit einer teilweisen Restrukturierungsfähigkeit. Eine weitere Einschränkung besteht nach § 30 Abs. 2 für Unternehmen der Finanzbranche gem. § 1 Abs. 19 KWG.

2 Unberührt von den Regelungen des § 30 bleiben die über § 38 S. 1 StaRUG anwendbaren Vorschriften der Zivilprozessordnung zur Prozessfähigkeit gem. §§ 51 ff. ZPO.

3 Neben § 30 sind auch in anderen Vorschriften Regelungen in Bezug auf den personellen Anwendungsbereich enthalten. So können nach § 2 Abs. 1 Nr. 1 auf Grundlage eines Restrukturierungsplans nur Forderungen, die gegen eine restrukturierungsfähige Person begründet sind, gestaltet werden. Zudem nimmt § 94 Abs. 1 S. 1 (→ § 94 Rn. 17 f.) für den Zugang zur Sanierungsmoderation ebenfalls auf die Restrukturierungsfähigkeit und damit auf § 30 Bezug.

## II. Umsetzung der Richtlinie

4 Aus Art. 1 Abs. 1 lit. a iVm Erwägungsgrund 24 RL 2019/1023 folgt, dass die Richtlinie von einem grundsätzlichen Gleichlauf zwischen Restruk-

turierungsfähigkeit und Insolvenzfähigkeit ausgeht. Vom persönlichen Anwendungsbereich der Richtlinie sind natürliche Personen, die keine Unternehmer sind, gem. Art. 1 Abs. 2 lit. h ausgenommen. Der nationale Gesetzgeber hat dies mit § 30 Abs. 1 S. 2 dahingehend erweiternd umgesetzt, dass nicht nur natürliche Personen, die gar nicht unternehmerisch tätig sind, ausgeschlossen sind, sondern auch natürliche Personen, soweit sie nicht unternehmerisch tätig sind. Dies führt bei einem Unternehmer zu einer Trennung der privaten und beruflichen Schulden, was gegenläufig zu der Empfehlung in Erwägungsgrund 84 S. 1 der RL 2019/1023 ist. Insoweit wäre eine Koordinierung wünschenswert gewesen – nicht zuletzt, um den Umgang mit Vermögenswerten, die sowohl beruflich als auch privat genutzt werden, einordnen zu können. Ein Verstoß gegen die Vorgabe aus Erwägungsgrund 84 S. 2, eine solche Koordinierung vorzunehmen, liegt jedoch nicht vor, weil eine solche nur dann **zwingend** vorzunehmen ist, wenn die Schulden verschiedenen Insolvenzverfahren unterliegen (so aber Pannen/Riedemann/Smid/*Pannen* StaRUG § 30 Rn. 16). Das Verbraucherinsolvenzverfahren, das für die privaten Schulden zur Anwendung käme, ist zwar mit besonderen Vorschriften ausgestattet, bleibt aber ein Regelinsolvenzverfahren. Verschiedene Insolvenzverfahren für berufliche und private Schulden sind bei natürlichen Personen also nicht vorgesehen. Folglich liegt auch kein Verstoß gegen Erwägungsgrund 84 S. 2 vor. Eine richtlinienwidrige Umsetzung, die gar zu einer Nichtanwendung von § 30 Abs. 1 S. 2 führen könnten, ist damit nicht gegeben.

**5** Eine Beschränkung des präventiven Restrukturierungsrahmens auf juristische Personen, wie es Art. 1 Abs. 4 S. 2 der Richtlinie ermöglicht, hat der Gesetzgeber nicht umgesetzt.

**6** Den Kreis der von Art. 1 Abs. 3 RL (EU) 2019/1023 ausgenommenen Schuldner hat der nationale Gesetzgeber auf alle Unternehmen der Finanzbranche gem. § 1 Abs. 19 KWG erweitert.

## III. Restrukturierungsfähigkeit

### 1. Restrukturierungsfähigkeit von juristischen Personen und Gesellschaften ohne Rechtspersönlichkeit (Abs. 1 S. 1)

**7** Da § 30 Abs. 1 S. 1 für die Frage der Restrukturierungsfähigkeit an die Insolvenzfähigkeit von Schuldnern anknüpft, gelten vorbehaltlich der Einschränkungen die nach § 11 InsO insolvenzfähigen Schuldner auch als restrukturierungsfähig. Dies schließt im Grundsatz alle juristischen Personen des Privatrechts ein; juristische Personen des **öffentlichen Rechts** sind nur nach Maßgabe des § 12 InsO insolvenzfähig (siehe K. Schmidt InsO/*Schmidt* InsO§ 11 Rn. 9). Wurde die Insolvenzfähigkeit juristischer Personen des öffentlichen Rechts gem. § 12 Abs. 1 Nr. 2 ausgeschlossen (zur Übersicht, inwiefern von der Möglichkeit des § 12 Abs. 1 Nr. 2 InsO von den Ländern Gebrauch gemacht wurde: MüKoInsO/*Vuia* § 12 Rn. 22 ff.), schließt dies ebenfalls die Restrukturierungsfähigkeit aus (BeckOK StaRUG/*Kramer,* 6. Ed. 1.10.2022, § 30 Rn. 17).

Im Einzelnen sind restrukturierungsfähig: rechtsfähige Vereine (§§ 21 ff. BGB), rechtsfähige Stiftungen (§§ 80 ff. BGB), Aktiengesellschaften (§ 1 Abs. 1 S. 1 AktG), Europäische Aktiengesellschaften (Art. 1 Abs. 3 SE-VO), Kommanditgesellschaften auf Aktien (§§ 278 ff. AktG), Gesellschaften mit beschränkter Haftung (§§ 1, 13 GmbHG) unter Einschluss der „Unternehmergesellschaft haftungsbeschränkt" (§ 5a GmbHG), eingetragene Genossenschaften (§ 17 Abs. 1 GenG), Versicherungsvereine auf Gegenseitigkeit (§ 15 VAG), der „nicht-rechtsfähige" Verein (§ 54 BGB iVm § 11 Abs. 1 S. 2). 8

Als Gesellschaften ohne Rechtspersönlichkeit sind insolvenzfähig und damit restrukturierungsfähig: offene Handelsgesellschaften (§ 105 HGB), Kommanditgesellschaften (§ 161 HGB), Partnerschaftsgesellschaften (§ 1 PartG), Gesellschaften bürgerlichen Rechts (§§ 705 ff. BGB), Europäische wirtschaftliche Interessenvereinigungen (EWIVVO, EWIWAG). 9

Vorgesellschaften sind anders als Vorgründungsgesellschaften als reine Innengesellschaften ebenfalls insolvenz- und damit restrukturierungsfähig (siehe K. Schmidt InsO/*Schmidt* § 11 Rn. 12). 10

In Auflösung befindliche juristische Personen verlieren ihre Insolvenzrechtsfähigkeit erst mit der Vollbeendigung. Restrukturierungsfähig sind sie nach der Regierungsbegründung jedoch nur, sofern ihre Fortsetzung beabsichtigt ist (Begründung RegE, BT-Drs. 19/24181, S. 133). Was die Begründung des Regierungsentwurfs unter der beabsichtigten Fortführung versteht, wird nicht näher erläutert. Maßgeblich ist eine Sanierung des Rechtsträgers, nicht seines Unternehmens, was bereits dadurch deutlich wird, dass das Gesetz selbst in § 90 Abs. 2 den Unternehmensverkauf als Sanierungsoption darstellt. Folglich kann die Beabsichtigung der Fortführung nicht meinen, dass die Gesellschaft den Unternehmensbetrieb mittelfristig selbst erhalten will. Nach der in § 29 Abs. 1 niedergelegten Zielbestimmung der Beseitigung einer drohenden Zahlungsunfähigkeit kann es dem Gesetzgeber mit der beabsichtigten Fortführung nur darauf ankommen, solche Unternehmensträger von den Instrumenten auszuschließen, die selbst kurzfristig aufgelöst werden sollen. Diese Einschränkung findet jedoch keine Entsprechung im Wortlaut des Gesetzes; sie ergibt sich jedoch im Wege systematischer Auslegung aus der Zielbestimmung des § 29 Abs. 1. Zudem würde ein gegenteiliges Ergebnis einen Bruch mit der von § 30 Abs. 1 statuierten Insolvenzrechtsakzessorietät darstellen, da ein Insolvenzverfahren über eine in Liquidation befindliche Gesellschaft auch ohne Fortführungsbeschluss möglich ist (K. Schmidt InsO/ *Schmidt* § 11 Rn. 19; BeckOK StaRUG/*Kramer*, 6. Ed. 1.10.2022, § 30 Rn. 24). 11

Fehlerhafte Gesellschaften sind vorbehaltlich ihrer Auflösung vollwertige Rechtsträger und demnach insolvenz- sowie restrukturierungsfähig (K. Schmidt InsO/*Schmidt* § 11 Rn. 17). 12

Ein Formwechsel nach §§ 190 ff. UmwG berührt die Insolvenz- und Restrukturierungsfähigkeit ebenso wenig wie die Wandlung der Außen-GbR zur offenen Handelsgesellschaft und umgekehrt (K. Schmidt InsO/ *Schmidt* § 11 Rn. 20). 13

Bei der Verschmelzung gem. §§ 20, 36 UmwG erlischt der übertragende Rechtsträger ebenso wie bei der Aufspaltung gem. § 131 Abs. 1 Nr. 2 14

UmwG, womit auch die Restrukturierungsfähigkeit endet. Damit der übernehmende Rechtsträger ein vom übertragenden Schuldner begonnenes gerichtliches Restrukturierungsverfahren fortführen kann, müsste er selbst drohend zahlungsunfähig sein (zu den weiteren Folgen der Fortführung BeckOK StaRUG/*Kramer,* 6. Ed. 1.10.2022, § 30 Rn. 27, 28).

**15** Nicht restrukturierungsfähig ist – wie bereits erörtert – das Unternehmen als solches, sondern nur sein Träger (K. Schmidt InsO/*Schmidt* § 11 Rn. 22). Gleiches gilt für die Zweigniederlassung gem. §§ 13 ff. HGB sowie den Konzern, die Innen-GbR, die nichtrechtsfähige Stiftung und die Bruchteilsgemeinschaft gem. §§ 741 ff. BGB. Die Wohnungseigentümergemeinschaft ist kraft ausdrücklicher Bestimmung in § 9a Abs. 5 WEG nicht insolvenz- und auch nicht restrukturierungsfähig.

**16** Entgegen einem teilweisen anderslautenden Vorbringen in der Literatur sind das Gesamtgut bei der (fortgesetzten) Gütergemeinschaft sowie die Erbengemeinschaft weder insolvenzrechtsfähige Rechtsträger noch restrukturierungsfähig (die Insolvenzrechtsfähigkeit der Erbengemeinschaft verneinend BGH NJW 2006, 3715; K. Schmidt InsO/*Schmidt* § 11 Rn. 24; MüKoInsO/*Vuia* § 11 Rn. 63c; die Insolvenzrechtsfähigkeit des Gesamtguts verneinend: K. Schmidt InsO/*Schmidt* § 11 Rn. 24; die Insolvenzrechtsfähigkeit bejahend, aber die Restrukturierungsfähigkeit verneinend: BeckOK StaRUG/*Kramer,* 6. Ed. 1.10.2022, § 30 Rn. 63; die Restrukturierungsfähigkeit von Sondervermögen bejahend: Pannen/Riedemann/Smid/*Pannen* StaRUG § 30 Rn. 43). Dem Sondervermögen fehlt es an einem organisierten, organschaftlich vertretenen Rechtsträger. Es bleibt trotz der speziellen Vorschriften in §§ 315 ff., 332, 333 ff. InsO ohne Rechtspersönlichkeit und somit ohne Rechtsfähigkeit.

**17** Eine analoge Anwendung von § 11 Abs. 3 InsO bei einem Erlöschen einer Personengesellschaft unter Anfall aller Anteile bei einem Gesellschafter scheidet aus (K. Schmidt InsO/*Schmidt* § 11 Rn. 21). Die untergegangene Gesellschaft ist zwar nicht mehr insolvenzfähig, aber in analoger Anwendung der §§ 315 ff. InsO ist ein Insolvenzverfahren möglich. Auch hier scheidet mangels eines eigenen Rechtsträgers des Sondervermögens ein auf das ehemalige Gesellschaftsvermögen begrenztes Restrukturierungsverfahren aus (BeckOK StaRUG/*Kramer,* 2. Ed. 1.9.2021, § 30 Rn. 32). Geschieht dies während des Restrukturierungsverfahrens und fehlt es dem Rechtsnachfolger an den Restrukturierungsvoraussetzungen, hebt das Gericht die Restrukturierungssache analog § 33 Abs. 1 Nr. 1 auf.

**18** Ausländische juristische Personen sind, soweit sie als Rechtsträger anerkannt sind, insolvenzfähig (K. Schmidt InsO/*Schmidt* § 11 Rn. 14) und damit auch restrukturierungsfähig.

### 2. Restrukturierungsfähigkeit natürlicher Personen (Abs. 1 S. 2)

**19** § 30 Abs. 1 S. 2 stellt eine ausdrückliche Abkehr vom Gleichlauf zwischen Insolvenz- und Restrukturierungsfähigkeit auf. Natürliche Personen sind nur insoweit restrukturierungsfähig, wie sie unternehmerisch tätig sind. § 4 S. 2 ergänzt dies für die Gestaltbarkeit von Forderungen und Absonderungsanwartschaften, die mit der unternehmerischen Tätigkeit in keinem Zusammenhang stehen.

Was unter unternehmerischer Tätigkeit zu verstehen ist, offenbart die Begründung des Regierungsentwurfs nicht. Da die Bestimmung der unternehmerischen Tätigkeit des Schuldners gem. § 30 Abs. 1 S. 2 abstrakt erfolgt, liegt eine Anlehnung bei den §§ 13, 14 BGB fern. Sie sehen eine Abgrenzung zwischen Unternehmer- und Verbrauchergeschäft nach dem konkreten Rechtsgeschäft vor (so BeckOK StaRUG/*Kramer,* 6. Ed. 1.10.2022, § 30 Rn. 57; aA Pannen/Riedemann/Smid/*Pannen* StaRUG § 30 Rn. 49). Ebenso ist der Kaufmannsbegriff nach § 1 HGB kein geeigneter Anknüpfungspunkt, weil er auf eine gewerbliche Tätigkeit gerichtet ist und freiberufliche Tätigkeiten somit ausschließt. Ob diesen bereits aus dem Grund, dass gem. § 30 Abs. 1 S. 1 auch die Außen-GbR sowie Partnerschaftsgesellschaften restrukturierungsfähig sind, auch die Unternehmereigenschaft zukommt, kann aufgrund des unterschiedlichen Anknüpfungspunktes (Restrukturierungsfähigkeit des Rechtsträgers vS. Unternehmereigenschaft) bezweifelt werden (so aber BeckOK StaRUG/*Kramer,* 6. Ed. 1.10.2022, § 30 Rn. 56). Eine Differenzierung nach der Gewerbeeigenschaft ist aber weder im Wortlaut des Gesetzes noch der Richtlinie vorhanden. Aufgrund der Kontextualität scheidet auch der Unternehmerbegriff des § 84 Abs. 1 HGB aus. **20**

Nach Art. 2 Abs. 1 Nr. 9 RL 2019/1023 ist Unternehmer eine natürliche Person, die eine gewerbliche, geschäftliche, handwerkliche oder freiberufliche Tätigkeit ausübt. Für die Anwendung eines weiten Begriffs der unternehmerischen Tätigkeit spricht nicht nur das weite Verständnis der Richtlinie, sondern auch die weite Auslegung der selbstständigen wirtschaftlichen Tätigkeit in § 304 Abs. 1 InsO. Wie bei § 30 Abs. 1 S. 2 geht es dort um die Abgrenzung von privaten zu selbstständigen, beruflichen Tätigkeiten. Die Tätigkeit muss demnach selbständig, also im eigenen Namen und in eigener Verantwortung, auf eigene Rechnung und eigenes Risiko ausgeübt werden (K. Schmidt InsO/*Stephan* § 304 Rn. 4.). Damit zählen jedenfalls gewerbliche Tätigkeiten im Sinne einer planmäßigen, auf Dauer und nach außen gerichteter Tätigkeit als unternehmerisches Handeln. Aber auch die freiberuflichen Tätigkeiten (Ärzte, Rechtsanwälte, Architekten) sind erfasst. Zudem muss die Tätigkeit zumindest auf die Erzielung von Einnahmen, wenn auch nicht auf Gewinn ausgerichtet sein (Pannen/Riedemann/Smid/*Pannen* StaRUG § 30 Rn. 49). Ob es sich um eine Haupt- oder Nebentätigkeit handelt, ist unerheblich, solange die Tätigkeit die genannten Voraussetzungen erfüllt, organisatorisch verfestigt ist und nicht nur gelegentlich ausgeübt wird (K. Schmidt InsO/*Stephan* § 304 Rn. 7). **21**

Einschränkend gilt aufgrund des Wortlauts („tätig sind"), dass die Ausübung der Tätigkeit noch andauert. Verstirbt der Schuldner während des Verfahrens, hebt das Gericht die Restrukturierungssache analog § 33 Abs. 1 Nr. 2 auf, wenn es dem Rechtsnachfolger an den erforderlichen Restrukturierungsvoraussetzungen fehlt (BeckOK StaRUG/*Kramer,* 6. Ed. 1.10.2022, § 33 Rn. 63). **22**

Die Staatsangehörigkeit sowie die Insolvenzrechtsfähigkeit einer ausländischen natürlichen Person nach dem Heimatstatut sind unerheblich, wenn ein deutsches Gericht gem. § 3 InsO zuständig ist. **23**

### 3. Ausschluss von den Instrumenten des Stabilisierungs- und Restrukturierungsrahmens (Abs. 2)

24 Der von § 30 Abs. 2 vorgenommene Ausschluss grundsätzlich insolvenz- und damit restrukturierungsfähiger Unternehmen von den Instrumenten des Stabilisierungs- und Restrukturierungsrahmens geht über den von Art. 1 Abs. 2 lit. a–f vorgesehenen Ausschluss hinaus. Ausgenommen sind Unternehmen der Finanzbranche iSd § 1 Abs. 19 KWG. Darunter fallen Unternehmen der Banken- und Wertpapierdienstleistungsbranche (§ 1 Abs. 19 Nr. 1 KWG) sowie der Versicherungsbranche (§ 1 Abs. 19 Nr. 2 KWG). Grund für den Ausschluss ist der Vorrang anderweitiger Regelungsmechanismen zur Krisenbewältigung.

## Anzeige des Restrukturierungsvorhabens

**31** (1) **Voraussetzung für die Inanspruchnahme der Instrumente des Stabilisierungs- und Restrukturierungsrahmens ist die Anzeige des Restrukturierungsvorhabens bei dem zuständigen Restrukturierungsgericht.**

(2) [1] **Der Anzeige sind beizufügen:**

1. **der Entwurf eines Restrukturierungsplans oder, sofern ein solcher nach dem Stand des angezeigten Vorhabens noch nicht ausgearbeitet und ausgehandelt werden konnte, ein Konzept für die Restrukturierung, welches auf Grundlage einer Darstellung von Art, Ausmaß und Ursachen der Krise das Ziel der Restrukturierung (Restrukturierungsziel) sowie die Maßnahmen beschreibt, welche zur Erreichung des Restrukturierungsziels in Aussicht genommen werden,**
2. **eine Darstellung des Stands von Verhandlungen mit Gläubigern, an dem Schuldner beteiligten Personen und Dritten zu den in Aussicht genommenen Maßnahmen und**
3. **eine Darstellung der Vorkehrungen, welche der Schuldner getroffen hat, um seine Fähigkeit sicherzustellen, seine Pflichten nach diesem Gesetz zu erfüllen.**

[2] **Der Schuldner hat bei der Anzeige zudem anzugeben, ob die Rechte von Verbrauchern oder von mittleren, kleinen oder Kleinstunternehmen berührt werden sollen, insbesondere, weil deren Forderungen oder Absonderungsanwartschaften durch einen Restrukturierungsplan gestaltet oder die Durchsetzung dieser Forderungen durch eine Stabilisierungsanordnung vorübergehend gesperrt werden sollen.** [3] **Anzugeben ist auch, ob damit zu rechnen ist, dass das Restrukturierungsziel nur gegen den Widerstand einer nach Maßgabe des § 9 zu bildenden Gruppe durchgesetzt werden kann.** [4] **Des Weiteren sind frühere Restrukturierungssachen unter Angabe des befassten Gerichts und Aktenzeichens anzugeben.**

(3) **Mit der Anzeige wird die Restrukturierungssache rechtshängig.**

(4) **Die Anzeige verliert ihre Wirkung, wenn**
1. **der Schuldner die Anzeige zurücknimmt,**
2. **die Entscheidung über die Planbestätigung rechtskräftig wird,**
3. **das Gericht die Restrukturierungssache nach § 33 aufhebt oder**
4. **seit der Anzeige sechs Monate oder, sofern der Schuldner die Anzeige zuvor erneuert hat, zwölf Monate vergangen sind.**

**Schrifttum:** Siehe bei § 29.

**Übersicht**



## I. Normzweck; Anwendungsbereich

§ 31 enthält Normwirkungen, die mit der Anzeige des Restrukturierungs- **1**
vorhabens bei dem zuständigen Restrukturierungsgericht (zur Zuständigkeit der Restrukturierungsgerichte § 34) verbunden sind. Gem. § 31 Abs. 1 ist

die Anzeige zunächst Grundvoraussetzung für die Inanspruchnahme der Instrumente des Stabilisierungs- und Restrukturierungsrahmens. Ein formal das Restrukturierungsverfahren einleitender Antrag ist nicht vorgesehen. Das Erfordernis der vorherigen Anzeige dient gleich mehreren Zwecken: Zunächst dient die Anzeige der Herbeiführung der Rechtshängigkeit der Restrukturierungssache (§ 31 Abs. 3). Damit wird zugleich das Restrukturierungsvorhaben „inhaltlich umrissen" (Begründung RegE, BT-Drs. 19/24181, S. 133). Die einzelnen und voneinander verschiedenen Instrumentenverfahren, die jeweils mit einem eigenen Antrag beginnen, werden durch die vorher erforderliche Restrukturierungsanzeige zu einer Einheit – unter einem einheitlichen Aktenzeichen – verbunden. Zuständig ist für alle Entscheidungen und Maßnahmen gem. § 36 die Abteilung, die für die erste Entscheidung zuständig war.

**2** Zugleich dient die Anzeige dazu, das Gericht mit dem Restrukturierungsvorhaben vertraut zu machen, um auf der Grundlage hinreichender Vorbereitung bei ggf. auch eilbedürftigen Anträgen (wie etwa bei der Stabilisierungsanordnung gem. §§ 49 ff.) fundierte Entscheidungen treffen zu können. Damit dies in ausreichendem Maße gewährleistet ist, gibt das Gesetz in § 31 Abs. 2 die inhaltliche Struktur der Anzeige selbst vor. Diese umfasst die Angabe eines Restrukturierungsplans oder -konzepts (→ § 31 Rn. 16 ff.), eine Darstellung des Stands von Verhandlungen mit verschiedenen Beteiligten (→ § 31 Rn. 20 ff.), eine Darstellung der Vorkehrungen zur Sicherstellung der Fähigkeiten, die gesetzlichen Pflichten erfüllen zu können (→ § 31 Rn. 23 f.). Nach § 31 Abs. 2 S. 2 ist weiterhin anzugeben, ob Rechte von Verbrauchern, mittleren, kleinen oder Kleinstunternehmen berührt werden sollen und ob das Restrukturierungsziel erwartbar nur gegen den Widerstand einer nach Maßgabe des § 9 zu bildenden Gruppe durchgesetzt werden kann. Diese Angaben dienen ua der Beurteilung, ob zwingend ein Restrukturierungsbeauftragter zu bestellen ist. Schließlich sind Angaben zu ggf. vorhandenen früheren Restrukturierungssachen zu machen, wodurch die Voraussetzungen für die Aufhebung des Verfahrens geprüft werden können. Neben der Informationsgewinnung auf Seiten des Gerichts dienen die Angaben aber auch einer sorgfältig vorbereiteten und stringenten Durchführung der Restrukturierung. In diesem Sinne sollen nur solche Schuldner in den Genuss der Instrumente des § 29 Abs. 2 kommen, die durch eine solide Vorbereitung und Transparenz während des Verfahrens (aus § 39 Abs. 2 folgt die Pflicht zur Präzision, Aktualisierung und Erläuterung der eingereichten Materialien) aktiv auf eine erfolgsversprechende Restrukturierung hinwirken.

**3** Ob die Anzeige selbst bereits als Druckmittel auf die Gläubigerschaft fungieren wird, bleibt abzuwarten; sie bietet neben dem StaRUG an sich ein niedrigschwelliges und kostengünstiges Drohmittel (BeckOK StaRUG/*Kramer,* 6. Ed. 1.10.2022, § 31 Rn. 10).

**4** Ohne Anzeige – sei es, dass sie nicht gestellt oder gem. § 31 Abs. 4 ihre Wirkung wieder verloren hat – ist der Zugang zu den Instrumenten versperrt.

## II. Umsetzung der Richtlinie

Auch das Erfordernis der vorherigen Anzeige und diesbezügliche inhaltliche Anforderungen dienen der Ausgestaltung des präventiven Restrukturierungsrahmens und ergehen somit in Umsetzung von Art. 4 Abs. 1 RL 2019/1023. Eine partielle Beteiligung des Gerichts ist unter anderem in Art. 10 Abs. 1 und Art. 11 Abs. 1 RL 2019/1023 vorgesehen. Darüber hinaus muss sich das Erfordernis der gerichtlichen Beteiligung an Art. 4 Abs. 6 RL 2019/1023 und damit dem Gebot der Erforderlichkeit und Angemessenheit messen lassen (siehe auch Erwägungsgrund 29). Dies wurde bei der vorgesehenen Anzeige durch einen Verzicht auf ein formalisiertes Verfahren, das mit einem auf Zulässigkeit und Begründetheit zu prüfenden Antrag beginnt, jedenfalls gewahrt. Auch der von Art. 4 Abs. 7 RL 2019/1023 vorgesehene Antrag ist vor dem Hintergrund der von Art. 4 Abs. 6 RL 2019/1923 vorgegebenen, reduzierten gerichtlichen Beteiligung und der von Art. 1 Abs. 1 lit. c RL 2019/1023 für das gesamte Restrukturierungsverfahren angesetzten Zielbestimmung der Effizienzsteigerung nicht als formeller und von einem Gericht zu bescheidender Antrag anzusehen (BeckOK StaRUG/*Kramer,* 6. Ed. 1.10.2022, § 31 Rn. 7; *Seibt/Bulgrin* DB 2020, 2226 (2235)). Eine auf die verfahrenseinleitende Handlung des Schuldners ergehende gerichtliche Entscheidung schreibt die Richtlinie somit nicht zwingend vor. 5

## III. Die Anzeige als Verfahrenshandlung (Abs. 1)

Die Vornahme der Anzeige setzt als Verfahrenshandlung Prozessfähigkeit voraus, vgl. § 38 S. 1 iVm §§ 51 ff. ZPO. Bei juristischen Personen und Gesellschaften ohne Rechtspersönlichkeit sind die Vertretungsorgane bzw. vertretungsberechtigte, persönlich haftende Gesellschafter anzeigebefugt. Insoweit gelten die allgemeinen Vertretungsregelungen, eine § 15 InsO vergleichbare Regelung gibt es im StaRUG nicht. Im Innenverhältnis können insoweit jedoch gesellschaftsrechtliche Zustimmungsvorbehalte oder einer Anzeige entgegenstehende Weisungen bestehen (siehe dazu *Seibt/Bulgrin* DB 2020, 2226 (2236): bei der GmbH Gesellschafterbeschluss mit drei Viertel-Mehrheit, bei der AG zustimmender Hauptversammlungsbeschluss mit drei Viertel-Mehrheit erforderlich; *Thole* BB 2021, 1347 (1350): Gesellschafterbeschluss mit einfacher Mehrheit gem. § 47 GmbHG). Auf die Wirksamkeit im Außenverhältnis hat eine Missachtung jedoch keine Auswirkungen. Entgegenstehende Weisungen können vielmehr sogar unwirksam sein und somit auch im Innenverhältnis ihre die Geschäftsleitung bindende Wirkung verlieren. Dies ist jedoch eine gesellschaftsrechtliche Frage, die sich etwa nach § 93 Abs. 5 S. 3 AktG oder den Grundsätzen der Existenzvernichtung richtet. Dass auch die gläubigerschützende Wirkung des § 1 StaRUG insoweit ausreichend ist, um die Unwirksamkeit einer gegen die Anzeigenerstattung gerichteten Weisung zu begründen, ist perspektivisch denkbar (*Thole* BB 2021, 1347 (1349)). 6

**7** Eine von einer ohne Vertretungsmacht ausgestatteten Person im Namen des Schuldners erfolgte Anzeige kann von diesem gem. § 38 S. 1 StaRUG iVm § 89 Abs. 2 ZPO genehmigt werden. Ansonsten wird das Gericht die Restrukturierungssache analog § 33 Abs. 1 Nr. 2 aufheben.

**8** Da die Anzeige der Restrukturierungssache in § 31 vom Gesetzgeber als selbständige Verfahrenshandlung des Schuldners ausgestaltet wurde, ist sie auch prozessual von einem Instrumentenantrag zu trennen. Dieser kann somit nicht zugleich als Anzeige des Restrukturierungsvorhabens ausgelegt werden (BeckOK StaRUG/*Kramer,* 6. Ed. 1.10.2022, § 31 Rn. 18). Ein zeitgleich mit der Anzeige erfolgter Instrumentenantrag ist hingegen als zulässig zu bewerten.

**9** Die Anzeige kann nur durch den Schuldner erfolgen. Dies ist Ausdruck der Verfahrensherrschaft des Schuldners (→ § 29 Rn. 10 ff.). Die Möglichkeit des Art. 4 Abs. 8 RL 2019/1023, ein Antragsrecht der Gläubiger oder der Arbeitnehmervertreter vorzusehen, hat keine Umsetzung im deutschen Recht erfahren. Der Schuldner kann sich jedoch im Wege der gewillkürten Stellvertretung vertreten lassen, § 38 S. 1 StaRUG iVm §§ 79, 80 ZPO.

**10** Die Anzeige ist formlos möglich. Aufgrund der umfangreichen Anlagen gem. Abs. 2 wird sie regelmäßig schriftlich oder als elektronisches Dokument erfolgen (BeckOK StaRUG/*Kramer,* 6. Ed. 1.10.2022, § 31 Rn. 35).

**11** Inhaltlich muss aus der Anzeige erkennbar sein, für wen diese erfolgt. Neben der genauen Bezeichnung der Firma inklusive der Rechtsform ist auch eine ladungsfähige Anschrift anzugeben (BeckOK InsR/ *Wolfer,* 2). Ed. 15.10.2022,InsO § 13 Rn. 21). Angaben zur örtlichen und internationalen Zuständigkeit des adressierten Gerichts werden regelmäßig entbehrlich sein, weil sich diese bereits aus den einzureichenden Anlagen ergeben wird. Sollte dies nicht der Fall sein, gilt insoweit gem. § 39 Abs. 1 der Amtsermittlungsgrundsatz. Dies folgt auch im Umkehrschluss aus § 84 Abs. 1 S. 3 iVm Art. 102c § 5 EGInsO. Aus dem Erfordernis des Abs. 1, die Anzeige bei dem zuständigen Restrukturierungsgericht vorzunehmen, folgt indes keine Darlegungslast des Schuldners bezüglich der Zuständigkeit des Gerichts (so aber BeckOK StaRUG/*Kramer,* 6. Ed. 1.10.2022, § 31 Rn. 37). Aus dem Aufstellen einer Voraussetzung allein ergibt sich noch keine Indikation für die Darlegungslast, zumal es im StaRUG kein Zulassungsverfahren ohne Amtsermittlungsgrundsatz gibt. Die ausdrückliche Nennung der Zuständigkeit des Restrukturierungsgerichts dient der Klarstellung, dass kein Fall des § 129a Abs. 1 ZPO vorliegt.

**12** Eine § 10a InsO vergleichbare Regelung, die dem Restrukturierungsschuldner einen Anspruch auf ein Vorgespräch vermittelt, gibt es im StaRUG nicht, was aber der Durchführung eines solchen Vorgesprächs nicht entgegensteht (*Vallender* ZInsO 2020, 2579 (2583)).

**13** Aus § 33 Abs. 1 Nr. 2 folgt, dass die Anzeige als Verfahrenshandlung nicht dadurch unwirksam wird, dass sie bei einem örtlich unzuständigen Restrukturierungsgericht erhoben wird. Vielmehr hat das Gericht in diesem Fall einen Hinweis zu geben und Frist zur Stellung eines Verweisungsantrags zu setzen. Nicht klar geregelt ist der Fall, dass die Anzeige bei einem Gericht erhoben wird, das kein Restrukturierungsgericht ist (zB Landgericht, Verwaltungsgericht): Wird die Anzeige bei einem Gericht des falschen Rechtswegs erhoben, erfolgt gem. § 17a Abs. 2 GVG eine Verweisung von Amts wegen. Die Anzeige ist folglich nicht unwirksam. Wird die Anzeige bei einem Gericht der ordentlichen Gerichtsbarkeit erhoben, das kein Restrukturierungsgericht ist, weist es den Schuldner auf seine Unzuständigkeit hin, der dann gem. § 38 S. 1 StaRUG iVm § 281 Abs. 1 ZPO, § 525 ZPO eine Verweisung beantragen kann. Anders als der Wortlaut von § 31 Abs. 1 vermuten lässt, ist die Anzeige auch hier nicht unwirksam. Wird keine Verweisung beantragt, hebt das Gericht die Restrukturierungssache analog § 33 Abs. 1 Nr. 2 auf.

Die Anzeige des Restrukturierungsvorhabens kann unwirksam sein, wenn der Schuldner offensichtlich rechtsmissbräuchlich agiert. Dies ist der Fall, wenn das mit ihr verfolgte Ziel sachfremd und nicht auf eine Sanierung gerichtet ist. **14**

## IV. Beizufügende Angaben (Abs. 2)

§ § 31 Abs. 2 enthält Angaben darüber, welche Unterlagen der Anzeige notwendig beizufügen sind. Satz 1 sieht drei Anlagen vor: den Entwurf eines Restrukturierungsplans bzw. ein Konzept für die Restrukturierung, eine Darstellung der Gläubigerverhandlungen sowie eine Darstellung der Vorkehrungen zur Sicherstellung der Fähigkeit, die gesetzlichen Pflichten erfüllen zu können. Satz 2–4 sehen Angaben zur Beeinträchtigung von Rechten, zur Frage der Erreichung des Restrukturierungsziels gegen den Widerstand einer Gruppe und zu früheren Restrukturierungssachen vor. Rügt das Restrukturierungsgericht die Unvollständigkeit der Unterlagen und liefert der Schuldner diese nicht in angemessener Frist nach, kann dies dahingehend ausgelegt werden, dass der Schuldner die Restrukturierungssache nicht mit der gebührenden Sorgfalt betreibt, Aufhebungsgrund gem. § 33 Abs. 1 Nr. 3 und Abs. 2 S. 1 Nr. 3 StaRUG (Begündung RegE, BT-Drs. 19/24181, S. 135). **15**

### 1. Anlagen (Abs. 2 S. 1)

**a) Entwurf eines Restrukturierungsplans bzw. Konzept der Restrukturierung (Abs. 2 S. 1 Nr. 1).** Dem Schuldner obliegt es, den bei ihm bezüglich der Restrukturierung vorhandenen Stand mittels eines Entwurfs eines Restrukturierungsplans mitzuteilen. Das Gesetz berücksichtigt jedoch, dass entweder die Ausarbeitung eines solchen Entwurfs beim Schuldner im Zeitpunkt der begehrten Restrukturierung noch nicht vollendet werden konnte oder die Verhandlungen mit Gläubigern oder relevanten Dritten noch Unsicherheiten bergen können, die der Ausarbeitung eines Entwurfs entgegenstehen. In diesem Fall hat der Schuldner das Konzept einer Restrukturierung vorzulegen, das – ausgerichtet am Ziel der Restrukturierung – auf Grundlage einer Darstellung der Krise die zu ergreifenden Maßnahmen beschreibt. Die Anforderungen an das Konzept der Restrukturierung sind im Vergleich zum Entwurf des Restrukturierungsplans geringer: zum einen muss das Konzept nicht die Detailtiefe enthalten, dass sich ihm **16**

bereits die Angaben der §§ 6, 7 entnehmen ließen, zum anderen muss es noch nicht die von der Rechtsprechung für Sanierungsgutachten geforderte Schlüssigkeit aufweisen (BGH NZI 2016, 636 Rn. 35 ff.; 2012, 142 Rn. 11; BeckOK StaRUG/*Kramer*, 6. Ed. 1.10.2022, § 31 Rn. 43). Der durch die Gegenüberstellung von Entwurf und Konzept entstehende Eindruck, dass sich dahinter feststehende Sanierungskategorien mit konkreten Anforderungen verbergen, trügt jedoch. Vielmehr verwendet der Gesetzgeber bewusst unbestimmte Rechtsbegriffe, um unterschiedliche Etappen auf dem Weg vom ersten Grobkonzept zum detaillierten Restrukturierungsplan zu beschreiben und so der Flexibilität der schuldnerischen Restrukturierung Rechnung zu tragen (Begründung RegE, BT-Drs. 19/24181, S. 135; Braun/*Haffa/Schuster* StaRUG § 31 Rn. 10).

**17** Der Schuldner soll bereits im Moment der Anzeige und nicht erst bei der konkreten Beantragung eines Instruments iSd § 29 Abs. 2 den Stand der Restrukturierung mittels eines Entwurfs oder Konzepts kundtun. Dies ist darin begründet, dass der Schuldner sich frühzeitig ernsthaft mit seinem Restrukturierungsvorhaben auseinandersetzen soll. Dieser Forderung wird dadurch Gewicht verliehen, dass das Ergebnis dieser Auseinandersetzung transparent und nachvollziehbar der Anzeige angefügt werden muss.

**18** Defizite bei der Ausarbeitung des Plans oder Konzepts lassen die von der Anzeige ausgelösten Rechtswirkungen gem. Abs. 3 unberührt (→ § 31 Rn. 36). Auch dies liegt darin begründet, dass das Frühstadium der Restrukturierung fehleranfällig ist und nicht erwartet werden kann, dass der Plan bzw. das Konzept hier schon einer Prüfung nach inhaltlichen Kriterien standhält (Begründung RegE, BT-Drs. 19/24181, S. 135). Jedoch obliegt es dem Schuldner, den der Restrukturierung zugrundeliegenden Planentwurf während des Verfahrens zu aktualisieren und zu Tage tretende Defizite zu beheben (Begründung RegE, BT-Drs. 19/24181, S. 135). Kommt er dem nicht nach, wirkt sich dies etwa bei der Beantragung einer Stabilisierungsanordnung gem. §§ 51 Abs. 1 S. 1, 50 Abs. 2 Nr. 1 aus.

**19** Darüber hinaus besteht die Gefahr der Aufhebung der Restrukturierungssache gem. § 33 Abs. 1 Nr. 3, Abs. 2 S. 1 Nr. 3, wenn der Schuldner dem ihm auferlegten Pflichtprogramm, wozu die Schaffung der Grundlage des Restrukturierungsvorhabens mit dem Entwurf eines Plans oder Restrukturierungskonzepts zählt, nicht nachkommt und damit Grund zur Annahme gibt, dass es ihm am erforderlichen Restrukturierungswille oder der nötigen Ernsthaftigkeit fehlt (Begründung RegE, BT-Drs. 19/24181, S. 135).

**20** **b) Darstellung des Stands der Verhandlungen mit Gläubigern, am Schuldner Beteiligten und Dritten (Abs. 2 S. 1 Nr. 2).** Das Erfordernis der Mitteilung des aktuellen Verhandlungsstandes mit Gläubigern, am Schuldner Beteiligten und Dritten ist der Tatsache geschuldet, dass eine erfolgversprechende Restrukturierung nur im Zusammenspiel mit den Vorgenannten gelingen kann. Deshalb soll das Restrukturierungsgericht frühzeitig über den Verhandlungsstand in Kenntnis gesetzt werden, um einen Eindruck über die Erfolgswahrscheinlichkeit des Restrukturierungsvorhabens und mögliche Widerstände zu erhalten. Letztere sind für das Restrukturierungsgericht von besonderem Interesse, kann ihnen doch ggf. mit den Instrumenten des Stabilisierungs- und Restrukturierungsrahmens abgeholfen werden (Begründung RegE, BT-Drs. 19/24181, S. 135). Ebenfalls zum Kreis derjenigen, die in die Darstellung einzubeziehen sind, zählen die Inhaber von Absonderungsanwartschaften (BeckOK StaRUG/*Kramer,* 6. Ed. 1.10.2022, § 31 Rn. 46). Da bereits der Wortlaut („**Stand** der Verhandlungen") nicht zwingend erfordert, dass nur diejenigen in die Darstellung einzubeziehen sind, mit denen bereits Verhandlungen geführt worden sind, ist ebenso wie bei Nr. 5 der Anlage zu § 5 S. 2 auch anzugeben, wenn mit Gläubigern oder Beteiligten noch keine Verhandlungen geführt worden sind, mithin der Stand der Verhandlungen noch im Anfangsstadium steckt. Dies gilt auch und gerade für den Fall, dass mit Gläubigern absichtlich noch keine Verhandlungen geführt worden sind, um den Überraschungseffekt einer Restrukturierungsanzeige zur Stärkung der eigenen Verhandlungsposition zu nutzen. Ein solches Vorgehen ist auch nicht wegen eines Verstoßes gegen das dem StaRUG innewohnende Transparenzgebot (§ 32 Abs. 2) rechtsmissbräuchlich (so aber *Frind* ZInsO 2021, 1093 (1095), da dieses lediglich Pflichten nach Rechtshängigkeit statuieren kann. Für eine zeitliche Vorgreiflichkeit streitet weder der Wortlaut noch der Zweck des § 31 Abs. 2 S. 1 Nr. 2, das Gericht objektiv über den Verhandlungsstand zu informieren.

Die erforderliche Detailtiefe der Darstellung hängt davon ab, wie groß der Kreis der möglicherweise Betroffenen ist. Eine Aufführung einzelner Gläubiger ist nicht in jedem Fall zielführend und damit geboten (BeckOK StaRUG/*Kramer,* 6 Ed. 1.10.2022, § 31 Rn. 46); ggf. können auch in der Darstellung Gruppen gebildet werden. 21

Anlagen sowie Urkunden und Nachweise sind am Zweck der Darstellung ausgerichtet beizufügen: der Fokus liegt hier auf der Informationsgewinnung, nicht auf einer detaillierten Erfassung der Beteiligtenbeziehungen. 22

**c) Darstellung der Vorkehrungen zur Sicherstellung der Fähigkeit zur Einhaltung der gesetzlichen Pflichten (Abs. 2 S. 1 Nr. 3).** Der Schuldner ist in der Krise und während des Restrukturierungsvorhabens einem besonderen Pflichtenprogramm ausgesetzt, das in § 32 festgehalten ist (aber durch den Wegfall des shift of fiducial duties der §§ 2, 3 StaRUG-RegE bereits entschärft wurde). In den Genuss der Instrumente des Stabilisierungs- und Restrukturierungsrahmens kommt er dabei nur, wenn er sicherstellt, diesen Pflichten, insbesondere auch der Wahrung der Interessen der Gesamtheit der Gläubiger, nachkommen zu können. Zudem bezweckt auch dieses Erfordernis, den Schuldner anzuhalten, sich frühzeitig ernsthaft mit dem Restrukturierungsvorhaben auseinanderzusetzen. Kommt er dabei zu dem Schluss, nicht über die für das weitere Vorgehen erforderliche Expertise zu verfügen, muss er eine externe Beratung konsultieren. Grundsätzlich gilt: Je größer und komplexer das Restrukturierungsvorhaben, desto eher werden Fachkenntnisse von außen erforderlich sein. Insbesondere wenn der Schuldner bei realistischer Einschätzung zu dem Ergebnis kommt, dass in der Geschäftsleitung keine oder kaum Restrukturierungserfahrung vorhanden ist, wird auch deren Erweiterung (CRO) naheliegen. Wegen der Pflicht des § 32 Abs. 3 müssen auch grundlegende, insolvenzrechtliche Kenntnisse abrufbar sein. 23

24 Auch hier hängt die Detailtiefe der Darstellung von der Komplexität des Restrukturierungsvorhabens ab. In personeller Hinsicht wird eine kurze Darstellung der mit der Restrukturierungssache betrauten Personen, der ihnen zugewiesenen Aufgaben und ihrer Expertise ausreichen. In thematischer Hinsicht kommt der Einhaltung der Pflicht des § 32 Abs. 3 eine zentrale Bedeutung zu: Im Zuge dessen ist die Installation einer laufenden Überwachung (Monitoring) des Insolvenzstatus erforderlich. Bereits hier muss die Aufstellung des Monitorings dargestellt werden, die Ausführungen zum Prüfungsintervall, den zugrunde gelegten Kennzahlen und Parametern sowie der Erhebung aktueller Daten enthalten muss. Des Weiteren muss ein Berichtswesen zur Einhaltung der Berichtspflichten des § 32 Abs. 2, 4 installiert werden (BeckOK StaRUG/*Kramer,* 6. Ed. 1.10.2022, § 31 Rn. 50). Noch nicht erforderlich ist zu diesem Zeitpunkt die Vorlage einer umfassenden Finanzplanung zur Sicherung der Liquidität (BeckOK StaRUG/*Kramer,* 6. Ed. 1.10.2022, § 31 Rn. 49).

### 2. Weitere Angaben (Abs. 2 S. 2–4)

25 **a) Erklärung zur Betroffenheit von Rechten von Verbrauchern und KMU (Abs. 2 S. 2).** Die gesondert abzugebende Erklärung, ob Rechte von Verbrauchern oder mittleren, kleinen oder Kleinstunternehmen berührt werden sollen, was vor allem bei der Gestaltung von Forderungen oder Absonderungsanwartschaften durch einen Restrukturierungsplan oder sofern sie von einer Stabilisierungsanordnung betroffen sind, relevant wird, dient der Ermittlung, ob gem. § 73 Abs. 1 S. 1 Nr. 1 zwingend ein Restrukturierungsbeauftragter zu bestellen ist (→ § 73 Rn. 12 ff.). Dies trägt der üblicherweise bestehenden Informationsasymmetrie zu den genannten Gruppen Rechnung. Der Restrukturierungsbeauftragte wird unmittelbar nach Eingang der Anzeige bestellt, nicht erst wenn der Restrukturierungsplan ausgehandelt oder die Stabilisierungsanordnung beantragt wurde (BeckOK StaRUG/*Kramer,* 6. Ed. 1.10.2022, § 31 Rn. 53).

26 Wird keine Erklärung zur Betroffenheit der Rechte von Verbrauchern und KMU abgegeben, führt dies nicht zur Unwirksamkeit der Anzeige; jedoch kann die Restrukturierungssache gem. § 33 Abs. 1 Nr. 3 analog aufgehoben werden (BeckOK StaRUG/*Kramer,* 6. Ed. 1.10.2022, § 31 Rn. 52). Anders liegt der Fall, wenn sich die Gestalt des Restrukturierungsvorhabens während des Verfahrens ändert und dies Auswirkungen auf den Inhalt der gem. Abs. 2 S. 2 mit der Anzeige abzugebenden Erklärung hat. Sofern dies im Zeitpunkt der Anzeige nicht vorhersehbar war, kann dem Schuldner insoweit kein Vorwurf gemacht werden.

27 **b) Erklärung zu möglichem *cross-class cram-down* (Abs. 2 S. 3).** Weiterhin hat der Schuldner anzugeben, ob nach seiner Prognose das Restrukturierungsziel nur gegen den Widerstand einer nach § 9 zu bildenden Gruppe durchgesetzt werden kann *(cross-class cram-down).* Dies ist bei einer gruppenübergreifenden Mehrheitsentscheidung gem. § 26 der Fall. Die Angabe dient zum einen dazu, dem Gericht einen Eindruck zu vermitteln, wie die an der Restrukturierung Beteiligten dem Vorhaben gegenüberstehen, zum

anderen ist auch hier gem. § 73 Abs. 2 S. 1 die Bestellung eines Restrukturierungsbeauftragten vorzunehmen.

Unter Restrukturierungsziel ist entgegen dem insoweit missverständlichen Wortlaut nicht allein das Ziel des durchzuführenden Verfahrens zu verstehen (so aber Braun/*Haffa/Schuster* StaRUG § 31 Rn. 20), mithin regelmäßig eine Beseitigung der drohenden Zahlungsunfähigkeit im Sinne einer nachhaltigen Sanierung. Diesem Ziel werden sich Planbetroffene in aller Regel nicht widersetzen wollen. Maßgeblich ist, ob sie einem Restrukturierungsplan aus Sicht des Schuldners zustimmen werden (BeckOK StaRUG/*Kramer,* 6. Ed. 1.10.2022, § 31 Rn. 54). **28**

**c) Angabe früherer Restrukturierungssachen (Abs. 2 S. 4).** Schließlich muss der Schuldner sich auch bezüglich eigenen früheren Restrukturierungssachen nach dem StaRUG unter Angabe des befassten Gerichts und Aktenzeichens erklären. Dies liegt darin begründet, dass § 33 Abs. 2 S. 1 Nr. 4 auf frühere Restrukturierungssachen Bezug nimmt und das Gericht durch die Angabe somit frühzeitig in Kenntnis gesetzt werden soll. Ein bundeseinheitliches Verfahrensregister gibt es nicht. Ein anderweitig rechtshängiges Restrukturierungsverfahren mit identischem Verfahrensgegenstand führt zwar gem. § 33 Abs. 2 S. 1 Nr. 4 nicht zwingend zu einer Aufhebung der Restrukturierungssache, löst aber gem. § 38 S. 1 StaRUG iVm § 261 Abs. 3 Nr. 1 ZPO die Rechtshängigkeitssperre aus; sie führt dazu, dass das später rechtshängig gemachte Verfahren gem. § 33 Abs. 1 Nr. 2 analog aufgehoben wird (→ § 33 Rn. 40 ff.). **29**

Das Restrukturierungsvorhaben wird vom Schuldner durch die Anzeige – ergänzt durch die Angaben gem. § 31 Abs. 2 S. 1 Nr. 2 – selbst bestimmt. Da es für das Restrukturierungsverfahren an einem durch einen Antrag initiiertes, formalisierten Zulassungsverfahren fehlt, kann zur Bestimmung des Restrukturierungsvorhabens nicht auf die im Erkenntnisverfahren der ZPO herrschende, zweigliedrige Streitgegenstandslehre Bezug genommen werden. Zur Bestimmung des Restrukturierungsvorhabens kommt es deshalb auf die Gestalt der Krise vor dem Hintergrund des zugrundeliegenden Lebenssachverhalts an. Für ein identisches Vorhaben müssen sowohl der Anlass als auch das Ausmaß der Krise, die die drohende Zahlungsunfähigkeit ausgelöst hat, übereinstimmen. Die Identität des Rechtsträgers ist jedoch nicht zwingend für ein identisches Vorhaben erforderlich; insbesondere bei Umwandlungen in Form des Rechtsträgerwechsels kann es sich um dasselbe Restrukturierungsvorhaben handeln (BeckOK StaRUG/*Kramer,* 6. Ed. 1.10.2022, § 33 Rn. 47). **30**

## V. Wirkungen der Anzeige (Abs. 3)

Zentrale Wirkung der Anzeige des Restrukturierungsvorhabens ist gem. § 31 Abs. 3 die Rechtshängigkeit der Restrukturierungssache. Mangels eines formalisierten Zulassungsverfahrens der Restrukturierungssache durch das Gericht bedarf es für die bezeichneten Wirkungen keiner gerichtlichen Ent- **31** scheidung. Ein eigenständiges Stadium der Anhängigkeit der Restrukturierungssache gibt es nicht.

**32** Wird die Anzeige bei einem unzuständigen Gericht erhoben, wirkt sich dies auf die Rechtshängigkeit der Restrukturierungssache nicht aus (BeckOK StaRUG/*Kramer,* 6. Ed. 1.10.2022, § 31 Rn. 63). Dies folgt aus § 33 Abs. 1 Nr. 2, der bei einer Anzeige bei einem unzuständigen Restrukturierungsgericht die Möglichkeit der Verweisung vorsieht.

**33** § 36 nimmt auf die Restrukturierungssache Bezug und ordnet diesbezüglich eine einheitliche Zuständigkeit für alle Entscheidungen und Maßnahmen an. Damit sorgt die Rechtshängigkeit der Restrukturierungssache für eine einheitliche Behandlung der an sich selbstständigen Instrumentenverfahren.

**34** Mit der an die Anzeige geknüpften Rechtshängigkeit ist zudem bezweckt, die von § 261 Abs. 3 ZPO vorgesehenen Rechtsfolgen der perpetuatio fori und der Rechtshängigkeitssperre herbeizuführen (Begr. RegE, BT-Drs. 19/24181, S. 136).

**35** Ab dem Moment der erfolgten Anzeige trifft den Schuldner das Pflichtenprogramm des § 32 (→ § 32 Rn. 7 ff.) sowie gem. § 42 die strafbewehrte Pflicht zur Anzeige der Zahlungsunfähigkeit und Überschuldung, die die Insolvenzantragspflicht des § 15a InsO suspendiert (→ § 42 Rn. 8 ff.).

**36** Für die Wirksamkeit der Anzeige gelten die an die Verfahrenshandlung gestellten Anforderungen (→ § 31 Rn. 6 ff.; § 38 Rn. 1 ff.). Inhaltliche Mängel der Anzeige ändern an ihrer Wirksamkeit und damit auch an den durch sie herbeigeführten Rechtswirkungen nichts. Dementsprechend ist es für das Entstehen der Rechtshängigkeit unerheblich, wenn der gem. § 31 Abs. 2 beizufügende Restrukturierungsplan oder das beizufügende Konzept der Restrukturierung inhaltliche Mängel aufweisen (Begründung RegE, BT-Drs. 19/24181, S. 136; Braun StaRUG/*Haffa/Schuster* § 31 Rn. 24). Dies liegt darin begründet, dass allein die Frage des Vorliegens der Verfahrenshandlungsvoraussetzungen sofort rechtssicher festgestellt werden kann, inhaltliche Mängel aber eingehender Prüfung bedürften. Die Rechtswirkungen der Anzeige sollen jedoch von Rechtsunsicherheiten freibleiben (Begründung RegE, BT-Drs. 19/24181, S. 136). Auch das völlige Fehlen inhaltlich zwingend erforderlicher Unterlagen gem. § 31 Abs. 2 kann dann nicht zu einer Unwirksamkeit der Anzeige führen. Gem. § 33 Abs. 1 Nr. 3 (analog) wird das Restrukturierungsgericht die Restrukturierungssache dann aber aufheben (→ § 33 Rn. 22). Weil die Anzeige kein zu bescheidender Antrag ist, kommt auch bei gravierenden Mängeln eine Zurückweisung durch Beschluss aufgrund von Unzulässigkeit nicht in Betracht (Flöther StaRUG/*Hoffmann/Braun* § 31 Rn. 2; aA *Deppenkemper* ZIP 2020, 2432 (2434)).

## VI. Verlust der Rechtswirkungen (Abs. 4)

**37** Die vorbezeichneten Rechtswirkungen der Anzeige entfallen bei Vorliegen mindestens eines Beendigungstatbestands des Abs. 4. Die Aufzählung ist abschließend. Zu den Auswirkungen auf die verfahrensrechtlich selbständigen Instrumentenverfahren (→ § 31 Rn. 50).

### 1. Die einzelnen Tatbestände

**a) Rücknahme der Anzeige durch den Schuldner (Abs. 4 Nr. 1).** 38
Allein der Schuldner kann die Anzeige beim zuständigen Restrukturierungsgericht erstatten; (nur) er kann sie gem. § 31 Abs. 4 Nr. 1 auch zurücknehmen. Eine Zustimmung der Planbetroffenen oder des Restrukturierungsbeauftragten ist nicht erforderlich (BeckOK StaRUG/*Kramer,* 6. Ed. 1.10.2022, § 31 Rn. 99). Auch dies ist Ausdruck der Verfahrensherrschaft des Schuldners (→ § 29 Rn. 10 ff.), weshalb es auch keine zeitlichen Einschränkungen der Rücknahmebefugnis gibt. Gläubiger sind darauf verwiesen, ihren Einfluss im Restrukturierungsverfahren geltend zu machen. Wollen sie eine Restrukturierung gegen den Willen des Schuldners betreiben, kann dies nur mittels eines Insolvenzverfahrens gelingen (Begründung RegE, BT-Drs. 19/24181, S. 136). Für eine einseitige Erledigungserklärung fehlt dem Schuldner hingegen das Rechtsschutzbedürfnis (BeckOK StaRUG/*Kramer,* 6. Ed. 1.10.2022, § 31 Rn. 95).

Die Rücknahme der Anzeige ist eine Verfahrenshandlung, bei der die 39
allgemeinen Verfahrenshandlungsvoraussetzungen vorliegen müssen (→ § 38 Rn. 1 ff.). Hat die Anzeige bereits aus einem anderen Grund ihre Rechtswirkungen verloren, ist eine erneute Rücknahme nicht möglich.

Die Rücknahme der Anzeige bewirkt, dass die Rechtshängigkeit der 40
Restrukturierungssache aufgehoben wird. In der Restrukturierungssache ergangene Entscheidungen verlieren auch ohne dahingehenden Beschluss ihre Wirkung.

**b) Rechtskräftige Entscheidung über die Planbestätigung (Abs. 4** 41
**Nr. 2).** Die Anzeige verliert auch dann ihre Wirkungen, wenn die Entscheidung über die Planbestätigung Rechtskraft erlangt. Der Zweck der Vorschrift gebietet eine teleologische Reduktion auf positive Bestätigungsentscheidungen, denn sie ordnet die Aufhebung deshalb an, weil nur noch der Vollzug des Restrukturierungsplanes aussteht (Begründung RegE, BT-Drs. 19/24181, S. 136). Der Vollzug ist jedoch nicht mehr Teil der Restrukturierungssache im Sinne des StaRUG (BeckOK StaRUG/*Kramer,* 6. Ed. 1.10.2022, § 31 Rn. 77). Wurde die Bestätigung versagt, ist die Vorlage eines neuen Plans und damit die Fortführung der Restrukturierung nicht zwangsläufig ausgeschlossen; folglich soll die Anzeige hier nicht ihre Wirkungen verlieren. Zu prüfen hat das Gericht jedoch, ob eine Aufhebung gem. § 33 Abs. 2 S. 1 Nr. 2 angezeigt ist.

Bei Annahme des außergerichtlich zur Abstimmung gestellten Plans ver- 42
liert die Anzeige nicht ihre Wirkung. Der Schuldner kann sie jedoch gem. § 31 Abs. 4 Nr. 1 zurücknehmen oder auf den Zeitablauf gem. § 31 Abs. 4 Nr. 4 warten (→ § 31 Rn. 44 ff.).

**c) Gerichtliche Aufhebung der Restrukturierungssache (Abs. 4** 43
**Nr. 3).** Die gerichtliche Aufhebung gem. § 33 sorgt für einen Verlust der Rechtswirkungen der Anzeige. Wie der unterschiedliche Wortlaut zwischen Abs. 4 Nr. 2 und Nr. 3 zeigt, kommt es auf die Erlangung der Rechtskraft des gerichtlichen Aufhebungsbeschlusses nicht an. Die sofortige Beschwerde gegen den Aufhebungsbeschluss (§ 33 Abs. 4) hat gem. § 38 S. 1 StaRUG

iVm § 570 Abs. 1 ZPO keine aufschiebende Wirkung. Nach § 570 Abs. 2 ZPO ist eine Aussetzung der Vollziehung einer angefochtenen Entscheidung möglich.

44 **d) Zeitablauf (Abs. 4 Nr. 4).** Die Anzeige verliert auch dann ihre Wirkung, wenn seit Erstattung der Anzeige sechs Monate verstrichen sind. Hat der Schuldner unterdessen die Anzeige erneuert, verliert sie nach zwölf Monaten ihre Wirkung. Dies erklärt sich daraus, dass die Restrukturierung kein Dauerzustand sein soll, sondern ein stringent zu verfolgendes Ziel haben muss.

45 Aus dem Wortlaut der „Erneuerung der Anzeige" lässt sich bereits entnehmen, dass keine „zweite" Anzeige erforderlich ist, die ein neues Verfahren mit einem neuen Aktenzeichen einleiten würde, sondern eine Bestätigung, dass das alte Verfahren, also auch die alte Anzeige, aufrechterhalten werden. Für diese Bestätigung müssen die allgemeinen Verfahrenshandlungsvoraussetzungen vorliegen. Entbehrlich ist es, die mit der ersten Anzeige verbundenen, inhaltlichen Anforderungen auch für die Erneuerung der Anzeige zu fordern, da der Schuldner ohnehin gem. § 32 Abs. 2 einer Auskunftspflicht unterliegt (wohl aA Braun/*Haffa/Schuster* StaRUG § 31 Rn. 30). Die Erneuerung der Anzeige ist nur einmal möglich (Begründung RegE, BT-Drs. 19/24181, S. 136); die absolute Höchstdauer einer Restrukturierungssache beträgt somit zwölf Monate.

46 Die Erneuerung der Anzeige ist wohl entgegen der Ansicht des Gesetzgebers (Begründung RegE, BT-Drs. 19/24181, S. 136: „Für Ausnahmefälle…") nicht an inhaltliche Voraussetzungen geknüpft. Weder sind solche im Gesetzeswortlaut oder aus der Systematik des Gesetzes erkennbar, noch bleibt unklar, welche Rechtsfolgen eine ohne Vorliegen der besonderen Voraussetzungen erfolgte Erneuerung der Anzeige hätte.

47 Die Berechnung des Zeitraums erfolgt gem. § 38 S. 1 StaRUG iVm § 222 ZPO, §§ 187, 188 BGB. Eine Wiedereinsetzung in den vorigen Stand gem. § 233 ZPO findet nicht statt.

48 Von einer Erneuerung der Anzeige zu unterscheiden ist eine erneute Anzeige, wenn zuvor die Anzeige der früheren Restrukturierungssache ihre Wirkung verloren hatte. Sie ist rechtlich zulässig (Flöther/*Hoffmann/Braun* StaRUG § 31 Rn. 18); die Rechtshängigkeitssperre des § 38 S. 1 StaRUG iVm § 261 Abs. 3 Nr. 2 ZPO steht ihr nicht mehr entgegen. Jedoch droht eine Aufhebung der Restrukturierungssache gem. § 33 Abs. 2 S. 1 Nr. 4, sofern er im alten Verfahren eine Stabilisierungsanordnung oder eine gerichtliche Planbestätigung erwirkt oder gegen seine Pflichten im Rahmen des Verfahrens verstoßen hatte.

### 2. Rechtsfolgen des Verlusts der Rechtswirkungen der Anzeige

49 Die Rechtshängigkeit endet in dem Moment, in dem der Tatbestand des Wirkungsverlustes vollständig erfüllt ist. Die Rechtshängigkeit endet ex nunc (so auch BeckOK StaRUG/*Kramer,* 6. Ed. 1.10.2022, § 31 Rn. 85). Weder der Wortlaut des § 31 Abs. 4 noch die Systematik verlangen nach einem rückwirkenden Verlust der Rechtswirkungen (vgl. den die Rückwirkung anordnenden Wortlaut von § 269 Abs. 3 S. 1 ZPO). Bereits in der Restruk-

turierungssache ergangene Entscheidungen verlieren ihre Wirkung, ohne dass es eines dahingehenden Beschlusses bedarf (BeckOK StaRUG/*Kramer,* 6. Ed. 1.10.2022, § 31 Rn. 84).

Der modulare Charakter des Restrukturierungsrahmens wirkt sich aber bei den Rechtsfolgen des Verlusts der Rechtswirkungen gem. § 31 Abs. 4 auf zuvor eingeleitete Instrumentenverfahren aus. Da diese im Grundsatz selbstständige Verfahren sind, die lediglich über die Rechtshängigkeit der Restrukturierungssache zu einem losen Verbund von verfahrensrechtlichen Hilfen zusammengeführt werden (Begründung RegE, BT-Drs. 19/24181, S. 135), bleiben sie vom Wirkungsverlust des § 31 Abs. 4 im Grundsatz unberührt. Dies wird bei der Stabilisierungsanordnung gem. § 59 Abs. 1 Nr. 2 deutlich, wo zwar die Aufhebung der Stabilisierungsanordnung für den Fall des Wirkungsverlusts der Anzeige angeordnet wird, aber eben durch eine zweite Aufhebungsentscheidung durch das Restrukturierungsgericht und nicht durch den Wirkungsverlust der Anzeige selbst. In den übrigen Fällen vor dem Wirkungsverlust der Anzeige durch Antrag in Gang gesetzter Instrumentenanträge ist die Zulässigkeit des Antrags nach einem weiterhin vorhandenen Rechtsschutzbedürfnis zu entscheiden (zu den einzelnen Instrumentenanträgen jeweils BeckOK StaRUG/*Kramer,* 6. Ed. 1.10.2022, § 31 Rn. 87 ff.). Dieses wird dem Schuldner jedoch regelmäßig nur noch im Fall des Wirkungsverlusts durch Zeitablauf attestiert werden können, wenn er sich von den Verfahrenshilfen eine Erleichterung für eine einstimmige Planannahme verspricht (BeckOK StaRUG/*Kramer,* 6. Ed. 1.10.2022, § 31 Rn. 89). **50**

Vom Wirkungsverlust der Anzeige unberührt bleibt die Übertragung der Überwachung des Restrukturierungsplans gem. § 72 Abs. 1 durch einen Restrukturierungsbeauftragten. **51**

## VII. Reaktion des Gerichts

Der Anzeige folgt weder eine gerichtliche Bescheidung auf Zulässigkeit und Begründetheit noch eine Prüfung der Voraussetzungen für die gleichzeitige oder spätere Beantragung der Instrumente des Stabilisierungs- und Restrukturierungsrahmens. Das Gericht legt der Restrukturierungssache eine Akte an und versieht sie mit einem Aktenzeichen. Jedoch kann sich das Gericht – dem Zweck der Anzeige folgend – mit der Restrukturierungssache vertraut machen und organisatorische Vorbereitungsmaßnahmen treffen, um für einen zügigen und stringenten Ablauf der Restrukturierung zu sorgen (Begründung RegE, BT-Drs. 19/24181, S. 134). **52**

Reaktionen des Gerichts auf die Anzeige können sich jedoch in der Aufhebung der Restrukturierungssache zeigen (→ § 33 Rn. 1 ff), deren Gründe das Gericht fortlaufend prüft. Zur Prüfung der drohenden Zahlungsunfähigkeit → § 29 Rn. 14 ff. Bereits jetzt kann das Gericht bei Vorliegen der entsprechenden Voraussetzungen einen Gläubigerbeirat einsetzen (§ 93). Gegebenenfalls ist ein Restrukturierungsbeauftragter zu bestellen (§ 73). **53**

**54** Einer Abweisung der Anzeige wegen ihrer Unzulässigkeit spricht bereits ihr fehlender verfahrensrechtlicher Charakter eines Antrages entgegen (aA *Frind* ZInsO 2021, 1093 (1096)).

## VIII. Kosten

**55** Die (→ § 29 Rn. 19) aufgeführte Festgebühr gem. § 1 Abs. 1 S. 1 Nr. 3a GKG iVm Nr. 2510 KV GKG für die Restrukturierungsanzeige erfasst auch die von dem Gericht mit der Aufhebung der Anzeige verbundenen Tätigkeiten.

**56** Mangels kontradiktorischen Charakters fällt das Gericht keine Kostengrundentscheidung bei Rücknahme der Anzeige (BeckOK StaRUG/*Kramer,* 6. Ed. 1.10.2022, § 31 Rn. 123).

**57** Für die anwaltliche Vergütung sowohl des Schuldnervertreters als auch von Planbetroffenen ist gem. Nr. 3317 VV RVG eine 1,0 Verfahrensgebühr zu entrichten (→ § 29 Rn. 20).

### Pflichten des Schuldners

**32** (1) [1]**Der Schuldner betreibt die Restrukturierungssache mit der Sorgfalt eines ordentlichen und gewissenhaften Sanierungsgeschäftsführers und wahrt dabei die Interessen der Gesamtheit der Gläubiger.** [2]**Insbesondere unterlässt er Maßnahmen, welche sich mit dem Restrukturierungsziel nicht vereinbaren lassen oder welche die Erfolgsaussichten der in Aussicht genommenen Restrukturierung gefährden.** [3]**Mit dem Restrukturierungsziel ist es in der Regel nicht vereinbar, Forderungen zu begleichen oder zu besichern, die durch den Restrukturierungsplan gestaltet werden sollen.**

(2) [1]**Der Schuldner teilt dem Gericht jede wesentliche Änderung mit, welche den Gegenstand des angezeigten Restrukturierungsvorhabens und die Darstellung des Verhandlungsstands betrifft.** [2]**Hat der Schuldner eine Stabilisierungsanordnung nach § 49 erwirkt, teilt er auch unverzüglich wesentliche Änderungen mit, welche die Restrukturierungsplanung betreffen.** [3]**Ist ein Restrukturierungsbeauftragter bestellt, bestehen die Pflichten nach den Sätzen 1 und 2 auch gegenüber dem Restrukturierungsbeauftragten.**

(3) [1]**Während der Rechtshängigkeit der Restrukturierungssache ist der Schuldner verpflichtet, dem Restrukturierungsgericht den Eintritt einer Zahlungsunfähigkeit im Sinne des § 17 Absatz 2 der Insolvenzordnung unverzüglich anzuzeigen.** [2]**Handelt es sich bei dem Schuldner um eine juristische Person oder um eine Gesellschaft ohne Rechtspersönlichkeit, für deren Verbindlichkeiten keine natürliche Person als unmittelbarer oder mittelbarer Gesellschafter haftet, steht der Zahlungsunfähigkeit eine Überschuldung im Sinne des § 19 Absatz 2 der Insolvenzordnung gleich.**

(4) **Der Schuldner ist verpflichtet, dem Gericht unverzüglich anzuzeigen, wenn das Restrukturierungsvorhaben keine Aussicht auf Umsetzung hat, insbesondere, wenn infolge der erkennbar gewordenen ernsthaften und endgültigen Ablehnung des vorgelegten Restrukturierungsplans durch Planbetroffene nicht davon ausgegangen werden kann, dass die für eine Planannahme erforderlichen Mehrheiten erreicht werden können.**

**Schrifttum:** *Bitter* Geschäftsleiterhaftung in der Insolvenz – Alles neu durch SanInsFoG und StaRUG?, ZIP 2021, 321; *Jungmann* Die Ausrichtung der Pflichten von Gesellschaftsorganen an den Interessen der Residualberechtigten, ZRI 2021, 209; *Kuntz* Geschäftsleiterhaftung bei drohender Zahlungsunfähigkeit nach StaRUG, ZIP 2021, 597; *Scholz* Die Krisenpflichten von Geschäftsleitern nach Inkrafttreten des StaRUG, ZIP 2021, 219; *Wollring/Quitzau* Plandispositive Geschäftsführerhaftung? – Die Entlastung von Geschäftsführern im Insolvenz- und Restrukturierungsplan, ZIP 2021, 616.

**Übersicht**



## I. Normzweck; Anwendungsbereich

1 Die Vorschrift behandelt das Pflichtenprogramm des Schuldners während der Rechtshängigkeit der Restrukturierungssache. Abs. 1 S. 1 enthält die zentrale Grundpflicht, die es rechtfertigt, im Stadium der drohenden Zahlungsunfähigkeit bereits Eingriffe in die Rechte der Planbetroffenen vorzunehmen. Der Schuldner hat die Restrukturierungssache mit der Sorgfalt eines ordentlichen und gewissenhaften Sanierungsgeschäftsführers zu betreiben und die Interessen der Gesamtheit der Gläubiger zu wahren. Die Abs. 2–4 sehen spezielle Schuldnerpflichten vor, die eine gerichtliche Überwachung und Begleitung des Verfahrens erleichtern sollen. Der Pflichtenkanon wird nicht von einem entsprechenden Vollstreckungsregime flankiert, sondern erhält sein verfahrensrechtliches Gewicht durch die an die Pflichtverletzung anknüpfenden Aufhebungstatbestände des § 33 Abs. 1 Nr. 3 und Abs. 2 S. 1 Nr. 3.

2 Nicht dem Schuldner, sondern der Geschäftsleitung persönlich werden in § 42 Abs. 1 S. 2 und § 43 Abs. 1 S. 1 weitere Pflichten auferlegt (→ § 42 Rn. 8 ff.; → § 43 Rn. 5 ff.).

3 Zeitlich knüpft das Pflichtenprogramm an die Rechtshängigkeit der Restrukturierungssache an, die mit der Erstattung der Anzeige eintritt (→ § 31 Rn. 31). Es findet auch dann keine zeitliche Vorverlagerung statt, wenn bereits informelle Vorgespräche mit dem Gericht erfolgen (BeckOK StaRUG/*Kramer,* 6. Ed. 1.10.2022, § 32 Rn. 3; aA BBF Unternehmenssanierung/*Hölzle,* Teil 2 B. II. Rn. 43), weil es auch Ausdruck der Verfahrensherrschaft des Schuldners ist, sich mit Erstattung der Anzeige selbst in die besondere Pflichtenstellung begeben zu können.

4 Keine Anwendung findet § 32 auf die außergerichtliche Planabstimmung gem. §§ 17 ff. sowie die Sanierungsmoderation gem. §§ 94 ff. (→ § 94 Rn. 2).

## II. Umsetzung der Richtlinie

5 § 32 Abs. 1 S. 1 ergeht in Umsetzung von Art. 19 lit. a, b RL 2019/1023. Sie dient sowohl der Sicherstellung der Wahrung der Interessen der Gläubiger als auch der Notwendigkeit, eine Insolvenz abzuwenden, indem der Schuldner angehalten wird, die Sanierung während des Restrukturierungsverfahrens gewissenhaft voranzutreiben. Insoweit ist § 32 richtlinienkonform.

## III. Normadressat

6 Anders als bei § 42 Abs. 1 S. 2 und § 43 Abs. 1 S. 1 ist Normadressat der Schuldner. Handelt es sich bei dem Schuldner nicht um eine natürliche Person (Restrukturierungsfähigkeit), werden die Pflichten durch dessen gesetzliche, organschaftliche oder gewillkürte Vertreter erfüllt. Es handelt sich nicht um höchstpersönliche Pflichten (BeckOK StaRUG/*Kramer,* 6. Ed. 1.10.2022, § 32 Rn. 6).

## IV. Einzelne Pflichten

### 1. Sorgfaltspflichten eines ordentlichen und gewissenhaften Sanierungsgeschäftsführers (Abs. 1)

7 § 32 Abs. 1 S. 1 statuiert für den Schuldner eine Grundpflicht, die an einem objektiven Sorgfaltsmaßstab orientiert ist. Für diesen führt der Gesetzgeber den ordentlichen und gewissenhaften Sanierungsgeschäftsführer ein, ohne die für diesen geltenden Pflichten oder Verhaltensanforderungen selbst näher zu bestimmen. Der für den Sanierungsgeschäftsführer geltende Sorgfaltsmaßstab reiht sich in den Kanon bereits bestehender objektivierter Sorgfaltsanforderungen ein (vgl. § 60 Abs. 1 S. 2 InsO für den Insolvenzverwalter, § 43 Abs. 1 GmbHG für den Geschäftsführer, § 93 Abs. 1 S. 1 AktG für die Vorstandsmitglieder). Diesen wohnt ebenso wie § 32 Abs. 1 S. 1 eine Doppelfunktion inne: Auferlegung der generalklauselartigen Verhaltens-

pflichten und abstrakte Beschreibung des diesbezüglich geltenden Sorgfaltsmaßstabs (BeckOK StaRUG/*Kramer,* 6. Ed. 1.10.2022, § 32 Rn. 12).

Ob der Sorgfaltsmaßstab des Sanierungsgeschäftsführers im Hinblick auf **8**
bestehende dogmatische Differenzen (vor allem die Fremdbestimmtheit infolge der Pflicht zur Wahrung der Interessen der Gesamtheit der Gläubiger) als Konkretisierung des Sorgfaltsmaßstabs des Geschäftsmanns (§ 43 Abs. 1 GmbHG) oder Geschäftsleiters (§ 93 Abs. 1 S. 1 AktG) eingeordnet werden kann (so Flöther/*Hoffmann/Braun* StaRUG § 32 Rn. 3) oder nicht eher als neue Kategorie mit eigenständigem Pflichtenkanon bewertet werden muss, kann dahingestellt bleiben. Jedenfalls lassen sich der gesetzlichen Konzeption des Abs. 1 S. 1 allein keine trennscharfen Verhaltensanforderungen entnehmen, die vor allem für die Geschäftsleiter im Hinblick auf die Haftung des § 43 Abs. 1 S. 2 interessant sind. Zweifellos ist, dass der Sanierungsgeschäftsführer nur solche Handlungen vornehmen darf, die rechtmäßig sind; insoweit unterliegt er einer allgemeinen Legalitätspflicht, die das Unterlassen von Handlungen enthält, die eine Straftat zulasten der Gläubiger darstellen (BeckOK StaRUG/*Kramer,* 6. Ed. 1.10.2022, § 32 Rn. 21). Wie sich bereits aus dem Wortlaut („betreibt die Restrukturierungssache") entnehmen lässt, stellt nicht jeder Pflichtverstoß des Schuldners eine Pflichtverletzung iSd § 32 Abs. 1 S. 1 dar, sondern nur solche, die in Verbindung mit der Restrukturierung stehen. Jedoch ist bei teleologischer Betrachtung und dem systematischen Zusammenspiel mit § 33 Abs. 2 S. 1 Nr. 3 eine weite Auslegung geboten. Denn wer nicht in der Lage ist, zugleich eine Restrukturierung durchzuführen und den mit dieser im weitesten Sinne zusammenhängenden gesetzlichen Pflichten nachzukommen (etwa wettbewerbsrechtliche Vorgaben), trägt auch keine Gewähr dafür, langfristig eine erfolgversprechende Sanierung bewerkstelligen zu können (insoweit wohl für eine engere Auslegung der in die Betrachtung einzubeziehenden Pflichtverstöße: BeckOK StaRUG/*Kramer,* 6. Ed. 1.10.2022, § 32 Rn. 21).

Charakteristisch für den Sanierungsgeschäftsführer ist die Pflicht zur Wah- **9**
rung der Interessen der Gläubiger. Das Gesetz stellt dabei klar, dass es sich um die Gesamtheit der Gläubiger handelt und nicht nur diejenigen, die vom Plan betroffen sind, der Gegenstand des Restrukturierungsverfahrens ist. Dies begründet sich darin, dass durch die Instrumente des Stabilisierungs- und Restrukturierungsrahmens zunächst eine Beeinträchtigung der Rechte von potenziell Planbetroffenen ermöglicht wird; dem wird Rechnung getragen, indem dem Schuldner die Pflicht zur Wahrung ihrer Interessen auferlegt wird. Denn durch die Instrumente des Stabilisierungs- und Restrukturierungsrahmens können mittelbar auch die Interessen von Gläubigern, die nicht vom Plan betroffen sind, beeinträchtigt werden, insbes. durch eine Stabilisierungsanordnung (Flöther/*Hoffmann/Braun* StaRUG § 32 Rn. 4). Den Interessen der Gläubigerschaft entspricht primär eine Aufstellung des Schuldners, die eine bestmögliche Tilgung seiner Schulden gewährleistet („Schuldendeckungspotenzial", BeckOK StaRUG/*Kramer,* 6. Ed. 1.10.2022, § 32 Rn. 20). Wie dies bewerkstelligt werden kann, hängt von den Umständen des Einzelfalls ab. Die Pflicht zur Wahrung der Interessen der Gläubiger ist jedoch nicht erst durch § 32 Abs. 1 S. 1 eingeführt worden, sondern lässt sich bereits aus verschiedenen Normen des bestehenden Rechts herleiten. So

dient zB die (strafbewehrte) Insolvenzantragspflicht in § 15a InsO der Massesicherung im Interesse der Gläubigergesamtheit. § 15b InsO statuiert eine Ersatzpflicht des Geschäftsleiters für Zahlungen an Gesellschafter nicht erst ab Eintritt der Insolvenzreife, sondern bereits im Vorfeld (sofern die Zahlungen zur Zahlungsunfähigkeit der Gesellschaft führen mussten). Zudem ist die allgemeine Pflicht zur Krisenführerkennung und zum Krisenmanagement in § 1 StaRUG Ausfluss des Prinzips, dass in Krisenzeiten nicht allein das Gesellschafterinteresse, sondern auch Interessen der Gläubigergesamtheit Berücksichtigung finden müssen (→ § 1 Rn. 2).

**10** Zum Verhältnis zwischen Sanierungsgeschäftsführer und CRO: BeckOK StaRUG/*Kramer,* 6. Ed. 1.10.2022, § 32 Rn. 15 ff.

**11** Teil der Verhaltenspflichten des § 32 Abs. 1 S. 1 ist auch die Pflicht, die Restrukturierung tatsächlich zu betreiben. Die Instrumente des Stabilisierungs- und Restrukturierungsrahmens dürfen ebenso wenig wie die Rechtshängigkeit selbst genutzt werden, um den Krisenzustand der drohenden Zahlungsunfähigkeit zu verlängern oder zu verschleppen (Begründung RegE BT-Drs. 19/24181, S. 137). Auch hier gilt: Wer die Restrukturierung nicht zügig und gewissenhaft vorantreibt, obwohl ihm dies möglich ist, erweckt den Eindruck, nicht in der Lage zu sein, eine langfristig erfolgversprechende Sanierung betreiben zu können. Umso mehr gilt dies, wenn die Stabilisierungsanordnung genutzt wird, um Zeit und Raum für sanierungsfremde Zwecke zu gewinnen. Dies kann wiederum eine Aufhebung der Restrukturierungssache gem. § 33 Abs. 2 S. 1 Nr. 3 bedingen (→ § 33 Rn. 37 ff.).

**12** Aus dem Zusammenspiel mit § 32 Abs. 3 erhellt, dass der Schuldner während des gesamten Restrukturierungsverfahrens verpflichtet ist, auf Grundlage eines Monitorings der eigenen Liquiditätslage den Eintritt der Insolvenzreife zu überwachen.

**13** Gesetzliche Konkretisierung erfährt die Grundpflicht des § 32 Abs. 1 S. 1 lediglich durch das Gebot, Handlungen zu unterlassen, die der Förderung des Restrukturierungsziels widersprechen oder die das Potenzial aufweisen, die Erfolgsaussichten der Restrukturierung zu gefährden (Abs. 1 S. 2), sowie die Regelvermutung, dass die Begleichung oder Besicherung von Forderungen, die durch den Plan gestaltet werden sollen, nicht mit dem Restrukturierungsziel vereinbar ist (Abs. 1 S. 3). Diese Regelvermutung gibt dem Schuldner jedoch kein materiell-rechtliches Leistungsverweigerungsrecht und modifiziert auch nicht die Fälligkeit der Forderung. Dem Schuldner verbleibt die Möglichkeit, eine Stabilisierungsanordnung zu beantragen (→ § 49 Rn. 1 ff.). Die Widerlegung der Vermutung obliegt dem Schuldner. Dies wird vor allem dann gelingen, wenn die Begleichung oder Besicherung einer Planforderung nicht der Bevorteilung dieses Gläubigers dient, sondern Vorteile für alle Planbetroffenen verspricht (Flöther/*Hoffmann/Braun* StaRUG § 32 Rn. 6). Das Restrukturierungsziel kann aber sowohl vor als auch während der Rechtshängigkeit der Restrukturierungssache angepasst und somit geändert werden (BeckOK StaRUG/*Kramer,* 6. Ed. 1.10.2022, § 32 Rn. 25). Dies ist dem Restrukturierungsgericht gem. § 32 Abs. 2 mitzuteilen (→ § 32 Rn. 14 ff.). Die Bandbreite möglicher, zielvereitelnder oder zielgefährdender Handlungen ist unerschöpflich. Jedoch ist auch insoweit der Anwendungsbereich der business judgement rule eröffnet (BGH

NJW 1997, 1926; *Bea/Dressler* NZI 2021, 67 (71); *Thole* BB 2021, 1347 (1351); BeckOK StaRUG/*Kramer,* 6. Ed. 1.10.2022, § 32 Rn. 25; gegen die Anwendung der business judgement rule im Verhältnis zu den Gläubigern, aber ein Ermessen des Schuldners anerkennend *Kuntz* ZIP 2021, 597 (607 ff.)).

## 2. Mitteilungspflichten (Abs. 2)

§ 32 Abs. 2 dient als Fortführung der Vorlagepflicht aus § 31 Abs. 2 S. 1 Nr. 1 der Informationsgewinnung des Gerichts. Diesem Zweck folgend müssen Änderungen mitgeteilt werden, die Einfluss auf das Restrukturierungsverfahren nehmen können: Entwicklungen bei den Verhandlungen, eine Änderung des Restrukturierungsziels, eine Änderung des Kreises der Planbetroffenen und insoweit auch eine Änderung bei der Frage, wie Forderungen durch den Plan gestaltet werden sollen. Aus § 31 Abs. 2 S. 2 folgt die Pflicht zur Mitteilung, wenn Verbraucher oder KMU einbezogen werden sollen und dies im Moment der Anzeige noch nicht absehbar war. **14**

Den Mitteilungspflichten kommt der Schuldner gegenüber dem Gericht sowie gegenüber einem obligatorischen Restrukturierungsbeauftragten nach (nicht jedoch gegenüber dem fakultativen Restrukturierungsbeauftragten, BeckOK StaRUG/*Kramer,* 6. Ed. 1.10.2022, § 32 Rn. 27). **15**

Gem. § 32 Abs. 2 S. 2 besteht zudem die Pflicht zur Mitteilung von Änderungen bei der Restrukturierungsplanung (zum Inhalt der Restrukturierungsplanung gem. § 50 Abs. 2 → § 50 Rn. 15 ff.), wenn der Schuldner eine Stabilisierungsanordnung erwirkt hat. **16**

## 3. Anzeigepflicht eingetretener Insolvenzreife (Abs. 3)

§ 32 Abs. 3 ordnet die Pflicht zur Anzeige eingetretener Insolvenzreife an. Insolvenzreife ist die Zahlungsunfähigkeit gem. § 17 InsO und bei juristischen Personen sowie Gesellschaften ohne Rechtspersönlichkeit, für deren Verbindlichkeiten keine natürliche Person als unmittelbarer oder mittelbarer Gesellschafter haftet, auch die Überschuldung gem. § 19 InsO. Zu Auswirkungen des Restrukturierungsverfahrens auf die Fortbestehensprognose der Überschuldungsprüfung → § 63 Rn. 13. An die Anzeige sowie den generellen Eintritt der Insolvenzreife knüpft § 33 Abs. 2 S. 1 Nr. 1 die Möglichkeit der Aufhebung der Restrukturierungssache, sofern das Gericht nicht ausnahmsweise von einer Aufhebung absieht (→ § 33 Rn. 26 ff.). Zu unterscheiden ist die Anzeigepflicht des § 32 Abs. 3, die den Schuldner adressiert, von der Anzeigepflicht des § 42 Abs. 1 S. 2, die die Geschäftsleiter adressiert. Ist der Schuldner keine natürliche Person, kommt er der Pflicht des § 32 Abs. 3 durch seine organschaftlichen, gesetzlichen oder auch gewillkürten Vertreter nach. § 15 InsO findet mangels Vergleichbarkeit der Interessenlage keine analoge Anwendung (BeckOK StaRUG/*Kramer,* 6. Ed. 1.10.2022, § 32 Rn. 43). **17**

Die Anzeige der Insolvenzreife erfordert für ihre Wirksamkeit das Vorliegen der allgemeinen Verfahrenshandlungsvoraussetzungen (→ § 38 Rn. 3 ff.). Nicht erforderlich ist jedoch eine Erläuterung oder Begründung **18** der Umstände, die die Insolvenzreife bedingen (BeckOK StaRUG/*Kramer,* 6. Ed. 1.10.2022, § 32 Rn. 35; → § 33 Rn. 25). Dies sollte den Schuldner aber nicht daran hindern, dem Gericht eine bestmögliche Informationsgrundlage zu verschaffen, um ggf. von einem der Aufhebungstatbestände Gebrauch zu machen.

**19** Analoge Anwendung findet § 32 Abs. 3 auf den Fall der bereits im Zeitpunkt der Anzeige bestehenden Insolvenzreife, da es auch hier angezeigt ist, dem Gericht die Möglichkeit zu geben, die Restrukturierungssache aufzuheben (*Thole* ZIP 2020, 1985 (1991)).

### 4. Anzeigepflicht mangelnder Umsetzungsaussicht des Restrukturierungsvorhabens (Abs. 4)

**20** Weiterhin ist der Schuldner verpflichtet, dem Gericht unverzüglich Anzeige zu erstatten, wenn das Restrukturierungsvorhaben seiner Ansicht nach keine Aussicht auf Umsetzung hat. Auch diese Pflicht hat einen korrespondierenden Aufhebungstatbestand, § 33 Abs. 2 S. 1 Nr. 2.

**21** Normadressat ist auch hier der Schuldner selbst, der der Pflicht durch seine organschaftlichen, gesetzlichen oder auch gewillkürten Vertreter nachkommt. Die Anzeige erfordert für ihre Wirksamkeit das Vorliegen der allgemeinen Verfahrenshandlungsvoraussetzungen (→ § 38Rn. 3 ff.). Anders als bei der Anzeige der eingetretenen Insolvenzreife gem. § 32 Abs. 3 muss der bloßen Anzeige, dass das Restrukturierungsvorhaben keine Aussicht auf Umsetzung hat, noch eine Begründung angefügt werden, um dem Gericht die Möglichkeit zu geben, sich zeitnah selbst vom Scheitern überzeugen zu können (BeckOK StaRUG/*Kramer,* 6. Ed. 1.10.2022, § 32 Rn. 48).

**22** Die Vorschrift nennt selbst einen Beispielsfall, wann die schuldnerische Pflicht zur Anzeige besteht: wenn infolge der erkennbar gewordenen ernsthaften und endgültigen Ablehnung des vorgelegten Restrukturierungsplans durch Planbetroffene nicht davon ausgegangen werden kann, dass die für eine Planannahme erforderlichen Mehrheiten erreicht werden können. Der Gesetzgeber geht insoweit von einer Vermutung aus (Begründung RegE, BT-Drs. 19/24181, S. 138; von einem Regelbeispiel spricht BeckOK StaRUG/*Kramer,* 6. Ed. 1.10.2022, § 32 Rn. 47). Dies kann jedoch nur untechnisch verstanden werden, da weder der Wortlaut des § 32 Abs. 4 noch der Zweck der Vorschrift für eine Vermutung gem. § 292 ZPO sprechen. Das Gesetz selbst kondensiert aus der konturlosen Voraussetzung der fehlenden Aussicht auf Umsetzung einen trennscharfen Anwendungsfall heraus. In diesem Fall soll das Gericht in jedem Fall vom Schuldner unterrichtet werden. Die Möglichkeit einer Widerlegung ist insoweit entbehrlich, weil Konsequenzen aus der Anzeige erst in einer möglichen Aufhebung gem. § 33 Abs. 2 S. 1 Nr. 2 resultieren; hier kann sich das Gericht jedoch selbst von den Erfolgsaussichten der Restrukturierungssache überzeugen und diese auch höher bewerten als der Schuldner. Dem weiterhin restrukturierungswilligen Schuldner obliegt es ohnehin gem. § 39 Abs. 2, dem Gericht die weiterhin hinreichende Erfolgsaussichten untermauernden Unterlagen zur Verfügung zu stellen. Die systematische Verortung des Beispielsfalls in § 32 Abs. 4 und nicht in § 33 Abs. 2 S. 1 Nr. 2 verdeutlicht zudem, dass das

Gericht die drohende Ablehnung des Plans bei der Bewertung der Erfolgsaussichten zwar berücksichtigen muss, aber dies darüber hinaus für das Gericht keine Bindungswirkung entfaltet (aA wohl Braun/*Weber/Dömmecke* StaRUG § 32 Rn. 13).

Eine ernsthafte und endgültige Ablehnung liegt in Parallele zu § 281 Abs. 2 erst dann vor, wenn „das letzte Wort“ gesprochen wurde oder eine Annahme des Plans mit den erforderlichen Mehrheiten in keinem denkbaren Szenario erwartbar ist (BeckOK StaRUG/*Kramer,* 6. Ed. 1.10.2022, § 32 Rn. 47). **23**

Im Rahmen der Unverzüglichkeit kann sich der Schuldner nicht darauf berufen, die mangelnden Umsetzungsaussichten seines Restrukturierungsvorhabens nicht zeitiger erkannt zu haben, wenn diese bei sorgfältiger Überwachung der Restrukturierung inklusive der an ihr Beteiligten und aller für das Gelingen maßgeblichen – auch externen – Faktoren sichtbar gewesen wären. Jedoch ist die Anzeige auch erst dann zu erstatten, wenn keinerlei Erfolgsaussichten mehr bestehen. Eine überwiegende Wahrscheinlichkeit des Scheiterns reicht insofern noch nicht, eine mit an Sicherheit grenzende Wahrscheinlichkeit hingegen schon (Flöther/*Hoffmann/Braun* § 32 Rn. 10; BeckOK StaRUG/*Kramer,* 6. Ed. 1.10.2022, § 32 Rn. 47). Dies beinhaltet notwendigerweise prognostische Elemente. Dem Schuldner kommt insoweit jedoch kein vom Gericht im Rahmen des § 33 Abs. 2 S. 1 Nr. 3 nicht überprüfbarer Ermessensspielraum zu. **24**

## V. Rechtsfolgen bei Pflichtverstoß

Ein Pflichtverstoß lässt die Wirksamkeit der Handlung, die den Pflichtenverstoß begründet, im Außenverhältnis zunächst unberührt (Braun/*Weber/Dömmecke* StaRUG § 32 Rn. 5). Die Pflichten stehen jedoch in Verbindung mit den jeweils korrespondieren Aufhebungstatbeständen. Ein Pflichtenverstoß kann somit zur Aufhebung der Restrukturierungssache führen (→ § 33 Rn. 18 ff.). **25**

§ 32 ist jedoch kein Schutzgesetz iSd § 823 Abs. 2 BGB, weshalb der Schuldner keinen Gläubigern haftet, die aufgrund des Pflichtenverstoßes Nachteile erlitten haben (*Thole* ZIP 2020, 1985 (1993); BeckOK StaRUG/*Kramer,* 6. Ed. 1.10.2022, § 32 Rn. 55). **26**

Zu einer möglichen Innenhaftung der Geschäftsleiter → § 43 Rn. 1 ff. Zu einer Außenhaftung der Geschäftsleiter bei Erwirken einer Stabilisierungsanordnung mittels vorsätzlicher oder fahrlässig falscher Angaben → § 57 Rn. 6 ff.. **27**

### Aufhebung der Restrukturierungssache

**33** (1) **Das Restrukturierungsgericht hebt die Restrukturierungssache von Amts wegen auf, wenn**

1. **der Schuldner einen Insolvenzantrag stellt oder über das Vermögen des Schuldners ein Insolvenzverfahren eröffnet ist,**
2. **das Restrukturierungsgericht für die Restrukturierungssache unzuständig ist und der Schuldner innerhalb einer vom Restruktu-**

**rierungsgericht gesetzten Frist keinen Verweisungsantrag gestellt oder die Anzeige zurückgenommen hat oder**

**3. der Schuldner in schwerwiegender Weise gegen seine Pflichten zur Mitwirkung**

**und Auskunftserteilung gegenüber dem Gericht oder einem Restrukturierungsbeauftragten verstößt.**

(2) [1] **Das Gericht hebt die Restrukturierungssache ferner auf, wenn**

1. **der Schuldner seine Zahlungsunfähigkeit oder Überschuldung nach § 32 Absatz 3 angezeigt hat oder andere Umstände bekannt sind, aus denen sich ergibt, dass der Schuldner insolvenzreif ist; von einer Aufhebung der Restrukturierungssache kann abgesehen werden, wenn die Eröffnung eines Insolvenzverfahrens mit Blick auf den erreichten Stand in der Restrukturierungssache offensichtlich nicht im Interesse der Gesamtheit der Gläubiger liegen würde; von einer Aufhebung kann auch abgesehen werden, wenn die Zahlungsunfähigkeit oder Überschuldung aus der Kündigung oder sonstigen Fälligstellung einer Forderung resultiert, die nach dem angezeigten Restrukturierungskonzept einer Gestaltung durch den Plan unterworfen werden soll, sofern die Erreichung des Restrukturierungsziels überwiegend wahrscheinlich ist,**
2. **sich aufgrund einer Anzeige nach § 32 Absatz 4 oder aus sonstigen Umständen ergibt, dass das angezeigte Restrukturierungsvorhaben keine Aussicht auf Umsetzung hat,**
3. **ihm Umstände bekannt sind, aus denen sich ergibt, dass der Schuldner in schwerwiegender Weise gegen die ihm nach § 32 obliegenden Pflichten verstoßen hat, oder**
4. **in einer früheren Restrukturierungssache**
   a) **der Schuldner eine Stabilisierungsanordnung oder eine Planbestätigung erwirkt hat oder**
   b) **eine Aufhebung nach Nummer 3 oder nach Absatz 1 Nummer 3 erfolgt ist.**

[2] **Satz 1 Nummer 4 ist nicht anwendbar, wenn der Anlass für die frühere Restrukturierungssache infolge einer nachhaltigen Sanierung bewältigt wurde.** [3] **Sind seit dem Ende des Anordnungszeitraums oder der Entscheidung über den Antrag auf Planbestätigung in der früheren Restrukturierungssache weniger als drei Jahre vergangen, ist im Zweifel anzunehmen, dass eine nachhaltige Sanierung nicht erfolgt ist.** [4] **Der Inanspruchnahme von Instrumenten des Restrukturierungsrahmens steht ein in Eigenverwaltung geführtes Insolvenzverfahren gleich.**

(3) **Eine Aufhebung der Restrukturierungssache unterbleibt, solange das Gericht von einer Aufhebung einer Stabilisierungsanordnung gemäß § 59 Absatz 3 abgesehen hat.**

(4) **Gegen die Aufhebung der Restrukturierungssache nach den Absätzen 1 bis 3 steht dem Schuldner die sofortige Beschwerde zu.**

**Übersicht**



## I. Normzweck; Anwendungsbereich

1 § 33 behandelt die Tatbestände, bei deren Vorliegen die Restrukturierungssache aufgehoben werden muss. Die Struktur der Norm versteht sich vor dem Hintergrund der Verfahrenseinleitung gem. § 31 Abs. 1: Da der Schuldner die Rechtshängigkeit durch die Anzeige ohne ein gerichtliches Prüfungsverfahren herbeiführen kann, bedarf es einer nachgelagerten Prüfung, um den Zugang zu den Instrumenten des Restrukturierungsrahmens auf die gesetzlich vorgesehenen Fälle zu beschränken. Dies erstreckt sich auf Umstände, die im Zeitpunkt der Anzeigenerstattung noch nicht gegeben waren.

2 Die Aufhebung der Restrukturierungssache hat Auswirkungen allein auf den gerichtlichen Teil des Stabilisierungs- und Restrukturierungsrahmens. Die außergerichtliche Planabstimmung bleibt von einer Aufhebung der Restrukturierungssache unberührt.

3 Ein Drittantragsrecht auf Aufhebung der Restrukturierungssache selbst gibt es nicht, weil von der Restrukturierung Betroffene durch die Rechtshängigkeit selbst nicht betroffen sind (Begründung RegE, BT-Drs. 19/24181, S. 138). Bei einer sie beeinträchtigenden Stabilisierungsanordnung steht ihnen dagegen ein Drittantragsrecht zu (vgl. § 59 Abs. 2). Ein dennoch von Dritten erfolgtes Vorbringen, die Restrukturierungssache aufzuheben,

kann als unverbindliche Anregung zum gerichtlichen Tätigwerden ausgelegt werden (BeckOK StaRUG/*Kramer,* 6. Ed. 1.10.2022, § 33 Rn. 3).

4 Die Entscheidung des Gerichts ist sowohl in den Fällen des Abs. 1 als auch des Abs. 2 eine gebundene Entscheidung ohne Ermessen; dies gilt ausweislich des insoweit klaren, gesetzlichen Wortlauts nicht in den Fällen, in den von der Aufhebung der Restrukturierungssache trotz Eintritts der Insolvenzreife abgesehen werden kann (§ 33 Abs. 2 S. 1 Nr. 1 Hs. 2 und 3). Auch Abs. 3 sieht hinsichtlich der Aufhebung kein gerichtliches Ermessen vor, nimmt aber auf die Aufhebung der Stabilisierungsanordnung gem. § 59 Abs. 3 Bezug, bei der gerichtliches Ermessen besteht. Die Entscheidung ergeht durch Beschluss.

## II. Umsetzung der Richtlinie

5 Die einzelnen Aufhebungstatbestände wurden richtlinienkonform umgesetzt. Erwägungsgrund 24 der RL 2019/1023 sieht vor, dass der Restrukturierungsrahmen nur dann zur Verfügung gestellt werden soll, wenn der Schuldner noch nicht insolvent ist, was durch § 33 Abs. 1 Nr. 1 und § 33 Abs. 2 S. 1 Nr. 1 umgesetzt wurde. Ebenso wurde die Vorgabe der Öffnung des Restrukturierungsrahmens für Fälle der wahrscheinlichen Abwendung der Insolvenz (Erwägungsgrund 24 RL 2019/1023) durch § 31 Abs. 1 Nr. 3 umgesetzt, weil berechtigterweise davon ausgegangen werden kann, dass ein Schuldner, der nicht in der Lage ist, das gesetzliche Pflichtenprogramm zu erfüllen, auch keine erfolgversprechende Restrukturierung vollziehen wird. Ebenso kann in Fällen des § 33 Abs. 2 S. 1 Nr. 2 bei einem drohenden Scheitern des Restrukturierungsvorhabens nicht mehr von einer wahrscheinlichen Abwendung der Insolvenz ausgegangen werden. § 33 Abs. 2 S. 1 Nr. 4 (Aufhebungen aufgrund einer früheren Restrukturierungssache) ergeht nicht allein in Umsetzung von Art. 4 Abs. 4 RL 2019/1023 (Beschränkung des Zugangs zum Restrukturierungsrahmen für einen „bestimmten Zeitraum“), sondern stellt basierend auf den Erfahrungen der Vergangenheit sicher, dass eine Abwendung der Insolvenz wahrscheinlich ist. Dass der deutsche Gesetzgeber dies ohne Nutzung von starren Fristen bewerkstelligt, ist deshalb unbedenklich (aA BeckOK StaRUG/*Kramer,* 6. Ed. 1.10.2022, § 33 Rn. 6).

## III. Aufhebungstatbestände

6 §§ 33 enthält sieben Aufhebungstatbestände. Die missverständliche Erwähnung der Aufhebung „von Amts wegen“ nur im ersten Absatz ist ohne Bedeutung; Abs. 1 und Abs. 2 stehen nicht in einem Rangverhältnis; auch bei Vorliegen eines Aufhebungstatbestandes gem. Abs. 2 handelt das Gericht von Amts wegen. Eine analoge Anwendung von Aufhebungstatbeständen auf Konstellationen mit vergleichbarer Interessenlage ist gegeben (→ § 33 Rn. 13; → § 33 Rn. 17; § → 33 Rn. 22; → § 33 Rn. 30).

### 1. Stellen eines Insolvenzantrags oder Eröffnung eines Insolvenzverfahrens über das Vermögen des Schuldners (Abs. 1 Nr. 1)

**a) Stellen eines Insolvenzantrags (Abs. 1 Nr. 1 Alt. 1).** Droht ein Insolvenzverfahren mit einem Restrukturierungsverfahren zu konkurrieren, löst der Gesetzgeber dieses Spannungsverhältnis zugunsten des Insolvenzverfahrens auf. Auch ein Insolvenzverfahren kann zu einer Sanierung führen und bietet dabei mehr und auch durchgreifendere Möglichkeiten als der Restrukturierungsrahmen (etwa durch verstärkte Eingriffe in vertragliche Beziehungen mithilfe der §§ 103 ff. InsO). 7

Den Aufhebungstatbestand löst nur ein Eigenantrag des Schuldners aus, nicht aber ein Gläubigerantrag (im Falle eines Gläubigerantrags kann aber eine Aufhebung nach § 33 Abs. 1 Nr. 1 Alt. 2 angezeigt sein (→ § 33 Rn. 10)). Ob der Antrag des Schuldners zulässig und begründet ist, ist unerheblich. Es reicht, dass der Schuldner sich dafür entscheidet, der Krise im Insolvenzverfahren zu begegnen (Begründung RegE, BT-Drs. 19/24181, S. 138). Nach Auffassung des Gesetzgebers besteht dann kein Bedürfnis mehr, dem Schuldner die Verfahrenshilfen des Restrukturierungsrahmens offen zu halten. Nach dem Wortlaut gilt dies unabhängig davon, ob der Insolvenzantrag vor oder nach der Anzeige des Restrukturierungsvorhabens gestellt wurde. 8

In der Sache nicht überzeugend ist es, § 33 Abs. 1 Nr. 1 Alt. 1 dahingehend einschränkend auszulegen, dass das Stellen eines Insolvenzantrags durch den Schuldner nicht vorliegt, wenn der Insolvenzantrag gem. § 15 Abs. 1 S. 1 InsO lediglich durch ein Mitglied des Vertretungsorgans, durch einen persönlich haftenden Gesellschafter oder einen Abwickler gestellt wurde (so aber BeckOK StaRUG/*Kramer,* 6. Ed. 1.10.2022, § 33 Rn. 11). Zwar gibt es im StaRUG keine § 15 Abs. 1 InsO vergleichbare Regelung. Indem jedoch pauschal auf die Stellung eines Insolvenzantrags Bezug genommen wird, werden alle Varianten des § 15 Abs. 1 InsO als Aufhebungstatbestand eingeschlossen. Durch den Zusatz, dass „der Schuldner" den Insolvenzantrag gestellt haben muss, werden lediglich die Gläubigeranträge ausgeschlossen. Dass das StaRUG in diesem Zusammenhang kein besonderes Schuldnerverständnis hat (in dem Sinn, dass ein Schuldnerantrag nur dann vorliegt, wenn er von den allgemein Vertretungsberechtigten gestellt wurde), zeigt sich daran, dass es auf eine allgemeine Wortwahl zurückgreift. Ein redaktionelles Versehen liegt hier fern. Dass es schließlich auf eine Zulassung des Insolvenzverfahrens durch das Insolvenzgericht nicht ankommen kann (so wiederum BeckOK StaRUG/*Kramer,* 6. Ed. 1.10.2022, § 33 Rn. 11), erhellt daraus, dass § 33 Abs. 1 Nr. 1 mit der Antragsstellung einen rechtssicheren Bezugspunkt gewählt hat. Auch bei Insolvenzanträgen, die von den allgemein Vertretungsberechtigten gestellt wurden, hätte die Möglichkeit bestanden, das Restrukturierungsverfahren erst dann zu beenden, wenn klar ist, dass mit einem durchführbaren Insolvenzverfahren eine Alternative besteht. Der Gesetzgeber hat sich gegen diese Möglichkeit entschieden, weshalb dies nicht ohne gesetzlichen Anknüpfungspunkt für in § 15 Abs. 1 InsO genannte Anträge unterschiedlich entschieden werden kann. 9

10 **b) Insolvenzverfahrenseröffnung (Abs. 1 Nr. 1 Alt. 2).** Eine Aufhebung von Amts wegen erfolgt auch dann, wenn über das Vermögen des Schuldners das Insolvenzverfahren eröffnet wird. Die Eröffnung erfolgt gem. § 27 InsO durch Eröffnungsbeschluss. Abs. 1 Nr. 1 Alt. 2 hat die Gläubigeranträge im Blick, weil bei einem Schuldnerantrag bereits im vorgelagerten Zeitpunkt der Antragsstellung die Restrukturierungssache zwingend aufzuheben ist (→ § 33 Rn. 8). Ob die Eröffnung aufgrund Zahlungsunfähigkeit oder Überschuldung erfolgt, ist unerheblich.

11 Wie bei § 31 Abs. 4 Nr. 3 (→ § 31 Rn. 43) kommt es auf die Rechtskraft der Entscheidung nicht an. Dies wird aus dem Wortlaut des Gesetzes und einer systematischen Auslegung (vgl. § 31 Abs. 4 Nr. 2) deutlich. Dies mag rechtspolitisch fragwürdig sein, ist jedoch vor dem Hintergrund, dass es auch bei § 33 Abs. 1 Nr. 1 Alt. 1 nicht auf die Zulässigkeit und Begründetheit des Antrags ankommt, konsequent. Der Schuldner bleibt in diesem Fall darauf verwiesen, Beschwerde gegen den Beschluss auf Eröffnung des Insolvenzverfahrens zu erheben, die gem. § 4 InsO iVm § 570 Abs. 1 ZPO jedoch keine aufschiebende Wirkung hat. Zudem kann er gem. § § 33 Abs. 4, 40 Abs. 1 S. 2 sofortige Beschwerde beim Restrukturierungsgericht gegen den Aufhebungsbeschluss einlegen und diese mit einem Antrag auf Aussetzung des Verfahrens bis zur Entscheidung über die Beschwerde gegen die Eröffnung des Insolvenzverfahrens verbinden (zum ganzen BeckOK StaRUG/*Kramer*, 6. Ed. 1.10.2022, § 33 Rn. 14). Die Entscheidung des Beschwerdegerichts hat dann präjudizielle Wirkung für die Frage, ob der Tatbestand des § 33 Abs. 1 Nr. 1 Alt. 2 gegeben ist.

12 Mithilfe einer Stabilisierungsanordnung (→ § 49 Rn. 34 ff.) kann sich der Schuldner gem. § 58 vor der Eröffnung eines Insolvenzverfahrens auf Antrag eines Gläubigers – und damit vor Aufhebung der Restrukturierungssache – durch Aussetzung des Verfahrens schützen.

### 2. Unzuständigkeit des Restrukturierungsgerichts und fehlender Verweisungsantrag oder Rücknahme der Anzeige (Abs. 1 Nr. 2)

13 Auch hier reagiert das Gesetz darauf, dass die Anzeige des Restrukturierungsvorhabens bei jedem Restrukturierungsgericht gem. § 31 Abs. 3 die Rechtshängigkeit der Restrukturierungssache auslöst. Eine Aufhebung der Restrukturierungssache wegen Unzuständigkeit soll gemäß der Gesetzesbegründung allein Fälle der örtlichen Unzuständigkeit gem. § § 35 erfassen (Begründung RegE, BT-Drs. 19/24181, S. 138); hinsichtlich einer Anzeige bei einem Gericht des falschen Rechtswegs erfolgt eine Verweisung gem. § 17a Abs. 2 GVG von Amts wegen. Ist die Anzeige bei einem Gericht der ordentlichen Gerichtsbarkeit erhoben, das kein Restrukturierungsgericht ist (Landgericht, Oberlandesgericht), löst auch dies die Rechtshängigkeit aus (→ § 31 Rn. 13). Gem. § 38 S. 1 StaRUG iVm § 281 Abs. 1 ZPO kann der Schuldner die Verweisung beantragen. Unterlässt er dies, hebt das unzuständige Gericht die Restrukturierungssache analog § 33 Abs. 1 Nr. 2 auf.

14 Ist das Gericht nach der Prüfung zu dem Schluss der eigenen örtlichen Unzuständigkeit gekommen, setzt es dem Schuldner eine Frist, innerhalb derer er eine Verweisung beantragen kann oder die Anzeige zurücknehmen

kann. Dies geht mit einem Hinweis an den Schuldner einher, dass die Anzeige nicht an das örtlich zuständige Restrukturierungsgericht erfolgt ist (Braun/*Haffa/Schuster* StaRUG § 33 Rn. 7).

Beantragt der Schuldner eine Verweisung, erlässt das Restrukturierungsgericht einen Verweisungsbeschluss (BeckOK StaRUG/*Kramer,* 6. Ed. 1.10.2022, § 33 Rn. 16). Nimmt der Schuldner seine Restrukturierungsanzeige hingegen zurück, endet die Rechtshängigkeit der Restrukturierungssache automatisch, ohne dass es einer Aufhebung der Restrukturierungssache bedürfte (so auch BeckOK StaRUG/*Kramer,* 6. Ed. 1.10.2022, § 33 Rn. 16; aA Braun/*Haffa/Schuster* StaRUG § 33 Rn. 6). Es gibt keinen Grund, eine Rücknahme der Anzeige infolge der Fristsetzung anders zu beurteilen als ohne Fristsetzung **15**

Die Länge der Frist ist nach der Komplexität der Frage der örtlichen Zuständigkeit zu bemessen. Dem Schuldner muss es möglich sein, das örtlich zuständige Restrukturierungsgericht zu ermitteln und sich darüber zu vergewissern, ob er das Restrukturierungsverfahren vor diesem Gericht fortführen will. Angesichts der gem. § 31 Abs. 4 Nr. 4 für die Restrukturierung knapp bemessenen Zeit, sollte die Frist zwei Wochen nicht übersteigen (BeckOK StaRUG/*Kramer,* 6. Ed. 1.10.2022, § 33 Rn. 16). **16**

Analoge Anwendung findet Abs. 1 Nr. 2 auf eine ohne Vertretungsmacht erfolgte Anzeigenerstattung, der keine Genehmigung des Schuldners nachfolgt (→ § 31 Rn. 7). Das gleiche gilt für den Fall der fehlenden Restrukturierungsfähigkeit des Schuldners gem. § 30 (BeckOK StaRUG/*Kramer,* 6. Ed. 1.10.2022, § 33 Rn. 62). Hat eine natürliche Person ein Restrukturierungsvorhaben angezeigt, das Schulden ihrer privaten Sphäre einschließt, ist sie für dieses Restrukturierungsvorhaben ebenfalls gem. § 30 Abs. 1 restrukturierungsunfähig. Da der Schuldner die Verfahrensherrschaft innehat, kommt eine teilweise Aufhebung – soweit der Schuldner nicht unternehmerisch tätig ist – analog § 33 Abs. 1 Nr. 2 nicht in Betracht. **17**

### 3. Schwerwiegende Verletzung der Auskunfts- und Mitwirkungspflichten des Schuldners (Abs. 1 Nr. 3)

Die Restrukturierungssache ist ebenfalls dann aufzuheben, wenn der Schuldner in schwerwiegender Weise, die ihm gegenüber dem Gericht oder dem Restrukturierungsbeauftragten bestehenden Mitwirkungs- und Auskunftserteilungspflichten verletzt. **18**

Pflichtverletzungen gegenüber dem Gericht kommen zunächst durch Verletzung der Pflicht zur Auskunftserteilung gem. § 39 Abs. 2 in Betracht (→ § 39 Rn. 7 ff.). Gegenüber dem Restrukturierungsbeauftragten bestehen gem. § 76 Abs. 5 (→ § 76 Rn. 28 f.) ebenfalls Auskunfts- und Mitwirkungspflichten. Die besonderen Pflichten des Schuldners gegenüber dem Gericht gem. § 32 sind allein vom Aufhebungstatbestand des § 33 Abs. 2 S. 1 Nr. 3 (→ § 33 Rn. 37 f.) erfasst. **19**

Eine Pflichtverletzung allein reicht für die Erfüllung des Aufhebungstatbestandes nicht aus; diese muss vielmehr „schwerwiegend" sein. Das erforderliche Maß wird vom Gesetz nicht näher erläutert. Vertreten wird unter anderem, dass eine Pflichtverletzung dann schwerwiegend ist, wenn das **20**

Restrukturierungsgericht aufgrund der gebotenen Mitteilung zu dem Schluss gekommen wäre, dass die Voraussetzungen für die Inanspruchnahme der Verfahrenshilfen des Stabilisierungs- und Restrukturierungsrahmens nicht vorliegen (Pannen/Riedemann/Smid/*Pannen* StaRUG § 33 Rn. 11). Ungeachtet der Tatsache, dass die Pflichtverletzung nicht nur bei der Beantragung von Instrumenten, sondern auch bei anderen Verfahrensanträgen in Betracht kommt (BeckOK StaRUG/*Kramer,* 6. Ed. 1.10.2022, § 33 Rn. 18), lässt dies außer Acht, dass der Begriff „schwerwiegend" bereits nach dem Wortlaut eine Dimension des Gewichts und nicht der Kausalität meint. Ein schwerwiegender Pflichtverstoß liegt also zum einen vor, wenn bei objektiver Betrachtung der Verstoß offensichtlich und für das Restrukturierungsvorhaben von besonderer Bedeutung ist – etwa, weil das Gericht oder der Restrukturierungsbeauftragte bei Befolgung der gesetzlichen Pflichten jedenfalls anders agiert hätte. Zum anderen kann § 33 Abs. 1 Nr. 3 aber bei teleologischer Auslegung auch ein subjektives Verschuldenselement entnommen werden (so auch BeckOK StaRUG/*Kramer,* 6. Ed. 1.10.2022, § 33 Rn. 19; Braun StaRUG/*Haffa/Schuster* § 33 Rn. 10 sieht das subjektive Element jedoch hinter das objektive zurücktreten): Die Restrukturierung ist aufzuheben, wenn der Schuldner durch die Verletzung der ihm gesetzlich auferlegten Pflichten Anhaltspunkte dafür bietet, nicht in der Lage zu sein, die Restrukturierung gewissenhaft und erfolgversprechend durchführen zu können. Dies ist insbesondere dann der Fall, wenn der Grad der individuellen Vorwerfbarkeit erhöht ist. Dies kann zum einen der Fall sein, wenn der Schuldner vorsätzlich seine Pflichten verletzt, zum anderen, wenn er offensichtlich Mitzuteilendes nicht kundtut oder jedenfalls vorzunehmende Mitwirkungsakte unterlässt. Schließlich kann der Schuldner auch schwerwiegend gegen die ihm auferlegten Pflichten durch mehrfache Verletzungen verstoßen (BeckOK StaRUG/*Kramer,* 6. Ed. 1.10.2022, § 33 Rn. 19).

**21** Grundsätzlich gilt bei einem Tätigwerden des Restrukturierungsgerichts gem. § 39 Abs. 1 S. 1 der Amtsermittlungsgrundsatz; so auch bei der Aufhebung der Restrukturierungssache gem. § 33 Abs. 1 und 2. Jedoch kann vom Restrukturierungsgericht keine umfassende Überwachung des Schuldners verlangt werden (Braun StaRUG/*Haffa/Schuster* § 33 Rn. 13). Vielmehr ist auch hier der Maßstab des § 33 Abs. 2 Nr. 3 anzulegen, sodass das Gericht erst dann selbst tätig werden muss, wenn ihm Umstände bekannt werden, die auf eine Pflichtverletzung des Schuldners hindeuten (BeckOK StaRUG/*Kramer,* 6. Ed. 1.10.2022, § 33 Rn. 20).

**22** § 33 Abs. 1 Nr. 3 findet direkt oder analog Anwendung auf lückenhafte sowie fehlerhafte Angaben in der Anzeige der Restrukturierungssache (→ § 31 Rn. 15;→ § 31 Rn. 36).

### 4. Anzeige von Zahlungsunfähigkeit oder Überschuldung; Umstände, aus denen auf Insolvenzreife geschlossen werden kann (Abs. 2 S. 1 Nr. 1)

**23** Ebenso wie Abs. 1 Nr. 1 regelt Abs. 2 S. 1 Nr. 1 das Konkurrenzverhältnis zwischen Insolvenz- und Restrukturierungsverfahren. Der zeitliche Anwendungsbereich des Aufhebungstatbestandes in Abs. 2 S. 1 Nr. 1 ist dem von Abs. 1 Nr. 1 jedoch vorgelagert. Dazu trifft der Gesetzgeber eine differenzierende Regelung: Auch für die Zeit vor Stellung eines Schuldnerantrags auf Eröffnung des Insolvenzverfahrens oder der Eröffnung des Insolvenzverfahrens genießt das Insolvenzverfahren, das im Gegensatz zum Restrukturierungsverfahren alle Gläubiger einbezieht, Vorrang, wenn der Schuldner insolvenzreif ist. Insolvenzreife liegt vor, wenn die Insolvenzeröffnungsgründe der Zahlungsunfähigkeit gem. § 17 InsO oder Überschuldung gem. § 19 InsO erfüllt sind. Jedoch wird der Tatsache Rechnung getragen, dass das Restrukturierungsverfahren bereits begonnen hat; ein aussichtsreicher Stand der Restrukturierung soll dann nicht durch die Eröffnung des Insolvenzverfahrens untergraben werden, wenn dies objektiv nicht im Interesse der Gläubiger ist. Ebenso ist eine Überleitung in das Insolvenzverfahren für die Gläubiger mit Nachteilen verbunden, wenn die Insolvenzreife auf der Kündigung oder Fälligstellung einer Forderung gründet, die in der Restrukturierung gestaltet werden soll, und die Erreichung des Restrukturierungsziels überwiegend wahrscheinlich ist.

Gem. § 32 Abs. 3 ist der Schuldner während des Restrukturierungsverfahrens zur Anzeige der Insolvenzreife verpflichtet (→ § 32 Rn. 17 f.). Regelmäßig wird es deshalb nicht darauf ankommen, dass das Gericht aufgrund bekanntgewordener Umstände selbst in die Prüfung der Insolvenzreife einsteigen muss. Trotz des gem. § 39 Abs. 1 S. 1 bestehenden Amtsermittlungsgrundsatzes ist das Gericht aufgrund des gesetzlich angeordneten, zurückgezogenen Prüfungsmaßstabs aber auch nicht darauf verwiesen, selbsttätig Hinweise auf die Insolvenzreife zu ermitteln, sondern muss nur tätig werden, soweit ihm insoweit Umstände bekannt werden (zu einer möglichen Haftung aufgrund unterlassener Amtsermittlung: *Vallender* ZRI 2021, 165 (171). Für § 32 Abs. 3 wie für § 33 Abs. 2 S. 1 Nr. 1 ist es unerheblich, ob die Insolvenzreife bereits im Zeitpunkt der Erstattung der Anzeige vorgelegen hat (BeckOK StaRUG/*Kramer,* 26. Ed. 1.10.2022, § 33 Rn. 22). Entgegen dem gesetzgeberischen Willen (Begründung RegE, BT-Drs. 19/24181, S. 138 spricht von „Fortführung der Restrukturierungssache trotz eingetretener Insolvenzreife") finden aber auch für den Fall der bereits im Zeitpunkt der Anzeigenerstattung vorhandenen Insolvenzreife die Ausnahmetatbestände des § 33 Abs. 2 S. 1 Nr. 1 Hs. 2 und 3 Anwendung (aA BeckOK StaRUG/*Kramer,* 6. Ed. 1.10.2022, § 33 Rn. 31). Es wäre schlicht gläubigerfeindlich, das Restrukturierungsverfahren abzubrechen, obwohl eine Fortführung im Interesse der Gesamtheit der Gläubiger liegt. Dies entspricht auch der gesetzgeberischen Wertung der Aufhebungstatbestände, die allein zukunftsgerichtet nach den Aussichten der Restrukturierung fragen und den Blick nicht auf den in der Vergangenheit liegenden Zeitpunkt des Beginns der Insolvenzreife richten. Lag die Insolvenzreife im Zeitpunkt der Anzeige bereits vor, ist sie jedoch im Laufe des Restrukturierungsverfahrens entfallen, besteht auch das Konkurrenzverhältnis zwischen Insolvenz- und Restrukturierungsverfahren nur noch dergestalt, dass dem Schuldner die Wahl zusteht. Eine zwingende Aufhebung der Restrukturierungssache ist jetzt nicht mehr geboten. **24**

Die Anzeige des Schuldners, dass er zahlungsunfähig oder überschuldet ist, ist nicht auf ihre Richtigkeit hin zu überprüfen. Auch sind der Anzeige keine **25** weiteren Unterlagen beizufügen, die das Vorliegen eines Insolvenzeröffnungsgrundes näher darlegen (BeckOK StaRUG/*Kramer,* 6. Ed. 1.10.2022, § 33 Rn. 24). Für die Wirksamkeit der Anzeige müssen jedoch die allgemeinen Verfahrenshandlungsvoraussetzungen vorliegen; insbesondere muss der Schuldner also wirksam vertreten worden sein. § 15 Abs. 1 InsO kann nicht direkt angewendet werden. Auch eine analoge Anwendung scheidet mangels planwidriger Regelungslücke aus, weil im Stadium eingetretener Insolvenzreife auch direkt ein Insolvenzantrag gestellt werden kann, der gem. § 33 Abs. 1 Nr. 1 eine Aufhebung der Restrukturierungssache zur Folge hätte (→ § 33 Rn. 7 ff.). Aufgrund der aufgezeigten Diskrepanz zwischen den nach § 15a InsO Antragspflichtigen und den gem. § 32 Abs. 3 Anzeigepflichtigen ist eine Anzeige gem. § 42 Abs. 1 S. 2 nicht zugleich auch eine Anzeige gem. § 32 Abs. 3, die gem. § 33 Abs. 2 S. 1 Nr. 1 Alt. 1 eine Aufhebung der Restrukturierungssache nach sich zieht (BeckOK StaRUG/*Kramer,* 6. Ed. 1.10.2022, § 33 Rn. 25). Gleichwohl ist im Falle einer Anzeige eines nach § 32 Abs. 3 nicht (allein) Anzeigeberechtigten eine Aufhebung nach § 33 Abs. 2 S. 1 Nr. 1 Alt. 2 denkbar.

**26** Die Halbsätze 2 und 3 sehen Ausnahmen von der Aufhebung der Restrukturierungssache vor. In beiden Fällen trifft das Gericht eine Ermessensentscheidung. Eine Ermessensreduzierung ist denkbar (zur Ermessensreduzierung bei bereits eingetretener Insolvenzreife im Zeitpunkt der Erstattung der Anzeige: BeckOK StaRUG/*Kramer,* 6. Ed. 1.10.2022, § 33 Rn. 31; *Proske/Streit* NZI 2020, 969 (971); *Thole* ZIP 2020, 1985 (1993)), aber trotz des Ausnahmecharakters der Vorschrift aufgrund der Vielfältigkeit möglicher Restrukturierungsvorhaben nicht zwingend (aA wohl *Pluta* NZI-Beil. 21, 22 (24)). Für einen gerichtlichen Beurteilungsspielraum, der nur bei einer Aufhebung der Restrukturierungssache relevant wird, weil die Entscheidung, von der Aufhebung aufgrund der Halbsätze 2 oder 3 abzusehen, gem. §§ 40 Abs. 1 S. 1, 33 Abs. 4 nicht angreifbar ist, streitet aber wenig (aA *Pluta* NZI-Beil. 21, 22 (24): Für das Beschwerdegericht, das als zweite Tatsacheninstanz eine eigene Ermessensentscheidung treffen kann (BGH NJW-RR 2012, 952; BeckOK StaRUG/*Kramer,* 6. Ed. 1.10.2022, § 33 Rn. 28.1), ist die Tatsachenlage im gleichen Maße nachprüfbar, wie für das Restrukturierungsgericht.

**27** Nach der Gesetzesbegründung soll eine Aufhebung der Restrukturierungssache mit Blick auf den erreichten Stand offensichtlich nicht im Interesse der Gesamtheit der Gläubiger sein, wenn die Restrukturierung bereits weit fortgeschritten ist – etwa, wenn der Plan bereits angenommen wurde und nur noch die Bestätigung fehlt (Begründung RegE, BT-Drs. 19/24181, S. 139). Dies ist jedoch kein Fixpunkt; auch zu einem früheren Zeitpunkt können die mit einem Insolvenzverfahren verbundenen Nachteile, insbesondere die zusätzlichen Kosten, gerade deshalb einen Nachteil für die Gläubigerschaft (nicht nur die Planbetroffenen) darstellen, weil die Restrukturierung erfolgversprechend ist. Dies muss für das Gericht „offensichtlich" sein, was bedeutet, dass es den Schluss der Nachteilhaftigkeit einer Eröffnung des Insolvenzverfahrens ohne größere Nachprüfungen ziehen können muss (BeckOK StaRUG/*Kramer,* 6. Ed. 1.10.2022, § 33 Rn. 29).

Zeitlich früher setzt die Ausnahme des Abs. 2 S. 1 Nr. 1 Hs. 3 an, die bereits auf Grundlage eines Restrukturierungskonzepts und damit in einem Anfangsstadium der Restrukturierung (§ 31 Abs. 2 S. 1 Nr. 1) eine Aufhebung der Restrukturierung verhindern kann. Voraussetzung ist hier jedoch, dass in diesem Stadium bereits eine Erreichung des Restrukturierungsziels überwiegend wahrscheinlich ist. Dies ist der Fall, wenn der Annahme des Plans mit den erforderlichen Mehrheiten (§§ 25, 26) keine erkennbaren Hindernisse entgegenstehen und ein erfolgversprechendes Restrukturierungskonzept vorgelegt wurde. Das Gericht kann hier von einer Aufhebung absehen, wenn unter der Prämisse der vorgesehenen Gestaltung der Forderungen im Restrukturierungsplan die Insolvenzreife entfallen würde. **28**

Eine Ermessensentscheidung ist dann regelmäßig entbehrlich, wenn das Gericht nicht durch den Schuldner auf den Eintritt der Insolvenzreife aufmerksam gemacht wurde; dann hat der Schuldner seine Pflicht aus § 32 Abs. 3 verletzt. Der Aufhebungstatbestand des § 33 Abs. 2 S. 1 Nr. 3 (→ § 33 Rn. 37 f.) wird regelmäßig, aber nicht notwendigerweise, erfüllt sein. In diesem Fall hat das Gericht jedoch kein Ermessen (BeckOK StaRUG/*Kramer,* 6. Ed. 1.10.2022, § 33 Rn. 32). **29**

Abs. 2 S. 1 Nr. 1 ist analog anzuwenden, wenn die drohende Zahlungsunfähigkeit durch rechtsmissbräuchliches Verhalten herbeigeführt wurde, um Zugang zu den Instrumenten des Stabilisierungs- und Restrukturierungsrahmens zu erhalten (*Seibt/Bulgrin* DB 2020, 2226 (2237); BeckOK StaRUG/*Kramer,* 6. Ed. 1.10.2022, § § 33 Rn. 59), nicht aber, wenn allein die drohende Zahlungsunfähigkeit fehlt (→ § 29 Rn. 15 f.). **30**

### 5. Mangelnde Aussicht auf Umsetzung (Abs. 2 S. 1 Nr. 2)

Die Restrukturierungssache ist auch dann aufzuheben, wenn der Schuldner gem. § 32 Abs. 4 dem Restrukturierungsgericht angezeigt hat, dass das Vorhaben keine Aussicht auf Umsetzung hat (→ § 32 Rn. 20 ff.), und daraus oder aus sonstigen Umständen eine mangelnde Aussicht auf Umsetzung resultiert. Dies liegt darin begründet, dass eine Fortführung der Restrukturierung insbesondere dann zwecklos ist, wenn erkennbar ist, dass die Planbetroffenen dem Plan nicht mit den erforderlichen Mehrheiten zustimmen werden (Begründung RegE, BT-Drs. 19/24181, S. 140). Dann ist eine Aufhebung der Restrukturierungssache geboten. Die Gründe, die eine mangelnde Aussicht auf Umsetzung bedingen können, sind darüber hinaus jedoch vielfältig. Sie können nicht nur im Fehlen der erforderlichen Mehrheiten für das Restrukturierungsvorhaben gem. §§ 25, 26 liegen, sondern auch im Fehlen eines tragfähigen Restrukturierungskonzepts (etwa im Hinblick auf eine veränderte Marktstruktur) oder in mangelnder personeller Ausstattung des Schuldners zur Bewältigung der mit der Restrukturierung verbundenen Aufgaben. **31**

Ob die Umstände bereits im Zeitpunkt der Anzeige bestanden oder erst später entstanden sind, ob sie aus der Sphäre des Schuldners stammen oder diesen keinerlei Verantwortung trifft, ist – dem Zweck des Aufhebungstatbestandes folgend – irrelevant. **32**

**33** Eine gem. § 32 Abs. 4 erfolgte Anzeige des Schuldners führt nicht zwingend zur Aufhebung der Restrukturierungssache. Dem Gericht bleibt es unbenommen, die Erfolgsaussichten der Restrukturierung auch trotz erfolgter Anzeige höher einzustufen als der Schuldner und deshalb von einer Aufhebung abzusehen. Gegebenenfalls kann das Gericht den Schuldner von seiner Sichtweise überzeugen. Ist dies nicht der Fall und steht der Schuldner einer erfolgreichen Restrukturierung ohne Hoffnung gegenüber, wird die Restrukturierungssache gem. § 33 Abs. 2 S. 1 Nr. 2 Alt. 2 aufzuheben sein. Denn der Schuldner als Herr des Verfahrens (→ § 29 Rn. 10 ff.) muss die Restrukturierungssache maßgeblich betreiben (BeckOK StaRUG/*Kramer,* 6. Ed. 1.10.2022, § 33 Rn. 34).

**34** Sonstige Umstände können – wie gesehen – vielfältige Ursachen haben. Auch ohne Anzeige des Schuldners gem. § 32 Abs. 4 besteht jedoch eine Vermutung der fehlenden Aussicht auf Umsetzung, wenn die Ablehnung unter den Planbetroffenen, deren Zustimmung erforderlich ist, so verbreitet ist, dass eine Planannahme mit den erforderlichen Mehrheiten fernliegt (Begründung RegE, BT-Drs. 19/24181, S. 140). Jedoch ist Skepsis gegenüber dem aktuellen Restrukturierungsvorhaben in der Gläubigerschaft so lange nicht ausreichend, um das Vorliegen der Vermutung zu begründen, wie noch Verhandlungsbereitschaft besteht. Aussagen der Gläubigerschaft müssen vor dem Hintergrund taktischer Verhandlungsführung und nach außen kommunizierter Ablehnungshaltung vom Gericht besonders sorgsam gewürdigt werden (Braun StaRUG/*Haffa/Schuster* § 33 Rn. 28).

**35** Überschneidungen zwischen § 33 Abs. 2 S. 1 Nr. 2 und 3 liegen hier nahe, wenn der Schuldner selbst die Anzeige gem. § 32 Abs. 4 nicht erstattet hat, das Gericht aber von einer fehlenden Aussicht auf Umsetzung des Restrukturierungsvorhabens ausgeht.

**36** Der Wortlaut des Gesetzes zeigt auch hier, dass abweichend vom Amtsermittlungsgrundsatz gem. § 39 Abs. 1 S. 1 keine proaktiven Untersuchungen der Zustimmungsbereitschaft der Planbetroffenen durch das Gericht erfolgen müssen, sondern auf dem Gericht bekannt werdende Umstände zurückzugreifen ist (weitergehend und Nachfragen des Gerichts bei Gläubigern sogar untersagend: BeckOK StaRUG/*Kramer,* 6. Ed. 1.10.2022, § 33 Rn. 36).

### 6. Schwerwiegende Verstöße des Schuldners gegen Pflichten aus § 32 (Abs. 2 S. 1 Nr. 3)

**37** Der Aufhebungstatbestand des § 33 Abs. 2 S. 1 Nr. 3 erklärt sich daraus, dass nur der Schuldner, der ernst- und gewissenhaft die Restrukturierungssache betreibt und darüber hinaus in der Lage ist, den ihm gesetzlich auferlegten Pflichten nachkommen zu können, in den Genuss der Verfahrenshilfen des Stabilisierungs- und Restrukturierungsrahmens kommen soll. Dem Zweck der Vorschrift nach handelt es sich dabei weniger um eine Sanktion als eine Abwägung der Schuldner- und Gläubigerinteressen (von einer Sanktion spricht jedoch Begründung RegE, BT-Drs. 19/24181, S. 140). Gläubigerforderungen sollen einer Gestaltung nur dann zugänglich sein, wenn der Schuldner bei der Restrukturierung die Interessen der Gläubiger hinreichend berücksichtigt und dies auch durch ein planmäßiges und transparentes Vorgehen verdeutlicht.

Der Aufhebungstatbestand formuliert selbst keine Pflichten, sondern knüpft an alle Pflichten des § 32 an. Gegenüber § 33 Abs. 1 Nr. 3 ist er lex specialis. Bezüglich der Frage der Bestimmung des Verstoßes „in schwerwiegender Weise" kann auf die dortigen Ausführungen verwiesen werden (→ § 33 Rn. 20). 38

Auch hier weicht das Gesetz vom Amtsermittlungsgrundsatz des § 39 Abs. 1 S. 1 ab und setzt für das Vorliegen des Aufhebungstatbestandes ein Bekanntwerden von Umständen voraus, aus denen sich der Pflichtverstoß ergibt. Folglich ist das Gericht nicht gehalten, selbst nach Pflichtverstößen des Schuldners zu suchen. 39

### 7. Stabilisierungsanordnung oder Planbestätigung in früherer Restrukturierungssache (Abs. 2 S. 1 Nr. 4a))

Die Restrukturierungssache ist aufzuheben, wenn der Schuldner bereits in einer früheren Restrukturierungssache eine Stabilisierungsanordnung oder eine Planbestätigung erwirkt hat. Damit will der Gesetzgeber verhindern, dass die Verfahrenshilfen des Stabilisierungs- und Restrukturierungsrahmens zulasten der Gläubiger beliebig und unter Missachtung der gesetzlich vorgesehenen Höchstdauer (§ 53) eingesetzt werden (Begründung RegE, BT-Drs. 19/24181, S. 140). Dem Aufhebungstatbestand kommt damit die Funktion einer quantitativen Beschränkung der Nutzung des Rahmens zu (BeckOK StaRUG/*Kramer*, 6. Ed. 1.10.2022, § 33 Rn. 41). Jedoch sieht der Gesetzgeber diesbezüglich keine starre Fristenregelung vor, sondern stellt auf die in der früheren Restrukturierungssache in Anspruch genommenen Verfahrenshilfen ab; dies wird über Abs. 2 S. 2 und 3 mit einer zeitlichen Ausnahmevermutung kombiniert. Zur Frage der Richtlinienkonformität → § 33 Rn. 5. Im Umkehrschluss bedeutet dies aber auch, dass allein die Tatsache, dass ein früheres Restrukturierungsvorhaben identisch mit der jetzt angezeigten Restrukturierungssache ist, einer erneuten Inanspruchnahme von Instrumenten des Stabilisierungs- und Restrukturierungsrahmens nicht entgegensteht. 40

Auf die Dauer der zuvor in Anspruch genommenen Stabilisierungsanordnung kommt es nicht an (BeckOK StaRUG/*Kramer*, 6. Ed. 1.10.2022, § 33 Rn. 53). 41

Es bleibt näher darzustellen, wann nach der gesetzgeberischen Konzeption eine „frühere Restrukturierungssache" vorliegt, die die Tür zu einer Aufhebung öffnet. Aus § 33 Abs. 2 S. 1 Nr. 4 iVm Abs. 2 S. 2 resultiert, dass es sich um eine vom Schuldner durch Anzeige rechtshängig gemachte Restrukturierungssache handeln muss, die den gleichen Anlass zur Restrukturierung hatte. Auch dies lässt sich nach dem Zweck des Aufhebungstatbestandes spezifizieren: Wer die vergangene Krise nicht nachhaltig bewältigt hat, sondern die Restrukturierung nun **fortführt,** hat bewiesen, dass er die Verfahrenshilfen nicht effektiv nutzen konnte; eine weitere Beschränkung der Rechte von Gläubigern, Inhabern von Absonderungsanwartschaften oder Anteilsinhabern ist nun nicht mehr geboten. Hat hingegen ein nach Ab- 42 schluss der Restrukturierung eintretendes Ereignis erneuten Restrukturierungsbedarf erzeugt, besteht für den Schuldner auch innerhalb der Frist des Abs. 2 S. 3 die Möglichkeit, eine Restrukturierung unter Zuhilfenahme der Instrumente des Rahmens durchzuführen. Folglich muss beiden Restrukturierungssachen im Wesentlichen das gleiche Restrukturierungsvorhaben zu Grunde liegen (BeckOK StaRUG/*Kramer,* 6. Ed. 1.10.2022, § 33 Rn. 45). Zur Bestimmung des Restrukturierungsvorhabens § 31 Abs. 2 S. 4. Eine nachhaltige Sanierung, die den Anlass des früheren Restrukturierungsvorhabens entfallen lässt, schließt eine solche Verfahrensidentität also aus (BeckOK StaRUG/*Kramer,* 6. Ed. 1.10.2022, § 33 Rn. 45; auch *Hölzle/Curtze* ZIP 2021, 1293 (1295)). Abs. 2 S. 3 enthält eine Vermutung, wann eine nachhaltige Sanierung vorliegt, nämlich, wenn seit Ende des Anordnungszeitraums oder der Entscheidung über den Antrag auf Planbestätigung weniger als drei Jahre vergangen sind. Diese Vermutung ist für den Schuldner gem. § 38 S. 1 StaRUG iVm § 292 ZPO widerleglich. Dabei steigen die Anforderungen an die Widerlegung der Vermutung nicht, je zeitlich näher das erneute Restrukturierungsvorhaben an die frühere Restrukturierungssache rückt. Vielmehr obliegt es dem Schuldner während der Drei-Jahres-Frist darzulegen, dass das alte Restrukturierungsvorhaben durch die nachhaltige Sanierung abgeschlossen wurde und das neue Restrukturierungsvorhaben strukturell andere Krisenausmaße aufweist. Nach Ablauf der Drei-Jahres-Frist findet Abs. 2 S. 3 keine Anwendung mehr. Es verbleibt bei Abs. 2 S. 2 und der dem Gericht aus dem Amtsermittlungsgrundsatz des § 39 Abs. 1 S. 1 folgenden Aufgabe zu ermitteln, ob eine Aufhebung gem. § 33 Abs. 2 S. 1 Nr. 4 ausscheidet, weil in der früheren Restrukturierungssache eine nachhaltige Sanierung geglückt ist (ohne Bedarf von einer tatsächlichen Vermutung ausgehend: BeckOK StaRUG/*Kramer,* 6. Ed. 1.10.2022, § 33 Rn. 50). Den Schuldner trifft insoweit gem. § 39 Abs. 2 eine Auskunftspflicht.

**43** Nach dem insoweit klaren gesetzlichen Wortlaut („bewältigt hat“) ist Abs. 2 S. 1 Nr. 4 auch dann anwendbar, wenn ein (erfolgversprechendes) Restrukturierungsvorhaben aufgrund eines nachträglich hinzutretenden Ereignisses ein neues Gepräge erhält (BeckOK StaRUG/*Kramer,* 6. Ed. 1.10.2022, § 33 Rn. 49). Löst dieses Ereignis hingegen einen von dem früheren Restrukturierungsvorhaben gänzlich verschiedenen Restrukturierungsbedarf aus, handelt es sich um zwei unterschiedliche Restrukturierungsvorhaben iSd § 33 Abs. 2 S. 1 Nr. 4.

**44** Abs. 2 S. 4 ordnet an, dass ein in Eigenverwaltung geführtes Insolvenzverfahren der Inanspruchnahme von Instrumenten des Restrukturierungsrahmens gleichsteht. Damit wird der Aufhebungstatbestand von der verfahrensmäßigen Einkleidung gelöst und dem Zweck der Vorschrift folgend dem Schuldner die Möglichkeit genommen, mithilfe einer weiteren Sanierungsoption erneut in die Rechte von Gläubigern, Inhabern von Absonderungsanwartschaften oder Anteilsinhabern einzugreifen. Folglich bezieht sich Abs. 2 S. 4 bereits auf den Aufhebungstatbestand des § 33 Abs. 2 S. 1 Nr. 4a) und nicht auf die Vermutung des Abs. 2 S. 3 (ausführlich bei BeckOK StaRUG/*Kramer,* 6. Ed. 1.10.2022, § 33 Rn. 54).

### 8. Schwerwiegender Pflichtenverstoß in früherer Restrukturierungssache (Abs. 2 S. 1 Nr. 4b))

Gem. § 33 Abs. 2 S. 1 Nr. 4b) hebt das Restrukturierungsgericht die Restrukturierungssache auch dann auf, wenn eine frühere Restrukturierungssache wegen eines schwerwiegenden Verstoßes gegen die Pflichten des § 32 und die Pflichten zur Mitwirkung und Auskunftserteilung aufgehoben wurde. Die Norm schützt die Wirkung des Aufhebungsbeschlusses, indem verhindert wird, dass durch eine erneute Anzeige des Restrukturierungsvorhabens die Tür zu den Instrumenten des Stabilisierungs- und Restrukturierungsrahmens wieder geöffnet wird (Begründung RegE, BT-Drs. 19/24181, S. 140). **45**

Zur Frage der Bestimmung der früheren Restrukturierungssache iSd Abs. 2 S. 1 Nr. 4, die eine Aufhebung ermöglicht, gelten auch hier die obigen Ausführungen → § 33 Rn. 42. Wurde mit der Anzeige die Rechtshängigkeit eines anderen Restrukturierungsvorhabens begründet, steht der Aufhebungstatbestand diesem ebenso wenig entgegen, wie wenn trotz der Aufhebung der früheren Restrukturierungssache eine nachhaltige Sanierung geglückt ist. **46**

## IV. Entscheidung des Gerichts; Rechtsfolgen

Die Entscheidung des Gerichts ergeht von Amts wegen durch Beschluss. **47** Der Schuldner ist in der Regel vor der Entscheidung anzuhören; dies gilt vor allem im Hinblick auf die ermessensgeleitete Entscheidung des § 33 Abs. 2 S. 1 Nr. 1. Bei § 33 Abs. 1 Nr. 2 ist eine erneute Anhörung entbehrlich, wenn bereits mit der Fristsetzung ein Hinweis (§ 38 S. 1 StaRUG iVm § 139 Abs. 4 S. 1 ZPO) auf die Folgen eines ausbleibenden Verweisungsantrags ergangen ist (BeckOK StaRUG/*Kramer,* 6. Ed. 1.10.2022, § 33 Rn. 67).

Insbesondere in den Fällen des § 33 Abs. 2 S. 1 Nr. 4 bietet die Anhörung **48** dem Schuldner die Möglichkeit aufzuzeigen, dass eine frühere, rechtshängige Restrukturierungssache nicht verfahrensidentisch mit der nun rechtshängigen Restrukturierungssache ist.

Der Beschluss ist zu begründen. Er ist dem Schuldner gem. § 38 S. 1 **49** StaRUG iVm § 329 S. 3 ZPO iVm § 33 Abs. 4 StaRUG zuzustellen. Zur öffentlichen Bekanntmachung § 85 Abs. 1 Nr. 3.

Der Beschluss führt gem. § 31 Abs. 4 Nr. 3 zur Wirkungslosigkeit der **50** Anzeige. Die Rechtshängigkeit der Restrukturierungssache endet ex nunc (§ 31 Abs. 3), ohne dass es auf die Rechtskraft des Aufhebungsbeschlusses ankommt (→ § 31 Rn. 43). Es besteht jedoch die Möglichkeit der Aussetzung der Vollziehung, wenn sofortige Beschwerde eingelegt wird (→ § 31 Rn. 43). Zu den Auswirkungen auf bereits vorher durch einen Antrag in Gang gesetzte Instrumentenverfahren → § 31 Rn. 50.

## V. Keine Aufhebung bei Absehen von Aufhebung einer Stabilisierungsanordnung (Abs. 3)

51 § 59 Abs. 3 ermöglicht es dem Gericht, von der Aufhebung einer Stabilisierungsanordnung abzusehen, wenn dies geboten erscheint, um im Interesse der Gesamtheit der Gläubiger einen geordneten Übergang in ein Insolvenzverfahren zu ermöglichen. § 33 Abs. 3 sieht vor, dass auch die Rechtshängigkeit der Restrukturierungssache als Verfahrensmantel in diesem Fall erhalten bleibt. Anders als bei § 59 Abs. 3 hat das Gericht bei § 33 Abs. 3 jedoch kein Ermessen.

## VI. Rechtsmittel (Abs. 4)

52 Die Entscheidung, die Restrukturierungssache aufzuheben, kann ungeachtet des Aufhebungstatbestandes vom Schuldner mit der sofortigen Beschwerde angefochten werden (§§ 33 Abs. 4, 40 Abs. 1 S. 1, 38 S. 1 StaRUG iVm §§ 567 ff. ZPO). Trotz möglicher, auch für die Gläubigerschaft mit der Aufhebung verbundener Nachteile steht anderen als dem Schuldner die Beschwerdebefugnis nicht zu. Das Beschwerdegericht prüft die Voraussetzungen des Aufhebungstatbestandes nach und kann in den gesetzlich vorgesehenen Fällen eine eigene Ermessensentscheidung treffen (BeckOK StaRUG/*Kramer,* 6. Ed. 1.10.2022, § 33 Rn. 78).

### Restrukturierungsgericht; Verordnungsermächtigung

**34** (1) [1]**Für Entscheidungen in Restrukturierungssachen ist das Amtsgericht, in dessen Bezirk ein Oberlandesgericht seinen Sitz hat, als Restrukturierungsgericht für den Bezirk des Oberlandesgerichts ausschließlich zuständig.** [2]**Ist dieses Amtsgericht nicht für Regelinsolvenzsachen zuständig, so ist das Amtsgericht zuständig, das für Regelinsolvenzsachen am Sitz des Oberlandesgerichts zuständig ist.**

(2) [1]**Die Landesregierungen werden ermächtigt, zur sachdienlichen Förderung oder schnelleren Erledigung von Restrukturierungssachen durch Rechtsverordnung**

1. **innerhalb eines Bezirks die Zuständigkeit eines anderen, für Regelinsolvenzsachen zuständigen Amtsgerichts zu bestimmen oder**
2. **die Zuständigkeit eines Restrukturierungsgerichts innerhalb eines Landes zusätzlich auf den Bezirk eines oder mehrerer weiterer Oberlandesgerichte zu erstrecken.**

[2]**Die Landesregierungen können die Ermächtigung durch Rechtsverordnung auf die Landesjustizverwaltungen übertragen.** [3]**Mehrere Länder können die Errichtung gemeinsamer Abteilungen eines Amtsgerichts für Restrukturierungssachen oder die Ausdehnung von**

**Gerichtsbezirken für Restrukturierungssachen über die Landesgrenzen hinaus vereinbaren.**

**Übersicht**



## I. Normzweck; Anwendungsbereich

1 § 34 Abs. 1 regelt die sachliche Zuständigkeit, während § 35 (→ § 35 Rn. 2) die örtliche Zuständigkeit regelt. Eine Regelung zur funktionellen Zuständigkeit wird weder in § 34 noch an anderer Stelle ausdrücklich getroffen.

## II. Umsetzung der Richtlinie

2 Die RL 2019/1023 nimmt in den Erwägungsgründen 85 und 86 und in Artikel 25 Bezug auf die Zuständigkeit der Gerichte und die Qualifikationsanforderungen.

3 In den Erwägungsgründen 85 und 86 wird vorgeschrieben, dass die Personen, die Verfahren der präventiven Restrukturierung bearbeiten, angemessen ausgebildet sein sollen und über die für ihre Zuständigkeiten erforderliche Sachkunde verfügen sollen. Zudem sollen Restrukturierungsverfahren effizient und zügig durchgeführt werden können. Möglichkeiten hierzu sind die Ernennung von Fachrichtern und die Bündelung von Zuständigkeiten. Art. 25 schreibt parallel dazu vor, dass die Mitgliedsstaaten sicher zu stellen haben, dass Mitglieder der Justiz- und Verwaltungsbehörden, die mit Restrukturierungs-, Insolvenz- und Entschuldungsverfahren befasst sind, eine angemessene Ausbildung erhalten und die für ihre Zuständigkeiten erforderliche Sachkunde haben sollen und dass Restrukturierungs-, Insolvenz- und Entschuldungsverfahren mit Blick auf ihre zügige Bearbeitung auf effiziente Weise geführt werden sollen.

4 Mit § 34 wurde durch eine Zuständigkeitsbündelung ein Instrument zur Steigerung der Qualifikation der befassten Richter gewählt (vgl. Begründung RegE, BT-Drs. 19/24181, S. 165). Dem Qualifikationserfordernis wurde zudem durch die Änderung von § 22 Abs. 6 GVG Rechnung getragen, der im Zuge des SanInsFoG auf Restrukturierungssachen erweitert wurde (für eine unzulängliche Umsetzung wegen § 22 Abs. 6 S. 3 GVG: BeckOK StaRUG/*Kramer,* 6. Ed. 17.7.2022, § 34 Rn. 2; ähnlich *Vallender* ZInsO 2020, 2579 (2582)).

## III. Sachliche Zuständigkeit im Einzelnen

### 1. Sachliche Zuständigkeit (Abs. 1)

5 Gemäß § 34 Abs. 1 S. 1 ist das Amtsgericht sachlich zuständig, in dessen Bezirk jeweils ein Oberlandesgericht seinen Sitz hat. Durch § 34 Abs. 1 S. 2 wird sichergestellt, dass das Gericht auch für Unternehmensinsolvenzen zuständig ist (vgl. Begründung RegE, BT-Drs. 19/24181, S. 165, noch mit Blick auf eine nicht umgesetzte Änderung des § 2 InsO). Die Prüfung erfolgt nach den allgemeinen Grundsätzen der ZPO (vgl. § 38) von Amts wegen (BeckOK StaRUG/*Kramer*, 6. Ed. 17.7.2022, § 34 Rn. 18). Die Zuständigkeitskonzentration auf der Ebene der Bezirke der Oberlandesgerichte und die einheitliche Zuständigkeit für Restrukturierungssachen und Unternehmensinsolvenzen sollen die fachhaltige Ausbildung und Fortentwicklung der Kompetenzen und Expertise, gewährleisten, die erforderlich ist, um eine sachgerechte, professionelle, effiziente und der mit Restrukturierungsverfahren einhergehenden Komplexität gerecht werdende Bearbeitung von Restrukturierungssachen zu gewährleisten (Begründung RegE, BT-Drs. 19/24181, S. 165). Aufgrund der Ähnlichkeit von Restrukturierungsverfahren und Insolvenzverfahren ist die Bestimmung der sachlichen Zuständigkeit nachvollziehbar (vgl. *Thole* ZIP 2020, 1985 (1991); *Vallender* MDR 2021, 201 (205)); krit. mit Blick auf das „Insolvenzstigma": *Krystek/Evertz* DB 2020, 2361 (2368)). Die Bündelung geht zwar mit einem Verlust der Kenntnisse der lokalen wirtschaftlichen Strukturen des zuständigen Richters einher (vgl. *Deppenkemper* ZIP 2020, 2432 (2436), kritisch mit Blick auf Bedeutungsverlust von Gerichten und Nachteilen aufgrund langer Distanzen: Stellungnahme des Deutschen Richterbundes zum SanInsFoG vom 2.10.2020, #10/20, B.4.), ist angesichts der praktischen Beschränkung auf finanzielle Restrukturierung und daher begrenzte Fallzahlen derzeit jedoch nachvollziehbar (positiv bezüglich der Konzentration: *Frind* ZInsO 2020, 2241 (2244)).

6 Die Zuständigkeit ist gemäß § 34 Abs. 1 S. 1 ausschließlich. Eine Gerichtsstandsvereinbarung, die dieser sachlichen Zuständigkeit widersprechen würde, ist folglich gemäß § 38 ZPO, § 40 Abs. 2 S. 1 Nr. 2 ZPO unwirksam.

7 Im Zusammenhang mit § 34 Abs. 1 ist auch die Änderung des § 22 Abs. 6 GVG durch Art. 2 Nr. 1 SanInsFoG zu sehen (zur praktisch geringen Relevanz und der Ausweitung der Fortbildungsangebote: Stellungnahme des Deutschen Richterbundes zum SanInsFoG vom 2.10.2020, 10/20, B.2.; ebenso *Deppenkemper* ZIP 2020, 2432 (2436); ähnlich *Vallender* ZInsO 2020, 2579 (2582) und BeckOK StaRUG/*Kramer*, 6. Ed. 17.7.2022, § 34 Rn. 2).

### 2. Übertragungsmöglichkeiten der Länder (Abs. 2)

8 § 34 Abs. 2 geht auf eine Forderung des Bundesrates zurück. Die Vorschrift orientiert sich an § 3 Abs. 2 VwGO und § 3 Abs. 2 FGO (Bericht des Ausschusses für Recht und Verbraucherschutz (6. Ausschuss) BT-Drs.

19/25353, 8). Ebenso wie § 2 Abs. 2 InsO setzt die Vorschrift den Zweck der sachdienlichen Förderung und schnellen Erledigung der Sache für die Anwendung voraus. Sie ermöglicht den Ländern individuelle und auf die jeweilige Situation zugeschnittene Zuständigkeitsregelungen (Begründung RegE, BT-Drs. 19/24181, S. 165). Durch § 34 Abs. 2 S. 1 Nr. 1 ist eine eigene Zuweisung durch Landesverordnung möglich. Hierdurch kann ein anderes, nicht aber ein zusätzliches Amtsgericht bestimmt werden (Begründung RegE, BT-Drs. 19/24181, S. 165). § 34 Abs. 2 S. 1 Nr. 2 ermöglicht einer Landesregierung eine noch stärkere Zuständigkeitskonzentration, soweit es in einem Land mehrere Oberlandesgerichte gibt. Gemäß § 34 Abs. 2 S. 2 können die Landesregierungen die Ermächtigung auf die Landesjustizverwaltungen übertragen. Darüber hinaus hat § 34 Abs. 2 S. 3 die Möglichkeit geschaffen, dass mehrere Länder die Errichtung gemeinsamer Abteilungen eines Amtsgerichts für Restrukturierungssachen oder die Ausdehnung von Gerichtsbezirken für Restrukturierungssachen über die Landesgrenzen hinaus vereinbaren können.

### 3. Funktionelle Zuständigkeit

Die funktionelle Zuständigkeit wurde nicht ausdrücklich im StaRUG **9** geregelt. Die umfassende Zuständigkeit des Richters lässt sich aber aus Art. 92 GG, § 1 DRiG und dem im Zuge des SanInsFoG geänderten § 22 Abs. 6 GVG ableiten (BeckOK StaRUG/*Kramer,* 6. Ed. 17.7.2022, § 34 Rn. 10; vgl. *Vallender* ZInsO 2020, 2579 (2582); *Vallender* MDR 2021, 201 (205)). Auch wenn es eine Norm, die § 3 Nr. 2 lit. e RpflG entspricht, für Verfahren nach dem StaRUG nicht gibt, sprechen der Verweis über § 38 StaRUG sowie die in Insolvenzverfahren bestehenden funktionalen Zuständigkeiten dafür, dass auch in Restrukturierungssachen eine funktionelle Zuständigkeit des Rechtspflegers unter anderem für Kostenfestsetzungsverfahren, Festsetzung der Vergütung von Rechtsanwälten und Prozesskostenhilfeverfahren gemäß §§ 3 Nr. 3 lit. b, 20 Abs. 1 Nr. 4 und Nr. 5 RPflG und §§ 3 Nr. 3 lit. a, 21 Nr. 1 und 2 RPflG besteht (vgl. BeckOK StaRUG/*Kramer,* 6. Ed. 17.7.2022, § 34 Rn. 10). Der Rückgriff auf die bestehenden Strukturen dürfte insoweit Synergieeffekte begründen (*Deppenkemper* ZIP 2020, 2432 (2436)). Ebenso spricht der im Regierungsentwurf erwähnte Gedanke der Festlegung grundsätzlich einheitlicher Qualifikationsanforderungen an die Tätigkeit in Insolvenz- und Restrukturierungssachen hierfür (vgl. Begründung RegE, BT-Drs. 19/24181, S. 164).

Mit dem SanInsFoG wurden auch die Vorschriften des GVG in Bezug auf **10** Annexzuständigkeiten und die Einführung von Spezialspruchkörpern geändert (Art. 2 SanInsFoG). Vor allem zu nennen ist die Einführung der §§ 72a Abs. 1 Nr. 7, 119a Abs. 1 Nr. 7 GVG, die vorschreibt, dass Spezialspruchkörper für insolvenzrechtliche Streitigkeiten, Streitigkeiten nach dem Anfechtungsgesetz und Streitigkeiten und Beschwerden aus dem Unternehmensstabilisierungs- und Restrukturierungsgesetz bei den Landgerichten und Oberlandesgerichten zu bilden sind. Auch dies soll letztlich der Qualitätssicherung dienen (hierzu näher: Stellungnahme des Deutschen Richterbundes zum SanInsFoG vom 2.10.2020, 10/20, B.3.).

**Örtliche Zuständigkeit**

**35** **[1]Örtlich zuständig ist ausschließlich das Restrukturierungsgericht, in dessen Bezirk der Schuldner seinen allgemeinen Gerichtsstand hat. [2]Liegt der Mittelpunkt einer wirtschaftlichen Tätigkeit des Schuldners an einem anderen Ort, so ist ausschließlich das Restrukturierungsgericht zuständig, in dessen Bezirk dieser Ort liegt.**

**Übersicht**



## I. Normzweck

1 § 35 regelt die örtliche Zuständigkeit entsprechend zu § 3 InsO (Begründung RegE, BT-Drs. 19/24181, S. 141). Die RL 2019/1023 hat sich nicht näher zur örtlichen Zuständigkeit geäußert.

## II. Regelungsinhalt

2 Gemäß § 35 ist das Gericht örtlich ausschließlich zuständig, in dessen Bezirk der Schuldner seinen allgemeinen Gerichtsstand hat. Nach § 35 S. 2 begründet sich die örtliche Zuständigkeit jedoch vorrangig nach dem Mittelpunkt der wirtschaftlichen Interessen des Schuldners, wenn diese an einem anderen Ort als dem allgemeinen Gerichtsstand liegen. Die Zuständigkeit ist ebenso wie die sachliche Zuständigkeit ausschließlich. Ebenso gilt daher, dass eine Gerichtsstandsvereinbarung, die dem widersprechen würde, gemäß § 38 ZPO, § 40 Abs. 2 S. 1 Nr. 2 ZPO unwirksam wäre.

## III. Vorrangige Zuständigkeit nach dem Mittelpunkt einer wirtschaftlichen Tätigkeit

3 Geht der Schuldner einer wirtschaftlichen Tätigkeit nach (vgl. für natürliche Personen: § 30 (→ § 30 Rn. 19 ff.)), ist vorrangig der Mittelpunkt dieser Tätigkeit maßgeblich. Grund hierfür ist wie bei § 3 InsO und bei der Ermittlung des COMI gemäß Art. 3 EuInsVO (zur fehlenden Identität der Begriffe aufgrund unterschiedlicher Normgeber: BeckOK InsO/*Madaus,* 29. Ed. 15.10.2022, § 3 Rn. 14.1), dass die Interessen der Gläubiger an diesem Ort liegen und die Begründung der örtlichen Zuständigkeit daher zweckmäßig ist. Auch ist die Erkennbarkeit für Dritte maßgeblich (BeckOK InsO/

*Madaus,* 29. Ed. 15.10.2022, § 3 Rn. 14; OLG Brandenburg NZI 2002, 438 (439)).

Für die Ermittlung des wirtschaftlichen Mittelpunktes ist daher auf die zu § 3 InsO geltenden Kriterien und Rechtsprechung zurückzugreifen. 4

Unter einer wirtschaftlichen Tätigkeit ist jede auf Gewinnerzielung gerichtete Tätigkeit in nicht abhängiger Stellung zu verstehen, ohne das Gewinn erzielt werden muss (OLG Hamm ZInsO 1999, 533 (534)). 5

Indizien für einen wirtschaftlichen Mittelpunkt sind die Lage der Geschäftsräume, die örtlichen Tätigkeitsfelder der Mitarbeiter, die Art und die Zahl der Kunden sowie der Schwerpunkt der vertraglichen Beziehungen (AG Köln NZI 2008, 254 (255); Uhlenbruck/*Pape* InsO § 3 Rn. 4a). Auch kann der Ort, an dem die für das Geschäft wesentlichen Entscheidungen getroffen werden und ihren Niederschlag finden, bei der Ermittlung herangezogen werden (AG Köln NZI 2008, 254 (255)). Eine Eintragung im Handelsregister stellt nur eine widerlegliche Vermutung dar (LG Hamburg ZInsO 2000, 118; Uhlenbruck/*Pape* InsO § 3 Rn. 4a). 6

## IV. Allgemeiner Gerichtsstand

Greift § 35 S. 2 nicht, richtet sich die örtliche Zuständigkeit gemäß § 35 S. 1 nach dem allgemeinen Gerichtsstand (zur geringen praktischen Relevanz dieser Regelung wegen der erforderlichen wirtschaftlichen Tätigkeit bei natürlichen Personen (§ 30): Braun StaRUG/*Baumert*§ 35 Rn. 7). Folglich finden die §§ 13–17 ZPO Anwendung. Bei juristischen Personen richtet sich die Zuständigkeit folglich nach dem Sitz gemäß § 17 Abs. 1 ZPO. Bei restrukturierungsfähigen natürlichen Personen, für die nicht bereits § 35 S. 1 greift, würde sich die Zuständigkeit nach dem Wohnsitz (§§ 13–16 ZPO, §§ 7–11 BGB) richten. 7

## V. Sonstiges

Die Prüfung der örtlichen Zuständigkeit erfolgt nach den allgemeinen Grundsätzen der ZPO (vgl. § 38) von Amts wegen (*Vallender* ZRI 2021, 165 (166)). Maßgeblicher Zeitpunkt ist der Eingang der Anzeige (AG Köln NZI 2008, 254 (255); Braun StaRUG/*Baumert*§ 35 Rn. 2). War das Gericht im Zeitpunkt der Anzeige der Restrukturierungssache noch nicht örtlich zuständig, sind Änderungen, die die Zuständigkeit begründen, noch bis zur Entscheidung des Gerichts zu berücksichtigen (AG Köln NZI 2008, 254 (255). 8

Ist das angerufene Restrukturierungsgericht örtlich unzuständig, hat es auf Antrag gemäß § 38 S. 1 iVm § 281 ZPO die Restrukturierungssache an das zuständige Gericht zu verweisen (*Vallender* ZInsO 2020, 2579 (2580). 9

Im Kontext zum Inkrafttreten des § 35 ist eine Änderung der InsO im SanInsFoG (Art. 5 Nr. 1 SanInsFoG) zu nennen, durch die der jetzige §§ 3 Abs. 2 InsO eingefügt wurde. Dieser greift, wenn der Schuldner in den 10 letzten Monaten vor der Antragsstellung Instrumente gemäß § 29 (→ § 29 Rn. 8 f.) in Anspruch genommen hat. In diesem Fall ist auch das damalige Restrukturierungsgericht als Insolvenzgericht örtlich zuständig. Es besteht ein Wahlrecht des Schuldners (Begründung RegE, BT-Drs. 19/24181, S. 191; bejahend auch für Gläubiger: BeckOK InsO/*Madaus,* 29. Ed. 15.10.2022, § 3 Rn. 24c). Die Vorschrift soll eine effiziente und erleichterte Verfahrensbearbeitung sowie Kontinuität bei den Gerichten ermöglichen, da das Insolvenzgericht, das bereits als Restrukturierungsgericht zuständig war, in besonderem Maße mit den Besonderheiten des schuldnerischen Unternehmens und den handelnden Personen sowie einem Teil der Gläubigerschaft vertraut ist (Begründung RegE, BT-Drs. 19/24181, S. 191).

### Einheitliche Zuständigkeit

**36 Für alle Entscheidungen und Maßnahmen in der Restrukturierungssache ist die Abteilung zuständig, die für die erste Entscheidung zuständig war.**

**Übersicht**



## I. Normzweck; Anwendungsbereich

1 Die Vorschrift stellt klar, dass während der Rechtshängigkeit der Restrukturierungssache die Abteilung, die die erste Entscheidung in der Restrukturierungssache getroffen hat, durchgängig für alle weiteren Entscheidungen und Maßnahmen in derselben Restrukturierungssache zuständig bleibt (Begründung RegE, BT-Drs. 19/24181, S. 142).

2 In dem Regierungsentwurf wird weiter hierzu ausgeführt, dass dies in der Regel zur Folge haben wird, dass auch derselbe Richter tätig wird. Hintergrund der Norm ist, dass Zuständigkeitsprobleme, wie bei Vertretungsfällen, verhindert werden sollen (Begründung RegE, BT-Drs. 19/24181, S. 142). Der Referentenentwurf stellte noch auf die Richterin, die für die erste Entscheidung zuständig war, ab (RefE SanInsFoG, S. 28). Dies ist zu Recht auf Kritik gestoßen und wurde weder im Regierungsentwurf noch schlussendlich im Gesetz aufgenommen. Da es auch Abteilungen mit mehreren Richtern gibt, wäre eine noch genauere Zuweisung eine solche gewesen, die auf den gemäß Geschäftsverteilungsplan zuständigen Richter, solange dieser der Abteilung vorsitzt, verweist (*Frind* ZInsO 2020, 2241 (2244); Braun StaRUG/*Baumert* § 36 Rn. 3). Eine Anknüpfung an die Abteilung anstelle des Richters ist auch durch Änderung des § 3c InsO mit Art. 5 Nr. 3 SanInsFoG erfolgt.

## II. § 36 im Einzelnen

Die Vorschrift knüpft an die erste Entscheidung des Gerichtes an. Im präventiven Stabilisierungs- und Restrukturierungsrahmen dürfte eine Entscheidung regelmäßig ein Beschluss sein, da förmliche Entscheidungen des Restrukturierungsgerichts als Beschlüsse ergehen. Gemäß § 38 (→ § 38 Rn. 3) gilt für sie § 329 ZPO (*Vallender* ZInsO 2020, 2579 (2585)). 3

Welche Vorgänge dem Begriff der Maßnahme unterfallen, lässt sich nicht unmittelbar dem Gesetz entnehmen. Das StaRUG kennt keine Maßnahmen, die ein Gericht trifft. Der Begriff der Maßnahme ist dem Gesetz gleichwohl nicht unbekannt. Er taucht beispielsweise im Zusammenhang mit dem Inhalt des Restrukturierungsplans (§ 6 Abs. 1 S. 2) oder mit den vom Schuldner bei der Anzeige der Zahlungsunfähigkeit in Aussicht genommenen Maßnahmen zur Erreichung des Restrukturierungsziels (§ 31 Abs. 2 S. 1 Nr. 1 und 2) auf, nicht jedoch als ein vom Gericht zu treffender Akt (vgl. BeckOK StaRUG/*Kramer,* 6. Ed. 17.7.2022, § 36 Rn. 3). Gemäß der Formulierung in dem mit dem SanInsFoG eingeführten § 3 Abs. 2 InsO, handelt es sich bei den Instrumenten des StaRUGs nach gemäß § 29 um Maßnahmen. Der Gesetzgeber könnte damit zum Ausdruck gebracht haben, dass es sich bei den Instrumenten nach § 29 (→ § 29 Rn. 8 f.) um eine Maßnahme iSd § 36 handelt. Aus dem Regierungsentwurf lässt sich ablesen, dass für jedes Instrument gemäß § 29 ein eigenes Verfahren durchzuführen ist, für das aufgrund von § 36 dasselbe Gericht zuständig ist. Eine Verknüpfung der Verfahren erfolgt aufgrund der Anzeige des Restrukturierungsvorhabens gemäß § 31 (→ § 31 Rn. 6 ff.) (Begründung RegE, BT-Drs. 19/24181, S. 133). 4

§ 36 enthält zwingende Vorgaben für die Geschäftsverteilung gemäß § 21e GVG. Steht ein Geschäftsverteilungsplan im Konflikt zu § 36, gilt die gesetzliche Vorgabe des § 36 unmittelbar (vgl. BeckOK GG/*Morgenthaler,* 48. Ed. 15.8.2021, Art. 101 Rn. 12 f. mwN). Die Norm legt den gesetzlichen Richter gemäß Art. 101 Abs. 1 S. 2 GG fest (vgl. BeckOK GG/*Morgenthaler,* 48. Ed. 15.8.2021, Art. 101 Rn. 12 f. mwN; BeckOK StaRUG/*Kramer,* 2. Ed. 1.9.2021, § 36 Rn. 11). 5

### Gruppen-Gerichtsstand

**37** (1) **Auf Antrag eines Schuldners, der einer Unternehmensgruppe im Sinne des § 3e der Insolvenzordnung angehört (gruppenangehöriger Schuldner), erklärt sich das angerufene Restrukturierungsgericht für Restrukturierungssachen anderer gruppenangehöriger Schuldner (Gruppen-Folgeverfahren) für zuständig, wenn dieser Schuldner einen zulässigen Antrag in der Restrukturierungssache gestellt hat und er nicht offensichtlich von untergeordneter Bedeutung für die gesamte Unternehmensgruppe ist.**

(2) **§ 3a Absatz 1 Satz 2 bis 4, Absatz 2, die §§ 3b, 3c Absatz 1, § 3d Absatz 1 Satz 1, Absatz 2 Satz 1 und § 13a der Insolvenzordnung gelten entsprechend.**

(3) **Auf Antrag des Schuldners erklärt sich unter den Voraussetzungen des Absatzes 1 das für Gruppen-Folgeverfahren in Restrukturierungssachen zuständige Gericht als Insolvenzgericht auch für Gruppen-Folgeverfahren in Insolvenzsachen nach § 3a Absatz 1 der Insolvenzordnung für zuständig.**

**Schrifttum:** *Paulus/Bähr/Hackländer* Konzernweite Restrukturierungen – Hilft das StaRUG?, ZIP 2021, 1085.

**Übersicht**



## I. Normzweck; Anwendungsbereich

1 § 37 findet Anwendung, wenn innerhalb einer Unternehmensgruppe im Sinne von § 3e InsO mehrere dieser Unternehmensgruppe zugehörige Rechtsträger einen Antrag in einer Restrukturierungssache gestellt haben. Die Vorschrift dient der Konzentration der Verfahren innerhalb einer Unternehmensgruppe, der Vermeidung von uneinheitlichen Entscheidungen und der Abstimmung der Sanierungskonzepte (Begründung RegE, BT-Drs. 19/24181, S. 142; krit. zur Konzentration am Gruppen-Gerichtsstand: *Deppenkemper* ZIP 2020, 2432 (2436)). Der Gruppen-Gerichtsstand ist ein optionaler Gerichtsstand, der den ausschließlichen allgemeinen Gerichtsstand nach § 35 einschränkt (vgl. für die §§ 3, 3a InsO: Uhlenbruck/*Pape* InsO § 3a Rn. 9).

2 § 37 setzt ebenso wie die Parallelvorschrift des § 3a InsO voraus, dass der antragsstellende Rechtsträger nicht offensichtlich von untergeordneter Bedeutung für die Unternehmensgruppe ist.

3 Die entsprechenden Kriterien hierfür und die weitere Parallelvorschriften in den §§ 3aff. werden durch § 37 Abs. 2 für entsprechend anwendbar erklärt. § 37 Abs. 3 regelt das Auftreten von Gruppen-Folgeverfahren in Insolvenzsachen.

## II. Antrag eines gruppenzugehörigen Schuldners (Abs. 1)

§ 37 setzt voraus, dass ein Schuldner, der einer Unternehmensgruppe nach § 3a InsO angehört, einen zulässigen Antrag in einer Restrukturierungssache gestellt hat. Eine Restrukturierungssache liegt gemäß § 31 Abs. 1, 3 (→ § 31 Rn. 6 ff.) vor, wenn der Schuldner sein Restrukturierungsvorhaben beim Restrukturierungsgericht angezeigt hat. Trotzdem genügt es nach der Regierungsbegründung nicht, wenn der Schuldner das Restrukturierungsvorhaben angezeigt hat, sondern er muss das gemäß § 29 beantragte Instrument (→ § 29 Rn. 8 f.) auch in Anspruch genommen haben (Begründung RegE, BT-Drs. 19/24181, S. 142; krit.: BeckOK StaRUG/*Kramer,* 6. Ed. 17.7.2022, § 37 Rn. 23 mit Bezug auf den Amtsermittlungsgrundsatz gemäß § 39 (→ § 39 Rn. 3 ff.)). 4

## III. Entsprechende Anwendung der Vorschriften der InsO (Abs. 2)

§ 37 Abs. 2 regelt die entsprechende Anwendung von § 3a Abs. 1 S. 2–4 InsO, Abs. 2, §§ 3b, 3c Abs. 1, 3d Abs. 1 S. 1, Abs. 2 S. 1 InsO und § 13a InsO. 5

### 1. Regelbeispiel für ein Unternehmen von nicht untergeordneter Bedeutung und Konkurrenzregel bei mehreren Anträgen

§ 37 Abs. 2 verweist damit auf die in § 3a Abs. 1 S. 2 InsO enthaltenen Regelbeispiele für Unternehmen von nicht untergeordneter Bedeutung. Hiernach ist eine untergeordnete Bedeutung in der Regel nicht anzunehmen, wenn im vorangegangenen abgeschlossenen Geschäftsjahr die Zahl der vom Schuldner im Jahresdurchschnitt beschäftigten Arbeitnehmer mehr als 15 % der in der Unternehmensgruppe im Jahresdurchschnitt beschäftigten Arbeitnehmer ausmachte und die Bilanzsumme des Schuldners mehr als 15 % der zusammengefassten Bilanzsumme der Unternehmensgruppe betrug oder alternativ zu dem vorgenannten Erfordernis der Bilanzsumme die Umsatzerlöse des Schuldners mehr als 15 % der zusammengefassten Umsatzerlöse der Unternehmensgruppe betrugen. Gemäß § 37 Abs. 2 iVm § 3a Abs. 1 S. 4 InsO kann der Gruppen-Gerichtsstand jedenfalls bei dem Gericht begründet werden, das für die Eröffnung des Verfahrens für den gruppenangehörigen Schuldner zuständig ist, der im vorangegangenen abgeschlossenen Geschäftsjahr im Jahresdurchschnitt die meisten Arbeitnehmer beschäftigt hat, falls kein gruppenangehöriger Schuldner die Voraussetzungen § 37 Abs. 2 iVm § 3a Abs. 1 S. 2 erfüllt. 6

§ 37 Abs. 2 iVm § 3a Abs. 1 S. 3 InsO enthält eine Konkurrenzregel bei Mehrfachbeantragung. Es gilt das Prioritätsprinzip (vgl. Begründung RegE, BT-Drs. 19/24181, S. 142; *Vallender* ZInsO 2020, 2579 (2582)). Haben mehrere Schuldner einer Unternehmensgruppe bei unterschiedlichen Re- 7 strukturierungsgerichten einen Antrag gemäß § 37 Abs. 1 gestellt, ist der zuerst gestellte Antrag maßgeblich (vgl. für § 3a InsO: Begründung RegE Gesetz zur Erleichterung der Bewältigung von Konzerninsolvenzen: BT-Drs. 18/407, 27). § 37 Abs. 2 iVm § 3a Abs. 1 S. 3 regelt den Fall, dass mehrere Anträge gleichzeitig gestellt wurden oder es unklar ist, welcher Antrag zuerst gestellt worden ist. Dann ist der Antrag des Schuldners maßgeblich, der im vergangenen Geschäftsjahr die meisten Arbeitnehmer beschäftigt hat. Die anderen Anträge sind unzulässig.

### 2. Ablehnung bei Zweifel an gemeinsamem Interesse der Gläubiger

**8** Das Gericht kann den Konzentrationsantrag gemäß § 37 Abs. 2 iVm § 3a Abs. 2 InsO ablehnen, wenn Zweifel daran bestehen, dass eine Verfahrenskonzentration im gemeinsamen Interesse der Gläubiger besteht (vgl. BeckOK StaRUG/*Kramer,* 6. Ed. 17.7.2022, § 37 Rn. 31 f. zum großen Kreis der wegen möglicher Gruppen-Folgeverfahren maßgeblichen Gläubiger, von dem nur die Gläubiger gemäß § 4 InsO ausgenommen sind). Denkbar ist insoweit eine Ablehnung aufgrund Verfahrensmehrkosten (BeckOK StaRUG/*Kramer,* 6. Ed. 17.7.2022, § 37 Rn. 33).

### 3. Kontinuität durch Zuständigkeitswahrung der Abteilung des Amtsgerichts am Gruppen-Gerichtsstand

**9** Gemäß § 37 Abs. 2 iVm § 3b InsO bleibt ein nach § 37 Abs. 1 iVm § 3a InsO begründeter Gruppen-Gerichtsstand auch dann erhalten, wenn die Restrukturierungssache des antragsstellenden Schuldners aufgehoben wird (§ 33) oder die Anzeige nicht mehr rechtshängig ist (§ 31 Abs. 4), solange an diesem Gerichtsstand ein Verfahren über einen anderen gruppenangehörigen Schuldner anhängig ist. Als Hintergrund ist der allgemein hinter § 37 stehende Gedanke der Verfahrenskonzentration und Kontinuität zu sehen.

**10** Gemäß § 37 Abs. 2 iVm § 3d Abs. 1 S. 1, Abs. 2 S. 1 InsO kann ein anderes Restrukturierungsgericht als das Gericht des Gruppen-Gerichtsstandes, bei dem eine Restrukturierungssache rechtshängig ist (§ 31), das Verfahren an das Gericht des Gruppen-Gerichtsstandes auf Antrag des Schuldners verweisen. Dies zeigt den optionalen Charakter des Gruppen-Gerichtsstandes und den Mechanismus der Verfahrenskonzentration. § 37 Abs. 2 iVm § 3c Abs. 1 InsO regelt die Zuständigkeit derselben Abteilung eines Gerichts bei Gruppen-Folgeverfahren in Restrukturierungssachen. Die Zuständigkeit für Gruppen-Folgeverfahren ist ebenso wie die Zuständigkeit des Gruppen-Gerichtsstands als eine optionale Zuständigkeit anzusehen (s. auch BeckOK StaRUG/*Kramer,* 6. Ed. 17.7.2022, § 37 Rn. 42). Mit Art. 5 Nr. 3 SanInsFoG wurde § 3c Abs. 1 InsO, nach dem noch die Zuständigkeit desselben Richters maßgeblich war, dahingehend geändert, dass es nun auf dieselbe Abteilung ankommt. § 3c InsO stellt nun ebenso wie § 36 (→ § 36 Rn. 1) auf die Abteilung ab.

### 4. Erforderliche Angaben des Konzentrationsantrages

Durch § 37 Abs. 2 iVm § 13a InsO werden die nach § 13a InsO erforderlichen Angaben für einen Antrag nach § 3a InsO auch für den Antrag nach § 37 für anwendbar erklärt. 11

## IV. Gruppen-Folgeverfahren in Insolvenzsachen (Abs. 3)

§ 37 Abs. 3 regelt den Fall, dass ein Insolvenzantrag in Bezug auf ein gruppenzugehöriges Unternehmen gestellt wurde und ein Gruppen-Gerichtsstand gemäß § 37 Abs. 1 besteht. Gemäß § 37 Abs. 2 iVm § 3c InsO ist der Gruppen-Gerichtsstand auch für Gruppen-Folgeverfahren in Restrukturierungssachen zuständig. In diesem Fall erklärt sich auf Antrag des Schuldners und unter den Voraussetzungen des § 37 Abs. 1 das für Gruppen-Folgeverfahren in Restrukturierungssachen zuständige Gericht als Insolvenzgericht auch für Gruppen-Folgeverfahren in Insolvenzsachen nach § 3a Abs. 1 der InsO zuständig. Hierdurch wird sichergestellt, dass, wenn eine Restrukturierungssache bei einem gruppenzugehörigen Unternehmen anhängig ist, dasselbe Gericht und entsprechend auch dieselbe Abteilung zuständig ist, wenn ein Insolvenzantrag in Bezug auf ein gruppenzugehöriges Unternehmen gestellt wird. Bereits vorhandenes Wissen über die Unternehmensgruppe kann genutzt werden und die Verfahren können so in einer Hand koordiniert werden. Eine dem § 56b InsO ähnelnde Regelung wurde in Bezug auf eine Personenidentität von Restrukturierungsbeauftragen oder (vorläufigen) Insolvenzverwaltern nicht geschaffen. Ein entsprechendes Verfahren ist bei der Bestellung daher nicht zu beachten (vgl. *Hoegen/Kranz* NZI 2021, 105 (108)). 12

Eine Parallelvorschrift zu § 37 Abs. 3 wurde durch Art. 5 Nr. 2 SanInsFoG mit § 3a Abs. 4 InsO geschaffen, die eine Konzentration an den Restrukturierungsgerichten, von denen es weniger als Insolvenzgerichte gibt, gewährleistet (vgl. Begründung RegE, BT-Drs. 19/24181, S. 191). 13

### Anwendbarkeit der Zivilprozessordnung

**38** **[1] Für Verfahren in Restrukturierungssachen gelten, soweit dieses Gesetz nichts anderes bestimmt, die Vorschriften der Zivilprozessordnung entsprechend. [2] § 128a der Zivilprozessordnung gilt mit der Maßgabe, dass bei Versammlungen und Terminen die Beteiligten in der Ladung auf die Verpflichtung hinzuweisen sind, wissentliche Ton- und Bildaufzeichnungen zu unterlassen und durch geeignete Maßnahmen sicherzustellen, dass Dritte die Ton- und Bildübertragung nicht wahrnehmen können.**

**Übersicht**

## I. Normzweck; Anwendungsbereich

1 Das StaRUG erhält über § 38 S. 1 einen „verfahrensrechtlichen Unterbau" (BeckOK StaRUG/*Kramer,* 6. Ed. 17.7.2022, § 38 Rn. 1), indem die Vorschriften der ZPO nach dem Grundsatz der Subsidiarität umfassend zur Anwendung gebracht werden. Lediglich an den Stellen, wo das StaRUG selbst verfahrensrechtliche Vorgaben macht oder Vorschriften der ZPO dem Wesen des Restrukturierungsverfahrens widersprechen (zB bei der außergerichtlichen Planabstimmung), kommen die Vorschriften der ZPO nicht zur Anwendung (zum verfahrensrechtlichen Charakter des StaRUG: Pannen/Riedemann/Smid/*Pannen* StaRUG § 38 Rn. 3; BeckOK StaRUG/*Kramer,* 6. Ed. 17.7.2022, § 38 Rn. 2). Die Anwendung erfolgt nicht starr, sondern in entsprechender Weise; es kann also angezeigt sein, den Gehalt der Vorschrift zu ermitteln und in an das Restrukturierungsverfahren angepasster Form anzuwenden.

2 § 38 S. 2 ordnet zunächst ausdrücklich eine Anwendung von § 128a ZPO auch im Restrukturierungsverfahren an, modifiziert ihn jedoch dergestalt, dass die Beteiligten darauf hinzuweisen sind, dass Ton- und Bildaufzeichnungen untersagt sind und Dritten eine Wahrnehmung der Übertragung zu verwehren ist.

## II. Anwendbare Vorschriften der ZPO

3 In der Folge werden (nicht abschließend) anwendbare Vorschriften der ZPO aufgeführt. Erläuterungen folgen nur insoweit, wie sich für das Restrukturierungsverfahren aus der nur entsprechenden Anwendung der ZPO Besonderheiten ergeben. Da das Restrukturierungsverfahren gem. § 34 Abs. 1 S. 1 vor den Amtsgerichten geführt wird, gelten die Vorschriften zum Verfahren vor den Landgerichten (§§ 253–494a ZPO) über den Verweis in § 495 ZPO.

- Örtliche und sachliche Zuständigkeit, §§ 13–19 ZPO: Aus dem Bereich der örtlichen und sachlichen Zuständigkeit des Restrukturierungsgerichts sind die Vorschriften zum allgemeinen Gerichtsstand, auf die § 35 S. 1 verweist (→ § 35 Rn. 2), anwendbar. Es handelt sich um einen ausschließlichen Gerichtsstand (→ § 35 Rn. 2), weshalb auch § 40 Abs. 2 S. 1 Nr. 2 und S. 2 ZPO anwendbar sind.
- Ausschließung und Ablehnung von Gerichtspersonen, §§ 41–49 ZPO: Die Vorschriften finden auf den Restrukturierungsrichter, nicht aber auf den Sanierungsmoderator (→ § 94 Rn. 1 ff.) oder den Restrukturierungsbeauftragten (→ § 73 Rn. 1 ff.) Anwendung. Über § 38 S. 1 StaRUG iVm § 406 Abs. 1 ZPO kann der gem. § 39 Abs. 1 S. 2 bestellte Sachverständige abgelehnt werden.
- Partei- und Prozessfähigkeit, §§ 50–57 ZPO: Für den Schuldner bestimmt sich abweichend die Parteifähigkeit nach § 30 (→ § 30 Rn. 7 ff.). Die Prozessfähigkeit muss sowohl beim Schuldner als auch bei den Planbetroffenen gegeben sein. Ist der Rechtsträger selbst verfahrensunfähig, wird er

von einem gesetzlichen Vertreter vertreten. Ist ein solcher nicht vorhanden, ist gem. § 57 ZPO ein Prozesspfleger oder analog § 29 BGB ein Notgeschäftsführer zu bestellen (Braun StaRUG/*Baumert* § 38 Rn. 7).
- Vertretung vor dem Restrukturierungsgericht, §§ 78–90 ZPO: Anwaltszwang herrscht vor dem Restrukturierungsgericht nicht.
- Verfahrenskosten, §§ 91 ff. ZPO: Der für eine Kostengrundentscheidung erforderliche kontradiktorische Charakter fehlt bei der Restrukturierungssache als Verfahrensmantel; jedoch kann er in einzelnen Instrumentenverfahren angenommen werden, so bei der Planabstimmung (§§ 45 f.) und der Planbestätigung (§§ 60 ff.), wenn der Schuldner die Verfahrenshilfen erfolglos in Anspruch nehmen will und dabei am Widerstand von Planbetroffenen scheitert (BeckOK StaRUG/*Kramer,* 6. Ed. 17.7.2022, § 38 Rn. 20; aA wohl Pannen/Riedemann/Smid/*Pannen* StaRUG § 38 Rn. 6). Insoweit sind auch die §§ 103–107 ZPO anwendbar.
- Verfahrenskostenhilfe, §§ 114–127 ZPO: Die Vorschriften sind grundsätzlich anwendbar; die für die Gewährung erforderliche Bedürftigkeit wird jedoch regelmäßig mit Zahlungsunfähigkeit des Schuldners einhergehen, sodass eine Aufhebung gem. § 33 Abs. 2 S. 1 Nr. 1 droht. Planbetroffenen kann Verfahrenskostenhilfe gewährt werden (zur Beiordnung eines Rechtsanwalts gem. § 121 ZPO BeckOK StaRUG/*Kramer,* 6. Ed. 17.7.2022, § 38 Rn. 27), wenn der erforderliche kontradiktorische Charakter vorliegt.
- Erklärungen und Anträge zu Protokoll, §§ 129a, 496 ZPO (BeckOK StaRUG/*Kramer,* 6. Ed. 17.7.2022, § 38 Rn. 31; aA *Vallender* ZInsO 2020, 2579 (2584) mit Verweis auf den Eilcharakter des Verfahrens, der jedenfalls die Vorschriften der Aussetzung und Unterbrechung gem. §§ 148 ff., 239 ff. ZPO suspendiert)
- Materielle Prozessleitung, §§ 139–144 ZPO: Ordnet das Gericht gem. § 141 ZPO das persönliche Erscheinen des Schuldners an und kommt dieser der Anordnung nicht nach, kann dies gem. § 33 Abs. 1 Nr. 3 zur Aufhebung führen; die Vorschriften des Versäumnisverfahrens (§§ 330 ff. ZPO) sind hingegen nicht anwendbar (BeckOK StaRUG/*Kramer,* 6. Ed. 17.7.2022, § 38 Rn. 40).
- Protokoll, §§ 159–165 ZPO
- Zustellungen, §§ 166 ff. ZPO: Die Vorschriften gelten vorbehaltlich der besonderen Anordnungen des § 41.
- Terminbestimmungen und Fristen, §§ 214–227 ZPO: Die Vorschriften sind im Grundsatz anwendbar, nicht jedoch im außergerichtlichen Planabstimmungsverfahren gem. §§ 17–23 (→ § 17 Rn. 1 ff.).
- Wiedereinsetzung in den vorigen Stand, §§ 233–238 ZPO: Eine Wiedereinsetzung kommt nur bei aus der ZPO zu entnehmenden Notfristen in Betracht.
- Rechtsbehelfsbelehrung, § 232 ZPO
- Rechtshängigkeit, § 261 ZPO: Die Anwendung erfolgt unter Modifizierung durch § 31.
- Verweisung bei Unzuständigkeit, § 281 ZPO: Die Anwendung erfolgt unter Modifizierung durch § 33 Abs. 1 Nr. 2.

- Tatsachenfeststellung, §§ 284, 286, 291, 292, 294 ZPO (Amtsermittlungsgrundsatz)
- Akteneinsicht, § 299 ZPO: Gem. § 299 Abs. 1 ZPO haben die Parteien das Recht der Akteneinsicht. „Partei“ ist zunächst der Schuldner; planbetroffene Gläubiger und Inhaber von Absonderungsanwartschaften werden durch das Stellen von Instrumentenanträgen zu „Parteien“ (BeckOK StaRUG/*Kramer,* 6. Ed. 17.7.2022, § 38 Rn. 63). Inhaber von Anteils- und Mitgliedschaftsrechten (§ 2 Abs. 3) werden dann zu „Parteien“, wenn diese Rechte durch den Plan gestaltet werden sollen. Berechtigten Geheimhaltungsinteressen kann durch Anlage eines Sonderbandes Rechnung getragen werden. Nicht am Verfahren Beteiligte können Akteneinsicht gem. § 299 Abs. 2 ZPO nur nach Ermessen des Gerichts erlangen. Handelt es sich um eine nicht-öffentliche Restrukturierungssache (§§ 84 ff.) wird ein rechtliches Interesse aufgrund der gesetzlichen Wertung des § 84 Abs. 1 S. 1 nicht vorliegen (so im Ergebnis auch *Vallender* ZInsO 2020, 2579 (2585); aA Pannen/Riedemann/Smid/*Pannen* StaRUG § 38 Rn. 13). Rechtsmittel gegen eine ablehnende Entscheidung zu § 299 Abs. 1 ZPO hängen von der Herkunft der Ablehnung ab: gegen eine Entscheidung des Gerichts kann die sofortige Beschwerde, des Rechtspflegers die Erinnerung gem. § 11 Abs. 2 RPflG und des Urkundsbeamten die Erinnerung gem. § 573 ZPO gewandt werden. Dritte müssen gem. § 299 Abs. 2 ZPO über § 23 EGGVG im Antragsverfahren einen Justizverwaltungsakt begehren.
- Anhörungsrüge, § 321a ZPO
- Formelle und materielle Rechtskraft, §§ 322, 705 ZPO
- Beschlüsse, § 329 ZPO
- Beweisverfahren, §§ 355 ff. ZPO
- Sofortige Beschwerde und Rechtsbeschwerde, §§ 567 ff., 574 ff. ZPO unter Modifizierung durch § 40
- Wiedereinsetzung, §§ 578 ff. ZPO
- Klauselerteilung, §§ 724 ff. ZPO: Die Vorschriften der Klauselerteilung finden ihre Bedeutung im StaRUG bei der Vollstreckung aus dem Restrukturierungsplan gem. § 71 Abs. 1. Dagegen sind Vollstreckungsabwehrklage (§ 767 ZPO) und Vollstreckungserinnerung (§ 766 ZPO) statthafte Rechtsbehelfe)

## III. Modifizierte Geltung von § 128a ZPO (S. 2)

4 § 38 S. 2 ordnet zunächst ausdrücklich an, dass § 128a ZPO auch im StaRUG Anwendung findet (zur rechtspolitischen Kritik: Braun StaRUG/*Baumert*§ 38 Rn. 15). Bei Versammlungen und Terminen (etwa § 45) sind die Beteiligten jedoch bereits in der Ladung darauf hinzuweisen, dass wissentliche Bild- und Tonaufzeichnungen zu unterlassen und durch geeignete Maßnahmen sicherzustellen ist, dass Dritte die Bild- und Tonübertragung nicht wahrnehmen können. Heimliche Aufnahmen bei nichtöffentlichen Terminen begründen ohnehin eine Straftat gem. § 201 StGB. Der Gesetzgeber hat als Schutz gegen eine Wahrnehmung durch Dritte neben der

offensichtlich möglichen direkten Wahrnehmung am Endgerät des Teilnehmers auch eine Kenntnisnahme des Inhalts über eine Infiltration der technischen Systeme im Sinn, der mittels geeigneter Virenschutzprogramme zu begegnen ist (Begründung RegE, BT-Drs. 19/24181, S. 143).

Ein Fehlen des Hinweises ist ohne rechtliche Folgen. In diesem Fall kommen aber Amtshaftungsansprüche (§ 839 BGB iVm Art. 34 GG) des Schuldners in Betracht, wenn dieser einen Schaden durch die unberechtigte Kenntnisnahme Dritter erleidet, der bei rechtzeitiger Erteilung des Hinweises unterblieben wäre. 5

Die Gestattung liegt im Ermessen des Gerichts. Es kann demnach selbst einschätzen, ob die Zusammensetzung sowie die Anzahl der Planbetroffenen eine virtuelle Teilnahme erlaubt oder eine zügige Durchführung nur in Präsenz stattfinden kann. 6

## Verfahrensgrundsätze

**39** (1) [1] **Das Restrukturierungsgericht hat von Amts wegen alle Umstände zu ermitteln, die für das Verfahren in der Restrukturierungssache von Bedeutung sind, soweit in diesem Gesetz nichts Abweichendes bestimmt ist.** [2] **Es kann zu diesem Zweck insbesondere Zeugen und Sachverständige vernehmen.**

(2) **Der Schuldner hat dem Restrukturierungsgericht die Auskünfte zu erteilen, die zur Entscheidung über seine Anträge erforderlich sind, und es auch sonst bei der Erfüllung seiner Aufgaben zu unterstützen.**

(3) [1] **Die Entscheidungen des Restrukturierungsgerichts können ohne mündliche Verhandlung ergehen.** [2] **Findet eine mündliche Verhandlung statt, so ist § 227 Absatz 3 Satz 1 der Zivilprozessordnung nicht anzuwenden.**

**Schrifttum:** *Vallender* Die Amtsermittlungspflicht nach dem StaRUG, ZRI 2021, 165.

**Übersicht**



## I. Normzweck; Anwendungsbereich

Die Norm regelt den im Verfahren des präventiven Restrukturierungsrahmens geltenden Amtsermittlungsgrundsatz, Erkenntnisquellen des Restrukturierungsgerichts und Auskunfts- und Mitwirkungspflichten des Schuldners. Abs. 1 regelt damit entgegen seiner Überschrift Verfahrensbesonderheiten, die im gerichtlichen Stabilisierungs- und Restrukturierungs- 1 rahmen im Vergleich zur ZPO bestehen (BeckOK StaRUG/*Kramer,* 6. Ed. 1.10.2022, § 39 vor Rn. 1; zur Anwendbarkeit der ZPO Rn. 38.1 ff.). Abs. 3 enthält die Möglichkeit, Entscheidungen ohne mündliche Verhandlung zu treffen.

2 Die RL 2019/1023 enthält keine ausdrücklichen Vorgaben zu den Verfahrensgrundsätzen. Erwägungsgrund 29 bezeichnet das Verfahren als flexibles Verfahren, bei dem eine eingeschränkte Behördenbeteiligung besteht. Auch soll Effizienz gefördert werden und eine Verringerung von Verzögerungen und Kosten erreicht werden. Dies spiegelt sich mittelbar in der Rolle und den Befugnissen des Restrukturierungsgerichts und des Restrukturierungsbeauftragten sowie in den Verfahrensgrundsätzen und der fehlenden Anwendung von § 227 Abs. 3 S. 1 ZPO bei mündlichen Verhandlungen wider.

## II. Amtsermittlungsgrundsatz (Abs. 1)

3 Gemäß Abs. 1 gilt im gerichtlichen Restrukturierungsverfahren nicht der zivilprozessuale Beibringungsgrundsatz (§ 138 ZPO), sondern der Amtsermittlungsgrundsatz. Inhaltlich entspricht die Regelung § 5 Abs. 1 InsO, wobei der Gesetzestext allerdings ausdrücklich einen Vorbehalt abweichender Regelungen enthält (vgl. Begründung RegE, BT-Drs. 19/24181, S. 143). Dieser Vorbehalt soll ausweislich der Regierungsbegründung den Beschränkungen des Amtsermittlungsgrundsatzes Rechnungen tragen, welche das Gesetz an verschiedenen Stellen zur besonderen Beschleunigung des Verfahrens vorsieht (vgl. Begründung RegE, BT-Drs. 19/24181, S. 143). Vorschriften, die Abweichendes im Sinne von § 39 ausdrücklich bestimmen, sind im StaRUG jedoch nicht vorhanden, sodass diese durch Auslegung zu ermitteln sind (BeckOK StaRUG/*Kramer,* 6. Ed. 1.10.2022, § 39 Rn. 11). Zu nennen sind insoweit insbesondere die Angaben des Schuldners im Rahmen seiner Restrukturierungsanzeige und seiner Anträge auf Inanspruchnahme eines Stabilisierungs- und Restrukturierungsinstruments, die Mitteilungs- und Anzeigepflichten des Schuldners (§ 32) und die Stellen, an denen das StaRUG eine Glaubhaftmachung vorschreibt (BeckOK StaRUG/*Kramer,* 6. Ed. 1.10.2022, § 39 Rn. 13).

4 § 39 richtet sich an das Restrukturierungsgericht und gilt bis hinein in ein etwaiges Abhilfeverfahren gemäß § 38 S. 1 StaRUG, § 572 ZPO im Fall einer sofortigen Beschwerde. Auch gilt die Norm für das Beschwerdegericht (BeckOK StaRUG/*Kramer,* 6. Ed. 1.10.2022, § 39 Rn. 6). Die Norm erfasst das gesamte Restrukturierungsverfahren ab der Anzeige gemäß § 31 (→ § 31 Rn. 6 ff.) inklusive der Instrumente gemäß § 29 Abs. 2 (→ § 29 Rn. 8 f.)).

5 Für das Restrukturierungsgericht im Wege der Amtsermittlung zu ermittelnde bedeutsame Umstände sind beispielsweise das Vorliegen oder Fehlen einer drohenden Zahlungsunfähigkeit (vgl. AG Köln NZI 2021, 433), die Schlechterstellung von Planbetroffenen und die Prüfung von Aufhebungsgründen (BeckOK StaRUG/*Kramer,* 6. Ed. 1.10.2022, § 39 Rn. 16 mwN; *Vallender* ZInsO 2020, 2579 (2585)).

6 Welche Ermittlungsmaßnahmen das Restrukturierungsgericht zu seiner Unterstützung anordnet, richtet sich nach seinem pflichtgemäßen Ermessen. Als Aufklärungsmittel kommen neben dem auskunftspflichtigen Schuldner insbesondere Zeugen und Sachverständige in Betracht (§ 39 Abs. 1 S. 2) (*Vallender* ZInsO 2020, 2579 (2585)). Auf die Person des Sachverständigen sind gemäß § 38 die §§ 402 ff. ZPO anwendbar. Gemäß § 73 Abs. 3 kann ein Restrukturierungsbeauftragter bestellt werden, um Aufgaben als Sachverständiger wahrzunehmen, insbesondere im Hinblick auf die Bestätigungsvoraussetzungen nach § 63 Abs. 1 Nr. 1 Abs. 2 und § 64 Abs. 1 oder zur Angemessenheit der Entschädigung bei einem Eingriff in gruppeninterne Drittsicherheiten oder einer Beschränkung der Haftung von unbeschränkt haftenden Gesellschaftern (§ 73; s. auch: *Vallender* MDR 2021, 201 (205)). Dies schließt die Bestellung anderer Personen als Sachverständigen jedoch nicht aus. Daneben kann das Gericht über § 38 ZPO aber auf alle Beweismittel der ZPO zugreifen, wobei das Freibeweisverfahren gilt (§ 38 S. 1 StaRUG iVm § 284 S. 2 ZPO; BeckOK StaRUG/*Kramer,* 6. Ed. 1.10.2022, § 39 Rn. 20). Für Zeugen gelten über § 38 die Vorschriften der ZPO entsprechend (BeckOK StaRUG/*Kramer,* 6. Ed. 1.10.2022, § 39 Rn. 27).

## III. Mitwirkungspflicht des Schuldners (Abs. 2)

7 Abs. 2 regelt, dass der Schuldner nicht nur die zur Entscheidung über seinen Antrag erforderlichen Auskünfte zu erteilen hat, sondern dass der Schuldner das Gericht auch sonst im Übrigen bei der Erfüllung der Aufgaben zu unterstützen hat. Die Norm beschränkt sich auf das Zweckdienliche und dem Schuldner Zumutbare (Begründung RegE, BT-Drs. 19/24181, S. 143).

8 Sie ähnelt den Anforderungen im vorläufigen Insolvenzverfahren, vgl. § 20 Abs. 1 S. 1 und 2 InsO iVm § 97 Abs. 2 InsO.

9 Auffällig an der Vorschrift ist, dass dem Restrukturierungsgericht bei der Verletzung der Auskunftspflicht keine Zwangsmittel, wie sie zB § 98 InsO vorsieht, zur Verfügung stehen. Bei fehlender Unterstützung oder Auskunft kann dies zur Zurückweisung einer beantragten Verfahrenshilfe beziehungsweise eines Instrumentes führen, wenn sich das Gericht ohne die dem Schuldner mögliche Auskunft nicht von den Tatbestandsvoraussetzungen überzeugen kann (*Vallender* ZInsO 2020, 2579 (2586)). Eine Aufhebung wegen einem schwerwiegenden Verstoß gegen die Pflichten zur Mitwirkung und Unterstützung (§ 33 Abs. 1 Nr. 3)) ist jedoch erst anzunehmen, wenn sich der Schuldner jeglicher Auskunftserteilung entzieht und dadurch die Entscheidungsfindung des Gerichts erheblich erschwert (*Vallender* ZInsO 2020, 2579 (2586)).

10 Darüber hinaus normiert § 76 Abs. 5 Auskunfts- und Einsichtsrechte des Restrukturierungsbeauftragten gegenüber dem Schuldner sowie eine Unterstützungspflicht des Schuldners (§ 76).

## IV. Entscheidungen ohne mündliche Verhandlung (Abs. 3)

11 Die Möglichkeit, Entscheidungen ohne mündliche Verhandlungen zu treffen, dient der Beschleunigung und Vereinfachung des Verfahrens (Begründung RegE, BT-Drs. 19/24181, S. 143). Dies gilt ebenso für den Ausschluss von § 227 Abs. 3 S. 1 ZPO. Aufgrund der durch Abs. 3 fakultativen mündlichen Verhandlung entscheidet das Gericht nach freiem Ermessen, ob es Entscheidungen auf der Grundlage einer mündlichen Verhandlung trifft oder nicht (BeckOK StaRUG/*Kramer,* 6. Ed. 1.10.2022, § 39 Rn. 47). Werden Entscheidungen ausnahmsweise auf Grundlage einer mündlichen Verhandlung getroffen, gelten für diese wieder über § 38 die Vorschriften der ZPO (BeckOK StaRUG/*Kramer,* 6. Ed. 1.10.2022, § 39 Rn. 48).

### Rechtsmittel

**40** (1) [1]**Die Entscheidungen des Restrukturierungsgerichts unterliegen nur in den Fällen einem Rechtsmittel, in denen dieses Gesetz die sofortige Beschwerde vorsieht.** [2]**Die sofortige Beschwerde ist bei dem Restrukturierungsgericht einzulegen.**

(2) **Die Beschwerdefrist beginnt mit der Verkündung der Entscheidung oder, wenn diese nicht verkündet wird, mit deren Zustellung.**

(3) [1]**Die Entscheidung über die Beschwerde wird erst mit der Rechtskraft wirksam.** [2]**Das Beschwerdegericht kann jedoch die sofortige Wirksamkeit der Entscheidung anordnen.**

**Übersicht**



## I. Normzweck; Anwendungsbereich

1 In Parallele zu § 6 InsO will der Gesetzgeber zur Förderung eines zügigen Restrukturierungsverfahrens das Beschwerderecht des Schuldners und der anderen Verfahrensbeteiligten einschränken (Begründung RegE, BT-Drs. 19/24181, S. 143) bzw. modifizieren. Die Entscheidungen des Gerichts, die als Beschluss ergehen, können vorbehaltlich der Änderungen durch § 40 mit der sofortigen Beschwerde gem. §§ 567 ff. ZPO angegriffen werden; diese

kann gem. § 40 Abs. 1 S. 2 jedoch nur beim Restrukturierungsgericht eingelegt werden. Weiterhin wird der Beginn der Beschwerdefrist – nicht jedoch die Frist selbst – durch § 40 Abs. 2 abweichend von § 569 Abs. 1 S. 2 ZPO bestimmt. § 40 Abs. 3 ordnet schließlich eine eigene Wirksamkeitsregelung der Beschwerdeentscheidung an. Damit sollen wiederholende Beschlüsse des Restrukturierungsgerichts für den Fall verhindert werden, dass das Beschwerdegericht der Beschwerde ganz oder teilweise abhilft, der BGH als Rechtsbeschwerdegericht (statthaft gem. § 38 S. 1 StaRUG iVm §§ 574 ff. ZPO) aber die Ausgangsentscheidung bestätigt.

§ 40 entfaltet Wirkung sowohl für das Verfahren des Stabilisierungs- und Restrukturierungsrahmens als auch bei der Sanierungsmoderation (BeckOK StaRUG/*Kramer,* 6. Ed. 1.10.2022, § 40 Rn. 4). Im außergerichtlichen Planabstimmungsverfahren gibt es keine Entscheidungen des Restrukturierungsgerichts. **2**

Die bewusste Anlehnung an § 6 InsO (Begründung RegE, BT-Drs. 19/24181, S. 143) rechtfertigt es, auch § 40 Abs. 1 S. 1 nur auf restrukturierungsspezifische Entscheidungen anzuwenden (Braun StaRUG/*Baumert* § 40 Rn. 8; BeckOK StaRUG/*Kramer,* 6. Ed. 1.10.2022, § 40 Rn. 6, nichtrestrukturierungsspezifische Entscheidungen Rn. 14 ff.). Sofern das Gericht durch Vorschriften zu seiner Entscheidung berufen wird, die nicht aus dem StaRUG stammen, sondern nur aus Anlass des Restrukturierungsverfahrens zur Anwendung kommen, gilt die Rechtsschutzbeschränkung des § 40 Abs. 1 S. 1 nicht. **3**

## II. Umsetzung der Richtlinie

§ 40 ergeht in Umsetzung der Vorgaben von Art. 16 RL 2019/1023. Diese sieht in Abs. 1 zunächst vor, dass Beschlüsse einer Justizbehörde über die Bestätigung oder Ablehnung eines Restrukturierungsplans einem Rechtsbehelf zugänglich sein müssen und über diesen von einer höheren Justizbehörde zu entscheiden ist. Dies hat der nationale Gesetzgeber durch § 66 StaRUG iVm § 72 GVG umgesetzt. Die Einschränkungen und Modifizierungen des Rechtsschutzes im Restrukturierungsverfahren ergehen in Umsetzung der allgemeinen Vorgabe des Art. 16 Abs. 2 RL 2019/1023. Art. 16 Abs. 3 RL 2019/1023 wurde durch § 66 Abs. 4 StaRUG iVm § 570 ZPO umgesetzt. Die Vorschrift ist richtlinienkonform (Pannen/Riedemann/Smid/*Pannen* StaRUG § 40 Rn. 3; BeckOK StaRUG/*Kramer,* 6. Ed. 1.10.2022, § 40 Rn. 2). **4**

## III. Statthaftigkeit der sofortigen Beschwerde (Abs. 1)

Die Erhebung der sofortigen Beschwerde ist statthaft, wenn eine Entscheidung eines Restrukturierungsgerichts vorliegt und das Gesetz die sofortige Beschwerde dagegen vorsieht. **5**

Die von § 40 Abs. 1 S. 1 genannten Entscheidungen des Gerichts schließen rein vorbereitende oder verfahrenseinleitende Verfügungen aus, selbst **6** wenn sie in Beschlussform ergehen (BeckOK StaRUG/*Kramer,* 6. Ed. 1.10.2022, § 40 Rn. 8). Die Person des Entscheidenden ist unerheblich, die sofortige Beschwerde im StaRUG aber nur dort zulässig, wo eine Entscheidung durch einen Richter erfolgt.

**7** Folgende Entscheidungen des Restrukturierungsgerichts können mit der sofortigen Beschwerde angegriffen werden:

- § 33 Abs. 4: Aufhebung der Restrukturierungssache
- § 51 Abs. 5 S. 2: Zurückweisung des Antrags auf Erlass der Stabilisierungsanordnung
- § 66 Abs. 1 S. 1: Bestätigung des Restrukturierungsplans
- § 66 Abs. 1 S. 2: Ablehnung der Bestätigung des Restrukturierungsplans
- § 75 Abs. 3 S. 1: Entlassung des Restrukturierungsbeauftragten
- § 75 Abs. 3 S. 2: Ablehnung der Entlassung des Restrukturierungsbeauftragten
- § 82 Abs. 3: Festsetzung des Stundensatzes, Bestimmung oder Anpassung des Höchstbetrages, Festsetzung der Vergütung des Restrukturierungsbeauftragten
- § 84 Abs. 2 S. 3 StaRUG iVm Art. 102c § 4 EGInsO: Annahme der internationalen Zuständigkeit.

**8** Die Beschwerdeberechtigung ist den jeweiligen Vorschriften zu entnehmen. Insoweit gelten die allgemeinen Vertretungsregelungen. Mangels vergleichbarer Interessenlage scheidet eine analoge Anwendung von § 15 Abs. 1 InsO auf die Einlegung von Rechtsmitteln anders als in einem Insolvenzverfahren aus (BeckOK StaRUG/*Kramer,* 6. Ed. 1.10.2022, § 40 Rn. 21).

**9** Neben der Beschwerdeberechtigung muss der Beschwerdeführer auch beschwert sein. In Ausnahmefällen (insbes. bei schwerwiegenden Grundrechtseingriffen) kann die Beschwer auch bei zeitlichem Wegfall der Beeinträchtigung noch gegeben sein (Braun StaRUG/*Baumert* § 40 Rn. 9).

## IV. Form (Abs. 1 S. 2)

**10** Gem. § 38 S. 1 StaRUG iVm § 569 Abs. 2 ZPO wird die Beschwerde mittels Beschwerdeschrift eingelegt. Abweichend von § 569 Abs. 1 S. 1 ZPO ist sie ausschließlich beim Restrukturierungsgericht einzureichen. Aufgrund des insoweit eindeutigen Wortlauts und des Ausnahmecharakters der Vorschrift hemmt eine beim Beschwerdegericht eingelegte Beschwerde auch dann nicht die Frist des § 40 Abs. 2, wenn die Beschwerde offensichtlich begründet oder offensichtlich unbegründet ist (so im Zivilprozess: OLG Frankfurt a. M. MDR 2002, 1391; MüKoZPO/*Hamdorf* § 572 Rn. 5). Zwar würde dies möglicherweise zu einer vom Gesetzgeber auch anvisierten Beschleunigung des Fortgangs der Restrukturierung führen (Begründung RegE, BT-Drs. 19/24181, S. 143). Das Beschwerdeverfahren wird jedoch auch so lange mit erheblichen Unsicherheiten belastet wie das Beschwerdegericht sich nicht zu der bei ihm eingelegten Beschwerde geäußert hat. Muss das Beschwerdegericht zunächst in die Prüfung der offensichtlichen Begründetheit oder Unbegründetheit einsteigen, verneint es dann beides, sodass die

Beschwerde erstmalig beim Restrukturierungsgericht zu erheben ist, wird aus der beabsichtigten Beschleunigung des Verfahrens eine Verzögerung. Zudem darf dem Beschwerdeführer kein Anreiz gegeben werden, das Schlupfloch der offensichtlichen Begründetheit zu wählen, um sich eine nicht durch die vorherige Abhilfeentscheidung des Restrukturierungsgerichts beeinflusste Entscheidung des Beschwerdegerichts zu erschleichen. Folglich ist die klare gesetzgeberische Wertung des § 40 Abs. 1 S. 2 zu befolgen (aA BeckOK StaRUG/*Kramer,* 6. Ed. 1.10.2022, § 40 Rn. 29). Gem. § 38 S. 1 StaRUG iVm § 569 Abs. 2 S. 2 ZPO muss sie die Bezeichnung der angefochtenen Erklärung sowie die Erklärung enthalten, dass Beschwerde gegen diese Erklärung eingelegt wird; gem. § 38 S. 1 StaRUG iVm § 571 Abs. 1 ZPO soll sie eine Begründung enthalten.

## V. Frist (Abs. 2)

§ 40 Abs. 2 modifiziert nicht die Frist, sondern nur ihren Beginn: Sie beginnt mit der Verkündung der Entscheidung oder, wenn keine Verkündung erfolgt, mit der Zustellung der Entscheidung. Auf Beschlüsse des Gerichts ist § 329 ZPO anzuwenden (*Vallender* ZInsO 2020, 2579 (2585)). Eine Verkündung ist erfolgt, sobald der Beschluss mit dem Willen des Gerichts durch Verlautbarung dessen inneren Bereich verlässt (BGH NJW-RR 2000, 877 (878); Musielak/Voit/*Musielak* ZPO § 329 Rn. 7). Unterbleibt eine Verkündung, tritt an deren Stelle der Erlass als die gewollte Bekanntmachung des Beschlusses an die Verfahrensbeteiligten (BeckOK StaRUG/*Kramer,* 6. Ed. 17.7.2022, § 38 Rn. 76). In diesem Fall beginnt die Frist erst mit der Zustellung (§ 41). Die Frist selbst ist gem. § 38 S. 1 StaRUG iVm § 569 Abs. 1 S. 1 ZPO eine Notfrist von zwei Wochen. **11**

## VI. Beschwerdeverfahren (Abs. 3)

Die sofortige Beschwerde hat – sofern sie vom Gesetz zugelassen ist – keine aufschiebende Wirkung (§ 38 S. 1 StaRUG iVm § 570 Abs. 1 ZPO; vgl. § 66 Abs. 4 StaRUG). Die Aussetzung der Vollziehung der angefochtenen Entscheidung ist aber ebenso möglich wie eine einstweilige Anordnung durch das Beschwerdegericht (§ 38 S. 1 StaRUG iVm § 570 Abs. 2, 3 ZPO). **12**

Bei einer sofortigen Beschwerde gegen die Bestätigung des Restrukturierungsplans ordnet das Restrukturierungsgericht gem. § 66 Abs. 4 die aufschiebende Wirkung an, wenn der Vollzug des Restrukturierungsplans mit schweren Nachteilen für den Beschwerdeführer einhergeht, die außer Verhältnis zu den Vorteilen des sofortigen Vollzugs stehen. **13**

Vorbehaltlich des § 66 Abs. 5 S. 1 findet gem. § 38 S. 1 StaRUG iVm § 572 Abs. 1 S. 1 ZPO nach der Zulässigkeitsprüfung ein Abhilfeverfahren statt. Hilft das Restrukturierungsgericht der Beschwerde nicht ab, legt es die Beschwerde gem. § 38 S. 1 StaRUG iVm § 572 Abs. 1 S. 1 Hs. 2 ZPO dem Beschwerdegericht vor. Das Beschwerdegericht stellt eine volle Nachprü- **14** fung an und trifft eine eigene Ermessensentscheidung (→ vgl. § 33 Rn. 26). Die Entscheidung des Beschwerdegerichts wird im Gegensatz zur Ausgangsentscheidung des Restrukturierungsgerichts gem. § 40 Abs. 3 S. 1 erst mit Eintritt der formellen Rechtskraft (§ 38 S. 1 StaRUG iVm § 705 ZPO) wirksam. Damit sollen Wiederholungsbeschlüsse für den Fall verhindert werden, dass das Beschwerdegericht der Beschwerde ganz oder teilweise stattgibt, das Rechtsbeschwerdegericht dann aber die Ausgangsentscheidung des Restrukturierungsgerichts bestätigt. Das Beschwerdegericht kann mit einer eigenen Ermessensentscheidung, in der es die Vorteile der Vollziehung mit den Nachteilen abwägt, gem. § 40 Abs. 3 S. 2 jedoch die sofortige Wirksamkeit der Entscheidung anordnen.

**15** Gegen die Entscheidung des Beschwerdegerichts ist gem. § 38 S. 1 StaRUG iVm §§ 574 ff. ZPO die Rechtsbeschwerde möglich.

## VII. Weitere Rechtsbehelfe

**16** Gem. § 38 S. 1 StaRUG iVm § 321a ZPO bleibt die Möglichkeit der Gehörsrüge für eine Rüge der Verletzung des rechtlichen Gehörs, wenn ein Rechtsmittel oder ein anderer Rechtsbehelf nicht gegeben ist (Braun/*Baumert* StaRUG § 40 Rn. 13). Für die Geltendmachung der Verletzung anderer Verfahrensgrundrechte besteht die Möglichkeit einer Gegenvorstellung, wenn die Entscheidung vom Gericht ohne weiteres abgeändert werden kann (BeckOK StaRUG/*Kramer,* 6. Ed. 1.10.2022, § 40 Rn. 48). Darüber hinaus besteht die Möglichkeit der Verfassungsbeschwerde.

**17** Die aus der Insolvenzordnung anerkannte Möglichkeit der Erhebung eines außerordentlichen Rechtsbehelfs (alternativ: analoge Anwendung der sofortigen Beschwerde, vgl. BGH NZI 2012, 823 Rn. 7) bei Fällen evidenten Unrechts, das zur Verletzung von Grundrechten führt, kann wohl auf das Restrukturierungsverfahren übertragen werden, solange das Gericht an seine eigenen, bindenden Entscheidungen gebunden bleibt (BeckOK StaRUG/*Kramer,* 6. Ed. 1.10.2022, § 40 Rn. 49).

## VIII. Kosten

**18** Die Kosten für Beschwerde- und Rechtsbeschwerdeverfahren sind im Kostenverzeichnis des GKG in Teil 2 Hauptabschnitt 5 Abschnitt 2 geregelt.

**19** Für das Verfahren der sofortigen Beschwerde ist gem. Nr. 2520 eine Gebühr von 1.000 EUR zu entrichten, die sich nach Nr. 2521 auf 500 EUR reduziert, wenn die Beschwerde zurückgenommen wird.

**20** Für die Rechtsbeschwerde ist gem. Nr. 2523 eine Gebühr von 2.000 EUR zu entrichten, die sich gem. Nr. 2524 auf 1.000 EUR reduziert, wenn das gesamte Verfahren durch Rücknahme der Rechtsbeschwerde beendet wird.

**21** Für Beschwerden gegen nicht-restrukturierungsspezifische Entscheidungen, die nicht nach anderen Vorschriften gebührenfrei sind, wird eine Gebühr in Höhe von 66 EUR fällig, wenn die Beschwerde verworfen oder zurückgewiesen wird und in Höhe von 132 EUR, wenn eine Rechtsbeschwerde verworfen oder zurückgewiesen wird (Nr. 2522 und Nr. 2525).

## Zustellungen

**41** (1) [1] **Zustellungen erfolgen von Amts wegen, ohne dass es einer Beglaubigung des zuzustellenden Schriftstücks bedarf.** [2] **Sie können dadurch bewirkt werden, dass das Schriftstück unter der Anschrift des Zustellungsadressaten zur Post gegeben wird; § 184 Absatz 2 Satz 1, 2 und 4 der Zivilprozessordnung gilt entsprechend.** [3] **Soll die Zustellung im Inland bewirkt werden, gilt das Schriftstück drei Tage nach Aufgabe zur Post als zugestellt.**

(2) [1] **An Personen, deren Aufenthalt unbekannt ist, wird nicht zugestellt.** [2] **Haben sie einen zur Entgegennahme von Zustellungen berechtigten Vertreter, so wird dem Vertreter zugestellt.**

(3) **Beauftragt das Gericht den Schuldner mit der Zustellung, erfolgt diese nach Maßgabe der §§ 191 bis 194 der Zivilprozessordnung.**

**Übersicht**



## I. Normzweck

1 Die Vorschrift regelt zentral die Zustellungen im Stabilisierungs- und Restrukturierungsrahmen. Ziel ist die Beschleunigung und Vereinfachung des Restrukturierungsverfahrens (Begründung RegE, BT-Drs. 19/24181, S. 143). Mit Ausnahme des Abs. 3 entspricht sie § 8 InsO. Abs. 1 gestattet im Vergleich zu den grundsätzlich nach § 38 S. 1 anwendbaren Vorschriften der ZPO (→ § 38 Rn. 3) eine Zustellung durch Aufgabe zur Post; eine Beglaubigung des zuzustellenden Schriftstücks ist dabei entbehrlich. Nach Abs. 2 erfolgt keine Zustellung an Personen unbekannten Aufenthalt vorbehaltlich eines vorhandenen und zur Entgegennahme von Zustellungen berechtigten Vertreters. Abs. 3 ordnet eine entsprechende Anwendung der §§ 191–194 ZPO an, wenn das Gericht den Schuldner mit der Zustellung beauftragt hat.

2 Bei grenzüberschreitenden Zustellungen innerhalb der EU gilt die VO (EG) Nr. 1393/2007; außerhalb der EU gelten die Vorschriften des Haager Übereinkommens über die Zustellung gerichtlicher und außergerichtlicher Schriftstücke im Ausland (BGBl. 1977 II 1452).

3 Weiterhin kann das Gericht in Anlehnung an § 8 Abs. 3 InsO den Restrukturierungsbeauftragten mit der Durchführung der Zustellung beauftragen, § 76 Abs. 6. Dieser ist nicht wie der Schuldner auf die Zustellung im Parteibetrieb gem. §§ 191–194 ZPO beschränkt.

## II. Anwendungsbereich

4 § 41 gilt vornehmlich für das gerichtliche Verfahren des Stabilisierungs- und Restrukturierungsrahmens. Im Verfahren der Sanierungsmoderation (§§ 94–100) kommt eine entsprechende Anwendung in Betracht, sollte es trotz des außergerichtlichen Charakters zu Zustellungen durch das Restrukturierungsgericht kommen (BeckOK StaRUG/*Kramer,* 6. Ed. 1.10.2022, § 41 Rn. 4).

5 Keine Anwendung findet die Vorschrift auf das außergerichtliche Planabstimmungsverfahren.

## III. Zustellung von Schriftstücken

6 § 41 äußert sich nicht zur Frage, ob eine Zustellung zu erfolgen hat, sondern modifiziert lediglich die über § 38 S. 1 anwendbaren Vorschriften der ZPO in der Art und Weise der Zustellung. Eine Zustellung verlangt das StaRUG bei der Ladung zum Erörterungs- und Abstimmungstermin gem. § 45 Abs. 3 S. 1 und 3, bei der Ladung zum Vorprüfungstermin gem. § 46 Abs. 1 S. 3, bei der Ladung zum fakultativen Anhörungstermin gem. § 48 Abs. 2 S. 3, bei der Zustellung des Stabilisierungsanordnungsbeschlusses gem. § 51 Abs. 4 S. 1 sowie bei der Ladung zur Anhörung vor einer Planbestätigung gem. § 61 S. 3. Weiterhin kann die Zustellungsbedürftigkeit aus über § 38 S. 1 anwendbaren Vorschriften der ZPO resultieren.

7 Ist die Notwendigkeit einer Zustellung nicht gegeben (etwa bei den Erfordernissen einer Zusendung gem. § 65 Abs. 2 S. 1 oder im Ergehen eines Hinweises gem. § 48 Abs. 2 S. 1 und 2) findet auch § 41 keine Anwendung; dem Gericht bleibt es aber unbenommen, eine förmliche Zustellung durchzuführen.

8 § 41 Abs. 1 S. 1 ordnet ausdrücklich die Anwendung der Vorschriften der ZPO über die Zustellungen von Amts wegen an, §§ 166 ff. ZPO. Die Zustellungen im Parteibetrieb gem. §§ 191–194 ZPO gelangen dabei nur unter der Voraussetzung des § 41 Abs. 3 zur Anwendung. Die gem. § 38 S. 1 StaRUG iVm § 169 Abs. 2 ZPO üblicherweise erforderliche Beglaubigung ist gem. § 41 Abs. 1 S. 1 entbehrlich.

## IV. Aufgabe des Schriftstücks zur Post (Abs. 1 S. 2 und 3)

9 Als Möglichkeit der Vereinfachung und Beschleunigung des Verfahrens sieht § 41 Abs. 1 S. 2 die Möglichkeit der Aufgabe eines Schriftstücks zur Post als zusätzliche Zustellungsform neben denjenigen der ZPO vor. Die Wahl dieser Zustellung steht im Ermessen des Gerichts. Die Wichtigkeit des

jeweiligen Schriftstücks für den Empfänger sowie das Bedürfnis einer schnellstmöglichen Zustellung und die mit ihr verbundenen Kosten hat das Gericht bei der Betätigung des Ermessens für oder gegen eine Zustellungsform zu berücksichtigen (BeckOK StaRUG/*Kramer,* 6. Ed. 1.10.2022, § 41 Rn. 22).

Nur für die besondere Zustellungsform durch Aufgabe zur Post gilt die Fiktion des § 41 Abs. 1 S. 3, nach dem bei einer Zustellung im Inland das Schriftstück drei Tage nach Aufgabe zur Post als zugestellt gilt. Für Zustellungen im Ausland gilt vorbehaltlich einer Bestimmung einer anderen Frist durch das Gericht eine Zustellung nach zwei Wochen als erfolgt, § 41 Abs. 1 S. 2 Hs. 2 StaRUG iVm § 184 Abs. 2 S. 1 ZPO. Ein tatsächlich späterer Zugang beim Zustellungsempfänger ist für die unwiderlegliche Zustellungsfiktion ebenso unerheblich wie ein ausgebliebener tatsächlicher Zugang (BeckOK StaRUG/*Kramer,* 6. Ed. 1.10.2022, § 41 Rn. 25). **10**

## V. Unbekannter Aufenthalt des Zustellungsempfängers (Abs. 2)

Ist der Aufenthaltsort des Zustellungsempfängers unbekannt, erfolgt keine Zustellung. Eine öffentliche Zustellung gem. § 185 ZPO findet somit im Grundsatz nicht statt. Die ausbleibende Zustellung ist auch nicht zwingend durch eine öffentliche Bekanntmachung zu ersetzen (BeckOK StaRUG/*Kramer,* 6. Ed. 1.10.2022, § 41 Rn. 28; aA Braun StaRUG/*Baumert* § 41 Rn. 7), da das StaRUG eine solche nur auf Antrag des Schuldners in öffentlichen Restrukturierungsverfahren kennt, § 84 Abs. 1. Dies schließt es nach dem Sinn der Vorschrift, das Verfahren zu straffen, nicht aus, im Einzelfall und mit Zustimmung des Schuldners auf das aufwendige Verfahren der öffentlichen Zustellung zurückzugreifen, um Gläubiger unbekannten Aufenthaltsortes in das Verfahren einzubeziehen (Flöther/*Laroche* § 41 Rn. 4; BeckOK StaRUG/*Kramer,* 6. Ed. 1.10.2022, § 41 Rn. 28). **11**

Aufgrund des Amtsermittlungsgrundsatzes gem. § 39 Abs. 1 S. 1 kann sich das Gericht bei der Frage des unbekannten Aufenthalts eines Zustellungsempfängers nicht auf die eigene Unkenntnis berufen, sondern muss diesbezüglich Ermittlungen einleiten. § 41 Abs. 2 S. 1 greift nur ein, wenn der Aufenthaltsort allgemein unbekannt ist (BGH NJW-RR 2012, 307 Rn. 16; für insoweit strengere Anforderungen: BeckOK StaRUG/*Kramer,* 6. Ed. 1.10.2022, § 41 Rn. 29; für geringere Anforderungen: Pannen/Riedemann/Smid/*Pannen* StaRUG § 41 Rn. 16). **12**

Eine Zustellung erfolgt dennoch, wenn trotz des unbekannten Aufenthalts ein zur Entgegennahme von Zustellungen berechtigter Vertreter vorhanden ist; es wird an diesen zugestellt, § 41 Abs. 2 S. 2. **13**

## VI. Zustellung durch den Schuldner (Abs. 3)

Zur Entlastung des Gerichts kann es den Schuldner als vom Restrukturierungsverfahren Begünstigten mit der Zustellung beauftragen, sofern das **14**

Gesetz dies vorsieht, Abs. 3. Dies ist der Fall bei der Ladung zum gerichtlichen Erörterungs- und Abstimmungstermin gem. § 45 Abs. 3 S. 3, bei der Ladung zum Vorprüfungstermin gem. § 46 Abs. 1 S. 3, bei der Ladung zum fakultativen Anhörungstermin gem. § 48 Abs. 2 S. 3 sowie bei der Ladung zum Anhörungstermin vor der Planbestätigung gem. § 61 S. 3. Insoweit gelten die §§ 191–194 ZPO. Die Aufgabe zur Post gem. § 41 Abs. 1 S. 2 steht dem Schuldner aufgrund der systematischen Stellung als Zustellungsform nicht zur Verfügung (Flöther/*Laroche* § 41 Rn. 5).c

## Unterabschnitt 2. Restrukturierungsrecht

### Anzeige von Zahlungsunfähigkeit und Überschuldung; Strafvorschrift

**42** (1) [1] **Während der Rechtshängigkeit der Restrukturierungssache ruht die Antragspflicht nach § 15a Absatz 1 bis 3 der Insolvenzordnung und § 42 Absatz 2 des Bürgerlichen Gesetzbuchs.** [2] **Die Antragspflichtigen sind jedoch verpflichtet, dem Restrukturierungsgericht den Eintritt einer Zahlungsunfähigkeit im Sinne des § 17 Absatz 2 der Insolvenzordnung oder einer Überschuldung im Sinne des § 19 Absatz 2 der Insolvenzordnung ohne schuldhaftes Zögern anzuzeigen.**

(2) **Die Stellung eines den Anforderungen des § 15a der Insolvenzordnung genügenden Insolvenzantrags gilt als rechtzeitige Erfüllung der Anzeigepflicht nach Absatz 1 Satz 2.**

(3) [1] **Mit Freiheitsstrafe bis zu drei Jahren oder mit Geldstrafe wird bestraft, wer entgegen Absatz 1 Satz 2 den Eintritt der Zahlungsunfähigkeit oder der Überschuldung nicht oder nicht rechtzeitig anzeigt.** [2] **Handelt der Täter fahrlässig, ist die Strafe Freiheitsstrafe bis zu einem Jahr oder Geldstrafe.** [3] **Die Sätze 1 und 2 sind nicht anzuwenden auf Vereine und Stiftungen, für die die Pflicht nach Absatz 1 Satz 1 gilt.**

(4) **Wenn die Anzeige der Restrukturierungssache nach § 31 Absatz 4 ihre Wirkung verliert, leben die nach Absatz 1 Satz 1 ruhenden Antragspflichten wieder auf.**

**Schrifttum:** *Bitter* Geschäftsleiterhaftung in der Insolvenz – alles neu durch SanInsFoG und StaRUG?, ZIP 2021, 321; *Brünkmans* Geschäftsleiterpflichten und Geschäftsleiterhaftung nach dem StaRUG und SanInsFoG ZInsO 2021, 1; *Gehrlein* Das Gesetz über den Stabilisierungs- und Restrukturierungsrahmen für Unternehmen (StaRUG) – ein Überblick, BB 2021, 66; *Jungmann* Die Ausrichtung der Pflichten von Gesellschaftsorganen an den Interessen der Residualberechtigten, ZRI 2021, 209; *Kranzfelder/Ressmann* Geschäftsleiter im Fokus: Haftungserweiterung und Haftungserleichterung nach SanInsFoG, ZInsO 2021, 191; *Kuntz* Geschäftsleiterhaftung bei drohender Zahlungsunfähigkeit nach StaRUG, ZIP 2021, 597; *Schelo* Das Gesetz über den Stabilisierungs- und Restrukturierungsrahmen für Unternehmen (StaRUG), WM 2021, 513; *Scholz* Die Krisenpflichten von Geschäftsleitern nach Inkrafttreten des StaRUG, ZIP 2021, 219; *Schulz* Haftungs- und Pflichtenregime für Geschäftsleiter in der Krise Was bringt das SanInsFoG?, NZI 2020, 1073; *Thole* Die Geschäftsleiterhaftung im StaRUG und nach § 15b InsO n.F., BB 2021, 1347; *Thole* Der Entwurf des Unternehmensstabilisierungs- und restrukturierungsgesetzes (StaRuG-RefE), ZIP 2020, 1985.

**Übersicht**



## I. Normzweck; Anwendungsbereich

Sowohl § 15a InsO als auch § 42 Abs. 2 BGB sehen die Pflicht zur Stellung eines Insolvenzantrags bei Eintritt der Zahlungsunfähigkeit oder Überschuldung vor. Während der Rechtshängigkeit tritt an ihre Stelle die Pflicht, dem Restrukturierungsgericht den Eintritt der Zahlungsunfähigkeit oder Überschuldung anzuzeigen (Abs. 1 S. 2). Diese Pflicht ist gem. Abs. 3 strafbewehrt. Gleichwohl ist die Stellung eines Insolvenzantrags weiterhin möglich; die Insolvenzantragstellung gilt gem. Abs. 2 als rechtzeitige Erfüllung der Anzeigepflicht. **1**

Weil die Suspendierung der Insolvenzantragspflicht an die Rechtshängigkeit der Restrukturierungssache anknüpft, lebt jene wieder auf, wenn die Anzeige der Restrukturierungssache gem. § 31 Abs. 4 ihre Wirkung verliert. **2**

Die Vorschrift ist im Zusammenhang mit der für alle Schuldner bestehenden Pflicht zur Anzeige des Eintritts von Zahlungsunfähigkeit und ggf. von Überschuldung gem. § 32 Abs. 3 sowie der damit einhergehenden Möglichkeit des Restrukturierungsgerichts, die Restrukturierungssache gem. § 33 Abs. 2 S. 1 Nr. 1 aufzuheben, zu sehen. Diese Pflicht wird durch § 42 Abs. 1 S. 2 und der damit einhergehenden Strafbewehrung für diejenigen, die gem. § 15a InsO und § 42 Abs. 2 BGB zum Antrag verpflichtet sind, verstärkt. Dies ist geboten, weil der Eintritt der Insolvenzreife einen Abschnitt höherer Krisenintensität darstellt, der es grundsätzlich verlangt, die Interessen aller Gläubiger (und nicht nur der Planbetroffenen) im Verfahren zu berücksichtigen (Begründung RegE, BT-Drs. 19/24181, S. 145). Die Errungenschaften der Restrukturierung können aber dadurch unmittelbar erhalten werden, dass das Restrukturierungsgericht bei Vorliegen der Ausnahmetatbestände des § 33 Abs. 2 S. 1 Nr. 1 von einer Aufhebung absieht. **3**

## II. Umsetzung der Richtlinie

Die Vorschrift ergeht in Umsetzung von Art. 7 Abs. 1 RL 2019/1023. **4**
Diese sieht vor, dass während einer Aussetzung von Einzelzwangsvollstre-

ckungsmaßnahmen die Pflicht des Schuldners zur Stellung eines Insolvenzantrags ruht, wenn das Insolvenzverfahren zur Liquidation des Schuldners führen könnte. Nach deutschem Recht kann ein Insolvenzverfahren zur Liquidation des Schuldners führen. Der StaRUG-Gesetzgeber hat das Ruhen der Antragspflicht des Schuldners über die Stabilisierungsanordnungen hinaus auf die gesamte Zeit der Rechtshängigkeit der Restrukturierungssache ausgedehnt, um zu verhindern, dass Schuldner nur auf die Stabilisierungsanordnung hinwirken, um sich der Antragspflicht zu entledigen (Begründung RegE, BT-Drs. 19/24181, S. 144).

**5** Die korrespondierende Anzeigepflicht des § 42 Abs. 1 S. 2 ist nicht durch die RL 2019/1023 vorgesehen (ohne Begründung Zweifel an der Richtlinienkonformität anmeldend: BeckOK StaRUG/*Mock,* 6. Ed. 17.7.2022, § 42 Rn. 4).

## III. Ruhen der Insolvenzantragspflicht (Abs. 1 S. 1)

**6** Mit Beginn der Rechtshängigkeit der Restrukturierungssache (→ § 31 Rn. 31 ff.) ruht die Antragspflicht gem. § 15a Abs. 1–3 sowie § 42 Abs. 2 BGB. Eine Verletzung der Antragspflicht ist zu diesem Zeitpunkt nicht mehr möglich. An ihre Stelle tritt die straf- und zivilrechtliche Haftung bei Verletzung der Anzeigepflicht gem. § 42 Abs. 1 S. 2. Das Stellen eines Insolvenzantrags ist jedoch sowohl für den Schuldner wie auch für Gläubiger weiterhin möglich (arg. e contrario § 42 Abs. 2).

**7** Das Einsetzen der Suspendierung der Antragspflicht führt nicht zu einem Entfall einer zuvor begründeten Haftung wegen Verletzung der Antragspflicht (*Thole* ZIP 2020, 1985 (1991); Flöther/*Goetker* StaRUG § 42 Rn. 16). Eine ex-tunc Wirkung ist weder im Wortlaut angelegt noch nach dem Zweck der Vorschrift geboten.

## IV. Anzeigepflicht (Abs. 1 S. 2)

**8** An die Stelle der Insolvenzantragspflicht tritt die unionsrechtlich nicht zwingend erforderliche Pflicht zur unverzüglichen Anzeige des Eintritts der Zahlungsunfähigkeit oder Überschuldung.

**9** Adressat der Anzeigenpflicht sind diejenigen, die ohne ein Ruhen der Antragspflicht Adressat derselben gewesen wären: als Mitglieder des Vertretungsorgans die Vorstandsmitglieder oder Geschäftsführer, bei einer Personengesellschaft ohne unbeschränkt haftende Person die organschaftlichen Vertreter der unmittelbar oder mittelbar geschäftsführenden Gesellschafter-Gesellschaft, die faktischen Vertretungsorgane sowie im Fall der Führungslosigkeit die Gesellschafter bzw. Mitglieder des Aufsichtsrats (im Einzelnen K. Schmidt InsO/*K. Schmidt/Herchen* InsO § 15a Rn. 15–23).

**10** Wie bei der Prüfung des Vorliegens der Voraussetzungen der Insolvenzantragspflicht müssen die Anzeigepflichtigen auch während der Rechtshängigkeit der Restrukturierungssache laufend das Vorliegen von Zahlungsunfähigkeit und Überschuldung prüfen (→ vgl. § 31 Rn. 24).

11 Weil § 42 Abs. 1 S. 2 lediglich auf die nach § 15a InsO Antragspflichtigen Bezug nimmt und keine für die Anzeige entsprechende Anwendung der Vorschrift anordnet, muss, wenn nicht alle Antragspflichtigen die Anzeige erstatten, keine zusätzliche Glaubhaftmachung erfolgen wie es § 15 Abs. 2 InsO fordert (so auch Flöther/*Goetker* StaRUG § 42 Rn. 24). Das Restrukturierungsgericht wird bei Zweifeln selbst Nachforschungen anstellen, nicht zuletzt um über die für die Ausübung des Ermessens bei der Aufhebungsentscheidung gem. § 33 Abs. 2 S. 1 Nr. 1 erforderliche Informationsgrundlage zu verfügen. Auch vor dem Hintergrund einer Aufhebung gem. § 33 Abs. 1 Nr. 3 und Abs. 2 S. 1 Nr. 3, wo nicht die Möglichkeit eines Absehens von der gerichtlichen Aufhebung besteht, ist es angezeigt, dass der Schuldner bei der Anzeige das Gericht mit den erforderlichen Informationen versorgt, § 32 Abs. 2 und § 43. Die Anzeigepflichtigen handeln aber auch noch dann ohne schuldhaftes Zögern, wenn sie mit Eintritt der Insolvenzreife die Anzeige abfassen und die sie begleitenden Informationen zusammentragen und beides zusammen unmittelbar nach Fertigstellung dem Gericht übermitteln (Flöther/*Goetker* StaRUG § 42 Rn. 25). Dem Gericht ist nicht geholfen, wenn zunächst lediglich die rohe Anzeige erfolgt und die für die Aufhebungsentscheidung relevanten Informationen erst nachgereicht werden. Eine Verfahrensbeschleunigung und ein besserer Schutz der Interessen der Gläubiger ist davon nicht zu erwarten.

## V. Insolvenzantragsstellung (Abs. 2)

12 Gem. Abs. 2 gilt die Stellung eines iSd § 15a InsO korrekten Insolvenzantrags als rechtzeitige Erfüllung der Anzeigepflicht. Daraus erhellt, dass auch bei Suspendierung der Insolvenzantragspflicht weiterhin ein Antragsrecht besteht, da jene allein dazu dient, den Schuldner vor dem Druck zu bewahren, einen Insolvenzantrag stellen zu müssen (Begründung RegE, BT-Drs. 19/24181, S. 145).

## VI. Strafbewehrung (Abs. 3)

13 Wer den Eintritt von Zahlungsunfähigkeit oder Überschuldung nicht oder nicht rechtzeitig anzeigt, kann gem. Abs. 3 mit Freiheitsstrafe bis drei Jahren (bei Fahrlässigkeit bis zu einem Jahr) oder Geldstrafe bestraft werden. Dies entspricht § 15a Abs. 4 und 5 InsO. Eine nicht erfolgte Anzeige liegt vor, wenn trotz Eintritts von Zahlungsunfähigkeit oder Überschuldung keine Anzeige erstattet wird; eine nicht rechtzeitige Anzeige liegt vor, wenn sie schuldhaft erst zu einem späteren Zeitpunkt erstattet wird.

## VII. Haftung bei Verletzung der Anzeigepflicht

14 Parallel zu der anerkannten Innenhaftung bei Verletzung der Antragspflicht gem. § 15a InsO kommt eine Haftung nach den allgemeinen verbandsrechtlichen Haftungstatbeständen in Betracht, wenn die Pflicht zur

Anzeige verletzt wird (Flöther/*Goetker* StaRUG § 42 Rn. 34 ff.). Diese steht neben den deliktischen Schadensersatzansprüchen gem. § 823 Abs. 2 BGB iVm § 42 Abs. 1 S. 2 StaRUG. Die Anzeigepflicht dient der schnellstmöglichen Unterrichtung des Gerichts von einem Zustand der Krise, der es verlangt, alle Gläubiger (und nicht nur die Planbetroffenen) in das Verfahren einzubeziehen. Folglich dient die Anzeigepflicht gem. § 42 Abs. 1 S. 2 auch Individualinteressen und ist somit als Schutzgesetz iSd § 823 Abs. 2 einzuordnen (*Thole* ZIP 2020, 1985 (1991); *Bitter* ZIP 2021, 321 (333); Flöther/*Goetker* StaRUG § 42 Rn. 37). Wie bei der Verletzung der Insolvenzantragspflicht gem. § 15a InsO ist bei den Geschädigten zwischen Altgläubigern, die lediglich den Quotenschaden ersetzt verlangen können, und Neugläubigern, die Ersatz des negativen Interesses verlangen können, zu unterscheiden.

## VIII. Wiederaufleben der Insolvenzantragspflicht (Abs. 4)

**15** Die Insolvenzantragspflicht ist nur während der Rechtshängigkeit der Restrukturierungssache suspendiert. Folglich lebt jene wieder auf, sobald die Anzeige gem. § 31 Abs. 4 ihre Wirkung verliert (→ § 31 Rn. 37 ff.). Auch die rechtskräftige Bestätigung des Plans beseitigt die Rechtshängigkeit der Restrukturierungssache, weshalb für den Schuldner wieder das allgemeine Insolvenzrecht gilt. Die praktische Bedeutung für eine unmittelbar nach der Rechtskraft bestehende Antragspflicht dürfte freilich gering sein.

**16** Besteht im Zeitpunkt des Entfalls der Rechtshängigkeit der Restrukturierungssache eine Insolvenzantragspflicht, wird auch im jeweiligen drei bzw. sechs-Wochen Zeitraum regelmäßig keine Beseitigung der Insolvenzreife mehr gelingen (Flöther/*Goetken* StaRUG § 42 Rn. 30). Die Frist dient dann allein der Vorbereitung eines Insolvenzantrags.

### Pflichten und Haftung der Organe

**43** (1) [1]**Handelt es sich bei dem Schuldner um eine juristische Person oder um eine Gesellschaft ohne Rechtspersönlichkeit im Sinne des § 15a Absatz 1 Satz 3, Absatz 2 der Insolvenzordnung, wirken dessen Geschäftsleiter darauf hin, dass der Schuldner die Restrukturierungssache mit der Sorgfalt eines ordentlichen und gewissenhaften Geschäftsleiters betreibt und die Interessen der Gesamtheit der Gläubiger wahrt.** [2]**Für die Verletzung dieser Pflicht haften sie dem Schuldner in Höhe des den Gläubigern entstandenen Schadens, es sei denn sie haben die Pflichtverletzung nicht zu vertreten.**

(2) [1]**Ein Verzicht des Schuldners auf Ansprüche nach Absatz 1 Satz 2 oder ein Vergleich über diese Ansprüche ist unwirksam, soweit der Ersatz zur Befriedigung der Gläubiger erforderlich ist.** [2]**Dies gilt nicht, wenn sich der Ersatzpflichtige zur Abwendung eines Insolvenzverfahrens über sein Vermögen mit seinen Gläubigern vergleicht, wenn die Ersatzpflicht in einem Insolvenzplan geregelt wird**

**oder wenn für den Ersatzberechtigten ein Insolvenzverwalter handelt.**

(3) [1] **Ansprüche nach Absatz 1 Satz 2 verjähren in fünf Jahren.** [2] **Ist der Schuldner zum Zeitpunkt der Pflichtverletzung eine börsennotierte Gesellschaft, verjähren die Ansprüche in zehn Jahren.**

**Übersicht**



## I. Normzweck; Anwendungsbereich

§ 43 statuiert besondere Pflichten der Geschäftsleitung (Legaldefinition in § 1 Abs. 1 S. 1 → § 1 Rn. 8) und knüpft daran ein Haftungsregime, das als Innenhaftung ausgestaltet ist. Ein Verzicht des Schuldners auf daraus resultierende Ansprüche ist im Sinne des Masseerhalts nur eingeschränkt möglich. Zudem enthält Abs. 3 besondere Verjährungsvorschriften. 1

§ 43 Abs. 1 S. 1 knüpft das Pflichtenprogramm der Geschäftsleiter an dasjenige des Schuldners gem. § 32 Abs. 1 während der Rechtshängigkeit der Restrukturierungssache. Auch die Geschäftsleitung ist somit zur Wahrung der Interessen der Gesamtheit der Gläubiger verpflichtet. Diese Pflichten treten neben die allgemeinen gesellschaftsrechtlichen Geschäftsleiterpflichten und konkretisieren diese. 2

Die Norm hat im Gesetzgebungsverfahren eine Wandlung von einer Außenhaftung zur Innenhaftung erlebt (vgl. noch (Begründung RegE, BT-Drs. 19/24181, S. 146; Kritik am Haftungsrisiko auch für im Fall einer geglückten Sanierung *Schluck-Amend/Hefner* ZRI 2020, 570 (580)). 3

Anwendung findet § 43 lediglich dann, wenn der Schuldner eine juristische Person ist oder eine Gesellschaft ohne Rechtspersönlichkeit iSd § 15a Abs. 1 S. 3, Abs. 2 InsO. Die Pflichten des § 43 Abs. 1 S. 1 entstehen ab dem Zeitpunkt der Rechtshängigkeit und enden sobald die Restrukturierungssache aufgehoben wird. 4

## II. Pflichten der Geschäftsleitung (Abs. 1 S. 1)

§ 43 Abs. 1 S. 1 begründet für die Geschäftsleitung eine Pflicht, darauf hinzuwirken, dass der Schuldner die Restrukturierungssache mit der Sorgfalt eines ordentlichen und gewissenhaften Geschäftsleiters betreibt und die Interessen der Gesamtheit der Gläubiger wahrt. Die Wortwahl „hinwirken" bedeutet für die Geschäftsleitung nicht, dass der Grad der Verpflichtung gemindert ist (BeckOK StaRUG/*Mock,* 6. Ed. 17.7.2022, § 43 Rn. 7). 5

6 Adressat der Pflicht ist die Geschäftsleitung. Der Begriff wurde durch das SanInsFoG eingeführt und ist in § 1 Abs. 1 S. 1 legaldefiniert. Die Geschäftsleitung ist in einer Gesamtverantwortung (Flöther/*Goetker* StaRUG § 43 Rn. 13; → § 1 Rn. 9), was nicht ausschließt, dass eine interne Aufgabenverteilung stattfindet.

7 Der für den Schuldner in § 32 Abs. 1 aufgezeigte Pflichtenkanon (→ § 32 Rn. 7 ff.) wird durch § 43 Abs. 1 S. 1 auf die Geschäftsleitung gespiegelt. Ebenso gelten deshalb auch die gesetzliche Konkretisierung des § 32 Abs. 1 S. 2 sowie das Regelbeispiel des § 32 Abs. 1 S. 3 für die Geschäftsleiterpflicht aus § 43 Abs. 1 S. 1 entsprechend. Im Rahmen der ohnehin bestehenden Legalitätspflicht ist die Geschäftsleitung somit verpflichtet, die Restrukturierungssache tatsächlich voranzutreiben und dabei die Interessen der Gesamtheit der Gläubiger (und nicht nur der Planbetroffenen) zu berücksichtigen. Weil das Korsett des StaRUG weiter ausgestaltet ist als dasjenige der InsO ist für die Sanierungsgeschäftsleitung der Anwendungsbereich der business judgement rule eröffnet (*Scholz* ZIP 2021, 219 (224); gegen die Anwendung der BJR, aber einen Beurteilungsspielraum anerkennend *Thole* BB 2021, 1347 (1351); → § 1 Rn. 43).

8 Die Pflicht zur Wahrung der Interessen der Gesamtheit der Gläubiger wird für die Geschäftsleitung insbesondere dann relevant, wenn sie von den Interessen der Gesellschafter divergiert (Flöther/*Goetker* StaRUG § 43 Rn. 27 ff.). Dies manifestiert sich spätestens bei der anstehenden Abstimmung über den Restrukturierungsplan. Fraglich ist, inwiefern die Geschäftsleitung an einen Gesellschafterbeschluss gebunden ist, der sie zum Zwecke der Vermeidung einer Abstimmung zur Rücknahme der Anzeige des Restrukturierungsvorhabens gem. § 31 Abs. 4 Nr. 1 verpflichten soll, wenn kein die Interessen der Gläubiger in gleichem Maße zu berücksichtigendes alternatives Sanierungskonzept vorhanden ist. Grundsätzlich gilt die gesellschaftsrechtliche Bindung an den Gesellschafterbeschluss auch während des Restrukturierungsverfahrens – dies jedoch nur innerhalb des Rahmens der Legalitätspflicht. Werden die Gläubigerinteressen durch die Rücknahme der Anzeige grob missachtet, könnte dies für eine Verletzung der Legalitätspflicht sprechen, die die Geschäftsleitung von derim Beschluss der Gesellschafter enthaltenen Weisung entbindet. Dem könnte entgegengehalten werden, dass auch die Erstattung der Anzeige zu Beginn des Restrukturierungsverfahrens nicht gegen den Willen der Gesellschafter erfolgen darf (*Thole* BB 2021, 1347 (1350)). Jedoch sieht das StaRUG für eine einmal begonnene Restrukturierung ein besonderes Pflichtenprogramm vor, dem sich der Schuldner nicht mehr mit faktischer ex tunc Wirkung durch Rücknahme der Anzeige entziehen kann (Flöther/*Goetker* StaRUG § 43 Rn. 29). Dies ist geboten, weil bereits während des Restrukturierungsverfahrens mit der Stabilisierungsanordnung (→ § 49 Rn. 1 ff.) die Möglichkeit zur Beeinträchtigung von Gläubigerrechten vorhanden ist. Gesellschafterbeschlüsse, die auf ein der Pflicht des § 43 Abs. 1 S. 1 entgegengesetztes Handeln der Geschäftsleitung gerichtet sind, entfalten demnach keine Bindungswirkung (*Thole* BB 2021, 1347 (1351); Flöther/*Goetker* StaRUG § 43 Rn. 43).

## III. Haftung der Geschäftsleitung (Abs. 1 S. 2)

Gem. § 43 Abs. 1 S. 2 haften die Geschäftsleiter dem Schuldner für die Verletzung der Pflichten des § 43 Abs. 1 S. 1 auf den Schaden, der durch die Pflichtverletzung den Gläubigern entstanden ist. Es handelt sich somit um eine Innenhaftung. **9**

Voraussetzung ist eine Verletzung der Pflichten aus § 43 Abs. 1 S. 1. Ob dies allein dann in Betracht kommt, wenn zugleich die Interessen der Gesamtheit der Gläubiger berücksichtigt wurden (Flöther/*Goetker* StaRUG § 43 Rn. 38), kann dahinstehen, weil das generelle sorgfältige und gewissenhafte Betreiben der Restrukturierungssache der nachhaltigen Beseitigung einer drohenden Zahlungsunfähigkeit dient und somit im Interesse der Gesamtheit der Gläubiger liegt. Die BJR oder der Beurteilungsspielraum des Geschäftsleiters ist jedoch zu beachten. Insbesondere vor dem Hintergrund möglicher Rückschaufehler *(hindsight bias)* ist es für die Geschäftsleitung ratsam, den Prozess der Entscheidungsfindung sowie die hinreichende Erarbeitung der entsprechenden Informationsgrundlage zu dokumentieren (*Bea/Dressler* NZI 2021, 67 (69)). **10**

Weiterhin ist ein Verschulden der Geschäftsleitung erforderlich. Gem. § 276 BGB liegt dieses bei vorsätzlichem oder fahrlässigem Handeln vor. Ein Verschulden der Geschäftsleitung wird gem. § 43 Abs. 1 S. 2 Hs. 2 widerleglich vermutet. **11**

Ersatzfähig ist der den Gläubigern durch die Verletzung der Pflicht aus Abs. 1 S. 1 kausal entstandene Schaden. Dieser Gläubigergesamtschaden ist zwecks Vereinfachung vom Schuldner geltend zu machen und umfasst den durch die Pflichtverletzung entstandenen weiteren Verlust der Schuldendeckungsfähigkeit (*Thole* BB 2021, 1347 (1351)). Aufgrund der klaren gesetzlichen Aussage in § 43 Abs. 1 S. 1 („Gesamtheit der Gläubiger") sind für die Bestimmung des Schadens alle Gläubiger und nicht nur die möglichen Planbetroffenen einzubeziehen (aA Flöther/*Goetker* StaRUG § 43 Rn. 47). **12**

Im Rahmen der Insolvenz wird der Anspruch vom Insolvenzverwalter geltend gemacht. Außerhalb der Insolvenz wird der gegen den GmbH-Geschäftsführer gerichtete Anspruch gem. § 46 Nr. 8 GmbHG von den Gesellschaftern und der gegen den Vorstand der AG gerichtete Anspruch gem. § 112 S. 1 AktG vom Aufsichtsrat geltend gemacht (Flöther/*Goetker* StaRUG § 43 Rn. 50). In der Praxis ist gleichwohl davon auszugehen, dass die Geltendmachung durch einen Insolvenzverwalter die Regel sein wird. **13**

## IV. Haftungsverzicht; Vergleich (Abs. 2)

Im Sinne des Gläubigerschutzes ist ein Haftungsverzicht ausgeschlossen, wenn der von der Geschäftsleitung an den Schuldner zu zahlende Ersatz für die Befriedigung der Gläubiger notwendig ist. Insoweit ist auch ein Vergleich ausgeschlossen, außer der Ersatzpflichtige vergleicht sich mit seinen Gläubigern, um eine Insolvenz abzuwenden, die Ersatzpflicht ist Gegenstand **14** eines Insolvenzplans oder für den Ersatzberechtigten handelt ein Insolvenzverwalter.

## V. Verjährung (Abs. 3)

**15** Die Ansprüche gem. Abs. 1 S. 2 verjähren in drei Jahren. Handelt es sich bei dem Schuldner im Zeitpunkt der Pflichtverletzung um eine börsennotierte Gesellschaft, verjähren die Ansprüche in zehn Jahren.

## VI. Verhältnis zu anderen Haftungstatbeständen

**16** Neben die Geschäftsleiterpflichten des § 43 Abs. 1 S. 1 treten die allgemeinen verbandsrechtlichen Haftungstatbestände (etwa § 93 Abs. 2 AktG, § 43 Abs. 2 GmbHG), die jedoch in der Krise durch § 1 und während der Rechtshängigkeit der Restrukturierungssache durch § 43 Abs. 1 S. 1 und die Pflicht zur Wahrung der Interessen der Gesamtheit der Gläubiger konkretisiert werden. Beide Haftungstatbestände stehen somit nebeneinander (Flöther/*Goetker* StaRUG § 43 Rn. 54 ff.).

**17** Neben § 43 Abs. 1 S. 2 steht auch die Haftung gem. § 15b Abs. 4 InsO, wobei Zahlungen, die während des Restrukturierungsverfahrens vorgenommen werden und der Erreichung des Restrukturierungsziels nicht widersprechen, regelmäßig als im ordnungsgemäßen Geschäftsgang gem. § 15b Abs. 2 S. 1 InsO erfolgt anzusehen sind (BeckOK StaRUG/*Mock,* 6. Ed. 17.7.2022, § 43 Rn. 19c).

**18** § 43 Abs. 1 S. 1 ist aufgrund der Ausgestaltung als Innenhaftung jedoch kein Schutzgesetz iSd § 823 Abs. 2 BGB; anders insoweit § 42 → § 42 Rn. 14.

### Verbot von Lösungsklauseln

**44** (1) [1] **Die Rechtshängigkeit der Restrukturierungssache oder die Inanspruchnahme von Instrumenten des Stabilisierungs- und Restrukturierungsrahmens durch den Schuldner ist ohne Weiteres kein Grund**

1. **für die Beendigung von Vertragsverhältnissen, an denen der Schuldner beteiligt ist,**
2. **für die Fälligstellung von Leistungen oder**
3. **für ein Recht des anderen Teils, die diesem obliegende Leistung zu verweigern oder die Anpassung oder anderweitige Gestaltung des Vertrags zu verlangen.**

[2] **Sie berühren ohne Weiteres auch nicht die Wirksamkeit des Vertrags.**

(2) **Dem Absatz 1 entgegenstehende Vereinbarungen sind unwirksam.**

(3) [1]**Die Absätze 1 und 2 gelten nicht für Geschäfte nach § 104 Absatz 1 der Insolvenzordnung und Vereinbarungen über das Liquidationsnetting nach § 104 Absatz 3 und 4 der Insolvenzordnung und Finanzsicherheiten im Sinne von § 1 Absatz 17 des Kreditwesengesetzes.** [2]**Dies gilt auch für Geschäfte, die im Rahmen eines Systems nach § 1 Absatz 16 des Kreditwesengesetzes der Verrechnung von Ansprüchen und Leistungen unterliegen.**

**Schrifttum:** *Heckschen/Weitbrecht* Kurzer Zwischenruf zu § 44 StaRUG-E: Zur vorsorglichen Rettung restrukturierungsbedingter Einziehungsklauseln und Rückforderungsrechte, NZI 2020, 976; *Prütting* Vertragsbeendigung in der Restrukturierung, FS Gehrlein, 2022, 485; *Schönfelder* Kreditvertragliche Kündigungsrechte im StaRUG-Verfahren – viel Lärm um nichts?, WM 2022, 361; *Thole* Der Entwurf des Unternehmensstabilisierungs- und -restrukturierungsgesetzes (StaRUG-RefE), ZIP 2020, 1985.

**Übersicht**



## I. Normzweck und Grundlagen

§ 44 Abs. 2 enthält die Kernaussage der Norm, die schon in deren Überschrift zum Ausdruck kommt: Es sind vertragliche Lösungsmöglichkeiten der einen Vertragspartei oder ähnliche Gestaltungen unwirksam, wenn diese als Voraussetzung an die Inanspruchnahme von Instrumenten des StaRUG durch die andere Vertragspartei anknüpfen. Diese Tatbestandsmerkmale folgen aus § 44 Abs. 1. Diese Bestimmung stellt darüber hinaus klar, dass andere gesetzliche Regelungen mit unbestimmten Rechtsbegriffen wie einem außerordentlichen Grund ebenfalls nicht allein an die Inanspruchnahme 1 von StaRUG-Instrumenten negative Wirkungen für den zu restrukturierenden Vertragsteil knüpfen. Eine Ausnahme enthält § 44 Abs. 3 für die dort aufgezählten Vertragstypen.

### 1. Regelungszweck

2 Die Verschlechterung der Vermögensverhältnisse der einen Vertragspartei kann Risiken für die andere Partei bei der Vertragsdurchführung in sich bergen. Das dispositive Gesetzesrecht trägt diesem Risiko nur vereinzelt Rechnung, etwa zugunsten des Vorleistungspflichtigen durch die Unsicherheitseinrede, § 321 BGB, und zugunsten des Darlehensgebers durch das außerordentliche Kündigungsrecht, § 490 Abs. 1 BGB (→ Rn. 24, 29). Ob darüber hinaus in der Vermögensverschlechterung allein ein außerordentlicher Grund zur Kündigung eines Vertragsverhältnisses liegt, wird abhängig vom Vertragstyp unterschiedlich beurteilt (vgl. BGHZ 129, 290 (296) = NJW 1995, 1958 (1959) zu § 89a HGB; BGHZ 210, 1 = NJW 2016, 1945 Rn. 41 zu § 648a BGB). Jedenfalls eine Pflichtverletzung iSv § 280 Abs. 1, § 323 Abs. 1 BGB stellt die bloße Vermögensverschlechterung nicht da. Freilich knüpft das Insolvenzrecht selbst in § 104 InsO sowie §§ 115 f. InsO für bestimmte Verträge an die formelle Insolvenzeröffnung die Vertragsbeendigung bzw. eröffnet in § 113 InsO dem Vertragspartner eine Kündigungsmöglichkeit. Der Schutz bleibt insgesamt aber lückenhaft.

3 Angesichts dieser gesetzlichen Ausgangslage zielen Vertragspartner darauf, sich durch spezifische vertragliche Regelungen gegen das Risiko von Vermögensverschlechterungen ihres Vertragspartners abzusichern. Solche Vertragsregelungen lassen sich nach ihrer Rechtsfolge unterscheiden, wie § 44 Abs. 1 verschiedene Möglichkeiten benennt. Prominentester Fall sind die sog. Lösungsklauseln. Diese werden von § 44 Abs. 1 S. 1 Nr. 1, Abs. 2 erfasst. Eine weitere Herausforderung der Vertragsgestaltung besteht darin, die Vermögensverschlechterung zu beschreiben, die Auslöser für die Lösungsmöglichkeit oder andere Vertragsrechte sein soll. Insoweit werden formelle Verfahrenstatbestände wie Insolvenzantrag oder Insolvenzeröffnung von materiellen Kriterien wie den Insolvenzeröffnungsgründen der §§ 17 ff. InsO unterschieden. Der Wortlaut von § 44 Abs. 1 bezieht sich auf formelle Anknüpfungstatbestände, wenn die Rechtshängigkeit der Restrukturierungssache nach § 31 Abs. 3 und die Inanspruchnahme von den in § 29 Abs. 2 aufgelisteten Instrumenten in Bezug genommen werden.

4 Solche vertraglichen Gestaltungen bergen ihrerseits wiederum das Risiko, die Situation des sich in der Krise befindlichen Vertragsteils zu verschlechtern. Denn der Vertragspartner kann durch Ausübung dieser vertraglichen Rechte, Chancen des zu restrukturierenden Unternehmens vereiteln und so den Erfolg des Restrukturierungsvorhabens erschweren oder sogar verhindern. Dem will § 44 Abs. 2 unter Anknüpfung an Erwgr. 40 RL 2019/1023 entgegenwirken, indem er solche Vertragsgestaltungen für unwirksam erklärt. Denn diese Bestimmung setzt Art. 7 Abs. 5 RL 2019/1023 um (BT-Drs. 19/24181, 146), der folgendermaßen lautet:

Die Mitgliedstaaten stellen sicher, dass es Gläubigern nicht gestattet ist, aufgrund einer Vertragsklausel, die entsprechende Maßnahmen vorsieht, allein aus folgenden

Gründen Leistungen aus noch zu erfüllenden Verträgen zu verweigern oder diese Verträge zu kündigen, vorzeitig fällig zu stellen oder in sonstiger Weise zum Nachteil des Schuldners zu ändern:

a) wegen eines Antrags auf Eröffnung eines präventiven Restrukturierungsverfahrens,
b) wegen eines Antrags auf Aussetzung von Einzelvollstreckungsmaßnahmen,
c) wegen der Eröffnung eines präventiven Restrukturierungsverfahrens oder
d) wegen der Gewährung einer Aussetzung von Einzelvollstreckungsmaßnahmen als solcher.

Die von § 44 Abs. 3 für bestimmte Finanzgeschäfte und Nettingvereinbarungen vorgesehene Ausnahme setzt Vorgaben aus der Finanzsicherheitenrichtlinie 2002/47/EG und der Finalitätsrichtlinie 1998/26/EG um, deren vorrangige Geltung Art. 31 Abs. 1 RL 2019/1023 anordnet. Soweit diese Richtlinien nicht reichen, beruht die Reichweite des Ausnahmetatbestands auf einer Entscheidung des StaRUG-Gesetzgebers, nach dessen Auffassung diese Arten von Geschäften keine Unsicherheit darüber vertragen, ob sie durchgeführt werden (BT-Drs. 19/24181, 147). Das entspricht dem Regelungsmotiv für § 104 Abs. 1, 2 InsO. 5

## 2. Regelungskontext

Innerhalb des StaRUG geht der Schutz des Restrukturierungsvorhabens durch § 55 Abs. 1 als Folge einer Stabilisierungsanordnung über den des § 44 hinaus. Denn diese Norm schließt eine Vertragsbeendigung auch aufgrund von Pflichtverletzungen aus, wenn diese zu Rückständen geführt haben, die bereits bei der Stabilisierungsanordnung vorlagen. Die durch §§ 51–55 RegE-StaRUG vorgeschlagene Möglichkeit, dass umgekehrt der Insolvenzverwalter bestimmte Vertragsverhältnisse durch Kündigung beenden kann (BT-Drs. 19/24181, 150 ff.), wurde indessen vom Rechtsausschuss gestrichen (BT-Drs. 19/25353, 9). 6

Die Insolvenzordnung enthält keine ausdrückliche Regelung zu Lösungsklauseln. Der dahingehende § 137 Abs. 2 RegE wurde noch im Gesetzgebungsverfahren auf Empfehlung des Rechtsausschusses gestrichen (BT-Drs. 12/7302, 170). Ungeachtet dessen gewinnt der BGH angesichts der behaupteten mittelbaren Umgehung des Verwalterwahlrechts entsprechende Wirkungen aus § 119 InsO (BGHZ 195, 348 = NJW 2013, 1159). Dieses Verbot erfasse in einer „Vorwirkung" nicht nur Klauseln, die wie §§ 103 ff. InsO an die Insolvenzeröffnung, sondern auch solche, die an den Verfahrensantrag anknüpfen. Zulässig seien freilich Klauseln, die gesetzlichen Lösungsmöglichkeiten wie § 490 BGB oder § 104 InsO entsprächen. In der Literatur wird diese Rechtsprechung zurecht kritisiert (eingehend Jaeger/*Jacoby* § 119 Rn. 16 ff. mwN). Vorzugswürdig ist es, die Entscheidung über die Insolvenzfestigkeit von Lösungsklauseln wie bei Sicherheiten dem Anfechtungsrecht, namentlich § 129 Abs. 1, § 133 Abs. 1 InsO zu überlassen. Diesen Maßstab wendet auch der BGH an, wenn Vertragsgestaltungen aus dem Anwendungsbereich von §§ 103 ff. InsO herausfallen (BGHZ 216, 136 = NZI 2018, 22). 7

Zuweilen wird eine Parallele von § 44 Abs. 2 zu § 119 InsO betont (*Heckschen/Weitbrecht* NZI 2020, 976 f.). Das ist angesichts der ähnlichen Formulierung beider Vorschriften vor dem Hintergrund nachvollziehbar, dass der 8

BGH aus § 119 InsO ein Verbot von Lösungsklauseln gewinnt. Tatsächlich weisen die Vorschriften, die für zwingend erklärt werden, nämlich §§ 103 ff. InsO einerseits und § 44 Abs. 1 StaRUG andererseits, jedoch einen ganz unterschiedlichen Inhalt auf. Deswegen bestehen erhebliche Unterschiede sowohl im Anwendungsbereich (→ Rn. 10) als auch bei den Wirkungen (→ Rn. 32) dieser Bestimmungen.

## II. Anwendungsbereich

9 Die Regelungen von § 44 Abs. 1 u. 2 betreffen insbesondere die Beendigung und Wirksamkeit von Vertragsverhältnissen sowie die Fälligkeit und Durchsetzbarkeit von Leistungspflichten aus Verträgen. Den Anwendungsbereich der Bestimmung bilden daher ganz allgemein Schuldverträge, soweit aus ihnen Leistungspflichten folgen. Bestand und Durchsetzbarkeit solcher Ansprüche werden von Einwirkungen aufgrund der Restrukturierungsmaßnahmen freigehalten.

### 1. Schuldverträge

10 Mit allen Schuldverträgen als Anwendungsbereich geht § 44 über §§ 103 ff. InsO hinaus, die grundsätzlich einen von keiner Seite vollständig erfüllten gegenseitigen Vertrag voraussetzen. Im Unterschied dazu verlangt § 44 keinen gegenseitigen Vertrag, auch kommt es auf den Umfang des bisherigen Leistungsaustausches nicht an. Es sind also neben Kauf-, Miet-, Pacht-, Dienst- und Werkverträgen etwa auch Darlehensverträge und Schenkungen erfasst.

### 2. Ausnahme des Abs. 3 durch Verweis auf § 104 InsO

11 § 44 Abs. 3 bestimmt eine Ausnahme vom Anwendungsbereich unter Verweis auf § 104 InsO. § 104 InsO fasst in seinem Abs. 1 Verträge zusammen, bei denen sich der Wert des Vertrages anhand eines Markt- und Börsenpreises täglich bestimmen lässt und die Parteien daher typischerweise ein Ersatzgeschäft abschließen können. Diese Geschäfte werden bei Insolvenzeröffnung beendet und abgerechnet. § 104 Abs. 4 InsO ermöglicht darüber hinaus vertragliche Modifizierungen dieser Abrechnung. § 104 Abs. 3 InsO erlaubt schließlich die aus verschiedenen Verträgen folgenden Ansprüche miteinander zu verrechnen („Netting").

12 Die von dem Verweis auf § 104 Abs. 1 InsO erfassten Verträge, deren Vertragsgegenstand über einen Markt- oder Börsenpreis verfügt, sind zum einen Fixgeschäfte über Waren (§ 104 Abs. 1 S. 1 InsO) und zum anderen Finanzleistungen (§ 104 Abs. 1 S. 2 InsO). Nach § 104 Abs. 1 S. 3 Nr. 6 InsO zählen zu Letzteren auch die Finanzsicherheiten im Sinne von § 1 Abs. 17 KWG, die § 44 Abs. 3 S. 1 nochmals ausdrücklich in die dortige Aufzählung einschließt. Für diese Verträge schließt § 44 Abs. 3 zwar auch die Anwendung des § 44 Abs. 1 aus. Allerdings gibt es kraft Gesetzes keine Wirkungen, die aufgrund der Inanspruchnahme von Restrukturierungsinstrumenten für diese Verträge greifen. Der Gesetzgeber hat sich bewusst

gegen einen strikten Beendigungsmechanismus entschieden (RegE BT-Drs. 19/24181, 147), wie ihn § 104 Abs. 1 InsO bei Insolvenzeröffnung anordnet.

Indem § 44 Abs. 3 S. 1 vom Verbot des § 44 Abs. 2 befreit, wird indessen für alle erfassten Verträge die bereits aus § 104 Abs. 4 InsO folgende Vertragsfreiheit erweitert. Daher können die Vertragsparteien insbesondere eine Abrechnung dieser Verträge auf den Zeitpunkt vorsehen, in dem ein Vertragspartner irgendwelche oder bestimmte Restrukturierungsinstrumente in Anspruch nimmt bzw. die Rechtshängigkeit der Sache begründet. **13**

Darüber hinaus ermöglicht der Verweis auf § 104 Abs. 3 InsO Nettingvereinbarungen, mittels derer die Werte einzelner Verträge ungeachtet der eigentlich vorgesehenen Fälligkeiten saldiert werden. Die Zulässigkeit der Verrechnung stellt der Verweis des § 44 Abs. 3 S. 2 für die Clearingsysteme des § 1 Abs. 16 KWG klar, die auch durch § 96 Abs. 2 InsO geschützt werden. Die Nettoforderung, die sich aus einer solchen Verrechnung ergibt, kann nach § 56 Abs. 2 S. 2 im Falle einer Stabilisierungsanordnung einer Vollstreckungssperre (§ 49 Abs. 1 Nr. 1) und einer Verwertungssperre (§ 49 Abs. 1 Nr. 2) unterworfen sein. **14**

### 3. Abgrenzung zu sonstigen Rechtsgeschäften

Andere rechtsgeschäftliche Regelungen als schuldvertragliche werden nicht erfasst, auch wenn sie Bestandteil eines Schuldvertrags sind. **15**

Das betrifft einseitige Rechtsgeschäfte (*Thole* ZIP 2020, 1985 (1996)) wie Ermächtigungen nach § 185 Abs. 1 BGB, wie sie insbesondere als Bestandteil von Verlängerungsformen eines Eigentumsvorbehalts zu Übereignungen oder Abtretungen befähigen. Entsprechendes gilt für eine sog. Verarbeitungsermächtigung im Rahmen des § 950 BGB (*Prütting* FS Gehrlein, 485 (489)). Die Wirkungen dieser Erklärungen können daher auch von der Inanspruchnahme von Restrukturierungsinstrumenten abhängig gemacht werden. Ebenfalls können Vollmachten widerrufen werden (Flöther/*Spliedt* § 44 Rn. 11 zur Geldempfangsvollmacht eines Handelsvertreters). **16**

Es sind aber auch Verträge vom Anwendungsbereich des § 44 ausgenommen, wenn diese Verfügungen beinhalten. Das gilt also etwa für Übereignungen nach § 929 BGB oder Abtretungen nach § 398 BGB. Auch diese können auflösend bedingt werden durch die Inanspruchnahme von Restrukturierungsmaßnahmen. **17**

## III. Tatbestand

Die Regelungen in § 44 Abs. 1 u. 2 knüpfen tatbestandlich an die Rechtshängigkeit der Restrukturierungssache und die Inanspruchnahme von Restrukturierungsinstrumenten an. Dem Wortlaut nach ist diese Bestimmung also auf bloße formelle Anknüpfungen beschränkt. **18**

### 1. Formelle Anknüpfung an StaRUG-Maßnahmen

**19** Die von § 44 Abs. 1 in Bezug genommene Rechtshängigkeit der Restrukturierungssache beruht auf der Anzeige des Restrukturierungsvorhabens nach § 31. Nach § 31 Abs. 3 wird die Rechtshängigkeit mit der Anzeige beim zuständigen Restrukturierungsgericht bewirkt. Angesichts der eigentümlichen negativen Rechtsfolge des § 44 ist nicht danach zu unterscheiden, ob die Anzeige beim zuständigen Gericht erfolgt und ob die von § 31 Abs. 2 genannten Erfordernisse eingehalten sind. Denn darauf käme es nur an, wenn die Rechtshängigkeit wie im Falle des § 112 InsO der Insolvenzantrag, aber auch die Stabilisierungsanordnung nach § 55 Abs. 1 eine allgemeine Sperre auslösen würde. § 44 Abs. 1 verbietet indessen nur, Rechtsfolgen von der Rechtshängigkeit der Restrukturierungssache abhängig zu machen. Das gilt ungeachtet dessen, ob an die Anbringung der Anzeige beim zuständigen Gericht oder ihre Vollständigkeit angeknüpft wird.

**20** Die darüber hinaus von § 44 Abs. 1 in Bezug genommenen Restrukturierungsinstrumente listet § 29 Abs. 2 mit der gerichtlichen Planabstimmung, der Vorprüfung, der Stabilisierung sowie der Planbestätigung auf. Als Inanspruchnahme genügt, wie bei Begründung der Rechtshängigkeit nach § 31 Abs. 3, der bloße Antrag, ohne dass es auf die gerichtliche Entscheidung ankommt (BT-Drs. 19/24181, 146; *Schönfelder* WM 2022, 361). Für die negativen Wirkungen des § 44 genügt also jegliches Vorgehen auf Grundlage des StaRUG. Daher ist freilich auch unzulässig, an eine erfolgreiche Inanspruchnahme dieser Instrumente, etwa an den Erlass der Stabilisierungsanordnung, anzuknüpfen.

### 2. Drohende Zahlungsunfähigkeit (neben Inanspruchnahme von Instrumenten)

**21** § 44 Abs. 1 u. 2 knüpft nach überwiegender Auffassung nicht an die drohende Zahlungsunfähigkeit an (*Schönfelder* WM 2022, 361 (362); *Thole* ZIP 2020, 1985 (1994)). Allerdings setzt die Inanspruchnahme der Restrukturierungsinstrumente nach § 29 Abs. 1 die drohende Zahlungsunfähigkeit des Schuldners voraus. Angesichts dieser notwendigen Verknüpfung vertritt die Gegenmeinung, dass auch die Anknüpfung an die drohende Zahlungsunfähigkeit die Wirkungen von § 44 Abs. 1 u. 2 auslöst (Flöther/*Spliedt* § 44 Rn. 5).

**22** Wer für diese Gegenauffassung eintritt, muss zunächst Farbe bekennen, ob diese aus teleologischen Gründen behauptete Anknüpfung stets oder nur dann greifen soll, wenn der Schuldner Restrukturierungsinstrumente in Anspruch nimmt. Stets die Anknüpfung an die drohende Zahlungsunfähigkeit zu verbieten würde die Regelung vom Anwendungsbereich des StaRUG lösen. Es wären auch Schuldner geschützt, die die Instrumente des StaRUG gar nicht nutzen wollen. Darauf zielen aber weder das StaRUG allgemein noch § 44 und die damit umgesetzte Vorgabe in Art. 7 Abs. 5 RL 2019/1023.

**23** Anders liegt es, wenn der Schuldner Instrumente des StaRUG in Anspruch nimmt und dadurch seine drohende Zahlungsunfähigkeit nach außen eingesteht. Wer hier den Schutz des § 44 versagt, verlangt von den Vertragspartnern nur, die Lösungsmöglichkeit materiell an die drohende Zahlungsunfähigkeit statt an die von § 44 verbotene formelle Inanspruchnahme von Instrumenten anzuknüpfen (*Thole* ZIP 2020, 1985 (1994)). Dagegen spricht maßgeblich Erwgr. 40 der RL 2019/1023. Denn es sollen danach „Ipso-Facto-Klauseln" unbeachtlich sein, wenn sie nicht an Leistungsstörungen, sondern an „mit der Aussetzung zusammenhängende Ereignisse" anknüpfen. Als Aussetzung bezeichnet RL 2019/1023 nach ihrem Art. 2 Abs. 1 Nr. 4, Art. 6 die Stabilisierungsanordnung. Was Erwgr. 40 für diese sagt, ist auf alle Restrukturierungsmaßnahmen auszuweiten, so dass es ausscheidet, nach Inanspruchnahme von Stabilisierungsmaßnahmen Wirkungen allein aufgrund der damit zugestandenen drohenden Zahlungsunfähigkeit geltend zu machen. In gewisser Weise ist so eine Parallele hergestellt zur Lösungsklausel-Rechtsprechung des BGH zu § 119 InsO. Denn danach hält der BGH „insolvenzabhängige" Lösungsklauseln für unwirksam, gleich ob sie an formelle (Verfahrensantrag, Verfahrenseröffnung) oder materielle (Zahlungseinstellung) Tatbestände anknüpfen (BGHZ 195, 348 = NJW 2013, 1159 Rn. 9, 13).

### 3. Abgrenzung: Vermögensverschlechterung

Die bloße Verschlechterung der Vermögenssituation eines Vertragspartners stellt keine Pflichtverletzung dar. Ungeachtet dessen kann diese Verschlechterung ein Risiko für die Vertragsdurchführung bedeuten. Daran knüpft die Unsicherheitseinrede des § 321 BGB ebenso an, wie § 490 Abs. 1 BGB und ähnlich Nr. 19 Abs. 3 Spiegelstrich 2 AGB-Banken dem Gläubiger ein außerordentliches Kündigungsrecht gewähren. Eine solche Vermögensverschlechterung wird zwar vielfach mit Restrukturierungsbemühungen nach dem StaRUG zusammenfallen, sie bedeutet aber ein qualitatives Mehr gegenüber der von § 44 erfassten formellen Inanspruchnahme von Restrukturierungsmaßnahmen. Die Wirkungen der genannten Normen bleiben daher von § 44 unberührt, auch steht diese Vorschrift nicht entsprechenden vertraglichen Gestaltungen wie Nr. 19 Abs. 3 AGB-Banken entgegen. Dieses Ergebnis entspricht in einer systematischen Betrachtung § 55 Abs. 3, nach dem die Befugnisse aus § 321, § 490 Abs. 1 BGB sogar durch eine Stabilisierungsanordnung nicht berührt werden (→ § 55 Rn. 3, 26). 24

### 4. Abgrenzung: Pflichtverletzungen

Pflichtverletzungen wie die Nichtleistung oder Schlechtleistung begründen nach Maßgabe insbesondere von § 323 BGB Lösungsmöglichkeiten der anderen Vertragspartei. Alle gesetzlichen oder vertraglichen Rechtsbehelfe, die an solche Pflichtverletzungen anknüpfen, bleiben von § 44 unberührt. Erst eine Stabilisierungsanordnung kann diese Lösungsmöglichkeiten nach § 55 Abs. 1 beschränken. 25

## IV. Rechtsfolge

26 § 44 bestimmt seine Rechtsfolgen in den ersten beiden Absätzen, indem Abs. 1 die gesetzliche Rechtslage beschreibt und Abs. 2 abweichende vertragliche Dispositionen verbietet. Stets beziehen sich diese Regelungen auf die in dem Katalog des § 44 Abs. 1 S. 1 genannten Einwirkungen auf einen Vertrag sowie auf die von § 44 Abs. 1 S. 2 erfasste Wirksamkeit. Der Katalog nennt Vertragsbeendigung, Fälligstellung von Leistungen und Leistungsverweigerungsrechte zwar ausdrücklich, erfasst aber nach Nr. 3 auch sonstige Änderungen eines Vertrags. Diese Wirkungen werden nicht gleich einer allgemeinen Sperre wie bei § 112 InsO für einen bestimmten Zeitraum verboten, sondern es wird allein ausgeschlossen, dass diese Folgen allein an Restrukturierungsmaßnahmen anknüpfen.

### 1. Beschreibung der gesetzlichen Lage (Abs. 1)

27 § 44 Abs. 1 will in erster Linie den Bezugspunkt für den von der Richtlinie geforderten und in § 44 Abs. 2 formulierten Ausschluss bestimmter vertraglicher Gestaltungen bilden (BT-Drs. 19/24181, 146). Entsprechend kommt der Vorschrift klarstellender Charakter zu, indem sie feststellt, dass es keine gesetzlichen Vorschriften gibt, die die bezeichneten Wirkungen (→ Rn. 26) allein („ohne Weiteres") an die tatbestandlich in Bezug genommene Inanspruchnahme von Restrukturierungsinstrumenten (→ Rn. 26) knüpfen.

28 Entsprechend ist § 44 Abs. 1 S. 1 Nr. 1 die Aussage zu entnehmen, dass Kündigungstatbestände oder sonstige Tatbestände, die zu einer Vertragsbeendigung führen, nicht allein deswegen erfüllt sind, weil ein Vertragsteil Restrukturierungsinstrumente in Anspruch nimmt. Während etwa zu § 648a BGB umstritten ist, ob der von dieser Vorschrift verlangte außerordentliche Kündigungsgrund allein im Insolvenzantrag des Auftragnehmers liegt (dafür BGHZ 210, 1 = NJW 2016, 1945 Rn. 41), schließt § 44 Abs. 1 S. 1 Nr. 1 StaRUG ein solches Verständnis für die Inanspruchnahme von Restrukturierungsinstrumenten aus. Entsprechendes gilt für die Kündigung des Handelsvertretervertrags nach § 89a HGB (Flöther/*Spliedt* § 44 Rn. 20). Freilich kann sich eine andere Bewertung ergeben, wenn weitere Umstände hinzutreten, die die Kündigung rechtfertigen mögen. Das gilt insbesondere für Pflichtverletzungen (→ Rn. 25), woran etwa § 543 Abs. 2 BGB für die Miete anknüpft. Ein anderer Umstand kann aber auch die Vermögensverschlechterung (→ Rn. 24) sein, wie sie Anknüpfungspunkt des § 490 BGB ist, während die bloße drohende Zahlungsunfähigkeit, die Grundlage der Inanspruchnahme der Restrukturierungsinstrumente ist, allein grundsätzlich nicht genügt (→ Rn. 23).

29 Aus § 44 Abs. 1 S. 1 Nr. 2 folgt für die Fälligstellung von Leistungen Entsprechendes wie für die Beendigung (→ Rn. 28). Beispiel für ein gesetzliches Recht zur Fälligstellung ist die Kündigung eines ausgezahlten Darlehens aus wichtigem Grund nach § 490 Abs. 1 Fall 2 BGB. Diese Kündigung hindert § 44 freilich nicht, weil diese Kündigung nicht an die Inanspruch-

nahme der Restrukturierungsinstrumente, sondern an die Vermögensverschlechterung anknüpft.

§ 44 Abs. 1 S. 1 Nr. 3 verneint Leistungsverweigerungsrechte oder sonstige Vertragsänderungen. Daher trägt die Inanspruchnahme von Restrukturierungsinstrumenten allein also keinen Wegfall der Geschäftsgrundlage nach § 313 BGB (BeckOK StaRUG/*Mock* § 44 Rn. 11). Auch sind die Ausscheidungsgründe des Personengesellschaftsrechts in § 131 Abs. 3 S. 1 Nr. 2 HGB (ab 1.1.2024 § 723 Abs. 1 S. 2 Nr. 3 BGB-MoPeG; § 130 Abs. 1 S. 2 Nr. 3 HGB-MoPeG) entsprechend ihrem Wortlaut auf die Eröffnung des Insolvenzverfahrens über das Vermögen eines Gesellschafters beschränkt, während Maßnahmen nach dem StaRUG dem nicht gleichstehen. 30

§ 44 Abs. 1 S. 2 verneint schließlich die Unwirksamkeit eines Vertrags wegen der Inanspruchnahme von Restrukturierungsinstrumenten. Es sind aber kaum Vorschriften ersichtlich, bei denen Zweifel hinsichtlich der Wirksamkeit aufkommen könnten. Teilweise wird die Bestimmung auch dahin verstanden, dass der Vertragspartner einen Vertrag mit einem Schuldner, der Restrukturierungsinstrumente in Anspruch genommen hat, nicht deswegen nach § 119 Abs. 2 BGB anfechten kann, weil er diesen Umstand nicht kannte (BeckOK StaRUG/*Mock* § 44 Rn. 8). Allerdings ist überhaupt nur die Kreditwürdigkeit und diese nur bei Geschäften, bei denen es darauf ankommt, eine verkehrswesentliche Eigenschaft (Staudinger/*Singer,* 2021, § 119 Rn. 92), nicht aber die Inanspruchnahme von Restrukturierungsinstrumenten. Darüber hinaus wäre die fehlende Kenntnis, mithin der Irrtum des Vertragspartners der weitere Umstand, der die Anfechtung dann ungeachtet des § 44 InsO ohnehin legitimieren könnte. 31

## 2. Beschränkung der Vertragsfreiheit

§ 44 Abs. 2 beschränkt die Vertragsfreiheit, die von § 44 Abs. 1 genannten Einwirkungen auf ein Vertragsverhältnis aufgrund der Inanspruchnahme von Restrukturierungsinstrumenten durch den Schuldner eintreten zu lassen. 32

Im Hinblick auf § 44 Abs. 1 S. 1 Nr. 1 verbietet § 44 Abs. 2 Lösungsmöglichkeiten, die an die Inanspruchnahme von Restrukturierungsinstrumenten oder – nach hier vertretener Auffassung (→ Rn. 21) auch – an die drohende Zahlungsunfähigkeit nach Inanspruchnahme von Restrukturierungsinstrumenten anknüpfen. Daher darf etwa das Ausscheiden aus einer Personengesellschaft oder die Kündigung eines Bauvertrags nicht davon abhängig gemacht werden. Unberührt von § 44 Abs. 2 bleiben andere vertragliche Lösungsmöglichkeiten, wenn diese eine freie Kündigung erlauben oder an andere Tatbestände wie Pflichtverletzungen oder wie Nr. 19 Abs. 3 Spiegelstrich 2 AGB-Banken an die Vermögensverschlechterung anknüpfen. Die Wirksamkeit dieser Klauseln richtet sich dann nach den allgemeinen Regelungen, namentlich der AGB-Kontrolle nach §§ 305 ff. BGB. 33

Entsprechend verbietet § 44 Abs. 2 im Hinblick auf § 44 Abs. 1 S. 1 Nr. 2 u. 3 vertragliche Regelungen zur Fälligstellung, zu Leistungsverweigerungsrechten oder sonstigen Änderungen des Vertrags, die an die Inanspruchnahme der StaRUG-Maßnahmen anknüpfen. Im Hinblick auf § 44 34

Abs. 1 S. 2 erstreckt sich das Verbot auch noch darauf, die Unwirksamkeit des Vertrags anzuordnen. Daher darf auch eine Schenkung nicht davon abhängig gemacht werden, dass der Beschenkte Instrumente des StaRUG in Anspruch nimmt (kritisch *Heckschen/Weitbrecht* NZI 2020, 976 f.).

## V. Einzelne Verträge

35 Die wichtigsten Auswirkungen von § 44 lassen sich auf einzelne Verträge folgendermaßen unter Hinweis auf die allgemeinen Ausführungen beschreiben:

### 1. Bank und Darlehensverkehr

36 Auf den **Bank- und Darlehensverkehr** hat § 44 nur geringe Auswirkungen (*Schönfelder* WM 2022, 361 f.). Die Kündigungsrechte aus § 490 Abs. 1 BGB sowie Nr. 19 AGB-Banken knüpfen an andere Tatbestände an als an die Inanspruchnahme von Restrukturierungsinstrumenten (→ Rn. 24, 29). Für Finanzleistungen gilt die Ausnahme des § 44 Abs. 3 (→ Rn. 11 ff.).

### 2. Bau- und Werkverträge

37 **Bau- und Werkverträge** lassen sich nicht nach § 648a BGB aus wichtigem Grund allein deswegen kündigen, weil der Unternehmer Instrumente des StaRUG in Anspruch nimmt (→ Rn. 28). Daher scheitert auch eine etwaige Ausweitung der Kündigungstatbestände von § 8 VOB/B auf die Inanspruchnahme der Instrumente an § 44 Abs. 2 StaRUG.

### 3. Handelsvertreter

38 Einen wichtigen Grund zur Kündigung des Vertrags mit einem **Handelsvertreter** nach § 89a HGB stellt es nicht da, wenn dieser Instrumente des StaRUG in Anspruch nimmt (→ Rn. 28).

### 4. Miete und Finanzierungsleasing

39 Die Regelbeispiele für die außerordentliche Kündigung eines **Mietvertrags** in § 543 Abs. 2 BGB knüpfen an Pflichtverletzungen an, so dass § 44 dem Rückgriff auf diesen Kündigungsgrund nicht entgegensteht (→ Rn. 28). Dies gilt ebenso für den **Finanzierungsleasingvertrag,** auf den die mietvertraglichen Regelungen analog anzuwenden sind.

### 5. Personengesellschaftsrecht

40 Das **Personengesellschaftsrecht** kennt in § 131 Abs. 3 S. 1 Nr. 2 HGB (ab 1.1.2024 § 723 Abs. 1 S. 2 Nr. 3 BGB-MoPeG; § 130 Abs. 1 S. 2 Nr. 3 HGB-MoPeG) die Insolvenzeröffnung als Grund, um aus der Gesellschaft auszuscheiden. Die Inanspruchnahme von Instrumenten des StaRUG steht dem nicht gleich (→ Rn. 30). Ein Gesellschaftsvertrag darf wegen § 44 Abs. 2 das Ausscheiden auch nicht daran knüpfen.

## Abschnitt 2. Gerichtliche Planabstimmung

### Erörterungs- und Abstimmungstermin[1]

**45** (1) [1]**Auf Antrag des Schuldners bestimmt das Restrukturierungsgericht einen Termin, in dem der Restrukturierungsplan und das Stimmrecht der Planbetroffenen erörtert werden und anschließend über den Plan abgestimmt wird.** [2]**Die Ladungsfrist beträgt mindestens 14 Tage.**

(2) **Dem Antrag ist der vollständige Restrukturierungsplan nebst Anlagen beizufügen.**

(3) [1]**Die Planbetroffenen sind zu dem Termin zu laden.** [2]**Der Ladung ist der vollständige Restrukturierungsplan nebst Anlagen beizufügen.** [3]**Die Ladung enthält den Hinweis darauf, dass der Termin und die Abstimmung auch dann durchgeführt werden können, wenn nicht alle Planbetroffenen teilnehmen.** [4]**Das Gericht kann den Schuldner mit der Zustellung der Ladungen beauftragen.**

(4) [1]**Auf das Verfahren finden die §§ 239 bis 242 der Insolvenzordnung sowie die §§ 24 bis 28 dieses Gesetzes entsprechende Anwendung.** [2]**Ist streitig, welches Stimmrecht die Forderung, die Absonderungsanwartschaft, die gruppeninterne Drittsicherheit oder das Anteils- oder Mitgliedschaftsrecht einem Planbetroffenen gewährt und lässt sich darüber keine Einigung zwischen den Beteiligten erzielen, legt das Gericht das Stimmrecht fest.**

**Übersicht**



[1] § 45 Abs. 3 Satz 2 eingef., bish. Sätze 2, 3 werden Sätze 3, 4 mWv 27.7.2022 durch G v. 20.7.2022 (BGBl. I S. 1166).

## I. Grundlagen

### 1. Normzweck

1 § 23 legt fest, dass der Schuldner den Restrukturierungsplan (auch) in einem gerichtlichen Verfahren zur Abstimmung stellen kann. § 45 dient der näheren Ausgestaltung dieses gerichtlichen Abstimmungsverfahrens. Darüber hinaus verweist § 23 zur Konkretisierung des Verfahrens auch auf § 46 sowie die §§ 17–22. Die Möglichkeit, über den Restrukturierungsplan in einem gerichtlichen Verfahren abstimmen zu lassen, stellt eine der insgesamt vier Verfahrenshilfen des Stabilisierungs- und Restrukturierungsrahmens (Instrumente) gem. § 29 Abs. 1, Abs. 2 Nr. 1 dar. Das Instrument der **gerichtlichen Planabstimmung** soll nach der gesetzgeberischen Intention die **Risiken** im Vergleich zu einer außergerichtlichen Planabstimmung **minimieren** (RegBegr, BT-Drs. 19/24181, 147) und damit die **Rechtssicherheit** für den Schuldner und die Planbetroffenen **erhöhen.** Erfolgt die **Planabstimmung** nämlich **nicht im gerichtlichen Verfahren,** so gehen bspw. **Zweifel an der ordnungsgemäßen Annahme des Plans zulasten des Schuldners** (§ 63 Abs. 3 S. 1; vgl. dazu *Cranshaw/Portisch* ZInsO 2020, 2617 (2624) sowie → § 63 Rn. 44). In letzter Konsequenz kann das zur Versagung der gerichtlichen Bestätigung des Plans führen (§ 63 Abs. 1). Wird über den Plan ohne gerichtliches Verfahren abgestimmt, wird der Streit über Stimmrechte in das Verfahren zur Planbestätigung verlagert (§ 63 Abs. 3 S. 2), ohne dass das Gericht an etwaige Festlegungen des Schuldners gem. § 24 Abs. 4 gebunden wäre. Zur Gewährleistung der das Restrukturierungsverfahren prägenden Privat- bzw. genauer: Schuldnerautonomie besteht allerdings ein – teils eingeschränktes – Wahlrecht zwischen verschiedenen Abstimmungsarten (dazu → Rn. 4).

### 2. Rechtsentwicklung

2 § 45 setzt Art. 9 RestruktRL um (dazu auch Erwägungsgrund 43 RestruktRL). Der Wortlaut der Richtlinie stellt dabei die verwaltungs- oder gerichtsförmige Abstimmung in den Mittelpunkt (vgl. Art. 9 Abs. 5 RestruktRL; aA Morgen StaRUG/*Kowalewski/Praß,* Präventive Restrukturierung, Art. 9 Rn. 127), läßt aber in Art. 9 Abs. 7 RestruktRL privatautonome Varianten zu. Die Umsetzung in deutsches Recht stellt die verschiedenen – gerichtsförmigen und privatautonomen – Varianten indes gleichberechtigt nebeneinander (zum Wahlrecht auch → Rn. 4). Betrachtet man die Formulierung des Erwägungsgrundes 43, so ist diese Gleichberechtigung und -gewichtung ohne weiteres vom Willen des Richtliniengebers gedeckt.

3 § 45 selbst findet seine **gesetzgeberische Blaupause in § 235** Abs. 1 S. 1 und 2 sowie Abs. 3 S. 1 InsO. Angesichts des weiten Umsetzungsspielraums, den Art. 9 RestruktRL den Mitgliedstaaten lässt, wird man bei aller Notwendigkeit zur richtlinienkonformen Auslegung für das Verständnis des § 45 auf die nationale Rechtsprechung und Literatur zu § 235 InsO zurückgreifen können (vgl. dazu auch HambKommRestR/*Montag* § 45

Rn. 3). Durch Art. 12 des Gesetzes vom 20.7.2022 (BGBl. I 1166) ist Abs. 3 S. 2 eingefügt worden.

## II. Einzelheiten

### 1. Wahlrecht des Schuldners zur Verfahrensgestaltung

Die gerichtliche Planabstimmung ist lediglich eine der gesetzlich vorgesehenen Möglichkeiten, den Restrukturierungsplan den Gläubigern zur Entscheidung vorzulegen. Dieses Wahlrecht wird dem Schuldner durch § 23 gewährt, von § 45 vorausgesetzt und näher ausgestaltet. Neben dem gerichtsförmigen Verfahren stehen die – privatautonomen – Möglichkeiten, den Restrukturierungsplan durch ein schriftliches Planangebot und schriftliche Annahme/n (§§ 17–19) oder in einer Versammlung der Planbetroffenen (§§ 20, 21) zustande zu bringen. Das Wahlrecht setzt Art. 9 Abs. 7 der Richtlinie um, die darin ausdrücklich vorsieht, dass die förmliche Abstimmung über den Plan durch eine Vereinbarung ersetzt werden kann. Das Wahlrecht steht im Grundsatz dem Schuldner zu, wenn nicht ein **Restrukturierungsbeauftragter** von Amts wegen nach § 73 Abs. 1 Nr. 1 oder 2 oder nach § 73 Abs. 2 bestellt ist. Gem. § 76 Abs. 2 Nr. 1 geht dann das Wahlrecht auf ihn über. Das Wahlrecht des Restrukturierungsbeauftragten bezieht sich allerdings **nur** auf die **Ausgestaltung des Abstimmungsverfahrens. Ob** überhaupt über einen Plan **abgestimmt wird, entscheidet** allein der **Schuldner** (dazu gleich → Rn. 9). Da der Restrukturierungsbeauftragte bei Bestellung von Amts wegen nach § 73 Abs. 1 Nr. 1 oder 2 oder § 73 Abs. 2 in erster Linie wegen der besonderen Schutzbedürftigkeit bestimmter Planbetroffener (zB Verbraucher oder von einer Stabilisierungsanordnung betroffene Gläubiger) bestellt wird (Begründung RegE, BT-Drs. 19/24181, S. 174), wird der Restrukturierungsbeauftragte bei der Wahl der Abstimmungsart insbesondere die Wahrung der berechtigten Interessen dieser Planbetroffenen in seine Entscheidungsfindung einzubeziehen haben. 4

Auf den nach § 73 Abs. 3 Nr. 1 zu Prüfungen als Sachverständiger, nach §§ 73 Abs. 1 Nr. 3, 72 Abs. 2 zur Planüberwachung sowie den – auf Antrag des Schuldners oder eines Gläubigerquorums bestellten – fakultativen Restrukturierungsbeauftragten (§ 77 Abs. 1) geht das Wahlrecht nicht über. Dem **fakultativen Restrukturierungsbeauftragten** kann das **Wahlrecht auf Schuldnerantrag** allerdings gem. § 77 Abs. 2 **übertragen werden** (dazu BeckOK StaRUG/*Hänel* § 77 Rn. 2; BeckOK/*Wilke* § 45 Rn. 7). 5

Unabhängig davon, ob das Wahlrecht dem Schuldner oder dem Restrukturierungsbeauftragten zusteht, sind bei der **Ausübung des Wahlrechts neben der erhöhten Rechtssicherheit** des gerichtlichen Abstimmungsverfahrens (dazu auch → Rn. 1) auch **andere Aspekte zu berücksichtigen.** Verfügen einzelne Planbetroffene, wie etwa Verbraucher, Kleinst- oder Kleinunternehmen, typischerweise nicht über die erforderlichen Erfahrungen mit Restrukturierungsvorhaben, über ausreichende personelle Kapazitäten oder rechtliche Beratung für die sachgerechte Wahrnehmung ihrer Rechtspositionen, so leitet sich daraus eine besondere **Schutzbedürftigkeit** 6

**dieser Planbetroffenen** ab. Dies kann für eine gerichtliche Planabstimmung sprechen (dazu schon → Rn. 1, 4). In diesem Fall kann das Gericht durch gezielte Nachfragen und Hinweise (dazu → Rn. 25 ff., 30) auf den mündlichen Vortrag im Erörterungs- und Abstimmungstermin auf eine sachgerechte Rechtewahrnehmung aller Planbetroffenen hinwirken.

7 Da bisher nicht abschließend geklärt ist, ob das **Nichterscheinen bzw. die Nichtmitwirkung einzelner Planbetroffener bei privatautonomer Abstimmung** die Planabstimmung und damit die Bestätigung hindern kann (dazu Flöther/*Laroche* § 45 Rn. 2, 10, 11 sowie unten → Rn. 22), ist auch dieses Risiko bei der Wahlentscheidung einzubeziehen. Im Zweifel sollte das gerichtliche Abstimmungsverfahren gewählt werden.

8 Das Gesetz selbst (zur Richtlinie vgl. → Rn. 2) gibt keiner der Abstimmungsvarianten den Vorzug und prägt die Entscheidung zur Ausübung des Wahlrechts folglich nicht vor.

## 2. Antrag

9 Nur der **Schuldner** selbst kann den Antrag auf Anberaumung eines Erörterungs- und Abstimmungstermins stellen; er ist **„Herr des Prozesses"** (RegBegr, BT-Drs. 19/24181, 175). Die Nutzung des Instruments „gerichtliche Planabstimmung" unterliegt dem weitreichenden Spielraum seiner privatautonomen Gestaltung (Begründung RegE, BT-Drs. 19/24181, S. 89). Dies gilt für alle Instrumente des § 29 Abs. 2 gleichermaßen, wie bereits § 29 Abs. 3 und dem folgend die die Instrumente jeweils konkretisierenden Normen der §§ 45 Abs. 1, 47 S. 1, 49 Abs. 1 und 60 Abs. 1 S. 1 klarstellen. Diese Herrschaft des Schuldners steht nicht in Widerspruch zu dem für bestimmte Fälle (dazu → Rn. 4) vorgesehenen **Übergang des Wahlrechts** hinsichtlich der Art und Weise der Durchführung der Planabstimmung **auf den Restrukturierungsbeauftragten.** § 76 Abs. 2 Nr. 1 begrenzt dessen Wahlrecht **allein auf das „Wie" der Abstimmung.** Trifft der Restrukturierungsbeauftragte eine Wahl, die der Schuldner nicht unterstützt, etwa für eine gerichtliche Planabstimmung, muss der Schuldner keinen Antrag auf Terminbestimmung stellen. Selbstverständlich kann der Schuldner als Reaktion auf einen solchen Dissens auch die Anzeige der Restrukturierungssache zurücknehmen (§ 31 Abs. 4 Nr. 1) oder die Frist nach § 31 Abs. 4 Nr. 2 auslaufen lassen (dazu BeckOK StaRUG/*Wilke* § 45 Rn. 9). Besonders zweckmäßige Reaktionsmöglichkeiten sind dies nicht. Allein, sie zeigen deutlich die Entscheidungshoheit des Schuldners nicht nur, aber auch hinsichtlich der Art der Abstimmung über den Restrukturierungsplan. Fehlt es hinsichtlich der Art der Durchführung der Planabstimmung an Einigkeit zwischen Schuldner und Restrukturierungsbeauftragtem, so wird das Gericht die Restrukturierungssache regelmäßig gem. § 33 Abs. 2 Nr. 2 wegen fehlender Aussichten auf Umsetzung aufzuheben haben (so auch Flöther/*Laroche* § 45 Rn. 3). Die Gewährung rechtlichen Gehörs vor der Aufhebung bietet dann die letzte Frist und die Gelegenheit für Schuldner und Restrukturierungsbeauftragten, sich doch noch zu einigen.

10 Aufgrund des **Auseinanderfallens von Auswahl- und Entschließungsermessen** (Begriff bei BeckOK StaRUG/*Wilke* § 45 Rn. 9) bei nach

§ 73 Abs. 1 Nr. 1 oder 2 oder § 73 Abs. 2 bestelltem Restrukturierungsbeauftragten sollte der **Antrag auf Planabstimmung** nach § 45 Abs. 1 im Sinne einer effizienten Verfahrensführung **von Schuldner und Restrukturierungsbeauftragtem gemeinsam** gestellt werden, da andernfalls das Gericht die jeweils andere Seite unter Inkaufnahme von Zeitverlust anzuhören hätte.

Der **Zeitpunkt des Eingangs des Antrags** bei Gericht ist im StaRUG an mehreren Stellen von Bedeutung. Er entscheidet, welche Rechtsverhältnisse des Schuldners überhaupt durch den Restrukturierungsplan gestaltbar sind und welcher zeitpunktbezogene Zustand der Rechtsverhältnisse ihrer Gestaltung zugrundzulegen ist (§ 2 Abs. 5 S. 1). Bei der Stimmrechtsfestsetzung im Abstimmungstermin sind unverzinsliche Forderungen bspw. auf den Tag der Planvorlage abzuzinsen (§ 45 Abs. 4 S. 1 iVm § 24 Abs. 2 Nr. 2). 11

### 3. Antragsanlagen (Abs. 2)

Dem Antrag ist der **vollständige Restrukturierungsplan nebst Anlagen** beizufügen. Dies stellt die umfassende Information des Restrukturierungsgerichts und der Planbetroffenen über den Gegenstand des anzuberaumenden Erörterungs- und Abstimmungstermins sicher (Begründung RegE, BT-Drs. 19/24181, S. 147). Diese Information des Restrukturierungsgerichts ist bereits deshalb erforderlich, da das Gericht ab dem Antrag auf Terminanberaumung die Verantwortung für die Organisation und die Durchführung des Termins trägt, der es nur bei vollständiger Information genügen kann. Die Frage der Vollständigkeit der Unterlagen ist maßgeblich nach dieser Funktion und im Übrigen nach dem Kenntnisstand des Schuldners bei Antragstellung zu beantworten. 12

### 4. Ladung der Planbetroffenen

Nach Eingang des – ordnungsgemäßen – Antrags hat das Gericht **unverzüglich** die Planbetroffenen zum Erörterungs- und Abstimmungstermin zu **laden.** Die Ladung kann sich allerdings **zulässigerweise verzögern,** wenn zunächst eine **Vorprüfung** nach § 46 stattfindet (dazu → Rn. 17). Eine **Verbindung von Erörterungs- und Abstimmungstermin** ist zwar **nicht zwingend** (vgl. → Rn. 32), entspricht **aber** dem **gesetzlichen Regelfall.** 13

**Zu laden sind alle Planbetroffenen** gemäß der Legaldefinition des § 7 Abs. 1, also die Inhaber der Restrukturierungsforderungen, der Absonderungsanwartschaften, der Rechte aus gruppeninternen Drittsicherheiten und der Anteils- und Mitgliedschaftsrechts, sofern diese durch den Plan geändert werden sollen. Soweit das Gericht die Ladung selbst durchführt und nicht dem Schuldner oder dem Restrukturierungsbeauftragten (dazu → Rn. 20) überträgt, sollten **auch Schuldner und Restrukturierungsbeauftragter** geladen werden. Zwar ordnet § 45 dies nicht an und sowohl eine dem § § 235 Abs. 3 S. 1 InsO entsprechende Regel als auch ein Verweis auf diese Norm fehlen im StaRUG. Aufgrund der Anwendbarkeit der ZPO über § 38 14

S. 1 dürfte sich aber die Notwendigkeit der Ladung des Schuldners als Antragsteller des Verfahrens ergeben (vgl. § 214 ZPO; zu den Folgen seines Nichterscheinens → Rn. 24). Da der **Restrukturierungsbeauftragte** keine einer Parteirolle vergleichbare Stellung innehat, dürfte es auch genügen, ihm eine **formlose Terminnachricht** zukommen zu lassen.

**15** Die **drohende Zahlungsunfähigkeit** als zentrale Zugangshürde zum Restrukturierungsverfahren **hat das Gericht vor der Ladung nicht zu prüfen,** sie muss daher auch nicht glaubhaft gemacht werden (aA *Deppenkemper* ZIP 2020, 2432 (2433); dazu auch BeckOK StaRUG/*Wilke* § 45 Rn. 12; siehe dazu auch die Kommentierung bei → § 46 Rn. 5). Das Gesetz hat die Prüfung der drohenden Zahlungsunfähigkeit ausdrücklich nur in den §§ 51 Abs. 1 Nr. 3 und 63 Abs. 1 Nr. 1 vorgesehen. Obgleich ohne eine drohende Zahlungsunfähigkeit die Instrumente des § 29 überhaupt nicht zur Verfügung stünden, ist der Verzicht auf deren Prüfung in § 45 konsequent, da eine solche Prüfung in unabhängiger Weise bei privatautonomer Durchführung der Abstimmung ebenfalls nicht stattfände. Zudem greifen nur der Erlass einer Stabilisierungsanordnung und die Bestätigung des Plans tatsächlich in Rechte der Planbetroffenen ein. Erst dieser Eingriff erfordert zum Schutz der Betroffenen eine tatbestandlich weitergehende Prüfung des Gerichts und rechtfertigt den damit einhergehenden Aufwand (dazu *Skauradszun* KTS 2019, 161 (167)).

**16** Die **Ladungsfrist** ist als **Mindestfrist von 14 Tagen** geregelt. **Längere Ladungsfristen** sind im Einzelfall **möglich,** haben sich aber an der grundsätzlichen Eilbedürftigkeit des Restrukturierungsverfahrens zu orientieren. Bei der Festlegung der Ladungsfrist kann berücksichtigt werden, ob und inwieweit die Planbetroffenen in Restrukturierungsüberlegungen im Vorfeld einbezogen wurden und somit mehr oder weniger Zeit zur sachgerechten Vorbereitung des Erörterungs- und Abstimmungstermins benötigen. In jedem Fall muss vermieden werden, dass Planbetroffene von dem Schuldner mit einem Restrukturierungsplan gewissermaßen „überfahren" werden, ohne die Möglichkeit zu haben, grundlegende Planannahmen zumindest auf Schlüssigkeit und Belastbarkeit zu überprüfen (zum **Problem des „plötzlichen" StaRUG-Verfahrens** bspw. *Frind* ZInsO 2021, 1093 ff.; nach dem veröffentlichten Sachverhalt wies das Verfahren vor dem AG Köln NZI 2021, 433, einen eher „plötzlichen" Charakter auf; kritisch zu einer allzu straffen Zeitplanung auch *Fiebig* ZRI 2021, 561 (564 f.)). Da den Planbetroffenen das Restrukturierungsverfahren weder vorher angekündigt, noch mit ihnen zuvor über den Restrukturierungsplan verhandelt worden sein muss (AG Hamburg NZI 2021, 544 (546)), kann die Vorbereitungszeit für die Planbetroffenen im Einzelfall recht knapp bemessen sein. Solchen „Überfällen" kann das Gericht durch eine **angemessene Zeitplanung bei der Terminierung** entgegenwirken (dazu sogleich → Rn. 17; → § 46 Rn. 23 ff., 27 f.).

**17** **Nicht im Gesetz geregelt ist, wieviel Zeit sich das Gericht mit der Prüfung des Antrags auf Terminanberaumung lassen darf, bevor es die Ladung veranlasst.** Auch hier kommt die Eilbedürftigkeit im Restrukturierungsverfahren zum Tragen, weshalb davon auszugehen ist, dass die Ladung **grundsätzlich unverzüglich** zu veranlassen ist, sobald alle erforderlichen Unterlagen vorliegen und die erforderlichen Informationen gegebenenfalls von Amts wegen (§ 39 Abs. 1 S. 1) ermittelt worden sind (vgl. Braun StaRUG/*T. Hirte* § 45 Rn. 8). Da das Restrukturierungsgericht kein § 231 InsO entsprechendes Planzurückweisungsrecht hat, dürfte eine Ladung dem Gedanken des § 231 Abs. 1 S. 2 InsO entsprechend **spätestens zwei Wochen nach ordnungsgemäßer und vollständiger Planvorlage** – also Einreichung des Antrags nach § 45 (dazu → Rn. 11) – **noch unverzüglich** sein. Sofern das Gericht einen **Vorprüfungstermin** entweder von Amts wegen (§ 46 Abs. 3) oder auf Schuldnerantrag hin (§ 46 Abs. 1 S. 1) anberaumt, verstößt es nicht gegen das Beschleunigungsgebot (vgl. auch *Fiebig* ZRI 2021, 561 (564 f.); *Doebert/Krüger* NZI 2021, 614 (619)), die **Ladung erst nach oder gleichzeitig mit Erteilung des gerichtlichen Hinweises** (§ 46 Abs. 2) zu veranlassen. Dies ist **noch unverzüglich.** Billigt man dem Gericht nach dem Rechtsgedanken des § 48 Abs. 2 S. 2 für die Entäußerung des Hinweises eine Zeit von zwei Wochen nach dem Vorprüfungstermin zu (dazu → § 48 Rn. 14), so können im Einzelfall mehr als drei Wochen bis zur Ladung und somit bis zu fünf Wochen bis zum Termin vergehen, ohne dass gegen das Beschleunigungsgebot verstoßen wird.

Auf eine **Verlegung** des in den (vormaligen) Gerichtsferien anberaumten Termins besteht **kein Anspruch,** da die Anwendung des § 227 Abs. 3 S. 1 ZPO durch § 39 Abs. 3 S. 2 ausgeschlossen ist. Auch dies dient der Verfahrensbeschleunigung. **18**

Welche **Anlagen** die Ladung zu enthalten hat, regelte das Gesetz zunächst nicht. Absatz 3 Satz 2 sieht nunmehr allerdings zu Recht die Beifügung des **vollständigen Restrukturierungsplans nebst Anlagen** vor (so schon vor der Gesetzesänderung BeckOK StaRUG/*Wilke* § 45 Rn. 17; Flöther/*Laroche* § 45 Rn. 6). Ergänzend muss man zudem – wie in § 17 Abs. 1 S. 2 geregelt – verlangen, dass eine **Darstellung der** bereits angefallenen und der noch zu erwartenden **Kosten des Restrukturierungsverfahrens** einschließlich der Vergütung des Restrukturierungsbeauftragten beigefügt wird (so auch *Frind* ZInsO 2022, 1540). Nur so kann die Funktion des Abs. 2 erfüllt werden, der die Beifügung dieser Unterlagen zu dem Antrag des Schuldners auf Terminbestimmung nicht nur im Informationsinteresse des Gerichts, sondern auch der übrigen Beteiligten am Verfahren vorschreibt (dazu → Rn. 12). Den Plan beizufügen, ist auch deshalb sachgerecht, weil § 65 Abs. 2 S. 2, der Einzelheiten der Bekanntgabe der Entscheidung über die Planbestätigung gegenüber den Planbetroffenen regelt, die Übersendung des Plans vor der Abstimmung an eben diese Planbetroffenen voraussetzt und erfordert, da dort zur Verschlankung des Verfahrens die erneute (Begründung RegE, BT-Drs. 19/24181, S. 164) Übersendung des unverändert gebliebenen Plans mit der Bestätigungsentscheidung für entbehrlich erklärt wird. **19**

Die Ladung ist den zu Ladenden **zuzustellen.** Dies ergibt sich aus dem gesetzlichen Wortlaut (vgl. § 45 Abs. 3 S. 3). Eine **unterbliebene Zustellung** kann zur **Versagung der Bestätigung** nach § 63 Abs. 1 Nr. 2 führen. Einen **wesentlichen Fehler** wird man allerdings wohl nur annehmen können, wenn sich die unterbliebene Zustellung – ähnlich wie beim Insolvenzplan (vgl. Karsten Schmidt InsO/*Spliedt* § 235 Rn. 6) auf das Abstim- **20** mungsergebnis ausgewirkt haben könnte (strenger HambKommRestR/*Montag* § 45 Rn. 20). Das **Gericht kann** nach § 45 Abs. 3 S. 3 **den Schuldner** oder nach § 76 Abs. 6 S. 1 **den Restrukturierungsbeauftragten mit der Zustellung der Ladung beauftragen.** Einzelheiten finden sich in § 41 geregelt. Dem Schuldner steht allerdings die Zustellung durch Aufgabe zur Post – anders als dem Restrukturierungsbeauftragten – nicht zur Verfügung (§ 41 Abs. 3, der nur auf die §§ 191–194 ZPO verweist). Inhaltlich bleibt das **Gericht trotz Delegation** der Zustellung für die Ladung **verantwortlich** (BeckOK StaRUG/*Wilke* § 45 Rn. 18). Das Gericht ist daher gut beraten, dem Schuldner bzw. dem Restrukturierungsbeauftragten den Inhalt der Ladung durch Fertigung und Überlassung eines Entwurfs, der auch alle Hinweispflichten (dazu → Rn. 25 ff.) zu erfüllen hat, vorzugeben. Der Zustellungsbeauftragte darf, einem Boten gleich, keine inhaltlichen Änderung daran vornehmen (BeckOK StaRUG/*Wilke* § 45 Rn. 18). Für die Beauftragung genügt eine Verfügung des Richters in den Akten, eines Beschlusses bedarf es nicht (so für § 8 InsO Uhlenbruck/*Pape* InsO § 8 Rn. 8 mwN).

### 5. Nichterscheinen von Planbetroffenen und Schuldner

21 Der **Erörterungs- und Abstimmungstermin kann auch durchgeführt werden, wenn nicht alle Planbetroffenen erschienen sind,** soweit mit der Ladung ein entsprechender Hinweis verbunden wurde (zu diesem und weiteren Hinweispflichten des Gerichts vgl. → Rn. 25 ff.). Dies ergibt sich ohne weiteres aus Abs. 3 S. 2.

22 Eine **Teilnahmepflicht** der Planbetroffenen im Erörterungs- und Abstimmungstermin besteht nicht; auch nicht, wenn die Abstimmung privatautonom in einer Versammlung der Planbetroffenen nach § 20 organisiert ist (so auch Flöther/*Laroche* § 45 Rn. 10). Die Planbetroffenen sind über die Möglichkeit, ihre **Stimme ohne Teilnahme an der Versammlung abzugeben** (§ 20 Abs. 5 S. 4), und die **Wirkung der Nichtteilnahme als Ablehnung** (§ 25 Abs. 1, dazu sogleich) ausreichend geschützt. Der Möglichkeit, die **Versammlung durch Nichterscheinen gänzlich scheitern zu lassen,** bedarf es nicht. Ganz unanfechtbar ist diese Position allerdings nicht, da § 20 Abs. 3 S. 2 keine vergleichbare Regelung enthält und die Regierungsbegründung zu diesem Punkt schweigt. Dass es für die gerichtliche Vorprüfung eines privatautonom abzustimmenden Plans durch den Verweis in § 48 Abs. 2 S. 2 auf § 45 Abs. 3 eine Regelung gibt, wonach ein Nichterscheinen im Vorprüfungstermin bei entsprechendem Hinweis in der Ladung unschädlich ist, ist jedenfalls kein zweifelsfreier Hinweis, dass es nicht der Teilnahme aller Betroffenen bei der eigentlichen Abstimmung bedarf (so aber Flöther/*Laroche* § 45 Rn. 10), da man ohne weiteres höhere Anforderungen an den wichtigeren, nämlich den Abstimmungstermin stellen könnte.

23 **Erscheint ein Planbetroffener** trotz des Hinweises **nicht zum Termin,** wirkt dies bzgl. seines anteiligen Stimmgewichts wie eine **Ablehnung des Plans.** Dies folgt aus § 25 Abs. 1, wonach die Annahme eines Restrukturierungsplans – anders als beim Insolvenzplan nach § 244 Abs. 1 InsO – in

jeder Gruppe eine Zustimmung von drei Viertel aller Stimmrechte und nicht etwa nur der erschienenen Planbetroffenen bedarf (RegE, BT-Drs. 19/24181, 127, 147). **Erscheint kein Planbetroffener** zum Termin ist der **Plan** aus diesem Grunde in jedem Fall **gescheitert** (dazu auch → Rn. 27).

Sicher ein praktisch seltener Fall ist das **Nichterscheinen des Schuldners.** Das Gesetz behandelt diese Konstellation nicht. Aus § 45 Abs. 3 S. 2 dürfte man ableiten können, dass die **Anwesenheit (oder Vertretung) des Schuldners im Termin zwingend** ist. Andernfalls wäre eine Erörterung wenig sinnvoll, wenn sie nicht zwischen dem Schuldner als Planverfasser und den Planbetroffenen stattfände. Ebenso wenig wäre bei streitigen Forderungen eine Einigung über das Stimmrecht möglich, da die Einigung zwischen den Beteiligten (§ 45 Abs. 4 S. 2) zu erfolgen hat, womit das Gesetz offenbar den Schuldner und die anwesenden Planbetroffenen anspricht. § 77 Abs. 2 S. 1 InsO entscheidet in dieser Frage naturgemäß – der Schuldner verliert die Verwaltungs- und Verfügungsbefugnis über sein Vermögen – anders und überantwortet die Einigung den Gläubigern und dem Insolvenzverwalter. Jede andere Lösung als eine Anwesenheitspflicht widerspräche auch dem Grundanliegen des StaRUG, ein schuldnergetriebenes Restrukturierungsverfahren zu schaffen. Das zeigt sich an der (grundsätzlich dem gerichtlichen Verfahren gleichwertigen) privatautonomen Abstimmung nach § 20, in der sich die notwendige Anwesenheit des Schuldners aus seiner Rolle als Versammlungsleiter (§ 20 Abs. 3 S. 1, Abs. 5 S. 2) ergibt. Erscheint der Schuldner unentschuldigt nicht und ist er auch nicht vertreten, ist der **Termin aufzuheben. Im Einzelfall** kann im Nichterscheinen ein Verstoß gegen die Pflicht gesehen werden, das Verfahren mit der Sorgfalt eines ordentlichen und gewissenhaften Sanierungsgeschäftsführers zu betreiben (§ 32 Abs. 1 S. 1). In letzter Konsequenz kommt dann eine **Aufhebung der Restrukturierungssache** nach § 32 Abs. 2 S. 1 Nr. 3 in Betracht. Ob das Gericht den Pflichtverstoß als schwerwiegend wertet, nur dann stünde eine Aufhebung tatbestandlich im Raume, hängt maßgeblich von der Einlassung des Schuldners auf das ihm **vor der Aufhebung** zu gewährende **rechtliche Gehör** ab. Entschuldigt der Schuldner sein Fernbleiben ausreichend und hält seinen Antrag auf Terminanberaumung aufrecht, ist neu zu terminieren. Geht das Gericht bereits im Termin von einem **nicht schuldhaften Fernbleiben des Schuldners** aus, kann es den **Termin vertagen.** 24

### 6. Hinweispflichten des Gerichts in Ladung und Termin

**Mit der Ladung** hat das Gericht den Planbetroffenen den Hinweis zu erteilen, dass der Termin und die Abstimmung auch dann durchgeführt werden können, wenn nicht alle Planbetroffenen teilnehmen (§ 45 Abs. 3 S. 2). Das **Fehlen des Hinweises** stellt keinen so wesentlichen Verfahrensverstoß dar, dass die Ladung unwirksam würde (Flöther/*Laroche* § 45 Rn. 9) oder gar die Planbestätigung nach § 63 Abs. 1 Nr. 2 ausgeschlossen wäre (Flöther/*Laroche* § 45 Rn. 9; BeckOK StaRUG/*Wilke* § 45 Rn. 22). Jedenfalls dann nicht, wenn trotz fehlenden Hinweises alle Geladenen erschienen sind. 25

26 Unterbleibt der Hinweis, sollte das Gericht den **Hinweis schnellstmöglich und unter Beachtung der Ladungsmindestfrist nachholen.** Gelingt diese Heilung nicht vor dem ursprünglich geplanten Termin, dürfte es sachgerecht sein, den **Termin** nach § 38 S. 1 iVm § 227 Abs. 1 ZPO zu **verlegen,** wenn nicht sichergestellt werden kann, dass alle Planbetroffenen erscheinen. Wird das Fehlen des Hinweises sowie zumindest eines Planbetroffenen erst im Termin festgestellt, kann das Gericht den **Termin vertagen.** Zwingend ist die Vertragung jedoch nicht, da die Ladung selbst wirksam ist. Für die Versagung der Bestätigung des Plans von Amts wegen nach § 63 Abs. 1 Nr. 2 wegen eines wesentlichen Verfahrensfehlers dürfte der unterbliebene Hinweis nicht genügen (so auch Flöther/*Laroche* § 45 Rn. 9; BeckOK StaRUG/*Wilke* § 45 Rn. 22). Wohl aber sollte dem nicht erschienenen Planbetroffenen in entsprechender Anwendung des § 66 Abs. 3 S. 1 die Möglichkeit gegeben werden, trotz unterbliebenen Widerspruchs und unterbliebener Stimmrechtsausübung gegen den Plan eine zulässige sofortige Beschwerde gegen die Planbestätigung gem. § 66 einzulegen.

27 **Erscheint kein Planbetroffener zum Erörterungs- und Abstimmungstermin** ist nach dem Wortlaut des § 45 Abs. 3 S. 2 eine **Durchführung der Abstimmung ausgeschlossen** (dazu auch → Rn. 23). Zwar stellt nicht der Termin (immerhin dürften Schuldner und Gericht anwesend sein), wohl aber eine Abstimmung ohne teilnehmende Planbetroffene ein logisches Problem dar. Eine **Zustimmungsfunktion,** wie sie in § 160 Abs. 1 S. 3 InsO geregelt ist, **fehlt** im StaRUG.

28 **Weitere Hinweise** in der Ladung sind gem. § 64 Abs. 4 S. 3 und gem. § 66 Abs. 3 S. 1 zu erteilen. Unterbleiben diese Hinweise, so sind Minderheitenschutzanträge nach § 64 auch dann zulässig, wenn der jeweilige Antragsteller im Abstimmungstermin nicht widersprochen und geltend gemacht hat, dass er durch den Plan wesentlich schlechter gestellt wird als er ohne Plan stünde (§ 64 Abs. 4 S. 3). Gleiches gilt für die sofortige Beschwerde gegen die Planbestätigung (§ 66 Abs. 3 S. 1). Das **Fehlen dieser Hinweise** stellt keinen so wesentlichen Verfahrensverstoß dar, dass die Planbestätigung nach § 63 Abs. 1 Nr. 2 ausgeschlossen wäre (Flöther/*Laroche* § 45 Rn. 9; BeckOK StaRUG/*Wilke* § 45 Rn. 22), denn die Sanktion dieses Verfahrensfehlers liegt gerade in der erweiterten Angriffsmöglichkeit gegen die Bestätigung. Das Nachholen der Hinweise vermeidet diese erweiterte Angriffsmöglichkeit gegen die Bestätigung nur, wenn es noch innerhalb der Ladungsmindestfrist vor dem bereits anberaumten Termin erfolgt.

29 Soll der Termin mindestens teilweise im Wege der **Bild- und Tonübertragung** gem. § 128a ZPO (anwendbar über § 38 S. 1) stattfinden, so ist in die Ladung der Hinweis nach § 38 S. 2 aufzunehmen, wonach die Beteiligten verpflichtet sind, wissentliche Ton- und Bildaufzeichnungen zu unterlassen und durch geeignete Maßnahmen sicherzustellen, dass Dritte die Ton- und Bildaufzeichnungen nicht wahrnehmen können.

30 Über § 38 S. 1 gilt ohne weiteres auch **die Hinweispflicht des § 139 ZPO.** Das Gericht hat das Restrukturierungsverfahren folglich frühzeitig und in jeder Phase des Verfahrens durch Hinweise zu fördern (dazu auch → § 46 Rn. 2, 7, 14). Auf solche **Mängel des Restrukturierungsplans,**

die die Bestätigung und damit letztlich den Vollzug des Plans hindern, hat das Gericht bspw. hinzuweisen. Darin liegt keine Verletzung der grundsätzlich neutralen Rolle, die das Gericht wegen der uU widerstreitenden Interessen der Planbetroffenen untereinander, aber auch im Verhältnis zum Schuldner einzunehmen hat. Denn ein Restrukturierungsplan, der letztlich gerichtlich zu bestätigen ist – und eben dies ist das Ziel der Ausübung der Hinweispflichten – ist kraft gesetzlicher Definition ein sachgerechter Ausgleich der beteiligten Interessen und belässt das Gericht in seiner neutralen Rolle. Um seine Hinweispflichten erfüllen zu können, muss das Gericht den Sachverhalt ggf. von Amts wegen ermitteln (§ 39 Abs. 1 – **Amtsermittlungspflicht**) und der **Auskunfts- und Mitwirkungspflicht des Schuldners** (§ 39 Abs. 2) bedienen.

## 7. Planänderungen

Zu **Planänderungen** kann es **noch im Erörterungs- und Abstimmungstermin** kommen. Diese kann allein der Schuldner vorschlagen, da nur er planvorlageberechtigt ist. Entweder um auf gerichtlich erteilte Hinweise zu reagieren. Oder aber weil sich unabhängig von gerichtlichen Hinweisen Änderungsbedarf ergeben hat. Die **Abstimmung über den geänderten Plan** kann **noch in demselben Termin** erfolgen (Begründung RegE, BT-Drs. 19/24181, S. 148). In Folge der Verweisung des § 45 Abs. 4 S. 1 auf § 240 InsO kann es sogar noch bis zum Beginn der Abstimmung zu Änderungen des Plans kommen. Das genaue **Ende der Änderungsmöglichkeit** ist allerdings streitig. Letztlich ist die Frage, ob die Änderung **nur bis zum Ende des Erörterungstermins oder noch bis zu Beginn der Stimmabgabe** möglich ist (einerseits HambKommInsR/*Thies*/*Lieder* § 240 Rn. 8; andererseits K. Schmidt InsO/*Spliedt* InsO § 240 Rn. 6), im Regelfall eines einheitlichen Erörterungs- und Abstimmungstermins in letzterem Sinne zu beantworten, weil nur dies dem Wortlaut des § 240 InsO entspricht. Die Änderung ist in dem – einen und einheitlichen – Termin zulässig, solange sie noch möglich ist. Die Möglichkeit zur Änderung endet erst, wenn die erste Stimme abgegeben ist und damit der Gegenstand der Abstimmung fixiert ist und unmittelbar zuvor logischerweise auch fixiert sein muss. 31

**Trennt man Erörterungs- und Abstimmungstermin,** was gem. § 45 Abs. 4 S. 1 iVm § 241 InsO möglich ist, **endet die Änderungsmöglichkeit** allerdings spätestens **mit der Versendung der Stimmzettel** (§ 45 Abs. 4 S. 1 iVm § 242 InsO), da dann der Gegenstand, auf den sich die Stimmzettel beziehen, feststehen muss. 32

Zur der Frage, wie weitreichend inhaltliche Planänderungen zulässig sind, kann wegen der Verweisung in § 45 Abs. 4 S. 1 auf die Diskussion zu § 240 InsO verwiesen werden. Der Kern des ursprünglichen Plans muss jedenfalls erhalten bleiben (HambKommInsR/*Thies* § 240 Rn. 4). 33

## 8. Stimmrechtsentscheidung durch das Gericht

Die Regelungen zur Stimmrechtsentscheidung sind den Regelungen zu Stimmrechtsentscheidungen im Insolvenzplanverfahren nachgebildet (kri- 34 tisch dazu *Skauradszun* KTS 2021, 1 (13 f.)). Nach diesen Grundsätzen bedarf es keiner Stimmrechtsentscheidung, wenn die Stimmrechte nicht streitig sind oder bei streitigem Stimmrecht eine Einigung im Termin erzielt wird. Wurde mit unstreitigem oder auf einer Einigung basierendem Stimmrecht abgestimmt, so kann das Stimmrecht für diese Abstimmung und ihre rechtliche Bewertung nicht mehr – etwa durch Verweis auf § 63 Abs. 1 Nr. 2 – in Frage gestellt werden. **Legt das Gericht das Stimmrecht fest** (§ 45 Abs. 4 S. 2) hat diese Festlegung in erster Linie **nur für die Feststellung des Abstimmungsergebnisses Bedeutung** und kann insoweit zudem im Beschwerdeverfahren gegen die gerichtliche Planbestätigungsentscheidung (§ 66) durch das Beschwerdegericht in Frage gestellt und anders bewertet werden. Auch wenn die Feststellung des Stimmrechts an den Wert des Forderungsbetrags anknüpft, so entscheidet das Restrukturierungsgericht damit **nicht verbindlich über die Forderungshöhe** (*Skauradszun* KTS 2021, 1 (14), unter Hinweis auf *Madaus/Wessels* ZEuP 2020, 800 (827)). Dies geschieht für streitige Forderungen ausschließlich außerhalb des Restrukturierungsverfahrens (RegE, BT-Drs. 19/24181, 167).

**35** Der **Feststellung des Stimmrechts** kommt darüber hinaus im StaRUG noch **Bedeutung für** die Frage zu, wann ein **Rückstand mit der Erfüllung des Restrukturierungsplans** iSv § 69 anzunehmen ist (§ 70 Abs. 2 S. 1). An dieser Stelle schwankt die dogmatische Basis des Gesetzes, da es für die Beantwortung der Frage nach dem Rückstand an sich einer verbindlichen Aussage über die Forderungshöhe bedürfte. § 256 InsO kann mit der Frage in seinen Absätzen 2 und 3 anders umgehen und damit die Verfahrensrisiken, die von streitigen Forderungen ausgehen, erheblich besser minimieren als das StaRUG. § 256 InsO kann nämlich auf eine verbindlich festgestellte Forderungshöhe zurückgreifen, eben weil das Insolvenzverfahren anders als das Restrukturierungsverfahren die Feststellung streitiger Forderungen unter Einschaltung der Zivilgerichte vorsieht. Für die Zwecke eines Restrukturierungsverfahrens kann dieser Mangel akzeptiert werden, da das Restrukturierungsgericht bereits aufgrund seiner Verfahrensordnung nicht einem Zivilgericht gleich mit Rechtskraft über Forderungen nach Grund und Höhe befinden kann (dazu könnte bspw. keine Beweisaufnahme durchgeführt werden). Basiert das Stimmrecht nicht auf einer Feststellung durch das Restrukturierungsgericht, sondern auf einer Einigung der Beteiligten, muss das Restrukturierungsgericht für die Beantwortung der Frage nach einem Rückstand diese Feststellung nachholen (§ 70 Abs. 2 S. 2).

**36** Obgleich § 22 aufgrund des Ausschlusses in § 23 Hs. 2 nicht gilt, ist die **gerichtliche Festsetzung,** die durch unanfechtbaren Beschluss erfolgt, **im Protokoll festzuhalten.** Wegen § 45 Abs. 4 S. 1 iVm § 239 InsO ebenfalls in das Protokoll aufzunehmen sind die unstreitigen Stimmrechte und die auf einer Einigung basierenden.

**37** **Ob der Grund für Streitigkeiten über das Stimmrecht protokolliert werden muss** (so BeckOK StaRUG/*Wilke* § 45 Rn. 35), **ist unklar.** Einerseits schreibt § 239 InsO nur die Protokollierung des Stimmrechts (Stimmliste) selbst vor und § 22 Abs. 1 S. 2 gilt aufgrund von § 23 Hs. 2 nicht. Anderes mag sich aber aus § 24 Abs. 3 S. 2 ergeben, auf den § 45 Abs. 4 S. 1 verweist. Das Gesetz ist an dieser Stelle widersprüchlich. Zwar könnte man aus systematischen Gründen der allgemeineren Anordnung gegen eine Protokollierung in § 23 Hs. 2 den Vorzug vor der Anordnung dieser Protokollierung in § 24 Abs. 3 S. 2 geben. **Im Zweifel** sollte man sich – auch als Gericht – aber eher **für** eine **Protokollierung** entscheiden.

Für die Frage nach einem relevanten Rückstand bei der Planerfüllung ist der Grund des Streits über eine Forderung allerdings ohne Bedeutung. Es entscheidet das Ergebnis der gerichtlichen Feststellung. Im Fall der erstmaligen gerichtlichen Feststellung nach § 70 Abs. 2 S. 2 dürfte das Ergebnis der Einigung zunächst Ausgangspunkt der gerichtlichen Überlegungen sein; iÜ ist aber für diese Festsetzungsentscheidung weiterer Vortrag der Beteiligten von Nöten. 38

### 9. Sonstige Verfahrensfragen

Durch die Verweisung in § 45 Abs. 4 S. 1 auf die §§ 239–242 InsO wird ein **relativer Gleichlauf zum Insolvenzplan in Verfahrensfragen** hergestellt. Erwähnenswert erscheint hier vor allem § 241 InsO und § 239 InsO. Nach § 241 kann das Gericht **Erörterungs- und Abstimmungstermin trennen** (dazu bereits → Rn. 32). In diesem Fall kann der **Abstimmungstermin schriftlich** durchgeführt werden (RegE, BT-Drs. 14/24181, 148). § 239 verpflichtet zur Führung einer **Stimmliste,** in der die Stimmrechte festzuhalten sind (dazu schon → Rn. 37) 39

§ 45 Abs. 4 S. 1 stellt durch den Verweis auf die §§ 24–28 im Übrigen einen **Gleichklang zwischen dem gerichtlichen und dem privatautonomen Abstimmungsverfahren** für die Themenkreise Stimmrecht, erforderliche Mehrheiten, gruppenübergreifende Mehrheitsentscheidungen und Minderheitenschutz (Zustimmungsfiktion in § 26 Abs. 1, absolute Priorität nach § 27 und deren Durchbrechung in § 28) her. Dazu kann auf die dortigen Kommentierungen verwiesen werden. 40

Die Beantragung eines gerichtlichen Erörterungs- und Abstimmungstermins stellt die Nutzung eines Instruments des Stabilisierungs- und Restrukturierungsrahmens gem. § 29 Abs. 2 dar und kann damit die **Verfahrenskosten** beeinflussen; dies allerdings nur marginal. Nach Ziffer 2512 der Anlage 1 zum Gerichtskostengesetz steigt die Gerichtsgebühr bei der Inanspruchnahme von mehr als drei Instrumenten von 1.000 EUR auf 1.500 EUR. 41

Da es sich bei dem Erörterungs- und Abstimmungstermin um ein Instrument iSd § 29 Abs. 2 Nr. 2 handelt, soll über den Antrag auf Bestimmung eines Termins erst nach Zahlung des **Gerichtskostenvorschusses** gem. Ziffer 2512 der Anlage 1 zum Gerichtskostengesetz entschieden werden (§ 13a Abs. 1 GKG). Ist von Amts wegen ein Restrukturierungsbeauftragter zu bestellen (§ 73), ergibt sich die Notwendigkeit zur **Vorschusseinzahlung** zusätzlich aus § 81 Abs. 5 S. 2. 42

## Vorprüfungstermin

**46** (1) [1] **Auf Antrag des Schuldners bestimmt das Gericht einen gesonderten Termin zur Vorprüfung des Restrukturierungsplans vor dem Erörterungs- und Abstimmungstermin.** [2] **Gegenstand**

**dieser Vorprüfung kann jede Frage sein, die für die Bestätigung des Restrukturierungsplans erheblich ist, insbesondere,**

1. **ob die Auswahl der Planbetroffenen und die Einteilung der Planbetroffenen in Gruppen den Anforderungen der §§ 8 und 9 entspricht,**
2. **welches Stimmrecht eine Restrukturierungsforderung, eine Absonderungsanwartschaft oder ein Anteils oder Mitgliedschaftsrecht gewährt oder**
3. **ob dem Schuldner die Zahlungsunfähigkeit droht.**

[3] **§ 45 Absatz 3 gilt entsprechend. Die Ladungsfrist beträgt mindestens sieben Tage.**

(2) **Das Ergebnis der Vorprüfung fasst das Gericht in einem Hinweis zusammen.**

(3) **Das Gericht kann einen Vorprüfungstermin auch von Amts wegen bestimmen, wenn dies zweckmäßig ist.**

**Übersicht**



## I. Grundlagen

### 1. Normzweck

1 Wählt der Schuldner das Instrument der gerichtlichen Planabstimmung, können **auf Schuldnerantrag** hin (Abs. 1 S. 1; dazu → Rn. 13, 21), **aber auch von Amts wegen** (Abs. 3, dazu → Rn. 22) bestimmte Einzelfragen, die für die Bestätigung des Restrukturierungsplans erheblich sind, Gegenstand einer **Vorprüfung durch das Gericht** sein. Der **Restrukturierungsbeauftragte** kann den Vorprüfungsantrag nach § 46 – anders als den nach den §§ 47, 48 – **nicht** stellen (vgl. dazu → § 47 Rn. 11). Das **Ergebnis der Vorprüfung** fasst das Gericht in einem – allerdings **unverbindlichen** (→ Rn. 2) – **gerichtlichen Hinweis** zusammen (Abs. 2, dazu → Rn. 28 f.). Der Erörterungs- und Abstimmungstermin soll dadurch entlastet werden (Begründung RegE, BT-Drs. 14/24181, S. 148). Ob allein diese Funktion und der Unterschied zu der Vorprüfung nach Art. 47 f., die nur durch den

Schuldner beantragt werden kann, die Stellung des Art. 46 außerhalb des Abschnitts 3 im Kapitel 2 des Gesetzes rechtfertigt, mag man auf akademischer Ebene diskutieren (dazu Andeutungen bei *Frind* ZInsO 2022, 1540 (1541)), die Positionierung im Gesetz dürfte aber hier ohne Auswirkung auf das Normverständnis bleiben.

**Rechtssicherheit** schafft der Vorprüfungstermin indes **nur bedingt** (so auch BeckOK StaRUG/*Wilke* § 46 Rn. 1), da dem Hinweisbeschluss die **Bindungswirkung** für die spätere Bestätigungsentscheidung abgesprochen wird (Begründung RegE, BT-Drs. 14/24181, S. 149; *Bork* NZI-Beilage 1/2021, 38 (39)). Da hilft es dem Schuldner wenig, dass das Gericht – eine rechtsstaatliche Selbstverständlichkeit – einen gerichtlichen Hinweis wird geben müssen (zu Hinweispflichten des Gerichts vgl. → § 45 Rn. 25 ff.), wenn es von seiner im Hinweis entäußerten Position später abweichen will (Begründung RegE, BT-Drs. 14/24181, S. 149) und diese Abweichung für seine Entscheidung, sei es bspw. eine Stimmrechtsfestsetzung oder die Bestätigungsentscheidung, erheblich ist. Besonders überraschend ist die gesetzgeberische Entscheidung für die fehlende Bindungswirkung allerdings nicht, da dies auch der Rechtsprechung des Bundesgerichtshofs zur Vorprüfung des Insolvenzplans nach § 231 InsO entspricht (BGH NZI 2017, 260 (261)). 2

Ist der Plan eher einfacher Natur und steht daher ein „schlanker Erörterungs- und Abstimmungstermin" zu erwarten, kann es wegen der eingeschränkten Rechtssicherheit, die die Vorprüfung bietet, für den Schuldner sinnvoll sein, darauf zu verzichten. Gleiches gilt, wenn das Verfahren sehr zeitkritisch ist. Der **Zeitplan sollte** in dem Fall **mit dem Restrukturierungsgericht abgestimmt werden,** damit dieses nicht – für den Schuldner unerwartet – eine Vorprüfung von Amts wegen (dazu → Rn. 22) durchführt. 3

Klassische Problemfelder von Insolvenz- und Sanierungsplänen, die gleichermaßen Restrukturierungspläne belasten können, wie das zu gewährende Stimmrecht und die Gruppenbildung, können durch die Vorprüfung vor die Klammer gezogen und einer Klärung zugeführt werden, die ggf. durch eine Plananpassung umgesetzt wird. 4

Die Möglichkeit, die zentrale Zugangshürde zum Restrukturierungsverfahren, nämlich die **drohende Zahlungsunfähigkeit als Voraussetzung der Planbestätigung nach § 63 Abs. 1 Nr. 1, zu prüfen (Abs. 1 S. 1 Nr. 3), sogar von Amts wegen (Abs. 3),** ist ein praktikabler Weg, Verfahren uU frühzeitig zu beenden und unnötigen Aufwand, ggf. aber auch missbräuchliche Verfahren, zu vermeiden. In jedem Fall zeigt die Analyse der wenigen praktischen Anwendungsfälle des Gesetzes, dass die **Frage der drohenden Zahlungsunfähigkeit eine entscheidende Streitfrage künftiger StaRUG-Verfahren** werden wird (so *Fiebig* ZRI 2021, 561 (564)). Wird die drohende Zahlungsunfähigkeit verneint, kann der Schuldner entweder die Anzeige des Restrukturierungsvorhabens § 31 Abs. 4 Nr. 1 zurücknehmen (so im Fall AG Köln NZI 2021, 433) oder das Gericht hebt die Restrukturierungssache gem. § 33 Abs. 2 S. 1 Nr. 2 Alt. 2 mangels Umsetzungsaussichten auf. Teilweise wird die Prüfung der drohenden Zahlungsunfähigkeit sogar für zwingend bei Inanspruchnahme eines der Instrumente des StaRUG gehalten (HambKommRestR/*Montag* § 45 Rn. 9 unter 5

Hinweis auf *Vallender* ZInsO 2020, 2579 (2583), der dies für die Vorprüfung allerdings nicht vertritt; vgl. dazu auch die Kommentierung zu → § 45 Rn. 15). Für die Inanspruchnahme der Instrumente der Vorprüfung und des Erörterungs- und Abstimmungstermins ist dies dem Gesetz nicht zu entnehmen. Die Frage, ob der Schuldner bereits **überschuldet** ist, gehört **nicht zum Themenkanon der Vorprüfung,** da die Überschuldung kein Grund ist, die Bestätigung zu versagen (vgl. dazu → § 63 Rn. 7 f.). Allerdings muss das Gericht die Überschuldungsfrage im Rahmen einer etwaigen Aufhebungsentscheidung laufend während der gesamten Rechtshängigkeit der Restrukturierungssache von Amts wegen nach § 33 Abs. 2 S. 1 Nr. 1 Alt. 1 beantworten, dann allerdings nur auf der Grundlage von „Umstände[n]", die „bekannt" sind und nicht – wie bei der Vorprüfung – mit Amtsermittlungsgrundsatz (dazu → Rn. 11).

**6** Die Möglichkeit zur Aufhebung der Restrukturierungssache besteht aber bspw. nicht, wenn sich Schuldner und Gericht über die Bewertung von Stimmrechten oder Gruppenbildung uneins sind. Würde gleichwohl auf Grundlage der Wertung des Schuldners abgestimmt, so setzt sich das Gericht bei der Frage der Stimmrechte im Zweifel durch Festsetzung durch; Fehler bei der Gruppenbildung wirken sich bei klaren Mehrheiten uU nicht aus. Insoweit unterscheidet sich die Vorprüfung von derjenigen eines Insolvenzplans nach § 231 InsO, denn das **Gericht kann den Restrukturierungsplan nicht verbindlich zurückweisen.**

**7** Die Schaffung des Instruments der Vorprüfung dürfte dazu führen, dass sich die in einzelnen Gerichtsbezirken im Insolvenzplanverfahren herausgebildete Usance (oder auch Unsitte), dem Gericht den Plan **vorab zur informellen Prüfung** zu übermitteln, im Restrukturierungsverfahren möglicherweise gar nicht erst herausbildet. Das Gesetz stellt – auch über die Gebührenpflicht, da die Anzahl der beantragten Instrumente die Höhe der Gerichtsgebühren beeinflusst (Ziffer 2512 der Anlage 1 zum Gerichtskostengesetz) – klar, dass die **inhaltliche Befassung mit dem Restrukturierungsplan förmliches Gerichtshandeln ist und eines Antrags bedarf** (BeckOK StaRUG/*Wilke* § 46 Rn. 7; so auch Flöther/*Laroche* § 46 Rn. 16). Es ist dem Gericht allerdings unbenommen, bereits vor Durchführung eines Vorprüfungstermins diesen durch gerichtliche Hinweise (dazu → § 45 Rn. 30) zur Erledigung zu bringen (dazu → Rn. 32, 36).

## 2. Rechtsentwicklung

**8** Art. 9 Abs. 5 UAbs. 2 RestruktRL gibt den Mitgliedstaaten die Möglichkeit, eine verbindliche Prüfung und Bestätigung von Klassenbildung und Stimmrechten zu einem früheren Zeitpunkt als der gerichtlichen Planbestätigungsentscheidung einzuführen. Da sich der Umsetzungsgesetzgeber im StaRUG allerdings für ein Baukastensystem auf freiwilliger Basis entschieden hat, wurde die Möglichkeit des Art. 9 Abs. 5 UAbs. 2 RestruktRL nicht bzw. nur in Ansätzen (dazu sogleich) genutzt. **§ 231 InsO hat insofern nur in beschränktem Umfang Pate für die Regelung des § 46 und damit auch die Vorprüfung des § 47 gestanden** (dazu auch → Rn. 2, 6; dazu auch *Gehrlein* BB 2021, 66 (73)). Soweit allerdings § 45 die Vorprüfung der drohenden Zahlungsunfähigkeit auch von Amts wegen (dazu → Rn. 5) zulässt, kann darin über den Umweg der Aufhebung der Restrukturierungssache nach § 33 Abs. 2 S. 1 Nr. 2 Alt. 2 eine Annäherung an § 231 InsO gesehen werden. Die nach der Vorgabe RestruktRL rein schuldnergetriebene, intrinsisch motivierte Vorabprüfung (dazu Morgen StaRUG/*Kowalewski/Praß*, Präventive Restrukturierung, Art. 9 Rn. 106 ff.), die Erwägungsgrund 46 RestruktRL in seinem Schlusssatz hervorhebt und allein der Orientierung oder Validierung des Plans, nicht aber der Beendigung des Verfahrens dienen soll, kann das Gericht durch die Art der Umsetzung in deutsches Recht nutzen, um den freiwillig beschrittenen Weg zur Restrukturierung durch Aufhebung der Sache zu versperren. Das System der Freiwilligkeit (der Nutzung des Restrukturierungsrahmens überhaupt und seiner Module) findet hier seine Grenze.

## II. Einzelfragen

### 1. Gegenstand und Tiefe der Vorprüfung

Gegenstand der Vorprüfung ist **nicht der Plan als solcher,** sondern durch § 46 Abs. 1 S. 2 Nr. 1–3 sowie § 63 vorgeprägte und vom Schuldner durch sein Antragsrecht konkretisierte **Einzelfragen** (dazu *Vallender* ZInsO 2020, 2677 (2680)). 9

Der Bundesrat hat im Gesetzgebungsverfahren kritisch gesehen (BT-Drs. 19/24903, S. 10), dass die gesetzliche Regelung zu einer ausufernden Befassung der Restrukturierungsgerichte mit Vorprüfungsfragen führen könne (so auch *Frind* ZInsO 2020, 2241 (2244)). Dem ist die Bundesregierung unter Hinweis auf das im Gesetz verankerte Merkmal der **„Erheblichkeit für die Bestätigung des Restrukturierungsplans“** entgegen getreten (BT-Drs. 19/24903, S. 32; dazu auch *Vallender* ZInsO 2020, 2677 (2680)). Letztlich ergibt sich damit die **gegenständliche Grenze der Vorprüfung** aus § 63 (kritisch *Deppenkemper* ZIP 2020, 2432 (2438)) sowie aus den in den Nummern 1–3 genannten Gegenständen. Dies dürfte einen Beitrag zur Zerstreuung jener Bedenken leisten. 10

Es darf allerdings nicht vergessen werden, dass Vorprüfungen regelmäßig unter erheblichem **Zeitdruck** stattfinden werden und sich in Prüfungsumfang und -tiefe am **Maßstab der Bestätigungsprüfung** zu orientieren haben (so zu Recht Flöther/*Laroche* § 46 Rn. 3). Die Zugangshürde der **Erheblichkeit** sollte daher ernst genommen und **eng ausgelegt** werden. Nach Wortlaut, Sinn und Zweck **begrenzt** die Erheblichkeitsschwelle allerdings **allein die Gegenstände, nicht die Tiefe der Prüfung.** Die Rechtsprüfung selbst ist wie im Fall des § 231 InsO regelmäßig umfassend, aber eben auch nicht mehr; die **Zweckmäßigkeit der Planregelungen ist nicht Prüfungsgegenstand** (*Thole* ZIP 2020, 1985 (1994); Bieg/Borchardt/Frind/*Thies* Teil 2 B. VII Rn. 83). Im Vorprüfungsverfahren gelten – wie im gesamten Restrukturierungsverfahren nach StaRUG – der gerichtliche **Amtsermittlungsgrundsatz** (§ 39 Abs. 1) und die **Auskunftspflicht des Schuldners** (§ 39 Abs. 2). Neben den dem Gericht im Antrag zur 11

Verfügung gestellten Unterlagen kann sich das Gericht zur Klärung bestimmter Vorprüfungsfragen, etwa denjenigen nach der drohenden Zahlungsunfähigkeit oder nach der Gläubigerstruktur (Gruppenbildung), eines Sachverständigen bedienen. Diesen kann das Gericht nach § 38 S. 1 iVm § 144 ZPO oder als sachverständigen Restrukturierungsbeauftragten nach § 73 Abs. 3 bestellen (dazu auch *Frind* NZI 2021, 609 (611)).

12 Die **Gegenstände der Vorprüfung unterliegen** im Rahmen der gesetzlichen Vorgaben der **Dispositionsbefugnis des Schuldners.** Er definiert über sein Antragsrecht die Vorprüfungsfragen. § 48 Abs. 1 setzt diese Befugnis ganz zwanglos voraus. Nur dies entspricht auch der Ausgestaltung der Vorprüfung als ein Instrument des Restukturierungsrahmens. Der Schuldner ist in Auswahl und Umfang der zu nutzenden Instrumente im Grundsatz frei (vgl. Flöther/*Laroche* § 46 Rn. 5), kann also **einzelne Fragen** stellen **oder** aber auch **die gesamten Bestätigungsvoraussetzungen des Plans** zur Prüfung stellen (BeckOK StaRUG/*Wilke* § 46 Rn. 6) und die Prüfung damit derjenigen nach § 231 InsO annähern (vgl. dazu auch Bieg/Borchardt/Frind/*Thies* Teil 2 B. VII Rn. 83).

13 Wird der **Vorprüfungstermin** nicht auf Schuldnerantrag hin, sondern **von Amts wegen** anberaumt (dazu → Rn. 22), **bestimmt das Gericht den Gegenstand der Prüfung.** Die Anberaumung von Amts wegen kann erfolgen, wenn dies zweckmäßig ist. Die Gesetzesbegründung beschreibt den Zweck als Entlastung des späteren Abstimmungstermins und Gelegenheit für den Schuldner zur rechtzeitigen Änderungen problematischer Planregelungen (RegE, BT-Drs. 14/24181, 149). Da die Vorprüfung auf Schuldnerantrag demselben Zweck dient, wird man die gegenständlichen Beschränkungen **– Erheblichkeit für die Bestätigungsentscheidung sowie die Nr. 1–3 des Abs. 1 – auch auf die Vorprüfung von Amts wegen** übertragen. Wollte man stattdessen einer umfassenden Überprüfung des Plans wie in § 231 InsO das Wort reden, beseitigte man letztlich die Dispositionsmaxime des Schuldners durch die Hintertür. Dies gilt es bei der Auslegung der etwas weit geratenen Voraussetzung der Zweckmäßigkeit zu bedenken. Zweckmäßig kann nur sein, vor die Klammer zu ziehen, was das Gericht ohnehin im Laufe des Verfahrens zu prüfen hat und das sind die Voraussetzungen des § 63, die sich auch in § 46 Abs. 1 S. 2 Nr. 1 und 3 wiederfinden, sowie möglicherweise Stimmrechtsfragen (§ 46 Abs. 1 S. 2 Nr. 2), die Gegenstand im Erörterungs- und Abstimmungstermin werden können. Sofern **wirtschaftliche Rahmendaten des Plans** für die Bestätigungsentscheidung von Bedeutung sind, was bspw. bei § 63 Abs. 2 (neue Finanzierung im Restrukturierungsplan) der Fall sein kann, geht die gerichtliche Prüfung allerdings nicht über eine **Plausibilitätskontrolle** hinaus (so HambKommRestR/*Montag* § 46 Rn. 22). Über die Zweckmäßigkeit der Vorprüfung hat das Gericht zu befinden. Damit beantwortet sich auch die Frage, ob das Gericht in einem vom Schuldner beantragten Vorprüfungstermin neben dessen Fragen auch eigene Vorprüfungsfragen formulieren, prüfen und beantworten darf, mit Ja, wenn diese Fragen nach gerichtlicher Würdigung zweckmäßig im Rahmen des zulässigen Fragenkanons liegen.

14 Wenn daher davon die Rede ist, dass das Gericht bei der Vorprüfung von Amts wegen den **Plan umfassend prüft** (so Flöther/*Laroche* § 46 Rn. 18;

BeckOK StaRUG/*Wilke* § 46 Rn. 26), **geht das uU zu weit.** Richtig an dieser Auffassung mag sein, dass der Schuldner und die Planbetroffenen annehmen dürfen, dass das Gericht im Rahmen der Vorprüfung nicht angesprochene Punkte für unproblematisch hält. In jedem Fall sollte das Gericht **durch einen protokollierten Hinweis** die **Prüfungsgegenstände offenlegen.** Praktisch stellt sich wegen der fehlenden Bindungswirkung der gerichtlichen Zusammenfassung des Vorprüfungsergebnisses allerdings kein Problem, weil das Gericht sowohl (vor)geprüfte Fragen als auch ggf. übersehene Problempunkte zum Gegenstand des späteren Erörterungs- und Abstimmungstermins machen kann. Stellen solche Punkte ein erhebliches Risiko für die Annahme des Plans, seine Bestätigung oder die spätere Umsetzung dar, so muss der Erörterungs- und Abstimmungstermin notfalls vertagt werden. In einem solchen Fall kann nach der Erörterung der **Abstimmungstermin** auch später **schriftlich** durchgeführt werden (§ 45 Abs. 4 S. 1 iVm § 242 InsO).

§ 46 Abs. 2 S. 2 unterstellt die möglichen Vorprüfungsfragen der Dis- **15**
positionsbefugnis des Schuldners. Gegenstand der Vorprüfung kann danach jede Frage sein, für die Bestätigung des Restrukturierungsplans erheblich ist. Letztlich liegt darin ein Verweis auf die Versagungsgründe § 63 Abs. 1 und 2. Teilweise § 63 wiederholend, teilweise erweiternd zählt Satz 2 zudem einige mögliche Vorprüfungsfragen auf. Diese Liste ist nicht abschließend. Daneben darf das Gericht über Abs. 3 auch von Amts wegen Fragen formulieren, prüfen und beantworten (vgl. → Rn. 13).

**Vorprüfungsfragen** können die **Auswahl der Planbetroffenen** und **16**
das **Ob und Wie der Gruppenbildung** sein (§ 46 Abs. 2 S. 2 Nr. 1). Auch hier gilt allerdings, dass das Gericht nur die Rechtmäßigkeit der Planregelungen nach Maßstab der §§ 8 und 9 prüfen darf, nicht aber die Zweckmäßigkeit (→ Rn. 11; *Thole* ZIP 2020, 1985 (1994); Flöther/*Laroche* § 46 Rn. 9; BeckOK StaRUG/*Wilke* § 46 Rn. 18).

Nach § 46 Abs. 1 S. 2 Nr. 2 kann geprüft werden, welches **Stimmrecht** **17**
eine Restrukturierungsforderung, eine Absonderungsanwartschaft oder ein Anteils- oder Mitgliedschaftsrecht gewährt. Insbesondere diese Möglichkeit dürfte ein erhebliches Entlastungspotential für den Erörterungs- und Abstimmungstermin bieten. Allerdings dürfte eine sachgerechte Prüfung, deren Ergebnis Aussicht auf Bestand bis zum Abstimmungstermin hat, es erfordern, dass der Planbetroffene, um dessen Stimmrecht es geht, im Vorprüfungstermin anwesend ist oder sich zumindest umfassend schriftlich geäußert hat. Letzteres erscheint angesichts der kurzen Ladungsfrist von unter Umständen nur 7 Tagen unwahrscheinlich. Ist der Planbetroffene anwesend und gelangen dieser und der Schuldner zu einer **Einigung über das Stimmrecht,** so wäre diese Einigung **regelmäßig nicht für den Erörterungs- und Abstimmungstermin bindend.** Anders könnte es nur sein, wenn alle Planbetroffenen anwesend und in die Einigung einbezogen wären oder die anwesenden Planbetroffenen sich einig und in beiden Terminen identisch wären.

Zur Prüfung der **drohenden Zahlungsunfähigkeit,** die sowohl § 46 **18**
Abs. 1 S. 2 Nr. 3 als auch § 63 Abs. 1 Nr. 1 nennen, vgl. → Rn. 5.

Über § 63 Abs. 1 Nr. 2 werden klassische Prüfungspunkte, die aus dem **19**
Recht des Insolvenzplans bekannt sind, mögliche Gegenstände der Vorprü-

fung (ausführlich auch zu möglichen Themen *Frind* NZI 2021, 609 (611)). Von zentraler Bedeutung im darstellenden Teil des Plans ist die **Vergleichsrechnung** (§ 6 Abs. 2), die ihrem Inhalt nach einer Evidenz- bzw. Plausibilitätskontrolle zu unterziehen ist (Flöther/*Laroche* § 46 Rn. 7; BeckOK StaRUG/*Wilke* § 46 Rn. 16). Dazu gehört auch, ob die **Bewertungsvorschriften** des § 6 Abs. 2 S. 2 und S. 3 eingehalten sind. Wird nach Zerschlagungswerten bewertet – sicher in der Praxis, soweit nicht Missbrauch im Raume steht, und vor allem nach der gesetzlichen Konzeption des § 6 Abs. 2 S. 2 und 3 die seltene Ausnahme (siehe auch Begründung RegE, BT-Drs. 14/24181, S. 116) – ist die Begründung dieses Ansatzes vom Gericht besonders kritisch zu überprüfen. Ebenso ist ein elementarer Prüfungspunkt, ob der **darstellende und der gestaltende Teil des Plans frei von Widersprüchen,** die einzelnen **Regelungen hinreichend bestimmt und vollstreckbar** (Flöther/*Laroche* § 46 Rn. 8; BeckOK StaRUG/*Wilke* § 46 Rn. 15) und **erfüllbar** sind (dazu vgl. bspw. HambKommRestR/*Montag* § 46 Rn. 66). Im Übrigen kann auf die Kommentierung zu § 63 verwiesen werden. Vorfragen der gerichtlichen Bestätigungsentscheidung, etwa ob die Anzeige des Restrukturierungsvorhabens den Anforderungen des § 31 genügt, können nicht Gegenstand der Vorprüfung sein (so aber *Frind* NZI 2021, 609 (611); aA *Vallender* NZI-Beilage 1/2021, 30 (31)).

**20** Im Einzelfall können auch Fragen des § 62 Gegenstand der Vorprüfung sein. Bei einem **bedingten Restrukturierungsplan** kann etwa von Bedeutung sein, ob eine Bedingung überhaupt geeignet ist, Bedingung iSv § 62 zu sein. Dies kann fraglich sein, wenn unklar ist, ob es sich um eine Rechtsbedingung handelt oder ob ein Bedingungsausfall anzunehmen ist.

## 2. Antragsvoraussetzung

**21** Der Antrag auf Vorprüfung setzt die **Anzeige des Restrukturierungsvorhabens** voraus (Bieg/Borchardt/Frind/*Thies* Teil 2 B. VII Rn. 83). **Drohende Zahlungsunfähigkeit** stellt die Zugangsschwelle zum Restrukturierungsverfahren dar und ist damit **zu prüfende Antragsvoraussetzung** (dazu → § 63 Rn. 7 ff.). Daraus, dass das Restrukturierungsgericht die drohende Zahlungsunfähigkeit auf Antrag und auch von Amts wegen im Wege der Vorprüfung überprüfen darf, lässt sich nicht ableiten, dass die drohende Zahlungsunfähigkeit keine Voraussetzung für die Inanspruchnahme des Instruments der Vorprüfung darstellt (so aber BeckOK StaRUG/*Wilke* § 46 Rn. 10). Diese Antragsvoraussetzung folgt aus § 29. Für die Zulässigkeit des Antrags nach § 46 Abs. 1 genügt allerdings die schlüssige Behauptung der drohenden Zahlungsunfähigkeit durch den Schuldner. Es stellt keinen widersprüchlichen Vortrag dar, wenn der Schuldner zugleich eben diese Behauptung zur Überprüfung durch das Gericht stellt. Sofern die **gerichtliche Zuständigkeit** für das Restrukturierungsverfahren nicht bereits bei Anzeige des Restrukturierungsverfahrens geprüft wurde (zu dem Meinungsbild zu dieser Frage *Frind* NZI 2021, 609 (610)), ist die Zuständigkeit spätestens jetzt gerichtlich zu prüfen. Bei Unzuständigkeit ist auf Antrag zu verweisen oder mangels Antrags die Restrukturierungssache nach § 33 Abs. 1 Nr. 2 aufzuheben.

### 3. Vorprüfung von Amts wegen

Zur Vorprüfung von Amts wegen vgl. → Rn. 13. Das **Gericht darf** in einem auf Schuldnerantrag anberaumten Vorprüfungstermin auch **eigene Fragen ergänzen** (ebenfalls → Rn. 13). Sowohl bei vor der Ergänzung der Schuldnerfragen durch gerichtliche Vorprüfungsfragen als auch bei der Anberaumung eines Vorprüfungstermins ohne einen Schuldnerantrag ist dem Schuldner **rechtliches Gehör** zu gewähren. Wird die **Vorprüfung von Amts wegen** anberaumt, löst diese **keine Gebührenerhöhung** gem. Ziffer 2512 der Anlage 1 zum Gerichtskostengesetz aus, da deren Tatbestand die Inanspruchnahme eines weiteren (genauer vierten) Instruments aufgrund eines Antrags des Schuldners voraussetzt. Daran fehlt es bei der Anberaumung von Amts wegen. 22

### 4. Anordnung oder Zurückweisung der Vorprüfung und Terminsbestimmung

Grundsätzlich erfordert die Anberaumung gerichtlicher Termine keinen Beschluss, sondern erfolgt im Wege der **Terminsverfügung** des Vorsitzenden. Nicht anders ist es auch im Vorprüfungsverfahren. Das folgt aus der entsprechenden Anwendung der Zivilprozessordnung (§ 38 S. 1) und damit auch der §§ 214 ff. ZPO. Da sich bei einer Vorprüfung auf Antrag des Schuldners die Vorprüfungsfragen aus dessen Antrag ergeben (müssen), bedarf es neben der Beifügung des Antrags zur Information der zum Termin zu ladenden Planbetroffenen an sich keines gesonderten Beschlusses des Gerichts (der dann ebenfalls der Ladung beizufügen wäre), in dem der Gegenstand des Vorprüfungstermins – gewissermaßen einer Tagesordnung gleich – gesondert festgestellt wird. Sachgerecht kann dies allerdings sein (so auch *Frind* NZI 2021, 609 (611)). 23

Notwendig ist ein **Beschluss** aber in jedem Fall dann, **wenn das Gericht einzelne (oder alle) Fragen nicht als Vorprüfungsfragen zulassen will,** etwa weil sie den Bereich zulässiger Vorprüfungsfragen verlassen. In diesem Fall ist der Antrag nach § 46 (zumindest teilweise) zurückzuweisen. Der Beschluss muss nicht verkündet werden (§ 38 S. 1 iVm § 329 Abs. 1 ZPO). Er kann dem Schuldner formlos übermittelt werden, da er **nicht mit Rechtsmitteln angreifbar** ist (§ 40 Abs. 1). Der Schuldner kann seinen Antrag allerdings – idealerweise mit besserer Begründung und unter Beachtung der gerichtlichen Bedenken – neu stellen. 24

Will das Gericht von Amts wegen Fragen ergänzen, so kann es dies im Beschlusswege tun, darf aber die Fragen auch schlicht mit der Ladung den zu ladenden Planbetroffenen mitteilen (ähnlich wie das Beweisthema einem Zeugen mitgeteilt werden kann, ohne dass es eines Beweisbeschlusses bedarf). 25

Nicht im Gesetz geregelt ist, wie zeitnah die **Ladung** durch das Gericht zu verfügen ist. Ähnlich wie bei der Ladung zum Erörterungs- und Abstimmungstermin wird man aufgrund des **Beschleunigungsgebots** annehmen können, dass das Gericht **unverzüglich** zu laden hat, sobald ihm ein zulässiger Antrag vorliegt. Das Gericht ist aber nicht gehalten, die Ladung zum Vorprüfungstermin zugleich mit der Ladung zum Erörterungs- und Abstim- 26 mungstermin zu veranlassen, um gewissermaßen die Vorprüfung in den Lauf der Ladungsfrist zum Erörterungs- und Abstimmungstermin zu „quetschen" (dazu → § 45 Rn. 16f.; vgl. auch AG Köln NZI 2021, 433, zu einem solchen Fall). Zulässig dürfte dies aber sein (Bieg/Borchardt/Frind/*Hölzle* Teil 2 B. III Rn. 35)

### 5. Ladung

**27** § 46 Abs. 1 S. 3 verweist für die Durchführung der Ladung auf § 45 Abs. 3. Auf die dortige Kommentierung kann verwiesen werden (→ § 45 Rn. 13ff.). Hier wie dort sind alle Planbetroffenen zu laden (zur Ladung von Schuldner und Restrukturierungsbeauftragten → § 45 Rn. 14). Ihre Anwesenheit ist aber zur Durchführung des Termins nicht erforderlich (§ 46 Abs. 1 S. 3 iVm § 45 Abs. 3 S. 2), wenn die Ladung einen entsprechenden Hinweis enthält. Eine gleichzeitige Ladung mit der Ladung zum Erörterungs- und Abstimmungstermin ist möglich, aber nicht notwendigerweise geboten (dazu → Rn. 26; siehe auch *Fiebig* ZRI 2021, 561 (564f.)). Auch beim Vorprüfungstermin kann der Schuldner mit der Ladung beauftragt werden (§ 46 Abs. 1 S. 3 iVm § 45 Abs. 3 S. 3). Die **Ladungsfrist** beträgt abweichend von § 45 (dort Abs. 1 S. 1 = mindestens 14 Tage) **mindestens 7 Tage** (§ 46 Abs. 2 S. 4). Die Gesetzesbegründung rechtfertigt die kürzere Frist damit, dass sich die Planbetroffenen bis zum Vorprüfungstermin anders als bis zum Erörterungs- und Abstimmungstermin noch keine abschließende Meinung bilden müssen (RegE, BT-Drs. 14/24181, 148). Ein zulässiger Antrag auf Anberaumung eines Vorprüfungstermins erfordert die Mitteilung der ladungsfähigen Anschriften aller Planbetroffenen durch den Schuldner. Der Ladung sind der **Plan nebst Anlagen,** der **Antrag des Schuldners sowie von Amts wegen ergänzte Vorprüfungsfragen beizufügen** (vgl. dazu auch die Kommentierung bei → § 45 Rn. 12). Nur wenn den Betroffenen alle Unterlagen zur Vorbereitung zur Verfügung stehen, ist eine sachgerechte Erörterung möglich.

### 6. Der Vorprüfungstermin

**28** Der **Vorprüfungstermin** findet **mündlich** statt und wird vom zuständigen Restrukturierungsrichter geleitet. Im Unterschied zu § 46 ist **für den Vorprüfungstermin nach den §§ 47, 48 kein mündlicher Termin vorgeschrieben,** sondern lediglich ein Termin zur Anhörung der von der Vorprüfungsfrage berührten Planbetroffenen freigestellt (§ 47 Abs. 2 S. 2). Eine teilweise Abhaltung im Wege der Bild- und Tonübertragung gem. § 128a ZPO iVm § 38 S. 1 ist möglich (auch → § 45 Rn. 29). Warum allerdings im Vorprüfungsverfahren nach § 46 keine Möglichkeit geschaffen wurde, den Termin im Einzelfall – auch bspw. zur Erleichterung für die uU im Ausland residierenden Planbetroffenen – schriftlich abzuhalten, ist eine nicht nachvollziehbare Entscheidung des Gesetzgebers, die geändert werden sollte (kritisch auch *Frind* NZI 2021, 609).

**29** Der **Restrukturierungsbeauftragte,** gleichviel ob auf Antrag oder von Amts wegen bestellt, **muss nicht notwendigerweise am Termin teil-**

**nehmen.** Seine Teilnahme ist regelmäßig **unzweifelhaft sinnvoll,** erhöht aber aufgrund seiner **Vergütung auf Stundensatzbasis** die Kosten des Verfahrens. Da es sich bei dem Vorprüfungstermin um einen nicht-öffentlichen Termin handelt, die Ladung des Restrukturierungsbeauftragten nicht vorgesehen ist (dazu → Rn. 27) und seine Anwesenheit weder in den Regelungen über seine Rechtsstellung (§ 75 bzw. §§ 78 Abs. 3 iVm § 75) noch seine Aufgaben (§ 76 bzw. § 79) angesprochen wird, empfiehlt es sich, die Anwesenheit des Restrukturierungsbeauftragten ausdrücklich zuzulassen und dies zu protokollieren.

Die **Anwesenheit der Planbetroffenen** ist zur Durchführung des Termins nicht vorgeschrieben, sofern sie unter Hinweis auf diese Möglichkeit geladen wurden (dazu → Rn. 27). **30**

Gem. § 38 S. 1 iVm § 159 ZPO ist über den Vorprüfungstermin ein **Protokoll** aufzunehmen. **31**

## 7. Der gerichtliche Hinweis

Nach § 46 Abs. 2 fasst das Gericht das Ergebnis der Vorprüfung in einem Hinweis zusammen. Gemeinhin wird aus dieser Regelung die Notwendigkeit eines **Hinweisbeschlusses** abgeleitet (so Flöther/*Laroche* § 46 Rn. 14; BeckOK StaRUG/*Wilke* § 46 Rn. 22; Pannen/Riedemann/Smid/*Pannen* § 46 Rn. 9; Braun StaRUG/*T. Hirte* § 46 Rn. 9). Die Gesetzesbegründung (Begründung RegE, BT-Drs. 14/24181, S. 148) spricht ebenfalls von einem Beschluss. Aus dem Gesetzeswortlaut ergibt sich das nicht. Allgemeinen zivilprozessualen Regelungen, auf die über § 38 S. 1 zurückgegriffen werden kann, folgend kann der Hinweis ebenso **zu Protokoll im Vorprüfungstermin** erteilt werden. Denkbar ist auch eine **Hinweisverfügung,** die den Planbetroffenen und dem Schuldner formlos übersandt wird. Da nicht auszuschließen ist, dass die Rechtspraxis aufgrund der Gesetzesbegründung regelmäßig die Beschlussform wählen wird, mag diese Form als der sicherste Weg und daher empfehlenswerte Weg erscheinen. Andere Wege sind aber nicht ausgeschlossen, da eine erfolgreiche Beschwerde gegen eine Bestätigung oder deren Verweigerung mit dem Argument, der Hinweis sei im falschen Rechtskleid erteilt worden, kaum denkbar erscheint. Wählt der Richter den Hinweisbeschluss als Äußerungsform, muss der **Beschluss verkündet** werden, da er aufgrund eines mündlichen Termins ergeht (§ 38 S. 1 iVm § 329 Abs. 1 ZPO). Da der **Hinweisbeschluss weder rechtsmittelfähig noch überhaupt bindend ist,** ist eine **Zustellung nicht erforderlich,** die formlose Übersendung genügt. Geregelt ist im Gesetz aber noch nicht einmal das (kritisch dazu *Frind* NZI 2021, 609 (610)). Das Gericht darf zu Dokumentations- und Beweiszwecken auch zustellen bspw. durch Aufgabe zur Post (§ 41 Abs. 1). Rügt ein Planbetroffener, den gerichtlichen Hinweis nicht erhalten zu haben, genügt dies nicht für eine Versagung der Planbestätigung nach § 63 Abs. 1 Nr. 2. Gegebenenfalls könnte ein derartiger Verfahrensfehler durch eine Anhörung nach § 61 S. 1 geheilt werden. Eine **Frist,** innerhalb derer der Hinweis zu erteilen ist, **gibt es** im Unterschied zu § 48 Abs. 2 S. 2 **nicht.** Im Vorprüfungsverfahren nach §§ 47, 48 soll der Hinweis spätestens innerhalb von zwei Wochen nach dem **32**

Termin erteilt werden. Da das Restrukturierungsverfahren seiner Natur nach beschleunigt zu führen ist, weil man sich im Vorfeld einer zu vermeidenden Insolvenz befindet, kann die **Frist des § 48** eine **Orientierungsgröße** für das Gericht im Rahmen der Vorprüfung nach § 46 darstellen. Es ist iÜ kein sachlicher Grund ersichtlich, warum die Vorprüfung bei § 46 länger dauern sollte als im Verfahren nach den §§ 47, 48 und verwunderlich, warum beide Fälle nicht insofern gleichlautend geregelt wurden (kritisch auch *Frind* NZI 2021, 609).

**33** Der gerichtliche Hinweis bindet das Gericht nicht (dazu → Rn. 2).

### 8. Weitere Verfahrensfragen

**34** Da es sich bei der Vorprüfung um ein Instrument iSd § 29 Abs. 2 Nr. 2 handelt, soll über den Antrag auf Bestimmung eines Vorprüfungstermins erst nach Zahlung des **Gerichtskostenvorschusses** gem. Ziffer 2512 der Anlage 1 zum Gerichtskostengesetz entschieden werden (§ 13a Abs. 1 GKG). Ist von Amts wegen ein Restrukturierungsbeauftragter zu bestellen (§ 73), ergibt sich die Notwendigkeit zur Vorschusseinzahlung zusätzlich aus § 81 Abs. 5 S. 2.

**35** Die Anordnung weiterer Vorprüfungen und damit mehrere Vorprüfungstermine nach § 46 sind zulässig, sei es von Amts wegen und auf Antrag des Schuldners, aber auch mehrfach von Amts wegen oder mehrfach auf Schuldnerantrag hin (vgl. Flöther/*Laroche* § 46 Rn. 17). Nicht anders ist es bei der Vorprüfung nach §§ 47, 48 (vgl. dazu die Kommentierung bei → § 48 Rn. 3). Höhere **Kosten** löst die **mehrfache Vorprüfung** nicht aus, da gem. Ziffer 2512 der Anlage 1 zum Gerichtskostengesetz kostenrelevant allein die Nutzung mehrere Instrumente, nicht aber die mehrfache Nutzung eines Instruments ist (Begründung RegE, BT-Drs. 14/24181, S. 219).

**36** Wird ein **Antrag auf Terminbestimmung zurückgenommen oder für erledigt erklärt** (zu einem solchen Fall → Rn. 7) und sinkt dadurch die Zahl der in Anspruch genommenen Instrumente auf drei, **reduzieren sich** die von 1.000 EUR auf 1.500 EUR erhöhten **Gerichtsgebühren nicht.** Es bleibt bei den 1.500 EUR der Ziffer 2512 der Anlage 1 zum Gerichtskostengesetz, da nach der Regelung bereits die Antragstellung die Kostenerhöhung auslöst und eine Ermäßigungsvorschrift wie in Ziffer 2511 der Anlage 1 zum Gerichtskostengesetz bei Verfahrenserledigung vor Durchführung des Erörterungs- und Abstimmungstermins oder vor gerichtlicher Bestätigung fehlt.

## Abschnitt 3. Vorprüfung

### Antrag

**47** **[1] Auf Antrag des Schuldners führt das Restrukturierungsgericht auch dann eine Vorprüfung durch, wenn der Restrukturierungsplan nicht im gerichtlichen Verfahren zur Abstimmung gebracht werden soll. [2] Gegenstand einer solchen Vorprüfung kann**

**jede Frage sein, die für die Bestätigung des Restrukturierungsplans erheblich ist. [3]Neben den in § 46 Absatz 1 Satz 2 genannten Gegenständen können dies insbesondere auch die Anforderungen sein, die an das Planabstimmungsverfahren nach den §§ 17 bis 22 zu stellen sind.**

**Übersicht**



## I. Grundlagen

### 1. Normzweck

1 Auch dann, wenn sich der Schuldner für eine **privatautonome Abstimmung** über den von ihm entwickelten Restrukturierungsplan entweder in einem schriftlichen Verfahren (§§ 17, 19) oder in einer Versammlung der Planbetroffenen (§ 20) entscheidet, steht ihm auf seinen **Antrag** hin (Abs. 1 S. 1; dazu → Rn. 11 f.) das Instrument der **Vorprüfung** (§ 29 Abs. 2 Nr. 2) zur Verfügung. Bestimmte Einzelfragen, die für die Bestätigung des Restrukturierungsplans erheblich sind, können Gegenstand dieser Vorprüfung durch das Gericht sein (Abs. 1 S. 2). Eine **Vorprüfung von Amts wegen** – wie bei der Vorprüfung nach § 46 (dort Abs. 3; vgl. die Kommentierung bei → § 46 Rn. 22) – ist hier gesetzlich **nicht vorgesehen.** Der im Verfahren nach den §§ 47, 48 **prüfbare Themenkanon** geht über denjenigen des § 46 hinaus (dazu *Frind* NZI 2021, 609). In ersterem Verfahren können auch Einzelheiten der Planabstimmung (§§ 17–22) zum Gegenstand gemacht werden.

2 Das **Ergebnis der Vorprüfung** fasst das Gericht in einem – wie bei § 46 **unverbindlichen** (vgl. → § 46 Rn. 2) – **Hinweis** zusammen (§ 48 Abs. 2 S. 1, dazu → § 48 Rn. 13 f.). Etwaige Unsicherheiten bzgl. der Bestätigungsfähigkeit des Restrukturierungsplans sollen durch die Vorprüfung beseitigt werden (Begründung RegE, BT-Drs. 14/24181, S. 149). Dies kann vor allem bei solchen Gesichtspunkten von Interesse sein, die sich im Zuge etwaiger Verhandlungen mit den (wesentlichen) Planbetroffenen als streitig herausgestellt haben (*Brömmekamp* KSI 2019, 149 (154); Pannen/Riedemann/Smid/*Smid* § 47 Rn. 1). Dem gerichtlichen Hinweis kann insoweit eine **streitbeilegende Funktion** zukommen.

3 **Rechtssicherheit** schafft der Vorprüfungstermin – wie auch bei § 46 (dort → § 46 Rn. 2) – allerdings **nur bedingt** (so auch BeckOK StaRUG/*Wilke* § 48 Rn. 8; Pannen/Riedemann/Smid/*Smid* § 48 Rn. 4), da dem Hinweisbeschluss die Bindungswirkung für die spätere Bestätigungsentschei-

dung fehlt (Begründung RegE, BT-Drs. 14/24181, S. 149; *Bork* NZI-Beilage 1/2021, 38 (39)). Dies entspricht der Rechtsprechung des Bundesgerichtshofs zur Vorprüfung des Insolvenzplans nach § 231 InsO (BGH NZI 2017, 260 (261)). § 231 InsO hat bei der Schaffung der §§ 47, 48 allerdings in geringerem Umfang Pate gestanden als bei der Schaffung des § 46 (vgl. dort → § 46 Rn. 6, 8, 11), da die Möglichkeit, den (Vor-)Prüfungsumfang über die in § 46 Abs. 3 vorgesehene Vorprüfung von Amts wegen demjenigen des § 231 InsO anzunähern, bei der Vorprüfung nach §§ 47, 48 fehlt (dazu auch Flöther/*Laroche* § 47 Rn. 2). Zu **Hinweispflichten,** falls das Gericht später **vom Ergebnis der Vorprüfung abweichen** will, vgl. → § 46 Rn. 2.

4 Klassische Problemfelder von Insolvenz- und Sanierungsplänen, die ebenso Gegenstand der Prüfung von Restrukturierungspläne sein können, wie das zu gewährende Stimmrecht und die Gruppenbildung, können durch die Vorprüfung gewissermaßen vor die Klammer gezogen und einer Klärung zugeführt werden. Der Schuldner hat die Möglichkeit, die Vorprüfung nach den §§ 47, 48 **entweder vor der außergerichtlichen Planabstimmung oder spätestens vor dem Antrag auf gerichtliche Planbestätigung** durchzuführen. Zweckmäßiger dürfte regelmäßig ersteres sein, um auf etwaige Bedenken des Gerichts, die bei der späteren Bestätigungsentscheidung virulent werden könnten, durch Plananpassung und Abstimmung über den geänderten Plan reagieren zu können.

### 2. Rechtsentwicklung

5 Die Vorprüfung der §§ 47, 48 setzt – wie diejenige des § 46 – Art. 9 Abs. 5 UAbs. 2 RestruktRL um. Dessen Regelung gibt den Mitgliedstaaten die Möglichkeit, eine verbindliche Prüfung und Bestätigung von Klassenbildung und Stimmrechten zu einem früheren Zeitpunkt als der gerichtlichen Planbestätigungsentscheidung einzuführen. Im Übrigen kann auf die Kommentierung zu § 46 (dort → § 46 Rn. 8) verwiesen werden.

## II. Einzelfragen

### 1. Gegenstand und Tiefe der Vorprüfung

6 **Gegenstand** der Vorprüfung ist wie bei § 46 (vgl. die dortige Kommentierung → § 46 Rn. 9 ff.) **nicht der Plan als solcher,** sondern durch § 47 S. 3 iVm § 46 Abs. 1 S. 2 Nr. 1–3 sowie § 63 vorgeprägte und vom Schuldner durch sein Antragsrecht konkretisierte **Einzelfragen** (*Frind* NZI 2021, 609; dazu auch *Vallender* ZInsO 2020, 2677 (2680)). Hier wie dort hat der Schuldner dem Gericht konkrete Fragen vorzulegen. Dies ergibt sich aus dem Wortlaut des § 48 Abs. 1, in dem von „Vorprüfungsfrage" die Rede ist (so Flöther/*Laroche* § 47 Rn. 2, der auf Begründung RegE, BT-Drs. 14/24181, S. 149 hinweist). Die Einbeziehung der Gegenstände des § 63 ergibt sich aus dem Merkmal der „Erheblichkeit" für die Bestätigung des Restrukturierungsplans (§ 47 S. 2).

7 Das **Gericht** ist im Grundsatz **an die vom Schuldner formulierte Frage gebunden.** Selbstverständlich sind die Fragen in den Grenzen der zulässigen Gegenstände einer Vorprüfung einerseits der **Auslegung** zugänglich und andererseits über die gerichtliche **Hinweispflicht** (dazu auch → § 45 Rn. 30) steuerbar. Die Hinweispflicht dient letztlich der Herstellung eines effektiven Restrukturierungsprozesses (so BeckOK StaRUG/*Wilke* § 47 Rn. 12). Will das Gericht auf Gesichtspunkte hinweisen, die den Rahmen zulässiger Vorprüfungsfragen verlassen, so ist ihm dies grds. nach § 38 S. 1 iVm § 139 ZPO gestattet (vgl. BeckOK StaRUG/*Wilke* § 47 Rn. 10, 12; Flöther/*Laroche* § 47 Rn. 2; *Frind* NZI 2021, 609). Die **Neutralitätsverpflichtung** des Gerichts verbietet es allerdings, Hinweise zu Gesichtspunkten zu geben, die die Bestätigung des Plans nicht hindern, wohl aber einseitig die Position des Schuldners im Verhältnis zu den Planbetroffenen verbessert. Hier ist Zurückhaltung geboten. Ebenso ist es dem Gericht **verwehrt,** über die Hinweispflicht eine § 231 InsO vergleichbare **umfassende Planprüfung von Amts wegen** gewissermaßen **durch die Hintertür** einzuführen (so auch BeckOK StaRUG/*Wilke* § 47 Rn. 12).

8 Das Merkmal der **Erheblichkeit** der dem Gericht vorgelegten Frage für die Bestätigungsentscheidung ist ernst zu nehmen und eng auszulegen. Dies folgt schon aus der Gesetzgebungsgeschichte (dazu → § 46 Rn. 10). Die Zugangshürde der Erheblichkeit sollte aber auch deshalb ernst genommen und eng ausgelegt werden, weil Vorprüfungen regelmäßig unter erheblichem Zeitdruck stattfinden, sich aber zugleich in Prüfungsumfang und -tiefe am Maßstab der Bestätigungsprüfung zu orientieren haben (so zu Recht Flöther/*Laroche* § 46 Rn. 3). Die **Rechtsprüfung** ist **umfassend,** weil das Merkmal der **Erheblichkeit** nach Wortlaut, Sinn und Zweck **nur die Gegenstände der Prüfung, nicht aber deren Tiefe begrenzt.** Daher muss gerade diese Begrenzung ernst genommen werden, damit das Gericht dem an es gestellten Anspruch in der gebotenen Geschwindigkeit gerecht werden kann. Die Zweckmäßigkeit der Planregelungen ist nicht Prüfungsgegenstand (*Thole* ZIP 2020, 1985 (1994)).

9 Zu den einzelnen Gegenständen der Vorprüfung kann auf die Kommentierung bei § 46 verwiesen werden (dort → § 46 Rn. 9 ff., 16 ff.).

10 Ergänzend zu den in § 47 S. 2 und S. 3 genannten Vorprüfungsfragen nennt § 47 S. 3 in seiner beispielhaften Aufzählung möglicher Prüfungsgegenstände „die Anforderungen […], die an das Planabstimmungsverfahren nach §§ 17 bis 22 zu stellen sind." Auch insoweit kann auf die dortigen Kommentierungen verwiesen werden.

### 2. Antrag

11 Den nach § 47 S. 1 notwendigen Antrag auf Vorprüfung kann grds. **nur der Schuldner** stellen. Aufgrund gesetzlicher Anordnung in § 76 Abs. 2 Nr. 1 aE kann **auch der von Amts wegen bestellte Restrukturierungsbeauftragte** eine Vorprüfung nach den §§ 47, 48 beantragen (dazu BeckOK StaRUG/*Wilke* § 47 Rn. 3), allerdings nur **zur Klärung von Stimmrechten.** Dem auf Antrag bestellten Restrukturierungsbeauftragten kann trotz § 77 Abs. 3 nicht die Kompetenz zum Vorprüfungsantrag eingeräumt

werden, da bei einem auf Antrag bestellten Beauftragten nicht zugleich die Voraussetzungen des § 76 Abs. 2 iVm § 73 Abs. 1 Nr. 1 oder 2 bzw. § 73 Abs. 2 erfüllt sind. Eine Vorprüfung nach § 46 kann der von Amts wegen bestellte Restrukturierungsbeauftragte nicht beantragen (→ § 46 Rn. 1).

12 Mit dem Antrag müssen dem Gericht **konkrete Prüfungsfragen** vorgelegt werden (vgl. dazu → Rn. 6; BeckOK StaRUG/*Wilke* § 47 Rn. 6 mit Beispielen bei Rn. 8.1). Die Diskussion, welcher Art solche Fragen sein müssen, also bspw. Entscheidungsfragen, offene Fragestellung, Wertungsfragen etc (dazu BeckOK StaRUG/*Wilke* § 47 Rn. 10), ist unergiebig. Entscheidend ist zum einen, dass die Fragestellung nach Würdigung des Schuldners für die Bestätigung des Restrukturierungsplans erheblich ist und der Schuldner dies in seinem Antrag zumindest plausibilisiert. Zum anderen muss die Erheblichkeit auch nach Überzeugung des Gerichts objektiv bestehen.

## Verfahren[1]

**48** (1) **Die von der Vorprüfungsfrage berührten Planbetroffenen sind anzuhören.**

(2) [1]**Das Ergebnis der Vorprüfung fasst das Gericht in einem Hinweis zusammen.** [2]**Der Hinweis soll innerhalb von zwei Wochen nach Antragstellung oder, sofern ein Anhörungstermin stattfindet, innerhalb von zwei Wochen nach diesem Termin ergehen.** [3]**Für die Ladung zu dem Anhörungstermin gelten § 45 Absatz 3 und § 46 Absatz 1 Satz 4 entsprechend.**

**Übersicht**



## I. Grundlagen

### 1. Normzweck und Rechtsentwicklung

1 § 48 ergänzt die Vorprüfung nach § 47 – nicht die nach § 46 – um **verfahrensrechtliche Vorschriften.** Beide Normen gehören so eng zusammen, dass sie – wie § 46 – ohne weiteres in einer einheitlichen Norm in mehreren Absätzen hätten geregelt werden können. Ein wesentlicher **Verfahrensunterschied zur Vorprüfung nach § 46** liegt darin, dass **nicht**

[1] § 48 Abs. 2 Satz 3 geänd. mWv 27.7.2022 durch G v. 20.7.2022 (BGBl. I S. 1166).

**notwendig alle Planbetroffenen am Vorprüfungsverfahren nach §§ 47, 48 zu beteiligen** sind (dazu → Rn. 5 f.) und nach Wahl des Gerichts das **Verfahren** und damit die Beteiligung **schriftlich oder mündlich** durchgeführt werden darf (dazu → Rn. 3).

Zur Rechtsentwicklung ist auf die Kommentierung bei → § 47 Rn. 5 hinzuweisen. 2

## II. Einzelfragen

### 1. Anhörung (Abs. 1)

Gem. § 48 Abs. 1 hat das Gericht die von der Vorprüfungsfrage berührten Planbetroffenen anzuhören. Ob es dies **schriftlich oder mündlich** in einem Anhörungstermin tut, obliegt der Wahl des Gerichts. Das Gericht ist ebenso frei, **mehrere Anhörungstermine** durchzuführen, wenn es dies im Rahmen seines Ermessens für zweckmäßig hält. Welches Verfahren das Gericht wählt, steht in seinem – **durch Rechtsmittel nicht überprüfbar**en – Ermessen (so auch Flöther/*Laroche* § 48 Rn. 6; BeckOK StaRUG/*Wilke* § 48 Rn. 5). **Maßstab der Ermessensausübung** sollte mangels ausdrücklicher gesetzlicher Anordnung derjenige der **Zweckmäßigkeit** aus § 46 Abs. 3 sein, weil es hier wie dort um die Gestaltung des Verfahrens geht. Daraus, dass die Gestaltung des Verfahrens im Ermessen des Gerichts liegt, folgt zugleich, dass **weder der Schuldner noch der Restrukturierungsbeauftragte** (vgl. → § 47 Rn. 11) ein **Antragsrecht bgzl. der Form der Anhörung** haben; ihre Anregungen hat das Gericht aber im Rahmen seiner Ermessensausübung zu berücksichtigen. Ebenso muss das Gericht bspw. die Komplexität und den Umfang der Vorprüfungsfragen, die Eilbedürftigkeit der Sache, die Zahl der anzuhörenden Planbetroffenen (eine große Zahl kann einen mündlichen Termin unter Umständen schwerfällig werden lassen), aber auch den für die Planbetroffenen etwa durch Anreise zum Gerichtsort entstehenden Aufwand in seine Abwägung einbeziehen. Die Anhörung ist zwingend. Die Mitteilung der **ladungsfähigen Anschriften der (berührten) Planbetroffenen** ist Teil der Zulässigkeit des Antrags. 3

### 2. Ladung zur Anhörung (Abs. 2 S. 3)

§ 48 Abs. 1 S. 3 ordnete zunächst für die Ladung zum Anhörungstermin die entsprechende Anwendung der § 45 Abs. 3 und § 46 Abs. 1 S. 3 an. Weil damit iE allein und doppelt auf § 45 Abs. 3 verwiesen wurde, war von einem **redaktionellen Versehen** des Gesetzgebers auszugehen (so auch Flöther/*Laroche* § 48 Rn. 6). Ein vergleichbarer Fehler bei § 61 wurde noch im Gesetzgebungsverfahren berichtigt (vgl. Bericht des Rechtsausschusses, BT-Drs. 19/25353, S. 9). Gemeint war ein Verweis auf § 46 Abs. 1 S. 4, da andernfalls die Ladungsfrist ungeregelt geblieben wäre. Inzwischen ist das Versehen durch Art. 12 des Gesetzes vom 20.7.2022 (BGBl. I 1166) **korrigiert** worden (dazu *Frind* ZInsO 2022, 1540 (1541)). Die **Ladungsfrist** beträgt hier ebenfalls **7 Tage** wie bei der Vorprüfung nach § 46. 4

5 Es sind allerdings **nicht alle Planbetroffenen,** sondern **(nur) alle von der Vorprüfungsfrage berührten Planbetroffenen zu laden** (zur Ladung von Schuldner und Restrukturierungsbeauftragten → § 45 Rn. 14). Ihre **Anwesenheit** ist zur Durchführung des Anhörungstermins **nicht erforderlich** (§ 48 Abs. 2 S. 3 iVm § 45 Abs. 3 S. 2), wenn die Ladung einen entsprechenden Hinweis enthält. Das Gericht darf auch den übrigen Planbetroffenen die Anwesenheit im Anhörungstermin ermöglichen. Hierfür genügt eine Terminnachricht, zu laden sind sie nicht. Im Termin empfiehlt sich eine ausdrückliche und zu protokollierende Zulassung. **Rede- und Fragerecht** haben die nicht berührten Betroffenen nur bei gerichtlicher Zulassung.

6 Wer die von der Vorprüfungsfrage berührten Planbetroffenen sind, ergibt sich aus dem Restrukturierungsplan oder, sofern das Restrukturierungsverfahren noch nicht so weit gediehen ist, dem Konzept für die Restrukturierung (§ 31 Abs. 2 S. 1 Nr. 1). Der Kreis der Anzuhörenden ist durch das Erfordernis des (nur) Berührtseins, weit gefasst. Die **Berührung** kann **wirtschaftlicher Art, in Rechtspositionen, unmittelbar,** aber auch **mittelbarer** Art sein. Der Schuldner wird dem Gericht zur Beschleunigung des Verfahrens darzulegen haben, welche Planbetroffenen von den konkreten Vorprüfungsfragen berührt werden; es entscheidet aber die Würdigung durch das Gericht. **Im Zweifel** sollte das Gericht den Kreis der Anzuhörenden **großzügig** fassen. Es gibt zudem eine Vielzahl von **Vorprüfungsgegenständen, die im Zweifel alle Planbetroffenen berühren,** wenn es bspw. um Fragen der **Vergleichsrechnung** oder der richtigen **Gruppenbildung** geht (dazu und zu weiteren Fällen Flöther/*Laroche* § 48 Rn. 4). Verfahrensfehler an dieser Stelle hindern die Bestätigung allerdings regelmäßig nicht nach § 63 Abs. 1 Nr. 2. Fälschlich nicht angehörte Planbetroffene können ihre Rechtsposition noch immer ausreichend im Bestätigungsverfahren geltend machen.

7 Auch beim Anhörungstermin nach §§ 47, 48 kann der **Schuldner mit der Ladung beauftragt** werden (§ 48 Abs. 1 S. 3 iVm § 45 Abs. 3 S. 3). Die **Ladungsfrist** beträgt abweichend von § 45 (dort Abs. 1 S. 1 = mindestens 14 Tage) **mindestens 7 Tage** (§ 46 Abs. 2 S. 4.). Die Gesetzesbegründung rechtfertigt die kürzere Frist damit, dass sich die Planbetroffenen bis zum Vorprüfungstermin anders als bis zum Erörterungs- und Abstimmungstermin noch keine abschließende Meinung bilden müssen (RegE, BT-Drs. 14/24181, 148). Beizufügen sind neben dem Vorprüfungsantrag der Restrukturierungsplan mit Anlagen sowie die Darstellung der Kosten (vgl. iÜ → § 45 Rn. 19) oder zumindest das Konzept für die Restrukturierung (§ 31 Abs. 2 S. 1 Nr. 1).

8 Wegen der weiteren Einzelheiten kann auf die Kommentierung bei §§ 45, 46 Bezug genommen werden (→ § 45 Rn. 13 ff., → § 46 Rn. 23).

### 3. Der Anhörungstermin

9 Der Anhörungstermin findet mündlich statt und wird vom zuständigen Restrukturierungsrichter geleitet. Im Unterschied zu § 46 ist für den Vorprüfungstermin nach den §§ 47, 48 kein mündlicher Termin vorgeschrieben, sondern lediglich ein Termin zur Anhörung der von der Vorprüfungsfrage berührten Planbetroffenen freigestellt (§ 47 Abs. 2 S. 2). Eine teilweise

**Abhaltung im Wege der Bild- und Tonübertragung** gem. § 128a ZPO iVm § 38 S. 1 ist zulässig (auch → § 45 Rn. 29).

Zur **Teilnahme des Restrukturierungsbeauftragten** ist nicht vorgeschrieben, jedoch regelmäßig sinnvoll. Zu Einzelheiten vgl. → § 46 Rn. 25. Die Anwesenheit der Planbetroffenen im Termin ist ebenfalls nicht vorgeschrieben, sofern sie unter Hinweis auf diese Möglichkeit geladen wurden (dazu → § 46 Rn. 23). Planbetroffene, die nicht von der zu behandelnden Vorprüfungsfrage berührt werden, können als Gast teilnehmen (dazu sowie zu deren Ladung → Rn. 5). 10

Das Gericht darf **mehrere Anhörungstermine** durchführen, wenn mehrere Vorprüfungsfragen zu klären sind und sich bspw. die davon berührten Planbetroffenen unterscheiden. Setzt das Gericht nur einen Anhörungstermin an und erweist sich dieser als nicht in vernünftigem zeitlichen Rahmen durchführbar, darf das Gericht der **Termin vertagen** (§ 38 S. 1 iVm § 227 Abs. 1 S. 1 ZPO). 11

Gem. § 38 S. 1 iVm § 159 ZPO ist über den Vorprüfungstermin ein **Protokoll** aufzunehmen. 12

### 4. Der gerichtliche Hinweis (Abs. 2 S. 1 und 2)

Nach § 46 Abs. 2 fasst das Gericht das Ergebnis der Vorprüfung in einem Hinweis zusammen. Zur **Form des Hinweises** siehe die Kommentierung bei → § 46 Rn. 32 f., zur **fehlenden Bindungswirkung** → § 47 Rn. 2. 13

Zur Verfahrensbeschleunigung (RegE, BT-Drs. 19/24181, 149) sieht das Gesetz **Fristen** vor, innerhalb derer der Hinweis erteilt werden soll: bei mündlicher Anhörung zwei Wochen nach dem Termin, bei schriftlicher Anhörung zwei Wochen nach der Antragstellung des Schuldners. Wurde mündlich angehört und erteilt das Gericht seine Hinweise durch einen Hinweisbeschluss, ist dieser **Beschluss** zu **verkünden** (§ 38 S. 1 iVm § 329 Abs. 1 ZPO). Es genügt zur Fristwahrung, wenn der Verkündungstermin innerhalb der Zwei-Wochen-Frist liegt. Der Beschluss darf dann formlos übersandt werden, da er **nicht mit Rechtsmitteln angreifbar** ist. Wurde die Anhörung allein schriftlich abgehalten, ist eine Verkündung nicht vorgesehen. Die formlose Übersendung des Beschlusses oder der Hinweisverfügung (→ Rn. 13) genügt. Für die Rechtzeitigkeit genügt die Absendung innerhalb der Zwei-Wochen-Frist. Die **Zwei-Wochen-Frist** ist im **Regelfall** einzuhalten. Es besteht allerdings im Rahmen der gerichtlichen Ermessensausübung ausnahmsweise die Möglichkeit zu einer **längeren Frist,** wenn die Zahl der Vorprüfungsfragen besonders groß ist oder diese besonders komplex sind oder der Schuldner noch Informationen oder Unterlagen nachzuliefern hat. Gleiches gilt, wenn der Antrag des Schuldners oder die von ihm formulierten Fragen Mängel aufweisen und nachzubessern sind. In solchen Fällen dürfte **der Lauf der Entscheidungsfrist** des Gerichts allerdings **erst mit Eingang eines ordnungsgemäßen Antrags** beginnen. Nach der gesetzlichen Konzeption dürfte es genügen, nur den Planbetroffenen, die von einer Vorprüfungsfrage berührt werden und demnach anzuhören sind, den gerichtlichen Hinweis – bspw. durch Zustellung, formlose Bekanntgabe etc – bekannt zu machen. Eine Rechtspflicht des Gerichts, dies 14 gegenüber allen Planbetroffenen zu tun, fehlt (so aber offenbar BeckOK StaRUG/*Wilke* § 48 Rn. 7; ähnlich HambKommRestR/*Montag* §§ 47, 48 Rn. 99). Um Verfahrensfehler (zu deren Folgen → Rn. 6) aufgrund einer fehlerhaften Beurteilung des „Berührtwerdens" auszuschließen und im Sinne einer gegenüber allen Planbetroffenen transparenten Verfahrensführung erscheint es allerding **sachgerecht und ratsam, die gerichtlichen Hinweise allen Planbetroffenen bekannt zu geben.**

## Abschnitt 4. Stabilisierung

### Stabilisierungsanordnung

**49** (1) **Soweit dies zur Wahrung der Aussichten auf die Verwirklichung des Restrukturierungsziels erforderlich ist, ordnet das Restrukturierungsgericht auf Antrag des Schuldners an, dass**

1. **Maßnahmen der Zwangsvollstreckung gegen den Schuldner untersagt oder einstweilen eingestellt werden (Vollstreckungssperre) und**
2. **Rechte an Gegenständen des beweglichen Vermögens, die im Fall der Eröffnung eines Insolvenzverfahrens als Ab- oder Aussonderungsrecht geltend gemacht werden könnten, von dem Gläubiger nicht durchgesetzt werden dürfen und dass solche Gegenstände zur Fortführung des Unternehmens des Schuldners eingesetzt werden können, soweit sie hierfür von erheblicher Bedeutung sind (Verwertungssperre).**

(2) [1] **Forderungen, die nach § 4 einer Gestaltung durch einen Restrukturierungsplan unzugänglich sind, bleiben von einer Anordnung nach Absatz 1 und deren vertragsrechtlichen Wirkungen unberührt.** [2] **Die Anordnung kann sich im Übrigen gegen einzelne, mehrere oder alle Gläubiger richten.**

(3) **Die Anordnung nach Absatz 1 kann auch das Recht von Gläubigern zur Durchsetzung von Rechten aus gruppeninternen Drittsicherheiten (§ 2 Absatz 4) sperren.**

**Schrifttum:** *Frind* Nutzen und Grenzen der Stabilisierungsanordnung im StaRUG-Verfahren aus gerichtlicher Sicht, ZRI 2021, 697; *Riggert* Allgemeine Grundsätze der Stabilisierung nach dem StaRUG, NZI-Beilage 2021, 40; *Thole* Stabilisierung und vertragsrechtliche Wirkungen des StaRUG, ZRI 2021, 231; *Wollring/Quitzau* Die Initiierung der präventiven Restrukturierung in der Praxis – Grundlagen, Besonderheiten und Stolpersteine, ZRI 2021, 785.

**Übersicht**

## I. Normzweck und Grundlagen

### 1. Normzweck

1 Die §§ 49 ff. gestalten die für das StaRUG mit namensgebende Stabilisierung aus. **Definiert** ist die Stabilisierung in § 29 Abs. 1 Nr. 3 als **eines der Instrumente des Stabilisierungs- und Restrukturierungsrahmens.** Dabei meint Stabilisierung die gerichtliche Anordnung von Regelungen zur Einschränkung von Maßnahmen der individuellen Rechtsdurchsetzung. Dem Schuldner soll so kurzfristig eine „Atempause" verschafft werden, um die Sanierung vorbereiten, verhandeln und entscheiden zu können (*Bork* NZI-Beilage 2021, 38 (39)).

2 Dogmatisch wird die Stabilisierungsanordnung kraft ihrer hoheitlichen Wirkung als **Rechtsinstitut sui generis** eingeordnet (Flöther/*Schönfelder* § 49 Rn. 46).

3 Wie auch die übrigen Instrumente des Stabilisierungs- und Restrukturierungsrahmens stellt die Stabilisierung ein gesetzliches **Angebot an den Schuldner** dar, das im Zuge des Restrukturierungsvorhabens in Anspruch genommen werden kann, aber nicht muss. Damit korreliert, dass die Stabilisierungsanordnung in jedem Fall einen Antrag des Schuldners voraussetzt. Anders als im Insolvenzantragsverfahren, bei welchem der gestellte Insolvenzantrag dem Insolvenzgericht mit § 21 InsO ein breites Spektrum möglicher Anordnungen eröffnet, die ins gerichtliche Ermessen gestellt werden, kann das Restrukturierungsgericht nach Anzeige eines Restrukturierungsvorhabens nicht von sich aus Sicherungsmaßnahmen anordnen.

4 § 29 Abs. 3 sieht vor, dass die Instrumente des Stabilisierungs- und Restrukturierungsrahmens **unabhängig voneinander** in Anspruch genommen werden können (→ § 29 Rn. 5, 10 ff.). Dies gilt insbesondere auch für die Stabilisierungsanordnung.

## 2. Bezug zur Restrukturierungsrichtlinie

5 Die Möglichkeit der Stabilisierung entspringt im Grundsatz einer bindenden **Vorgabe der Restrukturierungsrichtlinie.** Nach Art. 6 Abs. 1 RL 2019/1023 stellen die Mitgliedstaaten sicher, dass Schuldner eine Aussetzung von Einzelvollstreckungsmaßnahmen zur Unterstützung der Verhandlungen über einen Restrukturierungsplan im Rahmen eines präventiven Restrukturierungsrahmens in Anspruch nehmen können. „Aussetzung von Einzelvollstreckungsmaßnahmen" bedeutet dabei nach der Definition in Art. 2 Abs. 1 Nr. 4 RL 2019/1023 „das von einer Justiz- oder Verwaltungsbehörde gewährte oder kraft Gesetzes geltende vorübergehende Ruhen des Rechts eines Gläubigers, eine Forderung gegen einen Schuldner und, wenn im nationalen Recht vorgesehen, gegen einen Dritten, der Sicherheiten geleistet hat, im Rahmen eines Gerichts-, Verwaltungs- oder anderen Verfahrens durchzusetzen, oder des Rechts, die Vermögenswerte oder das Unternehmen des Schuldners zu pfänden oder außergerichtlich zu verwerten".

6 Nach Art. 2 Abs. 1 Nr. 4 RL 2019/1023 besteht eine Gestaltungsoption der Mitgliedstaaten darin, dass die Aussetzung von Einzelvollstreckungsmaßnahmen von einer Justiz- oder Verwaltungsbehörde gewährt werden oder kraft Gesetzes einsetzen kann. § 49 enthält insoweit die Festlegung des nationalen Gesetzgebers, dass Stabilisierungsmaßnahmen auf Antrag des Schuldners **durch das Restrukturierungsgericht angeordnet** werden. Dies liegt auf der allgemeinen Linie einer zwar fakultativen, aber doch weitreichenden Einbindung des Restrukturierungsgerichts nach der Konzeption des StaRUG. Nach der Gesetzesbegründung wird die gerichtliche Anordnung wegen der mit Stabilisierungsanordnungen einhergehenden Eingriffe als vorzugswürdig angesehen. Sie habe gegenüber einer Geltung kraft Gesetzes zugleich den Vorteil, dass durch die Prüfung des jeweiligen Einzelfalls etwaige Besonderheiten berücksichtigt werden könnten (Begründung RegE, BT-Drs. 19/24181, S. 154).

7 Hinsichtlich des Anwendungsbereichs lässt die Richtlinie den Mitgliedstaaten offen, ob **Forderungen, die fällig werden oder entstehen, nachdem das präventive Restrukturierungsverfahren beantragt wurde oder eröffnet wurde,** in die präventiven Restrukturierungsmaßnahmen oder die Aussetzung von Einzelvollstreckungsmaßnahmen einbezogen werden. Die Mitgliedstaaten sollen zudem entscheiden können, ob die fälligen Zinsen auf Forderungen der Wirkung der Aussetzung von Einzelvollstreckungsmaßnahmen unterliegen (Erwägungsgrund 25 RL 2019/1023). Während der deutsche Gesetzgeber für die Frage der Gestaltbarkeit von Forderungen im Restrukturierungsplan in § 2 Abs. 1 Nr. 1 eine Beschränkung auf in dem nach § 2 Abs. 5 maßgeblichen Zeitpunkt begründete Forderungen vorgenommen hat, fehlt in den §§ 49 ff. eine ausdrückliche Regelung, womit insoweit sowohl nachträglich fällig werdende wie auch erst entstehende Forderungen erfasst werden können. In Bezug auf Zinsen besteht nach § 54 Abs. 1 eine ausdrückliche Zahlungsverpflichtung im Fall einer Verwertungssperre.

### 3. Gesetzgebungsgeschichte

Im Gesetzentwurf der Bundesregierung (BT-Drs. 19/24181) war die Norm als § 56 Stabilisierungsanordnung enthalten. Sie wurde in der Beschlussempfehlung des Ausschusses für Recht- und Verbraucherschutz (6. Ausschuss; BT-Drs. 19/25303) inhaltlich unverändert, nunmehr jedoch als § 49 übernommen. 8

Während auf der Grundlage der Richtlinie zunächst von einem **„Moratorium"** gesprochen wurde, hat sich der deutsche Gesetzgeber in der Umsetzung für eine abweichende Begrifflichkeit und die Bezeichnung als „Stabilisierung" entschieden (Flöther/*Schönfelder* § 49 Rn. 3f.; auch zum StaRUG den Begriff des Moratoriums verwendend etwa *Bork* NZI-Beilage 2021, 38 (39); ZRI 2021, 345 (350)). 9

Der Gesetzgeber hat sich bei der Ausgestaltung der Bestimmungen zur Erlangung von Vollstreckungs- und Verwertungssperren bewusst an den **entsprechenden Sperren im Insolvenzeröffnungsverfahren** orientiert (Begründung RegE, BT-Drs. 19/24181, S. 91). Dahinter steht das Grundverständnis, dass funktionale Übereinstimmungen zwischen dem präventiven Rahmen und dem eigenverwaltungsbasierten Insolvenzplanverfahren bestehen (vgl. Begründung RegE, BT-Drs. 19/24181, S. 90). Insbesondere wird von der Vergleichbarkeit des Insolvenzeröffnungsverfahrens mit der Situation ausgegangen, in welcher ein Unternehmen im präventiven Rahmen eine Vollstreckungs- oder Verwertungssperre in Anspruch nimmt (Begründung RegE, BT-Drs. 19/24181, S. 91). 10

Die im Rahmen der Stabilisierung erwirkbaren Rechtsfolgen sind nach der Vorstellung des Gesetzgebers „identisch" mit den Rechtsfolgen von Sperren nach § 21 Abs. 2 S. 1 Nr. 3 und 5 InsO (Begründung RegE, BT-Drs. 19/24181, S. 91). Auch die Voraussetzungen „orientieren" sich an den entsprechenden Sperren im Insolvenzeröffnungsverfahren (Begründung RegE, BT-Drs. 19/24181, S. 91). 11

### 4. Praktische Bedeutung

Die **angestrebte Wirkung** der Stabilisierung besteht darin, zu verhindern, dass dem Restrukturierungsvorhaben dadurch die Grundlage entzogen wird, dass die betroffenen Gläubiger ihre Forderungen ohne Rücksicht auf eine im Interesse aller Beteiligten liegenden Restrukturierungslösung einseitig durchsetzen (Begründung RegE, BT-Drs. 19/24181, S. 154 zu Abschnitt 5 (Stabilisierung)). Zudem geht der Gesetzgeber davon aus, dass Maßnahmen der individuellen Rechtsdurchsetzung geeignet sind, sich nachteilig auf die Bereitschaft anderer Gläubiger auszuwirken, das Vorhaben durch einen Sanierungsbeitrag zu unterstützen oder gar erst zu ermöglichen (Begründung RegE, BT-Drs. 19/24181, S. 154 zu Abschnitt 5 (Stabilisierung)). 12

Vor diesem Hintergrund wird auch in der Literatur die Möglichkeit, Vollstreckungen und Verwertungen während der Laufzeit einer Restrukturierungssache zu untersagen, für den Erfolg der Restrukturierung als zwingend erforderlich angesehen (BeckOK StaRUG/*Mock,* 5. Ed. 17.7.2022, 13

StaRUG § 49 Rn. 2; *Bork* ZRI 2021, 345 (350): „zentrales Sanierungsinstrument"). Neben dem *„cross-class cram-down"* (§ 26) wird die Stabilisierungsanordnung als das „schärfste Schwert" des die Restrukturierung anzeigenden Schuldners eingeordnet (*Frind* ZRI 2021, 697; vgl. auch *Bork* NZI-Beilage 2021, 38 (39): „für die Gläubiger besonders einschneidendes, aufgrund seiner zahlreich zu beachtenden Voraussetzungen und Rechtsfolgen aber auch […] besonders komplexes Instrument").

**14** Wie regelmäßig die Stabilisierung eingesetzt wird, dazu gehen die **Erwartungen** in der Literatur durchaus auseinander. Teilweise wird vermutet, dass die wenigsten Restrukturierungsverfahren ohne die Anordnung einer Stabilisierung durchzuführen sein werden, da es die schuldnerische Krise auch im Stadium der lediglich drohenden Zahlungsunfähigkeit regelmäßig mit sich bringe, dass einzelne oder mehrere Gläubiger bereits die Zwangsvollstreckung in das Vermögen der Schuldnerin begonnen oder auch nur angedroht haben (so *Wollring/Quitzau* ZRI 2021, 785 (793)). Dem gegenüber steht die Einschätzung, dass in der Mehrzahl der Restrukturierungsverfahren zum Zeitpunkt der Anzeige der Restrukturierungssache eine Stabilisierungsanordnung noch nicht erforderlich sein wird, weil noch keine Vollstreckungs- und Verwertungsmaßnahmen vorkommen, denen mit einer Stabilisierungsmaßnahme begegnet werden könnte (so Streeck § 49 Rn. 13, 2. Aufl. April 2022, https://starug.online/starug/teil-2/kapitel-2/abschnitt-4/49-stabilisierungsanordnung-95). Allerdings könne nach Anzeige der Restrukturierungssache eine Stabilisierungsanordnung zum Schutz des Restrukturierungsvorhabens erforderlich werden, weil einzelne Gläubiger nach Bekanntwerden der Rechtshängigkeit der Restrukturierungssache ihre Rechte im Wege der individuellen Rechtsverfolgung geltend machten (so Streeck § 49 Rn. 9, 2. Aufl. April 2022, https://starug.online/starug/teil-2/kapitel-2/abschnitt-4/49-stabilisierungsanordnung-95). Berechtigterweise wird schließlich differenziert zwischen Vollstreckungs- und Verwertungssperre und letzterer die größere praktische Bedeutung zugesprochen (*Thole* ZRI 2021, 231 (232)). Auch wenn stets eine Gesamtwürdigung erforderlich ist, legen gegen den Schuldner betriebene Vollstreckungsverfahren die Schlussfolgerung der Zahlungseinstellung jedenfalls nahe (vgl. BGH NZI 2015, 369 Rn. 23). Bei einem Schuldner, dessen Krise tatsächlich gerade das Stadium der für die Inanspruchnahme der Instrumente nach § 29 Abs. 1 vorausgesetzten drohenden Zahlungsunfähigkeit erreicht hat, dürften schon vor dem Einstieg in die Nutzung des Stabilisierungs- und Restrukturierungsrahmens bereits begonnene Zwangsvollstreckungsmaßnahmen daher nur ausnahmsweise vorkommen.

**15** In der Praxis ist zudem davon auszugehen, dass die Stabilisierung ihre Wirkung nicht lediglich in solchen Fällen entfaltet, in denen tatsächlich eine entsprechende Anordnung ergeht. Ebenso wie die möglichen Eingriffe in Gläubigerrechte im Rahmen einer Plangestaltung bereits **Vorwirkungen im Verhandlungsverhalten** der Beteiligten zeitigen, gilt dies auch für mögliche zeitweilige Beschränkungen von Maßnahmen der Rechtsdurchsetzung.

## II. Anwendungsbereich

Als Instrument des Stabilisierungs- und Restrukturierungsrahmens steht die Stabilisierung nach § 29 Abs. 1 **zur nachhaltigen Beseitigung einer drohenden Zahlungsunfähigkeit** iSd § 18 Abs. 2 InsO zur Verfügung. 16

### 1. Persönlicher Anwendungsbereich

In **persönlicher Hinsicht** gilt auch für die Stabilisierung § 30, wonach die Instrumente des Stabilisierungs- und Restrukturierungsrahmens grundsätzlich von jedem insolvenzfähigen Schuldner in Anspruch genommen werden können (→ § 30 Rn. 7 ff., 24). Für natürliche Personen gilt dies nur, soweit sie unternehmerisch tätig sind (→ § 30 Rn. 19 ff.).

### 2. Rechtshängige Restrukturierungssache

Voraussetzung für die Inanspruchnahme der Instrumente des Stabilisierungs- und Restrukturierungsrahmens ist die **Anzeige** des Restrukturierungsvorhabens bei dem zuständigen Restrukturierungsgericht nach § 31 Abs. 1, durch welche gemäß § 31 Abs. 3 die **Rechtshängigkeit der Restrukturierungssache** begründet wird. Fehlt es an einer Anzeige oder hat diese ihre Wirkung verloren, insbesondere, weil das Gericht die durch die Anzeige rechtshängig gewordene Restrukturierungssache durch Beschluss aufhebt (§ 33), können die Instrumente des Rahmens nicht in Anspruch genommen werden (Begründung RegE, BT-Drs. 19/24181, S. 133). Die Anzeige kann auch noch zeitgleich mit dem Antrag auf eine Stabilisierungsanordnung vorgenommen werden (→ § 31 Rn. 8). Erforderlich ist jedenfalls, dass die allgemeinen Voraussetzungen an die Anzeige des Restrukturierungsvorhabens im Zeitpunkt der Antragstellung für die Stabilisierungsmaßnahme ebenfalls erfüllt werden. Vorliegen muss daher ein Entwurf des Restrukturierungsplans oder zumindest ein Restrukturierungskonzept gemäß § 31 Abs. 2 Nr. 1 (→ § 31 Rn. 16 ff., zum Verhältnis zu den Anforderungen nach §§ 50 Abs. 2, 51 Abs. 1 → § 50 Rn. 15 ff.). Darzustellen sind zudem der Stand von Verhandlungen mit Gläubigern, an dem Schuldner beteiligten Personen und Dritten zu den in Aussicht genommenen Maßnahmen (vgl. § 31 Abs. 2 Nr. 2) sowie die Vorkehrungen, welche der Schuldner getroffen hat, um seine Fähigkeit sicherzustellen, seine Pflichten nach diesem Gesetz zu erfüllen (vgl. § 31 Abs. 2 Nr. 3). 17

### 3. Mögliche Geltungsreichweite

Die Anordnung kommt grundsätzlich in Bezug auf **alle Gläubiger** des Schuldners in Betracht. Ausgenommen sind lediglich die Gläubiger in Bezug auf solche Forderungen die nach § 4 einer Gestaltung durch einen Restrukturierungsplan unzugänglich sind (Abs. 2 S. 1). Nicht von einer Stabilisierungsanordnung erfasst werden können daher insbesondere die Forderungen der Arbeitnehmer des Schuldners (→ § 4 Rn. 2 ff.). Demgegenüber entspricht es der ausdrücklichen Vorgabe der Restrukturierungsrichtline (Art. 6 18

Abs. 2 RL 2019/1023), dass eine Aussetzung auch in Bezug auf gesicherte und bevorrechtigte Forderungen möglich ist.

19 Eine speziell geregelte **Beschränkung des Wirkungsbereichs von Stabilisierungsmaßnahmen** enthält § 56 im Hinblick auf Finanzsicherheiten nach § 1 Abs. 17 KWG, Zahlungs- und Abwicklungssysteme sowie das Liquidationsnetting (→ § 56 Rn. 6 ff.).

20 Die Anordnung von **Vollstreckungssperren** kann sich **auch auf das unbewegliche Vermögen** des Schuldners beziehen. Dagegen beschränkt Abs. 1 Nr. 2 die Verwertungssperre ausdrücklich auf Gegenstände des beweglichen Vermögens. Unter den Begriff des beweglichen Vermögens (vgl. §§ 803 ff. ZPO) fallen insbesondere auch Forderungen aus Lieferung und Leistung (Braun StaRUG/*Riggert* § 49 Rn. 4).

21 Nicht eingeschränkt wird der Anwendungsbereich einer möglichen Stabilisierungsanordnung im Ausgangspunkt dadurch, dass der Entwurf des Restrukturierungsplans eine Beschränkung auf bestimmte Gläubigergruppen vorsieht. **Auch Gläubiger, in deren Forderungen im Ergebnis durch den Plan nicht eingegriffen werden soll,** können dennoch Adressaten einer Vollstreckungs- oder Verwertungssperre sein (*Frind* ZRI 2021, 697 (698); Flöther/*Graf-Schlicker* Einleitung Rn. 54). Hierfür spricht insbesondere der Umkehrschluss aus § 53 Abs. 2 S. 2 wonach sich eine Anordnung im Rahmen der verlängerten Höchstdauer nach Unterbreitung eines Planangebots ausschließlich gegen Planbetroffene richtet. Allerdings wird sich in diesem Fall verstärkt die Frage nach der tatsächlichen Erforderlichkeit des mit der Stabilisierungsanordnung vorgenommenen Eingriffs in die Gläubigerrechte zur Erreichung des Restrukturierungsziels stellen (→ § 51 Rn. 29).

22 Die Anordnung kann sich **gegen einzelne, mehrere oder alle Gläubiger** richten (Abs. 2 S. 2). Insoweit greift der nationale Gesetzgeber die von Art. 6 Abs. 3 RL 2019/1023 eröffnete Möglichkeit auf, das Stabilisierungsregime flexibel auszugestalten, um einen situationsangemessenen Gebrauch zu ermöglichen (Begründung RegE, BT-Drs. 19/24181, S. 154 zu § 56 Abs. 2 RegE). Dass ebenso wenig wie beim Restrukturierungsplan (§ 8 StaRUG) alle Gläubiger einbezogen werden müssen, belegt, dass es sich beim Restrukturierungsverfahren nicht um ein Kollektivverfahren handelt (*Bork* ZRI 2021, 345 (349)).

23 Die Anordnung kann auch das Recht von Gläubigern zur Durchsetzung von Rechten aus **gruppeninternen Drittsicherheiten** (definiert in § 2 Abs. 4 S. 1, → § 2 Rn. 52 ff.) sperren (Abs. 3). Diese Möglichkeit korreliert mit der Möglichkeit der Einbeziehung der gruppeninternen Drittsicherheiten in die Gestaltungswirkung des Plans (→ § 2 Rn. 59 ff.).

## III. Tatbestand

### 1. Antrag des Schuldners

24 Voraussetzung einer Stabilisierungsanordnung ist in formeller Hinsicht zunächst ein **Antrag des Schuldners.** Ein solcher Antrag ist nach § 38 S. 1 iVm § 496 ZPO schriftlich oder mündlich zu Protokoll der Geschäftsstelle

anzubringen (Braun StaRUG/*Riggert* § 49 Rn. 1). Die Anforderungen an den Antrag gestaltet § 50 weiter aus. Zur Erfüllung dieser Anforderungen wird die schriftliche Antragstellung regelmäßig sinnvoll, wenn nicht gar notwendig sein (Nerlich/Römermann/*Mönning,* 44. EL November 2021, StaRUG § 49 Rn. 5).

Der Antrag ist an das **zuständige Restrukturierungsgericht** nach §§ 34, 35 zu richten (Nerlich/Römermann/*Mönning,* 44. EL November 2021, StaRUG § 49 Rn. 7; zum Zeitpunkt der Zuständigkeitsprüfung durch das Restrukturierungsgericht s. *Vallender* ZRI 2021, 165 (166)). Handelt es sich bei dem Antrag auf Erlass der Stabilisierungsanordnung um den ersten Antrag in der Restrukturierungssache und stellt der Schuldner nach § 84 Abs. 1 den ergänzenden Antrag auf **öffentliche Führung der Restrukturierungssache,** stellt die Entscheidung des Restrukturierungsgerichts über die beantragte Stabilisierungsanordnung zugleich die Eröffnungsentscheidung iSd Art. 2 Nr. 7 EuInsVO dar. Nach § 84 Abs. 2 und vor dem Hintergrund von Art. 4 Abs. 1 S. 2 EuInsVO sind in dieser Entscheidung die Gründe, auf denen die internationale Zuständigkeit des Gerichts beruht, anzugeben. Der Schuldner ist daher gehalten, in dem Antrag zusätzlich Angaben zu machen, die es dem Gericht erlauben, die **internationale Zuständigkeit** zu prüfen (Begründung RegE, BT-Drs. 19/24181, S. 179). 25

### 2. Rechtshängigkeit der Restrukturierungssache

Da die Stabilisierungsanordnung als ein Instrument des Stabilisierungs- und Restrukturierungsrahmens zur Verfügung gestellt wird, muss zudem eine **Anzeige des Restrukturierungsvorhabens** im Sinne von § 31 Abs. 1 erfolgt sein oder zeitgleich mit dem Antrag auf Erlass der Stabilisierungsanordnung erfolgen. Mit der Anzeige wird die Restrukturierungssache nach § 31 Abs. 3 rechtshängig (→ § 31 Rn. 31 ff.). Die Wirkung der Anzeige muss auch noch andauern, es darf also keine Aufhebung der Restrukturierungssache nach § 33 erfolgt sein. 26

Nach § 13a Abs. 1 GKG ist Voraussetzung der restrukturierungsgerichtlichen Entscheidung über den Antrag auf Inanspruchnahme eines Instruments des Stabilisierungs- und Restrukturierungsrahmens, dass der antragstellende Schuldner die **Gebühr** für das Verfahren vorab gezahlt hat (Pannen/Riedemann/Smid/*Riedemann* § 51 Rn. 2; zu den anfallenden Gebühren → § 29 Rn. 19 f.). 27

### 3. Materielle Voraussetzungen der Anordnung

Materiell ergeht die Anordnung **zur Wahrung der Aussichten auf die Verwirklichung des Restrukturierungsziels.** Das Restrukturierungsziel ist in § 31 Abs. 2 Nr. 1 legaldefiniert als das „(angezeigte) Ziel der Restrukturierung" (Flöther/*Schönfelder* § 49 Rn. 12). Zur Erreichung dieses Ziels muss die Anordnung nach dem Wortlaut des § 49 Abs. 1 erforderlich sein. Aus dieser grundlegenden Vorgabe leitet sich für die praktische Umsetzung die Folgefrage ab, ob und inwieweit einerseits der Schuldner in seinem Antrag die Erforderlichkeit darzustellen und ggf. nachzuweisen hat und nach 28 welchem Prüfungsmaßstab andererseits das Restrukturierungsgericht das Vorliegen der Erforderlichkeit zu prüfen hat. Im Regelungskontext der §§ 49 ff. hat der Gesetzgeber die Erforderlichkeit zur Verwirklichung des Restrukturierungsziels in § 51 Abs. 1 Nr. 4 präziser aufgegriffen. Richtigerweise sind die vorgenannten Fragen daher nach den Maßstäben des § 51 Abs. 1 zu beantworten (→ § 51 Rn. 25 ff.). Insoweit kann die Aufnahme der Aussicht auf Verwirklichung des Sanierungsziels auch bereits in § 49 als rein einführend und erklärend ohne gesonderte Regelungswirkung verstanden werden (so Braun StaRUG/*Riggert* § 49 Rn. 11).

29 **Nicht vorgesehen** ist eine **Anhörung der Gläubiger** vor Anordnung einer Stabilisierungsmaßnahme (AG Hamburg NZI 2022, 437 Rn. 17). Begründet wird dies damit, dass es sich um eine inhaltlich und funktional mit der Anordnung von Sicherungsmaßnahmen im vorläufigen Insolvenzverfahren (§ 21 Abs. 2 Nr. 3 und 5 InsO) vergleichbare Eilmaßnahme handle. Den betroffenen Gläubigern sei dafür die jederzeitige Möglichkeit eröffnet, die Aufhebung zu beantragen, sofern sie einen Aufhebungsgrund glaubhaft machen könnten (§ 59 Abs. 2//§ 66 Abs. 2 RegE; Begründung RegE, BT-Drs. 19/24181, S. 154 zu § 56 Abs. 1 RegE). Wurde ein **Gläubigerbeirat** nach § 93 Abs. 1 eingesetzt, hat der Schuldner diesem die Tatsache der Inanspruchnahme einer Stabilisierungsanordnung gem. § 93 Abs. 3 S. 2 anzuzeigen (Flöther/*Schönfelder* § 49 Rn. 37, → § 93 Rn. 43). Diese **Anzeigepflicht** wird man bereits mit Antragstellung und nicht erst bei Erlass einer entsprechenden Stabilisierungsanordnung durch das Gericht annehmen müssen. Der Gläubigerbeirat hat auf diese Weise die Möglichkeit, sich auch vorab zu der beantragten Maßnahme zu äußern. Dem **einzelnen Gläubiger** bleibt im Vorfeld einer Anordnung in praktischer Hinsicht die Möglichkeit einer **Schutzschrift** (dazu Flöther/*Schönfelder* § 49 Rn. 32).

## IV. Rechtsfolge

30 Die Norm regelt die grundsätzlichen Gestaltungsmöglichkeiten der Stabilisierungsanordnung. Die konkreteren Voraussetzungen der Anordnung sind in §§ 50, 51 geregelt. Den möglichen zeitlichen Geltungsbereich der Anordnung behandelt § 53.

### 1. Entscheidung des Restrukturierungsgerichts

31 Erforderlich ist in jedem Fall eine **Entscheidung des Restrukturierungsgerichts** in Form des Erlasses einer Stabilisierungsanordnung oder deren Ablehnung, nachdem der deutsche Gesetzgeber von der in der Richtlinie angelegten Möglichkeit einer Vollstreckungssperre kraft Gesetzes keinen Gebrauch gemacht hat. Mangels einer Zuweisung an den Rechtspfleger liegt die Entscheidung in der **Zuständigkeit des Richters.**

32 Die Entscheidung des Restrukturierungsgerichts über den Erlass einer Stabilisierungsmaßnahme kann **ohne mündliche Verhandlung** ergehen (§ 39 Abs. 3, → § 39 Rn. 11).

Der materielle Prüfungsmaßstab für das Restrukturierungsgericht ergibt sich aus § 51 (→ § 51 Rn. 8 ff.). Nach dem Wortlaut der §§ 49, 51 ordnet das Restrukturierungsgericht die Stabilisierungsmaßnahme an, wenn die Tatbestandsvoraussetzungen erfüllt sind. Eine **Ermessensentscheidung** ist insoweit **nicht ausdrücklich vorgesehen.** Allerdings ist die tatbestandliche Voraussetzung, dass die Anordnung zur Wahrung der Aussichten auf die Verwirklichung des Restrukturierungsziels erforderlich sein muss, nicht rechtssicher ausfüllbar und daher eine Ermessensentscheidung erforderlich (so zutreffend BeckOK StaRUG/*Mock,* 6. Ed. 17.7.2022, StaRUG § 49 Rn. 4). **33**

## 2. Stabilisierungsanordnung

Die Stabilisierungsanordnung hat zwei Ausprägungen, die Vollstreckungs- und die Verwertungssperre. **34**

**a) Vollstreckungssperre. Vollstreckungssperre** bedeutet die Untersagung oder einstweilige Einstellung von Maßnahmen der Zwangsvollstreckung gegen den Schuldner (Abs. 1 Nr. 1). Ziel der Vollstreckungssperre ist die Schaffung eines (temporären) Vollstreckungshindernisses iSd § 775 Nr. 1 ZPO (Untersagung) oder § 775 Nr. 2 ZPO (Einstellung; BeckOK StaRUG/Kramer, 5. Ed. 17.7.2022, StaRUG § 38 Rn. 86). **35**

Die gerichtliche Anordnung wirkt nur **ex nunc** und nicht ex tunc, so dass ein zwischenzeitlich **erlangtes Pfändungspfandrecht** des Gläubigers nicht beseitigt würde, sondern wiederum nur über § 49 Abs. 1 Nr. 2 der Verwertungssperre unterliegen könnte. Eine solche gesonderte Verwertungssperre für das bereits erlangte Pfändungspfandrecht braucht es allerdings nicht, weil der weitere Vollstreckungsvorgang einschließlich der Verwertung ohnehin nicht weiter betrieben wird, solange das Vollstreckungshindernis greift (*Thole* ZRI 2021, 231 (232)). **36**

Erfasst werden **sämtliche Maßnahmen der Einzelzwangsvollstreckung,** unabhängig davon, aus welchem Rechtsgebiet die zugrundeliegenden Titel stammen (BeckOK StaRUG/*Mock,* 5. Ed. 17.7.2022, StaRUG § 49 Rn. 9). Eingeschlossen sind auch eilgerichtliche Maßnahmen wie ein Arrest oder eine einstweilige Verfügung nach § 916 ff. ZPO (Flöther/*Schönfelder* § 49 Rn. 42). **37**

Unterschiedlich beurteilt wird in der Literatur, ob auch **Vorbereitungsmaßnahmen der Vollstreckung** sowie das Erkenntnisverfahren durch eine Vollstreckungssperre berührt werden. Gegen eine Wirkung der Vollstreckungssperre bereits auf einer solchen vorgelagerten Ebene wird vorgebracht, dass der Gesetzgeber hier gerade nicht den allgemeinen Begriff „Durchsetzungsmaßnahme" verwendet habe (so Braun StaRUG/*Riggert* § 49 Rn. 3). Insbesondere Beschränkungen der Durchführung von Erkenntnisverfahren sind mit der überwiegenden Auffassung abzulehnen, so dass insbesondere sowohl laufende Klageverfahren weitergeführt wie auch neue Klagen erhoben werden können (BeckOK StaRUG/*Mock,* 5. Ed. 17.7.2022, StaRUG § 49 Rn. 10b; anders *Skauradszun* ZRI 2020, 404). Schuldrechtliche Zahlungsaufforderungen, Mahnungen, Aufrechnungen oder Verrechnungen – auch solche im Kontokorrent – werden nicht erfasst, sind also **38** weiterhin und auch bei Anordnung einer Vollstreckungssperre möglich und zulässig (Flöther/*Schönfelder* § 49 Rn. 42).

**39** Erfasst die Anordnung einer **Vollstreckungssperre** auch das **unbewegliche Vermögen** des Schuldners, ist das **Vollstreckungsgericht** für den Vollzug der Sperre zuständig. Die Einzelheiten sind im neuen § 30g ZVG-E geregelt.

**40** Der Vollstreckungsstopp hindert allein die Vollstreckung, tangiert aber weder den materiellen Bestand der Forderung noch deren Fälligkeit (vgl. *Thole* ZRI 2021, 231 (232)).

**41** Die Vollstreckungssperre reicht über die Restrukturierungsforderungen im Sinne von § 2 Abs. 1 Nr. 1 iVm Abs. 5 S. 2 hinaus, indem von ihr auch solche Forderungen erfasst werden, die erst nach der Anordnung entstehen (*Thole* ZRI 2021, 231 (233)).

**42** **b) Verwertungssperre. Verwertungssperre** bedeutet die Anordnung, dass Rechte an Gegenständen des beweglichen Vermögens, die im Fall der Eröffnung eines Insolvenzverfahrens als Ab- oder Aussonderungsrecht geltend gemacht werden könnten, von dem Gläubiger nicht durchgesetzt werden dürfen und dass solche Gegenstände zur Fortführung des Unternehmens des Schuldners eingesetzt werden können, soweit sie hierfür von erheblicher Bedeutung sind (Abs. 1 Nr. 2).

**43** Mit der **Einbeziehung auch von Aussonderungsrechten** in die mögliche Reichweite der Verwertungssperre besteht auch insoweit eine Parallelität zu § 21 Abs. 2 Nr. 5 InsO. Zwar können Aussonderungsrechte im Gegensatz zu Absonderungsanwartschaften iSd § 2 Abs. 1 Nr. 2 im Restrukturierungsplan nicht gestaltet werden (→ § 2 Rn. 16), was Zweifel an einer Einbeziehung der Aussonderungsberechtigten auch in die Wirkung der Instrumente des Stabilisierungs- und Restrukturierungsrahmens im Übrigen begründen könnte (kritisch etwa *Thole* ZIP 2020, 1985 (1995)). Die Stabilisierungsanordnung soll jedoch nicht das zwischen dem Schuldner und dem potentiell Aussonderungsberechtigten bestehende zur Aussonderung berechtigende Rechtsverhältnis ändern. Der Gläubiger soll sein Aussonderungsrecht durch eine Stabilisierungsanordnung auch nicht verlieren. Die Stabilisierungsanordnung soll lediglich flankierend sicherstellen, dass dem schuldnerischen Unternehmen nicht während der Umsetzung eines Restrukturierungsvorhabens die Grundlagen für eine Fortführung entzogen und dadurch eine gegebenenfalls aussichtsreiche Restrukturierung verhindert wird (*Schneider/Loszynski* SanB 2020, 136 (139 f.)). Inwieweit in der Praxis tatsächlich Konstellationen auftreten, in welchen in einer aussichtsreichen Restrukturierungssituation gleichwohl bereits durchsetzbare Herausgabeansprüche von Aussonderungsberechtigten bestehen, denen mit einer Verwertungssperre begegnet werden muss, wird weiter abzuwarten sein. So dürfte etwa mit Blick auf unter Eigentumsvorbehalt erworbene Waren dem Anspruch des Verkäufers aus § 985 BGB regelmäßig noch das Recht des Schuldners zum Besitz entgegenstehen (*Thole* ZIP 2020, 1985 (1995)).

**44** Nach der Zielsetzung der Regelung handelt es sich bei der **Untersagung der Durchsetzung** der Ab- oder Aussonderungsrechte durch den Gläubiger **und** der **Nutzungsberechtigung des Schuldners** im Hinblick auf die betroffenen Gegenstände um kumulativ anzuordnende Rechtsfolgen (anders BeckOK StaRUG/*Mock,* 6. Ed. 17.7.2022, StaRUG § 49 Rn. 13, der von zwei verschiedenen möglichen Folgen ausgeht).

Nach der Formulierung der Regelung ist die Beschränkung der Anordnung des Nutzungsrechts auf Fälle der **erheblichen Bedeutung der Nutzungsmöglichkeit für die Fortführung des Unternehmens** Bestandteil des Inhalts der zu erlassenen Anordnung. Dies könnte so verstanden werden, dass das Restrukturierungsgericht die erhebliche Bedeutung nicht zu prüfen hat, sondern der Schuldner im Rahmen der ihm gewährten Anordnung selbst sicherzustellen hat, dass er von dieser nur bei Vorliegen der erheblichen Bedeutung Gebrauch macht. Dieses Verständnis würde allerdings eine nicht unerhebliche Rechtsunsicherheit mit sich bringen. Vorzugswürdig erscheint daher das Verständnis, dass vom Restrukturierungsgericht im Rahmen der Prüfung der Erforderlichkeit der Anordnung auch bereits das Kriterium der erheblichen Bedeutung mit berücksichtigt wird mit der Folge, dass die Anordnung schon nicht zu ergehen hat, wenn es an der erheblichen Bedeutung fehlt (→ § 51 Rn. 31). Andererseits wird sich bei erlassener Verwertungssperre der betroffene Gläubiger dann nicht mehr darauf berufen können, dass der Schuldner durch die Nutzung des Gegenstands seine Befugnisse aus der Verwertungssperre überschritten habe, weil es an der erheblichen Bedeutung fehle. Der Gläubiger ist in diesem Fall vielmehr auf die Möglichkeit eines Antrags auf Aufhebung der ihn betreffenden Stabilisierungsanordnung nach § 59 Abs. 2 iVm Abs. 1 Nr. 4 beschränkt. **45**

Mit Blick auf zur Sicherheit abgetretene Forderungen wird darauf hingewiesen, dass der **Widerruf einer Einziehungsermächtigung** für den Schuldner noch keine Verwertung durch den Berechtigten sei und folglich auch nicht von der Verwertungssperre erfasst werde (*Thole* ZRI 2021, 231 (233)). Geht man mit der hier vertretenen Auffassung davon aus, dass das Restrukturierungsgericht als Bestandteil einer Verwertungssperre die Rechtsmacht hat, dem Schuldner eine vertraglich zunächst eingeräumte, aber widerrufene Einziehungsberechtigung wiederherzustellen (→ § 54 Rn. 12), kann die Verwertungssperre demgegenüber einen bereits erfolgten Widerruf überwinden und sollte auch vorsorglich bereits ausgesprochen werden können, wenn ein Widerruf droht. **46**

Auch im Rahmen der Verwertungssperre ist zwischen (untersagten) Verwertungs- und (nicht erfassten) Vorbereitungshandlungen zu differenzieren. Als noch nicht der Verwertungssperre unterfallende bloße Vorbereitungshandlung ist etwa die Beauftragung eines Gutachters mit der Erstellung eines Wertgutachtens für ein grundschuldbelastetes Grundstück zu qualifizieren (vgl. Flöther/*Schönfelder* § 49 Rn. 59 ff.; zu Abgrenzungsfragen bei Pfandrechten Flöther/*Schönfelder* § 49 Rn. 62 ff.). **47**

**c) Keine sonstigen Anordnungen.** Anders als in § 21 Abs. 2 InsO werden die **möglichen Inhalte der Stabilisierungsanordnung** in § 49 nicht lediglich beispielhaft, sondern **abschließend** aufgeführt. Eine Anordnung anderer, insbesondere auch der weiteren in § 21 Abs. 2 InsO genannten Maßnahmen ist daher nicht möglich (BeckOK StaRUG/*Mock,* 6. Ed. 17.7.2022, StaRUG § 49 Rn. 6). **48**

**49** Entgegen entsprechenden Forderungen in der Gesetzesdiskussion wurde keine Regelung zur Einschränkung der **Aufrechnung** geschaffen (→ § 11 Rn: 10; rechtspolitisch für eine solche Einschränkung entsprechend § 96 Abs. 1 Nr. 1 und 2 InsO für Planbetroffene ab Rechtshängigkeit der Restrukturierungssache etwa *Proske/Streit* NZI 2020, 969 (970)).

### 3. Folgewirkungen der Stabilisierungsanordnung

**50** Weitere **Folgen der Verwertungssperre,** insbesondere die sich daraus für den Schuldner gegenüber den von der Anordnung betroffenen Gläubigern ergebende Pflicht zur Zahlung von Zinsen und zum Ausgleich von Wertverlusten regelt § 54.

**51** Im Rahmen der **Mitteilungspflichten des Schuldners gegenüber dem Restrukturierungsgericht** nach § 32 Abs. 2 S. 2 führt das Vorliegen einer Stabilisierungsanordnung dazu, dass der Schuldner auch unverzüglich wesentliche Änderungen, welche die Restrukturierungsplanung betreffen, mitzuteilen hat (→ § 32 Rn. 16).

**52** Gem. § 204 Abs. 1 Nr. 10a BGB führt die Anordnung der Vollstreckungssperre bezüglich des Anspruchs, hinsichtlich dessen der Gläubiger an der Einleitung der Zwangsvollstreckung gehindert wird, zur Hemmung der **Verjährung** (Braun StaRUG/*Riggert* § 49 Rn. 3).

**53** Auf der vertragsrechtlichen Ebene verbietet § 44 **Lösungsklauseln,** die an die Inanspruchnahme von Instrumenten anknüpfen. Dementsprechend kann der Vertragspartner auch das Ergehen einer Stabilisierungsanordnung nicht als Anknüpfungspunkt für die Beendigung des Vertrages, die Fälligstellung von Leistungen, ein Leistungsverweigerungsrecht oder sonstige Anpassungen des Vertrages zu Grunde legen (→ § 44 Rn. 20). Ergänzend sind im Rahmen bestehender Vertragsverhältnisse die Beschränkungen für die von der Stabilisierungsanordnung betroffenen Gläubiger bei der Ausübung von Leistungsverweigerungs- und Gestaltungsrechten nach § 55 zu beachten.

**54** Eine **Gläubigeranfechtung nach AnfG** wird durch eine Stabilisierungsanordnung nicht gesperrt, da die Rechtsfolgen der Anfechtung ohnehin den dritten Anfechtungsgegner treffen (*Thole* ZIP 2020, 1985 (1996)). § 2 AnfG mit dem Erfordernis der fruchtlosen Vollstreckung bleibt aber beachtlich.

**55** Die Erwirkung einer Stabilisierungsanordnung in einer früheren Restrukturierungssache stellt nach § 33 Abs. 2 Nr. 4a einen Grund für die Aufhebung der (nachfolgenden) Restrukturierungssache dar. Gerichtliche Maßnahmen, die einen Eingriff in die Rechte von Gläubigern bedeuten, soll der Schuldner demnach unter dem StaRUG grundsätzlich **nur im Rahmen eines einmaligen Restrukturierungsvorhabens** in Anspruch nehmen können. Gelingt die Restrukturierung in diesem Rahmen und auf diesem Weg nicht, muss daher gegebenenfalls im zweiten Anlauf auf die insolvenzrechtlichen Regelungen und Gestaltungsmöglichkeiten zurückgegriffen werden. Hierbei ist allerdings wiederum zu beachten, dass die Anordnung einer Stabilisierungsmaßnahme innerhalb von drei Jahren nach § 270b Abs. 2 S. 2 InsO im Regelfall auch der Anordnung einer Eigenverwaltung entgegen steht.

Auf der Ebene der **gerichtlichen Zuständigkeit** kann der Schuldner in einem eventuellen **Folgeinsolvenzverfahren** binnen sechs Monaten nach § 3 Abs. 2 InsO das Insolvenzgericht am Ort des Restrukturierungsgerichts als zuständig benennen (*Frind* ZRI 2021, 697). 56

## Antrag

**50** (1) **Der Schuldner hat die beantragte Stabilisierungsanordnung nach § 49 Absatz 1 ihrem Inhalt, dem Adressatenkreis und der Dauer nach zu bezeichnen.**

(2) **Der Schuldner fügt dem Antrag eine Restrukturierungsplanung bei, welche umfasst:**

1. **einen auf den Tag der Antragstellung aktualisierten Entwurf des Restrukturierungsplans oder ein auf diesen Tag aktualisiertes Konzept für die Restrukturierung nach § 31 Absatz 2 Satz 1 Nummer 1,**
2. **einen Finanzplan, der den Zeitraum von sechs Monaten umfasst und eine fundierte Darstellung der Finanzierungsquellen enthält, durch welche die Fortführung des Unternehmens in diesem Zeitraum sichergestellt werden soll; dabei bleiben Finanzierungsquellen außer Betracht, die sich mit dem Restrukturierungsziel nicht vereinbaren lassen.**

(3) **Des Weiteren hat der Schuldner zu erklären,**

1. **ob, in welchem Umfang und gegenüber welchen Gläubigern er sich mit der Erfüllung von Verbindlichkeiten aus Arbeitsverhältnissen, Pensionszusagen oder dem Steuerschuldverhältnis, gegenüber den Sozialversicherungsträgern oder Lieferanten in Verzug befindet,**
2. **ob und in welchen Verfahren zu seinen Gunsten innerhalb der letzten drei Jahre vor dem Antrag Vollstreckungs- oder Verwertungssperren nach diesem Gesetz oder nach § 21 Absatz 2 Satz 1 Nummer 3 oder 5 der Insolvenzordnung angeordnet wurden und**
3. **ob er für die letzten drei abgeschlossenen Geschäftsjahre seinen Verpflichtungen aus den §§ 325 bis 328 oder aus § 339 des Handelsgesetzbuchs nachgekommen ist.**

**Schrifttum:** *Steffan/Oberg/Poppe* SanInsFoG: Vom Grobkonzept zum Vollkonzept – Anforderungen an die betriebwirtschaftlichen Konzepte in Restrukturierungsplan, Eigenverwaltungsplanung und Insolvenzplan, ZIP 2021, 617.

**Übersicht**

## I. Normzweck und Grundlagen

1 Die Norm spezifiziert die **materiellen Anforderungen an den Antrag** auf eine Stabilisierungsanordnung, also den Erlass einer Vollstreckungs- oder Verwertungssperre durch das Restrukturierungsgericht. Spezifische Vorgaben der RL 2019/1023 waren insoweit nicht zu berücksichtigen.

2 Die Vorgaben sollen es dem Restrukturierungsgericht ermöglichen, eine zumindest summarische Bewertung des Restrukturierungsvorhabens vorzunehmen (Nerlich/Römermann/*Mönning,* 44. EL November 2021, StaRUG § 50 Rn. 3).

## II. Anwendungsbereich

3 Dass eine Stabilisierungsanordnung einen entsprechenden **Antrag** des Schuldners voraussetzt, ergibt sich aus § 49 Abs. 1 (zu den formalen Anforderungen → § 49 Rn. 24). § 50 enthält für den Antrag **präzisierende inhaltliche Anforderungen.**

4 Das Restrukturierungsgericht darf mit der Reichweite der Stabilisierungsanordnung nicht über den Antrag hinausgehen. Mit den nach Abs. 1 notwendigen Bezeichnungen von Inhalt, Adressatenkreis und Dauer der beantragten Stabilisierungsanordnung setzt der Schuldner daher den **Rahmen für die gerichtliche Prüfung und Entscheidung.**

## III. Tatbestand

5 Dem Schuldner obliegt es, die beantragte Stabilisierungsanordnung ihrem Inhalt, dem Adressatenkreis und der Dauer nach zu bezeichnen (Abs. 1). Der Antrag ist dabei analog §§ 133, 157 BGB der Auslegung zugänglich (AG Hamburg NZI 2022, 437 Rn. 14).

### 1. Inhalt der beantragten Stabilisierungsanordnung

6 Erstrebt der Schuldner eine **Vollstreckungssperre,** ist der wesentliche (drohende) vollstreckungsrechtliche Sachverhalt unter Angabe des betreffen-

den Gläubigers, der Vollstreckungsgrundlage (Gläubigerrecht/Vollstreckungstitel) sowie die zu untersagende Vollstreckung (Vollstreckungsart) zu benennen (Streeck § 50 Rn. 8, https://starug.online/starug/teil-2/kapitel-2/abschnitt-4/50-antrag-96).

Die **Verwertungssperre** kommt bei allen Sicherungsrechten in Betracht, die im Fall der Eröffnung eines Insolvenzverfahrens als Ab- oder Aussonderungsrechte geltend gemacht werden könnten. Erfasst sind damit insbesondere sämtliche Pfandrechte (§ 50 Abs. 1 InsO) sowie Sicherungsübereignungen und -zessionen (§ 51 Nr. 1 InsO). Als typische Aussonderungsrechte erfasst sind insbesondere der einfache Eigentumsvorbehalt sowie die Forderungsinhaberschaft des Factors (beim echten Factoring) sowie von Leasinggebern und Vermietern (vgl. Braun StaRUG/*Riggert* StaRUG § 49 Rn. 4). Zielt der Antrag auf Erlass einer Verwertungssperre, hat der Schuldner die vertragliche Grundlage des betreffenden Sicherungsrechts nebst den wesentlichen Verwertungsbedingungen darzulegen (Streeck § 50 Rn. 10, https://starug.online/starug/teil-2/kapitel-2/abschnitt-4/50-antrag-96). Weiter sind die betreffenden Gegenstände, wie verpfändete Sachen, Rechte oder Forderungen, sicherungsübereignete Sachen oder sicherungszedierte Forderungen, dem sachenrechtlichen Bestimmtheitsgrundsatz folgend, anzugeben (Streeck § 50 Rn. 10, https://starug.online/starug/teil-2/kapitel-2/abschnitt-4/50-antrag-96). 7

### 2. Adressatenkreis

Der Adressatenkreis der Stabilisierungsanordnung korreliert materiell mit der inhaltlichen Anordnung, da die Anordnung sich jeweils gerade gegen den oder diejenigen Gläubiger richten muss, welche die zu sperrende Vollstreckung oder Verwertung vornehmen. Den Anforderungen des Abs. 1 dürfte insoweit bei einer Anordnung, die sich gegen mehrere oder alle Gläubiger richtet (vgl. § 49 Abs. 2 S. 2), auch mit einer umschreibenden Angabe genügt sein. **Regelmäßig** wird es sich bei den Adressaten der Stabilisierungsanordnung um eine **Teilmenge der Planbetroffenen** handeln. Die Planbetroffenen sind nach Nr. 3 der Anlage zu § 5 S. 2 „entweder namentlich zu benennen oder unter hinreichend konkreter Bezeichnung der Forderungen oder Rechte zu beschreiben". Hinter dieser Konkretisierungsanforderung wird der Schuldner auch im Antrag auf Erlass der Stabilisierungsanordnung nicht zurückbleiben dürfen (vgl. Streeck § 50 Rn. 16, https://starug.online/starug/teil-2/kapitel-2/abschnitt-4/50-antrag-96). 8

Zu beachten ist allerdings zudem das **Zustellungserfordernis** nach § 51 Abs. 4 S. 1. Die insoweit verlangte individuelle Zustellung der Stabilisierungsanordnung an alle Gläubiger, die von ihr betroffen sind, setzt eine Angabe dieser Gläubiger mit zustellungsfähiger Anschrift voraus (*Frind* ZRI 2021, 697 (698); Streeck § 50 Rn. 15, https://starug.online/starug/teil-2/kapitel-2/abschnitt-4/50-antrag-96). Lediglich im Fall einer öffentlichen Restrukturierungssache im Sinne von § 84 und wenn die Stabilisierungsanordnung sich mit Ausnahme der in § 4 genannten Gläubiger gegen alle Gläubiger richtet, kann gemäß § 51 Abs. 4 S. 2 auf die Zustellung verzichtet werden (→ § 51 Rn. 53). Im Ergebnis wird daher auch allenfalls in dieser 9

Fallgestaltung über einen Verzicht auf eine individuelle Angabe der betroffenen Gläubiger einschließlich ladungsfähiger Anschrift nachgedacht werden können.

**10** Die Konstellationen, in denen für die Verwirklichung des Restrukturierungsziels eine Stabilisierungsmaßnahme erforderlich erscheint, lassen sich in verschiedene **Fallgruppen** unterteilen, aus denen sich jeweils ein typischerweise von der Maßnahme zu erfassender Adressatenkreis ergeben wird. So differenziert etwa *Riggert* zwischen einem Vorgehen gegen Akkordstörer, also einen einzelnen oder mehrere Gläubiger, welche eine mit den übrigen Gläubigern erzielbare einvernehmliche außergerichtliche Sanierungslösung nicht mittragen wollen, einem Vorgehen gegen Finanzkreditgeber und einem Vorgehen gegen alle Gläubiger (Braun StaRUG/*Riggert* StaRUG § 49 Rn. 6 ff.).

**11** Erfasst werden können nur **Gläubiger von gestaltbaren Forderungen,** also solchen, die nicht nach § 4 von einer Gestaltung ausgeschlossen sind (zu den Fallgruppen → § 4 Rn. 2 ff.). Grundsätzlich mit erfasst sind dabei auch Forderungen von Sozialversicherungsträgern einschließlich der Arbeitnehmeranteile zur Sozialversicherung. Soweit dies wegen des Vorliegens einer Verbindlichkeit aus vorsätzlicher unerlaubter Handlung für ausgeschlossen gehalten wird (vgl. *Wollring/Quitzau* ZRI 2021, 785 (795)), ist dem entgegenzuhalten, dass der Umstand, dass die Nichtabführung von Arbeitnehmerbeiträgen eine unerlaubte Handlung nach §§ 823 Abs. 2 BGB iVm § 266a StGB darstellt, die Beitragsforderung als solche noch nicht zu einer Forderung aus vorsätzlich unerlaubter Handlung macht. Jenseits der Frage, ob die Forderung des Gläubigers gestaltbar ist, werden Rechtsnatur, Hintergrund und Umfang der Gläubigerforderung insbesondere auch eine Rolle bei der nach § 51 Abs. 1 vorzunehmenden Bewertung spielen, ob die Restrukturierung nicht aussichtslos ist und ob das Restrukturierungsziel, die Beseitigung einer (lediglich) drohenden Zahlungsunfähigkeit, erreicht werden kann.

### 3. Dauer

**12** Der Schuldner hat weiterhin die **Dauer,** für welche die beantragte Anordnung ihre Wirkung entfalten soll, anzugeben. Den gesetzlichen Rahmen gibt insoweit § 53 vor. Im Ausgangspunkt kann eine Stabilisierungsanordnung danach für eine Dauer von bis zu drei Monaten ergehen (§ 53 Abs. 1).

**13** Im Rahmen seines Antrags hat der Schuldner die von § 49 vorausgesetzte und nach § 51 Abs. 1 Nr. 4 jedenfalls als Negativmerkmal vom Restrukturierungsgericht ausdrücklich in den Blick zu nehmende **Erforderlichkeit** der Stabilisierungsanordnung zur Wahrung der Aussichten auf das Restrukturierungsziel auch bei der Festlegung der zu beantragenden Anordnungsdauer zu berücksichtigen. Regelmäßig dürfte hier allerdings bei einer Erstanordnung die Ausschöpfung der Höchstdauer von drei Monaten nahe liegen und erzielbar sein (→ § 51 Rn. 30).

### 4. Darlegung der Erforderlichkeit

**14** Über die in § 50 Abs. 1 ausformulierten Anforderungen hinaus ist vor dem Hintergrund von §§ 49 Abs. 1, 51 Abs. 1 Nr. 4 die **Erforderlichkeit**

**der Stabilisierungsanordnung für die Verwirklichung des Restrukturierungsziels** gesondert und konkret darzulegen (ähnlich Streeck § 50 Rn. 21, https://starug.online/starug/teil-2/kapitel-2/abschnitt-4/50-antrag-96). Inhaltlich ergeben sich die entsprechenden Argumente aus der ohnehin nach Abs. 2 erforderlichen Restrukturierungsplanung, welche aufzeigen wird, wie die unter Einbeziehung der Stabilisierungsmaßnahme erfolgversprechende Restrukturierung gestaltet ist und dabei auch erkennbar machen muss, inwieweit die zu sperrende Vollstreckung oder Verwertung dieser Restrukturierung entgegensteht.

### 5. Restrukturierungsplanung

Wesentlicher Inhalt des Antrags ist die als Anlage beizufügende **Restrukturierungsplanung** nach Abs. 2. 15

**a) Aktueller Entwurf des Restrukturierungplans oder aktuelles Restrukturierungskonzept.** Inhaltlich parallel laufend mit der allgemeinen Voraussetzung der Anzeige des Restrukturierungsvorhabens nach § 31 Abs. 2 S. 1 Nr. 1 verlangt Abs. 2 Nr. 1 die Vorlage eines Entwurfs des Restrukturierungsplans oder eines Restrukturierungskonzeptes. Der eigenständige Regelungsgehalt ergibt sich im Hinblick auf das **Aktualitätserfordernis.** So verlangt Abs. 2 Nr. 1 einen „auf den Tag der Antragstellung aktualisierten" Entwurf des Restrukturierungsplans oder ein auf diesen Tag aktualisiertes Konzept für die Restrukturierung nach § 33 Abs. 2 S. 1 Nummer 1. Schon der Gesetzeswortlaut verlangt dabei nicht, dass das vorgelegte Dokument „am" Tag der Antragstellung aktualisiert wurde, sondern fordert eine „auf" diesen Tag orientierte Betrachtung. Da grundsätzlich eine echte Tagesaktualität praktisch kaum umsetzbar erscheint, wird man hier auch eine wenige Tage vor der Antragstellung erstellte Fassung als hinreichend ansehen müssen (Für eine großzügige Betrachtung innerhalb eines Zeitkorridors von bis zu einer Woche auch *Frind* ZRI 2021, 697 (698)). 16

**b) Finanzplan.** Zusätzlich erforderlich ist ein **Finanzplan,** der den Zeitraum von sechs Monaten (bis einschließlich 31. Dezember 2023: vier Monaten, § 4 Abs. 2 S. 1 Ziff. 3 SanInsKG) umfasst und eine fundierte Darstellung der Finanzierungsquellen enthält, durch welche die Fortführung des Unternehmens in diesem Zeitraum sichergestellt werden soll; dabei bleiben Finanzierungsquellen außer Betracht, die sich mit dem Restrukturierungsziel nicht vereinbaren lassen. Der Gesetzgeber hat sich hier wiederum zu einer Parallele mit den Anforderungen nach der Insolvenzordnung entschieden, wo eine entsprechende Verpflichtung zur Vorlage eines Finanzplans nach § 270a Abs. 1 Nr. 1 InsO mit dem Antrag auf Eigenverwaltung besteht. Da der Finanzplan nicht Pflichtgegenstand der Anzeige nach § 31 ist, eröffnet sich für das Restrukturierungsgericht damit bei Beantragung der Stabilisierungsanordnung erstmals ein näherer Einblick in die Liquiditätsplanung des Unternehmens (*Frind* ZRI 2021, 697 (699)). 17

Aus dem Finanzplan muss sich ergeben, dass die **Unternehmensfortführung im Planungszeitraum durchfinanziert** ist. Die in diesem Zeitraum verfügbaren oder verfügbar zu machenden liquiden Mittel müssen die Fort- 18 führung des gewöhnlichen Geschäftsbetriebs ermöglichen und zugleich die für die Krisenbewältigung erforderlichen Kosten decken (so Begründung RegE, BT-Drs. 19/24181, 204 zum Finanzplan nach § 270a Abs. 1 Nr. 1 InsO). Für die Aufstellung der Planung gelten die allgemeinen betriebswirtschaftlichen Grundsätze. Die Planung muss unter Berücksichtigung der im Zusammenhang mit der Restrukturierung anfallenden Kosten, zu denen insbesondere auch die Beraterkosten zählen, aufgestellt werden (vgl. die entsprechende Anforderung nach Begründung RegE, BT-Drs. 19/24181, 204 zum Finanzplan nach § 270a Abs. 1 Nr. 1 InsO).

**19** Die **zeitliche Perspektive des Finanzplans** reicht mit den nach der Ausgangsfassung des Gesetzes erforderlichen sechs Monaten um drei Monate über die mögliche erste Anordnungsdauer der Stabilisierungsanordnung nach § 53 Abs. 1 hinaus. Die Gesetzesbegründung stellt ausdrücklich darauf ab, dass hierdurch sichergestellt wird dass der Schuldner über die Anordnungshöchstdauer hinaus durchfinanziert ist (Begründung RegE, BT-Drs. 19/24181, 155). In der Literatur wird dieser Ansatz begrüßt (*Frind* ZRI 2021, 697 (699)), auch unter Verweis darauf, dass einer seriösen Restrukturierungsplanung eher ein längerer Zeithorizont zugrundegelegt werde (*Proske/Streit* NZI 2020, 969 (973)).

**20** Mit § 4 Abs. 2 S. 1 Nr. 3 SanInsKG hat der Gesetzgeber mit Wirkung ab dem 9. November 2022 **zeitweise** den zu Grunde zu legenden **Planungszeitraum auf vier Monate verkürzt.** Begründet wird die **bis zum 31. Dezember 2023** geltende Abweichung mit der Erschwerung einer vorausschauenden Planung durch die derzeitigen Verhältnisse und Entwicklungen auf den Energie- und Rohstoffmärkten. Beibehalten wird der Gleichlauf mit dem zum Finanzplan nach § 270a Abs. 1 Nr. 1 InsO, für den ebenfalls der auf vier Monate verkürzte Planungszeitraum gilt.

**21** Aus der kombinierten Anforderung der Vorlage von Finanzplan und Entwurf des Restrukturierungsplans gem. § 50 Abs. 2 Nr. 1 Alt. 1, der wiederum nach § 14 Abs. 2 die Beifügung von Vermögensübersicht, Ertrags- und Finanzplan erfordert, ergibt sich, dass es (im Unterschied zu den Anforderungen in der Eigenverwaltung) neben dem Finanzplan für die Durchführung der Restrukturierung auch noch die anderen Rechenwerke geben muss, die wiederum aufeinander abgestimmt sein müssen. Die Planung ist folglich regelmäßig im Rahmen einer integrierten Erfolgs-, Vermögens- und Liquiditätsplanung auf Monatsbasis zu erstellen (*Steffan/Oberg/Poppe* ZIP 2021, 617 (624) unter Bezugnahme auf IDW S 9 nF Rn. 38; IDW S 11 nF Rn. 34; vgl. auch *Gutmann* NZI 2022, 457 (458)). Vorauszusetzen sein dürfte eine verlässliche Einschätzung über die Liquiditätsströme (*Thole* ZRI 2021, 231 (235)). Es ist sicherzustellen, dass die Planung auf zeitnahen und belastbaren Ist-Zahlen des Rechnungswesens aufsetzt und dadurch gewährleistet wird, dass die der Planung zugrunde gelegten Ausgangsdaten die Ausgangslage zutreffend beschreiben (*Steffan/Oberg/Poppe* ZIP 2021, 617 (624)). In der Planung dürfen bei den verfügbaren Mitteln für den Planungszeitraum entsprechend der Wertung zu § 270a Abs. 1 Nr. 1 InsO (vgl. Begründung RegE, BT-Drs. 19/24181, 204) auch solche Mittel eingeplant werden, deren Zugang noch nicht sicher feststeht, aber mit überwiegender Wahrscheinlichkeit zu erwarten ist (*Steffan/Oberg/Poppe* ZIP 2021, 617 (620)).

Die **Finanzierungsquellen** sind fundiert darzustellen. Nicht notwendig ist eine Glaubhaftmachung (*Frind* ZRI 2021, 697 (699)). 22

Nach dem Gesetzeswortlaut bleiben **Finanzierungsquellen außer Betracht, die sich mit dem Restrukturierungsziel nicht vereinbaren lassen.** Die Gesetzesbegründung benennt hier etwa die Einstellung von Erlösen aus der Veräußerung von Anlagevermögen, dessen Einsatz für die Realisierung des Restrukturierungsziels erforderlich ist. Der Stabilisierungszeitraum dürfe nicht durch die Veräußerung der Unternehmenssubstanz finanziert werden, auf die der Schuldner für eine erfolgreiche Sanierung angewiesen wäre (Begründung RegE, BT-Drs. 19/24181, 155). In der Literatur wird hierzu darauf hingewiesen, dass Sale-und-Lease-Back-Geschäfte wohl nicht generell mit dem Restrukturierungsziel unvereinbar sein dürften (*Thole* ZRI 2021, 231 (235); *Proske/Streit* NZI 2020, 969 (973)). Tatsächlich wird man hier auch die Gesetzesbegründung so verstehen müssen, dass lediglich Widersprüchlichkeiten zwischen dem Finanzplan und dem Restrukturierungskonzept vermieden werden sollen. Ist der Schuldner aber für die erfolgreiche Sanierung nicht gerade auf eine Eigentümerstellung an bestimmten Gegenständen angewiesen, sondern lediglich auf eine Nutzungsmöglichkeit, die im Rahmen eines Sale-und-Lease-Back-Geschäfts auch für die Zukunft eingeräumt wird, dann tritt der Widerspruch nicht auf. 23

Ein gewisser Konflikt zwischen der Finanzplanung und den Wirkungen der beantragten Stabilisierungsanordnung ergibt sich, wenn in der Planung auch die **Verwendung von Zahlungseingängen aus sicherungszedierten Forderungen** berücksichtigt ist. Im Ausgangspunkt sieht § 54 Abs. 2 hier gerade keine Berechtigung zur Verwendung der Erlöse, sondern eine Separierungspflicht vor. Allerdings wird man hier wegen der ausdrücklich gesetzlich vorgesehenen abweichenden Vereinbarung die Berücksichtigung der Erlöse als verfügbare Liquidität in Form „unechter Restrukturierungskredite“ in der Finanzplanung zulassen müssen, wenn nicht offensichtlich ist, dass die Gläubiger einer weiteren Kreditierung nicht zustimmen werden (*Thole* ZRI 2021, 231 (235)). 24

### 6. Negativerklärungen

Zusätzlich zu den Planungsdokumenten muss der Schuldner verschiedene **Erklärungen** abgeben. Angesprochen werden insoweit Themenfelder, aus denen sich Gründe gegen eine Durchführung des Restrukturierungsvorhabens oder die Anordnung der Stabilisierung ergeben können. Die ausdrücklich abverlangten (Negativ-)Erklärungen zu diesen Umständen stellen dabei nicht nur eine Informationsgrundlage für das Gericht dar, sondern können insbesondere Anknüpfungspunkt für eine etwaige Haftung nach § 57 sein, soweit sie sich als unzutreffend erweisen. 25

**a) Verzug mit bestimmten Verbindlichkeiten.** Anzugeben ist zunächst, **ob, in welchem Umfang und gegenüber welchen Gläubigern** der Schuldner sich mit der Erfüllung von Verbindlichkeiten aus Arbeitsverhältnissen, Pensionszusagen oder dem Steuerschuldverhältnis, gegenüber den Sozialversicherungsträgern oder Lieferanten **in Verzug** befindet (Nr. 1). Hier ist gegebenenfalls eine entsprechende Auflistung vorzulegen, da eine 26 namentliche Aufstellung geschuldet ist (*Frind* ZRI 2021, 697 (699)). Verzug ist dabei primär iSd § 286 BGB zu verstehen. Danach liegt Verzug dann vor, wenn auf eine Mahnung des Schuldners nach Fälligkeit nicht geleistet wird. Die reine Fälligkeit der Verbindlichkeit ist somit grds. nicht ausreichend (Pannen/Riedemann/Smid/*Riedemann* § 50 Rn. 18). Bezüglich des Verzugsbegriffs wird eine vorherige Anfrage beim Gericht empfohlen, um die Auslegung zu konsentieren (*Frind* ZRI 2021, 697 (699)).

27 **b) Vorherige Vollstreckungs- oder Verwertungssperren.** Nach Nr. 2 ist anzugeben, ob und in welchen Verfahren zu Gunsten des Schuldners innerhalb der letzten drei Jahre vor dem Antrag Vollstreckungs- oder Verwertungssperren nach diesem Gesetz oder nach § 21 Abs. 2 S. 1 Nr. 3 oder 5 InsO angeordnet wurden.

28 **c) Erfüllung von Offenlegungsverpflichtungen.** Nr. 3 verlangt schließlich die Angabe, ob der Schuldner für die letzten drei abgeschlossenen Geschäftsjahre seinen Offenlegungsverpflichtungen aus den §§ 325–328 oder aus § 339 HGB nachgekommen ist. Angesprochen sind hier die für Kapitalgesellschaften wie für eingetragene Genossenschaften bestehenden Verpflichtungen zur Offenlegung von Jahresabschlüssen und mit diesen in Zusammenhang stehenden Dokumenten.

## IV. Rechtsfolge

### 1. Sachentscheidung über Antrag auf Stabilisierungsanordnung

29 Enthält der Antrag sämtliche geforderten Angaben, handelt es sich um einen **formal ordnungsgemäßen Antrag,** über welchen das Restrukturierungsgericht in der Sache zu entscheiden hat. Die inhaltlichen Voraussetzungen für das angestrebte Ergehen der Stabilisierungsanordnung ergeben sich aus § 51.

30 Genügt der Antrag nicht vollständig den gesetzlichen Anforderungen, ist eine **Nachbesserung** des Antrags möglich. Eine ausdrückliche Regelung enthält hierzu Abs. 1 S. 3 für Mängel in der Restrukturierungsplanung, bei welchen das Gericht dem Schuldner eine Frist zur Beseitigung der Mängel setzen und parallel die Anordnung für einen Zeitraum von bis zu 20 Tagen erlassen kann.

31 Bei behebbaren Mängeln, die einem Erlass der beantragten Anordnung entgegenstehen, wie etwa einer nicht hinreichend genauen Bezeichnung der Gläubiger (vgl. hierzu Nerlich/Römermann/*Mönning,* 44. EL November 2021, StaRUG § 50 Rn. 4) sollte das Gericht den Schuldner auf den Mangel hinweisen und ihm Gelegenheit zur Nachbesserung einräumen.

### 2. Einsetzung eines Restrukturierungsbeauftragten

32 Bereits ein Antrag des Schuldners auf Erlass einer Stabilisierungsanordnung, welche sich mit Ausnahme der nach § 4 ausgenommenen Forderungen gegen alle oder im Wesentlichen alle Gläubiger richten soll, führt nach § 73 Abs. 1 S. 1 Nr. 2 dazu, dass das Gericht **von Amts wegen einen Restrukturierungsbeauftragten** zu bestellen hat (→ § 73 Rn. 22 ff.).

Gleiches gilt auf Grund von § 73 Abs. 1 S. 1 Nr. 1, wenn durch die beantragte Stabilisierungsanordnung die Durchsetzung von Forderungen oder Absonderungsanwartschaften von Verbrauchern oder mittleren, kleinen oder Kleinstunternehmen gesperrt werden soll (→ § 73 Rn. 12).

Die Einsetzung des Restrukturierungsbeauftragten ist **unabhängig davon, wie das Gericht in der Sache über den Antrag auf Erlass der Stabilisierungsanordnung entscheidet.** Insbesondere kann das Gericht auch zunächst den Restrukturierungsbeauftragten einsetzen, soweit für die Entscheidung über die Stabilisierungsanordnung weitergehende Prüfungen erforderlich sind. Angesichts des Charakters der Stabilisierungsanordnung als Sicherungsmaßnahme wird allerdings eine zeitnahe Entscheidung auch über deren Erlass regelmäßig geboten sein. Eine Beauftragung des eingesetzten Restrukturierungsbeauftragten als Gutachter bezüglich der Voraussetzungen der Stabilisierungsanordnung wird daher allenfalls in Ausnahmefällen in Betracht kommen. 33

Nach § 74 Abs. 2 S. 2 besteht ein grundsätzlich bindendes **Vorschlagsrecht des Schuldners hinsichtlich der Person des Restrukturierungbeauftragten,** wenn dieser die Bescheinigung eines in Restrukturierungs- und Insolvenzsachen erfahrenen Steuerberaters, Wirtschaftsprüfers, Rechtsanwalts oder einer Person mit vergleichbarer Qualifikation vorgelegt, aus der sich ergibt, dass der Schuldner die Voraussetzungen des § 51 Abs. 1 und 2 erfüllt. Das Gericht darf bei Vorlage einer solchen, der Schutzschirmbescheinigung nach § 270b Abs. 1 S. 3 InsO aF (jetzt § 270d Abs. 1 S. 1 InsO) angelehnten Stabilisierungsbescheinigung vom Vorschlag des Schuldners nur dann abweichen, wenn die vorgeschlagene Person offensichtlich ungeeignet ist. Erfolgt eine Abweichung, ist dies zu begründen. Zurecht wird darauf hingewiesen, dass die in § 51 Abs. 1 und 2 geregelten Voraussetzungen für sich schon komplex und nicht auf das Vorschlagsrecht ausgerichtet sind, weshalb die Verknüpfung zu Brüchen und Auslegungsfragen führt (so BeckOK StaRUG/*Hänel,* 6. Ed. 17.7.2022, StaRUG § 74 Rn. 81). 34

## Voraussetzungen der Stabilisierungsanordnung

**51** (1) [1]**Die Stabilisierungsanordnung ergeht, wenn die von dem Schuldner vorgelegte Restrukturierungsplanung vollständig und schlüssig ist und keine Umstände bekannt sind, aus denen sich ergibt, dass**

1. **die Restrukturierungsplanung oder die Erklärungen zu § 50 Absatz 3 in wesentlichen Punkten auf unzutreffenden Tatsachen beruht oder beruhen,**
2. **die Restrukturierung aussichtslos ist, weil keine Aussicht darauf besteht, dass ein das Restrukturierungskonzept umsetzender Plan von den Planbetroffenen angenommen oder vom Gericht bestätigt werden würde,**
3. **der Schuldner noch nicht drohend zahlungsunfähig ist oder**
4. **die beantragte Anordnung nicht erforderlich ist, um das Restrukturierungsziel zu verwirklichen.**

**²Schlüssig ist die Planung, wenn nicht offensichtlich ist, dass sich das Restrukturierungsziel nicht auf Grundlage der in Aussicht genommenen Maßnahmen erreichen lässt. ³Weist die Restrukturierungsplanung behebbare Mängel auf, erlässt das Gericht die Anordnung für einen Zeitraum von höchstens 20 Tagen und gibt dem Schuldner auf, die Mängel innerhalb dieses Zeitraums zu beheben.**

(2) **¹Sind Umstände bekannt, aus denen sich ergibt, dass**

1. **erhebliche Zahlungsrückstände gegenüber den in § 50 Absatz 3 Nummer 1 genannten Gläubigern bestehen oder**
2. **der Schuldner für mindestens eines der letzten drei abgeschlossenen Geschäftsjahre gegen die Offenlegungspflichten nach den §§ 325 bis 328 oder nach § 339 des Handelsgesetzbuchs verstoßen hat,**

**erfolgt die Stabilisierungsanordnung nur, wenn trotz dieser Umstände zu erwarten ist, dass der Schuldner bereit und in der Lage ist, seine Geschäftsführung an den Interessen der Gläubigergesamtheit auszurichten. ²Dies gilt auch, wenn zugunsten des Schuldners in den letzten drei Jahren vor der Stellung des Antrags die in § 49 Absatz 1 genannten Vollstreckungs- oder Verwertungssperren oder vorläufige Sicherungsanordnungen nach *§ 21 Absatz 1 Satz 2 Nummer 3 oder 5 der Insolvenzordnung*[1] angeordnet wurden, sofern nicht der Anlass dieser Anordnungen durch eine nachhaltige Sanierung des Schuldners bewältigt wurde.**

(3) **Liegt zum Zeitpunkt der Stabilisierungsanordnung kein Restrukturierungsplan vor, kann das Gericht dem Schuldner eine Frist setzen, binnen derer der Restrukturierungsplan vorzulegen ist.**

(4) **¹Die Stabilisierungsanordnung ist allen Gläubigern, die von ihr betroffen sind, zuzustellen. ²In öffentlichen Restrukturierungssachen (§ 84) kann auf eine Zustellung verzichtet werden, wenn sich die Anordnung mit Ausnahme der in § 4 genannten Gläubiger gegen alle Gläubiger richtet.**

(5) **¹Das Restrukturierungsgericht entscheidet über den Antrag auf Erlass der Stabilisierungsanordnung durch Beschluss. ²Soweit das Gericht den Antrag zurückweist, steht dem Schuldner gegen den Beschluss die sofortige Beschwerde zu.**

**Übersicht**



[1] Richtig wohl: „§ 21 Absatz 2 Satz 1 Nummer 3 oder 5 der Insolvenzordnung".

## I. Normzweck und Grundlagen

Die Norm regelt anknüpfend an §§ 49, 50 zunächst in Abs. 1 und 2 die **Voraussetzungen des Erlasses einer Stabilisierungsanordnung** durch das Restrukturierungsgericht. 1

Abs. 3 ermöglicht dem Gericht eine Fristsetzung an den Schuldner im Fall einer noch nicht erfolgten **Vorlage des Restrukturierungsplans.** 2

Das in Abs. 4 enthaltene Erfordernis einer **Zustellung** der Stabilisierungsanordnung an die von ihr betroffenen Gläubiger setzt Art. 6 Abs. 3 UAbs. 2 RL 2019/1023 um, wonach eine nicht allgemein geltende Aussetzung von Zwangsvollstreckungsmaßnahmen nur für Gläubiger gilt, die über die Verhandlungen über den Restrukturierungsplan oder die Aussetzung in Kenntnis gesetzt wurden. 3

Abs. 5 legt den gerichtlichen Beschluss als **Form der Entscheidung** des Restrukturierungsgerichts über die Stabilisierungsanordnung fest und eröffnet dem Schuldner die sofortige Beschwerde gegen eine Ablehnung seines Antrags. 4

## II. Anwendungsbereich

Die in Abs. 1 und 2 festgelegten Voraussetzungen der Stabilisierungsanordnung legen den **Prüfungsrahmen des Restrukturierungsgerichts** fest. Angesprochen werden dabei eine Vielzahl von materiellen Aspekten, die teilweise als echte Voraussetzungen der Anordnung, teilweise als Kriterien einer vom Gericht vorzunehmenden Gesamtbewertung ausgestaltet sind. 5

**Leitgedanke** der gesetzlichen Regelung ist dabei, dass die Inanspruchnahme der Stabilisierung nur im Rahmen eines aussichtsreichen Restrukturierungsvorhabens und im Rahmen einer an den Interessen der Gläubigergesamtheit ausgerichteten Geschäftsführung möglich sein soll. 6

Insbesondere wird ein **Gleichlauf mit den Neuregelungen in der InsO zur Eigenverwaltung** (vgl. § 270b Abs. 2 InsO) dahingehend hergestellt, dass bei Vorliegen bestimmter Umstände eine Stabilisierungsanordnung zwar nicht generell ausgeschlossen, aber an besondere Voraussetzungen gebunden 7 sein soll. Hier muss das Gericht positiv überzeugt sein, dass der Schuldner dennoch bereit und in der Lage ist, die Interessen der Gläubigergemeinschaft zu wahren (Begründung RegE, BT-Drs. 19/24181, 156).

## III. Tatbestand

### 1. Anordnungsvoraussetzungen nach Abs. 1

8 Die Norm bestimmt in Abs. 1 S. 1 als Voraussetzung für den Erlass einer beantragten Stabilisierungsanordnung die **Vollständigkeit und Schlüssigkeit der von dem Schuldner vorgelegten Restrukturierungsplanung** sowie das **Fehlen bestimmter Negativkriterien.**

9 Festzustellen hat das Gericht, ob sich aus den bekannten Umständen ergibt, dass

- die Restrukturierungsplanung oder die Erklärungen zu § 57 Abs. 3 in wesentlichen Punkten auf unzutreffenden Tatsachen beruht oder beruhen,
- die Restrukturierung aussichtslos ist, weil keine Aussicht darauf besteht, dass ein das Restrukturierungskonzept umsetzender Plan von den Planbetroffenen angenommen oder vom Gericht bestätigt werden würde,
- der Schuldner noch nicht drohend zahlungsunfähig ist oder
- die beantragte Anordnung nicht erforderlich ist, um das Restrukturierungsziel zu verwirklichen.

10 Bereits bei Erlass des Anordnungsbeschlusses wird das Gericht zudem die in § 59 Abs. 1 genannten Aufhebungsgründe zu berücksichtigen haben, da es sinnentleert wäre, einen Anordnungsbeschluss zu erlassen, der eine juristische Sekunde danach nach § 59 Abs. 1 wieder aufzuheben wäre (Flöther/*Schönfelder* StaRUG § 51 Rn. 20). Inhaltlich bestehen allerdings weitgehend bereits Überschneidungen mit den nach § 51 ohnehin vorgegebenen Prüfungen.

11 **a) Schlüssige Restrukturierungsplanung.** Der Prüfungsumfang des Restrukturierungsgerichts umfasst demnach zunächst die **formale Vollständigkeit der Restrukturierungsplanung.** Inhaltlich ist eine Plausibilitätskontrolle der Restrukturierungsplanung vorzunehmen (Begründung RegE, BT-Drs. 19/24181, 155; Pannen/Riedemann/Smid/*Riedemann* StaRUG § 51 Rn. 2). Der gerichtliche Prüfungsmaßstab umfasst keine Zweckmäßigkeitserwägungen (*Frind* ZRI 2021, 697 (699)).

12 **Schlüssig** ist die Planung nach der in Abs. 1 S. 2 enthaltenen Definition (zur Unsicherheit des Prüfungsmaßstabs auf Grundlage des diese noch nicht enthaltenden RegE vgl. *Thole* ZIP 2020, 1985 (1996)), wenn nicht offensichtlich ist, dass sich das Restrukturierungsziel nicht auf Grundlage der in Aussicht genommenen Maßnahmen erreichen lässt. Unschlüssigkeit wird demnach nur dann anzunehmen sein, wenn die konkret geplanten Maßnahmen evident und eindeutig ungeeignet sind (*Wiedeck/Huber/Kranzfelder* DB 2021, 2880 (2884)). Diese aus Schuldnersicht niedrige Schwelle birgt die Gefahr einer unzureichenden Unternehmensplanung auf Seiten des Schuldners (*Rendels/Zabel/Körner* ZRI 2021, 653 (664)). Auch im Rahmen einer Plausibilitätskontrolle

aufzudecken sind dabei insbesondere etwaige innere Brüche oder inhaltliche Widersprüche in den Planungen (Flöther/*Schönfelder* StaRUG § 51 Rn. 5).

Weist die Restrukturierungsplanung **behebbare Mängel** auf, sieht Abs. 1 S. 3 als Reaktion vor, dass das Gericht die Anordnung für einen Zeitraum von höchstens 20 Tagen erlässt und dem Schuldner aufgibt, die Mängel innerhalb dieses Zeitraums zu beheben. 13

Das Restrukturierungsgericht hat **keine Sachverhaltsermittlung von Amts wegen** vorzunehmen (*Vallender* ZRI 2021, 165 (169)). Nach der Gesetzesbegründung soll sichergestellt werden, dass die Stabilisierungsanordnung, die unter Umständen zeitkritisch sein kann, nicht erst nach einer langwierigen Prüfung ergehen kann, für die gegebenenfalls sogar die Einschaltung eines Restrukturierungsbeauftragten als Sachverständiger erforderlich wäre (Begründung RegE, BT-Drs. 19/24181, 155). 14

**b) Ausschlussgründe.** Durch den **Katalog von Negativmerkmalen** soll verhindert werden, dass das Gericht wider besseren Wissens eine Stabilisierungsmaßnahme anordnen muss, obwohl es Kenntnis von entsprechenden Umständen hat. Die vier vom Restrukturierungsgericht in den Blick zu nehmenden Negativmerkmale korrelieren teilweise mit dem Kriterium der Schlüssigkeit der Restrukturierungsplanung, adressieren teilweise aber auch daneben liegende Gründe, die einem Erlass einer Stabilisierungsanordnung als Eingriff in Gläubigerrechte entgegenstehen. Bisher **unbekannte Umstände haben keine Bedeutung** für die beantragte Entscheidung. Es ist primäre Aufgabe des Gerichts, sich anhand der eingereichten Unterlagen und Erklärungen nach Maßgabe des § 51 Abs. 1–3 StaRUG darüber zu informieren, ob die beantragte Anordnung erlassen werden kann oder nicht (*Vallender* ZRI 2021, 165 (169)). 15

Bei der Frage, welche Umstände als **bekannt** zu Grunde zu legen sind, ist über § 38 S. 1 der Grundsatz von § 291 ZPO heranzuziehen, wonach (ohne Beweisaufnahme) Tatsachen vom Gericht dann zu Grunde gelegt werden können, wenn diese offenkundig sind. 16

Offenkundig sind Tatsachen im zivilprozessualen Sinn zum einen, wenn sie **allgemeinkundig** sind. Das sind Ereignisse oder Zustände, die von einer beliebigen Zahl von Personen ohne besondere Sachkunde jederzeit wahrgenommen werden können, sei es unmittelbar, sei es durch Zugriff auf allgemein zugängliche, zuverlässige Quellen (BeckOK ZPO/*Bacher,* 44. Ed. 1.3.2022, ZPO § 291 Rn. 3). Allgemein zugängliche, zuverlässige Quellen sind insbesondere amtliche Bekanntmachungen oder Statistiken (BeckOK ZPO/*Bacher,* 44. Ed. 1.3.2022, ZPO § 291 Rn. 5), wie etwa das Bundesgesetzblatt und das Grundbuch (BGH NJW-RR 2005, 366), das Markenregister des Deutschen Patent- und Markenamts (OLG Düsseldorf BeckRS 2014, 20381 Rn. 16) oder im Bundesanzeiger veröffentlichte Jahresabschlüsse von Unternehmen (BAG NZA-RR 2015, 371 Rn. 61). 17

Offenkundig sind Tatsachen ferner, wenn sie **gerichtskundig** sind. Dies sind Tatsachen, die dem erkennenden Richter aus seiner amtlichen Tätigkeit bekannt sind (BeckOK ZPO/*Bacher,* 44. Ed. 1.3.2022, ZPO § 291 Rn. 6). Fraglich ist insoweit, ob hierzu auch – über die bereits als zur Allgemeinkunde führenden amtlichen Quellen hinaus – im Internet erlangbare Kennt- 18 nisse über das Schuldnerunternehmen gehören (dafür *Frind* ZRI 2021, 697 (699)). Richtigerweise wird bloße Erlangbarkeit von Informationen nicht ausreichen, sondern eine tatsächliche Kenntnisnahme durch das Gericht erfolgt sein müssen. Zudem muss die jeweilige Quelle geeignet sein, bezüglich der jeweils in Rede stehenden Tatsache Kenntnis zu begründen. So wird ein im Internet abrufbarer Presseartikel über bestimmte Vorgänge im Schuldnerunternehmen geeignet sein, Kenntnis von entsprechend stattfindender öffentlicher Berichterstattung zu begründen, nicht aber für sich genommen für die im Artikel enthaltenen tatsächlichen Behauptungen. Vergleichbares gilt für von Gläubigern eingereichte Schutzschriften: Soweit diese eigene Positionierungen des Gläubigers enthalten, etwa das Bestehen einer Bereitschaft zu einer weiteren Finanzierung und die hierfür gestellten Bedingungen oder die Ankündigung einer Ablehnung des Restrukturierungsplans, kann dies entsprechende Tatsachenkenntnis des Gerichts vermitteln. Anders sind vom Verfasser einer Schutzschrift aufgestellte Tatsachenbehauptungen über sonstige Umstände zu behandeln, deren Wahrheit für das Gericht ohne Nachweise nicht nachvollziehbar ist und zu welchen die Schutzschrift daher auch keine Kenntnis vermittelt. Unter Berücksichtigung von § 291 ZPO besteht damit rechtsdogmatisch Klarheit, mit welchem Gewissheitsgrad dem Restrukturierungsgericht entgegenstehende Umstände „bekannt" sein müssen (anders *Schneider/Loszynski* SanB 2020, 136 (139)). In der Praxis bleibt sicherlich gleichwohl eine Unsicherheit, unter welchen Umständen und inwieweit die Restrukturierungsrichter Informationsquellen neben den vom Schuldner eingereichten Unterlagen für die Entscheidung über die Anordnung der Stabilisierung einbeziehen werden.

**19** Möchte der Richter entsprechende Informationen einer Entscheidung über die Ablehnung der beantragten Stabilisierungsanordnung zu Grunde legen, ist jedenfalls dem Schuldner hierzu **rechtliches Gehör** zu gewähren (ebenso *Frind* ZRI 2021, 697 (700)). Wenn dem Gericht Tatsachen zur Kenntnis gelangen, die geeignet sind, Schlüsse auf das Vorliegen der Voraussetzungen der Nr. 1–4 zu ziehen, kann dies zudem Anlass für **(ergänzende) Amtsermittlungen** sein. Naheliegend ist in einem solchen Fall, zunächst den Restrukturierungsbeauftragten um Stellungnahme zu bitten (§ 73 Abs. 1 Nr. 2, § 76 Abs. 3 Nr. 1 StaRUG; *Vallender* ZRI 2021, 165 (169)).

**20** **aa) Auf unzutreffenden Tatsachen beruhende Restrukturierungsplanung.** Beruht die Restrukturierungsplanung in wesentlichen Punkten auf unzutreffenden Tatsachen, so wird dies bereits mindestens erhebliche Zweifel an der Erreichung des Restrukturierungsziels mit den angegebenen Maßnahmen begründen. **Wesentlichkeit** ist nach überwiegender Auffassung in der Literatur dann anzunehmen, wenn von der Unrichtigkeit grundlegende Prämissen betroffen sind und die Erfolgsaussichten der Restrukturierung erheblich beeinträchtigt werden (*Wiedeck/Huber/Kranzfelder* DB 2021, 2880 (2884)). Zugleich soll es dem Schuldner nicht möglich sein, durch womöglich sogar vorsätzliche Falschangaben beschränkende Maßnahmen gegenüber Gläubigern zu erreichen. Vor diesem Hintergrund führen nicht nur unzutreffende Tatsachengrundlagen der Restrukturierungsplanung, sondern auch Erklärungen zu § 50 Abs. 3, die in wesentlichen Punkten auf unzutreffenden Tatsachen beruhen, nach Nr. 1 zu einer Versagung der beantragten Stabilisierungsanordnung.

**bb) Aussichtslosigkeit der Restrukturierung.** Die Aussichtslosigkeit der Restrukturierung im Sinne von Nr. 2 kann sich nach dem Wortlaut der Norm auf **zwei Ebenen** ausdrücken, nämlich einerseits in der fehlenden Aussicht auf die Annahme des angestrebten Restrukturierungsplans durch die Planbetroffenen sowie andererseits in der fehlenden Aussicht auf die Bestätigung dieses Plans durch das Gericht. 21

Eine **fehlende Aussicht auf Annahme durch die Planbetroffenen** ist unter Berücksichtigung der Mehrheitserfordernisse nach § 25 unter Zugrundelegung der Zuweisung des Stimmrechts nach Maßgabe von § 24 zu beurteilen, wobei auch eine etwaig mögliche gruppenübergreifende Mehrheitsentscheidung nach § 26 einzubeziehen ist. Aussichtslosigkeit wird man auf dieser Ebene etwa annehmen müssen, wenn sich Mehrheiten von Planbetroffenen mit Schutzschriften an das Restrukturierungsgericht gegen das Restrukturierungsvorhaben gewandt haben (Pannen/Riedemann/Smid/*Riedemann* StaRUG § 51 Rn. 6). Demgegenüber werden allein Hinweise auf „Unwillen“ oder „Bedenken“ von Gläubigern nicht ausreichen (Flöther/*Schönfelder* StaRUG § 52 Rn. 12). 22

Eine **Aussicht auf Planbestätigung durch das Restrukturierungsgericht** fehlt, wenn schon klar ist, dass einer der Versagungsgründe für eine gerichtliche Planbestätigung nach § 63 gegeben ist (Flöther/*Schönfelder* StaRUG § 52 Rn. 15). Dabei deckt sich der Versagungsgrund einer nicht vorliegenden drohenden Zahlungsunfähigkeit nach § 63 Abs. 1 Nr. 1 inhaltlich bereits mit § 51 Abs. 1 S. 1 Nr. 3. Als zusätzliches Kriterium in Betracht kommen daher insbesondere inhaltliche Mängel des vorgelegten Plans (Pannen/Riedemann/Smid/*Riedemann* StaRUG § 51 Rn. 6). Insoweit wird man allerdings das Kriterium der Aussichtslosigkeit zu Gunsten des antragstellenden Schuldners so verstehen müssen, dass bloße Zweifel an der Bestätigungsfähigkeit nicht ausreichen. Insbesondere wenn eine Stabilisierungsanordnung in einer frühen Verfahrensphase beantragt wird, müssen auch Mängel eines bereits vorliegenden Restrukturierungsplans nicht notwendigerweise zur Versagung einer Stabilisierungsanordnung führen, soweit noch eine Nachbesserung in Betracht kommt. 23

**cc) Keine drohende Zahlungsunfähigkeit.** Fehlt es an einer drohenden Zahlungsunfähigkeit (Nr. 3), so ist die **generelle Zugangshürde für den Stabilisierungs- und Restrukturierungsrahmen verfehlt** (vgl. § 29 Abs. 1; → § 29 Rn. 14 ff.). Im Stadium der drohenden Zahlungsunfähigkeit ist die Erfüllung aller Verbindlichkeiten des Schuldners definitionsgemäß gefährdet (Begründung RegE, BT-Drs. 19/24181, 105). Insbesondere im Rahmen der Stabilisierungsanordnung hat dieses Kriterium eine auch verfassungsrechtliche Bedeutung, da das Krisenstadium der drohenden Zahlungsunfähigkeit insoweit die rechtfertigende Grundlage für die Eingriffe in die nach Art. 14 GG geschützten Gläubigerrechte darstellt. 24

**dd) Erforderlichkeit.** Schließlich soll die Erforderlichkeitsprüfung nach Nr. 4 verhindern, dass Beschränkungen von Gläubigerrechten vom Schuld- 25 ner lediglich bei Gelegenheit der Umsetzung eines Restrukturierungskonzepts als „Mitnahmeeffekt" zur Verfügung stehen. Auch dieses Kriterium ist auf den verfassungsrechtlichen Schutz der Gläubigerrechte iSd Art. 14 GG zurückzuführen.

26 Die Erforderlichkeit ist **im Hinblick auf das Restrukturierungsziel,** also die nachhaltige Beseitigung der drohenden Zahlungsunfähigkeit des Schuldners, zu beurteilen. Typischerweise wird in diesem Zusammenhang vor allem die Fortsetzung des schuldnerischen Geschäftsbetriebes während der Dauer der Verhandlungen und der weiteren Umsetzungsschritte für den Restrukturierungsplan zu schützen sein. Erforderlich kann insoweit insbesondere die Vermeidung von Gläubigereingriffen sein, die zu einer Einstellung des Geschäftsbetriebes führen würden.

27 Grundlage der Prüfung der Erforderlichkeit ist der **Umfang der vom Schuldner beantragten Stabilisierungsanordnung.** Damit ist insbesondere zu sehen auf Inhalt, Adressatenkreis und Dauer der Anordnung.

28 **Bezüglich des beantragten Inhalts** können sich Zweifel an der Erforderlichkeit einer Vollstreckungssperre etwa daraus ergeben, dass **noch kein Vollstreckungstitel** vorhanden ist, insbesondere, wenn auch nicht zu erwarten ist, dass der Gläubiger diesen während der Anordnungsdauer erlangen kann (vgl. *Thole* ZRI 2021, 231 (235)).

29 Hinsichtlich des **Adressatenkreises** wird davon ausgegangen, dass Anordnungen gegen sämtliche Gläubiger, einschließlich der Kleingläubiger, regelmäßig nicht erforderlich sein dürften (*Riggert* NZI-Beilage 2021, 39). Dem ist zuzustimmen, da ein lediglich drohend zahlungsunfähiger Schuldner in der Breite in der Lage sein muss, seinen Verpflichtungen gegenüber Gläubigern nachzukommen, und es spiegelbildlich am Erfordernis eines in die Breite gehenden Vollstreckungsschutzes typischerweise fehlen wird. Allerdings zeigen die bisherigen Anwendungsfälle des Sanierungs- und Restrukturierungsrahmens, dass dieser gerade in etwas atypischen Konstellationen sein Einsatzfeld finden kann. Daher mag es durchaus Fälle geben, in welchen von einer womöglich unbestimmten Vielzahl von Gläubigern kurzfristig Maßnahmen drohen, die weniger wegen des Umfangs der dahinterstehenden fälligen Forderungen, sondern wegen des operativen Umgangs mit der Anzahl der Fälle eine Belastung für den Restrukturierungsprozess darstellen und daher eine Aussetzung gegenüber allen Gläubigern rechtfertigen können.

30 Bezüglich der **Dauer** der Maßnahme wird zu berücksichtigen sein, dass der Schuldner die Restrukturierungssache unter Wahrung der Interessen der Gesamtheit der Gläubiger zu betreiben hat (vgl. § 32 Abs. 1). Dazu gehört auch eine zügige Umsetzung der Maßnahmen. Der Stabilisierungs- und Restrukturierungsrahmen soll nicht zur Verzögerung und Verschleppung des im Interesse der Gläubiger gebotenen Krisenbewältigungsprozesses missbraucht werden dürfen (Begründung RegE, BT-Drs. 19/24181, 137). Bei der Festlegung der Anordnungsdauer hat das Restrukturierungsgericht daher eine entsprechend konsequente Handlungsweise des Schuldners in den Blick zu nehmen. Andererseits ist allerdings auch zu berücksichtigen, dass die Einbindung von Gläubigern im Rahmen des Verhandlungsprozesses und die Ermöglichung einer Prüfung und Beschäftigung mit dem Restrukturierungsplan durch die Gläubiger ebenfalls in deren Interesse liegt und Zeit erfordert.

Soweit – was gerade typischerweise der Fall sein dürfte – es sich bei dem oder denjenigen Gläubigern, gegen die eine Stabilisierungsanordnung gerichtet wird, auch um solche handelt, bei denen mit einem Widerspruch gegen den Restrukturierungsplan gerechnet wird, wird man zudem nicht bereits auf einen geplanten Termin für die Abstimmung der Planbetroffenen über den Restrukturierungsplan gemäß § 20 Abs. 1 S. 1 abzustellen haben (so aber wohl Streeck § 50 Rn. 19, https://starug.online/starug/teil-2/kapitel-2/abschnitt-4/50-antrag-96). Vielmehr kann hier auch der **zu erwartende Zeitraum bis zu einer gerichtlichen Bestätigung** von vornherein in die beantragte Stabilisierungsanordnung einbezogen werden. Unabhängig von der angeordneten Dauer sieht § 59 Abs. 4 das Ende der Stabilisierungsanordnung kraft Gesetzes in dem Zeitpunkt vor, in dem der Restrukturierungsplan bestätigt ist oder die Planbestätigung versagt wird. Auch unter Berücksichtigung der Aufhebungsmöglichkeit nach § 59 bei Vorliegen entsprechender Umstände dürfte daher **regelmäßig eine Ausschöpfung der Anordnungshöchstdauer von drei Monaten** gemäß § 53 Abs. 1 gegenüber denjenigen Gläubigern, bei welchen die Erforderlichkeit der Stabilisierungsanordnung als solche begründet ist, ebenfalls als erforderlich angesehen werden können.

Im Rahmen einer beantragten **Verwertungssperre** lässt sich auch das **Kriterium der erheblichen Bedeutung eines Gegenstands für die Fortführung des Unternehmens** als Aspekt der Prüfung der Erforderlichkeit verstehen. Die erhebliche Bedeutung ist bei intakten betrieblichen Strukturen generell für die Gesamtheit der im Rahmen der Fortführung eingesetzten Produktionsmittel zu vermuten, wobei es nicht darauf ankommt, in welcher Intensität einzelne Vermögensgegenstände im Zusammenhang mit der Fortführung eingesetzt werden. Auch eine nur sporadisch genutzte sicherungsübereignete oder gemietete Maschine wird deshalb bei der Fortführung eingesetzt und ist für diese von wesentlicher Bedeutung, da die Wegnahme zur Unterbrechung der Produktionskette führen könnte. Ausgenommen sind lediglich stillgelegte oder generell nicht mehr genutzte Gegenstände (Nerlich/Römermann/*Mönning,* 43. EL Mai 2021, StaRUG § 49 Rn. 20). Vor dem Hintergrund, dass die von der Stabilisierungsanordnung betroffenen Gläubiger konkret bezeichnet werden müssen und keine Pauschalanordnungen vorgenommen werden dürfen, muss eine entsprechend konkrete Zuordnung der Gegenstände und Gläubiger im Antrag erfolgen und das Gericht seine Prüfung auch hierauf erstrecken. **31**

Soll schließlich eine Anordnung zur **Sperrung der Durchsetzung von Rechten aus gruppeninternen Drittsicherheiten** gemäß § 49 Abs. 3 erfolgen, ist im Rahmen der Prüfung der Erforderlichkeit der Maßnahme ergänzend zu beachten, dass die Einbeziehung der Gläubiger insoweit unabhängig vom Bestehen einer drohenden Zahlungsunfähigkeit auch auf der Ebene des die Drittsicherheit stellenden Unternehmens ist. Es wird daher gefordert, für den Fall, dass keine drohende Zahlungsunfähigkeit des Drittsicherungsgebers nachgewiesen ist, die Stabilisierungsanordnung gegenüber drittgesicherten Gläubigern nur zu erlauben, sofern das Gericht positiv davon überzeugt wurde, dass die Anordnung im Gesamtgläubigerinteresse erforderlich ist und die betroffenen Gläubiger einen angemessenen Ausgleich erhal- **32** ten (Flöther/*Hoegen/Kranz,* StaRUG, Anhang D. Das neue Recht der Konzernsanierung nach InsO, EuInsVO, SanInsFoG und StaRUG Rn. 49i).

### 2. Anordnung nach Gesamtabwägung gemäß Abs. 2

33 Nur ein lauterer Schuldner soll eine Stabilisierungsanordnung erwirken (*Gehrlein* BB 2021, 66 (74)). Abs. 2 zielt vor diesem Hintergrund auf eine Würdigung, ob der Schuldner bereit und in der Lage ist, seine Geschäftsführung an den Interessen der Gläubigergesamtheit auszurichten.

34 Nach der Gesetzeskonzeption wird diese Bereitschaft und Fähigkeit zunächst einmal unterstellt, soweit die Voraussetzungen nach Abs. 1 gegeben sind. Liegen allerdings die in Abs. 2 benannten kritischen Umstände vor, ist das Restrukturierungsgericht gesondert gefordert, in einer **Gesamtabwägung der Umstände** die Bereitschaft und Fähigkeit zur Ausrichtung der Geschäftsführung an den Interessen der Gläubigergesamtheit positiv festzustellen. Abs. 2 enthält insgesamt **drei Anlasstatbestände** für eine solche Prüfung.

35 **a) Anlasstatbestände.** Relevant sind nach S. 1 Nr. 1 zunächst einmal **erhebliche Zahlungsrückstände** gegenüber den in § 50 Abs. 3 Nr. 1 genannten Gläubigern.

36 Als problematisch bewertet wird gemäß S. 1 Nr. 2 zudem ein **Verstoß des Schuldners gegen die Offenlegungspflichten** nach den §§ 325–328 oder nach § 339 HGB für die letzten drei abgeschlossenen Geschäftsjahre. Ausreichend für das Eingreifen ist bereits die Verletzung der Offenlegungspflichten in einem Geschäftsjahr (vgl. Empfehlung Rechtsausschuss BT-Drs. 19/25353, 9).

37 Schließlich ergeht nach Abs. 2 S. 2 die Stabilisierungsanordnung erst auf Grund ergänzender Abwägung, wenn zugunsten des Schuldners in den letzten drei Jahren vor der Stellung des Antrags **bereits einmal eine Vollstreckungs- oder Verwertungssperre** nach § 49 oder vorläufige Sicherungsanordnungen nach § 21 Abs. 1 S. 2 Nr. 3 oder 5 InsO angeordnet wurden, sofern nicht der Anlass dieser Anordnungen durch eine nachhaltige Sanierung des Schuldners bewältigt wurde.

38 **b) Ausrichtung der Geschäftsführung an den Interessen der Gläubigergesamtheit.** Positiv festzustellen ist nach Abs. 2 S. 2, „dass der Schuldner bereit und in der Lage ist, seine Geschäftsführung an den Interessen der Gläubigergesamtheit auszurichten“. Hierbei handelt es sich eigentlich im Regelungszusammenhang des StaRUG um eine Selbstverständlichkeit: Nach § 32 Abs. 1 gehört es zu den Grundpflichten des Schuldners, „die Restrukturierungssache mit der Sorgfalt eines ordentlichen und gewissenhaften Sanierungsgeschäftsführers“ zu betreiben und dabei „die Interessen der Gesamtheit der Gläubiger“ zu wahren. Entsprechend werden die Geschäftsleiter haftungsbewehrt in § 43 Abs. 1 verpflichtet, darauf hinzuwirken, „dass der Schuldner die Restrukturierungssache mit der Sorgfalt eines ordentlichen und gewissenhaften Geschäftsleiters betreibt und die Interessen der Gesamtheit der Gläubiger wahrt“.

39 Hinsichtlich der Frage, wessen Interessen es sind, die gewahrt bzw. an welchen die Geschäftsführung auszurichten ist, muss zunächst für §§ 32

Abs. 1, 43 Abs. 1 und 51 Abs. 2 S. 2 von einem einheitlichen Begriffsverständnis der „Gläubigergesamtheit" bzw. der „Gesamtheit der Gläubiger" ausgegangen werden. Unklar ist, ob mit der Gläubigergesamtheit tatsächlich alle Gläubiger des Schuldners gemeint sein sollen oder nur diejenigen, in deren Rechte durch eine Stabilisierungsanordnung (§§ 49 ff.) oder als Planbetroffene iSv § 8 eingegriffen werden soll. Für die zweite, engere Auslegung wird der Normzweck angeführt (Flöther/*Goetker* StaRUG § 43 Rn. 23), der die Pflichten gemäß § 32 und § 43 gerade mit den Eingriffsmöglichkeiten der Instrumente des Stabilisierungs- und Restrukturierungsrahmens begründet (vgl. Begründung RegE, BT-Drs. 19/24181, 137). Allerdings stellen diese Eingriffsmöglichkeiten lediglich Mittel zum Zweck des Erhalts des Schuldners als solchen im Wege einer Beseitigung einer drohenden Zahlungsunfähigkeit dar (§ 29 Abs. 1, vgl. aber auch § 1). Dies spricht dafür, dass die Geschäftsführung des Schuldners darauf zu zielen hat, **über sämtliche Gläubiger hinweg die Belastungen möglichst gering zu halten** und nicht lediglich auf diejenigen zu sehen, in deren Rechte ein Eingriff vom Schuldner über die Einbeziehung in eine Regelung im Restrukturierungsplan oder im Wege einer Stabilisierungsanordnung bereits konkret vorgesehen ist.

**Generell** wird für die Bereitschaft und Fähigkeit zur Ausrichtung der Geschäftsführung an den Interessen der Gläubigergesamtheit für die Gegenwart und Zukunft trotz gewisser Versäumnisse in der Vergangenheit mit einer zwischenzeitlichen **Hinzuziehung von externem Sachverstand** und der Schaffung neuer Zuständigkeiten argumentiert werden können (vgl. *Wollring/Quitzau* ZRI 2021, 785 (795)). 40

**Im Fall eines Verzugs im Sinne der Nr. 1** wird sich das Gericht Rahmen der Prüfung zudem mit den **näheren Umständen der eingetretenen Zahlungsrückstände** befassen. So stellt sich inhaltlich die Frage, erstens, weswegen es zu diesen Rückständen gekommen ist, zweitens, inwieweit der Schuldner künftig in der Lage sein wird, diese Rückstände auszugleichen, und drittens, wie er sicherzustellen beabsichtigt, dass im Rahmen der weiteren Betriebsfortführung keine weiteren Rückstände auflaufen (*Wollring/Quitzau* ZRI 2021, 785 (794 f.) zu Sozialversicherungsbeiträgen). 41

## IV. Rechtsfolge

### 1. Erlass der Stabilisierungsanordnung

Sind die Vorgaben des Abs. 1 vollständig erfüllt, hat die Stabilisierungsanordnung zu ergehen. Es handelt sich dann um eine **gebundene Entscheidung.** 42

Unterhalb der Voraussetzungen des Abs. 1 eröffnet Abs. 2 dem Restrukturierungsgericht einen Spielraum zum Erlass einer Stabilisierungsanordnung im Rahmen einer **Ermessensausübung.** Dabei gibt Abs. 2 als insoweit maßgebliche Kriterien insbesondere die Bereitschaft und Fähigkeit des Schuldners vor, im Interesse der Gläubigergesamtheit zu handeln. 43

### 2. Inhalt der Stabilisierungsanordnung

**44** Die Stabilisierungsanordnung ergeht als **Vollstreckungs- oder Verwertungssperre** (→ § 49 Rn. 34 ff.).

**45** Für welchen **Zeitraum** die Anordnung zu treffen ist, ergibt sich aus den Vorgaben zur zeitlichen Höchstdauer der Anordnung in § 53, dem Antrag des Schuldners, der sich gemäß § 50 Abs. 1 auch zur Dauer der Anordnung verhalten muss, sowie der gerade auch über die Anordnungsdauer hinweg bestehenden Erforderlichkeit (→ Rn. 30).

**46** Zeitlich enger beschränkt ermöglicht Abs. 1 S. 3 dem Gericht, die **Anordnung für einen Zeitraum von höchstens 20 Tagen** zu erlassen, wenn die Restrukturierungsplanung **behebbare Mängel** aufweist. In diesem Fall wird dem Schuldner mit der erfolgenden Anordnung zugleich aufgegeben, die Mängel innerhalb dieses Zeitraums zu beheben. Diese Frist beginnt – in Parallele zur einstweiligen Einstellung der Vollstreckung gem. § 21 Abs. 2 Nr. 3 InsO (dazu HmbKommRestrukturierungsR/*Undritz/Knof* § 49 Rn. 14 ff.) – am Tag des Erlasses des Beschlusses um 12.00 Uhr und endet mit Ablauf des 20. Tages nach dem Erlass (AG Hamburg NZI 2022, 437 Rn. 18). Werden die Mängel innerhalb der gesetzten Frist behoben, ordnet das Restrukturierungsgericht die beantragten Stabilisierungsmaßnahmen endgültig an (so ausdrücklich die Begründung RegE, BT-Drs. 19/24181, 155). Speziell für diesen Fall der bereits erfolgenden Anordnung trotz bestehender Mängel stellt sich die Frage, ob von einer **Erforderlichkeit** der Anordnung nur auszugehen ist, wenn gerade auch innerhalb dieses Anordnungszeitraumes bereits mit Zwangsvollstreckungs- oder Verwertungsmaßnahmen zu rechnen ist. Dafür, an die Erforderlichkeit geringe Anforderungen zu stellen, spricht, dass der Erlass der Anordnung insoweit als Kommunikationsinstrument des Restrukturierungsgerichts genutzt werden kann, dass dieses mit der Restrukturierungsplanung im Grundsatz einverstanden ist (*Mock* NZI 2022, 436 (437) zu AG Hamburg NZI 2022, 437).

**47** Die Anordnung setzt nicht voraus, dass bereits ein vollständig ausgearbeiteter Restrukturierungsplan vorliegt, es genügt ein Restrukturierungskonzept (→ § 50 Rn. 16). Sofern der Plan noch aussteht, hat das Restrukturierungsgericht allerdings die Möglichkeit, den Erlass der Stabilisierungsanordnung mit einer **Fristsetzung** an den Schuldner für die **Vorlage des Restrukturierungsplans** zu verbinden (Abs. 3). In diesem Fall besteht nach Fristablauf die Möglichkeit der Aufhebung der Stabilisierungsanordnung nach § 59 Abs. 1 Nr. 3. Hinsichtlich der Angemessenheit der entsprechenden Fristsetzung wird das Gericht die konkreten Umständen des Einzelfalles, insbesondere die Größe des Schuldnerunternehmens, die Zahl und den Zuschnitt der betroffenen Gläubiger sowie die Komplexität des Restrukturierungsvorhabens in die Betrachtung einzubeziehen haben (vgl. Flöther/*Schönfelder* StaRUG § 59 Rn. 15). Eine maximale Richtschnur dürfte die für eine Erstanordnung in § 53 Abs. 1 Nr. 1 vorgesehene Anordnungshöchstdauer von drei Monaten sein; bedenkt man, dass dem Restrukturierungsgericht noch eine gewisse Prüfungs- und Entscheidungszeit zugebilligt werden muss, dürfte in aller Regel eine angemessene Frist die Dauer von sechs bis acht Wochen nicht überschreiten (Flöther/*Schönfelder* StaRUG § 59 Rn. 15).

### 3. Zustellung

Die Stabilisierungsanordnung ist nach Abs. 4 S. 1 allen Gläubigern, die von ihr betroffen sind, zuzustellen. Wer dies ist, richtet sich nach dem Tenor des Anordnungsbeschlusses (Pannen/Riedemann/*Smid/Riedemann* StaRUG § 51 Rn. 16). Die insoweit vom Restrukturierungsgericht benötigten zustellungsfähigen Adressen der betreffenden Gläubiger sind vom Schuldner bereits im Antrag anzugeben (§ 50 Abs. 1; Braun StaRUG/*Riggert* StaRUG § 51 Rn. 11). Durch die **Zustellung** der Anordnung an alle von ihr betroffenen Gläubiger soll sichergestellt werden, dass diese nicht in Unkenntnis der Stabilisierungsmaßnahmen Vollstreckungsversuche unternehmen (Begründung RegE, BT-Drs. 19/24181, 156). Indem andererseits die Zustellung auf die von der Anordnung betroffenen Gläubiger beschränkt ist, kann der Schuldner verhindern, dass sonstige Geschäftspartner, wie zB Lieferanten, durch Bekanntmachung und sie belastende Einschränkungen aufgeschreckt werden, was andernfalls zu Irritationen in der Betriebsfortführung und zu einer Belastung des gegenseitigen Verhältnisses führen könnte. Gerade bei einer rein finanziellen Restrukturierung, die selektiv Finanzgläubiger betrifft, kann das operative Geschäft so von der Restrukturierung abgeschirmt werden (*de Bruyn/Ehmke* NZG 2021, 661 (665)). 48

Die Durchführung der Zustellung im **Inland** richtet sich nach § 41. Für Zustellungen in **anderen Mitgliedstaaten der Europäischen Union** gelten mit Wirkung ab dem 1.7.2022 die Regelungen der Zustellungs-VO 2022 (Verordnung (EU) 2020/1784 des Europäischen Parlaments und des Rates vom 25.11.2020 über die Zustellung gerichtlicher und außergerichtlicher Schriftstücke in Zivil- oder Handelssachen in den Mitgliedstaaten (Zustellung von Schriftstücken)). 49

Zustellungen nach § 41 erfolgen grundsätzlich **durch das Gericht** von Amts wegen nach den allgemeinen Vorschriften der §§ 167 ZPO, die über § 38 S. 1 Anwendung finden (Nerlich/Römermann/*Utsch,* 44. EL November 2021, StaRUG § 41 Rn. 4; → § 41 Rn. 6). Dabei sieht § 41 Abs. 1 S. 2 zur Verfahrensvereinfachung einen Verzicht auf das Erfordernis der Beglaubigung des zuzustellenden Schriftstücks (vgl. § 169 Abs. 2 ZPO) vor. Zur Verfahrensbeschleunigung kann das Restrukturierungsgericht nach § 41 Abs. 1 S. 2 nach pflichtgemäßem Ermessen auch eine Zustellung mittels Aufgabe zur Post vornehmen (Nerlich/Römermann/*Utsch,* 44. EL November 2021, StaRUG § 41 Rn. 6; → § 41 Rn. 8 f.). Der in § 41 Abs. 3 vorgesehene Fall einer Beauftragung des Schuldners mit der Zustellung kommt nur in den gesetzlich vorgesehenen Fällen in Betracht (Begründung RegE, BT-Drs. 19/24181, 144). Für die Zustellung der Stabilisierungsanordnung ist dieser Weg nicht eröffnet (Nerlich/Römermann/*Utsch,* 44. EL November 2021, StaRUG § 41 Rn. 7; abweichend Nerlich/Römermann/*Mönning,* 44. EL November 2021, StaRUG § 51 Rn. 24). Ist ein **Restrukturierungsbeauftragter** bestellt, kann das Restrukturierungsgericht jedoch diesem die Durchführung der Zustellungen nach § 76 Abs. 6 S. 1 übertragen (Nerlich/Römermann/*Utsch,* 44. EL November 2021, StaRUG § 41 Rn. 7) 50

Ist der **Aufenthalt** eines betroffenen Gläubigers **unbekannt,** besteht nach § 41 Abs. 2 (parallel zu § 8 Abs. 2 InsO) abweichend von § 185 ZPO, kein 51

Zustellungserfordernis (Nerlich/Römermann/Utsch, 44. EL November 2021, StaRUG § 41 Rn. 8; → § 41 Rn. 11 f.). Zuzustellen ist aber gegebenenfalls an einen zur Entgegennahme von Zustellungen berechtigten Vertreter (§ 42 Abs. 2 S. 2).

**52** Keine ausdrückliche Regelung enthält das Gesetz zu den Rechtsfolgen einer trotz Zustellungserfordernis fehlenden oder fehlerhaften Zustellung. Die fehlende Zustellung dürfte kein Aufhebungsgrund sein, da dieser Umstand in § 59 nicht genannt wird (im Ergebnis ebenso unter Verweis auf § 51 Abs. 1 BeckOK StaRUG/*Mock,* 6. Ed. 17.7.2022, StaRUG § 51 Rn. 32).

**53** In öffentlichen Restrukturierungssachen (§ 84) kann gemäß Abs. 4 S. 2 **auf eine Zustellung verzichtet** werden, wenn sich die Anordnung mit Ausnahme der in § 4 genannten Gläubiger gegen alle Gläubiger richtet. Der Schuldner hat sich mit der Wahl der öffentlichen Verfahrensvariante und dem entsprechend nach § 84 Abs. 1 S. 1 zu stellenden Antrag selbst und eindeutig für einen Verzicht auf eine Vertraulichkeit der Restrukturierung entschieden. Öffentlich bekanntzumachen sind in öffentlichen Restrukturierungssachen nach § 85 Abs. 1 Nr. 3 „sämtliche gerichtliche Entscheidungen, die in der Restrukturierungssache ergehen" (→ § 85 Rn. 3), wozu insbesondere der Erlass von Stabilisierungsanordnungen gehört.

### 4. Entscheidung durch Beschluss

**54** Das Restrukturierungsgericht entscheidet über den Antrag auf Erlass der Stabilisierungsanordnung durch **Beschluss** (Abs. 5 S. 1). Soweit das Gericht die Anordnung nicht vollständig dem Schuldnerantrag entsprechend erlässt, ist mit Blick auf das Rechtsmittelrecht des Schuldners eine begründete Teilzurückweisung notwendig (*Frind* ZRI 2021, 697).

**55** Handelt es sich bei dem Antrag auf Erlass der Stabilisierungsanordnung um den ersten Antrag in der Restrukturierungssache und hat sich der Schuldner für die öffentliche Führung der Restrukturierungssache nach § 84 Abs. 1 entschieden, stellt die Entscheidung des Restrukturierungsgerichts über diesen Antrag zugleich die Eröffnungsentscheidung iSd Art. 2 Nr. 7 EuInsVO dar (→ § 84 Rn. 11). Folglich muss sich diese Entscheidung dann gemäß Art. 4 Abs. 1 S. 2 EuInsVO auch zu den Gründen verhalten, auf welche das Gericht seine internationale Zuständigkeit stützt (Begründung RegE, BT-Drs. 19/24181, 179), was ausdrücklich in § 84 Abs. 2 geregelt ist.

### 5. Rechtsmittel

**56** **Rechtsmittel** gegen den Beschluss des Restrukturierungsgerichts sind – ausgehend von dem allgemeinen Grundsatz, dass Entscheidungen des Restrukturierungsgerichts nur in den Fällen einem Rechtsmittel unterliegen, in denen die sofortige Beschwerde ausdrücklich vorgesehen ist (§ 40 Abs. 1 S. 1) – nur in beschränktem Umfang eröffnet. Lediglich für den Fall, dass das Gericht den Antrag zurückweist, steht dem **Schuldner** gegen den Beschluss die sofortige Beschwerde zu (Abs. 5 S. 2).

Nach dem Regierungsentwurf (BT-Drs. 19/24181, 34) war eine zusätzliche Beschränkung der Beschwerdemöglichkeit auf den Fall vorgesehen, dass das Restrukturierungsgericht mit der Zurückweisung des Antrags zugleich eine Zahlungsunfähigkeit feststellt. Dies sollte nach der Gesetzesbegründung dem Umstand Rechnung tragen, dass die Feststellung des Vorliegens der Zahlungsunfähigkeit durch das Restrukturierungsgericht erhebliche rechtliche Folgen für den Schuldner auslösen kann, insbesondere eine Indizwirkung in einem nachfolgenden Insolvenzverfahren oder aber einem Strafverfahren wegen Verstoßes gegen die Insolvenzantragspflicht nach § 15a InsO entfalten oder aber die Wirkungen bestimmter Vertragsklauseln auslösen kann (Begründung RegE, BT-Drs. 19/24181, 156). Das zusätzliche Erfordernis wurde entsprechend der Beschlussempfehlung des Rechtsausschusses gestrichen, da hierfür kein Grund ersichtlich sei (BT-Drs. 19/25353, 9). 57

Die **sofortige Beschwerde** ist nach § 40 Abs. 1 S. 2 beim Restrukturierungsgericht einzulegen. Für die sofortige Beschwerde gilt gem. § 569 Abs. 1 S. 1 ZPO eine Notfrist (unabänderlich, § 224 Abs. 1 ZPO, Wiedereinsetzung in den vorigen Stand: § 233 ZPO) von 2 Wochen seit Zustellung der anzufechtenden Entscheidung (Pannen/Riedemann/Smid/*Riedemann* StaRUG § 51 Rn. 21). 58

Betroffene **Gläubiger** sind im Fall der Anordnung einer Vollstreckungs- oder Verwertungssperre auf die **Möglichkeit eines Aufhebungsantrags** nach den Maßgaben des § 59 Abs. 2 (→ § 59 Rn. 20 ff.) beschränkt. Wurde die Stabilisierungsanordnung aufgrund unrichtiger Angaben erlangt, kommt eine **Haftung der Organe** des Schuldners nach § 57 in Betracht. 59

Statthaft ist eine sofortige Beschwerde eines Gläubigers gegen den Anordnungsbeschluss nach § 84 Abs. 2 S. 3 iVm Art. 102c § 4 EGInsO lediglich dann, wenn es sich hierbei um die erste Entscheidung im Rahmen einer öffentlich geführten Restrukturierungssache handelt und der Gläubiger die sofortige Beschwerde auf eine **fehlende internationale Zuständigkeit** des Restrukturierungsgerichts stützt (→ § 84 Rn. 24 f.). 60

## Folgeanordnung, Neuanordnung

**52 Unter den Voraussetzungen des § 51 Absatz 1 und 2 kann eine Stabilisierungsanordnung auf weitere Gläubiger erstreckt, inhaltlich erweitert oder zeitlich verlängert werden (Folgeanordnung) oder, sofern die Anordnungsdauer bereits überschritten ist, erneuert werden (Neuanordnung).**

**Übersicht**

## I. Normzweck und Grundlagen

### 1. Normzweck

1 Die Norm regelt die Voraussetzungen von Anordnungen, mit welchen eine ergangene Stabilisierungsanordnung auf weitere Gläubiger erstreckt, inhaltlich erweitert oder zeitlich verlängert wird (Folgeanordnung) oder, sofern die Anordnungsdauer bereits überschritten ist, erneuert wird (Neuanordnung).

2 Der Norm ist insoweit zunächst die **grundsätzliche Zulässigkeit** entsprechender Folge- und Neuanordnungen zu entnehmen. Nach der Gesetzesbegründung soll durch die Möglichkeit von Folge- und Neuanordnungen dem Umstand Rechnung getragen werden, dass die Dynamik des Restrukturierungsprozesses es mit sich bringen kann, dass anderweitige oder erneute Stabilisierungsanordnungen erforderlich werden (Begründung RegE, BT-Drs. 19/24181, 156).

### 2. Richtlinienbezug

3 Die Regelung des § 52 geht maßgeblich auf Art. 6 Abs. 7 RL 2019/1023 zurück (BeckOK StaRUG/*Mock,* 6. Ed. 17.7.2022, StaRUG § 52 Rn. 3). Danach ist den Mitgliedstaaten die Möglichkeit eingeräumt, dass auf Antrag des Schuldners die Dauer der Aussetzung von Einzelvollstreckungsmaßnahmen verlängert oder eine neue Aussetzung von Einzelvollstreckungsmaßnahmen gewährt wird. **Nicht** Gebrauch gemacht hat der deutsche Gesetzgeber dabei von den weitergehenden Möglichkeiten, auch **Gläubigern oder einem Restrukturierungsbeauftragten entsprechende Antragsrechte** einzuräumen.

## II. Anwendungsbereich

4 Die Norm **definiert** zunächst die Folgeanordnung als eine Anordnung, bei der eine Erstreckung auf weitere Gläubiger, eine inhaltliche Erweiterung oder eine zeitliche Verlängerung vorgenommen wird.

5 Voraussetzung einer Folge- oder Neuanordnung ist eine zunächst nach § 51 ergangene Stabilisierungsanordnung.

6 Erfasst sind hier Fallgestaltungen, in welchen sich nach erstmaligem Erlass einer Stabilisierungsanordnung ein in persönlicher oder zeitlicher Hinsicht **erweiterter Bedarf** für eine die Vollstreckung oder Verwertung durch Gläubiger beschränkende gerichtliche Anordnung ergibt.

## III. Tatbestand

7 Bei der Folge- wie auch bei der Neuanordnung handelt es sich um einen **Unterfall der Stabilisierungsanordnung.** Die generell für Stabilisierungsanordnungen geltenden Regelungen erfassen daher auch die Folge- und Neuanordnung.

Daraus folgt zunächst, dass auch der **Antrag** auf Erlass einer Folge- oder Neuanordnung den Anforderungen des § 50 genügen muss. Auch hier sind daher Inhalt, Adressatenkreis und Dauer der erstrebten Anordnung zu konkretisieren. 8

In materieller Hinsicht nimmt § 52 vollständig Bezug auf die **Anforderungen nach § 51 Abs. 1 und Abs. 2.** Dabei ist zu beachten, dass diese auf den **Zeitpunkt der Antragstellung für die Folge- oder Neuanordnung** zu aktualisieren sind (Flöther/*Schönfelder* StaRUG § 52 Rn. 5). Ein bloßer Verweis auf die bereits mit dem Antrag auf die erstmalige Anordnung erfolgten Angaben ist daher nicht möglich. 9

**Weitergehende materielle Voraussetzungen bestehen nicht.** Insbesondere hat der Gesetzgeber keinen Gebrauch von der in Art. 6 Abs. 7 lit. a RL 2019/1023 angelegten Möglichkeit gemacht, eine Anknüpfung an einen deutlichen Fortschritt in den Verhandlungen über den Restrukturierungsplan vorzunehmen (Flöther/*Schönfelder* StaRUG § 52 Rn. 5). 10

Unter Berücksichtigung der Aufhebungsmöglichkeit hinsichtlich ergangener Stabilisierungsanordnungen nach § 59 Abs. 1 Nr. 3 (→ § 59 Rn. 14) wird eine Folge- oder Neuanordnung insbesondere dann nicht mehr in Betracht kommen, wenn der Schuldner es versäumt hat, dem Gericht innerhalb einer ihm nach § 51 Abs. 3 gesetzten Frist (→ § 51 Rn. 47) den Restrukturierungsplan vorzulegen. 11

Eine **Neuanordnung** kommt nach dem Gesetzeswortlaut dann in Betracht, wenn die Anordnungsdauer bereits überschritten ist. Gemeint ist hier richtigerweise nicht die abstrakt zulässige Anordnungsdauer wie in § 58 geregelt, sondern die jeweils vom Gericht festgesetzte Dauer einer im Rahmen des Restrukturierungsvorhabens bereits ergangenen Stabilisierungsanordnung. Insoweit stellt auch die Gesetzesbegründung auf die Möglichkeit eines kumulativen und wiederholten Erlasses von Anordnungen „im Rahmen der nach § 60 [RegE-StaRUG] zulässigen Anordnungsdauer“ ab (Begründung RegE, BT-Drs. 19/24181, 156). 12

## IV. Rechtsfolge

Für die inhaltliche Entscheidung des Restrukturierungsgerichts gelten dieselben Maßgaben wie für eine erstmalige Anordnung (→ § 51 Rn. 8 ff.). Eine Sonderregelung enthalten § 53 Abs. 2–4 hinsichtlich der im Rahmen einer Folge- oder Neuanordnung zulässigen Anordnungshöchstdauer, die unter Umständen bis zu acht Monate betragen kann (→ § 53 Rn. 9 f.). 13

In der **Folgeanordnung** ist auf die ursprünglich ergangene Anordnung Bezug zu nehmen (BeckOK StaRUG/*Mock,* 6. Ed. 17.7.2022, StaRUG § 52 Rn. 6). Zwar wird die bisherige Anordnung durch die Folgeanordnung regelmäßig nicht aufgehoben (so allerdings BeckOK StaRUG/*Mock,* 6. Ed. 17.7.2022, StaRUG § 52 Rn. 6), sondern lediglich modifiziert. Erst recht in diesem Fall bedarf es aber einer Anknüpfung an die durch die Folgeanordnung persönlich, inhaltlich und/oder zeitlich ausgeweitete Ausgangsanordnung. 14

15 In einer **Neuanordnung** muss angegeben werden, dass bereits eine vorherige Anordnung existierte (BeckOK StaRUG/*Mock,* 6. Ed. 17.7.2022, StaRUG § 52 Rn. 8). Dies ist insbesondere erforderlich, um den Gläubigern die Gesamtdauer der erfolgten Anordnungen erkennbar zu machen.

16 Auch im Fall einer Folge- oder Neuanordnung ist nach Maßgabe des § 51 Abs. 4 eine **Zustellung** an die betroffenen Gläubiger vorzunehmen, welche nach den Vorgaben des § 41 zu erfolgen hat.

17 Ein **Rechtsmittel** steht auch im Rahmen von beantragten Folge- oder Neuanordnungen nur dem Schuldner bei Ablehnung der Anordnung zu (vgl. § 51 Abs. 5).

## Anordnungsdauer

**53** (1) **Die Stabilisierungsanordnung kann für eine Dauer von bis zu drei Monaten ergehen.**

(2) [1]**Folge- oder Neuanordnungen können nur im Rahmen der Anordnungshöchstdauer nach Absatz 1 ergehen, es sei denn,**

**1. der Schuldner hat den Gläubigern ein Planangebot unterbreitet und**

**2. es sind keine Umstände bekannt, aus denen sich ergibt, dass mit einer Planannahme innerhalb eines Monats nicht zu rechnen ist.**

[2]**In diesem Fall verlängert sich die Anordnungshöchstdauer um einen Monat und die Anordnung richtet sich ausschließlich gegen Planbetroffene.**

(3) [1]**Hat der Schuldner die gerichtliche Bestätigung des von den Planbetroffenen angenommenen Restrukturierungsplans beantragt, können Folge- oder Neuanordnungen bis zur Rechtskraft der Planbestätigung, höchstens aber bis zum Ablauf von acht Monaten nach dem Erlass der Erstanordnung ergehen.** [2]**Dies gilt nicht, wenn der Restrukturierungsplan offensichtlich nicht bestätigungsfähig ist.**

(4) **Absatz 3 ist nicht anzuwenden, wenn der Mittelpunkt der hauptsächlichen Interessen des Schuldners innerhalb eines Zeitraums von drei Monaten vor der ersten Inanspruchnahme von Instrumenten des Stabilisierungs- und Restrukturierungsrahmens aus einem anderen Mitgliedstaat der Europäischen Union in das Inland verlegt wurde und keine öffentlichen Bekanntmachungen nach den §§ 84 bis 86 erfolgen.**

**Übersicht**

## I. Normzweck und Grundlagen

### 1. Normzweck

1 Die Norm legt die mögliche Höchstdauer der Stabilisierungsanordnung fest. Der deutsche Gesetzgeber hat sich insoweit in Abs. 1 für eine **generelle Höchstfrist von drei Monaten** entschieden.

### 2. Richtlinienbezug

2 Nach Art. 6 Abs. 6 RL 2019/1023 ist die **ursprüngliche Dauer einer Aussetzung** von Einzelvollstreckungsmaßnahmen auf einen Höchstzeitraum von nicht mehr als vier Monaten begrenzt. Insoweit bleibt die nationale Regelung hinter dem möglichen Höchstmaß zurück. Der Zeitraum von bis zu drei Monaten für die Erstanordnung ist an die Maximaldauer von drei Monaten für die Ausarbeitung und Vorlage eines Insolvenzplans im Schutzschirmverfahren angelehnt (Begründung RegE, BT-Drs. 19/24181, 156). Nach der Gesetzesbegründung sollte dieser Zeitraum regelmäßig genügen, um eine Restrukturierungsplan zu erarbeiten und in den Verhandlungen mit den Gläubigern Fortschritte zu erzielen (Begründung RegE, BT-Drs. 19/24181, 156; für drei Monate als ausreichenden Zeitraum auch für komplizierte Restrukturierungen bereits *Geiwitz/Heidenfelder* NZI-Beilage 2017, 22 (23)). In der Literatur wird der Zeitraum teilweise als zu lang kritisiert.

3 Differenziert Gebrauch gemacht hat der Gesetzgeber in Abs. 2 und 3 von der gemäß Art. 6 Abs. 7 und 8 RL 2019/1023 eröffneten Möglichkeit, im Rahmen der Verlängerung oder Neugewährung der Aussetzung von Einzelvollstreckungsmaßnahmen eine verlängerte Dauer der Maßnahmen zuzulassen. Während Art. 6 Abs. 8 RL 2019/1023 vorschreibt, dass die Gesamtdauer der Aussetzung von Einzelvollstreckungsmaßnahmen einschließlich Verlängerungen und Erneuerungen zwölf Monate nicht überschreiten darf, liegt die absolute Obergrenze der Anordnungsdauer nach Abs. 3 bei acht Monaten.

4 Mit Abs. 3 genügt der deutsche Gesetzgeber der Vorgabe von Art. 6 Abs. 8 UAbs. 2 RL 2019/1023, wonach im Rahmen von Verfahren, die nicht die Bedingungen für eine Aufnahme in Anhang A der EuInsVO erfüllen, die Gesamtdauer der Aussetzung auf höchstens vier Monate zu begrenzen ist, wenn der Mittelpunkt der hauptsächlichen Interessen des Schuldners innerhalb eines Zeitraums von drei Monaten vor Einreichung eines Antrags auf Eröffnung eines präventiven Restrukturierungsverfahrens in einen anderen Mitgliedstaat verlegt wurde. Während hier im Regierungsentwurf der Normtext noch eng an den Richtlinientext angelehnt von einer Verlegung „in einen anderen Mitgliedstaat" die Rede war, stellt der verabschiedete Normtext für den zu erfassenden Sachverhalt richtigerweise auf den Fall ab, dass der Mittelpunkt der hauptsächlichen Interessen des Schuldners „aus einem anderen Mitgliedstaat der Europäischen Union in das Inland verlegt wurde" (vgl. Beschlussempfehlung Rechtsausschuss BT-Drs. 19/25303, 55).

## II. Anwendungsbereich

5 Die Norm regelt die **höchstmögliche Anordnungsdauer** für Vollstreckungs- und Verwertungssperren.

6 Die **gewünschte Anordnungsdauer** hat der Schuldner nach § 50 Abs. 1 in seinem **Antrag** anzugeben. Er kann dabei hinter den gesetzlichen Höchstdauern zurückbleiben. Angesichts der aus Schuldnerperspektive gerade auch mit Blick auf Unsicherheiten im Verfahrens- und Verhandlungsablauf nicht übermäßig lang erscheinenden Frist von drei Monaten im Rahmen der erstmaligen Anordnung ist davon auszugehen, dass die Schuldner diesen Rahmen regelmäßig werden ausnutzen wollen.

## III. Tatbestand

7 Als **Ausgangspunkt** sieht Abs. 1 vor, dass eine Stabilisierungsanordnung für eine **Dauer von bis zu drei Monaten** ergehen kann. Für eine Erstanordnung stellt diese Frist stets die Höchstgrenze dar.

8 Auch Folge- und Neuanordnungen haben sich im Ausgangspunkt im allgemeinen zeitlichen Rahmen des Abs. 1 von drei Monaten zu halten.

9 Hat der Schuldner hat den Gläubigern ein **Planangebot unterbreitet** und es sind keine Umstände bekannt, aus denen sich ergibt, dass mit einer Planannahme innerhalb eines Monats nicht zu rechnen ist, verlängert sich die Anordnungshöchstdauer gemäß Abs. 2 um einen Monat. Das Vorliegen eines Planangebots richtet sich nach § 17 und muss den Gläubigern, die vom Restrukturierungsplan betroffen sind, zugegangen sein. Ein Zugang lediglich bei Gläubigern, welche von der Stabilisierungsanordnung betroffen sein werden, genügt nicht (Braun StaRUG/*Riggert* StaRUG § 53 Rn. 2). Die auf vier Monate verlängerte Frist kann im Rahmen einer Folgeanordnung wie auch nach Ablauf der ursprünglich in der Stabilisierungsanordnung festgelegten Dauer im Rahmen einer Neuanordnung ausgeschöpft werden. Dies ist allerdings zugleich verknüpft mit einer Beschränkung des möglichen persönlichen Geltungsbereichs der Anordnung, die sich während dieses weiteren Monats lediglich noch gegen Planbetroffene richten kann. Durch die Verlängerung der Anordnungshöchstdauer soll ermöglicht werden, durch entsprechende Anordnungen die Chancen auf eine Planannahme zu erhalten (Begründung RegE, BT-Drs. 19/24181, 157). Man will die Restrukturierungsbemühungen des Schuldners in diesem fortgeschrittenen Verfahrensstadium nicht gefährden, indem die Stabilisierungsanordnung ausläuft (BeckOK StaRUG/*Mock,* 6. Ed. 17.7.2022, StaRUG § 53 Rn. 8).

10 Hat der Schuldner die **gerichtliche Bestätigung des von den Planbetroffenen angenommenen Restrukturierungsplans beantragt** (vgl. § 60 Abs. 1 S. 1), können gemäß Abs. 3 Folge- oder Neuanordnungen bis zur Rechtskraft der Planbestätigung, höchstens aber bis zum Ablauf von acht Monaten nach dem Erlass der Erstanordnung ergehen. Da auf einen „von den Planbetroffenen angenommenen Restrukturierungsplan" abgestellt wird, ist erforderlich, dass die erforderlichen Mehrheiten im Rahmen der

Abstimmung über den Plan erreicht wurden. Dies ist vor Anordnung von (weiteren) Folge- und Neuanordnungen vom Restrukturierungsgericht zu prüfen (Braun StaRUG/*Riggert* StaRUG § 53 Rn. 3).

Berechtigterweise wird darauf hingewiesen, dass in diesem Fall vom Restrukturierungsgericht und gegebenenfalls Rechtsmittelgerichten schneller Entscheidungen getroffen werden müssen als es der um vier auf acht Monate verlängerte Zeitrahmen nahelegt, auch weil sich im Rahmen der Fortführung des Geschäftsbetriebs des Schuldners die Planungsprämissen negativ verändern können (so *Riggert* NZI-Beilage 2021, 40 (42)). Allerdings steht die großzügigere gesetzliche Höchstdauer der weiteren Stabilisierungsanordnung der Annahme eines Beschleunigungsgebotes für die mit der Planbestätigung befassten Gericht nicht entgegen und kann zugleich den Schuldner wenigsten vor einem Verlust des Schutzes der Stabilisierungsanordnung in einer von ihm in den zeitlichen Abläufen weitgehend nicht zu steuernden Verfahrensphase schützen. Als zeitintensiv können sich insbesondere potenzielle Beschwerden durch Planbetroffene nach § 66 Abs. 1 S. 1 erweisen (hierauf hinweisend auch Braun StaRUG/*Riggert* StaRUG § 53 Rn. 3). **11**

Diese Verlängerung der Anordnungshöchstdauer gilt nach Abs. 3 S. 2 nicht, wenn der **Restrukturierungsplan offensichtlich nicht bestätigungsfähig** ist. Eine weitere Beschränkung der Vollstreckungs- und Verwertungsmöglichkeiten der Gläubiger ist nur gerechtfertigt, wenn die Bestätigung des Restrukturierungsplans nicht bereits offensichtlich ausscheidet (Begründung RegE, BT-Drs. 19/24181, 157). Auch dies ist Ausfluss des Verhältnismäßigkeitsgrundsatzes hinsichtlich der vorzunehmenden Eingriffe in die Gläubigerrechte. Generell ist eine Stabilisierungsanordnung, sei es als Erstanordnung oder als Folge- oder Neuanordnung nach § 51 Abs. 1 Nr. 2 dann nicht zu erlassen, wenn Umstände bekannt sind, aus denen sich ergibt, dass die Restrukturierung aussichtslos ist, weil keine Aussicht besteht, dass ein das Restrukturierungskonzept umsetzender Plan vom Gericht bestätigt werden würde (→ § 51 Rn. 21 ff.). In dem nach Abs. 3 relevanten Zeitpunkt, in welchem die gerichtliche Bestätigung des von den Planbetroffenen angenommenen Restrukturierungsplans vom Schuldner beantragt wurde, wird diese Aussichtslosigkeit dann anzunehmen sein, wenn der Restrukturierungsplan offensichtlich nicht bestätigungsfähig ist. Im Regelungskonzept hat Abs. 3 S. 2 insoweit lediglich klarstellende Wirkung. **12**

Ausgehend von dem Maßstab der offensichtlich fehlenden Bestätigungsfähigkeit werden hier von den grundsätzlich in Betracht kommenden Gründen für eine Ablehnung der Bestätigung nur einige auch praktisch relevant werden können. So können von den in § 63 geregelten Versagungsgründen am ehesten offensichtliche Verstöße noch nach § 63 Abs. 1 Nr. 2 vorliegen, bei einer etwaigen Verletzung der Vorschriften über den Inhalt und die verfahrensmäßige Behandlung des Restrukturierungsplans sowie über die Annahme des Plans durch die Planbetroffenen in einem wesentlichen Punkt. Allerdings steht auch dies unter dem Vorbehalt, dass der Schuldner den Mangel nicht beheben kann bzw. innerhalb einer angemessenen, vom Restrukturierungsgericht gesetzten Frist nicht behebt (Braun StaRUG/*Riggert* StaRUG § 53 Rn. 3). **13**

14 Abs. 3 ist nicht anzuwenden, wenn der Mittelpunkt der hauptsächlichen Interessen des Schuldners **(COMI)** innerhalb eines Zeitraums von drei Monaten vor der ersten Inanspruchnahme von Instrumenten des Stabilisierungs- und Restrukturierungsrahmens **aus einem anderen Mitgliedstaat der Europäischen Union in das Inland verleg**t wurde und keine öffentlichen Bekanntmachungen nach den §§ 84–86 erfolgen. Den Richtlinienvorgaben folgend ist die mögliche Höchstdauer der Anordnung von Vollstreckungs- und Verwertungssperren in diesen Fällen auf vier Monate beschränkt, was sich aus der Beschränkung auf die Regelung in Abs. 2 ergibt.

## IV. Rechtsfolge

15 Das Restrukturierungsgericht ist bei der Festlegung der Dauer der Wirkung einer Stabilisierungsanordnung **beschränkt** einerseits durch die nach § 50 Abs. 1 vom Schuldner im Antrag anzugebende gewünschte Dauer und andererseits durch die zulässige Höchstdauer.

16 Teilweise wird angenommen, das Restrukturierungsgericht müsse die Dauer der Stabilisierungsanordnung nach pflichtgemäßem **Ermessen** festlegen (BeckOK StaRUG/*Mock,* 6. Ed. 17.7.2022, StaRUG § 53 Rn. 5). Strukturell wird man hier von einer Bindung des Gerichts an den beantragten Zeitrahmen ausgehen müssen, wenn die Anordnungsvoraussetzungen insoweit gegeben sind. Erweist sich allerdings die Anordnung als nicht in der vollen beantragten Dauer erforderlich (vgl. § 51 Abs. 1 Nr. 4; → § 51 Rn. 30), hat das Restrukturierungsgericht den Antrag nicht zurückzuweisen, sondern dem Antrag in zeitlicher Hinsicht teilweise, also beschränkt auf eine kürzer Dauer stattzugeben.

### Folgen der Verwertungssperre

**54** (1) [1]**Ist eine Verwertungssperre ergangen, sind dem Gläubiger die geschuldeten Zinsen zu zahlen und der durch die Nutzung eintretende Wertverlust ist durch laufende Zahlungen an den Gläubiger auszugleichen.** [2]**Dies gilt nicht, soweit nach der Höhe der Forderung und der sonstigen Belastung des Gegenstands mit einer Befriedigung des Gläubigers aus dem Verwertungserlös nicht zu rechnen ist.**

(2) **Zieht der Schuldner nach Maßgabe der vertraglichen Vereinbarungen mit dem Berechtigten Forderungen ein, die zur Sicherung eines Anspruchs abgetreten sind, oder veräußert oder verarbeitet er bewegliche Sachen, an denen Rechte bestehen, die im Fall der Eröffnung eines Insolvenzverfahrens als Aus- oder Absonderungsrechte geltend gemacht werden könnten, sind die dabei erzielten Erlöse an den Berechtigten auszukehren oder unterscheidbar zu verwahren, es sei denn, der Schuldner trifft mit dem Berechtigten eine anderweitige Vereinbarung.**

**Schrifttum:** *Trowski* Die „anderweitige Vereinbarung" nach § 54 II StaRUG – Braucht das StaRUG den „unechten" Restrukturierungskredit?, NZI 2021, 297; *Zuleger* Kreditsicherheiten nach dem StaRUG, NZI-Beilage 2021, 43.

**Übersicht**



## I. Normzweck und Grundlagen

### 1. Normzweck

1 Die Norm regelt die Rechtsstellung der von einer Verwertungssperre betroffenen Gläubiger. Die Vorschrift will die Nachteile, die der Gläubiger erleidet, wenn er eine Verwertungssperre hinnehmen muss, ausgleichen (Nerlich/Römermann/*Mönning,* 44. EL November 2021, StaRUG § 54 Rn. 3).

2 Die bereits im Regierungsentwurf als § 61 RegE-StaRUG enthaltene Norm wurde auf der Grundlage der Beschlussempfehlung des Ausschusses für Recht und Verbraucherschutz (BT-Drs. 19/25303) in Abs. 2 ergänzt. Dies betrifft die Klarstellung, dass die Einziehung abgetretener Forderungen nur nach Maßgabe der hierzu zwischen den Parteien getroffenen vertraglichen Vereinbarungen erfolgen darf (Nerlich/Römermann/*Mönning,* 44. EL November 2021, StaRUG § 54 Rn. 2).

3 Inhaltlich besteht eine **Parallele** zwischen der Verwertungssperre nach § 49 Abs. 1 Nr. 2 und der Anordnung des Insolvenzgerichts nach **§ 21 Abs. 1 S. 2 Nr. 5 InsO,** wonach Gegenstände, die im Falle der Eröffnung des Verfahrens von § 166 InsO erfasst würden (Absonderungsrechte) oder deren Aussonderung verlangt werden könnte, vom Gläubiger nicht verwertet oder eingezogen werden dürfen und auch solche Gegenstände zur Fortführung des Unternehmens des Schuldners eingesetzt werden können, soweit sie hierfür von erheblicher Bedeutung sind. Auslegungsfragen zu § 54

können daher – unter Berücksichtigung der Besonderheiten der Stabilisierung – insbesondere unter Rückgriff auf die zu § 21 Abs. 2 S. 1 Nr. 5 InsO ergangenen Rechtsprechung beantwortet werden (Braun StaRUG/*Riggert* StaRUG § 54 Rn. 1). Ziel beider Regelungen ist es, die für die Fortführung des Unternehmens benötigte Aktivmasse zu erhalten, da andernfalls ein fortführungsorientierter Restrukturierungsplan obsolet wäre (Braun StaRUG/*Riggert* StaRUG § 54 Rn. 1). Dabei geht der Gesetzgeber von der Erwägung aus, dass mit dem präventiven Restrukturierungsrahmen grundsätzlich keine weitergehenden Eingriffe in Gläubigerrechte ermöglicht werden sollen als in einem Insolvenzverfahren (Begründung RegE, BT-Drs. 19/24181, 157; kritisch bezüglich der Vergleichbarkeit Flöther/*Schönfelder* StaRUG § 54 Rn. 20 ff.).

### 2. Richtlinienbezug

4 Die Regelung des § 54 hat keinen Ursprung in der RL 2019/1023, sondern stellt autonomes nationales Recht dar (BeckOK StaRUG/*Mock,* 6. Ed. 17.7.2022, StaRUG § 54 Rn. 3), welches allerdings Gläubigerschutzgedanken aufgreift, wie sie in den Erwägungsgründen 34 und 37 der RL 2019/1023 angesprochen werden (vgl. Pannen/Riedemann/Smid/*Riedemann* StaRUG § 54 Rn. 7).

## II. Anwendungsbereich

5 Voraussetzung der Norm ist die **Anordnung einer Verwertungssperre.** Welche Rechte dem betroffenen Gläubiger zustehen, ist abhängig davon, ob dem Schuldner durch die Verwertungssperre die Nutzungsmöglichkeit bezüglich eines Gegenstands verbleibt (Abs. 1) oder ob der Schuldner durch eigene Verwertung des Gegenstands einen Erlös erzielt (Abs. 2).

## III. Tatbestand

6 Tatbestandliche Voraussetzung der Norm ist die Anordnung einer Verwertungssperre nach § 49 Abs. 1 Nr. 2.

### 1. Nutzung von Gegenständen

7 Ein Zahlungsanspruch nach Abs. 1 kann sich für den betroffenen Gläubiger ergeben, wenn ihm Zinsen geschuldet sind oder durch die Nutzung ein Wertverlust eintritt.

8 Für die **geschuldeten Zinsen** ist auf das zwischen dem Schuldner und dem Gläubiger bestehende Nutzungsrechtsverhältnis abzustellen (*Thole* ZRI 2021, 231 (235); vgl. Rechtsprechung des BGH zu § 169 InsO: BGH NJW 2006, 1873).

9 Unter **Nutzung** ist die Verwendung des Gegenstands im Rahmen der Fortführung zu verstehen (Braun StaRUG/*Riggert* StaRUG § 54 Rn. 4). Im Fall einer übermäßigen Nutzung mit der Folge einer Zerstörung des Gegen-

stands ist Abs. 1 hinsichtlich der Zahlungspflicht für den Ausgleich des Wertverlusts mindestens im Wege der Analogie heranzuziehen (Braun StaRUG/*Riggert* StaRUG § 54 Rn. 4).

**Ausgeschlossen** ist ein Zahlungsanspruch des Gläubigers nach Abs. 1 S. 2, soweit nach der Höhe der Forderung und der sonstigen Belastung des Gegenstands mit einer Befriedigung des Gläubigers aus dem Verwertungserlös nicht zu rechnen ist. Hält der Gläubiger eine „Schornsteinhypothek", soll er auch in der Phase einer Stabilisierungsanordnung nicht profitieren können, wenn auch die durch die Verwertungssperre verhinderte Verwertung wirtschaftlich erfolglos wäre. 10

### 2. Einzug von Forderungen sowie Veräußerung oder Verarbeitung von beweglichen Sachen

Abs. 2 erfasst den Fall, dass der Schuldner Forderungen, die zur Sicherung eines Anspruchs abgetreten sind, einzieht oder dass er bewegliche Sachen, an denen Rechte bestehen, die im Fall der Eröffnung eines Insolvenzverfahrens als Aus- oder Absonderungsrechte geltend gemacht werden könnten, veräußert oder verarbeitet. In fortgeführten Geschäftsbetrieben ergibt sich diese Situation typischerweise im Hinblick auf erfolgte **Besicherungen von Finanzkreditgebern und Lieferanten** (Braun StaRUG/*Riggert* StaRUG § 54 Rn. 5). Dabei kommen als Sicherungsrechte an Forderungen insbesondere verlängerte Eigentumsvorbehalte von Lieferanten und Globalzessionen an Finanzgläubiger in Betracht. Am Vorratsvermögen können Aus- wie Absonderungsrechte aus vereinbarten Eigentumsvorbehalten von Lieferanten ebenso wie Rechte aus Raumsicherungsübereignungen bestehen. 11

Abs. 2 knüpft an einen **Forderungseinzug** „nach Maßgabe der vertraglichen Vereinbarungen mit dem Berechtigten" an. Das Verständnis dieser Regelung ist nicht abschließend geklärt. So geht *Thole* davon aus, dass für die Verwertung durch den Schuldner stets die Gestattung durch den Berechtigten erforderlich ist. Anders als im Rahmen von § 21 Abs. 2 S. 1 Nr. 5 InsO helfe eine gerichtliche Anordnung bei der Sicherungsabtretung nicht über den Widerruf der Einziehungsermächtigung hinweg, da es nach § 54 Abs. 2 unterschiedslos auf die vertragliche Vereinbarungen und die Gestattung ankomme (*Thole* ZRI 2021, 231 (238)). Nach diesem Verständnis könnte die Verwertungssperre lediglich eine eigene Verwertung durch den Gläubiger verhindern, nicht aber eine Befugnis zum Einzug durch den Gläubiger schaffen, so dass unter Berücksichtigung der Verwertungssperre gar kein Forderungseinzug erfolgen dürfte. Dies steht durchaus im Einklang mit der für die ergänzte Normfassung in der Beschlussempfehlung des Rechtsausschusses gegebene Begründung, wonach klargestellt werde „dass dem Schuldner keine von der Gestattung durch den Berechtigten unabhängige Befugnis zur Einziehung, Veräußerung oder Verarbeitung zusteht" (BT-Drs. 19/25353, 9). Nach hier vertretener Auffassung lässt dies ebenso das Verständnis von Sinn und Zweck der Regelung dahingehend zu, dass der Schuldner die Einzugsberechtigung als Folge einer erlassenen Verwertungssperre trotz des Widerrufs weiterhin ausüben kann. Geregelt wird nach diesem Verständnis der Fall, in welchem dem **Schuldner im Ausgangs-** 12

**punkt vertraglich eine Einzugsberechtigung erteilt, diese aber widerrufen** worden war. Abs. 2 beschränkt den Schuldner dabei aber auf die Einhaltung der Maßgaben der vertraglichen Vereinbarung und erlegt ihm auf dieser Grundlage weitergehende Verpflichtungen zur Erlösauskehr oder -verwahrung auf.

**13** Besteht demgegenüber die **vertragliche Einzugsberechtigung** mangels Widerrufs fort, gelten die vertraglichen Vorgaben für den Schuldner uneingeschränkt weiter, Abs. 2 ist nicht einschlägig (insoweit ebenso *Thole* ZRI 2021, 231 (239)), womit sich auch keine weitergehenden Beschränkungen aus dieser Regelung ergeben (abweichend von der Anwendbarkeit von Abs. 2 unabhängig von einer angeordneten Verwertungssperre ausgehend aber Nerlich/Römermann/*Mönning,* 44. EL November 2021, StaRUG § 54 Rn. 14).

**14** Ohne ergangene Verwertungssperre stellt sich dann die Frage nach der **Auslegung der vertraglichen Regelung** in Richtung einer Erlösseparierungspflicht. Da der BGH in dem Getränkehändler-Fall die Separierungspflicht mit den mit dem Eröffnungsantrag gefährdeten Interessen der Sicherungsnehmer revolvierender Sicherheiten begründet hat, könnte dies auf den Fall der Restrukturierungssache übertragen werden, so dass dann Abs. 2 für die von der Verwertungssperre betroffenen Gläubiger eher deklaratorische Bedeutung hätte. Für eine entsprechende Vertragsauslegung bei nur allgemein gefassten Vertragsklausel („im ordnungsgemäßen Geschäftsbetrieb") spricht immerhin, dass der Gesetzgeber das StaRUG und die ESUG-Verfahren als (partiell) austauschbar ansieht. Zudem ist ersichtlich, dass die Inanspruchnahme eines StaRUG rasch im Insolvenzverfahren enden kann. Andererseits ist definitionsgemäß erst drohende Zahlungsunfähigkeit (mit dem weiten Prognosezeitraum von 24 Monaten) gegeben und der Restrukturierungsrahmen ist gerade kein Gesamtverfahren. Man könnte auch sagen, dass erst die fehlende eigene Verwertungsbefugnis die Erlösseparierungspflicht begründet. Dennoch dürften das Gleichlaufargument und die manifeste Gefährdung der Bestandsfähigkeit für eine vertragliche Separierungspflicht sprechen, soweit nichts anderes bestimmt ist (*Thole* ZRI 2021, 231 (239)).

**15** Im Hinblick auf **bewegliche Sachen** erfasst die Norm sowohl den Fall einer Veräußerung wie den der Verarbeitung.

**16** Als erzielte **Erlöse** hat die Regelung vorrangig vom Schuldner tatsächlich vereinnahmte Geldbeträge im Blick. Die ausdrücklich erfasste Verarbeitung führt als solche allerdings nicht zu einem Erlös auf Seiten des Schuldners, sondern zunächst im Fall von § 950 BGB zu einem Rechtsverlust durch Eigentumserwerb des Herstellers. Hier ist fraglich, ob der Anspruch auf Erlösauskehr sich dann auch noch auf den Erlös einer erst nachfolgenden Veräußerung erstreckt.

## IV. Rechtsfolge

### 1. Zahlungsanspruch des Gläubigers bei Verwertungssperre

**17** Ist eine Verwertungssperre ergangen, sind dem Gläubiger die geschuldeten Zinsen zu zahlen und der durch die Nutzung eintretende Wertverlust ist durch laufende Zahlungen an den Gläubiger auszugleichen (Abs. 1 S. 1). Dies gilt nicht, soweit nach der Höhe der Forderung und der sonstigen Belastung des Gegenstands mit einer Befriedigung des Gläubigers aus dem Verwertungserlös nicht zu rechnen ist. Die Zahlungspflichten enden mit der Verwertungssperre, also mit Aufhebung der Stabilisierungsmaßnahmen nach § 59 Abs. 1, mit Beendigung nach § 59 Abs. 4 oder mit zeitlichem Auslaufen der Geltungsdauer nach § 53 (Flöther/*Schönfelder* StaRUG § 54 Rn. 12 und 15).

Für unbewegliche Gegenstände kommt nach § 49 lediglich eine Vollstreckungs-, nicht aber eine Verwertungssperre in Betracht. Dies ist darauf zurückzuführen, dass die Verwertung einer Immobilie durch den Grundpfandgläubiger entweder in Übereinstimmung mit dem Schuldner als Eigentümer des Grundstücks dadurch erfolgt, dass der Schuldner die Immobilie freihändig verwertet oder, wenn dies nicht der Fall ist, im Wege der Zwangsversteigerung nach dem ZVG. Für letzteren Fall regelt § 49 Abs. 1 Nr. 1 iVm § 30g ZVG die einstweilige Einstellung des Zwangsversteigerungsverfahrens (Pannen/Riedemann/Smid/*Riedemann,* 1. Aufl. 2021, StaRUG § 49 Rn. 19). Nach § 30g Abs. 2 S. 1 ZVG ist die einstweilige Einstellung mit der Auflage anzuordnen, dass dem betreibenden Gläubiger laufend die geschuldeten Zinsen zu zahlen sind und ein durch die Nutzung entstehender Wertverlust durch laufende Zahlungen auszugleichen ist. Nach § 30g Abs. 2 S. 1 ZVG gilt dies nicht, soweit nach der Höhe der Forderung sowie dem Wert und der sonstigen Belastung des Grundstücks nicht mit einer Befriedigung des Gläubigers aus dem Versteigerungserlös zu rechnen ist. Damit wird im Ergebnis eine Parallelität der Rechtsfolgen für die betroffenen Gläubiger bei Rechten an beweglichen und unbeweglichen Gegenständen hergestellt. 18

**a) Geschuldete Zinsen.** Für eine reguläre Nutzung sind dem Gläubiger zunächst die geschuldeten Zinsen zu zahlen. Die Formulierung entspricht der Regelung in § 169 InsO. Ist eine Vereinbarung über eine Zinshöhe getroffen, so ist diese maßgeblich (Braun StaRUG/*Riggert* StaRUG § 54 Rn. 4). Bei Gegenständen, die als Sicherheit für einen Kredit dienen, ist der Zinssatz des Kredits maßgeblich. Im Übrigen ist analog der BGH-Rechtsprechung zu § 169 InsO (BGH NJW 2006, 1873) eine Verzinsungspflicht in Höhe von 4% gem. § 246 BGB anzunehmen. Der Verzugszinssatz ist dagegen nicht anwendbar. 19

**b) Wertverlust.** Neben dem Zinsanspruch des Gläubigers kommt ein Anspruch auf Ausgleich des durch Nutzung eintretenden Wertverlusts durch laufende Zahlungen in Betracht. Hierfür stellt Abs. 1 S. 1 eine eigenständige Anspruchsgrundlage dar (ebenso wie § 21 Abs. 2 S. 1 Nr. 5 S. 1 Teils. 3 InsO, vgl. dazu BGH NZI 2012, 369 Rn. 12; anders BeckOK StaRUG/*Mock,* 6. Ed. 17.7.2022, StaRUG § 54 Rn. 7, wonach die Norm lediglich klarstelle, dass ein entsprechend bestehender Anspruch auch weiter geltend gemacht werden könne). 20

Bei der **Berechnung des Wertersatzanspruchs** ist danach zu unterscheiden, ob dieser neben einer Nutzungsausfallentschädigung zu zahlen ist oder nicht (Vgl. BGH NZI 2016, 946 Rn. 8 zu § 21 Abs. 2 S. 1 Nr. 5 InsO). Die Höhe des Wertersatzanspruchs bemisst sich nach der Differenz des Wertes der betroffenen Gegenstände bei Beginn und Ende der Nutzung 21

(Vgl. BGH NZI 2016, 946 Rn. 9; 2012, 369 Rn. 23 jeweils zu § 21 Abs. 2 S. 1 Nr. 5 InsO). Darlegung und Beweis des Wertersatzanspruchs richten sich nach den allgemeinen Regeln des Zivilprozesses, insbesondere nach § 287 ZPO. Die Anknüpfung an Erfahrungssätze wie die vom Bundesministerium der Finanzen herausgegebenen Abschreibungslisten oder eine Berechnung auf der Grundlage des Verhältnisses der tatsächlichen Nutzung zur durchschnittlichen Gesamtnutzung, bei Fahrzeugen anhand der tatsächlichen Laufleistung zur durchschnittlichen Gesamtlaufleistung, kann danach ebenso zulässig sein wie die konkrete Berechnung des Wertverlustes anhand von Gutachten, welche den Wert der betroffenen Gegenstände zu Beginn und Ende des Nutzungszeitraums dokumentieren (so BGH NZI 2016, 946 Rn. 10 zu § 21 Abs. 2 S. 1 Nr. 5 InsO).

**22** Durch die Bezugnahme auf „laufende Zahlungen" ist klargestellt, dass der Schuldner die anspruchsberechtigten Gläubiger nicht auf die Zeit nach der Beendigung des Restrukturierungsverfahrens verweisen kann (*Zuleger* NZI-Beil. 2021, 43 (44); BeckOK StaRUG/*Mock,* 6. Ed. 17.7.2022, StaRUG § 54 Rn. 8). Eine Regelung vergleichbar § 169 S. 2 InsO, wonach die Zinszahlung erst spätestens nach drei Monaten einzusetzen hat, enthält das StaRUG gerade nicht (Flöther/*Schönfelder* StaRUG § 54 Rn. 10). Im Hinblick auf die Ermöglichung einer Refinanzierung des Gläubigers wird überwiegend von einer **monatlichen Zahlungspflicht** ausgegangen. Eine längere Periode ist dem Gläubiger wegen des Insolvenzrisikos des Schuldners hier nicht zumutbar (Braun StaRUG/*Riggert* StaRUG § 54 Rn. 4).

**23** **c) Ausschluss des Anspruchs.** Der Anspruch ist dann ausgeschlossen, wenn nach der Höhe der Forderung mit der Befriedigung des Gläubigers aus dem Verwertungserlös nicht zu rechnen ist. Dieser Sachverhalt tritt dann ein, wenn eine **Untersicherung** des Gläubigers besteht. Nicht anwendbar ist die Regelung auf Aussonderungsberechtigte als Vollrechtsinhaber (Flöther/*Schönfelder* StaRUG § 54 Rn. 16; entsprechend zu § 21 Abs. 2 S. 1 Nr. 5 InsO BGH NZI 2012, 369 Rn. 18).

**24** Durch das Merkmal „insoweit" wird ein Gläubigeranspruch nicht notwendig vollständig ausgeschlossen. Vielmehr ist der (verminderte) Wert der Sicherheit zugrunde zu legen. Entsprechendes gilt, wenn der Gegenstand bereits mit vorrangigen oder gleichrangigen Sicherheiten belastet ist und aus diesem Grund eine Untersicherung anzunehmen ist (Braun StaRUG/*Riggert* StaRUG § 54 Rn. 4). Die **Beweislast** dafür, dass der Gläubiger bei der Verwertung keine Befriedigung erlangen würde, trifft im Rahmen der als Ausnahmetatbestand gestalteten Regelung den Schuldner (BeckOK StaRUG/*Mock,* 6. Ed. 17.7.2022, StaRUG § 54 Rn. 9).

**25** Wie zu § 169 InsO entschieden (BGH NJW 2006, 1873 = ZIP 2006, 814 (815); hierzu auch Braun/*Dithmar* InsO § 169 Rn. 10 f.) wird man den Sachverhalt **entsprechend** behandeln müssen, dass dem Gläubiger eine **Verwertung auch bei unverzüglicher Freigabe nicht möglich** ist. Ansprüche des Gläubigers bestehen dann insoweit nicht, als aus außerhalb der Stabilisierungsanordnung liegenden Gründen eine Verzögerung eingetreten wäre (Braun StaRUG/*Riggert* StaRUG § 54 Rn. 4; BeckOK StaRUG/*Mock,* 6. Ed. 17.7.2021, StaRUG § 54 Rn. 5).

## 2. Auskehr oder Separierung von Verwertungserlösen

Zieht der Schuldner Forderungen ein, die zur Sicherung eines Anspruchs abgetreten sind, oder veräußert oder verarbeitet er bewegliche Sachen, an denen Rechte bestehen, die im Fall der Eröffnung eines Insolvenzverfahrens als Aus- oder Absonderungsrechte geltend gemacht werden könnten, sind nach Abs. 2 die dabei erzielten Erlöse an die Berechtigten auszukehren oder unterscheidbar zu verwahren, es sei denn, der Schuldner trifft mit den Berechtigten eine anderweitige Vereinbarung. Die vorgesehene **Separierungspflicht** geht ersichtlich auf die **parallele Situation im Insolvenzeröffnungsverfahren** und den Getränkehändler-Fall des BGH (NZI 2019, 274 mAnm *Ganter* NZI 2019, 279) zurück. Sie soll dem Sicherungsbedürfnis des Gläubigers Rechnung tragen, der mangels Anfechtungsschutzes und mangels Masseverbindlichkeit bei Scheitern der Restrukturierung nicht geschützt wäre (*Thole* ZRI 2021, 231 (238)). Ein Verstoß gegen die Separierungs- und Auskehrpflicht kann im Rahmen von § 59 Abs. 1 Nr. 4 als Umstand angesehen werden, der belegt, dass der Schuldner nicht willens ist, seine Geschäftsführung an den Interessen der Gläubigergesamtheit auszurichten, und damit die Möglichkeit der Aufhebung der Stabilisierungsanordnung eröffnen (Flöther/*Schönfelder* StaRUG § 54 Rn. 36). Die Norm eröffnet zugleich ausdrücklich den Weg für eine Vereinbarung entsprechend einem „unechten Massekredit" im Insolvenzantragsverfahren. 26

**a) Auskehr.** Für die geschuldete Auskehr der erzielten Erlöse enthält die Norm keine weiteren Spezifizierungen. Im Ausgangspunkt wird daher jeder erzielte Erlös sofort zur Auskehr zu bringen sein. Dies erweist sich allerdings häufig, wie etwa im Fall eines Handelsunternehmen und am Vorratsvermögen bestehenden Aus- und Absonderungsrechten als unpraktikabel (Braun StaRUG/*Riggert* StaRUG § 54 Rn. 6). In der Praxis werden daher modifizierende Absprachen gesucht werden, die etwa eine Abrechnung und Auskehr in einem wöchentlichen oder monatlichen Turnus vorsehen können. 27

**b) Separierung.** Auch zur zweiten Handlungsalternative der unterscheidbaren Verwahrung der erzielten Erlöse enthält das Gesetz keine präzisierenden weiteren Vorgaben. Fraglich erscheint daher insbesondere, ob dem Wortlaut entsprechend allein auf eine Unterscheidbarkeit abzustellen ist, also etwa der Einzug auf ein gesondertes, im Haben geführtes Konto ausreicht. Insoweit wird zu Recht darauf hingewiesen, dass auch einfach separierte Erlöse im Falle einer Insolvenz des Schuldners in die Insolvenzmasse fallen, ohne dass der Gläubiger ein Ab- oder Aussonderungsrecht daran geltend machen könnte (Braun StaRUG/*Riggert* StaRUG § 54 Rn. 7). Dem Schutzgedanken der Regelung entsprechend wird man hier eine Gestaltung verlangen müssen, die gerade auch im relevanten Fall des Abgleitens der Restrukturierungssituation in ein Insolvenzverfahren weiterhin einen Zugriff des Gläubigers auf die separierten Beträge ermöglicht. Für die Geschäftsleitung des Schuldners ist dies mit Blick auf die ausdrücklich angeordnete 28 persönliche Haftung für die Verletzung der Separierungspflicht nach § 57 S. 3 von besonderer Bedeutung (→ § 57 Rn. 19 ff.).

29 **c) Abweichende Vereinbarung mit dem Berechtigten.** Unter Berücksichtigung der Schutzfunktion für die Gläubiger einerseits und mit Blick auf die parallel zum Insolvenzantragsverfahren erkennbaren praktischen Bedürfnisse im Rahmen einer Betriebsfortführung andererseits lässt der Gesetzgeber ausdrücklich die Möglichkeit einer von der Auskehr- bzw. Separierungspflicht befreienden abweichenden Vereinbarung des Schuldners mit dem Berechtigten offen.

30 Der **Berechtigte** ist derjenige, dem das potentielle Aus- oder Absonderungsrecht zustünde. Bei Einbindung eines Sicherheitentreuhänders kommt es auf die konkreten Absprachen an; grundsätzlich wird der Sicherheitentreuhänder der Absonderungsberechtigte sein (*Thole* ZRI 2021, 231 (238) Fn. 20).

31 Als abweichende Vereinbarung gegenüber einer zeitnahen Auskehr sowie gegenüber einer separierten Verwahrung der Erlöse kommen verschiedene **Gestaltungsansätze** in Betracht. Als Gewährung eines „unechten" Restrukturierungskredit können zunächst die Erlöse in Form einer zweiten parallelen (nicht vorrangigen) Verbindlichkeit kreditiert werden. Da es sich bei den kreditierten Erlösen um Sicherheitenerlöse handelt, nicht aber um „frisches" Geld, müssen diese, wie auch beim „unechten" Massekredit, im Falle der Rückführung mit der ausstehenden Forderung aus der Darlehens-Altforderung verrechnet werden (*Trowski* NZI 2021, 297 (300)). Eine zweite Variante ist die Vereinbarung, dass für die von der Stabilisierungsmaßnahme betroffenen, unter Umständen gekündigten Darlehens-Altforderungen weiterhin die rollierenden Sicherungsrechte am Umlaufvermögen fortgelten (*Trowski* NZI 2021, 297 (300)). Möglich ist weiterhin eine Vereinbarung, nach der die Erlöse aus den Sicherungsrechten am Umlaufvermögen auf einem Treuhandkonto separiert und nur in dem Umfang für die Fortführung des Geschäftsbetriebes freigegeben werden, wie dies nach der Liquiditätslage erforderlich ist und/oder neue Sicherungsrechte nachweislich in gleichem Umfang entstehen (*Trowski* NZI 2021, 297 (300)).

32 Aus Gläubigerperspektive wird auf das **Risiko einer Anfechtbarkeit im Hinblick auf neu entstehendes Sicherungsgut** hingewiesen, da § 89 insoweit keinen Schutz biete. Es würden daher bestehende, verhältnismäßig anfechtungsfeste Sicherheiten gegen neue, verhältnismäßig „anfechtungsbehaftete" Sicherheiten ausgetauscht (Flöther/*Schönfelder* StaRUG § 54 Rn. 40 ff.; vgl. zum Anfechtungsrisiko in der Krisenphase auch *Huber* NZI 2020, 89 (91)). Andererseits wird hervorgehoben, dass während eines Sanierungsverfahrens nach dem StaRUG rollierende Sicherungsrechte wegen der nur drohenden Zahlungsunfähigkeit des Schuldners grundsätzlich weiterhin anfechtungsfest entstehen (*Trowski* NZI 2021, 297 (298)). Das Vorliegen von Anfechtungstatbeständen möge bei einer drohenden Zahlungsunfähigkeit nicht ausgeschlossen sein, werde aber die Ausnahme darstellen (*Trowski* NZI 2021, 297 (299)). Angesichts der gesetzlich nicht eindeutigen Lage ist in der Praxis aus Beratersicht zu empfehlen und daher zu erwarten, dass die betroffenen Gläubiger erhöhte Anforderungen an die Darstellung der Erfolgsaus-

sichten der Sanierung stellen werden, ehe entsprechende Zugeständnisse gemacht werden. Hierfür sollte allerdings mit der ohnehin erforderlichen Restrukturierungsplanung bereits eine Grundlage vorhanden sein.

## Vertragsrechtliche Wirkungen

**55** (1) [1] **Ist der Schuldner zum Zeitpunkt der Stabilisierunganordnung einem Gläubiger etwas aus einem Vertrag schuldig, so kann der Gläubiger nicht allein wegen der rückständigen Leistung eine ihm im Anordnungszeitraum obliegende Leistung verweigern oder Vertragsbeendigungs- oder -abänderungsrechte geltend machen; unberührt bleibt das Recht des Gläubigers, die Erbringung des Teils der ihm obliegenden Gegenleistung zu verweigern, der auf die rückständige Leistung des Schuldners entfällt.** [2] **Ergehen Folge- oder Neuanordnungen, ist der Zeitpunkt der Erstanordnung maßgeblich.**

(2) **Absatz 1 gilt nicht, wenn der Schuldner für die Fortführung des Unternehmens nicht auf die dem Gläubiger obliegende Leistung angewiesen ist.**

(3) [1] **Ist der Gläubiger vorleistungspflichtig, hat er das Recht, die ihm obliegende Leistung gegen Sicherheitsleistung oder Zug um Zug gegen die dem Schuldner obliegende Leistung zu erbringen.** [2] **Absatz 1 berührt nicht das Recht von Darlehensgebern, den Darlehensvertrag vor der Auszahlung des Darlehens wegen einer Verschlechterung der Vermögensverhältnisse des Schuldners oder der Werthaltigkeit der für das Darlehen gestellten Sicherheit zu kündigen (§ 490 Absatz 1 des Bürgerlichen Gesetzbuchs).** [3] **Satz 2 gilt auch für andere Kreditzusagen.**

**Schrifttum:** *Fischer* Steuerrechtliche Implikationen des StaRUG, NZI-Beilage 2021, 69; *Frind* Nutzen und Grenzen der Stabilisierungsanordnung im StaRUG-Verfahren aus gerichtlicher Sicht, ZRI 2021, 697; *Marotzke* Gegenseitige Verträge im künftigen Stabilisierungs- und Restrukturierungsrahmen für Unternehmen ZInsO 2021, 21; *Proske/Streit* Rettende Restrukturierung durch Rechtsrahmen? Lob und Kritik zum Regierungsentwurf des StaRUG, NZI 2020, 969; *Riggert* Allgemeine Grundsätze der Stabilisierung nach dem StaRUG, NZI-Beilage 2021, 40; *Schönfelder* Kreditvertragliche Kündigungsrechte im StaRUG-Verfahren – viel Lärm um nichts?, WM 2022, 361; *Thole* Stabilisierung und vertragsrechtliche Wirkungen des StaRUG, ZRI 2021, 231.

**Übersicht**

## I. Normzweck und Grundlagen

1 Die aus der Stabilisierungsanordnung nach § 49 Abs. 1 Nr. 1 folgende Vollstreckungssperre hindert den Gläubiger daran, Zwangsvollstreckungsmaßnahmen durchzuführen. § 55 Abs. 1 bestimmt, zu welcher weiteren Lähmung die Stabilisierungsanordnung ohne Weiteres kraft Gesetzes im Hinblick auf vertragliche Ansprüche führt, mit deren Erfüllung der Schuldner bereits im Zeitpunkt der Anordnung im Rückstand war. Das StaRUG bestimmt kein Moratorium, das ein materiell-rechtliches Leistungsverweigerungsrecht trägt. Der Schuldner kann ungeachtet des Moratoriums nach § 286 BGB in Verzug geraten. § 55 Abs. 1 schließt aber einzelne wenige materiell-rechtliche Rechtsbehelfe des Gläubigers aus, um Gegenleistungsansprüche des Schuldners gegen den Gläubiger zu schützen (→ Rn. 2, 14 f.), auf die das schuldnerische Unternehmen angewiesen ist, § 55 Abs. 2. Allerdings belässt § 55 Abs. 1 S. 1 Hs. 2 dem Gläubiger ausdrücklich die Einrede des nichterfüllten Vertrags, § 320 BGB, ferner § 55 Abs. 3 sowohl dem vorleistungspflichtigen Gläubiger die Unsicherheitseinrede aus § 321 BGB als auch dem Darlehensgeber das Recht zur Kündigung des nicht valutierten Darlehens aus § 490 Abs. 1 Fall 1 BGB.

### 1. Regelungszweck

2 § 55 Abs. 1 ergänzt mit seiner Beschränkung bestimmter Vertragsrechte wegen Rückständen das Vollstreckungsverbot der Stabilisierungsanordnung nach § 49 Abs. 1 Nr. 1. Allerdings wendet sich die Bestimmung nur vordergründig dagegen, aus von der Stabilisierungsanordnung erfassten Forderungen Rechte herzuleiten. Vielmehr schützt sie für die Fortführung des Unternehmens notwendige Gegenansprüche des Schuldners gegen den Gläubiger der rückständigen und von der Stabilisierungsanordnung erfassten Leistung. Diesen Zweck verdeutlicht § 55 Abs. 2, der den Schutz auf Gegenleistungen beschränkt, auf die der Schuldner zur Unternehmensfortführung angewiesen ist. Mit dieser Beschränkung hat der deutsche Gesetzgeber von dem Spielraum der Richtlinie in Art. 7 Abs. 4 UAbs. 3 RL 2019/1023 in einschränkender Weise Gebrauch gemacht. Denn danach hätte der

Schutz auch auf nicht wesentliche Gegenleistungen ausgedehnt werden können. Mit § 55 Abs. 1 wird der auf Erwgr. 41 beruhende Art. 7 Abs. 4 UAbs. 1 RL 2019/1023 umgesetzt. Art. 7 Abs. 4 RL 2019/1023 lautet insgesamt folgendermaßen:

> Die Mitgliedstaaten erlassen Vorschriften, um Gläubiger, für die die Aussetzung gilt, daran zu hindern, in Bezug auf vor der Aussetzung entstandene Schulden und allein aufgrund der Tatsache, dass die Schulden vom Schuldner nicht zurückgezahlt wurden, Leistungen aus wesentlichen noch zu erfüllenden Verträgen zu verweigern, diese Verträge zu kündigen, vorzeitig fällig zu stellen oder in sonstiger Weise zum Nachteil des Schuldners zu ändern. Unter dem Begriff der noch zu erfüllenden wesentlichen Verträge sind noch zu erfüllende Verträge zu verstehen, die für die Weiterführung des täglichen Betriebs des Unternehmens erforderlich sind – einschließlich solcher über Lieferungen, deren Aussetzung dazu führen würde, dass die Geschäftstätigkeit des Schuldners zum Erliegen kommt.
>
> Unterabsatz 1 hindert die Mitgliedstaaten nicht daran, solchen Gläubigern angemessene Schutzvorkehrungen zu bieten, um zu verhindern, dass diese Gläubiger durch Unterabsatz 1 in unangemessener Weise beeinträchtigt werden.
>
> Die Mitgliedstaaten können vorsehen, dass dieser Absatz auch für noch zu erfüllende nichtwesentliche Verträge gilt.

Dass die Bestimmung nur bestehende Rechte schützen will, verdeutlicht 3 schließlich der klarstellende § 55 Abs. 3. Dem liegt der Gedanke zugrunde, dass der Vertragspartner zwar als Gläubiger der bei Anordnung des Vollstreckungsverbots rückständigen Forderung in die Restrukturierungsverhandlungen gehen soll. Es soll ihm aber nicht aufgenötigt werden, über diesen Status quo hinaus, sein Insolvenzrisiko zu erhöhen (BT-Drs. 19/24181, 158; *Marotzke* ZInsO 2021, 21 (25); *Thole* ZRI 2021, 231 (233)). Deklaratorischen Charakter hat § 55 Abs. 3, weil die erfassten Vertragsrechte des Gläubigers nicht, wie es § 55 Abs. 1 verlangt, an einen bloßen Rückstand, sondern an die Vermögensverschlechterung des Schuldners (→ Rn. 26) anknüpfen.

## 2. Regelungskontext

Eine Ausnahme zu § 55 enthält § 56 Abs. 2 durch die Ermöglichung des 4 Nettings im Anwendungsbereich des § 104 InsO (→ § 56 Rn. 1, 8). In der Rechtsfolge ähnelt § 55 Abs. 1 dem § 44 Abs. 1 u. 2. Allerdings knüpfen beide Vorschriften ihr Verbot bestimmter Einwirkungen auf vertragliche Ansprüche an unterschiedliche Voraussetzungen. Während § 55 Abs. 1 an den von der Stabilisierungsanordnung erfassten Zahlungsrückstand anknüpft, will § 44 negative Auswirkungen verhindern, die bloß mit der Inanspruchnahme von StaRUG-Instrumenten verknüpft werden. Insoweit geht § 55 Abs. 1 also weiter, weil die Sanktion von Vertragsverletzungen eingeschränkt wird. Soweit § 55 Abs. 1 S. 1 Hs. 2 die Ansprüche aus gegenseitigen Verträgen stützt, besteht eine Parallele Regelung der Gestaltbarkeit in § 3 Abs. 2. Hier wie dort ist der Schutz aber nur insoweit gewährleistet, als noch keine Vorleistungen des Vertragspartners erfolgt sind (→ Rn. 34).

Die InsO kennt keine entsprechende Vorschrift, die explizit an rückstän- 5 dige Leistungen anknüpft. Die Insolvenzeröffnung führt zu entsprechenden Wirkungen. So schließt nicht nur § 87 InsO die Durchsetzung einer Insolvenzforderung durch Maßnahmen außerhalb des Insolvenzverfahrens aus. Darüber hinaus ist das Zurückbehaltungsrecht aus § 273 BGB nicht insolvenzfest und verliert daher mit Insolvenzeröffnung seine Wirkung (BGHZ 150, 138 (145); BGH NJW 2009, 1414 Rn. 18). Zur Masse zählende Ansprüche werden durch § 91 InsO geschützt. Daher bedarf es einer besonderen Legitimation für ihre Beschränkung, an der es grundsätzlich fehlt, wenn bloß dem Schuldner wegen seines Verhaltens vor Verfahrenseröffnung, aber nicht dem Insolvenzverwalter der Vorwurf der Nichtleistung zu machen ist. Insbesondere scheidet ein solcher Vorwurf bei der Nichtleistung auf Insolvenzforderungen aus, auf deren Abwicklung das Verfahren nach §§ 38, 41, 45, 87, 177 f. InsO zielt und daher im Grundsatz zu einer Versteinerung dieser Rechtspositionen auf den Zeitpunkt der Insolvenzeröffnung führt (Jaeger/*Jacoby* Vor §§ 103 ff. Rn. 26). Die Insolvenzfestigkeit der Einrede des nichterfüllten Vertrags aus § 320 BGB wird indessen in §§ 103 ff. InsO näher ausgestaltet. Insoweit lässt sich die Teilung hervorheben, zu der § 105 und § 108 Abs. 3 InsO unter Abweichung von § 320 Abs. 2 BGB führen. Entsprechend ist § 55 Abs. 1 S. 1 Hs. 2 zu verstehen, wenn diese Bestimmung das Leistungsverweigerungsrecht nur für die Gegenleistung des rückständigen Leistungsteils versagt (→ Rn. 34). Die Vertragsaufspaltung ist eine ganz wesentliche Weichenstellung für das Insolvenzverfahren, weil der Vertragspartner seine Ansprüche dem Insolvenzverwalter umfassend entgegenhalten kann, wenn sie als Masseverbindlichkeiten einzuordnen sind, während Insolvenzforderungen allein nach Maßgabe von §§ 94 ff. InsO die Aufrechnung legitimieren. Entsprechend stellt der Zeitraum, bis sich der Verwalter über sein Wahlrecht nach § 103 InsO erklärt, eine Schwebephase dar, weil von der Entscheidung abhängt, ob die Forderungen des Vertragspartners zur Masseverbindlichkeit aufgewertet werden.

**6** Im Vorfeld der Insolvenzeröffnung knüpft § 112 Nr. 1 InsO speziell für Miete und Pacht an den Insolvenzantrag die Unzulässigkeit einer auf Rückstände vor Antrag gestützten Zahlungsverzugskündigung, die das materielle Recht namentlich nach Maßgabe von § 543 Abs. 2 Nr. 3 BGB zulässt. Das ist eine Sonderregelung, die nicht auf andere Vertragstypen zu erstrecken ist (Jaeger/*Jacoby* § 112 Rn. 26). Sicherungsanordnungen, die entsprechende Wirkungen äußern, sind in § 21 Abs. 2 InsO nicht vorgesehen und nicht üblich. Aus Verfügungsbeschränkungen lässt sich ein entsprechender Masseschutz schon deswegen nicht ableiten, weil § 24 Abs. 1 InsO den § 91 InsO nicht einbezieht. Vielleicht wird § 55 Abs. 1 als Vorbild dienen, um ein Vollstreckungsverbot nach § 21 Abs. 2 S. 1 Nr. 3 InsO mit entsprechenden Wirkungen zu verbinden.

## II. Anwendungsbereich

**7** Als Anwendungsbereich des § 55 lässt sich festhalten, dass eine Stabilisierungsanordnung nach § 49 ergangen sein muss. Diese Anordnung legt angesichts der von § 49 Abs. 2 S. 2 möglichen Einzelwirkung fest, welche Gläubigerforderungen von der Vollstreckungssperre des § 49 Abs. 1 Nr. 1 erfasst werden. § 55 bestimmt daran anknüpfend, welche Folgen über die Vollstreckungssperre hinaus kraft Gesetzes für die von der Stabilisierungsanordnung erfassten (→ Rn. 10) Vertragsgläubiger (→ Rn. 9) eintreten.

## III. Tatbestand

8 Auf Tatbestandseite enthält § 55 besondere Anforderungen an die wechselseitig zwischen Vertragsgläubiger und Schuldner bestehenden Forderungen. Auf der einen Seite steht die Gläubigerforderung (→ Rn. 9 ff.). Das ist die Forderung des Vertragspartners (→ Rn. 9), die durch die Stabilisierungsanordnung der Vollstreckungssperre unterworfen sein muss (→ Rn. 10). Damit die qualifizierten Stabilisierungswirkungen des § 55 greifen, müssen insoweit aber auch noch die besonderen Fälligkeitsvoraussetzungen des § 55 Abs. 1 gegeben sein (→ Rn. 11 f.). Auf der anderen Seite steht die durch § 55 geschützte Schuldnerforderung gegen den Vertragspartner (→ Rn. 13 ff.).

### 1. Gelähmte Gläubigerforderung

9 § 55 Abs. 1 ist entsprechend seiner Überschrift im Unterschied zu § 2 Abs. 1 Nr. 1 auf **vertragliche Erfüllungsansprüche** der Gläubiger beschränkt. Sonstige Ansprüche aus Gesetz sind nicht erfasst. Dafür ist § 55 Abs. 1 indessen auf alle Arten von Verträgen anwendbar, gleich ob es sich um einseitig verpflichtende, gegenseitige Verträge oder Verträge mit Drittbeteiligung handelt. Eine Ausnahme enthält allein § 56 Abs. 2 für das Netting im Anwendungsbereich der von § 104 InsO erfassten Verträge (→ § 56 Rn. 8).

10 Nach § 49 Abs. 2 hängt es vom Inhalt der Stabilisierungsanordnung ab, welche Gläubiger mit welcher Forderung einbezogen sind. Darauf nimmt der Wortlaut des § 55 Abs. 1 nicht Bezug, sondern knüpft an die Stabilisierungsanordnung nur in zeitlicher Hinsicht (→ Rn. 12, 38) an. Nach Sinn und Zweck sowie dem systematischen Zusammenhang erstreckt sich § 55 aber nur auf solche **Forderungen, auf die sich die Stabilisierungsanordnung bezieht** (HambKomm-RestR/*Undritz/Knof* § 55 Rn. 15; Wolgast/Grauer/*Mikolajczak* § 55 Rn. 5). Denn nur wenn dem Gläubiger aufgrund der Vollstreckungssperre die zwangsweise Durchsetzung seiner Forderung verwehrt ist, ist es angemessen, seine Lähmung auch auf bestimmte Vertragsrechte zu erstrecken, denen gleichfalls Druckwirkung zukommt. Für diese Auslegung spricht auch die Begründung des Regierungsentwurfs, wenn dort „Gläubiger, die von Stabilisierungsmaßnahmen betroffen sind" als Adressaten genannt werden (BT-Drs. 19/24181, 157). Auch die Richtlinie formuliert dies ausdrücklich (→ Rn. 2).

11 § 55 Abs. 1 enthält schließlich eine ganz eigenständige, in gewisser Weise auch an § 2 Abs. 5 S. 2 anknüpfende Voraussetzung in zeitlicher Hinsicht. Denn sie bezieht nur Gläubigeransprüche ein, die der Schuldner bereits zu dem Zeitpunkt der Stabilisierungsanordnung „schuldig" war und die daher einen „Rückstand" begründen. Dafür genügt das bloße Begründetsein einer Forderung iSv § 38 InsO nicht (**aA** HambKomm-RestR/*Undritz/Knof* § 55

Rn. 6), sondern der Anspruch muss bereits vor der Stabilisierungsanordnung **fällig** gewesen sein (BT-Drs. 19/24181, 158: „schuldig geblieben sein"; Wolgast/Grauer/*Mikolajczak* § 55 Rn. 9; *Thole* ZRI 2021, 231 (236)).

**12** Die ursprüngliche Stabilisierungsanordnung kann nach § 52 durch die dort legaldefinierten **Folge- oder Neuanordnungen** verändert werden. In einem solchen Fall erklärt § 55 Abs. 1 S. 2 die Erstanordnung für maßgeblich, um über das Vorliegen eines fälligen Rückstands zu entscheiden. Wird zB erst durch eine Folgeanordnung eine bestimme Gläubigerforderung in die Stabilisierung einbezogen, kommt es für die Feststellung eines Rückstands dennoch auf die gegen den betroffenen Gläubiger noch gar nicht wirkende Erstanordnung an.

## 2. Geschützte Ansprüche des Schuldners

**13** Viele Stellungnahmen entnehmen § 55 den Ausschluss von Leistungsstörungsrechten wegen einer Nichtleistung, ohne zu verlangen, dass dadurch eine Forderung des Schuldners gegen den Gläubiger beeinträchtigt wird (HambKomm-RestR/*Undritz/Knof* § 55 Rn. 2, 5 ff.; Wolgast/Grauer/*Mikolajczak* § 55 Rn. 1, 12 ff.; *Thole* ZRI 2021, 231 (237)). § 55 Abs. 2 wird dann vielfach isoliert dargestellt (vgl. Flöther/*Schönfelder* § 55 Rn. 2, 11 ff.). Indessen verlangt bereits § 55 Abs. 1 eine dem Gläubiger obliegende Leistung (→ Rn. 14 ff.). § 55 Abs. 2 stellt weitere Anforderungen an den Inhalt des Anspruchs, den der Schuldner gegen den anderen Vertragsteil zustehen muss, und der von § 55 geschützt wird (→ Rn. 17 ff.). Daher kommt § 55 nicht zur Anwendung, wenn nur der Schuldner seine (rückständige) Leistung schuldet, aber keine Ansprüche des Schuldners gegen den Gläubiger (mehr) bestehen.

**14** **a) Schutzobjekt Schuldneranspruch aus Abs. 1.** Dass § 55 Abs. 1 eine Einwirkung auf einen Anspruch des Schuldners gegen den Gläubiger untersagt und einen solchen Anspruch damit voraussetzt, bestimmt diese Regelung ausdrücklich nur hinsichtlich des Leistungsverweigerungsrechts („kann der Gläubiger nicht … eine ihm … obliegende Leistung verweigern"). Jedenfalls der Sinn und Zweck der Bestimmung (→ Rn. 2) und die Regelung in § 55 Abs. 2 machen deutlich, dass auch Vertragsbeendigungs- oder Änderungsrechte nur ausgeschlossen sind, wenn sie dazu führen, dass Ansprüche des Schuldners gegen den Gläubiger untergehen. § 55 Abs. 1 kann also nur dem Vertragspartner = Gläubiger etwas verbieten, wenn dieser dadurch abwenden will, eine eigene Leistung gegenüber dem Schuldner erbringen zu müssen.

**15** Die Vertragsbeendigung, die § 55 Abs. 1 verbietet, muss sich also jedenfalls auf den Vertrag beziehen, aus dem der Vertragspartner etwas schuldet, nicht allein auf den Vertrag, aus dem der Schuldner seine Leistung nicht erbracht hat. Dem Wortlaut der Richtlinie lässt sich dieser Zusammenhang leichter entnehmen als dem Wortlaut des § 55 Abs. 1 S. 1 Hs. 1, wenn Art. 7 Abs. 4 UAbs. 1 RL 2019/1023 (→ Rn. 2) vorgibt, den Gläubiger zu hindern, „diese [sic!] Verträge zu kündigen", aus denen die Gläubiger Leistungen zu erbringen haben. Daher kann ein Vertragspartner beispielsweise ungeachtet des § 55 von einem Vertrag auch wegen Nichtleistung nach

Fristsetzung gem. § 323 Abs. 1 BGB dann zurücktreten, wenn er seine Leistung vollständig erbracht hat. Denn der Rücktritt führt dann nach § 346 BGB nicht zum Erlöschen ohnehin nicht (mehr) bestehender Forderungen des Schuldners gegen den Vertragspartner. Ein Fall des § 55 ist es indessen, wenn der Vertragspartner seine Leistungen – etwa auch bei einem Dauerschuldverhältnis – nur teilweise erbracht hat und der Rücktritt oder die Kündigung zum Erlöschen des Schuldneranspruchs auf die restliche Leistung führen würde.

Diese Voraussetzung erklärt auch die nur partielle Bezugnahme des § 55 **16** Abs. 3 S. 2 auf das Kündigungsrecht des Darlehensgebers nach § 490 Abs. 1 BGB. Dort ist nur auf die Kündigung nicht valutierter Darlehen nach § 490 Abs. 1 Fall 1 BGB Bezug genommen, während die Fälligkeitskündigung des § 490 Abs. 1 Fall 2 BGB keine Erwähnung findet, die zur Fälligkeit des Anspruchs auf Rückzahlung bereits valutierter Darlehen führt. Die letztere Rechtfolge ist ihrer Art nach von § 55 Abs. 1 aber auch gar nicht erfasst und wird daher zurecht nicht erwähnt, weil anders als bei dem Anspruch auf Darlehensauszahlung kein Anspruch des Schuldners gegen den Vertragspartner (= Gläubiger) in Rede steht.

**b) Zusätzliche Anforderungen des Abs. 2.** In § 55 Abs. 2 hat der **17** deutsche Gesetzgeber den von der Richtlinie eröffneten Spielraum (→ Rn. 2 f.) genutzt, qualifizierte Anforderungen an den schützenswerten Schuldneranspruch zu stellen. Der Schuldner muss für die Fortführung des Unternehmens darauf angewiesen sein, was freilich eine Wertungsfrage ist. In gewisser Weise ist der Gesetzgeber allerdings einen Mittelweg gegangen, weil er durch die (doppelt) negative Formulierung von § 55 Abs. 2 dem Gläubiger die Darlegungs- und Beweislast aufgebürdet hat, dass der Schuldner auf die Leistung nicht angewiesen ist (→ Rn. 21).

Die Angewiesenheit ist eine Frage des Einzelfalls. Der Richtlinientext **18** (→ Rn. 2) nennt den Erhalt des „täglichen Betriebs des Unternehmens" ebenso wie die Verhinderung, dass „die Geschäftstätigkeit des Schuldners zum Erliegen kommt". Als Beispiele lassen sich Erwgr. 41 der Richtlinie wesentliche Lieferungen wie Gas, Strom, Wasser, Telekommunikation und Kartenzahlungsdienste entnehmen. Neben diesen Leistungen, die der Aufrechterhaltung des allgemeinen Betriebs dienen, kommen aber auch alle notwendigen Zulieferungen wie Produktionsmittel, aber auch Reparatur oder Ersatz für notwendige Betriebsmittel wie Maschinen in Betracht, wenn diese für die Ausübung des Unternehmers erforderlich sind. Eine gewisse Parallele besteht zu § 15b Abs. 2 S. 1 InsO der Zahlungen zur Aufrechterhaltung des Geschäftsbetriebs vom Zahlungsverbot unter bestimmten Voraussetzungen ausnimmt. Erwgr. 41 nennt als Vertragstypen, die besonders in Betracht kommen, Miet- und Lizenzverträge, langfristige Lieferverträge und Franchiseverträge.

Die Angewiesenheit wird für ausgeschlossen gehalten, wenn eine Ersatz- **19** beschaffung rechtzeitig und zu gleichen Konditionen möglich ist (HambKomm-RestR/*Undritz/Knof* § 55 Rn. 18 f.; Wolgast/Grauer/*Mikolajczak* § 55 Rn. 15; offen gelassen *Thole* ZIP 2020, 1985 (1994)). Dafür wird angeführt, dass diese Möglichkeit der Ersatzbeschaffung meist der einzige Einwand für den Vertragspartner sein werde. Indessen sollte man die ohnehin schwierige Tatfrage um die Angewiesenheit nicht auch noch um diese weitere Frage der Ersatzbeschaffung belasten. Jede Prüfung dieser Möglichkeit bedeutet für den Schuldner eine Belastung, derer es doch gerade nicht bedürfen soll. Für diese Sichtweise sprechen die in Erwgr. 41 der Richtlinie aufgezählten Beispiele, bei denen typischerweise die Ersatzbeschaffung in Erwägung zu ziehen wäre.

**20** Es fehlen ausdrückliche Stellungnahmen dazu, ob nur Sachleistungen oder auch auf Geld gerichtete Zahlungsansprüche die Anforderungen des § 55 Abs. 2 erfüllen können. Zwar ist Liquidität für eine erfolgreiche Unternehmensfortführung notwendig, schon um notwendige Sachleistungen zu vergüten. Das sollte jedoch nicht ausreichen, zumal § 55 einer Aufrechnung nicht entgegensteht und § 55 Abs. 3 klarstellt, dass Geldleistungen als Vorleistung nicht beansprucht werden können. Der bloß drohend zahlungsunfähige Schuldner muss seine Liquidität auf andere Weise sichern.

**21** **c) Feststellung des Schuldneranspruchs.** Für die dargestellten Voraussetzungen besteht eine unterschiedliche Darlegungs- und Beweislast. Dass nach § 55 Abs. 1 der Schuldner über einen geschützten Anspruch verfügt, hat der Schuldner darzulegen. Angesichts der Formulierung als Ausschlusstatbestand hat indessen der Gläubiger darzulegen, dass der Schuldner auf den Gegenstand nicht angewiesen ist. Da diese Frage die Sphäre des Schuldners betrifft, trifft ihn allerdings eine sekundäre Darlegungslast. Stellt der Gläubiger die Angewiesenheit in Abrede, muss der Schuldner also darlegen, warum er auf die Leistung angewiesen ist.

**22** Es wird vorgeschlagen, Zweifel angesichts des § 55 Abs. 2 könnten durch Klarstellungsbeschluss des Restrukturierungsgerichts auf Gläubigerantrag ausgeräumt werden (*Frind* ZRI 2021, 697 (704); zustimmend Wolgast/Grauer/*Mikolajczak* § 55 Rn. 16). Dafür spricht das Bedürfnis nach schleuniger Klärung. Indessen ist das Restrukturierungsgericht nicht dazu berufen, eine solche Klärung herbeizuführen. Die Folgen des § 55 treten kraft Gesetzes ein, ohne dass eine Anordnungsbefugnis des Gerichts besteht, die auf den durch § 49 bestimmten Inhalt beschränkt ist. Über die von § 55 geschützte Forderung des Schuldners gegen den Gläubiger kann das Restrukturierungsgericht nicht befinden. Es handelt sich um einen materiellen Anspruch, für den die gerichtliche Zuständigkeit zur rechtskräftigen Streitentscheidung nach allgemeinen Regeln besteht (→ Rn. 39).

## IV. Rechtsfolge

**23** Auf Rechtsfolgenseite führt § 55 unmittelbar dazu, dass dem Vertragspartner für die Dauer der Stabilisierungsanordnung (→ Rn. 38) bestimmte materielle Rechtsbehelfe genommen werden (→ Rn. 24 ff.). Daher bleibt entsprechend dem Schutzzweck der Bestimmung (→ Rn. 2, 13 ff.) der Schuldner berechtigt, seine geschützte Forderung gegen den Vertragspartner durchzusetzen (→ Rn. 39 f.).

### 1. Ausgeschlossene Rechtsbehelfe (Einreden und Einwendungen)

24 § 55 führt keinesfalls zu einem umfassenden Ausschluss von vertraglichen Leistungsstörungsrechten. Vielmehr zeichnen sich die erfassten materiellen Rechtsbehelfe auf Rechtsfolgenseite dadurch aus, dass sie als Einrede (insbesondere Zurückbehaltungsrecht) oder Einwendung (insbesondere Rücktritt oder Kündigung) gegen den von § 55 geschützten und zu seinem Tatbestand zählenden Schuldneranspruch wirken (→ Rn. 32 ff.). Das zweite notwendige Charakteristikum dieser Rechtsbehelfe besteht darin, dass sie in ihren Voraussetzungen an den Rückstand des Schuldners mit einer Leistung anknüpfen (→ Rn. 25 ff.), der ebenfalls schon Tatbestandsvoraussetzung von § 55 ist.

25 **a) Beruhen allein auf Rückstand.** § 55 Abs. 1 beschränkt den Gläubiger bestimmte materielle Rechtsbehelfe „allein wegen der rückständigen Leistung“ auszuüben. Die Rechtsbehelfe sind daher nur ausgeschlossen, wenn sie auf dem tatbestandlich vorausgesetzten Rückstand des Schuldners beruhen; gleich ist, ob dieser Tatbestand wie bei §§ 273, 323 Abs. 1 BGB aus dem Gesetz folgt oder ob eine vertragliche Regelung an die Nichtleistung anknüpft. Damit lässt sich folgendermaßen unterscheiden:

26 **aa) Sonstige Tatbestände.** Beruht der Rechtsbehelf auf einem anderen Tatbestand als der Nichtleistung, greift § 55 nicht. Das mag die Vermögensverschlechterung, wie im Falle von § 490 Abs. 1 BGB sein. Insoweit stellt § 55 Abs. 3 ebenso klar, dass die Sperre nicht greift, wie bei der Unsicherheitseinrede des § 321 BGB, die an die Gefährdung der Gegenleistung anknüpft.

27 Der Vertragspartner kann auch den Bruch von vertraglich vereinbarten Covenants ungeachtet des § 55 geltend machen (*Thole* ZRI 2021, 231 (238)). Allerdings bleibt § 44 zu beachten, wenn diese Covenants einen Verstoß gegen § 44 Abs. 2 bedeuten, weil darin an die Inanspruchnahme von Restrukturierungsinstrumenten angeknüpft wird. Zur umstrittenen Frage, unter welchen Bedingungen die drohende Zahlungsunfähigkeit unter § 44 subsumiert werden kann → § 44 Rn. 21 ff.

28 Gründe zur außerordentlichen Beendigung (Kündigung) eines Vertrags sind jedenfalls dann nicht von § 55 gesperrt, wenn der Grund nicht in der Hauptleistung wurzelt oder auf einer Schlecht- statt Nichtleistung beruht. Ordentliche Kündigungsrechte werden von § 55 ebenfalls nicht berührt; entsprechendes gilt für vertragliche freie Kündigungsrechte, namentlich die Kündigung unbefristeter („bis auf weiteres“) Kredite nach Nr. 19 Abs. 2 AGB-Banken (Flöther/*Schönfelder* § 55 Rn. 17 ff., 44).

29 **bb) Nichtleistung als rückständige Leistung.** Ist der Schuldner, wie es § 55 Abs. 1 bereits auf Tatbestandsseite verlangt (→ Rn. 11), eine Leistung schuldig, ist weiter zu unterscheiden: § 55 sperrt keine Rechtsbehelfe aufgrund von Rückständen, die tatbestandlich nicht erfasst sind. Daher kann ein Gläubiger sich auf Forderungen berufen, die die Stabilisierungsanordnung

nicht einbezieht, insbesondere auch auf solche Forderungen, die erst nach Erlass der Anordnung fällig werden.

**30** Allerdings stellt die Regierungsbegründung auch darauf ab, dass der Gläubiger sich nicht nur auf andere Umstände als den Rückstand berufen kann, sondern auch auf „zusätzliche Umstände […], die […] im Zusammenhang mit dem bestehenden Rückstand ein Leistungsstörungsrecht begründen" (BT-Drs. 19/24181, 158). Teilweise wird unter Hinweis darauf vertreten, die Gesetzesformulierung „allein" lasse die Sperre des § 55 schon dann entfallen, wenn weitere Voraussetzungen des Rechtsbehelfs wie Fristsetzung oder Verzug erst nach der Stabilisierungsanordnung verwirklicht werden (*Riggert* NZI-Beilage 2021, 40 (42)). Dann wären nur Rechtsbehelfe gesperrt, deren Voraussetzungen vollständig bereits im Zeitpunkt der Stabilisierungsanordnung vorliegen (unverständlich BeckOK StaRUG/*Mock* § 55 Rn. 5, nach dem gerade dann § 55 nicht greifen soll). Diese Sichtweise ist zu eng (*Thole* ZRI 2021, 231 (236); tendenziell auch Wolgast/Grauer/*Mikolajczak* § 55 Rn. 21). Wenn in der Regierungsbegründung vom „nach dem maßgeblichen Anordnungszeitpunkt eintretende[n] Verzug des Schuldners" die Rede ist, dann muss damit gemeint sein, dass nicht nur die Mahnung, sondern auch der Rückstand nach diesem Zeitpunkt eintritt. Denn sonst würde der Anwendungsbereich der Sperre von der Zufälligkeit des Zeitpunkts der Mahnung abhängen, was von Sinn und Zweck dieser Regelung nicht gedeckt ist.

**31** Allerdings kann ein Rechtsbehelf wie der Rücktritt sich auch auf den Vertragsteil erstrecken, hinsichtlich dessen der Rückstand besteht, wenn hinsichtlich des Vertragsteils nach der Anordnung ein Rücktrittsgrund verwirklicht wird. Aber auch dann muss die Vertragsverletzung nach der Anordnung allein den Rücktritt tragen. Mithin ist bei der Entscheidung über den materiellen Rechtsbehelf der von der Stabilisierungsanordnung erfasste Rückstand auszublenden.

**32** **b) Erfasste Rechtsfolgen.** § 55 hindert diejenigen materiellen Rechtsbehelfe, deren Rechtsfolge die erfolgreiche Geltendmachung des tatbestandlich vorausgesetzten Anspruchs des Schuldners gegen den Gläubiger hindert. Es kann sich um Einreden (§ 273 BGB) ebenso handeln wie im Falle des Rücktritts oder Kündigung um rechtsvernichtende Einwendungen. Denkbar sind aber auch Rechtsfolgen die die Geltendmachung auf andere Weise erschweren, weil der Schuldner mehr leisten oder früher leisten muss, um die geschuldete Leistung des Gläubigers zu erhalten.

**33** **aa) Zurückbehaltungsrecht.** Der Gläubiger darf seine Leistungen aus dem einen Vertrag nicht **nach § 273 BGB deswegen zurückhalten,** weil der Schuldner aus einem anderen konnexen Rechtsverhältnis seine von der Stabilisierungsanordnung erfasste Leistungspflicht nicht erbringt. Insoweit wirkt die Sperre des § 55.

**34** Für die **Einrede des nichterfüllten Vertrags aus § 320 BGB** enthält § 55 Abs. 1 S. 1 Hs. 2 eine Sonderregel. Grundsätzlich bleibt danach diese Einrede unberührt. Allerdings bedarf es einer Unterscheidung für **teilbare Verträge.** Das betrifft zunächst langfristige Verträge, bei denen der Vertragspartner wie bei Gas- und Stromlieferverträgen sukzessive zu Lieferungen verpflichtet ist. Denkbar sind aber auch sonstige Verträge, bei denen Teilleistungen erbracht werden. Im Insolvenzrecht betrifft das den Anwendungsbereich von § 105 InsO. Auch ist § 108 Abs. 3 InsO einschlägig, wenn die Überlassungspflicht bei Miete, Pacht oder Leasing sich in zeitliche Abschnitte unterteilen lässt. In allen diesen Sachlagen ist zu berücksichtigen, dass § 55 Abs. 1 S. 1 Hs. 2 dem Vertragspartner nur erlaubt, „die Erbringung des Teils der ihm obliegenden Gegenleistung zu verweigern, der auf die rückständige Leistung des Schuldners entfällt." Das passt zur allgemeinen Vorschrift des § 3 Abs. 2, wonach Forderungen aus gegenseitigen Verträgen insoweit gestaltbar sind, als der Vertragspartner seine Leistung schon erbracht hat. Beiden Vorschriften liegt daher wie §§ 105, 108 Abs. 3 InsO zugrunde, besondere Rechtsfolgen bei Teilbarkeit anzuordnen. Denn sie weichen von der allgemeinen zivilrechtlichen Regelung in § 320 Abs. 2 BGB ab, dass grundsätzlich die Einrede sich auch bei Teilbarkeit auf die gesamte Gegenleistung bezieht (vgl. *Marotzke* ZInsO 2021, 21 (29 f.)). Daher kann wegen § 55 der Schuldner Gas, Strom, Belassung der Mietsache usw gegen das jeweilige Teilentgelt verlangen, ohne dass dem Vertragspartner eine Einrede zusteht, weil der Schuldner vorherige Leistungen nicht vergütet hat.

**bb) Beendigung.** § 55 sperrt auch Rechtsbehelfe, die zu einer Beendigung des Vertrags führen. Das sind aus dem allgemeinen Schuldrecht insbesondere der Rücktritt wegen Nichtleistung aus § 323 Abs. 1 BGB, aber auch der Schadensersatz statt der Leistung angesichts der Folge des § 281 Abs. 4 BGB, aus dem besonderen Schuldrecht ist insbesondere die Zahlungsverzugskündigung des § 543 Abs. 2 Nr. 3 BGB einschlägig, die neben Miete auch bei Leasing und Pacht, § 581 Abs. 2 BGB, gilt, ferner lässt sich an § 38 VVG denken. **35**

**cc) Sonstige Einwirkungen.** § 55 verbietet auch sonstige Einwirkungen aufgrund des Rückstands, die dem Schuldner die Durchsetzung seiner Forderung erschweren. Insoweit drängen sich keine gesetzlichen Regelungen auf. Namentlich § 313 BGB knüpft nicht an einen Zahlungsrückstand an. Es kommen daher allein vertragliche Bestimmungen in Betracht. Vielfach werden als Beispiele **Nachbesicherungen** genannt, entsprechende Klauseln knüpfen allerdings kaum einmal an die bloße Nichtzahlung an. Die Richtlinie (→ Rn. 2) nennt die **vorzeitige Fälligstellung.** Dieses Beispiel hat der deutsche Gesetzgeber treffenderweise nicht übernommen. Denn es bleibt unklar, welche Leistung vorzeitig fällig werden soll. Die von der Stabilisierungsanordnung erfasste Forderung ist ohnehin fällig, soll aber wegen der Stabilisierung nicht erfüllt werden müssen. Hinsichtlich der noch offenen Leistungsteile kann der Schuldner wegen § 321 BGB ohnehin keine Vorleistung erwarten. Diese Bestimmung ist schon deswegen nicht von § 55 Abs. 1 gesperrt, weil sie nicht an einen Zahlungsrückstand, sondern an eine Vermögensverschlechterung anknüpft, was § 55 Abs. 3 klarstellt. Freilich ginge eine Klausel über § 321 BGB hinaus, die dem Schuldner eine Vorleistungspflicht auferlegt. Diese wäre dann nach § 55 unbeachtlich. **36**

Darüber hinaus sind Gestaltungen erfasst, in denen sich die Vertragskonditionen bei Rückstand verschlechtern. Denkbar ist, dass weitere Teilleis- **37** tungen gegen höheres Entgelt zu entrichten sind, wenn der Vertragspartner vorher mit seiner Teilleistung in Rückstand geraten ist.

38 **c) Dauer des Ausschlusses.** Die Dauer der Sperre entspricht den Wirkungen der Stabilisierungsanordnung, so dass § 53 gilt. Grundsätzlich beträgt die Höchstdauer der Sperre also nach § 53 Abs. 1 drei Monate. Um den vorgelegten Plan zu schützen, sind allerdings Verlängerungen nach Maßgabe von § 53 Abs. 2 u. 3 zulässig.

### 2. Geltendmachung der geschützten Schuldnerrechte

39 Wenn aufgrund der Wirkungen von § 55 Abs. 1 Einwendungen und/oder Einreden gegen Ansprüche des Schuldners entfallen, kann dem Schuldner ein durchsetzbarer Anspruch zustehen. Für die Durchsetzung dieses Anspruchs weist das StaRUG allerdings keinen spezifischen Weg (Wolgast/Grauer/*Mikolajczak* § 55 Rn. 30; → Rn. 22). Will der Schuldner die Leistung erzwingen, bleibt ihm nur der Rechtsschutz durch die streitige Gerichtsbarkeit, ggf. die einstweilige Verfügung nach §§ 935 ff. ZPO, für die das Gericht der Hauptsache zuständig ist, § 937 ZPO. Es handelt sich dabei nicht um eine Anordnung im Rahmen der Restrukturierungssache, so dass es des Verweises über § 38 nicht bedarf.

40 Erbringt der Vertragspartner seine wegen § 55 geschuldete Leistung nicht, begeht er eine Pflichtverletzung. Nach Maßgabe von §§ 280 ff. BGB kommt eine Schadensersatzverpflichtung in Betracht. Um den Verschuldensvorwurf des § 280 Abs. 1 S. 2 BGB zu entkräften, kann sich der Vertragspartner ggf. auch insbesondere bei Beurteilung der Voraussetzungen des § 55 Abs. 2 darauf berufen, dass ihm atypische Umstände beim Schuldner unbekannt waren. Abweichendes muss freilich gelten, wenn der Schuldner ihn darauf hingewiesen hat. Wenn der Schuldner sich nicht um eine Ersatzbeschaffung (→ Rn. 19) bemüht hat, kann ihm das unter Umständen als Mitverschulden (§ 254 BGB) anzurechnen sein.

## V. Unbeschadete Gläubigerrechte

41 Insgesamt beschränkt § 55 Befugnisse der Gläubiger nur in ausgewählten Fällen. Hervorheben lassen sich die Sperren für die Zurückbehaltungsrechte aus § 273 BGB (→ Rn. 33) und § 320 BGB wegen Rückständen auf erbrachte Teilleistungen (→ Rn. 34), ferner für den Rücktritt nach § 323 Abs. 1 BGB sowie für die Kündigung wegen Zahlungsverzugs (→ Rn. 35). Sonstige Gläubigerrechte, insbesondere solche, die nicht auf einer bloßen Nichtleistung beruhen, bleiben bestehen (→ Rn. 26 ff.).

42 Nach § 55 Abs. 3 S. 2 bleibt das Recht des Darlehensgebers unberührt, ein noch nicht valutiertes Darlehen nach § 490 Abs. 1 Fall 1 BGB zu kündigen. Das ist deklaratorisch, weil § 55 Abs. 1 diesen Kündigungsgrund, der an die Vermögenverschlechterung anknüpft, seiner Art nach nicht erfasst (→ Rn. 3, 26). Der Gläubiger kann daher ebenso ein ausgezahltes Darlehen nach § 490 Abs. 1 Fall 2 BGB kündigen (HambKomm-RestR/*Undritz/Knof* § 55 Rn. 23 ff.; Wolgast/Grauer/*Mikolajczak* § 55 Rn. 30; → Rn. 16).

§ 55 Abs. 3 S. 1 stellt klar, dass dem Gläubiger auch die Unsicherheitseinrede des § 321 BGB zusteht (→ Rn. 3, 26). Insoweit weist *Thole* (ZRI 2021, 231 (237)) treffend auf die abweichende Formulierung des § 55 Abs. 3 S. 1 im Unterschied zu § 321 BGB hin. Nach BGB steht das Wahlrecht, ob der Schuldner Zug um Zug leistet oder eine Sicherheit erbringt dem Schuldner selbst zu. Dabei muss es auch nach StaRUG bleiben. Sinn und Zweck des StaRUG verbieten es, aus der anderen Formulierung eine Verschlechterung der Rechtstellung des Schuldners abzuleiten. 43

§ 55 enthält ebenso wie das gesamte Gesetz im Übrigen keine Regelung zur **Aufrechnung.** Angesichts § 94 InsO und der fehlenden Anfechtungsmöglichkeit nach StaRUG, die eine Parallele zu § 96 Abs. 1 Nr. 3 InsO ausschließt, lassen sich auch keine Wertungsüberlegungen gegen die Aufrechnung anführen, wenn die Aufrechnungslage im Augenblick der Inanspruchnahme von ESUG-Instrumenten bereits bestand. 44

Zu erwägen ist allein, ob die nachträgliche Herstellung der Aufrechnungslage in den beiden von § 96 Abs. 1 Nr. 1 u. 2 InsO erfassten Fällen eingeschränkt werden sollte (*Proske/Streit* NZI 2020, 969 (970)). Das ist zum einen die Sachlage, dass die Aufrechnungslage nachträglich dadurch hergestellt wird, dass der Restrukturierungsgläubiger selbst Schuldner des StaRUG Schuldners wird. Zum anderen kann der Restrukturierungsgläubiger seine Forderung an einen Dritten abtreten, der seinerseits Schuldner des StaRUG-Schuldners ist. Teils wird erwogen, dass das Gericht als Annex zur Stabilisierungsanordnung die Aufrechnung ausschließen darf (*Frind* ZRI 2021, 697 (704); vgl. auch *Fischer* NZI-Beilage 2021, 69). Solche flexiblen Anordnungsbefugnisse kennt das StaRUG aber im Unterschied zu den Sicherungsanordnungen nach § 21 InsO nicht. Letztlich muss man solche Aufrechnungen daher unter dem StaRUG hinnehmen: Die Forderung des Restrukturierungsgläubigers bleibt materiell-rechtlich durchsetzbar und taugt daher zur Aufrechnung. Das Vermögen des StaRUG-Schuldners wird bloß rudimentär geschützt. Insbesondere steht § 392 BGB der Aufrechnung nicht entgegen, weil diese Bestimmung eine Separierung der zum Vermögen des StaRUG-Schuldners gehörenden Forderung gegen den Aufrechnenden durch Beschlagnahme verlangt, an der es im StaRUG fehlt (*Thole* ZRI 2021, 231 (233)). Die Vollstreckungssperre des § 49 Abs. 1 Nr. 1 schützt nur vor dem zwangsweisen Zugriff auf das Vermögen des StaRUG-Schuldners. Die Schutzinstrumente des § 55 und die Verwertungssperre nach § 49 Abs. 1 Nr. 2 schützen nur Güter, die von erheblicher Bedeutung für die Fortführung sind. Der Liquidität muss, zumal bei nur drohender Zahlungsunfähigkeit, aber anderweitig gesichert werden (→ Rn. 20). 45

## Finanzsicherheiten, Zahlungs- und Abwicklungssysteme, Liquidationsnetting

**56** (1) [1] **Die Stabilisierungsanordnung berührt nicht die Wirksamkeit von Verfügungen über Finanzsicherheiten nach § 1 Absatz 17 des Kreditwesengesetzes und die Wirksamkeit der Verrechnung von Ansprüchen und Leistungen aus Zahlungsaufträgen, Aufträgen zwischen Zahlungsdienstleistern oder zwischengeschalteten**

**Stellen oder Aufträgen zur Übertragung von Wertpapieren, die in Systeme nach § 1 Absatz 16 des Kreditwesengesetzes eingebracht wurden. [2]Dies gilt auch dann, wenn ein solches Rechtsgeschäft des Schuldners am Tag der Anordnung getätigt und verrechnet oder eine Finanzsicherheit bestellt wird und der andere Teil nachweist, dass er die Anordnung weder kannte noch hätte kennen müssen; ist der andere Teil ein Systembetreiber oder Teilnehmer in dem System, bestimmt sich der Tag der Anordnung nach dem Geschäftstag im Sinne des § 1 Absatz 16b des Kreditwesengesetzes.**

(2) [1]**Von der Stabilisierungsanordnung und ihren Wirkungen bleiben Geschäfte, die den Gegenstand einer Vereinbarung über das Liquidationsnetting im Sinne von § 104 Absatz 3 und 4 der Insolvenzordnung bilden können, sowie Vereinbarungen über das Liquidationsnetting unberührt. [2]Die aus dem Liquidationsnetting resultierende Forderung kann einer Vollstreckungssperre und, im Rahmen des nach Absatz 1 Zulässigen, auch einer Verwertungssperre unterworfen werden.**

**Übersicht**



## I. Normzweck und Grundlagen

1 § 56 nimmt bestimmte Rechtsgeschäfte vornehmlich im Interbankenverkehr (Finanzsicherheiten, Zahlungs- und Abwicklungssysteme sowie Liquidationsnetting) von den Wirkungen der Stabilisierungsanordnung aus. Es kann daher dahingestellt bleiben, welche Wirkungen der Stabilisierungsanordnung der Abwicklung dieser Geschäfte entgegenstehen könnte. Es wird nicht die Vollstreckungssperre nach § 49 Abs. 1 Nr. 1 sein. Es käme aber eine Beeinträchtigung durch die Verwertungssperre nach § 49 Abs. 1 Nr. 2 in Betracht, im Anwendungsbereich des Liquidationsnettings von § 56 Abs. 2 drohte auch ein Konflikt mit § 55 Abs. 1 (BT-Drs. 19/24181, 159).

### 1. Regelungszweck

2 Durch den Schutz dieser Rechtsgeschäfte wird bezweckt, die Liquidationsmöglichkeit der erfassten Geschäfte zu gewährleisten, um so den Finanzmarkt zu stabilisieren, wie es Erwgr. 94 RL 2019/1023 hervorhebt. Durch den nach § 56 Abs. 1 angeordneten Schutz von Finanzsicherheiten und Abrechnungssystemen werden die Vorgaben aus der Finanzsicherheitenrichtlinie 2002/47/EG und der Finalitätsrichtlinie 1998/26/EG umgesetzt, deren vorrangige Geltung Art. 31 Abs. 1 RL 2019/1023 anordnet.

Mit § 56 Abs. 2 macht der deutsche Gesetzgeber indessen von der Ermächtigung aus Art. 7 Abs. 6 RL 2019/1023 umfassend Gebrauch, der folgendermaßen lautet: 3

Die Mitgliedstaaten können vorsehen, dass eine Aussetzung von Einzelvollstreckungsmaßnahmen nicht für Nettingmechanismen – einschließlich Close-out-Nettingmechanismen – auf Finanzmärkten, Energiemärkten und Rohstoffmärkten gilt, selbst in Fällen, in denen Artikel 31 Absatz 1 keine Anwendung findet, wenn solche Vereinbarungen nach nationalem Insolvenzrecht durchsetzbar sind. Auf die Vollstreckung einer Forderung gegen den Schuldner durch einen Gläubiger, die sich aus der Durchführung eines Nettingmechanismus ergibt, findet die Aussetzung jedoch Anwendung.

Unterabsatz 1 gilt nicht für Verträge über die Lieferung von Waren, die Erbringung von Dienstleistungen oder die Versorgung mit Energie, die für den Betrieb des Unternehmens des Schuldners erforderlich sind, es sei denn, diese Verträge nehmen die Gestalt einer an einer Börse oder einem anderen Markt gehandelten Position an, sodass sie jederzeit zum aktuellen Marktwert ersetzt werden kann.

### 2. Regelungskontext

§ 56 ist Spezialregelung zu §§ 49 ff., indem deren Wirkungen gesperrt werden. Allein die aus dem Netting folgende Saldoforderung kann nach § 56 Abs. 2 S. 2 von den Wirkungen der Stabilisierungsanordnung erfasst werden. Die Privilegierung steht parallel zu § 44 Abs. 3 im Verhältnis zu § 44 Abs. 1 u. 2. 4

Die Insolvenzordnung enthält entsprechende Privilegierungen. Das gilt zunächst für § 21 Abs. 2 S. 2 u. 3 InsO, dem § 56 Abs. 1 nachgebildet ist (BT-Drs. 19/24181, 159). Nach Verfahrenseröffnung folgen entsprechende Privilegierungen aus § 96 Abs. 2 InsO. Ferner bestimmt § 104 Abs. 3 u. 4 InsO die Insolvenzfestigkeit des Close-out Nettings. 5

## II. Finanzsicherheiten, Zahlungs- und Abwicklungssysteme

Der § 21 Abs. 2 S. 2 u. 3 InsO nachgebildete § 56 Abs. 1 InsO schützt zunächst die Liquidation von Finanzsicherheiten nach § 1 Abs. 17 KWG, wie sie durch § 104 Abs. 1 Nr. 6 InsO geschützt wird. Daher können diese Sicherheiten nicht von einer Verwertungssperre nach § 49 Abs. 1 Nr. 2 erfasst werden. 6

Darüber hinaus schützt § 56 Abs. 1 bestimmte Verrechnungen im Interbankenverkehr. 7

## III. Liquidationsnetting

§ 56 Abs. 2 knüpft an § 104 InsO an. § 104 InsO fasst in seinem Abs. 1 Verträge zusammen, bei denen sich der Wert des Vertrages anhand eines Markt- und Börsenpreises täglich bestimmen lässt und die Parteien daher typischerweise ein Ersatzgeschäft abschließen können. Diese Geschäfte werden gem. § 104 Abs. 1 u. 2 InsO bei Insolvenzeröffnung beendet und abge- 8 rechnet. § 104 Abs. 3 u. 4 InsO ermöglicht die vertragliche Verrechnung der sich aus dem gesetzlichen Beendigungs- und Abwicklungsmechanismus ergebenden Nichterfüllungsforderungen („Netting"). § 104 Abs. 4 InsO erlaubt darüber hinaus vertragliche Modifizierungen dieser Abrechnung, soweit diese dem Grundgedanken der Norm entsprechen. Dies betrifft insbesondere die Vorverlagerung des Beendigungs- und Abwicklungszeitpunkts etwa auf das Vorliegen eines materiellen Eröffnungsgrundes, § 104 Abs. 4 S. 2 Nr. 1, Nr. 3 lit. A InsO. Der Verweis des § 56 Abs. 2 ermöglicht unter Durchbrechung des § 55 die Beendigung des Vertrags auch wegen der Nichtleistung auf bei Anordnung der Stabilisierungsanordnung fällig und von dieser Anordnung erfasste Forderungen.

**9** Die aus der Verrechnung folgende Saldoforderung kann nach § 56 Abs. 2 S. 2 den Regelungen einer Stabilisierungsanordnung unterworfen werden. Diese Einschränkung war im Hinblick auf Art. 7 Abs. 6 RL 2019/1023 notwendig.

## Haftung der Organe

**57** **[1] Handelt es sich bei dem Schuldner um eine juristische Person oder um eine Gesellschaft ohne Rechtspersönlichkeit im Sinne des § 15a Absatz 1 Satz 3, Absatz 2 der Insolvenzordnung und erwirkt er aufgrund vorsätzlich oder fahrlässig unrichtiger Angaben eine Stabilisierungsanordnung, ist der Geschäftsleiter den davon betroffenen Gläubigern zum Ersatz des Schadens verpflichtet, den diese durch die Anordnung erleiden. [2] Dies gilt nicht, wenn ihn kein Verschulden trifft. [3] Die Sätze 1 und 2 gelten auch für den Ersatz des Schadens, der einem Gläubiger aus einer nicht ordnungsgemäßen Auskehrung oder Verwahrung der Erlöse nach § 54 Absatz 2 entsteht. [4] Für Ansprüche nach den Sätzen 1 und 3 gilt § 43 Absatz 3 entsprechend.**

**Schrifttum:** *Wiedeck/Huber/Kranzfelder* Geschäftsleiterhaftung nach Anzeige einer Restrukturierungssache gem. §§ 43, 57 StaRUG, DB 2021, 2880.

**Übersicht**

## I. Normzweck und Grundlagen

1 Die Norm enthält einen **speziellen Haftungsanspruch zu Gunsten der Gläubiger** gegenüber dem eine Stabilisierungsanordnung herbeiführenden Geschäftsleiter. Gegenüber der in § 43 angeordneten allgemeinen Organhaftung nach Rechtshängigkeit der Restrukturierungssache geht § 57 in seinem Anwendungsbereich als lex specialis vor (Nerlich/Römermann/*Schröder,* 44. EL November 2021, StaRUG § 57 Rn. 1; *Wiedeck/Huber/Kranzfelder* DB 2021, 2880 (2883)). Das zivilrechtliches Haftungsregime stellt ein Korrektiv für die weitgehenden Handlungsfreiheiten dar, die einem Schuldner mit den Instrumenten des Stabilisierungs- und Restrukturierungsrahmens eingeräumt werden (Flöther/*Schönfelder* StaRUG § 57 Rn. 1). Die Gläubiger sollen auch bei haftungsbeschränkten Unternehmensträgern einen Anspruchsgegner neben diesem Unternehmensträger haben (BeckOK StaRUG/Mock, 6. Ed. 17.7.2022, StaRUG § 57 Rn. 2).

## II. Anwendungsbereich

2 Die Norm regelt eine **Haftung der Geschäftsleiter (§ 1 Abs. 1, Abs. 2)** für Schäden der von einer Stabilisierungsanordnung betroffenen Gläubiger und erfasst insoweit Fallgestaltungen, in welchen es sich bei dem Schuldner nicht um eine natürliche Person handelt.

## III. Tatbestand

### 1. Erfasste Schuldner

3 Der Haftungsanspruch setzt voraus, dass es sich bei dem die Stabilisierungsanordnung in Anspruch nehmenden Schuldner um eine juristische Person oder um eine Gesellschaft ohne Rechtspersönlichkeit iSd § 15a Abs. 1 S. 3, Abs. 2 InsO handelt.

4 Als **juristische Personen** erfasst sind damit zunächst insbesondere die GmbH sowie die AG. Einbezogen sind allerdings auch der eingetragene Verein (eV) sowie der nicht-rechtsfähige Verein nach § 54 BGB (Nerlich/Römermann/*Schröder,* 44. EL November 2021, StaRUG § 57 Rn. 5).

5 Mit dem Verweis auf § 15a Abs. 1 S. 3 InsO werden diejenigen **Gesellschaften ohne Rechtspersönlichkeit** in Bezug genommen, bei der kein persönlich haftender Gesellschafter eine natürliche Person ist. In der Praxis betrifft dies vor allem die GmbH & Co. KG (Nerlich/Römermann/*Schröder,* 44. EL November 2021, StaRUG § 57 Rn. 6). Durch das Gesetz zur Modernisierung des Personengesellschaftsrechts (MoPeG) vom 10.8.2021 BGBl. I 2021, S. 3436) wird der Wortlaut der Norm mit Wirkung vom 1.1.2024 dahingehend angepasst, dass solche Schuldner erfasst sind, bei denen es sich „um eine juristische Person oder um eine rechtsfähige Personengesellschaft im Sinne des § 15a Absatz 1 Satz 3, Absatz 2 der Insol-

venzordnung" handelt. Inhaltliche Änderungen sind damit nicht verbunden (BeckOK StaRUG/Mock, 6. Ed. 17.7.2022, StaRUG § 57 Rn. 4.1)

### 2. Geschäftsleiter als Haftungsschuldner

6 Anspruchsgegner ist der **Geschäftsleiter.** Entsprechend der Definition in § 1 Abs. 1 meint dies die Mitglieder des zur Geschäftsführung berufenen Organs einer juristischen Person (also zB Geschäftsführung bei der GmbH; Vorstand bei der AG oder beim Verein; s. Nerlich/Römermann/*Schröder,* 44. EL November 2021, StaRUG § 57 Rn. 7). Bei den ebenfalls erfassten Gesellschaften ohne Rechtspersönlichkeit im Sinne von § 15a Abs. 1 S. 3 InsO ist entsprechend § 1 Abs. 2 auf die Geschäftsleiter der zur Geschäftsführung berufenen Gesellschafter abzustellen.

7 Erforderlich ist, dass die in Anspruch genommene Person das Amt zum Zeitpunkt der Beantragung der Stabilisierungsanordnung materiell innehatte. Auf eine Eintragung in das Handelsregister kommt es dagegen nicht an (Nerlich/Römermann/*Schröder,* 44. EL November 2021, StaRUG § 57 Rn. 9). Die Haftung eines nur faktischen Geschäftsführers scheidet schon deshalb aus, weil die Norm die **Beantragung der Stabilisierungsanordnung** voraussetzt, wozu der faktische Geschäftsführer wegen fehlender Vertretungsberechtigung nicht befugt ist (Nerlich/Römermann/*Schröder,* 44. EL November 2021, StaRUG § 57 Rn. 10; anders Morgen StaRUG/*Boss/Luttmann* StaRUG § 57 Rn. 4).

### 3. Aufgrund unrichtiger Angaben erlassene Stabilisierungsanordnung

8 Materielle Voraussetzung einer Haftung nach S. 1 ist eine auf Grund unrichtiger Angaben erlassene Stabilisierungsanordnung. Die maßgebliche Handlung, die die Schadensersatzpflicht des Geschäftsleiters auslöst, liegt in der Antragstellung nach § 49 Abs. 1, welche entsprechend unrichtige Angaben enthält (Pannen/Riedemann/Smid/*Riedemann* StaRUG § 57 Rn. 4).

9 **a) Unrichtige Angaben.** Die im Antrag auf Erlass einer Stabilisierungsanordnung zu machenden **Angaben** ergeben sich aus § 50 Abs. 2 und Abs. 3. Als haftungsrelevant im Rahmen des § 57 einzuordnen sind nur diese Angaben, nicht sonstige Angaben, die im Restrukturierungsverfahren ohne Bezug zur Stabilisierungsanordnung erfolgen (*Wiedeck/Huber/Kranzfelder* DB 2021, 2880 (2884)).

10 **„Unrichtig"** können lediglich **dem Beweis zugängliche Tatsachenbehauptungen** sein. Daher wird man einen vorgelegten **Restrukturierungsplan** (§ 50 Abs. 2 Nr. 1) nicht deshalb als „unrichtig" einordnen können, weil er nicht den gesetzlichen Anforderungen nach §§ 5 ff. entspricht (so aber Nerlich/Römermann/*Schröder,* 44. EL November 2021, StaRUG § 57 Rn. 12). Unrichtig können aber Angaben zu den tatsächlichen Grundlagen sein, auf welchen der Restrukturierungsplan aufbaut. Entsprechendes gilt für den **Finanzplan.** Hier kommt eine Unrichtigkeit etwa bei falschen Angaben zu den Finanzierungsquellen in Betracht (Nerlich/Römermann/*Schröder,* 44. EL November 2021, StaRUG § 57 Rn. 12).

Klar um auf ihre Richtigkeit prüfbare Tatsachenbehauptungen handelt es sich schließlich bei den Erklärungen nach § 50 Abs. 3 StaRUG.

**b) Bedeutung für den Erlass der Stabilisierungsanordnung.** Dass die Stabilisierungsanordnung **aufgrund** der unrichtigen Angabe erwirkt wurde, setzt voraus, dass die Angabe von Bedeutung für den Erlass der Stabilisierungsanordnung war. Gefordert wird insoweit eine haftungsbegründende Kausalität in dem Sinne, dass das Gericht die Anordnung nicht erlassen hätte, wenn die Angaben zutreffend gemacht worden wären (Nerlich/Römermann/*Schröder,* 43. EL November 2021, StaRUG § 57 Rn. 13; *Wiedeck/Huber/Kranzfelder* DB 2021, 2880 (2884)). Zum Schutz der von einer Stabilisierungsanordnung betroffenen Gläubiger wird man es allerdings auch ausreichen lassen müssen, dass es sich bei der unzutreffend gemachten Angabe um eine zwingende Angabe oder um eine im Rahmen der Darstellungen zu den Planungen und der Erforderlichkeit der Anordnung abwägungsrelevanten Umstand handelt. 11

Als **unschädlich** eingeordnet werden können andererseits **völlig untergeordnete Fehler,** die für die Entscheidung über die beantragte Anordnung offensichtlich nicht von Relevanz waren, ebenso wie **erkannte Falschbezeichnungen** nach dem Grundsatz der „falsa demonstratio non nocet" (so zutreffend Flöther/*Schönfelder* StaRUG § 57 Rn. 5). Hierfür spricht gerade auch, dass im Fall eines strengen Kausalitätsnachweises im Hinblick auf unrichtige Angaben in der Planung feststellbar sein müsste, dass das Gericht die Planung bei richtigen Angaben trotz bloßer Plausibilitätsprüfung als offensichtlich unschlüssig, dh evident und eindeutig ungeeignet, angesehen hätte (vgl. *Wiedeck/Huber/Kranzfelder* DB 2021, 2880 (2884)). 12

### 4. Verschulden

Die Haftung ist verschuldensabhängig ausgestaltet. Die Inanspruchnahme der Mitglieder der Geschäftsleitung setzt ein **Verschulden** auf der Ebene des Schuldners und des jeweiligen Mitglieds der Geschäftsleitung voraus (Begründung RegE, BT-Drs. 19/24181, 159). Anknüpfungspunkt für das Verschulden sind die unrichtigen Angaben. 13

Als **Verschuldensgrad** kommen Vorsatz und Fahrlässigkeit in Betracht. Bereits einfache Fahrlässigkeit des Geschäftsleiters genügt damit (vgl. *Thole* ZIP 2020, 1985 (1996)). 14

Aus der Formulierung in S. 2, wonach die Ersatzpflicht nach S. 1 nicht gilt, wenn den Geschäftsleiter kein Verschulden trifft, ergibt sich, dass das **Verschulden vermutet** wird. Den anspruchstellenden Gläubiger trifft danach lediglich die Darlegungslast hinsichtlich der Unrichtigkeit der Angaben. Es obliegt dann dem in Anspruch genommenen Geschäftsleiter, sich zu exkulpieren (Flöther/*Schönfelder* StaRUG § 57 Rn. 7). Der Geschäftsleiter muss dazu in Bezug auf selbst ermittelte und weitergegebene Informationen darlegen und ggf. beweisen, dass er diese sorgfältig geprüft hat. Informationen, die er von dritter Seite bekommen und weitergegeben hat oder die Dritte für den Schuldner weitergegeben haben, müssen von ihm einer angemessenen Plausibilitätsprüfung unterzogen werden (Braun StaRUG/*Weber/Dömmecke* StaRUG § 57 Rn. 5). 15

16 Setzt sich die **Geschäftsleitung** des Schuldners **aus mehreren Personen** zusammen, ist das Verschulden als Haftungsvoraussetzung jeweils individuell zu prüfen. Angenommen wird, dass ein Mitglied der Geschäftsleitung sich grundsätzlich auch im Rahmen der Haftung nach § 57 zu Exkulpationszwecken auf die Ressortzuständigkeit eines anderen Mitglieds der Geschäftsleitung berufen kann (*Wiedeck/Huber/Kranzfelder* DB 2021, 2880 (2885)). Dabei sind allerdings die Anforderungen an eine wirksame **Ressortverteilung** auf der Ebene der Geschäftsführung zu beachten. Diese setzt eine klare und eindeutige Abgrenzung der Geschäftsführungsaufgaben aufgrund einer von allen Mitgliedern des Organs mitgetragenen Aufgabenzuweisung voraus, die die vollständige Wahrnehmung der Geschäftsführungsaufgaben durch hierfür fachlich und persönlich geeignete Personen sicherstellt und ungeachtet der Ressortzuständigkeit eines einzelnen Geschäftsführers die Zuständigkeit des Gesamtorgans insbesondere für nicht delegierbare Angelegenheiten der Geschäftsführung wahrt (BGH NJW 2019, 1067). Lässt sich die Verantwortlichkeit für die haftungsbegründende falsche Informationen nicht auf diese Weise auf einzelne Mitglieder der Geschäftsleitung verengen, kommt ein **gemeinschaftliches Verschulden** der Mitglieder der Geschäftsleitung mit der Folge einer Haftung als Gesamtschuldner in Betracht.

### 5. Anspruchsberechtigte

17 Der Haftungsanspruch besteht zu Gunsten der **davon betroffenen Gläubiger.** Anders als § 43 Abs. 1 S. 2 begründet die Vorschrift – als einzige Norm des StaRUG – eine **Außenhaftung** der Geschäftsleitung (*Wiedeck/Huber/Kranzfelder* DB 2021, 2880 (2883)).

18 In der Literatur bestehen unterschiedliche Auffassungen zur möglichen **Reichweite der Anspruchsberechtigten.** Kein Zweifel wird zunächst daran bestehen, dass die von der ergangenen Stabilisierungsanordnung unmittelbar erfassten und in ihren Rechten beschränkten Gläubiger auch iSd § 57 „betroffen" sind. Darüber hinaus soll ein Gläubiger „betroffen" aber auch dann sein, wenn sich gegen ihn zwar die entsprechende Verwertungssperre formal nicht gerichtet hatte, aber der tatsächliche Inhaber des Sicherungsrechts und Adressat der Verwertungssperre dieses letztlich zu dessen Nachteil nicht ausüben konnte. Genannt wird hier etwa ein still unterbeteiligter Factor oder sonstiger Intermediär (Flöther/*Schönfelder* StaRUG § 57 Rn. 9). Nach Auffassung von *Schröder* ist schließlich ein Schadensersatzanspruch auch bei Gläubigern, die erst nach Erlass der unrechtmäßig erlangten Stabilisierungsanordnung einen Anspruch erwerben, in Betracht zu ziehen. Hier könne ein Schaden vor allem dadurch entstehen, dass der Gläubiger im Vertrauen auf den Erfolg der Restrukturierung die Geschäftsbeziehung fortsetzt und neue Ansprüche gegen den Schuldner begründet. Der Schaden bestehe dann in dem (teilweisen) Ausfall der Forderung. In diesem Sinne könnte eine unrechtmäßig erlangte Stabilisierungsanordnung dazu führen, dass die „Neugläubigerhaftung" des Geschäftsleiters auf den Zeitpunkt der Stabilisierungsanordnung vorverlagert werde (so Nerlich/Römermann/*Schröder,* 44. EL November 2021, StaRUG § 57 Rn. 20). Die letztgenannte Auffassung dürfte jedoch zu weit gehen.

### 6. Sonderfall Separierungsschaden

Einen gesonderten Haftungstatbestand enthält S. 3 bezüglich eines Schadens, der einem Gläubiger aus einer **nicht ordnungsgemäßen Auskehrung oder Verwahrung der Erlöse** nach § 54 Abs. 2 entsteht. Im Wege des Verweises auf S. 1 handelt es sich auch hier um eine Haftung der Geschäftsleiter eines Schuldners, der keine natürliche Person ist. Durch Anordnung der Geltung von S. 2 greift zudem auch hier die Verschuldensvermutung, die sich in diesem Fall auf die nicht ordnungsgemäße Auskehrung oder Verwahrung der Erlöse bezieht. 19

Haftungsrisiken entstehen für die Geschäftsleitung vor allem, wenn sie sich für eine Verwahrung der Erlöse entscheidet. Die nach dem Wortlaut des § 54 Abs. 2 erforderliche **„unterscheidbare Verwahrung"** genügt regelmäßig gerade nicht, um den Gläubiger ausreichend für den Fall einer Insolvenz des Schuldners zu schützen. Von der Geschäftsleitung ist daher zur Vermeidung einer Haftung zu verlangen, dass die Sicherung des Gläubigers durch eine **doppelseitige Sicherungstreuhand** erfolgt (*Wiedeck/Huber/Kranzfelder* DB 2021, 2880 (2885)). 20

## IV. Rechtsfolge

Rechtsfolge der pflichtwidrig herbeigeführten Stabilisierungsanordnung ist im Rahmen von S. 1 ein Anspruch des Gläubigers auf Ersatz des Schadens, den dieser durch die Anordnung erleidet. 21

Der **Schaden** ist nach den allgemeinen Grundsätzen durch die Differenzhypothese (§ 249 BGB) zu ermitteln (Nerlich/Römermann/*Schröder,* 44. EL November 2021, StaRUG § 57 Rn. 15). Der Schaden des Gläubigers kann sich insoweit nicht auf ein etwaiges negatives Interesse beziehen, sondern er kann sich allein aus den Nachteilen ergeben, die der Gläubiger durch die Einschränkung seiner Rechte aufgrund der zu Unrecht ergangenen Stabilisierungsanordnung erleidet (*Wiedeck/Huber/Kranzfelder* DB 2021, 2880 (2885); anders Nerlich/Römermann/*Schröder,* 44. EL November 2021, StaRUG § 57 Rn. 16 ff., der auf die zur Insolvenzverschleppungshaftung entwickelte Differenzierung nach Alt- und Neugläubigern zurückgreifen möchte). Typischerweise dürfte der geltend gemachte Schaden darin bestehen, dass im Zeitpunkt der Anordnung der Stabilisierungsanordnung die Vollstreckung oder Verwertung eines mit einer Absonderungsanwartschaft belasteten Gegenstands noch zu einer vollständigen oder jedenfalls weitergehenden Befriedigung des betroffenen Gläubigers geführt hätte, welche später nicht mehr realisiert werden konnte (zweifelnd an der Nachweisbarkeit *Bork* ZRI 2021, 345 (354) und *Thole* ZIP 2020, 1985 (1996)). Denkbar ist dies etwa auch im Hinblick auf in einem nachfolgenden Insolvenzverfahren anfallende Kostenpauschalen nach § 171 InsO für die Feststellung und Verwertung von Sicherheiten, die der sicherungsberechtigte Gläubiger ohne Erlass der Verwertungsanordnung noch selbst hätte verwerten können (Flöther/*Schönfelder* StaRUG § 57 Rn. 13). Dabei ist eine im Insolvenzverfahren erlangte Befriedigung in Abzug zu bringen (*Wiedeck/* 22

*Huber/Kranzfelder* DB 2021, 2880 (2886)). Um eine Besserstellung des Gläubigers zu vermeiden, wird bei der Schadensfeststellung in einer Folgeinsolvenz die Anfechtbarkeit der vereitelten Befriedigung berücksichtigt werden müssen (Braun StaRUG/*Weber/Dömmecke* StaRUG § 57 Rn. 6). Schwierigkeiten dürfte dem Gläubiger in diesen Fällen insbesondere der Kausalitätsnachweis bereiten, weshalb die Praxisrelevanz der Haftung nach S. 1 berechtigterweise in Zweifel gezogen wird (vgl. *Wiedeck/Huber/Kranzfelder* DB 2021, 2880 (2883)).

**23** Bei dem **Separierungsschaden** nach S. 3 wird es sich typischerweise um den Ausfallschaden handeln. Wurden die entsprechenden Erlöse etwa zur Liquiditätssicherung verwendet, werden diese schlicht nicht mehr vorhanden sein (Flöther/*Schönfelder* StaRUG § 57 Rn. 19).

**24** Soweit mehrere Personen für denselben Schaden ersatzpflichtig sind, haften sie als **Gesamtschuldner** (Begründung RegE, BT-Drs. 19/24181, 159).

**25** Für die Schadenersatzansprüche gilt gemäß der Verweisung in S. 4 die **Verjährungsregelung** nach § 43 Abs. 3 entsprechend. Demnach verjähren die Ansprüche grundsätzlich in fünf Jahren (S. 4 iVm § 43 Abs. 3 S. 1). Ist der Schuldner zum Zeitpunkt der Pflichtverletzung eine börsennotierte Gesellschaft, verjähren die Ansprüche in zehn Jahren (S. 4 iVm § 43 Abs. 3 S. 2).

**26** Für die prozessuale Geltendmachung des Haftungsanspruchs ist die **Sonderregelung zur örtlichen Zuständigkeit** in § 19b ZPO zu beachten (Nerlich/Römermann/*Schröder,* 44. EL November 2021, StaRUG § 57 Rn. 24). Nach § 19b Abs. 1 ZPO ist für Klagen, die sich auf Restrukturierungssachen nach dem StaRUG beziehen, ausschließlich das Gericht zuständig, in dessen Bezirk das für die Restrukturierungssache zuständige Restrukturierungsgericht seinen Sitz hat. Abweichende Regelungen aufgrund landesrechtlicher Vorschrift sind nach § 19b Abs. 2 ZPO möglich.

**27** § 71 Abs. 2 Nr. 6 GVG begründet für Ansprüche aus dem StaRUG eine wertunabhängige ausschließliche **sachliche Zuständigkeit der Landgerichte** (BeckOK ZPO/Toussaint, 45. Ed. 1.7.2022, ZPO § 19b Rn. 1). Streitigkeiten und Beschwerden aus dem StaRUG fallen nach § 72a Abs. 2 Nr. 7 ebenso wie insolvenzrechtliche Streitigkeiten und Beschwerden sowie Anfechtungssachen in die Zuständigkeit der insoweit bei den Landgerichten obligatorisch einzurichtenden **Spezialkammern.** Bei einer Haftungsklage unter § 57 handelt es sich demgegenüber nicht um eine Handelssache, auch weil die Inanspruchnahme anders als nach § 95 Abs. 1 Nr. 4a GVG vorausgesetzt nicht durch die Mitglieder der Gesellschaft, sondern durch die Gläubiger unmittelbar erfolgt (anders Nerlich/Römermann/*Schröder,* 44. EL November 2021, StaRUG § 57 Rn. 25).

**28** Ansprüche gegen Geschäftsleiter nach § 57 unterfallen grundsätzlich auch einer **Vermögensschadenhaftpflichtversicherung** für Geschäftsleiter (sog. D & O Versicherung; Nerlich/Römermann/*Schröder,* 44. EL November 2021, StaRUG § 57 Rn. 26).

## Insolvenzantrag

**58 Das Verfahren über den Antrag eines Gläubigers, das Insolvenzverfahren über das Vermögen des Schuldners zu eröffnen, wird für die Anordnungsdauer ausgesetzt.**

**Übersicht**



## I. Normzweck und Grundlagen

### 1. Richtlinienbezug

1 Die Regelung setzt Art. 7 Abs. 2 RL 2019/1023 um, wonach eine Aussetzung von Einzelvollstreckungsmaßnahmen gemäß Art. 6 RL 2019/1023 für die Dauer der Aussetzung zum Aufschub auf Antrag eines oder mehrerer Gläubiger hin zu eröffnenden Verfahrens, das zur Liquidation des Schuldners führen kann, führt (vgl. Begründung RegE, BT-Drs. 19/24181, 159). Diese **zwingende Richtlinienvorgabe** wird eingeschränkt durch Art. 7 Abs. 3 RL 2019/1023. Die Mitgliedstaaten können danach eine Ausnahme von der Aussetzungswirkung für den Fall einer eingetretenen Zahlungsunfähigkeit vorsehen, wobei sicherzustellen ist, dass eine Justiz- oder Verwaltungsbehörde beschließen kann, die Wirkungen der Aussetzung von Einzelvollstreckungsmaßnahmen aufrechtzuerhalten, wenn die Eröffnung von Insolvenzverfahren, die zur Liquidation des Schuldners führen könnten, unter Berücksichtigung der Umstände des Falles nicht im allgemeinen Interesse der Gläubiger wäre. Eine solche Ausnahme findet sich nicht in § 58, weshalb manche von einem fehlenden Gebrauchmachen des deutschen Gesetzgebers von dieser Option ausgehend Braun/StaRUG/*Riggert,* StaRUG § 58 Rn. 1). Allerdings hat das Restrukturierungsgericht die Stabilisierungsanordnung nach § 59 Abs. 1 Nr. 2 iVm § 33 Abs. 2 S. 1 Nr. 1 gemeinsam mit der Restrukturierungssache regelmäßig (vgl. §§ 33 Abs. 2 S. 1 Nr. 1 aE, Abs. 3, 59 Abs. 3) aufzuheben, wenn „Umstände bekannt sind, aus denen sich ergibt, dass der Schuldner insolvenzreif ist". Indem die Aussetzungswirkung in § 58 an die Anordnungsdauer und damit den Fortbestand der Stabilisierungsanordnung geknüpft ist, wird materiell die Möglichkeit der Insolvenz-

verfahrenseinleitung auf Gläubigerinitiative bei eingetretener Zahlungsunfähigkeit insoweit entsprechend den Ausnahmevorgaben der Richtlinie eröffnet.

2 Allgemein ist mit der Rechtsprechung des BGH (BGH NZI 2006, 642 Rn. 5) davon auszugehen, dass die Vorschriften der ZPO über die Aussetzung des Verfahrens (§§ 148 ff. ZPO) auf das grundsätzlich eilbedürftige, auf eine rasche Befriedigung der Gläubiger angelegte Insolvenzverfahren nicht anwendbar sind. Daher bedarf es zur Sicherung des Vorrangs des Restrukturierungsvorhabens in Umsetzung der Richtlinienvorgaben der entsprechenden gesetzlichen Normierung.

### 2. Regelungszusammenhang

3 Auf den ersten Blick überraschend erscheinen mag der Umstand, dass § 58 unter der allgemeinen Überschrift „Insolvenzantrag" lediglich eine **Regelung zu Gläubigerinsolvenzanträgen** enthält. Eine Regelung zu Eigenanträgen des Schuldners fehlt dagegen. Das bedeutet zunächst, dass ein Eigenantrag auch während eines laufenden Restrukturierungsvorhabens jederzeit möglich ist und keine vom gewöhnlichen Insolvenzantragsverfahren abweichende Folgen hat. Mit Blick auf die Restrukturierungssache stellt die Stellung eines Eigeninsolvenzantrags einen zwingenden Grund zur Aufhebung durch das Restrukturierungsgericht nach § 33 Abs. 1 Nr. 1 dar (→ § 33 Rn. 7 ff.).

4 Allerdings wird der Schuldner jedenfalls solange, wie er seinem Restrukturierungsvorhaben Erfolgsaussichten zumisst, ein starkes Interesse haben, im Stabilisierungs- und Restrukturierungsrahmen zu bleiben und nicht in das Regime der Insolvenzordnung zu wechseln. Dass diese Betrachtungsweise auch aus der Gläubigerperspektive zu den besten Ergebnissen führen kann, wird durch die in § 32 Abs. 3 getroffene Regelung anerkannt, welche eine andernfalls einsetzende Insolvenzantragspflicht wegen **Eintritt von Zahlungsunfähigkeit oder Überschuldung** während der Rechtshängigkeit der Restrukturierungssache durch eine nach § 42 strafbewehrte **Anzeigepflicht beim Restrukturierungsgericht** ersetzt (→ § 32 Rn. 17 ff.). Es kommt dann zu einer Entscheidung des Restrukturierungsgerichts über die Aufhebung oder Fortführung der Restrukturierungssache nach den Parametern des § 33 Abs. 2 S. 1 Nr. 1 (→ § 33 Rn. 23 ff.).

## II. Anwendungsbereich

5 Die Norm regelt den Fall des Aufeinandertreffens einer – auf Antrag des Schuldners erlassenen – Stabilisierungsanordnung und eines Gläubigerinsolvenzantrages.

## III. Tatbestand

### 1. Gläubigerinsolvenzantrag

6 Voraussetzung der Norm ist zunächst, dass ein **Verfahren über einen Gläubigerinsolvenzantrag** läuft. Es muss also ein entsprechender Insolvenzantrag über das Vermögen des Schuldners durch einen Gläubiger nach § 14 InsO gestellt worden sein.

### 2. Ergangene Stabilisierungsanordnung

7 Es bedarf dann einer ergangenen **Stabilisierungsanordnung.** Dies wird in der Norm lediglich mittelbar durch die Bezugnahme auf die Anordnungsdauer ausgedrückt. Die Anordnungsdauer wird erst durch den entsprechenden Beschluss (vgl. § 51 Abs. 5 S. 1) des Restrukturierungsgerichts festgelegt. Hieraus ist abzuleiten, dass nicht bereits die Anzeige eines Restrukturierungsvorhabens nach § 31 oder der Antrag des Schuldners auf Erlass einer Stabilisierungsanordnung nach §§ 49, 50 die Aussetzungswirkung herbeiführen, sondern dass diese Wirkung erst mit dem Erlass einer Anordnung nach §§ 51 ff. eintritt. Ist allerdings dem zuständigen Insolvenzrichter bekannt, dass der Schuldner einen Antrag auf Erlass einer Stabilisierungsanordnung gestellt hat, wird man eine Vorwirkung der Regelung dahingehend annehmen müssen, dass ein Erlass von Sicherungsmaßnahmen nach § 21 InsO regelmäßig wird unterbleiben müssen, bis über die Stabilisierungsanordnung entschieden wurde.

8 Bei der Stabilisierungsanordnung kann es sich um eine **Erstanordnung,** aber auch eine **Folge- oder Neuanordnung** nach § 52 handeln (vgl. Flöther/*Schönfelder* StaRUG § 58 Rn. 14 ff.).

9 Die Norm nimmt **keine Differenzierung nach der persönlichen und inhaltlichen Reichweite der Stabilisierungsanordnung** vor. Es ist daher nicht erforderlich, dass der den Insolvenzantrag stellende Gläubiger auch von der Stabilisierungsanordnung betroffen ist. Dies entspricht der Richtlinienvorgabe (Art. 7 Abs. 2 RL 2019/1023), die insoweit ebenfalls pauschal auf „eine Aussetzung von Einzelvollstreckungsmaßnahmen" abstellt. Im geschaffenen Normgefüge des deutschen Rechts erscheint dies auch aus Gläubigersicht durchaus angemessen. Mit der Anordnung von Stabilisierungsmaßnahmen ist offenbar, dass das Sanierungsvorhaben nicht aussichtslos ist (Nerlich/Römermann/*Mönning,* 44. EL November 2021, StaRUG § 58 Rn. 4). Die vor Erlass der Stabilisierungsanordnung nach § 51 Abs. 1 und 2 vom Restrukturierungsgericht vorzunehmenden allgemeinen Prüfungen zur Schlüssigkeit der Restrukturierungsplanung und den weiteren die Gesamtsituation des Schuldners betreffenden Umständen bilden eine hinreichende Basis, um daran personenunabhängig die Aussetzung von auf Gläubigerantrag eingeleiteten Insolvenzeröffnungsverfahren zu knüpfen.

10 Die Norm greift **unabhängig davon** ein, **ob der Gläubigerinsolvenzantrag zeitlich vor oder nach dem Erlass einer Stabilisierungsanordnung** oder auch dem hierauf gerichteten Antrag gestellt wird.

## IV. Rechtsfolge

### 1. Aussetzung des Insolvenzantragsverfahrens

11 Das Verfahren über den Gläubigerinsolvenzantrag wird für die Anordnungsdauer ausgesetzt. Das Insolvenzgericht hat kein Ermessen (Nerlich/Römermann/*Mönning,* 44. EL November 2021, StaRUG § 58 Rn. 9). Dem Gläubiger steht gegen die **kraft Gesetzes eintretende Aussetzung** kein Rechtsbehelf zur Verfügung (Nerlich/Römermann/*Mönning,* 44. EL November 2021, StaRUG § 58 Rn. 11).

12 Die Aussetzung bedeutet, dass das Insolvenzgericht **keine inhaltliche Entscheidung über den Insolvenzantrag** treffen darf. Ausgeschlossen wird damit insbesondere eine Verfahrenseröffnung nach § 27 InsO sowie eine Abweisung mangels Masse nach § 26 InsO. Zulässig dürfte mangels Kollision mit dem Zweck der Norm eine Abweisung eines bereits aus allgemeinen Gründen, etwa wegen einer fehlenden Darlegung oder Glaubhaftmachung von Forderung oder Eröffnungsgrund, offensichtlich unzulässigen Gläubigerinsolvenzantrages sein. Jedenfalls ist das Insolvenzgericht während der Aussetzung auch nicht berechtigt, Amtsermittlungen nach § 5 Abs. 1 InsO vorzunehmen (Pannen/Riedemann/Smid/*Riedemann* StaRUG § 58 Rn. 4).

13 Vom Insolvenzgericht während der Aussetzungsdauer **erlassene Beschlüsse haben keine Wirkung** (Nerlich/Römermann/*Mönning,* 44. EL November 2021, StaRUG § 58 Rn. 12).

14 Liegt die Stabilisierungsanordnung bereits vor, wenn der Gläubigerinsolvenzantrag gestellt wird, wird das Insolvenzantragsverfahren unmittelbar ausgesetzt und es können damit **keinerlei insolvenzgerichtliche Maßnahmen erlassen** werden. Nicht in Betracht kommen daher etwa die Bestellung eines Sachverständigen-Gutachters nach § 5 InsO (zur Prüfung des Vorliegens von Insolvenzgründen bzw. des Vorliegens einer die Kosten des Verfahrens deckenden Masse, vgl. Braun/*Baumert* InsO § 5 Rn. 21) oder gar die Bestellung eines vorläufigen Insolvenzverwalters nach § 21 Abs. 2 Nr. 1 iVm § 22 InsO (Flöther/*Schönfelder* StaRUG § 58 Rn. 7).

15 Folgt der Erlass der Stabilisierungsanordnung dem Gläubigerinsolvenzantrag nach, kommt grundsätzlich die Fallkonstellation in Betracht, dass **bereits Sicherungsmaßnahmen ergangen** sind. In diesem Fall dürfte das Insolvenzgericht mit Ergehen der Stabilisierungsanordnung verpflichtet sein, diese Maßnahmen aufzuheben. Allerdings sollte dieser Fall in der Praxis kaum vorkommen, da schon die erfolgte Stellung eines Gläubigerinsolvenzantrages, welcher das Insolvenzgericht zu über die Anhörung des Schuldners nach § 14 Abs. 2 InsO hinausgehenden Maßnahmen veranlasst, bei dem über die Stabilisierungsanordnung entscheidenden Restrukturierungsrichter mindestens Zweifel am Vorliegen einer lediglich drohenden Zahlungsunfähigkeit sowie den Erfolgsaussichten des Restrukturierungsvorhabens begründen wird. Auch wenn der Stabilisierungs- und Restrukturierungsrahmen gerade dem Umgang mit Akkordstörern dient, die womöglich einige Energie und Kreativität darauf verwenden, das Restrukturierungsvorhaben zu

stören, ist ein für zulässig befundener Gläubigerinsolvenzantrag doch wenigstens ein Indiz für eine fehlende Prozesskontrolle des Schuldners.

## 2. Fortsetzung des Insolvenzantragsverfahrens nach Ablauf der Anordnungsdauer

**Nach Ablauf der Anordnungsdauer** wird das **Insolvenzantragsverfahren fortgesetzt** (Pannen/Riedemann/Smid/*Riedemann* StaRUG § 58 Rn. 5). Im Fall von Verlängerungen der Anordnungsdauer im Rahmen von Folgeanordnungen ist auf den endgültigen Ablauf abzustellen. Erfolgt eine Neuanordnung nach Ablauf der Anordnungsdauer einer ursprünglichen Stabilisierungsanordnung, tritt eine erneute Aussetzung des Insolvenzantragsverfahrens ein. Unerheblich ist, ob die Anordnungsdauer entsprechend der gerichtlichen Festlegung in der Stabilisierungsanordnung oder durch vorzeitige Aufhebung nach § 59 endet. **16**

Die Norm enthält keine weitere Ausgestaltung der Verfahrensfortsetzung. Teilweise wird gefordert, es bedürfe zumindest – etwa ähnlich wie bei § 240 ZPO iVm § 250 ZPO (vgl. Zöller/*Greger* ZPO § 240 Rn. 9) – einer neuen verfahrensinitiierende Willenserklärung des Antragstellers (Flöther/*Schönfelder* StaRUG § 58 Rn. 12). Begründet wird dies damit, dass es durchaus Konstellationen gebe, in denen der Gläubiger, der ursprünglich den Insolvenzantrag gestellt hatte, nach Durchführung des Stabilisierungs- und Restrukturierungsrahmens kein Interesse mehr am weiteren Fortgang eines Insolvenzverfahrens hätte, er an dem früher gestellten Insolvenzantrag also vielleicht nicht mehr festhalten will (Flöther/*Schönfelder* StaRUG § 58 Rn. 11). Zutreffend daran ist, dass das Ende der Aussetzungswirkung sowohl eintritt, wenn die Stabilisierungsanordnung ausläuft, ohne dass der Schuldner sein Restrukturierungsvorhaben zu Ende bringen konnte, oder gar vorzeitig aufgehoben wird, als auch dann, wenn bei Ablauf der Anordnungsdauer ein ggf. bereits gerichtlich bestätigter, von den Gläubigern verabschiedeter Restrukturierungsplan vorliegt. Im letztgenannten Fall sollte ein Gläubigerinsolvenzantrag nicht mehr zur Verfahrenseröffnung führen können, da dann kein vom Gläubiger geltend zu machender Insolvenzantrag (mehr) vorliegen sollte. Hierauf wird das Insolvenzgericht den Gläubiger hinzuweisen haben, was auch ohne eine (erneute) Publizitätswirkung hinsichtlich des noch vorliegenden Insolvenzantrages erfolgen sollte. Der Gläubiger hat (spätestens) dann die Möglichkeit, den Antrag zurückzunehmen. Angesichts dessen sprechen die überzeugenderen Gründe für eine **Wiederaufnahme des Insolvenzantragsverfahrens von Amts wegen,** insbesondere weil damit im Fall einer Aufhebung der Stabilisierungsanordnung nach § 59 Abs. 1, ggf. iVm Abs. 2, die ein Scheitern des Restrukturierungsvorhabens aufzeigt, im Gesamtinteresse der Gläubiger unmittelbar Sicherungsmaßnahmen angeordnet werden können, ohne dass zunächst eine Kommunikation mit dem insolvenzantragstellenden Gläubiger stattfinden muss. **17**

Außer der schwebenden Unwirksamkeit für den begrenzten Zeitraum der Stabilisierungsanordnung sind keine Einschränkung in den Rechtswirkungen des Gläubigerantrags vorgesehen. Daher lebt mit dem Ende der Stabilisierungsmaßnahmen etwa die Rechtswirkung der Rückschlagsperre nach § 88 **18**

InsO wieder auf (BeckOK InsR/*Cymutta,* 27. Ed. 15.4.2022, InsO § 88 Rn. 8c) mit der Folge, dass innerhalb der Monatsfrist vorgenommene Vollstreckungshandlungen ihre Wirkung verlieren.

### 3. Folgewirkungen für Gläubiger

19 Mit Blick auf die Folgewirkungen der Regelung für die Gläubiger weist *Schönfelder* (Flöther/*Schönfelder* StaRUG § 58 Rn. 2) berechtigterweise darauf hin, dass die im Anfechtungsrecht als Handlungsoption des Gläubigers zu Grunde gelegte Möglichkeit, bei erkannten Zahlungsschwierigkeiten seines Vertragspartners einen Insolvenzantrag gegen diesen zu stellen, wegen § 58 nicht zur Verfügung steht. Da zugleich § 89 nur einen eingeschränkten Anfechtungsschutz gewährt, ergeben sich für den Gläubiger in einer etwaigen Folgeinsolvenz erhebliche **Anfechtungsrisiken** insbesondere in der Konstellation einer Fortsetzung der Restrukturierungssache nach § 33 Abs. 2 Nr. 1 trotz eingetretener Zahlungsunfähigkeit (Flöther/*Schönfelder* StaRUG § 58 Rn. 2).

## Aufhebung und Beendigung der Stabilisierungsanordnung

**59** (1) **Das Restrukturierungsgericht hebt die Stabilisierungsanordnung auf, wenn**

1. **der Schuldner dies beantragt,**
2. **die Anzeige nach § 31 Absatz 4 ihre Wirkungen verloren hat oder wenn die Voraussetzungen einer Aufhebung der Restrukturierungssache nach § 31 Absatz 4 Nummer 3, § 33 vorliegen,**
3. **der Schuldner es versäumt, dem Gericht nach Ablauf einer zu diesem Zweck eingeräumten angemessenen Frist den Entwurf eines Restrukturierungsplans zu übermitteln oder**
4. **Umstände bekannt sind, aus denen sich ergibt, dass der Schuldner nicht bereit und in der Lage ist, seine Geschäftsführung an den Interessen der Gläubigergesamtheit auszurichten, insbesondere weil**
   a) **die Restrukturierungsplanung in wesentlichen Punkten auf unzutreffenden Tatsachen beruht oder**
   b) **die Rechnungslegung und Buchführung des Schuldners so unvollständig oder mangelhaft sind, dass sie eine Beurteilung der Restrukturierungsplanung, insbesondere des Finanzplans, nicht ermöglichen.**

(2) **Die Stabilisierungsanordnung wird wegen der in Absatz 1 Nummer 2 und 4 genannten Gründe auch auf Antrag eines von der Anordnung betroffenen Gläubigers aufgehoben, wenn dieser das Vorliegen des Beendigungsgrunds glaubhaft macht.**

(3) [1]**Das Restrukturierungsgericht kann von einer Aufhebung absehen, wenn die Fortdauer der Stabilisierungsanordnung geboten erscheint, um im Interesse der Gesamtheit der Gläubiger einen geordneten Übergang in ein Insolvenzverfahren zu gewährleisten.** [2]**Das**

**Gericht setzt dem Schuldner eine Frist von höchstens drei Wochen, innerhalb derer er dem Gericht die Beantragung eines Insolvenzverfahrens nachzuweisen hat. [3] Nach Ablauf dieser Frist ist die Stabilisierungsanordnung aufzuheben.**

(4) **Die Stabilisierungsanordnung endet, wenn der Restrukturierungsplan bestätigt ist oder die Planbestätigung versagt wird.**

**Übersicht**



## I. Normzweck und Grundlagen

### 1. Richtlinienbezug

Mit der Regelung zur **Aufhebung und Beendigung der Stabilisierungsanordnung** wird die Vorgabe von Art. 6 Abs. 9 RL 2019/1023 umgesetzt. **Zwingend** vorgegeben ist danach die Schaffung einer Aufhebungsmöglichkeit für den Fall, dass die Aussetzung **nicht länger den Zweck erfüllt, die Verhandlungen über den Restrukturierungsplan zu unterstützen** (Art. 6 Abs. 9 UAbs. 1a RL 2019/1023). Die Restrukturierungsrichtlinie benennt als Beispiel hierfür ausdrücklich den Fall, dass deutlich wird, dass ein Teil der Gläubiger, der nach nationalem Recht die Annahme des Restrukturierungsplans verhindern könnte, die Fortsetzung der Verhandlungen nicht unterstützt (Art. 6 Abs. 9 UAbs. 1a RL 2019/1023 aE). Vorgegeben ist zudem eine Aufhebungsmöglichkeit bei entsprechendem **Antrag des Schuldners oder des Restrukturierungsbeauftragten** 1

(Art. 6 Abs. 9 UAbs. 1b RL 2019/1023). **Fakultativ** für die Mitgliedstaaten in der Umsetzung sind nach der Restrukturierungsrichtlinie dagegen die Aufhebungsmöglichkeiten im Fall einer Beeinträchtigung eines oder mehrerer Gläubiger beziehungsweise einer oder mehrerer Gläubigerklassen durch die Aussetzung von Einzelvollstreckungsmaßnahmen in unangemessener Weise (Art. 6 Abs. 9 UAbs. 1c RL 2019/1023) sowie im Fall der Herbeiführung einer Insolvenz eines Gläubigers durch die Aussetzung (Art. 6 Abs. 9 UAbs. 1d RL 2019/1023).

2 Nach der Richtlinie kann die Befugnis zur Aufhebung der Aussetzung von Einzelvollstreckungsmaßnahmen auf Fälle beschränkt werden, in denen **Gläubiger keine Gelegenheit hatten, sich zu äußern, bevor die Aussetzung in Kraft trat** oder eine Verlängerung der Aussetzung von einer Justiz- oder Verwaltungsbehörde gewährt wurde (Art. 6 Abs. 9 UAbs. 2 RL 2019/1023). Hiervon hat der deutsche Gesetzgeber implizit dadurch Gebrauch gemacht, dass eine Anhörung der Gläubiger keine Voraussetzung des Erlasses einer Stabilisierungsanordnung darstellt. Die Gläubiger sind damit nach dem StaRUG auf die nachträgliche Geltendmachung von Aufhebungsgründen verwiesen.

3 **Nicht aufgegriffen** hat der Gesetzgeber die Option nach Art. 6 Abs. 9 UAbs. 3 RL 2019/1023, eine **Mindestdauer** vorzusehen, während der eine Aussetzung von Einzelvollstreckungsmaßnahmen nicht aufgehoben werden kann. Eine Aufhebungsentscheidung kann daher jederzeit während der Anordnungsdauer vom Restrukturierungsgericht getroffen werden. Für diesen Ansatz und die damit eröffnete Flexibilität in der Reaktion auf neue Entwicklungen und Erkenntnisse spricht, dass es erfahrungsgemäß kaum möglich ist, zukünftige Entwicklungen, gerade in komplexen Restrukturierungssituationen im Vorhinein abschließend zu erfassen und zu bewerten (Flöther/*Schönfelder* StaRUG § 59 Rn. 5).

### 2. Parallelen zur InsO

4 Die im Einzelnen normierten Aufhebungsgründe weisen erhebliche Parallelen zu den in § 272 InsO geregelten Gründen für eine Aufhebung der (vorläufigen) Eigenverwaltung auf (Nerlich/Römermann/*Mönning,* 44. EL November 2021, StaRUG § 59 Rn. 3).

## II. Anwendungsbereich

5 Eine Stabilisierungsanordnung hat nach § 53 stets für eine bestimmte Dauer zu ergehen. § 59 regelt – abschließend (Nerlich/Römermann/*Mönning,* 44. EL November 2021, StaRUG § 59 Rn. 3) – die Voraussetzungen, unter denen eine vorzeitige Aufhebung oder Beendigung der Anordnung in Betracht kommt.

6 Nach der Normstruktur des § 59 sind **drei Fallgruppen** von Beendigungstatbeständen zu unterscheiden (vgl. Braun StaRUG/*Riggert* StaRUG § 59 Rn. 1). Möglich ist eine Beendigung kraft Gesetzes (Abs. 4), auf Gläubigerantrag (Abs. 2 iVm Abs. 1) sowie von Amts wegen (Abs. 1).

**Kraft Gesetzes** endet die Stabilisierungsanordnung nach Abs. 4 mit der gerichtlichen Entscheidung über eine beantragte Bestätigung des Restrukturierungsplans, wenn entweder der Restrukturierungsplan bestätigt ist oder die Planbestätigung versagt wird. **7**

Im Übrigen ist eine Aufhebung der Stabilisierungsanordnung vor Ablauf der Anordnungsdauer **durch Beschluss des Restrukturierungsgerichts** möglich. Vorgesehen ist hier ein Tätigwerden des Restrukturierungsgerichts von Amts wegen bei Bekanntwerden bestimmter Umstände. Daneben besteht ein jederzeitiges freies Antragsrecht des Schuldners (Abs. 1 Nr. 1). Die dem Schuldner insoweit eingeräumte Dispositionsbefugnis entspricht dem Grundansatz des präventiven Rahmens nach dem StaRUG, dem Schuldner Instrumente an die Hand zu geben, deren Gebrauch aber von einem entsprechenden Willen des Schuldners abhängig zu machen. Auf Gläubigerantrag kommt eine Aufhebung demgegenüber nur in Betracht, wenn der Antragsteller das Vorliegen bestimmter Beendigungsgründe glaubhaft machen kann (Abs. 2 iVm Abs. 1 Nr. 2 und 4). **8**

Der Gesetzgeber geht davon aus, dass in bestimmten Verfahrenssituationen trotz Vorliegens der Voraussetzungen einer Aufhebung der Stabilisierungsanordnung die Aufhebung nicht das im Interesse der Gläubiger gebotene Vorgehen darstellt. Daher ermöglicht Abs. 3 S. 1 dem Restrukturierungsgericht, **von einer Aufhebung abzusehen,** wenn die Fortdauer der Stabilisierungsanordnung geboten erscheint, um im Interesse der Gesamtheit der Gläubiger einen **geordneten Übergang in ein Insolvenzverfahren** zu gewährleisten. Die entsprechende Entscheidung ist notwendigerweise mit einer Fristsetzung gegenüber dem Schuldner von höchstens drei Wochen für den Nachweis der Beantragung eines Insolvenzverfahrens zu verbinden (Abs. 3 S. 2). **9**

## III. Tatbestand

### 1. Aufhebungsgründe nach Abs. 1

**a) Schuldnerantrag.** Abs. 1 Nr. 1 sieht eine Aufhebung der Stabilisierungsanordnung durch das Restrukturierungsgericht zunächst vor, wenn der Schuldner dies beantragt. Der Schuldner soll jederzeit eine Beendigung herbeiführen können. Diese der Richtlinienvorgabe (→ Rn. 1) entsprechende Regelung ist auch nach Auffassung des nationalen Gesetzgebers sachgerecht, da der Schuldner in der Regel am besten beurteilen könne, ob die Stabilisierungsanordnung noch sinnvoll ist (Begründung RegE, BT-Drs. 19/24181, 159). Auf einen Schuldnerantrag hin hat das Restrukturierungsgericht dementsprechend die Stabilisierungsanordnung grundsätzlich aufzuheben, **ohne dass ergänzende materielle Voraussetzungen zu prüfen sind.** **10**

Hintergrund eines Aufhebungsantrages des Schuldners können verschiedene Entwicklungen des Restrukturierungvorhabens sein. So ist es denkbar, dass der Schuldner die Anordnung nicht länger benötigt, weil zwischenzeitlich eine **Verständigung mit dem oder den von der Anordnung** **11**

**betroffenen Gläubigern erzielt** werden konnte (vgl. Nerlich/Römermann/*Mönning,* 44. EL November 2021, StaRUG § 59 Rn. 5). Andererseits kann der Aufhebungsantrag auch **Konsequenz eines Scheiterns des Restrukturierungsvorhabens** sein. Ist in diesem Fall von der nachfolgenden Einleitung eines Insolvenzverfahrens über das Vermögen des Schuldners auszugehen, ein Insolvenzantrag aber noch nicht gestellt, kommt für das Restrukturierungsgericht auch das zeitweilige Absehen von einer Aufhebung der Stabilisierungsanordnung im Gläubigerinteresse nach Abs. 3 in Betracht.

12 **b) Verlust der Wirkung der Anzeige nach § 31 Abs. 4/Vorliegen der Voraussetzungen einer Aufhebung der Restrukturierungssache nach § 31 Abs. 4 Nr. 3, § 33.** Nach Abs. 1 Nr. 2 Alt. 1 ist die Anordnung aufzuheben, **wenn die Anzeige nach § 31 Abs. 4 ihre Wirkung verliert.** Eine wirksame Anzeige nach § 31 ist nach der Konzeption des Stabilisierungs- und Restrukturierungsrahmens Voraussetzung der Inanspruchnahme von Instrumenten iSv § 29. Verliert eine Anzeige ihre Wirkung, ist insoweit nach der Vorstellung des Gesetzgebers auch einer bereits erfolgten Anordnung die Grundlage entzogen mit der Folge, dass diese aufzuheben ist (Begründung RegE, BT-Drs. 19/24181, 159). Dieser Wirkungsverlust tritt ein, wenn

- der Schuldner die Anzeige zurücknimmt (§ 31 Abs. 4 Nr. 1),
- die Entscheidung über die Planbestätigung rechtskräftig wird (§ 31 Abs. 4 Nr. 2),
- seit der Anzeige sechs Monate oder, sofern der Schuldner die Anzeige zuvor erneuert hat, zwölf Monate vergangen sind (§ 31 Abs. 4 Nr. 4) oder
- das Restrukturierungsgericht die Restrukturierungssache nach § 33 aufhebt (§ 31 Abs. 4 Nr. 3).

13 Eine Aufhebung hat ferner nach Abs. 1 Nr. 2 Alt. 2 zu erfolgen, wenn die **Voraussetzungen einer Aufhebung der Rechtswirkungen der Anzeige** von Amts wegen gemäß § 31 Abs. 4 Nr. 3 iVm § 33 vorliegen. Diese Regelung stellt zum Schutz der Interessen der Gläubiger sicher, dass nicht erst die Rechtskraft eines die Rechtswirkungen der Anzeige aufhebenden Beschlusses abzuwarten ist, sondern eine Aufhebung der Stabilisierungsanordnung schon dann zu erfolgen hat, wenn eine erhebliche Gefährdung der Interessen der Gläubiger zu befürchten ist (vgl. Begründung RegE, BT-Drs. 19/24181, 159). Erfasst sind hier sämtliche mögliche Fallgestaltungen einer Aufhebung der Restrukturierungssache von Amts wegen nach § 33.

14 **c) Versäumnis der fristgerechten Vorlage des Entwurfes eines Restrukturierungsplans.** Das Restrukturierungsgericht hat die Befugnis zur Aufhebung einer Stabilisierungsanordnung auch dann, wenn der Schuldner es versäumt, dem Gericht nach Ablauf einer zu diesem Zweck eingeräumten angemessenen Frist den Entwurf eines Restrukturierungsplans zu übermitteln (Abs. 1 Nr. 3). Die Befugnis des Restrukturierungsgerichts, dem Schuldner eine solche Frist zu setzen, ergibt sich aus § 51 Abs. 3 (→ § 51 Rn. 47).

15 **d) Bekanntheit von Umständen mangelnder Bereitschaft und Fähigkeit der Ausrichtung der Geschäftsführung an den Gläubigerinte-**

**ressen.** Nach Abs. 1 Nr. 4 ist die Anordnung aufzuheben, wenn Umstände bekannt sind, aus denen sich ergibt, dass der Schuldner nicht bereit und in der Lage ist, seine Geschäftsführung an den Interessen der Gläubigerschaft auszurichten. Hiervon ist nach dem Willen des Gesetzgebers bei den in Buchstaben a und b genannten Fällen stets und unwiderleglich auszugehen (Begründung RegE, BT-Drs. 19/24181, 159). Dass darüber hinaus auch sonstige Umstände als Grundlage der Feststellung einer entsprechenden mangelnden Fähigkeit und Bereitschaft in Betracht kommen, ergibt sich nach dem Gesetz gewordenen Regelungswortlaut aus der nicht abschließenden Formulierung („insbesondere"; der RegE hatte demgegenüber den Auffangtatbestand gesondert in einem Buchstabe c geregelt).

Indem die Vorschrift darauf abstellt, dass dem Restrukturierungsgericht „Umstände bekannt sind", wird verdeutlicht, dass **keine Amtsermittlungspflicht** des Restrukturierungsgerichts besteht, somit das Gericht zur Aufhebung führende Umstände oder Pflichtverstöße nach den genannten Vorschriften nicht von Amts wegen ermitteln muss (Begründung RegE, BT-Drs. 19/24181, 159 f.). Solche Umstände können dem Gericht aus den Berichten oder Anzeigen des Restrukturierungsbeauftragten oder auf sonstige Weise durch an der Restrukturierungssache beteiligte Personen bekannt werden. Reichen dabei die dem Gericht zur Kenntnis gelangten Informationen nicht aus, um das Vorliegen der Voraussetzung des § 59 Abs. 1 Nr. 4 zu bejahen, ergeben sich aber diesbezügliche Anhaltspunkte, dürften dem Gericht – parallel zur Prüfung der Anordnungsvoraussetzungen nach § 51 Abs. 2 (→ § 51 Rn. 34) – ergänzende Amtsermittlungen nicht verwehrt sein. Die Vorschrift hebelt den Amtsermittlungsgrundsatz des § 39 Abs. 1 nicht aus, sondern schafft insoweit lediglich eine Arbeitserleichterung für das Gericht, als es das Gericht ohne Vorliegen von Anhaltspunkten von der Pflicht zur Amtsermittlung befreit (*Vallender* ZRI 2021, 165 (170)). **16**

Inhaltlich als Aufhebungsgrund erfasst ist nach Abs. 1 Nr. 4 lit. a zunächst der Fall, dass die **Restrukturierungsplanung in wesentlichen Punkten auf unzutreffenden Tatsachen** beruht. Dies ist Folge des Grundgedankens, dass die Restrukturierungsplanung den maßgeblichen Bezugspunkt für die Rechtfertigung der mit der Stabilisierungsanordnung vorgenommenen Eingriffe in Gläubigerrechte darstellt. Wenn die Restrukturierungsplanung in wesentlichen Punkten auf unzutreffenden Tatsachen beruht, kann sie Eingriffe in die Rechte der Gläubiger und Sicherungsnehmer durch eine Stabilisierungsanordnung nicht rechtfertigen (Begründung RegE, BT-Drs. 19/24181, 160). Erfasst sein soll nach der Gesetzesbegründung dabei zunächst der Fall, dass der Schuldner der Restrukturierungsplanung von Anfang an unzutreffende Tatsachen zugrunde gelegt hat. Gleichermaßen soll die Regelung jedoch auch dann zur Anwendung kommen, wenn sich die Umstände verändert haben und die veränderten Umstände die Restrukturierung aussichtslos machen oder die Anordnung nicht mehr erforderlich ist, um das Restrukturierungsziel zu erreichen (Begründung RegE, BT-Drs. 19/24181, 160). Insoweit wird in der Gesetzesbegründung zudem darauf hingewiesen, dass die Anordnung dann, wenn sich die Umstände erheblich verändern und der Schuldner seiner Verpflichtung nach § 32 Abs. 2 S. 2, S. 3 zur unverzüglichen Mitteilung wesentlicher Änderungen, welche die **17**

Restrukturierungsplanung betreffen, nicht nachkommt, schon nach der in der verabschiedeten Gesetzesfassung in Abs. 1 Nr. 2 iVm § 33 Abs. 4 Nr. 3 und § 33 Abs. 1 Nr. 3 normierten Regelung aufzuheben ist (Begründung RegE, BT-Drs. 19/24181, 160).

**18** Nach Abs. 1 Nr. 4 lit. b stellen eine **unvollständige oder mangelhafte Rechnungslegung und Buchführung,** die eine Beurteilung der Restrukturierungsplanung, insbesondere des Finanzplans, nicht ermöglichen, einen Aufhebungsgrund dar.

**19** Als Beispiel für **weitere Umstände,** die typischerweise ebenfalls eine Aufhebung nach Nr. 4 rechtfertigen können, wird etwa ein Verstoß gegen die Separierungs- und Auskehrpflicht nach § 54 Abs. 2 genannt (Flöther/*Schönfelder* StaRUG § 59 Rn. 19).

### 2. Gläubigerantrag nach Abs. 2

**20** Nach Abs. 2 kann auch ein Gläubigerantrag Grundlage für eine Aufhebung der Stabilisierungsanordnung sein. Anders als ein Schuldnerantrag führt ein Gläubigerantrag als solches jedoch weder zu einer Pflicht, noch zu einer Berechtigung des Restrukturierungsgerichts, die Stabilisierungsanordnung aufzuheben.

**21** **a) Glaubhaftmachung eines Aufhebungsgrundes.** Erforderlich ist gemäß Abs. 2, dass der antragstellende Gläubiger einen der Aufhebungsgründe nach Abs. 1 Nr. 2 oder 4 geltend und die entsprechenden tatsächlichen Voraussetzungen glaubhaft macht. Demnach kann der Gläubiger den Antrag darauf stützen, dass die **Anzeige nach § 31 Abs. 4 ihre Wirkungen verloren** hat oder die **Voraussetzungen einer Aufhebung der Restrukturierungssache nach § 31 Abs. 4 Nr. 3, § 33** vorliegen (Nr. 2), sowie darauf, dass **Umstände bekannt** sind, aus denen sich ergibt, **dass der Schuldner nicht bereit und in der Lage ist, seine Geschäftsführung an den Interessen der Gläubigergesamtheit auszurichten** (Nr. 4). Im letztgenannten Fall ist der Gläubiger selbstverständlich nicht darauf beschränkt, das Restrukturierungsgericht darauf hinzuweisen, dass eine Kenntnis entsprechender Umstände bereits besteht, sondern kann auch mit seinem Antrag dem Gericht noch eine entsprechende Kenntnis vermitteln. Bis die dem Gläubiger obliegende Glaubhaftmachung gelungen ist, ist das Restrukturierungsgericht von eigenen Ermittlungen im Rahmen der grundsätzlich, aber nicht schrankenlos bestehenden Amtsermittlungspflicht nach § 39 Abs. 1 entbunden. Ist der glaubhaft zu machende Umstand dem Gericht jedoch bereits bekannt (im Sinne einer sicheren Feststellung), unterliegt er ohnehin der amtswegigen Berücksichtigung (BeckOK StaRUG/*Kramer,* 6. Ed. 17.7.2022, StaRUG § 39 Rn. 13).

**22** Die Auflistung der für einen Gläubigerantrag relevanten Aufhebungsgründe ist abschließend. Insbesondere das Fehlen der von § 49 Abs. 1, § 51 Abs. 1 S. 1 Nr. 4 verlangten Erforderlichkeit der Stabilisierungsanordnung stellt demgegenüber keinen vom Gläubiger vorbringbaren Aufhebungsgrund dar (*Riggert* NZI-Beil. 2021, 40 (42); *Bork* ZRI 2021, 345 (359)).

**b) Antragsberechtigte.** Die Antragsberechtigung ist beschränkt auf die **von der Anordnung betroffenen Gläubiger** (Begründung RegE, BT-Drs. 19/24181, 160). Der Kreis der Antragsberechtigten ergibt sich daher aus dem Tenor der Stabilisierungsanordnung (Pannen/Riedemann/Smid/*Riedemann* StaRUG § 59 Rn. 12). 23

**Nicht** in § 59 erwähnt ist der **Restrukturierungbeauftragte.** Allerdings hat der Restrukturierungsbeauftragte gemäß § 76 Abs. 3 Nr. 1 im Fall des Erlasses einer Stabilisierungsanordnung fortlaufend den Fortbestand der Anordnungsvoraussetzungen zu überprüfen und gemäß § 76 Abs. 3 Nr. 2 etwaige Gründe für eine Aufhebung der Stabilisierungsanordnung gegenüber dem Restrukturierungsgericht geltend zu machen (Flöther/*Schönfelder* StaRUG § 59 Rn. 8). 24

### 3. Entscheidung über Antrag auf Planbestätigung nach Abs. 4

Nach Abs. 4 endet die Anordnung zudem mit der rechtskräftigen Entscheidung über die Planbestätigung. Mit der Bestätigung des Restrukturierungsplans ist die Anordnung unter dem Gesichtspunkt des damit nach § 49 Abs. 1 zu verfolgenden Ziels der **Wahrung der Aussichten auf die Verwirklichung des Restrukturierungsziels** nicht mehr erforderlich. Bei einer Versagung der Planbestätigung bestehen keine Aussichten mehr auf die Verwirklichung des Restrukturierungsziels. In beiden Fällen bedarf es der Anordnung daher nicht mehr (Begründung RegE, BT-Drs. 19/24181, 160). 25

Bei Bestätigung des Restrukturierungsplans ist zudem **im Regelfall** davon auszugehen, dass die **Rechte der Betroffenen,** die von einem Vollstreckungsverbot oder Verwertungsverbot erfasst sind, **durch den angenommenen Plan gestaltet** wurden (Nerlich/Römermann/*Mönning,* 44. EL November 2021, StaRUG § 59 Rn. 19). Regelmäßig wird es daher mit Eintritt der Planwirkungen bereits an einer Berechtigung für eine Vollstreckung oder Verwertung fehlen, womit sich die Stabilisierungsanordnung inhaltlich erledigt hat. Soweit andererseits auch unter den Planregelungen fällige Ansprüche der Gläubiger bestehen, muss der Schuldner im Rahmen seines Restrukturierungskonzepts auch zu deren Erfüllung bereit und in der Lage sein. 26

## IV. Rechtsfolge

### 1. Aufhebungsbeschluss

Bei Vorliegen der Voraussetzungen nach Abs. 1 oder eines zulässigen und begründeten Gläubigerantrags nach Abs. 2 hat das Restrukturierungsgericht regelmäßig die ergangene Stabilisierungsanordnung aufzuheben. Die Aufhebung erfolgt wie auch die Anordnung durch Beschluss (Flöther/*Schönfelder* StaRUG § 59 Rn. 24). Ein Rechtsmittel gegen einen Aufhebungsbeschluss ist nicht gegeben. 27

### 2. Vorläufiges Absehen von der Aufhebung

28 Nach Abs. 3 kann das Restrukturierungsgericht vorläufig von einer Aufhebung der Stabilisierungsanordnung absehen, um im Interesse der Gläubigergesamtheit einen geordneten Übergang in ein Insolvenzverfahren zu ermöglichen. Vermieden werden soll hier, dass bei einer nicht koordinierten Überleitung aus einem gescheiterten Restrukturierungsvorhaben in ein Insolvenzverfahren ein kurzer Zeitraum für die Ausübung von Sonderrechten und von Zwangsvollstreckungsmaßnahmen bleibt (Nerlich/Römermann/*Mönning,* 44. EL November 2021, StaRUG § 59 Rn. 18).

29 Das Erfordernis einer **Fristsetzung,** innerhalb derer der Schuldner dem Gericht die Beantragung eines Insolvenzverfahrens nachzuweisen hat, soll nach dem Willen des Gesetzgebers sicherstellen, dass die Anordnung nicht länger als erforderlich aufrechterhalten bleibt (Begründung RegE, BT-Drs. 19/24181, 160). Die in S. 2 benannte Frist stellt eine Höchstfrist dar und orientiert sich mit der Dauer von drei Wochen an der Höchstfrist für die Stellung eines Insolvenzantrags wegen Zahlungsunfähigkeit nach § 15a Abs. 1 InsO (Begründung RegE, BT-Drs. 19/24181, 160).

## Abschnitt 5. Planbestätigung

## Unterabschnitt 1. Bestätigungsverfahren

### Antrag

**60** (1) [1]**Auf Antrag des Schuldners bestätigt das Gericht den von den Planbetroffenen angenommenen Restrukturierungsplan durch Beschluss.** [2]**Der Antrag kann auch im Erörterungs- und Abstimmungstermin gestellt werden.** [3]**Ist die Planabstimmung nicht im gerichtlichen Verfahren (§ 45) erfolgt, hat der Schuldner dem Antrag auf Bestätigung des Restrukturierungsplans neben dem zur Abstimmung gestellten Plan und seinen Anlagen die Dokumentation über das Abstimmungsergebnis sowie sämtliche Urkunden und sonstigen Nachweise beizufügen, aus denen sich ergibt, wie die Abstimmung durchgeführt wurde und zu welchem Ergebnis sie geführt hat.**

(2) [1]**Handelt es sich bei dem Schuldner um eine Gesellschaft ohne Rechtspersönlichkeit oder um eine Kommanditgesellschaft auf Aktien, bedarf der Antrag auf Bestätigung eines Restrukturierungsplans, der die persönlich haftenden Gesellschafter nicht von deren Haftung für die durch den Plan gestalteten Forderungen und Rechte befreit, der Zustimmung aller persönlich haftenden Gesellschafter.** [2]**Dies gilt nicht, soweit es sich bei den persönlich haftenden Gesellschaftern**

1. **um juristische Personen handelt oder**
2. **um Gesellschaften ohne Rechtspersönlichkeit handelt, bei denen kein persönlich haftender Gesellschafter eine natürliche Person ist**

**und kein persönlich haftender Gesellschafter selbst eine Gesellschaft ohne Rechtspersönlichkeit ist, bei der ein persönlich haftender Gesellschafter eine natürliche Person ist oder sich die Verbindung von Gesellschaften in dieser Art fortsetzt.**

**Schrifttum:** Siehe bei § 63.

**Übersicht**



## I. Normzweck

Im StaRUG ist die Nutzung des Instruments der Planbestätigung (§ 29 Abs. 2 Nr. 4) für den Schuldner fakultativ. Anders als beim Insolvenzplan bedarf es **nicht zwingend der Bestätigung des Restrukturierungsplans.** Kommt der Plan einstimmig zustande, ist eine Planbestätigung entbehrlich. Der Planbestätigung bedarf es nur, wenn nicht alle Planbetroffenen dem Plan zugestimmt haben. Freilich genügt es, wenn nur ein Planbetroffener gegen den Plan gestimmt hat. Dann ist die Planbestätigung notwendig, um dem Plan zur Wirksamkeit zu verhelfen. Wird in einem solchen Fall die Bestätigung versagt, wird der Plan auch für diejenigen, die dem Plan zugestimmt haben, nicht verbindlich, es sei denn, es ist etwas anderes vorgesehen (arg. e. § 18). § 60 regelt die Voraussetzungen für den entsprechenden Antrag auf Planbestätigung an das Restrukturierungsgericht. Zu dem Antrag kommt es innerhalb einer Restrukturierungssache, sodass vorher das Restrukturierungsvorhaben gemäß § 31 Abs. 1 angezeigt worden sein muss. Es ist also im Zeitpunkt des Antrags bereits Rechtshängigkeit hergestellt. **1**

Systematisch steht § 60 im **Zusammenhang mit den Versagungsgründen des § 63 und dem Minderheitenschutz nach § 64.** Die Vorschriften sind an den Insolvenzplan angelehnt. Eine Besonderheit des Restrukturierungsplans gegenüber dem Insolvenzplan besteht darin, dass der Restrukturierungsplan gemäß § 67 Abs. 1 bei Bestätigung sofort wirksam wird (sofern nicht nach § 66 Abs. 4 die aufschiebende Wirkung der sofortigen Beschwerde angeordnet ist) und nicht erst mit Rechtskraft der Planbestätigungsentscheidung. **2**

Abs. 2 enthält weitergehende Vorgaben für den Antrag bei „Gesellschaften ohne Rechtspersönlichkeit" (künftig ab 1.1.2024: „rechtsfähige Personengesellschaften") oder bei Kommanditgesellschaften auf Aktien. **3**

## II. Entscheidung durch Beschluss (Abs. 1 Satz 1)

4 § 60 Abs. 1 S. 1 legt die Entscheidungsform bei der Planbestätigung fest. Die Bestätigung erfolgt durch einen **Beschluss,** nicht durch ein Urteil. Eine Bestätigung von Amts wegen ist nicht vorgesehen, sodass der Antrag des Schuldners stets erforderlich ist. Andere Beteiligte haben kein Antragsrecht.

## III. Antragsvoraussetzungen (Abs. 1 Satz 2 und 3)

5 Nach Abs. 1 Satz 2 kann der Antrag auch im Erörterungs- und Abstimmungstermin gemäß § 45 gestellt werden. Das dient der Klarstellung hinsichtlich des möglichen **Zeitpunkts des Antrags.** Der Antrag kann auch gestellt werden, bevor Bedingungen für die Bestätigung eingetreten sind, selbst wenn dies nicht zweckmäßig sein mag (missverständlich Begründung RegE, BT-Drs. 19/24181, 162). Der Antrag kann auch einige Zeit nach der Abstimmung gestellt werden, allerdings darf die Rechtshängigkeit der Restrukturierungssache nicht beseitigt worden sein gemäß § 31 Abs. 4 Nr. 4 durch Zeitablauf von sechs bzw. zwölf Monaten.

6 Satz 3 **differenziert** zwischen einer gerichtlichen Planabstimmung (§ 45) und der privatautonom, vom Schuldner selbst durchgeführten Abstimmung (§§ 17–22). An eine privatautonome Abstimmung durch den Schuldner werden weitere Nachweisanforderungen gestellt. In diesem Fall hat der Schuldner dem Antrag den zur Abstimmung gestellten Plan samt sämtlicher Anlagen sowie die nach § 22 erforderliche Dokumentation über das Abstimmungsergebnis vorzulegen. Außerdem sind sämtliche Urkunden und Nachweise beizufügen, aus denen sich ergibt, wie die Abstimmung durchgeführt wurde und zu welchem Ergebnis sie geführt hat. Insofern wird auf die Kommentierung zu § 22 verwiesen. Insbesondere ist in der Dokumentation auch ein etwaiger Streit über die Stimmrechte und deren Festsetzung zu vermerken (Morgen StaRUG/*Arends/Backes* § 60 Rn. 15). Ein Antrag ohne die erforderlichen Dokumente ist vorerst unzulässig (Morgen StaRUG/*Arends/Backes* § 60 Rn. 16). Allerdings ist von der Unzulässigkeit des Antrags grundsätzlich nur dann auszugehen, wenn die Nachweise gänzlich fehlen. Ist die **Dokumentation** lediglich inhaltlich **mangelbehaftet** oder nachlässig geführt oder sonst schwer nachvollziehbar, bleibt der Antrag grundsätzlich zulässig, es sei denn, auf dieser Grundlage lässt sich überhaupt keine Prüfung der Versagungsgründe und des Verfahrensganges vornehmen. Insbesondere ist das Gericht nicht befugt, bereits unter Hinweis auf die Unterlagen eine materiell-rechtliche Prüfung der Dokumentation vorzunehmen und auf dieser Grundlage den Antrag bereits als unzulässig zurückzuweisen. Ob der Restrukturierungsplan wirksam angenommen worden ist, ist vielmehr eine im Rahmen der Begründetheit des Bestätigungsantrags zu prüfende Voraussetzung (→ § 63 Rn. 28 ff.). Die Dokumentation über die Abstimmung muss nicht notariell beurkundet sein. Es genügt Schriftform (Morgen StaRUG/*Arends/Backes* § 60 Rn. 17). Hat bereits das Restrukturierungsgericht die Planabstimmung gerichtlich durchgeführt, bedarf es der

Beifügung entsprechender Anlagen nicht, da die Informationen dem Gericht dann bereits vorliegen.

Die vorzulegende Dokumentation orientiert sich an § 22 und ist nicht zu erstrecken auf Unterlagen, die für die Planbestätigung nicht erforderlich sind. Was erforderlich ist, hängt zusammen mit dem Prüfungsmaßstab. Allerdings muss das **Restrukturierungsgericht** in einem Fall, in dem im Restrukturierungsplan auch Eingriffe in Gesellschafterrechte vorgesehen sind, **auch die Vereinbarkeit** (nur) **mit dem *zwingenden* Gesellschaftsrecht** und dem numerus clausus der Gesellschaftsformen **prüfen** (aA Flöther/*Laroche* § 60 Rn. 4), mithin die „gesellschaftsrechtliche Zulässigkeit" iSd § 7 Abs. 4 S. 5 (soweit nicht das StaRUG lex specialis ist, wie nach § 68 Abs. 2 S. 2 hinsichtlich der formellen Vorgaben an die Beschlussfassung) (zum Insolvenzplan und § 225a InsO *Thole,* Gesellschaftsrechtliche Maßnahmen in der Insolvenz, 3. Aufl. 2020, Rn. 266 mwN). Das **Registergericht** hat nach rechtskräftiger Planbestätigung **keine eigenständige Prüfungsbefugnis** mehr. 7

Von der Prüfung durch das Restrukturierungsgericht unberührt bleibt allerdings die Prüfung von **wettbewerbsrechtlichen Beschränkungen** (Begründung RegE, BT-Drs. 19/24181, 160). 8

Enthält der Restrukturierungsplan eine **neue Finanzierung** iSv § 12, ist nach verbreiteter Ansicht die Einholung der Bestätigung des Plans zwingend (Braun StaRUG/*Fendel* § 60 Rn. 1; Morgen StaRUG/*Arends/Backes* § 60 Rn. 1; BeckOK StaRUG/*Skauradszun* § 60 Rn. 16 jeweils unter Hinweis auf Art. 10 Abs. 1 lit. b RL 2019/1023). Insoweit ist aber fraglich, ob Art. 10 Abs. 1 lit. b der Richtlinie tatsächlich den Fall der vollständig konsensualen Planannahme meint. Vielmehr dürfte es dabei bleiben, dass eine Planbestätigung auch in diesem Fall nicht zwingend erforderlich ist, wenn *alle* Betroffenen den Plan angenommen haben. Freilich fehlt es dann für den Gläubiger der Neufinanzierung am Anfechtungsschutz nach § 90. 9

**Fehlt** es gänzlich an einem **wirksamen Antrag,** wäre eine nachfolgende Planbestätigung verfahrensfehlerhaft, § 38 StaRUG iVm 308 Abs. 1 S. 1 ZPO. Auch insoweit wäre die Planbestätigung aber nicht nichtig, sondern lediglich anfechtbar, vgl. auch BGH NJW 2019, 2166 Rn. 11; Prütting/Gehrlein/*Thole* ZPO § 308 Rn. 11). Über den Antrag auf Planbestätigung soll nach § 13a Abs. 1 GKG erst nach Zahlung der Gebühr für das (gesamte) Verfahren entschieden werden. 10

Der Antrag kann auch **zurückgenommen** werden. Das entspricht der Dispositionsfreiheit des Schuldners entsprechend § 269 ZPO. Dafür bedarf es auch keiner Einwilligung der Planbetroffenen (iErg auch BeckOK StaRUG/*Skauradszun* § 60 Rn. 40 mit umständlicher Diskussion). 11

## IV. Zustimmung persönlich haftender Gesellschafter (Abs. 2)

### 1. Zustimmungserfordernis (Abs. 2 Satz 1)

Die Zustimmungspflicht in den Fällen des Abs. 2 Satz 1 betrifft die persönlich haftenden Gesellschafter von Gesellschaften ohne Rechtspersönlich- 12 keit, die mit dem MoPeG künftig zum 1.1.2024 rechtsfähige Personengesellschaften heißen werden. Die Norm entspricht dem Regelungsanliegen, die persönlich haftenden Gesellschafter zu beteiligen, weil es bei Planregelungen betreffend die Gesellschaft Auswirkungen auf die akzessorischen persönlichen Gesellschafter geben kann. Das betrifft insbesondere die GbR, OHG oder KG sowie ausdrücklich des Wortlauts auch die KGaA. Die Gesellschafter einer etwaigen **Drittsicherungsgeberin** sind nicht gemeint. Auch die **mittelbaren Gesellschafter** (zB Gesellschafter der Obergesellschaft) sind wegen des schuldnerbezogenen Ansatzes des StaRUG nicht erfasst. Soweit die Begründung des Regierungsentwurfs auch von mittelbar persönlich haftenden Gesellschaftern spricht, kommt dies im Wortlaut nicht zum Ausdruck. Lediglich bei der Ausnahme nach Abs. 2 S. 2 Nr. 1 kommt es darauf an, ob der Gesellschafter der die Gesellschafterstellung einnehmenden Personengesellschaft eine natürliche Person ist.

13 Auch **ausgeschiedene** Gesellschafter können noch persönlich haftende Gesellschafter in diesem Sinne sein. Das gilt auch für § 11 S. 2 (→ § 11 Rn. 18). Die persönliche Haftung meint in diesem Fall aber nur die gesellschaftsrechtliche persönliche Haftung, nicht eine Haftung aus besonderen Schuldgründen.

### 2. Gegenausnahme (Abs. 2 Satz 2)

14 Die Zustimmungspflicht gilt nicht, wenn die persönlich haftenden Gesellschafter ihrerseits **juristische Personen** sind oder Personengesellschaften ohne natürliche Person als persönlich haftenden Gesellschafter. Das betrifft namentlich die GmbH & Co. KG.

## Anhörung

**61** **[1] Vor der Entscheidung über die Bestätigung des Restrukturierungsplans kann das Gericht die Planbetroffenen anhören. [2] Ist die Planabstimmung nicht im gerichtlichen Verfahren erfolgt, hat das Gericht einen Termin zur Anhörung der Planbetroffenen durchzuführen. [3] § 45 Absatz 3 und § 46 Absatz 1 Satz 4 gelten entsprechend.**

**Schrifttum:** Siehe bei § 63.

**Übersicht**

## I. Normzweck

1 Die Vorschrift dient der **Gewährung von rechtlichem Gehör** vor der Bestätigung des Restrukturierungsplans. Die Pflicht zur Anhörung gilt sowohl für Fälle einer Bestätigung eines privatautonom abgestimmten Plans als auch bei einer gerichtlichen Planabstimmung iSd § 45. Die Anhörung nach § 61 ist zu unterscheiden von einem Erörterungs- und Abstimmungstermin gemäß § 45 und einem Vorprüfungstermin iSd § 46. Gleichwohl wird in Satz 3 auf einzelne Vorschriften dieser Terminsarten verwiesen. Zudem kann ein vorangegangener Erörterungs- und Abstimmungstermin sowie ein Vorprüfungstermin die Anhörung entbehrlich machen.

## II. Kann-Anhörung (Satz 1)

2 Die Anhörung von Satz 1 dient dazu, die Bestätigungsvoraussetzungen zu erörtern. Die Anhörung gibt dem Planbetroffenen Gelegenheit, Einwendungen gegen den Plan bzw. Umstände vorzutragen, die gemäß § 63 eine Versagung der Planbestätigung rechtfertigen könnten. Bei behebbaren Fehlern kann das Gericht eine Frist nach § 63 Abs. 1 Nr. 2 setzen. Auch können im Anhörungstermin bereits Schutzanträge nach § 64 gestellt werden. Das gilt unbeschadet der weiteren Zulässigkeitsvoraussetzungen für den Minderheitenschutz nach § 64 Abs. 2. Die fakultative Kann-Anhörung nach Satz 1 gilt nur **im Fall einer gerichtlichen Planabstimmung,** wie sich aus dem Umkehrschluss zu Satz 2 ergibt. Nach Satz 1 kann das Gericht nach seinem Ermessen vor der Entscheidung über die Planbestätigung die Planbetroffenen anhören. Planbetroffen sind diejenigen, in deren Rechte der Restrukturierungsplan eingreift. Laut der Begründung des Regierungsentwurfs (Begründung RegE, BT-Drs. 19/24181, 161) kann, soweit vorhanden, auch der **Restrukturierungsbeauftragte** angehört werden. Da der Restrukturierungsbeauftragte nicht selbst Planbetroffener ist, läuft dies letztlich auf eine analoge Anwendung des § 61 hinaus. Die Möglichkeit, den Restrukturierungsbeauftragten anzuhören, liegt bereits in den Aufgaben des Restrukturierungsbeauftragten begründet und lässt sich auch auf die Beziehung des Restrukturierungsbeauftragten zum Restrukturierungsgericht zurückführen.

3 Die Anhörung kann erfolgen, sobald ein Antrag auf Bestätigung des Restrukturierungsplans gestellt ist. Regelmäßig wird sich eine Anhörung allerdings erst empfehlen, wenn die wesentlichen Fragen der Bestätigungsfähigkeit des Plans geklärt sind (Morgen StaRUG/*Arends/Backes* § 61 Rn. 5), freilich kann die Anhörung gerade auch dazu dienen, diese Klärung herbeizuführen. Die **Zulässigkeit des Bestätigungsantrags** ist **nicht erforderlich** (missverständlich Morgen StaRUG/*Arends/Backes* § 61 Rn. 6). Denn auch die Unzulässigkeit des Antrags kann Gegenstand der Anhörung sein. Gleichwohl wird es sich empfehlen, etwaige fehlende Unterlagen nicht erst in einem gesonderten mündlichen Anhörungstermin anzufordern, sondern vorab den Antragsteller zur Nachbesserung des Antrags aufzufordern,

sodass dann die Anhörung iSd § 61 erfolgen, sobald wenn die formalen Voraussetzungen der Antragstellung (§ 60) erfüllt sind.

**4** Bei der Ermessensausübung ist zu berücksichtigen, dass eine gesonderte Anhörung in einem weiteren Termin regelmäßig nicht erforderlich ist, wenn die Planbetroffenen bereits **Gelegenheit hatten,** an einem gerichtlichen **Erörterungs- und Abstimmungstermin** gemäß § 45 teilzunehmen (Begründung RegE, BT-Drs. 19/24181, 161). Es kommt nicht darauf an, ob die Planbetroffenen zu diesem früheren Erörterungs- und Abstimmungstermin wirklich erschienen sind. Das Ob und Wie einer Anhörung steht im Ermessen des Restrukturierungsgerichtes. Im Einzelfall kann eine Anhörung aufgrund einer Ermessensreduzierung auf Null erforderlich sein, etwa wenn das Gericht in der Ladung zu dem Erörterungs- und Abstimmungstermin es versäumt hatte, auf das Erfordernis der Glaubhaftmachung einer voraussichtlichen Schlechterstellung hinzuweisen, § 64 Abs. 4 S. 3 (Morgen StaRUG/*Arends/Backes* § 61 Rn. 9). Entsprechendes gilt, wenn sonstige Umstände während des Erörterungs- und Abstimmungstermins noch nicht diskutiert werden konnten oder noch nicht bekannt waren. Das mag etwa bei Bewertungsfragen im Zusammenhang mit der Vergleichsrechnung der Fall sein.

**5** Die Anhörung gehört **nicht zu den wesentlichen Verfahrensvorschriften,** die als Vorschriften über die Annahme des Plans einer Bestätigung nach § 63 Abs. 1 Nr. 2 entgegenstünden. Die Anhörung kann auch im Beschwerdeverfahren noch nachgeholt werden, indem dort den Planbetroffenen rechtliches Gehör gewährt wird (Morgen StaRUG/*Arends/Backes* § 61 Rn. 15).

## III. Muss-Anhörung (Satz 2)

**6** Satz 2 bezieht sich auf Fälle, in denen nicht das Gericht die Planabstimmung durchgeführt hat, sondern der Schuldner in Eigenregie gemäß §§ 17–22. In diesem Fall ist das Gericht verpflichtet, einen Termin zur Anhörung der Planbetroffenen durchzuführen. Satz 3 bezieht sich nur auf diesen Fall. Das liegt daran, dass es sonst keinen Sinn hätte, auch das Wie in das Ermessen des Gerichts zu stellen, wie es laut Begründung RegE für Satz 1 gilt (BT-Drs. 19/24181, 161); eine schriftliche Anhörung, die allseits für theoretisch denkbar gehalten wird (→ Rn. 9), hätte keinen Anwendungsbereich.

**7** Die Anhörung erfolgt gemäß der Verweisung aus Satz 3 auf § 45 Abs. 3 und § 46 Abs. 1 S. 4 in einem gesonderten Termin. Zu diesem Termin sind die **Planbetroffenen** zu laden. Ebenso ist der Restrukturierungsbeauftragte zu laden. Eine Ladung des **Schuldners** ist (unabhängig von § 61) denkbar und zulässig. In diesem Anhörungstermin kann auch schon die Planbestätigungsentscheidung bekanntgegeben werden, § 65. Das schließt die Möglichkeit eines gesonderten Verkündungstermins nicht aus.

**8** Die **Ladung** zu dem Anhörungstermin hat grundsätzlich das **Gericht** vorzunehmen. Allerdings kann das Restrukturierungsgericht gemäß § 76 Abs. 6den Restrukturierungsbeauftragten damit beauftragen. Außerdem kann der Schuldner mit der Ladung beauftragt werden. Dann richtet sich die Zustellung über § 41 Abs. 3 S. 1 allein nach §§ 191–194 ZPO (Flöther/

*Laroche* § 61 Rn. 6). Eine Beauftragung des Schuldners ist daher nicht sinnvoll, weil wegen § 41 Abs. 3 in diesem Fall die Aufgabe zur Post als Zustellungsweg ausscheidet. Im Zweifel sollte das Gericht, jedenfalls bei überschaubarem Kreis der Planbetroffenen, die Zustellung selbst übernehmen und dies nicht aus Bequemlichkeit auf den Restrukturierungsbeauftragten übertragen.

Die **Ladungsfrist** beträgt gemäß § 46 Abs. 1 S. 4 **mindestens 7 Tage.** 9
Die Regelung des § 61 S. 3 gilt nur bei der fakultativen Anhörung nach Satz 1 (BeckOK StaRUG/*Skauradszun/Fridgen* § 61 Rn. 11; aA Morgen StaRUG/*Arends/Backes* § 61 Rn. 13). Denkbar erschiene auch die Durchführung der Anhörung im schriftlichen Verfahren, was aber in der Regel nicht effizient sein wird. Allerdings besteht die Möglichkeit, unmittelbar im Anschluss an einen Erörterungs- und Abstimmungstermin nach § 45 noch eine Schriftsatzfrist gemäß § 38 StaRUG iVm § 283 ZPO zu gewähren und dann gleichzeitig einen Verkündungstermin anzuberaumen (Flöther/*Laroche* § 61 Rn. 3); das gilt vor allem bei etwaigen Planänderungen iSv § 45 Abs. 4.

## Bedingter Restrukturierungsplan

**62 Ist im Restrukturierungsplan vorgesehen, dass vor dessen Bestätigung bestimmte Leistungen erbracht oder andere Maßnahmen verwirklicht werden sollen, wird der Plan nur bestätigt, wenn diese Voraussetzungen erfüllt sind und Versagungsgründe nicht vorliegen.**

**Schrifttum:** Siehe bei § 63.

**Übersicht**



## I. Normzweck

Die Vorschrift ist **§ 249 InsO nachgebildet.** Sie regelt Fälle, in denen 1
der Restrukturierungsplan Bedingungen enthält und/oder bestimmte Leistungen oder Maßnahmen erbracht werden sollen, bevor es zur Bestätigung des Plans kommt. Die Vorschrift hat im eigentlichen Sinne keine materiell-rechtliche Wirkung (aA Morgen StaRUG/*Arends/Backes* § 62 Rn. 2), weil sie nur die Planbestätigung regelt. Davon zu unterscheiden ist, dass es schon der Plangestaltung selbst unterliegt, eine materiell-rechtliche Verknüpfung mit Planbedingungen vorzusehen.

Die Vorschrift regelt nur die Planbestätigung, nicht aber die etwaige 2
Bindung an einen vollständigen konsensual zustande gekommenen Restrukturierungsplan auch schon vor Eintritt von Planbedingungen. Die Auslegung

eines solchen vollständig konsensual angenommenen Plans kann eine Bindung auch schon vor Eintritt der Planbedingungen ergeben; das dürfte allerdings nicht der Regelfall sein, weil die gewollte Restrukturierung (auch) an dem Eintritt der Bedingungen hängen dürfte. § 62 indes richtet sich nur an das Gericht und ist nur dann beachtlich, wenn die Bestätigung des Plans beantragt wird.

## II. Mögliche Planbedingungen

**3** Planbedingungen iSv § 62 sind regelmäßig solche Maßnahmen, die **nicht selbst Gegenstand des Plans** sind bzw. nicht von der Regelungsmacht und Gestaltbarkeit durch den Plan betroffen sind. Es geht also um außerhalb des Plans umzusetzende Maßnahmen, die allerdings über die Planbedingungen mit dem Plan verknüpft werden sollen. Planbedingungen sind alle solche Maßnahmen und Leistungen, die vor der Bestätigung erbracht oder verwirklicht werden sollen. Keine echten Bedingungen iSd § 62 sind solche Umstände, die nach Maßgabe des Plans dem Restrukturierungsgericht innerhalb einer bestimmten Frist angezeigt werden oder sonst eintreten sollen, ohne dass aber die Bestätigung oder deren Versagung daran geknüpft wird (vgl. zu § 249 InsO Brünkmans/Thole Insolvenzplan-HdB/*Thole* § 18 Rn. 20). Unzulässig sind Bedingungen, die das Restrukturierungsgericht zu einem verfahrensrechtlich nicht statthaften Tätigwerden zwingen sollen, zB die Festlegung der Höhe der Vergütung des Restrukturierungsbeauftragten. Planbedingungen schieben die Bestätigung auf, nicht aber die Willensbildung als solche, sie sind daher verfahrensrechtlicher Natur und von materiell-rechtlichen Bedingungen iSd § 158 Abs. 1 BGB zu unterscheiden (zu solchen Bedingungen beim Insolvenzplan Brünkmans/Thole Insolvenzplan-HdB/*Thole* § 18 Rn. 22).

**4** Es kann sich auch um operative oder arbeitsrechtliche Maßnahmen handeln, die nicht Gegenstand der Regelungsmacht des Planes sind. Mögliche Planbedingungen in diesem Sinne sind beispielsweise steuerrechtliche verbindliche Auskünfte, die Ausreichung eines Investorendarlehens, aber auch **Kapitalmaßnahmen** und sonstige gesellschaftsrechtliche Beschlüsse, soweit sie nicht über § 7 Abs. 4, 2 Abs. 3 zum Gegenstand des Plans gemacht werden. Außerdem denkbar wäre die **Änderung von Anleihebedingungen** durch einen Beschluss nach § 5 SchVG, soweit diese nicht bereits Bestandteil des Restrukturierungsplans ist (näher zum Verhältnis von SchVG und StaRUG nach § 19 SchVG *Thole* ZHR 186 [2022] 213, 237 ff.). § 62 kann auch die Bestellung von Sicherheiten betreffen ebenso wie sonstige zivilrechtliche Vereinbarungen oder Leistungen von Lieferanten oder Vertragspartnern. Auch öffentlich-rechtliche Vorgänge können Gegenstand einer Planbedingung sein, etwa der Ausgang einer Behördenentscheidung oder die Zusage einer Subvention oder Beihilfe oder deren unionsrechtliche Genehmigung (Morgen StaRUG/*Arends*/*Backes* § 62 Rn. 17).

## III. Verfahrensrechtlicher Ablauf

Der **Antrag** auf Planbestätigung kann schon gestellt werden, bevor die Bedingungen eingetreten sind (unklar Begründung RegE, BT-Drs. 19/24181, 162). Die Planbestätigung kann aber erst erfolgen, wenn die Bedingung eingetreten ist. § 62 gilt unterschiedslos bei einer gerichtlichen Planabstimmung oder bei einer privatautonomen Abstimmung. Im letztgenannten Fall kann die Anhörung des § 61 S. 2 auch schon vor Eintritt der Bedingungen erfolgen (Flöther/*Laroche* § 61 Rn. 5). 5

Das **Gericht** hat auf den Eintritt der Bedingungen keinen verfahrensförmigen Einfluss. Es kann insbesondere dem Schuldner **keine Frist setzen,** für den Eintritt der Planbedingungen zu sorgen, da ohnehin das Instrument der Planbestätigung in der Hand des Schuldners liegt. Ohnedies besteht keine zwingende Verpflichtung, eine Planbestätigung zu beantragen, wenn der Plan einstimmig angenommen worden ist. Zu beachten ist allerdings, dass die Restrukturierungssache grundsätzlich nach Ablauf von 6 Monaten ihre Wirkung verliert, § 31 Abs. 4 Nr. 4. Unberührt bleibt auch die Aufhebung der Restrukturierungssache nach § 33 Abs. 2 Nr. 2, wenn ersichtlich keine Aussicht auf Erfolg des Restrukturierungsvorhabens mehr besteht. 6

§ 62 betrifft nicht Fälle, in denen der Restrukturierungsplan an eine **auflösende Bedingung** geknüpft wird (Morgen StaRUG/*Arends/Backes* § 62 Rn. 12). 7

### Versagung der Bestätigung[1]

**63** (1) **Die Bestätigung des Restrukturierungsplans ist von Amts wegen zu versagen, wenn**

1. **der Schuldner nicht drohend zahlungsunfähig ist;**
2. **die Vorschriften über den Inhalt und die verfahrensmäßige Behandlung des Restrukturierungsplans sowie über die Annahme des Plans durch die Planbetroffenen in einem wesentlichen Punkt nicht beachtet worden sind und der Schuldner den Mangel nicht beheben kann oder innerhalb einer angemessenen, vom Restrukturierungsgericht gesetzten Frist nicht behebt oder**
3. **die Ansprüche, die den Planbetroffenen durch den gestaltenden Teil des**

**Plans zugewiesen werden, und die durch den Plan nicht berührten Ansprüche der übrigen Gläubiger offensichtlich nicht erfüllt werden können.**

(2) [1] **Liegt ein Mangel nach Absatz 1 Nummer 2 darin begründet, dass infolge einer unzutreffenden Bewertung des Unternehmens die Voraussetzungen für eine gruppenübergreifende Mehrheitsentscheidung nach den §§ 26 bis 28 nicht gegeben sind, so kann die Versagung der Bestätigung auf diesen Mangel nur gestützt werden,**

[1] § 63 Abs. 2 eingef., bish. Abs. 2–4 werden Abs. 3–5 mWv 27.7.2022 durch G v. 20.7.2022 (BGBl. I S. 1166).

**wenn ein hierdurch benachteiligter Planbetroffener dies beantragt. [2]Der Antrag ist nur zulässig, wenn der Antragsteller dem Plan bereits im Abstimmungsverfahren widersprochen hat. [3]Ist die Abstimmung außerhalb eines gerichtlichen Abstimmungstermins erfolgt, so gilt dies nur dann, wenn in dem Planangebot oder, sofern eine Versammlung der Planbetroffenen stattgefunden hat, in dem Einberufungsschreiben zu der Versammlung auf die Erforderlichkeit des Widerspruchs und die Folgen eines unterbliebenen Widerspruchs gesondert hingewiesen worden ist.**

(3) **Sieht der Restrukturierungsplan eine neue Finanzierung vor, ist die Bestätigung zu versagen, wenn das dem Plan zugrunde liegende Restrukturierungskonzept unschlüssig ist oder wenn Umstände bekannt sind, aus denen sich ergibt, dass das Konzept nicht von den tatsächlichen Gegebenheiten ausgeht oder keine begründete Aussicht auf Erfolg vermittelt.**

(4) **[1]Ist die Planabstimmung nicht im gerichtlichen Verfahren erfolgt, gehen Zweifel an der ordnungsgemäßen Annahme des Restrukturierungsplans durch die Planbetroffenen zulasten des Schuldners. [2]Besteht Streit über das einem Planbetroffenen zustehende Stimmrecht, legt das Gericht seiner Entscheidung das nach Maßgabe des § 24 zu bestimmende Stimmrecht zugrunde.**

(5) **Die Bestätigung ist auch zu versagen, wenn die Annahme des Restrukturierungsplans unlauter herbeigeführt worden ist, insbesondere durch Begünstigung eines Planbetroffenen.**

**Schrifttum:** *Baschnagel* Restructuring Support Agreements, 2023; *Jungmann/Zündorf* Die voraussichtliche Schlechterstellung überstimmter Minderheiten durch einen Restrukturierungsplan, ZRI 2022, 89; *Marotzke* Die Justiziabilität von Restrukturierungsplänen, dargestellt am Beispiel planbasierter Übergriffe auf nicht plangestaltbare Rechtspositionen, ZInsO 2021, 2540; *Ringelspacher/Fehl-Weileder* Die Vergleichsrechnung: Streitfragen und Erfahrungen oder Business as usual, ZRI 2022, 210; *Spahlinger* Gruppen, Stimmrechte und erforderliche Mehrheiten, NZI-Beilage 2021, 32; *Steffan/Oberg/Poppe* SanInsFoG: Vom Grobkonzept zum Vollkonzept – Anforderungen an die betriebswirtschaftlichen Konzepte in Restrukturierungsplan, Eigenverwaltungsplanung und Insolvenzplan, ZIP 2021, 617; *Thole* Der Entwurf des Unternehmensstabiliserungs- und restrukturierungsgesetzes (StaRUG-RefE), ZIP 2020, 1985; *Vallender* Aufgaben und Befugnisse des Restrukturierungsgerichts nach dem Gesetz über den Stabilisierungs- und Restrukturierungsrahmen für Unternehmen (Teil 2), ZInsO 2020, 2677; *Vallender* Das Sanierungs- und Insolvenzrechtsfortentwicklungsgesetz (SanIns-FoG), MDR 2021, 201; *Westpfahl/Dittmar* Die Behandlung gruppeninterner Sicherheiten im StaRUG, NZI-Beilage 2021, 46; *Ziegenhagen* Sechs Monate StaRUG Bewertung der ersten Rechtsprechung zur Anwendung des neuen Restrukturierungsgesetzes, ZInsO 2021, 2053.

**Übersicht**

## I. Normzweck

§ 63 ist gemeinsam mit § 64 das **Herzstück** des **gerichtlichen Bestätigungsverfahrens** und regelt den **Prüfungskanon** des Restrukturierungsgerichts bei der Planbestätigung. Die Norm enthält eine abschließende Auflistung der **von Amts wegen** zu beachtenden, zwingenden Versagungsgründe. Sie dient damit der Umsetzung der Vorgaben aus **Art. 10 Abs. 2 und 3 RL 2019/1023** (vgl. Begründung RegE BT-Drs. 19/24181, 186), nach denen die dort genannten Voraussetzungen zum Mindestumfang der gerichtlichen (oder behördlichen) Planüberprüfung gehören müssen. Art. 10 Abs. 2 RL 2019/1023 gibt dem nationalen Gesetzgeber zudem auf, die vom Gericht zu prüfenden Voraussetzungen genau festzulegen. 1

**Legitimationsgrundlage** des Restrukturierungsplans ist in erster Linie die **privatautonome Gestaltung** durch die planbetroffenen Gläubiger und Gesellschafter, sodass das Gericht im Bestätigungsverfahren **nicht** dazu aufgerufen ist, die **wirtschaftliche Zweckmäßigkeit** „abzusegnen", jedenfalls nicht in dem Sinne, dass es seine Auffassung von dem zweckmäßigen Vorgehen an die Stelle des Planinhalts setzen darf (vgl. zum RefE bereits *Thole* ZIP 2020, 1985 (1997); *Vallender* ZInsO 2020, 2677 (2679)). Vielmehr soll die Einhaltung von **verfahrensrechtlichen Mindeststandards** und eine möglichst umfassend **informierte Entscheidung der Planbetroffenen** gewährleistet werden (vgl. zum Insolvenzplan auch MüKoInsO/*Sinz* InsO § 250 Rn. 1). Dabei muss das Gericht allerdings, wie sich unter Abs. 1 Nr. 3 zeigt, auch die **Belange der nicht vom Plan betroffenen Gläubiger** berücksichtigen, weil sich der bestätigte Plan, insbesondere wegen des Anfechtungsschutzes von Planvollzugshandlungen (§ 90), auch auf deren Rechtsstellung auswirken kann (*Thole* ZIP 2020, 1985 (1997); vgl. dazu auch → Rn. 24 f.). 2

## II. Allgemeines

3 In systematischer Hinsicht ist der Zusammenhang mit den weiteren Vorschriften der Planbestätigung (§§ 60 ff.) zu beachten. So kommt es überhaupt nur auf **Antrag des Schuldners** zu einem Planbestätigungsverfahren (→ § 60 Rn. 2); im Falle eines **bedingten Plans** gilt zusätzlich § 62 (→ § 62 Rn. 2). Besondere Beachtung verdient das Zusammenspiel mit dem **Minderheitenschutz in § 64,** weil das Gericht einen Verstoß gegen das dort geregelte Schlechterstellungsverbot nur **auf Antrag eines Betroffenen** prüft. Hingegen sind die in § 63 genannten Versagungsgründe **von Amts wegen** zu berücksichtigen. Eine Ausnahme gilt nur im Falle der Prüfung des gruppenbezogenen Schlechterstellungsverbots im Rahmen der Prüfung eines cross-class cram-downs (§§ 26 ff.), weil auch hier nach § 63 Abs. 2 ausnahmsweise ein Antrag erforderlich ist. Dies entspricht den Vorgaben von Art. 10 Abs. 2 UAbs. 2 und Art. 14 Abs. 1 RL 2019/1023, wonach die gerichtliche (oder behördliche) Überprüfung des Kriteriums des „Gläubigerinteresses" und insbesondere eine erforderlich werdende Unternehmensbewertung nur bei einer entsprechenden „Beanstandung" erfolgt.

4 Das Gesetz formuliert negativ und geht daher vom **Versagungsgrund als Ausnahme** aus. Deshalb kann das Restrukturierungsgericht die Bestätigung nur versagen, wenn es gemäß § 38 S. 1 iVm § 286 ZPO die **volle Überzeugung davon** gewonnen hat, dass ein **Versagungsgrund vorliegt.** Zweifel am Vorliegen des Versagungsgrunds gehen (mit Ausnahme der in § 63 Abs. 3 S. 1 geregelten Konstellation) nicht zulasten des Schuldners. Diese objektive Feststellungslast betrifft allerdings nur den Fall, dass Umstände trotz des in Restrukturierungssachen gemäß § 39 geltenden **Amtsermittlungsgrundsatzes** in tatsächlicher Hinsicht unaufgeklärt bleiben. Rechtsfragen sind stets abschließend zu entscheiden (vgl. zum Insolvenzplan Brünkmans/Thole Insolvenzplan-HdB/*Thole* § 19 Rn. 5). In der Sache werden die Versagungsgründe aber grundsätzlich voll (dh nicht nur summarisch oder auf evidente Fehler hin) geprüft, wenn sich nicht aus dem spezifischen Versagungsgrund eine eingeschränkte Prüfungskompetenz ergibt (so etwa bei der Prüfung der Erklärung nach § 14 Abs. 1 StaRUG, dazu → Rn. 25 f.).

5 Bei der Prüfung der Versagungsgründe ist das Gericht an eine im Rahmen einer etwaigen **Vorprüfung** nach §§ 47, 48 geäußerte Rechtsauffassung **nicht gebunden** (zum RefE *Thole* ZIP 2020, 1985 (1994); Morgen StaRUG/*Brackmann/Langer* § 63 Rn. 63; zum Insolvenzplan: BGH NZI 2017, 260 Rn. 14). Bessere Rechtserkenntnis ist also nicht ausgeschlossen. Das gilt auch dann, wenn sowohl der Plan als auch die Sachlage unverändert geblieben sind. Gegen den zusammenfassenden Hinweisbeschluss (§ 46 Abs. 2) sind nach § 40 Abs. 1 S. 1 keine Rechtsmittel gegeben. Das Gericht muss aber gemäß § 38 S. 1 iVm § 139 ZPO einen Hinweis erteilen, wenn es von einer zunächst geäußerten Rechtsauffassung später abweichen will oder der Versagungsgrund schon bei der Vorprüfung vorlag, ohne dass er vom Gericht beanstandet wurde (zum Insolvenzplan Brünkmans/Thole Insolvenzplan-HdB/*Thole* § 19 Rn. 8).

Abs. 1 listet die **stets zu prüfenden Versagungsgründe** (→ Rn. 7 ff.) auf. Ergänzend schreibt Abs. 5 eine Versagung vor, wenn die Planannahme unlauter herbeigeführt worden ist (→ Rn. 34 ff.). Der nachträglich durch Gesetz vom 20.7.2022 (BGBl. I 1166) eingefügte Abs. 2 sieht ein besonderes Antragserfordernis vor, wenn die Voraussetzungen einer gruppenübergreifenden Mehrheitsentscheidung zu prüfen sind und in diesem Zusammenhang eine Unternehmensbewertung erforderlich ist (→ Rn. 38 ff.). Abs. 3 regelt einen weiteren Versagungsgrund für den Fall, dass der Plan eine neue Finanzierung iSv § 12 StaRUG vorsieht (→ Rn. 42 ff.). Abs. 4 enthält eine Zweifelsregel für den Fall, dass die Planabstimmung nicht im gerichtlichen Verfahren erfolgt ist und adressiert den Umgang mit Stimmrechtsstreitigkeiten (→ Rn. 44 ff.). **6**

## III. Die einzelnen Versagungsgründe

### 1. Keine drohende Zahlungsunfähigkeit (Abs. 1 Nr. 1)

Die Bestätigung ist nach § 64 Abs. 1 Nr. 1 StaRUG zu versagen, wenn der Schuldner nicht drohend zahlungsunfähig ist. Der Schuldner muss ***schon* drohend zahlungsunfähig** sein, weil der Gesetzgeber die mit dem Restrukturierungsplan verbundenen Eingriffe in die Rechtsposition der planbetroffenen Gläubiger und Gesellschafter erst ab diesem Zeitpunkt für gerechtfertigt hält (Begründung RegE BT-Drs. 19/24181, 90). **7**

Für den Begriff der drohenden Zahlungsunfähigkeit gilt **§ 18 InsO.** Es kann grundsätzlich auf die insoweit in Literatur und Rechtsprechung entwickelten Maßstäbe zurückgegriffen werden (vgl. zB Uhlenbruck/*Mock* InsO § 18 Rn. 18 ff.). In der Regel ist ein Prognosezeitraum von **24 Monaten** zugrunde zu legen. Erforderlich ist mithin eine Finanzplanung, welche die im Prognosezeitraum fällig werdenden Verbindlichkeiten den voraussichtlichen liquiden Mitteln gegenüberstellt (Graf-Schlicker/*Bremen* InsO § 18 Rn. 13; Kübler/Prütting/Bork/*Pape* InsO § 18 Rn. 7). Drohende Zahlungsunfähigkeit liegt dann vor, wenn der Eintritt der Zahlungsunfähigkeit zu einem bestimmten Zeitpunkt innerhalb des Betrachtungszeitraums wahrscheinlicher ist als deren Vermeidung (MüKoInsO/*Drukarczyk* InsO § 18 Rn. 54; Kübler/Prütting/Bork/*Pape* InsO § 18 Rn. 9; Nerlich/Römermann/*Mönning* InsO § 18 Rn. 24). **8**

Das (Nicht-)vorliegen der drohenden Zahlungsunfähigkeit wird von dem Restrukturierungsgericht **grundsätzlich voll überprüft;** es gilt gemäß § 39 StaRUG der **Amtsermittlungsgrundsatz** (bereits → Rn. 4). Das Gericht kann für die Beurteilung nach § 39 Abs. 1 S. 2 StaRUG einen Sachverständigen zu Rate ziehen oder sich gemäß § 73 Abs. 3 Nr. 1 StaRUG der **Hilfe des Restrukturierungsbeauftragten** bedienen. Das **AG Köln** (NZI 2021, 433) hat in diesem Zusammenhang die Auffassung vertreten, die drohende Zahlungsunfähigkeit müsse nach § 38 S. 1 StaRUG iVm § 286 ZPO zur vollen Überzeugung des Gerichts feststehen. Indes folgt aus der Konzeption des Gesetzes streng genommen, dass das Gericht, wenn es die Planbestätigung versagen will, gerade umgekehrt vom **Fehlen** der drohenden Zah- **9** lungsunfähigkeit **voll überzeugt** sein muss (→ Rn. 4; *Thole* NZI 2021, 436; ebenso *Proske* EWiR 2021, 309 (310); *Ziegenhagen* ZInsO 2021, 2053 (2054)). Jedenfalls darf die Entscheidung nicht in einer Weise verstanden werden, dass das Gericht die Bestätigung bereits dann versagt, wenn es vom Eintritt der Zahlungsunfähigkeit innerhalb der nächsten 24 Monate nicht voll überzeugt ist. Das wäre nicht richtig und auch kaum jemals zu erreichen, weil eine sichere Einschätzung bei solchen Zukunftsprognosen nie zu erlangen ist (*Thole* NZI 2021, 436). Der Vollbeweis gilt in erster Linie für die der Prognose zu Grunde liegenden tatsächlichen Umstände. Für die Prognose selbst gilt alleine der Maßstab der überwiegenden Wahrscheinlichkeit (ähnlich zu § 245 InsO und die dort zu treffende Prognoseentscheidung K. Schmidt InsO/*Spliedt* InsO § 245 Rn. 42). Auch insoweit muss zwar das Gericht überzeugt sein, dass die Prognose nicht dem vom Gesetz in § 18 InsO vorgegebenen Maßstab der überwiegenden Wahrscheinlichkeit entspricht bzw. diesen nicht erreicht. Wenn es etwa im Rahmen der Prognose auf das mögliche Verhalten von Gläubigern ankommt, darf das Gericht nicht eine sichere Überzeugung bzw. Gewissheit von diesem Verhalten verlangen, weil dem Prognoseelement die Unsicherheit immanent ist.

**10** Inhaltlich stellt sich die Frage, ob und unter welchen Voraussetzungen künftige, noch **ungewisse Sanierungsbeiträge Dritter** in die Prognose einbezogen werden müssen und eine drohende Zahlungsunfähigkeit ausschließen (vgl. allgemein zu § 18 InsO Uhlenbruck/*Mock* InsO § 18 Rn. 41; K. Schmidt InsO/*K. Schmidt* InsO § 18 Rn. 26). Aus der Gesetzesbegründung zum SanInsFoG wird deutlich (Begründung RegE BT-Drs. 19/24181, 91; vgl. dazu auch HambKommInsR/*Schröder* § 18 Rn. 17), dass nach der Vorstellung des Gesetzgebers **echte Sanierungsbeiträge** Dritter bei der Frage nach der drohenden Zahlungsunfähigkeit **grundsätzlich nicht einzupreisen** sind (anders grundsätzlich bei der Fortbestehensprognose der Überschuldungsprüfung vgl. Begründung RegE BT-Drs. 19/24181, 197; dazu *Fischer* NZI 2016, 665 (668 ff.) mwN; zu den Voraussetzungen auch jüngst BGH NZI 2021, 872 Rn. 79). Die drohende Zahlungsunfähigkeit darf nicht mit der Erwägung verneint werden, der Gläubiger oder Dritte, auf dessen Zustimmung es ankommt, werde sich außergerichtlich schon noch bewegen (*Thole* NZI 2021, 436). Das muss im Ausgangspunkt auch dann gelten, wenn diese Zustimmung rational wäre, weil es außerhalb des StaRUG keine Zustimmungspflicht für Gläubiger zu Sanierungsvergleichen gibt (BGHZ 116, 319 (324 f.)). Andernfalls läuft man Gefahr, den Zugang zu Instrumenten des StaRUG zirkelschlüssig gerade in den Fällen zu versagen, für die das Gesetz geschaffen wurde. Für die zu erstellende Liquiditätsprognose kann daher insoweit grundsätzlich unterstellt werden, dass **alle Verbindlichkeiten in voller Höhe zu erfüllen** sind und sich kein Gläubiger auf einen (teilweisen) Erlass seiner Forderung einlässt. Schwieriger ist die spiegelbildliche Konstellation, in der eine derzeitige Finanzierung des Schuldners im Betrachtungszeitraum ausläuft und eine **Refinanzierung noch nicht (rechtsverbindlich) gesichert** ist (so auch in dem Sachverhalt, der dem o. g. Hinweisbeschluss des AG Köln zugrunde lag). Grundsätzlich müssen hier für einen unsicheren Mittel*zufluss* die gleichen Maßstäbe gelten wie für den unsicheren Mittel*abfluss.* Echte Sanierungsbeiträge sind grundsätzlich nicht zu berücksichtigen, zumal beispielsweise auch Stundungen, sogenannte „Amend and Extend"-Lösungen bei Konsortialkrediten nach § 2 Abs. 2 (dazu *Wilkens* WM 2021, 573 (577); Flöther/*Westpfahl/Dittmer* § 2 Rn. 53; Morgen /*Knapp/Wilde* § 2 Rn. 42) oder eine neue Finanzierung (allerdings nicht erzwingbar) Gegenstand eines Restrukturierungsplans sein können. Abweichendes gilt aber dann, wenn die Refinanzierbarkeit bei **gewöhnlichem Lauf der Dinge** überwiegend wahrscheinlich ist. Dass eine Finanzierung in der Vergangenheit stets verlängert worden ist, dürfte für sich genommen nicht ausreichen (vgl. auch *Ziegenhagen* ZInsO 2021, 2053 (2054) der eine überwiegende Wahrscheinlichkeit allenfalls bei entsprechenden Absichts- oder Wohlwollenserklärungen der Finanziers annehmen will). Erforderlich ist vielmehr, dass sich die Kreditwürdigkeit des Schuldners nicht wesentlich verschlechtert hat bzw. voraussichtlich verschlechtern wird. Dann dürfte es auch nicht auf den Sanierungsbeitrag eines *konkreten* Dritten ankommen, weil sich der Schuldner in einer solchen Konstellation auch von anderer Seite Liquidität beschaffen könnte, was einzupreisen ist (vgl. allgemein zur Berücksichtigung von neuem Fremdkapital in der Prognose Uhlenbruck/*Mock* InsO § 18 Rn. 41; MüKoInsO/*Drukarczyk* InsO § 18 Rn. 49).

Die drohende Zahlungsunfähigkeit muss zum **Zeitpunkt der Bestätigungsentscheidung** des Gerichts vorliegen. Für die Willensbildung der planbetroffenen Gläubiger und Anteilseigner ist zwar der Zeitpunkt der Abstimmung über den Plan maßgeblich. Allerdings ist für diese entscheidend, dass die drohende Zahlungsunfähigkeit in dem Zeitpunkt vorliegt, zu dem der Plan seine Wirkung entfaltet und in ihre Rechte eingreift. Demnach reicht es theoretisch aus, wenn die drohende Zahlungsunfähigkeit erst nach dem Abstimmungstermin, aber vor der Bestätigungsentscheidung eingetreten ist (*Thole* NZI 2021, 436; Morgen /*Brackmann/Langer* § 64 Rn. 29). Umgekehrt kann es aber nicht ausreichen, wenn die bei Abstimmung vorliegende drohende Zahlungsunfähigkeit vor der Bestätigungsentscheidung wieder entfällt. Dementsprechend sind auch Änderungen in der Beschwerdeinstanz beachtlich, was auch allgemeinen beschwerderechtlichen Grundsätzen entspricht (vgl. § 571 Abs. 2 S. 1 ZPO). **11**

Nicht eindeutig ist, ob nach § 63 Abs. 1 Nr. 1 alleine dem *noch* nicht drohend zahlungsunfähigen Schuldner eine Planbestätigung zu versagen ist oder ob die Vorschrift auch umgekehrt eine Abgrenzung in die andere Richtung, also die **Prüfung des Fehlens der** Zahlungsunfähigkeit oder Überschuldung verlangt (dies ohne weiteres annehmend Flöther/*Laroche* § 63 Rn. 5; Morgen /*Brackmann/Langer* Rn. 18 ff.; BeckOK StaRUG/*Skauradszun* § 63 Rn. 11; zweifelnd AG Dresden NZI 2021, 893 Rn. 33; zum Problem bereits *Thole* ZIP 2020, 1985 (1992)). **12**

Für die Überschuldung kann das Problem grundsätzlich schon auf tatbestandlicher Ebene gelöst werden, wenn und weil der bestätigte Plan zu einer positiven Fortbestehensprognose iSv § 19 Abs. 2 S. 1 Hs. 2 InsO führen würde (Begründung RegE BT-Drs. 19/24181, 91; vgl. auch Morgen /*Brackmann/Langer* § 63 Rn. 19; Flöther/*Laroche* § 63 Rn. 7; BeckOK StaRUG/*Skauradszun* § 63 Rn. 11; bereits *Thole* ZIP 2020, 1985 (1991) allerdings zu dem in diesem Aspekt teilweise anderslautenden RefE). Fehlt es **13** an der positiven Fortbestehensprognose, dürfte der Plan keine Aussicht auf Erfolg bzw. Sicherung der Bestandsfähigkeit (§ 14 Abs. 1) haben (siehe auch Abs. 2). Auch eine zu Tage tretende Zahlungsunfähigkeit des Schuldners, die durch den Plan nicht beseitigt würde, müsste jedenfalls zu einer Versagung nach § 63 Abs. 1 Nr. 3 führen (vgl. dazu → Rn. 33). Umgekehrt bedeutet das Nichtvorliegen der genannten Versagungsgründe bzw. die fehlende Überzeugung vom Nichtvorliegen (schon wegen der teilweise beschränkten gerichtlichen Kontrolldichte → Rn. 25 und 33) nicht in jedem Fall automatisch, dass keine Insolvenzreife vorliegt. Die primäre Verantwortung der Geschäftsleitung zur Prüfung der Insolvenzreife vor und nach der Planbestätigung bleibt unberührt. Nach der gesetzlichen Systematik ist die **Prüfung der Insolvenzreife** streng genommen **nicht Bestandteil der Bestätigungsentscheidung** selbst, sondern der vorgeschalteten **(Nicht-) Aufhebungsentscheidung** nach § 33. Wenn das Restrukturierungsgericht im Bestätigungsverfahren (durch zwischenzeitliche Anzeige des Schuldners oder im Rahmen der Prüfung der Bestätigungsvoraussetzungen) von der Insolvenzreife Kenntnis erlangt, *muss* es die Restrukturierungssache grundsätzlich aufheben (§ 33 Abs. 2 S. 1 Nr. 1). Der Bestätigungsentscheidung ist dann der Boden entzogen, weil diese die Rechtshängigkeit der Restrukturierungssache voraussetzt (§ 31 Abs. 1 u. 3). Zu einer Bestätigungsentscheidung kommt es bei eingetretener Zahlungsunfähigkeit daher nur dann, wenn das Restrukturierungsgericht von den Ausnahmen des § 33 Abs. 2 Nr. 1 Hs. 2 Gebrauch machen will, weil die Eröffnung des Insolvenzverfahrens mit Blick auf den erreichten Stand der Restrukturierungssache nicht im Interesse der Gesamtheit der Gläubiger liegen würde oder die Insolvenzreife aus einer Forderung resultiert, die einer Gestaltung durch den Plan unterworfen werden soll. Demnach kann das Gericht von der Aufhebung trotz Insolvenzreife des Schuldners insbesondere dann absehen, wenn zu erwarten ist, dass die Bestätigung des Plans zur Beseitigung der eingetretenen Insolvenzlage führen würde (vgl. auch Begründung RegE BT-Drs. 19/24181, 139). In einem solchen Fall wäre es wenig sinnvoll, bei der anschließenden Bestätigungsentscheidung erneut die Prüfung der fehlenden Insolvenzreife zu verlangen.

**14** Die Entscheidung über die Aufhebung der Restrukturierungssache einerseits und über die Planbestätigungsentscheidung andererseits sind miteinander verwoben, weil die Voraussetzungen des Ausnahmetatbestands nach § 33 Abs. 2 S. 1 Nr. 1 Hs. 2 von den Erfolgsaussichten des Plans, also den übrigen Bestätigungsvoraussetzungen, abhängen. Hebt etwa das Restrukturierungsgericht die Restrukturierungssache während des Bestätigungsverfahrens nach § 33 auf und greift der Schuldner diesen Beschluss nach § 33 Abs. 4 an, muss das Beschwerdegericht bei der Überprüfung der Aufhebungsentscheidung zwingend auch die übrigen Planbestätigungsvoraussetzungen (jedenfalls grob unter dem Gesichtspunkt der Erfolgsaussicht) prüfen. Dennoch kann das Beschwerdegericht dann im Ergebnis nur die (alleine verfahrensgegenständliche) Aufhebungsentscheidung nach § 33 aufheben und nicht schon in der Sache über den Plan entscheiden.

**15** Abstimmungsbedarf zwischen dem Restrukturierungsgericht und dem Beschwerdegericht besteht auch in der Konstellation, in der die **Insolvenzreife**

**erst im Beschwerdeverfahren** eintritt. Hier bleibt das Restrukturierungsgericht zwar für die Aufhebungsentscheidung zuständig, wird aber für die Dauer des Beschwerdeverfahrens keine Aufhebungsentscheidung nach § 33 treffen dürfen. Die eingetretene Insolvenzreife (und die Aussichten des Plans, diese wieder zu beseitigen) muss das Beschwerdegericht umgekehrt bei der Prüfung der Versagungsgründe als neuen Umstand berücksichtigen (§ 571 Abs. 2 S. 1 ZPO).

## 2. Verstoß gegen Vorschriften über Inhalt und verfahrensmäßige Behandlung (Abs. 1 Nr. 2)

Die Bestätigung ist ferner zu versagen, wenn die Vorschriften über den Inhalt des Plans und die verfahrensmäßige Behandlung sowie über die Annahme des Plans einem wesentlichen Punkt nicht beachtet worden sind und der Mangel auch nach einer etwaigen vom Gericht gesetzten Frist nicht behoben werden kann. Die an § 250 Nr. 1 InsO angelehnte Vorschrift fungiert als Einfallstor für die gerichtliche **Prüfung** der **Vorschriften über den Restrukturierungsplan.** Zu berücksichtigen ist stets, dass das Gericht dabei nur eine **Rechtmäßigkeitsprüfung** vornimmt (Morgen StaRUG/ *Brackmann/Langer* § 63 Rn. 34; *Vallender* MDR 2021, 201 (205)). Über die **ökonomische Zweckmäßigkeit** des Plans und das zugrundeliegende Sanierungskonzept entscheiden grundsätzlich in erster Linie die **planbetroffenen Gläubiger und Gesellschafter** (vgl. zum Insolvenzplan BGH NZI 2018, 691. Auch bereits → Rn. 2). 16

**a) Verstoß gegen Vorschrift über den Inhalt des Restrukturierungsplans (Abs. 1 Nr. 2 Var. 1).** Mit den Vorschriften über den Inhalt des Restrukturierungsplans sind die §§ 2–15 StaRUG gemeint. 17

Dazu gehört etwa die **richtige Auswahl der gestaltbaren Rechtsverhältnisse** nach §§ 2–4 StaRUG. Nur dasjenige was nach diesen Vorschriften gestaltbar ist, darf Gegenstand des Plans sein, es sei denn, der betroffene Rechtsinhaber stimmt zu (vgl. dazu *Marotzke* ZInsO 2021, 2540 (2543)). Abgrenzungsschwierigkeiten können sich beispielsweise bei der **Gestaltung von Einzelbestimmungen** nach § 2 Abs. 2 ergeben, denn es können nur Bestimmungen solcher Rechtsverhältnisse gestaltet werden können, auf denen Restrukturierungsforderungen oder Absonderungsanwartschaften *beruhen* (vgl. dazu *Thole* NZI 2021, 436 (437); zum RefE bereits *Thole* ZIP 2021, 1985 (1988); näher → § 2 Rn. 39). Eingriffe in **gruppeninterne Drittsicherheiten nach § 2 Abs. 4** sind nach § 2 Abs. 4 S. 1 Hs. 2 angemessen zu entschädigen. Die Entschädigungsfrage ist im Plan besonders hervorzuheben und die Angemessenheit zu begründen (*Thole* ZIP 2020, 1985 (1988 f.)). Das Gericht prüft jedenfalls das **Vorhandensein** und die **Schlüssigkeit** einer solchen Begründung. Noch ungeklärt ist allerdings die Frage, ob auch materiell die **Angemessenheit der Höhe** nach an dieser Stelle zu überprüfen ist oder ob dies nur im Falle des § 26 Abs. 2 oder auf einen Minderheitenschutzantrag (§ 64) hin erfolgen darf (*Thole* ZIP 2020, 1985 (1988 f.); *Westpfahl/Dittmar* NZI-Beilage 2021, 46 (48); Flöther/*Knapp* § 64 Rn. 9). Für letzteres könnte sprechen, dass die Prüfung der Angemessenheit 18 letztlich auf eine Prüfung der Solvenz des Drittsicherungsgebers hinausläuft, was mit umfangreichen Bewertungsfragen verbunden ist, die das Gesetz außerhalb des gruppenübergreifenden Mehrheitsentscheides und des Minderheitenschutzantrages grundsätzlich vermeiden und von einer Antragstellung abhängig machen will (vgl. auch die Wertung des neu eingefügten Abs. 2).

**19** Bei im Plan vorgesehenen gesellschaftsrechtlichen Maßnahmen muss das Gericht umfassend auch auf die gesellschaftsrechtliche Zulässigkeit prüfen (näher → § 7 Rn. 94). Gleiches gilt auch für die Änderung sachenrechtlicher Verhältnisse (→ § 13 Rn. 13). Die Höhe der **Vergütung** des Restrukturierungsbeauftragen kann im Restrukturierungsplan selbst nicht verbindlich geregelt werden (so für den Insolvenzverwalter BGH NZI 2017, 260 Rn. 27 ff.). Soll insoweit vorab Planungssicherheit hergestellt werden, ist aber außerhalb des Plans unter den Voraussetzungen der §§ 80 S. 2, 83 Abs. 2 eine das Restrukturierungsgericht bei der Festsetzung grundsätzlich bindende Vereinbarung zwischen dem Restrukturierungsbeauftragen und sämtlichen Auslagenschuldnern (§ 82 Abs. 2, § 25a GKG) möglich (vgl. dazu näher → § 83 Rn. 27 ff.).

**20** Der **darstellende Teil** (ausführlich → § 6 Rn. 6 ff.) enthält gemäß § 6 Abs. 1 S. 2 alle Angaben, die für die Entscheidung der von dem Plan Betroffenen über die Zustimmung zum Plan und für dessen gerichtliche Bestätigung erheblich sind, einschließlich der Krisenursachen und der zur Krisenbewältigung vorzunehmenden Maßnahmen. Es müssen daher neben den in § 6 ausdrücklich genannten Informationen **diejenigen Angaben** enthalten sein, welche die Planbetroffenen für ein **sachgerechtes Urteil über den Plan** benötigen (zu § 220 Abs. 2 InsO BGH ZIP 2022, 1504 Rn. 19; NZI 2012, 139 Rn. 9 mwN). Nach § 6 Abs. 2 ist insbesondere auch das Vorliegen einer **Vergleichsrechnung** Bestandteil des darstellenden Teils (ausführlich dazu → § 6 Rn. 24 ff.). Auf der Grundlage der Vergleichsrechnung sollen die Planbetroffenen beurteilen können, inwieweit der Plan ihre Rechtsstellung verbessert (vgl. zum Insolvenzplan BGH NZI 2018, 691 Rn. 33). Das Gericht muss daher an dieser Stelle überprüfen, ob die Vergleichsrechnung **nachvollziehbar und schlüssig** ist und sich als Grundlage für eine informierte Entscheidung der Planbetroffenen eignet. Zur Schlüssigkeit gehört auch eine Begründung des herangezogenen Vergleichszenarios. Jedenfalls nicht darzustellen sind Vergleichspläne (zutr. AG Köln NZI 2021, 433 Rn. 32). Ansonsten ist erforderlich, aber auch ausreichend, dass plausibel dargelegt wird, weshalb das angenommene Szenario mit überwiegender Wahrscheinlichkeit das Nächstbeste ohne Plan wäre. Ein strenger Maßstab gilt nach § 6 Abs. 2 S. 2 u. 3, wenn der Plan eine Fortführung vorsieht und im Vergleichszenario Liquidationswerte angesetzt werden (vgl. auch Begründung RegE BT-Drs. 19/24181, 136). Im Übrigen hängen die konkreten Anforderungen an die Begründung naturgemäß vom Einzelfall ab. Drängt sich ein weiteres Szenario auf, muss darauf eingegangen werden. Zu weitgehend dürfte es aber sein, eine detaillierte Darstellung sämtlicher denkbarer weiterer Szenarien zu verlangen, auch wenn sie von einem Beteiligten vage ins Spiel gebracht werden (tendenziell zu streng daher AG Köln NZI 2021, 433 Rn. 31; kritisch auch *Proske* EWiR 2021, 309 (310); vgl. auch

*Spahlinger* NZI-Beilage 2021, 32 (33 f.)). Allenfalls dann, wenn es kein klares nächstbestes Szenario gibt, kann eine detailliertere Auseinandersetzung mit mehreren Szenarien angezeigt sein (*Thole* NZI 2021, 436 (437); ähnlich auch Flöther/*Tasma* § 6 Rn. 14: Abhängigkeit der Darstellungstiefe vom Grad der Realisierbarkeit). **Nicht geprüft** werden darf jedenfalls die **inhaltliche Richtigkeit der Vergleichsrechnung,** also, ob das herangezogene Vergleichsmaßstab wirtschaftlich zutreffend bewertet wurde (so auch *Ringelspacher/Fehl-Weileder* ZRI 2022, 210 (211)). Eine solche Bewertung darf das Gericht stets nur auf Antrag eines Planbetroffenen vornehmen (lassen), entweder im Rahmen des Minderheitenschutzes nach § 64 oder im Falle einer gruppenübergreifenden Mehrheitsentscheidung, § 63 Abs. 2) (vgl. zu den entsprechenden Vorgaben der Richtlinie bereits → Rn. 3).

Geprüft wird zudem die **sachgerechte Auswahl der Planbetroffenen** nach **§ 8** und die **sachgerechte Gruppeneinteilung** gemäß **§ 9.** Die Kriterien werden bei der Kommentierung von → § 8 Rn. 7 ff. und → § 9Rn. 6 ff. ausführlich behandelt. Jedenfalls sachgerecht ist die in § 8 und § 9 jeweils genannte Auswahl bzw. Einteilung in Pflichtgruppen, auch bei Personenidentität (abw. AG Köln NZI 2021, 433 Rn. 20 ff.). Den §§ 8, 9 geht es dabei nicht zuletzt um Transparenz, sodass die Angabe der Kriterien für die Auswahl bzw. Einteilung im darstellenden Teil wesentlich ist (Begründung RegE BT-Drs. 19/24181, 117). Fehlen entsprechende Angaben, leidet der Plan schon an einem formellen Mangel (zum Insolvenzplan MüKoInsO/*Eidenmüller* InsO § 222 Rn. 108). Zudem beschränkt sich die inhaltliche Überprüfung der sachgerechten Auswahl und Gruppeneinteilung durch das Gericht auf die vom Planersteller angegebenen Kriterien (Flöther/*Tasma* § 8 Rn. 19; zum Insolvenzplan BGH NZI 2015, 697 Rn. 9; MüKoInsO/*Eidenmüller* InsO § 222 Rn. 109). Verstöße gegen die §§ 8, 9 sind in der Regel auch **wesentliche Mängel** (näher → Rn. 31). Nur wenn ausgeschlossen werden kann, dass sich der Verstoß ausnahmsweise nicht auf die Planannahme ausgewirkt hat, fehlt es an der Wesentlichkeit (so im Ergebnis das AG Köln NZI 2021, 433). Das Gericht nimmt aber keine umfassende Prüfung der hypothetischen Mehrheitsverhältnisse bei einer denkbaren sachgerechten Gruppeneinteilung vor (vgl. zum Insolvenzplan MüKoInsO/*Eidenmüller* § 222 InsO Rn. 168). 21

Zum Inhalt des Restrukturierungsplans gehört auch der **Grundsatz der Klarheit und Widerspruchsfreiheit** (vgl. zum Insolvenzplan BGH NZI 2018, 691 Rn. 37 ff.). Der Plan ist Vollstreckungstitel (§ 71 Abs. 1), sodass im gestaltenden Teil Art, Umfang und Zeit der Gläubigerbefriedigung hinreichend bestimmt sein müssen (vgl. BGH, NZI 2018, 691 Rn. 39). Zur Widerspruchsfreiheit gehört auch, dass die im darstellenden Teil beschriebenen Maßnahmen im gestaltenden Teil rechtswirksam umgesetzt werden (Flöther/*Laroche* § 46 Rn. 8; zum Insolvenzplan *Horstkotte* ZInsO 2014, 1297 mit Bsp. aus der gerichtlichen Praxis). 22

Das Restrukturierungsgericht hat in diesem Zusammenhang auch die nach **§ 14 Abs. 1** dem Plan beizufügende begründete Erklärungen zu den **Aussichten des Plans** zu prüfen, die **drohende Zahlungsunfähigkeit zu beseitigen** und **Bestandsfähigkeit** des Schuldners **sicher- bzw. wiederherzustellen.** Die Planbestätigung ist jedenfalls dann zu versagen, wenn 23 diese Erklärungen gänzlich fehlen, wobei das Gesetz keine bestimmten formellen Vorgaben macht (vgl. allgemein zum Insolvenzplan BGH NZI 2010, 101 Rn. 3; siehe auch Flöther/*Tasma* § 14 Rn. 16).

**24** Darüber hinaus soll nach dem Willen des Gesetzgebers an dieser Stelle auch eine **inhaltliche Überprüfung** dieser Erklärungen erfolgen (Begründung RegE, BT-Drs. 19/24181, 162). Hintergrund ist Art. 10 Abs. 3 RL 2019/1023, wonach die Mitgliedsstaaten sicherstellen, dass das Gericht die Planbestätigung versagen kann, wenn keine vernünftige Aussicht besteht, dass der Plan die Insolvenz des Schuldners verhindern oder die Bestandsfähigkeit des Unternehmens gewährleisten würde. Die Erklärung muss daher zunächst die Eignung des Restrukturierungsplans und seines Sanierungskonzepts darlegen, die Zahlungsfähigkeit des Schuldners für die nächsten 24 Monate mit überwiegender Wahrscheinlichkeit sicherzustellen. Ob mit der prognostizierten Durchfinanzierung des Schuldners für die nächsten 24 Monate stets auch die „Bestandsfähigkeit" des Schuldners sichergestellt wird oder ob mehr zu verlangen ist, ist offen. Richtigerweise sind beide Begriffe nicht gleichbedeutend. Mit dem Begriff der Bestandsfähigkeit soll die in § 29 Abs. 1 als „Programmsatz" (*Thole* ZIP 2020, 1985 (1991)) postulierte Nachhaltigkeit der angestrebten Sanierung adressiert werden, wonach das StaRUG nicht solche Pläne ermöglichen will, mit denen die Krise nur nach hinten geschoben, aber eben nicht nachhaltig beseitigt wird. Nach der wohl überwiegenden Ansicht (Flöther/*Tasma* § 14 Rn. 5; Morgen StaRUG/*Wolf* § 14 Rn. 16; BraunStaRUG/*Koch/Müller* § 14 Rn. 7 ff.; *Steffan/Oberg/Poppe* ZIP 2021, 617 (622); abweichend BeckOK StaRUG/*Fridgen* § 14 Rn. 28) ist ein Sanierungskonzept erforderlich, das im Wesentlichen den vom BGH insbesondere bei der Vorsatzanfechtung herangezogenen Anforderungen an einen **„ernsthaften Sanierungsversuch"** entsprechen muss (vgl. BGH NZI 2022, 385 Rn. 72 ff. mwN der Rspr.). Ein IDW S 6-Konzept muss es aber nicht sein, umgekehrt ist sein Vorliegen ein Beleg für die Ernsthaftigkeit des Sanierungsversuchs. Für eine solche (vorsichtige) Anlehnung an den Begriff des tauglichen Sanierungskonzepts aus dem Insolvenzanfechtungsrecht dürfte in der Tat sprechen, dass die rechtskräftige Bestätigung des Plans gemäß § 90 ebenfalls zu einem Anfechtungsschutz von Planvollzugshandlungen führt, sodass ein gewisser Gleichlauf zu den allgemeinen Regeln bei einer freien Sanierung hergestellt würde. In beiden Fällen geht es im Kern um das Austarieren von Anreizen für (aussichtsreiche) Sanierungen einerseits und dem Schutz der unbeteiligten Gläubiger andererseits. Auch dem BGH geht es in der Sache darum, solche Sanierungsversuche auszunehmen, deren zugrundeliegendes Sanierungskonzept nicht nachhaltig ist (BGH NZI 2022, 385 Rn. 82 ff.). Wesentlich sollte daher auch für die Prüfung des § 14 Abs. 1 sein, dass ein Sanierungskonzept vorliegt, das Art und Umfang der wirtschaftlichen und finanziellen Schwierigkeiten Rechnung trägt und dabei nicht nur die akuten Krisensymptome (Liquiditätsprobleme), sondern auch die Beseitigung der **Krisenursachen** in Angriff nimmt (näher zu den Begriffen bei der Kommentierung zu → § 14 Rn. 8 ff.).

**25** Die damit im Vergleich zum Insolvenzplan einhergehende Erweiterung der Versagungsgründe erscheint grundsätzlich auch stimmig, weil es sich eben nur um ein teilkollektives, vorinsolvenzliches Instrument handelt und auch die Belange der nicht einbezogenen Gläubiger zu berücksichtigen sind. Gleichwohl erfolgt **keine umfassende Zweckmäßigkeitsprüfung.** Über die mit dem zustimmenden Votum der abstimmenden Planbetroffenen zum Ausdruck kommende Billigung des Sanierungskonzepts einschließlich seiner wirtschaftlichen Annahmen darf sich das Gericht nicht ohne Weiteres hinwegsetzen (vgl. Flöther/*Laroche* § 63 Rn. 16). Das Gesetz bringt dies auch an mehreren Stellen zum Ausdruck. So darf gemäß § 63 Abs. 1 Nr. 3 die Bestätigung nur bei *offensichtlicher* Unerfüllbarkeit der Forderungen versagt werden. Selbst im Falle einer neuen Finanzierung ist das Gericht gemäß § 63 Abs. 2 ausdrücklich auf eine Schlüssigkeitsprüfung beschränkt (so auch Flöther/*Laroche* § 63 Rn. 17). Einen ähnlichen Maßstab wählt das Gesetz auch beim gerichtlich bestätigten Sanierungsvergleich nach § 97 Abs. 1 (dazu → § 97 Rn. 20). Es findet mithin lediglich **eine Schlüssigkeits- und Plausibilitätskontrolle** statt (ähnlich auch AG Köln NZI 2021, 433 Rn. 29; noch restriktiver wohl BeckOK StaRUG/*Skauradszun* § 63 Rn. 19).

Diese **Prüfung** nimmt das Gericht dabei **selbst vor.** Die **Einschätzung eines unvoreingenommenen, sachkundigen Dritten** ist aber regelmäßig ein gewichtiges Indiz für die Schlüssigkeit und Plausibilität. Ist ein **Restrukturierungsbeauftragter** bestellt, muss dieser gemäß § 76 Abs. 4 S. 1 zu der Bestandsfähigkeitserklärung Stellung nehmen. Ansonsten kann das Gericht auch zu diesem Zwecke einen Restrukturierungsbeauftrage bestellen, um dessen sachverständige Einschätzung einzuholen (§ 73 Abs. 3). Ein externes Expertengutachten (etwa nach dem IDW S 6) ist nicht erforderlich, dürfte aber im Regelfall ebenfalls die Schlüssigkeit und Plausibilität des Konzepts ausreichend darlegen können. 26

**b) Verstoß gegen Vorschrift über die verfahrensmäßige Behandlung des Restrukturierungsplans (Abs. 1 Nr. 2 Var. 2).** Zu den Verfahrensvorschriften, deren Verletzung zur Versagung der Planbestätigung führen kann, zählen die Regelungen über das **privatautonome (§§ 17–22)** und das **gerichtliche Abstimmungsverfahren (§§ 45, 46).** Ob ein **wesentlicher** Verfahrensverstoß vorliegt, ist eine Frage des Einzelfalls (zum Maßstab → Rn. 31). Im gerichtlichen Abstimmungsverfahren kann auch ein **allein vom Gericht verursachter** Verfahrensmangel zur Bestätigungsversagung führen, wobei dann an Amtshaftung zu denken ist (zum Insolvenzplan Brünkmans/Thole Insolvenzplan-HdB/*Thole* § 19 Rn. 20). Bei der privatautonomen Abstimmung ist zu beachten, dass verbleibende **Zweifel** am ordnungsgemäßen Verfahren gemäß **§ 63 Abs. 3 S. 1** ausnahmsweise zu Lasten des Schuldners gehen (→ Rn. 44). 27

**c) Verstoß gegen Vorschrift über die Annahme des Plans (Abs. 1 Nr. 2 Var. 3).** Vorschriften über die **Annahme des Plans** sind die in §§ 24–28 enthaltenen Regelungen über das **Stimmrecht,** die **Mehrheitserfordernisse** und die **gruppenübergreifende Mehrheitsentscheidung.** 28

Das **Stimmrecht** der Planbetroffenen bestimmt sich nach Maßgabe des § 24. Aus den § 24 Abs. 4 S. 1, § 45 Abs. 4 S. 2, § 63 Abs. 3 S. 2 geht allerdings hervor, dass das Stimmrecht nur dann gerichtlich überprüft werden soll wird, wenn es zwischen den Beteiligten streitig ist. Sind sich die Planbetroffenen über die Höhe der Stimmrechte einig, ist das vom Schuldner 29 angesetzte Stimmrecht bzw. das Stimmrecht, auf das sich die Beteiligten im Termin geeinigt haben, maßgeblich (Begründung RegE BT-Drs. 19/24181, 148). Eine anlasslose Überprüfung durch das Restrukturierungsgericht soll gerade nicht erfolgen. Besteht hingegen Streit, legt im Fall der privatautonomen Abstimmung der Schuldner das von ihm zugewiesene Stimmrecht vorläufig zu Grunde (§ 24 Abs. 4). Das Restrukturierungsgericht ist daran aber bei der Bestätigungsentscheidung nicht gebunden (§ 63 Abs. 3 S. 2 dazu → Rn. 45). Im gerichtlichen Abstimmungsverfahren legt im Streitfall(!) das Gericht das Stimmrecht gemäß § 45 Abs. 4 S. 2 fest. Diese Festlegung soll für das Restrukturierungsgericht für die Bestätigungsentscheidung, nicht aber für das Rechtsmittelgericht im Fall einer Beschwerde gegen den Plan nach § 66 bindend sein (Begründung RegE BT-Drs. 19/24181, 148; Flöther/*Laroche* § 45 Rn. 17). Letzteres erscheint prima facie unstimmig, weil dann der Prüfungsumfang des Beschwerdegerichts betreffend die Bestätigung des Plans weitergeht als jene des Ausgangsgerichts und die Stimmrechtsfestsetzung für sich genommen wie bei § 77 InsO nicht rechtsmittelfähig ist. Dennoch kann man dies hinnehmen für Fälle, in denen die Stimmrechtsfestsetzung durch das Restrukturierungsgericht rechtsfehlerhaft war, zumal eine anderweitige Abänderung der Stimmrechtsfestsetzung wie bei § 77 Abs. 2 S. 3 InsO in § 45 Abs. 4 nicht vorgesehen ist.

30 Im Fall einer oder mehrerer **widersprechender Gruppen** müssen die Voraussetzungen einer gruppenübergreifenden Mehrheitsentscheidung nach §§ 26 ff. geprüft werden (dazu → Rn. 38).

31 **d) Wesentlichkeit und Unbehebbarkeit.** Die in Rede stehende Vorschrift muss „in einem **wesentlichen Punkt**“ missachtet worden sein. Das ist dann der Fall, wenn sich die Verletzung der Vorschrift auf die Annahme des Restrukturierungsplans ausgewirkt haben könnte (zu § 250 InsO BGH NZI 2018, 691 Rn. 54; 2012, 139 Rn. 11; 2010, 101 Rn. 3; K. Schmidt InsO/*Spliedt* InsO § 250 Rn. 5). Die tatsächliche Ursächlichkeit muss nicht feststehen, es genügt **die begründete Besorgnis,** dass der Fehler die **Planannahme beeinflusst haben könnte** (zu § 250 InsO BGH NZI 2018, 691 Rn. 54; Uhlenbruck/*Lüer/Streit* InsO § 250 Rn. 5). Dies ist auch im Rahmen der sofortigen Beschwerde nach § 66 StaRUG voll überprüfbar (vgl. zu § 250 InsO Brünkmans/Thole Insolvenzplan-HdB/*Thole* § 19 Rn. 33).

32 Ein Mangel ist dann **unbehebbar,** wenn der entsprechende Vorgang nicht wiederholt oder der Inhalt nachgebessert werden kann, ohne dass ein früherer Verfahrensabschnitt wie der Abstimmungs- oder Erörterungstermin erneut vorgenommen werden müsste (zu § 250 InsO BGH NZI 2018, 691 Rn. 57). Das gilt sowohl für eine Wiederholung des gerichtlichen Erörterungs- oder Abstimmungstermins als auch im Falle der privatautonomen Abstimmung, denn die Vorschrift des § 63 Abs. 1 Nr. 2 geht insgesamt von einer abgeschlossenen Willensbildung aus (vgl. zum Insolvenzplan K. Schmidt InsO/*Spliedt* InsO § 250 Rn. 9). Eine Behebbarkeit dürfte daher vor allem bei kleineren formellen Mängeln, wie fehlenden Vollmachts- oder Zustellungsnachweisen, in Betracht kommen (Flöther/*Laroche* § 63 Rn. 19). Bei einem *wesentlichen* Mangel, der erst im gerichtlichen Bestätigungsverfah-

ren festgestellt wird, ist hingegen immer von einem unbehebbarem Mangel auszugehen, weil dann die Abstimmung wiederholt werden müsste (so auch BGH NZI 2018, 691 Rn. 57; Morgen StaRUG/*Brackmann/Langer* § 63 Rn. 44). Liegt ein unbehebbarer Mangel vor, ist die Bestätigung zu versagen. Die Restrukturierungssache bleibt aber grundsätzlich rechtshängig, denn nach § 31 Abs. 4 Nr. 2 entfällt diese nur im Fall der positiven Bestätigungsentscheidung (vgl. auch Begründung RegE BT-Drs. 19/24181, 136). Nach einer Wiederholung des (gerichtlichen oder privatautonomen) Abstimmungsverfahrens über den korrigierten Plan bzw. unter Vermeidung des Verfahrensfehlers ist ein erneuter Bestätigungsantrag daher möglich.

### 3. Offensichtliche Unerfüllbarkeit (Abs. 1 Nr. 3 StaRUG)

Der Plan ist ferner zu versagen, wenn die in den Plan einbezogenen Ansprüche und die durch den Plan nicht berührten Ansprüche der übrigen Gläubiger offensichtlich nicht erfüllt werden können. In diesem Fall dürfte es bereits an der begründeten Aussicht fehlen, dass die drohende Zahlungsunfähigkeit durch den Plan beseitigt wird. Die Bestätigung ist dann schon gemäß § 63 Abs. 1 Nr. 2 iVm § 14 Abs. 1 zu versagen (→ Rn. 23 ff.). § 63 Abs. 1 Nr. 3 hat also **primär klarstellenden Charakter** (so auch Flöther/*Laroche* § 63 Rn. 20) auch mit Blick auf den insoweit eingeschränkten Prüfungsmaßstab im Sinne einer Offenkundigkeitsprüfung (→ Rn. 25). **33**

### 4. Unlautere Herbeiführung der Plannahme (Abs. 5)

Gemäß § 63 Abs. 5 ist die Bestätigung auch dann zu versagen, wenn die Plannahme **unlauter** herbeigeführt wurde. Damit soll missbräuchlichen Praktiken im Zuge von Planverhandlungen und Plannahme entgegengewirkt werden (vgl. Begründung RegE BT-Drs. 19/24181, 163). Die Vorschrift ist § 250 Nr. 2 InsO nachgebildet. Das unlautere Verhalten muss für die Plannahme **ursächlich** geworden sein, was zur vollen Überzeugung des Gerichts feststehen muss (K/P/B/*Pleister* InsO § 250 Rn. 15). **34**

Unlauter im Sinne der Vorschrift ist dabei jeder **Verstoß gegen** den Grundsatz von **Treu und Glauben** (Morgen /*Brackmann/Langer* § 63 Rn. 57; zum Insolvenzplan HambKommInsR/*Thies/Lieder* § 250 Rn. 11; Kayser/Thole/*Haas* InsO § 250 Rn. 6). Darunter können beispielsweise Fälle der Täuschung und Drohung eines Planbetroffenen, der (isolierte) Stimmkauf (vgl. aber → Rn. 36), das Erdichten von Restrukturierungsforderungen oder das Verschweigen von Vermögenswerten fallen (vgl. zu § 250 InsO Uhlenbruck/*Lüer/Streit* InsO § 250 Rn. 30; MüKoInsO/*Sinz* InsO § 250 Rn. 48; Brünkmans/Thole Insolvenzplan-HdB/*Thole* § 19 Rn. 39). Keine Unlauterkeit liegt vor, wenn der Schuldner *im Vorfeld* der Anzeige der Restrukturierungssache nur einzelne Planbetroffene von der geplanten Restrukturierung informiert und andere Planbetroffenen vom Informationsfluss ausschließt (AG Köln NZI 2021, 433 Rn. 35). Auf die Frage, ob eine entsprechende Abrede nach § 10 Abs. 3 nichtig ist, kommt es nicht an. Weder unlauter noch ein Verstoß gegen § 10 sind beispielsweise „Wandlungs-Incentives" bei einem Debt-Equity-Swap; sie sind zulässig, weil **35** allen Planbetroffenen das Wandlungsrecht als Option eingeräumt wird. Werden *außerhalb* des Planinhalts einzelnen Planbetroffenen, zB im Innenverhältnis der Konsorten, für das „Mitmachen" bzw. die Zustimmung zum Plan bessere Konditionen (zB Zinserhöhung) angeboten, dürfte in der Regel ein Fall des § 10 Abs. 3 und des § 63 Abs. 5 vorliegen, weil dann die Zustimmung „erkauft" wird. Besondere Gegenleistungen können kompensierend wirken; ein Angebot an alle ist ebenfalls kein Fall des Sondervorteils. Generell kommt es auf den Einzelfall an, da nicht jede Absprache per se ein unzulässiges Sonderabkommen ist (näher *Baschnagel* Restructuring Support Agreement, S. 394 ff., 408 ff.).

**36** Unlauter ist nach dem Gesetz insbesondere die einseitige Begünstigung eines Beteiligten. Problematisch ist dabei die Behandlung von **Forderungskäufen** (sog. „Einkauf in die Gläubigerstellung"; vgl. zum Insolvenzplan Brünkmans/Thole Insolvenzplan-HdB/*Thole* § 19 Rn. 41 ff.). Das Problem stellt sich auch bei Insolvenzplänen und hat dort im Zusammenhang mit der Parallelvorschrift des § 250 Nr. 2 InsO zu einer Kontroverse geführt (vgl. dazu Brünkmans/Thole Insolvenzplan-HdB/*Thole* § 19 Rn. 41 ff.; MüKo-InsO/*Sinz* § 250 InsO Rn. 49 ff.). In der Literatur werden dabei Forderungskäufe teilweise generell für zulässig gehalten, sofern sie offengelegt werden (FK-InsO/*Jaffé* InsO § 250 Rn. 14). Der **BGH** (NZI 2005, 325 dem folgend Kübler/Prütting/Bork/*Pleister* InsO § 250 Rn. 17; MüKo-InsO/*Sinz* InsO § 250 Rn. 52; Nerlich/Römermann/*Rühle* InsO § 250 Rn. 17) hat sich indes auf dem Standpunkt gestellt, dass ein Forderungskauf dann **unlauter** sei, wenn der Kaufpreis für die Forderung über der im Insolvenzplan vorgesehenen Quote liege. **Richtigerweise** ist ein echter, im Vorfeld der Abstimmung vollzogener Forderungskauf unabhängig von der Höhe des Kaufpreises grundsätzlich nicht als unlauter anzusehen (Brünkmans/Thole Insolvenzplan-HdB /*Thole* § 19 Rn. 44; Uhlenbruck/*Lüer*/*Streit* InsO § 250 Rn. 30). Es ist ureigenes Recht des Gläubigers, über seine Forderung zu disponieren und den „angemessenen" Preis bestimmen die Vertragsparteien. Welche Motive für den Erwerber leitend waren, etwa das Spekulieren auf eine höhere Quote oder eine loan-to-own Strategie, sollte keine Rolle spielen, wenn und weil der Zessionar das volle wirtschaftliche Risiko übernimmt (vgl. auch K. Schmidt InsO/*Spliedt* InsO § 226 Rn. 8; ähnlich auch *Palenker* Loan-to-own (2019), S. 339 f.). Die Abtretung ist in diesen Fällen grundsätzlich auch nicht nach § 10 Abs. 3 nichtig (Flöther/*Tasma* § 10 Rn. 6; Morgen /*Kowalewski*/*Praß* § 10 Rn. 26; zu § 226 InsO K. Schmidt InsO/*Spliedt* InsO § 226 Rn. 8), es sei denn, es wird gezielt auf die Stimmabgabe Einfluss genommen (vgl. auch → § 10 Rn. 18). Dies war im genannten BGH-Fall im Ergebnis zu bejahen (vgl. auch K. Schmidt-InsO/*Spliedt* § 226 Rn. 8; Brünkmans/Thole Insolvenzplan-HdB/*Thole* § 19 Rn. 44), weil der Forderungskauf von einer Stimmrechtsvollmacht abhängig gemacht wurde und die Abtretung auf die Planbestätigung auflösend bedingt war.

**37** Nicht unter die Vorschrift fallen sogenannte **Incentives,** zB Wandlungsincentives bei einem debt-equity-swap, da diese erst nach der Planannahme bedeutsam werden und allen die gleichen Rechte angeboten werden (siehe bereits oben → Rn. 35). Darin liegt grundsätzlich auch kein Verstoß gegen das gruppenübergreifende Gleichbehandlungsgebot nach §§ 26 Abs. 1 Nr. 2, 27 Abs. 1 Nr. 3 (vgl. zum Insolvenzplan näher *Thole* ZIP 2014, 2365 (2371)).

## IV. Schutzantrag bei gruppenübergreifender Mehrheitsentscheidung (Abs. 2)

Zu den Vorschriften über die Annahme des Plans nach Abs. 1 Nr. 2 gehören auch die Voraussetzungen der Zustimmungsfiktion einer überstimmten Gruppe nach den §§ 26 ff. (bereits → Rn. 28). Bestandteil dieser Prüfung ist auch ein möglicher Verstoß gegen das gruppenbezogene Schlechterstellungsverbot nach § 26 Abs. 1 Nr. 1. Zur Feststellung der Schlechterstellung der Gruppe kann insbesondere die Prüfung erforderlich werden, ob wirtschaftlich richtig bewertet wurde, ob also maW die Vergleichswerte zutreffend angesetzt sind (**aA** *Frind* ZInsO 2022, 1540 (1543), wonach nur die „Vergleichsdarlegungslogik" zu überprüfen sei. Letztere dürfte aber eher eine Frage der ohnehin amtswegig zu prüfenden Schlüssigkeit der Vergleichsrechnung → Rn. 20 sein, die von der (materiellen) Schlechterstellung zu unterscheiden ist). Nach dem neu eingefügten Absatz 2 soll eine solche **zeit- und kostenintensive Bewertung,** die regelmäßig sachverständige Hilfe erfordert, nur erfolgen, wenn ein hierdurch benachteiligter **Planbetroffener** dies **beantragt** (vgl. zu den entsprechenden Vorgaben der Richtlinie bereits → Rn. 3) **38**

Die **Zulässigkeit** dieses **Antrags** setzt voraus, dass der Antragsteller der überstimmten Gruppe angehört, deren Schlechterstellung geprüft werden soll *(„hierdurch benachteiligter Planbetroffener").* Ob er auch gegen den Plan gestimmt haben muss, geht aus dem Gesetz anders als in § 64 Abs. 1 S. 1, § 66 Abs. 2 Nr. 2 nicht eindeutig hervor, dürfte aber zu bejahen sein (*Jungmann* ZRI 2022, 721 (725); BeckOK StaRUG/*Skauradszun* § 63 Rn. 37d; **aA** *Frind* ZinsO 2022. 1540, 1544). Dafür spricht auch, dass in Art. 14 RL 2019/1023, dessen Umsetzung der Gesetzgeber mit Abs. 2 anstrebt, vom Antrag einer *ablehnenden* betroffenen Partei die Rede ist (ebenso BeckOK StaRUG/*Skauradszun* § 63 Rn. 37d). Auch ein bloß passiver Planbetroffener ist dann nicht antragsberechtigt, was auch nicht unstimmig erscheint, weil das Gesetz mit dem Erfordernis des Widerspruchs (dazu sogleich) ohnehin eine aktive Beteiligung des Antragstellers im Abstimmungsverfahren einfordert. Zudem muss der Antragsteller dem Plan bereits im Abstimmungsverfahren widersprochen haben (Abs. 2 S. 2); dies gilt wiederum nicht, wenn im Falle einer privatautonomen Abstimmung auf das Erfordernis des Widerspruchs im Planangebot (§ 17) bzw. im Einberufungsschreiben (§ 20 Abs. 1) nicht hingewiesen wurde (Abs. 2 S. 3). Für das gerichtliche Verfahren hat der Gesetzgeber eine solche Hinweispflicht nicht vorgesehen (vgl. auch BT-Drucks.20/2653, 37; kritisch *Jungmann* ZRI 2022, 721 (728)). Eine gerichtliche Hinweispflicht dürfte sich in diesem Fall aber aus allgemeinen Grundsätzen ergeben, § 38 S. 1 iVm § 139 ZPO (ähnlich auch *Jungmann* ZRI 2022, 721 (728). Des weiteren ist das Gericht bereits nach § 66 Abs. 3 S. 1 verpflichtet, in der Ladung zum Termin auf das Erfordernis eines **39**

Widerspruchs hinzuweisen. Fehlt ein solcher Hinweis auf das Widerspruchserfordernis und wird er auch nicht im Termin erteilt, wird man ausnahmsweise den Antrag nach Abs. 2 auch im gerichtlichen Verfahren ohne vorherigen Widerspruch als zulässig ansehen müssen. Eine Geltendmachung oder Glaubhaftmachung der Schlechterstellung verlangt das Gesetz hingegen anders als beim Minderheitenschutzantrag nicht.

**40** Eine **Antragsfrist** sieht **das Gesetz nicht vor,** sodass der Antrag bis zur Verkündung der Bestätigungsentscheidung durch das Restrukturierungsgericht gestellt, allerdings im Beschwerdeverfahren nicht mehr nachgeholt werden kann (zum gleichgelagerten Problem im Zusammenhang mit dem Minderheitenschutzantrag vgl. die dortigen Ausführungen → § 64 Rn. 6). Grundsätzlich sollte der Antrag spätestens im gerichtlichen Abstimmungstermin oder im obligatorischen Anhörungstermin gestellt werden (→ § 64 Rn. 6).

**41** Das **Antragserfordernis** bezieht sich ausdrücklich **nur** auf das **Erfordernis einer Unternehmensbewertung,** sodass die übrigen Voraussetzungen der §§ 26 ff. (Gruppenmehrheit, absolute Priorität) weiterhin auch ohne Antrag von Amts wegen zu prüfen sind (ausführlich *Jungmann* ZRI 2022, 721 (724 f.)).

## V. Versagung bei neuer Finanzierung (Abs. 3)

**42** Sieht der Restrukturierungsplan eine neue Finanzierung iSd § 12 vor (zum Begriff → § 12 Rn. 4 ff.), ist der Plan auch dann zu versagen, wenn das dem Plan zugrundeliegende Restrukturierungskonzept unschlüssig ist oder Umstände bekannt sind, aus denen sich ergibt, dass das Konzept nicht von den tatsächlichen Gegebenheiten ausgeht oder keine begründete Aussicht auf Erfolg vermittelt. Die Vorschrift trägt Artikel 10 Abs. 2 UAbs. 1e) RL 2019/1023Rechnung. Das Restrukturierungsgericht ist auch insoweit ausdrücklich auf eine Schlüssigkeitsprüfung und die Berücksichtigung offensichtlicher Mängel beschränkt (Begründung RegE BT-Drs. 19/24181, 162). Nach hier vertretener Ansicht sind Plausibilität und Schlüssigkeit des Sanierungskonzepts bereits von der Bestandsfähigkeitsprüfung erfasst (so auch Flöther/*Laroche* § 63 Rn. 21), sodass für den Prüfungsumfang auf die dortigen Grundsätze verwiesen werden kann (vgl. dazu → Rn. 24 ff.). Freilich verbindet sich mit neuem Fremdkapital stets eine Risikoerhöhung für die Gläubigergesamtheit, zumal dann, wenn man mit einer teilweise vertretenen Auffassung von einem Anfechtungsschutz für Rückzahlungen nach § 90 ausgeht (dazu ausführlich → § 90 Rn. 9 ff.). Deshalb ist Abs. 2 auch als Klarstellung zu verstehen, dass in diesen Fällen die Nachhaltigkeit der angestrebten Sanierung besonders geprüft werden muss.

**43** Darüber hinaus wird vertreten, dass nach den Vorgaben von Art. 10 Abs. 2e) RL 2019/1023 eine Planbestätigung bei einer neuen Finanzierung nur dann erfolgen dürfe, wenn diese für die Umsetzung des Restrukturierungsplans *erforderlich* im Sinne einer condicio sine qua non sei (*Jungmann* WM 2022, 353 (356), der § 63 Abs. 3 insoweit für defizitär hält und die Prüfung der Erforderlichkeit im Rahmen von § 63 Abs. 5 als eine Frage der unlauteren Herbeiführung der Plannahme vornehmen will). Richtigerweise wird man ein Sanierungskonzept regelmäßig als unschlüssig ansehen können, wenn die darin vorgesehene neue Finanzierung offensichtlich nicht zur Deckung des für die Umsetzung des Sanierungskonzepts ausgewiesenen Finanzbedarfs benötigt wird (vgl. auch → § 12 Rn. 14). Ist vor dem Hintergrund des Sanierungskonzepts bereits nicht plausibel dargelegt, dass überhaupt oder in der vorgesehenen Höhe neue Kreditmittel gebraucht werden, mag die Vermutung naheliegen, mit dem neuen Kredit wolle man lediglich in den Genuss der Privilegien der §§ 89 f. gelangen, etwa durch eine anfechtungsfeste Besicherung. Man kann das auch als eine Frage des Planinhalts (§ 63 Abs. 1 Nr. 2) ansehen, weil die Erforderlichkeit der neuen Finanzierung im darstellenden Teil plausibel erläutert sein muss (Flöther/*Tasma* § 12 Rn. 9). Im Übrigen kann es freilich nicht um eine Prüfung der Erforderlichkeit in dem Sinne gehen, dass umfassend zu untersuchen wäre, ob es möglicherweise auch ein *anderes,* erfolgsversprechendes Restrukturierungskonzept mit geringerem Bedarf an neuem Fremdkapital gegeben hätte (anders tendenziell *Jungmann* WM 2022, 353 (358 f.)). Das Gericht prüft nur die Schlüssigkeit des konkreten (von den Planbetroffenen gebilligten) Konzepts und hat jedenfalls keine hypothetischen Überlegungen zu Alternativkonzepten oder -plänen anzustellen (vgl. auch → § 12 Rn. 15 sowie Flöther/*Tasma* § 12 Rn. 9, wonach über die Erforderlichkeit der Finanzierung in erster Linie die Planbetroffenen zu entscheiden haben).

## VI. Zweifelsregel und Stimmrechtsstreit bei privatautonomer Abstimmung (Abs. 4)

§ 63 Abs. 4 S. 1 enthält eine vom grundsätzlichen Maßstab abweichende **44**
(dazu → Rn. 4) **Beweislastregel** für den Fall, dass die Planabstimmung nicht im gerichtlichen Verfahren erfolgte, sondern privatautonom entsprechend den §§ 17–22 durchgeführt wurde. Da es in diesem Fall an einer gerichtlichen Vorabkontrolle und Begleitung des Abstimmungsprozesses fehlt (Begründung RegE, BT-Drs. 19/24181, 162), gehen Zweifel an der ordnungsgemäßen Annahme des Plans ausnahmsweise zu Lasten des Schuldners. Obwohl die Norm nur von der „Annahme des Restrukturierungsplans" spricht, ist das gesamte Abstimmungsverfahren nach den §§ 17 ff. gemeint, also dessen ordnungsgemäße Durchführung einschließlich des Zustandekommens der erforderlichen Mehrheiten (vgl. Begründung RegE, BT-Drs. 19/24181, 162). § 63 Abs. 4 S. 1 betrifft nur die materielle Beweislast, also die objektive Feststellungslast. Deshalb wird weder der Amtsermittlungsgrundsatz berührt noch die gerichtliche Kontrolldichte herabgesetzt (**aA** *Jungmann* ZRI 2022, 721 (723); wohl auch BeckOK StaRUG/*Skauradszun* § 63 Rn. 47), jedenfalls nicht, soweit dies zu Lasten eines Planbetroffenen ginge.

§ 63 Abs. 4 S. 2 trifft eine Regelung für die Bestimmung des Stimm- **45**
rechts, *wenn* darüber zwischen den Beteiligten Streit besteht. Aus dem systematischen Zusammenhang mit Satz 1 ergibt sich, dass die Vorschrift nur den Fall der privatautonomen Abstimmung betrifft. In diesem Fall lag der Abstimmung das vom Schuldner gemäß § 24 Abs. 4 S. 1 zugewiesene

Stimmrecht zugrunde, woran das Restrukturierungsgericht aber (naturgemäß) nicht gebunden ist. Die Festlegung des Stimmrechts richtet sich dann vielmehr nach den materiellrechtlichen Kriterien des § 24 Abs. 1–3. Bei einem Stimmrechtsstreit im gerichtlichen Verfahren hat das Restrukturierungsgericht hingegen bereits eine Entscheidung nach § 45 Abs. 4 S. 2 getroffen, die für die Bestätigungsentscheidung verbindlich ist (allerdings im Fall einer Beschwerde nach § 66 überprüft werden kann, vgl. bereits → Rn. 29).

## VII. Entscheidung des Gerichts

46 Das Gericht entscheidet über die Planbestätigung durch Beschluss, der nach § 65 Abs. 1 entweder im Anschluss an den gerichtlichen Abstimmungstermin bzw. den Anhörungstermin oder in einem besonderen Termin zu verkünden ist. Auf Antrag eines Planbetroffenen ist unter den Voraussetzungen des § 64 zusätzlich ein Verstoß gegen das Schlechterstellungsverbot zu prüfen (zu den Einzelheiten vgl. die Kommentierung zu → § 64). Gegen den bestätigenden Beschluss steht unter den Voraussetzungen des § 66 jedem Planbetroffenen, gegen den die Bestätigung versagenden Beschluss nur dem Schuldner (§ 66 Abs. 1 S. 2) die sofortige Beschwerde zu (zur sofortigen Beschwerde → § 66).

### Minderheitenschutz

**64** (1) [1] **Auf Antrag eines Planbetroffenen, der gegen den Restrukturierungsplan gestimmt hat, ist die Bestätigung des Plans zu versagen, wenn der Antragsteller durch den Restrukturierungsplan voraussichtlich schlechter gestellt wird als er ohne den Plan stünde.** [2] **Hat der Schuldner gegen den Inhaber einer Absonderungsanwartschaft eine Vollstreckungs- oder Verwertungssperre erwirkt, die diesen an der Verwertung der Anwartschaft hinderte, bleiben Minderungen im Wert der Anwartschaft, die sich während der Dauer der Anordnung ergeben, für die Bestimmung der Stellung des Berechtigten ohne Plan außer Betracht, es sei denn, die Wertminderung hätte sich auch ohne die Anordnung ergeben.**

(2) [1] **Der Antrag nach Absatz 1 ist nur zulässig, wenn der Antragsteller bereits im Abstimmungsverfahren dem Plan widersprochen und geltend gemacht hat, dass er durch den Plan voraussichtlich schlechter gestellt wird als er ohne Plan stünde.** [2] **Ist die Planabstimmung in einem gerichtlichen Erörterungs- und Abstimmungstermin erfolgt, muss der Antragsteller spätestens in diesem Termin glaubhaft machen, durch den Plan voraussichtlich schlechter gestellt zu werden.**

(3) [1] **Der Antrag nach Absatz 1 ist abzuweisen, wenn im gestaltenden Teil des Restrukturierungsplans Mittel für den Fall bereitgestellt werden, dass ein Planbetroffener eine Schlechterstellung nachweist.** [2] **Ob der Antragsteller einen Ausgleich aus diesen Mitteln erhält, ist außerhalb der Restrukturierungssache zu klären.**

(4) [1] **Hat weder eine Versammlung der Planbetroffenen (§ 20) noch ein Erörterungs- und Abstimmungstermin (§ 45) stattgefunden, gilt Absatz 2 Satz 1 nur, wenn im Planangebot besonders auf das Erfordernis der Geltendmachung der voraussichtlichen Schlechterstellung durch den Plan im Abstimmungsverfahren hingewiesen wurde.** [2] **Hat eine Versammlung der Planbetroffenen stattgefunden, gilt Absatz 2 Satz 1 nur, wenn in dem Einberufungsschreiben besonders auf das Erfordernis der Geltendmachung der voraussichtlichen Schlechterstellung durch den Plan im Abstimmungsverfahren hingewiesen wurde.** [3] **Absatz 2 Satz 2 gilt nur, wenn in der Ladung besonders auf das Erfordernis der Glaubhaftmachung der voraussichtlichen Schlechterstellung durch den Plan spätestens im Erörterungs- und Abstimmungstermin hingewiesen wurde.**

**Schrifttum:** *Desch* Der neue Stabilisierungs- und Restrukturierungsrahmen nach dem Regierungsentwurf StaRUG in der Praxis, BB 2020, 2498; *Distler* Das Schlechterstellungsverbot gem. § 26 Abs. 1 Nr. 1 StaRUG in Theorie und Praxis (§ 26 Abs. 1 Nr. 1 StaRUG), ZIP 2021, 1033; *Jungmann/Zündorf* Die voraussichtliche Schlechterstellung überstimmter Minderheiten durch einen Restrukturierungsplan, ZRI 2022, 89; *Marotzke* Die Justiziabilität von Restrukturierungsplänen, dargestellt am Beispiel planbasierter Übergriffe auf nicht plangestaltbare Rechtspositionen, ZInsO 2021, 2540; *Ringelspacher/Fehl-Weileder* Die Vergleichsrechnung: Streitfragen und Erfahrungen oder Business as usual, ZRI 2022, 210; *Schäfer* Zur Einbeziehung der Gesellschafter in ein vorinsolvenzliches Restrukturierungsverfahren nach dem Regierungsentwurf eines „StaRUG", ZIP 2020, 2164 *Spahlinger* Gruppen, Stimmrechte und erforderliche Mehrheiten, NZI-Beilage 2021, 32; *Thole* Der Entwurf des Unternehmensstabilisierungs- und restrukturierungsgesetzes (StaRUG-RefE), ZIP 2020, 1985.

**Übersicht**

## I. Normzweck

1 Der in § 64 geregelte **Minderheitenschutz** geht auf das in der Art. 2 Abs. 1 Nr. 6 iVm Art. 10 Abs. 2 UAbs. 1d), UAbs. 2 RL 2019/1023 normierte **Kriterium des Gläubigerinteresses („Best Interest of Creditors Test")** zurück. Das Kriterium ist erfüllt, wenn der Restrukturierungsplan den überstimmten Gläubiger (oder Anteilseigner) zumindest nicht schlechter stellt als er im nächstbesten Alternativszenario ohne den Plan stünde. Dieses in § 64 Abs. 1 S. 1 umgesetzte **Verbot der Schlechterstellung** dient letztlich dem individuellen Schutz überstimmter Planbetroffener vor der **Entziehung von Vermögenswerten** gegen deren Willen (Flöther/*Knapp* § 64 Rn. 1; zum insolvenzplanrechtlichen Minderheitenschutz Begründung RegE BT-Drs. 12/2443, 211; BGH WM 2012, 1640 Rn. 6). Dem überstimmten Planbetroffenen wird zumindest der **wirtschaftliche Wert** seiner **Forderung** oder **Beteiligung** garantiert (Begründung RegE, BT-Drs. 19/24181, 163). Die Möglichkeit, diese wertmäßige Garantie im Wege des Minderheitenschutzantrages geltend zu machen, legitimiert überhaupt erst die Bindung der überstimmten Minderheit an den Mehrheitsentscheid (vgl. zum Insolvenzplan BGH WM 2012, 1640 Rn. 6; NZI 2007, 409 Rn. 7; K. Schmidt InsO/*Spliedt* InsO § 251 Rn. 1). **Nicht garantiert** wird im Rahmen des Minderheitenschutzes eine **angemessene Beteiligung** an dem durch den Plan generierten Mehrwert. Insoweit bleibt der Schutz einzelner überstimmter Planbetroffener hinter dem Schutz ganzer überstimmter Gruppen (§§ 26 ff.) zurück.

2 Die Vorschrift hat umgekehrt auch die **Verfahrenseffizienz** und die Vermeidung von umfangreichen gerichtlichen Untersuchungen im Blick, die auf bloße Mutmaßungen gestützt sind (vgl. zum insolvenzplanrechtlichen Minderheitenschutz Begründung RegE, BT-Drs. 12/2443, 212). Daher ist die Prüfung des Schlechterstellungsverbots auch an bestimmte, vom Antragsteller zu erfüllende Zulässigkeitsvoraussetzungen geknüpft (Abs. 2 → Rn. 4 ff.). Insbesondere muss dieser seine Schlechterstellung frühzeitig (dh bereits im Abstimmungsverfahren) geltend bzw. glaubhaft machen.

3 § 64 ist an den **insolvenzplanrechtlichen Minderheitenschutz** nach § 251 InsO angelehnt. Allerdings bereitet die dortige Norm insofern weniger Probleme, als im Insolvenzplanrecht der **Vergleichsmaßstab** unstreitig in der Regelabwicklung liegt und daher klarer definiert ist (vgl. auch Begründung RegE BT-Drs. 19/24181, 163). In einem eröffneten Insolvenzverfahren sind Vermögensopfer grundsätzlich bereits in der Natur der Sache angelegt (wobei auch insoweit die Rechtfertigung des Eingriffs in der wirtschaftlichen Entwertung der Forderung und nicht im Insolvenzverfahren als solchem begründet liegt, vgl. auch Brünkmans/Thole Insolvenzplan-HdB/*Thole* § 1 Rn. 7). Das ist bei den **vorinsolvenzlichen Instrumenten** des StaRUG weniger eindeutig. Immerhin muss aber der Eintritt der Insolvenzreife auch hier überwiegend wahrscheinlich sein, sodass auch dem Restrukturierungsplan nach dem StaRUG die Vorstellung zugrunde liegt, dass eine vollständige Befriedigung aller Gläubiger bei ungehindertem Fortgang der Entwicklungen nicht mehr zu erwarten wäre.

## II. Zulässigkeit des Antrags

### 1. Antrag

4 Die voraussichtliche Schlechterstellung des überstimmten Planbetroffenen wird nur auf Antrag geprüft. **Antragsberechtigt** ist jeder **Planbetroffene,** der **gegen den Plan gestimmt** hat. Das schließt insbesondere die in den Plan einbezogenen **Anteilseigner** mit ein (Flöther/*Knapp* § 64 Rn. 7). Auch die Inhaber von gruppeninternen Drittsicherheiten sind grundsätzlich antragsberechtigt, wenn nach § 2 Abs. 4 in ihre Rechtstellung gegenüber dem Drittsicherungsgeber eingegriffen wird. Fragen wirft dabei allerdings das Verhältnis zu den Regeln über die Angemessenheit der Entschädigung (§§ 2 Abs. 4 S. 1 Hs. 2, 26 Abs. 2) auf (vgl. *Thole* ZIP 2020, 1985 (1988 f.); Flöther/*Knapp* § 64 Rn. 9). In der Sache dürften die Fragen nach der angemessenen Entschädigung einerseits und nach einer Schlechterstellung andererseits auf dasselbe hinauslaufen, unklar ist aber, inwieweit die materielle Angemessenheit der Entschädigung bereits Bestandteil der von Amts wegen durchzuführenden Prüfung nach § 63 Abs. 1 Nr. 2 iVm § 2 Abs. 4 S. 1 Hs. 2 bzw. § 26 Abs. 2 ist (vgl. dazu → § 63 Rn. 18). Gläubiger oder Anteilseigner, die nicht planbetroffen sind, sind auch dann nicht antragsberechtigt, wenn ihre Interessen durch den Plan mittelbar betroffen sind (*Thole* ZIP 2020, 1985 (1997); zur Betroffenheit von Anteilseignern näher → § 7 Rn. 93).

5 Eine besondere **Form** der Antragstellung sieht das Gesetz nicht vor. Nach § 38 S. 1 iVm § 496 ZPO kann der Antrag daher **schriftlich** oder mündlich **zu Protokoll der Geschäftsstelle** gestellt werden. Im **gerichtlichen Abstimmungsverfahren** ist auch eine mündliche Antragstellung, die in das **Terminsprotokoll aufgenommen** wird, ausreichend (vgl. § 8 RpflG). Der Antrag muss bei dem nach §§ 34, 35 zuständigen Restrukturierungsgericht gestellt werden. Im außergerichtlichen Abstimmungsverfahren ist mithin ein Antrag beim Schuldner oder dem Restrukturierungsbeauftragten als Versammlungsleiter (§ 76 Abs. 2 Nr. 1 Hs. 2) nicht ausreichend (**aA** Morgen StaRUG/*Langer*/*Wolf* § 64 Rn. 22). Dies gilt auch dann, wenn der mündliche Antrag in das Protokoll nach § 22 aufgenommen und dieses anschließend an das Restrukturierungsgericht weitergeleitet wird, weil es dann mangels Unterschrift des Antragstellers an der erforderlichen Schriftform fehlt. Das Gericht ist aber in einem solchen Fall nach § 38 S. 1 iVm § 139 Abs. 1 S. 2 ZPO gehalten, auf die Notwendigkeit einer erneuten Antragstellung bei Gericht hinzuweisen.

6 Der Antrag kann **frühestens nach der Abstimmung** gestellt werden, weil erst dann die Antragsberechtigung feststeht (Flöther/*Knapp* § 64 Rn. 12). Im Übrigen ist im Gesetz eine **Antragsfrist** nicht geregelt. § 64 Abs. 2 sieht eine Frist nur für den Widerspruch und die Glaubhaftmachung bzw. Geltendmachung der Schlechterstellung, nicht aber für den Versagungsantrag vor. Es ist zwar richtig, dass die Glaubhaftmachung der Schlechterstellung den wesentlichen Teil des Versagungsantrages ausmacht und im gerichtlichen Verfahren eine Glaubhaftmachung ohne gleichzeitigen

Antrag auch praxisfern erscheint (zu § 251 InsO Kübler HRI/*Burmeister/Schmidt-Hern* § 43 Rn. 27; Brünkmans/Thole Insolvenzplan-HdB/*Hirschberger* § 20 Rn. 18; Uhlenbruck/*Lüer/Streit* InsO § 251 Rn. 8 die daher eine Antragsfrist bis zum Schluss des Erörterungs- und Abstimmungstermins annehmen). Dennoch unterscheidet das Gesetz zwischen Widerspruch, Glaubhaftmachung bzw. Geltendmachung der Schlechterstellung und dem Versagungsantrag (zu § 251 InsO HambKommInsR/*Thies/Lieder* InsO § 251 Rn. 5; Kübler/Prütting/Bork/*Pleister* InsO § 251 Rn. 5; Jaeger/*Kern* InsO § 251 Rn. 10). Besonders deutlich ist dies bei der außergerichtlichen Abstimmung, weil hier die Geltendmachung der Schlechterstellung und der Versagungsantrag (mangels Zuständigkeit des Versammlungsleiters für letzteren → Rn. 5) nicht zusammenfallen können. Insoweit wird zwar vertreten, dass bei der außergerichtlichen Abstimmung die obligatorische Anhörung nach § 61 den letztmöglichen Zeitpunkt der Antragstellung markieren soll (Flöther/*Knapp* § 64 Rn. 14; Morgen /*Langer/Wolf* § 64 Rn. 25). Ein solches Verständnis mag wegen des Effizienzgebots aus Art. 10 Abs. 4 RL 2019/1023 zur Vermeidung von Verzögerungstaktiken de lege ferenda wünschenswert (ggf. sogar europarechtlich geboten) sein, aber das Gesetz sieht eine solche Antragsfrist nicht vor. Eine Einlegungsfrist ohne ausdrückliche Verankerung im Gesetz ließe sich aber mit der bei Rechtsbehelfen gebotenen Rechtsklarheit kaum vereinbaren. Der Antrag ist daher bis zur Verkündung der Entscheidung zulässig (ebenso Braun StaRUG/*Fendel* § 64 Rn. 5; BeckOK StaRUG/*Skauradszun* § 64 Rn. 40). In der Beschwerdeinstanz kann der Antrag hingegen nicht mehr nachgeholt werden (**aA** zu § 251 InsO (aF) BGH NZI 2007, 522; Jaeger/*Kern* InsO § 251 Rn. 10). Zwar kann die Beschwerde auch auf neue Angriffs- und Verteidigungsmittel gestützt werden (§ 571 Abs. 2 S. 1 ZPO), eine Grenze bildet jedoch der Verfahrensgegenstand (Zöller/*Heßler* ZPO § 571 Rn. 3), der mit dem (erstmaligen) Minderheitenschutzantrag geändert würde (zutr. zu § 251 InsO MüKoInsO/*Sinz* InsO § 251 Rn. 10). Für die Praxis ist daher regelmäßig eine Antragstellung bis zum Schluss des gerichtlichen Abstimmungs- bzw. Anhörungstermin zu empfehlen, jedenfalls, wenn zu erwarten steht, dass das Gericht einen „Stuhlbeschluss" nach § 65 Abs. 1 Var. 1 erlassen will.

**7** Der Minderheitenschutzantrag ist keine (ungeschriebene) Zulässigkeitsvoraussetzung für eine spätere sofortige Beschwerde gegen den Plan nach § 66 (Flöther/*Knapp* § 64 Rn. 51). Der Prüfungsumfang des Beschwerdegerichts entspricht allerdings demjenigen der Rechtmäßigkeitsprüfung des Restrukturierungsgerichts (zu § 253 InsO BGHZ 202, 133 Rn. 35). Wurde kein Minderheitenschutzantrag gestellt, wird auch in der Beschwerde gegen die Planbestätigung nicht eine Verletzung des § 64 geprüft. Unberührt bleibt die Rüge sonstiger Inhalts- und Verfahrensverstöße, was auch Mängel in der Darstellung der Vergleichsrechnung mit einschließt.

## 2. Widerspruch und Geltendmachung bzw. Glaubhaftmachung der Schlechterstellung (Abs. 2)

**8** Die Zulässigkeit des Minderheitenschutzantrages setzt nach § 64 Abs. 2 voraus, dass der Antragsteller dem Plan bereits im Abstimmungsverfahren widersprochen und seine voraussichtliche Schlechterstellung glaubhaft bzw. geltend gemacht hat. Damit soll sichergestellt werden, dass der Schuldner bereits im Abstimmungsverfahren erkennen kann, ob eine Schlechterstellung gerügt werden könnte (Begründung RegE BT-Drs. 19/24181, 163).

**a) Widerspruch.** Der Widerspruch ist an keine bestimmte **Form** gebunden; zu Beweiszwecken sollte er aber im gerichtlichen Abstimmungsverfahren in das Terminsprotokoll aufgenommen und im Rahmen des außergerichtlichen Verfahrens nach § 22 dokumentiert werden (Flöther/*Knapp* § 64 Rn. 18). Das Wort „Widerspruch" muss nicht zwingend enthalten sein, solange sich aus der Erklärung eindeutig ergibt, dass der Erklärende den Plan verhindern will (vgl. zu § 251 InsO Jaeger/*Kern* InsO § 251 Rn. 15; **aA** Brünkmans/Thole Insolvenzplan-HdB/*Hirschberger* § 20 Rn. 20). Nicht ausreichend ist es, dass gegen den Plan gestimmt wird (Flöther/*Knapp* § 64 Rn. 18). Auch die Geltendmachung der Schlechterstellung und der Versagungsantrag sind vom Widerspruch zu unterscheiden und machen diesen nicht entbehrlich (vgl. bereits → Rn. 6). Wird im *gerichtlichen* Abstimmungstermin ein Versagungsantrag gestellt, liegt darin aber regelmäßig auch zugleich ein konkludent erklärter Widerspruch (vgl. zu § 251 InsO Kübler/Prütting/Bork/*Pleister* InsO § 251 Rn. 7; MüKoInsO/*Sinz* InsO § 251 Rn. 14; K. Schmidt-InsO/*Spliedt* § 251 Rn. 5). Der Widerspruch ist zulässig, sobald der Plan vorgelegt wurde, also mit dem Planangebot nach § 17 oder mit der Ladung zum gerichtlichen Erörterungs- und Abstimmungstermin gemäß § 45 Abs. 3. Es spricht nichts dagegen, den Widerspruch auch schon vor dem Erörterungstermin zuzulassen, zumal es im außergerichtlichen Verfahren nicht in jedem Fall zu einem solchen Termin kommt (abw. Flöther/*Knapp* § 64 Rn. 18; zu § 251 InsO Uhlenbruck/*Lüer/Streit* InsO § 251 Rn. 18; wie hier Jaeger/*Kern* InsO § 251 Rn. 20). Ein früher Widerspruch muss aber im Fall einer anschließenden Planänderung ggf. wiederholt werden (vgl. auch → Rn. 14). 9

**b) Glaubhaftmachung bzw. Geltendmachung der Schlechterstellung.** Das Gesetz differenziert in Abs. 2 zwischen dem privatautonomen (Satz 1) und dem gerichtlichen Abstimmungsverfahren (Satz 2). 10

Im **gerichtlichen Abstimmungsverfahren** muss der Antragsteller die voraussichtliche Schlechterstellung **glaubhaft machen.** Dazu bedarf es zunächst eines **Tatsachenvortrages,** aus dem eine Schlechterstellung des Antragstellers durch den Restrukturierungsplan hervorgeht. Erforderlich ist eine konkrete Begründung; bloße Vermutungen oder allgemeinen Prognosen sind nicht ausreichend (Flöther/*Knapp* § 64 Rn. 23; zu § 251 InsO AG Bonn ZInsO 2015, 353 (354); Kayser/Thole/*Fiebig* InsO § 251 Rn. 5). Es muss substantiiert vorgetragen werden, dass die in der Vergleichsrechnung des Planerstellers angesetzte Bewertung unrichtig ist, etwa weil falsch bewertet wurde oder weil ein anderes Vergleichszenario heranzuziehen ist (in bestimmten Konstellationen eine sekundäre Darlegungslast des Schuldners erwägend BeckOK StaRUG/*Skauradszun* § 64 Rn. 76 ff.). In der Regel ist dann eine eigene Vergleichsrechnung aufzustellen (so zu § 251 InsO Kübler/Prütting/Bork/*Pleister* InsO § 251 Rn. 9; HambKommInsR/*Thies/Lie-* 11 *der* InsO § 251 Rn. 9; Brünkmans/Thole Insolvenzplan-HdB/*Hirschberger* § 20 Rn. 42).

12 Die Anforderungen an die Glaubhaftmachung dieses Tatsachenvortrages bestimmen sich nach § 38 S. 1 iVm **§ 294 ZPO.** Zulässig sind **sämtliche präsenten Beweismittel** (näher Stein/Jonas/*Thole* ZPO § 294 Rn. 8 ff.). Als Mittel der Glaubhaftmachung kommt insbesondere auch ein vom Antragsteller beigebrachtes Bewertungsgutachten in Betracht (*Desch* BB 2020, 2498 (2504); Flöther/*Knapp* § 64 Rn. 24). Da nur präsente Beweismittel zuzulassen sind, ist eine Vertagung oder Fristsetzung zum Zwecke der Ermöglichung einer Glaubhaftmachung nicht zulässig (Stein/Jonas/*Thole* ZPO § 294 Rn. 19; zu § 251 InsO BGH NZI 2010, 226 f. Rn. 11; K. Schmidt InsO/*Spliedt* InsO § 251 Rn. 14) Hinsichtlich des **Beweismaßes** verlangt die Glaubhaftmachung keine volle Überzeugung des Vorliegens der vorgetragenen Tatsachenbehauptungen, sondern lediglich eine überwiegende Wahrscheinlichkeit (Stein/Jonas/*Thole* ZPO § 294 Rn. 21; Morgen StaRUG/*Langer/Wolf* § 64 Rn. 38). Dem Schuldner ist eine Gegenglaubhaftmachung gestattet (vgl. zu § 251 InsO K. Schmidt-InsO/*Spliedt* § 251 Rn. 13).

13 Im Rahmen der **privatautonomen Abstimmung** muss der Antragsteller die Schlechterstellung nach dem Wortlaut des Gesetzes lediglich **„geltend machen".** Das ist grundsätzlich auch folgerichtig, weil die Glaubhaftmachung nur gegenüber dem Restrukturierungsgericht erfolgen kann (Morgen StaRUG/*Langer/Wolf* § 64 Rn. 39). Das Gesetz sieht allerdings auch keine Pflicht vor, die Glaubhaftmachung spätestens bis zur Stellung des Versagungsantrages nachzuholen (vgl. auch Morgen StaRUG/*Langer/Wolf* § 64 Rn. 39 die daher eine Pflicht zur Glaubhaftmachung im Anhörungstermin nach § 61 in Betracht ziehen, diese aber mangels Anwesenheitspflicht des Antragstellers im Ergebnis zu Recht ablehnen). In welchem Umfang und aus welchem Grund die Anforderungen jeweils unterschiedlich ausgestaltet sein sollen, lässt sich der Gesetzesbegründung nicht entnehmen (vgl. Begründung RegE BT-Drs. 19/24181, 163; kritisch auch Morgen StaRUG/*Langer/Wolf* § 64 Rn. 39). Auch im Rahmen der außergerichtlichen Abstimmung wird man jedenfalls verlangen können, dass die Geltendmachung der Schlechterstellung ihren Zweck erfüllt, also einerseits den Schuldner in die Lage versetzt, unter Umständen noch mit einer Planänderung reagieren zu können und andererseits eine gewisse Filterfunktion für die gerichtliche Prüfung gewährleistet. Erforderlich ist daher auch insoweit ein Tatsachenvortrag, mit dem die Schlechterstellung **substantiiert dargelegt wird** und der sich **nicht** auf **bloße Behauptungen** oder **Vermutungen** beschränkt (Morgen/*Langer/Wolf* § 64 Rn. 33). Dieser Vortrag ist nach § 22 zu dokumentieren. Das ist schon deshalb notwendig, weil sich die gerichtliche Überprüfung auch im Rahmen der Begründetheit im Ausgangspunkt auf die vom Antragsteller vorgebrachten Umstände beschränkt (→ Rn. 18). Das Gericht überprüft im Rahmen der Zulässigkeit die Schlüssigkeit dieses Vortrages; der Überzeugungsgrad einer „echten" Glaubhaftmachung wird hingegen nicht verlangt. Letztlich dürften die Anforderungen an die Zulässigkeit des „Geltendmachens" zwar nicht vollständig identisch mit der Glaubhaftmachung unter § 64 Abs. 2 S. 2 sein, aber dennoch nur nuanciert geringer sein (noch

weitergehend Flöther/*Knapp* § 64 Rn. 20, nach dem gegenüber dem gerichtlichen Verfahren inhaltlich keine unterschiedlichen Anforderungen gelten sollen).

14 Im Falle einer **Planänderung,** die eine geltend gemachte Schlechterstellung beseitigt, ist eine erneute Geltendmachung und ggf. Glaubhaftmachung mit Blick auf den geänderten Plan erforderlich. Sind im gestaltenden Teil des Insolvenzplans **Mittel** für den Fall **bereitgestellt,** dass ein Planbetroffener seine Schlechterstellung nachweist (→ Rn. 30 ff.), muss die Geltendmachung bzw. Glaubhaftmachung der Schlechterstellung auch umfassen, dass der Nachteil nicht durch eine Zahlung aus diesen Mitteln ausgeglichen werden kann (LG Dresden ZRI 2021, 868 (869) zu § 66).

15 **c) Frist.** Widerspruch und Schlechterstellung müssen noch im Abstimmungsverfahren erhoben und geltend gemacht werden. Im **gerichtlichen Abstimmungsverfahren** markiert mithin der Schluss des Abstimmungstermins den letztmöglichen Zeitpunkt. Im **privatautonomen Abstimmungsverfahren** ist der **Schluss des Abstimmungstermins** nach **§ 20** maßgeblich, wenn im Rahmen einer Versammlung über den Plan abgestimmt wird. Ist das nicht der Fall, müssen Widerspruch und Schlechterstellung bis zum **Ablauf** der vom Schuldner gesetzten **Annahmefrist** (§ 19) geltend gemacht werden. Auf die obligatorische Anhörung nach § 61 S. 2 kann hingegen nicht abgestellt werden, denn sie gehört zum gerichtlichen Bestätigungsverfahren und ist nicht mehr Teil des Abstimmungsverfahrens.

16 **d) Hinweispflichten (Abs. 4).** § 64 Abs. 4 stellt zum Schutz der Planbetroffenen sicher, dass die besonderen Zulässigkeitsvoraussetzungen des Abs. 2 nur gelten, wenn darauf rechtzeitig hingewiesen wurde. Im Rahmen einer **privatautonomen Planabstimmung** muss auf das Erfordernis der Geltendmachung der Schlechterstellung bei schriftlicher Abstimmung im Planangebot (§ 17) und bei einer Abstimmung im Rahmen einer Versammlung im Einladungsschreiben (§ 20 Abs. 1) besonders hingewiesen werden. Die Hinweispflicht trifft den Schuldner und gilt auch dann, wenn die Versammlung auf Initiative eines Planbetroffenen durchgeführt wurde (Begründung RegE BT-Drs. 19/24181, 164). Der Hinweis muss sich trotz fehlender Bezugnahme im Wortlaut auch auf das Erfordernis des Widerspruchs erstrecken (Morgen /*Langer*/*Wolf* § 64 Rn. 31). Im **gerichtlichen Abstimmungsverfahren** muss in der gerichtlichen Ladung (§ 45 Abs. 3) auf das Erfordernis des Widerspruchs und der Glaubhaftmachung der Schlechterstellung spätestens im Erörterungs- und Abstimmungstermin besonders hingewiesen werden.

## III. Begründetheit des Antrags

17 Der Antrag ist begründet und die Planbestätigung zu versagen, wenn der Antragsteller durch den Restrukturierungsplan voraussichtlich schlechter gestellt wird als er ohne den Plan stünde *und* im Plan keine (ausreichenden) Mittel für den Fall des Nachweises der Schlechterstellung bereitgestellt wurden.

### 1. Prüfungsumfang und Beweismaß

18 Im Rahmen der Prüfung die Begründetheit des Antrags gilt grundsätzlich wieder die Amtsermittlungspflicht, § 39. Die **gerichtliche Prüfung** ist allerdings auf die **vom Antragsteller dargelegten (und ggf. glaubhaft gemachten) Umstände** begrenzt (Braun StaRUG/*Fendel* § 64 Rn. 13; zu § 251 InsO BGHZ 202, 133 Rn. 23; BGH WM 2012, 1640 Rn. 6; NZI 2007, 409 Rn. 10; Uhlenbruck/*Lüer/Streit* InsO § 251 Rn. 31; K. Schmidt InsO/*Spliedt* InsO § 251 Rn. 28). Auch wenn im außergerichtlichen Abstimmungsverfahren die Schlechterstellung nur geltend gemacht werden muss, ist auch insoweit ein substantiierter Vortrag erforderlich (→ Rn. 13). **Soweit Umstände vorgebracht** sind, greift die **Untersuchungspflicht des Gerichts** (Flöther/*Knapp* § 64 Rn. 33), aber diese Untersuchung meint nur die Untersuchung, ob auf der Grundlage der glaubhaft gemachten Umstände tatsächlich die Schlechterstellung gegeben ist. Das Gericht kann etwa Sachverständigengutachten einholen und Zeugen vernehmen. Auch für den insoweit zu betreibenden Ermittlungsaufwand besteht allerdings ein gerichtliches Ermessen (zum Insolvenzplan LG Traunstein NZI 1999, 461 (463)). Dabei ist – auch vor dem Hintergrund des Art. 10 Abs. 4 RL 2019/1023 – die Effizienz und Zügigkeit des Bestätigungsverfahrens im Auge zu behalten.

19 Mit Blick auf den Überzeugungsgrad der zu ermittelnden Umstände gilt im Rahmen der Begründetheit nach allgemeinen Grundsätzen der **Vollbeweis** (§ 38 S. 1, § 286 ZPO); lassen sich bestimmte Umstände nicht aufklären, geht ein **non liquet** zu Lasten des Antragstellers (zu § 251 InsO MüKoInsO/*Sinz* § 251 Rn. 50; K. Schmidt InsO/*Spliedt* § 251 Rn. 28) In der Sache geht es bei der *voraussichtlichen* Schlechterstellung aber um eine **Prognose.** Maßstab ist insoweit die **überwiegende Wahrscheinlichkeit der Schlechterstellung** (abw. wohl BeckOK StaRUG/*Skauradszun* § 64 Rn. 74). Das Gericht muss folglich die Schlechterstellung des Antragstellers durch den Plan für wahrscheinlicher halten als die Gleich- oder Besserstellung. Ist die Schlechterstellung überwiegend wahrscheinlich und stehen auch keine Ausgleichsmittel bereit (→ Rn. 30 ff.), ist die Bestätigung zu versagen. Das Gericht hat bei der Entscheidung kein Ermessen (zu § 251 InsO Jaeger/*Kern* InsO § 251 Rn. 53).

### 2. Materielle Voraussetzung: Voraussichtliche Schlechterstellung

20 Materiell verlangt das Gesetz einen **wertmäßigen Vergleich** der Stellung des Planbetroffenen mit und ohne den Plan. Es müssen folglich zwei Prognosen vorgenommen werden. Maßgeblich ist eine **wirtschaftliche Betrachtung.** Der Planbetroffene muss mithin ein Aliud oder Surrogat hinnehmen, solange er nur wirtschaftlich indifferent gestellt wird (Flöther/*Knapp* § 64 Rn. 31). **Anteilseigner** werden vom StaRUG wie eine letztrangige Gläubigergruppe behandelt, sodass auch hier auf die Werthaltigkeit der Beteiligung abzustellen ist und der in den Verwaltungsbefugnissen liegende Residualwert außer Betracht bleibt (zum Insolvenzplan Brünkmans/Thole Insolvenzplan-HdB/*Thole* § 17 Rn. 9; **aA** *Schäfer* ZIP 2016,

1911 (1913): vgl. allgemein zur Einbeziehung von Gesellschaftern insbesondere im Rahmen von gruppenübergreifenden Mehrheitsentscheidungen (kritisch) *Schäfer* ZIP 2020, 2164).

Zunächst ist zu ermitteln, wie der Antragsteller **nach dem Restrukturierungsplan** steht. Dabei sind künftige Zahlungen ggf., dh je nach Stellung im Alternativszenario, abzuzinsen (zum Insolvenzplan näher Brünkmans/Thole Insolvenzplan-HdB/*Thole* § 17 Rn. 11 f.). Fraglich ist, ob und in welchem Umfang das Gericht die **Machbarkeit *(„feasibility")*** des Plans einpreisen muss. In begrenztem Umfang ist die Frage schon Bestandteil der amtswegigen Prüfung nach § 63 Abs. 1 Nr. 3 und Nr. 2 iVm § 14 (→ § 63 Rn. 24 ff.). Richtigerweise sollte im Übrigen der gleiche Maßstab wie für die Prognose im Vergleichsszenario angewendet werden, dh es kommt auf die Voraussichtlichkeit im Sinne einer überwiegenden Wahrscheinlichkeit an. Ist der Plan damit mit überwiegender Wahrscheinlichkeit nicht umsetzbar, wird er scheitern und es fließt dann voraussichtlich nicht mehr zu als im nächstbesten Szenario. Dann ist die Bestätigung des Plans zu versagen. Jenseits der 50 % Grenze sind Einschätzungen praktisch kaum mehr greifbar und daher weitere Risikoabschläge nicht vorzunehmen (str., wie hier tendenziell *Jungmann/Zündorf* ZRI 2022, 89 (93); im Insolvenzplanrecht K. Schmidt InsO/*Spliedt* InsO § 245 Rn. 9 f.; Uhlenbruck/*Lüer/Streit* InsO § 245 Rn. 9 ff.; **aA** Kayser/Thole/*Haas* InsO § 245 Rn. 12; Jaeger/*Kern* InsO § 245 Rn. 25). 21

Den so ermittelten Barwerten nach dem Plan muss das Gericht die Befriedigungsaussichten im **nächstbesten Alternativszenario** gegenüberstellen. An die Vergleichsrechnung des Schuldners ist das Gericht weder mit Blick auf die Bewertung noch bei der Ermittlung des nächstbesten Szenarios gebunden (*Jungmann/Zündorf* ZRI 2022, 89 (95)), die Prüfung beschränkt sich aber auf solche Alternativszenarien, die vom Antragsteller (plausibel) dargelegt wurden (→ Rn. 18). Welches Vergleichsszenario heranzuziehen ist, sagt das Gesetz nicht. Zugrunde zu legen ist entweder eine Liquidation oder die Situation, die sich im nächstbesten Alternativszenario voraussichtlich einstellen würde (Begründung RegE BT-Drs. 19/24181, 163). Der **Begriff „nächstbestes" Szenario** ist dabei **irreführend,** weil er suggeriert, das Alternativszenario sei weniger gut als das Planszenario, obwohl es gerade das erst zu prüfen gilt. Letztlich geht es um das Szenario, das mit der größten Wahrscheinlichkeit eintritt, wenn der Plan nicht bestätigt wird (ähnlich auch *Ringelspacher/Fehl-Weileder* ZRI 2022, 210 (212)). Lässt sich das nicht sagen, weil der Eintritt mehrere Szenarien (ungefähr) gleich wahrscheinlich ist, muss das Szenario mit den höheren Befriedigungsaussichten herangezogen werden. Es gibt dann aber im Ergebnis immer nur ein Vergleichsszenario (Morgen StaRUG/*Kowalewski/Paß* § 26 Rn. 33; *Spahlinger* NZI-Beilage 2021, 32 (33); anders *Jungmann/Zündorf* ZRI 2022, 89 (98 ff.) die sämtliche in Betracht kommenden Szenarien mit höherem Zahlungsfluss als dem Planszenario sowie deren Eintrittswahrscheinlichkeit ermitteln und dann die Erwartungswerte zusammenrechnen wollen). Auf das herangezogene Szenario sind dann konsequenterweise weitere Risikoabschläge nicht mehr vorzunehmen. 22

Der Gesetzgeber geht davon aus, dass, sofern hinreichend wahrscheinlich, auch **Fortführungsszenarien außerhalb der Insolvenz** in Betracht kom- 23 men, da ein nicht bestätigter Restrukturierungsplan nicht auf ein eröffnetes Insolvenzverfahren zurückfalle (Begründung RegE BT-Drs. 19/24181, 163). Das lässt sich im Ausgangspunkt kaum bestreiten, wirft allerdings die Frage nach dem **Verhältnis** zu dem (von Amts wegen) zu berücksichtigenden **Versagungsgrund nach § 63 Abs. 1 Nr. 1** auf. Gelingt dem Schuldner im nächstwahrscheinlichen Szenario ohne Plan der *turnaround* „aus eigener Kraft“, ohne auf Zugeständnisse der Gläubiger angewiesen zu sein (dazu BeckOK StaRUG/*Skauradszun* § 64 Rn. 20) oder findet sich ein Käufer, der einen über der Summe der Verbindlichkeiten liegenden Kaufpreis zu zahlen bereit wäre, könnten alle Forderungen bedient werden und eine Schlechterstellung durch den Plan liegt auf der Hand. Allerdings dürfte dann häufig per Definition auch keine drohende Zahlungsunfähigkeit vorliegen, weil der Eintritt der Zahlungsunfähigkeit im Prognosezeitrum dann nicht wahrscheinlicher sein kann als der Nichteintritt (vgl. in diese Richtung bereits zur Richtlinie Brünkmans/Thole Insolvenzplan-HdB/*Thole* § 30 Rn. 34; vgl. auch *Ringelspacher/Fehl-Weileder* ZRI 2022, 210 (212)). Die Bestätigung wäre dann schon nach § 63 Abs. 1 Nr. 1 zu versagen, ohne dass etwa noch zu prüfen wäre, ob die Schlechterstellung durch bereitgestellte Mittel nach § 64 Abs. 3 ausgeglichen werden kann. Das ist letztlich die Konsequenz der gesetzgeberischen Konzeption, wonach die fehlende drohende Zahlungsunfähigkeit als eigenständiger Versagungsgrund und eben nicht nur als Teil der Schlechterstellung zu prüfen ist. Anders liegt es nur bei der sofortigen Beschwerde nach § 66, weil hier die Schlechterstellung schon Zulässigkeitsvoraussetzung ist und es zu einer Prüfung der fehlenden drohenden Zahlungsunfähigkeit erst kommt, wenn diese Hürde übersprungen ist (richtig daher LG Dresden ZRI 2021, 868).

**24** Vorstehende Überlegungen gelten dann grundsätzlich auch mit Blick auf **freie Sanierungen als Vergleichsszenario,** wobei sich im Übrigen das auch bei § 63 Abs. 1 Nr. 1 diskutierte Problem stellt (→ § 63 Rn. 10), inwieweit freiwillige Sanierungsbeiträge in die Prognose einzustellen sind. Selbst wenn man hier einen großzügigeren Maßstab anlegen wollte als im Rahmen der drohenden Zahlungsunfähigkeit (etwa Flöther/*Knapp* § 26 Rn. 17 *„rationales Verhalten grundsätzlich zu unterstellen“;* vgl. auch Braun StaRUG/*Herzig* § 26 Rn. 9), muss eine freie Sanierung als Alternativszenario jedenfalls dann ausscheiden, wenn im Vorfeld eine solche Lösung mit den Beteiligten diskutiert wurde, aber an der Bereitschaft Einzelner gescheitert ist (ähnlich Morgen StaRUG/*Kowalewski/Paß* § 26 Rn. 58; siehe auch Flöther/*Tasma* § 6 Rn. 21; vgl. aber auch AG Hamburg NZI 2021, 544 Rn. 14, wonach die vorherige Verhandlung mit den Planbetroffenen keine Bestätigungsvoraussetzung sei). Anders lag es (wohl) in dem Sachverhalt, der dem Beschluss des LG Dresden (ZRI 2021, 868) zugrunde lag, weil hier der Mehrheitsgesellschafter signalisiert hatte, auch ohne den Plan weiterfinanzieren zu wollen, wenn der Minderheitsgesellschafter seine Geschäftsanteile an ihn abtritt und eine solche Abtretung für den Fall der Nichtannahme des Restrukturierungsplans bereits vertraglich fixiert worden war.

**25** In diesem Zusammenhang stellt sich auch die Frage, ob **alternative Restrukturierungspläne** als Vergleichsszenario in Betracht zu ziehen sind (in diese Richtung etwa Flöther/*Knapp* § 26 Rn. 17; dagegen *Spahlinger*

NZI-Beilage 2021, 32 (33); *Jungmann/Zündorf* ZRI 2022, 89 (91); BeckOK StaRUG/*Skauradszun* § 64 Rn. 19; differenzierend *Ringelspacher/Fehl-Weileder* ZRI 2022, 210 (212 f.)). Dagegen spricht, dass die Frage im Insolvenzplanrecht von der ganz überwiegenden Auffassung (zutreffend) verneint wird (LG Hamburg ZInsO 2015, 159 (161); Kayser/Thole /*Haas* InsO § 245 Rn. 8; K. Schmidt InsO/*Spliedt* InsO § 245 Rn. 7; Jaeger/*Kern* InsO § 245 Rn. 14; BeckOK InsO/*Geiwitz/v. Danckelmann* InsO § 245 Rn. 4) und der Gesetzgeber nicht zu erkennen gegeben hat, dass im StaRUG Abweichendes gelten sollte. Letztlich würde die Prüfung alternativer Restrukturierungspläne auch auf eine umfassende Prüfung der Zweckmäßigkeit und Erforderlichkeit des Plans hinauslaufen (AG Köln NZI 2021, 433 (435); vgl. auch bereits → § 63 Rn. 2, 25 und 43). Ein Plan, der (erheblich) weitergehende Eingriffe in die Rechte der Planbetroffenen vorsieht als zur Umsetzung des Restrukturierungsziels erforderlich ist, wird es aber schwer haben, die erforderlichen Mehrheiten für sich zu gewinnen.

In der Regel wird es daher bei dem **Vergleichsszenario** auf ein Szenario **in der Insolvenz** hinauslaufen, wenn nicht ausnahmsweise ein Sanierungsvergleich in Betracht kommt (→ Rn. 24) und man mit hier vertretener Ansicht annimmt, dass bei sonstigen Fortführungsmöglichkeiten außerhalb der Insolvenz (mit Eintrittswahrscheinlichkeit > 0,5) die Bestätigung schon nach § 63 Abs. 1 Nr. 1 zu versagen ist (→ Rn. 23). Auch für das Insolvenzszenario ist aber **nur in Ausnahmefällen ein Zerschlagungsszenario** heranzuziehen (vgl. § 6 Abs. 2 S. 2). Häufig wird als Vergleichsszenario dann eine Unternehmensfortführung mit **Insolvenzplan** oder eine **übertragende Sanierung** in Betracht kommen (zu den Szenarien im Einzelnen ausführlich → § 6 Rn. 41 ff.). 26

Ist das relevante Alternativszenario festgestellt, sind für **dieses die konkreten Befriedigungsaussichten des Antragstellers** zu ermitteln. Im Insolvenzverfahren sind die Befriedigungsaussichten der Inhaber von Restrukturierungsforderungen naturgemäß anders einzuschätzen als jene der Inhaber von Absonderungsanwartschaften (deren Stellung sich nach §§ 49 ff., 166 ff. InsO bemisst). Im Übrigen *kann* es für die individuelle Schlechterstellung aber auch auf die Fälligkeit der Forderung oder der Sicherheit ankommen, wenn und weil auch im Alternativszenario nicht sofort, sondern erst nach einer Weile das Insolvenzverfahren eröffnet würde (so jedenfalls *Distler* ZIP 2021, 1033 (1038)). Ein Gläubiger, dessen Forderung bereits fällig ist, kann ggf. eher noch mit einer 100 % Deckung rechnen als ein Gläubiger, dessen Forderung erst in 18 Monaten fällig wird (wobei unter Umständen auch Kündigungsrechte wie zB jenes aus § 490 BGB zu berücksichtigen sind). Diese Erwägungen können aber zumindest dann nicht gelten, wenn zu erwarten wäre, dass ohne die Planbestätigung alsbald Insolvenzantrag gestellt würde, weil dann ab Eröffnung des Verfahrens § 41 InsO greift und im unmittelbaren Vorfeld auch die Wertungen des Insolvenzanfechtungsrechts (insbes. §§ 130, 131 InsO) heranzuziehen sind. Das hängt vom Krisenstadium des Schuldners ab, ist aber jedenfalls dann anzunehmen, wenn der Eintritt der Zahlungsunfähigkeit (ohne den Restrukturierungsplan) innerhalb der nächsten zwölf Monate zu erwarten steht. Dann wäre der Schuldner ohne den Plan regelmäßig insolvenzrecht- 27 lich überschuldet mit einhergehender Antragspflicht für die Geschäftsleitung.

28 Der Unternehmenswert ist regelmäßig durch ein **Bewertungsgutachten** nach anerkannten betriebswirtschaftlichen Methoden zu ermitteln (vgl. Flöther/*Knapp* § 26 Rn. 19; Flöther/*Tasma* § 6 Rn. 23; Braun StaRUG/*Herzig* § 26 Rn. 8; ausf. auch Morgen /*Langer/Wolf* § 64 Rn. 67 ff.). Ein durchgeführter **M&A Prozess** (Dual-Track) ist oftmals eine zuverlässige Methode zur Feststellung des Unternehmenswertes, dürfte aber in der praktischen Umsetzung vielfach erhebliche tatsächliche und rechtliche Schwierigkeiten mit sich bringen und kann daher zumindest nicht in jedem Fall verlangt werden (ausführlich Morgen StaRUG/*Kowalewski/Praß* § 26 Rn. 46 ff.; Flöther/*Tasma* § 6 Rn. 23; grundsätzlich gegen das Erfordernis eines Dual-Track-Verfahrens Morgen StaRUG/Langer/Wolf § 64 Rn. 68; Flöther/*Knapp* § 26 Rn. 19; differenzierend *Ringelspacher/Fehl-Weileder* ZRI 2022, 210 (213); vgl. zum Insolvenzplan auch *Jacoby/Madaus/Sack/Schmidt/Thole* ESUG-Evaluierung (2019), S. 305).

### 3. Besonderheiten bei Absonderungsanwartschaften (Abs. 1 S. 2)

29 Für die Inhaber von Absonderungsrechten ist bei der Ermittlung der Stellung des Antragstellers im Alternativszenario grundsätzlich auch eine etwaige Wertminderung (ebenso wie eine Wertsteigerung) des Absonderungsguts zu berücksichtigen (Flöther/*Knapp* § 64 Rn. 34). Das soll nach § 64 Abs. 1 S. 2 nicht gelten, soweit die Wertminderung daraus resultiert, dass der Berechtigte aufgrund einer Verwertungssperre nach § 49 an der Verwertung des Sicherungsguts gehindert war. Das gilt dann nicht, wenn der Wertverlust auch ohne die Verwertungssperre eingetreten wäre (Flöther/*Knapp* § 64 Rn. 34), etwa weil der Berechtigte aus rechtlichen (zB aufgrund einer Verwertungsregelungen in einer Interkreditorenvereinbarung) oder aus faktischen Gründen nicht sofort hätte verwerten können.

### 4. Kein Ausschluss der Schlechterstellung durch Mittelbereitstellung (Abs. 3)

30 **a) Ausgleichsregelung.** Gemäß § 64 Abs. 3 hat der Antrag trotz einer Schlechterstellung des Antragstellers keinen Erfolg, wenn im gestaltenden Teil des Plans Mittel für den Fall bereitgestellt werden, dass ein Planbetroffener eine Schlechterstellung nachweist. Mit der § 251 Abs. 3 InsO nachgebildeten Regelung sollen Blockademöglichkeiten einzelner Planbetroffener und damit Verzögerungen im Bestätigungsverfahren durch die Auslagerung solcher Streitigkeiten reduziert werden (zu § 251 Abs. 3 InsO Begründung RegE BT-Drs. 17/5712, 35). Die mit der Regelung angesprochenen **salvatorischen Klauseln** sind zwar in der Richtlinie nicht erwähnt, aber mit dem Kriterium des Gläubigerinteresses vereinbar, wenn und weil durch die Bereitstellung der Mittel eine Schlechterstellung im Ergebnis ausgeschlossen werden kann (Begründung RegE BT-Drs. 19/24181, 163 zweifelnd BeckOK StaRUG/*Skauradszun* § 64 Rn. 86; *Marotzke* ZInsO 2021, 2545

(2548)). Damit wird auch der Effizienzvorgabe des Art. 10 Abs. 4 RL 2019/1023 Rechnung getragen (Flöther/*Knapp* § 64 Rn. 37; *Tashiro* NZI-Beilage 2021, 77 (79)).

31 Voraussetzung der Abweisung des Antrags ist, dass Mittel zur Verfügung stehen, um eine etwaige Schlechterstellung **vollständig** zu kompensieren. Die **Art und Weise** der Mittelbereitstellung steht dem Schuldner grundsätzlich frei. Die Mittel können aus seinem Vermögen oder von dritter Seite, insbesondere durch Bürgschaften, zur Verfügung gestellt werden. Die Mittel müssen tatsächlich verfügbar und hinreichend sicher sein (Flöther/*Knapp* § 64 Rn. 39; zu § 251 InsO BGH NZI 2017, 751 Rn. 16; Jaeger/*Kern* InsO § 251 Rn. 50). Jedenfalls ausreichend sind Sicherheitsleistungen iSv §§ 232 ff. BGB (MüKoInsO/*Sinz* InsO § 251 Rn. 37) In Betracht kommen darüber hinaus aber auch Treuhandkonstruktionen, Guthabenkonten oder sonstige werthaltige (!) Sicherheiten (Flöther/*Knapp* § 64 Rn. 39; ausführlich zu § 251 InsO auch Brünkmans/Thole Insolvenzplan-HdB/*Hirschberger* § 20 Rn. 49 ff.). Die Mittel müssen weder insolvenzfest noch liquide, also sofort auszahlbar, sein (zu § 251 InsO MüKoInsO/*Sinz* InsO § 251 Rn. 37; Brünkmans/Thole Insolvenzplan-HdB/*Hirschberger* § 20 Rn. 51; Jaeger/*Kern* InsO § 251 Rn. 51; **aA** Kübler/Prütting/Bork/*Pleister* InsO § 251 Rn. 18). Zulässig dürfte es daher auch sein, wenn die Mittel erst aus künftigen Überschüssen gezahlt werden sollen (ebenso Morgen StaRUG/*Langer*/*Wolf* § 64 Rn. 156), wenn dem eine (schlüssige) Finanzplanung zugrunde liegt. Der Plan sollte dann aber eine Regelung enthalten, wie die Mittel verteilt werden, wenn sie später nicht (vollständig) abgerufen werden (Flöther/*Knapp* § 64 Rn. 45).

32 **Der Höhe nach** muss die Schlechterstellung **vollständig kompensiert** werden können. Eine betragsmäßige Deckelung ist zulässig und bei Mitteln aus dem Schuldnervermögen in der Regel auch unvermeidbar. Es muss dann allerdings sichergestellt sein, dass ausreichend Mittel zur Verfügung stehen. Die Mittel müssen **zur Kompensation sämtlicher überstimmter Planbetroffener,** die eine Schlechterstellung nachweisen könnten, ausreichen, was bei großen Plänen eine recht umfassende Prognose des Gerichts erforderlich machen kann (zu § 251 InsO auch Jaeger/*Kern* InsO § 251 Rn. 49). Zur insolvenzrechtlichen Vorschrift des § 251 Abs. 3 InsO wird allerdings vertreten, dass die Mittel nur genügen müssen, um die Schlechterstellung derjenigen Planbetroffenen auszugleichen, die einen **Minderheitenschutzantrag gestellt oder sofortige Beschwerde erhoben** haben (MüKoInsO/*Sinz* InsO § 251 Rn. 38; Kübler HRI/*Burmeister*/*Schmidt-Hern* § 43 Rn. 77 ff.; *Lehmann*/*Rühle* NZI 2015, 151 (153)). Das dürfte freilich eigentlich nur gelten, wenn die Mittel den Antragstellern jeweils **individuell zugewiesen** sind (zum Zeitpunkt der Zuweisung und den Ausgestaltungsmöglichkeiten vgl. MüKoInsO/*Sinz* § 251 Rn. 38 und K. Schmidt InsO/*Spliedt* InsO § 251 Rn. 23; **aA** Morgen StaRUG/*Langer*/*Wolf* § 64 Rn. 157). Andernfalls besteht das nicht unerhebliche Risiko, dass sich die Mittel später doch als unzureichend erweisen, denn der Minderheitenschutzantrag ist keine Voraussetzung für eine spätere Anspruchsdurchsetzung (→ Rn. 34), so dass alleine die Zahl der Antragsteller eines Minderheitenschutzantrages keinen Schluss auf die Zahl der späteren Prätendenten zulässt.

Immerhin ist aber die Zahl der Prätendenten auf die gegen den Plan stimmenden Gläubiger beschränkt (vgl. auch BeckOK StaRUG/*Skauradszun* § 64 Rn. 88); vertretbar, wenngleich wiederum praktisch kompliziert erschiene es auch, anhand von Erfahrungswerten von diesem Kreis (der denklogisch höchstens 25 % der Forderungssummen betreffen kann) noch einen gewissen Abschlag zu machen, weil nicht alle gegen den Plan stimmenden Gläubigern ihren Anspruch verfolgen werden.

33 **b) Ausgleichsklage.** Ob der Antragsteller eine Kompensation erhält, ist außerhalb der Restrukturierungssache zu klären. Kommt es nicht zu einer Einigung über die Ausgleichszahlung, muss **Leistungsklage** vor den ordentlichen Gerichten erhoben werden (zu § 251 InsO Kübler HRI/*Burmeister/Schmidt-Hern* § 43 Rn. 91). Anspruchsgrundlage für die Ausgleichszahlung ist die Klausel im Plan selbst (zu § 251 InsO *Madaus* NZI 2012, 597 (598)) Anspruchsgegner ist derjenige, von dem die Mittel bereitgestellt werden, also entweder der Schuldner oder ein Dritter (→ Rn. 31).

34 Die **Zulässigkeit** der Klage setzt nicht voraus, dass zuvor ein Versagungsantrag nach § 64 gestellt wurde (Flöther/*Knapp* § 64 Rn. 43; **aA** zu § 251 InsO *Lehmann/Rühle* NZI 2015, 151 (155)). Denn grundsätzlich soll durch die Klausel ein solcher Antrag gerade vermieden werden (Flöther/*Knapp* § 64 Rn. 43; zu § 251 InsO MüKoInsO/*Sinz* InsO § 251 Rn. 45). Der Kreis der Anspruchsberechtigten beschränkt sich aber auf diejenigen Planbetroffenen, die gegen den Plan gestimmt haben.

35 Der Anspruch **entsteht** erst mit rechtskräftiger Bestätigung des Restrukturierungsplans. Eine **Frist** sieht das Gesetz nicht vor, die Klausel kann aber eine Ausschlussfrist vorsehen, die allerdings nicht unangemessen kurz sein darf. Ansonsten gilt die regelmäßige Verjährungsfrist (§§ 195, 199 BGB). Der Höhe nach ist der Anspruch im Falle einer Deckelung auf die tatsächlich zu Verfügung stehenden Mittel beschränkt (Flöther/*Knapp* § 64 Rn. 45).

36 In der **Begründetheit** ist die voraussichtliche Schlechterstellung zu prüfen. Anders als im Bestätigungsverfahren gilt alleine der Verhandlungsgrundsatz (zu den Maßstäben im Bestätigungsverfahren → Rn. 19). Der Prüfungsumfang des Prozessgerichts unterscheidet sich nach hier vertretener Ansicht gleichwohl nicht wesentlich von demjenigen im Bestätigungsverfahren. Es gilt zwar der Vollbeweis (§ 286 ZPO) für die tatsächlichen Umstände, in der Sache bleibt es aber bei einer Prognoseentscheidung bzw. hypothetischen Betrachtung (ähnlich zu § 251 InsO Kübler HRI/*Burmeister/Schmidt-Hern* § 43 Rn. 94; MüKoInsO/*Sinz* InsO § 251 Rn. 47; **aA** wohl Jaeger/*Kern* InsO § 251 Rn. 68 f., vgl. aber auch Rn. 63).

## IV. Entscheidung des Gerichts

37 Hält das Restrukturierungsgericht den **Minderheitenschutzantrag** für **unbegründet,** wird der **Antrag zurückgewiesen** und der **Plan** (vorbehaltlich sonstiger Versagungsgründe) **bestätigt.** Der Minderheitenschutzantrag kann isoliert oder einheitlich im Bestätigungsbeschluss beschieden

werden, wobei der Beschluss in jedem Fall mit Blick auf den Minderheitenschutzantrag gesondert begründet werden muss. Die **Zurückweisung des Minderheitenschutzantrages** ist **nicht isoliert,** sondern nur als **Bestandteil** des **Bestätigungsbeschlusses** nach § 66 **anfechtbar** (LG Dresden ZRI 2021, 868).

Hält das Gericht den **Minderheitenschutzantrag** für **begründet,** ist dem **Plan insgesamt** die Bestätigung **zu versagen.** Dagegen kann der Schuldner gemäß § 66 Abs. 1 S. 2 mit sofortiger Beschwerde vorgehen. 38

## Bekanntgabe der Entscheidung

**65** (1) **Wird die Entscheidung über den Antrag auf Bestätigung des Restrukturierungsplans nicht im Anhörungstermin oder im Erörterungs- und Abstimmungstermin verkündet, ist sie in einem alsbald zu bestimmenden besonderen Termin zu verkünden.**

(2) [1] **Wird der Restrukturierungsplan bestätigt, so ist den Planbetroffenen unter Hinweis auf die Bestätigung ein Abdruck des Plans oder eine Zusammenfassung seines wesentlichen Inhalts zuzusenden; für an dem Schuldner beteiligte Aktionäre oder Kommanditaktionäre gilt dies nicht.** [2] **Börsennotierte Gesellschaften haben eine Zusammenfassung des wesentlichen Inhalts des Plans über ihre Internetseite zugänglich zu machen.** [3] **Die Übersendung eines Abdrucks des Plans oder eine Zusammenfassung seines wesentlichen Inhalts nach Satz 1 kann unterbleiben, wenn der vor der Abstimmung übersendete Plan unverändert angenommen wurde.**

**Schrifttum:** *Skauradszum/Blum* Anm. zu AG München v. 21.10.2021 – 1542 RES 2180/21.

**Übersicht**



## I. Überblick

§ 65 regelt in Abs. 1 den Zeitpunkt, an dem die Planbestätigung das Gerichtsinternum verlassen muss. Damit wird das gerichtliche **Bestätigungsverfahren beendet** und der Stichtag definiert, an dem die Planwirkungen eintreten. Die Bestätigungsentscheidung kann nur noch mit einem Rechtsmittel angegriffen werden. Abs. 2 bestimmt die den Planbetroffenen zu übersendenden Informationen. 1

## II. Verkündung (Absatz 1)

2 Eine gerichtliche Entscheidung ist erst rechtsmittelfähig, wenn sie aus dem gerichtsinternen Bereich nach außen hervortritt. Dazu muss der Bestätigungs- bzw. Versagungsbeschluss verkündet werden, entweder in einem gerichtlichen Termin oder in einem alsbald zu bestimmenden Termin. Als **gerichtlicher Termin** kommen der Anhörungstermin des § 61 in Betracht, wenn sich die Planabstimmung gem. §§ 17 ff. nicht in einem gerichtlichen Verfahren vollzogen hat, oder der Erörterungs- und Abstimmungstermin des § 45. Um einen dieser Termine handelt es sich auch dann noch, wenn er für wenige Stunden unterbrochen wird. Stattdessen kann auch ein **besonderer Termin** anberaumt werden. Er ist gem. § 310 Abs. 1 ZPO in einem der beiden vorgenannten Termine zu bestimmen und muss alsbald stattfinden. Für den insoweit gleichlautenden § 252 Abs. 1 InsO wird in § 241 Abs. 1 InsO ein Zeitraum von bis zu einem Monat als zulässig angesehen. Die Unsicherheit bis zur Verkündung ist jedoch bei einer Unternehmensfortführung im Rahmen eines Insolvenzverfahrens, in dem neue Schulden bevorrechtigt sind, leichter zu bewältigen als in einem Restrukturierungsverfahren, in dem es eine solche Bevorzugung der Neugläubiger nicht gibt. Art. 10 Abs. 4 RL verlangt eine zügige Bearbeitung. Die im Richtlinienentwurf dafür noch vorgesehenen 30 Tage wurden nicht übernommen. Dem in der Praxis bestehenden Beschleunigungsbedarf wird es nicht gerecht, wenn die alsbaldige Verkündung länger als zwei Wochen hinausgeschoben wird. Eine unangemessen lange Frist ist jedoch nicht angreifbar.

3 Die **Frist** für die Einlegung **der sofortigen Beschwerde beginnt mit der Verkündung** des Beschlusses. Eine **Zustellung** ist gem. § 40 Abs. 2 **nicht erforderlich.** Es handelt sich um eine iSv § 569 Abs. 2 S. 2 ZPO abweichende Bestimmung. Das erschwert den Rechtsschutz zumindest in den Fällen, in denen ein gesonderter Verkündungstermin anberaumt wird. Darüber werden die Betroffenen zwar im Abstimmungstermin bzw. durch das ihnen zu übersendende Protokoll, falls sie am Termin nicht teilgenommen haben, informiert, aber nicht förmlich geladen (MüKoInsO/*Sinz* InsO § 252 Rn. 12). Auch muss bei der Verkündung, insbesondere wenn sie sofort im Anhörungs- oder im Abstimmungstermin erfolgt, noch keine schriftliche Begründung des Bestätigungsbeschlusses vorliegen (BeckOK StaRUG/*Skauradszun* StaRUG § 65 Rn. 8). §§ 310 Abs. 2, 311 Abs. 2 und 3 ZPO sind auf Beschlüsse sind anzuwenden, § 329 Abs. 1 ZPO. Der Zugang der lt. Abs. 2 zu übersendenden Informationen ist keine Zustellung des Bestätigungsbeschlusses, die die Beschwerdefrist erst in Gang setzen könnte. Auf die Rechtsschutzmöglichkeit und insbesondere die Frist ist gem. § 232 ZPO im Verkündungsbeschluss hinzuweisen. Es ist zulässig, im Verkündungstermin einen Rechtsmittelverzicht zu erklären (*Skauradszun/Blum* NZI 2022, 32 (33)).

## III. Beschluss- und Planübersendung (Absatz 2)

Da ein den Plan bestätigender Beschluss bereits mit der Verkündung wirksam wird, ist den Planbetroffenen nur ein **Hinweis auf den Bestätigungsbeschluss** zu übersenden. Der zusätzlichen **Übersendung des Plans** einschließlich der gem. § 14 erforderlichen Plananlagen bedarf es nur, wenn der Plan nicht unverändert angenommen wurde. Statt einer Übersendung des gesamten Plans genügt dann auch eine Zusammenfassung seines wesentlichen Inhalts, wobei es zur Fehlervermeidung zweckmäßig ist, nur die Änderungen darzustellen und im Übrigen auf den den Betroffenen schon vorher gem. § 17 Abs. 1 übersandten Plan Bezug zu nehmen. Zwar geht dies aus dem Wortlaut der Vorschrift, der nur von einer Zusammenfassung des gesamten Plans spricht, nicht eindeutig hervor. Da eine Übersendungspflicht jedoch nur bei Änderungen eingreift, wird der Zweck der Vorschrift auch erreicht, wenn nur auf die Änderungen hingewiesen wird (Flöther/*Laroche* StaRUG § 65 Rn. 4), sofern der Leser daraus unschwer die Gesamtregelungen des Plans erkennen kann. 4

**Übersendungsadressaten** sind die **Planbetroffenen,** weil nur ihnen ein Rechtsmittel zusteht, § 66 Abs. 1. Dazu können auch die **Gesellschafter** gehören, wenn sie gem. § 7 Abs. 1 in den Plan einbezogen werden. Dann und nur dann ist auch ihnen das Planangebot zu übersenden, es sei denn, dass es sich um am Schuldner beteiligte Aktionäre oder Kommanditaktionäre handelt. Börsennotierte Gesellschaften haben den Planinhalt auf Ihrer Internetseite bekannt zu machen. Auch das gilt nur, wenn die Anteilsinhaber zu den Planbetroffenen gehören. Nach anderen Vorschriften bestehende (kapitalmarktrechtliche) Informationspflichten sind unabhängig davon einzuhalten. Eine öffentliche Bekanntmachung erfolgt, wenn der Schuldner eine öffentliche Restrukturierungssache nach §§ 84 ff. beantragt hatte. Einen rechtzeitig gestellten Antrag kann er nach Verkündung einer Entscheidung in der Restrukturierungssache nicht mehr zurücknehmen. 5

Der Vorschrift ist nicht zu entnehmen, wer die Übersendung zu veranlassen hat. Da die Bekanntgabe der Entscheidung zum gerichtlichen Verfahren gehört und die Übersendung eines Hinweises auf den Beschluss damit untrennbar verbunden ist, liegt der gesamte Übersendungsvorgang einschließlich der bei Änderungen vorzunehmenden Informationen im **Aufgabenbereich des Gerichts.** Eine Delegation analog § 8 Abs. 3 InsO an den Schuldner oder einen etwa bestellten Restrukturierungsbeauftragten scheidet mangels gesetzlicher Grundlage aus. 6

## Sofortige Beschwerde

**66** (1) [1] **Gegen den Beschluss, durch den der Restrukturierungsplan bestätigt wird, steht jedem Planbetroffenen die sofortige Beschwerde zu.** [2] **Dem Schuldner steht die sofortige Beschwerde zu, wenn die Bestätigung des Restrukturierungsplans abgelehnt worden ist.**

(2) **Die sofortige Beschwerde gegen die Bestätigung des Restrukturierungsplans ist nur zulässig, wenn der Beschwerdeführer**

1. **dem Plan im Abstimmungsverfahren widersprochen hat (§ 64 Absatz 2),**
2. **gegen den Plan gestimmt hat und**
3. **glaubhaft macht, dass er durch den Plan wesentlich schlechter gestellt wird als er ohne den Plan stünde und dass dieser Nachteil nicht durch eine Zahlung aus den in § 64 Absatz 3 genannten Mitteln ausgeglichen werden kann.**

(3) [1] **Absatz 2 Nummer 1 und 2 gilt nur, wenn im Einberufungsschreiben oder in der Ladung zum Termin auf die Notwendigkeit des Widerspruchs und der Ablehnung des Plans besonders hingewiesen wurde.** [2] **Hat weder eine Versammlung der Planbetroffenen (§ 20) noch ein Erörterungs- und Abstimmungstermin (§ 45) stattgefunden, so gilt Absatz 2 Nummer 1 und 2 nur, wenn im Planangebot auf die Notwendigkeit des Widerspruchs und der Ablehnung des Plans besonders hingewiesen wurde.**

(4) **Auf Antrag des Beschwerdeführers ordnet das Gericht die aufschiebende Wirkung der Beschwerde an, wenn der Vollzug des Restrukturierungsplans mit schwerwiegenden, insbesondere nicht rückgängig zu machenden Nachteilen für den Beschwerdeführer einhergeht, die außer Verhältnis zu den Vorteilen des sofortigen Planvollzugs stehen.**

(5) [1] **Das Beschwerdegericht weist die Beschwerde gegen die Bestätigung des Restrukturierungsplans auf Antrag des Schuldners unverzüglich zurück, wenn die alsbaldige Rechtskraft der Planbestätigung vorrangig erscheint, weil die Nachteile eines verzögerten Planvollzugs die Nachteile für den Beschwerdeführer überwiegen; ein Abhilfeverfahren findet nicht statt.** [2] **Dies gilt nicht, wenn ein besonders schwerer Rechtsverstoß vorliegt.** [3] **Weist das Beschwerdegericht die Beschwerde nach Satz 1 zurück, ist der Schuldner dem Beschwerdeführer zum Ersatz des Schadens verpflichtet, der ihm durch den Planvollzug entsteht; die Rückgängigmachung der Wirkungen des Restrukturierungsplans kann nicht als Schadensersatz verlangt werden.** [4] **Für Klagen, mit denen Schadensersatzansprüche nach Satz 3 geltend gemacht werden, ist das Landgericht ausschließlich zuständig, das die Beschwerde zurückgewiesen hat.**

**Schrifttum:** *Brünkmans* Die Reichweite der Rechtskraft von Insolvenz- und Restrukturierungsplänen, ZIP 2022, 1573; *Distler* Das Schlechterstellungsverbot gem. § 26 Abs. 1 Nr. 1 StaRUG in Theorie und Praxis, ZIP 2021, 1033; *Frind* Das „plötzliche" StaRUG-Verfahren – Probleme und Verwendungsgrenzen, ZInsO 2021, 1093; *Grau/Pohlmann/Radunz* Erste Praxiserfahrungen mit der StaRUG, NZI 2021, 522; *Jungmann* Das verkürzte Beschwerdeverfahren im Restrukturierungsrecht – Sinn, Anwendungsbereich und Handhabung von § 66 V StaRUG, NZI 2022, 353; *Jungmann* Die Konsequenzen einer erfolgreichen sofortigen Beschwerde gegen die Planbestätigungsentscheidung des Restrukturierungsgerichts, ZIP 2022, 253; *Jungmann/Zündorf* Die voraussichtliche Schlechterstellung überstimmter Mehrheiten durch einen Restrukturierungsplan, ZRI 2022, 89; *Merotzke* Die Justiziabilität von Restrukturierungsplänen, dargestellt am Beispiel planbasierter Übergriff auf nicht plangestaltbare Rechtspositionen, ZInsO 2021, 2540; *Thole* Anmerkung zu AG Köln v. 3.3.2021 – 83 RES 1/21, NZI 2021, 436.

**Übersicht**



## I. Übersicht

Die Beschwerdebefugnisse bilden zusammen mit dem Minderheitenschutzantrag des § 66 die **Nagelprobe für das Restrukturierungsverfahren.** Die Bestätigung eines Restrukturierungsplans kann zwar aus Gründen der Rechtssicherheit (vgl. §§ 67 ff., 90 f.) auch dann sinnvoll sein, wenn alle Betroffenen zustimmen. Der Zweck des Verfahrens besteht aber vorrangig in der Einbindung von Akkordstören in einen von der Mehrheit befürworteten Plan. Das kann nur gelingen, soweit Rechtsmittel eine Mehrheitsentscheidung nicht beseitigen können. Soll das Verfahren zum Erfolg führen, müssen die einem dissentierendem Beteiligten eingeräumten Möglichkeiten begrenzt werden. So sieht das Gesetz schon als Eingangshürde bei der Zulässigkeit vor, dass der Beschwerdeführer eine wesentliche Schlechterstellung glaubhaft machen muss, die nicht durch die Ausgleichsmittel des § 64 Abs. 3 kompensiert wird. Außerdem kann die Beschwerde wegen überwiegender Nachteile, die bei einer Verzögerung der Rechtskraft des Bestätigungsbeschlusses eintreten, zurückgewiesen werden. Diese **Reduzierung der Rechtsschutzmöglichkeit** ist wegen der typischen Eilbedürftigkeit eines Sanierungsprozesses erforderlich. Art. 16 Abs. 2 RL betont den Beschleunigungsgrundsatz *(„zügige Bearbeitung auf effiziente Weise"),* der das gesamte Verfahren beherrscht, soweit das Gericht beteiligt ist (Art. 10 Abs. 4 RL). Die Reduzierung ist auch gerechtfertigt, weil die entscheidungserheblichen Umstände von Amts wegen zu ermitteln sind und das Restrukturierungsgericht dem Beschwerdeführer vor dem Bestätigungsbeschluss sowohl gem. § 61 als auch insbesondere nach einem Minderheitenschutzantrag gem. § 64 schon rechtliches Gehör gewährt hat. 1

Das Beschwerdeverfahren richtet sich nach den über § 38 anwendbaren Vorschriften der §§ 567 ff. ZPO. Die Richtlinie enthält in Art. 16 nur insoweit Vorgaben, als es möglich sein muss, eine höhere Instanz als diejenige anzurufen, die über die Planbestätigung entschieden hat **(Devolutiveffekt).** Das ist durch § 72 GVG gewährleistet. Außerdem soll nach der Richtlinie die Beschwerde in der Regel keine aufschiebende Wirkung 2 haben, was jedoch mit einer Öffnungsklausel dahingehend versehen wurde, dass der **Suspensiveffekt** angeordnet werden kann, wenn dies im Interesse einer Partei angemessen und notwendig ist. Der grundsätzlich fehlende Suspensiveffekt ergibt sich bereits aus § 570 Abs. 1 ZPO. In Abs. 4 hat der deutsche Gesetzgeber von der Öffnungsklausel Gebrauch gemacht.

3 Die Richtlinie sieht vor, dass das Beschwerdegericht den **Restrukturierungsplan** nicht nur kassieren oder bestätigen, sondern auch **modifizieren** kann. Das gilt allerdings nur, wenn dies im nationalen Recht vorgesehen ist, was im StaRUG nicht der Fall ist, sodass sich die Befugnisse des Beschwerdegerichts allein nach der gem. § 38 anwendbaren ZPO richten.

4 Als **Vorbild** für § 66 diente die Vorschrift zur sofortigen Beschwerde gegen einen Insolvenzplan gem. **§ 253 InsO** (BT-Drs. 19/24181, 164), allerdings mit dem ganz wesentlichen Unterschied, dass die Beschwerde dort gem. § 254 InsO de facto einen Suspensiveffekt hat, weil die Planwirkungen erst mit der Rechtskraft des Bestätigungsbeschlusses eintreten. Die zu § 253 InsO veröffentlichten Entscheidungen und Literaturmeinungen werden mit dieser Einschränkung auch für § 66 zu beachten sein.

## II. Beschwerdeberechtigte (Absatz 1)

5 Formell beschwerdeberechtigt sind jeder **Planbetroffene** und der **Schuldner.** Die Beschwer für den Schuldner besteht, wenn die Planbestätigung versagt wurde; denn damit wird sein Planangebot gem. § 17 zurückgewiesen. Die in den Absätzen 2–5 genannten Einschränkungen gelten nur für die Beschwerde eines Planbetroffenen.

6 Als **Planbetroffene** definiert § 7 Abs. 1 die Inhaber von Restrukturierungsforderungen, Absonderungsanwartschaften, Rechten aus gruppeninternen Drittsicherheiten sowie von Anteils- oder Mitgliedschaftsrechten, falls sie durch den Plan geändert werden sollen. Mittelbar von den Sanierungsmaßnahmen Betroffene, die im darstellenden Teil des Restrukturierungsplans (§ 6) aufgezeigt werden, sind nicht beschwerdeberechtigt, wenn diese Maßnahmen bzw. Kündigungen nicht Gegenstand einer Plangestaltung sind. Zu den Planbetroffenen gehören auch diejenigen, die der Schuldner in den Plan einbezogen hat, selbst wenn er es nicht darf, weil sie gem. §§ 21 ff. planimmune Ansprüche haben. Nach der bei → § 67 Rn. 32 vertretenen Auffassung erstrecken sich sogar die Wirkungen des Plans auf sie. Selbst wenn man diese Erstreckungen ablehnen würde, wären sie jedenfalls von einem Plan de facto betroffen. Die Zulässigkeit ihrer Einbeziehung gehört zur Begründetheit des Rechtsmittels und nicht zu dessen Voraussetzung (LG Dresden ZIP 2021, 2596 (2597); *Marotzke* ZInsO 2021, 2540 (2543, 2556)). Durch die Ermöglichung einer Beschwerde werden zudem widersprechende Entscheidungen im Zivilprozess vermieden. Zwar sieht § 70 vor, dass das Restrukturierungsverfahren von einem Streit über eine Forderung freigehalten wird. Das betrifft jedoch nur deren Höhe, nicht auch die Planbetroffenheit, sodass eine analoge Anwendung nicht in Betracht kommt (aA *Marotzke* ZInsO 2021, 2540 (2552 f.)). Sollte man allerdings entgegen der hier vertretenen Ansicht den Plan für nichtig halten, soweit planimmune Ansprüche

einbezogen wurden (*Brünkmans* ZIP 2022, 1574 (1582)), ist dem Betroffenen zwar ebenfalls der Weg über eine Beschwerde eröffnet, weil er formell beschwert ist, kann die Nichtigkeit aber auch im Prozesswege geltend machen, indem er seinen Anspruch in ursprünglicher Höhe verfolgt.

## III. Zulässigkeitsvoraussetzungen (Absatz 2)

In Absatz 2 werden **planspezifische Zulässigkeitsvoraussetzungen nur für** beschwerdeführende **Planbetroffene** geregelt *(„Beschwerde gegen die Bestätigung des Restrukturierungsplans“).* Für den Schuldner kommen besondere Zulässigkeitsvoraussetzungen für eine Beschwerde gegen die Ablehnung der Planbestätigung schon deshalb nicht in Betracht, weil die drohende Zahlungsunfähigkeit, die gem. § 29 Voraussetzung für einen Antrag auf Planbestätigung ist, eine wesentliche Betroffenheit indiziert, sodass sie nicht als besondere Zulässigkeitsvoraussetzung glaubhaft gemacht, sondern nur bei den Beschwerdegründen geprüft werden muss. Die für die Planbetroffenen geltenden Voraussetzungen sind identisch mit denen, die für eine Beschwerde gegen den Bestätigungsbeschluss eines Insolvenzplans gem. § 253 Abs. 2 InsO erfüllt werden müssen. 7

Erforderlich ist zunächst, dass der Beschwerdeführer dem **Plan widersprochen** hat (Nr. 1). Allein seine **Stimmabgabe gegen den Plan** genügt nicht. Vielmehr ist dies zusätzlich erforderlich (Nr. 2). Das gilt auch bei einem außergerichtlichen Verfahren, wenn der Schuldner keine Versammlung der Planbetroffenen (§§ 20 f.), sondern nur eine schriftliche Annahme gem. § 19 vorgesehen hat. Zwar hat die Unterlassung der Stimmabgabe die Wirkung einer Planablehnung, weil sich die für die Annahme des Plans erforderlichen Mehrheiten gem. § 25 auf die Stimmrechte bezieht, die den Betroffenen insgesamt zuzuordnen sind. Dafür kommt es gem. § 24 auf deren Rechtsposition an, unabhängig davon, ob sie sich am Verfahren beteiligen. Allein die de facto ablehnende Wirkung unterbliebener Stimmabgabe ersetzt jedoch nicht das nach Abs. 2 Nr. 2 erforderliche Votum gegen den Plan. 8

An die **Form von Widerspruch und Ablehnung** gelten die gleichen Anforderungen wie die an die Voraussetzungen eines Minderheitenschutzantrags nach § 64. Für das außergerichtliche Abstimmungsverfahren sieht das Gesetz lt. § 17 Abs. 2 im Zweifel nur für das Planangebot und die Plannahme die Schriftform vor, nicht aber für die Planablehnung und den Widerspruch. Sie können deshalb im außergerichtlichen Verfahren auch formfrei erteilt werden (RegE BT-Drs. 19/24181, 164). Es ist Sache des Schuldners, dies zu dokumentieren, § 22. Im gerichtlichen Abstimmungsverfahren obliegt die Protokollierung dem Gericht, § 165 ZPO, sodass die Erklärungen der Planbetroffenen zu diesem Protokoll abgegeben werde können. Möglich wäre sogar ein früherer schriftlicher oder zu Protokoll der Geschäftsstelle erhobener Widerspruch, § 496 ZPO. Der **Zeitpunkt für den Widerspruch** und die Planablehnung ist Abs. 2 nicht zu entnehmen. Für den Widerspruch als Voraussetzung des Minderheitenschutzantrags heißt es in § 64 Abs. 2, dass er im Abstimmungsverfahren – nicht: Abstimmungs- 9 termin – zu erklären ist. Demnach genügt ein vor dem Abstimmungstermin eingereichter Widerspruch (Flöther/*Knapp* StaRUG § 64 Rn. 18; BeckOK StaRUG/*Shauradszun* StaRUG § 64 Rn. 40, 46). Eine andere Auslegung wäre ein Verstoß gegen das Gebot rechtlichen Gehörs, Art. 103 GG, weil ein vor dem Termin liegender Zeitpunkt dem Gesetz nicht deutlich zu entnehmen ist und deshalb ein bekannter Widerspruch auch berücksichtigt werden muss.

**10** Abs. 2 ist ebenfalls kein **Zeitpunkt** für das **Votum gegen den Plan** zu entnehmen. Bei einem außergerichtlichen Verfahren ohne Versammlung der Planbetroffenen genügt die ausdrückliche ablehnende Stimmabgabe innerhalb der Annahmefrist des § 19. Stellt der Schuldner den Plan im Rahmen einer Versammlung zur Abstimmung, können die Stimmrechte nur durch Anwesenheit (bzw. Vertretung) in der Versammlung oder, falls das besonders vorgesehen ist, auch ohne Anwesenheit im Wege elektronischer Kommunikation vorgesehen werden, § 20 Abs. 2. Daraus folgt, dass eine ablehnende Stimmabgabe ohne Anwesenheit oder ohne Nutzung der zugelassenen elektronischen Kommunikationsmöglichkeit nicht ausreichend ist. Für das gerichtliche Verfahren heißt es in § 45 Abs. 1, dass im Termin abgestimmt wird. Eine schriftliche Stimmabgabe ist gem. § 45 Abs. 4 iVm § 242 InsO nur zulässig, wenn nach dem Erörterungstermin ein gesonderter Abstimmungstermin stattfinden soll. Bis auf diese Ausnahme bedarf somit sowohl bei einer außergerichtlichen Versammlung als auch bei einer gerichtlich begleiteten Abstimmung die Ablehnung des Plans als Beschwerdevoraussetzung eine Erklärung im Termin, falls es nicht ausnahmsweise ein gesondertes Abstimmungstermin iSv § 242 InsO anberaumt wurde. Damit unterscheiden sich die Zeitpunkte für den Widerspruch und die Planablehnung.

**11** Ein Beschwerdeinteresse kann auch ein **Betroffener ohne Stimmrecht** haben, dessen Anspruch bestritten wurde und der deshalb kein Stimmrecht erhalten hat. Das Stimmrecht richtet sich nach dem Wert seiner Rechtsposition. Außerhalb eines gerichtlichen Abstimmungsverfahrens ist es Sache des Schuldners, das Stimmrecht festzulegen, § 24 Abs. 4. Im gerichtlichen Abstimmungsverfahrens nimmt das Gericht die Festsetzung vor, falls sich die Beteiligten nicht einigen, § 45 Abs. 4. Sollte einem Betroffenen kein Stimmrecht zugestanden werden, wirkt der Plan gleichwohl gegen ihn, § 67 Abs. 1. Deshalb ist er auch beschwerdebefugt, muss aber die zulässigkeitsbegründenden Voraussetzungen ebenso erfüllen, wie ein mit Stimmrecht ausgestatteter Beschwerdeführer, sodass er im Abstimmungstermin den **Widerspruch erklären** muss. Allein die Vorenthaltung des Stimmrechts rechtfertigt keine Passivität (aA BeckOK StaRUG/*Skauradszun* StaRUG § 66 Rn. 17; Morgen StaRUG/*Blankenburg* StaRUG § 66 Rn. 23).

**12** Neben der Planablehnung und dem Widerspruch ist ein **Minderheitenschutzantrag** gemäß § 64 **nicht erforderlich** (BGH NZI 2014, 751). Zusätzlich bedarf die Beschwerde aber noch der **Glaubhaftmachung einer wesentlichen Schlechterstellung** durch den Plan. Ob der Beschwerdeführer tatsächlich wesentlich schlechter gestellt wird, wird erst bei der Beschwerdebegründung geprüft. Im Rahmen der Zulässigkeit reicht die Glaubhaftmachung. Eine Tatsache ist gem. § 294 ZPO glaubhaft gemacht, wenn sie nach Ansicht des Gerichts mit überwiegender Wahrscheinlichkeit wahr ist. Das verlangt einen geringeren Grad an richterlicher Überzeugung als der Vollbeweis gem. § 286 ZPO, bei dem Zweifeln vernünftigerweise Schweigen geboten sein muss. Einen absoluten Maßstab für die unterschiedlichen Wahrheitsgrade gibt es nicht. Vielmehr hängt es von der Bedeutung der glaubhaft zu machenden Tatsache für den Verfahrensverlauf ab (Zöller/*Greger* ZPO § 294 Rn. 6). Da die wesentliche Schlechterstellung ein zweites Mal bei der Begründetheit zu prüfen ist, muss die Glaubhaftmachung nur eine Wahrscheinlichkeit erreichen, die es aus rechtsstaatlichen Gründen sinnvoll macht, sich mit dem Rechtsmittel auseinanderzusetzen. Inhaltlich muss sie aus sich heraus die Zulässigkeit erkennen lassen. Eine Bezugnahme auf einen Minderheitsschutzantrag genügt nicht (BGH NZI 2014, 751 Rn. 25).

Die Glaubhaftmachung ist gem. § 294 Abs. 2 ZPO auf **präsente Beweismittel** oder auf die **Versicherung an Eides** statt beschränken. Als präsentes Beweismittel kommt vor allem die Aussage eines mitgebrachten Sachverständigen in Betracht, wobei die Grundlagen seiner Feststellungen erst bei der Begründetheit der Beschwerde überprüft werden. Der Schuldner hat die Möglichkeit der Gegenglaubhaftmachung (Zöller/*Greger* ZPO § 294 Rn. 2). Da die wesentliche Schlechterstellung bei der Begründetheit geprüft wird und es zunächst nur um die Frage geht, ob das Beschwerdeverfahren durchgeführt wird, wird die Gegenglaubhaftmachung nur von Bedeutung sein, wenn sie die der Schlechterstellung zugrundeliegenden Tatsachen betrifft, nicht aber die daraus abgeleiteten Konsequenzen und insbesondere Bewertungen. 13

Die **Glaubhaftmachung** müsste eigentlich **innerhalb der Beschwerdefrist** erfolgen (LG Osnabrück ZInsO 2017, 1791; Uhlenbruck/*Lüer*/*Streit* InsO § 253 Rn. 8). Zwar kann dem Beschwerdeführer gem. § 571 Abs. 2 ZPO zum Vorbringen weiterer Angriffs- und Verteidigungsmittel eine Frist gesetzt werden, die jedoch nur die Begründung einer zulässigen Beschwerde, nicht die Erfüllung der Zulässigkeitsvoraussetzungen betrifft. Der BGH (BGH NZI 2014, 751 Rn. 16) sieht die Glaubhaftmachung hingegen (ohne Erläuterung) als Bestandteil der Beschwerdebegründung an. 14

Die Glaubhaftmachung muss sich in einem ersten Schritt darauf erstrecken, dass überhaupt eine **Schlechterstellung** durch den Plan vorliegt. Für die Ermittlung der Schlechterstellung gelten dieselben Grundsätze wie bei, § 26. Sie liegt vor, wenn der Betroffene ohne Plan besser stünde als mit dem Plan. Einer Besserstellung durch den Plan bedarf es nicht (*Distler* ZIP 2021, 1033 (1040)). Die erste **Grundlage** für die Beurteilung wird regelmäßig die **Vergleichsrechnung** bilden, die der Schuldner im darstellenden Teil vorzunehmen hat, § 6 Abs. 2. Maßgebend ist das nächstbeste Alternativszenario (AG Hamburg NZI 2021, 544; *Skauradszun* KTS 2021, 1 (64); BeckOK StaRUG/*Skauradszun* StaRUG § 66 Rn. 24). *Jungmann*/*Zündorf* (ZRI 2022, 89) haben zutreffend darauf hingewiesen, dass Planungen stets mehrwertig sein sollten, weil niemals nur eine Alternative mit einer bestimmten Eintrittswahrscheinlichkeit für einen bestimmten Barwert künftiger Zahlungen existiert, sondern stets mehrere Varianten mit unterschiedlichen Eintrittswahrscheinlichkeiten von höheren oder auch niedrigeren Barwerten künftiger Zahlungen. Wenn die Barwerte mehrerer Szenarien mit der Eintrittswahrscheinlichkeit gewichtet werden und sich daraus ergäbe, dass ein in der 15

Summe höherer Barwert als im Planszenario mit einer in der Kombination mehrerer Szenarien höheren Eintrittswahrscheinlichkeit erzielt werde, sei das Planszenario die schlechtere Variante. Eine solche Vergleichsrechnung ist jedoch nicht nur schwer handhabbar, sondern schon aus Rechtsgründen unerheblich; denn es kann stets nur ein Szenario umgesetzt werden, nicht gleichzeitig verschiedene Szenarien, die nur in der Kombination ein besseres Ergebnis mit höherer Eintrittswahrscheinlichkeit zeigen. Trotz der jeder Planung innewohnenden Prognoseunsicherheit kann es deshalb nur darauf ankommen, ob ein konkretes Alternativszenario gegenüber dem Szenario vorzuziehen ist, auf dem das Planangebot des Schuldners basiert.

16 Ein **Vergleich mit einem Alternativplan** wird für das Insolvenzplanverfahren teilweise für unzulässig gehalten, (Kayser/Thole/*Haas* InsO § 245 Rn. 8, MüKoInsO/*Sinz* InsO § 253 Rn. 32). Das kann aber nur damit gerechtfertigt werden, dass ohne einen Insolvenzplan das Regelinsolvenzverfahren weiterläuft, das Vergleichsszenario also vorbestimmt ist. Deshalb kann aus der Identität des Wortlauts von und § 66 Abs. 2 Nr. 3 mit § 253 Abs. 2 Nr. 3 InsO *(„als er ohne den Plan stünde“)* nicht geschlossen werden, dass es auf einen Alternativplan nicht ankommt (*Distler* ZIP 2021, 1033, (1036 f.)); aA AG Dresden NZI 2021, 893 Rn. 14 zur Zustimmungsersetzung). Das Problem liegt nicht in der Berücksichtigungsfähigkeit eines etwaigen Alternativplans, sondern in der Glaubhaftmachung, dass ein anderes Planszenario überwiegend wahrscheinlich realisiert werden kann. (*Thole* NZI 2021, 436, *Distler* ZIP 2021, 1033 (1037)). Das Szenario ohne Plan muss nicht das Szenario der Insolvenz sein (AG Hamburg NZI 2021, 544; AG Dresden ZInsO 2021, 1398; *Frind* ZInsO 2021, 1093 (1097)); denn idealtypisch findet das Restrukturierungsverfahren noch im Stadium der nur drohenden Zahlungsunfähigkeit statt. Das kann zwar schnell zur eingetretenen Zahlungsunfähigkeit oder Überschuldung führen, die dann gem. § 32 Abs. 3 anzuzeigen sind, jedoch immerhin gem. § 33 Abs. 2 nicht zwingend zur Aufhebung der Restrukturierungssache führen, solange die Fortsetzung des Verfahrens noch dem Gläubigerinteresse dienen kann. Ob es zur Insolvenz bei einem Scheitern des Plans kommt, hängt von der Geschwindigkeit der Realisierung einer Alternative und von der Fälligkeit der Gläubigerforderungen ab (*Distler* ZIP 2021, 1033 (1037 f.)). Die Schwierigkeit des Vergleichs mit einem Alternativplan besteht in der **Bereitschaft des Schuldners,** Alternativen zu verwirklichen. Im Gegensatz zum Insolvenzverfahren hat allein er das Planinitiativsrecht, § 17 vs. § 218 InsO. Wenn ein Schuldner oder seine Gesellschafter, die erst im Insolvenzverfahren in ihren Weisungsrechten beschränkt sind (vgl. § 276a InsO), keinen Alternativplan wollen, kann seine Realisierung nicht glaubhaft gemacht werden. Das geht nur in einem Insolvenzverfahren, weil es dann einer Mitwirkung von Schuldner und Gesellschafter zu einem Share-Deal nicht bedarf, § 225a InsO. Ohnehin wird es in der Praxis häufig so sein, dass nach einem gescheiterten Restrukturierungsplan kaum noch von einem Fortbestand des Schuldners – der von der Fortführung des von ihr betriebenen Unternehmens zu unterscheiden ist – ausgegangen werden kann, sodass ein Insolvenzantrag gestellt werden muss. Es ist keineswegs ausgeschlossen, dass ein Beschwerdeführer im **Insolvenzverfahren besser** steht als durch den Plan;

denn dann gilt auch für diejenigen Gläubiger der Grundsatz der Gleichbehandlung, in deren Rechte bei einem Restrukturierungsverfahren nicht eingegriffen werden soll oder gem. §§ 3f. eingegriffen werden darf. So können beispielsweise wertvolle Vertragspositionen von Gläubigern aus Dauerschuldverhältnissen nur im Insolvenzverfahren verloren gehen. Was der eine Gläubiger dann verliert, kommt dem anderen zugute (*Distler* ZIP 2021, 1033 (1039)). Nur für Gläubiger mit nachrangigen Forderungen und insbesondere für die Anteilseigner wird das Insolvenzszenario kaum ein besseres Ergebnis bringen. Selbst wenn der Schuldner nicht obstruiert und schon aus taktischen Gründen eine Bereitschaft für einen Alternativplan zeigt, ist das Problem eines jeden Alternativszenarios, dass es die **Prognose des Verhaltens Dritter** erfordert. Sie beruht auf einem rationalen Verhalten der Stakeholder. Die Erfahrung zeigt aber, dass jede Krise für alle Beteiligten, auch diejenigen, die in einem Restrukturierungsplan nicht einbezogen werden, eine Unsicherheit bedeutet und in der Situation der Unsicherheit irrational entschieden wird. Für den Nachweis der Schlechterstellung wird ein alternatives Sanierungsszenario deshalb häufig nur geeignet sein, wenn es von wenigen Prämissen abhängt, wie insbesondere einem anderen und nachweisbar zu realisierenden Investitions- und Finanzierungsszenario.

In einem zweiten Schritt muss sich die Glaubhaftmachung darauf erstrecken, dass die **Schlechterstellung** zusätzlich auch noch **wesentlich** ist. In den Motiven zu dem gleichlautenden § 250 Abs. 2 Nr. 3 InsO heißt es, dass die Wesentlichkeitsgrenze bei mindestens 10 % liegt (Begr. RegE, BT-Drs. 17/5712, 35). Die Motive zum StaRUG schweigen in diesem Punkt. Die 10 % treten insolvenzrechtlich auch als Kriterium für die Zahlungsunfähigkeit auf (BGH NZI 2005, 547). Zu objektivieren ist diese Grenze nicht. Angesichts der erheblichen Prognoseunsicherheit wäre ein starrer Prozentsatz auch eine Scheingenauigkeit. Maßgebend ist eine wertende Betrachtungsweise von Wesentlichkeit und Eintrittswahrscheinlichkeit. Den Bedarf in der Praxis nach einer Faustregel kann aber mit den 10 % als grober Richtwert Genüge getan werden. Das betrifft jedoch nur die vermögensmäßige Schlechterstellung. In Betracht kommt auch eine allein liquiditätsmäßige Benachteiligung. Insofern bezeichnet § 28 Abs. 2 Nr. 2 ein Hinausschieben der Fälligkeit einer Forderung um bis zu 18 Monate als einen nur geringen Eingriff in Gläubigerrechte. Das wird zwar ein Gläubiger, der dringend auf die Liquidität angewiesen ist und dem anderenfalls die eigene Insolvenz droht, anders beurteilen. Diese Vorschrift bestätigt aber, dass es für die Wesentlichkeit nicht auf die subjektiven Bewertungsparameter des jeweiligen Gläubigers, sondern auf eine Durchschnittsbetrachtung ankommt. Deshalb wird man die in § 28 Abs. 2 Nr. 2 genannte Dauer der Fälligkeitsverschiebung als nicht wesentlich ansehen können, auch wenn es einen individuellen Gläubiger besonders trifft. **17**

Neben der vermögensmäßigen und der liquiditätsmäßigen Schlechterstellung gibt es nur für die **Anteilseigner** noch einen dritten Aspekt, weil sie durch eine Änderung beispielsweise der Gesellschaftsstruktur **Mitverwaltungsrechte** verlieren können, denen bei der Bewertung von Gesellschaftsanteilen durchaus eine wertbildende Bedeutung zukommt. Wie im Insolvenzplanverfahren hat auch das StaRUG den Gesellschafter nur als Inhaber **18** eines anteiligen Vermögenswertes im Blick. Eine etwaige Abfindung richtet sich allein nach dem Vermögen des Schuldners (§ 7 Abs. 4 iVm § 225a Abs. 5 InsO), das Stimmrecht nach dem Anteil am gezeichneten Kapital (§ 24 Abs. 1 Nr. 3). Im Insolvenzverfahren ist das auch gerechtfertigt, weil die Gesellschafter letztrangige Gläubiger sind, an die Zahlungen gem. § 199 InsO nach Maßgabe der Vermögensbeteiligung und nicht nach Maßgabe der Einflussrechte zu verteilen sind, wenn ein Überschuss verbleibt. Im Restrukturierungsverfahren ist die Insolvenz jedoch nicht immer das nächstbeste Alternativszenario. Zwar ist auch hier die Schlechterstellung wirtschaftlich zu verstehen. Mitverwaltungsrechte können aber bepreist werden („Paketzuschlag"). Den §§ 7 Abs. 4 und 24 Abs. 1 ist keine normative Einschränkung der Schlechterstellungsdefinition zu entnehmen. Es kommt vor, dass ein Restrukturierungsverfahren vorrangig auf die Änderung der Gesellschaftsverhältnisse abzielt. Im Fall des AG Hamburg (AG Hamburg NZI 2021, 544 mit Erläuterung *Grau/Pohlmann/Radunz* NZI 2021, 522) wurde einem Plan, der eine Änderung der Beteiligungsverhältnisse vorsah, mit den Stimmen einer Tochtergesellschaft der Schuldnerin, die Forderungen gegen ihre Muttergesellschaft hatte, zum Erfolg verholfen. Je nach der Gesellschafterorientierung des Managements kann auf diese Weise sogar ein Mehrheitsgesellschafter ausgeschlossen oder „heruntergewässert" werden. Die mit dem Verlust der Mitverwaltungsrechte verbundene Einbuße des Beteiligungswertes kann durchaus bei der Schlechterstellung berücksichtigt werden (BeckOK StaRUG/*Skauradszun* StaRUG § 66 Rn. 37). Allerdings ist die Glaubhaftmachung der Wesentlichkeit dieser Schlechterstellung bei einer kriselnden Gesellschaft schwierig.

**19** Schließlich ist Voraussetzung für die Zulässigkeit der Beschwerde, dass **kein Ausgleich der wesentlichen Schlechterstellung** durch die nach § 64 Abs. 3 bereitgestellten Mittel stattfindet. Erforderlich ist, dass *„dieser Nachteil"* kompensiert wird. Das betrifft den wesentlichen Nachteil, der Gegenstand der Glaubhaftmachung ist. Es genügt also, wenn die Mittel die Wesentlichkeit des Nachteils beseitigen. Verbleibt ein unwesentlicher Nachteil, fehlt die Beschwerdebefugnis.

**20** Die Schwierigkeit bei dieser Prüfung besteht darin, dass das Ausgleichsvolumen häufig begrenzt, die Anzahl der Betroffenen aber, die ihren Teil an den Mitteln beanspruchen, ungewiss ist. Die Unzulänglichkeit des Fonds und damit auch der Höhe der zugriffsberechtigten Betroffenen glaubhaft zu machen, ist nach dem Wortlaut von Abs. 2 Nr. 3 jedoch Aufgabe des Rechtsmittelführers (LG Dresden ZIP 2021, 2596 (2597); *Marotzke* ZInsO 2021, 2540 (2547)). Er muss darlegen, dass es **mit überwiegender Wahrscheinlichkeit** so viel Betroffene gibt, die berechtigte Ansprüche auf die Mittel erheben, dass sie seine wesentliche Schlechterstellung nicht kompensieren. Gelingt ihm dies nicht, ist davon auszugehen, dass der Nachteil ausgeglichen werden *„kann"*, was einer Zulässigkeit der Beschwerde entgegensteht (LG Dresden ZIP 2021, 2596). Diese Verteilung der Glaubhaftmachungslast erschwert einen Rechtschutz erheblich (*Marotzke* ZInsO 2021, 2548 Fn. 76). Sie wird weder von der Richtlinie beim Minderheitenschutz (BeckOK StaRUG/*Skauradszun* StaRUG § 64 Rn. 86) noch bei der Beschwerde verlangt.

## IV. Schutz durch Hinweise (Absatz 3)

21 Die Zulässigkeitsvoraussetzungen des Absatzes 2 erschweren den Rechtsschutz im Vergleich zu den nach der ZPO erforderlichen Zulässigkeitsvoraussetzungen für eine sofortige Beschwerde. Mit den in Anlehnung an die vergleichbare Regelung im Insolvenzplanrecht nach Abs. 3 erforderlichen Hinweisen soll verhindert werden, dass Planbetroffene durch die eingeschränkten Rechtsschutzmöglichkeiten überrascht werden (Begr. RegE, BT-Drs. 19/24181, 164). Sie müssen auf die **Notwendigkeit der ausdrücklichen Ablehnung** des Plans **und des Widerspruchs** hingewiesen werden. Wird über den Plan in einem außergerichtlichen (§ 20) oder gerichtlichen (§ 45) Termin abgestimmt, müssen die Hinweise in der Ladung enthalten sein. Frühere Informationen genügen nicht. Hat der Schuldner eine Abstimmung im schriftlichen Verfahren gewählt (§§ 17 ff.), muss bereits im Planangebot über die Notwendigkeit von Widerspruch und Planablehnung belehrt werden. (Satz 2). Die Hinweise müssen sich sowohl auf die Formalitäten der Erklärung als auch auf deren Rechtsfolgen erstrecken. Unzureichend ist eine pauschale Bezugnahme auf die gesetzliche Vorschrift ohne inhaltliche Wiedergabe.

## V. Aufschiebende Wirkung (Absatz 4)

22 Die Wirkungen des Restrukturierungsplans treten bereits mit seiner Bestätigung ein, § 67 Abs. 1. Einer Rechtskraft bedarf es nicht. Die **Beschwerde** hat gem. § 570 Abs. 1 ZPO iVm § 38 **keine aufschiebende Wirkung.** Um dies zu erreichen, ist eine gesonderte Anordnung erforderlich, die nach dem Wortlaut *„das Gericht“* auszusprechen hat. Weder aus den Motiven noch aus der Richtlinie geht eindeutig hervor, ob es sich um das Beschwerdegericht oder um das **Restrukturierungsgericht** handelt. Allerdings ist das Beschwerdegericht in Abs. 5 ausdrücklich bezeichnet als zuständig für das dortige „Freigabeverfahren“. Im Umkehrschluss soll daraus folgen, dass mit dem *„Gericht“* in Abs. 4 nur das Restrukturierungsgericht gemeint sein kann (Flöther/*Laroche* StaRUG § 66 Rn. 8; BeckOK StaRUG/*Skauradszun* StaRUG § 66 Rn. 61), zumal das Rechtsmittel auch dort eingelegt werden muss, § 40 Abs. 1 S. 2. Andererseits ist in § 40 Abs. 1 nicht nur vom Gericht, sondern ausdrücklich vom Restrukturierungsgericht die Rede. Eine Argumentation e contrario überzeugt deshalb nicht. Die ZPO räumt in dem über § 38 anwendbaren § 570 Abs. 2 ZPO jedoch dem Gericht der angegriffenen Entscheidung die Aussetzungsbefugnis ein. Außerdem sieht sie in § 572 Abs. 1 vor, dass es der Beschwerde abhelfen kann. Das Abhilfeverfahren findet nur dann nicht statt, wenn der Schuldner einen Antrag nach Abs. 5 auf Zurückweisung wegen besonderer Eilbedürftigkeit stellt. Ansonsten ist das Restrukturierungsgericht als erstes mit der Beschwerde befasst. Da es sogar den Bestätigungsbeschluss aufheben kann, ist es als ein Minus auch berechtigt, die aufschiebende Wirkung unter den besonderen Voraussetzungen des Abs. 4 anzuordnen. Allerdings kann das Restrukturie-

rungsgericht nur durch informelle Rückfrage beim Beschwerdegericht die mutmaßliche Verfahrensdauer beurteilen. Deshalb ist es zur Herstellung der aufschiebenden Wirkung auch nicht ausschließlich zuständig. Das Beschwerdegericht kann gem. § 570 Abs. 3 ZPO eine einstweilige Anordnung erlassen.

23 Bei der **Nachteilsabwägung** sind die Vorteile des sofortigen Planvollzugs für sämtliche Planbetroffene einschließlich den Schuldnern zu vergleichen mit den Nachteilen, die nur für den Beschwerdeführer eintreten. Hierfür kommt es *„insbesondere"* auf die nicht mehr rückgängig zu machenden Nachteile an, falls die Beschwerde Erfolg hat. In der Betrachtung können nur die Wirkungen einbezogen werden, die bis zur Beschwerdeentscheidung eintreten. Wird die Rechtsbeschwerde zugelassen, kann eine einstweilige Anordnung gem. § 570 Abs. 3 ZPO dann noch vom Beschwerdegericht in der Beschwerdeentscheidung erlassen werden.

24 Eine Anordnung der aufschiebenden Wirkung des Planvollzugs geht für die Rechtsänderungen ins Leere, die bereits mit der Bestätigung des Plans gem. § 67 Abs. 1 eintreten. Dann kann es nur noch um ein Hinausschieben der zusätzlich erforderlichen Vollzugskate gehen wie bspw. die Beantragung einer Grundschuldlöschung beim Grundbuchamt oder die Anmeldung einer gesellschaftsrechtlichen Änderung zum Handelsregister. Eine Rückabwicklung bereits eingetretener Wirkungen sieht das Gesetz bis zur Entscheidung über die Beschwerde nicht vor. Die aufschiebende Wirkung bedeutet auch nicht, dass die mit der Verkündung der Planbestätigung bereits eingetretenen Wirkungen ex tunc entfallen. Einen sinnvollen Anwendungsbereich hat Abs. 4 deshalb nur, wenn das Restrukturierungsgericht schon **im Bestätigungsbeschluss** die **aufschiebende Wirkung anordnen** dürfte. Zwar ist eine Beschwerde, die Voraussetzung für einen dahingehenden Antrag des Beschwerdeführers ist, erst nach Verkündung der angegriffenen Entscheidung möglich, weil es bis dahin an einer formellen Beschwer fehlt. In der Begr. RegE (BT-Drs. 19/24181, 164) heißt es jedoch, dass mit Abs. 4 der Art. 16 der Richtlinie umgesetzt werden soll, in der den Mitgliedsstaaten die Möglichkeit eingeräumt wird, die Durchführung des Plans ganz oder teilweise auszusetzen. Das sei, so die Begr. RegE, mit Abs. 4 wie im Insolvenzplanverfahren geschehen. Im Insolvenzplanverfahren treten die Wirkungen aber nicht bereits mit der Planbestätigung ein. Da es dem Gesetzgeber ausweislich der Begründung darum ging, genau dieses Hinausschieben der Wirkungen zu ermöglichen, muss Abs. 4 in § 65 „hineingelesen" werden. Das Restrukturierungsgericht darf die aufschiebende Wirkung zusammen mit dem Bestätigungsbeschluss anordnen, falls der Antragssteller dies schon vorher beantragt hat und die Zulässigkeitsvoraussetzungen des Abs. 2 erfüllt. Die „juristische Sekunde" zwischen Bestätigungsbeschluss und Beschwerdebefugnis entfällt. Hat das Restrukturierungsgericht die aufschiebende Wirkung angeordnet, kann das Beschwerdegericht gem. § 40 Abs. 3 die sofortige Wirkung einer Zurückweisung der Beschwerde anordnen, selbst wenn es eine Rechtsbeschwerde zulässt.

25 Die **Nachteile** müssen selbst dann, wenn sie nicht mehr rückgängig zu machen sein sollten, ***„schwerwiegend"*** sein. Das ist relativ und soll nach dem letzten Halbsatz des Abs. 4 mit den Vorteilen des Planvollzugs für sämtliche

Betroffene verglichen werden. Tendenziell wird die Summe der Nachteile aller anderen Planbetroffenen größer sein als der Nachteil des einzelnen Beschwerdeführers. Die Nachteilsabwägung ist gem. § 39 von Amts wegen vorzunehmen (vgl. Zöller/*Heßler* ZPO § 570 Rn. 4), wobei sowohl den Beschwerdeführer als auch den Schuldner Darlegungslasten treffen. Ein non liquet geht zulasten des Beschwerdeführers, weil der Nachteilsüberhang Voraussetzung der aufschiebenden Wirkung ist. Sieht der Plan gem. § 64 Abs. 3 Mittel zum Ausgleich von Nachteilen vor, ist das bei der Abwägung zu berücksichtigen. Durch die Mittel müssen wie bei Abs. 2 Nr. 3 die Nachteile nicht komplett kompensiert werden. Es genügt, dass das Überwiegen dieser Nachteile gegenüber den Vorteilen des Planvollzugs beseitigt wird.

Dem Gesetz ist nicht zu entnehmen, dass Absatz 4 eine abschließende Regelung darstellt. Daneben bleibt die in § 570 Abs. 3 ZPO vorgesehene Möglichkeit bestehen, dass das Beschwerdegericht eine **einstweilige Anordnung** erlässt. Dabei kann es sich auch um die Aussetzung gerade der den Beschwerdeführer benachteiligenden Plangestaltung handeln. 26

## VI. „Freigabeverfahren" (Absatz 5)

Das Beschwerdegericht kann laut Abs. 5 die **Beschwerde unverzüglich zurückweisen.** Als Vorbild diente die Regelung in § 253 Abs. 4 InsO zum Insolvenzplanverfahren (Begr. RegE BT-Drs. 19/24181, 164). Dort wird die Zurückweisung in Anlehnung an § 246a AktG schlagwortartig als „Freigabeverfahren" bezeichnet; denn im Insolvenzplanrecht hat die Beschwerde de facto aufschiebende Wirkung, weil der Plan erst mit Rechtskraft des Bestätigungsbeschlusses wirksam wird, § 254 Abs. 1 InsO. Im Restrukturierungsverfahren hat die Beschwerde hingegen keinen Suspensiveffekt, § 67 Abs. 1 iVm § 570 Abs. 1 ZPO. Die Formulierung in Abs. 5, dass die alsbaldige Rechtskraft der Bestätigung die Nachteile eines verzögerten Planvollzugs überwiegen müssen, beruht auf einer unglücklichen Übernahme der Formulierung des § 253 Abs. 4 InsO, wenn allein auf diejenigen Wirkungen abgestellt wird, die nur das Gesetz an die Rechtskraft des Bestätigungsbeschlusses in §§ 31 Abs. 4 Nr. 2, 53 Abs. 3, 67 Abs. 6, 71 Abs. 1, 72 Abs. 94 Abs. 1 knüpft. Ihr verzögerter Eintritt hat nur geringe Nachteile für den Schuldner. Im Vordergrund stehen deshalb die im Plan gewillkürt von der Rechtskraft abhängig gemachten Wirkungen. Zwar können die Gestaltungen und Willenserklärungen Dritter insbesondere im gesellschaftsrechtlichen Bereich bedingungsfeindlich sein. Der Plan selbst kann jedoch ganz oder teilweise unter die aufschiebende Bedingung der Rechtskraft des Bestätigungsbeschlusses gestellt werden. Das ist keine Bedingung iSd § 62, sondern eine innerverfahrensrechtliche Bedingung, die nach der ZPO zulässig (MüKoZPO/*Rauscher* ZPO Einl. Rn. 454; MüKoZPO/*Becker-Eberhard* ZPO § 253 Rn. 17) und sinnvoll ist; denn die Rückabwicklung bereits vollzogener Rechtsänderungen ist schwierig und überdies mit Anfechtungsrisiken verbunden, wenn es bei einem Scheitern des Plans zur Insolvenz kommen sollte. §§ 89 f. schützen nicht vor einer Insolvenzanfechtung der 27

Rechtshandlungen bei einer Rückabwicklung. Wird im Plan demnach vorgesehen, dass die Wirkung erst mit der Rechtskraft eintreten, entspricht das dem Szenario, das sich auch im Insolvenzplan ergibt und die Formulierung in Abs. 5 beeinflusst hat.

**28** Ein Interesse an der alsbaldigen Rechtskraft des Bestätigungsbeschlusses kann auch dann bestehen, wenn die Planwirkungen nicht weitergehend als gesetzlich geregelt hinausgeschoben werden. Solange befürchtet werden muss, dass die geplante Sanierung scheitert, sind die Geschäftspartner mit neuen Aufträgen oder Leistungen zurückhaltend. Das gilt noch mehr als in einem Insolvenzverfahren, weil bis zu dessen Aufhebung weiterhin bevorrechtigte Neuforderungen als Masseschulden mit einer flankierenden persönlichen Haftung des Verwalters begründet werden können. Im Restrukturierungsverfahren gibt es diese flankierende Sicherheit hingegen nicht. Die Stabilisierungsanordnungen gem. §§ 49 ff. verschaffen Neugläubigern keine vorrangige Befriedigungsmöglichkeit. Diese mittelbaren Nachteile einer Rechtskraftverzögerung sind jedoch keine Nachteile eines verzögerten Planvollzugs, weil der Vollzug mit der Verkündung des Bestätigungsbeschlusses weitgehend eintreten kann, § 67 Abs. 1. Es kann jedoch nicht angenommen werden, dass der Gesetzgeber mit Abs. 5 nur die Herbeiführung derjenigen Konsequenzen beschleunigen wollte, die das Gesetzt an die Rechtskraft des Bestätigungsbeschlusses knüpft. Deshalb sind die *„Nachteile eines verzögerten Planvollzugs"* als **Nachteile des verzögerten Eintritts der Rechtskraft** zu verstehen (*Jungmann* NZI 2022, 353 (355)).

**29** Einer Zurückverweisungsentscheidung nach Abs. 5 bedarf es erst, wenn die **Beschwerde** gem. Abs. 2 **zulässig** ist (BeckOK StaRUG/*Skauradszun* StaRUG § 66 Rn. 66; aA LG München NZI 2019, 78 f.; *Jungmann* NZI 2022, 353 (359 f.); zur umstrittenen Prüfungsreihenfolge bei einer unbegründeten Beschwerde: MüKoZPO/*Hamdorf* ZPO § 572 Rn. 23). Sind die Nachteile für den Beschwerdeführer noch nicht einmal gem. Abs. 2 glaubhaft gemacht worden, oder fehlt es gar an den einfachen Voraussetzungen des Widerspruchs und der ablehnenden Stimmabgabe, bedarf es nicht der inhaltlichen Befassung mit dem Plan. Außerdem ist die Zurückweisung nach Satz 1 Voraussetzung für einen anschließend vom Beschwerdeführer verfolgbaren Schadensersatzanspruch. Einem Betroffenen, der den wesentlichen Nachteil bereits nicht glaubhaft gemacht hat, steht dieses Recht nicht zu.

**30** Die überwiegenden Vorteile einer alsbaldigen Rechtskraft hat der Schuldner analog § 571 Abs. 1 ZPO vorzutragen. Auch hier ist der Beurteilungszeitraum auf die **mutmaßliche Dauer des Beschwerdeverfahrens** ohne sofortige Zurückweisung begrenzt. Die Zurückweisung muss nicht sofort nach der Beantragung erfolgen, sondern kann es auch erst, wenn sich im Laufe des Beschwerdeverfahrens herausstellt, dass die Beschwerdeentscheidung nicht alsbald ergehen kann. Zwar bestimmt Absatz 5, dass die Zurückweisung auf Antrag des Schuldners unverzüglich vorzunehmen ist. Der Schuldner kann mit seinem Antrag aber nur durchdringen, wenn sich das Abwägungsergebnis auch unverzüglich feststellen lässt. Das rechtliche Gehör des Beschwerdeführers darf nur in eng begrenzten Ausnahmefällen beschnitten werden (BVerfG NZI 2020, 1112 Rn. 52, 56 zum Insolvenzplanverfahren). Alternativ kann auch so vorgegangen werden, dass bei Zweifeln am

Abwägungsergebnis der **Schuldnerantrag** unverzüglich zurückgewiesen wird, er aber berechtigt ist, ihn **erneut** zu **stellen,** wenn sich wegen einer länger als erwarteten Verfahrensdauer das Abwägungsergebnis verändert hat. Gegenüber neuen tatsächlichen Verhältnissen entfaltet die Zurückweisung des ursprünglichen Vollzugsantrags des Schuldners keine Bindungswirkung (vgl. Zöller/*Heßler* ZPO § 572 Rn. 38).

Dem Wortlaut nach ist nicht erforderlich, dass die Nachteile einer verzögerten Rechtskraft schwerwiegend sind, wie es für die Anordnung der aufschiebenden Wirkung nach Abs. 4 notwendig ist. Es reicht aus, dass die **Vorteile** die **Nachteile** des Beschwerdeführers **überwiegen.** Es geht nur um die Nachteile, die mit der Rechtskraftverzögerung verbunden sind, nicht um diejenigen, die dem Schuldner bei einer Aufhebung des Bestätigungsbeschlusses entstehen (BVerfG NZI 2020, 1112 Rn. 56). Auf Seiten des Beschwerdeführers muss berücksichtig werden, dass nicht nur die gem. § 64 Abs. 3 bereitgestellten Mittel die Nachteile reduzieren können, sondern er darüber hinaus laut Satz 3 einen Schadenersatzanspruch gegen den Schuldner wegen des vorgezogenen Planvollzuges hat. Demgegenüber hat umgekehrt der Schuldner einen solchen Anspruch auf Ausgleich der durch die Rechtskraftverzögerung eintretenden Nachteile nicht. Andererseits sorgt auch das Damoklesschwert einer auf Abs. 5 S. 3 gestützten Schadenersatzklage für Unsicherheit, wenn es sich bei dem Beschwerdeführer um einen besonders wichtigen Gläubiger handelt, sodass der Hinweis auf die Möglichkeit eines späteren Nachteilsausgleichs nicht immer mit einem Beschleunigungsvorteil korreliert. 31

Keine Rolle kann es hingegen spielen, dass der Plan mit den in § 25 genannten Mehrheiten angenommen wurde (aA BeckOK StaRUG/*Skauradszun* StaRUG § 66 Rn. 68); denn ob die Mehrheit schutzwürdiger ist als der Beschwerdeführer, ist gerade Prüfungsgegenstand des Beschwerdeverfahrens. 32

Selbst bei überwiegenden Nachteilen der Rechtskraftverzögerung darf die Beschwerde nicht unverzüglich zurückgewiesen werden, wenn ein **besonders schwerer Rechtsverstoß** vorliegt. Auch diese Einschränkung wurde aus dem Insolvenzplanrecht übernommen (Begr. RegE BT-Drs. 19/24181, 164), sodass hier die gleichen Kriterien anzuwenden sind wie dort. Das BVerfG hatte in 2020 über die Verfassungsmäßigkeit der Freigabevorschrift des § 253 Abs. 4 InsO im Hinblick auf die Gewährleistung effektiven Rechtsschutzes zu entscheiden. Es hielt die Vorschrift zwar nicht für verfassungswidrig, verlangte aber eine verfassungsgemäße Handhabung, die insbesondere nicht bei einer überschlägigen Prüfung gewährleistet ist (BVerfG NZI 2020, 1112 Rn. 59 f.). Im Rahmen dieses Verfahrens hat der BGH eine Stellungnahme ua zu der Frage abgegeben, wann ein besonders schwerer Rechtsverstoß vorliege. Er unterscheidet zwischen **drei Fallgruppen.** Die erste ist der Eingriff in eine nicht plandispositive Rechtspositionen, die zweite die Verletzung wesentlicher Verfahrensvorschriften und die dritte der Verstoß gegen sonstige Rechtsvorschriften (BVerfG NZI 2020, 1112 (1114)). Der Eingriff in eine nicht plandispositive Rechtsposition des Beschwerdeführers sei eo ipso ein besonders schwerer Rechtsverstoß gegen den zulässigen Inhalt eines Plans. Ein Verfahrensverstoß sei hingegen nur dann 33 schwerwiegend, wenn ein wesentliches Verfahrensgrundrecht des Beschwerdeführers verletzt werde. Bei der dritten Fallgruppe, die eine Verletzung aller übrigen Rechtsvorschriften umfasst, müsse der Rechtsverstoß offensichtlich sein. Bedürfe die Rechtsfrage erst einer Klärung durch den BGH, könne kein wesentlicher Verstoß angenommen werden (so schon BGH NZI 2014, 904 Rn. 18; BGH NJW 2006, 2924 Rn. 13), weil das Freigabeverfahren im Insolvenzplanrecht und dementsprechend die sofortige Rechtskraftanordnung im Restrukturierungsverfahren gerade dazu dienen würden, einen Plan nicht an einer zeitaufwendigen Klärung scheitern zu lassen.

**34** Danach liegt ein besonders schwerer Rechtsverstoß vor, wenn eine **Rechtsanwendung unvertretbar** ist (*Koch* AktG § 246a Rn. 16; OLG Hamburg ZIP 2021, 794 (795)). Die Unvertretbarkeit ist auch gemeint, wenn verlangt wird, dass der Verstoß offensichtlich sein müsse (LG Berlin NZI 2014, 2197 (2203 f.)). Zwar ist die Offensichtlichkeit als Tatbestandsvoraussetzung im Gesetz nicht erwähnt, worauf das BVerfG (NZI 2020, 1112 Rn. 59) hinweist. Was in der Rechtsanwendung jedoch unklar – also nicht offensichtlich – und deshalb auch vertretbar ist, ist kein besonders schwerer Rechtsverstoß. Ist umgekehrt eine Rechtsfrage höchstrichterlich schon entschieden, ist die Missachtung dieser Entscheidung ein offensichtlicher Verstoß (BGH NJW 2006, 2924), weil mit der Rechtsbeschwerde die Einheitlichkeit der Rechtsprechung verfolgt wird (574 Abs. 2 Nr. 2 ZPO). Etwas anderes gilt nur, wenn es seitdem gute Gründe für eine abweichende Ansicht gibt. Die Offensichtlichkeit bedeutet nicht, dass der Rechtsverstoß sofort erkennbar sein muss. Vielmehr kann sich die Unvertretbarkeit auch erst aus einer intensiven Prüfung des Streitstoffs ergeben, selbst wenn sie schwierig sein sollte (OLG Hamburg ZIP 2021, 794 (796)). Sie beschränkt sich nicht auf Rechtsfragen, sondern muss auch den Sachverhalt erfassen, auf den die rechtliche Beurteilung fußt (LG München NZI 2019, 78 (80)).

**35** Ein Rechtsverstoß kann sowohl aus der **Verletzung materiellen Rechts** durch die Plangestaltung resultieren (*Marotzke* ZInsO 2021, 2540 (2559)) als auch aus der **Verletzung von Verfahrensvorschriften.** Die Verfahrensvorschriften sind zwar schon gem. § 63 Abs. 1 Nr. 2 vom Restrukturierungsgericht vor der Planbestätigung zu prüfen. Das Ergebnis bindet aber das Beschwerdegericht nicht.

**36** Die sofortige Zurückweisung nach Abs. 5 kommt nicht in Betracht, wenn für die Zurückweisung bereits aus anderen Gründen **Entscheidungsreife** eingetreten ist. Dann besteht kein Bedarf, es sei denn, dass die Gründe für die Zulassung einer Rechtsbeschwerde vorliegen, deren Dauer sodann die in Abs. 5 genannten Verzögerungsnachteile mit sich bringen würde. Die Voraussetzungen des Abs. 5 dürfen nicht dadurch umgangen werden, dass die Rechtsbeschwerde nicht zugelassen wird; denn nur bei einer Zurückweisung nach Abs. 5 hat der Beschwerdeführer die Möglichkeit, Schadensersatzansprüche durchzusetzen. Dieses Recht darf ihm nicht entzogen werden, indem eine Beschwerde trotz durch den BGH überprüfungsbedürftiger Zweifel ohne Kompensationsmöglichkeit zurückgewiesen wird. Nach § 40 Abs. 3 S. 2 kann das Beschwerdegericht zwar die sofortige Wirksamkeit seiner Entscheidung anordnen. Das ist jedoch nicht identisch mit der Rechtskraft, sodass die Teile des Plans, die erst bei ihrem Eintritt vollzogen werden sollen, weiterhin in der Schwebe bleiben. Ist Entscheidungsreife zugunsten des Beschwerdeführers eingetreten, darf eine Zurückweisung nach Abs. 5 nicht mehr ausgesprochen werden; denn die Formulierung von Nachteilen eines verzögerten Vollzugs impliziert, dass der Vollzug zumindest möglich ist. Die Nachteile nicht bestätigungsfähiger Pläne soll Abs. 5 nicht beseitigen (BVerfG NZI 2020, 1112 Rn. 56).

Stellt der Schuldner den Zurückweisungsantrag nach Abs. 5, gibt es **kein Abhilfeverfahren,** wie es in § 572 Abs. 1 S. 1 ZPO für eine Beschwerde normalerweise vorgesehen ist; denn das Ziel des Abhilfeverfahrens ist gerade die Aufhebung des Bestätigungsbeschlusses, während es bei Abs. 5 um die Herbeiführung der Rechtskraft trotz etwaiger Aufhebungsgründe geht. 37

Wird die Beschwerde unverzüglich zurückgewiesen, kann der Beschwerdeführer einen **Schadensersatzanspruch** gegen den Schuldner verfolgen. Eine Naturalrestitution durch Rückgängigmachung des Plans kann nicht verlangt werden. Zur Ermittlung des Schadens müssen die Positionen des Beschwerdeführers mit und ohne „Freigabeentscheidung" verglichen werden. Enthält der Plan keinen Vorbehalt, dass die Wirkungen erst mit der Rechtskraft des Bestätigungsbeschlusses eintreten, werden die Rechtsänderungen sofort wirksam, sofern sie keines weiteren Vollzugsaktes bedürfen. Dann kommt es auf die Nachteile an, die nur durch eine Verzögerung der Rückabwicklung entstehen, falls der Bestätigungsbeschluss aufgehoben wird (*Jungmann* NZI 2022, 353 (359)). Soweit der Plan erst noch zu vollziehen ist, kommt es auf die damit verbundenen Nachteile an. In beiden Fällen ist zu berücksichtigen, dass ein Scheitern des Plans die Insolvenz zur Folge haben kann. Damit beschränkt sich der Schaden auf eine Differenz zwischen der Planleistung und der Insolvenzquote bzw. auf die Differenz zu einem Insolvenzplanergebnis. Diesen Schaden zur richterlichen Überzeugung gem. § 286 ZPO nachzuweisen, ist schwierig. Wirtschaftlich kommt dem Schadensersatzanspruch meist nur dann eine Bedeutung zu, wenn eine Aufhebung des Bestätigungsbeschlusses nicht zur Insolvenz, sondern zur vollständigen Befriedigung durch den nicht plansanierten Schuldner führen würde. Denkbar ist auch der Vergleich mit einem rechtmäßigen Alternativplan, wenn es bspw. um die Kompensation einer rechtlich fehlerhaften Ungleichbehandlung zwischen vergleichbaren Gläubigern gibt. 38

Für eine Klage ausschließlich **zuständig ist das Beschwerdegericht** als Prozessgericht. Der Gesetzgeber hat es versäumt, für die Schadensersatzklage und die Klage auf Zahlung aus den gem. § 64 Abs. 3 bereitgestellten Mitteln für eine einheitliche Gerichtszuständigkeit Sorge zu tragen. Ebenso wie im Insolvenzplanrecht kann es deshalb zu widerstreitenden Entscheidungen im selben Restrukturierungsverfahren kommen, wenn ein Planbetroffener einerseits auf Zahlung aus den zur Abwendung eines Minderheitenschutzantrags bereitgestellten Mitteln klagt, andererseits aber auch darüber hinausgehende Schadensersatzansprüche nach Abs. 5 geltend macht. Nur für den Letztgenannten gibt es die Zuständigkeitsbestimmung in Abs. 5. Der Beschwerdeführer ist jedoch nicht gehalten, diese Mittel vorrangig in Anspruch zu nehmen. Er muss sich einen etwaigen Anspruch auch nicht anrechnen lassen; der in Abs. 5 angesprochene Schaden ist gem. § 249 BGB durch einen Vergleich mit den Vermögensverhältnissen des Klägers bei einer 39 erfolgreichen Beschwerde zu ermitteln. Die Unterlassung einer Klage auf die Mittel aus dem Minderheitenschutz-Fonds ist kein Verstoß gegen die Schadensminderungspflicht des § 254 BGB. So muss bspw. der Schuldner der Fondsmittel nicht identisch sein mit dem Restrukturierungsschuldner.

**40** Der Schadensersatzanspruch beruht auf der Verletzung einer (Beschwerde-)verfahrensrechtlichen Position. Deshalb ist ebenso wie beispielsweise beim Schadensersatzanspruch aufgrund von § 945 ZPO (dazu BGH NZI 2014, 904 Rn. 20) **kein Verschulden des Schuldners** bei der benachteiligenden Plangestaltung erforderlich.

**41** Gegen die sofortige Zurückweisung der Beschwerde gibt es **kein Rechtsmittel,** weil das Ziel des Beschlusses die Herstellung der unverzüglichen Rechtskraft ist (BGH NZI 2014, 904).

## VII. Beschwerdebegründung, Beschwerdeentscheidung

**42** Für die Beschwerdegründe müssen sämtliche Gesichtspunkte geprüft werden, die **gem. § 63** eine Versagung der Planbestätigung erfordert hätten. Das umfasst sämtliche Anforderungen an den verfahrensrechtlichen **Ablauf** und den verfahrensrechtlich relevanten **Inhalt** des Plans. Die wirtschaftliche **Zweckmäßigkeit** gehört nicht dazu, weil über sie allein die Planbetroffenen zu entscheiden haben (BGH NZI 2015, 697 Rn. 8), es sei denn, dass die Zweckmäßigkeit Auswirkungen auf die Beurteilung der Voraussetzungen für eine gruppenübergreifende Mehrheitsentscheidung oder eine Schlechterstellung hat. Da das Restrukturierungsgericht den Plan auch dann bestätigen darf, wenn ein Minderheitenschutzantrag zwar gestellt, aber nicht begründet ist, muss das Beschwerdegericht prüfen, ob die nach § 64 erforderliche **Schlechterstellung** vorliegt (*Marotzke* ZInsO 2021, 2540 (2558)); denn anderenfalls bestünde die Gefahr, dass ein Bestätigungsbeschluss aufgehoben werden würde, der rechtmäßig ergangen ist. Im Beschwerdeverfahren kommt hinzu, dass die Schlechterstellung sogar wesentlich sein muss (BeckOK StaRUG/*Skauradszun* StaRUG § 66 Rn. 12, 18, 46). Das ist laut Abs. 2 zwar nur eine Zulässigkeitsvoraussetzung. Würde sie aber nicht auch bei der Begründetheit berücksichtigt werden, dürfte der Beschwerdeführer eine begründete Rechtsverletzung nicht geltend machen. Das würde eine unangemessene Einschränkung des Rechtsschutzes bedeuten. Demgegenüber unterscheidet der BGH strikt zwischen den Anforderungen an die Zulässigkeit und an die Begründetheit. Ist die Zulässigkeitshürde überwunden, kann die Beschwerde aufgrund jeder Rechtsverletzung Erfolg haben, auch wenn sie keine (wesentliche) Schlechterstellung bedeutet (BGH NZI 2022, 743 Rn. 26; BGH NZI 2014, 751 Rn. 36 ff.). Nach den Motiven zum Insolvenzplanrecht muss eine unwesentliche Beeinträchtigung jedoch hingenommen werden, um eine Sanierung nicht zu gefährden (BT-Drs. 17/5712, 36). Es gibt keine Hinweise auf ein anderes Verständnis des Gesetzgebers bei § 66 (aA evtl. *Marotzke* ZInsO 2022, 2540 (2558)). Zwar müssen die Zulässigkeitsanforderungen eines Rechtsmittels nicht identisch sein mit dessen Begründungsanforderungen, was besonders deutlich wird an den Voraussetzungen einer Revision, die trotz einer gravierenden Rechtsverletzung unzulässig ist, wenn die Anforderungen des § 543 ZPO nicht erfüllt sind. Diese Anforderungen spielen aber für die Revisionsbegründung gem. § 545 ZPO denknotwendig keine Rolle. Demgegenüber gehören die wirtschaftlichen Auswirkungen einer Planregelung im StaRUG-Verfahren zu den Prüfungsgegenständen (zB § 26 f.), sodass es keineswegs denklogisch ausgeschlossen ist, die Zulässigkeitsanforderungen auch bei der Begründetheit zu berücksichtigen, nur dass sich hier das Beweismaß von der Glaubhaftmachung auf den Vollbeweis erhöht.

Ist die Beschwerde zulässig und begründet, wird die **Aufhebung des Bestätigungsbeschlusses** ausgesprochen. Eine **Abänderung des Plans** durch das Beschwerdegericht sieht das Gesetzt entgegen der Anregung in Art. 16 Abs. 4 RL nicht vor (*Jungmann* ZIP 2021, 253 (257)). In Betracht kommt gem. § 572 Abs. 3 ZPO allenfalls eine Teilaufhebung des Plans, wenn er teilbar, also anzunehmen ist, dass er auch mit der Veränderung angenommen worden wäre (zur Teilaufhebung eines Beschlusses im Beschwerdeverfahren allgemein: Zöller/*Heßler* ZPO § 572 Rn. 24). Das kommt insbesondere in Betracht, wenn eine nach §§ 2 ff. planimmune Forderung einbezogen wurde, die auf eine Beschwerde des Betroffenen wieder herausgenommen werden kann, falls sie bei einer Gesamtwürdigung für das Planergebnis unbedeutend ist (*Marotzke* ZInsO 2021, 2540 (2547 Fn. 65, 2559)). Ansonsten kann die Sache an das Restrukturierungsgericht **zurückverwiesen** werden, um fehlende Verfahrensschritte nachzuholen (BeckOK StaRUG/*Skauradszun* StaRUG § 66 Rn. 58), solange kein Verfahrensabschnitt wiederholt werden muss (BGH NZI 2022, 743 Rn. 25; BGH NZI 2018, 691 Rn. 57), was insbesondere erforderlich ist, wenn es einer neuen Abstimmung bedarf. Sie ist geboten, wenn der Fehler Einfluss auf das Abstimmungsergebnis gehabt haben könnte. Die Möglichkeit genügt (BGH NZI 2022, 743 Rn. 23 ff.; BGH NZI 2018, 691 Rn. 54). Sie besteht insbesondere bei Fehlern in der Vergleichsrechnung (BGH NZI 2022, 743 Rn. 24) oder der Änderung von Verpflichtungserklärungen Dritten, die sich auf das Planergebnis auswirken (AG Hamburg ZVI 2022, 311). Dann kommt nur eine ersatzlose Aufhebung des Bestätigungsbeschlusses in Betracht. Anders als im Insolvenzplanverfahren (§ 231 Abs. 2 InsO) ist das Recht des Schuldners zur Vorlage eines neuen Plans nicht eingeschränkt. 43

Die Beschwerde hat ohne eine Anordnung nach Abs. 4 **keine aufschiebende Wirkung.** Deshalb kann bis zur aufhebenden Entscheidung schon mit dem Planvollzug begonnen werden. Da die Planwirkungen alle Betroffenen gemeinschaftlich treffen, liegt es nahe, sie nach den Grundsätzen der fehlerhaften Gesellschaft abzuwickeln. Deren Anwendungsvoraussetzungen unterscheiden sich von dem vorliegenden jedoch zunächst dadurch, dass die Beteiligten dort von einer endgültigen Wirksamkeit ihrer Erklärung ausgehen, hier aber die schwebende Unwirksamkeit kennen. Vor allem aber sind vom Plan auch die Gläubiger betroffen, die der Schuldner nicht einbezogen hat. Deshalb sind die Grundsätze der fehlerhaften Gesellschaften nicht übertragbar (*Jungmann* ZIP 2022, 253 (256)). 44

Die **Rückabwicklung der Planwirkungen** bei einer Aufhebung des Bestätigungsbeschlusses ist ua gesellschafsrechtlich nicht nur bei einem Debt-Equity-Swap schwierig. Eintragungen im Handelsregister können nicht 45 rückwirkend beseitigt werden (*Jungmann* ZIP 2022, 253 (255)). Auch lassen sich dingliche Verfügungen nicht rückwirkend beseitigen, wenn sie nicht unter einer aufschiebenden Bedingung der Rechtskraft der Planbestätigung stehen. Bei einem Scheitern des Plans ist dem Betroffenen die Krise des Schuldners bekannt. Die Wiedereinräumung von dinglichen Rechtspositionen steht deshalb unter einem erheblichen Risiko der Insolvenzanfechtung.

**46** Mit einem nur schwer oder anfechtbar rückabzuwickelnden **Planvollzug** sollte somit erst **nach Eintritt der Rechtskraft** begonnen werden (*Jungmann* ZIP 2022, 253 (255)). Diese de facto bestehende Vollzugssperre wirkt sich auf die Nachteilsabwägung bei der Entscheidung über die sofortige Zurückweisung der Beschwerde gem. Abs. 5 aus.

## VIII. Verfahrensablauf, Beweislast

**47** Die Einzelheiten des nach dem StaRUG zulässigen Rechtsmittelverfahrens sind in der Kommentierung des § 40 dargestellt. Die sofortige Beschwerde ist binnen einer **Notfrist von zwei Wochen** einzureichen, § 569 Abs. 1 ZPO. Innerhalb dieser Frist müssen auch die Zulässigkeitsvoraussetzungen des Abs. 1 erfüllt werden → Rn. 14. Die Frist beginnt bereits mit der Verkündung des Bestätigungsbeschlusses, § 40 Abs. 2. Beschwerdegegner ist der Schuldner, nicht die anderen Planbetroffenen, die sich nach Fristablauf der Beschwerde deshalb auch nicht mehr gem. § 567 Abs. 3 ZPO anschließen können (BGH NJW 1991, 2569 zur Anschlussbeschwerde).

**48** Die Beschwerde bedarf der **Schriftform** (§ 569 Abs. 2 ZPO). Die nach § 569 Abs. 3 ZPO zulässige Erklärung zu Protokoll der Geschäftsstelle dürfte in der Praxis wegen der nach Abs. 2 glaubhaft zu machenden Voraussetzungen irrelevant sein. Anders verhält es sich mit einer Beschwerde des Schuldners gegen die Versagung der Bestätigung, weil dafür keine weiteren Voraussetzungen gelten.

**49** **Einzulegen** ist die Beschwerde **beim Restrukturierungsgericht** (§ 40 Abs. 1). Sie soll, gegebenenfalls mit Nachfrist, begründet werden (§ 571 Abs. 1 und 3 ZPO). Das Restrukturierungsgericht kann ihr abhelfen (§ 572 Abs. 1 ZPO), es sei denn, dass der Schuldner einen Zurückweisungsantrag gem. Abs. 5 gestellt hat.

**50** Obwohl es sich um ein gerichtliches Rechtsmittel handelt und der **Amtsermittlungsgrundsatz** nach dem Wortlaut des § 39 nur an das Restrukturierungsgericht adressiert ist, gilt er auch im Rechtsmittelverfahren, soweit es die Begründetheit die Beschwerde betrifft (*Marotzke* ZInsO 2021, 2540 (2549)). Das ist erforderlich, weil der einzelne Betroffene angesichts der komplexen Verhältnisse nicht in der Lage ist, sämtliche entscheidungserheblichen Umstände vorzutragen. Allerdings gilt der Amtsermittlungsgrundsatz laut § 39 Abs. 1 nur, soweit das Gesetz nichts anderes vorsieht. Deshalb erfasst er nicht die in Abs. 2 verlangten Zulässigkeitsvoraussetzungen, die der Betroffene glaubhaft zu machen hat. Auch muss die Beschwerdebegründung schlüssig und, soweit es dem Beschwerdeführer möglich ist, substantiiert sein (BeckOK StaRUG/*Skauradszun* StaRUG § 66 Rn. 9, 49).

Für die **Zulässigkeitsvoraussetzung** des Abs. 2 kommt es auf die **überwiegende Wahrscheinlichkeit** der glaubhaft gemachten Tatsachen an, für die **Begründetheit** und die Anordnung der aufschiebenden Wirkung bzw. die Voraussetzungen der sofortigen Zurückweisung der Beschwerde auf die **richterliche Überzeugung** gem. § 286 ZPO. Das Amtsermittlungsprinzip steht dem nicht entgegen, sondern betrifft nur die Tatsachen, die der Entscheidung zugrunde zu legen sind. 51

Die Schlechterstellung des Beschwerdeführers im Sinne des Abs. 4 bzw. der Nachteilsvergleich im Sinne des Abs. 5 werden selten auf feststehenden Alternativszenarien beruhen. Anders ist es bspw., wenn es für ein Unternehmen einen konkreten Investor zu besseren Konditionen oder für einen mit Sicherungsrechten belasteten Gegenstand eine konkrete bessere Verwertungsmöglichkeit gibt. In der Regel handelt es sich jedoch um prognostizierte Szenarien. Jedes Prognoseergebnis birgt die Gefahr der Verfehlung in sich. Deshalb kann für die richterliche Überzeugung iSd § 286 ZPO nicht verlangt werden, dass Zweifeln Schweigen geboten ist; denn jede Prognose birgt Zweifel an ihrer Verfehlung. Sie beinhaltet einen **Beurteilungsspielraum.** Das heißt zwar nicht, dass dem Gericht dadurch ein Beurteilungsermessen eingeräumt wird. Aber es reicht aus, wenn das Ergebnis hinreichend wahrscheinlich ist (BeckOK StaRUG/*Skauradszun* StaRUG § 66 Rn. 25 unter Bezugnahme auf die Gesetzesbegründung zum Minderheitenschutz; BT-Drs. 19/24181, 136; *Distler* ZIP 2021, 1033 (1037)), mögen auch Zweifel vernünftigerweise nicht auszuschließen sein. 52

Zu einigen entscheidungserheblichen Positionen ist § 66 trotz des Amtsermittlungsgrundsatzes eine Beweislast- bzw. **Aufklärungslastverteilung** zu entnehmen. Das betrifft zunächst die besondere Zulässigkeitsvoraussetzung des Abs. 2. Zweifel an einer ausreichenden Glaubhaftmachung gehen zulasten des Beschwerdeführers. Das gilt sodann für die Erfüllung der Hinweispflicht des Abs. 3, die darzulegen Sache des Schuldners ist, der die Zurückweisung der Beschwerde begehrt. Für die Anordnung der aufschiebenden Wirkung gem. Abs. 4 kommt es darauf an, dass die Nachteile des Beschwerdeführers außer Verhältnis zu den Vorteilen des Planvollzuges stehen, sodass ein nun non liquet zu seinen Lasten geht, wenn er die Wiederherstellung der aufschiebenden Wirkung begehrt. Umgekehrt verhält es sich bei einem Antrag des Schuldners auf sofortige Zurückweisung. Hier geht es zu seinen Lasten, wenn das Gericht nicht gem. § 286 ZPO – in den Grenzen einer Prognosewahrscheinlichkeit – von überwiegenden Nachteilen der hinausgeschobenen Rechtswirksamkeit des Plans überzeugt ist. 53

Über die Beschwerde wird durch Beschluss entschieden (572 Abs. 4 ZPO), sodass eine **mündliche Verhandlung** im Ermessen des Gerichts liegt, § 128 Abs. 4 ZPO. Die **Rechtskraft** tritt sofort mit der Verkündung und nicht erst mit der Zustellung ein (MüKoZPO/*Götz* ZPO § 705 Rn. 5 f.; Musielak/*Voit/Lackmann* ZPO § 705 Rn. 4), wenn die Rechtsbeschwerde nicht zugelassen ist. Dann ist ein Rechtsmittel nicht nur unzulässig, sondern schon nicht statthaft (BGH NZI 2014, 334; zur rechtskraftrelevanten Unterscheidung: GmS-OGB NJW 1984, 1027). Die Zulassung kann auch nicht nachgeholt werden (BGH NZI 2014, 334). Ausnahmsweise 54 ist das zwar aufgrund einer Anhörungsrüge möglich (BGH NJW-RR 2020, 1190), die jedoch als außerordentlicher Rechtsbehelf den Eintritt der Rechtskraft nicht verzögert (MüKoZPO/*Götz* ZPO § 705 Rn. 4). Wird die Rechtsbeschwerde zugelassen, kann das Beschwerdegericht die sofortige Wirksamkeit anordnen, § 40 Abs. 3. Diese Anordnung kann das für die Rechtsbeschwerde zuständige Gericht wieder aufheben, §§ 575 Abs. 5, 570 Abs. 3 ZPO.

## IX. Rechtsbeschwerde

55 Für die Rechtsbeschwerde gelten gem. § 38 die zivilprozessualen Vorschriften. Sie **bedarf** gem. § 574 Abs. 1 Nr. 2 ZPO **der Zulassung,** die auszusprechen das Beschwerdegericht unter den Voraussetzungen des § 574 Abs. 2 und 3 ZPO verpflichtet ist. Ein Zulassungsantrag ist nicht erforderlich. Anders als bei Berufungsurteilen gibt es gegen Beschwerdeentscheidungen, in denen eine Rechtsbeschwerde nicht zugelassen ist, keine Nichtzulassungsbeschwerde. Auch kann das Beschwerdegericht eine versäumte Zulassung nur ausnahmsweise im Rahmen einer erfolgreichen Gehörsrüge gem. § 321a ZPO nachholen (BHG NZI 2020, 903). Wurde die Beschwerde gem. Abs. 5 zurückgewiesen, weil die alsbaldige Rechtskraft der Planbestätigung vorrangig ist, kommt eine Rechtsbeschwerde nicht in Betracht (BGH NZI 2014, 904 Rn. 10 ff. zum Insolvenzplan). Was im Interesse der alsbaldigen Rechtskraft erforderlich ist, kann nicht zugleich eine hinausschiebende Rechtskraft durch die Rechtsbeschwerde legitimieren. Abs. 5 verdrängt als lex speciales die allgemeinen Zulässigkeitsvoraussetzungen des in § 574 ZPO, sodass der BGH an eine irrtümliche Zulassung nicht gebunden ist (BGH NZI 2014, 904 Rn. 5 zum Insolvenzplan).

## Unterabschnitt 2. Wirkungen des bestätigten Plans; Überwachung der Planerfüllung

### Wirkungen des Restrukturierungsplans

**67** (1) [1] **Mit der Bestätigung des Restrukturierungsplans treten die im gestaltenden Teil festgelegten Wirkungen ein.** [2] **Dies gilt auch im Verhältnis zu Planbetroffenen, die gegen den Plan gestimmt haben oder die an der Abstimmung nicht teilgenommen haben, obgleich sie ordnungsgemäß an dem Abstimmungsverfahren beteiligt worden sind.**

(2) **Handelt es sich bei dem Schuldner um eine Gesellschaft ohne Rechtspersönlichkeit oder eine Kommanditgesellschaft auf Aktien, wirkt eine Befreiung des Schuldners von Verbindlichkeiten auch zugunsten seiner persönlich haftenden Gesellschafter, sofern im Restrukturierungsplan nichts anderes bestimmt ist.**

(3) [1]**Die Rechte der Restrukturierungsgläubiger gegen Mitschuldner und Bürgen des Schuldners sowie die Rechte der Gläubiger an Gegenständen, die nicht zum Vermögen des Schuldners gehören, oder aus einer Vormerkung, die sich auf solche Gegenstände bezieht, werden mit Ausnahme der nach § 2 Absatz 4 gestalteten Rechte aus gruppeninternen Drittsicherheiten von dem Restrukturierungsplan nicht berührt.** [2]**Der Schuldner wird jedoch durch den Plan gegenüber dem Mitschuldner, Bürgen oder sonstigen Rückgriffsberechtigten befreit wie gegenüber dem Gläubiger.**

(4) **Ist ein Gläubiger weitergehend befriedigt worden, als er es nach dem Restrukturierungsplan zu beanspruchen hat, so begründet dies keine Pflicht zur Rückgewähr des Erlangten.**

(5) **Werden Restrukturierungsforderungen in Anteils- oder Mitgliedschaftsrechte an dem Schuldner umgewandelt, kann der Schuldner nach der gerichtlichen Bestätigung des Restrukturierungsplans keine Ansprüche wegen einer Überbewertung der Forderungen im Plan gegen die bisherigen Gläubiger geltend machen.**

(6) **Mit der rechtskräftigen Bestätigung des Restrukturierungsplans gelten Mängel im Verfahren der Planabstimmung sowie Willensmängel von Planangebot und Planannahme als geheilt.**

**Schrifttum:** *Brünkmans* Die Reichweite der Rechtskraft von Insolvenz- und Restrukturierungsplänen, ZIP 2022, 1573; *Deppenkemper* Ziel erreicht? Außergerichtliche Sanierung bereits ab 1.1.2021!, ZIP 2020, 2432; *Desch* Der neue Stabilisierungs- und Restrukturierungsrahmen nach dem Regierungsentwurf StaRUG in der Praxis, BB 2020, 2498; *Frind* Überreguliert statt saniert? – Zum RefE eines „StaRUG", ZInsO 2020, 2241; *Hoegen/Kranz* Neue Möglichkeiten der Konzernsanierung durch SanInsFoG und StaRUG, NZI, 2021, 105; *Madaus* Die begrenzte Insolvenzfestigkeit des Restrukturierungsplans, der Planleistungen sowie unterstützender Rechtshandlungen während der Restrukturierungssache, NZI-Beilage 2021, 35; *Madaus* Vom Wert der rechtsdogmatischen Verankerung spezialgesetzlicher Rechtsinstitute – und über die Auslegung von Insolvenzplänen, NZI 2020, 545; *Madaus* Die Bewältigung von Massenschäden über ein Planverfahren – Möglichkeiten und Grenzen des neuen Insolvenzrechts, ZIP 2014, 160; *Madaus* Insolvenzplan 2011; *Mulert/Steiner* Gesellschaftsrechtlich zulässige Regelungen im Insolvenz- und Restrukturierungsplan, NZG 2021, 673; *Schoppmeyer* Sanierungsprivilegien im Anfechtungsrecht nach dem StaRUG, ZIP 2021, 869; *K. Schmidt* Debt-to-Eyuity-Swap bei der (GmbH & Co.-) Kommanditgesellschaft: ESUG „Sanieren oder Ausscheiden" und vor allem: Fragen über Fragen!, ZGR 2012, 566; *Smid* Anforderungen an das außergerichtliche Planangebot und seine Annahme: Essentialia der §§ 17 ff. StaRUG, DZWIR 2021, 119; *Skauradszun* Grundfragen zum StaRUG – Ziele, Rechtsnatur, Rechtertigung, Schutzinstrumente, KTS 2021, 1; *Spliedt* Debt-Equity-Swap und weitere Strukturänderungen nach dem ESUG, GmbHR 2012, 462.

**Übersicht**

## I. Überblick

1 Für einen Restrukturierungsplan, der auf der Zustimmung aller Betroffener basiert, bedarf es allenfalls zur **Verstärkung der Rechtssicherheit** und einer **Einschränkung der Anfechtungsmöglichkeiten** gem. §§ 89 f. (dazu *Madaus* NZI-Beilage 2021, 35; *Schoppmeyer* ZIP 2021, 869 ff.) der Bestätigung. Das wesentliche Ziel des Gesetzes ist jedoch die **Einbindung von Akkordstörern,** die sich dem Plan widersetzen, obwohl sie durch ihn nicht schlechter als ohne Plan und auch nicht schlechter als andere Betroffene gleichen oder ungünstigeren Ranges gestellt werden (§§ 26 ff., 64, 66). Das war schon das Motiv der EU-Richtlinie (Erwgr. 47 ff.) und ist auch das des deutschen Gesetzgebers (Begr. RegE BT-Drs. 19/24181, 89). Deshalb hat eine Erstreckung der Planwirkungen auf dissentierende Beteiligte die zentrale Bedeutung. Art. 15 RL bestimmt nur, dass ein bestätigter Restrukturierungsplan für die Planbetroffenen verbindlich sei wie umgekehrt die am Verfahren nicht Beteiligten keine Rechtsbeeinträchtigung erleiden dürfen. Der deutsche Gesetzgeber hat in der Umsetzung eine wesentlich detaillierte Regelung getroffen, die sich wieder am Insolvenzplanverfahren orientiert. Die Formulierung in §§ 67 f. entspricht weitgehend denen in §§ 254 ff., 227 InsO mit dem wesentlichen Unterschied, dass das Insolvenzverfahren als Gesamtvollstreckungsverfahren automatisch sämtliche Gläubiger erfasst, während im Restrukturierungsverfahren der Schuldner die Rechtsverhältnisse auswählen kann, die er gestalteten will (§§ 2 ff., 8). So betrifft ein Insolvenzplan auch diejenigen Gläubiger, die ihre Forderungen nicht angemeldet haben (§ 254b InsO). Dazu gehören sogar diejenigen, die von dem Insolvenzverfahren gar nichts wussten. Der Restrukturierungsplan wirkt stattdessen nur gegenüber denjenigen, die am Verfahren beteiligt wurden, mögen sie auch an einer Abstimmung nicht teilgenommen haben. Zu unwissenden Betroffenen → Rn. 5.

## II. Allgemeine Wirkung (Absatz 1)

2 Die in §§ 67 ff. genannten Wirkungen gelten **nur** für **gerichtlich bestätigte Restrukturierungspläne.** Das setzt einen **Antrag des Schuldners voraus** (§ 60), den er nicht stellen muss, wenn ein Plan einvernehmlich angenommen wurde. Ein solcher Plan ist kraft Vereinbarung wirksam (*Frind* ZInsO 2020, 2241 (2245); *Deppenkemper* ZIP 2020, 2432 (2433)). Lehnen einzelne Betroffene den Plan jedoch ab, entfaltet er ohne gerichtliche Bestätigung keine Wirksamkeit, und zwar nicht nur ihnen gegenüber, sondern gegenüber allen Betroffenen; denn die Geschäftsgrundlage der Zustimmung anderer wird regelmäßig die gesamte im Plan dargestellte (§ 6) und gestaltete (§ 7) Sanierungsverfahren sein, sodass die Zustimmung der anderen unter

dem Vorbehalt der Planwirksamkeit steht. Im Zweifel ist anzunehmen, heißt es in § 18, dass entweder sämtliche Betroffenen zustimmen oder der Plan gerichtlich bestätigt wird. Deshalb wird ein Schuldner immer die gerichtliche Bestätigung beantragen, um ablehnende Betroffene einzubinden. Der Antrag ist nicht fristgebunden, wird aber regelmäßig sofort gestellt werden, weil sich die Planprämissen schnell ändern können und deshalb eine Verzögerung auch die Erfolgsaussichten einer sofortigen Beschwerde der dissentierenden Planbetroffenen erhöht.

Die **Wirkungen** des Plans treten **mit der Verkündung ein** (*Desch,* BB 2020, 2498 (2505)), weil eine sofortige Beschwerde gem. § 570 Abs. 1 ZPO ganz iSv Art. 16 Abs. 3 RL keinen Suspensiveffekt hat. Er kann allerdings auf Antrag des Beschwerdeführers gesondert angeordnet werden, § 66 Abs. 4. Von den Wirkungen zu unterscheiden ist die einseitige **Vollstreckbarkeit** für die Gläubiger, die gem. § 71 Abs. 1 die Rechtskraft des Bestätigungsbeschlusses verlangt. Der Unterschied zur Wirksamkeit wird deutlich, wenn der Gläubiger bereits einen anderen Titel in der Hand hält und sich der Schuldner gegen die Vollstreckung wehren will. Der andere Titel entfällt zwar mit der Rechtskraft des Bestätigungsbeschlusses, § 71 Abs. 4. Vorher steht dem Schuldner jedoch bereits die Vollstreckungsabwehrklage gem. § 767 ZPO zu. Die Wirksamkeit des Plans ist eine neue Einwendung iSd § 767 Abs. 2 ZPO gegen die Höhe oder Fälligkeit des Gläubigeranspruchs. Auch haben seit dem Eintritt der Wirksamkeit und vor der Rechtskraft einvernehmlich zwischen den Beteiligten getroffene Vollzugsmaßnahmen (zunächst) einen Rechtsgrund. 3

In **subjektiver Hinsicht** bindet der Plan außer den **Schuldner** nur die Planbetroffenen, deren Rechtsstellungen iSd § 7 Abs. 1 im gestaltenden Teil des Plans geändert werden sollen. Eine namentliche Bezeichnung der Gläubiger ist nicht erforderlich. Es genügt die Bezeichnung der Forderung (Art. 8 Abs. 1c) RL: Bezeichnung der ***„Schuldenkategorie“***), auch mit einer „All-Formell“, sodass darunter sämtliche Forderungen einer konkreten Art fallen. Die **Planbetroffenen** müssen jedoch am Verfahren beteiligt werden. Eine zeitliche Zäsur zieht § 2 Abs. 5 mit den dort genannten Zeitpunkten. 4

Da es genügt, die Forderungen nur der Art nach zu bezeichnen, ist es denkbar, dass selbst **unbekannte Gläubiger** zu den Planbetroffenen gehören. Im Regelfall müssen sie jedoch am Abstimmungsverfahren individuell beteiligt werden, Abs. 1 Satz 2. Dafür ist die Einhaltung der in §§ 20 f. bzw. § 45 genannten Formalien erforderlich. Zwar gelten gem. Abs. 6 mit der rechtskräftigen Bestätigung des Plans etwaige Mängel am Verfahren der Planabstimmung als geheilt. Das kann aber nicht auf diejenigen bezogen werden, denen der Plan oder die Ladungen nicht zugestellt wurden. Anders ist es nur bei einer öffentlichen Restrukturierungssache iRd §§ 84 ff. Die erforderlichen Zustellungen gelten dann gem. § 86 Abs. 3 an sämtliche Beteiligte als bewirkt (Flöther/*Hoffmann/Braun* StaRUG § 67 Rn. 9, BeckOK StaRUG/*Wilke* StaRUG § 67 Rn. 26). Ob das schon genügt, ist wegen des Eingriffs in das der Eigentumsgarantie des Art. 12 GG unterliege Forderungsrecht und wegen des Gebots rechtlichen Gehörs (Art. 103 GG) allerdings zweifelhaft. Andererseits gibt es Szenarien wie die „Dieselfälle“, bei denen sich die Schadensentwicklung nicht absehen lässt. Eine Sanierung 5 benötigt Rechtssicherheit. Um **„unwissende Gläubiger"** in das Verfahren einzubeziehen, schlägt *Madaus* (ZIP 2014, 160 (162); MüKoInsO/*Madaus* InsO § 254b Rn. 15) die Bestellung eines Verfahrenspflegers vor.

6 Erforderlich ist nur eine Einhaltung der in §§ 20 f., 45 genannten Formalien, nicht auch eine **Teilnahme am Abstimmungstermin.** Allerdings wird dadurch der Nachweis der Wirkungserstreckung erleichtert; denn das Planannahmeverfahren ist zu dokumentieren, § 22 bzw. §§ 159 f. ZPO. Dabei sind auch die Erschienenen aufzunehmen. Geht die Beteiligung des Betroffenen aus dem Protokoll nicht hervor, muss derjenige die ordnungsgemäße Beteiligung nachweisen, der sich auf die Planwirkung gegenüber dem anderen beruft. Das wird in der Regel der Schuldner gegenüber dem Planbetroffenen sein, kann aber auch ein Planbetroffener gegenüber einem anderen sein.

7 In **objektiver Hinsicht** erstrecken sich die Planwirkungen auf die im Plan gem. § 7 Abs. 1 vorgesehenen Änderungen der Rechtstellung der Betroffenen. Soweit bestehende Verbindlichkeiten reduziert werden sollen, bedarf es keines weiteren Vollzugs. Mit der Erfüllung des Plans wird der Schuldner von seinen restlichen Verbindlichkeiten befreit, § 11. § 69 ergänzt das dahingehend, dass die restlichen Verbindlichkeiten nur bei einem erheblichen Erfüllungsrückstand wiederaufleben. Der Plan kann nicht nur gem. § 13 die schuldrechtliche Grundlage für dingliche Rechtsänderungen bilden, sondern sie auch vollziehen. Sie kommen vor allem für Gegenstände in Betracht, die mit Sicherungsrechten (Absonderungsanwartschaften) belastet sind. Ergänzend vorzunehmen sind dann nur noch bei mehraktiven Rechtsgeschäften beispielsweise die Eintragung im Grundbuch gem. § 873 BGB oder im Handelsregister gem. § 54 GmbHG. Umgekehrt kann im Plan auch festgelegt werden, dass Vollzugsmaßnahmen erst später vorgenommen werden. Die dazu in den Plan aufgenommenen Verpflichtungserklärungen gelten gem. § 68 S. 3 als in der vorgesehenen Form abgegeben.

## III. Wirkungen gegenüber persönlich haftenden Gesellschaftern (Absatz 2)

8 Schon § 11 S. 2 sieht vor, dass die haftungsbefreiende Wirkung des Plans nicht nur den Schuldner, sondern auch persönlich haftende Gesellschafter begünstigen soll, wenn nichts anderes bestimmt ist. Das wiederholt Abs. 2 für die Wirkungen des bestätigten Plans. Die Regelung ist insofern sinnvoll, als die Fortführung eines Geschäftsbetriebs mit einem alsbald insolventen persönlichen Gesellschafter kaum erfolgreich ist, es sei denn, dass er aus der Gesellschaft ausscheidet. Selbst dann aber greift Abs. 2 ein, der nicht zwischen den bei Unterbreitung des Planangebots bestehenden (vgl. § 2 Abs. 5) und ausgeschiedenen Gesellschaftern unterscheidet (Flöther/*Tasma* StaRUG § 12 Rn. 6).

9 Sowohl bei § 11 als auch bei Abs. 2 geht es nur um die persönliche **Haftung, die sich aus der Haftung des Schuldners ableitet.** Dasselbe Ergebnis folgt schon aus dem materiellen Recht (BGH NZI 2016, 445 Rn. 26 zu § 227 Abs. 2 InsO). Ein Erlass der Gesellschaftsschuld und der

Fortbestand der Gesellschafterhaftung ist an sich nicht möglich (MüKoHGB/*K. Schmidt* HGB § 128 Rn. 18). Eine dahingehende Vereinbarung wäre unwirksam und würde somit auch die Haftung der Gesellschaft nicht reduzieren (BGH ZInsO 2019, 1176; BGH NJW 1967, 2155 (2157)). Die Bedeutung von Abs. 2 liegt deshalb weniger in der enthaftenden Wirkung als umgekehrt darin, dass eine **andere Bestimmung** im Restrukturierungsplan **zulässig** ist. Enthält der Plan eine solche Regelung, werden den Gesellschaftern die Einwände des § 129 HGB genommen. Auch könnten sie die ihnen gem. § 110 HGB zustehenden Rückgriffsansprüche gegen die Gesellschaft gem. Abs. 3 nicht geltend machen, nachdem sie ihre aus § 128 HGB folgende persönliche Haftung eingelöst haben. Deshalb sieht § 60 Abs. 2 vor, dass jeder persönlich haftende Gesellschafter, der nicht ebenso wie die Gesellschaft von der Haftung befreit wird, dem Plan zustimmen muss.

Das Regel-Ausnahme-Verhältnis des Abs. 2 gilt nur für die auf dem Gesellschaftsrecht beruhende Außenhaftung. Hat der **Gesellschafter wie ein Dritter** persönliche oder dingliche Sicherheiten gestellt, findet Abs. 3 Anwendung, sodass er von seiner Haftung nur befreit wird, wenn das im Plan vereinbart wird (Flöther/*Tasma* StaRUG § 11 Rn. 6). **10**

Nach § 2 Abs. 4 S. 2 ist die Haftungsbeschränkung durch eine **angemessene Entschädigung** zu kompensieren. § 2 betrifft jedoch die durch einen Plan gestaltbaren Rechtsverhältnisse, während die Haftungsbefreiung gem. § 11 qua lege ohne gesonderte Gestaltung eintritt. Wirtschaftlich kommt es auch nicht darauf an, ob für die Haftungsbefreiung eine besondere Entschädigung vorgesehen wird, weil das Haftungspotential der persönlich haftenden Gesellschafter die Befriedigungsaussichten der Gläubiger beeinflusst und es in der Vergleichsrechnung gem. § 6 Abs. 2 ohnehin darzustellen ist. Eine gesonderte „Bepreisung" der Haftungsbefreiung ist jedoch wegen der größeren Transparenz sinnvoll. Da der Gesetzgeber sie vorgesehen hat, droht einem Plan ohne diese Informationen die Bestätigungsversagung wegen Inhaltsmängeln, weil dazu auch Angaben über die gegenwärtigen und künftigen Verhältnisse einer natürlichen Person als Mithaftende gehören (BGH NZI 2022, 743 Rn. 17 ff. zum Insolvenzplan bei natürlichen Personen). Wird er jedoch trotz fehlender Angaben bestätigt, ist das nicht wegen fehlender Darstellung der Kompensationsmittel angreifbar, falls ausreichend über die persönlichen Verhältnisse informiert wurde. **11**

## IV. Ansprüche gegen Dritte (Absatz 3)

Der Restrukturierungsplan entfaltet nur Wirkungen zwischen dem Schuldner und den Planbetroffenen bzw. zwischen den Planbetroffenen untereinander, soweit es um ihre konkurrierenden Zugriffe auf das Schuldnervermögen geht. **Dritte gehören nicht zu den Beteiligten.** Dazu stellt Abs. 3 klar, dass Ansprüche der Restrukturierungsgläubiger, die ihnen gegen Personen zustehen, die eine persönliche oder dingliche Sicherheit gestellt bzw. sich als Mitschuldner verpflichtet haben, nicht berührt werden. Eine gleichlautende Regelung enthält § 254 Abs. 2 InsO für den Insolvenzplan. Damit wird zugleich eine etwaige Akzessorietät der Haftung durchbrochen. **12**

13 Leistet der Sicherungsgeber Zahlungen an einen Restrukturierungsgläubiger, erhält er in der Regel nicht nur den Anspruch des Restrukturierungsgläubigers aufgrund einer cessio legis oder aufgrund der Sicherungsabrede, sondern außerdem einen Rückgriffsanspruch gegen den Schuldner aufgrund des Rechtsverhältnisses, das ihn zur Stellung der Sicherheit veranlasst hat, zB § 670 BGB. Hierfür bestimmt Abs. 3, dass der **Rückgriffsanspruch** nicht höher sein darf als der Betrag, den der gesicherte Gläubiger nach dem Plan verfolgen kann. Für einen wegen der Zahlung auf den Sicherungsgeber übergehenden Anspruch des Restrukturierungsgläubigers folgt das bereits aus Abs. 1 iVm § 404 BGB. Für den daneben aus dem Vertragsverhältnis zum Schuldner bestehenden Rückgriffsanspruch ist hingegen die Regelung in Abs. 3 konstitutiv, sodass auch aufgrund dieses zweiten Anspruchs vom Schuldner nicht mehr verlangt werden darf als aus dem gesicherten Recht verlangt werden könnte.

14 Das birgt die Gefahr eines Plans zulasten Dritter: Der gesicherte Gläubiger verzichtet großzügig auf Forderungen gegen den Schuldner, weil er eine Befriedigung von dritter Seite erwartet. Gleichwohl ist der **Sicherungsgeber bzw. Mitschuldner** nur nach Maßgabe seines mit dem Gläubiger bestehenden Rechtsverhältnisses geschützt (Uhlenbruck/*Knof* InsO § 44 Rn. 15). Er kann **am Verfahren nicht teilnehmen,** selbst wenn er schon vor einer Inanspruchnahme durch den Gläubiger Befriedigungsansprüche gegen den Schuldner hätte. Zwar sind auch bedingte oder noch nicht fällige Restrukturierungsforderungen gestaltbar, § 3 Abs. 1. Das betrifft jedoch Eventualverbindlichkeiten des Schuldners, die kumulativ zu den anderen Verbindlichkeiten seine Vermögens- und Finanzlage beeinflussen (Begr. RegE BT-Drs. 19/24181, 114). Die Rückgriffsansprüche des Sicherungsgebers erhöhen die Verbindlichkeiten des Schuldners jedoch nicht. Um eine Multiplikation der Stimmrechte zu vermeiden, sind die Sicherungsgeber zusätzlich zum gesicherten Gläubiger genauso wenig am Restrukturierungsverfahren zu beteiligen wie gem. § 44 InsO am Insolvenzverfahren, solange sie nicht an die Stelle des Gläubigers treten (AG Hamburg ZIP 2022, 758). Deshalb gehören ihre Rückgriffsansprüche auch nicht zu den im Plan gestaltungsfähigen Rechtsverhältnissen, es sei denn, dass der besicherte Gläubiger nicht in den Plan einbezogen und nur das Verhältnis zum Sicherungsgeber bspw. als vorrangig Zahlungspflichtiger geregelt wird. In den anderen Fällen kann mit ihnen und dem gesicherten Gläubiger eine **gesonderte Vereinbarung** getroffen und dem Plan gem. § 15 Abs. 3 beigefügt werden.

15 Für den Plan kommt es auf die Rechtsverhältnisse zu den **in § 2 Abs. 5 genannten Zeitpunkten** an. Leistet ein Sicherungsgeber nach diesen Zeitpunkten, aber vor der Rechtskraft des Bestätigungsbeschlusses Zahlungen, wird er im Wege des gesetzlichen oder vertraglich vereinbarten Forderungsübergangs **Rechtsnachfolger** des Gläubigers. Die Planwirkungen treffen ihn gem. Abs. 3 bzw. § 404 BGB. Er kann jedoch ebenso wie jeder andere Rechtsnachfolger vom Schuldner verlangen, am Verfahren beteiligt zu werden. § 265 ZPO ist trotz § 38 nicht anwendbar, weil diese Vorschriften den Schutz eines klagenden Gläubigers vor einer Veränderung der Verhältnisse nach Rechtshängigkeit betrifft (Zöller/*Greger* ZPO § 265 Rn. 5a). Es gibt keinen Grund, den Schuldner vor einem Gläubigerwechsel zu schützen.

Allerdings muss der neue Gläubiger den Verfahrensstand so hinnehmen, wie er ihn im Zeitpunkt der Rechtsnachfolge vorfindet. Ist der Plan schon bestätigt worden, kann er sogar noch eine Beschwerde einlegen. Ein Forderungsübergang erst nach Einlegung der Beschwerde lässt die weiterhin bestehende Stellung des alten Gläubigers als Beschwerdeführer hingegen unberührt (BGH NZI 2021, 137 Rn. 9 f.).

Eine Ausnahme von der Planfestigkeit von Drittschuldnern gilt für **gruppeninterne Drittsicherheiten,** die gem. § 2 Abs. 4 Plangegenstand sein können. Sie werden durch den Plan aber nur berührt, wenn das im gestaltenden Teil ausdrücklich geregelt wird. Sonst wird der Zugriff auf eine gruppeninterne Sicherheit nicht wie die Haftung eines persönlich haftenden Gesellschafters beschränkt. Dann hat der Sicherungsgeber gegen den Plan genauso wenig eine Beschwerdemöglichkeit wie außenstehende Dritte. Werden sie hingegen einbezogen, indem die Haftung des Sicherungsgebers zugunsten eines Planbetroffenen beschränkt wird, kann auch auf die dadurch bedingte Schlechterstellung eine sofortige Beschwerde gestützt werden. Das erschwert die an mehreren Stellen gem. § 66 erforderliche Nachteilsabwägung erheblich, weil dazu die wirtschaftlichen Verhältnisse der gruppeninternen Gesellschaften berücksichtigt werden müssen. Deshalb sieht § 2 Abs. 4 S. 1 vor, dass der Eingriff in das Recht des Gläubigers an der Drittsicherheit durch eine **angemessene Entschädigung** zu kompensieren ist. Die Angemessenheit ist im darstellenden Teil iR einer (besonderen) Vergleichsrechnung zu erläutern. Das Kriterium ist zwar unscharf (*Hoegen/Kranz* NZI 2021, 105 (107)), entspricht aber den Schlechterstellungskriterien, die auch direkt für den Schuldner gelten. Der mit der Prüfung der wirtschaftlichen Verhältnisse der Sicherungsgeber verbundene Zeitaufwand wird die Notwendigkeit zu einer sofortigen Zurückweisung der Beschwerde gem. § 66 Abs. 5 erhöhen. Andererseits ist zugunsten des Beschwerdeführers zu berücksichtigen, dass er sich wegen der ihm aufgrund einer Zurückweisung zustehenden Schadensersatzansprüche nur an den Schuldner halten kann, nicht aber auch an den gruppeninternen Sicherungsgeber, es sei denn, dass im Plan etwas anderes geregelt wird. 16

## V. Überzahlung (Absatz 4)

Werden Ansprüche der Planbetroffenen reduziert, wird das wie beim Insolvenzplan als **Änderung der vollstreckungsrechtlichen Durchsetzbarkeit** verstanden, **nicht** aber als **Erlass** des über die Planregelung hinausgehenden Forderungsteils. Absatz 4 enthält eine mit § 254 Abs. 3 InsO identische Regelung. Die über die Planregelung hinausgehenden Forderungen bleiben als natürliche, unvollkommene Verbindlichkeiten bestehen, die zwar erfüllbar, aber nicht durchsetzbar sind (BGH NZI 2013, 85 Rn. 9). Deshalb kann der Schuldner eine über den Plananspruch hinaus bewirkte Leistung nicht zurückverlangen. Ein evidenter Kalkulationsirrtum bei Auszahlung der Quote kann jedoch von § 119 BGB angefochten werden (MüKoBGB/*Armbruster* BGB § 119 Rn. 93 zum Kalkulationsirrtum allgemein). 17

18 Nach der gesetzessystematischen Stellung betrifft Abs. 4 eine Leistung ab der Wirksamkeit des Plans, mithin nach der Planbestätigung. Dem Plan liegen jedoch die Rechtsverhältnisse zugrunde, die in den Zeitpunkten lt. § 2 Abs. 5 bestanden. Erbringt der Schuldner auf die Restrukturierungsforderung **Leistungen vor der Planbestätigung,** können sie nicht gem. § 812 Abs. 1 S. 2 BGB mit der Begründung zurückgefordert werden, dass der rechtliche Grund durch die Planbestätigung entfallen ist; denn er bleibt trotz der Planbestätigung bestehen, nur dass der Gläubiger die daraus folgenden Ansprüche nicht über die Plangestaltung hinaus durchsetzen kann. Eine Rückforderung steht deshalb auch in dieser Konstellation Abs. 4 entgegen. Eine zwischenzeitliche Bedienung der Restrukturierungsforderung birgt jedoch die Gefahr, dass die Gleichbehandlungsvoraussetzung für eine gruppenübergreifende Mehrheitsentscheidung gem. §§ 26 ff. unterlaufen wird. Das wäre **mit dem Restrukturierungsziel nicht vereinbar** und könnte deshalb eine Aufhebung der Restrukturierungssache begründen, § 34 Abs. 1 iVm § 33 Abs. 2 Nr. 3

## VI. Differenzhaftung (Abs. 5)

19 Die Einlage einer Forderung gegen die Gewährung von Anteilsrechten ist eine Sacheinlage. Für jede Sacheinlage gilt das **Vollwertigkeitsgebot.** Entspricht ihr Wert nicht dem dafür im Handelsregister eingetragenen Nennwert bzw. – bei Kommanditgesellschaften – der Haftanlage, ist die Differenz vom einlegenden Gesellschafter nachzuzahlen, zB §§ 9, 19 Abs. 4, 56 Abs. 3 GmbHG, §§ 188 Abs. 2, 36a AktG, §§ 171 f. HGB. Maßgebend für die Wertermittlung ist nach herrschender Meinung der Verkehrswert des eingelegten Vermögensgegenstandes und somit auch einer Forderung, weil nur insoweit der Haftungsfonds der Gesellschaft erhöht wird (Altmeppen GmbHG § 56 Rn. 6). Nicht maßgebend sein soll das bilanzielle Eigenkapital. Der Unterschied wird bei einem debt equity swap deutlich. Wird eine Gläubigerforderung eingelegt, erhöht sich das tatsächliche Reinvermögen der Gesellschaft entsprechend dem Nominalwert. Genauso verhält es sich mit dem bilanzierten Eigenkapital (*Spliedt* GmbHR 2012, 462 ff.). Da jedoch die herrschende Meinung nicht auf die Erhöhung des Eigenkapitals, sondern auf die Erhöhung des vollstreckungsfähigen Vermögens abstellt, soll die **Differenzhaftung** eingreifen, wenn der Nominalwert den Verkehrswert der gegen den Schuldner gerichteten Forderung, den ein Dritter im Falle der Abtretung vergüten würde, übersteigt. Um die aus einer Bewertungsunsicherheit resultierende Haftungsgefahr zu vermeiden, bestimmt Absatz 5 in Anlehnung an den nahezu gleichlautenden § 254 Abs. 4 InsO, dass Ansprüche aufgrund einer Differenzhaftung nicht mehr geltend gemacht werden dürfen. Wird er im Beschwerdeverfahren aufgehoben, kann sich der Interferent auf die Haftungsbeschränkung nicht berufen, sodass mit dem gesellschaftsrechtlichen Vollzug bis zur Rechtskraft abgewartet werden sollte.

20 Absatz 5 differenziert nicht zwischen einer vertretbaren und einer **unvertretbaren Überbewertung,** sodass die Haftungsbefreiung dem Inferenten auch zugutekommt, dessen Restrukturierungsforderung mit dem Nominal-

betrag angesetzt wird, obwohl einer vergleichbaren Restrukturierungsforderung nur ein Wert von beispielsweise 70 % beigemessen wird. Zur Überprüfungsbefugnis des Registergerichts → Rn. 31.

Die Differenzhaftung bei einer **Kommanditgesellschaft** begründet keinen Anspruch der Gesellschaft. Erbringt der Kommanditist keine Einlage in Höhe des Verkehrswertes, bleibt er in der unmittelbar gegenüber dem Gläubiger gem. §§ 161 Abs. 1, 128 HGB bestehenden Haftung. Da aber das Ziel des Absatzes 5 die Abschlussreduzierung des Inferenten ist, muss das Haftungsprivileg auch dem Kommanditisten zustehen (Flöther/*Hoffmann*/*Braun* StaRUG § 67 Rn. 23; *K. Schmidt* ZGR 2012, 566 (581 ff.)). Diese teleologische Extension des Haftungsprivilegs gilt genauso für die Anmelder der Kapitalerhöhung (§§ 57 Abs. 4, 9a, 8 Abs. 1 Nr. 5 GmbHG), wenn eine überbewertete Forderung mittels Planswap eingelegt wird. 21

Die Freistellung von einer Differenzhaftung gilt **nur** für die **Restrukturierungsgläubiger** in Höhe der eingelegten Restrukturierungsforderungen. Investoren, die erst im Rahmen des Restrukturierungsplans der Schuldnerin mit einer Sacheinlage beitreten, können sich darauf nicht berufen. Das gilt auch für Investoren, die Forderungen einlegen, die nur gegen gruppeninterne Gesellschaften bestehen. 22

## VII. Heilungswirkung (Abs. 6)

Im Insolvenzplanrecht ist anerkannt, dass wegen der materiellen Rechtskraft des Bestätigungsbeschlusses im Nachhinein weder **Verfahrensfehler** noch **Willensmängel** geltend gemacht werden dürfen (MüKoInsO/*Huber*/*Madaus* InsO § 254 Rn. 13). Der Gesetzgeber hat das für den Restrukturierungsplan in Abs. 6 ausdrücklich formuliert. Die dort genannten Mängel im Abstimmungsverfahren sind Verstöße gegen die Vorbereitung der Abstimmung, also insbesondere gegen Ladungs- und Informationspflichten, sowie gegen die Anforderungen an den Ablauf des Termins, §§ 17 ff., 54 f. (BGH NZI 2022, 743 Rn. 12). Soweit sich die verfahrensrechtlichen Mängel auf die **ordnungsgemäße Beteiligung eines Planbetroffenen** beziehen, ist Absatz 1 vorrangig, sodass einem in das Verfahren gar nicht einbezogenen Gläubiger die Planwirkungen nicht treffen, mag seine Forderung auch zu der Kategorie gehören, auf die sich der Plan erstrecken soll. Das unterscheidet den Restrukturierungsplan vom Insolvenzplan, dem alle Beteiligten iSv § 217 Abs. 1 InsO unterworfen sind, mag ihnen auch nichts persönlich zugestellt worden sein. Beteiligt sind alle Gläubiger, die gem. § 38 InsO eine Forderung gegen den Schuldner haben. 23

Nach einer Bestätigung des Plans können Willensmängel des Schuldners im Planangebot oder Willensmängel der Planbetroffenen bei der Planannahme nicht mehr geltend gemacht werden. Dem klaren Wortlaut nach gilt das nicht für **Willensmängel von Dritten,** deren Erklärungen gem. § 68 Abs. 3 in den Plan aufgenommen wurden. Zu den Dritten gehören nicht persönlich haftende Gesellschafter oder verbundene Unternehmen, die gruppeninterne Sicherheiten gestellt haben, weil dies unter die gestaltbaren Rechtsverhältnisse iSv §§ 2 f. fällt. Die Heilung von Verfahrens- oder Wil- 24 lensmängel erstreckt sich deshalb auch auf ihre nach §§ 15 Abs. 4, 60 Abs. 2 erforderlichen Zustimmungen.

25 Willensmängel sind solche, die gem. §§ 116 ff. BGB zur **Anfechtung** berechtigen (Begr. RegE, BT-Drs. 19/24181, 121), selbst wenn die Anfechtbarkeit auf einer arglistigen Täuschung beruht (BFH ZIP 2018, 1192). Die irrtümlich als Zustimmung gewertete Äußerung eines Planbetroffenen begründet einen **Dissens** und ist kein Willensmangel. Da aber ein Verfahrensmangel ebenfalls geheilt wird, ist das unschädlich, soweit der Betroffene nur ordnungsgemäß beteiligt wurde. Unter die Heilungsvorschrift fallen auch die **Vertretungsmängel.** Das folgt entweder schon aus dem Zweck des Abs. 6, Rechtssicherheit zu schaffen (Begr. RegE, BT-Drs. 19/24181, 166), oder zumindest aus der Vergleichbarkeit mit Willensmängeln (zB bei irrtümlicher Bevollmächtigung) und Verfahrensmängeln (zB bei Verkennung der Unwirksamkeit einer Terminsvertretung, vgl. § 79 Abs. 2 ZPO). Die Heilung von Willensmängeln lässt **Schadensersatzansprüche gem. § 826 BGB** unberührt, wenn bspw. der Schuldner wesentliche Vermögensbestandteile bewusst verheimlicht.

26 Von den Verfahrensmängeln sind lt. § 63 Abs. 1 Nr. 2 **Inhaltsmängel** zu unterscheiden. Sie könnten insbesondere dazu führen, dass **Eintragungen im Handelsregister oder im Grundbuch** verweigert werden. Eine solche zweite Prüfung durch das andere Gericht wird für den Restrukturierungsplan ebenso wie für den Insolvenzplan überwiegend abgelehnt, soweit die Plangestaltung vollzugsfähig ist, was das Restrukturierungsgericht bereits im Rahmen von § 63 Abs. 1 Nr. 2 und 3 prüft. Deshalb sei, so die Vertreter dieser Ansicht, eine abweichende Entscheidung nur bei evidenten Fehlern zulässig (Überblick über den Meinungsstand: BFH NZI 2022, 752 Rn. 33; *Mulert/Steiner* NZG 2021, 673 (682 f.); BeckOK StaRUG/*Wilke* StaRUG § 67 Rn. 57). Was evident ist, ist jedoch unklar. Eine Parallele zu dem in § 66 Abs. 5 genannten besonders schweren Rechtsverstoß wird nicht gezogen.

27 Für eine **Stellungnahme** ist als Ausgangspunkt festzuhalten, dass der Bestätigungsbeschluss eine **materielle Rechtskraft** entfaltet (BGH NZI 2018, 958 Rn. 14; MüKoInsO/*Huber/Madaus* InsO § 254 Rn. 13, § 254a Rn. 22 zum Insolvenzplan). Berechtigt ist auch der Hinweis (*Brünkmans* ZIP 2022, 1573 (1580)) auf § 242 AktG, wonach sogar nichtige Hauptversammlungsbeschlüsse nach der Eintragung im Handelsregister teilweise sofort und teilweise nach drei Jahren als wirksam gelten, weil der Eintragung eine gerichtliche Prüfung vorausgegangen ist. Anders verhält es sich gem. § 398 FamFG nur, wenn die Beseitigung des Beschlusses im öffentlichen Interesse erforderlich ist. Deshalb könnte eine Planregelung erst recht Bestand haben; denn das Gericht muss den **Planinhalt umfassend prüfen** (BGH NZI 2022, 743 Rn. 12; 2015, 697 Rn. 8 zum Insolvenzplan), weil wesentliche und vom Schuldner nicht behobene Mängel eine Versagung der Planbestätigung erfordern (Flöther/*Laroche* StaRUG § 63 Rn. 11). Der Prüfungsumfang des Restrukturierungsgerichts beschränkt sich nicht nur auf Verfahrensfragen. So darf der Schuldner gem. § 47 eine Vorprüfung des Plans schon vor Beginn des Abstimmungsverfahrens beantragen. Zwar bezieht der BGH die inhaltliche Prüfung auf den verfahrensrechtlich relevanten Inhalt (BGH NZI 2022, 743 Rn. 12), der sich aber nicht von einer Beurteilung

der materiellrechtlichen Verhältnisse trennen lässt, die von den Plangestaltungen betroffen sind (zB § 2 Abs. 3, 13).

28 Der Gesetzgeber hat trotz des bekannten Streits im Insolvenzplanrecht (ua aus Anlass der Entscheidung des AG Berlin-Charlottenburg NZI 2015, 415) **keine Bestandskraft** der Planregelungen angeordnet, die **gegen zwingendes Recht** verstoßen. Allein mit einer materiellen Rechtskraft des Bestätigungsbeschlusses kann die Heilung nicht begründet werden. Anderenfalls dürfte nicht nach der Art eines Fehlers unterschieden werden (so aber *Brünkmans* ZIP 2022, 1573 (1579 ff.)). Zum zwingenden Recht gehört nicht schon jede Vorschrift, von der der Schuldner einseitig abzuweichen, nicht berechtigt ist. (→ Rn. 32).

29 Da der Gesetzgeber in Abs. 6 außer von Mängeln im Verfahren der Planabstimmung nur die Heilung von Willensmängeln angeordnet hat, **geht die Rechtskraftwirkung nicht weiter, als wenn es keine Willensmängel geben würde** (aA wegen der Rechtskraftwirkung: MüKoInsO/*Madaus* InsO § 254a Rn. 22). Auch ein allseitiger Konsens kann sich über Verbotsgesetze nicht hinwegsetzen und erst recht nicht den Schutz von Personen beseitigen, die am Verfahren nicht beteiligt sind. Deshalb wird eine Kontrolle durch das Registergericht nicht einschränkt, soweit es den Schutz Dritter betrifft. Soweit Rechte von Planbetroffenen tangiert sind, gilt das Gleiche für unverzichtbare Rechte; denn die Ersetzung von Willensmängeln bedeutet, dass sich ein Beteiligter nicht mehr auf diejenigen Rechte berufen kann, in die mit seiner. Eine wegen Verstoßes gegen ein Verbotsgesetz nichtige Regelung wird auch gegenüber den in den Plan einbezogenen Personen durch den Bestätigungsbeschluss nicht geheilt (Flöther/*Laroche* StaRUG § 67 Rn. 26). Ein Betroffener kann sich jedoch nicht mehr auf Rechte berufen, die mit seiner Zustimmung verändert werden dürfen. Können Mängel im Gesellschaftsrecht außerhalb eines Planverfahrens nur über eine Beschlussanfechtung gerügt werden, ist dieselbe Rechtsverletzung durch den Plan geheilt, weil ein Anfechtungsrecht außerhalb eines Planverfahrens verloren geht, wenn der Gesellschafter einem Beschluss zustimmt, diese Zustimmung aber nunmehr fingiert wird.

30 Dem kann nicht entgegengehalten werden, dass die Wirksamkeit eines bestätigten Restrukturierungsplans nicht unmittelbar auf den Zustimmungserklärungen der Betroffenen basiert, sondern auf dem gerichtlichen Bestätigungsbeschluss (BGH NZI 2015, 697 Rn. 26; 2006, 100 Rn. 15 zum Insolvenzplan), den das BVerfG der rechtsprechenden Gewalt zuordnet (BVerfG NZI 2020, 1112). Deshalb ist der Restrukturierungsplan zwar kein Vertrag zwischen den Planbetroffenen. Der Bestätigungsbeschluss schöpft seine **Legitimation** aber **aus** diesen **Willenserklärungen** (BGH NZI 2017, 260 Rn. 19; 2015, 697 Rn. 26; *Smid* DZWiR 2021, 119 (121 f.)). Damit ist er zumindest vertragsähnlich (*Madaus,* Insolvenzplan 2011, 173; *Madaus.* NZI 2020, 545; aA *Skauradszun* KTS 2021, 1 (31 ff.): nur ein Nukleus vertraglicher Natur) und gem. §§ 133, 141 BGB nach dem individuellen Verständnis derjenigen auszulegen, die ihn beschlossen haben (BGH NZI 2006, 100 Rn. 16). Die Willenserklärungen der Mehrheit erlaubt es, die Zustimmung der den Plan ablehnenden Beteiligten analog § 894 ZPO zu ersetzen. (*Madaus* NZI 2020, 545 (546)).

**31** Neben einer Begründung des Heilungsumfangs mit der Zustimmungsersetzung kann die Heilung auch vom **Zweck der verletzten Vorschrift** abhängen. So gewährt bspw. §§ 34 Abs. 2 GmbHG, 237 Abs. 1 AktG dem Gesellschafter nur einen Schutz im Verhältnis zu seinen Mitgesellschaftern, nicht aber im Verhältnis zu den Gläubigern, deren Rechte nicht mehr vollwertig sind (vgl. § 26 Abs. 1 Nr. 1). Wenn schon Gläubigerrechte keinen Wert haben, haben es die Gesellschafterrechte erst recht nicht. Das ändert nichts an der **Prüfungsbefugnis des Registergerichts,** die ihm nicht versagt werden kann, soweit es um den Schutz Dritter geht, die am Planverfahren nicht beteiligt sind (Schutz des Rechtsverkehrs). Maßgebend ist der Schutzzweck der jeweiligen Norm. So darf das Registergericht bspw. eine Überwertung der Forderung beim plangestalteten Debt-Equity-Swap nicht beanstanden, weil Abs. 5 den Schutz Dritter einschränkt. Genauso können Anträge auf **Eintragungen im Grundbuch** zurückgewiesen werden, wenn die Plangestaltung den sachenrechtlichen Anforderungen nicht genügt.

**32** Für den Insolvenzplan hat der BGH bisher offengelassen, ob die **Regelung,** die gem. § 217 InsO **nicht plandispositiver Ansprüche** sind, durch eine rechtskräftige Planbestätigung in **Bestandskraft** erwächst (BHG NZI 2022, 137 Rn. 24; ebenso zur Präklusionsklausel: BFH NZI 2022, 752 Rn. 33). Diese Frage stellt sich umso mehr im Restrukturierungsplan, weil die von einer Plangestaltung in §§ 2–4 ausgenommenen Rechtsverhältnisse umfangreicher als im Insolvenzplan sind. Hinzu kommt, dass die Einordnung der Rechtsverhältnisse durchaus zweifelhaft sein kann, so bspw., ob ein Sicherungsrecht einen künftigen Aussonderungs- oder nur Absonderungsanspruch begründet (vgl. BGH NZI 2008, 357), oder wie weit ein Gläubiger iSv § 3 Abs. 2 vorgeleistet hat, oder ob ein Dienstleister als Arbeitnehmer zu behandeln ist (LG Dresden ZIP 2021, 2596) oder ob eine Forderung (auch) auf einer vorsätzlich begangenen unerlaubten Handlung beruht. Bezieht der Schuldner die Gläubiger dieser Ansprüche in den Plan ein, verstößt er zwar gegen § 7 Abs. 1. Trotzdem ist das hier in Abs. 6 genannte Planangebot, auf dessen Annahme sich die Heilungswirkung erstreckt, an die **tatsächlich einbezogenen Personen** gerichtet. Der verfahrensrechtliche Mangel, dass ihre Beteiligung am Verfahren nicht zulässig ist, wird genauso geheilt wie ein Willensmängel des fehlerhaft Einbezogenen. Trotz des Verfahrensfehlers ist (!) er Planbetroffener. Deswegen ist er an den Plan gebunden. Das wird bestätigt durch einen Vergleich mit einem allseits konsensualen Plan. Der Konsens ändert nichts daran, dass die Einbeziehung der in den §§ 2–4 genannten Ansprüche unzulässig ist. Trotzdem muss sich der Gläubiger an den Plan halten, wenn er ihm zugestimmt hat. Wäre die Planimmunität ein Nichtigkeitsgrund (so *Brünkmans* ZIP 2022, 1573 (1582)), müsste die ausdrückliche Zustimmung unwirksam sein. Die §§ 2 ff. sind jedoch keine die Nichtigkeit gem. § 134 BGB begründenden Verbotsgesetze. Eine vertragliche Willenserklärung ist wirksam. Gleiches gilt für die mit der Planbestätigung geheilten Willensmängel. Allein § 49 Abs. 2 könnte gegen dieses Ergebnis sprechen. Danach bleiben die gem. § 4 nicht gestaltbaren Forderungen von einer Stabilisierungsanordnung *„unberührt"*. Selbst wenn man unter dem *„unberührt"* verstehen sollte, dass eine auch sie erfassende und damit fehlerhafte Stabilisierungsanordnung keine Geltung beanspruchen durfte, ist das auf die Rechtskraft einer Planbestätigung, nicht übertragbar, weil nur an sie und nicht schon an die Stabilisierungsanordnung die Heilungswirkungen geknüpft werden.

Eine **Präklusionsklausel** verstößt im Insolvenzplan gegen § 259b InsO, wenn sie dem Gläubiger das Recht versagt, bis zum Abstimmungstermin nicht angemeldete Forderungen noch innerhalb der besonderen Verjährungsfrist von einem Jahr zu verfolgen, falls die Verjährung materiellrechtlich nicht schon früher eintritt (BGH NZI 2015, 697 Rn. 15 f.; BGH NZI 2016, 170). Ob die Unwirksamkeit durch eine Planbestätigung geheilt wird, ist höchstrichterlich bisher nicht entschieden (BFH NZI 2022, 752 Rn. 33; bejahend: LG Düsseldorf ZIP 2017, 1870 Rn. 39). Eine dem § 259b InsO vergleichbare Vorschrift enthält das StaRUG nicht. Eine analoge Anwendung kommt schon mangels einer Gesetzeslücke nicht in Betracht. Außerdem erfasst nach der hier vertretenen Ansicht die Heilung von Willensmängeln auch die Heilung von Verstößen gegen verzichtbare Rechte. Beim Nachverfolgungsrecht handelt es sich um einen verzichtbaren Anspruch. Daran könnten zwar insofern Zweifel bestehen, als der BGH das Nachverfolgungsrecht auch als durch Art. 14 GG geschützt ansieht (BGH NZI 2015, 697 Rn. 16) und es Situationen wie bspw. Schadensereignisse gibt, in denen eine kurzfristige Bezifferung der Ansprüche schlichtweg unmöglich ist. Dann sind die davon betroffenen Gläubiger aber immer noch dadurch geschützt, dass sie den Plan ablehnen können. Wird ein Gläubiger überstimmt, wird ein Minderheitenschutzantrag oder eine Beschwerde nur Erfolg haben, wenn sie ihre als dem Plan zugrunde gelegten Forderungen glaubhaft bzw. nachweisen können. Das wird ihnen bei unbekannten Forderungen nicht gelingen. Das sie deshalb den Plan wegen einer Prakturierungsklausel nicht scheitern lassen können, liegt an der Entscheidung des Gesetzgebers, nur Umstände zu berücksichtigen, die eine voraussichtliche (§ 64) und wesentliche (§ 66) Schlechterstellung bedeuten. Eine Präklusionsklausel ist deshalb wirksam (Flöther/*Laroche* StaRUG § 67 Rn. 25). 33

Sollte eine Planregelung wegen eines nicht geheilten Gesetzesverstoßes unwirksam sein, erfasst das nicht unbedingt auch die übrigen Plangestaltungen. **§ 139 BGB** findet **keine Anwendung** (BGH NZI 2015, 697 Rn. 27). Nur wenn die unwirksame Regelung solche Auswirkungen auf das Planergebnis hat, dass das Planziel nicht mehr unter Berücksichtigung der Interessen aller Betroffener erreicht wird, kommt eine Unwirksamkeit des gesamten Plans in Betracht (Kübler/Prütting/Bork/*Spahlinger* InsO § 254 Rn. 6a). 34

## Sonstige Wirkungen des Restrukturierungsplans

**68** (1) **Wenn Rechte an Gegenständen begründet, geändert, übertragen oder aufgehoben oder Geschäftsanteile an einer Gesellschaft mit beschränkter Haftung abgetreten werden sollen, gelten die in den Restrukturierungsplan aufgenommenen Willenserklärungen der Planbetroffenen und des Schuldners als in der vorgeschriebenen Form abgegeben.**

(2) [1]**Die in den Restrukturierungsplan aufgenommenen Beschlüsse und sonstigen Willenserklärungen der Planbetroffenen und des Schuldners gelten als in der vorgeschriebenen Form abgegeben.** [2]**Gesellschaftsrechtlich erforderliche Ladungen, Bekanntmachungen und sonstige Maßnahmen zur Vorbereitung von Beschlüssen der Planbetroffenen gelten als in der vorgeschriebenen Form bewirkt.**

(3) **Entsprechendes gilt für die in den Restrukturierungsplan aufgenommenen Verpflichtungserklärungen, die einer Maßnahme nach Absatz 1 oder Absatz 2 zugrunde liegen.**

**Schrifttum:** *Mulert/Steiner* Gesellschaftsrechtlich zulässige Regelungen im Insolvenz- und Restrukturierungsplan, NZG 2021, 673.

**Übersicht**



## I. Normzweck

1 Der Erfolg einer Restrukturierungsplanung hängt von der Geschwindigkeit ihrer Umsetzung ab. Deshalb sind die Planbetroffenen genauso wie der Schuldner daran interessiert, dass der **Plan möglichst schnell vollzogen** wird. Dieses Ziel wird am besten erreicht, wenn die im gestaltenden Teil gem. § 13 vorgesehenen Rechtsänderungen mit der Planwirksamkeit bzw. Rechtskraft des Bestätigungsbeschlusses eintreten. Das ist jedoch schon wegen der bei einigen Rechtsänderungen beispielsweise durch Besitzwechsel oder Registereintragung erforderlichen Publizität nicht möglich (Begr. RegE zu § 254a InsO, BT-Drs. 12/2443, 213). Das Gesetz erleichtert den Vollzug aber, indem entweder die Erklärungen zu den dinglichen Rechtsänderungen oder zumindest die dazu erforderliche Verpflichtung bereits im Plan formgerecht abgegeben werden können. Die EU-Richtlinie liefert dazu keine Vorgaben. Die Regelung orientiert sich weitgehend an § 254a InsO (Begr. RegE, BT-Drs. 19/24181, 166).

## II. Formwahrung (Abs. 1)

2 Die in den Restrukturierungsplan aufgenommen **Willenserklärungen der Planbetroffenen** und des Schuldners gelten als in der vorgeschriebenen Form abgegeben. Das erfasst sämtliche Vermögensgegenstände, die Gegenstand einer Rechtsänderung sein können, auch immaterielle Vermögensgegenstände wie Forderungen oder Schutzrechte, soweit deren Übertragung einer bestimmten Form bedarf. Die gesonderte Benennung der Geschäfts-

anteile ist wegen § 15 Abs. 3 GmbHG nur ein typischer Anwendungsfall in einer Sanierungssituation.

Als Inhalt der Rechtsänderung nennt Absatz 1 die Begründung, Änderung, Übertragung und Aufhebung eines Rechts. Darunter fällt **jede Form einer möglichen Verfügung.** Auch neue Rechte können den Beteiligten und insbesondere dem Schuldner eingeräumt werden, sodass die Planwirkungen über das hinausgehen, was in § 2 als gestaltbare Rechtsverhältnisse genannt ist. Das ist insbesondere im Zusammenhang mit der Erstreckung der Formwirksamkeit auf Erklärungen Dritter gem. Absatz 3 von Bedeutung (→ Rn. 8). **3**

Der Formfiktion unterliegen nur die in den Restrukturierungsplan aufgenommenen **Willenserklärungen,** wobei zusätzlich erforderlich ist, dass sie **im gestaltenden Teil** enthalten sein müssen, § 67 Abs. 1. Das lässt sich auf Maßnahmen beschränken, auf deren Umsetzung der Schuldner oder die Planbetroffenen aus dem Plan **nur** einen **Anspruch** herleiten können, der ggf. im Prozesswege durchzusetzen ist. Es können aber auch sachenrechtliche Verhältnisse unmittelbar geändert werden, § 13. Durch den Plan vorgenommen werden nur **Rechtsänderungen,** wenn und soweit sie **ausdrücklich formuliert** werden. Ist beispielsweise vorgesehen, dass eine Grundschuld gelöscht werden soll, muss die Lösungsbewilligung denselben Anforderungen genügen wie außerhalb eines Plans. Als gewahrt gelten nur die Formerfordernisse, nicht die Inhaltserfordernisse. **4**

In persönlicher Hinsicht erstreckt sich die Formfiktion in Abs. 1 **nur** auf den **Schuldner** und die **Planbetroffenen.** Soweit es eine Erklärung des Schuldners betrifft, bereitet es keine Schwierigkeiten, ihre Abgabe dem Plan zu entnehmen, stammt von ihm doch bereits das Planangebot, § 1. Soweit die Betroffenen zustimmen, gilt das für sie genauso. Die ablehnenden Betroffenen hingegen verweigern die Abgabe einer Willenserklärung. Sie sind jedoch bei einer Planbestätigung ebenfalls an den Plan gebunden, § 67 Abs. 1 S. 2. Gemäß § 67 Abs. 6 gelten Willensmängel mit der Planbestätigung als geheilt. Deshalb sind auch die Erklärungen, die im gestaltenden Teil den ablehnenden Betroffenen zugewiesen werden, ihnen als formgültige Willensäußerung zuzurechnen. **5**

Für eine Rechtsänderung **zusätzlich** zu den Willenserklärungen **erforderliche Akte** wie Besitzübertragung, Grundbucheintragung oder Registereintragungen bzw. -anmeldungen werden durch die Planbestätigung nicht ersetzt. In der Regel wird es der Schuldner sein, der auf den Vollzug dieser zusätzlichen Maßnahmen und die Registereintragung hinwirken wird, wobei er dazu auf die Planregelung verweisen kann. Klarstellend sollte die ausdrückliche Ermächtigung zur Beantragung von Grundbucheintragungen etc aufgenommen werden. Ein Restrukturierungsbeauftragter ist zur Anmeldung nicht befugt, weil das Gesetz keine Regelung wie für den Insolvenzverwalter in § 254a Abs. 2 S. 3 InsO enthält (*Mulert/Steiner* NZG 2021, 673 (677)). **6**

## III. Organisationsakte (Abs. 2)

Absatz 2 fingiert die Einhaltung der Formvorschriften für die in den Plan aufgenommenen *„Beschlüsse und sonstigen Willenserklärungen"*. In Abgrenzung **7** zu Abs. 1, der die Einhaltung der erforderlichen Formen auf die individuelle Erklärung der Beteiligten erstreckt, beziehen sich die *„sonstigen Erklärungen"* auf gemeinschaftliche Entscheidungen. Das sind in erster Linie **gesellschaftsrechtliche Maßnahmen beim Schuldner** wie bspw. eine Änderung der Satzung bzw. des Gesellschaftervertrages. (Zu den zulässigen Maßnahmen vgl. § 7 Abs. 4.) Die gesellschaftsrechtlich erforderlichen Ladungen, Beurkundungen und sonstigen Maßnahmen zur **Vorbereitung von Beschlussfassungen** gelten als in der vorgeschriebenen Form bewirkt. Eine gleichlautende Regelung findet sich in § 254a Abs. 2 InsO für den Insolvenzplan. Ob die Erfordernisse nur im Gesetz oder auch im Gesellschaftsvertrag oder in der Satzung aufgestellt werden, spielt keine Rolle. Der beabsichtigte Beschleunigungszweck gilt für jedweden Formbedarf. Erforderlich ist nur, dass die Gesellschafter als Planbetroffene gem. § 9 Abs. 1 Nr. 4 in den Plan einbezogen werden (Flöther/*Hoffmann*/*Braun* StaRUG § 68 Rn. 5). Ein anderes Anwendungsbeispiel des Abs. 2 sind **Beschlüsse,** die **für die Planbetroffenen untereinander** gelten sollen, so etwa bei der Änderung von Konsortialvereinbarungen (AG Köln NZI 2021, 433).

8 Gesellschaftsrechtliche Änderungen werden häufig von einem Beitritt neuer Gesellschafter begleitet, sei es im Wege des debt-equity-swaps, sei es im Wege einer sonstigen Sach- oder einer Bareinlage. Die **Erklärungen der nicht planbetroffenen Dritten** können in den Plan aufgenommen werden. Die Wahrung der erforderlichen Form folgt dann nicht allein aus Abs. 1 und 2, die unmittelbar nur für die Planbetroffenen und den Schuldner gelten, sondern aus dem Zusammenhang mit § 15 Nr. 3 (→ Rn. 8). Das gilt insbesondere für Übernahmeerklärungen gem. §§ 56, 55 Abs. 1 GmbHG oder auch für die mit der Einbringung einer Sacheinlage verbundenen Erklärungen. Auch hier werde die Publizitätsakte wie insbesondere Registeranmeldungen durch den Plan nicht ersetzt. Zur Prüfungsbefugnis des Registergerichts → § 67 Rn. 31.

## IV. Verpflichtungserklärungen (Abs. 3)

9 Willenserklärungen zu Rechtsänderungen gelten bereits gem. Abs. 1 als formwirksam abgegeben. Insofern kommt Abs. 3 eher deklaratorische Bedeutung zu, indem dort bestimmt ist, dass die Formerstreckung auch die **Verpflichtung zu Rechtsänderungen** betrifft, die im Plan noch nicht vollzogen werden. Da es sich um Verpflichtungen handeln soll, die einer Maßnahme nach den Absätzen 1 und 2 zugrunde liegen, könnte sich Abs. 3 auch nur auf Verpflichtungserklärungen der Planbetroffenen beschränken. Bereits für den im Wortlaut weitgehend identischen § 254a Abs. 3 InsO entspricht es jedoch der überwiegenden Ansicht, dass **nicht plandispositive Rechte** Gegenstand eines Plans sein können, **wenn der Rechtsinhaber zustimmt** und seine **Erklärung** gem. § 230 Abs. 3 InsO als Anlage dem Plan **beigefügt** wird. Dafür gilt ebenfalls die Form als gewährt (MüKoInsO/*Madaus* InsO § 254a Rn. 15), wobei unklar ist, ob das nur die **schuldrechtliche Verpflichtung** (so MüKoInsO/*Madaus* InsO § 254a Rn. 19) oder auch deren **dinglichen Vollzug** betrifft (K. Schmidt InsO/*Spliedt* InsO

§ 254a Rn. 3). Letztgenanntes ist zutreffend; denn in § 15 Abs. 3 ist für die Einbeziehung von Dritten zwar nur von Verpflichtungen die Rede. Anderseits macht es wenig Sinn, für Dritte die Formfiktion nicht auf verfügende Erklärungen zu erstrecken, obwohl sie an eine Verpflichtungserklärung gebunden sind. Da sich lt. Absatz 3 die Verpflichtung auf eine Planmaßnahme beziehen muss, entspricht es dem Beschleunigungszweck des § 68, im Plan vorgesehenen Rechtsänderungen an der Formfiktion teilhaben zu lassen, auch soweit es die Beteiligung von Dritten betrifft. Ihr Schutz kann dem nicht entgegenstehen, weil anderenfalls schon die durch die Verpflichtungserklärung bewirkte Bindung nicht eintreten dürfte. Ebenso wenig bedarf es eines Schuldnerschutzes vor einer im Plan von ihm selbst vorgesehenen Rechtsänderung. Auch der Schutz des allgemeinen Rechtsverkehrs kann keine Rolle spielen, weil es insofern keinen Unterschied macht, ob Planbetroffene oder Dritte an der Rechtsänderung beteiligt sind. Somit gilt für die Beteiligung von Dritten dieselbe Einhaltung der Formvorschriften wie für die Planbetroffenen (so wohl auch Flöther/*Hoffmann/Braun* StaRUG § 68 Rn. 8, 5; BeckOK StaRUG/*Wilke* StaRUG § 68 Rn. 16).

## V. Wirkungszeitpunkt

Die im gestaltenden Teil festgelegten Wirkungen treten bereits **mit der Bestätigung** des Restrukturierungsplans ein, nicht erst mit der Rechtskraft. Wird der Bestätigungsbeschluss aufgehoben, müssen die im Plan vollzogenen Rechtsänderungen rückabgewickelt werden, was mit Unsicherheiten verbunden ist, wenn die Krise des Schuldners nicht auf andere Weise beseitigt werden kann. Sonst scheitert die Rückabwicklung entweder an den auf einen Insolvenzantrag folgenden Einschränkungen der Verfügungsbefugnis des Schuldners oder unterliegt zumindest einem Anfechtungsrisiko gem. §§ 129 ff. InsO. Deshalb mag es häufig sinnvoll sein, die Wirkungen dinglicher Rechtsänderungen unter die aufschiebende Bedingung der Rechtskraft des Bestätigungsbeschlusses zu stellen. 10

## Wiederaufleben gestundeter oder erlassener Forderungen

**69** (1) [1] **Sind aufgrund des gestaltenden Teils des Restrukturierungsplans einbezogene Restrukturierungsforderungen gestundet oder teilweise erlassen worden, so wird die Stundung oder der Erlass für den Gläubiger hinfällig, gegenüber dem der Schuldner mit der Erfüllung des Plans erheblich in Rückstand gerät.** [2] **Ein erheblicher Rückstand ist erst anzunehmen, wenn der Schuldner eine fällige Verbindlichkeit nicht bezahlt hat, obwohl der Gläubiger ihn schriftlich gemahnt und ihm dabei eine mindestens zweiwöchige Nachfrist gesetzt hat.**

(2) **Wird vor vollständiger Erfüllung des Restrukturierungsplans über das Vermögen des Schuldners ein Insolvenzverfahren eröffnet, so ist die Stundung oder der Erlass im Sinne des Absatzes 1 für alle Gläubiger hinfällig.**

(3) [1]**Im Restrukturierungsplan kann etwas von Absatz 1 oder 2 Abweichendes vorgesehen werden.** [2]**Jedoch kann von Absatz 1 nicht zum Nachteil des Schuldners abgewichen werden.**

**Übersicht**



## I. Normzweck

1 Der Schuldner wird mit der im gestaltenden Teil vorgesehenen Befriedigung von seinen restlichen Verbindlichkeiten gegenüber den in den Plan einbezogenen Gläubigern befreit, § 11. Er darf zwar mehr zahlen, als er nach dem Plan verpflichtet ist, die Gläubiger dürfen aber nicht mehr verlangen, § 67 Abs. 4. Gerät der Schuldner jedoch in Rückstand, stellt sich die Frage nach einem **Rücktritt vom Vertrag** (MüKoBGB/*Habersack* BGB § 779 Rn. 37 f.) zum Rücktritt vom Vergleichsvertrag) und dessen Wirkung auf die Vielzahl der Betroffenen. Die EU-Richtlinie enthält dazu keine Vorgaben. Der deutsche Gesetzgeber hat sich deshalb auch hier am Insolvenzplanrecht orientiert (Begr. RegE, BT-Drs. 19/24181, 166 f.) und analog § 255 InsO die Voraussetzungen einer Schuldnersäumnis sowie dessen Auswirkungen auf die Rechtsstellung der Betroffenen geregelt. Damit wird der Schuldner zugleich zur Planerfüllung angehalten, um sich die Planvorteile dauerhaft zu sichern.

## II. Rückstand gestundeter oder erlassener Forderungen

2 Laut Satz 1 hat die Säumnis des Schuldners nur Auswirkungen auf das **Rechtsverhältnis zu jedem einzelnen Gläubiger.** Das ist keine Selbstverständlichkeit, denn der Plan wirkt gegenüber allen Betroffenen (§ 67 Abs. 1), die sowohl gruppenintern (§ 10) als auch gruppenübergreifend bei vergleichbarer Rechtstellung gleich behandelt werden sollen, § 27 Abs. 1 Nr. 3, falls sie keiner Ungleichbehandlung zustimmen. Kann sich ein Gläubiger im Nachhinein vom Plan lösen und wieder seinen vollen Anspruch durchsetzen, kann das eine erhebliche Besserstellung bedeuten. Das hat der Gesetzgeber jedoch hingenommen, solange keine Insolvenz eintritt, deren Konsequenzen Abs. 2 regelt. Es läge deshalb nahe, die Gleichbehandlung beim Planvollzug dadurch sicherzustellen, dass im gestaltenden Teil zumindest ab einem gewissen Umfang der von einem Rückstand betroffenen Gläubiger alle Forderungen wieder aufleben. Eine solche zu Lasten des Schuldners geltende Klausel ist jedoch gem. Abs. 3 unwirksam. Die Gläubiger, die wegen des Wiederauflebens zugunsten einzelner anderer Gläubiger benachteiligt werden, können den Plan auch nicht anfechten, wenn sie

Anhaltspunkte dafür haben, dass der Schuldner diese Ungleichbehandlung von vornherein beabsichtigt hat, ohne sie offenzulegen; denn Willensmängel gelten gemäß § 67 Abs. 6 als geheilt. In Betracht kommt jedoch ein unabhängig davon bestehender Schadensersatzanspruch gem. §§ 241, 826 BGB, der sodann die Insolvenz auslösen und wiederum die Gleichbehandlung aller Restrukturierungsgläubiger herstellen kann.

Das Wiederaufleben erfasst dem Wortlaut nach nur **gestundete** oder **erlassene Restrukturierungsforderungen.** Die *„erlassenen"* Forderungen bestehen gemäß § 67 Abs. 4 als Naturalobligation fort, sodass nur ein Durchsetzungshindernis entfällt und sie nicht neu begründet werden müssen. Ebenso verhält es sich mit gestundeten Forderungen. Anders ist es hingegen, wenn eine Forderung – was als Plangestaltung zulässig ist – iSv § 397 BGB tatsächlich erlassen wurde. Dann hat der Gläubiger einen Anspruch auf Neubegründung der Forderung mit dem alten Inhalt. Er muss jedoch den Abschluss einer neuen Vereinbarung nicht abwarten, sondern kann, wie bei einer nach § 346 Abs. 1 BGB geschuldeten Rückgewähr (dazu MüKoBGB/*Geier* BGB § 346 Rn. 67), sofort auf Leistungen in ursprünglicher Höhe klagen. Von einem Wiederaufleben betroffen ist, soweit nicht eine Insolvenzeröffnung folgt, nicht nur subjektiv der einzelne Gläubiger, sondern auch in objektiver nur die jeweilige Forderung, mit deren Planerfüllung der Schuldner gegenüber dem einzelnen Gläubiger in Rückstand gerät. Das strahlt nicht auf sämtliche Forderungen desselben Gläubigers aus. Außerdem sind in objektiver Hinsicht von dem Rückstand **nur Zahlungsansprüche** erfasst. Forderungen, die auf andere Leistungen gerichtet sind, zB zur Lieferung einer durch den Plan reduzierten Menge von Strom, fallen nicht unter den Wortlaut, weil Satz 2 nur von Zahlungen spricht. Eine analoge Anwendung ist jedoch naheliegend. 3

Der Rückstand muss einer des Schuldners sein. Geraten **Dritte** wie bspw. ein Investor **in Rückstand** mit der Erfüllung der ihnen nach dem Plan gegenüber den Gläubigern übernommenen Verpflichtungen, leben die Forderungen gegen den Schuldner nicht wieder auf. Auch insoweit darf gem. Abs. 3 im Plan nichts anderes zu Lasten des Schuldners bestimmt werden. Deshalb kann es zweckmäßig sein, die Zahlungsverpflichtung eines Investors mit der subsidiären Zahlungsverpflichtung des Schuldners zu unterlegen, die bei einer Leistungsverzögerung des Dritten eingreift, sodass anschließend ein Schuldnerrückstand entstehen kann. 4

Ein **Wiederaufleben alter Sicherheiten** sieht Abs. 1 nicht vor. Hat der Gläubiger das dingliche Recht noch nicht verloren, sondern darf es nur nicht verwerten, solange der Plan erfüllt wird, entfällt die Verwertungssperre, wenn die Forderung wieder uneingeschränkt durchsetzbar ist (MüKoInsO/*Huber/Madaus* InsO § 255 Rn. 15). Das sollte aber im Plan klarstellend festgehalten werden. Hat der Gläubiger hingegen sein dingliches Recht verloren, weil bspw. im gestaltenden Teil die Löschung einer Grundschuld oder die Rückabtretung von Forderungen vorgesehen ist, ist es eine Frage der Planauslegung, ob das Sicherungsrecht wieder begründet werden soll. Das ist keine Selbstverständlichkeit; denn jeder Gläubiger muss damit rechnen, dass zwischenzeitlich neue Rechte zugunsten anderer Gläubiger oder auch von Käufern der ehemaligen Sicherungsgegenstände begründet werden. Ohne eine klare Verpflichtung zur Neubegründung im Plan dürfte eine Besiche- 5 rung der wiederauflebenden Forderungshöhe ausscheiden. Selbst wenn sie im Plan enthalten sein sollte, dürfte der Vollzug regelmäßig an der auf ein Wiederaufleben hoher Beträge folgenden Insolvenz scheitern.

**6** Ebenso muss geregelt werden, welche **Auswirkungen** das Wiederaufleben der Forderung **auf die Haftung Dritter** hat. Im Grundsatz wird die Haftung Dritter gem. § 67 Abs. 3 durch den Plan nicht berührt. Ein Klarstellungsbedarf ergibt sich jedoch, wenn Dritte gem. §§ 15 Abs. 3, 68 Abs. 3 die Planerfüllung besichert haben. Das wird regelmäßig nicht auf den wiederauflebenden Teil der Forderung umfassen (arg. e § 767 Abs. 1 S. 3 BGB), es sei denn, dass das Wiederaufleben als Verzugsfolge behandelt wird (so MüKo-InsO/*Huber/Madaus* InsO § 255 Rn. 27), was aber zweifelhaft ist → Rn. 6.

**7** Nach dem Gesetzeswortlaut muss ein **Rückstand** eingetreten sein. Der Gesetzgeber spricht **nicht** vom **Verzug,** obwohl die Fälligkeit im Restrukturierungsplan häufig gem. § 286 Abs. 2 Nr. 1 BGB kalendarisch bestimmt ist. Es reicht aus, dass die Säumnis objektiv besteht. Ein Verschulden ist entgegen § 286 Abs. 4 BGB nicht erforderlich. Ebenso verhält es sich bei der Rücktrittsvoraussetzung des § 346 Abs. 1 BGB, dem das Wiederaufleben ähnelt. Das spricht dagegen, das Wiederaufleben der Forderung im Hinblick auf die Haftung von Plangaranten als Verzugsfolge anzusehen.

**8** Der Rückstand muss **erheblich** sein. Für die Erheblichkeit kommt es nach Satz 2 allein auf eine zeitliche Komponente an. Nicht erforderlich ist, dass ein Rückstand der Höhe nach erheblich ist. Trotzdem genügt nicht jeder Rückstand. Das Korrektiv ist jedoch nicht dem Planrecht zu entnehmen, sondern §§ 226, 242, 341 Abs. 5 BGB. Das gilt insbesondere dann, wenn der Schuldner kurz nach Fristablauf den Rückstand vollständig ausgleicht.

**9** Die **Forderung** muss fällig und durchsetzbar, also **einredefrei** sein. Was der Schuldner zu leisten verweigern darf, begründet keinen Rückstand. Außerdem muss der Gläubiger den Schuldner gemahnt haben. Gemäß § 286 Abs. 1 BGB darf die **Mahnung** erst **nach** Eintritt der **Fälligkeit** ausgesprochen werden. Eine vorherige Fristsetzung hat keine Bedeutung (aA wohl Flöther/*Hoffmann/Braun* StaRUG § 69 Rn. 5), ebenso wenig eine schon im Plan gesetzte Nachfrist. Die Mahnung muss überdies **schriftlich** sein, mithin die Anforderungen des § 126 BGB erfüllen, sodass gemäß § 126 Abs. 3 BGB auch die elektronische Form ausreichend ist. Verzugsbegründende Mahnsuggorate wie beispielsweise ein Mahnbescheid reichen nicht (MüKoInsO/*Huber/Madaus* InsO § 255 Rn. 23). Des Weiteren muss ausdrücklich eine **Nachfrist** gesetzt werden, die mindestens zwei Wochen betragen darf. Eine kürzere Frist macht die Mahnung unwirksam und muss wiederholt werden (Flöther/*Hoffmann/Braun* StaRUG § 69 Rn. 5). Sie gilt nicht als mit der gesetzlichen Frist aufrecht erhalten. Die zwei Wochen dürfen als Reaktionsfrist zugunsten des Schuldners auch erst mit dem Zugang der Mahnung bei ihm beginnen.

## III. Eröffnung des Insolvenzverfahrens

**10** Ein Rückstand des Schuldners hat nur dann Gesamtwirkung für alle Planbetroffene, wenn das Insolvenzverfahren über sein Vermögen eröffnet wird.

Dann werden die Durchsetzungssperre der bis dahin nur als Naturalobligation fortbestehenden Forderung oder die Stundung hinfällig. Dafür muss im Eröffnungszeitpunkt gegenüber den Planbetroffenen noch nicht einmal ein **Rückstand** bestehen. Ausreichend ist die **Insolvenzeröffnung.** Dass trotzdem sämtliche Restrukturierungsforderungen wieder aufleben, ist weniger § 41 InsO geschuldet, wonach nicht fällige Forderungen als mit dem Eröffnungszeitpunkt fällig gelten und deshalb eine Säumnis von mehr als zwei Wochen ohnehin bald eintreten würde, als vielmehr der Vermeidung einer Doppelbelastung der Gläubiger. Dürften sie am Insolvenzverfahren nur mit ihrer Forderungsquote teilnehmen, müssten sie eine doppelte Reduzierung hinnehmen, zunächst im Restrukturierungsplan und sodann mit der Insolvenzquote auf die reduzierte Forderung (Begr. RegE., BT-Drs. 19/24181, 167). Deshalb reicht für das Wiederaufleben allein ein **Insolvenzantrag** nicht aus, weil dann noch ungewiss ist, ob es überhaupt zu einer Eröffnung und damit doppelten Quotelung kommen wird. Auch die Abweisung mangels Masse genügt dem Wortlaut nach nicht. Beide Ereignisse werden aber regelmäßig Rückstände im Sinne des Abs. 1 für sämtliche Gläubiger begründen, sodass dann auf diesem Wege ein allgemeines Wiederaufleben eintritt.

Da das allgemeine Wiederaufleben der Forderungen die Doppelbelastung 11
der Gläubiger reduzieren soll, betrifft das nicht diejenigen **Ansprüche,** die in Höhe der Plangestaltung **bereits erfüllt** wurden. (aA Flöther/*Hoffmann/Braun* StaRUG § 69 Rn. 11). Andere Konsequenzen als das Wiederaufleben der Forderungen hat eine Insolvenzeröffnung ebenfalls nicht. Insbesondere **entfallen nicht** sämtliche Planwirkungen **von Anbeginn,** was vor allem Bedeutung hat, wenn durch den Plan dingliche (Sicherungs-)Rechte aufgegeben werden.

## IV. Abweichende Regelungen (Abs. 2)

Von den Absätzen 1 und 2 **abweichende Regelungen** sind **nur zu-** 12
**gunsten des Schuldners** zulässig. So können im Plan insbesondere längere Nachfristen oder auch mehrere Fristsetzungen oder auch jeglicher Verzicht auf ein Wiederaufleben vereinbart werden. Ebenso kann die relative oder absolute Höhe des erforderlichen Rückstandes geregelt werden. Unzulässig ist es hingegen, die Formalitäten der Mahnung zu erleichtern oder das Wiederaufleben sämtlicher Forderungen nicht erst von einer Insolvenzeröffnung, sondern von einem Insolvenzantrag oder einer Zwangsvollstreckungsmaßnahmen oder einem Mindestquorum der bei anderen Gläubigern wiederauflebenden Forderungen abhängig zu machen.

Da § 69 nur das Aufleben von Restrukturierungsforderungen betrifft, sind 13
**andere Konsequenzen** eines Rückstandes zulässig, wie sie bspw. in Financial Covenants über die Nachbesicherung von Forderungen bei Unterschreiten bestimmter Benchmarks geregelt sind. Ebenso könnte geregelt werden, dass Geschäftsanteile an der Schuldnerin in eine Doppeltreuhand überführt werden, wenn der Schuldner in Erfüllungsrückstand gerät. Zulässig bliebt jedwede Vereinbarung zulasten anderer als dem Schuldner, die ihnen Verpflichtungen für den Fall der Schuldnersäumnis auferlegen, ohne dass die

besonderen Voraussetzungen des Abs. 1 eingehalten werden müssen. Das ist jedoch keine unmittelbare Planregelung, sondern setzt eine dem Plan gem. § 15 Abs. 3 beigefügte Verpflichtungserklärung des Dritten voraus.

## Streitige Forderungen und Ausfallforderungen

**70** (1) **Streitige Restrukturierungsforderungen unterliegen der auf sie anwendbaren Regelung des Restrukturierungsplans in der Höhe, in der sie später festgestellt sind, nicht aber über den Betrag hinaus, der dem Plan zugrunde gelegt wurde.**

(2) **[1] Ist eine Restrukturierungsforderung im Abstimmungsverfahren bestritten worden oder steht die Höhe der Ausfallforderung des Inhabers einer Absonderungsanwartschaft noch nicht fest, so ist ein Rückstand mit der Erfüllung des Restrukturierungsplans im Sinne des § 69 Absatz 1 nicht anzunehmen, wenn der Schuldner die Forderung bis zur endgültigen Feststellung in der Höhe berücksichtigt, die der Entscheidung über das Stimmrecht bei der Abstimmung über den Plan entspricht. [2] Ist keine Entscheidung des Restrukturierungsgerichts über das Stimmrecht getroffen worden, so hat das Restrukturierungsgericht auf Antrag des Schuldners oder des Gläubigers nachträglich festzustellen, in welchem Ausmaß der Schuldner die Forderung vorläufig zu berücksichtigen hat.**

(3) **[1] Ergibt die endgültige Feststellung der Forderung, dass der Schuldner zu wenig gezahlt hat, so hat er das Fehlende nachzuzahlen. [2] Ein erheblicher Rückstand mit der Erfüllung des Restrukturierungsplans ist erst anzunehmen, wenn der Schuldner das Fehlende nicht nachzahlt, obwohl der Gläubiger ihn schriftlich gemahnt und ihm dabei eine mindestens zweiwöchige Nachfrist gesetzt hat.**

(4) **Ergibt die endgültige Feststellung der Forderung, dass der Schuldner zu viel gezahlt hat, so kann er den Mehrbetrag nur insoweit zurückfordern, als dieser auch den nicht fälligen Teil der Forderung übersteigt, die dem Gläubiger nach dem Restrukturierungsplan zusteht.**

**Schrifttum:** *Desch* Der neue Stabilisierungs- und Restrukturierungsrahmen nach dem Regierungsentwurf StaRUG in der Praxis, BB 2020, 2498.

### Übersicht

## I. Überblick

1 Die Vorschrift regelt die **vorläufige Behandlung** der bei Planabstimmung **streitigen Forderungen** und die Konsequenzen ihrer späteren Feststellung. Sie lehnt sich an § 256 InsO an. Allerdings unterscheidet sich das Insolvenzverfahren von dem Restrukturierungsverfahren dadurch, dass es Gesamtwirkung hat und deshalb jeder Insolvenzgläubiger, der zum Stichtag der Verfahrenseröffnung einen begründeten Anspruch (§ 38 InsO) hat, an den Insolvenzplan mit seiner gesamten Forderung gebunden ist (§ 254 InsO). Im Restrukturierungsplan ist es hingegen der Schuldner, der die Planbetroffenen definiert, und zwar nicht nur in persönlicher, sondern auch in sachlicher Hinsicht. Bezieht er eine **Forderung** nur **teilweise** ein, weil er einen anderen Teil bestreitet, wird der überschießende Teil von der Gestaltung durch den Restrukturierungsplan nicht erfasst, auch wenn dieser Teil denselben Rechtsgrund hat (Begr. RegE, BT-Drs. 19/24181, 167; *Desch* BB 2020, 2498 (2505)). Das birgt jedoch die Gefahr eines Verstoßes gegen § 8, weil die Differenzierung zwischen einem unstreitigen und einem streitigen Teil nicht sachgerecht ist, müsste doch der Zweitgenannte vollständig erfüllt werden, wenn der Streit zum Nachteil des Schuldners entschieden wird. Er wird somit auch diesen Teil in den Plan einbeziehen. Deshalb bedarf es einer Regelung über deren Behandlung solange der Streit andauert, und wie bei dessen Beendigung zu verfahren ist. In der Praxis wird es allerdings meist so sein, dass sich der Schuldner mit dem Gläubiger vor der Abstimmung einigt, weil der Gläubiger davon seine Zustimmung abhängig macht und die Forderung eine Höhe hat, die die Planbestätigung gefährdet.

## II. Endgültig streitige oder unbestimmte Forderungen (Abs. 1)

2 Steht die **Höhe** einer Forderung noch nicht fest, unterliegt sie der Gestaltung des Restrukturierungsplans in der Höhe, in der sie **später festgestellt** wird. Der Schuldner ist aber daran interessiert, sie vollumfänglich in den Plan einzubeziehen, damit sich die Planwirkungen auf die später festgestellte Forderung und nicht nur auf einen Teil belaufen; denn nur das, was Gegenstand des Plans, wird auch von den Plangestaltungen erfasst. Deshalb wird er die Forderung mit dem **höchsten Risikobetrag** ansetzen, sie aber entweder ganz oder in Höhe eines von ihm für unberechtigt gehaltenen Teils ausdrücklich als streitig kennzeichnen, um gem. § 71 die Titulierungswirkung des Plans für diesen Teil zu vermeiden (Begr. RegE, BT-Drs. 19/24181, 168). Sollen beispielsweise Restrukturierungsforderung um 50% gekürzt werden, betreffen diese 50% die später endgültig festgestellte Gesamtforderung. Stellt sich hingegen im Feststellungsstreit für die Forderung heraus, dass sie sogar höher ist, als der Schuldner als maximales Risiko im Plan angesetzt hat, erfasst der Plan den Mehrbetrag nicht. Ergibt sich hingegen ein geringerer Betrag, beziehen sich die 50% auf ihn und nicht etwa auf die vorläufig zugrunde gelegte Höhe als Mindestbetrag (Abs. 4). Streitig

kann auch derjenige Teil einer Forderung sein, die im Abstimmungsverfahren nicht vom Schuldner, sondern nur von einem Betroffenen bestritten wird.

## III. Rückstand bei streitigen Forderungen (Abs. 2)

3 Bis zur endgültigen Feststellung kann geraume Zeit vergehen, sodass es einer **vorläufigen Regelung der Zahlungspflichten und eines Rückstands** bedarf. Das gilt sowohl für streitige Forderungen als auch für Forderungen, deren Höhe von einer künftigen Tatsachenentwicklung abhängt, insbesondere also für Ausfallforderungen, deren Höhe sich nach einem späteren Verwertungserlös richtet. Für die Plandurchführung kann die Forderungshöhe dann nur vorläufig festgestellt werden. Sie ist **aus dem Stimmrecht abzuleiten,** das dem Gläubiger für die Beteiligung am Restrukturierungsplan eingeräumt wird. Zur **Stimmrechtsfestsetzung** ist das **Gericht zuständig.** Wurde über den Plan nicht in einem gerichtlichen Verfahren abgestimmt, muss Gericht auf Antrag des Schuldners oder des Gläubigers nachträglich feststellen, in welcher Höhe der Schuldner die Forderung vorläufig zu berücksichtigen hat. Es wird dann analog §§ 63 Abs. 3, 45 Abs. 4, 24 verfahren. Statt eines Antrages können sich die Streitbeteiligten auch auf eine vorläufige Höhe einigen; denn schon bei der Planaufstellung kann der Schuldner festlegen, in welcher Höhe er die Forderung berücksichtigen wollte, und ein späterer Prozessausgang hängt ebenfalls von seinem Verhalten ab. Anders als bei einem Insolvenzplan (BGH NZI 2013, 84; MüKoInsO/*Hüber/Madaus* InsO § 256 Rn. 11) bedarf es dann keiner gerichtlichen Entscheidung.

4 Dieser Betrag ist solange maßgebend, solange die Entscheidung nicht durch eine Einigung zwischen Gläubiger und Schuldner oder eine andere bestandskräftige gerichtliche Entscheidung über die Forderung überholt wird. Bis dahin richtet sich ein etwaiger Rückstand, der gem. § 69 zum Wiederaufleben der vollen – sei es auch erst später endgültig festgestellten – Forderung führen kann, nach dieser vorläufigen Höhe.

## IV. Nachzahlung (Abs. 3)

5 Streitige Forderungen hat der Schuldner gem. Abs. 1 in der Höhe zu bedienen, in der sie später festgestellt werden. Bis dahin richtet sich seine vorläufige Erfüllungsverpflichtung nach Abs. 2. Ist die endgültige Feststellung erfolgt, muss die **Differenz nachgezahlt** werden, wenn er bis dahin (quotal) zu wenig entrichtet hat. Wie die endgültige Feststellung vorzunehmen ist, ergibt sich aus dem Gesetz nicht. Im Insolvenzverfahren sind bestrittene Forderungen mit der Feststellungsklage gem. §§ 179 ff. InsO zu verfolgen. Ein Anmeldeverfahren gibt es bei einer Restrukturierungssache jedoch nicht, weil die Gestaltungsfreiheit beim Schuldner liegt. Der Gläubiger muss nicht erst auf Feststellung der Forderung klagen, sondern kann den Schuldner sogleich auf Leistung des Betrages in Anspruch nehmen, der nach

dem Restrukturierungsplan für die höhere als die vorläufig angesetzte Forderung zu zahlen ist (BeckOK StaRUG/*Wilke* StaRUG § 70 Rn. 8 ff.). Im Prozess muss der Schuldner einwenden, dass er bis zur Rechtskraft die Leistung verweigern darf, Abs. 2, was im Tenor des Urteils berücksichtigt werden muss, weil der Schuldner eine Vollstreckungsabwehrklage wegen § 767 Abs. 2 ZPO nicht mehr auf Gründe stützen darf, die bis zum Schluss der mündlichen Verhandlung hätten vorgetragen werden können.

Die Konsequenz aus der Maßgeblichkeit der endgültigen Feststellung ist, **6**
dass auch erst dann ein weiterer Rückstand eintreten und somit auch erst dann die nach § 69 Abs. 1 erforderliche **Mahnung** vorgenommen werden kann. Sie bedarf ebenfalls der Schriftform und einer mindestens zweiwöchigen Nachfrist, wobei abweichende Regelungen im Plan ebenfalls berücksichtigt werden müssen, soweit sie zugunsten des Schuldners gehen.

## V. Rückzahlungspflicht (Abs. 4)

Hat der Schuldner aufgrund der vorläufigen Stimmrechtsfestsetzung schon **7**
mehr geleistet als er nach der endgültigen Feststellung leisten müsste, haben diese Mehrleistungen den Zweck verfehlt, sodass ein Rückforderungsanspruch bereits gem. § 812 Abs. 1 S. 2 Alt. 2 BGB in Betracht käme. Der Gläubiger könnte jedoch einwenden, dass die aus der höheren Bemessungsgrundlage abgeleitete Quote noch geringer ist als die endgültig festgestellte Forderung, und eine Rückforderung an § 67 Abs. 4 scheitert. Abs. 4 stellt insofern klar, dass dies nicht für diejenigen Leistungen gilt, die den Plananspruch deshalb übersteigen, weil sie zur Erfüllung der vorläufig festgelegten Verpflichtung erbracht wurden. Der **Erstattungsanspruch** ist allerdings **beschränkt auf** die **Gesamtdifferenz** zwischen vorläufiger und endgültiger Höhe, unabhängig von der Fälligkeit des Planaspruchs. Dem Gläubiger ist deshalb eine vorläufige Überzahlung auch dann zu belassen, wenn er sie erst später beanspruchen könnte. Das entspricht dem Rechtsgedanken des § 813 Abs. 2 BGB, obwohl gerade das Hinausschieben der Fälligkeit – anders als bei der typischen Bereicherungslage – ein wesentliches Planmotiv sein kann.

### Vollstreckung aus dem Restrukturierungsplan

**71** (1) [1] **Aus dem rechtskräftig bestätigten Restrukturierungsplan können die Restrukturierungsgläubiger, deren Forderungen im Bestätigungsbeschluss nicht als bestritten ausgewiesen sind, wie aus einem vollstreckbaren Urteil die Zwangsvollstreckung gegen den Schuldner betreiben.** [2] **§ 202 der Insolvenzordnung gilt entsprechend.**

(2) **Absatz 1 gilt auch für die Zwangsvollstreckung gegen einen Dritten, der durch eine dem Restrukturierungsgericht eingereichte schriftliche Erklärung für die Erfüllung des Plans neben dem Schuldner ohne Vorbehalt der Einrede der Vorausklage Verpflichtungen übernommen hat.**

(3) **Macht ein Gläubiger die Rechte geltend, die ihm im Fall eines erheblichen Rückstands des Schuldners mit der Erfüllung des Plans zustehen, so hat er zur Erteilung der Vollstreckungsklausel für diese Rechte und zur Durchführung der Vollstreckung die Mahnung und den Ablauf der Nachfrist glaubhaft zu machen, jedoch keinen weiteren Beweis für den Rückstand des Schuldners zu führen.**

(4) **Bestand für die einer Planregelung unterliegende Forderung bereits ein vollstreckbarer Titel, tritt der rechtskräftig bestätigte Restrukturierungsplan an dessen Stelle; die weitere Vollstreckung aus dem früheren Titel ist insoweit unzulässig.**

**Übersicht**



## I. Überblick

1 Die Vorschrift regelt in Anlehnung an § 257 InsO sowohl die **Titulierungswirkung des Plans** und dessen **Konkurrenz zu** etwa **bestehenden Titeln** des Gläubigers als auch einige Aspekte des Vollstreckungsverfahrens. Einem Insolvenzplan ist das Anmeldeverfahren vorgeschaltet, bei dem ua der Insolvenzverwalter die Berechtigung der Forderung prüft. Stellt der Insolvenzverwalter die Forderung fest und bestreitet auch der Schuldner sie nicht, ist es angemessen, sie der Vollstreckung aus dem Plan zugrunde zu legen. Ein vergleichbares Verfahren gibt es in einer Restrukturierungssache nicht. Wenn aber der Schuldner dem jeweiligen Gläubiger eine Forderung in seinem gem. § 17 unterbreiteten Planangebot zuschreibt, ist es gerechtfertigt, dem im Zusammenhang mit dem Restrukturierungsplan eine Vollstreckungsfähigkeit beizumessen. Hält der Gläubiger hingegen schon einen Titel in der Hand, muss dafür Sorge getragen werden, dass er nicht mehr als denjenigen Betrag vollstrecken kann, der für diesen Gläubiger im Plan festgelegt wird. Falls im Plan nicht nur der Schuldner, sondern auch Dritte Verpflichtungen eingehen (§§ 15 Abs. 3, 68 Abs. 3), ist auch diesbezüglich eine Vollstreckbarkeit wie bei den vom Schuldner anerkannten Verbindlichkeiten sinnvoll.

## II. Planvollstreckung (Abs. 1)

2 Die Zwangsvollstreckung aus dem Plan ist, soweit sie in Abs. 1 geregelt ist, in subjektiver Hinsicht ausdrücklich **nur zugunsten der Restrukturierungsgläubiger und zulasten des Schuldners** zulässig. Zwar können auch Planbetroffene oder Dritte im Plan zugunsten des Schuldners Ver-

pflichtungen übernehmen. Sie sind jedoch nicht aufgrund des Plans vollstreckbar. Dafür muss erst ein Titel erworben werden, der ggf. auch im Urkundenprozess gem. §§ 592 ff. ZPO aufgrund des Plans im beschleunigten Verfahren beschafft werden kann.

Der Plan ist **kein Titel** zur Vollstreckung **gegen die persönlich haftenden Gesellschafter,** selbst wenn entsprechend der Öffnungsklausel des § 67 Abs. 2 ihre Haftung nicht wie die des Schuldners beschränken wird. Anders verhält es sich nur, wenn die persönlich haftenden Gesellschafter gesonderte Verpflichtungserklärungen im Sinne des Absatzes 2 abgeben (MüKoInsO/*Huber/Madaus* InsO § 257 Rn. 11). 3

In objektiver Hinsicht erfasst die Vollstreckbarkeit **nur die Forderungen, die im Plan nicht als bestritten ausgewiesen** werden. Da die Vollstreckbarkeit mit dem Anerkenntnis des Schuldners legitimiert wird, kommt es nur auf sein Bestreiten an. Er kann die Forderung insgesamt oder auch nur teilweise in Abrede stellen. Das Bestreiten muss im Bestätigungsbeschluss ausgewiesen werden. Dafür reicht es, dass es sich aus dem Plan ergibt, der zusammen mit dem Beschluss die Vollstreckungsgrundlage bildet. Werden die bestrittenen Forderungen später endgültig festgestellt, unterliegen sie zwar in dieser Höhe dem Plan, § 70 Abs. 1, können jedoch nur aufgrund dieser späteren Feststellung vollstreckt werden. Bei einer Verurteilung des Schuldners im Prozess gegen den Gläubiger ist das Urteil der Titel, bei einer außergerichtlichen Einigung mit dem Schuldner muss der Gläubiger erst den Titel beschaffen. 4

Das Gesetz stellt nur auf die Forderungen ab. **Dingliche Ansprüche** beispielsweise aufgrund von Absonderungsanwartschaften können nicht aus dem Plan vollstreckt werden. Anders verhält es sich mit Ansprüchen aus Sachleistungen, wenn diese Ansprüche im Plan vollstreckungsfähig bezeichnet sind. Im Insolvenzplan scheidet so etwas aus, weil die Vollstreckung nur in Verbindung mit der Tabelleneintragung betrieben werden kann und Sachleistungsansprüche gem. § 4 InsO in Geld umgerechnet werden müssen. Diese Einschränkung besteht jedoch für das Restrukturierungsverfahren nicht. 5

Für das Vollstreckungsverfahren verweist das Gesetz auf die Vorgehensweise bei einem vollstreckbaren Urteil, die sich nach §§ 724 ff. ZPO richtet. Voraussetzung ist ein für den jeweiligen Gläubiger **vollstreckungsfähiger Inhalt des Plans.** Daraus kann im Umkehrschluss nicht gefolgert werden, dass ein Plan nur dann bestätigt werden kann, wenn er einen solchen vollstreckbaren Inhalt hat (so aber zum Insolvenzplan AG Hannover ZIP 2016, 2081 (2082); LG Hamburg NZI 2017, 970 (971)). Ein Restrukturierungsplan ist bereits dann berechtigt, wenn er für den Schuldner einen vollstreckungsabwehrfähigen Inhalt hat. 6

Ansprüche der Restrukturierungsgläubiger aus dem Plan haben nicht erst dann einen vollstreckungsfähigen Inhalt, wenn sie betragsmäßig bezeichnet sind. Es ist durchaus möglich, dass sich die Verpflichtungen des Schuldners nach der wirtschaftlichen Entwicklung des von ihm betriebenen Unternehmens richten („Earn Out"). Dann hängt die **Vollstreckung gem. § 726 ZPO** davon ab, dass im Klauselerteilungsverfahren die anspruchsbegründenden Tatsachen durch öffentliche oder öffentlich beglaubigte Urkunden 7 nachgewiesen werden (MüKoInsO/*Huber/Madaus* InsO § 257 Rn. 24, 35; K. Schmidt InsO/*Spliedt* InsO § 257 Rn. 8). Möglich ist dies beispielsweise durch die in entsprechender Form abgegebene Erklärung eines Restrukturierungsbeauftragten, der mit der Planüberwachung gem. § 72 befasst ist. Statt einer flexiblen Quote im Plan kann auch festgelegt werden, dass betraglich fixierte Zahlungen nicht zu entrichten sind, wenn bestimmte Milestones nicht eintreten. Dann ist es umgekehrt Sache des Schuldners, gegen die Vollstreckung aus dem Plan gem. § 767 ZPO vorzugehen.

8 Für die **Klauselerteilung** und die Einwände des Schuldners ist aufgrund des Verweises auf § 203 InsO das **Vollstreckungsgericht** beim Amtsgericht zuständig, bei dem das Restrukturierungsgericht ansässig ist, bzw. bei Streitigkeiten, die den Wert von 5.000 EUR übersteigen (§ 23 Nr. 1 GVG), das übergeordnete Landgericht.

## III. Zwangsvollstreckung gegen Dritte (Abs. 2)

9 Abs. 2 erweitert die **Vollstreckungsmöglichkeiten gegen Dritte,** die eine dem Plan beizufügende Verpflichtungserklärung abgegeben haben (§§ 15, Abs. 3, 68 Abs. 3). Wegen der entsprechenden Anwendung des Absatzes 1 sind nur Restrukturierungsgläubiger zur Vollstreckung gegen die Dritten berechtigt, nicht auch der Schuldner, an denen Leistungen zu erbringen, sich Dritte verpflichtet haben.

10 Ein typischer Anwendungsfall für eine Vollstreckung zugunsten der Gläubiger sind **Planerfüllungsgarantien eines Dritten.** Für die Vollstreckbarkeit ist es erforderlich, dass auf den Vorbehalt der Vorausklage (§ 771 BGB) verzichtet wurde (Jaeger/*Piekenbrock* InsO § 257 Rn. 39; MüKoInsO/*Huber/Madaus* InsO § 257 Rn. 27). Fehlt ein Verzicht, ist die Vollstreckung dem Wortlaut nach auch dann ausgeschlossen, wenn der Gläubiger den Ausschluss der Einrede gem. § 773 BGB oder die Vollstreckungsvoraussetzungen des § 771 BGB in der nach § 726 ZPO erforderlichen Form nachweist. Das ist zwar nicht sinnvoll. Andererseits kann jedoch auch eine Vollstreckung gegen den Schuldner aus dem Plan bei bestrittenen Forderungen nicht vorgenommen werden, selbst wenn die Forderung endgültig festgestellt oder der Schuldner sein Bestreiten aufgegeben hat. Deshalb kann es sinnvoll sein, auf die Vorausklage zu verzichten und ein bestimmtes Schuldnerverhalten zur Bedingung für die Haftung des Dritten zu machen, bspw. also einen bestimmten Rückstand des Schuldners.

## IV. Vollstreckung wiederauflebender Forderungen (Abs. 3)

11 Eine im Plan geregelte Stundung oder ein Erlass sind gemäß § 69 Abs. 1 hinfällig, wenn der Schuldner mit der Planerfüllung gegenüber dem jeweiligen Restrukturierungsgläubiger in Rückstand gerät und trotz einer Nachfrist von mindestens zwei Wochen ab dem Zugang einer schriftlichen Mahnung diesen Rückstand nicht ausgleicht. In einem solchen Fall erleichtert Abs. 3

die Zwangsvollstreckung der wiederauflebenden Forderung. Der Gläubiger muss den Rückstand nicht nachweisen, sondern nur den Zugang der **Mahnung** und den Ablauf der **Nachfrist** gem. § 294 Abs. 1 ZPO glaubhaft machen.

## V. Bestehende Titel (Abs. 4)

Für die Vollstreckung der Restrukturierungsforderung kommt es auf die Planregelung an. Sie tritt wegen der nach Abs. 1 gewährleisteten Vollstreckungsmöglichkeit an die Stelle eines vorher schon titulierten Anspruchs. Die zeitliche Zäsur ist die **Rechtskraft der Bestätigungsentscheidung** (Begr. RegE, BT-Drs. 19/2418, 169), weil bis dahin der Gläubiger noch berechtigt ist, seine Ansprüche im Prozesswege zu verfolgen, wobei allerdings der Schuldner im Vollstreckungsverfahren gem. § 767 ZPO bereits ab Verkündung des Bestätigungsbeschlusses die damit wirksam gewordenen Planregelungen einwenden darf. 12

Die Vollstreckung aus dem Alttitel ist nach der Rechtskraft des Bestätigungsbeschlusses unzulässig, was der Schuldner im Wege der **Erinnerung gem. § 766 ZPO** geltend machen kann. Für einen nach der Rechtskraft des Bestätigungsbeschlusses geschaffener Titel enthält Abs. 4 keine Regelung. Insofern bleibt es dabei, dass der Plan gem. § 67 Abs. 1 gegenüber den Planbetroffenen wirkt. Läuft der Prozess noch während des Eintritts der Rechtskraft, hat der Schuldner den Vorrang der Planregelung einzuwenden mit der Folge, dass sich die Klage des Gläubigers erledigt, weil ihm für eine erneute Titulierung wegen der nach Absatz 1 bestehenden Vollstreckungsmöglichkeit ein Rechtsschutzbedürfnis fehlt. Tritt die Rechtskraft erst nach dem Schluss der mündlichen Verhandlung ein, kann der Schuldner **Vollstreckungsabwehrklage gemäß § 767 ZPO** erheben, ohne gemäß § 767 Abs. 2 ZPO an einem Vorbringen der Rechtskraft des Plans gehindert zu sein. Die Vollstreckungsabwehrklage beseitigt zwar nicht den Titel als solchen, wohl aber die konkrete Vollstreckungsmöglichkeit, soweit sie im Widerspruch zu der im Plan geregelten Fälligkeit oder Höhe steht. All das gilt natürlich nur, soweit eine Titelkonkurrenz besteht. Betrifft der neue oder der alte Titel eine (Teil-)Forderung, die nicht Gegenstand des Plans, ist die Vollstreckung nicht eingeschränkt (Begr. RegE, BT-Drs. 19/24181, 169). 13

Eine Vollstreckung aus dem früheren Titel ist auch dann unzulässig, wenn die Forderung des Gläubigers wegen eines Rückstandes des Schuldners mit der Planerfüllung wieder auflebt. Dann kann der Gläubiger nur gem. Abs. 3 aus dem Plan vorgehen. 14

### Planüberwachung

**72** (1) **Im gestaltenden Teil des Restrukturierungsplans kann vorgesehen werden, dass die Erfüllung der den Gläubigern nach dem gestaltenden Teil zustehenden Ansprüche überwacht wird.**

(2) **Die Überwachung ist einem Restrukturierungsbeauftragten zu übertragen.**

(3) **Stellt der Restrukturierungsbeauftragte fest, dass Ansprüche, deren Erfüllung überwacht wird, nicht erfüllt werden oder nicht erfüllt werden können, so hat er dies unverzüglich dem Restrukturierungsgericht und den Gläubigern anzuzeigen, denen nach dem gestaltenden Teil des Plans Ansprüche gegen den Schuldner zustehen.**

(4) **Das Restrukturierungsgericht beschließt die Aufhebung der Überwachung, wenn**

1. **die Ansprüche, deren Erfüllung überwacht wird, erfüllt sind oder wenn gewährleistet ist, dass sie erfüllt werden,**
2. **seit dem Eintritt der Rechtskraft des Restrukturierungsplans drei Jahre verstrichen sind oder**
3. **das Insolvenzverfahren über das Vermögen des Schuldners eröffnet oder die Eröffnung mangels Masse abgewiesen wird.**

**Übersicht**



## I. Normzweck

1 Der Restrukturierungsplan dient der Überwindung einer Krise, § 6 Abs. 1. Ist der Schuldner nicht mindestens drohend zahlungsunfähig, darf ein Restrukturierungsplan nicht bestätigt werden, § 63 Abs. 1 Nr. 1. Die Sanierungsgespräche mit den Beteiligten sind durch „Verteilungskämpfe" gekennzeichnet. Die Gläubiger verlangen Zugeständnisse des Schuldners und vor allem ihrer Gesellschafter, der Schuldner verlangt Zugeständnisse der Gläubiger. Das vollzieht sich regelmäßig auf einer **unsicheren Bewertungsgrundlage,** weil der Sanierungserfolg und damit auch der Wert des vom Schuldner betriebenen Unternehmens mit Prognoserisiken verbunden ist. Deshalb kann es sinnvoll sein, Zahlungen an die Gläubiger von der künftigen Entwicklung des schuldnerischen Unternehmens abhängig zu machen. Entweder werden gestreckte Zahlungstermine mit fixen Quoten vereinbart, die der Schuldner unter bestimmten Voraussetzungen sogar modifizieren könnte, oder es werden von vornherein flexible Quoten vorgesehen, deren Höhe vom **Sanierungserfolg** abhängt. Das kann durchaus iSv § 71 Abs. 1 vollstreckbar sein. Bei hinausgeschobenen Zahlungsterminen ist es sinnvoll, die wirtschaftliche Entwicklung zu überwachen und rechtzeitig flankierende Maßnahmen zu treffen, die ebenfalls schon im Plan unter bestimmten Bedingungen vorgesehen sein können. Diese Planüberwachung

kann **außergerichtlich** geschehen, indem ein Gremium von Gläubigervertretern installiert wird. Dazu enthält das Gesetz keine Regelung, was jedoch diese Form der Planüberwachung nicht unzulässig macht. Die im Gesetz in § 72 zu findende Regelung ist kein beredtes Schweigen für die Unzulässigkeit von Alternativen.

Die in § 72 geregelte Planüberwachung ist nach dem **Vorbild der §§ 260 ff.** ausgestaltet (Begr. RegE, BT-Drs. 19/24181, 169). Die EU-Richtlinie enthält dazu keine Vorgaben. Wegen abweichender Regelungsmöglichkeiten im Restrukturierungsplan hat § 72 nur eine Empfehlfunktion. Sinnvoll ist eine „offizielle" Planüberwachung nach dem gesetzlichen Vorbild nur als besondere vertrauensbildende Maßnahmen, wobei das Gesetz an die bei der Überwachung gewonnenen und an das Gericht sowie die Planbetroffenen weitergegebenen Informationen keine konkreten Konsequenzen knüpft. Immerhin aber sind Überwachungsfehler gem. § 75 Abs. 4 mit einer gesetzlichen Haftung bewehrt. 2

## II. Überwachungsvoraussetzung (Abs. 1)

Eine Überwachung darf das Restrukturierungsgericht nicht von Amts wegen anordnen, auch nicht aufgrund eines (im Gesetz nicht vorgesehenen) Gläubigerantrags. Vielmehr ist es **allein der Schuldner,** der die Überwachung in den gestaltenden Teil aufnehmen kann, wobei er Anregungen der Gläubiger berücksichtigen wird, auch wenn ihnen kein **Antragsrecht** zusteht. Seiner Gestaltung obliegt auch der Umfang der Überwachung. Der **Mindestumfang** darf die Aufgaben, die dem Restrukturierungsbeauftragen eine Beschaffung der nach Abs. 3 zu erteilenden Informationen ermöglicht, nicht unterschreiten, weil sonst mit der Planüberwachung die Beteiligten über die Sinnhaftigkeit dieser Vorgehensweise getäuscht werden. Der Schuldner kann über den Aufgabenbereich des Absatzes 3 aber auch hinausgehen, indem bspw. über den Eintritt bestimmter technischer oder wirtschaftlicher Milestones berichtet werden soll. Die Planüberwachung muss sich nicht unbedingt auf die Erfüllung aller Gläubiger-Ansprüche erstrecken (Abs. 3: *„Ansprüche, deren Erfüllung überwacht sind"*), sondern kann sich bspw. auf die Ansprüche beschränken, die erst später als andere oder in Abhängigkeit von bestimmten Verwertungen bedient werden sollen. 3

## III. Restrukturierungsbeauftragter (Abs. 2)

Nach der Gesetzesformulierung obliegt die Überwachung einem Restrukturierungsbeauftragten. Entweder ist er gem. §§ 73 ff. schon vor dem Bestätigungsbeschluss bestellt worden, oder er ist gleichzeitig mit der Planbestätigung zu benennen (Begr. RegE, BT-Drs. 19/24181, 169). Eine nachträgliche Bestellung kommt nicht in Betracht, weil der Plan nach der Bestätigung nicht mehr geändert werden kann. In Übereinstimmung mit der imperativen Gesetzesformulierung *„ist zu bestellen"*, heißt es in der Gesetzesbegründung, dass der Restrukturierungsbeauftragte **von Amts wegen** be- 4 nannt werden muss (Begr. RegE, BT-Drs. 19/24181, 93). Der Schuldner hat also nur ein Ermessen beim „ob“. Das gilt aber nur für die Planüberwachung nach dem gesetzlichen Vorbild und hindert nicht die Installation eines Überwachungsgremiums, das im darstellenden Teil des Plans ohne Bezugnahme und insbesondere Haftung gem. § 72 vorgesehen ist.

## IV. Überwachungsaufgabe (Abs. 3)

5 Der Überwachungsumfang richtet sich in erster Linie nach den im gestaltenden Teil genannten Aufgaben. Bei dem in Absatz 3 angegebenen Umfang handelt es sich um die Mindestaufgaben. Das geht zwar weder aus dem Gesetzeswortlaut noch aus den Motiven hervor. Wenn aber der Restrukturierungsbeauftragte von Amts wegen zu bestellen ist, macht es keinen Sinn, ihn durch eine Beschränkung seiner Prüfungskompetenzen „leerlaufen“ zu lassen. Deshalb kann sein **Tätigkeitsbereich** mit Ausnahme der Beschränkung auf den Bericht für nur einige Restrukturierungsforderungen **nicht** gegenüber Abs. 3 **eingeengt** (aA BeckOK StaRUG/*Wilke* StaRUG § 72 Rn. 4), sondern **nur konkretisiert** werden. Eine Konkretisierung ist insbesondere im Hinblick auf die künftige Erfüllbarkeit sinnvoll. Zwar ist eine Mitteilung an das Restrukturierungsgericht und die Gläubiger nur erforderlich, wenn Ansprüche nicht erfüllt werden können, es also künftig (nahezu) ausgeschlossen ist. Gleichwohl handelt es sich um eine Prognose, sodass es sinnvoll ist, im Plan Indiztatsachen zu bezeichnen, bei deren Eintritt die künftige Unerfüllbarkeit oder gar schon eine mitteilungspflichtige Erfüllungsgefährdung anzunehmen. Außer über eine erwartete Nichterfüllung ist auch über eine eingetretene Nichterfüllung zu berichten. Den Informationsbedarf haben sowohl die Gläubiger, gegenüber denen noch kein Rückstand aufgelaufen ist, als auch die Gläubiger mit bereits rückständigen Ansprüchen, um die Zweckmäßigkeit einer weiteren Rechtsverfolgung beurteilen zu können.

6 **Adressaten der Mitteilungen** des Planüberwachers sind das Restrukturierungsgericht und die Gläubiger. Konsequenzen an die Mitteilungen knüpft das Gesetz nicht. Sie ergeben sich nur aus dem Insolvenzrecht, weil die künftig ausgeschlossene Erfüllung und erst recht die schon eingetretene Nichterfüllung regelmäßig eine Überschuldung bzw. Zahlungsunfähigkeit bedeutet, sodass der Schuldner einen Insolvenzantrag stellen muss bzw. die Gläubiger einen solchen Antrag stellen können.

## V. Aufhebung der Überwachung (Abs. 4)

7 Die Planüberwachung ist in Anlehnung an § 268 InsO gemäß Absatz 4 bei Eintritt der dort genannten Voraussetzungen aufzuheben. Außer der Planerfüllung gehört zu diesen Voraussetzungen die Gewährleistung, dass die zu überwachenden **Ansprüche erfüllt** werden. Eine überwiegende Wahrscheinlichkeit reicht nicht. Ein weiterer Aufhebungsgrund ist der **Zeitablauf** von drei Jahren seit Rechtskraft der Planbestätigung. Der Formulierung,

wonach das Restrukturierungsgericht die Aufhebung *„beschließt"* und nicht nur beschließen kann, ist zu entnehmen, dass im gestaltenden Teil **keine längere Überwachung** vorgesehen werden darf (aA Flöther/*Naumann* StaRUG § 72 Rn. 11; BeckOK StaRUG/*Wilke* StaRUG § 72 Rn. 12). Ist der Schuldner – meist auf Betreiben der Gläubiger – mit einer längeren Überwachung einverstanden, kann sie im Plan unabhängig von der förmlichen Einschaltung eines Restrukturierungsbeauftragten vorgesehen werden. Schließlich sind die **Insolvenzeröffnung** oder die Ablehnung eines **Eröffnungsantrags** mangels Masse als Aufhebungsgründe genannt, weil sich dann entweder die Gläubigerbefriedigung nach den Vorschriften der InsO richtet oder sie ohnehin nicht mehr eintreten kann, weil das von Drittrechten freie Vermögen des Schuldners schon nicht mehr genügt, um auch nur die Verfahrenskosten zu decken.

Die Aufhebung erfolgt durch **Beschluss von Amts** wegen. Weder bedarf **8** es eines dahingehenden Antrages noch kann der Schuldner eine frühere Aufhebung beantragen, es sei denn, es sei von vornherein im Plan eine kürzere Dauer als die in Nr. 2 genannten drei Jahre vorgesehen. Von dem vorzeitigen Aufhebungsvoraussetzungen der Nr. 1 kann das Gericht nur aufgrund einer Information des Schuldners erfahren. Auch die von ihm behaupteten Umstände sind zwar von Amts wegen zu prüfen. Da aber nur der Schuldner in der Lage ist, die Information beizubringen, trifft ihn eine entsprechende Nachweispflicht.

# Kapitel 3. Restrukturierungsbeauftragter

## Abschnitt 1. Bestellung von Amts wegen

### Bestellung von Amts wegen[1]

**73** (1) [1]Das Restrukturierungsgericht bestellt einen Restrukturierungsbeauftragten, wenn

1. im Rahmen der Restrukturierung die Rechte von Verbrauchern oder mittleren, kleinen oder Kleinstunternehmen berührt werden sollen, weil deren Forderungen oder Absonderungsanwartschaften durch den Restrukturierungsplan gestaltet werden sollen oder die Durchsetzung solcher Forderungen oder Absonderungsanwartschaften durch eine Stabilisierungsanordnung gesperrt werden soll,
2. der Schuldner eine Stabilisierungsanordnung beantragt, welche sich mit Ausnahme der nach § 4 ausgenommenen Forderungen gegen alle oder im Wesentlichen alle Gläubiger richten soll,
3. der Restrukturierungsplan eine Überwachung der Erfüllung der den Gläubigern zustehenden Ansprüche vorsieht (§ 72).

[2]Das Gericht kann im Einzelfall von einer Bestellung absehen, wenn die Bestellung zur Wahrung der Rechte der Beteiligten nicht erforderlich oder offensichtlich unverhältnismäßig ist.

(2) [1]Eine Bestellung erfolgt auch, wenn absehbar ist, dass das Restrukturierungsziel nur gegen den Willen von Inhabern von Restrukturierungsforderungen oder Absonderungsanwartschaften erreichbar ist, ohne deren Zustimmung zum Restrukturierungsplan eine Planbestätigung allein unter den Voraussetzungen des § 26 möglich ist. [2]Dies gilt nicht, wenn an der Restrukturierung allein Unternehmen des Finanzsektors als Planbetroffene beteiligt sind. [3]Den Unternehmen des Finanzsektors stehen Planbetroffene gleich, die als Rechtsnachfolger in die von Unternehmen des Finanzsektors begründeten Forderungen eingetreten sind oder die mit Forderungen aus geld- oder kapitalmarktgehandelten Instrumenten betroffen werden. [4]Den geld- und kapitalmarktgehandelten Instrumenten stehen nicht verbriefte Instrumente gleich, die zu gleichlautenden Bedingungen ausgegeben wurden.

(3) Das Gericht kann einen Restrukturierungsbeauftragten bestellen, um Prüfungen als Sachverständiger vorzunehmen, insbesondere

1. zu den Bestätigungsvoraussetzungen nach § 63 Absatz 1 Nummer 1, Absatz 3 und § 64 Absatz 1 oder

---

[1] § 73 Abs. 3 Nr. 1 geänd. mWv 27.7.2022 durch G v. 20.7.2022 (BGBl. I S. 1166).

**2. zur Angemessenheit der Entschädigung bei einem Eingriff in gruppeninterne Drittsicherheiten oder einer Beschränkung der Haftung von unbeschränkt haftenden Gesellschaftern.**

**Schrifttum:** *Dimassi/Schulte-Kaubrügger* Der Restrukturierungsbeauftragte nach dem StaRUG, ZIP 2021, 936; *Flöther* Der Restrukturierungsbeauftragte: Neue Figur in altbekanntem Gewand, NZI-Beil. 2021, 48; *Martini* Der Restrukturierungsbeauftragte – Gemeinsamkeiten mit und Unterschiede zum Sachwalter nach der Insolvenzordnung, FS St. Smid, 561; *Seagon* Die Rolle des Restrukturierungsbeauftragten, NZI-Beil. 2019, 73; *Smid* Der Restrukturierungsbeauftragte, ZInsO 2020, 2092.

**Übersicht**



## I. Vorbemerkung

§ 73 eröffnet das 3. Kapitel des StaRUG, das den Restrukturierungsbeauftragten regelt. In teilweiser Anlehnung an im nationalen Recht schon **bekannte Rechtsfiguren wie den Sachwalter, Insolvenzverwalter und Sachverständigen** (§ 5 Abs. 1 S. 2 Alt. 2 InsO) wurde ein **neuer Akteur** geschaffen, dessen Rahmenanforderungen in Art. 5, 25 ff. der Restrukturierungsrichtlinie geregelt sind (näher zu den Vorgaben der Richtlinie: BeckOK StaRUG/*Hänel* § 73 Rn. 7), der stark durch die Richtlinie geprägt ist 1 und einer Systematisierung nur schwer zugänglich (Bieg/Borchardt/Frind Unternehmenssanierung/*Curtze/Dobert* Teil 2 B. VI. Rn. 21 f.; näher: *Martini* FS Stefan Smid zum 65. Geburtstag, 2022, 561 ff.).

2 Erwägungsgrund 30 der Restrukturierungsrichtlinie normiert die Notwendigkeit eines **differenzierenden einzelfallbezogenen Ansatzes** der Regelung der Voraussetzung der Bestellung eines Restrukturierungsbeauftragten, was die Komplexität der nationalen Regelungen erklären dürfte (hierzu auch → Rn. 6).

3 Die verschiedenen Ausprägungen und Funktionen der Tätigkeiten des Restrukturierungsbeauftragten korrespondieren mit einer diffizilen, in Einzelfälle verästelten, **wenig homogenen Regelungssystematik,** die dem Grundverständnis eines unabhängigen und unparteiischen Beteiligten nicht unbedingt zuträglich sind (vorsichtiger BeckOK StaRUG/*Hänel* § 73 Rn. 1 ff.: *„relativ komplexe Vorschrift";* Pannen/Riedemann/Smid/*Pannen* vor §§ 73–76 Rn. 3: „vielgestaltige Rolle").

4 Nach dem **Grundverständnis des StaRUG** kann der Schuldner von den dort geregelten Verfahrenshilfen selbständig Gebrauch machen, neben dem **fehlenden gesamtvollstreckungsrechtlichen Ansatz** einer der wesentlichen Unterschiede zu Verfahren nach der Insolvenzordnung. Dieser **privatautonome Ansatz** erfährt eine Beschränkung in den Fällen, in denen in den Restrukturierungsprozess Einbezogene nach Ansicht des Gesetzgebers nicht in der Lage sind, ihren Interessen ausreichend Geltung zu verschaffen und damit **schutzwürdig** sind. Hier dient die Bestellung eines Restrukturierungsbeauftragten als **Korrektiv und vermittelnde Instanz** (BR-Drs. 619/20, 195). Selbst dann verbleibt aber die Verwaltungs- und Verfügungsbefugnis beim Schuldner und ein Vermögenbeschlag tritt nicht ein.

5 Gleichzeitig meint der Gesetzgeber, dass das Bedürfnis bestehen könne, die „Integrität und Effizienz" des Prozesses durch eine **dritte unparteiische Person** kontrollieren zu lassen, die gleichzeitig **vermittelt und koordiniert** (Begr. RegE, BT-Drs. 12/24181). In der Gesetzesbegründung schwingt, wohl auch wegen der Erfahrungen mit der Eigenverwaltung nach der Insolvenzordnung – nach ESUG aber vor SanInsFoG – ein kaum verhohlenes subtiles Unwohlsein gegenüber einem sich autark sanierenden Schuldner ebenso mit, wie die verschiedenen normierten Aufgabenstellungen des Restrukturierungsbeauftragten (einerseits Kontrolle, andererseits Vermittlung) bereits in dieser Gesetzesbegründung angelegt sind.

6 Von einem anderen Gedanken, nämlich der **Unterstützung des Restrukturierungsgerichts** getragen, ist die Regelung in § 73 Abs. 3, die es dem Gericht im Einzelfall erlaubt, zu seiner Unterstützung einen Restrukturierungsbeauftragten als Sachverständigen zu bestellen.

7 Die geschilderten unterschiedlichen Funktionen des Restrukturierungsbeauftragten bedingen eine **komplexe Regelungssystematik** (BeckOK StaRUG/*Hänel* § 73 Rn. 1, der davon spricht, dass ua Ausnahmen und Verweisungen die Verständlichkeit und Handhabbarkeit anspruchsvoll machten; Bieg/Borchardt/Frind/*Curtze/Doebert* Teil 2 B. VI Rn. 72: „etwas eigenartig anmutende Systematik"), die seine Bestellung an verschiedene Voraussetzungen knüpft. Sind die Rechte solcher Personen betroffen, die typischerweise nicht ausreichend in der Lage sind, ihre Rechte selbst zu

realisieren und die dem Gesetzgeber dadurch schutzbedürftig erscheinen, ist ein Restrukturierungsbeauftragter ebenso zu bestellen, wie in dem Fall, dass alle oder im Wesentlichen alle Gläubiger in den Restrukturierungsplan einbezogen werden (und dieser damit gesamtvollstreckungsähnlich wird). Das Gleiche gilt, wenn eine einvernehmliche Einigung mit den Gläubigern nicht zu erwarten ist oder der Restrukturierungsplan eine Überwachung der den Gläubigern zustehenden Ansprüche nach § 72 vorsieht. Aber auch in diesen Fällen kommt ein Absehen von der an sich obligatorischen Bestellung aus Verhältnismäßigkeitsgründen in Betracht. Ein fakultativer Restrukturierungsbeauftragter hat demgegenüber eine **vermittelnde Funktion** im Rahmen der Verhandlungen zwischen den Beteiligten und wird daher auch nur auf deren Antrag eingesetzt.

## II. Regelungssystematik

Der 1. Abschnitt (§§ 73–76) behandelt den amtswegig zu bestellenden (also obligatorischen) Restrukturierungsbeauftragten, der 2. Abschnitt in §§ 77–79 den fakultativen Restrukturierungsbeauftragten mit teilweiser Verweisung auf die Vorschriften über den obligatorischen Restrukturierungsbeauftragten und der 3. Abschnitt (§§ 80–83) schließlich die Vergütung des Restrukturierungsbeauftragten mit einer gegenüber der Vergütung in Insolvenzverfahren abweichenden Systematik. **8**

Diese strenge systematische Trennung ist nur eine scheinbare, da dem fakultativen Beauftragten gem. § 77 Abs. 2 zusätzliche überwachende oder verfahrensunterstützende Aufgaben eines obligatorischen Beauftragten zugewiesen werden können und andererseits bei Vorliegen obligatorischer Bestellungsgründe der Schuldner oder die Gläubiger mit dem erforderlichen Quorum die Bestellung zur Förderung der Verhandlungen zwischen den Beteiligten beantragen können. In diesem Fall obliegen dem obligatorischen Beauftragten auch die Unterstützung und Moderation der Sanierungsverhandlungen. **9**

## III. Normzweck

§ 73 normiert die Fälle des amtswegig zwingend zu bestellenden **obligatorischen,** aber auch des amtswegig **fakultativ** zu bestellenden Restrukturierungsbeauftragten. Den Vorgaben der Richtlinie in Art. 5 Abs. 3 und Erwägungsgrund 30, aber auch den Erwartungen des Gesetzgebers entsprechend, ist die Norm **komplex und wenig übersichtlich.** **10**

## IV. Obligatorische Bestellung von Amts wegen (Abs. 1)

§ 73 Abs. 1 enthält einen **abschließenden Katalog** von **drei Fällen,** in denen vorbehaltlich des Absehens im Einzelfall ein Restrukturierungsbeauftragter bestellt werden muss, wobei die Regelung in § 73 Abs. 1 Nr. 2 ihren Ursprung unmittelbar in Art. 5 Abs. 3 Ziff. a der Restrukturierungsrichtlinie **11** hat. Ein im Referentenentwurf noch vorgesehener vierter Fall entfiel im Zusammenhang mit der Streichung der Vertragsbeendigungsmöglichkeiten.

### 1. Eingriffe in die Rechte schutzbedürftiger Beteiligter (Nr. 1)

12 Der Ermöglichung einer effizienten Wahrnehmung ihrer Rechte zur Herbeiführung eines fair trial dient die Bestellung eines Restrukturierungsbeauftragten, wenn die Rechte von **Verbrauchern oder mittleren, kleinen oder Kleinstunternehmen betroffen** („berührt") sind. Eine solche Betroffenheit liegt vor, wenn deren Forderungen (§ 2 Abs. 1 Nr. 1) oder Absonderungsanwartschaften (§ 2 Abs. 1 Nr. 2) durch den Restrukturierungsplan gestaltet werden sollen oder ihre Durchsetzung durch eine Stabilisierungsanordnung (§§ 49 ff.) gesperrt werden soll. Der Gesetzgeber geht hier von einer **typischerweise gegebenen Schutzbedürftigkeit** aus.

13 **a) Verbraucher und KMU.** Während der Begriff des Verbrauchers für das maßgebliche nationale Recht in **§ 13 BGB** legaldefiniert ist (näher BeckOK StaRUG/*Hänel* § 73 Rn. 16 f.), fehlt es im Übrigen im nationalen Recht an einer Definition. Dieses nationale Recht ist jedoch nach Art. 2 Abs. 2 lit. c der Restrukturierungsrichtlinie entscheidend. Nach Erwägungsgrund 18 der Restrukturierungsrichtlinie sollen die Mitgliedsstaaten die Richtlinie 2013/34/EU (ABl. 2013 L 182, 19) oder die Kommissionsempfehlung vom 6.6.2003 (ABl. 2003 L 124, 36) berücksichtigen.

14 In Art. 2 des Anhangs der EU-Empfehlung 2003/361 (Empfehlung der Kommission vom 6.5.2003 betreffend die Definition der Kleinstunternehmen sowie der kleinen und mittleren Unternehmen, ABl. L 124, 36, abrufbar unter https://eur-lex.europa.eu/legal-content/DE/TXT/PDF/?uri=CELEX:32003H0361&from=DE) zu KMU werden diese Begriffe ausgehend von Mitarbeiterzahl und Jahresumsatz definiert. Danach gilt:

| **Größenklasse** | **Mitarbeiter** | **Jahresumsatz** | **Jahresbilanzsumme** | |
|---|---|---|---|---|
| Kleinstunternehmen | < 10 | | ≤ 2 Mio. EUR | ≤ 2 Mio. EUR |
| Kleines Unternehmen | < 50 | ≤ 10 Mio. EUR | ≤ 10 Mio. EUR | |
| Mittleres Unternehmen | < 250 | ≤ 50 Mio. EUR | ≤ 43 Mio. EUR | |

15 Dabei reicht es aus, wenn eines der beiden Kriterien des Jahresumsatzes **oder** der Jahresbilanzsumme den Schwellenwert unterschreitet, während das Erfordernis der Mitarbeiterzahl stets kumulativ gegeben sein muss.

16 **Das nationale Recht kennt keine einheitliche Definition von KMU,** die Ausfüllung des Begriffs variiert je nach betroffenem Rechtsgebiet. Ein Rückgriff auf § 267 HGB ist nicht möglich, da es dort an der Definition des Kleinstunternehmens fehlt. Das Bundeskartellamt definiert den Begriff der KMU darüber hinaus nicht starr, sondern handhabt ihn flexibel und in Abhängigkeit von der Marktsituation (Merkblatt des Bundeskartellamts aus dem März 2007, dort Rn. 12: https://www.bundeskartellamt.de/SharedDocs/Publikation/DE/Merkbl%C3 %A4tter/Merkblatt%20 %20Kooperati-

onsm%C3 %B6glichkeiten%20f%C3 %BCr%20KMUs.pdf?__blob=publicationFile&v=2).

Eine solche **flexible Handhabung** wäre für die Anwendbarkeit des § 73 Abs. 1 Nr. 1 **kontraproduktiv,** da der dann gegebene gerichtliche Beurteilungsspielraum dessen strikte Rechtsfolge relativieren würde und damit hinsichtlich der Prognostizierbarkeit der gerichtlichen Entscheidung schädlich wäre. Insbesondere legt auch Erwägungsgrund 18 der Restrukturierungsrichtlinie nahe, dass dem nationalen Gesetzgeber eine Definitionsverpflichtung auferlegt werden sollte. Eine flexible Handhabung ist daher abzulehnen (ebenso BeckOK StaRUG/*Hänel* § 73 Rn. 21; abw. *Seagon* NZI-Beil. 1/2019, 73 (76), der sich an § 22a/§ 267 HGB orientieren will)

Die Gerichte sollten sich unmittelbar an den eindeutigen Definitionen der Empfehlung 2003/361/EG der EU-Kommission orientieren (ebenso Bieg/Borchardt/Frind/*Curtze/Doebert* Teil 2. B. VI. Rn. 75). Im Einzelfall überstiegener Schwellenwerte steht über § 73 Abs. 1 S. 2 ein Korrektiv zur Verfügung.

**b) Intendierte Berührung.** Die Rechte der genannten Personen sind iSd § 73 Abs. 1 Nr. 1 **berührt,** wenn deren nach § 4 Abs. 1 Nr. 1 gestaltbare Forderungen oder Absonderungsanwartschaften nach § 4 Abs. 1 Nr. 2 durch den Restrukturierungsplan **gestaltet** oder deren Durchsetzung durch eine Stabilisierungsanordnung temporär **gesperrt** werden sollen. **17**

Entnehmen kann das Gericht dies der Anzeige des Restrukturierungsvorhabens nach § 31, da der Schuldner mitzuteilen hat, ob die Rechte von Verbrauchern oder KMU betroffen sind, § 31 Abs. 2 S. 2. Aber auch dann, wenn der Schuldner im Rahmen der Anzeige die Mitteilung dieser Betroffenheit unterlässt, kann die Bestellung des Beauftragten erfolgen, nämlich dann, wenn das Gericht anderweitig von dem beabsichtigten Eingriff erfährt (BR-Drs. 619/20, 196). Alternativ kann das Gericht in diesem Fall die Restrukturierungssache aber auch gem. § 33 Abs. 1 Nr. 3 aufheben, wenn das Unterlassen der Anzeige ohne triftigen Grund erfolgte (BT-Drs. 19/24181, 170). Im Übrigen unterliegen die Informationen, die das Gericht benötigt, um zu entscheiden, ob ein Restrukturierungsbeauftragter zu bestellen ist, der Auskunftspflicht des Schuldners nach § 39 Abs. 2. Flankiert wird dies durch die Amtsermittlungspflicht des § 39 Abs. 1, die insbesondere hinsichtlich der Frage virulent wird, ob Verbraucher oder KMU betroffen sind. **18**

Im Zweifel sollte, wenn Angaben des Schuldners und Amtsermittlungen nicht schnell zum Erfolg führen, aufgrund des Eilcharakters der Restrukturierungssache ein Restrukturierungsbeauftragter bestellt werden (ebenso BeckOK StaRUG/*Hänel* § 73 Rn. 27).

Schon aus dem Wortlaut des § 73 Abs. 1 Nr. 1 ergibt sich, dass der Restrukturierungsbeauftragte unverzüglich nach gerichtlicher Kenntnis der angestrebten Berührung der Rechte der genannten Personengruppen bestellt werden muss. Bei neuen Erkenntnissen oder einer aus anderen Gründen veränderten Sachlage kann sie im Übrigen auch später erfolgen. **19**

Colorandi causa sei darauf hingewiesen, dass zwischen § 73 Abs. 1 Nr. 1 und § 31 Abs. 2 S. 2 eine seltsame sprachliche Inkongruenz besteht: wäh- **20** rend erstgenannte Vorschrift nur aus der Gestaltung durch den Restrukturierungsplan oder aufgrund der Sperre durch eine Stabilisierungsanordnung auf ein Berührtsein der Rechte schließt („...*berührt werden sollen, weil*“), scheint es nach dem Wortlaut des § 31 Abs. 2 S. 2 noch weitere Fälle zu geben, in denen eine solche Betroffenheit gegeben ist („...*berührt werden sollen,* ***insbesondere,*** *weil*...“). Da jedoch die Angabepflicht gerade im Hinblick auf die Bestellungspflicht eines Restrukturierungsbeauftragten nach § 73 Abs. 1 Nr. 1 besteht, handelt es sich hierbei schlicht um eine sprachliche Ungenauigkeit.

**21** Der Gesetzgeber geht davon aus, dass es den genannten Personen in der Regel an Erfahrungen im Umgang mit Restrukturierungen und Kenntnissen fehlt, die erforderlich sind, um das Planangebot wirtschaftlich einordnen zu können (Begr. RegE zu § 80 Abs. 1). Er hält sie daher für **schutzwürdig.** Die Wahrnehmung ihrer Interessen soll daher durch den Restrukturierungsbeauftragten erfolgen. Er wird dadurch wegen der in § 75 Abs. 4 S. 2 normierten Unparteilichkeit aber **nicht zum individuellen Interessenvertreter** der betroffenen Personen. Ihm kommt vielmehr eine **koordinierende und unterstützende Funktion** zu (Braun StaRUG/*Blümle-Eiche* § 73 Rn. 8).

## 2. Antrag auf Erlass einer umfassenden Stabilisierungsanordnung (Nr. 2)

**22** Die Stabilisierungsanordnung nach §§ 49 ff. sperrt auf Antrag des Schuldners hin vorübergehend die individuelle Rechtsdurchsetzung des einzelnen Gläubigers zwecks Ermöglichung der Umsetzung des Restrukturierungsplans. Dabei kann sie sich gegen einzelne, mehrere oder alle Gläubiger richten. Ausgenommen sind nach § 4 diejenigen, die einer Gestaltung durch den Restrukturierungsplan nicht zugänglich sind und die in § 56 genannten Rechte im Zusammenhang mit Finanzsicherheiten, Zahlungs- und Abwicklungssystemen und dem Liquidationsnetting.

**23** Seine Grundlagen haben die nationalen Regelungen in Erwägungsgrund 34 und Art. 6 Abs. 3 der Restrukturierungsrichtlinie. Den damit verbundenen weitgehenden Eingriff in die Grundrechte der davon betroffenen Gläubiger flankiert § 73 Abs. 1 Nr. 2 durch die obligatorische Bestellung eines Restrukturierungsbeauftragten, wenn sich das Restrukturierungsverfahren dadurch **einem Insolvenzverfahren annähert,** in dem es alle oder im Wesentlichen alle Gläubiger berührt, deren Rechte in einem Restrukturierungsplan geregelt werden können. Der Gesetzgeber spricht in der Gesetzesbegründung davon, dass die Restrukturierungssache in diesem Fall das **„Gepräge eines insolvenzähnlichen Quasi-Gesamtverfahrens“** annimmt. Warum es allerdings „indiziert“ sein soll, dass die wirtschaftlichen Schwierigkeiten, die Anlass der Restrukturierungssache sind, in diesem Fall „schwerwiegender Natur“ (so die BegrRegE zu § 80 Abs. 1 Nr. 2) sein sollen, bleibt dunkel (BeckOK StaRUG/*Hänel* § 73 Rn. 31; Bieg/Borchardt/Frind/*Curtze/Doebert* Teil 2 A. VI. Rn. 78).

**a) Antrag.** Die Bestellung des Restrukturierungsbeauftragten nach § 73 Abs. 1 Nr. 2 setzt einen Antrag auf Erlass einer Stabilisierungsanordnung voraus, der die Voraussetzungen der § 50f. erfüllt. Soweit dies nicht der Fall ist, kommt eine Bestellung nur nach § 73 Abs. 3 in Betracht oder die Bestellung eines isolierten Sachverständigen nach § 39 Abs. 1 S. 2 Alt. 2. 24

**b) Wesentlichkeitsschwelle.** Das Gesetz normiert nicht, wann **„im Wesentlichen alle Gläubiger"** betroffen sind. Auch unter Berücksichtigung der Gesetzesbegründung gelingt eine auch nur ansatzweise trennscharfe Definition dieses Begriffs nicht. 25

Denkbar wäre gewesen, die Wesentlichkeit prozentual mit der Höhe der betroffenen Forderungen zu verknüpfen. Dies ist unterblieben. Sprachlich ist die Vorschrift ohnehin wenig präzise, da es nicht auf die Personenbezogenheit ankommt, sondern auf die **rechtebezogene Beteiligung** (BeckOK StaRUG/*Hänel* § 73 Rn. 35). Daher kann die Anzahl der betroffenen Gläubiger jedenfalls kein geeigneter Anknüpfungspunkt für die Wesentlichkeitsschwelle sein. 26

Vielmehr kommt es auf die **Gesamtgröße von Gläubigerrechten** an und, wie sich schon aus dem Wortlaut des § 73 Abs. 1 Nr. 2 ergibt, sind diejenigen herauszurechnen, die wegen § 4 einer Regelung nicht zugänglich sind. Richtigerweise wird man über den Wortlaut hinaus auch die von § 56 erfassten Gläubiger herausrechnen müssen (BeckOK StaRUG/*Hänel* § 73 Rn. 37). Eine darüber hinaus gehende Richtschnur gibt das Gesetz nicht vor, was dafür spricht, dass dem Gericht insoweit ein **Beurteilungsspielraum** im Einzelfall zugebilligt werden soll. Dies ist wiederum, weil damit Rechtsunsicherheiten verbunden sind, unbefriedigend (BeckOK StaRUG/*Hänel* § 73 Rn. 38), aber nicht zu vermeiden. Angemessen erscheint es, die Schwelle in Anlehnung an § 253 InsO (hierzu BT-Drs. 17/5712, 35; BGH NZI 2014, 751) auf 90% festzulegen. Teilt man diese Ansicht nicht, sollte ein großzügiger Maßstab angelegt werden (Bieg/Borchardt/Frind/*Curtze/Doebert* Teil 2. B. VI. Rn. 78). 27

### 3. Erfüllungsüberwachung (Nr. 3)

Im Insolvenzverfahren kann der Insolvenzplan vorsehen, dass die Erfüllung der den Gläubigern zustehenden Ansprüche überwacht wird (§ 260 InsO). Die Planüberwachung ist dann Aufgabe des Insolvenzverwalters, dessen Amt insoweit fortbesteht (§ 261 InsO; näher zur Planüberwachung: Bieg/Borchardt/Frind/*Martini* Teil 3 F III Rn. 50f.). An die Stelle des Insolvenzverwalters tritt im eigenverwalteten Insolvenzverfahren der Sachwalter (§ 284 Abs. 2 InsO). 28

In Anlehnung an diese Vorschriften normiert § 72 die Möglichkeit der Regelung der Planüberwachung im Restrukturierungsplan, die nach § 72 Abs. 2 stets **Aufgabe des Restrukturierungsbeauftragten** ist. Korrespondierend normiert § 73 Abs. 1 Nr. 3 für diesen Fall die obligatorische Bestellung eines Restrukturierungsbeauftragten, sofern ein solcher nicht bereits bestellt ist. Im letztgenannten Fall erfolgt die Übertragung dieser Aufgabe an ihn (BR-Drs. 619/20, 195). 29

30 Die Regelung wirft mehr Fragen auf als die Anlehnung an insolvenzrechtliche Parallelvorschriften erwarten lässt: die Bestellung eines Restrukturierungsbeauftragten kommt überhaupt nur in Betracht, wenn eine Restrukturierungssache rechtshängig ist, was wiederum seine Anzeige voraussetzt, § 31 Abs. 1. Ohne Anzeige eines Restrukturierungsvorhabens ist also die Bestellung eines Restrukturierungsbeauftragten nicht möglich (BeckOK StaRUG/*Hänel* § 73 Rn. 25; *Frind* ZInsO 2020, 2241 (2247). Die Möglichkeit zur Durchführung eines außergerichtlichen Verfahrens nach §§ 17–22 hindert dies nicht, den Eintritt der Rechtswirkungen der §§ 67 ff. kann der Schuldner dann durch einen Antrag auf Planbestätigung nach § 60 auch noch nach außergerichtlicher Planabstimmung vornehmen. In diesem Fall ist die Bestellung eines planüberwachenden Restrukturierungsbeauftragten ohne weiteres möglich.

31 **a) Notwendigkeit des Bestätigungsantrages.** Problematisch ist indes der Fall, dass der Schuldner das Restrukturierungsvorhaben nach § 31 anzeigt, die gerichtliche Planabstimmung nach § 45 durchgeführt wird und der Schuldner, wenn zB der Plan einstimmig angenommen wird, keinen Antrag auf Planbestätigung nach § 60 stellt, obwohl der Plan eine Planüberwachung vorsieht. § 72 Abs. 2 ist in seiner Anwendbarkeit zweifelhaft, da er Bestandteil des 5. Abschnitts, 2. Unterabschnitt ist, der nach amtlicher Überschrift die Wirkungen des bestätigten Plans und die Planüberwachung regelt. Dagegen spricht allerdings § 73 Abs. 1 S. 1 Nr. 3, der die Bestellung des Restrukturierungsbeauftragten nicht von der Planbestätigung abhängig macht. Ohne Planbestätigung wirkt der Plan zwar nur inter partes, die Sinnhaftigkeit der Bestellung eines Restrukturierungsbeauftragten hindert dies aber nicht. Als zusätzliche Voraussetzung der Bestellung eines Restrukturierungsbeauftragten den Antrag auf Bestätigung des Plans zu fordern (so BeckOK StaRUG/*Hänel* § 73 Rn. 43), erscheint daher nicht notwendig. Freilich muss das Restrukturierungsgericht vom Plan Kenntnis erlangen.

32 **b) Dispositivität der Bestellung des Restrukturierungsbeauftragten.** Für den Insolvenzplan ist anerkannt, dass die Überwachung durch den Insolvenzverwalter insoweit dispositiv ist, als auch eine andere Person mit der Überwachung beauftragt werden kann; allerdings löst diese privatautonome Regelung nicht die gesetzlichen Folgen der Planüberwachung aus (BeckOK InsO/*Freund* § 261 Rn. 6; Braun/*Frank* InsO § 261 Rn. 1; K. Schmidt InsO/*Spliedt* § 261 Rn. 1).

33 Die Anlehnung der Vorschrift an sein insolvenzrechtliches Vorbild und die noch stärkere Betonung des Gedankens der Privatautonomie sprechen dafür, eine solche Substitution auch im Rahmen des § 73 zuzulassen. Das Gericht ist dann aber nicht zur Bestellung nach § 73 Abs. 1 S. 1 Nr. 3 verpflichtet, weil die Bestellung ein aliud und kein minus zum gesetzlichen Leitbild darstellt (BeckOK StaRUG/*Hänel* § 73 Rn. 45).

### 4. Absehen von der Bestellung im Einzelfall (§ 73 Abs. 1 S. 2)

34 Auch die Fälle der obligatorischen Bestellung eines Restrukturierungsbeauftragten stehen unter dem **Vorbehalt der Verhältnismäßigkeit.** Ist

die Bestellung zur Wahrung der Rechte der Betroffenen **nicht erforderlich** oder ist sie **offensichtlich unverhältnismäßig,** so kann sie unterbleiben. Das Gericht trifft also eine an der Verhältnismäßigkeit ausgerichtete **Ermessensentscheidung im Einzelfall** (Bieg/Borchardt/Frind/*Curtze/Doebert* Teil 2. B. VI. Rn. 80). Dabei muss die fehlende Notwendigkeit zur Wahrung der Rechte der Beteiligten feststehen („ist … erforderlich“) (abw. Braun StaRUG/*Blümle/Erbe* § 73 Rn. 14), während hingegen die Unverhältnismäßigkeit seiner Bestellung offensichtlich sein muss, Raum für amtswegige Ermittlungen besteht in diesem Fall also nicht.

**a) Zweckbestimmung.** Ein Absehen von der Bestellung wird nach dem Gesetzeswortlaut auf den Fall der fehlenden Notwendigkeit zur Wahrung der Rechte der Beteiligten eingeschränkt, gleichwohl der Restrukturierungsbeauftragte weitere Aufgaben hat. Richtigerweise hat sich die Frage der Verhältnismäßigkeit der Bestellung an allen Zwecken zu orientieren, die ein Restrukturierungsbeauftragter zu erfüllen hat (ebenso BeckOK StaRUG/*Hänel* § 73 Rn. 50). 35

**b) Erforderlichkeit.** Eine Maßnahme ist erforderlich, wenn kein milderes, ebenso effektives Mittel zur Verfügung steht (BVerfGE 90, 145 Rn. 122 mwN). Die einzige Alternative zur Bestellung eines Restrukturierungsbeauftragten besteht im Absehen von seiner Bestellung. 36

Für den Fall der Verbraucher und KMU nach § 73 Abs. 1 Nr. 1 ist diese „Maßnahme“ genauso effektiv, wenn diese Personengruppen des Schutzes nicht bedürfen, weil sie entgegen der gesetzgeberischen Typisierung und Vermutung im konkreten Fall nicht schutzbedürftig sind. Zu denken ist zB an einen restrukturierungserfahrenen Kaufmann, der mit einer Forderung aus dem privaten Bereich betroffen ist. 37

Für den Fall des Erlasses einer Stabilisierungsanordnung, § 73 Abs. 1 Nr. 2, könnte Unverhältnismäßigkeit vorliegen, wenn trotz Absehens von der Bestellung eines Restrukturierungsbeauftragten dennoch alle Beteiligten vergleichbare Informationsmöglichkeiten haben (BeckOK StaRUG/*Hänel* § 73 Rn. 52 weist zu Recht daraufhin, dass dieser Fall wegen § 76 Abs. 5 kaum denkbar ist). 38

**c) Offensichtlichkeit.** Offensichtlich ist, was für jedermann auf der Hand liegt, was er ohne Nachdenken erkennt und was keinem Zweifel unterliegt (BGH BeckRS 2009, 4808). Bezugspunkt sind dabei die Beteiligten, nicht das Gericht (BeckOK StaRUG/*Hänel* § 73 Rn. 53). Amtswegige Ermittlungen dürfen nicht stattfinden, allein zulässig ist wie bei § 56a Abs. 2 InsO eine **Evidenzkontrolle gerichtsbekannter Umstände** (BeckOK StaRUG/*Hänel* § 73 Rn. 53). 39

**d) Erstreckung auf Fälle der Planüberwachung.** Zweifelhaft ist die nach Wortlaut und Systematik eindeutige Erstreckung der Möglichkeit des Absehens von der Bestellung eines Restrukturierungsbeauftragten auf den Fall der im Plan vorgesehenen Planüberwachung nach § 73 Abs. 1 Nr. 3. Die gerichtliche Ermessensentscheidung würde in diesem Fall die **privatautonome Regelung der Anordnung der Planüberwachung konterkarieren.** Zwar käme auch in diesem Fall die Übertragung der Über- 40 wachung an einen anderen als einen Restrukturierungsbeauftragten nach in Betracht. Dies hilft dem Planverfasser aber nicht, wenn die Bestellung nicht durch einen Dritten, sondern einen Restrukturierungsbeauftragten vorgesehen ist. Jedenfalls wird man im Fall des § 73 Abs. 1 Nr. 3 daher eine **Ermessensreduzierung auf null** annehmen müssen mit der Folge, dass das Gericht in diesem Fall einen solchen bestellen muss (im Ergebnis ebenso, aber von einem Redaktionsversehen ausgehend BeckOK StaRUG/*Hänel* § 73 Rn. 46).

**41, 42** **e) Gerichtliche Entscheidung.** Sieht das Gericht von einer Bestellung ab, hat es wegen des Ausnahmecharakters des Vorgehens durch Beschluss zu entscheiden, der an den Schuldner bekanntzugeben ist (siehe hierzu auch BGH ZIP 2021, 203 (204)). Diese Entscheidung kann aber immer nur eine vorläufige sein, da sich die Umstände laufend ändern können und daher möglicherweise später dennoch Veranlassung besteht, einen Restrukturierungsbeauftragten zu bestellen. Die Bestellung überholt dann den vorherigen Beschluss der Nichtbestellung, so dass keine Notwendigkeit bestehen dürfte, die Vorläufigkeit im Beschluss ausdrücklich hervorzuheben (aA BeckOK StaRUG/*Hänel* § 73 Rn. 57, der dafür plädiert, in den Beschluss aufzunehmen, dass „bis auf weiteres" von der Bestellung abgesehen wird).

## V. Bestellung bei zu erwartender Obstruktion (§ 73 Abs. 2)

**43** Der Archetyp des Restrukturierungsplans ist der konsensuale von der Gläubigerautonomie getragene Plan. Wie beim Insolvenzplan auch ist Widerstand Betroffener aber kein Einzelfall. Der Restrukturierungsplan ermöglicht daher die gruppenübergreifende Mehrheitsentscheidung nach § 26 nach dem Vorbild des § 245 InsO. Ist die Notwendigkeit hierfür absehbar, muss ebenfalls ein Restrukturierungsbeauftragter bestellt werden. Der Gesetzgeber verspricht sich hiervon nicht nur eine „mediative Einflussnahme" (so BeckOK StaRUG/*Hänel* § 73 Rn. 61). Ein absehbar fehlender Konsens kann auch Veranlassung zur Kontrolle dafür sein, ob die Voraussetzungen des § 26 eingehalten sind. Die frühzeitige Einbindung des Restrukturierungsbeauftragten trägt damit zu einer rechtzeitigen Informationsgewinnung für das gerichtliche Vorprüfungs- und Bestätigungsverfahren bei,

**44** Den notwendigen Grad der Wahrscheinlichkeit divergierender Meinungen gibt das Gesetz nicht vor. Es enthält allein ein quantitativ und qualitativ nicht näher eingegrenztes prognostisches Element („wenn absehbar ist"). Absehbar ist die Notwendigkeit eines ***cross class cram down*** zB dann, wenn Gläubiger proaktiv das Restrukturierungsgericht über ihre voraussichtliche Ablehnung informiert haben. Dessen ungeachtet hat der Schuldner das Gericht im Rahmen der Anzeige des Restrukturierungsvorhabens zu informieren, wenn damit zu rechnen ist, dass das Restrukturierungsziel nur gegen den Widerstand einer nach Maßgabe des § 9 zu bildenden Gruppe durchgesetzt werden kann (§ 31 Abs. 2 S. 3). Die Notwendigkeit muss weder feststehen noch darf sie nur möglich sein. Im Zweifel sollte zur Wahrung der Rechte der Beteiligten ein Restrukturierungsbeauftragter bestellt werden.

In den in § 73 Abs. 2 S. 3 f. genannten Fällen geht der Gesetzgeber davon aus, dass die dort genannten Beteiligten ihre Rechte selbst effektiv wahrnehmen können; die amtswegige obligatorische Bestellung eines Restrukturierungsbeauftragten unterbleibt dann. 45

## VI. Prüfungen als Sachverständiger (§ 73 Abs. 3)

Einen weiteren Fall der amtswegigen fakultativen Bestellung eines Restrukturierungsbeauftragten normiert § 73 Abs. 3 zum Zweck der Unterstützung des Gerichts. In diesem Fall wird der Restrukturierungsbeauftragte als Sachverständiger tätig. Hier ist der Restrukturierungsbeauftragte nicht als Korrektiv oder vermittelnde Instanz tätig, sondern zur Unterstützung und Entlastung des Gerichts (BT-Drs. 19/24181, 171; siehe hierzu auch Skauradszun KTS 2021, 1 (41 f.)). 46

Der gleiche Gedanke kommt in den Erwägungsgründen 68 und 69 und Art. 8 Abs. 1 lt. H. der Restrukturierungsrichtlinie zum Ausdruck. Auch die Regelungen in §§ 76 Abs. 1, 2 Nr. 1, Abs. 3, Abs. 4 und Abs. 6 haben eine ähnliche Intention.

Die naturgemäß mangels einer ausreichenden Zahl an Fällen immer noch mangelnde Erfahrung mancher Restrukturierungsgerichte lässt erwarten, dass diese von dieser Möglichkeit umfangreich Gebrauch machen werden (Bieg/Borchardt/Frind/*Curtze/Doebert* Teil 2. B. VI. Rn. 83). 47

### 1. Aufgaben

Das Gesetz greift zwei nicht abschließende („insbesondere") Fälle heraus, nämlich die Unterstützung des Gerichts bei der Ermittlung 48

- der Voraussetzungen der Planbestätigung, nämlich
  - o Vorliegen nur drohender Zahlungsunfähigkeit nach § 63 Abs. 1 Nr. 1
  - o Schlüssigkeit, Ausgehen von tatsächlicher Sachlage, Erfolgsaussicht des Restrukturierungskonzepts bei einer vorgesehenen neuen Finanzierung nach § 63 Abs. 2
  - o Voraussichtliche Schlechterstellung nach § 64 Abs. 1
- der Angemessenheit der Entschädigung bei einem Eingriff in gruppeninterne Drittsicherheiten (§ 2 Abs. 4) (zu diesen Eingriffen näher *Hoegen/Kranz* NZI 2021, 105 (107)) oder einer Beschränkung der Haftung von unbeschränkt haftenden Gesellschaftern.

Diese Maßnahmen können **einzeln oder kumulativ, gleichzeitig oder sukzessive,** beauftragt werden.

In Ermangelung des abschließenden Charakters des § 73 Abs. 3 kann das Gericht auch für weitere Aufgaben einen Restrukturierungsbeauftragten als Sachverständigen bestellen (*Vallender* ZRI 2021, 165 (168)), hat jedoch dabei eine den Verhältnismäßigkeitsgrundsatz beachtende **Ermessensentscheidung** zu treffen. Eine über die Regelbeispiele hinausgehende Beauftragung kommt immer dort in Betracht, wo **Komplexität oder die natürlichen** 49

**Grenzen amtswegiger Ermittlungen** ein solches Vorgehen erforderlich machen. Bei allen in Betracht kommenden Maßnahmen sollte im Fokus stehen, dass das Restrukturierungsverfahren ein vom Gedanken der Privatautonomie getragenes Sanierungsverfahren ist (BeckOK StaRUG/*Hänel* § 73 Rn. 3: „eines von hoheitlicher Steuerung weitestmöglich freier Verfahrensrahmen"; siehe dazu auch Deppenkemper ZIP 2020, 2432 (2433)), so dass sich pawlow'sche Analogien zu einem Insolvenzverfahren verbieten. Vulgo: die Bestellung eines Sachverständigen für weitere Fälle sollte die kritisch zu hinterfragende Ausnahme und nicht die Regel sein, zumal sie das Gericht von seiner Amtsermittlungspflicht nicht entbindet, höchstens ein etwaiges Haftungsrisiko verringert.

### 2. Abgrenzung zum isolierten Sachverständigen nach § 39 Abs. 1 S. 2

**50** Alternativ zur Bestellung eines Restrukturierungsbeauftragten nach § 73 Abs. 3 kann das Gericht einen Sachverständigen auch nach § 39 Abs. 1 S. 2 bestellen (*Vallender* ZRI 2021, 165 (172)). Insbesondere wenn sich die Aufgaben vom üblichen Aufgabengebiet des Restrukturierungsbeauftragten entfernen, liegt die Bestellung eines solchen isolierten Sachverständigen nahe. Unterschiede gibt es in der **Vergütung.** Während dieser nach den Regelungen des JVEG entlohnt wird, richtet sich die Bezahlung bei jenem nach §§ 80 ff.

## Bestellung

**74** (1) **Zum Restrukturierungsbeauftragten ist ein für den jeweiligen Einzelfall geeigneter, in Restrukturierungs- und Insolvenzsachen erfahrener Steuerberater, Wirtschaftsprüfer oder Rechtsanwalt oder eine sonstige natürliche Person mit vergleichbarer Qualifikation zu bestellen, die von den Gläubigern und dem Schuldner unabhängig ist und die aus dem Kreis aller zur Übernahme des Amtes bereiten Personen auszuwählen ist.**

(2) [1]**Das Restrukturierungsgericht berücksichtigt bei der Auswahl eines Restrukturierungsbeauftragten nach § 73 Absatz 1 und 2 Vorschläge des Schuldners, der Gläubiger und der an dem Schuldner beteiligten Personen.** [2]**Hat der Schuldner die Bescheinigung eines in Restrukturierungs- und Insolvenzsachen erfahrenen Steuerberaters, Wirtschaftsprüfers, Rechtsanwalts oder einer Person mit vergleichbarer Qualifikation vorgelegt, aus der sich ergibt, dass der Schuldner die Voraussetzungen des § 51 Absatz 1 und 2 erfüllt, kann das Gericht vom Vorschlag des Schuldners nur dann abweichen, wenn die vorgeschlagene Person offensichtlich ungeeignet ist; dies ist zu begründen.** [3]**Wenn Planbetroffene, auf welche in jeder der nach § 9 gebildeten oder zu bildenden Gruppen von Inhabern von Restrukturierungsforderungen und Absonderungsanwartschaften mehr als 25 Prozent des Stimmrechts entfallen oder voraussichtlich entfallen werden, einen gemeinschaftlichen Vorschlag unterbreiten und wenn**

**keine Bindung des Gerichts nach Satz 2 besteht, kann das Gericht vom gemeinsamen Vorschlag der Planbetroffenen nur dann abweichen, wenn die vorgeschlagene Person offensichtlich ungeeignet ist; dies ist zu begründen.**

(3) **Folgt das Restrukturierungsgericht einem Vorschlag des Schuldners nach Absatz 2 Satz 2 oder der Planbetroffenen nach Absatz 2 Satz 3, kann es einen weiteren Restrukturierungsbeauftragten bestellen und diesem dessen Aufgaben übertragen; dies gilt nicht für die Aufgaben nach § 76 Absatz 2 Nummer 1 Halbsatz 1 und 2.**

**Schrifttum:** *Cranshaw/Portisch* Paradigmen des Unternehmensstabilisierungs- und restrukturierungsgesetzes (StaRUG) nach dem Regierungsentwurf aus Gläubigersicht, Teil 1, ZInsO 2020, 2561; *Deppenkemper* Ziel erreicht? Außergerichtliche Sanierung bereits ab 1.1.2021, ZIP 2020, 2432; *Dimassi/Schulte-Kaubrügger* Der Restrukturierungsbeauftragte nach dem StaRUG, ZIP 2021, 936; *Flöther* Der Restrukturierungsbeauftragte: Neue Figur in altbekanntem Gewand, NZI-Beil. 2021, 48; *Fritz/Scholtis* Die künftige Rolle des Restrukturierungsbeauftragten im Lichte des präventiven Restrukturierungsrahmens, NZI 2020, 49; *Martini* Der Restrukturierungsbeauftragte – Gemeinsamkeiten mit und Unterschiede zum Sachwalter nach der Insolvenzordnung, FS St. Smid, 561; *Seagon* Die Rolle des Restrukturierungsbeauftragten, NZI-Beil. 2019, 73; *Smid* Der Restrukturierungsbeauftragte, ZInsO 2020, 2092; *Vallender* Die Zeit ist reif – Plädoyer für eine Berufsordnung für Insolvenzverwalter, NZI 2017, 641.

**Übersicht**



## I. Vorbemerkung

Die Vorschrift regelt die Auswahl des und die Anforderungen an die Person jedes Restrukturierungsbeauftragten und die Möglichkeit zur Bestellung eines weiteren Restrukturierungsbeauftragten bei Bestellung des „mitgebrachten" Beauftragten. Ähnlich wie im Insolvenzverfahren steht und fällt die Frage des Erfolgs des Sanierungsvorhabens auch mit der Person und der Tätigkeit des Restrukturierungsbeauftragten (*Deppenkemper* ZIP 2020, 2432 **1**

(2440); *Flöther* NZI-Beil. 2021, 48 (59); BeckOK StaRUG/*Hänel* § 74 Rn. 6; zurückhaltender *Fritz/Scholtis* NZI 2020, 49). Noch mehr als Sach- oder Insolvenzverwalter sollte der Restrukturierungsbeauftragte aber wegen des stärker auf Konsens ausgerichteten Verfahrens über kommunikative, ausgleichende und mediative Fähigkeiten verfügen.

## II. Anforderungen an die Auswahl des amtswegig zu bestellenden Restrukturierungsbeauftragten (Abs. 1)

### 1. Anforderungen der Restrukturierungsrichtlinie

2 Erwägungsgründe 87–89 und Art. 26 und 27 der Restrukturierungsrichtlinie normieren die Anforderungen an die Bestellung und Abberufung von Verwaltern, zu denen auch Restrukturierungsbeauftragte zählen (BT-Drs. 19/24181, 171). Art. 26 fordert **Klarheit, Berechenbarkeit, Fairness und Transparenz** im Hinblick auf die Zulassungsvoraussetzungen und eine **angemessene Ausbildung.** Die Bestellung im Einzelfall muss darüber hinaus der **Erfahrung und Sachkunde** des Prätendenten gebührend Rechnung tragen. Art. 27 normiert die Notwendigkeit staatlicher Aufsicht und geeigneter Sanktionsmöglichkeiten, wenn Pflichten verletzt werden und fordert schließlich ein **effizientes Vergütungssystem** (näher zu den Anforderungen der Richtlinie: BeckOK StaRUG/*Hänel* § 74 Rn. 11 ff.).

### 2. Auswahl des Restrukturierungsbeauftragten

3 In Ermangelung eines (trotz der schon länger zurückliegenden Anerkennung des Insolvenzverwalters als eigenständigem Beruf (BVerfG NZI 2004, 574), siehe auch *Vallender* NZI 2017, 641) und der nationalen Defizite im internationalen Vergleich (*Thole* KTS 2018, 225) normierten Berufsrechts der Amtsträger in Insolvenzverfahren regelt § 74 Abs. 1 die Anforderungen an den Restrukturierungsbeauftragten in enger Anlehnung an die Vorschriften über die Anforderungen an den Insolvenzverwalter in § 56 Abs. 1 S. 1 InsO und den Sachwalter (über § 274 Abs. 1 InsO), präzisiert diese jedoch. Der Prätendent muss für den Einzelfall geeignet sein, ein in Restrukturierungs- und Insolvenzsachen erfahrener Steuerberater, Wirtschaftsprüfer, Rechtsanwalt oder eine sonstige natürliche Person mit vergleichbarer Qualifikation sein, von Gläubigern und Schuldnern unabhängig und ist aus dem Kreis aller zur Übernahme des Amtes bereiten Personen auszuwählen.

4

| **§ 74 Abs. 1 StaRUG** | **§ 56 Abs. 1 S. 1 InsO** |
|---|---|
| natürliche Person | natürliche Person |
| Unabhängigkeit | Unabhängigkeit |
| Bekundete Bereitschaft | Bekundete Bereitschaft |
| Einzellfalleignung | Einzelfalleignung |
| StB, WP, RA oder vglb. qualifiziert | ./. |
| Erfahren in Restrukturierungs- und Insolvenzsachen | Geschäftskunde |

**a) Eignung.** Die Restrukturierungsrichtlinie sieht eine Beschränkung auf bestimmte Berufsgruppen nicht vor. Sie fordert nur, dass der Prätendent eine **angemessene Ausbildung** erhalten hat und die **erforderliche Sachkunde** besitzt (Art. 26 Abs. 1a RL). Der Regierungsentwurf sah ursprünglich keine Verengung auf die jetzt im Gesetz genannten Berufsgruppen vor. Der Gesetzgeber nimmt aber offensichtlich an, dass insbesondere Steuerberater, Wirtschaftsprüfer und Rechtsanwälte die notwendige betriebswirtschaftliche und/oder juristische Ausbildung genossen haben, um als Restrukturierungsbeauftragte in Betracht zu kommen. Mit der Gesetz gewordenen Fassung vermied der Gesetzgeber daher Probleme mit den Anforderungen der Restrukturierungsrichtlinie. (BeckOK StaRUG/*Hänel* § 74 Rn. 1). Er unternimmt den Versuch, die für das Amt notwendige Qualifikation objektiviert durch Berufsgruppen sicherzustellen (BeckOK StaRUG/*Hänel* § 74 Rn. 7), ohne eine fachspezifische Ausbildung zu verlangen. 5

Die Angehörigkeit zu einer der genannten Berufsgruppen reicht allerdings nicht aus. Hinzukommen muss **Erfahrung in Restrukturierungs- und Insolvenzsachen.** Das Erfordernis der Erfahrung auch in Insolvenzsachen erscheint schon im Hinblick auf die Möglichkeit der späteren Bestellung als Insolvenzverwalter, wenn die Restrukturierung scheitert (§ 56 Abs. 1 S. 2 InsO), sinnvoll (Braun StaRUG/*Blümle/Erbe* § 74 Rn. 3; skeptisch: *Fritz/Scholtis* NZI 2020, 49 (53)). Dass der Gesetzgeber eine Erfahrung in beiden Bereichen fordert, verdeutlicht, dass er Erfahrung in Insolvenzsachen nicht mit Erfahrung in Restrukturierungssachen gleichsetzt. Interpretiert man letztgenannten Punkt mit Erfahrungen in Verfahren nach StaRUG, kann es diese erst sukzessive seit dem 1.1.2021 geben. Gemeint ist wohl etwas anderes: die Kenntnis von und die Befähigung zu Restrukturierungen überhaupt und zwar ungeachtet der Verfahrensart (die auch in Insolvenzsachen erworben sein kann, aber nicht muss) und die auch theoretische Kenntnis der einschlägigen Verfahrensregelungen des StaRUG. Im Übrigen gelten die Anforderungen, die auch an einen Insolvenzverwalter zu stellen sind und zu denen auch sog. **soft skills** gehören: Persönliche Integrität, Sozialkompetenz, interdisziplinäre Fähigkeiten (näher: K. Schmidt InsO/*Ries* InsO § 56 Rn. 12 ff. mwN). 6

Die nach dem Gesetz notwendige Erfahrung in Restrukturierungssachen verbietet allerdings die schematische Übertragung der Eignung von Insolvenzverwaltern. Es ist naheliegend, dass Insolvenzverwalter die notwendige Expertise besitzen, allerdings nur bei Restrukturierungserfahrung, die nicht per se gegeben ist (verallgemeinernd die Eignung der Insolvenzverwalter behauptend: *Cranshaw/Portisch* ZInsO 2020, 2561 (2574); Pannen/Riedemann/Smid/*Pannen* § 74 Rn. 9). 7

Auch wird man die Anforderungen an die verfügbare Infrastruktur aufgrund der Wesensverschiedenheit zum Insolvenzverwalter anders zu beurteilen haben (abw. Braun StaRUG/*Blümle/Erbe* § 73 Rn. 6), denn der Restrukturierungsbeauftragte verwaltet nicht die Masse, verfügt nicht über die, erstellt keine Verzeichnisse, prüft keine Forderungen usf (differenziert BeckOK StaRUG/*Hänel* § 74 Abs. 41, der im Hinblick auf den ggf. notwendigen Einsatz qualifizierter Mitarbeiter und der Möglichkeit der späteren Bestellung zum Insolvenzverwalter von der Notwendigkeit eines „weniger ausgeprägten Organisationsumfeldes" spricht). 8

Sofern man die Möglichkeit der späteren Möglichkeit der Bestellung zum Insolvenzverwalter aufgrund einer vorhandenen Infrastruktur zur Voraussetzung der Bestellung zum Restrukturierungsbeauftragten macht, schließt man nicht nur diejenigen sachwidrig vom Amt aus, die über die typische Verwalterinfrastruktur (Rechtsanwälte, Wirtschaftsjuristen, Betriebswirte, Buchhalter, Tabellen- und Vergütungssachbearbeiter usf) nicht verfügen, man denkt die Verfahrenshilfen des StaRUG außerdem vom Insolvenzverfahren her, was naheliegend ist, da man sich dem Neuen häufig vom Bekannten her nähert. Hierin liegt aber zugleich die Gefahr: die für das deutsche Recht völlig neuartigen Mittel des StARUG erkennt man in seiner Bedeutung nur, wenn man versucht, diese Möglichkeiten zu abstrahieren und nicht von überkommenen Möglichkeiten des Gesamtverfahrens abzuleiten.

9 **b) natürliche Person.** Die zur Frage der Bestellung (nur) einer natürlichen Person zum Insolvenzverwalter früher mit Herzblut geführte Diskussion (Nachweise bei K. Schmidt InsO/*Ries* InsO § 56 Rn. 10 ff.), wurde letztlich durch das BVerfG beendet (BVerfG NJW 2016, 930). Die Restrukturierungsrichtlinie schreibt die Bestellung auch einer juristischen Person zum Restrukturierungsbeauftragten nicht vor, so dass das StARUG es analog den Vorschriften der Insolvenz bei der natürlichen Person belassen hat. **Es gibt keinen Raum für eine erneute Diskussion dieser Frage** (zutr. Braun StaRUG/*Blümle/Erbe* § 74 Rn. 7). Der nationale Gesetzgeber betont in diesem Zusammenhang die Höchstpersönlichkeit des Amtes und die hieraus seines Erachtens folgende grundlegende Personenbindung (BT-Drs. 19/24181, 171). Zur Frage der Europarechtskonformität: BeckOK StaRUG/*Hänel* § 74 Rn. 28.

10 **c) Kreis der zur Übernahme bereiten Personen.** Restrukturierungsbeauftragter kann nur werden, wer sich grundsätzlich dazu **bereit erklärt** hat. Dies folgt selbstredend bereits aus Art. 12 GG. Erwägungsgrund 88 der Restrukturierungsrichtlinie spricht davon, dass die Mitgliedsstaaten nicht daran gehindert sind, vorzuschreiben, dass Verwalter (hier also Restrukturierungsbeauftragte) aus einer Liste oder aus einem Pool, die von einer Justiz- oder Verwaltungsbehörde zuvor gebilligt wurde, ausgewählt werden. Andere Auswahlmethoden, beispielsweise eine Zufallsauswahl mittels Software, soll, wenn sichergestellt ist, dass Erfahrung und Sachkunde des Verwalters gebührend berücksichtigt werden, ebenfalls zulässig sein. In Kenntnis der zu § 56 InsO seit Jahren geführten Diskussion zu Vorauswahlliste und der hiermit verbundenen Probleme (hierzu BVerfG NZI 2004, 574; BGH NZI 2008, 161) hat sich der Gesetzgeber des StaRUG dennoch für ein Vorauswahllistenmodell entschieden. Nichtsdestrotz sind Auswahl und Bestellung eines Amtsträgers Akte richterlicher Unabhängigkeit (BVerfG NZI 2004, 574; 2006, 453), so dass jeder Richter seine eigene Vorauswahlliste zu führen hat (BGH NZI 2016, 508).

11 In der anfänglichen Praxis seit Inkrafttreten des StaRUG am 1.1.2021 ist bei einigen Restrukturierungsgerichten festzustellen, dass diese die **Vorauswahlliste für Insolvenzverwalter** und Sachwalter nunmehr unverändert auch für potentielle Restrukturierungsbeauftragte führen. Dies mag auch reinen Effizienzerwägungen bei den Restrukturierungsgerichten geschuldet sein, die glaubten, so den Aufwand für einen neuen umfangreichen Bewerbungsprozess vermeiden zu können, was im ersten Schritt sicherlich zutrifft.

Die denknotwendig mangelnden Erfahrungen mit Sanierungen nach StaRUG hätten die Ausarbeitung der Anforderungen an die Listung auch ungleich anspruchsvoller werden lassen als dies für den Bereich der Insolvenzordnung aufgrund jahrzehntelanger Erfahrung bzw. – wenn man die Erfahrung mit Verwaltern generell einbezieht – seit Inkrafttreten der Konkursordnung war. Dies wäre wiederum zeitlich nicht vertretbar gewesen, denn die Gerichte mussten sich ja auf erste praktische Erfahrungen mit dem Gesetz und damit auf die Bestellung von Restrukturierungsbeauftragten sogleich nach Inkrafttreten des Gesetzes einstellen und sogleich handlungsfähig sein. Ungeachtet des Umstandes, dass diese Übernahme der Liste der Verwalter und Sachwalter selbstverständlich das individuelle Recht des Gelisteten unberührt lässt, als Restrukturierungsbeauftragter nicht bestellt werden zu wollen (denn die Aufnahme auf die Vorauswahlliste erfolgt nur auf Antrag (Uhlenbruck/*Zipperer* InsO § 56 Rn. 11, 34) und die Tätigkeit als Insolvenzverwalter ist eine andere als die Tätigkeit als Restrukturierungsbeauftragter), ist zu berücksichtigen, dass die Anforderungen an Restrukturierungsbeauftragte, insbesondere was die Erfahrungen mit Restrukturierungen angeht mit den Anforderungen an insbesondere Insolvenzverwalter **nicht unbedingt deckungsgleich** sind. Hinzukommt, dass Verfahren nach StaRUG sehr viel stärker von der Privatautonomie und Ausgleich getragen sind als Verfahren nach der Insolvenzordnung und es daher unvertretbar sein dürfte, wenn der mitgebrachte, beim Restrukturierungsgericht nicht gelistete Prätendent trotz Erfüllung der Voraussetzungen des § 74 durch das Gericht unter Hinweis auf die fehlende Listung nicht bestellt wird (zutr. Braun StaRUG/*Blümle/Erbe* § 74 Rn. 13).

**d) Unabhängigkeit.** Bereits Art. 27 Abs. 1 der Restrukturierungsricht- **12**
linie fordert, dass der Restrukturierungsbeauftragte gegenüber den beteiligten Parteien **unparteiisch und unabhängig** seine Dienste erbringt. Die Unabhängigkeit in ein Kriterium der Eignung (BT-Drs. 19/24181, 171). Der nationale Gesetzgeber orientiert sich insoweit wiederum an § 56 InsO. Es gelten die dort entwickelten Grundsätze (näher: BeckOK StaRUG/*Hänel* § 74 Rn. 49 ff.). An diesem Befund ändert sich auch dadurch nichts, dass eine dem § 56 Abs. 1 S. 4 Nr. 1 und 2 InsO entsprechende Regelung fehlt, wie sich aus der Gesetzesbegründung zu § 81 Abs. 2 RegE ergibt. Eine **vorherige Beratung des Schuldners ist mit der Tätigkeit als Restrukturierungsbeauftragter nicht zu vereinbaren** (Braun StaRUG/*Blümle/Erbe* § 74 Rn. 16; aA *Jung/Meißner/Münz* KSI 2020, 101 (103)). Wie beim Insolvenzverwalter auch (§ 56 Abs. 4 S. 1 InsO) wird die Unabhängigkeit nicht dadurch ausgeschlossen, dass der Restrukturierungsbeauftragte vom Schuldner, von Gläubigern oder Anteilseigner des Schuldners **vorgeschlagen** wird (§ 74 Abs. 2 S. 1). Die in Art. 27 Abs. 1 der Richtlinie geforderte Unabhängigkeit macht § 74 Abs. 1 ausdrücklich zur Voraussetzung der Bestellung. Ebenso wie Sachverständige, (vorläufige) Sach- oder Insolvenzverwalter hat der präsumtive Restrukturierungsbeauftragte **ungefragt und von sich aus** mögliche Sachverhalte, die seiner Unabhängigkeit entgegenstehen, offenzulegen (Pannen/Riedemann/Smid/*Pannen* § 74 Rn. 18; zum Insolvenzverwalter: BGH NJW-RR 2012, 953 ff.; NZI 2016, 508). Ebenso

drängt es sich auf, dass die Restrukturierungsgerichte Fragebögen, die zur Evaluation der Unabhängigkeit von Insolvenz- und Sachwaltern bisweilen verwenden, beim Restrukturierungsbeauftragten ebenso zum Einsatz kommen können. Siehe hierzu zB den Fragebogen zur Unabhängigkeit des Verbandes der Insolvenzverwalter Deutschlands eV: https://www.vid.de/wp-content/uploads/2018/02/fragebogen-unabhaengigkeit-d-verwalters_28022018.pdf.

## III. Berücksichtigung von Vorschlägen (Abs. 2)

### 1. Normzweck

13 § 74 Abs. 2 regelt den Umgang mit Vorschlägen in Bezug auf die Person des Restrukturierungsbeauftragten, der als **obligatorischer Beauftragter** nach § 73 Abs. 1 und 2 bestellt wird. Derartige Vorschläge hat das Gericht grundsätzlich in seine Überlegungen mit einzubeziehen, unter bestimmten Umständen ist es an den Vorschlag gebunden. Für den **fakultativen Beauftragten** verweist § 78 Abs. 1 nur auf § 74 Abs. 1 und sieht eine eigenständige Regelung für Vorschläge vor. Die Vorschrift ist in ihrer Komplexität symptomatisch für einige um Einzelfallregelung und Präzision bemühte Vorschriften StaRUG.

14 Der Vorschlag als solcher ist weder frist- noch formgebunden (BeckOK StaRUG/*Hänel* § 74 Rn. 69).

### 2. Nicht bindender Vorschlag (Abs. 2 S. 1)

15 § 74 Abs. 1 S. 1 verpflichtet das Restrukturierungsgericht, Vorschläge des Schuldners, der Gläubiger und der am Schuldner beteiligten Personen zur Person des obligatorischen Beauftragten in seine **Erwägungen miteinzubeziehen** (zu berücksichtigen). Diese Verpflichtung beschränkt sich von § 74 Abs. 2 S. 3 abweichend nicht auf Planbetroffene, nach dem Wortlaut müssen auch **Vorschläge nicht beteiligter Gläubiger,** wie zB Arbeitnehmer, berücksichtigt werden. Darüber hinaus besteht kein Grund, Vorschläge der Inhaber von Absonderungsanwartschaften zu ignorieren (BeckOK StaRUG/*Hänel* § 74 Rn. 67).

16 Konkret bedeutet die Pflicht zur Berücksichtigung die **ernsthafte Einbeziehung des Vorschlages in den Auswahlprozess.** Die Abweichung muss das Gericht nicht begründen, wie sich aus dem Umkehrschluss zu § 74 Abs. 2 S. 2 und 3 ergibt, sollte dies aber vor allem wegen des auf Konsens ausgerichteten Charakters der Restrukturierungssache tun (BeckOK StaRUG/*Hänel* § 74 Rn. 67).

### 3. Schuldnervorschlag mit Bescheinigung (Abs. 2 S. 2)

17 Der Schuldner hat bei Anzeige des Restrukturierungsvorhabens nach § 31 Abs. 2 Angaben zu machen, die dem Restrukturierungsgericht eine Einschätzung dazu erlauben, ob ein Restrukturierungsbeauftragter nach § 73 Abs. 1 Nr. 1 und Abs. 2 bestellt wird. Er entscheidet daher auch, ob er

einen Vorschlag unterbreitet. Unterlässt er dies, trifft das Gericht keine Hinweispflicht auf sein Vorschlagsrecht, wohl aber darf es den Schuldner zur angedachten Auswahl anhören (BeckOK StaRUG/*Hänel* § 74 Rn. 73).

18 Schlägt der Schuldner einen Restrukturierungsbeauftragten vor und bringt er gleichzeitig die **Bescheinigung** eines in Restrukturierungs- und Insolvenzsachen erfahrenen Steuerberaters, Wirtschaftsprüfers, Rechtsanwalts oder einer Person mit vergleichbarer Qualifikation bei, aus der sich ergibt, dass der Schuldner die Voraussetzungen der § 51 Abs. 1 und 2 erfüllt, **muss** das Gericht den vorgeschlagenen Restrukturierungsbeauftragten bestellen, es sei denn, die vorgeschlagene Person ist **offensichtlich ungeeignet.** Bei grundsätzlicher Einigung erfolgt also eine **Ermessenreduzierung auf Null** (BeckOK StaRUG/*Hänel* § 74 Rn. 69).

19 Im Falle der Ablehnung ist diese zu begründen. So soll es dem Schuldner ermöglicht werden, den Restrukturierungsbeauftragten „mitzubringen", ein vom Gesetzgeber als zulässig vorausgesetztes Vorgehen. Die Vereinbarkeit dieser Regelung mit der Restrukturierungsrichtlinie ergibt sich aus deren Art. 27 Abs. 1 und insbesondere Erwägungsgrund 88. Die Möglichkeit, den Sachwalter mitzubringen, soll nach der Vorstellung des Gesetzgebers die **Planbarkeit und Attraktivität** der präventiven Restrukturierung erhöhen und diesen ein Anreiz zur Inanspruchnahme der Instrumente des StaRUG geben (BeckOK StaRUG/*Hänel* § 74 Rn. 69; Braun StaRUG/*Blümle/Erbe* § 74 Rn. 21; *Schluck-Amend/Hafer* ZRI 2020, 570 (576). Ähnlich begründete der Gesetzgeber bereits die Regelung im heutigen § 270d Abs. 1, 2 InsO (damals § 270b). Diese Regelung nimmt der Gesetzgeber in der Begründung des Regierungsentwurfs daher auch in Bezug.

### 4. Vorschlag einer Sperrminorität (Abs. 2 S. 3)

20 Auch eine **Sperrminorität** von Gläubigern und anderen Planbetroffenen (zB Anteilseignern), im Ergebnis also die in § 7 Abs. 1 genannten Personen, kann die Bestellung eines Restrukturierungsbeauftragten bei grundsätzlicher Eignung erzwingen. Diese Möglichkeit ist ohne Vorbild in der Insolvenzordnung.

21 Fehlt es an einem das Gericht bindenden Schuldnervorschlag, vereinen Planbetroffene, auf welche in jeder der nach § 9 gebildeten oder zu bildenden Gruppen von Inhabern von Restrukturierungsforderungen und Absonderungsanwartschaften mehr als 25 % des Stimmrechts entfallen oder voraussichtlich entfallen werden, und unterbreiten diese einen gemeinschaftlichen Vorschlag, so ist dieser für das Gericht bindend, es sei denn, die vorgeschlagene Person ist offensichtlich ungeeignet. Die Herausforderung dieser Möglichkeit besteht in der **fehlenden vorherigen Konstituierung** einer vorschlagenden Personenmehrheit. Die noch nicht feststehende Tatsachengrundlage korreliert mit der notwendigen Eile der Bestellungsentscheidung, was analog § 75 Abs. 1 Nr. 3, 4 eine auf Schätzung beruhende Prognose erfordert (BeckOK StaRUG/*Hänel* § 74 Rn. 91).

22 Nach § 9 sind die Planbetroffenen in Gruppen einzuteilen, soweit sich deren Rechtsstellung unterscheidet (Inhaber von Absonderungsanwartschaf-

ten, einfache Restrukturierungsgläubiger, Nachrangige Restrukturierungsgläubiger, Inhaber von Anteils- oder Mitgliedschaftsrechten.

23 Die Ablehnung eines dahingehenden Vorschlages ist wie beim Schuldnervorschlag → Rn. 16 wiederum zu begründen. Durch die Sperrminorität möchte der Gesetzgeber verhindern, dass das Instrument des Restrukturierungsbeauftragten durch Akkordstörer missbräuchlich verwendet wird[1].

24 Der Gefahr der Implementierung eines ihr genehmen Restrukturierungsbeauftragten durch eine Gläubigermehrheit zulasten einer Minderheit (hierzu *Hölzle* ZIP 2020, 585 (594), hierzu auch Braun StaRUG/*Blümle/Erbe* § 74 Rn. 28) kann nur mit dem Einwand der fehlenden Unabhängigkeit und damit Nichteignung begegnet werden. Hier wird die Praxis zeigen, inwieweit die Bestellung willfähriger Restrukturierungsbeauftragter künftig durch die gerichtliche Aufsicht (§ 75 Abs. 1) und die Möglichkeit der gerichtseitigen Entlassung aus wichtigem Grund (§ 75 Abs. 2) vermieden werden kann. Die Problematik ist keine neue, denn das gleiche Problem stellt sich bei dem mitgebrachten Sachwalter in der Insolvenz.

### 5. Abweichen vom Vorschlag (Abs. 2 S. 2, 3)

25 Ein Ablehnungsrecht eines bindenden Schuldnervorschlags oder eines bindenden Planbetroffenenvorschlags hat das Restrukturierungsgericht nur bei **offensichtlicher Nichteignung.** „Offensichtlich" ist, was auf der Hand liegt und sich ohne weitere Überlegungen jedermann erschließt (BeckOK InsO/*Martini-Ellers,* InsO 2012 [aK], § 270b Rn. 96). Für amtswegige Ermittlungen ist daher kein Raum (*Vallender* ZRI 2021, 165 (170)). Das Absehen von der Bestellung in Fällen fehlender Eignung ist aus dem insolvenzrechtlichen Kontext bekannt (§ 270d Abs. 2 S. 3 InsO). Inhalt und Umfang der Begründung bei Abweichungen regelt das Gesetz nicht. Angesichts der Tragweite der Abweichung für den Schuldner, für den die Möglichkeit des Mitbringens des Sachwalters gerade die Attraktivität und Planbarkeit von Verfahrenshilfen nach dem StaRUG gesteigert werden sollte, sollte sich aus der Begründung ergeben, ob es an der Eignung aufgrund des konkreten Falls (zB fehlende Unabhängigkeit wegen vorangegangener Beratung uä) oder überhaupt aus fachlichen Gründen fehlt (Braun StaRUG/*Blümle/Erbe* § 74 Rn. 31).

26 Die Begründungspflicht soll ebenso wie bei der insolvenzrechtlichen Parallelvorschrift des § 270d Abs. 2 S. 3 die **Hürden für eine Ablehnung erhöhen.** Ein Rechtsmittel ist gegen die Ablehnung nicht gegeben, da gemäß § 40 Abs. 1 S. 1 Entscheidungen des Restrukturierungsgerichts nur in den Fällen einem Rechtsmittel unterliegen, in denen das StaRUG die sofortige Beschwerde vorsieht.

---

[1] Begr. RegE zu § 81 Abs. 2 RegE.

## IV. Auswahl eines Sonderrestrukturierungsbeauftragten (Abs. 3)

Das mildere Mittel zur zu begründenden Ablehnung des an sich bindenden Vorschlagsrechts des Schuldners oder der Sperrminorität der Planbetroffenen ist die Bestellung eines weiteren Restrukturierungsbeauftragten, die in das **Ermessen** des Gerichts gestellt ist. Diesem können grundsätzlich alle Aufgaben des ersten Restrukturierungsbeauftragten übertragen werden. Dies gilt allerdings nicht für die Entscheidung darüber, wie der Restrukturierungsplan zur Abstimmung gebracht wird und ebenso nicht für die Leitung der Abstimmung über den Restrukturierungsplan und die Dokumentation des Abstimmungsergebnisses. Durch die Bestellung dieses Sonderrestrukturierungsbeauftragten hat das Restrukturierungsgericht die Möglichkeit einer **neutralen und unabhängigen Kontrolle** bei Restzweifeln hinsichtlich der Amtswahrnehmung des ersten Restrukturierungsbeauftragten. Die Bestellung eines Sonderrestrukturierungsbeauftragen ist **nicht rechtsmittelfähig.** 27

Die in Abs. 3 geregelte Möglichkeit lässt einen **schalen Beigeschmack** zurück. Nach der mehr als knappen Gesetzesbegründung soll das Gericht in den Fällen, in denen ein „mitgebrachter" Restrukturierungsbeauftragter bestellt wird, die Möglichkeit haben, einen weiteren Restrukturierungsbeauftragten zu bestellen und diesem mit Ausnahme der Entscheidung über die Durchführung und ggf. Leitung des Abstimmungsverfahrens alle Aufgaben übertragen können (BT-Drs. 19/24181, 173). Motivation und Gründe hierfür bleiben offen, während die Begründung des Referentenentwurfs noch davon spricht, dass das Gericht so „etwaige Zweifel an einer hinreichend neutralen und unabhängigen Kontrolle" zu adressieren. 28

Gäbe es diese Zweifel wirklich, so dürfte es jedoch bereits an den Bestellungsvoraussetzungen des § 74 Abs. 1 fehlen (das übersieht Pannen/Riedemann/Smid/*Pannen* § 74 Rn. 29, dessen Wortwahl („immanente Risiken", „hochgradig gefährlich", „Kollusion", „Seilschaften") nicht unbedingt dazu geeignet ist, Vertrauen in das Rechtsinstitut des bindend vorgeschlagenen und durch das Gericht bestellten (!) Beauftragten zu wecken). Die Wortwahl in der Begründung des RefE, die aber in der Begründung zum RegE nicht auftaucht, legt nahe, dass es in Wirklichkeit um eine **Segelanweisung** (BeckOK StaRUG/*Hänel* § 74 Rn. 112: „Kanalisierung der Vorschlagsrechte und Steuerung der Kommunikation") geht und dem Vorschlagenden verdeutlicht, dass der Vorschlag eines nicht über jeden Zweifel erhabenen, neutralen und unabhängigen, im Ergebnis zwar formell, aber durch die Bestellung eines weiteren Restrukturierungsbeauftragten in der Sache den vielleicht erhofften Erfolg eines willfährigen Beauftragten nicht erzielen kann. 29

Die Bestellung eines Sonderrestrukturierungbeauftragten nach Abs. 3 kommt also nur in Betracht, wenn das Gericht einem bindenden Schuldnervorschlag nach Abs. 2 S. 2 oder einem bindenden betroffenen Vorschlag nach Abs. 2 S. 3 nachgekommen ist. Eine Bestellung nach Abs. 3 kommt also bei einer **Abweichung von einem bindenden Vorschlag nicht in** 30

**Betracht** (BeckOK StaRUG/*Hänel* § 74 Rn. 116). Eine zeitliche Reihenfolge gibt das Gesetz nicht vor. Solange das Gericht nur beabsichtigt, den bindenden Vorschlag zu folgen, kann es *zuvor, zugleich oder später* den weiteren Beauftragten nach Abs. 3 stellen (ebenso BeckOK StaRUG/Hänel § 74 Rn. 115). Die in Ermangelung der Bestellungsvorschlag dennoch erfolgte Bestellung eines weiteren Beauftragten ist wirksam. Dies ist aufgrund des Eilcharakters der Bestellungsentscheidung zwingend. Wegen § 40 Abs. 1 S. 1 gibt es hiergegen kein isoliertes Rechtsmittel. Denkbar sind wegen der zusätzlich entstehenden Kosten Amtshaftungsansprüche nach § 839 BGB, Art. 34 GG (näher: BeckOK StaRUG/Hänel § 74 Rn. 117). Zu deren Vermeidung sollte das Gericht seine eigene Entscheidung durch eine amtswegige Entlassung nach § 75 Abs. 2 S. 1 korrigieren. Der wichtige Grund ist hier zwar nicht in der Person des Beauftragten gegeben, aber im Handeln des Gerichts.

## Rechtsstellung

**75** (1) [1]**Der Restrukturierungsbeauftragte steht unter der Aufsicht des Restrukturierungsgerichts.** [2]**Das Gericht kann jederzeit einzelne Auskünfte oder einen Bericht über den Sachstand verlangen.**

(2) [1]**Das Restrukturierungsgericht kann den Restrukturierungsbeauftragten aus wichtigem Grund aus dem Amt entlassen.** [2]**Die Entlassung kann von Amts wegen oder auf Antrag des Restrukturierungsbeauftragten, des Schuldners oder eines Gläubigers erfolgen.** [3]**Auf Antrag des Schuldners oder eines Gläubigers erfolgt die Entlassung nur, wenn der Beauftragte nicht unabhängig ist; dies ist von dem Antragsteller glaubhaft zu machen.** [4]**Vor der Entscheidung ist der Restrukturierungsbeauftragte zu hören.**

(3) [1]**Gegen die Entlassung steht dem Beauftragten die sofortige Beschwerde zu.** [2]**Gegen die Ablehnung des Antrags steht dem Antragsteller die sofortige Beschwerde zu.**

(4) [1]**Der Restrukturierungsbeauftragte erfüllt seine Aufgaben mit der gebotenen Sorgfalt und Gewissenhaftigkeit.** [2]**Er nimmt seine Aufgaben unparteiisch wahr.** [3]**Verletzt er die ihm obliegenden Pflichten in schuldhafter Weise, ist er den Betroffenen zum Schadensersatz verpflichtet.** [4]**Die Verjährung des Anspruchs auf Ersatz des Schadens, der aus einer Pflichtverletzung des Restrukturierungsbeauftragten entstanden ist, richtet sich nach den Regelungen über die regelmäßige Verjährung nach dem Bürgerlichen Gesetzbuch.** [5]**Der Anspruch verjährt spätestens in drei Jahren nach der Beendigung der Rechtshängigkeit der Restrukturierungssache.** [6]**Ist eine Planüberwachung angeordnet, tritt an die Stelle des Endes der Rechtshängigkeit der Restrukturierungssache der Abschluss der Planüberwachung.**

**Schrifttum:** *Cranshaw/Portisch* Paradigmen des Unternehmensstabilisierungs- und restrukturierungsgesetzes (StaRUG) nach dem Regierungsentwurf aus Gläubigersicht, Teil 1, ZInsO 2020, 2561; *Deppenkemper* Ziel erreicht? Außergerichtliche Sanierung bereits ab 1.1.2021, ZIP 2020, 2432; *Dimassi/Schulte-Kaubrügger* Der Restrukturierungsbeauftragte nach dem StaRUG, ZIP 2021, 936; *Flöther* Der Restrukturierungsbeauftragte: Neue Figur in altbekanntem Gewand, NZI-Beil. 2021, 48; *Fritz/Scholtis* Die künftige Rolle des Restrukturierungsbeauftragten im Lichte des präventiven Restrukturierungsrahmens, NZI 2020, 49; *Martini* Der Restrukturierungsbeauftragte – Gemeinsamkeiten mit und Unterschiede zum Sachwalter nach der Insolvenzordnung, FS St. Smid, 561; *Seagon* Die Rolle des Restrukturierungsbeauftragten, NZI-Beil. 2019, 73; *Smid* Der Restrukturierungsbeauftragte, ZInsO 2020, 2092; *Vallender* Die Zeit ist reif – Plädoyer für eine Berufsordnung für Insolvenzverwalter, NZI 2017, 641.

**Übersicht**



## I. Vorbemerkung

1 Die Vorschrift regelt die Rechtsstellung des Restrukturierungsbeauftragten und die gerichtliche Aufsicht über ihn (Abs. 1), eine mögliche Entlassung (Abs. 2), ein Rechtsmittel dagegen (Abs. 3) seine Pflichten und seine Haftung und die Verjährung von Schadenersatzansprüchen gegen ihn (Abs. 4). Sein Vorbild hat die Regelung in §§ 58–60, 274 Abs. 1 InsO (BT-Drs. 19/24181, 173; BeckOK StaRUG/*Hänel* § 75 Rn. 1; Pannen/Riedemann/Smid/*Pannen* § 75 Rn. 2).

2 Die Vorgaben an die Rechtsstellung und die Aufsicht enthalten Erwägungsgründe 87–89 und Art. 26 und 27 der **Restrukturierungsrichtlinie.** Nach Erwägungsgrund 89 sollen die Verwalter, zu denen auch die Restrukturierungsbeauftragten gehören, einem Aufsichtsregime unterliegen, das wirksame Sanktionen bei Verletzungen ermöglicht; dazu gehören Kürzungen der Vergütung, ein Delisting und gegebenenfalls Disziplinar-, Verwaltungs- oder strafrechtliche Sanktionen. Diese Erwägungen greift Art. 27 Abs. 1 auf und normiert die Notwendigkeit der Einrichtung einer wirksamen Überwachung zur Sicherstellung der Wirksamkeit, Sachkundigkeit und Unabhängigkeit des Handelns des Beauftragten. Ergänzend fordert Art. 26 Abs. 1b klare, transparente und faire Regelungen zur Abberufung und zum Rücktritt. Art. 26 Abs. 1d verpflichtet die Mitgliedstaaten zur Schaffung einer Regelung, nach der Schuldner und Gläubiger zur Vermeidung von Interessenkonflikten CAD haben, die Auswahl der Benennung eines Verwalters abzulehnen oder seine Ersetzung zu verlangen.

3 In Ermangelung eines kodifizierten Berufsrechts ist die nationale Umsetzung fragmentarisch: ein allgemeines System der Aufsicht, Regulierung und Sanktionierung fehlt im deutschen Recht. Der Gesetzgeber des StaRUG belässt es bei der Möglichkeit der Entlassung und der Haftung (kritisch daher auch: BeckOK StaRUG/*Hänel* § 75 Rn. 13), Disziplinarmöglichkeiten fehlen völlig.

4 § 75 gilt über § 78 Abs. 3 auch für den gem. § 77 bestellten fakultativen Restrukturierungsbeauftragten.

## II. Gerichtliche Aufsicht (Abs. 1)

5 Während es zur dogmatischen Einordnung des Insolvenzverwalters mannigfaltige Versuche der Verortung gibt (Nachweise, auch auf die Rechtsprechung, ua bei K. Schmidt InsO/*Sternal* § 80 Rn. 17; Stamm KTS 2016, 279 ff.; Uhlenbruck/*Mock* InsO § 80 Rn. 59) fehlt eine derartige Verortung der **Rechtsstellung** für den Restrukturierungsbeauftragten bis dato. Das Gesetz spricht zwar an zahlreichen Stellen vom „Amt" des Restrukturierungsbeauftragten (zB § 74 Abs. 1), dieses Amt ist aber kein öffentliches. Er übt **keine hoheitlichen Befugnisse** aus. Seine Aufgaben sind im Gegensatz zum Insolvenzverwalter auch nicht einseitig auf Vermögensverwaltung und -verwertung gerichtet, sondern hängen von den konkreten Aufgaben ab, die ihm übertragen wurden. Wegen der modularen Konstruktion der übertragbaren Aufgaben wird daher eine einheitliche dogmatische Verortung noch weniger als beim Insolvenzverwalter gelingen. An diesem orientiert sich das Gesetz aber weitgehend, was das Verhältnis zum Gericht angeht.

6 In enger Anlehnung an § 58 Abs. 1 InsO normiert daher Abs. 1 die **gerichtliche Aufsicht.** Die Aufgabe der für das Gericht unterstützenden und entlastenden Funktion des Restrukturierungsbeauftragten bedingt eine enge Abstimmung zwischen beiden und gleichzeitig die in Abs. 1 geregelte Aufsichtspflicht, denn das Restrukturierungsgericht bestellt (und entlässt ihn ggf.) und ist verantwortlich für den ordnungsgemäßen Ablauf der Restrukturierungssache (BeckOK StaRUG/*Hänel* § 75 Rn. 3).

7 Es beaufsichtigt den Restrukturierungsbeauftragten und kann jederzeit einzelne Auskünfte oder einen Sachstandsbericht verlangen. Die Begründung des Regierungsentwurfs nimmt ausdrücklich und ohne weitere Diskussion auf §§ 58–60, 274 Abs. 1 InsO Bezug (Begr. RegE zu § 82, 173), woraus folgt, dass die Aufsicht auch gleich ausgestattet werden sollte.

8 Die Norm regelt daher genau wie § 58 InsO eine **Rechtsaufsicht,** beinhaltet aber keine Kontrolle der Zweckmäßigkeit des Handelns des Restrukturierungsbeauftragten (zu deren Inhalt näher: K. Schmidt InsO/*Ries* InsO § 58 Rn. 3). In Bezug auf Handlungen des Insolvenzverwalters ist die Abgrenzung im Einzelfall schwierig: da der Insolvenzverwalter für die bestmögliche gemeinschaftliche Gläubigerbefriedigung zu sorgen hat, ist ein Verhalten, das dagegen verstößt, nicht nur nicht zweckmäßig, sondern auch rechtswidrig (Braun StaRUG/*Blümle/Erbe* § 75 Rn. 8). Ein derartiges Primat der bestmöglichen Gläubigerbefriedigung besteht aber naturgemäß nur

bei einem generalexekutorischen Insolvenzverfahren, nicht bei Inanspruchnahme einer Verfahrenshilfe nach StaRUG.

Das Gericht ist daher an die reine Rechtsaufsicht gebunden, die in Ermangelung des genannten Charakters des StaRUG und der stärkeren Betonung der Gläubigerautonomie auch nur dahingehend zurückhaltend ausgeübt werden sollte, dass sich das Restrukturierungsgericht anders als im Insolvenzverfahren tendenziell im Hintergrund halten sollte (ähnlich Braun StaRUG/*Blümle/Erbe* § 75 Rn. 8). Die Rechtsaufsicht beinhaltet nicht nur Rechte des Gerichts, sondern korrespondiert mit einer Aufsichtspflicht. **9**

Diese Rechtsaufsicht beinhaltet auch das Recht, jederzeit **einzelne Auskünfte** zu verlangen oder einen **Bericht über den Sachstand.** Diese Rechte flankieren die Rechtsaufsicht nur, ersetzen sie aber nicht. Eine fallweise Intervention reicht also zur Erledigung der Rechtsaufsicht nicht aus. *Wie* das Gericht einzelne Auskünfte einholt und erwartet, bleibt ihm überlassen. Es kann mündlich nachfragen, schriftliche Stellungnahmen abfordern oder die Übersendung von Korrespondenz. Dabei müssen alle Maßnahmen, wie jedes staatliche Handeln überhaupt, dem **Verhältnismäßigkeitsgrundsatz** entsprechen. Abgesehen davon entstehen auch Kosten: beim Gericht, beim Restrukturierungsbeauftragten und damit (noch mehr als beim Insolvenzverwalter wegen seiner regelmäßigen Vergütung nach Stunden) bei den Beteiligten. **10**

Weder ist es der Sache dienlich, in hektischem Aktionismus heute dies und morgen jenes zu verlangen, noch sollte sich das Gericht in die Position einer Parallelbearbeitung bringen, in dem jeder Arbeitsschritt des Restrukturierungsbeauftragten begleitet und kontrolliert wird. Ein solches bei Insolvenzgerichten in Einzelfällen anzutreffendes Verhalten suggeriert eine strenge und engmaschige Aufsicht, dokumentiert aber tatsächlich häufig Unsicherheiten und fehlende Souveränität. **11**

Wegen der grundsätzlichen Anforderungen an die Person des Restrukturierungsbeauftragten in § 74 Abs. 1 sollte dieser schon einen Vertrauensvorschuss verlangen dürfen, umso mehr, wenn er bei diesem Gericht gelistet ist oder in anderen Fällen zum Sach- oder Insolvenzverwalter bestellt wird. Wenn er diesen bei Gericht nicht genießt, weil es sachliche Gründe dafür gibt, ihm zu misstrauen, dann ist er schon mangels des Vorliegens der Voraussetzungen des § 74 nicht zu bestellen oder als ultima ratio zu entlassen. Souveränität zeigt das Gericht dann, wenn es sich mit der Aufsicht im Hintergrund hält und nur dann Auskünfte oder Unterlagen anfordert, wenn es sich schlecht informiert fühlt oder es Anhaltspunkte dafür gibt, dass sich der Restrukturierungsbeauftragte nicht rechtmäßig verhält. Zur Flankierung der Aufsicht bieten sich auch im Sinne der Effektivität für Gericht und den Restrukturierungsbeauftragten wie im Insolvenzverfahren **turnusmäßige Berichte** an (Braun StaRUG/*Blümle/Erbe* § 75 Rn. 10). **12**

Die Auskunftspflicht besteht **allein gegenüber dem Restrukturierungsgericht,** nicht gegenüber einzelnen Beteiligten. Im Insolvenzverfahren erfüllt der Insolvenzverwalter seine Informationspflicht im Berichtstermin und den Verfahrensverlauf erfährt der Gläubiger durch Einsicht in die Gerichtsakte, sofern er ein berechtigtes Interesse nachweisen kann, § 4 InsO, § 299 Abs. 1 ZPO. Dies ist in einem generalexekutorischen Rahmen auch **13** sachgerecht. In einem Verfahren nach StaRUG kann dies nicht uneingeschränkt gelten, da **nicht jeder Gläubiger auch Beteiligter** ist. Ein Einsichtsrecht kann dann höchstens über § 299 Abs. 2 ZPO in Betracht kommen. Soweit ein unmittelbares Auskunftsrecht gegenüber dem Schuldner gefordert wird, da die Verweisung auf die Einsichtnahme bei Gericht eine zusätzliche Belastung der Gläubiger darstelle, für die es keine sachliche Rechtfertigung gebe (so Braun StaRUG/*Blümle/Erbe* § 75 Rn. 13), überzeugt dies nicht nur in Ermangelung einer Rechtsgrundlage nicht. Auch im Insolvenzverfahren haben die Gläubiger kein unmittelbares allgemeines Informationsrecht gegenüber dem Insolvenzverwalter.

14 Die im StaRUG geregelte Aufsicht lässt etwaige **berufsspezifische Regelungen** unberührt. Für den als Insolvenzverwalter tätigen Rechtsanwalt hat der Bundesgerichtshof dies ausdrücklich entschieden (BGH NZI 2015, 910). Die konkrete Nennung von einem Standesrecht unterliegenden Berufsgruppen in § 74 gegenüber § 56 InsO spricht dafür, dass diese durch die Rechtsprechung entwickelten wenngleich nicht unumstrittenen Anforderungen auf den Restrukturierungsbeauftragten erst recht anwendbar sind (BeckOK StaRUG/*Hänel* § 75 Rn. 27).

## III. Entlassung (Abs. 2)

15 Die Möglichkeit von **Zwangsmitteln,** wie sie § 58 Abs. 2 InsO als milderes Mittel gegenüber der Entlassung aus dem Amt bietet, kennt das StaRUG nicht. Es ermöglicht nur die Entlassung aus wichtigem Grund nach § 75 Abs. 2, die schärfste und zugleich einzige Sanktion (so treffend BeckOK StaRUG/*Hänel* § 75 Rn. 46). Daraus folgt, dass eine Entlassung ohne wichtigen Grund oder unterhalb der Schwelle des wichtigen Grundes nicht möglich ist. Sprachlich ist die Vorschrift nicht ganz geglückt, denn sie suggeriert ein Ermessen auf Rechtsfolgenseite bei Vorliegen eines wichtigen Grundes, was mit den Interessen der Beteiligten nicht zu vereinbaren wäre. Gemeint ist tatsächlich ein Beurteilungsspielraum dahingehend, ob ein wichtiger Grund vorliegt (zutr. BeckOK StaRUG/*Hänel* § 74 Rn. 4). Die Entlassung kann von Amts wegen erfolgen oder auf Antrag des Beauftragten selbst, des Schuldners oder eines Gläubigers. In den letztgenannten beiden Fällen beschränkt das Gesetz den wichtigen Grund auf die glaubhaft zu machende fehlende Unabhängigkeit, dies ist eine Konsequenz auf die Anforderungen an Art. 26 Abs. 1 lit. der Restrukturierungsrichtlinie. In allen Fällen ist der Beauftragte vor seiner Entlassung **anzuhören.** Die Entlassung aus wichtigem Grund ist auch möglich, wenn das Gericht einen Sonderbeauftragten nach § 74 Abs. 3 bestellt hat, obwohl die Voraussetzungen nicht vorlagen (→ § 74 Rn. 30).

16 Da andere Sanktionsmöglichkeiten als die Entlassung fehlen und diese eine Verhaltensweise zwar sanktionieren, ein gegenteiliges Verhalten allerdings nicht erzwingen kann, ist die einzige Möglichkeit des Gerichts, den Beauftragten zur Erfüllung seiner Pflicht anzuhalten, die **Androhung der Entlassung** bei anhaltender Verletzung seiner Pflichten. Nach dem klaren

Wortlaut darf indes ein wichtiger Grund zur Entlassung nicht vorliegen, da das Gericht dann auch zu entlassen hätte.

Durch die Entlassung scheidet der Restrukturierungsbeauftragte aus dem Amt aus und zwar mit Verkündung oder Zustellung, nicht erst mit Rechtskraft der Entscheidung (BeckOK StaRUG/*Hänel* § 74 Rn. 155). Eine dagegen gerichtete sofortige Beschwerde nach § 75 Abs. 1 hat **keine aufschiebende Wirkung,** § 38 StaRUG iVm § 570 Abs. 1 ZPO (BeckOK StaRUG/*Hänel* § 75 Rn. 91). Wird der obligatorische Beauftragte der Gestalt aus dem Amt entlassen, hat das Gericht unverzüglich einen neuen Beauftragten zu bestellen, sofern nach wie vor die Bestellungsvoraussetzungen vorliegen. **17**

Gegenüber dem Gericht schuldet der entlassene Restrukturierungsbeauftragte **Herausgabe** der mit seinem Amt verbundenen Unterlagen an seinen Amtsnachfolger; insoweit dauert die gerichtliche Aufsicht an (zur InsO: Uhlenbruck/*Vallender/Zipperer* InsO § 59 Rn. 26). Werden Akten elektronisch geführt, schuldet er Herausgabe in elektronischer Form oder, wenn dies technisch nicht möglich ist, Einsichtnahme. Verursacht die Herausgabe der Unterlagen in EDV-mäßiger Form Kosten durch die Einschaltung eines Dienstleisters (wie es bei Verwalterwechseln häufig aufgrund der notwendigen Datenmigration der Fall ist), so ist es sachgerecht, diese Kosten dem entlassenen Beauftragten aufzuerlegen, der die Entlassung durch die Verwirklichung des wichtigen Grundes zu vertreten hat. **18**

## IV. Sofortige Beschwerde (Abs. 3)

Dem Beauftragten steht gegen die Entlassung die sofortige Beschwerde zu, sofern er sie ausnahmsweise nicht selbst beantragt hat; die Einzelheiten regelt § 40. Das Gleiche gilt, wenn Schuldner oder Gläubiger die Entlassung beantragen, das Gericht dem aber nicht folgt. **19**

## V. Sorgfaltsmaßstab und Haftung (Abs. 4)

### 1. Grundlagen

Der Restrukturierungsbeauftragte hat seine Aufgaben sorgfältig und gewissenhaft zu erfüllen. Er hat daneben unparteiisch zu sein. Die Norm lehnt sich an § 60 InsO an (BT-Drs. 19/24181, 173; Pannen/Riedemann/Smid/*Pannen* § 75 Rn. 1). Für schuldhafte Pflichtverletzungen haftet er den Beteiligten im Wege der Außenhaftung. Wegen der engen Anlehnung an die Vorschriften der Insolvenzordnung basiert auch die Haftung des Restrukturierungsbeauftragten auf einem **gesetzlichen Schuldverhältnis** (BeckOK StaRUG/*Hänel* § 75 Rn. 98). Bedeutung hat dies insoweit, als sich daher die Haftung für Gehilfen nach § 278 BGB richtet (hierzu: K. Schmidt InsO/*Thole* § 60 Rn. 2). Die Deliktsähnlichkeit eröffnet den Gerichtsstand der unerlaubten Handlung nach § 32 ZPO (BeckOK StaRUG/*Hänel* § 75 Rn. 98). **20**

21 Wie bei der Haftung des Insolvenzverwalters und Sachwalters beträgt die regelmäßige Verjährungsfrist drei Jahre. Für Geschäftsleiter sehen §§ 33, 43 Sonderregelungen vor.

### 2. Schutzbereich

22 Haftungsadressat sind sowohl der obligatorische als auch der fakultative Restrukturierungsbeauftragte. Geschützt sind die **Betroffenen,** wie sich aus dem Wortlaut des § 75 Abs. 4 S. 3 ergibt. Das StaRUG meint mit Betroffenen in der Regel die durch den Restrukturierungsplan Betroffenen; nur in § 51 Abs. 4 und § 59 Abs. 3 ist von den von einer Stabilisierungsanordnung betroffenen Gläubigern die Rede. Eine Haftung gegenüber nicht an der Restrukturierungssache Beteiligter ist jedenfalls nach § 75 ausgeschlossen. Dies betrifft insbes. die Inhaber nicht gestaltbarer Forderungen und Rechte nach § 4. Zwar können die Handlungen des Beauftragten mittelbar auch unbeteiligte Gläubiger treffen, wovon schon § 32 Abs. 1 S. 1 ausgeht. Auf diese bezieht sich die Haftung aber nicht, was sich ohne weiteres daraus ergibt, dass die Formulierung in § 79 Abs. 3 des Referentenentwurfs nicht übernommen wurde (näher BeckOK StaRUG/*Hänel* § 75 Rn. 8, 100).

### 3. Haftungsbegründung

23 Im Gegensatz zu § 60 InsO enthält § 75 Abs. 4 S. 1 **keine Konkretisierung der haftungsrelevanten Pflichten.** Der Gesetzesbegründung lassen sich jedoch keine Anhaltspunkte dafür entnehmen, dass für den Restrukturierungsbeauftragten ein anderes Haftungsregime gelten soll als für Amtsträger im Insolvenzverfahren. Zu bestimmen ist die Haftung daher am ehesten in Anlehnung an die Haftung als Sachwalter. Der Beauftragte haftet im Falle der Verletzung der ihm zugewiesenen spezifischen Aufgaben und Pflichten nach § 75; im Übrigen höchstens deliktsrechtlich (BeckOK StaRUG/*Hänel* § 75 Rn. 105).

24 In Betracht kommt zunächst die **Verletzung genereller Pflichten** wie die Verletzung der Neutralitätspflicht, die Pflicht zur Geheimhaltung nichtöffentlicher Restrukturierungssachen, die Pflicht zur Geheimhaltung der Vertraulichkeit unterliegender Tatsachen oder das Verschweigen von Umständen, die die fehlende eigene Eignung begründen.

25 Die Verletzung **konkreter Pflichten** richtet sich nach dem Aufgabenzuschnitt des Beauftragten im Einzelfall. Sanktioniert werden dadurch Verstöße gegen die im StaRUG normierten restrukturierungsrechtlichen Verpflichtungen des Beauftragten.

26 Ist der Restrukturierungsbeauftragte mit der Vornahme von **Prüfungen als Sachverständiger** nach § 73 Abs. 3 beauftragt, kommt über § 38 S. 1 ua **§ 407a ZPO** zur Anwendung. Haftungsbegründend ist damit die grundlos verzögerte Erstattung oder die Erstattung eines falschen Gutachtens (BeckOK StaRUG/*Hänel* § 75 Rn. 109; Braun StaRUG/*Blümle/Erbe* § 85 Rn. 36). Zweifelhaft ist, ob nur eine Haftung für Vorsatz und grobe Fahrlässigkeit nach § 839a BGB gilt (so Braun StaRUG/*Blümle/Erbe* § 85

Rn. 36) oder aber der jede Fahrlässigkeit sanktionierende Maßstab des § 75 Abs. 4 (so BeckOK StaRUG/*Hänel* § 75 Rn. 109).

Als neutrale Gewährsperson hat jeder Restrukturierungsbeauftragte mit Ausnahme des rein planüberwachenden Beauftragten nach §§ 72 Abs. 2, 73 Abs. 1 S. 1 Nr. 3 Pflichten, die dem Schutz der Beteiligten dienen, dazu zählen: **27**

- Informations- und Berichtspflichten gegenüber dem Gericht, § 76 Abs. 1
- Überwachungsfunktionen, § 76 Abs. 2 Nr. 2a und b und Abs. 3
- Leitung, Dokumentation, Prüfung, Hinweis an die Planbetroffenen und Hinwirkung auf die Prüfung eines streitigen Stimmrechts, § 76 Abs. 2 Nr. 1
- Zustimmungsfunktionen, § 76 Abs. 2 Nr. 3

Diese Tätigkeiten sind sachwalterähnlich, so dass Parallelen zu § 60 InsO gezogen werden können (Braun StaRUG/*Blümle/Erbe* § 75 Rn. 38). **28**

### 4. Verschulden

Voraussetzung der Haftung des Beauftragten ist Verschulden. Dieses muss sich auf die Pflichtverletzung beziehen und nicht den Schaden. Wie der Insolvenzverwalter auch hat der Beauftragte Vorsatz und jede Form von Fahrlässigkeit zu vertreten. Die Haftung seiner Gehilfen richtet sich, da die Haftung des Beauftragten auf einem gesetzlichen Schuldverhältnis beruht, nach § 278 BGB. Unabhängig vom Verschulden des Gehilfen haftet der Restrukturierungsbeauftragte für eigenes Verschulden bei der Auswahl, der Leitung und Überwachung des Gehilfen nach § 276 BGB (BeckOK StaRUG/*Hänel* § 75 Rn. 123). **29**

## Aufgaben[1]

**76** (1) **Stellt der Restrukturierungsbeauftragte Umstände fest, die eine Aufhebung der Restrukturierungssache nach § 33 rechtfertigen, hat er diese dem Restrukturierungsgericht unverzüglich mitzuteilen.**

(2) **Liegen die Voraussetzungen von § 73 Absatz 1 Nummer 1 oder 2 oder Absatz 2 vor,**

1. **steht dem Restrukturierungsbeauftragten die Entscheidung darüber zu, wie der Restrukturierungsplan zur Abstimmung gebracht wird; erfolgt die Abstimmung nicht im gerichtlichen Verfahren, leitet der Beauftragte die Versammlung der Planbetroffenen und dokumentiert die Abstimmung; der Beauftragte prüft die Forderungen, Absonderungsanwartschaften, gruppeninternen Drittsicherheiten und Anteils- und Mitgliedschaftsrechte der Planbetroffenen; ist eine Restrukturierungsforderung, Absonderungsanwartschaft oder gruppeninterne Drittsicherheit oder ein Anteils- und Mitgliedschaftsrecht dem Grunde oder der Höhe**

[1] § 76 Abs. 2 Nr. 3 geänd., Nr. 4 angef. mWv 27.7.2022 durch G v. 20.7.2022 (BGBl. I S. 1166).

**nach streitig oder zweifelhaft, weist er die anderen Planbetroffenen darauf hin und wirkt auf eine Klärung des Stimmrechts im Wege einer Vorprüfung nach den §§ 47 und 48 hin,**

**2. kann das Gericht dem Beauftragten die Befugnis übertragen,**
   **a) die wirtschaftliche Lage des Schuldners zu prüfen und dessen Geschäftsführung zu überwachen,**
   **b) von dem Schuldner zu verlangen, dass eingehende Gelder nur von dem Beauftragten entgegengenommen und Zahlungen nur von dem Beauftragten geleistet werden können,**

**3. kann das Gericht dem Schuldner aufgeben, dem Beauftragten Zahlungen anzuzeigen und Zahlungen außerhalb des gewöhnlichen Geschäftsbetriebs nur zu tätigen, wenn der Beauftragte zustimmt,**

**4. hat der Beauftragte auch die Aufgabe, den Schuldner und die Gläubiger bei der Ausarbeitung und Aushandlung des Restrukturierungskonzepts und des auf ihm basierenden Plans zu unterstützen.**

(3) **Wird zugunsten des Schuldners eine Stabilisierungsanordnung erlassen,**

**1. prüft der Beauftragte fortlaufend, ob die Anordnungsvoraussetzungen fortbestehen und ob ein Aufhebungsgrund vorliegt; zu diesem Zweck untersucht der Beauftragte die Verhältnisse des Schuldners;**

**2. steht dem Beauftragten das Recht zu, die Gründe für die Aufhebung der**

**Anordnung geltend zu machen.**

(4) **[1] Legt der Schuldner einen Restrukturierungsplan zur Bestätigung vor, nimmt der Beauftragte Stellung zur Erklärung nach § 14 Absatz 1. [2] Erfolgt die Bestellung des Beauftragten vor der Planabstimmung, ist die Stellungnahme den Planbetroffenen als weitere Anlage beizufügen. [3] Der Bericht nach Satz 1 stellt auch die Zweifel am Bestehen oder an der Höhe einer Restrukturierungsforderung, einer Absonderungsanwartschaft, einer gruppeninternen Drittsicherheit oder eines Anteils- und Mitgliedschaftsrechts nach Absatz 2 Nummer 1 Halbsatz 4 oder einen diesbezüglichen Streit dar.**

(5) **Der Schuldner ist verpflichtet, dem Beauftragten die erforderlichen Auskünfte zu erteilen, ihm Einsicht in die Bücher und Geschäftspapiere zu gewähren und ihn bei der Erfüllung seiner Aufgaben zu unterstützen.**

(6) **[1] Das Restrukturierungsgericht kann den Restrukturierungsbeauftragten beauftragen, die dem Gericht obliegenden Zustellungen durchzuführen. [2] Zur Durchführung der Zustellung und zur Erfassung in den Akten kann der Beauftragte sich Dritter, insbesondere auch eigenen Personals, bedienen. [3] Er hat die von ihm nach § 184 Absatz 2 Satz 4 der Zivilprozessordnung angefertigten Vermerke unverzüglich zu den Gerichtsakten zu reichen.**

**Schrifttum:** *Cranshaw/Portisch* Paradigmen des Unternehmensstabilisierungs- und restrukturierungsgesetzes (StaRUG) nach dem Regierungsentwurf aus Gläubigersicht, Teil 1, ZInsO 2020, 2561; *Deppenkemper* Ziel erreicht? Außergerichtliche Sanierung bereits ab 1.1.2021, ZIP 2020, 2432; *Dimassi/Schulte-Kaubrügger* Der Restrukturierungsbeauftragte nach dem StaRUG, ZIP 2021, 936; *Flöther* Der Restrukturierungsbeauftragte: Neue Figur in altbekanntem Gewand, NZI-Beil. 2021, 48; *Fritz/Scholtis* Die künftige Rolle des Restrukturierungsbeauftragten im Lichte des präventiven Restrukturierungsrahmens, NZI 2020, 49; *Martini* Der Restrukturierungsbeauftragte – Gemeinsamkeiten mit und Unterschiede zum Sachwalter nach der Insolvenzordnung, FS St. Smid, 561; *Seagon* Die Rolle des Restrukturierungsbeauftragten, NZI-Beil. 2019, 73; *Smid* Der Restrukturierungsbeauftragte, ZInsO 2020, 2092; *Vallender* Die Zeit ist reif – Plädoyer für eine Berufsordnung für Insolvenzverwalter, NZI 2017, 641.

**Übersicht**



## I. Vorbemerkung

1 Die für das Verständnis der Tätigkeit des Restrukturierungsbeauftragten zentrale Norm regelt die **Aufgaben** des Restrukturierungsbeauftragten und die ihm zustehenden **Befugnisse** generell (Abs. 1), bei Vorliegen der Voraussetzungen des § 73 Abs. 1 Nr. 1 oder 2, Abs. 2 (Abs. 2), bei Erlass einer Stabilisierungsanordnung (Abs. 3) und bei Vorlage eines Restrukturierungsplans (Abs. 4). Die in **modularer Form** angelegte (BeckOK StaRUG/*Hänel* § 76 Rn. 1) Vorschrift betrifft zunächst den von Amts wegen nach § 73 Abs. 1, 2 bestellten Restrukturierungsbeauftragten, sie ist aber über § 77 Abs. 2 daneben aber auch auf den auf Antrag bestellten fakultativen Beauftragten anwendbar.

2 Flankiert wird die Norm durch eine in Abs. 5 geregelte **Mitwirkungspflicht des Schuldners** (Abs. 5) und die Möglichkeit des Restrukturierungsgerichts, dem Restrukturierungsbeauftragten die **Zustellungen** zu übertragen (Abs. 6).

## II. Anzeigepflicht (Abs. 1)

3 Art. 2 Nr. 12b der **Restrukturierungsrichtlinie** definiert nicht nur die Person des Restrukturierungsbeauftragten, sondern auch die ihm zustehenden Aufgaben: Unterstützung des Schuldners oder der Gläubiger bei der Ausarbeitung oder Aushandlung eines Restrukturierungsplans, Überwachung der Tätigkeit des Schuldners während der Verhandlungen über einen Restrukturierungsplan, Berichterstattung an eine Justiz- oder Verwaltungsbehörde (in Deutschland also das Restrukturierungsgericht) und Übernahme der teilweisen Kontrolle über die Vermögenswerte oder Geschäfte des Schuldners während der Verhandlungen.

4 Grundsätzlich trifft den Restrukturierungsbeauftragten zunächst die Pflicht, dem Restrukturierungsgericht Umstände anzuzeigen, die die Aufhebung der Restrukturierungssache rechtfertigen, ua **Stellung eines Insolvenzantrages, Unzuständigkeit des Restrukturierungsgerichts, Pflichtverletzungen des Schuldners, fehlende Erfolgsaussicht der Restrukturierungssache.**

5 Die Anzeigepflicht bezieht sich auch auf den **nachträglichen Eintritt der Zahlungsunfähigkeit,** wobei dies nicht eo ipso zur Aufhebung der Restrukturierungssache führt, sondern eine gerichtliche Ermessensentscheidung beinhaltet, § 33 Abs. 2 Nr. 1.

6 Entscheidend ist, dass der Restrukturierungsbeauftragte derartige Umstände *„feststellt"*. Die Gesetzesbegründung spricht davon, dass die Anzeigepflicht besteht, wenn anzuzeigende *„Umstände bekannt werden"* (Siehe hierzu *Sämisch/Deichgräber* ZRI 2020, 581 (584)).

7 Dadurch soll, so die Gesetzesbegründung, verdeutlicht werden, dass der Restrukturierungsbeauftragte nicht „aktiv fortlaufend die Verhältnisse des Schuldners auf das Vorliegen dieser Gründe überprüfen muss", die Begründung zieht die **Parallele zum Sachwalter** in der Eigenverwaltung, der Umstände anzuzeigen hat, die erwarten lassen, dass die Fortführung der Eigenverwaltung zu Nachteilen für die Gläubiger führen wird (§ 274 Abs. 3 InsO).

8 Der Verweis auf die Parallele des Sachwalters hilft nur beschränkt, da die Praxis zeigt, dass dessen Nachforschungstiefe und Kontrollhäufigkeit unterschiedlich gehandhabt wird (Braun StaRUG/*Blümle/Erbe* § 76 Rn. 5). Auch hier ist eine **schematische Betrachtung fehl am Platz:** je geschäftserfahrener der Schuldner ist, je erfahrener seine Berater, desto eher ist die Nachprüfung zurückhaltend anzugehen. Je besser die Erfahrungen in den ersten Tagen der Restrukturierungssache bei engmaschiger Kontrolle sind, desto eher kann der Beauftragte zurückhaltend agieren, ohne den Eindruck zu erwecken, die Zügel schleifen zu lassen.

9 Der Sachwalter darf jedoch **nicht nur Stichproben** vornehmen. Es bietet sich an, zunächst engmaschig Planungen vorlegen zu lassen und diese zu plausibilieren (ebenso Braun StaRUG/*Blümle/Erbe* § 76 Rn. 6) und bei plangerechter Entwicklung etwas zurückhaltender zu agieren. Die schematische Übertragung der Erfahrungen aus der Tätigkeit des Sachwalters im

Insolvenzverfarhen verbietet sich jedenfalls vor dem Hintergrund der gegenüber der Insolvenz völlig anderen Verfahrensart.

## III. Aufgaben in Fällen des § 73 Abs. 1 Nr. 1 oder 2, Abs. 2 (Abs. 2)

Abs. 2 normiert die Aufgaben für die Fälle, in denen die Bestellung eines Restrukturierungsbeauftragten nach § 73 Abs. 1 Nr. 1 und 2 und Abs. 2 zwingend ist. Ob dieser dann auch tatsächlich aufgrund dieser Vorschriften bestellt wird, ist unbeachtlich (Braun StaRUG/*Blümle/Erbe* § 76 Rn. 7). Ausreichend ist es mithin, wenn die Voraussetzungen dieser Vorschrift erst **nach Bestellung** des Restrukturierungsbeauftragten eingetreten sind. Abs. 2 ist zuletzt durch G. v. 20.7.2022 geändert worden[2]. 10

Der Gesetzgeber geht davon aus, dass nicht sämtliche Beteiligte gleichermaßen in der Lage sind, ihren Interessen im Prozess Geltung zu verschaffen (§ 73 Abs. 1 Nr. 1) oder dass sich die erfassten Fälle einem Insolvenzverfahren in Eigenverwaltung annähern (§ 73 Abs. 1 Nr. 2, Abs. 2). Er hält eine **neutrale Instanz** für notwendig, die die **Interessen der Beteiligten wahrt** und unter Berücksichtigung des Interesses der Gesamtheit vermittelt. 11

Der Restrukturierungsbeauftragte soll in diesen Fällen darüber bestimmen können, wie der Restrukturierungsplan zur Abstimmung gebracht wird, er soll die Versammlung der Planbetroffenen leiten, wenn die Abstimmung nicht im gerichtlichen Verfahren erfolgt, er soll die Abstimmung dokumentieren, Forderungen, Absonderungsanwartschaften, gruppeninterne Drittsicherheiten und Anteils- oder Mitgliedschaftsrechte der Planbetroffenen prüfen und die Planbetroffenen darauf hinweisen, wenn über diese Streit besteht oder ihr Bestehen dem Grunde oder der Höhe nach zweifelhaft ist. Außerdem soll er auf eine Klärung des Stimmrechts im Wege der Vorprüfung nach §§ 47 f. hinweisen. 12

### 1. Aufgaben bei Bestellung zum Schutz bestimmter Gläubiger (Nr. 1)

Da das Gesetz davon spricht, dass dem Restrukturierungbeauftragten die Entscheidung darüber zusteht, wie der Restrukturierungsplan zur Abstimmung gebracht wird, darf er den **schuldnerseitig angedachten Weg ändern.** Er kann entscheiden, ob eine gerichtliche Abstimmung über den Restrukturierungsplan nach §§ 23, 45 f. erfolgt oder eine außergerichtliche nach § 17 ff. Entscheidet er sich für eine gerichtliche Abstimmung, obliegt dem Gericht die weitere Durchführung. Entscheidet sich der Restrukturierungsbeauftragte für eine Abstimmung im außergerichtlichen Verfahren, kann er darüber hinaus entscheiden, ob die Abstimmung schriftlich erfolgt (§ 17) oder im Rahmen einer Versammlung der Planbetroffenen (§ 20). Im Falle des Verzichts auf die Abstimmung im gerichtlichen Verfahren leitet er 13

[2] Gesetz zur Einführung virtueller Hauptversammlungen von Aktiengesellschaften und Änderung genossenschafts- sowie insolvenz- und restrukturierungsrechtlicher Vorschriften vom 20.7.2022, BGBl. I. S. 1166.

anstelle des Schuldners (§ 20) die Versammlung der Planbetroffenen und dokumentiert die Abstimmung.

14 Aus dem Begriff der Leitung ergibt sich, dass die **Kompetenz** des Restrukturierungsbeauftragten hier zunächst eine **formelle** ist. Das Gesetz sagt nichts darüber, ob er hier eine moderierende Funktion hat. Diese dürfte aber wegen der Nähe zu einer gerichtlichen Abstimmung zu bejahen sein (vorsichtiger Braun StaRUG/*Blümle/Erbe* § 76 Rn. 12, der dies vom Einzelfall und der Person des Restrukturierungsbeauftragten abhängig machen will). Zu dokumentieren ist die Anwesenheit der Planbetroffenen, die Abstimmung selbst und das Abstimmungsergebnis. Der Beauftragte führt darüber hinaus die in § 76 Abs. 2 Ziff. 1 genannten Prüfungen durch, weist die Planbetroffenen darauf hin, wenn Restrukturierungsforderungen usw streitig oder zweifelhaft sind und wirkt auf eine Klärung des Stimmrechts im Wege einer Vorprüfung (§ 47 f.) hin.

15 Entscheidung über das „Wie" der Abstimmung über den Restrukturierungsplan
Abstimmung außerhalb eines gerichtlichen Verfahrens:
Versammlungsleitung
Dokumentation der Abstimmung
Prüfung der Rechte der Planbetroffenen
Hinweispflicht bei Streit oder Zweifelhaftigkeit
Hinwirken auf Klärung der Stimmrechte im Wege einer Vorprüfung

## 2. Aufgabenzuweisung durch das Gericht (Nr. 2, 3)

16 Das Gericht kann dem Restrukturierungsbeauftragten außerdem die Befugnis übertragen, die wirtschaftliche Lage des Schuldners zu prüfen, dessen Geschäftsführung zu überwachen und von dem Schuldner zu verlangen, dass eingehende Gelder nur von ihm entgegengenommen und Zahlungen nur von ihm geleistet werden dürfen (Nr. 2).

17 Es kann dem Schuldner außerdem aufgeben, dem Beauftragten Zahlungen anzuzeigen und Zahlungen außerhalb des gewöhnlichen Geschäftsbetriebes nur zu tätigen, wenn der Restrukturierungsbeauftragte zustimmt. Seine Grundlage hat diese Regelung in Erwägungsgrund 30 und Art. 2 Nr. 12b der Restrukturierungsrichtlinie.

18 Die Voraussetzungen, unter denen das Restrukturierungsgericht Veranlassung hat, die Befugnisse des Restrukturierungsbeauftragten entsprechend zu erweitern, sind gesetzlich nicht normiert, es handelt sich mithin jeweils um eine **Ermessensentscheidung** (Braun StaRUG/*Blümle/Erbe* § 76 Rn. 16).

19 Auch die Frage, wie die **Prüfung** konkret auszusehen hat, regelt das Gesetz nicht. Anders als § 76 Abs. 3 Ziff. 1 ist jedenfalls von einer „fortlaufenden" Prüfung nicht die Rede (Braun StaRUG/*Blümle/Erbe* § 76 Rn. 18). Dies spricht in der Tat für anlassbezogene und punktuelle Prüfungen (Ebenso Braun StaRUG/*Blümle/Erbe* § 76 Rn. 18).

20 Die **Überwachung** kann demgegenüber denklogisch nicht anlassbezogen oder punktuell sein; sie ist eine andauernde. Der Gesetzgeber hat ausweislich der Begründung des Regierungsentwurfs als Vergleich hier die Rolle des Sachwalters im Eigenverwaltungsverfahren im Kopf gehabt (Begr. RegE zu § 83 Abs. 2 RegE).

Die weiteren Möglichkeiten des Beauftragten (Entgegennahme von Zahlungen, Leistung von Zahlungen durch ihn, Anzeige von Zahlungen, Zustimmung zur Zahlung außerhalb des gewöhnlichen Geschäftsbetriebes) sind stark an die **Befugnisse des Sachwalters im Eigenverwaltungsverfahren** nach § 274 InsO angelehnt. Aufgrund seiner strukturell abweichenden Tätigkeit und der stärkeren Betonung der Privatautonomie sollte von diesen Möglichkeiten noch zurückhaltender als in Verfahren nach der Insolvenzordnung Gebrauch gemacht werden. 21

Sämtliche potentiellen Anordnungen greifen stark in die originären schuldnerischen Befugnisse ein und nähern sich von ihrem Zuschnitt und den Wirkungen her stark einem in Eigenverwaltung geführten Insolvenzverfahren, sodass nach der Vorstellung des Gesetzgebers eine neutrale Instanz erforderlich ist, die die Interessen der Beteiligten wahrt und unter Berücksichtigung des Interesses der Gesamtheit vermittelt (Begr. RegE zu § 83 Abs. 2 RegE). 22

### 3. Mitwirkung bei Restrukturierungskonzept und Restrukturierungsplan (Nr. 4)

Durch das Gesetz zur Einführung virtueller Hauptversammlungen von Aktiengesellschaften und Änderung genossenschafts- sowie insolvenz- und restrukturierungsrechtlicher Vorschriften vom 20.7.2022[3] ist § 76 Abs. 2 um eine Nr. 4 ergänzt worden: danach obliegt es dem Beauftragten auch, den Schuldner und die Gläubiger bei der Ausarbeitung und Aushandlung des Restrukturierungskonzepts und des auf ihm basierenden Plans zu unterstützen. Die Vorschrift hat eine Parallele in § 284 Abs. 1 S. 3 InsO, der eine Mitwirkung des Sachwalters bei der Erstellung des Insolvenzplans vorsieht, wenn der Auftrag zur Erstellung des Insolvenzplans an den Schuldner gerichtet wird. Hier wie dort dürfte dies nicht nur die **praktische Umsetzung der Sanierung erleichtern,** sondern vor allem dazu beitragen, die **Akzeptanz** bei den Beteiligten zu erhöhen. 22a

## IV. Aufgaben bei Stabilisierungsanordnung (Abs. 3)

Erging eine Stabilisierungsanordnung nach §§ 49 ff., hat der Restrukturierungsbeauftragte fortlaufend zu prüfen, ob dessen **Voraussetzungen fortbestehen oder ein Aufhebungsgrund vorliegt.** Zu diesem Zweck untersucht der Restrukturierungsbeauftragte die Verhältnisse des Schuldners. Außerdem steht ihm das Recht zu, die Gründe für die Aufhebung geltendzumachen. Die vom Gesetz vorgesehene fortlaufende Überprüfung des Fortbestehens der Anordnungsvoraussetzungen dürfte selbst bei einem Unternehmen, dessen Buchhaltung vollständig und aktuell ist, einen **erheblichen Aufwand** beinhalten (ebenso Braun StaRUG/*Blümle/Erbe* § 76 Rn. 24). 23

[3] BGBl. I S. 1166.

## V. Aufgaben bei Vorlage eines Restrukturierungsplans zur Bestätigung (Abs. 4)

24 Im Falle der Vorlage eines Restrukturierungsplans zur Bestätigung ist es Aufgabe des Restrukturierungsbeauftragten, zur Erklärung nach § 14 Abs. 1 im Wege eines Berichts Stellung zu nehmen. Dabei muss sich die Stellungnahme auch auf Zweifel am Bestehen oder der Höhe einer Restrukturierungsforderung, einer Absonderungsanwartschaft, einer gruppeninternen Sicherheit oder eines Anteils- oder Mitgliedschaftsrechts nach Abs. 2 Nr. 1 Hs. 4 oder einen diesbezüglichen Streit erstrecken. Dieser Bericht des Restrukturierungsbeauftragten dient der Entlastung des Gerichts und ist bereits in Art. 8 Abs. 1h der Restrukturierungsrichtlinie als Möglichkeit vorgesehen.

25 Daraus ergibt sich, dass die Prüfung der Sanierungsaussichten Sache des Restrukturierungsbeauftragten ist. Die **Prüfungstiefe** gibt das Gesetz nicht vor. Zwar spricht § 76 Abs. 4 S. 1 einerseits von einer Stellungnahme, andererseits spricht S. 3 von einem Bericht. Wegen der mit einem Restrukturierungsvorhaben verbundenen Eile dürfte viel dafürsprechen, dass der Restrukturierungsbeauftragte das Zahlenwerk und die Einschätzungen im Restrukturierungsplan lediglich zu **plausibilisieren** hat.

26 Die Notwendigkeit der Erstreckung des Berichts auf Zweifel am Bestehen oder die Höhe einer Restrukturierungsforderung und die weiteren in Abs. 4 genannten Planbetroffenen impliziert eine vorweggenommene Prüfung dieser Rechte. Da im Gegensatz zu einem Insolvenzverfahren jedoch Forderungsanmeldungen nicht vorhanden sind, kann sich der Restrukturierungsbeauftragte nur auf die im Betrieb vorhandenen Unterlagen stützen. Da nach dem Wortlaut des Gesetzes sich der Bericht auf dahingehende Zweifel beschränken soll, dürfte eine umfassende Prüfung anhand der beim Schuldner vorliegenden Unterlagen nicht geschuldet sein (ebenso Braun StaRUG/*Blümle/Erbe* § 76 Rn. 28). Sie wäre auch in der Kürze der Zeit schlicht nicht zu bewerkstelligen.

27 Wurde der Beauftragte bereits vor der Planabstimmung bestellt, ist diese Stellungnahme dem Restrukturierungsplan als weitere Anlage beizufügen. Dass das Gesetz davon spricht, dass die Stellungnahme „den Planbetroffenen" als weitere Anlage beizufügen, ist sprachlich wenig geglückt.

## VI. Pflichten des Schuldners (Abs. 5)

28 Der Aufgabenkreis des Restrukturierungsbeauftragten wird flankiert durch die in Abs. 5 normierten Mitwirkungsverpflichtungen des Schuldners, dem Beauftragten die erforderlichen Auskünfte zu erteilen, ihm Einsicht in die Bücher und Geschäftspapiere zu gewähren und ihn bei der Erfüllung seiner Aufgaben zu unterstützen. Die Vorschrift ähnelt § 22 Abs. 3 S. 2, 3 Hs. 1 InsO. Die Vorschrift ergänzt die Auskunft- und Unterstützungspflicht gegenüber dem Gericht nach § 39 Abs. 2 InsO. Die Verletzung der Mitwirkungsverpflichtung des Schuldners kann nach § 33 Abs. 1 durch eine **Auf-**

**hebung der Restrukturierungssache** sanktioniert werden, wenn die Pflichtverletzung des Schuldners schwerwiegend war.

Das noch in § 80 Abs. 6 RefE vorgesehene Betretungsrecht des Restrukturierungsbeauftragten ist nicht Gesetz geworden. Daraus folgt, dass es Aufgabe des Schuldners ist, diesem die benötigten Informationen zusammenzustellen; ein **Nachforschungsrecht hat der Restrukturierungsbeauftragte also nicht.** 29

## VII. Zustellungen durch den Restrukturierungsbeauftragten (Abs. 6)

In beinahe wörtlicher Übernahme von § 8 InsO ermöglicht es Abs. 6, dass das Restrukturierungsgericht den Restrukturierungsbeauftragten damit beauftragt, die jenem obliegenden Zustellungen durchzuführen. Die Vorschrift dient der **Entlastung der Justiz.** 30

Der Gesetzgeber ist ausweislich der Gesetzesbegründung offensichtlich von der Vorstellung getragen, dass der Restrukturierungsbeauftragte im Gegensatz zur Justiz die notwendige Infrastruktur vorhält (Begr. RegE zu § 83 Abs. 6: *„der Beauftragte wird eher über die erforderliche Infrastruktur und Büroorganisation verfügen"*). Dies ist aus mehreren Gründen bemerkenswert: erstens ist der Restrukturierungsbeauftragte historisch ohne Vorbild und kann zweitens nicht mit dem Insolvenzverwalter und der typischerweise von diesem Berufsstand unterhaltenen Infrastruktur gleichgesetzt werden. Ein Restrukturierungsbeauftragter wird über die vom Gesetzgeber vorausgesetzte Infrastruktur nicht in jedem Fall verfügen, insbesondere dann nicht, wenn er nicht ansonsten schwerpunktmäßig als Insolvenzverwalter oder Sachwalter tätig ist oder aus anderen Gründen einer großen Organisationseinheit angehört. 31

Diese Bedenken werden in ihren Auswirkungen jedoch abgeschwächt durch die Möglichkeit des Restrukturierungsbeauftragten, Zustellungen durch Dritte (zB durch einen externen Dienstleister) durchführen zu lassen. 32

Die Inbezugnahme von § 184 Abs. 2 S. 4 ZPO legt ihm die Verpflichtung auf, zu vermerken, zu welcher Zeit und unter welcher Anschrift das Schriftstück zur Post gegeben wurde und dies zu den Gerichtsakten mitzuteilen. Der Restrukturierungsbeauftragte schuldet also einen **Versendungs- und keinen Zustellungsnachweis.** 33

# Abschnitt 2. Bestellung auf Antrag

### Antrag

**77** (1) [1] **Auf Antrag des Schuldners bestellt das Restrukturierungsgericht einen Restrukturierungsbeauftragten zur Förderung der Verhandlungen zwischen den Beteiligten (fakultativer Restrukturierungsbeauftragter).** [2] **Gläubigern steht dieses Recht gemein-**

**schaftlich zu, wenn auf sie mehr als 25 Prozent der Stimmrechte in einer Gruppe entfallen oder voraussichtlich entfallen werden und wenn sie sich zur gesamtschuldnerischen Übernahme der Kosten der Beauftragung verpflichten.**

(2) **Der Antrag kann darauf gerichtet sein, dem Beauftragten zusätzlich eine oder mehrere Aufgaben nach § 76 zuzuweisen.**

**Schrifttum:** *Cranshaw/Portisch* Paradigmen des Unternehmensstabilisierungs- und restrukturierungsgesetzes (StaRUG) nach dem Regierungsentwurf aus Gläubigersicht, Teil 1, ZInsO 2020, 2561; *Deppenkemper* Ziel erreicht? Außergerichtliche Sanierung bereits ab 1.1.2021, ZIP 2020, 2432; *Dimassi/Schulte-Kaubrügger* Der Restrukturierungsbeauftragte nach dem StaRUG, ZIP 2021, 936; *Flöther* Der Restrukturierungsbeauftragte: Neue Figur in altbekanntem Gewand, NZI-Beil. 2021, 48; *Fritz/Scholtis* Die künftige Rolle des Restrukturierungsbeauftragten im Lichte des präventiven Restrukturierungsrahmens, NZI 2020, 49; *Martini* Der Restrukturierungsbeauftragte – Gemeinsamkeiten mit und Unterschiede zum Sachwalter nach der Insolvenzordnung, FS St. Smid, 561; *Seagon* Die Rolle des Restrukturierungsbeauftragten, NZI-Beil. 2019, 73; *Smid* Der Restrukturierungsbeauftragte, ZInsO 2020, 2092; *Vallender* Die Zeit ist reif – Plädoyer für eine Berufsordnung für Insolvenzverwalter, NZI 2017, 641.

**Übersicht**



## I. Vorbemerkung

1 Die Norm regelt die Voraussetzungen an die Bestellung und die Aufgaben des **fakultativen Restrukturierungsbeauftragten,** der die Anforderungen in Art. 2 Abs. 1 Nr. 12a) der Restrukturierungsrichtlinie aufgreift. Im Gegensatz zum obligatorischen Beauftragten hat dieser die Aufgabe, die Verhandlungen zwischen den Beteiligten zu **fördern,** er ähnelt dem Sanierungsmoderator nach §§ 94–100 (Braun StaRUG/*Blümle/Erbe* StaRUG § 77 Rn. 1). Seine Aufgaben werden durch die Norm legaldefiniert. Diese wird ergänzt durch die Konkretisierung in § 79.

2 Allerdings können dem fakultativen Beauftragten zusätzlich eine oder mehrere der Aufgaben des obligatorischen Restrukturierungsbeauftragten übertragen werden, so dass er im Ergebnis zwischen Sanierungsmoderator und obligatorischem Restrukturierungsbeauftragten anzusiedeln ist (BeckOK StaRUG/*Hänel* StaRUG Vorb. zu § 77 Rn. 1 ff). Bestellt wird der fakultative Restrukturierungsbeauftragte nur auf Antrag und zwar entweder des Schuldners oder des in Abs. 1 normierten Quorums von Gläubigern.

3 Die Bestellung des fakultativen Restrukturierungsbeauftragten kommt entweder an Stelle des obligatorischen oder ergänzend zu ihm in Betracht. Das wirft Fragen zu ihrem Verhältnis auf, die gesetzlich nicht geklärt sind.

## II. Bestellung

§ 77 Abs. 1 regelt die Bestellungsvoraussetzungen des fakultativen Restrukturierungsbeauftragten. Er wird bestellt, wenn er gewünscht wird, so dass ein **Antrag** erforderlich ist. Beantragt der Schuldner seine Einsetzung, ist dieser ohne weitere Voraussetzungen zu bestellen. Damit ist zwar, soweit bisher kein Restrukturierungsbeauftragter bestellt ist, für den Schuldner ein Mehr an Aufwand und Kosten verbunden. Dieser wird sich jedoch lohnen, wenn die Verhandlungen zwischen Schuldner und Gläubigern zu scheitern drohen oder die Expertise eines sanierungserfahrenen Moderators benötigt wird (Braun StaRUG/*Blümle/Erbe* StaRUG § 77 Rn. 14). Die Bestellung eines Restrukturierungsbeauftragten dürfe darüber hinaus einem **positiven Sanierungsklima** bei Gericht (das aus Insolvenzverfahren daran gewöhnt ist, durch einen Sach- oder Insolvenzverwalter unterstützt zu werden) und bei Gläubigern (soweit insolvenzerfahren, gilt das Gleiche) dienlich sein. 4

Die am Schuldner beteiligten Personen haben kein Antragsrecht. 5

Ein Antragsrecht der Gläubiger ist an eine Sperrminorität gebunden, um den **Einfluss von Akkordstörern** zu minimieren. Diese hätten es anderenfalls in der Hand, über einen Antrag und eine Aufgabenzuweisung nach § 77 Abs. 2 das Verfahren zu torpedieren (Braun StaRUG/*Blümle/Erbe* StaRUG § 77 Rn. 8), wobei diese dann auch eine Kostentragungs- und Vorschusspflicht hätten (das geäußerte Verzögerungs- und Störpotential daher nicht für die befürchtete Bedrohung haltend: BeckOK StaRUG/*Hänel* StaRUG § 81 Rn. 1). Erforderlich ist, dass die antragstellenden Gläubiger, denen das Antragsrecht dann gemeinsam zusteht, mehr als 25 % der Stimmrechte in *einer* Gruppe auf sich vereinen oder voraussichtlich vereinen werden. Anders als bei § 74 Abs. 2 S. 3 ist es also ausreichend, wenn die genaue Sperrminorität in einer Gruppe gegeben ist. Darüber hinaus müssen sie sich zur gesamtschuldnerischen Verpflichtung der **Übernahme der Kosten** der Beauftragung verpflichten. Eine Verhinderung der Bestellung kommt nicht in Betracht. Dies ist konsequent, da die Kosten den Schuldner nicht treffen (Braun StaRUG/*Blümle/Erbe* StaRUG § 77 Rn. 11). 6

## III. Aufgaben

Der Fokus des fakultativen Restrukturierungsbeauftragten liegt in der **Förderung der Restrukturierungssache** zum Wohle aller Beteiligten. Im Gegensatz zum obligatorischen Beauftragten gehört **Kontrolle nicht zu seinem Wirkungskreis.** Allerdings kann das Gericht ihm dennoch einzelne oder mehrere Aufgaben übertragen, die an sich dem obligatorischen Restrukturierungsbeauftragten vorbehalten sind, Abs. 2. Aber auch ohne eine derartige Aufgabenerweiterung dürfte der fakultative Restrukturierungsbeauftragte trotz der fehlenden direkten Anwendbarkeit des § 76 Abs. 1 aufgrund seiner Neutralitätspflicht und Verantwortung gegenüber dem Gericht nach § 75 zur **Nachteilsanzeige** verpflichtet sein (ebenso: BeckOK StaRUG/*Hänel* StaRUG § 77 Rn. 3). 7

**8** Aus der unterschiedlichen Aufgabenstellung ergeben sich ungeachtet der gesetzlichen Regelung in § 74 auch andere **Anforderungen an die Person.** Während der obligatorische Restrukturierungsbeauftragte einem vorläufigem Sachwalter oder vorläufigem Insolvenzverwalter ähnliche Befugnisse der Kontrolle hat, ist für den fakultativen Restrukturierungsbeauftragten entscheidend, dass dieser im Interesse aller den Sanierungsprozess voranbringt und – so die Gesetzesbegründung – Informationsasymmetrien ausgleicht und als **Vermittler verschiedener Interessen** fungiert (Begr. RegE zu § 84 Abs. 1 RegE, 175; näher *Thole* ZIP 2020, 1985 (1997); *Vallender* ZIP 2018, 353 (354)).

## IV. Parallelbeauftragung mehrerer Beauftragter

**9** Genauso wenig wie es einleuchtet, dass der Gesetzgeber einen Sanierungsmoderator und gleichzeitig einen fakultativen Beauftragten zugelassen hat, gleichwohl sich deren Aufgaben weitgehend ähneln (kritisch daher BeckOK StaRUG/*Hänel* StaRUG § 77 Rn. 4 mwN), so wenig ist ihm die Klärung der Frage der Zulässigkeit einer **Parallelität mehrerer Beauftragter** gelungen, die daher umstritten ist (bejahend Braun StaRUG/*Blümle*/*Erbe* StaRUG § 74 Rn. 42 ff.; verneinend BeckOK StaRUG/*Hänel* StaRUG § 77 Rn. 5). Eine Parallelität von Beauftragten ist der konsensualen außergerichtlichen Sanierung nicht zuträglich, so dass in der Tat viel dafürspricht, im Zweifel dem obligatorischen Beauftragten den *Vorrang* vor dem fakultativen zu geben (BeckOK StaRUG/*Hänel* StaRUG § 77 Rn. 5).

**10** Ebenso ungelöst ist die Frage der Bestellung eines fakultativen Beauftragten bei **parallelen Anträgen** von Schuldner und qualifiziertem Gläubigerquorum. Bereits der Wortlaut des § 77 Abs. 1 legt nahe, dass es nur einen fakultativen Beauftragen geben darf (ausf. BeckOK StaRUG/*Hänel* StaRUG § 77 Rn. 6).

### Bestellung und Rechtsstellung

**78** (1) **Auf die Bestellung des fakultativen Restrukturierungsbeauftragten findet § 74 Absatz 1 entsprechende Anwendung.**

(2) **Wird von Gläubigern, die zusammen alle voraussichtlich in den Restrukturierungsplan einbezogenen Gruppen repräsentieren, ein Vorschlag zur Person des fakultativen Restrukturierungsbeauftragten gemacht, kann das Gericht von diesem nur dann abweichen, wenn die Person offensichtlich ungeeignet ist oder, falls der Beauftragte lediglich zum Zwecke der Förderung der Verhandlungen zwischen den Beteiligten bestellt werden soll, der Schuldner dem Vorschlag widerspricht; eine Abweichung ist zu begründen.**

(3) **Auf die Rechtsstellung des fakultativen Restrukturierungsbeauftragten findet § 75 entsprechende Anwendung.**

**Schrifttum:** *Cranshaw/Portisch* Paradigmen des Unternehmensstabilisierungs- und restrukturierungsgesetzes (StaRUG) nach dem Regierungsentwurf aus Gläubigersicht,

Teil 1, ZInsO 2020, 2561; *Deppenkemper* Ziel erreicht? Außergerichtliche Sanierung bereits ab 1.1.2021, ZIP 2020, 2432; *Dimassi/Schulte-Kaubrügger* Der Restrukturierungsbeauftragte nach dem StaRUG, ZIP 2021, 936; *Flöther* Der Restrukturierungsbeauftragte: Neue Figur in altbekanntem Gewand, NZI-Beil. 2021, 48; *Fritz/Scholtis* Die künftige Rolle des Restrukturierungsbeauftragten im Lichte des präventiven Restrukturierungsrahmens, NZI 2020, 49; *Martini* Der Restrukturierungsbeauftragte – Gemeinsamkeiten mit und Unterschiede zum Sachwalter nach der Insolvenzordnung, FS St. Smid, 561; *Seagon* Die Rolle des Restrukturierungsbeauftragten, NZI-Beil. 2019, 73; *Smid* Der Restrukturierungsbeauftragte, ZInsO 2020, 2092; *Vallender* Die Zeit ist reif – Plädoyer für eine Berufsordnung für Insolvenzverwalter, NZI 2017, 641.

**Übersicht**



## I. Vorbemerkung

1 Die grundlegenden Anforderungen an den Restrukturierungsbeauftragten regelt § 74. § 78 Abs. 1 stellt klar, dass (nur) dessen Abs. 1 auch auf den **fakultativen** und nicht etwa nur auf den **obligatorischen** Beauftragten anwendbar ist. Die Rechtsstellung des fakultativen Beauftragten (Haftungsmaßstab, gerichtliche Aufsicht, Entlassung) entspricht vollständig derjenigen des obligatorischen, wie sich aus der Verweisung in § 78 Abs. 3 auf § 75 ergibt.

Der Einfluss der Beteiligten bei der Auswahl des fakultativen Beauftragten ist aber ein anderer: anders als bei § 74 Abs. 2 S. 2 hat der **Schuldner keinen Einfluss** auf die Auswahl, er kann lediglich in einem bestimmten Fall **widersprechen.**

2 Die Restrukturierungsrichtlinie regelt in Erwägungsgrund 88 die Mitwirkung bei der Bestellung des Restrukturierungsbeauftragten. Art. 26 Abs. 1d) fordert, dass Schuldner und Gläubiger die Möglichkeit haben, die Auswahl oder Benennung des Beauftragten im Falle eines Interessenkonflikts abzulehnen. Hierüber geht das Widerspruchsrecht des Schuldners nach § 78 Abs. 2 zwar einerseits hinaus, weil es an keine Voraussetzungen gebunden ist, auf der anderen Seite ist der Widerspruch nicht bindend. Der damit **zweifelhaften Richtlinienkonformität** des § 78 Abs. 2 (und auch des § 74) meint der Gesetzgeber durch die Entlassungsmöglichkeit des § 75 Abs. 2 S. 3 zu entgehen, der aber die vorherige Bestellung voraussetzt und daher an sich zu kurz greift (zur Problematik: BeckOK StaRUG/*Hänel* StaRUG § 74 Rn. 19, § 78 Rn. 12).

## II. Regelungsinhalt

3 Kurz gefasst regelt die Vorschrift folgendes: die **Rechtsstellung** des fakultativen Beauftragten entspricht der des obligatorischen (denn § 78 Abs. 3 verweist auf § 75 insgesamt), aber in der **Bestellung** bestehen Abweichungen (§ 78 Abs. 1 verweist auf § 74 Abs. 1, spart aber dessen Absätze 2 und 3 aus). Aus der nur teilweisen Inbezugnahme des § 74 resultiert eine **abweichende Regelung des Vorschlagsrechts.**

Gleichwohl damit an den fakultativen Beauftragten die **gleichen Anforderungen** wie an den obligatorischen zu stellen sind, sollten bei diesem wegen der in § 77 Abs. 1 S. 1 vorgesehenen Unterstützungsaufgabe besonderes Augenmerk auf dessen kommunikative Fähigkeiten gelegt werden (BeckOK StaRUG/*Hänel* StaRUG § 78 Rn. 2; BeckOK StaRUG/*Hänel* StaRUG § 74 Rn. 40; zu den unterschiedlichen Anforderungen auch Braun StaRUG/*Blümle/Erbe* StaRUG § 78 Rn. 6).

### 1. Vorschläge und Bindung

4 In der Gesetzesbegründung weist der Gesetzgeber daraufhin, dass das Gericht bei der Bestellung des fakultativen Beauftragten **Vorschläge** von Gläubiger- und Schuldnerseite zu berücksichtigen hat (BT-Drs. 19/24181, 175). § 78 Abs. 2 setzt dies aber nur teilweise um, denn es sieht ein Vorschlagsrecht des Schuldners überhaupt nicht vor. Es ist wenig verständlich, dass § 78 Abs. 1 nicht wenigstens auch auf § 74 Abs. 2 S. 1 verweist (zutr. BeckOK StaRUG/*Hänel* StaRUG § 78 Rn. 4). Dies hindert das Gericht aber natürlich nicht an der Berücksichtigung auch nicht bindender Vorschläge, insbesondere wenn diese mehrseitig unterstützt werden. Ganz im Gegenteil: diese nicht bindenden Vorschläge sollten in den auf Privatautonomie und Konsens ausgelegten Verfahrenshilfen des StaRUG noch stärker Berücksichtigung finden als dies in Insolvenzverfahren bisweilen der Fall ist.

5 Eine Bindung führt nur der in § 78 Abs. 2 normierte Vorschlag herbei, der von einer Gläubigergruppe stammt, deren **Mitglieder voraussichtlich alle in den Restrukturierungsplan einbezogene Gruppen repräsentieren**. Denkbar ist dies nur, wenn die Gläubiger voneinander und der beabsichtigten Gruppierung Kenntnis haben; vermitteln können wird ihnen diese nur der Schuldner. Eine Bindung kann der Vorschlag nach § 78 Abs. 2 nur herbeiführen, wenn gleichzeitig die Voraussetzungen des Antrages nach § 77 Abs. 1 gegeben sind (näher: BeckOK StaRUG/*Hänel* StaRUG § 78 Rn. 5).

6 Die Systematik des Vorschlagsrechts des § 78 Abs. 2 kann zu einer **Mehrheit an Vorschlägen** führen, sofern jede Gruppe voraussichtlich mehr als ein Mitglied hat. Wenn man eine Mehrheit an Restrukturierungsbeauftragten nicht zulässt (vorsichtig Braun StaRUG/*Blümle/Erbe* StaRUG § 78 Rn. 8), so muss sich das Gericht für einen Vorschlag entscheiden. Gegen die Möglichkeit einer Mehrheit von fakultativen Restrukturierungsbeauftragten spricht bereits der Wortlaut des § 77 Abs. 1 (iErg auch BeckOK StaRUG/*Hänel* StaRUG § 78 Rn. 5, § 77 Rn. 7). Die Norm ist wenig glücklich und

dürfte in praxi zu **erheblichen Anwendungsschwierigkeiten** führen, da der Gesetzgeber das Rangverhältnis bei mehreren Vorschlägen nicht regelt. Solange dies so ist, muss das Gericht versuchen, durch seine kommunikativen Fähigkeiten eine Einigung herbeizuführen (siehe auch Braun StaRUG/*Blümle/Erbe* StaRUG § 78 Rn. 8).

Bei einem nach § 78 Abs. 2 bindenden Votum ist der Schuldner zunächst **anzuhören.** Dies ist zwingend, weil er anderenfalls nicht widersprechen kann (BeckOK StaRUG/*Hänel* StaRUG § 78 Rn. 8). Widerspricht er, entfällt die Bindungswirkung für das Gericht, die Möglichkeit der Bestellung lässt dies unberührt. 7

### 2. Rechtsstellung

Aufgrund der Verweisung in § 78 Abs. 3 auf § 75 sind auf den fakultativen Restrukturierungsbeauftragten sämtliche Regelungen über die gerichtliche Aufsicht, die Möglichkeit der Entlassung, der Haftung und der Verjährung von Schadensersatzansprüchen anwendbar. Eine Haftung ist bei ihm auch ohne weitere Übertragung von Aufgaben nach §§ 77 Abs. 2 iVm § 76 Abs. 2–4 schon deswegen nicht ausgeschlossen, weil er die Grenzen zur vorwiegend mediativen und vermittelnden Tätigkeit überschreiten und zB in den Bereich der Rechtsberatung vordringen kann, so dass uU eine Haftung nach Maßstäben der Anwaltshaftung in Betracht kommt (BeckOK StaRUG/*Hänel* StaRUG § 75 Rn. 120; Pannen/Riedemann/Smid/*Pannen* StaRUG § 78 Rn. 8; aA Braun StaRUG/*Blümle/Erbe* StaRUG § 75 Rn. 39. 8

## Aufgaben

**79 Der fakultative Restrukturierungsbeauftragte unterstützt den Schuldner und die Gläubiger bei der Ausarbeitung und Aushandlung des Restrukturierungskonzepts und des auf ihm basierenden Plans.**

**Schrifttum:** *Cranshaw/Portisch* Paradigmen des Unternehmensstabilisierungs- und restrukturierungsgesetzes (StaRUG) nach dem Regierungsentwurf aus Gläubigersicht, Teil 1, ZInsO 2020, 2561; *Deppenkemper* Ziel erreicht? Außergerichtliche Sanierung bereits ab 1.1.2021, ZIP 2020, 2432; *Dimassi/Schulte-Kaubrügger* Der Restrukturierungsbeauftragte nach dem StaRUG, ZIP 2021, 936; *Flöther* Der Restrukturierungsbeauftragte: Neue Figur in altbekanntem Gewand, NZI-Beil. 2021, 48; *Fritz/Scholtis* Die künftige Rolle des Restrukturierungsbeauftragten im Lichte des präventiven Restrukturierungsrahmens, NZI 2020, 49; *Martini* Der Restrukturierungsbeauftragte – Gemeinsamkeiten mit und Unterschiede zum Sachwalter nach der Insolvenzordnung, FS St. Smid, 561; *Seagon* Die Rolle des Restrukturierungsbeauftragten, NZI-Beil. 2019, 73; *Smid* Der Restrukturierungsbeauftragte, ZInsO 2020, 2092; *Vallender* Die Zeit ist reif – Plädoyer für eine Berufsordnung für Insolvenzverwalter, NZI 2017, 641.

**Übersicht**

## I. Vorbemerkung

1 Die Vorschrift definiert in Ergänzung von § 77 Abs. 1 S. 1 und in enger Anlehnung an Erwägungsgrund 31 S. 1, Art. 2 Abs. 1 Nr. 12a) und 5 Abs. 3 der Restrukturierungsrichtlinie die Aufgaben des fakultativen Restrukturierungsbeauftragten näher, der den Schuldner, aber auch die Gläubiger, bei der Erstellung und Verhandlung über das Restrukturierungskonzept und des darauf beruhenden Restrukturierungsplans zu unterstützen hat.

## II. Regelungsinhalt

2 Die generelle Aufgabenzuweisung des fakultativen Restrukturierungsbeauftragten erfolgt durch § 77 Abs. 1. Das Gesetz definiert hier den fakultativen Beauftragten als den auf Antrag des Schuldners bestellten Beauftragten zur Förderung der Verhandlungen zwischen den Beteiligten. Dieser Antrag des Schuldners kann nach § 77 Abs. 2 darauf gerichtet sein, ihm zusätzlich eine oder mehrere Aufgaben zuzuweisen, die ansonsten nach § 76 dem von Amts wegen bestellten Restrukturierungsbeauftragten obliegen.

3 Der fakultative Restrukturierungsbeauftragte hat demnach keine Überwachungsfunktion, ihm obliegt vielmehr eine **moderierende Rolle des Ausgleichs, der Unterstützung und der Hilfestellung** bei der Ausarbeitung des Sanierungskonzepts und des darauf basierenden Restrukturierungsplans (BT-Drs. 19/24181, 175).

4 Eine Berichtspflicht gegenüber dem Gericht obliegt auch dem fakultativen Beauftragten, da § 78 Abs. 3 auf § 75 und damit auch auf § 75 Abs. 1 S. 2 verweist.

5 Zu erstellen hat das Sanierungskonzept weiterhin der Schuldner, der Restrukturierungsbeauftragte wird seine Erfahrung in Restrukturierungssachen einfließen lassen, er ist aber nicht Herr des Verfahrens (abweichend Pannen/Riedemann/Smid/*Pannen* StaRUG § 79 Rn. 3, der unter Hinweis auf die Gesetzesbegründung darauf hinweist, dass der fakultative Beauftragte Konzept und Plan nicht erstellen *müsse;* tatsächlich dürfte er jedoch schon über die Rechtsmacht hierzu nicht verfügen). Mit dieser Maßgabe darf er alles tun, was den **Sanierungszweck fördert:** Fehler benennen, Anregungen und Hinweise geben, Korrekturen vornehmen, mit Beteiligten sprechen, Einigungsmöglichkeiten benennen und herbeiführen. Bei alledem muss seine Tätigkeit eine neutrale sein (Braun StaRUG/*Blümle*/*Erbe* StaRUG § 79 Rn. 5). Nur durch diese neutrale Rolle ist eine moderierende, auf Einigung gerichtete, Rolle denkbar. Neutralität bedeutet nicht, dass der fakultative Beauftragte nicht für die eine oder andere Lösung werben dürfe. Sie impliziert nur, dass er hierbei nicht Partei ergreifen darf und darauf hinzuarbeiten hat, dass Schuldner und Gläubiger im Verfahren eine Lösung finden, die für beide Seiten akzeptabel ist und eine Befriedungsfunktion hat. Noch mehr als beim obligatorischen Beauftragten und qualitativ ungleich anders als beim Sach- und Insolvenzverwalter sind Verhandlungsgeschick, Empathie, und jedenfalls Grundzüge der Verhandlungsführung vonnöten.

Die gesetzliche Vorstellung der Unterstützung bei der Erstellung des und Verhandlung über das Restrukturierungskonzept fügt sich in die Systematik des § 31 Abs. 2 Nr. 1, wonach mit Anzeige des Restrukturierungsvorhabens der Entwurf des Restrukturierungsplans oder aber jedenfalls ein dahingehendes Konzept bereits einzureichen ist, nur in der letztgenannten Variante ein (aA BeckOK StaRUG/*Hänel* StaRUG § 79 Rn. 3, der von einem gesetzgeberischen Versehen ausgeht). **6**

## Abschnitt 3. Vergütung

### Vergütungsanspruch

**80** **[1]Der Restrukturierungsbeauftragte hat nach Maßgabe der nachfolgenden Bestimmungen Anspruch auf Vergütung (Honorar und Auslagen). [2]Vereinbarungen über die Vergütung sind nur dann wirksam, wenn die nachfolgenden Bestimmungen zum zulässigen Inhalt und zum Verfahren beachtet sind.**

**Schrifttum:** *Blersch* Wege zur Vergütung des Restrukturierungsberaters im Vergleich mit Vergütungsregelungen für den Insolvenzverwalter und Sachwalter, NZI 2022, 97; *Dimassi/Schulte-Kaubrügger* Der Restrukturierungsbeauftragte nach dem StaRUG, ZIP 2021, 936; *Flöther* Der Restrukturierungsbeauftragte: Neue Figur in altbekanntem Gewand, NZI-Beil. 2021, 48; *Ganter* Die Regelung der Vergütung des Restrukturierungsberaters im Vergleich mit Vergütungsregelungen für den Insolvenzverwalter und den Sachwalter, NZI 2022, 97; *Martini* Der Restrukturierungsbeauftragte – Gemeinsamkeiten mit und Unterschiede zum Sachwalter nach der Insolvenzordnung, FS St. Smid, 561; *Seagon* Die Rolle des Restrukturierungsbeauftragten, NZI-Beil. 2019, 73; *Smid* Der Restrukturierungsbeauftragte, ZInsO 2020, 2092; *Vallender* Aufgaben und Befugnisse des Restrukturierungsgerichts nach dem Gesetz über den Stabilisierungs- und Restrukturierungsrahmen für Unternehmen (Teil 2), ZInsO 2020, 2677; *Zimmer* Aktuelle Reform des JVEG – Insolvenzrechtliche Bezüge, ZInsO 2020, 990.

**Übersicht**



## I. Vorbemerkung

Unternehmenssanierungen verursachen Kosten und zwar ungeachtet der Frage, ob außer- oder vorgerichtlich oder in einem justizförmigen Verfahren saniert wird. Je nachdem werden auch die Ressourcen von Gerichten belastet. Aber auch Berater, Gutachter, Sachverständige, Sach- und Insolvenzverwalter, sind idR nicht aus Idealismus tätig, sondern um aus der Tätigkeit Erlöse zu erwirtschaften. Selbstredend gilt dies auch für den Restrukturierungsbeauftragten. Diese Kosten belasten in der Regel den Schuldner. Zwar wäre es auch denkbar gewesen, die Beteiligten mit den Kosten zu belasten, **1** doch würde dies mittelbar wiederum den Schuldner treffen (BeckOK StaRUG/*Hänel* StaRUG § 80 Rn. 2; Pannen/Riedemann/Smid/*Pannen* StaRUG § 80 Rn. 3).

2 § 80 als Grundnorm der Vergütung des Restrukturierungsbeauftragten regelt demgemäß zunächst Selbstverständliches: Der Restrukturierungsbeauftragte erhält für seine Tätigkeit eine **Vergütung** (grundlegend: *Vallender* ZInsO 2020, 2677; *Zimmer* ZInsO 2020, 2117). Diese setzt sich aus **Honorar und Auslagen** zusammen. Strukturell entspricht dies der Regelung für den Insolvenzverwalter in § 63 Abs. 1 InsO. Anders als nach der Insolvenzordnung umfasst § 81 Abs. 2 aber auch einen Vergütungsanteil für den Fall des notwendigen **Einsatzes qualifizierter Mitarbeiter.**

3 Das Honorar des Restrukturierungsbeauftragten ist regelmäßig ein **Zeithonorar;** der Gesetzgeber weicht damit grundsätzlich vom ohnehin, insbesondere im Hinblick auf den sog. Normalfall, umstrittenen (umfassend: Haarmeyer/Mock InsVV, 6. Aufl. 2019, InsVV § 2 Rn. 3 ff.) umsatz- und vermögensbezogenen System der Insolvenzrechtlichen Vergütungsverordnung (InsVV) ab (zu anderen diskutierten Modellen: *Zimmer* ZInsO 2020, 2117 ff.; *Blersch* NZI-Beil. 2019, 77 ff.). Dies korreliert mit dem vom Modell der InsVV deutlich abweichenden Aufgabenprofil des Restrukturierungsbeauftragten, der ganz überwiegend kein in seinen Befugnissen amputierter Sach- oder Insolvenzverwalter ist, sondern, soweit die in Anspruch genommenen Hilfen des StaRUG das Verfahren nicht gesamtvollstreckungsähnlich erscheinen lassen, ein Akteur sui generis.

4 § 83 Abs. 1 beinhaltet eine Öffnungsklausel und erlaubt dem Gericht im Einzelfall eine Abweichung von diesem regelhaften budgetierten Zeitvergütungsmodell. Einzelheiten regeln die §§ 81–83. Nur unter den dort genannten Voraussetzungen sind auch Vergütungsvereinbarungen zulässig. Auch dies zeigt grundsätzliche Unterschiede zur Tätigkeit des Sach- oder Insolvenzverwalters, dessen Vergütung einer Vereinbarung nicht zugänglich ist (BGH NZI 2017, 260 Rn. 28 ff. mwN).

5 Art. 27 Abs. 4 der **Restrukturierungsrichtlinie** gibt den Mitgliedstaaten auf, ein Vergütungssystem zu errichten, das einen **effizienten Verfahrensabschluss** gewährleistet und **Streitigkeiten über die Vergütung vermeidet.** Erwägungsgrund 89 der Restrukturierungsrichtlinie fordert jedoch keine Verpflichtung der Mitgliedstaaten, Streitigkeiten über die Vergütung von Verwaltern vor anderen Verfahren den Vorrang zu gewähren. Die Vergütung des Restrukturierungsbeauftragten muss sich aber zur Schonung der Ressourcen des Schuldners in einem angemessenen Rahmen halten (Begr. RegE zu § 80, S. 176). Die Regelung ist über § 98 Abs. 2 auch auf den Sanierungsmoderator anwendbar. Die Nichtanwendbarkeit des RVG ergibt sich aus § 1 Abs. 2 S. 2 RVG, der daneben ua Insolvenz- und Sachwalter von seinem Anwendungsbereich ausnimmt.

## II. Regelungsinhalt

6 Nach § 612 Abs. 1 BGB gilt eine Vergütung als vereinbart, wenn die Dienstleistung den Umständen nach nur gegen eine Vergütung zu erwarten

ist. Dass der Restrukturierungsbeauftragte nicht pro bono tätig ist, versteht sich von selbst. Entscheidend ist daher nicht, dass § 80 ihm eine Vergütung zugesteht, die aus Honorar und Auslagen besteht, sondern dass Vergütungsvereinbarungen grundsätzlich zulässig sind und sich die weiteren Anforderungen an die Vergütung an den Anforderungen der §§ 80–82 messen lassen müssen. Die, entgegen der Regelungen der InsVV, grundsätzlich zulässigen **Vergütungsvereinbarungen** müssen sich jedoch eng an der gesetzlichen Vergütung orientieren, unterliegen einer **Angemessenheitskontrolle** und bedürfen ebenso der gerichtlichen Festsetzung (zutr. BeckOK StaRUG/*Hänel* StaRUG § 82 Rn. 6). Die gesetzliche Regelung stellt daher einen die **Privatautonomie beschränkenden Kompromiss** dar.

Festgesetzt wird die Vergütung durch das Restrukturierungsgericht, § 82, 7
und zwar als Regelvergütung, § 81, oder als Vergütung in besonderen Fällen, § 83. Gezahlt wird die Vergütung, auch die Vergütung qua Vergütungsvereinbarung, zunächst aus der Staatskasse. Dieses Prinzip der **Zahlung zunächst aus der Staatskasse** erschwert nach der Vorstellung des Gesetzgebers eine gewollte Umgehung der gesetzlichen Regelungen über die Höhe der Stundensätze nach § 81 Abs. 3 (BT-Drs. 19/24181, 176).

In einem nächsten Schritt erfolgt sodann die **Weiterberechnung der** 8
**Kosten** auf den oder die kostenpflichtigen Beteiligten. Kostenbelastet ist nicht zwingend der Schuldner: Nur soweit § 25a GKG, der durch Art. 11 Nr. 5 SanInsFoG in das GKG eingefügt wurde, keine abweichende Regelung trifft, belasten diese Kosten den Schuldner, wobei dieser idR einen Vorschuss nach § 13a GKG zu leisten hat. Die Auslagen nach Nr. 9017 des Kostenverzeichnisses schuldet davon abweichend der Antragsteller, wenn er den Restrukturierungsbeauftragten vorschlägt, der sodann auch bestellt wird.

Sie wird sodann dem Schuldner – oder in Fällen des fakultativen Restruk- 9
turierungsbeauftragten, der auf Gläubigerantrag bestellt wird, diesen Gläubigern, soweit sie ihnen nach § 82 Abs. 2 auferlegt werden – belastet (§ 25a GKG). Soweit die Auslagen für Tätigkeiten entstehen, die das Restrukturierungsgericht dem Restrukturierungsbeauftragten von Amts wegen oder auf Antrag des Schuldners übertragen hat, gilt diese Ausnahme allerdings nicht.

## Regelvergütung

**81** (1) **Der Restrukturierungsbeauftragte erhält, soweit er persönlich tätig wird, ein Honorar auf der Grundlage angemessener Stundensätze.**

(2) **Soweit der unterstützende Einsatz qualifizierter Mitarbeiter erforderlich ist, erhält der Restrukturierungsbeauftragte auch für deren Tätigkeit ein Honorar auf der Grundlage angemessener Stundensätze.**

(3) [1]**Bei der Bemessung der Stundensätze berücksichtigt das Restrukturierungsgericht die Unternehmensgröße, Art und Umfang der wirtschaftlichen Schwierigkeiten des Schuldners und die Qualifikation des Restrukturierungsbeauftragten sowie der qualifizierten Mitarbeiter.** [2]**Im Regelfall beläuft sich der Stundensatz für die per-**

**sönliche Tätigkeit des Restrukturierungsbeauftragten auf bis zu 350 Euro und für die Tätigkeit qualifizierter Mitarbeiter auf bis zu 200 Euro.**

(4) [1] **Mit der Bestellung des Restrukturierungsbeauftragten setzt das Restrukturierungsgericht die Stundensätze fest.** [2] **Zugleich bestimmt es auf der Grundlage von Stundenbudgets, die dem voraussichtlichen Aufwand und der Qualifikation des Beauftragten und der qualifizierten Mitarbeiter angemessen Rechnung tragen, einen Höchstbetrag für das Honorar.** [3] **Dazu hört das Restrukturierungsgericht die zu bestellende Person und diejenigen an, die die Auslagen nach Nummer 9017 des Kostenverzeichnisses zum Gerichtskostengesetz schulden (Auslagenschuldner).**

(5) [1] **Die Bestellung eines fakultativen Restrukturierungsbeauftragten soll erst nach Zahlung der Gerichtsgebühr für die Bestellung nach Nummer 2513 des Kostenverzeichnisses zum Gerichtskostengesetz und eines Vorschusses auf die Auslagen nach Nummer 9017 des Kostenverzeichnisses zum Gerichtskostengesetz erfolgen.** [2] **Erfolgt eine Bestellung von Amts wegen, soll das Restrukturierungsgericht auch über jeden Antrag des Schuldners auf Inanspruchnahme eines Instruments des Stabilisierungs- und Restrukturierungsrahmens erst nach Zahlung der Gerichtsgebühr für die Bestellung nach Nummer 2513 des Kostenverzeichnisses zum Gerichtskostengesetz und eines Vorschusses auf die Auslagen nach Nummer 9017 des Kostenverzeichnisses zum Gerichtskostengesetz entscheiden.**

(6) [1] **Reichen die der Ermittlung des Höchstbetrags zugrunde gelegten Stundenbudgets für eine sachgerechte Wahrnehmung der Aufgaben und Befugnisse nicht aus, legt der Beauftragte Grund und Ausmaß des Erhöhungsbedarfs unverzüglich dem Restrukturierungsgericht dar.** [2] **Das Restrukturierungsgericht hat in diesem Fall nach Anhörung der Auslagenschuldner unverzüglich über eine Anpassung der Budgets zu entscheiden.** [3] **Absatz 5 gilt entsprechend.**

(7) **Für den Ersatz der Auslagen gelten § 5 Absatz 2 Satz 1 Nummer 2 und die §§ 6, 7 und 12 Absatz 1 Satz 2 Nummer 4 des Justizvergütungs- und -entschädigungsgesetzes entsprechend.**

**Schrifttum** *Blersch* Wege zur Vergütung des Restrukturierungsberaters im Vergleich mit Vergütungsregelungen für den Insolvenzverwalter und Sachwalter, NZI 2022, 97; *Dimassi/Schulte-Kaubrügger* Der Restrukturierungsbeauftragte nach dem StaRUG, ZIP 2021, 936; *Flöther* Der Restrukturierungsbeauftragte: Neue Figur in altbekanntem Gewand, NZI-Beil. 2021, 48; *Ganter* Die Regelung der Vergütung des Restrukturierungsberaters im Vergleich mit Vergütungsregelungen für den Insolvenzverwalter und den Sachwalter, NZI 2022, 97; *Martini* Der Restrukturierungsbeauftragte – Gemeinsamkeiten mit und Unterschiede zum Sachwalter nach der Insolvenzordnung, FS St. Smid, 561; *Seagon* Die Rolle des Restrukturierungsbeauftragten, NZI-Beil. 2019, 73; *Smid* Der Restrukturierungsbeauftragte, ZInsO 2020, 2092; *Vallender* Aufgaben und Befugnisse des Restrukturierungsgerichts nach dem Gesetz über den Stabilisierungs- und Restrukturierungsrahmen für Unternehmen (Teil 2), ZInsO 2020, 2677; *Zimmer* Aktuelle Reform des JVEG – Insolvenzrechtliche Bezüge, ZInsO 2020, 990.

**Übersicht**



## I. Vorbemerkung

### 1. Regelungssystematik

1 Während § 80 den Vergütungsanspruch des Restrukturierungsbeauftragten überhaupt regelt und die Wirksamkeit von Vergütungsvereinbarungen an bestimmte, in den Folgevorschriften geregelte, Voraussetzungen knüpft, normiert § 81 Einzelheiten der Vergütung des Restrukturierungsbeauftragten, der im Regelfall auf **Grundlage angemessener Stundensätze** entlohnt wird (Abs. 1).

Ebenso wie das Amt des Insolvenzverwalters nach der gesetzgeberischen Vorstellung ein höchstpersönliches ist (statt aller: Uhlenbruck/*Zipperer* InsO § 56 Rn. 20; hierzu auch BGH NZI 2016, 913; *Frind* ZInsO 2015, 225 (230)), sieht der Gesetzgeber des StaRUG auch die Tätigkeit des Restrukturierungsbeauftragten als eine **höchstpersönliche** an. Kann er die ihm obliegenden Aufgaben wegen der Komplexität der Materie oder des Umfangs nicht alleine erledigen und ist es daher erforderlich, zu seiner Unterstützung **qualifizierte Mitarbeiter** hinzuzuziehen, so erhält er für diese eine zusätzliche Vergütung (Abs. 2).

2 Höchstpersönlichkeit der Insolvenzverwaltertätigkeit bedeutet nicht, dass ein Insolvenzverwalter außerhalb rein administrativer Aufgaben alle Verfahrensschritte selbst durchführen muss. Dies wäre nicht nur für Großverfahren lebensfremd. Entscheidend ist, dass er die verfahrensrelevanten Handlungen selbst vornimmt. Welche dies genau sind, ist en detail nach wie vor ungeklärt (Instruktiv hierzu *Eickmann* KTS 1986, 187 (201); *Graeber* NZI 2003, 569. Näher Uhlenbruck/*Zipperer* InsO § 56 Rn. 20 f. mwN). Die Insolvenzordnung kennt aufgrund der apodiktischen Regelung der Höchstpersönlichkeit dem Grunde nach keine qualifizierten Mitarbeiter, gleichwohl unmittelbar einleuchtet, dass es sie geben und ihre Einschaltung auch zulässig sein muss. § 81 erkennt den qualifizierten Mitarbeiter des Restrukturierungsbeauftragten demgegenüber an, was aber die Frage, welche Aufgaben als nicht substituierbar oder delegierbar bei dem Restrukturierungsbeauftragten verbleiben, nicht beantwortet. Aufgrund der schon strukturell anderen und geringeren Befugnisse des Restrukturierungsbeauftragten gegenüber dem Sach- oder Insolvenzverwalter dürfte sich die Frage nicht in ähnlicher Intensität stellen wie bei dieser Berufsgruppe. Auf der anderen Seite ist

aufgrund der unterschiedlichen Vergütung des Restrukturierungsbeauftragten und des qualifizierten Mitarbeiters evident, dass streng zwischen originärer und delegierter Tätigkeit unterschieden werden muss. Der Restrukturierungsbeauftragte, der originäre Tätigkeiten auf qualifizierte Mitarbeiter delegiert, sie gleichwohl als eigene abzurechnen versucht, dürfte seine mangelnde Eignung iSd § 74 dokumentieren und damit seine Entlassung nach § 75 riskieren.

3 Der Stundensatz des Restrukturierungsbeauftragten beträgt **in der Regel bis zu netto 350 EUR** und **bis zu netto 200 EUR** für den notwendigen Einsatz qualifizierter Mitarbeiter. Bei der Bemessung werden die **Unternehmensgröße, die Art und der Umfang der wirtschaftlichen Schwierigkeiten sowie die Qualifikation des Restrukturierungsbeauftragten** und seiner eingesetzten qualifizierten Mitarbeiter berücksichtigt (Abs. 3). Die in der Literatur namentlich von *Zimmer* (ZInsO 2020, 2117 (2124)) vorgeschlagene Mittelgebühr wurde zur Kappungsgrenze für Regelfälle.

4 Die Festsetzung des Stundensatzes erfolgt durch das Restrukturierungsgericht zugleich mit der Bestellung des Restrukturierungsbeauftragten. Das Gericht setzt gleichzeitig ein **Höchstbudget an Stunden** fest, dessen notwendige Überschreitung der Restrukturierungsbeauftragte, wenn er darüberhinausgehender Ansprüche nicht verlustig gehen will, dem Gericht darzulegen hat, das dann über die begehrte Ausweitung entscheidet (Abs. 4 und 6).

## 2. Normzweck

5 Es war das Bestreben des nationalen Gesetzgebers, die Kostenbelastung des Schuldners durch die Bestellung und die Tätigkeit des Restrukturierungsbeauftragten **möglichst niedrig** zu halten, um die durch die Sanierungsbeiträge der Planbetroffenen bewirkte Verbesserung der finanziellen Situation des Schuldners nicht sogleich anteilig wieder aufzuzehren (BT-Drs. 19/24181, 176). Außerdem sollten zusätzliche Hürden für den Zugang zu Verfahrenshilfen nach StaRUG vermieden werden. Je höher die Kosten der Inanspruchnahme der Verfahrenshilfen des StaRUG für den Schuldner sind, desto höher ist der Beitrag, den er den Beteiligten abverlangen muss und damit sinkt die Erfolgswahrscheinlichkeit.

6 Aufgrund der Anforderungen, die Art. 26 der Restrukturierungsrichtlinie an Ausbildung und Sachkunde des Restrukturierungsbeauftragten stellt, sollte auf der anderen Seite durch eine angemessen hohe, also ausreichende, Vergütung des Restrukturierungsbeauftragten sichergestellt werden, dass die Vergütung für eine hauptberufliche unternehmerische Tätigkeit **marktgerecht** ist (Braun StaRUG/*Wolf* StaRUG § 81 Rn. 5; *Zimmer* ZInsO 2020, 2117 (2122)). Durch eine Vergleichbarkeit der dem Restrukturierungsbeauftragten zustehenden regelmäßigen Stundensätze mit üblichen Stundensätzen von Beratern sollte außerdem ein Beitrag dazu geleistet werden, dass sich der Restrukturierungsbeauftragte und die im konkreten Fall tätigen Berater auf Augenhöhe begegnen können (BeckOK StaRUG/*Hänel* StaRUG § 81 Rn. 1). Ob dieses Ziel erreicht werden kann, darf bezweifelt werden. In der freien Sanierungsberatung sind nicht selten Stundensätze anzutreffen, die die

Kappungsgrenze überschreiten (kritisch daher Bieg/Borchardt/Frind Unternehmenssanierung/*Curtze/Doebert* Teil 2 B Rn. 100).

7 Es wird sich zeigen, ob die im Insolvenzrecht höchstrichterlich immer noch für zulässig gehaltene **Querfinanzierung** dahingehend, dass nicht das einzelne Verfahren kostendeckend sein muss, sondern nur die Gesamtheit der Vergütungen aus allen Verfahren eines Verwalters (BGH NZI 2021, 744; grundlegend BGH NJW 2004, 941; BVerfG NJW 2003, 737) sich als Diskussion im Rahmen der Vergütung des Restrukturierungsbeauftragten fortsetzt. Dies dürfte vor dem Hintergrund der minderen Bedeutung des Restrukturierungsbeauftragten im Sanierungsprozess und dem Bestreben des Gesetzgebers, die Kosten möglichst niedrig zu halten, beinahe zu erwarten sein.

8 Eine möglichst **einfache Methode der Ermittlung und Abrechnung** der Vergütung soll darüber hinaus Verfahrensverzögerungen und übermäßige Kapazitätsbindungen bei den Beteiligten vermeiden (BeckOK StaRUG/*Hänel* StaRUG § 81 Rn. 1) Da es „den" Restrukturierungsbeauftragten mit einem feststehenden und niemals abweichenden Aufgabenkreis nach StaRUG nicht gibt, musste die gesetzgeberische Lösung außerdem eine Möglichkeit eröffnen, den Restrukturierungsbeauftragten mit geringeren Aufgaben (und damit mit einem minderen Haftungsrisiko) geringer zu entlohnen als einen Restrukturierungsbeauftragten, dem sämtliche nach dem StaRUG mögliche Aufgaben zugewiesen werden. Dies geschieht durch Abweichungsmöglichkeiten nach oben und unten.

## II. Regelungsinhalt

### 1. Vergütung

9 Das nationale Vergütungsmodell (siehe rechtsvergleichend die Nachweise bei BeckOK StaRUG/*Hänel* StaRUG § 81 Rn. 2, siehe im Übrigen Pannen/Riedemann/Smid/*Pannen* StaRUG § 81 Rn. 3 für die Niederlande) ist ein mehrstufiges, das in der Literatur teilweise sehr kritisch gesehen wird (*Thole* ZRI 2020, 393 (402); *Frind* ZRI 2021, 397 (405); siehe im Übrigen *Blersch* NZI-Beil. 2019, 77 (78) und *Thole* ZIP 2020, 1985 (1997)).

10 **a) Grundsatz.** Der Restrukturierungsbeauftragte erhält eine Vergütung, die aus **Honorar und Auslagen** besteht. Dies entspricht der Definition in § 80 S. 1. Der Vergütungsbegriff differiert gegenüber dem in der InsO und der InsVV verwandten. Der in § 80 S. 1, § 80 Abs. 7 und § 82 Abs. 4 verwendete Auslagenbegriff entspricht dem der InsO und der InsVV, während zB unter Auslagen im Sinne von §§ 81 Abs. 4 S. 3 und § 83 Abs. 1 S. 1 Nr. 1 Auslagen im Sinne des KV zum GKG gemeint sind.

11 Das Honorar des Restrukturierungsbeauftragten besteht zunächst aus demjenigen, das er für seine **eigene originäre persönliche Tätigkeit** erhält (Abs. 1) und darüber hinaus, soweit diese Tätigkeit erforderlich ist, eines ihm zustehenden Honorars für den **Einsatz qualifizierter Mitarbeiter** (Abs. 2).

12 **b) Stundensatz.** In beiden Fällen wird das Honorar auf Grundlage **angemessener Stundensätze** ermittelt. Die regelmäßige Obergrenze des Honorars beträgt jeweils netto 350 EUR für den Restrukturierungsbeauf-

tragten und 200 EUR für die Tätigkeit der von ihm eingesetzten qualifizierten Mitarbeiter. **Eine Untergrenze sieht das Gesetz nicht vor;** die Literatur schlägt sie zum Teil vor (*Zimmer* ZInsO 2020, 2117 (2124). vorsichtiger Wolgast/Grauer/*Ludwig* StaRUG § 81 Rn. 5, der empfiehlt, dass eine Orientierung an dem am Markt für Restrukturierungstätigkeiten üblichen Sätzen erfolgt).

**13** Dass das Gesetz ein Stundenhonorar vorsieht, erscheint konsequent, da in der Regel auch die außergerichtliche Sanierungsberatung auf Zeithonorarbasis erfolgt (Wolgast/Grauer/*Ludwig* StaRUG § 81 Rn. 1; *Thole* ZIP 2020, 1985 (1997); *Zimmer* ZInsO 2020, 2117 (2121)).

Allerdings ist das Stundenhonorar im Gegensatz zu dem des freien Sanierungsberaters nicht frei verhandelbar.

**14** Die Sinnhaftigkeit der Normierung einer Untergrenze wäre nicht von der Hand zu weisen gewesen. Das hat mit Protektionismus nichts zu tun. Die häufig im Übrigen in Insolvenzsachen tätigen Insolvenzrichter (zur sachlichen Zuständigkeit der Restrukturierungsgerichte siehe § 3; die Frage der funktionellen Zuständigkeit beantwortet das SanInsFoG selbst nicht, wohl aber ist die Begr. RegE SanInsFoG ergiebig, BT-Drs. 19/24181, 142; siehe auch Wolgast/Grauer/*Semmelmann* StaRUG § 34 Rn. 6) sind schon für die Festsetzung von Vergütungen in Insolvenzsachen nicht zuständig. Ihre einzigen Berührungspunkte zur Vergütung des Insolvenzverwalters sind, soweit sie sich das Insolvenzverfahren nicht ganz oder teilweise vorbehalten (§ 18 Abs. 2 S. 1 RPflG) die Beurteilung der Schätzung der Verfahrenskosten in den Gutachten der Sachverständigen vor Eröffnung des Insolvenzverfahrens und ggf. im Rahmen von Insolvenzplänen. Für die Vergütungsfestsetzungen sind die Rechtspfleger zuständig. Mit Stundenhonoraren sind sie erst recht nicht befasst. Was marktüblich ist und welcher Betrag die Untergrenze bildet, unterhalb derer eine qualitativ gute Tätigkeit betriebswirtschaftlich nicht mehr zu leisten ist, liegt nicht auf der Hand.

**15** Die genaue Höhe wird durch das Restrukturierungsgericht im Rahmen einer **freien Ermessensentscheidung** bestimmt, das hierfür allerdings die in § 81 Abs. 3 S. 1 genannten Faktoren (Größe des schuldnerischen Unternehmens, Art und Umfang der wirtschaftlichen Schwierigkeiten, Qualifikation des Restrukturierungsbeauftragten und seiner qualifizierten Mitarbeiter) zu berücksichtigen hat. Es handelt sich wiederum um **Regelbeispiele;** der Katalog ist nicht abschließend (BeckOK StaRUG/*Hänel* StaRUG § 81 Rn. 4; Braun StaRUG/*Wolf* StaRUG § 81 Rn. 5). Rein faktisch dürfte aufgrund der vorstehenden Erwägungen davon auszugehen sein, dass sich die Gerichte an der Einschätzung des Beraters und des präsumtiven Restrukturierungsbeauftragten orientieren und diese höchstens einer **Plausibilitätsprüfung** unterziehen.

**16** Soweit Restrukturierungsbeauftragte bestellt werden, die bei dem auch als Insolvenzgericht tätigen Restrukturierungsgericht üblicherweise auch als Sach- oder Insolvenzverwalter tätig sind, dürfte ein damit verbundenes Haftungsrisiko zu vernachlässigen sein, da von diesen Beauftragten nicht zu erwarten ist, dass sie dem Restrukturierungsgericht nicht opportune Stundenbudgets oder Stundensätze vorschlagen. Abzuwarten bleibt der bereits thematisierte Gedanke der Querfinanzierung (→ Rn. 7), der Prätendenten dazu verleiten könnte, zur Unterstützung eigener Akquisebemühungen für ungleich lohnendere Insolvenzfälle sich auf an sich nicht auskömmliche

Stundenbudgets einzulassen und bei deren Überschreitung eine Anpassung nicht zu beantragen.

Dass die **Obergrenze** für die Vergütung des Restrukturierungsbeauftragten und der eingesetzten qualifizierten Mitarbeiter unmittelbar im StaRUG geregelt ist, erschwert künftige Anpassungen (BeckOK StaRUG/*Hänel* StaRUG § 81 Rn. 5; *Thole* ZIP 2020, 1985 (1997)) und ist daher wenig glücklich. **17**

Das Gericht hat die zu bestellende Person und die Auslagenschuldner, also den Schuldner oder etwaige Antragsteller nach § 77 Abs. 1 S. 2 vor Entscheidung zu hören (§ 81 Abs. 4 S. 2). **18**

**c) Abweichungen.** Von der gesetzlichen Höchstvergütung von netto 350 EUR pro Stunde für den Restrukturierungsbeauftragten und netto 200 EUR für die Tätigkeit des qualifizierten Mitarbeiters kann das Restrukturierungsgericht in den in § 83 Abs. 1 beispielhaft konkretisierten Fällen abweichen: dies ist der Fall, wenn alle voraussichtlichen Auslagenschuldner zustimmen, sich ansonsten keine geeignete Person zur Übernahme des Amtes bereit erklärt oder das Verfahren gesamtvollstreckungsähnliche Züge annimmt. **19**

Im letztgenannten Fall wird das **Grundprinzip einer budgetierten zeitaufwandsorientierten Vergütung** (bei der der Erfolg oder Misserfolg unerheblich ist) zugunsten einer **Vergütung auf Grundlage einer Berechnungsgrundlage,** wie es auch bei der **InsVV** der Fall ist, aufgegeben.

**d) Einsatz qualifizierter Mitarbeiter.** Setzt der Restrukturierungsbeauftragte qualifizierte Mitarbeiter ein, so ist es nicht von Belang, ob sich diese zu ihm in einem Anstellungsverhältnis befinden (was der Wortlaut suggeriert) oder auf anderer Basis (als freie Mitarbeiter oder auf Grundlage eines Dienstleistungsvertrages) für den Restrukturierungsbeauftragten tätig sind (BeckOK StaRUG/*Hänel* StaRUG § 81 Rn. 5; Bieg/Borchardt/Frind Unternehmenssanierung/*Curtze/Doebert* Teil 2 B Rn. 100) Dies betrifft allein das **Innenverhältnis** zum Restrukturierungsbeauftragten. **20**

Entscheidend ist allein, dass eine Vergütung für sie nur gezahlt werden kann, wenn sie den Restrukturierungsbeauftragten unterstützen, diese Unterstützung erforderlich ist und sie für die konkrete Tätigkeit ausreichend qualifiziert sind. **Aufgaben, die rein administrativ sind, werden nicht vergütet.** Erforderlich ist, dass besondere rechtliche oder betriebswirtschaftliche Kenntnisse für den konkreten Fall vorhanden sind, die auf Grundlage einer entsprechenden Ausbildung nachweislich bestehen (BT-Drs. 19/24181, 176).

Da rein für administrative Tätigkeiten benötigtes Personal auch bei Erforderlichkeit nicht Grundlage einer separaten Vergütung sein kann, hat der Restrukturierungsbeauftragte also Kosten für zB Schreibpersonal, gegebenenfalls Rechtsanwalt- und Notarfachangestellte und Buchhalterinnen und Buchhalter selbst zu tragen. **21**

Auch langjährige, in der Insolvenzverwaltung tätige Mitarbeiterinnen und Mitarbeiter, jedenfalls solche mit einer ursprünglich fachfremden Ausbildung, sind nicht schon kraft jahrelanger Erfahrung qualifizierte Mitarbeiter. Ein Hochschulstudium wird die Qualifikation indizieren, alleine aber nicht **22** ausreichend sein. Denn erforderlich sind Erfahrungen und Nachweise besonderer rechtlicher oder wirtschaftlicher Kenntnisse für den **konkreten Fall.** Ein Großteil der erfahrungsgemäß in größeren, häufig mittelständisch geprägten, Insolvenzverwalterkanzleien tätigen Mitarbeiterinnen und Mitarbeiter wird daher, jedenfalls in Ermangelung des Nachweises einer entsprechenden Ausbildung, im Innenverhältnis aus dem Honorar des Restrukturierungsbeauftragten durch diesen aus seiner Vergütung bezahlt werden müssen.

23 Es dürfte am ehesten dem Ansinnen des Gesetzgebers entsprechen, den Begriff des qualifizierten Mitarbeiters und die Notwendigkeit des Einsatzes **restriktiv** zu behandeln, um den Schuldner durch die Kosten des Restrukturierungsbeauftragten nicht über Gebühr zusätzlich zu belasten. Der Handlungsspielraum des Restrukturierungsbeauftragten zur Beschäftigung demnach nicht erforderlicher oder/und nicht qualifizierter Mitarbeiter dürfte sich wegen des Regelstundensatzes von 350,00 EUR in Grenzen halten.

### 2. Festsetzung der Vergütung

24 Nach der Vorstellung des Gesetzgebers (BT-Drs. 19/24181, 176) sollen der Restrukturierungsbeauftragte und die letztendlichen Kostenschuldner iSd § 25a GKG von Beginn an die finanziellen Grundlagen für die Tätigkeit des Restrukturierungsbeauftragten einschätzen können. Das Verfahren soll für sie **planbar** sein.

25 Dem Restrukturierungsgericht obliegt daher bereits mit Bestellung des Restrukturierungsbeauftragten nach § 81 Abs. 4 die **Bestimmung des Stundensatzes** bzw. der Stundensätze und gleichzeitig die Bestimmung eines **Stundenbudgets,** das die Vergütungsansprüche (also das Honorar und die Auslagen) nach oben hin begrenzt.

26 Das Ansinnen des Gesetzgebers ist im Sinne der Ressourcenschonung beim Schuldner verständlich. Die praktische Umsetzung ist wenig geglückt. Allein die Notwendigkeit einer Vorabentscheidung über das Stundenbudget und den Stundensatz führen zwangsläufig zu einer Verzögerung, die Gift für jede Unternehmenssanierung ist.

27 Darüber hinaus zeigt die jahrzehntelange Erfahrung mit Insolvenzverfahren, das am Beginn einer Restrukturierungssache die Informationsbasis in der Regel noch keine seriöse Einschätzung des Aufwands und der stundensatzrelevanten Kriterien zulässt (BeckOK StaRUG/*Hänel* StaRUG § 81 Rn. 5; *Frind* ZInsO 2020, 2041(2248); *Deppenkemper* ZIP 2020, 2432 (2442)). Es dürfte daher schlechterdings nicht möglich sein, die Schwierigkeiten und den Umfang der Sache und die benötigte Zeit am Beginn einer Restrukturierungssache auch nur im Ansatz verlässlich festzusetzen, zumal sich die Aufgaben des Restrukturierungsbeauftragten im Laufe der Restrukturierungssachen ändern können (zu Fragen der Konfligierung der Befassung des Prätendenten vor seiner Bestellung: Stellungnahme des *BAK InsO* vom 18.9.2020 zum RefE des SanInsFoG, S. 12; *Gravenbrucher Kreis,* Stellungnahme vom 30.9.2020 zum RefE des SanInsFoG, S. 12; Braun StaRUG/*Wolf* StaRUG § 81 Rn. 7).

28 Über dieses Dilemma hilft auch weder die Möglichkeit zur Bestellung eines Sachverständigen nach § 39 Abs. 1 S. 2 noch die Verpflichtung zur Anhörung nach § 81 Abs. 4 S. 2 hinweg, denn das Gericht muss den in Aussicht genommenen Restrukturierungsbeauftragten vor seiner Bestellung anhören, der sinnvolle Angaben jedoch nur machen kann, wenn er sich zuvor mit den Einzelheiten des schuldnerischen Betriebs beschäftigt hat, was ihn wiederum wegen der nach § 74 Abs. 1 geforderten Unabhängigkeit in Schwierigkeiten bringen könnte. Das Verfahren wird dadurch außerdem verzögert und durch die Bestellung eines Sachverständigen verteuert.

29 Überhöhte Schätzungen sind daher zu befürchten; die Gerichte können ihnen begegnen, indem sie sich bei späteren Budgetanpassungen → Rn. 31 ff. nicht zu zurückhaltend zeigen (ebenso Bieg/Borchardt/Frind Unternehmenssanierung/*Curtze*/*Doebert* Teil 2 B Rn. 101).

30 Das Gesetz lässt an sich bei einer späteren Budgetanpassung gemäß § 81 Abs. 6 eine Anpassung des Stundensatzes nicht zu. Da sich im Laufe der Restrukturierungssache jedoch eine Aufgabenveränderung und damit eine Veränderung der Anforderungen an den Restrukturierungsbeauftragten ergeben kann, muss auch in der Folge nach § 81 Abs. 4 eine **Neufestsetzung des Stundensatzes** möglich sein (BeckOK StaRUG/*Hänel* StaRUG § 81 Rn. 6; aA Braun StaRUG/*Wolf* StaRUG § 81 Rn. 6; Wolgast/Grauer/*Ludwig* StaRUG § 81 Rn. 6; 9.).

31 Gegen die Festsetzung des Stundensatzes für den Restrukturierungsbeauftragten und gegebenenfalls seiner erforderlichen qualifizierten Mitarbeiter und die Festsetzung des Stundenbudgets stehen dem Restrukturierungbeauftragten und jedem Auslagenschuldner nach § 82 Abs. 3 die **sofortige Beschwerde** zu.

### 3. Budgetanpassung

32 Eine beschränkte Anpassungsmöglichkeit an künftige Entwicklungen und insbesondere eine Änderung der Aufgaben des Restrukturierungsbeauftragten ist über § 81 Abs. 1, Abs. 6 S. 1 möglich. Das Gericht kann nach vorheriger Mitteilung des Restrukturierungsbeauftragten dessen Zeitbudget **anpassen.** Eine **mehrfache** Ausdehnung ist möglich (BeckOK StaRUG/*Hänel* StaRUG § 81 Rn. 8; ebenso Braun StaRUG/*Wolf* StaRUG § 81 Rn. 9).

33 Ein formeller Antrag ist hierfür schon nach dem Wortlaut des § 81 Abs. 6 nicht erforderlich. Der Restrukturierungsbeauftragte sollte im eigenen Interesse das Gericht unverzüglich und rechtzeitig vor Budgeterschöpfung unter Darlegung der Notwendigkeit und des Ausmaßes des Erhöhungsbedarfs unterrichten. Diese Unterrichtung sollte so frühzeitig erfolgen, dass das für die Anpassung des Budgets notwendige Restrukturierungsgericht auch unter Berücksichtigung der erforderlichen Anhörungen ausreichend **Zeit für eine Entscheidung** hat. Stellt der Restrukturierungsbeauftragte den notwendigen Antrag (der kein förmlicher Antrag ist) zu spät oder gar nicht, so riskiert er, für den entstandenen Mehraufwand nicht vergütet zu werden (BeckOK StaRUG/*Hänel* StaRUG § 81 Rn. 8, ebenso Braun StaRUG/*Wolf* StaRUG § 81 Rn. 9).

**34** Die Anpassung des Höchstbetrages für den Restrukturierungsbeauftragten und jeden voraussichtlichen Auslagenschuldner ist nach § 82 Abs. 3 mit der **sofortigen Beschwerde** angreifbar. Die unterlassene Anpassung kann mit der sofortigen Beschwerde nicht angegriffen werden. Der Verweis in § 81 Abs. 6 S. 3 auf § 81 Abs. 5 kann nur so gemeint sein, dass das Gericht einen Vorschuss anfordern darf (ebenso BeckOK StaRUG/*Hänel* StaRUG § 81 Rn. 10 und Braun StaRUG/*Wolf* StaRUG § 81 Rn. 12).

### 4. Auslagenersatz

**35** § 81 Abs. 7 normiert, dass für den Auslagenersatz die dort genannten Vorschriften entsprechend anwendbar sind. Hieraus beantwortet sich die Frage der **Erstattungsfähigkeit der Auslagen** des Restrukturierungsbeauftragten.

**36** Als Auslagen kommen nur solche besonderen Geschäftskosten infrage, die mit dem konkreten Verfahren ursächlich in direktem Zusammenhang stehen und klar, eindeutig bestimmbar und betragsmäßig abgrenzbar sind. Eine Erstattung der allgemeinen Geschäftskosten kommt nicht in Betracht.

**37** Aus der Verweisung auf die Bestimmungen des JVEG ergibt sich die Erstattungsfähigkeit von Fahrtkosten nach § 5 Abs. 2 S. 2 Nr. 1 JVEG, die Erstattungsfähigkeit eines Abwesenheitsgeldes nach § 6 JVEG, die Erstattungsfähigkeit sonstiger notwendiger Barauslagen nach § 7 JVEG, die auf die Vergütung entfallende Umsatzsteuer nach § 12 Abs. 1 S. 2 Nr. 4 JVEG. Diese Vorschriften gelten ebenso für den erforderlichen Einsatz qualifizierter Mitarbeiter, deren Auslagen unter den gleichen Voraussetzungen erstattungsfähig sind.

**38** Unklar ist, ob sonstige **im JVEG nicht aufgeführte Auslagen,** wie eine Vermögensschadenshaftpflichtversicherung, erstattungsfähig sind. Diese Unklarheit ergibt sich dadurch, dass keine Verweisung auf die InsVV erfolgt ist. Im Ergebnis dürfte eine Erstattungsfähigkeit daher nur unter den Voraussetzungen des § 83 Abs. 1 S. 1 Nr. 3 in Betracht kommen, anderenfalls nur über § 12 Abs. 1 S. 1 JVEG.

### 5. Vorschuss

**39** Die Bestellung des fakultativen Restrukturierungsbeauftragten soll nach § 81 Abs. 5 S. 1 erst erfolgen, wenn die Gerichtsgebühr für die Bestellung nach Nr. 2513 KV GKG und eine Zahlung eines Vorschusses auf die Vergütung nach Nr. 9017 KV GKG erfolgt sind. Der Gesetzgeber möchte so eine Vorleistung und damit ein Ausfallrisiko der öffentlichen Hand vermeiden (BT-Drs. 19/24181, 177). **Ob und in welcher Höhe ein Vorschuss verlangt wird, entscheidet das Restrukturierungsgericht** (aA Bieg/Borchardt/Frind Unternehmenssanierung/*Curtze/Doebert* Teil 2 B Rn. 106).

**40** Auch im Falle des obligatorischen Restrukturierungsbeauftragten im Sinne von § 73 soll das Gericht gemäß § 81 Abs. 5 S. 2 die Entscheidung über ein vom Schuldner beantragtes Instrument (§ 29) von der Vorleistung der Gerichtsgebühr und der Zahlung eines Auslagenvorschusses abhängig machen.

Die Bestellung des obligatorischen Beauftragten selbst, die zunächst nach § 81 Abs. 4 zu budgetieren ist, darf nicht von einer Vorleistung abhängig gemacht werden. Es bleibt hier also ein **Ausfallrisiko des Fiskus.** 41

Den Beginn seiner Tätigkeit darf der Restrukturierungsbeauftragte nicht von einer Vorleistung des Auslagenschuldners oder der Auslagenschuldner abhängig machen (BeckOK StaRUG/*Hänel* StaRUG § 81 Rn. 7). 42

## Festsetzung der Vergütung

**82** (1) **Auf Antrag des Restrukturierungsbeauftragten setzt das Restrukturierungsgericht nach Beendigung des Amtes des Restrukturierungsbeauftragten die Vergütung durch Beschluss fest.**

(2) [1]**Das Restrukturierungsgericht entscheidet bei der Festsetzung der Vergütung nach Absatz 1 auch darüber, wer in welchem Umfang die Auslagen nach Nummer 9017 des Kostenverzeichnisses zum Gerichtskostengesetz zu tragen hat.** [2]**Die Auslagen sind dem Schuldner aufzuerlegen.** [3]**Abweichend von Satz 2 sind die Auslagen bei Bestellung eines fakultativen Restrukturierungsbeauftragten auf Antrag von Gläubigern den antragstellenden Gläubigern aufzuerlegen, soweit sie nicht für Tätigkeiten entstehen, die das Restrukturierungsgericht dem Restrukturierungsbeauftragten von Amts wegen oder auf Antrag des Schuldners übertragen hat.**

(3) **Gegen die Festsetzung des Stundensatzes nach § 81 Absatz 4, gegen die Bestimmung oder Anpassung des Höchstbetrags nach § 81 Absatz 4 und 6 und gegen die Festsetzung der Vergütung steht dem Restrukturierungsbeauftragten und jedem Auslagenschuldner die sofortige Beschwerde zu.**

(4) **Auf Antrag des Restrukturierungsbeauftragten ist ein angemessener Vorschuss auszuzahlen, wenn ihm erhebliche Auslagen entstanden sind oder voraussichtlich entstehen werden oder wenn die zu erwartende Vergütung für bereits erbrachte Arbeiten einen Betrag von 10 000 Euro übersteigt.**

**Schrifttum** *Blersch* Wege zur Vergütung des Restrukturierungsberaters im Vergleich mit Vergütungsregelungen für den Insolvenzverwalter und Sachwalter, NZI 2022, 97; *Dimassi/Schulte-Kaubrügger* Der Restrukturierungsbeauftragte nach dem StaRUG, ZIP 2021, 936; *Flöther* Der Restrukturierungsbeauftragte: Neue Figur in altbekanntem Gewand, NZI-Beil. 2021, 48; *Ganter* Die Regelung der Vergütung des Restrukturierungsberaters im Vergleich mit Vergütungsregelungen für den Insolvenzverwalter und den Sachwalter, NZI 2022, 97; *Martini* Der Restrukturierungsbeauftragte – Gemeinsamkeiten mit und Unterschiede zum Sachwalter nach der Insolvenzordnung, FS St. Smid, 561; *Seagon* Die Rolle des Restrukturierungsbeauftragten, NZI-Beil. 2019, 73; *Smid* Der Restrukturierungsbeauftragte, ZInsO 2020, 2092; *Vallender* Aufgaben und Befugnisse des Restrukturierungsgerichts nach dem Gesetz über den Stabilisierungs- und Restrukturierungsrahmen für Unternehmen (Teil 2), ZInsO 2020, 2677; *Zimmer* Aktuelle Reform des JVEG – Insolvenzrechtliche Bezüge, ZInsO 2020, 990.

**Übersicht**



## I. Vorbemerkung

1 Der Restrukturierungsbeauftragte hat möglicherweise bereits im Laufe der Restrukturierungssache einen **Vorschuss** (nach § 82 Abs. 4) erhalten, da er nicht unzumutbar in Vorleistung gehen muss (Begr. zu § 89 RegE, 177; Braun StaRUG/*Wolf* StaRUG § 82 Rn. 1). Sein Anspruch auf eine Vergütung ist bereits während der Tätigkeit **entstanden,** er wird aber erst auf Antrag durch die gerichtliche Festsetzung nach Beendigung des Amtes **festgesetzt.**

§ 82 Abs. 1 und 2 normiert daher das Verfahren zur endgültigen Festsetzung der Vergütung des Restrukturierungsbeauftragten und die Kostentragungslast. Die Vergütung umfasst auch die Auslagen iSv § 81 Abs. 7, was das Gesetz nicht explizit erwähnen muss, weil die Definition des Begriffs der Vergütung in § 80 S. 1 anders als § 64 Abs. 1 InsO die Auslagen einschließt.

2 § 82 Abs. 3 regelt die Möglichkeit der sofortigen Beschwerde gegen die Festsetzung des Stundensatzes, die Bestimmung oder Anpassung des Höchstbetrages und die Festsetzung der Vergütung, § 82 Abs. 4 schließlich den Anspruch des Restrukturierungsbeauftragten auf einen Vorschuss.

## II. Regelungsinhalt

### 1. Festsetzung der Vergütung (Abs. 1)

3 In beinahe wörtlicher Übernahme von § 64 Abs. 1 InsO normiert § 82 Abs. 1 die Verpflichtung des Restrukturierungsgerichts, die Vergütung des Restrukturierungsbeauftragten auf Antrag nach Beendigung des Amtes **festzusetzen.** Die Vergütung umfasst, wie sich aus § 80 S. 1 ergibt, das Honorar und die Auslagen und beinhaltet auch die Vergütung für die notwendige Tätigkeit des qualifizierten Mitarbeiters, da auch das insoweit entstehende Honorar dem Restrukturierungsbeauftragten und nicht etwa dem Mitarbeiter zusteht (§ 81 Abs. 2).

4 Die Festsetzung setzt einen **Antrag** voraus, aus dem sich exakt die aufgewandten Stunden zu ergeben haben, sofern er nach dem Regelmodell eine solche Stundenvergütung erhält.

**Praxishinweis**

Der möglicherweise sonst als Sach- oder Insolvenzverwalter tätige Restrukturierungsbeauftragte wird sich also umzustellen und eine Abrechnung zu erstellen haben, wie sie für üblicherweise nach Stunden liquidierende beratende Berufe Tagesgeschäft ist und die substantiiert die konkreten Tätigkeiten erkennen lässt (BGH NJW 2020, 1811). Aus seiner Verwaltertätigkeit kennt er ein solches Vorgehen höchstens noch aus seiner Tätigkeit als Sachverständiger (§ 5 Abs. 1 S. 2 Alt. 2 InsO). IdR lässt die üblicherweise von Anwälten verwandte Anwaltssoftware, aber auch die insolvenzverwaltertypische Software, eine automatisierte Stundenerfassung und Zuordnung zur Akte zwischenzeitlich zu, so dass eine händische Erfassung idR nicht erforderlich ist. 5

Zweckmäßigerweise enthält der Antrag zugleich den Hinweis auf das bereits mit seiner Bestellung festgelegte, später ggf. angepasste Stundenbudget (§ 81 Abs. 4 S. 2) und den festgesetzten Stundensatz (§ 81 Abs. 4 S. 1). Beides ergibt sich zwar aus den Gerichtsakten, der Beschleunigung dürfte die Inbezugnahme aber dienlich sein. 6

Erfolgt seine Vergütung nach einem anderen Modell (Pauschalvergütung, Anlehnung an die Grundsätze der InsVV) folgen die Anforderungen an den Antrag aus der Wahl des Vergütungsmodells. Bei einer wertorientierten Vergütung zB ist die Berechnungsgrundlage darzulegen. 7

Die Festsetzung der Vergütung erfolgt nach § 82 Abs. 1 nach **Beendigung des Amtes,** also mit Entlassung, Tod oder Ende der Rechtshängigkeit der Restrukturierungssache. Ob auch bei einem Aufgabenwechsel über den Wortlaut hinaus eine Festsetzung erfolgen kann (so BeckOK StaRUG/*Hänel* StaRUG § 82 Rn. 5) erscheint wegen des eindeutigen Wortlauts zweifelhaft. 8

## 2. Entscheidung über die Kostentragungslast (Abs. 2)

Der Anspruch des Restrukturierungsbeauftragten auf eine Vergütung richtet sich zunächst gegen die Staatskasse. Erst in einem zweiten Schritt erfolgt die Überleitung der Kosten (BeckOK StaRUG/*Hänel* StaRUG § 82 Rn. 2). **Kostenschuldner** ist in der Regel der Schuldner selbst. Er hat im Ausgangspunkt die Gerichtskosten und Gebühren (§ 25a Abs. 1 GKG) und die Auslagen (§ 82 Abs. 2 S. 2) zu tragen. In Abweichung dessen tragen die Auslagen bei Bestellung eines fakultativen Beauftragten auf Antrag von Gläubigern die antragstellenden Gläubiger, soweit sie nicht für Tätigkeiten entstehen, die das Gericht dem Beauftragten von Amts wegen oder auf Antrag des Schuldners übertragen hat. 9

## 3. Rechtsmittel (Abs. 3)

§ 40 Abs. 1 S. 1 regelt, dass Entscheidungen des Restrukturierungsgerichts nur in den Fällen einem Rechtsmittel unterliegen, in denen das StaRUG die sofortige Beschwerde vorsieht. § 81 Abs. 3 sieht diese vor gegen die Festlegung des Stundensatzes nach § 81 Abs. 4, gegen die Bestimmung oder Anpassung des Höchstbetrages nach § 81 Abs. 4, 7 und gegen die Festsetzung der Vergütung. Antragsberechtigt sind der Restrukturierungsbeauftragte und jeder Kostenschuldner. 10

**11** Sieht man – wie hier → Rn. 28 (so auch BeckOK StaRUG/*Hänel* StaRUG § 81 Rn. 6; aA Braun StaRUG/*Wolf* StaRUG § 81 Rn. 6; Wolgast/Grauer/*Ludwig* StaRUG § 81 Rn. 6; 9) die Möglichkeit als gegeben an, den Stundensatz zu ändern, ist auch gegen eine **Änderung des Stundensatzes** die sofortige Beschwerde gegeben.

**12** Die sofortige Beschwerde ist innerhalb von zwei Wochen (§ 569 Abs. 1 S. 1 ZPO) beim Restrukturierungsgericht einzulegen (§ 40 Abs. 1 S. 2). Die Beschwerdefrist beginnt mit der Verkündung der Entscheidung, in Ermangelung einer Verkündung mit der Zustellung (§ 40 Abs. 2).

### 4. Vorschuss (Abs. 4)

**13** Der Restrukturierungsbeauftragte erwirbt seinen Vergütungsanspruch durch seine Tätigkeit. Fällig wird dieser allerdings erst nach Beendigung seines Amtes (hierzu → Rn. 7) auf Antrag und Festsetzung durch das Restrukturierungsgericht. Der Gesetzgeber will ihm eine **dauerhafte Vorfinanzierung** nicht zumuten, obwohl Restrukturierungssachen von einer kürzeren Verfahrensdauer als Insolvenzverfahren ausgehen (Bieg/Borchardt/Frind Unternehmenssanierung/*Curtze/Doebert* Teil 2 B Rn. 116). Es besteht aber auch keine Notwendigkeit der Vorfinanzierung, da der Fiskus wegen der Vorschusspflicht die Mittel ja bereits vereinnahmt hat. Unter den Voraussetzungen des § 82 Abs. 4 hat er daher einen Vorschussanspruch. Dies gilt alternativ, wenn die zu erwartende Vergütung aus bereits erbrachten Arbeiten einen Betrag von 10.000 EUR übersteigt oder ihm erhebliche Auslagen entstanden sind oder voraussichtlich entstehen werden.

**14** Die Vorschrift orientiert sich an § 3 JVEG (siehe daher auch die Erwägungen BeckOK Kostenrecht/*Bleutge* JVEG vor § 3 Rn. 1).

**15** Während damit die Voraussetzungen eines Vorschussanspruchs auf die Vergütung durch Berechnung ohne weiteres festzustellen sind, muss das Gericht im Hinblick auf künftig entstehende Auslagen eine **Prognoseentscheidung** treffen.

**16** Der Umfang muss außerdem – auch bei bereits entstandenen Auslagen – **erheblich** sein. Was erheblich ist, definiert das Gesetz nicht. Es handelt sich, wie in § 3 JVEG auch, um einen unbestimmten Rechtsbegriff.

**17** Da es dem Gesetzgeber darum ging, dass der Restrukturierungsbeauftragte nicht unzumutbar in Vorleistung gehen soll, verbietet sich eine schematische Betrachtung. Die Erheblichkeit ist aber nicht an den Vermögensverhältnissen des jeweiligen Restrukturierungsbeauftragten zu bemessen, sondern am **Überschreiten einer durchschnittlichen Untergrenze** (siehe die Erwägungen in BeckOK Kostenrecht/*Bleutge* JVEG § 3 Rn. 1 mwN). Der Restrukturierungsbeauftragte soll jedenfalls kein Darlehen aufnehmen müssen, um seine Vergütung vorzufinanzieren.

**18** Jedenfalls erheblich wären Auslagen von 10.000 EUR, da diese für die Vergütung als fester Betrag vorgegeben sind (ebenso BeckOK StaRUG/*Hänel* StaRUG § 82 Rn. 10).

**19** Im Übrigen handelt es sich um eine **Ermessensentscheidung** des Gerichts.

## Vergütung in besonderen Fällen

**83** (1) [1]**In besonderen Fällen können Stundensätze als Grundlage für das Honorar festgesetzt werden, welche die Höchstbeträge des § 81 Absatz 3 übersteigen, insbesondere, wenn**

**1. alle voraussichtlichen Auslagenschuldner zustimmen,**
**2. sich ansonsten keine geeignete Person zur Übernahme des Amtes bereit erklärt oder**
**3. die dem Restrukturierungsbeauftragten übertragenen Aufgaben unter den besonderen Umständen der Restrukturierungssache den Aufgaben nahekommen, die einem Sachwalter in einem in Eigenverwaltung geführten Insolvenzverfahren übertragen sind, insbesondere, weil eine allgemeine Stabilisierungsanordnung ergeht oder weil in den Restrukturierungsplan mit Ausnahme der nach § 4 auszunehmenden Gläubiger alle oder im Wesentlichen alle Gläubiger und an dem Schuldner beteiligten Personen einbezogen werden.**

[2]**Im Fall des Satzes 1 Nummer 3 kommt auch eine Vergütung nach anderen Grundsätzen, insbesondere eine Bemessung auf Grundlage des Wertes der in den Restrukturierungsplan einbezogenen Forderungen gegen den Schuldner oder des Unternehmensvermögens in Betracht.**

(2) **Wenn der Restrukturierungsbeauftragte auf Antrag und auf Vorschlag aller voraussichtlichen Auslagenschuldner bestellt wird und der Restrukturierungsbeauftragte und sämtliche Auslagenschuldner eine Vereinbarung über die Vergütung vorlegen, hat das Gericht diese Vereinbarung der Bemessung der Vergütung zugrunde zu legen, wenn die Vereinbarung nicht zu einer unangemessenen Vergütung führt.**

**Schrifttum** *Blersch* Wege zur Vergütung des Restrukturierungsberaters im Vergleich mit Vergütungsregelungen für den Insolvenzverwalter und Sachwalter, NZI 2022, 97; *Dimassi/Schulte-Kaubrügger* Der Restrukturierungsbeauftragte nach dem StaRUG, ZIP 2021, 936; *Flöther* Der Restrukturierungsbeauftragte: Neue Figur in altbekanntem Gewand, NZI-Beil. 2021, 48; *Ganter* Die Regelung der Vergütung des Restrukturierungsberaters im Vergleich mit Vergütungsregelungen für den Insolvenzverwalter und den Sachwalter, NZI 2022, 97; *Martini* Der Restrukturierungsbeauftragte – Gemeinsamkeiten mit und Unterschiede zum Sachwalter nach der Insolvenzordnung, FS St. Smid, 561; *Seagon* Die Rolle des Restrukturierungsbeauftragten, NZI-Beil. 2019, 73; *Smid* Der Restrukturierungsbeauftragte, ZInsO 2020, 2092; *Vallender* Aufgaben und Befugnisse des Restrukturierungsgerichts nach dem Gesetz über den Stabilisierungs- und Restrukturierungsrahmen für Unternehmen (Teil 2), ZInsO 2020, 2677; *Zimmer* Aktuelle Reform des JVEG – Insolvenzrechtliche Bezüge, ZInsO 2020, 990.

**Übersicht**



## I. Vorbemerkung

1 § 83 regelt Ausnahmen von dem in § 81 geregelten Grundsatz der Regelvergütung.

2 Die als **Öffnungsklausel** konstruierte Vorschrift eröffnet mehrere Abweichungsmöglichkeiten: die Erhöhung der in § 81 Abs. 3 geregelten Höchstsätze nach § 83 Abs. 1 S. 1, das Abweichen von einer Stundenvergütung nach § 81 Abs. 1 S. 2 und schließlich der die Regelung des § 80 S. 2 ergänzende § 83 Abs. 2, der die Anforderungen an die Bindungswirkung von Vergütungsvereinbarungen normiert.

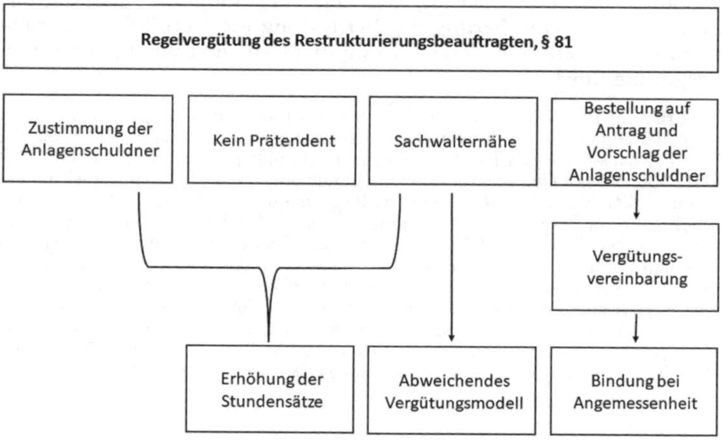


3 Die Regelvergütung des § 81 führt nicht in allen Fällen zu einer angemessenen Vergütung des Restrukturierungsbeauftragten. Gleichwohl es das Ansinnen des Gesetzgebers ist, die Kosten des Verfahrens möglichst gering zu halten, erlaubt das Gesetz in Ausnahmefällen eine **Erhöhung der Regel-**

**vergütung.** Dies ist insbesondere dann der Fall, wenn die causa, in der der Restrukturierungsbeauftragte bestellt ist, ungewöhnlich komplex oder groß ist, die Herausforderungen oder die Haftungsgefahren außergewöhnlich oder aber seine Aufgaben sich den Aufgaben oder der Tätigkeit eines Sachwalters in einem Insolvenzverfahren annähern. Für diese Fälle soll die **komplexe Vorschrift mit Ausnahmecharakter** (BeckOK StaRUG/*Hänel* StaRUG § 83 Rn. 1) für **Einzelfallgerechtigkeit** sorgen (BeckOK StaRUG/*Hänel* StaRUG § 83 Rn. 1). Es ist zu erwarten, dass um diese Schnittstelle von Regel- und Ausnahmefall in der Praxis erhebliche Diskussionen geführt werden, mit denen sich vermutlich auch Restrukturierungsgerichte zu beschäftigen haben werden (Bieg/Borchardt/Frind Unternehmenssanierung/*Curtze/Doebert* Teil 2 A. VI. Rn. 98, hierzu auch *Smid* ZInsO 2020, 2184 (2198); *Deppenkemper* ZIP 2020, 2432 (2442)).

Die Fälle, in denen die Vorschrift ein Abweichen von der Regelvergütung zulässt, sind dabei grundverschieden: § 83 Abs. 1 S. 1 erlaubt eine gerichtlicherseits initiierte Erhöhung des Stundensatzes in besonderen Fällen, wobei die Vorschrift drei Regelbeispiele enthält *(„insbesondere wenn“).* Hier bestimmt das Gericht, wann ein besonderer Fall vorliegt (Ermessen auf Tatbestandsseite), erlaubt aber auf der Rechtsfolgenseite nur eine Erhöhung des regelhaften Stundensatzes. 4

Eine Ausnahme bildet wiederum § 83 Abs. 1 S. 2, der in den Fällen des § 83 Abs. 1 S. 1 Nr. 3 auf Rechtsfolgenseite ein Abweichen vom Vergütungsmodell nach Stunden zugunsten eines abweichenden Vergütungsmodells zulässt. Auf Tatbestandsseite beschränkt sich diese Norm auf die Fälle des § 83 Abs. 1 Nr. 3, wobei dieser Vorschrift durch die Verwendung eines unbestimmten Rechtsbegriffs *(„nahekommen“)* und die erneute Verwendung von Regelbeispielen eine trennscharfe Klarheit fehlt. 5

§ 83 Abs. 1 knüpft die Festsetzung eines gegenüber den Höchstbeträgen höheren Stundensatzes an sich nur an die **Besonderheiten des konkreten Falls** („in besonderen Fällen“), da die in den Ziffern 1–3 genannten Fälle nur Regelbeispiele darstellen. Dass ein Restrukturierungsgericht in einem nicht in den Regelbeispielen genannten Fall dennoch über die Höchstbeträge nach § 81 Abs. 3 hinausgeht, ist unwahrscheinlich und zwar zB wegen einer befürchteten Haftung des ohne Spruchrichterprivileg tätigen Restrukturierungsrichters. Dies dürfte jedenfalls solange gelten, wie ausreichende Erfahrungen mit Verfahrenshilfen nach StaRUG und der Tätigkeit des Restrukturierungsbeauftragten fehlen. Der Befund gilt umso mehr, als die sonst oder bisher als Insolvenzrichter tätigen Restrukturierungsrichter in den seltensten Fällen Erfahrung in Vergütungsfragen haben dürften und diese, selbst wenn sie sie hätten, nicht helfen würde, da es sich dann höchstens um das Vergütungsmodell der InsVV – also ein stundenunabhängiges Vergütungsmodell – handelt. Der einzige Fall, in dem ein Insolvenzrichter eine Vergütung nach Stunden zu verantworten hat, ist die Festsetzung der Vergütung des Sachverständigen, die sich jedoch nach den festgeschriebenen Sätzen des JVEG richtet, damit subsumierbar ist und einen Ermessenspielraum ausschließt. 6

Im Bestreben um Einzelfallgerechtigkeit ergibt sich der Gesetzgeber einem *legal overengineering,* von dem zu befürchten ist, dass er dasjenige, was er erreichen will, gerade nicht erreicht (BeckOK StaRUG/*Hänel* StaRUG § 83 7

Rn. 1, der in diesem Zusammenhang völlig zu Recht von Klarheits- und Praktikabilitätsdefiziten spricht). Was zu befürchten ist, ist, dass der vermeintlich besondere Fall der Vergütungserhöhung in praxi zum Normalfall wird (ebenso Bieg/Borchardt/Frind Unternehmenssanierung/*Curtze/Doebert* Teil 2 A. VI. Rn. 108).

## II. Erhöhung der Stundensätze, § 83 Abs. 1 S. 1

**8** Eine Erhöhung der regelhaften Stundensätze des § 81 Abs. 3 ermöglicht § 83 Abs. 1 S. 1 in **besonderen Fällen.**

**9** Die Feststellung, wann ein besonderer Fall vorliegt, trifft das Gericht, das insoweit über **Ermessen auf Tatbestandsseite** verfügt. Die in den Nr. 1–3 genannten Fälle sind nur Regelbeispiele, wobei Nr. 1 und 2 einer Verallgemeinerung nicht zugänglich sind (BeckOK StaRUG/*Hänel* StaRUG § 83 Rn. 5).

**10** Das Gesetz lässt das Gericht mit der Beantwortung der Frage, wann ein besonderer Fall vorliegt, daher im Übrigen allein.

**11** Die Erhöhung kann sich auf den Stundensatz für die Tätigkeit des Restrukturierungsbeauftragten selbst beziehen oder/und die Vergütung für den erforderlichen Einsatz qualifizierter Mitarbeiter.

**12** Dabei ist die Überschreitung des Regelsatzes eine Entscheidung nach § 81 Abs. 4 und eröffnet daher dem davon Beschwerten die **sofortige Beschwerde** nach § 81 Abs. 3. Die Überschreitung des Regelsatzes muss das Gericht somit unter Schilderung der Besonderheiten des Falls auch begründen. Dabei darf es sich im Fall des § 83 Abs. 1 S. 1 Nr. 1 darauf beschränken, die Zustimmung aller voraussichtlichen Auslagenschuldner festzustellen, die dann aber mangels Beschwer auch nicht beschwerdeberechtigt wären (BeckOK StaRUG/*Hänel* StaRUG § 83 Rn. 5)

### 1. Zustimmung aller voraussichtlichen Auslagenschuldner (§ 83 Abs. 1 S. 1 Nr. 1)

**13** Wenn diejenigen, die die Kosten der Einsetzung des Restrukturierungsbeauftragten im Ergebnis zu tragen haben (also diejenigen, die als Auslagenschuldner nach KV 9017 GKG als solche in Betracht kommen) und der Restrukturierungsbeauftragte sich auf eine höhere Vergütung einigen, besteht kein Grund, dem Restrukturierungsbeauftragten diese höhere Vergütung zu versagen. Dies gilt allerdings nur dann, wenn die Vergütung, auf die sich die Beteiligten geeinigt haben, nicht zu einer Gefährdung der Befriedigungsaussichten nicht an der Vereinbarung beteiligter Gläubiger führt (BT-Drs. 19/24181, 178). Diese Prüfung der Sachgerechtigkeit (Pannen/Riedemann/Smid/*Pannen* StaRUG § 83 Rn. 3) führt das Gericht im Rahmen der Vergütungsfestsetzung nach § 82 durch.

**14** Das bedeutet, dass eine Einigung auf eine höhere Vergütung einer Vergütungsvereinbarung nach § 83 Abs. 2 nahekommt, aber auf die Stundensatzhöhe beschränkt ist und **für das Gericht nicht bindend** ist. Das Gericht kann die Erhöhung ablehnen oder aber den Regelsatz erhöhen aber hinter der Einigung der in § 83 Abs. 1 S. 1 Nr. 2 genannten Personen zurückbleiben (BeckOK StaRUG/*Hänel* StaRUG § 83 Rn. 5).

Eine Erhöhung liegt nahe, wenn in umfangreichen Restrukturierungssachen Berater eingeschaltet sind und die Vergütung des Restrukturierungsbeauftragten deren Vergütung angenähert werden soll (BeckOK StaRUG/*Hänel* StaRUG § 83 Rn. 5). 15

## 2. Fehlen einer geeigneten Person zur Übernahme (§ 83 Abs. 1 S. 1 Nr. 2)

Die gesetzlich geregelte Höchstgrenze von netto 350 EUR pro Stunde für die unmittelbare Tätigkeit des Restrukturierungsbeauftragten und netto 200 EUR pro Stunde für die Tätigkeit qualifizierter Mitarbeiter mag im Einzelfall dazu führen, dass ein iSd § 74 Abs. 1 geeigneter Restrukturierungsbeauftragter nicht zur Verfügung steht. Daher ist eine **Überschreitung des Höchstsatzes** zulässig, wenn sich ansonsten keine geeignete Person zur Übernahme des Amtes bereit erklärt. 16

Die Begründung zum Regierungsentwurf weist darauf hin, dass diese Regelung Fälle betreffe, die ein **Spezialwissen** des Restrukturierungsbeauftragten erfordern, das nur bei Personen vorhanden sei, die mit diesem typischerweise anderweitig erheblich höhere Einkünfte pro Stunde erzielen könnten oder in denen ein **außergewöhnlich hohes Haftungsrisiko** einem durchschnittlichen Zeitaufwand gegenüberstehe und deshalb eine Vergütung nach den gesetzlichen Stundensätze nicht angemessen sei (BT-Drs. 19/24181, 178). 17

Das Gesetz lässt offen, wie das Restrukturierungsgericht ermitteln kann oder soll, dass ansonsten keine geeignete Person zur Übernahme des Amtes bereit ist. 18

Verfahrenshilfen nach dem StaRUG und insbesondere die Einsetzung des Restrukturierungsbeauftragten müssen unter erheblichem Zeitdruck erfolgen. Zeitraubende amtswegige Ermittlungen des Restrukturierungsgerichts, noch dazu in Ermangelung einer bundesweiten Liste bei sämtlichen Restrukturierungsgerichten, kommen kaum in Betracht (*Frind* ZInsO 2020, 2241 (2248): Notwendigkeit einer Ausschreibung und BeckOK StaRUG/*Hänel* StaRUG § 83 Rn. 6: Anfragen bei einer repräsentativen Anzahl geeigneter Kandidaten). 19

Das Restrukturierungsgericht wird darauf angewiesen sein, **offenkundige Kenntnis** von der grundsätzlichen Bereitschaft vom Restrukturierungsbeauftragten zur Übernahme dieser Tätigkeit zu den gesetzlichen Höchstbeträgen oder aber im konkreten Fall Bewerbungen erhalten zu haben. Letzteres dürfte allerdings wegen der mangelnden Öffentlichkeit von Restrukturierungssachen die Ausnahme sein.

Vulgo: die Regelung ist missglückt. 20

## 3. Gesamtvollstreckungsähnlichkeit (§ 83 Abs. 1 S. 1 Nr. 3)

Ein Überschreiten der Höchstbeträge kommt auch dann in Betracht, wenn die konkreten dem Restrukturierungsbeauftragten übertragenen Aufgaben denjenigen nahekommen, die einem Sachwalter in einem in Eigenverwaltung geführten Insolvenzverfahren übertragen sind. Ab welchem Umfang sich die Tätigkeit des Beauftragten dem eines Sachwalters nähert, ist im 21

Wege der **Gesamtbetrachtung** zu ermitteln (Bieg/Borchardt/Frind Unternehmenssanierung/*Curtze/Doebert* Teil 2 A. VI. Rn. 110).

**22** Als nicht abschließende Regelbeispiele nennt das Gesetz hier den Erlass einer allgemeinen Stabilisierungsanordnung oder die Einbeziehung (mit Ausnahme von § 4) sämtlicher Gläubiger oder im Wesentlichen aller Gläubiger und der am Schuldner beteiligten Personen in den Restrukturierungsplan.

**23** Der Gesetzgeber meint, dass die Tätigkeit des Restrukturierungsbeauftragten in einem solchen Fall der Tätigkeit eines Sachwalters in einem in Eigenverwaltung geführten Insolvenzverfahren **strukturell ähnlich** sei (BT-Drs. 19/24181, 178).

**24** In diesem Fall kommt auch ein Abweichen vom Grundsatz der Vergütung nach Stunden in Betracht, hierzu § 83 Abs. 1 S. 2, → Rn. 25.

## III. Abweichen vom Modell der Stundenvergütung, § 83 Abs. 1 S. 2

**25** Das Gericht kann die Vergütung nach § 81 Abs. 1 S. 2 in den in § 81 Abs. 1 S. 1 Nr. 3 genannten Fällen auch nach **anderen Grundsätzen** festsetzen, insbesondere in Anlehnung an das Grundprinzip der **InsVV,** also die Vergütung auf Grundlage des Unternehmensvermögens oder aber – den Verfahrenshilfen nach StaRUG vorbehalten – auf Grundlage des Wertes der in den Restrukturierungsplan einbezogenen Forderungen. Soweit die Vergütung nach dem Gedanken des § 63 Abs. 1 InsO als Bruchteil einer bestimmten Berechnungsgrundlage bestimmt werden soll, verbietet sich eine schematische Übernahme der Berechnung der Vergütung des Insolvenzverwalters, da sich die Tätigkeit des Restrukturierungsbeauftragten im Regelfall nicht auf das gesamte Vermögen bezieht, das im Falle der Eröffnung eines Insolvenzverfahrens zur Insolvenzmasse zählen würde (BT-Drs. 19/24181, 178). Auch eine **Pauschalvergütung** (*Deppenkemper* ZIP 2020, 2432 (2442); *Blersch* NZI-Beil. 1/2019, 77 (78)) oder Vergütungsmodelle mit einem Erfolgsanteil sind denkbar (BeckOK StaRUG/*Hänel* StaRUG § 83 Rn. 8).

**26** Diese Wahlmöglichkeit verschiedener Vergütungsmodelle ist auf den Fall des § 81 Abs. 1 S. 1 Nr. 3 beschränkt.

### 1. Maßgeblichkeit einer Vergütungsvereinbarung, § 83 Abs. 2

**27** § 80 S. 2 lässt Vergütungsvereinbarungen dem Grunde nach zu, § 83 Abs. 2 gestaltet sie näher aus.

**28** Wird der Restrukturierungsbeauftragte auf Antrag und auf Vorschlag aller voraussichtlichen Auslagenschuldner bestellt und legen sämtliche potentiellen Auslagenschuldner und der Restrukturierungsbeauftragte dem Restrukturierungsgericht eine **Vergütungsvereinbarung** vor, hat das Gericht diese Vereinbarung der Vergütung zugrunde zu legen.

**29** Dies ist nur dann nicht der Fall, wenn die Vereinbarung zu einer **unangemessenen Vergütung** führt, da in einem solchen Fall die Befriedigungsaussichten derjenigen Beteiligten, die nicht am Abschluss der Vergütungsvereinbarung beteiligt waren, geschmälert werden.

Die Frage des Fehlens einer unangemessenen Vergütung trifft das Gericht im Rahmen der Vergütungsfestsetzung nach § 82. Ein Ermessen des Restrukturierungsgerichts bei einer Festsetzung auf Grundlage des § 83 Abs. 2 besteht nicht (Pannen/Riedemann/Smid/*Pannen* StaRUG § 83 Rn. 7), allerdings hat das Gericht eine wertende Entscheidung zur Frage der **Angemessenheit** der Vergütung im Rahmen der Vergütungsfestsetzung durchzuführen. **30**

Maßstäbe, nach denen das Gericht die Unangemessenheit ermitteln soll, gibt das Gesetz nicht vor. Es fehlt jeglicher Anknüpfungspunkt, um die Vergütung ins Verhältnis zu setzen. Der Gesetzgeber hätte gut daran getan, klare Kriterien vorzugeben, anhand derer die Angemessenheit zu prüfen ist (ebenso Bieg/Borchardt/Frind Unternehmenssanierung/*Curtze/Doebert* Teil 2 A. VI. Rn. 112). **31**

Eine Vergütungsvereinbarung ist immer dort sinnvoll, wo eine Vergütung nach Stunden mangels Abschätzbarkeit des Stundenbedarfs nicht planbar ist, die Beteiligten aber **Planungssicherheit** anstreben. Vereinbarungen setzen Verhandlungen voraus. An diesen ist auch der Restrukturierungsbeauftragte zu beteiligen, der es aber in diesem Moment (noch) nicht ist. Wird der Restrukturierungsbeauftragte eingesetzt, sind sein Stundensatz und das Budget festzusetzen, § 81 Abs. 4. § 80 S. 2 macht davon auch für den Fall von Vergütungsvereinbarungen keine Ausnahme. Eine Bestellung des Restrukturierungsbeauftragten ohne gleichzeitige Entscheidung darüber, wie er vergütet wird, ist nicht möglich. **32**

Damit stellt sich ein **Problem der Unabhängigkeit** nach § 74 Abs. 1. Denn der präsumtive Restrukturierungsbeauftragte muss sich mit dem Unternehmen zwingend vor seiner Bestellung beschäftigen, wenn er beurteilen können soll, welcher Stundensatz nach seinem Dafürhalten angemessen ist und welches Budget er vermutlich benötigt. Dies gilt auch, wenn abweichende Vergütungen vereinbart werden sollen. Der Restrukturierungsbeauftragte ist damit in einer weit prekäreren Lage als der Sach- oder Insolvenzverwalter nach InsVV, der jedenfalls nicht aus Gründen der Berechenbarkeit seiner Vergütung Anlass hat (und dies auch nicht darf), sich mit dem Unternehmen im Vorfeld ins Benehmen zu setzen. **33**

Diese Gemengelage löst das Gesetz nicht. Dem in Aussicht genommenen Restrukturierungsbeauftragten wird nichts anderes übrigbleiben, als den status quo der wirtschaftlichen Schwierigkeiten des Unternehmens und das angedachte Vorgehen im Vorfeld in Erfahrung zu bringen. Dabei hat er sich ebenso jeder Aussage zu seiner späteren Amtsführung zu enthalten wie er Zusagen nicht machen darf. **34**

Es dürfte angebracht sein, dass der Restrukturierungsbeauftragte die wesentlichen Eckdaten der so erlangten Kenntnisse im Rahmen seiner Bestellung ungefragt gegenüber dem Restrukturierungsgericht offenlegt, um Zweifel an seiner Unabhängigkeit im Keim zu ersticken. Dies kann so geschehen, dass er im Rahmen der Annahme des Amtes ungefragt zur Akte reicht, wann genau er (alleine oder ggf. gemeinsam mit Dritten) Unterlagen und Auskünfte in welchem Umfang vom Schuldner abgefordert hat, um sich einen Überblick zu verschaffen, der aber nur darauf gerichtet sein darf, das zu erfahren, was er an Wissen benötigt, um eine belastbare Aussage zum Vergütungsmodell, im Falle des Regelmodells zum Stundenbudget und dem Stundensatz machen zu können. Ihn trifft also eine **Offenbarungsverpflichtung.** **35**

# Kapitel 4. Öffentliche Restrukturierungssachen

## Antrag und erste Entscheidung[1]

**84** (1) **[1]In Verfahren über Restrukturierungssachen erfolgen öffentliche Bekanntmachungen nur, wenn der Schuldner dies beantragt. [2]Der Antrag ist vor der ersten Entscheidung in der Restrukturierungssache zu stellen und kann nur bis zur ersten Entscheidung zurückgenommen werden. [3]Auf den Antrag findet Artikel 102c § 5 des Einführungsgesetzes zur Insolvenzordnung entsprechende Anwendung.**

(2) **[1]Hat der Schuldner beantragt, dass in den Verfahren in der Restrukturierungssache öffentliche Bekanntmachungen erfolgen sollen, sind in der ersten Entscheidung, die in der Restrukturierungssache ergeht, anzugeben:**

**1. die Gründe, auf denen die internationale Zuständigkeit des Gerichts beruht, sowie**
**2. ob die Zuständigkeit auf Artikel 3 Absatz 1 oder Absatz 2 der Verordnung (EU) 2015/848 des Europäischen Parlaments und des Rates vom 20. Mai 2015 über Insolvenzverfahren (ABl. L 141 vom 5.6.2015, S. 19; L 349 vom 21.12.2016, S. 6) in der jeweils geltenden Fassung beruht.**

**[2]Öffentlich bekannt zu machen sind die in Artikel 24 Absatz 2 der Verordnung (EU) 2015/848 genannten Angaben. [3]Artikel 102c § 4 des Einführungsgesetzes zur Insolvenzordnung ist entsprechend anzuwenden.**

**Schrifttum** *Skauradszun* Restrukturierungsverfahren und das Internationale Privatrecht, NZI 2021, 568; *Schmidt* Präventiver Restrukturierungsrahmen: Internationale Zuständigkeit, Anerkennung und anwendbares Recht, ZInsO 2021, 654

**Übersicht**



[1] §§ 84–88 treten gem. Art. 25 Abs. 3 Nr. 1 G v. 22.12.2020 (BGBl. I S. 3256) mWv 17.7.2022 in Kraft.

## I. Allgemeines/Normzweck

1 Die §§ 84 ff. regeln die öffentliche Restrukturierungssache als besondere Verfahrensart innerhalb des in Teil 2 des StaRUG geregelten Stabilisierungs- und Restrukturierungsrahmens. Auf die Sanierungsmoderation nach Teil 3 des StaRUG sind die Vorschriften nicht anwendbar (Braun StaRUG/*Tashiro* StaRUG § 84 Rn. 6). Die Besonderheit der öffentlichen Restrukturierungssache ist, dass sie den vertraulichen Rahmen verlässt und insbesondere über die öffentliche Bekanntmachung bewusst die Publizität sucht und die Öffentlichkeit des Verfahrens herstellt. Für ein solches Vorgehen kann im Einzelfall aus verschiedenen Gründen ein Bedürfnis bestehen.

2 Dies gilt zunächst für die Zustellungswirkung der öffentlichen Bekanntmachung (II. Zustellungswirkung der öffentlichen Bekanntmachung), die gerade in Verfahren mit einer Vielzahl von Beteiligten deutliche Erleichterungen mit sich bringen kann.

3 Insbesondere aber können öffentliche Restrukturierungssachen Insolvenzverfahren iSd EuInsVO sein (RegE, BT-Drs. 19/24181, 179). Dies schafft eine dringend erforderliche Rechtssicherheit und -klarheit. Denn die grenzüberschreitende Anerkennung des vertraulichen, nicht-öffentlichen Restrukturierungsverfahrens ist bislang nicht verlässlich geklärt und bereitet derart große Probleme, dass das Verfahren in internationalen Kontexten wenig attraktiv ist und zum Wagnis wird. Dies gilt bereits dann, wenn nur eine einzige zu restrukturierende Forderung, zB aufgrund einer Rechtswahlklausel, ausländischem Recht unterfällt (*Skauradszun* NZI 2021, 568 (570 ff.)). Als Wege zur grenzüberschreitenden Anerkennung des vertraulichen Verfahrens werden etwa die Anwendung der Rom-I-VO, des Art. 43 Abs. 1 EGBGB, eine Analogie zu § 335 InsO (*Skauradszun* NZI 2021, 568 (570 ff.)) oder eine gesellschaftsrechtliche Lösung samt Geltung der Brüssel-Ia-VO (*Schmidt* ZInsO 2021, 654 ff.) vorgeschlagen. Keiner dieser Lösungsvorschläge ist frei von Bedenken. So kann etwa die Anerkennung über eine gesellschaftsrechtliche Lösung und die Brüssel-Ia-VO bei der Restrukturierung des Unternehmens einer natürlichen Person kaum als tauglicher Erklärungsansatz dienen, was dann aber die gesamte Konstruktion in Frage stellt. Entsprechendes gilt etwa auch für die Annahme von Analogien, da es keineswegs evident ist, dass hier eine planwidrige Regelungslücke vorliegt (ausführlich *Thole* ZIP 2021, 2153).

## II. Zustellungswirkung der öffentlichen Bekanntmachung

4 Die Zustellungswirkung der öffentlichen Bekanntmachung nach § 86 Abs. 3 (§ 86 IV. Zustellungswirkung der öffentlichen Bekanntmachung) ermöglicht es, auch Gläubiger mit unbekanntem Aufenthalt in das Verfahren einzubeziehen. Daneben stellt die Öffentlichkeit sicher, dass auch solche Gläubiger von der Restrukturierungssache Kenntnis nehmen können, die von dem Schuldner nicht eigens einbezogen werden (RegE, BT-Drs. 19/24181, 179).

## III. Restrukturierungssache als Insolvenzverfahren iSd EuInsVO

5 Voraussetzung dafür, dass die öffentliche Restrukturierungssache ein **Insolvenzverfahren im Sinne der EuInsVO** ist, ist neben einem **Antrag des Schuldners** nach § 84 Abs. 1 (V.) die Aufnahme des Stabilisierungs- und Restrukturierungsrahmens in **Anhang A der EuInsVO.** Denn nach Art. 2 Nr. 4 EuInsVO sind (nur) solche Verfahren Insolvenzverfahren iSd EuInsVO, die in Anhang A genannt sind. Das hierzu notwendige europäische Gesetzgebungsverfahren (*Skauradszun* NZI 2021, 568) wurde durchlaufen und das Verfahren unter der Bezeichnung „Die öffentliche Restrukturierungssache" mit Wirkung zum 9.1.2022 in Anhang A aufgenommen (VO (EU) 2021/2260 v. 15.12.2021). Schließlich bedarf es einer **Eröffnungsentscheidung** iSd Art. 2 Nr. 7 EuInsVO. Als solche soll nach § 84 Abs. 2 S. 1 die erste Entscheidung in der Restrukturierungssache dienen (IV. Erste Entscheidung des Gerichts als Eröffnungsentscheidung iSd EuInsVO).

6 Die Eröffnungsentscheidung hat zur Folge, dass die EuInsVO in Gänze auf das öffentliche Restrukturierungsverfahren anwendbar ist. Dies gilt auch für **teilkollektive Verfahren,** da diese in den Anwendungsbereich der EuInsVO fallen, sofern ein wesentlicher Teil der Gläubiger des Schuldners beteiligt ist und das Verfahren die Forderungen der nicht am Verfahren beteiligten Gläubiger nicht berührt, vgl. Art. 2 Abs. 1 Nr. 1 EuInsVO (Braun StaRUG/*Tashiro* StaRUG § 84 Rn. 3).

7 Die Geltung der EuInsVO ist nicht auf Anerkennungs- oder Vollstreckungsfragen beschränkt. Vielmehr gelten **sämtliche Regelungen der EuInsVO.** Dies gilt für das Prioritätsprinzip nach Art. 3 Abs. 3 EuInsVO (Braun StaRUG/*Tashiro* StaRUG § 84 Rn. 10) und die unmittelbare Anerkennung des Verfahrens nach Art. 19, 20 EuInsVO ebenso, wie auch für die lex fori concursus nach Art. 7 Abs. 1 EuInsVO. Dies wiederum hat nach Art. 7 Abs. 2 S. 2 lit. e EuInsVO zur Folge, dass die Gestaltung von Verträgen und damit vertraglich begründeter Forderungen deutschem Recht und somit den Regelungen des StaRUG unterliegt, auch wenn der Vertrag selbst ausländischem Recht unterliegen sollte (*Skauradszun* NZI 2021, 568 (569)). Andererseits gilt für die Gestaltung dinglicher Rechte Art. 8 Abs. 1 EuInsVO, also regelmäßig das Recht des Belegenheitsortes, sodass dingliche Rechte etwa an Absonderungsgegenständen nur dann (unmittelbar bzw.

gegen den Willen des Berechtigten) von den Wirkungen des StaRUG erfasst sind, wenn sie im Zeitpunkt der Verfahrenseröffnung (IV. Erste Entscheidung des Gerichts als Eröffnungsentscheidung iSd EuInsVO) im Inland belegen sind. Bei im Ausland belegenen Gegenständen ist gegen den Willen des Berechtigten weder der Erlass einer Stabilisierungsanordnung noch eine Gestaltung möglich (*Skauradszun* NZI 2021, 568 (570)). Gesellschaftsrechtliche Maßnahmen, wie etwa ein Debt-Equity-Swap dürften nach der im internationalen Gesellschaftsrecht herrschenden Sitztheorie allerdings sowohl in öffentlichen als auch in vertraulichen Verfahren ohne weiters zulässig sein (vgl. *Skauradszun* NZI 2021, 568 (571)). Mangels anderweitiger Regelung in der EuInsVO sind auch Forderungen aus gesetzlichen Schuldverhältnissen, einschließlich (ausländischer) Steuerschuldverhältnisse, oder deliktische Ansprüche durch ein öffentliches Restrukturierungsverfahren gestaltbar. Denn die Forderungsanmeldung und Behandlung der Forderung unterliegen ebenso der lex fori concursus, also deutschem Recht, wie die Voraussetzungen und Wirkungen der Beendigung des Verfahrens, insbesondere durch Vergleich, und die Rechte der Gläubiger nach Beendigung des Verfahrens, vgl. Art. 7 Abs. 2 S. 2 lit. g, j, k EuInsVO.

## IV. Erste Entscheidung des Gerichts als Eröffnungsentscheidung iSd EuInsVO

Nach der Vorstellung des Gesetzgebers dient die erste Entscheidung des Gerichts in der Restrukturierungssache als **Eröffnungsentscheidung** iSd Art. 2 Nr. 7 EuInsVO (RegE, BT-Drs. 19/24181, 179). Mittelbar ergibt sich dies aus Abs. 1 S. 2, wonach der Antrag auf Durchführung des öffentlichen Restrukturierungsverfahrens vor der ersten Entscheidung in der Restrukturierungssache zu stellen ist und nur bis zur ersten Entscheidung zurückgenommen werden kann. 8

Für den Begriff der Entscheidung kann auf die Legaldefinition in § 160 Abs. 3 Nr. 6 ZPO zurückgegriffen werden (Flöther/*Naumann* StaRUG § 84 Rn. 3), nach der Entscheidungen sowohl Urteile als auch Beschlüsse und Verfügungen sind. Allerdings kann nach Sinn und Zweck der Regelung nicht jede Entscheidung des Gerichts der Eröffnung eines Insolvenzverfahrens gleichstehen. Vielmehr muss die Entscheidung sich an den **Vorgaben des Art. 2 Nr. 7, 8 EuInsVO** messen lassen, um als Eröffnungsentscheidung anerkannt werden zu können. Nach Art. 2 Nr. 7 EuInsVO ist eine Entscheidung zur Eröffnung eines Insolvenzverfahrens i) die Entscheidung eines Gerichts zur Eröffnung eines Insolvenzverfahrens oder zur Bestätigung der Eröffnung eines solchen Verfahrens und ii) die Entscheidung eines Gerichts zur Bestellung eines Verwalters. Art. 2 Nr. 8 EuInsVO bestimmt ergänzend den Zeitpunkt der Verfahrenseröffnung als den Zeitpunkt, zu dem die Entscheidung zur Eröffnung des Insolvenzverfahrens wirksam wird, unabhängig davon, ob die Entscheidung endgültig ist oder nicht. 9

Da das Gericht im Reststrukturierungsverfahren keine Eröffnungsentscheidung trifft, kommen nur solche Entscheidungen in Betracht, die die Eröffnung „bestätigen" oder die Wirkung einer Verwalterbestellung haben. 10

Damit kommen insbesondere solche **Entscheidungen** in Betracht, **die einem Antrag des Schuldners** auf Inanspruchnahme eines Instruments nach § 29 **stattgeben oder** sonst **zum Ausdruck bringen, dass das Gericht** sich inhaltlich mit dem Restrukturierungsverfahren befasst hat und **die Anzeige nach § 31 für zulässig** hält, mithin Entscheidungen, die sich auf das Rechtsverhältnis zwischen Schuldner und Planbetroffenen auswirken.

**11** Damit könnten jedenfalls der **Erlass einer Stabilisierungsanordnung,** die **Bestellung eines Restrukturierungsbeauftragen** auf Antrag oder von Amts wegen, die **Anberaumung eines Vorprüfungstermins** auf Antrag oder von Amts wegen, die **Anberaumung eines Erörterungs- und Abstimmungstermins** sowie die **Planbestätigung** Eröffnungsentscheidungen iSd EuInsVO sein (vgl. auch *Skauradszun* NZI 2021, 558, 569).

**12** Zu beachten ist, dass die Entscheidung des Restrukturierungsgerichts zwar eine Eröffnungsentscheidung iSd EuInsVO ist, hieraus aber nicht folgt, dass die Entscheidung auch vollumfänglich die Wirkungen hätte, die innerstaatlich an die Eröffnung eines Insolvenzverfahrens geknüpft sind. Dies gilt namentlich für die **gesellschaftsrechtlichen Wirkungen.** Insbesondere hat die Entscheidung des Restrukturierungsgerichts **nicht die Auflösung der Gesellschaft** nach § 131 Abs. 1 Nr. 2 HGB, § 60 Abs. 1 Nr. 4 GmbHG oder § 262 Abs. 1 Nr. 3 AktG zur Folge. Auch **scheidet** eine Gesellschaft, namentlich eine GmbH, entgegen § 131 Abs. 3 Nr. 2 HGB **nicht als Gesellschafter** aus einer oHG oder KG, insbes. auch nicht als Komplementär aus einer GmbH & Co KG, **aus.** Denn all diese gesellschaftsrechtlichen Folgen knüpfen daran an, dass sich mit Eröffnung des Insolvenzverfahrens der Gesellschaftszweck von der werbenden Gesellschaft zum Abwicklungszweck wandelt (Altmeppen/*Altmeppen* GmbHG § 60 Rn. 6; Baumbach/Hueck/*Haas* § 60 GmbHG § 42). Eine solche Folge ist vom StaRUG und seinen Restrukturierungsverfahren gerade nicht intendiert. Denn es geht vielmehr ja gerade darum, die Liquidation zu vermeiden und die Gesellschaft als werbende am Markt zu erhalten.

**13** **Ablehnende oder bloß verfahrensleitende Entscheidungen bewirken noch keine Eröffnung des Insolvenzverfahren.** Deshalb hat weder ein Beschluss, der die örtliche Unzuständigkeit des Gerichts nach § 35 feststellt und lediglich an ein anderes Gericht verweist, noch ein Beschluss, der eine Stabilisierungsanordnung ablehnt, die Eröffnung eines Insolvenzverfahrens iSd EuInsVO zur Folge. Gleiches gilt für gerichtliche Hinweise und Auflagen, etwa zur Nachreichung fehlender Unterlagen (aA Flöther/*Naumann* StaRUG § 84 Rn. 3: Nichtanordnung soll Eröffnung sein, während die Vorprüfung – gemeint sein dürfte der Hinweisbeschluss – keine Eröffnung sei, da nur ein Hinweis ergehe. Diese Auffassung verkennt aber, dass eine Entscheidung keine rechtsgestaltende Wirkung voraussetzt und darüber hinaus der Hinweis zumindest den Erlass einer Verfügung voraussetzt, um in die Welt gesetzt werden zu können.).

## V. Antrag des Schuldners

### 1. Allgemeines

14 Der Systematik des Gesetzes als schuldnergetriebenem Verfahren folgend, liegt die Entscheidung, ob die Restrukturierungssache öffentlich oder nichtöffentlich behandelt wird, beim Schuldner. Diese Entscheidung muss der Schuldner zu Beginn seines Restrukturierungsvorhabens treffen. Der Schuldner kann den Antrag mit der Anzeige nach § 31 verbinden, ihn aber auch noch später stellen. Äußerste Zeitgrenze ist der Erlass einer ersten Entscheidung des Restrukturierungsgerichts in der Restrukturierungssache, Abs. 1 S. 2.

### 2. Zeitlich beschränkte Rücknahme des Antrags

15 Sobald eine erste Entscheidung des Restrukturierungsgerichts in der Restrukturierungssache ergangen ist, kann ein Antrag auf Durchführung der Restrukturierungssache als öffentliche nicht mehr gestellt und ein zuvor gestellter Antrag nicht mehr zurückgenommen werden. Der Antrag ist damit ab der ersten Entscheidung für die gesamte Restrukturierungssache bindend (RegE, BT-Drs. 19/24181, 179). Auch wenn lediglich stattgebende Entscheidungen die Wirkung einer Verfahrenseröffnung iSd EuInsVO haben (IV. Erste Entscheidung des Gerichts als Eröffnungsentscheidung iSd EuInsVO.), kann hieraus nicht geschlossen werden, dass die Begrenzung der Rücknahmemöglichkeit ebenfalls auf stattgebende Entscheidungen beschränkt ist. Vielmehr entspricht es dem Wortlaut, dass **auch ablehnende oder reine Zwischenentscheidungen die Grenze der Rücknahmefähigkeit markieren** (vgl. auch Braun StaRUG/*Tashiro* StaRUG § 84 Rn. 11, 12). Dies ist auch sachgerecht, weil die Wahl der Verfahrensart – öffentlich oder vertraulich – im Einzelfall erhebliche Auswirkungen auf das Verhalten der Planbetroffenen haben kann, etwa hinsichtlich ihrer Positionierung zur grenzüberschreitenden Anerkennung des Verfahrens (III. Restrukturierungssache als Insolvenzverfahren iSd EuInsVO.) oder wegen etwaiger durch die Zustellungswirkung der öffentlichen Bekanntmachung ausgelösten Fristenläufe (§ 86 IV. Zustellungswirkung der öffentlichen Bekanntmachung.).

16 Möchte der Schuldner nach einer ersten Entscheidung vom öffentlichen Verfahren Abstand nehmen, bleibt ihm deshalb nur die Möglichkeit, die Anzeige der Restrukturierungssache nach § 31 Abs. 4 Nr. 1 zurückzunehmen.

### 3. Ergänzende Angaben des Schuldners zur internationalen Zuständigkeit

17 Nach Abs. 1 S. 3 iVm Art. 102c § 5 EGInsO soll der Schuldner spätestens mit seinem Antrag, die Restrukturierungssache öffentlich durchzuführen, weitere Angaben machen, die dem Gericht die Prüfung ermöglichen, ob die

internationale Zuständigkeit deutscher Gerichte begründet ist. Folgende Angaben sollen gemacht werden:

1. seit wann der Sitz, die Hauptniederlassung oder der gewöhnliche Aufenthalt an dem im Antrag genannten Ort besteht (Art. 102c § 5 S. 1 Nr. 1 EGInsO);
2. Tatsachen, aus denen sich ergibt, dass der Schuldner gewöhnlich der Verwaltung seiner Interessen in der Bundesrepublik Deutschland nachgeht (Art. 102c § 5 S. 1 Nr. 2 EGInsO);
3. in welchen anderen Mitgliedstaaten sich Gläubiger oder wesentliche Teile des Vermögens befinden oder wesentliche Teile der Tätigkeit ausgeübt werden (Art. 102c § 5 S. 1 Nr. 3 EGInsO) und
4. ob bereits in einem anderen Mitgliedstaat ein Eröffnungsantrag gestellt oder ein Hauptinsolvenzverfahren eröffnet wurde (Art. 102c § 5 S. 1 Nr. 4 EGInsO).

## VI. Begründung der internationalen Zuständigkeit

**18** Da die erste (nicht bloß verfahrensleitende oder ablehnende) Entscheidung (III. Restrukturierungssache als Insolvenzverfahren iSd EuInsVO.) in der Restrukturierungssache als Eröffnungsentscheidung iSd Art. 2 Nr. 7 EuInsVO fungiert, sind nach Abs. 2 S. 1 Nr. 1 in der Entscheidung die **Gründe, auf denen die internationale Zuständigkeit** des Gerichts **beruht, anzugeben.** Nach Abs. 2 S. 1 Nr. 2 ist anzugeben, ob die Zuständigkeit auf Art. 3 Abs. 1 oder Abs. 2 EuInsVO beruht.

**19** Die Vorschrift hat, da das öffentliche Verfahren in Anhang A zur EuInsVO aufgenommen wurde, nur klarstellenden Inhalt, denn die hier gestellten Anforderungen ergeben sich bereits unmittelbar aus Art. 4 Abs. 1 S. 2 EuInsVO.

## VII. Veröffentlichung im Internet

**20** Abs. 2 S. 2 stellt die öffentliche Bekanntmachung der Pflichtinformationen nach Art. 24 Abs. 2 EuInsVO sicher. Da die EuInsVO (nach Aufnahme des Restrukturierungsverfahrens in Anhang A der EuInsVO) ohnehin unmittelbar anwendbar ist, hat die Vorschrift lediglich klarstellenden Charakter.

### 1. Zu veröffentlichende Angaben

**21** Zu veröffentlichen sind

a) das **Datum der Eröffnung** des Insolvenzverfahrens, Art. 24 Abs. 2 lit. a EuInsVO, somit das Datum der ersten (nicht antragsabweisenden oder rein verfahrensleitenden) Entscheidung (III. Restrukturierungssache als Insolvenzverfahren iSd EuInsVO);

b) das **Restrukturierungsgericht,** das das Restrukturierungsverfahren (als Insolvenzverfahren iSd EuInsVO) eröffnet hat, sowie dessen **Aktenzeichen,** Art. 24 Abs. 2 lit. b EuInsVO;

c) die Art und ggf. Unterart des Verfahrens nach Anhang A der EuInsVO, also die **genaue Verfahrensbezeichnung,** wie sie sich aus Anhang A ergibt („Die öffentliche Restrukturierungssache"), Art. 24 Abs. 2 lit. c EuInsVO;
d) Angaben, ob die **Zuständigkeit für die Eröffnung** des Verfahrens auf Art. 3 Abs. 1, 2 oder 4 beruht, Art. 24 Abs. 2 lit. d EuInsVO; vgl. auch § 84 Abs. 2 S. 1 (oben VI. Begründung der internationalen Zuständigkeit), der (klarstellend) bestimmt, dass diese Angaben in der Eröffnungsentscheidung anzugeben sind;
e) **Name, Registernummer, Sitz** oder, sofern davon abweichend, Postanschrift des Schuldners, wenn es sich um eine Gesellschaft oder eine **juristische Person** handelt, Art. 24 Abs. 2 lit. e EuInsVO;
f) oder, falls der Schuldner **eine natürliche Person** ist, **Name, gegebenenfalls Registernummer sowie Postanschrift** des Schuldners oder, falls die Anschrift geschützt ist, Geburtsort und Geburtsdatum des Schuldners, unabhängig davon, ob er eine selbständige gewerbliche oder freiberufliche Tätigkeit ausübt, Art. 24 Abs. 2 lit. f EuInsVO;
g) **Name, Postanschrift oder E-Mail-Adresse** des **Restrukturierungsbeauftragten** als Verwalter iSd EuInsVO, sofern ein solcher bestellt ist, Art. 24 Abs. 2 lit. g EuInsVO. Dabei ist die Frage, ob ein Restrukturierungsbeauftragter Verwalter iSd der EuInsVO ist, allein am Maßstab des europäischen Rechts zu messen. Entscheidend ist dabei nach Art. 2 Nr. 5 EuInsVO, ob eine Aufnahme in **Anhang B zur EuInsVO** erfolgt ist. Die Aufnahme des Restrukturierungsbeauftragten in den dortigen Katalog ist als „Restrukturierungsbeauftragter" mit Wirkung zum 9.1.2022 erfolgt (VO (EU) 2021/2260 v. 15.12.2021). Soweit kein Restrukturierungsbeauftragter bestellt wurde, empfiehlt es sich, auch hierauf im Beschluss klarstellend hinzuweisen;
h) gegebenenfalls Angaben über die Frist zur Forderungsanmeldung bzw. einen Verweis auf die Kriterien für die Berechnung dieser Frist Art. 24 Abs. 2 lit. h EuInsVO. Da im Restrukturierungsverfahren keine Forderungsanmeldung erfolgt, ergeben sich insoweit keine Veröffentlichungspflichten. Allerdings ist ein **klarstellender Hinweis, dass eine Forderungsanmeldung nicht erfolgt,** insbesondere zur Information der mit dem Verfahren vielfach nicht betrauten Planbetroffenen sowie zur Vermeidung von Missverständnissen, empfehlenswert;
i) nach Art. 24 Abs. 2 lit. i EuInsVO das **Datum der Beendigung** des Hauptinsolvenzverfahrens. Auch hier spricht einiges für einen klarstellenden Hinweis, dass das Restrukturierungsverfahren gemäß § 31 Abs. 4 Nr. 4 **spätestens nach sechs Monaten oder,** sofern der Schuldner die Anzeige zuvor erneuert hat, **nach zwölf Monaten** endet, zumal bislang nicht abschließend geklärt ist, ob auch kraft Gesetzes eintretende Verfahrensbeendigungen unter Art. 24 Abs. 2 lit. i EuInsVO fallen (Vallender/*Zipperer* EuInsVO Art. 24 Rn. 18);
j) schließlich das **Beschwerdegericht,** das gemäß Art. 5 EuInsVO für eine Anfechtung der Entscheidung zur Eröffnung des Insolvenzverfahrens zuständig ist, und gegebenenfalls die Frist für die Anfechtung bzw. einen

Verweis auf die Kriterien für die Berechnung dieser Frist, Art. 24 Abs. 2j) EuInsVO. Es ist also ein Hinweis auf die Beschwerde zum Landgericht, die sich aus Art. 5 EuInsVO, § 84 Abs. 2 S. 2 ergibt (§ 84 VIII. Sofortige Beschwerde bei fehlender internationaler Zuständigkeit), einschließlich der Frist und der Kriterien zur Fristberechnung erforderlich. Dieses Erfordernis entspricht der im deutschen Recht etablierten Rechtsbehelfsbelehrung, die nach § 38 iVm § 232 ZPO ohnehin erforderlich ist.

22 Diese Veröffentlichungspflichten sollten die deutschen Gerichte vor keine Probleme stellen, insbesondere da das deutsche Recht in § 27 InsO vergleichbare Angaben verlangt.

23 Neben diesen Angaben auf Grundlage des § 84 Abs. 2 sind die **Veröffentlichungspflichten des § 85** Abs. 1 (§ 85) zu beachten, der verlangt, dass Ort und Zeit gerichtlicher Termine, die Bestellung und Abberufung eines Restrukturierungsbeauftragten sowie sämtliche gerichtliche Entscheidungen, die in der Restrukturierungssache ergehen, öffentlich bekannt zu machen sind.

### 2. Veröffentlichung im Internet nach InsBekV

24 Nach § 1 S. 3 InsBekV (in der Fassung ab dem 17.7.2022) gelten für Veröffentlichungen in Restrukturierungssachen die Veröffentlichungsvorschriften der InsBekV für Insolvenzverfahren entsprechend, soweit in der InsBekV nichts abweichendes geregelt wird (RegE, BT-Drs. 19/24181, 219). Die Veröffentlichungen erfolgen auf dem Internetportal **www.restrukturierungsbekanntmachung.de.** Sie sind auch zu erreichen über das Europäische Justizportal **e-justice.europa.eu** (https://e-justice.europa.eu/content_insolvency_registers-110-de.do). Nach § 3 Abs. 4 InsBekV sind die Veröffentlichungen spätestens sechs Monate nach Anordnung des jeweiligen Restrukturierungsinstruments iSd § 29, bei Stabilisierungsanordnungen iSd § 49 nach dem Ende ihrer Wirkungsdauer, zu löschen (vgl. näher § 86 III. Veröffentlichung nach InsBekV.).

## VIII. Sofortige Beschwerde bei fehlender internationaler Zuständigkeit

25 Da die öffentliche Restrukturierungssache Insolvenzverfahren iSd EuInsVO ist, ist sicherzustellen, dass gemäß Art. 5 Abs. 1 EuInsVO der Beschluss aus Gründen der internationalen Zuständigkeit mit Rechtsmitteln überprüft werden kann. Dies stellt Abs. 2 S. 3 durch den Verweis auf Art. 102c § 4 EGInsO sicher.

26 Danach steht dem Schuldner und jedem Gläubiger bzw. Planbetroffenen gegen die Entscheidung über die Eröffnung des Hauptinsolvenzverfahrens nach Art. 3 Abs. 1 EuInsVO, also die erste (nicht bloß verfahrensleitende oder ablehnende) Entscheidung (Restrukturierungssache als Insolvenzverfahren iSd EuInsVO) in der Restrukturierungssache die **sofortige Beschwerde** zu, wenn nach Art. 5 Abs. 1 EuInsVO das Fehlen der **internationalen Zuständigkeit** des Restrukturierungsgerichts gerügt werden soll. Die

§§ 574–577 ZPO gelten entsprechend. Beschwerdegericht ist damit das **Landgericht.** Eine etwaige **Rechtsbeschwerde zum Bundesgerichtshof** ist bei Zulassung durch das Landgericht eröffnet. Es gelten insoweit die allgemeinen Regelungen (vgl. ausführlich zu Verfahrensfragen: Uhlenbruck/*Knof* EuInsVO Art. 5 Rn. 8 ff.; Vallender/*Vallender/Zipperer* EuInsVO Art. 5 Rn. 7 ff.).

## IX. Inkrafttreten

Die Regelungen der §§ 84–88 treten erst am 17.7.2022 in Kraft, Art. 25 **27**
Abs. 3 Nr. 1 SanInsFoG. Es handelt sich um die nach Art. 34 Abs. 2 RL maximal mögliche Umsetzungsfrist (RegE, BT-Drs. 19/24181, 219). Wesentlicher Grund für dieses verzögerte Inkrafttreten ist es, einen hinreichenden Vorlauf für die technische Umsetzung der mit den sich aus den §§ 84–88 ergebenden Veröffentlichungspflichten zu gewährleisten. Entsprechend treten die Änderungen der InsBekV, die durch Art. 7 SanInsFoG in § 1 InsBekV um einen neuen S. 3 und in § 3 InsBekV um einen neuen Abs. 4 ergänzt wird, erst zum 17.7.2022 in Kraft.

### Besondere Bestimmungen[1]

**85** **(1) Öffentlich bekannt zu machen sind neben den in § 84 Absatz 2 Satz 2 genannten Angaben:**

**1. Ort und Zeit gerichtlicher Termine,**
**2. die Bestellung und Abberufung eines Restrukturierungsbeauftragten,**
**3. sämtliche gerichtliche Entscheidungen, die in der Restrukturierungssache ergehen.**

(2) [1]**Erfolgen öffentliche Bekanntmachungen nach Absatz 1, ist eine Zustellung von Ladungen zu Terminen gegenüber Aktionären, Kommanditaktionären und Inhabern von Schuldverschreibungen nicht erforderlich.** [2]**Handelt es sich bei dem Schuldner um eine börsennotierte Aktiengesellschaft, findet § 121 Absatz 4a des Aktiengesetzes entsprechende Anwendung.**

**Übersicht**



[1] §§ 84–88 treten gem. Art. 25 Abs. 3 Nr. 1 G v. 22.12.2020 (BGBl. I S. 3256) mWv **17.7.2022** in Kraft.

## I. Allgemeines

1 Die Vorschrift ist im Zusammenhang mit § 84 Abs. 2 S. 2, der Regelungen über öffentliche Bekanntmachungen enthält (§ 84 VII. 1. Zu veröffentlichende Angaben.), zu lesen und ergänzt ihn. Die Regelungen knüpfen damit an Art. 24 Abs. 2 EuInsVO an, der verbindlich vorschreibt, welche Angaben im nach Art. 27 Abs. 1 EuInsVO EU-weit vernetzten und hinsichtlich der Pflichtinformationen nach Art. 24 Abs. 2 EuInsVO kostenfreien Insolvenzregister zwingend zur Verfügung zu stellen sind. Diese Regelungen gelten uneingeschränkt und unmittelbar auch für das öffentliche Restrukturierungsverfahren, da es aufgrund der erfolgten Aufnahme in Anhang A zur EuInsVO Insolvenzverfahren iSd EuInsVO ist.

## II. Öffentlich bekannt zu machende Angaben

2 Die Veröffentlichungsvorschriften sind durch ihre Aufspaltung in einerseits § 84 Abs. 2 S. 2 mit seinem Verweis auf Art. 24 Abs. 2 EuInsVO und der ergänzenden Regelung des § 85 Abs. 1 andererseits wenig übersichtlich geregelt. Aus § 84 Abs. 2 S. 2, der bestimmt, dass die **Pflichtinformationen gemäß Art. 24 Abs. 2 EuInsVO** (§ 84 VII. 1. Zu veröffentlichende Angaben.) öffentlich bekannt zu machen sind, folgt das Erfordernis, die erste Entscheidung des Gerichts, die Eröffnungsentscheidung iSd EuInsVO ist (§ 84 IV. Erste Entscheidung des Gerichts als Eröffnungsentscheidung iSd EuInsVO.), zu veröffentlichen.

3 Darüber hinaus sind **Ort und Zeit gerichtlicher Termine** (Abs. 1 Nr. 1), **die Bestellung und Abberufung eines Restrukturierungsbeauftragten** (Abs. 1 Nr. 2) sowie **sämtliche weiteren Entscheidungen,** die in der Restrukturierungssache ergehen (Abs. 1 Nr. 3), öffentlich bekannt zu machen. Hinsichtlich Ort und Zeit gerichtlicher Termine sowie der Bestellung und Abberufung eines Restrukturierungsbeauftragten erschließen sich Sinn und Zweck der Veröffentlichungspflicht ohne Weiteres und liegen in dem Informationsbedürfnis der Planbetroffenen begründet. Weniger eindeutig ist dies hinsichtlich der Anordnung, „sämtliche" weiteren Entscheidungen veröffentlichen zu müssen. Denn dem Wortlaut nach sind damit auch **bloße verfahrensleitende oder Zwischenentscheidungen** erfasst, unabhängig davon, ob ein Interesse der Planbetroffenen an der öffentlichen Bekanntmachung besteht oder ob ggf. sogar schützenswerte Interessen Einzelner entgegenstehen, etwa die Anordnung oder Ablehnung einer Stabilisierungsanordnung, die nur einen einzelnen Gläubiger betrifft. Es ist deshalb auch zweifelhaft, ob tatsächlich derart umfassende Veröffentlichungspflichten angeordnet werden sollten. Die Gesetzesbegründung schweigt hierzu leider (vgl. RegE, BT-Drs. 19/24181, 179). Die Ratio der Norm dürfte eine **einschränkende Auslegung** jedenfalls rechtfertigen, wonach lediglich Entscheidungen mit Außenwirkung, die sich an einen **unbestimmten Adressatenkreis wenden oder bislang nicht veröffentlichte Pflichtinformationen iSd Art. 24 Abs. 2 EuInsVO enthalten,** zwingend zu veröffent-

lichen sind. Maßstab muss sein, ob die Entscheidungen eine den Pflichtveröffentlichungen nach § 84 Abs. 2 S. 2, § 85 Abs. 1 Nr. 1 und 2 vergleichbaren Charakter haben und für die beteiligten Kreise ein vergleichbares Veröffentlichungsinteresse besteht. Angesichts des weiten Wortlautes sollte allerdings im Zweifelsfall die Veröffentlichung erfolgen.

### III. Entbehrlichkeit der Zustellung von Ladungen zu Terminen an Aktionäre, Kommanditaktionäre und Inhaber von Schuldverschreibungen

Abs. 2, der sich an den §§ 235 Abs. 3 S. 3 Hs. 2, 241 Abs. 2 S. 2, S. 4 **4** InsO orientiert (vgl. RegE, BT-Drs. 19/24181, 179) schafft in bestimmten Verfahren mit potentiell vielen Planbetroffenen eine erhebliche Erleichterung. Eine Zustellung von Ladungen zu Terminen an Aktionäre, Kommanditaktionäre und Inhaber von Schuldverschreibungen ist nicht erforderlich, wenn die Termine öffentlich bekannt gemacht wurden.

Die Vorschrift betrifft alle Termine im Restrukturierungsverfahren, also **5** den Erörterungs- und Abstimmungstermin nach § 45, den Vorprüfungstermin nach § 46 bzw. §§ 47, 48, den Anhörungstermin nach § 61 S. 2 und den Verkündungstermin nach § 65 Abs. 1. Sie gilt aber auch für solche Termine, die das Gericht ansetzt, ohne dass sie gesetzlich zwingend sind. Denn das Gericht kann, wie sich aus § 39 Abs. 3 S. 2 ergibt, jederzeit einen mündlichen Termin insbes. zur Erörterung oder Anhörung von Zeugen oder Sachverständigen anberaumen, wenn es hierzu im Rahmen seiner Amtsermittlung Anlass sieht.

### Öffentliche Bekanntmachung; Verordnungsermächtigung[1]

**86** (1) [1]**Die öffentliche Bekanntmachung erfolgt durch eine zentrale und länderübergreifende Veröffentlichung im Internet; diese kann auszugsweise geschehen.** [2]**Die Bekanntmachung gilt als bewirkt, sobald nach dem Tag der Veröffentlichung zwei weitere Tage verstrichen sind.**

(2) [1]**Das Bundesministerium der Justiz und für Verbraucherschutz wird ermächtigt, durch Rechtsverordnung mit Zustimmung des Bundesrates die Einzelheiten der zentralen und länderübergreifenden Veröffentlichung im Internet zu regeln.** [2]**Dabei sind insbesondere Löschungsfristen vorzusehen sowie Vorschriften, die sicherstellen, dass die Veröffentlichungen**

**1. unversehrt, vollständig, sachlich richtig und aktuell bleiben,**
**2. jederzeit ihrem Ursprung nach zugeordnet werden können.**

(3) **Die öffentliche Bekanntmachung genügt zum Nachweis der Zustellung an alle Beteiligten, auch wenn dieses Gesetz neben ihr eine besondere Zustellung vorschreibt.**

---

[1] §§ 84–88 treten gem. Art. 25 Abs. 3 Nr. 1 G v. 22.12.2020 (BGBl. I S. 3256) mWv **17.7.2022** in Kraft.

**Übersicht**



## I. Allgemeines

1 § 86 enthält nähere Regelungen zur öffentlichen Bekanntmachung. Die Norm ist § 9 Abs. 1 InsO nachgebildet. Sie betrifft nur die Fälle, in denen der Restrukturierungsrahmen öffentlich ist und das Gesetz ausdrücklich eine öffentliche Bekanntmachung vorsieht (RegE, BT-Drs. 19/24181, 219). Die Vorschrift ergänzt die Regelungen zur Veröffentlichung von Insolvenzverfahren im Anwendungsbereich der EuInsVO, wie sie sich aus Art. 24–27 (vernetzte Insolvenzregister) und Art. 78–83 EuInsVO (Datenschutz) ergeben. Die öffentliche Bekanntmachung hat auf einer zentralen und länderübergreifenden Plattform zu erfolgen, bei der davon ausgegangen werden kann, dass sie den betroffenen Rechtskreisen bekannt ist und von diesen auch genutzt wird (RegE, BT-Drs. 19/24181, 219).

## II. Verordnungsermächtigung

2 Abs. 2 ermächtigt das Bundesministerium der Justiz und für Verbraucherschutz, durch Rechtsverordnung, die der Zustimmung des Bundesrates bedarf, die Einzelheiten der zentralen und länderübergreifenden Veröffentlichung im Internet zu regeln. Die Verordnungsermächtigung dient dazu, den Gesetzestext von den technischen Einzelheiten der öffentlichen Bekanntmachung zu entlasten (RegE, BT-Drs. 19/24181, 219). Die Verordnung hat Löschungsfristen vorzusehen sowie Vorschriften, die sicherstellen, dass die Veröffentlichungen

1. unversehrt, vollständig, sachlich richtig und aktuell bleiben,
2. jederzeit ihrem Ursprung nach zugeordnet werden können.

Diese Regelungen entsprechen § 9 Abs. 2 S. 3 Nr. 1 und 2 InsO.

3 Ein Bedürfnis für weitere Veröffentlichungen nach Landesrecht entsprechend § 9 Abs. 2 S. 1 InsO hat der Gesetzgeber im Restrukturierungsrecht angesichts des nur teilkollektiven Charakters des Verfahrens nicht gesehen, zumal bisher auch zu § 9 Abs. 2 S. 1 InsO kein ausfüllendes Landesrecht ergangen ist (RegE, BT-Drs. 19/24181, 180).

## III. Veröffentlichung nach InsBekV

4 Von der Verordnungsermächtigung ist durch Art. 7 SanInsFoG bereits Gebrauch gemacht worden. Durch eine Anfügung an § 1 InsBekV wird bestimmt, dass die Verordnung auch für öffentliche Bekanntmachungen in Restrukturierungssachen gilt. Dies ist konsequent, da es sich bei öffentlichen

Restrukturierungssachen um Insolvenzverfahren isd EuInsVO handelt. Die Veröffentlichungen erfolgen deshalb auf den bekannten Seiten **www.insolvenzbekanntachungen.de** bzw. **e-justice.europa.eu** (vgl. auch § 84 VII. Veröffentlichung im Internet.).

Die Veröffentlichung kann **auszugsweise** erfolgen, Abs. 1 S. 1 Hs. 2. Diese Regelung entspricht § 9 Abs. 1 S. 1 Hs. 2 InsO, sodass die hierzu entwickelten Grundsätze ohne weiteres übertragbar sein dürften. Für die auszugsweise öffentliche Bekanntmachung eines Beschlusses bedeutet dies, dass sie nur wirksam ist, wenn der **Beschlusstenor und die für das Verständnis der Entscheidung maßgeblichen Teile der Beschlussgründe** selbst veröffentlicht werden (BGH 14.12.2017 – IX ZB 65/16, NZI 2018, 235 Ls. und Rn. 25). Der Inhalt der öffentlichen Bekanntmachung muss sich daran ausrichten, dass die Adressaten in die Lage versetzt werden, ihre Rechte wahrzunehmen, derentwegen die Bekanntmachung erfolgt. Sie schafft keine Möglichkeit, die Bekanntmachung eines Beschlusses durch die Bekanntmachung eines anderen Textes über den Beschluss – wie etwa die Nachricht, dass eine Entscheidung ergangen ist – zu ersetzen (BGH 14.12.2017 – IX ZB 65/16, NZI 2018, 235 Rn. 24). 5

Die Veröffentlichung gilt als bewirkt, wenn **nach dem Tag der Veröffentlichung zwei weitere Tage verstrichen** sind. Diese Regelung ist wortgleich § 9 Abs. 1 S. 3 InsO nachgebildet. Der Regelungsgehalt der Normen dürfte deshalb inhaltlich gleich sein. Hieraus folgt, dass für die Berechnung einer Frist, die durch die öffentliche Bekanntmachung in Gang gesetzt wurde, § 38, § 187 Abs. 1 BGB, § 222 Abs. 2 ZPO gilt. Fällt etwa der zweite Tag nach der Veröffentlichung an einem Samstag, Sontag oder allgemeinen Feiertag gilt die Bekanntmachung erst mit Ablauf des kommenden Werktages als bewirkt. Ist also etwa am Donnerstag veröffentlicht worden, ist der zweite Tag nach der Veröffentlichung der Samstag, sodass die öffentliche Bekanntmachung (erst) mit Ablauf des Montags als bewirkt gilt. Eine daran anknüpfende Rechtsmittelfrist (die etwa aufgrund der Zustellungswirkung (IV. Zustellungswirkung der öffentlichen Bekanntmachung.) in Gang gesetzt wurde), berechnet sich sodann nach § 38, §§ 187 Abs. 2, 188 Abs. 2 Alt. 2 BGB, § 222 Abs. 1 ZPO. Eine zweiwöchige Beschwerdefrist beginnt deshalb am Dienstag und endet mit Ablauf des Montags zwei Wochen später – sofern es sich nicht um einen allgemeinen Feiertag handelt (ausführlich: BGH NZI 2014, 22 Rn. 8 ff.). 6

Eine Sonderregelung gilt nach § 3 Abs. 4 InsBekV für die **Löschungen.** Die Veröffentlichungen von Daten einer Restrukturierungssache sind **spätestens sechs Monate nach Anordnung** des jeweiligen Stabilisierungs- oder Restrukturierungsinstruments zu löschen, Stabilisierungsanordnungen davon abweichend bereits nach dem Ende ihrer Wirkungsdauer. 7

## IV. Zustellungswirkung der öffentlichen Bekanntmachung

8 Abs. 3 entspricht § 9 Abs. 3 InsO. Nach dieser Regelung genügt die öffentliche Bekanntmachung zum Nachweis der Zustellung an alle Beteiligten, auch wenn dieses Gesetz neben ihr eine besondere Zustellung vorschreibt.

9 Etwas unklar geht die Gesetzesbegründung davon aus, dass die Bestimmung der Verfahrensvereinfachung diene, indem sie in öffentlichen Restrukturierungssachen eine Einzelzustellung an eine unter Umständen große Zahl von Betroffenen entbehrlich mache (RegE, BT-Drs. 19/24181, 180). Eine so weitgehende Auslegung lässt der Wortlaut hingegen nicht zu. Es bleibt weiterhin **erforderlich,** allen im Gesetz jeweils genannten Beteiligten **individuell zustellen.**

10 Allerdings ergibt sich eine wichtige Vereinfachung insoweit, als dass **Zustellungsprobleme keine Gefahr des Scheiterns** der gesamten Sanierung in sich tragen. Da ohne wirksame Zustellung die **Rechtsmittelfristen** regelmäßig nicht ausgelöst werden, kann eine verzögerte oder nicht erfolgte Zustellung die gesamte Sanierung gefährden. Gerade in Verfahren mit vielen Beteiligten ist es an der Tagesordnung, dass einzelnen Beteiligten nicht oder erst verzögert zugestellt werden kann, etwa aufgrund eines Umzugs oder einer Umfirmierung. Zwar wird nach § 41 Abs. 2 an Personen, deren Aufenthalt unbekannt ist, nicht zugestellt. Dies hilft aber nur teilweise weiter. Denn der Verzicht auf die Zustellung kommt erst und nur in Betracht, wenn der Aufenthalt nicht ermittelt werden kann, also zuvor (ggf. zeitintensive) Ermittlungsmaßnahmen erfolgt sind, jedenfalls eine Auskunft beim Einwohnermeldeamt oder beim Handelsregister eingeholt wurde.

11 Diesen Problemen kann durch die Zustellungswirkung des Abs. 3 wirksam begegnet werden, weil unabhängig von der (weiterhin erforderlichen) Individualzustellung bereits die öffentliche Bekanntmachung durch ihre Zustellungswirkung die Rechtsmittelfristen auslöst.

12 Für die **Berechnung der Rechtsmittelfristen** kann die zu § 9 Abs. 3 InsO ergangene Rechtsprechung übertragen werden. Die öffentliche Bekanntmachung und die Individualzustellung einer im Insolvenzverfahren ergangenen Entscheidung stehen selbständig nebeneinander. Für den **Fristlauf ist die frühere Zustellung maßgeblich** (BGH NZI 2004, 341; 2010, 159 Rn. 9). Die gilt auch, wenn eine gesetzlich vorgeschriebene Rechtsbehelfsbelehrung fehlt oder fehlerhaft ist. Der **Belehrungsmangel** kann allenfalls eine Wiedereinsetzung in den vorigen Stand begründen (BGH NZI 2016, 397).

13 Aufgrund der Zustellungserleichterungen ist das öffentliche Restrukturierungsverfahren nicht nur in Betracht zu ziehen, wenn die grenzüberschreitenden Wirkungen der EuInsVO gewünscht sind, sondern auch, wenn die Zustellung an potentielle Planbeteiligte problematisch zu werden droht.

**Restrukturierungsforum; Verordnungsermächtigung**[1]

**87** (1) **Planbetroffene können im Restrukturierungsforum des Bundesanzeigers andere Planbetroffene auffordern, das Stimmrecht im Rahmen einer Planabstimmung in bestimmter Weise auszuüben, eine Stimmrechtsvollmacht zu erteilen oder einen Vorschlag zur Änderung des vorgelegten Restrukturierungsplans zu unterstützen.**

(2) **Die Aufforderung hat die folgenden Angaben zu enthalten:**

1. **den Namen und eine Anschrift des Planbetroffenen,**
2. **den Schuldner,**
3. **das Restrukturierungsgericht und das Aktenzeichen der Restrukturierungssache,**
4. **den Vorschlag für die Stimmrechtsausübung, für die Stimmrechtsvollmacht oder zur Änderung des Plans und**
5. **den Tag der Versammlung der Planbetroffenen oder des Fristablaufs zur Annahme des Planangebots.**

(3) **Die Aufforderung kann auf eine Begründung auf der Internetseite des Auffordernden und deren elektronische Adresse hinweisen.**

(4) **Der Schuldner kann im Restrukturierungsforum des Bundesanzeigers auf eine Stellungnahme zu der Aufforderung auf seiner Internetseite hinweisen.**

(5) **Das Bundesministerium der Justiz und für Verbraucherschutz wird ermächtigt, durch Rechtsverordnung, die nicht der Zustimmung des Bundesrates bedarf, die äußere Gestaltung des Restrukturierungsforums und weitere Einzelheiten insbesondere zu der Aufforderung, dem Hinweis, den Entgelten, zu Löschungsfristen, zum Löschungsanspruch, zu Missbrauchsfällen und zur Einsichtnahme zu regeln.**

**Übersicht**



## I. Allgemeines

Mit § 87 wird ein beim Bundesanzeiger einzurichtendes Restrukturierungsforum geschaffen, das es Planbetroffenen, insbesondere auch solchen mit kleinen Stimmrechten, ermöglicht, im Vorfeld der Planabstimmung mit- 1

[1] §§ 84–88 treten gem. Art. 25 Abs. 3 Nr. 1 G v. 22.12.2020 (BGBl. I S. 3256) mWv **17.7.2022** in Kraft.

einander in Kontakt zu treten, sich zu organisieren, ihre Interessen gemeinsam zu vertreten und sich auf gemeinsame Abstimmungsstrategien oder Änderungsvorschläge zum Restrukturierungsplan zu verständigen (RegE, BT-Drs. 19/24181, 180). Ein Vorbild für das Restrukturierungsforum findet sich im Aktionärsforum nach § 127a AktG (Flöther/*Naumann* StaRUG § 87 Rn. 1), das unter www.bundesanzeiger.de zu finden ist. Hingegen kennt weder die Insolvenzordnung ein vergleichbares Institut, noch verlangt die RL seine Einrichtung.

2 Das Restrukturierungsforum steht nur in öffentlichen Restrukturierungssachen zur Verfügung. Dies ergibt sich nicht nur aus der Stellung der Regelung innerhalb des Kapitels 4 – Öffentliche Restrukturierungssachen, sondern auch aus der Systematik. Es würde der gesetzlich gewollten Vertraulichkeit der nicht-öffentlichen Restrukturierungssache zuwider laufen, wenn mittelbar über das Restrukturierungsforum die Öffentlichkeit gleichwohl informiert würde, ohne dass der Schuldner hierauf Einfluss hätte (zweifelnd Braun StaRUG/*Tashiro* StaRUG § 87 Rn. 5, die zutreffend darauf hinweist, dass auch in nicht-öffentlichen Verfahren eine Notwendigkeit für Abstimmungen und Diskussionen durch Planbetroffene gegeben sein kann).

## II. Einrichtung des Restrukturierungsforums

### 1. Aufruf durch einen Planbetroffenen

3 Das konkrete Verfahren wird nicht von Amts wegen in das Reststrukturierungsforum aufgenommen. Vielmehr ist es an einzelnen Planbetroffenen oder auch einer Gruppe Planbetroffener bei entsprechendem Interesse **eigeninitiativ** tätig zu werden und andere Planbetroffene aufzufordern, das Stimmrecht im Rahmen einer Planabstimmung in bestimmter Weise auszuüben, eine Stimmrechtsvollmacht zu erteilen oder einen Vorschlag zur Änderung des vorgelegten Restrukturierungsplans zu unterstützen. Auf diese Art und Weise können gerade in Massenverfahren einzelne Gläubiger versuchen, sich **innerhalb ihrer Abstimmungsgruppe zu organisieren.** Denkbar erscheint dies insbesondere bei der Beteiligung etwa von Kleinanlegern, im Rahmen einer Schuldverschreibung oder einer Unternehmensanleihe.

4 Der erforderliche **Inhalt der Aufforderung** ist in Abs. 2 näher bestimmt. Die Aufforderung hat zunächst Informationen zur Identifizierung und Individualisierung zu enthalten, konkret den Namen und die Anschrift des die Aufforderung initiierenden Planbetroffenen (Abs. 2 Nr. 1), den Schuldner (Abs. 2 Nr. 2), das Restrukturierungsgericht und das Aktenzeichen der Restrukturierungssache (Abs. 2 Nr. 3). Des Weiteren sind Vorschläge für die Stimmrechtsausübung, für die Stimmrechtsvollmacht oder zur Änderung des Plans zu machen (Abs. 2 Nr. 4). Schließlich ist der Tag der Versammlung der Planbetroffenen oder des Fristablaufs zur Annahme des Planangebots mitzuteilen (Abs. 2 Nr. 5).

Die Angaben in der Aufforderung sollen es den anderen Planbetroffenen ermöglichen, die Auffassung der Auffordernden und den Inhalt ihres Vorschlags nachzuvollziehen und sie rechtzeitig vor der Abstimmung zu kontaktieren (RegE, BT-Drs. 19/24181, 180). Zur Verfahrensvereinfachung ermöglicht es Abs. 3, in die Aufforderung den Hinweis auf eine Begründung auf der Internetseite des Auffordernden aufzunehmen. 5

Zur Erleichterung der Kontaktaufnahme kann der auffordernde Beteiligte gemäß Abs. 3 auch die Daten für eine elektronische Kontaktaufnahme veröffentlichen lassen (RegE, BT-Drs. 19/24181, 180). 6

### 2. Stellungnahme des Schuldners

Abs. 4 eröffnet dem Schuldner die Möglichkeit, zu der Aufforderung des Planbetroffenen Stellung zu nehmen. Allerdings kann der Schuldner seine Stellungnahme – die Gesetzesbegründung (RegE, BT-Drs. 19/24181, 180) spricht von Gegenäußerung – nicht unmittelbar im Restrukturierungsforum einstellen, sondern ist darauf beschränkt, einen Hinweis auf die Veröffentlichung der Stellungnahme auf seiner Internetseite zu geben. Zu beachten ist, dass Aufforderung und Stellungnahme sich nicht widersprechen müssen, sondern auch ergänzend aufeinander aufbauen können. So ist denkbar, dass ein Planbetroffener, der den Plan unterstützt, die Aufforderung zur Organisation initiiert und der Schuldner dies in seiner Stellungnahme ausdrücklich gutheißt und ggf. ergänzt. Insoweit ist der in der Gesetzesbegründung genutzte Begriff der „Gegenäußerung“ etwas missverständlich und ist die neutralere Formulierung der „Stellungnahme“ vorzugswürdig. 7

### 3. Verordnungsermächtigung

Abs. 5 enthält eine Verordnungsermächtigung für das Bundesministerium der Justiz und für Verbraucherschutz, deren Zweck es ist, den Gesetzestext von technischen Einzelheiten zu entlasten (RegE, BT-Drs. 19/24181, 180). Das Ministerium wird ermächtigt, die äußere Gestaltung des Restrukturierungsforums und weitere Einzelheiten insbesondere zu der Aufforderung, dem Hinweis, den Entgelten, zu Löschungsfristen, zum Löschungsanspruch, zu Missbrauchsfällen und zur Einsichtnahme zu regeln. 8

## Anwendbarkeit des Artikels 102c des Einführungsgesetzes zur Insolvenzordnung[1]

**88 In öffentlichen Restrukturierungssachen ist Artikel 102c §§ 1, 2, 3 Absatz 1 und 3, die §§ 6, 15, 25 und 26 des Einführungsgesetzes zur Insolvenzordnung entsprechend anwendbar.**

[1] §§ 84–88 treten gem. Art. 25 Abs. 3 Nr. 1 G v. 22.12.2020 (BGBl. I S. 3256) mWv **17.7.2022** in Kraft.

**Übersicht**



## I. Allgemeines

1 Da die öffentliche Restrukturierungssache in den Anhang A der EuInsVO aufgenommen wurde und die Verfahren damit der EuInsVO unterfallen, ist es erforderlich, auch die Anwendbarkeit des begleitenden nationalen Rechts zu regeln, soweit die EuInsVO der Ergänzung und Ausfüllung bedarf oder eine solche verlangt. Dies leistet § 88, indem er die entsprechenden Regelungen des Art. 102c EGInsO, die diese Funktion im Anwendungsbereich der InsO übernehmen, für entsprechend anwendbar erklärt. Die praktische Relevanz der Norm dürfte gering sein.

2 Bei den für anwendbar erklärten Vorschriften handelt es sich um Regelungen über die örtliche Zuständigkeit des Gerichts (Art. 102c §§ 1 und 6 EGInsO), die Vermeidung von Kompetenzkonflikten (Art. 102c § 2 EGInsO), die Einstellung des Verfahrens zugunsten eines anderen Mitgliedstaates (Art. 102c § 3 Abs. 1 und 3), die Planbestätigung (Art. 102c § 15 EGInsO) sowie um die Rechtsbehelfe gegen Entscheidungen nach Art. 69 Abs. 2 EuInsVO (Art. 102c § 25 EGInsO) sowie nach Art. 77 Abs. 4 EuInsVO (Art. 102c § 26 EGInsO).

3 Neben der in § 88 geregelten entsprechenden Anwendung einzelner Regelungen des Art. 102c EGInsO finden sich in § 84 Abs. 1 S. 3 und Abs. 2 S. 3 weitere Verweisungen auf Art. 102c EGInsO. Dort werden die deutlich relevanteren Art. 102c § 4 und § 5 EGInsO über ergänzende Angaben im Eröffnungsantrag bzw. über die Eröffnung der sofortigen Beschwerde gegen die Annahme der internationalen Zuständigkeit für entsprechend anwendbar erklärt (zu Art. 102c § 4 EGInsO § 84 VIII. Sofortige Beschwerde bei fehlender internationaler Zuständigkeit.; zu Art. 102c § 5

EGInsO § 84 V. 3. Ergänzende Angaben des Schuldner zur internationalen Zuständigkeit.).

## II. Ergänzende Regelung zur örtlichen Zuständigkeit

### 1. Internationale Zuständigkeit bei fehlender örtlicher Zuständigkeit

Der entsprechend anwendbare Art. 102c § 1 EGInsO enthält eine Auffangregelung für die örtliche Zuständigkeit. Art. 102c § 1 Abs. 1 EGInsO betrifft den Fall, dass deutsche Gerichte zwar nach der EuInsVO **international zuständig** sind, aber **nach nationalen Regelungen eine örtliche Zuständigkeit nicht besteht.** Es ist dann das Restrukturierungsgericht örtlich zuständig, in dessen Bezirk der Schuldner den Mittelpunkt seiner hauptsächlichen Interessen, also seinen COMI iSd Art. 3 Abs. 1 EuInsVO hat. Da der Mittelpunkt einer wirtschaftlichen Tätigkeit des Schuldners nach § 35 S. 2 in aller Regel identisch mit dem COMI nach Art. 3 Abs. 1 EuInsVO ist, hat die Vorschrift allenfalls lückenschließenden Charakter und dürfte kaum einmal praktisch relevant werden. 4

### 2. Partikularverfahren

Art. 3 Abs. 2 EuInsVO schafft eine Zuständigkeit für Partikularverfahren, deren Wirkungen auf das Gebiet des Mietgliedstaats begrenzt sind. In einem solchen Fall ist nach Art. 102c § 1 Abs. 2 EGInsO das Restrukturierungsgericht ausschließlich zuständig, in dessen Bezirk die **Niederlassung des Schuldners** liegt. Hat der Schuldner mehrere inländischen Niederlassungen, ist entsprechend § 3 Abs. 3 InsO das Restrukturierungsgericht zuständig, bei dem zuerst eine zur Rechtshängigkeit der Restrukturierungssache führende Anzeige nach § 31 eingereicht wurde. 5

Aus der Existenz dieser Vorschrift kann gleichzeitig geschlossen werden, dass der Gesetzgeber es für möglich hält, ein Restrukturierungsverfahren auch als Partikularverfahren durchzuführen, eine Option, die im Einzelfall für **ausländische Schuldner mit inländischem Geschäft** interessant sein kann. 6

### 3. Sonstige Maßnahmen

Als weitere Auffangvorschrift bestimmt Art. 102c § 1 Abs. 3 EGInsO, dass unbeschadet der Zuständigkeiten nach Art. 102c EGInsO für **Entscheidungen oder sonstige Maßnahmen nach der EuInsVO** jedes Restrukturierungsgericht örtlich zuständig ist, in dessen Bezirk sich Vermögen des Schuldners befindet. Zur sachdienlichen Förderung oder schnelleren Erledigung von Verfahren nach der EuInsVO werden die Landesregierungen ermächtigt, diese Verfahren durch Rechtsverordnung für die Bezirke mehrerer Restrukturierungsgerichte einem von diesen zuzuweisen. Ob die Norm für Restrukturierungsverfahren einen Anwendungsbereich erlangt, ist derzeit noch nicht absehbar. Bereits für das Insolvenzverfahren ist der Anwendungs- 7 bereich gering. So sollen etwa öffentliche Bekanntmachungen und Eintragungen ausländischer Insolvenzverfahren in inländische Register, die Anordnung von Sicherungsmaßnahmen nach Art. 52 EuInsVO, die Anordnung der Zwangsversteigerung nach Art. 21 Abs. 1 EuInsVO iVm § 165 InsO, oder sonstiger Maßnahmen nicht förmlicher Art, wie Auskünfte oder die Übersendung von Dokumenten, vom Anwendungsbereich des Art. 102c § 1 Abs. 3 EGInsO erfasst sein (Vallender/*Vallender/Zipperer* EGInsO Art. 102c § 1 Rn. 13). All diese Maßnahmen, die der Durchsetzung eines ausländischen Insolvenzverfahrens im Inland dienen, dürften allerdings in die **Zuständigkeit der Insolvenzgerichte und nicht der Restrukturierungsgerichte** fallen.

8 Die Landesregierungen können die Ermächtigung auf die Landesjustizverwaltungen übertragen, Art. 102c § 1 Abs. 3 S. 3 EGInsO. Eine solche Überragung ist bislang nicht erfolgt, dürfte aber im Hinblick auf die ohnehin weitreichende Konzentration der Restrukturierungsgerichte nach § 34 auch nicht erforderlich sein.

## III. Vermeidung von Kompetenzkonflikten

### 1. Vorrang des ausländischen Hauptinsolvenzverfahrens; Fortführung als Sekundärinsolvenzverfahren

9 Art. 102c § 2 Abs. 1 EGInsO löst Kompetenzkonflikte zwischen ausländischem Insolvenzverfahren und inländischem, öffentlichen Restrukturierungsverfahren. Nach Abs. 1 S. 1 der Vorschrift ist ein bei einem deutschen Restrukturierungsgericht gestellter Antrag **unzulässig,** wenn das Gericht eines anderen Mitgliedstaats der Europäischen Union ein Hauptinsolvenzverfahren eröffnet hat. Ist gleichwohl ein Restrukturierungsverfahren eröffnet worden, ist dieses nach Maßgabe der Art. 34–52 EuInsVO als **Sekundärinsolvenzverfahren** fortzuführen, wenn eine Zuständigkeit der deutschen Gerichte nach Art. 3 Abs. 2 EuInsVO besteht, der Schuldner also eine Niederlassung im Inland unterhält, Art. 102c § 2 Abs. 1 S. 2 EGInsO.

### 2. Einstellung des Restrukturierungsverfahrens zugunsten eines anderen Mitgliedstaates

10 Liegen die Voraussetzungen für eine Fortführung als Sekundärverfahren nicht vor, ist das Verfahren nach Art. 102c § 2 Abs. 1 S. 2 Hs. 2 EGInsO einzustellen. Vor einer solchen Einstellung sollen nach Art. 102c § 3 Abs. 1 EGInsO der Restrukturierungsbeauftragte (an Stelle des Insolvenzverwalters), der Gläubigerbeirat (an Stelle des Gläubigerausschusses), wenn ein solcher bestellt ist, und der Schuldner gehört werden. Wird das Verfahren eingestellt, so ist jeder Planbetroffene (an Stelle der Insolvenzgläubiger) beschwerdebefugt, Art. 102c § 3 Abs. 1 S. 2 EGInsO. Eine Beschwerdebefugnis des Schuldners besteht nicht, auch wenn diese bei dem schuldnerzentrierten Restrukturierungsverfahren nahe gelegen hätte.

11 Vor der Einstellung hat das Restrukturierungsgericht das Gericht des anderen Mitgliedstaats, bei dem das Verfahren anhängig ist, und den Insol-

venzverwalter, der in dem anderen Mitgliedstaat bestellt wurde, über die bevorstehende Einstellung zu unterrichten. Dabei soll angegeben werden, wie die Eröffnung des einzustellenden Verfahrens bekannt gemacht wurde, in welchen öffentlichen Büchern und Registern die Eröffnung eingetragen wurde und wer Restrukturierungsbeauftragter ist. In dem Einstellungsbeschluss ist das Gericht des anderen Mitgliedstaats zu bezeichnen, zu dessen Gunsten das Verfahren eingestellt wird. Diesem Gericht ist eine Ausfertigung des Einstellungsbeschlusses zu übersenden, Art. 102c § 3 Abs. 3 EGInsO.

### 3. Bindungswirkung der ausländischen Zuständigkeitsentscheidung

Für das Restrukturierungsverfahren von geringer Relevanz dürfte Art. 102c § 2 Abs. 2 EGInsO sein. Nach dieser Vorschrift darf ein deutsches Restrukturierungsgericht die Eröffnung des öffentlichen Restrukturierungsverfahrens nicht mit der Begründung ablehnen, dass die Gerichte des anderen Mitgliedstaats zuständig seien, wenn das Gericht eines Mitgliedstaats der Europäischen Union die Eröffnung des Insolvenzverfahrens abgelehnt hat, weil nach Art. 3 Abs. 1 EuInsVO die deutschen Gerichte zuständig seien. **12**

## IV. Örtliche Zuständigkeit für Annexklagen

Art. 102c § 6 EGInsO regelt eine Auffangzuständigkeit für Annexklagen. Lässt sich nicht bereits aus anderen Vorschriften eine örtliche Zuständigkeit herleiten, so wird der Gerichtsstand für Klagen nach Art. 6 Abs. 1 EuInsVO durch den Sitz des Restrukturierungsgerichts bestimmt. **13**

Für Klagen nach Art. 6 Abs. 1 EuInsVO, die nach Art. 6 Abs. 2 EuInsVO in Zusammenhang mit einer anderen zivil- oder handelsrechtlichen Klage gegen denselben Beklagten stehen, ist auch das Gericht örtlich zuständig, das für die andere zivil- oder handelsrechtliche Klage zuständig ist. **14**

Ob diese Vorschrift praktische Relevanz erlangt, ist fraglich, schon allein, weil das Restrukturierungsverfahren nicht auf Liquidation ausgelegt ist, sodass die Erhebung von Annexklagen (hierunter fallen etwa die im Restrukturierungsverfahren nicht relevanten Klagen aus Insolvenzanfechtung, über das Wahlrecht des Insolvenzverwalters nach § 103 InsO oder die Unwirksamkeit von Verfügungen gemäß §§ 23, 81 f. InsO, zu weiteren Beispielen vgl. Vallender/*Hänel* EuInsVO Art. 6 Rn. 59) kaum einmal vorstellbar ist. Möglich erscheint sie allerdings für Feststellung streitiger Forderungen iSd § 70. Auch ist zu beachten, dass über § 19b ZPO ein umfassender ausschließlicher Gerichtsstand für restrukturierungsbezogene Klagen bei dem Gericht besteht, in dessen Bezirk das für die Restrukturierungssache zuständige Restrukturierungsgericht seinen Sitz hat. **15**

## V. Zustimmungserfordernisse beim Sanierungsplan im Sekundärverfahren

16 Art. 102c § 15 S. 1 EGInsO, der die Vorgabe des Art. 47 Abs. 2 EuInsVO präzisiert (Vallender/*Ch. Keller* EGInsO Art. 102c § 14 Rn. 1) regelt die Zustimmungsvoraussetzungen in einem in der Bundesrepublik Deutschland eröffneten Restrukturierungsverfahren, das als Sekundärinsolvenzverfahren zu einem ausländischen Hauptinsolvenzverfahren eröffnet wurde. In einem solchen Restrukturierungsverfahren darf ein Restrukturierungsplan, der eine Stundung, einen Erlass oder sonstige Einschränkungen der Rechte der Gläubiger vorsieht, vom Restrukturierungsgericht nur bestätigt werden, wenn alle betroffenen Gläubiger dem Restrukturierungsplan zugestimmt haben. Dies gilt nach Art. 102c § 15 S. 2 EGInsO nicht für Planregelungen, mit denen in Absonderungsrechte eingegriffen wird.

## VI. Weitere Rechtsbehelfe und Rechtsmittel im Zusammenhang mit Gruppen-Koordinationsverfahren nach EuInsVO

17 Art. 102c § 25 EGInsO eröffnet die Erinnerung gegen die Entscheidung eines Koordinators nach Art. 69 Abs. 2 EuInsVO, für die § 573 ZPO entsprechend gilt. Es handelt sich um den wohl allenfalls theoretisch denkbaren, aber kaum praxisrelevanten Fall, dass in dem Restrukturierungsverfahren ein Antrag auf Durchführung eines europäischen Gruppen-Koordinationsverfahrens nach den Art. 61 ff. EuInsVO gestellt wurde, in Folge dessen beim Restrukturierungsgericht ein Koordinationsverfahren anhängig ist und nunmehr ein anderer gruppenangehöriger Schuldner einen Antrag auf ein nachträgliches Opt-in, also auf nachträgliche Beteiligung an einem im Rahmen des Restrukturierungsverfahrens anhängigen Koordinationsverfahren nach Art. 69 EuInsVO, stellt. Die nunmehr vom Koordinator zu treffende Entscheidung über die Zulassung oder Nichtzulassung des nachträglichen Opt-in ist durch das Restrukturierungsgericht im Wege der Erinnerung überprüfbar.

18 Schließlich eröffnet Art. 102c § 26 EuInsVO die sofortige Beschwerde gegen die Entscheidung über die Kosten eines Gruppen-Koordinationsverfahrens nach Art. 77 Abs. 4 EuInsVO, sofern das Restrukturierungsgericht das Gruppen-Koordinationsverfahren eröffnet hat. Auch dies wohl eher ein nur theoretisch denkbarer Fall.

## VII. Nicht für entsprechend anwendbar erklärte Regelungen des Art. 102c EGInsO

19 Aus den konkreten Verweisen in § 84 Abs. 1 S. 3, Abs. 2 S. 3 und § 88 nur auf einzelne Vorschriften des Art. 102c EGInsO folgt, dass die weiteren

Regelungen der Vorschrift grundsätzlich keine entsprechende Anwendung finden sollen.

Dies ist weitgehend nachvollziehbar und entspricht dem Regelungskontext. So hat der Gesetzgeber eine entsprechende Anwendung des Art. 102c § 3 Abs. 2 EGInsO, der die **Fortdauer von Wirkungen eines inländischen Insolvenzverfahrens** regelt, falls dieses zu Gunsten eines ausländischen Verfahrens eingestellt wurde, zutreffend nicht erforderlich gehalten, da in einer Restrukturierungssache vor Rechtskraft des Restrukturierungsplans keine Rechtshandlungen in Bezug auf eine Restrukturierungssache erfolgen beziehungsweise keine Wirkungen eintreten können, die nicht auf die Dauer der Rechtshängigkeit der Restrukturierungssache beschränkt sind (RegE, BT-Drs. 19/24181, 181). **20**

Ebenfalls nicht von Relevanz für die Regelung des Verhältnisses zwischen StaRUG zur EuInsVO oder zu ausländischen Insolvenzverfahren sind die **Vorschriften über die Veröffentlichungen und Eintragungen ausländischer Insolvenzverfahren im Inland** (Art. 102c §§ 7–9 EGInsO), die **Vollstreckung aus ausländischen Eröffnungsentscheidungen** (Art. 102c § 10 EGInsO), die **Aussetzung der Verwertung in einem in Deutschland eröffneten Sekundärinsolvenzverfahren** (Art. 102c § 16 EGInsO) und das Verhältnis der **Koordinationsverfahren nach InsO und EuInsVO zueinander** (Art. 102c §§ 22–24). **21**

Nicht ganz unproblematisch ist allerdings die fehlende Einbeziehung der **Zusicherung zur Vermeidung eines Sekundärinsolvenzverfahren** (Art. 102c §§ 11–14 und 17–21 EGInsO) in die Liste der entsprechend anwendbaren Vorschriften. Denn es ist zumindest denkbar, dass ausländische Gläubiger an einem Restrukturierungsverfahren nach dem StaRUG beteiligt sind und ihre (besseren) Rechte nach ihrem Heimatrecht geltend machen wollen, wozu sie über ein Sekundärinsolvenzverfahren berechtigt wären. Dieses Sekundärinsolvenzverfahren könnte durch eine Zusicherung vermieden werden. Anderseits ist zu bedenken, dass die Fälle äußerst selten sein dürften und sich das Recht zur Abgabe einer Zusicherung zur Vermeidung eines Sekundärinsolvenzverfahrens **als unmittelbar geltendes Recht** bereits **aus Art. 36 EuInsVO** ergibt. Das Instrument steht also, falls es jemals benötigt wird, auch ohne den Verweis auf die Art. 102c §§ 11–14 und 17–21 EGInsO grundsätzlich zur Verfügung, wenngleich nicht mit den detaillierten verfahrensrechtlichen Regelungen des EGInsO. Gegebenenfalls wäre zur Lückenschließung über eine entsprechende Anwendung der Art. 102c §§ 11–14 und 17–21 EGInsO nachzudenken. **22**

# Kapitel 5. Anfechtungs- und Haftungsrecht

## Rechtshandlungen, die während der Rechtshängigkeit der Restrukturierungssache vorgenommen werden

**89** (1) **Die Annahme eines sittenwidrigen Beitrags zur Insolvenzverschleppung oder einer Rechtshandlung, die mit dem Vorsatz einer Benachteiligung der Gläubiger vorgenommen wurde, kann nicht allein darauf gestützt werden, dass ein an der Rechtshandlung Beteiligter Kenntnis davon hatte, dass die Restrukturierungssache rechtshängig war oder dass der Schuldner Instrumente des Stabilisierungs- und Restrukturierungsrahmens in Anspruch nahm.**

(2) **Hebt das Gericht nach einer Anzeige der Zahlungsunfähigkeit oder Überschuldung die Restrukturierungssache nicht nach § 33 Absatz 2 Satz 1 Nummer 1 auf, so gilt Absatz 1 auch für die Kenntnis der Zahlungsunfähigkeit oder Überschuldung.**

(3) [1] **Hat der Schuldner eine Zahlungsunfähigkeit oder Überschuldung nach § 32 Absatz 3 angezeigt, so gilt bis zur Aufhebung der Restrukturierungssache nach § 33 Absatz 2 Satz 1 Nummer 1 jede Zahlung im ordnungsgemäßen Geschäftsgang, insbesondere Zahlungen, die für die Fortführung der gewöhnlichen Geschäftstätigkeit und die Vorbereitung und Umsetzung des angezeigten Restrukturierungsvorhabens erforderlich sind, als mit der Sorgfalt eines ordentlichen Geschäftsleiters vereinbar.** [2] **Das gilt nicht für Zahlungen, die bis zu der absehbar zu erwartenden Entscheidung des Restrukturierungsgerichts zurückgehalten werden können, ohne dass damit Nachteile für eine Fortsetzung des Restrukturierungsvorhabens verbunden sind.**

**Schrifttum:** *Bork* Die Regelungen zur Insolvenzanfechtung im StaRUG, ZInsO 2020, 2177; *Hölzle/Curtze* Eine Krise – Ein Verfahren! – Folgen eines vorangegangenen Restrukturierungsverfahrens nach StaRUG in der späteren Insolvenz, ZIP 2021, 1293; *Madaus* Die (begrenzte) Insolvenzfestigkeit des Restrukturierungsplans, der Planleistungen sowie unterstützender Rechtshandlungen während der Restrukturierungssache, NZI-Beilage 2021, 35; *Schoppmeyer* Sanierungsprivilegien im Insolvenzanfechtungsrecht nach dem StaRUG, ZIP 2021, 869; *Thole* Gläubigerbenachteiligung und Gläubigerbegünstigung unter § 826 BGB – zur Dritthaftung von Kreditgebern wegen sittenwidrigen Verhaltens, WM 2010, 685.

**Übersicht**

## I. Normzweck und Systematik

§§ 89–91 regeln die Auswirkungen von Rechtshandlungen, die während des oder im Zusammenhang mit dem Restrukturierungsrahmen vorgenommen werden, auf die Insolvenz- und Gläubigeranfechtung sowie auf die zivilrechtliche Haftung von Organen und Beteiligten. Der Abschnitt dient der Umsetzung der in Art. 17 f. RL 2019/1023 vorgesehenen *safe harbours.* Ein zwingender Umsetzungsbedarf ergab sich aus Art. 17 f. RL nicht, denn die dort vorgesehenen Einschränkungen der Anfechtung und Haftung erfordern nur, dass neue Finanzierungen, Zwischenfinanzierungen und sonstige Transaktionen nicht allein wegen der Gläubigerbenachteiligung angreifbar sind. Das deutsche Anfechtungs- und Haftungsrecht knüpft jedoch stets an weitergehende Umstände an, so dass ein Umsetzungsbedarf nicht gegeben war (*Bork* ZInsO 2020, 2177 (2179); *Hölzle* ZIP 2020, 585 (593); *Gehrlein* BB 2021, 66 (77); *Müller* ZIP 2020, 2253 (2257); *Thole* ZIP 2020, 1985 (1998)), selbst wenn das unionsrechtliche Verständnis der Gläubigerbenachteiligung enger sein mag als dasjenige des § 129 InsO (zweifelnd daher aber *Schoppmeyer* ZIP 2021, 869 (871)). § 89 will es insbesondere **verhindern,** dass aus der Inanspruchnahme von Instrumenten und der Rechtshängigkeit der Restrukturierungssache **eigenständige Beweisanzeichen (Indizien) für § 133 InsO** (und § 3 AnfG) abgeleitet werden, die dann im Rahmen der richterlichen **Beweiswürdigung** als alleiniger Umstand mobilisiert werden, um auf die subjektiven Voraussetzungen der Vorsatzanfechtung zu schließen (zu den Rechtsfolgen genauer → Rn. 14). Der Gesetzgeber versteht § 89 als eine den § 133 InsO betreffende **klarstellende Regelung** (Begründung RegE, BT-Drs. 19/24181, 181; *Madaus* NZI-Beilage 2021, 35 (37)). Ein echtes Anfechtungsprivileg ist mit § 89 (anders als partiell mit § 90) nicht geschaffen worden. Bei der Berechnung der **Anfechtungsfristen** ist § 91 zu beachten. Die Vorschriften für die **Sanierungsmoderation** sehen keine Verweisung auf § 89 vor. § 97 Abs. 3 verweist nur auf § 90. Inhaltlich dürfte aus den Anordnungsvoraussetzungen des § 94 aber ebenfalls 1

„nicht allein“ auf den Benachteiligungsvorsatz und dessen Kenntnis geschlossen werden, weil dies keine statthafte Überzeugungsbildung iSd § 286 ZPO wäre.

2 § 89 hat nicht nur die Insolvenzanfechtung im Blick, sondern auch die **Insolvenzverschleppungshaftung.** Im Vordergrund steht die **Beteiligtenhaftung der Kreditgeber** wegen sittenwidriger Kreditgewährung und Gläubigerschädigung (*Thole* WM 2010, 685). Ebenfalls bedeutsam ist aus Kreditgebersicht die mögliche Unwirksamkeit von Kreditsicherheiten über § 138 BGB; diese Gefahr wird durch § 89 ebenfalls entschärft. Es wird neben den Kreditgebern auch die **Beraterhaftung** erfasst (Pannen/Riedemann/Smid/*Pannen* StaRUG § 89 Rn. 45: direkte „Abschaffung“), hinsichtlich des Anfechtungsschutzes ist das aber anders → Rn. 9 f., dort sind die Berater „nur“ reflexartig geschützt (→ Rn. 10).

3 **Abs. 2** sieht eine Erweiterung des Anfechtungs- und Haftungsschutzes vor, die an die Pflicht zur Anzeige der Insolvenzreife anknüpft (§ 32 Abs. 3, § 42 Abs. 1). **Abs. 3** betrifft die Haftung nach § 15b InsO und regelt die Schwebephase nach Anzeige einer Insolvenzreife und vor der Entscheidung des Gerichts über die Aufhebung der Restrukturierungssache.

## II. Anfechtungs- und Haftungsschutz (Abs. 1)

### 1. Anfechtungsschutz

4 § 89 Abs. 1 zielt vor allem auf den Schutz der Beteiligten vor einer Anfechtung in einer Folgeinsolvenz. Zu § 133 InsO hat die Rechtsprechung – zuletzt einschränkend (BGH NZI 2021, 720 mit krit. Anm. *Thole* ZRI 2021, 609) – verschiedene Beweisanzeichen anerkannt. Dazu gehört insbesondere die Kenntnis der Zahlungsunfähigkeit (BGH NZI 2018, 114 Rn. 8; BGH NZI 2020, 520 Rn. 10; zu Abs. 2 → Rn. 22 ff.) oder die Inkongruenz der Deckung (BGH NZI 2020, 1101 Rn. 23). Bei drohender Zahlungsunfähigkeit setzt die Feststellung der Voraussetzungen des § 133 InsO zusätzliche Umstände voraus, die im Zusammenwirken die richterliche Überzeugung begründen (BGH NZI 2021, 720 Rn. 40). Schlüssige **Sanierungsversuche** konnten schon bisher als Gegenindiz zum Vorsatz und der Kenntnis gewertet werden (BGH ZIP 2016, 1235). Das gilt weiterhin, insbesondere bei inkongruenten Deckungen (*Thole* ZRI 2021, 609 (613)). Seit dem Urteil des BGH vom 6.5.2021, das ausdrücklich nur kongruente Deckungen betraf, kann ggf. schon der Benachteiligungsvorsatz ausscheiden, wenn der Verwalter nicht den Vollbeweis von fehlenden Aussichten auf Beseitigung einer eingetretenen Zahlungsunfähigkeit führt. Darüber hinaus ist bei kongruenten Deckungen auch das Bargeschäftsprivileg des § 142 InsO nF zu beachten.

5 **a) Anwendungsbereich.** Erfasst sind von Abs. 1 **alle Rechtshandlungen** (*Schoppmeyer* ZIP 2021, 869 (874)). § 89 legt die Begriffsbestimmung des § 129 zugrunde, also den weiten Begriff der Rechtshandlung, der jede bewusste Willensbetätigung erfasst, die eine rechtliche Wirkung auslöst

(BGH NZI 2014, 321 (322); Flöther/*Hoegen/Herding* StaRUG § 89 Rn. 18).

**b) Kenntnis von der Rechtshängigkeit oder Inanspruchnahme von Instrumenten.** Abs. 1 will sowohl die Anforderungen an die Feststellung des Gläubigerbenachteiligungsvorsatzes als auch der Kenntnis des Anfechtungsgegners konkretisieren (die Formulierung des Gesetzgebers wurde von *Thole* ZIP 2020, 1985 (1998) übernommen). Beim Benachteiligungsvorsatz ist Abs. 1 allerdings schon deshalb wenig aussagekräftig, weil die Kenntnis von der Rechtshängigkeit und der Inanspruchnahme von Instrumenten ohnehin nicht allein den Vorsatz begründen könnte, weil das voluntative Vorsatzelement (Wollenselement) dazukommen muss. Der Schuldner kennt zudem immer die Rechtshängigkeit oder die Inanspruchnahme von Instrumenten. Daraus kann aber auch das Wollenselement nicht abgeleitet werden, wie Abs. 1 (deklaratorisch) bestätigt. Bei der Kenntnis des Anfechtungsgegners vom Benachteiligungsvorsatz will Abs. 1 verhindern, dass die Rechtsprechung aus der Rechtshängigkeit der Restrukturierungssache und den Instrumenten, zB einer Vollstreckungssperre gegenüber Gläubigern nach § 49 Abs. 1 Nr. 1, ein für die Vorsatzanfechtung beachtliches Indiz für die Kenntnis ableitet und allein auf dieser Grundlage die Kenntnisfeststellung vornimmt. 6

Die **Inanspruchnahme von Instrumenten** bezieht sich auf die Instrumente iSd § 29. Die „Inanspruchnahme" setzt zwar nicht zwingend einen erfolgreichen Antrag voraus. Wenn aber das Gericht zB eine Stabilisierungsanordnung wegen bereits eingetretener Insolvenzreife ablehnt, kann dieser Umstand (weil ein anderer Ansatzpunkt) bei der Feststellung subjektiver Voraussetzungen nachfolgender Rechtshandlungen gewürdigt werden, vorbehaltlich Abs. 2 (näher → Rn. 11). 7

**c) Rechtshängigkeit.** Die Rechtshandlung muss **nach** und zugleich **während der Rechtshängigkeit** der Restrukturierungssache erfolgen (*Schoppmeyer* ZIP 2021, 869 (876)); dies ergibt sich schon aus dem Zusammenhang mit § 91. Für den **Zeitpunkt der Rechtshandlung** gilt wie stets § 140 InsO. Die Rechtshängigkeit wird gemäß § 31 Abs. 3 durch die Anzeige des Restrukturierungsvorhabens begründet, unabhängig von der Erfolgsaussicht der Sanierung (so auch Morgen StaRUG/*Bork* StaRUG § 89 Rn. 25). Auch eine **formell fehlerhafte,** weil nicht den Anforderungen des § 31 Abs. 2 entsprechende **Anzeige** genügt, jedenfalls solange die Anzeige nicht völlig substanzlos ist (Parallele zur Individualisierung bei Klageerhebung unter § 253 Abs. 2 ZPO vgl. dort BGH NJW 2018, 3457 Rn. 24, 35; BGH NJW-RR 2019, 398 Rn. 13). § 89 Abs. 1 greift für die während der Rechtshängigkeit vorgenommenen Rechtshandlungen auch dann, wenn ein **Restrukturierungsplan später scheitert** oder **nicht bestätigt** wird; allerdings kann im Einzelfall eine aus der ex-ante-Sicht völlig unzureichende Planung des Restrukturierungsvorhabens ein Gewicht bei der Gesamtwürdigung erlangen. Rechtshandlungen **vor der Rechtshängigkeit** folgen den allgemeinen Regeln. Das gilt auch für solche Rechtshandlungen, die den Gang in den Restrukturierungsrahmen nur vorbereiten sollen. 8

9 **d) Beteiligte.** An der Rechtshandlung beteiligt sind der **Schuldner** einerseits und etwaige **Empfänger** der Leistung andererseits, darunter auch mögliche **Zahlungsmittler.** Wenn beispielsweise der Schuldner eine Zahlung über einen kollusiv eingebundenen Treuhänder an einen Gläubiger leitet, mag die Anfechtung gegenüber dem Zahlungsmittler von § 89 erfasst sein, selbst wenn für die Anfechtung gegenüber dem Gläubiger gemäß §§ 130, 131 die Vorgabe des § 89 gerade nicht gilt. Beteiligt sein können auch Gesellschafter sein, was unproblematisch ist, weil § 135 InsO von § 89 ohnehin unberührt bleibt (*Gehrlein* BB 2021, 66 (78)). Ein **Wissensvertreter des Anfechtungsgegners,** dessen Wissen dem Anfechtungsgegner entsprechend § 166 BGB zugerechnet würde, ist zwar nicht im Rechtssinne beteiligt, aber auch insoweit greift der Schutz des § 89 für den Anfechtungsgegner. Die Kenntnis des Wissensvertreters schadet dem Vertretenen also nicht.

10 Bei (bloßen) **Beratern** des Schuldners (oder des Gläubigers) ist zu **differenzieren.** Da bei der **Haftung wegen sittenwidriger Insolvenzverschleppung** (→ Rn. 17) gerade die Teilnehmerhaftung ausgeschlossen sein soll, die vor allem bei Steuerberatern Bedeutung erlangt hat (→ vgl.Rn. 20), und es dort um die Teilnahme an einem Dauerdelikt der Insolvenzverschleppung geht, ist dort der Beteiligtenbegriff auf alle Teilnehmer im materiellen Sinne zu erstrecken. Bei der **Anfechtung** ist dagegen konkret nach der angefochtenen Rechtshandlung differenzieren. Beteiligt ist nur, wer begünstigt wird (Flöther/*Hoegen/Herding* StaRUG § 89 Rn. 21). An einer Übertragung eines Vermögensgegenstands vom Schuldner auf einen Anfechtungsgegner ist dessen **Berater** auf dieser Grundlage selbst dann **nicht rechtlich „beteiligt“,** wenn er (Wissens-)Vertreter ist. Er profitiert aber insofern, als die Abwehr einer Anfechtung gegenüber dem Vertretenen auch die Regresshaftung des Beraters beseitigt. Davon zu unterscheiden ist der Fall, dass im Dunstkreis der angefochtenen Rechtshandlung weitere eigenständige Rechtshandlungen erfolgen und der **Berater selbst Anfechtungsgegner** ist, zB bei Honorarzahlungen an den Berater. Dann gilt § 89 unmittelbar.

11 **e) Kenntnis von Begleitumständen der Restrukturierungssache.** Fraglich ist, ob § 89 Abs. 1 auch die (alleinige) Berufung auf Umstände sperrt, die mit der Restrukturierungssache **notwendig verbunden** sind. So wird erwogen, der Kenntnis iSd Abs. 1 sei die Kenntnis der drohenden Zahlungsunfähigkeit oder jedenfalls das Vorhandensein wirtschaftlicher Schwierigkeiten gleichzustellen (so *Schoppmeyer* ZIP 2021, 869 (875); Flöther/*Hoegen/Herding* StaRUG § 89 Rn. 28; ähnliche Überlegungen zu § 133 Abs. 3 S. 2 InsO bei BGH NZI 2020, 682 Rn. 20). Dem ist nicht zu folgen (wie hier wohl auch *Hölzle/Curtze* ZIP 2021, 1293 (1301)). Die drohende Zahlungsunfähigkeit (ZU) wird zB bei der Anzeige der Restrukturierungssache nicht geprüft. Selbstverständlich muss die drohende ZU als ein Umstand in eine Gesamtbetrachtung der subjektiven Voraussetzungen einfließen dürfen. Dass die drohende ZU für sich *allein* nicht deren Feststellung ausreicht, ergibt sich bereits daraus, dass sie für sich allein genommen nicht geeignet ist, die volle richterliche Überzeugung iSd § 286 ZPO zu begründen. Dafür **bedarf es keiner konstitutiven Anordnung durch § 89**

**Abs. 1;** insofern besteht über das Ergebnis Einigkeit. Wenn man aber von § 89 Abs. 1 auch die drohende ZU oder wirtschaftliche Schwierigkeiten erfasst sähe, bestünde die Gefahr, dass die Instanzgerichte diese Umstände als gänzlich unbeachtlich ansähen. Darum geht es aber § 89 Abs. 1 gerade nicht – es soll nur die *alleinige* Berufung auf die Anknüpfungstatsachen nicht ausreichen. Es muss bei der Prüfung der subjektiven Voraussetzungen der Vorsatzanfechtung weiterhin beachtlich sein dürfen, dass der Schuldner in wirtschaftlichen Schwierigkeiten war.

An der prozessualen **Beweislastverteilung** in den Fällen des § 133 Abs. 1 S. 2 InsO ändert sich durch § 89 nichts. Hat der Verwalter den Vermutungstatbestand des § 133 Abs. 1 S. 2 InsO (drohende ZU + Kenntnis der Benachteiligung) dargelegt und bewiesen, muss der Anfechtungsgegner den vollen Beweis des Gegenteils führen, dh der Nichtkenntnis vom Benachteiligungsvorsatz. Die Kenntnis der Restrukturierungssache begründet selbstverständlich auch nicht umgekehrt den Nachweis der Nichtkenntnis vom Benachteiligungsvorsatz. Bei kongruenten Deckungen gilt § 133 Abs. 3 S. 1, was bei Abs. 2 bedeutsam wird. 12

**f) Rechtsfolge.** Inhaltlich gilt die sehr begrenzte und letztlich deklaratorisch angeordnete Sperrwirkung des Abs. 1 **nur für § 133 InsO und § 3 AnfG,** nicht für andere Anfechtungstatbestände (*Schoppmeyer* ZIP 2021, 869 (874); Morgen StaRUG/*Bork* StaRUG § 89 Rn. 29). Erweiternd könnte man auch den Fall des § 131 Abs. 1 Nr. 3 InsO einbeziehen (dies erwägend Flöther/*Hoegen/Herding* StaRUG § 89 Rn. 30), aber damit wäre dann eine Privilegierung inkongruenter Deckungen verbunden, was ohne klare gesetzgeberische Aussage fraglich ist. Zudem knüpft § 131 Abs. 1 Nr. 3 allein an die Kenntnis der Benachteiligung an, so dass § 89 Abs. 1 nicht passt. Fragwürdig ist wegen der Einbindung der nahestehenden Personen auch die Anwendung auf § 133 Abs. 4. Doch selbst wenn man diesen Fall ausklammerte, änderte sich nichts daran, dass die Kenntnis der Rechtshängigkeit und der Inanspruchnahme von Instrumenten für sich genommen den bei § 133 Abs. 4 zu führenden Gegenteilsbeweis noch nicht unmöglich macht. 13

§ 89 Abs. 1 beseitigt streng genommen nicht die Indizwirkung im Allgemeinen, sondern greift allenfalls unter § 133 InsO ein. Genauer gesagt schränkt Abs. 1 also nur die **richterliche Beweiswürdigung** bei § 133 InsO ein (*Schoppmeyer* ZIP 2021, 869 (875)). Bei der Beweiswürdigung und **Überzeugungsbildung** unter § 286 ZPO darf aus der Kenntnis der Rechtshängigkeit und der Inanspruchnahme von Instrumenten allein nicht auf den Vorsatz der Gläubigerbenachteiligung oder die Kenntnis des Vorsatzes geschlossen werden. Das entspricht schon bisher der Rechtsprechung, die stets eine Gesamtwürdigung angemahnt hat, und ist daher insoweit klarstellender Natur (anders *Bork* ZInsO 2020, 2177 (2181 f.)). Unberührt bleibt, dass die subjektiven Voraussetzungen aus einer Gesamtbewertung und **im Zusammenwirken mit weiteren Umständen** festgestellt werden (Morgen StaRUG/*Bork* StaRUG § 89 Rn. 27); in diesem Kontext kann auch das Sanierungsprivileg (BGH ZIP 2016, 1235) weiter greifen (Morgen StaRUG/*Bork* StaRUG § 89 Rn. 28; nicht ganz deutlich noch *Bork* ZInsO 2020, 2177 (2182)). Daraus folgt zugleich, dass das StaRUG-Verfahren und 14 die Inanspruchnahme von Instrumenten in anderem Kontext beachtlich sein können, etwa unter § 131 InsO. Dort kann man aus der Restrukturierungssache sicher ableiten, dass der Schuldner „nicht zweifelsfrei liquide" war, was Voraussetzung für die Indizwirkung der Inkongruenz ist (BGH NZI 2020, 1101 Rn. 23 mwN). Freilich hat der BGH mit dem Urteil vom 6.5.2021 für kongruente Deckungen die Vorsatzfeststellung mit der Neuausrichtung erschwert, weil es nunmehr darauf ankommen soll, dass der Schuldner nach seinem (objektivierten) Vorstellungsbild auch künftig nicht in der Lage sein wird, alle Gläubiger zu befriedigen (BGH NZI 2021, 720 Rn. 30 ff.).

**15** Die Schutzwirkung des § 89 gilt für die davon erfassten Rechtshandlungen **unbefristet** fort (so auch Floether/*Hoegen/Herding* StaRUG § 89 Rn. 38). Die Einschränkung des § 90 „bis zur nachhaltigen Restrukturierung" wäre hier fehl am Platz, weil sie dem Anfechtungsgegner den Schutz ausgerechnet bei einem Erfolg der Sanierung wieder entzöge.

## 2. Schutz vor der Annahme eines sittenwidrigen Beitrags

**16** **a) Fallgruppen des § 826, § 138 BGB.** § 89 Abs. 1 betrifft sowohl die **Haftung nach § 826 BGB** (oder §§ 830, 826 BGB oder §§ 823 Abs. 2, 830 iVm § 15a InsO; vgl. zB BGH NZI 2006, 58) als auch den **Unwirksamkeitsgrund des § 138 BGB** (Begründung RegE, BT-Drs. 19/24181, 182). Über strafrechtliche Folgen verhält sich § 89 nicht (Flöther/*Hoegen/Herding* StaRUG § 89 Rn. 25). Die Rechtsprechung hat dazu verschiedene **Fallgruppen** entwickelt, die untereinander **nicht scharf abgrenzbar sind;** auch die genauen Anforderungen an die subjektive Seite sind nicht abschließend geklärt (näher *Thole* WM 2010, 685).

**17** Eine wichtige Fallgruppe ist die **Insolvenzverschleppung,** die in einem Verhalten des Gläubigers begründet, durch das „der Zusammenbruch des Schuldners nur hinausgeschoben werden soll, weil der Gläubiger hofft, sich dadurch Vorteile zu verschaffen" (*Barkhausen* NJW 1953, 1666; ähnlich RGZ 136, 247 (253)). Die Kreditgewährung an einen in Zahlungsschwierigkeiten befindlichen Schuldner ist zwar als solche nicht sittenwidrig, aber bei qualifizierten Umstände kann die Haftung ausgelöst sein. Die Rechtsprechung hat die Haftung teils davon abhängig gemacht, dass der Gläubiger Sondervorteile erstrebt (BGHZ 90, 381 (399); BGH WM 1961, 1103 (1106); BGH WM 1970, 399 (401) (insoweit nicht in NJW 1970, 657); NJW 1995, 1668 (1669)).

**18** Weitere Fälle betreffen die **Kredittäuschung** und die **Gläubigergefährdung.** Eine Kredittäuschung soll vorliegen, wenn ein Kreditgeber um eigener Vorteile willen den letztlich unvermeidlichen Konkurs eines Unternehmers nur hinausschiebt, indem er Kredite gewährt, die nicht zur Sanierung, sondern nur dazu dienen, den Zusammenbruch zu verzögern, wenn hierdurch andere Gläubiger über die Kreditfähigkeit des Schuldners getäuscht und geschädigt werden sowie der Kreditgeber sich dieser Erkenntnis mindestens leichtfertig verschließt (RGZ 136, 247 (254); BGH NJW 1995, 1668 (zu § 138 BGB); s. auch BGHZ 138, 291 = NJW 1998, 2592; *Wüst* FS Wilburg, 1965, 257 (261)).

19 Eine **Gläubigergefährdung** soll vorliegen, wenn Mitgläubiger über die Zahlungsfähigkeit des Schuldners getäuscht werden und dadurch einen Schaden zu erleiden drohen, und zwar vor allem dann, wenn sich der Kreditgeber noch Sicherheiten ausbedingt, oder er kollusiv mit dem Schuldner zusammenwirkt und durch Gewährung von Kredit oder Kreditprolongation andere Gläubiger über den wahren Zustand der Dinge täuscht (*Engert,* Die Haftung für drittschädigende Kreditgewährung, 2005, S. 71 f.; *Neuhof* NJW 1998, 3225 (3230)). Generell wirkt es sich eher haftungsverschärfend aus, wenn der Kreditgeber oder Gläubiger aus Eigennutz handelt (BGHZ 10, 228 (234); WM 1964, 671 (672 f.)). Ob stets **eigennützige Beweggründe** identifiziert werden müssen, ist wenig geklärt (vgl. BGHZ 20, 43 (50 f.); *Engert,* Die Haftung für drittschädigende Kreditgewährung, S. 73). Eine Bank, die das Hinausschieben des Insolvenzantrages durch ihr Stillhalten und Weitergewähren des Kredits bewirkt oder duldet, handelt dann sittenwidrig, wenn sie das nicht mehr in der Annahme tut, dass es sich nur um eine überwindbare und vorübergehende Krise gehandelt habe, sondern deshalb, um in rücksichtsloser und eigensüchtiger Weise ihre Stellung bei dem in Kürze erwarteten Zusammenbruch auf Kosten der anderen Gläubiger zu verbessern (BGH NJW 1970, 657 (658)). Der **anstößige Eigennutz** der Bank liegt auf der Hand, wenn sie die um eigener Vorteile willen bewirkte Hinausschiebung des Konkurses veranlasst, obwohl mindestens billigend in Kauf nimmt, dass dadurch die Lieferanten des Unternehmens zu Schaden kommen können, während sie, weil deren neue Lieferungen kraft des Sicherungsvertrages in ihr Eigentum übergehen, dadurch demnächst günstiger abschneiden kann (BGH WM 1964, 671 (672 f.); NJW 1970, 657 (658)). Es kann den Kreditgeber entlasten, wenn er zum **Zwecke der Sanierung** handelt und von der Sanierungsfähigkeit ausgegangen ist und ausgehen durfte (BGHZ 10, 228 (233 f.); 108, 134 (144); 90, 381 (399); BGH NJW 1995, 1668 (zu § 138 BGB)). Wegen des Vorrangs der Insolvenzanfechtung kommt § 138 BGB hier nur zur Anwendung, wenn das Rechtsgeschäft besondere, **über die Gläubigerbenachteiligung hinausgehende Umstände** aufweist (mit Blick auf den Schutz von Sanierungsversuchen und einen Raumsicherungsvertrag BGH NJW 2016, 2662).

20 **b) Voraussetzungen des Abs. 1 Alt. 1.** Abs. 1 Alt. 1 besagt, dass die Annahme eines sittenwidrigen Beitrags in dem Sinne von eben → Rn. 19 nicht allein auf Kenntnis eines an der Rechtshandlung Beteiligten von der Rechtshängigkeit der Restrukturierungssache oder der Inanspruchnahme von Instrumenten durch den Schuldner gestützt werden kann. Für den **Anwendungsbereich** gilt grundsätzlich nichts anderes als bei dem Anfechtungsschutz. Zur Rechtshängigkeit → § 31 Rn. 31 ff. und eben → Rn. 8. Der **Beteiligtenbegriff** folgt hier dem materiellen Recht der Teilnehmerhaftung, während er für die Anfechtung enger gezogen werden muss (→ Rn. 10).

21 „Nicht allein“ bedeutet im Kontext der §§ 826, 138 BGB, dass über die Rechtshängigkeit/Anzeige oder die Inanspruchnahme von Instrumenten **hinausgehende Umstände** die Feststellung des sittenwidrigen Handelns oder des Beitrags zur Insolvenzverschleppung festgestellt werden müssen.

Das ist ausweislich der Rechtsprechung (→ Rn. 19) **ohnehin erforderlich.** Denkbar wären etwa Situationen kollusiven Verhaltens, in denen der Kreditgeber und der Schuldner trotz Kenntnis der bereits eingetretenen und dem Gericht nicht offenbarten Insolvenzreife ein StaRUG-Verfahren ansteuern, um dann über den Restrukturierungsplan und § 90 eine anfechtungsfeste Sicherheit aus dem Schuldnervermögen abzuziehen.

## III. Erweiterung des Anfechtungs- und Haftungsschutzes (Abs. 2)

22 Hebt das Gericht nach einer Anzeige der Zahlungsunfähigkeit oder Überschuldung die Restrukturierungssache nicht nach § 33 S. 1 Nr. 1 auf, so gilt Abs. 1 auch für die Kenntnis der Zahlungsunfähigkeit oder Überschuldung. Damit soll dem Umstand Rechnung getragen werden, dass die Nichtaufhebung nach eingetretener Insolvenzreife nur in Betracht kommt, wenn dies im Interesse der **Gläubigergesamtheit** (also auch der nicht am Restrukturierungsplan betroffenen Gläubiger) liegt (Begründung RegE, BT-Drs. 19/24181, 182).

23 Abs. 2 erfasst wie Abs. 1 **alle Rechtshandlungen,** allerdings nur solche **nach Nichtaufhebung** der Restrukturierungssache im Nachgang zu einer Anzeige der Insolvenzreife an das Restrukturierungsgericht. Der Schutz hängt nicht davon ab, dass der Anfechtungsgegner die Anzeige kannte (*Schoppmeyer* ZIP 2021, 869 (876)). Das Gesetz sieht einen ausdrücklichen Beschluss über die Nichtaufhebung in § 33 Abs. 2 nicht vor. Wie auch bei Abs. 3 (→ Rn. 32) ist aber vom Gericht ein **ausdrücklicher Beschluss über Aufhebung oder Nichtaufhebung zu verlangen** (so auch *Schoppmeyer* ZIP 2021, 869 (876)). Dieser kann zwar auch in der Planbestätigung liegen, aber schon zur Vermeidung der Schwebephase (vgl. Abs. 3) **darf das Gericht nicht warten,** bis die Frage der Planbestätigung aufkommt oder Planbestätigung beantragt wird (was bei Einstimmigkeit gar nicht zwingend wäre). Daher muss das **Gericht unverzüglich über die Aufhebung entscheiden,** und zwar durch Beschluss, § 38 iVm § 329 ZPO (vgl. *Vallender* ZInsO 2020, 2579 (2587)). Das kann man von einem Restrukturierungsgericht als **Amtspflicht** erwarten. Die Gerichte müssen die unverzügliche Entscheidung auch organisatorisch, etwa bei Urlaubsabwesenheiten etc, sicherstellen. Bezüglich der Nichtaufhebung ist kein Rechtsmittel vorgesehen (BeckOK StaRUG/*Fridgen* StaRUG § 89 Rn. 25).

24 **Rechtshandlungen** nach Anzeige der Insolvenzreife und **vor der Entscheidung des Gerichts** sind **nicht geschützt,** auch **nicht durch rückwirkende Kraft der Nichtaufhebungsentscheidung** (so aber *Schoppmeyer* ZIP 2021, 869 (877); Flöther/*Hoegen*/*Herding* StaRUG § 89 Rn. 55; wie hier *Madaus* NZI-Beilage 2021, 35 (37): „nachfolgend“). Denn andernfalls ergäbe sich ein Widerspruch zu Abs. 3, der eine solche rückwirkende Kraft nicht kennt und die gestatteten Zahlungen inhaltlich beschränkt (arg. Abs. 3 S. 2). Die Entscheidung des Gerichts besagt auch inhaltlich nur, dass *jetzt,* im Zeitpunkt der Entscheidung über die Aufhebung, die Aufhebung nicht im Interesse der Gläubigergesamtheit liegt und äußert sich nicht dazu, ob die

zuvor erfolgte Rechtshandlung mit dem Interesse der Gläubigergesamtheit übereinstimmte.

25 Erst recht ist es auch bei späterer Nichtaufhebung **nicht statthaft,** Abs. 2 auf **Rechtshandlungen vor der Anzeige der Insolvenzreife** anzuwenden (so aber *Schoppmeyer* ZIP 2021, 869 (876)). Für Rechtshandlungen vor der Anzeige der Insolvenzreife gilt Abs. 1 direkt (der aber dann die Heranziehung der Insolvenzreife gerade nicht ausschließt). Die Gründe, die später eine Nichtaufhebung rechtfertigen (Verhandlungsfortschritt etc), können auch ganz unabhängig von den Umständen bei der angefochtenen Rechtshandlung sein. Weiß der Gläubiger im Zeitpunkt der angefochtenen Rechtshandlung, dass der Schuldner zahlungsunfähig ist, ist er nicht schutzwürdig, selbst wenn dann im Nachgang (aus anderen Gründen) der Schuldner seiner Anzeigepflicht (§ 32 Abs. 3, 42) (doch) nachkommt und der Schuldner die StaRUG-Sache noch vor der Aufhebung retten kann.

26 Abs. 2 **verweist** auf Abs. 1, der sich bei den Anfechtungstatbeständen **nur auf § 133 InsO, § 3 AnfG** bezieht (ausdrücklich auch *Hölzle/Curtze* ZIP 2021, 1293 (1301)). *Schoppmeyer* will Abs. 2 (anders als Abs. 1) auf § 130 InsO erstrecken (ZIP 2021, 869 (876)). Das erscheint (nur) in den Grenzen des engen Anwendungsbereichs (→ Rn. 23) richtig. §§ 131, 132, 134, 135 InsO bleiben unberührt.

## IV. Schutz vor der Haftung wegen Masseschmälerung (Abs. 3)

### 1. Voraussetzungen

27 Abs. 3 betrifft § 15b InsO und regelt primär die **Schwebephase** zwischen der **Anzeige der Insolvenzreife** nach Rechtshängigkeit (§ 32 Abs. 3) und der **Aufhebung** der Restrukturierungssache gemäß § 33 Abs. 2 Nr. 1 InsO. Zwar ist das Restrukturierungsgericht ohne Ermessen grundsätzlich verpflichtet, aufzuheben, kann davon aber absehen, wenn entweder die Eröffnung eines Insolvenzverfahrens offensichtlich nicht im Interesse der Gläubigergesamtheit läge oder wenn die Insolvenzreife auf der (gemäß dem gesetzlichen Leitbild nach Rechtshängigkeit) erfolgten Fälligstellung einer planbetroffenen Forderung beruht.

28 § 89 Abs. 3 regelt **nur den Fall der Anzeige der Insolvenzreife durch den Schuldner.** Der weitere in § 33 Abs. 2 Nr. 1 genannte Fall, dass „andere Umstände bekannt sind, aus denen sich ergibt, dass der Schuldner insolvenzreif ist", wird nicht adressiert und ist auch nicht erfasst, denn es geht allein um den Schutz des Schuldners und seiner Organe. Haben die Organe aber ihre Anzeigepflicht nicht oder nur verspätet (so Flöther/*Hoegen/Herding* StaRUG § 89 Rn. 66) erfüllt, können sie sich nicht auf den Schutz des § 89 Abs. 3 berufen, weil sie dann dem Gericht keine Gelegenheit zur Entscheidung gegeben haben, jedenfalls wäre die (deutlich) verspätete Anzeige ohnehin ein Fall des § 33 Abs. 2 Nr. 3. Dafür gilt Abs. 3 ebenso wenig wie für § 33 Abs. 2 Nr. 4 (offen Flöther/*Hoegen/Herding* StaRUG § 89 Rn. 37); auch nicht bei § 33 Abs. 2 Nr. 2, weil in diesen

Fällen zwingend aufzuheben ist, also im Plan des Gesetzes die folgende gerichtliche Entscheidung klar ist: Aufhebung. Das gilt ungeachtet dessen, dass auch die fehlende Umsetzungsaussicht (wie die Insolvenzreife) vom Schuldner anzuzeigen ist (§ 32 Abs. 4).

**29** **Bis zur Aufhebungsentscheidung** in den Fällen des § 33 Abs. 2 Nr. 1 sind vorbehaltlich von S. 2 Zahlungen im **ordnungsgemäßen Geschäftsgang,** insbesondere Zahlungen, die für die Fortführung der gewöhnlichen Geschäftstätigkeit und die Vorbereitung und Umsetzung des angezeigten Restrukturierungsvorhabens erforderlich sind, als mit der Sorgfalt eines ordentlichen Geschäftsleiters vereinbar anzusehen. Zahlung meint jeden **Abfluss von Aktivvermögens** (vgl. BGH NZG 2014, 1069 Rn. 16). Die Auslegung des Begriffs folgt den Regeln des § 15b InsO. Die Formulierungen zum **ordnungsgemäßen Geschäftsgang** stimmen mit § 15b Abs. 2 und § 2 Abs. 1 Nr. 1 COVInsAG (= SanInsKG) überein. Der Begriff muss letztlich wie bei § 15b Abs. 2 InsO und § 2 Abs. 1 Nr. 1 COVInsAG (= SanInsKG) **negativ abgegrenzt** werden (*Thole* ZIP 2020, 650 (655); *Bitter* ZIP 2021, 321 (326)), so dass ungewöhnliche, überhöhte, voreilige Zahlungen etwa an nahestehende Personen im Einzelfall nicht ordnungsgemäß sein werden. Eine weitere Einschränkung ergibt sich dann aus S. 2. Die Zwecke der **Fortführung der gewöhnlichen Geschäftstätigkeit** und der **Vorbereitung und Umsetzung des angezeigten Restrukturierungsvorhabens** bilden nur hervorgehobene Beispiele für Zahlungszwecke, zeigen aber zugleich, dass außergewöhnliche, nicht vom Restrukturierungsziel gedeckte Zahlungen nicht privilegiert sind. Der Hinweis auf das „angezeigte“ Restrukturierungsvorhaben bedeutet nicht, dass nur solche Zahlungen privilegiert wären, die in der Anzeige nach § 31 schon angekündigt worden wären. Es genügt aber auch nicht ein allgemeiner Hinweis auf Restrukturierungszwecke, sondern die Zahlung muss bei vernünftiger Einschätzung dem Restrukturierungsvorhaben dienen und dienlich sein.

## 2. Rechtsfolge

**30** **Rechtsfolge** des Abs. 3 S. 1 ist, dass die von Abs. 3 S. 1 erfasste Zahlung mit der Sorgfalt eines ordentlichen und gewissenhaften Geschäftsleiters vereinbar gilt. Diese Rechtsfolge ist **unwiderleglich.** Damit wird eine Haftung nach § 15b Abs. 1 S. 2 InsO ausgeschlossen (*Gehrlein* BB 2021, 66 (75, 78): § 89 Abs. 3 suspendiert § 15b InsO; *Bitter* ZIP 2021, 321 (334): lex specialis). Abs. 3 ändert aber nichts an der **Massesicherungspflicht** und dem allgemeinen Zahlungsverbot; ein Gläubiger kann aus Abs. 3 keine Rechte herleiten. Insbesondere bedeutet Abs. 3 S. 1 nicht, dass der Geschäftsleiter oder die Schuldnerin zahlen *muss.* Es bleibt auch bei den Vorgaben des **§ 32 Abs. 1 S. 3.**

**31** Die Rechtsfolge gilt bis zur Aufhebung, dh sobald deren Wirkungen einsetzen. Die sofortige Beschwerde gegen die Aufhebung (§ 33 Abs. 4, § 40) hat **keine aufschiebende Wirkung** (§ 38 iVm § 570 Abs. 1 ZPO [§ 40 Abs. 3 betrifft nur die Beschwerdeentscheidung], aber Aussetzung der Vollziehung der Aufhebung denkbar, § 570 Abs. 3 ZPO). Gegen die Nichtaufhebung (→ Rn. 22) gibt es kein Rechtsmittel, § 40 Abs. 1.

### 3. Gegenausnahme (Satz 2)

Das Gericht ist – richtigerweise – zur unverzüglichen Entscheidung über die Aufhebung oder Nichtaufhebung verpflichtet (→ Rn. 23). Daher ist die Schwebephase bei pflichtkonformen Verhalten des Gerichts eher kurz. Daraus erklärt sich der einen Vorschlag (*Thole* ZIP 2020, 1985 (1999)) aufgreifende Satz 2, der aufschiebbare Zahlungen ausklammert und damit insbesondere verhindern will, dass der Schuldner im Lichte der drohenden und erwarteten Aufhebung noch unter dem Deckmantel eines ordnungsgemäßen Geschäftsganges Zahlungen an ausgewählte Gläubiger leistet. Daher gilt die Privilegierung nicht für Zahlungen, die bis zu der absehbar zu erwartenden Entscheidung des Restrukturierungsgerichts zurückgehalten werden können, ohne dass damit Nachteile für eine Fortsetzung des Restrukturierungsvorhabens verbunden sind. Beispielsweise träfe dies auf Zahlungen zu, die zurückgestellt werden können, weil noch eine Zahlungsfrist läuft. Die Pflicht, solche Zahlungen zurückzustellen, folgt bereits aus der Pflicht zur Wahrung der Gesamtgläubigerinteressen (Begründung RegE BT-Drs. 19/24181, 182). Wenn dann aufgrund der **gerichtlichen Entscheidung Klarheit** geschaffen ist, gilt bei **Aufhebung** für **nachfolgende Zahlungen** nur § 15b InsO. Es setzt auch wegen § 42 Abs. 4 die suspendierte Insolvenzantragspflicht wieder ein. **Hebt** das Gericht **nicht auf** (zum Beschlusserfordernis → Rn. 23), ist fraglich, ob man weiter § 89 Abs. 3 anwenden muss, obwohl die Schwebelage zumindest erst einmal beendet ist (und eine dann doch noch erfolgende Aufhebung im Zweifel eher auf die von Abs. 3 nicht erfassten Fälle der § 33 Abs. 2 Nr. 2–4 gestützt würde). Näher liegt es, für diesen Fall **unmittelbar § 15b Abs. 2 S. 1 InsO** anzuwenden und den Geschäftsleiter auf diese Weise zu entlasten. 32

## Planfolgen und Planvollzug[1]

**90** (1) **Die Regelungen eines rechtskräftig bestätigten Restrukturierungsplans und Rechtshandlungen, die im Vollzug eines solchen Plans erfolgen, sind mit Ausnahme von Forderungen im Rang des § 39 Absatz 1 Nummer 5 der Insolvenzordnung und Sicherheitsleistungen, die nach § 135 der Insolvenzordnung oder den §§ 6 und 6a des Anfechtungsgesetzes anfechtbar sind, bis zur nachhaltigen Restrukturierung einer Anfechtung nur zugänglich, wenn die Bestätigung auf der Grundlage unrichtiger oder unvollständiger Angaben des Schuldners erfolgte und dem anderen Teil dies bekannt war.**

(2) **Sieht der gestaltende Teil des Restrukturierungsplans die Übertragung des gesamten schuldnerischen Vermögens oder wesentlicher Teile davon vor, gilt Absatz 1 nur, soweit sichergestellt wird, dass die Gläubiger, die nicht planbetroffen sind, sich gegenüber den Planbetroffenen vorrangig aus der dem Wert des Gegenstands der Übertragung angemessenen Gegenleistung befriedigen können.**

[1] § 90 Abs. 1 geänd. mWv 27.7.2022 durch G v. 20.7.2022 (BGBl. I S. 1166).

**Schrifttum:** Siehe bei § 89.

**Übersicht**



## I. Normzweck

1 Die Vorschrift trägt trotz fehlendem unmittelbaren Umsetzungsbedarf (→ § 89 Rn. 1) dem Regelungsanliegen des Art. 17 und insbesondere des Art. 18 Abs. 5 RL 2019/1023 Rechnung (Begr. RegE, BT-Drs. 19/24181, 182). Neue Finanzierungen sollen ebenso wie die zur Umsetzung des Plans notwendigen Vollzugshandlungen und die Planregelungen vor einer Anfechtung geschützt sein, und zwar in einer späteren Insolvenz der Schuldnerin. Über die **Insolvenz eines Planbetroffenen** oder eines anderen Beteiligten und die in dieser Insolvenz entstehenden Anfechtungsansprüche trifft § 90 **keine Aussage.** Mit § 90 soll die **„Stabilität des Plans"** (Begr. RegE, BT-Drs. 19/24181, 182) gewahrt werden und damit ein Schutz der Beteiligten, insbesondere der Finanzierungsgeber erreicht werden. § 90 dient insoweit auch dazu, Anreize zugunsten einer (neuen) Finanzierung zu schaffen (Flöther/*Hoegen/Herding* StaRUG § 90 Rn. 5). § 97 Abs. 3 verweist für den gerichtlich bestätigten (!) **Sanierungsvergleich** in der Sanierungsmoderation auf § 90 (→ Rn. 32). **Abs. 2** enthält eine Ausnahme von dem in Abs. 1 vorgesehenen Anfechtungsschutz, die dem Schutz der Gläubigergesamtheit, genauer: dem Schutz der vom Restrukturierungsplan nicht betroffenen Gläubiger dienen soll.

## II. Voraussetzungen

2 Geschützt sind die Regelungen eines rechtskräftig bestätigten Restrukturierungsplans und Rechtshandlungen in Vollzug des Plans. Die **Rechtskraft** tritt ein, wenn über die sofortige Beschwerde gemäß § 66 und/oder ggf. die Rechtsbeschwerde entschieden ist oder ein Fall des § 66 Abs. 5 vorliegt. Ohne Bestätigung gibt es keinen Anfechtungsschutz. Die Bestätigung heilt auch etwaige Mängel des Verfahrens, § 67 Abs. 6, so dass die spätere Erkenntnis solcher Mängel die Rechtsfolgen des § 90 nicht beseitigt (aber zu Abs. 2 → Rn. 24 f.).

3 Die Regelungen des Plans sind die gestaltenden Maßnahmen in ihrer **schuldrechtlichen Verpflichtungswirkung** und, sofern bereits mit dem

Plan vorgenommen und nicht einer Rechtshandlung zum Vollzug bedürftig (dann → Rn. 6), in ihren **dinglichen Wirkungen** für das Schuldnervermögen (nicht ausschließlich für andere Vermögen → vgl. Rn. 8). Der Forderungs(teil-)erlass iSd § 397 BGB ist zB bereits Planregelung, weil er keiner weiteren Vollzugshandlung bedarf. Welche Gestaltungsmaßnahmen der Plan enthalten kann, folgt aus §§ 2 und 7 ff. § 2 gibt die gestaltbaren Rechtsverhältnisse vor. § 12 sieht die Möglichkeit der Aufnahme neuer Finanzierungen, § 13 die Änderung sachenrechtlicher Verhältnisse vor. Zwischenfinanzierungen sind weder Planregelung noch Vollzugshandlung, sondern dienen nur der Finanzierung des Verfahrens bis zum Plan; ggf. werden sie dann durch eine neue Finanzierung abgelöst (näher zu den Detailanforderungen → Rn. 9 ff.). Denkbar ist insbesondere auch die Anpassung **vertraglicher Nebenbestimmungen** in Fällen des § 2 Abs. 2 (*Hofmann* → § 2 Rn. 22 ff.). Der Restrukturierungsplan kann auch **gesellschaftsrechtliche Maßnahmen** enthalten wie etwa einen Kapitalerhöhungsbeschluss oder Umwandlungsbeschluss. Auch die Gestaltung von **Drittsicherheiten** gemäß § 2 Abs. 4 wird von § 90 erfasst. Gemeint sind bei § 2 Abs. 4 die Drittsicherheiten gegenüber den Gläubigern für Restrukturierungsforderungen durch verbundene Unternehmen (grundsätzlich nicht konzerninterne Sicherheiten für andere als gegen die StaRUG-Schuldnerin gerichtete Restrukturierungsforderungen).

§ 15 Abs. 3 iVm § 71 Abs. 2 sieht **Verpflichtungserklärungen Dritter** 4
als mögliche Plananlage vor. Wegen § 71 Abs. 2 kann man sie als **Planregelung** ansehen (Flöther/*Hoegen/Herding* StaRUG § 90 Rn. 22). Die Frage der Anfechtung dürfte sich ohnehin kaum stellen, weil hier der Dritte Verpflichtungen übernimmt; für dessen mögliche Insolvenz trifft § 90 keine Aussage. **Planbedingungen** iSd § 62 sind keine Regelungen des Plans und sollten wegen ihrer potentiellen Weite und Vielfältigkeit auch nicht so behandelt werden. Richtig ist zwar, dass häufig auf diese Weise eine Verzahnung von Sanierungskonzept und Restrukturierungsplan erfolgt, doch weder prüft das Restrukturierungsgericht die inhaltliche Schlüssigkeit der zum Inhalt der Bedingung gemachten Maßnahmen (sondern nur den Eintritt der Bedingung) noch ist diese Verknüpfung zwingend. Es handelt sich um Maßnahmen zur Vorbereitung des Plans (vgl. Art. 18 Abs. 1 RL), die der deutsche Gesetzgeber nicht eigens privilegiert hat. Unbenommen bleibt die Überführung von Planbedingungen in Verpflichtungserklärungen iSd § 15 Abs. 3 (Flöther/*Hoegen/Herding* StaRUG § 90 Rn. 23).

Fraglich kann sein, ob *jede* Planregelung den Anfechtungsschutz erhält 5
oder nur solche, die zur Restrukturierung *erforderlich* ist (vgl. zu der Parallelfrage bei § 2 Abs. 2 AG Köln NZI 2021, 433 mit Anm. *Thole*). Insofern wäre eine Grenzziehung kaum verlässlich, so dass es entscheidend auf den gestaltenden Teil des Plans ankommt und jede zweckmäßige Maßnahme erfasst ist. Das Gericht muss das Konzept und die Erforderlichkeit neuer Finanzierungen (§ 12) bei der Planbestätigung prüfen. Nur dann, wenn ersichtlich eine Transaktion nur deshalb künstlich in den Plan aufgenommen wird, um einen Anfechtungsschutz zu erreichen (vgl. *Thole* ZIP 2020, 1985 (1998)), lassen sich Ausnahmen erwägen. Bloße Erwähnung einer bestehen-

den Altforderung in dem Plan macht die Forderung und ihre spätere Rückführung noch nicht zum Planinhalt iSd § 90 (dazu gleich → Rn. 7).

6 Rechtshandlungen, die *im* Vollzug eines solchen Plans erfolgen, meint richtigerweise Rechtshandlungen, die *zum* Vollzug des Plans, dh **zu dessen Umsetzung** erfolgen. Eine vom Planinhalt völlig unabhängige Zahlung oder Rechtshandlung verdient keine Privilegierung. Das ergibt sich auch aus der Anlehnung an die RL 2019/1023. Art. 2 Nr. 7 RL 2019/1023 meint nur die für die Umsetzung des Plans bereitgestellte neue Finanzierung, und Art. 18 Abs. 5 RL 2019/1023 (→ Rn. 1) will nur solche Handlungen privilegieren, die „angemessen und unmittelbar notwendig für die Umsetzung eines Restrukturierungsplans sind und die im Einklang mit dem von einer Justiz- oder Verwaltungsbehörde bestätigten Restrukturierungsplan durchgeführt werden". Das sollte Leitlinie für die Auslegung sein.

7 Von vornherein **nicht geschützt** sind **Rückführung** von nicht planbetroffenen **Altforderungen,** selbst wenn in der Liquiditätsplanung aufgeführt sind (Flöther/*Hoegen/Herding* StaRUG § 90 Rn. 30). Diese Einschränkung dient auch dem Schutz der Gläubigergesamtheit (richtig *Hölzle/Curtze* ZIP 2021, 1293 (1303)). Davon zu unterscheiden ist die **Abfindungsquote** für planbetroffene Restrukturierungsforderungen (→ Rn. 8).

8 Erfasst sind die Maßnahmen, die im Plan als **Leistungen aus dem Schuldnervermögen** vorgesehen sind. Das betrifft insbesondere die Ausschüttung einer etwaigen **Cash-out-Quote** (vgl. ohnehin AG Mannheim NZI 2019, 596), auch eine spätere Zahlung aufgrund Besserungsscheins, die Zahlung der angemessenen Entschädigung an Inhaber von nach § 2 Abs. 4 gestalteten Drittsicherheiten, die Abfindung von Gesellschaftern (§ 2 Abs. 3, 7 Abs. 4 S. 3), die Handlungen zwecks Durchführung der im Plan beschlossenen Umwandlungsmaßnahme oder die Leistung einer Sicherheit für eine neue Finanzierung, die **sonstige Übertragung von Vermögen,** etwa beim asset deal (aber Abs. 2 → Rn. 27). Voll geschützt sind Kreditgeber bei den im Plan vorgesehenen **Sicherheiten** aus dem Gesellschaftsvermögen, die unmittelbar mit der Planbestätigung zur Besicherung der neuen Finanzierung gewährt werden. Soweit Altforderungen besichert werden, greift die Privilegierung insoweit nicht ein (Flöther/*Hoegen/Herding* StaRUG § 90 Rn. 31; → Rn. 7), auch dann nicht, wenn dieser Sicherungszweck nur nachrangig gegenüber der Besicherung anderer neuer Finanzierungsforderungen ist. Zahlungen zwecks Ablösung und Abfindung einer Absonderungsanwartschaft sind geschützt.

9 Laut Begr. RegE ist bei der **Aufnahme eines neuen Darlehens** nur dessen Auszahlung, **nicht** dessen **Rückzahlung** erfasst (BT-Drs. 19/24181, 182; ebenso wie hier im Ergebnis auch Morgen StaRUG/*Bork* § 90 Rn. 12). Mit Auszahlung ist letztlich der Abschluss des Darlehensvertrags gemeint, der aus Sicht des Schuldners im Einzelfall, wenngleich selten, ebenfalls gläubigerbenachteiligend sein kann, obwohl die Liquidität zu- und nicht abfließt. Der Ausschluss von Rückzahlungen wird verbreitet kritisiert und der Hinweis aus der Begründung „wegdiskutiert" (*Schoppmeyer* ZIP 2011, 869 (878); *Madaus* NZI-Beilage 2021, 35 (37); wohl nur de lege ferenda Flöther/*Hoegen/Herding* StaRUG § 90 Rn. 29; *Zuleger* NZI-Beilage 2021, 43 (45)). Die Aufnahme des Hinweises in die Begründung erfolgte vor dem

Hintergrund, dass im Restrukturierungsplan nur eine kleine Minderheit der Gläubiger betroffen und beteiligt sein mag und sich auf diese Weise eine Anfechtungsfestigkeit einer späteren Rückzahlung noch Jahre nach der Planbestätigung selbst bei verdächtigsten Umständen und zu Lasten der am StaRUG-Verfahren nicht sämtlich beteiligten Gläubigergesamtheit (nicht planbetroffene Gläubiger und Neugläubiger) ergeben könnte. Der Gesetzgeber wollte sich die bei § 2 Abs. 1 Nr. 2 COVInsAG aufgetretenen **Fragen,** ob *jede* spätere Rückführung der nach dieser Vorschrift privilegierten neuen Kredite anfechtungsfest oder ob die Anfechtungssperre **teleologisch zu reduzieren** ist, **ersparen** (zur Genese *Thole* ZIP 2020, 1985 (1999), weitere Argumente bei BeckOK StaRUG/*Fridgen* StaRUG § 90 Rn. 32 ff.). So hatte *Bitter* zu § 2 Abs. 1 Nr. 2 COVInsAG (= SanInsKG) (mE allerdings nicht überzeugend) angenommen, Umstände aus der Zeit nach dem Aussetzungszeitraum dürften aufgrund teleologischer Reduktion weiter eine Anfechtung der Rückzahlung begründen (*Bitter* ZIP 2020, 685 (694); diese Lösung differenzierend auf § 90 übertragend Braun StaRUG/*Tashiro* StaRUG § 90 Rn. 6).

Im Ergebnis ist freilich anzuerkennen, dass der Ausschluss der Rückzahlungen Unsicherheiten für die Kreditwirtschaft mit sich bringt, doch wird man das Anliegen der Begr. RegE nicht ohne weiteres überspielen können (wie hier auch Morgen StaRUG/*Bork* StaRUG § 90 Rn. 12). Allerdings darf man das **Anfechtungsrisiko auch ohne die Privilegierung nicht überschätzen.** Solange die Rückzahlung einer kongruenten Umsetzung des immerhin aufgrund der Planbestätigung gerichtlich geprüften Restrukturierungskonzepts (vgl. auch § 67 Abs. 2) dient, ist in aller Regel kein Benachteiligungsvorsatz erkennbar, so dass § 133 InsO ausscheiden wird (siehe auch das Sanierungsprivileg bei § 133 InsO). Da die Planbestätigung ein schlüssiges Konzept voraussetzt, werden Kreditgeber kein eigenes Sanierungsgutachten verlangen müssen (aber natürlich dürfen) (vgl. auch *Zuleger* NZI-Beilage 2021, 43 (45)). Bei anfechtungsfester Besicherung ist auch die Rückzahlung mangels Benachteiligung geschützt (Morgen StaRUG/*Bork* StaRUG § 90 Rn. 12). **10**

Das Schutzbedürfnis des Gläubigers bei inkongruenten, mit dem Restrukturierungsplan nicht übereinstimmenden Rückzahlungen oder solchen Zahlungen, die tatsächlich im Drei-Monats-Zeitraum vor der Folgeinsolvenz oder gar nach Stellung des Insolvenzantrags erfolgen, ist demgegenüber von vornherein verringert. § 90 bedeutet gerade **keine Privilegierung zur Masseverbindlichkeit** und damit keinen besseren Rang gegenüber anderen Insolvenzgläubigern (keine Umsetzung von Art. 17 Abs. 4 RL 2019/1023). Nach allem muss man wohl die Lösung des Gesetzgebers akzeptieren (so auch *Hölzle/Curtze* ZIP 2021, 1293 (1303)) und den Ausweg de lege ferenda suchen (so wohl Flöther/*Hoegen/Herding* StaRUG § 89 Rn. 29). Alternativ müsste man dann, wenn man Rückzahlungen entgegen der Begr. RegE einbeziehen wollte, im Sinne eines **Kompromisses** zumindest strenge Maßstäbe an die Beurteilung der konkreten Rückzahlung als Vollzugshandlung anlegen dergestalt, dass zB Zahlungen nach dem Insolvenzantrag nicht mehr dem Vollzug des Plans dienen können, weil der Plan dann schon den Stempel des Scheiterns trägt, oder dass (ggf. inkongruente) Rückzahlungen, **11** die im Vorfeld einer Folgeinsolvenz in erkennbarer Erwartung des Scheiterns des Restrukturierungsplans an den Finanzierer als ausgewählten Gläubiger erfolgen, nicht mehr geschützt sind, weil sie nicht der Umsetzung des früheren Plans, sondern dazu dienen, die Folgeinsolvenz zu vermeiden.

**12** Überhaupt darf die Leistung **nicht inkongruent** mit dem Plan sein (*Schoppmeyer* ZIP 2021, 869 (879)), erst recht greift § 90 nicht mehr, wenn **unentgeltlich** mehr gewährt wird als im Plan vorgesehen. Voll geschützt sind dagegen Kreditgeber bei den im Plan vorgesehenen kongruenten Sicherheiten aus dem Gesellschaftsvermögen, die unmittelbar mit der Planbestätigung zur Besicherung der neuen Finanzierung gewährt werden (→ Rn. 8); wenn man spätere Rückführungen nicht erfasst (→ Rn. 9), kann man **revolvierende** Sicherheiten ohne Widerspruch nicht erfassen. Sie sind aber für sich genommen nicht anfechtbar, weil es dann ein bloßer Sicherheitentausch gegenüber der ersten „Planvollzugs-Sicherheit" ist (keine Gläubigerbenachteiligung: BGH NZI 2008, 539 (540) mwN). Davon zu unterscheiden ist die Anfechtungsfestigkeit des Werthaltigmachens der zB sicherungsabgetretenen Kundenforderungen. Dafür gilt § 90 nicht, weil sich diese eigenständige Rechtshandlung nicht mehr als Planvollzug darstellen lässt. Eine spätere **Nachbesicherung von Restrukturierungsforderungen** oder eine spätere Sicherheitenverstärkung ohne neues Kreditrisiko genießen aber keinen Schutz, selbst wenn dies in der Darlehens- und Sicherungsabrede zugelassen wird und diese Abrede auch zur Anlage des Plans gemacht wird (richtig Flöther/*Hoegen/Herding* StaRUG § 90 Rn. 31). Anders formuliert wird nicht alles, was nach dem Finanzierungsvertrag erlaubt ist, automatisch auch als Vollzugshandlung vom Anfechtungsschutz erfasst (vgl. auch den Wortlaut von Art. 18 Abs. 5 RL 2019/1023 → Rn. 1).

## III. Rechtsfolge

**13** Abs. 1 schließt vorbehaltlich der Einschränkung für Gesellschafterdarlehen (→ Rn. 19), der zeitlichen Begrenzung (→ Rn. 14 ff.) und des letzten Halbsatzes (→ Rn. 21) die Anfechtung der Rechtshandlung gänzlich aus. Das gilt mit dem Vorbehalt für § 135 InsO, § 6 AnfG für **sämtliche Anfechtungstatbestände** sowohl nach der InsO als auch nach dem AnfG. **Haftungs- oder strafrechtliche Folgen** adressiert § 90 **nicht.**

### 1. Bis zur nachhaltigen Restrukturierung

**14** Die Anfechtungssperre gilt bis zur **nachhaltigen Restrukturierung.** Damit soll das Risiko abgesichert werden, dass der Plan entgegen den Erwartungen scheitert (Begr. RegE, BT-Drs. 19/24181, 182). Ein weitergehender Anfechtungsschutz, falls es später aus anderen Gründen zu einer Insolvenz kommt, sei gegenüber den nicht in den Plan einbezogenen Gläubigern oder Neugläubigern nicht zu rechtfertigen (Begr. RegE, BT-Drs. 19/24181, 182). Der Anfechtungsschutz greift nur, wenn die Planumsetzung noch nicht so weit gediehen war, dass der Schuldner bereits nachhaltig restrukturiert war, der Plan also noch vor seiner vollen Umsetzung gescheitert ist, weil die Erwartungen, die dem Plan zugrunde liegen, sich nicht erfüllt haben, etwa bestimmte Erwartungen an die Erholung des Umsatzes etc.

Fraglich ist, ob das bedeutet, dass „andere Gründe", die zur Insolvenz führen, auch ***vor* der nachhaltigen Restrukturierung** (als Endstadium des Restrukturierungskonzepts des Plans) vorliegen können (möglicherweise in diese Richtung *Bork* ZInsO 2020, 2177 (2183 f.)). Verursacht eine Naturkatastrophe die Insolvenz noch während der Planumsetzung, ist das Ausbleiben von Naturkatastrophen jedenfalls keine explizite Planerwartung, sondern ein allgemeines (Lebens-)Risiko, dessen Nichtrealisierung allenfalls implizit berücksichtigt ist. Die Begr. RegE spricht aber davon, dass „später", also nach der nachhaltigen Restrukturierung, andere Gründe zur Insolvenz führen können. Das ist zwar insofern nicht eindeutig, als nach der nachhaltigen Restrukturierung jede Insolvenzursache per sei ein „anderer" Grund ist, spricht aber dennoch klar für eine **zeitliche Abgrenzung.** Das bedeutet, dass vor Eintritt der nachhaltigen Restrukturierung auch solche Insolvenzursachen, die von den Restrukturierungsursachen eher entfernt sind, am Anfechtungsschutz für die bis zu diesem Zeitpunkt erfolgte Rechtshandlungen nicht rütteln (**aA** wohl *Schoppmeyer* ZIP 2021, 869 (879)). 15

Allerdings muss der Anfechtungsschutz für die nachfolgenden Rechtshandlungen „abbrechen", **sobald Klarheit** besteht, dass die **Planerwartungen sich nicht erfüllen werden** und die angestrebte Restrukturierung **gescheitert** ist (so auch *Schoppmeyer* ZIP 2021, 869 (879)). Auf die Kenntnis des Gläubigers kommt es nicht an (so aber wohl *Schoppmeyer* ZIP 2021, 869 (879)); zu unterscheiden von den subjektiven Anforderungen des Anfechtungstatbestands. Nachteilige Veränderungen der Wirtschaftslage sind allein noch kein Scheitern, können es aber im Einzelfall bedeuten (*Schoppmeyer* ZIP 2021, 869 (879)). Aus **telelogischen Gründen** muss ein Scheitern angenommen werden, sobald eine **erneute Bestandsgefährdung** im Sinne einer drohenden Zahlungsunfähigkeit eingetreten ist, denn dann stehen der Schuldner und seine Gläubiger vor der Wahl, ein Insolvenzverfahren oder ggf. ein erneutes StaRUG-Verfahren einzuleiten. Die nachfolgenden Rechtshandlungen erfolgen daher gerade unter dem Risiko eines Gangs in das Insolvenzverfahren (zB über § 270d InsO) und können daher nicht vollständig dem Anfechtungsrecht entzogen sein; wiederum ist die Erfüllung der Anfechtungstatbestände eine andere Frage. 16

***Nach* Eintritt der nachhaltigen Restrukturierung,** also Erfüllung der Erwartungen, gelten **allgemeine Regeln** für nunmehr erfolgende Rechtshandlungen, weil dann der Bezug zum Plan de iure gekappt ist. Nach diesem Zeitpunkt kann es ohnehin kaum noch eine Handlung zum Vollzug sein, wenn doch die nachhaltige Restrukturierung gerade diesen Vollzug voraussetzt. Letzteres hängt allerdings von der **konkreten Definition der nachhaltigen Restrukturierung** ab. Wann der Schuldner nachhaltig restrukturiert ist, ist **fraglich,** weil der Begriff **unbestimmt** ist (kritisch *Desch* BB 2020, 2498 (2506); Braun StaRUG/*Tashiro* § 90 Rn. 11). Eine gewisse Orientierung sollte **§ 39 Abs. 4 S. 2 InsO** („nachhaltige Sanierung") geben (Flöther/*Hoegen/Herding* StaRUG § 90 Rn. 36; zu § 39 Abs. 4 S. 2 InsO *Hirte/Knof* WM 2009, 1961 (1968 ff.)) Vor allem ist ein Gleichlauf mit dem 17

Verständnis bei § 14 (→ § 14 Rn. 11 ff.) und mit § 33 Abs. 2 S. 3 (BeckOK StaRUG/*Fridgen* StaRUG § 90 Rn. 34) anzustreben und der im Plan angegebene Zeitrahmen zu berücksichtigen. Sind die Dinge glatt gelaufen, spricht bei retrospektiver Betrachtung viel dafür, dass mit dem Ablauf des im Plan beschriebenen Zeitrahmens die nachhaltige Sanierung eingetreten ist. Die Vermutung des § 33 Abs. 2 S. 3 sollte nicht eins zu eins übertragbar sein, weil es dort stets um die gescheiterte Restrukturierung geht, wohl aber als Indiz tauglich sein (ähnlich Morgen StaRUG/*Bork* StaRUG § 90 Rn. 20).

18 Die **Darlegungs- und Beweislast** dafür, dass es nicht zur nachhaltigen Restrukturierung gekommen ist, dh der Plan entgegen den Erwartungen gescheitert ist, trägt der **Anfechtungsgegner,** weil er die begründenden Voraussetzungen des § 90 als Ausnahme zu einem Anfechtungstatbestand zu beweisen hat; dazu gehört auch der Umstand, dass die Sperre in zeitlicher Hinsicht gilt (vgl. auch Braun StaRUG/*Tashiro* StaRUG § 90 Rn. 10; *Schoppmeyer* ZIP 2021, 869 (880); **aA** Flöther/*Hoegen/Herding* StaRUG § 90 Rn. 36). Man wird aber dem Verwalter ggf. eine sekundäre Darlegungslast auferlegen können. Davon zu unterscheiden ist, dass der Verwalter die Darlegungs- und Beweislast für die Täuschung als Gegenausnahme zu § 90 trägt (→ Rn. 21).

## 2. Ausnahme für Gesellschafter

19 Eine Ausnahme gilt für Forderungen im Rang des § 39 Abs. 1 Nr. 5 InsO und „Sicherheitsleistungen", die nach § 135 InsO, § 6 AnfG anfechtbar sind. Erfasst sein muss von der Ausnahme auch § 135 Abs. 2 InsO und dann folglich auch § 6a AnfG (Anfechtung gegenüber Gesellschafter wegen Deckung eines **gesellschafterbesicherten Drittdarlehens**) (ebenso Flöther/*Hoegen/Herding* StaRUG § 90 Rn. 35; *Schoppmeyer* ZIP 2021, 869 (877)). „Sicherheitsleistungen" meint nicht Sicherheitsleistungen iSd § 232 BGB, sondern Besicherungen. Die Bezugnahme auf die Forderungen im Rang des § 39 Abs. 1 Nr. 5 InsO ist missverständlich, weil die Forderung an sich gar nicht anfechtbar wäre. Gemeint ist zweierlei: eine **Planregelung,** die eine solche **nachrangige Forderung entstehen** lässt, bleibt ohne Berücksichtigung von § 90 (potentiell) anfechtbar. **Ebenso** sind sämtliche **Leistungen auf solche Forderungen** nicht vom Schutz des § 90 erfasst (zur ohnehin gewollten Nichterfassung der Rückführung von Darlehen → Rn. 9). § 39 Abs. 4 und 5 InsO führen dazu, dass kein Fall des § 39 Abs. 1 Nr. 5 InsO vorliegt.

20 Nach dem Wortlaut des Abs. 1 nicht eindeutig, aber aufgrund der Teleologie spricht viel dafür, dass die Rücknahme den gesamten Anfechtungsschutz beseitigt (**aA** *Schoppmeyer* ZIP 2021, 869 (878); Flöther/*Hoegen/Herding* StaRUG § 90 Rn. 35a mit Ausnahme für § 134 InsO), weil die Gesellschafterforderungen und deren Deckung nicht privilegiert werden soll. Andernfalls wäre – wenngleich praktisch wenig relevant – die *Vereinbarung* des Gesellschafterdarlehens als Planregelung nicht (auch nicht theoretisch) potentiell anfechtbar, weil § 135 nicht die Vereinbarung des Darlehens erfasst.

### 3. Unrichtige oder unvollständige Angaben

21 Der Anfechtungsschutz greift nicht, wenn die Bestätigung auf der Grundlage unrichtiger oder unvollständiger Angaben des Schuldners erfolgte und dem anderen Teil dies bekannt war. In diesem Fall ist ein **Vertrauen des Anfechtungsgegners** in die Anfechtungsfestigkeit von Planregelungen und Planleistungen **nicht gerechtfertigt.** Der **andere Teil** ist ein Begriff aus dem Anfechtungsrecht (vgl. § 133 Abs. 1 S. 1) und meint den primären **Anfechtungsgegner;** § 145 InsO bleibt unberührt. **Unrichtig oder unvollständig** können sämtliche Angaben des Schuldners sein, die im Abstimmungsverfahren zur Verfügung gestellt werden oder werden müssen, also **nicht nur der Planinhalt im engeren Sinne,** sondern auch Angaben in Anlagen wie der Bestandsfähigkeitserklärung (§ 14) und bei den weiteren Erklärungen nach § 15 (Flöther/*Hoegen/Herding* StaRUG § 90 Rn. 38). Auf die Kenntnis des Schuldners von der Unrichtigkeit oder Unvollständigkeit kommt es nicht an, sondern auf die **objektive Lage** (Flöther/*Hoegen/Herding* StaRUG § 90 Rn. 38; anders wohl Braun StaRUG/*Tashiro* StaRUG § 90 Rn. 16: kollusives Zusammenwirken).

22 Eine Beschränkung auf bestimmte unrichtige oder unvollständige Angaben enthält Abs. 1 nicht. Daraus ergibt sich, dass auch **geringfügige Fehler** schädlich sein können. Davon zu trennen ist aber die (Mit-)Kausalität für die Planbestätigung (diese verlangend *Schoppmeyer* ZIP 2021, 869 (880 f.)), sie betrifft das Merkmal „auf der Grundlage". Die Planbestätigung wäre, wenn der Fehler erkannt worden wäre, nur versagt worden, wenn die Vorschriften über den Plan in einem wesentlichen Punkt nicht beachtet wurden (§ 63 Abs. 1 Nr. 2). Ein Mangel ist nach § 63 Abs. 1 Nr. 2 danach (nur) wesentlich, wenn er Auswirkungen auf die Planannahme gehabt haben könnte (vgl. BGH ZIP 2018, 1141). Wenn man annimmt, die fehlerhafte Angabe müsse Einfluss auf die Planbestätigung gehabt haben, ließe sich annehmen, bei einer unwesentlich fehlerhaften Angabe fehle es daran, weil die Bestätigung nicht gescheitert wäre. § 90 Abs. 1, letzter Hs., ist allerdings nicht als Quasi-Rechtsbehelf gegen eine fehlerhafte Bestätigung gedacht, sondern trägt der **fehlenden Schutzwürdigkeit** des Anfechtungsgegners Rechnung. Diese ist aber schon gegeben, sobald er positive Kenntnis von mangelhaften Angaben hat. Der Anfechtungsgegner hatte es aufgrund seiner Kenntnis der Unrichtigkeit gerade in Kauf genommen, dass das Gericht die Bestätigung versagen würde. Daher ist das Merkmal „auf der Grundlage" und damit die **Kausalität** in diesem Verständnis grundsätzlich **schon dann erfüllt,** wenn die fehlerhafte Angabe **Bestandteil der vom Gericht geprüften Unterlagen** war. Es kommt weder auf mögliche Auswirkungen auf die Planannahme und mithin Wesentlichkeit iSd § 63 Abs. 1 Nr. 2 noch darauf an, ob das Restrukturierungsgericht hypothetisch die Bestätigung tatsächlich versagt hätte, es reicht dessen **Möglichkeit.** Freilich dürfte ein bloßer Zahlendreher oder die fehlerhafte Darstellung von Schuldnerverhältnissen in Details (Hinweis auf 48 statt 49 Gläubiger) den abstrakten Vertrauensschutz noch nicht ganz in Frage stellen. Daher sind (nur) solche **Bagatellfehler** auszuklammern, bei denen es ex ante ganz **ausgeschlossen erscheint,** dass sie auf die Bestätigung Einfluss genommen hätten und/oder das Gericht sie als wesent-

lich angesehen hätte (zu unterscheiden davon, ob sie tatsächlich wesentlich *sind;* es reicht also die **realistische Möglichkeit der Wesentlichkeit,** ähnlich wie hier auch *Hölzle/Curtze* ZIP 2021, 1293 (1303)).

23 Kenntnis des anderen Teils meint **positive Kenntnis.** Grob fahrlässige Unkenntnis genügt nicht. Ein bewusstes Sich-Verschließen vor der Kenntnis kann aber der Kenntnis gleichstehen.

### 4. Übertragung des gesamten Schuldnervermögens oder wesentlicher Teile (Abs. 2)

24 § 90 Abs. 2 dient dem Schutz der nicht vom Plan betroffenen Gläubiger vor einer anfechtungsfesten Auszehrung des Schuldnervermögens und trägt der Teilkollektivität des Restrukturierungsrahmens Rechnung. Bei der im gestaltenden Teil vorgesehenen Übertragung des gesamten Schuldnervermögens oder wesentlicher Teile des Schuldnervermögens ist der Anfechtungsschutz nach Abs. 1 von zusätzlichen Voraussetzungen abhängig. Auf die außerhalb eines Restrukturierungsplan erfolgende Übertragung ist weder § 90 Abs. 1 noch Abs. 2 analog anwendbar.

25 Abs. 2 betrifft **nicht nur den Anfechtungsschutz für die Anfechtung der Übertragung selbst,** sondern generell den Schutz der Planregelungen und der Vollzugshandlungen. Wird also ein wesentlicher Teil des Vermögens übertragen und werden an Gläubiger außerdem cash-out-Quoten gezahlt oder Sicherheiten gewährt, ist für **alle Rechtshandlungen der Anfechtungsschutz** verloren, wenn die Voraussetzungen des § 90 Abs. 2 nicht eingehalten sind (ebenso *Schoppmeyer* ZIP 2021, 869 (880)).

26 Liegen die Voraussetzungen nicht vor, können sich **auch planbetroffene Gläubiger** gegenüber anderen planbetroffenen Gläubigern auf den Verlust des Anfechtungsschutzes **berufen** (etwa bei einer theoretisch denkbaren Anfechtung nach dem **AnfG**). Das entspricht, obwohl Abs. 2 die nicht planbetroffenen Gläubiger schützen will, der mit Abs. 2 zugleich angestrebten institutionellen Absicherung der Wahrung der Interessen des Gesamtgläubigerkollektivs (anders wohl *Schoppmeyer* ZIP 2021, 869 (881)).

27 Das Gesetz definiert die erfasste Fallsituation nicht konkret. Die Übertragung des Vermögens betrifft vor allem Fälle des **asset deals.** Der **share deal** ist nicht erfasst, wohl aber der share deal bezogen auf die Übertragung der von der Schuldnerin gehaltenen Anteile an anderen Gesellschaften. Aus Gründen der Praktikabilität sollte eher an eine **quantitative** als an eine qualitative **Wesentlichkeitsschwelle** angeknüpft werden. Die Begr. RegE erwähnt „beinahe das gesamte schuldnerische Vermögen" (Begr. RegE, BT-Drs. 19/24181, 182). Das legt Anlehnung an das Gesellschaftsrecht und die dort gehandelten Schwellen von 75 % bis 80 % nahe (so Flöther/*Hoegen/Herding* StaRUG § 90 Rn. 42), selbst wenn eine Zustimmung der Gesellschafterversammlung nicht erforderlich ist und gerade durch die Planabstimmung ersetzt wird (*shift of duties,* analog insolvenzrechtlichem Verdrängungsbereich; nicht ganz klar Flöther/*Hoegen/Herding* StaRUG § 90 Rn. 42; dazu → § 43 Rn. 8). *Bork* will auf 50 % abstellen, weil sonst die Hürde zu hoch sei (Morgen StaRUG/*Bork* StaRUG § 90 Rn. 30). Freilich bedeutet die quantitative Bestimmung, dass die Befriedigungserwartung der nicht planbetroffe-

nen Gläubiger erheblich vermindert werden kann. Daher wird zum Teil ein **normativer Maßstab** vertreten, nach dem prognostisch die Deckung der nicht planbetroffenen Forderungen im Wesentlichen sichergestellt sein muss und es auf wesentliche Teile des freien, nicht durch Aus- und Absonderungsanwartschaften belasteten Vermögens ankommt (*Hölzle/Curtze* ZIP 2021, 1293 (1304)). Eine normative Beurteilung im Einzelfall macht die Bestimmung zwar teleologisch passender, aber praktisch unsicher. Die Anknüpfung an das freie Vermögen wäre (nur) richtig, wenn die nicht planbetroffenen Gläubiger stets ungesicherte Gläubiger wären. Das ist aber nicht zwingend.

Der Begriff der **Angemessenheit** ist ebenfalls nicht definiert. Er entspricht der **Gleichwertigkeit,** wie etwa bei § 142 InsO bekannt oder dem **Fehlen einer unmittelbaren Benachteiligung.** Es muss **Wertäquivalenz** zwischen den weggegebenen Aktivvermögenswerten und der Gegenleistung gegeben sein. Wenn schon die Übertragung unmittelbar nachteilig ist, besteht erst recht kein Grund für einen Anfechtungsschutz. Problematisch ist allein, dass die Wertäquivalenz schwer erkennbar ist. Freilich ist von einem gewissen Beurteilungs- und Bewertungsspielraum auszugehen, weil der Anfechtungsschutz nicht von minimalen Wertdifferenzen abhängen kann. Die Einholung einer *fairness opinion* kann empfehlenswert sein (Flöther/*Hoegen/Herding* StaRUG § 90 Rn. 44). 28

Wann die **vorrangige Befriedigung der nicht planbetroffenen Gläubiger (genauer: der nicht planbetroffenen Forderungen) aus der Gegenleistung** sichergestellt ist, ist unklar. Es bedarf Regelungen im Plan über die Zuweisung der Gegenleistung. Eine vorrangige Befriedigung in diesem Sinne bedeutet nicht, dass dieser Vorrang auch in der folgenden Insolvenz dieser Schuldnerin in Gestalt einer **Sondermasse** sichergestellt werden muss (aA wohl *Schoppmeyer* ZIP 2021, 869 (881)). Erst recht geht Abs. 2 nicht davon aus, dass eine Sicherstellung nur erfolgt ist, wenn die Gegenleistung im Insolvenzverfahren noch voll vorhanden ist, denn dann könnte Abs. 1 wohl nie greifen. § 90 Abs. 2 regelt nicht den Rang im Insolvenzverfahren und setzt gedanklich eine Situation voraus, in der die Schuldnerin (zunächst) fortbesteht und in denen den nicht planbetroffenen Gläubigern außerhalb des Insolvenzverfahrens der Zugriff auf die Gegenleistung offensteht, bevor es dann zum Insolvenzverfahren dieser Schuldnerin kommt (sonst stellte sich die Anfechtungsfrage betr. §§ 129 ff. InsO nicht). 29

Daher geht es Abs. 2 um die Erlösverteilung laut dem Restrukturierungsplan (Flöther/*Hoegen/Herding* StaRUG § 90 Rn. 41). Wie die **nicht planbetroffenen Gläubiger** zugreifen und wann (Frage der Fälligkeit ihrer Forderungen) sie zugreifen können, **regelt Abs. 2 nicht** und macht dazu auch keine rechtlichen Vorgaben. Bedenkenswert ist der Vorschlag, an die Grundsätze von § 303 AktG anzuknüpfen, weil sonst im Einzelfall (Dauerschuldverhältnisse) ad infinitum separiert werden müsste (so *Hölzle/Curtze* ZIP 2021, 1293 (1305)). Entscheidend muss sein, dass ein **Zugriff der planbetroffenen Gläubiger** (außerhalb eines Insolvenzverfahrens → Rn. 29) auf die Gegenleistung **ausgeschlossen** wird (so wohl auch Flöther/*Hoegen/Herding* StaRUG § 90 Rn. 46), zB durch eine Treuhandlösung. Abs. 2 ist genügt, wenn alle vorhandenen nicht planbetroffenen Gläubiger 30 voll und ggf. vorzeitig abgelöst und befriedigt werden. Umgekehrt könnte Abs. 2 Rechnung getragen wird, indem planbetroffene Forderungen voll erledigt werden (so dass nur nicht planbetroffene übrigbleiben), etwa bei Forderungserlass und Abfindung der Restforderung. Dann aber darf die Abfindung nicht die Gegenleistung schmälern (weil sonst unangemessen bzw. impliziter Vorrang der planbetroffenen Gläubiger), sondern muss on top aus dem nicht übertragenen Vermögen, vom Investor oder sonst von dritter Seite erfolgen; ob das wirtschaftlich darstellbar ist, ist eine andere Frage. Abs. 2 verlangt nicht, dass die nicht planbetroffenen Gläubiger auch in Bezug auf den verbleibenden, nicht übertragenen Vermögensrest vorrangig zugreifen können, denn Abs. 2 verleiht ihnen keinen Anspruch auf dessen Erhalt.

31 Bisher wenig beachtet worden ist die Frage, dass sich **nicht planbetroffene Gläubiger** möglicherweise durch **Vertragsklauseln** gegenüber einer derartigen Übertragung **absichern** können. Die Klausel würde zwar nicht den Fortgang des StaRUG-Verfahrens aufhalten, aber könnte bilateral Schadensersatzpflichten begründen (die dann ggf. wieder restrukturiert werden müssten). § 44 steht nicht ohne weiteres entgegen, weil dort Schadensersatzpflichten nicht genannt sind; vgl. auch § 137 S. 2 BGB. Ungeschriebene Verbote sind außerhalb von AGB schwierig zu begründen.

## IV. Sanierungsvergleich

32 Über § 97 Abs. 3 gilt § 90 auch beim gerichtlich bestätigten Sanierungsvergleich. Der Verweis bezieht sich nicht nur auf den Vergleich als solchen, sondern auch auf die Vollzugshandlungen. Problematisch ist, dass die Bestätigung nur unter engen Voraussetzungen versagt werden kann. Damit wird dem **Schutz der Gläubigergesamtheit,** dessen latente Anfechtungsansprüche dadurch beseitigt würden, **kaum Rechnung** getragen wird. Denn eine Sanierungsmoderation kann sich ohne Berücksichtigung des § 8 auf einige wenige in die Verhandlungen einbezogenen Gläubiger beschränken, die sich auf diesem Wege im Zusammenwirken mit dem Schuldner eine Anfechtungsfestigkeit verschaffen, die sich nach allgemeinen Regeln nicht hätten (zum Problem *Thole* ZIP 2020, 1985 (2000)). Immerhin muss wegen § 97 Abs. 1 S. 2 ein schlüssiges Sanierungskonzept vorliegen, das folglich Art und Umfang der wirtschaftlichen Schwierigkeiten Rechnung tragen muss (§ 94 Abs. 2 Nr. 2). Der Sanierungsvergleich setzt daher mehr voraus als eine singuläre Maßnahme. Der Anfechtungsschutz muss Folge des Verfahrens sein, aber nicht dessen (alleiniges) Ziel.

### Berechnung von Fristen

**91** **In die Fristen der §§ 3 bis 6a des Anfechtungsgesetzes sowie der §§ 88, 130 bis 136 der Insolvenzordnung wird die Zeit der Rechtshängigkeit der Restrukturierungssache nicht eingerechnet.**

**Übersicht**



## I. Normzweck

1 § 91 soll insbesondere eine **Schlechterstellung der Gläubigergesamtheit** in einem späteren Insolvenzverfahren allein aufgrund der Dauer der Restrukturierungssache **verhindern** (Begr. RegE, BT-Drs. 19/24181, 183). Die Vorschrift gilt auch für die Fristen des AnfG. Der Gesetzgeber hat vor allem die Gefahr vor Augen, dass etwaige nahestehende Personen oder Gesellschafter der Schuldnerin, die als Anfechtungsgegner in Betracht kommen, durch verzögertes Betreiben der Restrukturierungssache für einen zeitlichen Aufschub des eigentlich unabwendbaren Insolvenzverfahrens sorgen und auf diese Weise die Anfechtungsfristen ablaufen.

## II. Voraussetzungen

2 Die **Vorschrift gilt** nicht nur für die Rechtshandlungen, die von § 89 oder § 90 (ggf. iVm § 97 Abs. 3) erfasst sind (missverständlich Pannen/Riedemann/Smid/*Pannen* StaRUG § 91 Rn. 1), sondern **generell** und damit auch für Anfechtungen gegenüber vom Restrukturierungsplan und der Restrukturierungssache **nicht betroffenen Gläubigern,** und zwar **ungeachtet von einer Kenntnis** der (ggf. **vertraulichen**) Restrukturierungssache (vgl. auch Flöther/*Herding/Hoegen* StaRUG § 91 Rn. 5 mit dem Vorschlag einer Vereinbarung von Informationspflichten). Für eine teleologische Reduktion ist weder Raum noch Bedürfnis, denn nach dem Schutzzweck soll gerade die Gläubigergesamtheit des späteren Insolvenzverfahrens den Zeitraum der Restrukturierungssache als nicht existent betrachten dürfen. Ein etwaiger Vertrauensschutz des Anfechtungsgegners tritt dahinter zurück. Rechtshandlungen während der Rechtshängigkeit und solche nach § 90 sind ohnehin regelmäßig nicht anfechtbar. Auf **andere Fristen,** zB die Verjährungsfrist des § 146 InsO, ist § 91 **nicht anwendbar.** Bei Rechtshängigkeit eines ausländischen Verfahrens der präventiven Restrukturierung ist eine Substitution denkbar (vgl. BeckOK StaRUG/*Fridgen* StaRUG § 91 Rn. 11).

3 Daher verändert die Rechtshängigkeit der Restrukturierungssache aus Sicht der potentiellen Anfechtungsgegner das Anfechtungsrisiko in zeitlicher Hinsicht (umgekehrt erhöht sich durch die Restrukturierungssache aber die Chance auf Abwendung des Insolvenzverfahrens und damit der Anfechtung). Aus Sicht des **Insolvenzverwalters** ist mit § 91 ein **Haftungsrisiko** verbunden, denn er muss die StaRUG-Sache bei der Berechnung der Anfechtungsfristen schon im **Eröffnungsgutachten** und während des Verfahrens berücksichtigen; davon kann maßgeblich die Anfechtbarkeit von Rechtshandlungen abhängen.

**4** Die Rechtshängigkeit wird gemäß § 91 nicht bei den Suspektsperioden der Anfechtungstatbestände eingerechnet. Das betrifft **sämtliche Anfechtungstatbestände** des §§ 130–136 und der §§ 3–6a AnfG. Ausdrücklich erfasst ist auch die **Rückschlagsperre** des § 88.

**5** Die **Rechtshängigkeit** bestimmt sich nach § 31 und beginnt gemäß § 31 Abs. 3 durch Anzeige, dh Eingang beim Restrukturierungsgericht (→ § 31 Rn. 31 ff.) und endet in den Fällen des § 31 Abs. 4 (→ § 31 Rn. 37 ff.). Rechtshängigkeit tritt auch durch Eingang beim unzuständigen Gericht ein (arg. § 38 StaRUG iVm § 261 Abs. 1, 281 ZPO; vgl. BGH NJW 1978, 1058; BGH NJW 1983, 1050 (1052); unnötige Begründung über die Parallele zur Verjährung bei Pannen/Riedemann/Smid/*Pannen* StaRUG § 91 Rn. 4). Auch bei Formmängel ist Rechtshängigkeit gegeben (BeckOK StaRUG/*Fridgen* StaRUG § 91 Rn. 18).

**6** Die Dauer der Rechtshängigkeit verlängert die Anfechtungszeiträume. Unklar ist, wie im Einzelfall die **Dauer der Rechtshängigkeit** der Restrukturierungssache zu **berechnen** ist. Beispiel: StaRUG-Anzeige am 13.8., Ende der Rechtshängigkeit am 17.9. Es geht nicht um eine Fristberechnung entsprechend §§ 187, 188, 191 BGB, sondern um die Ermittlung einer bloßen Dauer. Daher bleibt nichts übrig, als **tageweise** nach dem tatsächlichen Datumsverlauf, dh unter Berücksichtigung von Schaltjahren und Monatslängen zu rechnen. Anfangs- und Endtag zählen mit. Im Beispiel daher 36 Tage, die von dem ermittelten eigentlichen Beginn des Anfechtungszeitraums weiter rückwärts zu rechnen ist.

**7** Die Rechtshandlung **muss in den verlängerten Zeitraum** fallen.

**8** **Beispiel Nr. 1:** Rückführung Gesellschafterdarlehen am 1.10.2020, Anzeige nach § 31 am 1.4.2021, Scheitern und Ende der Rechtshängigkeit am 1.11.2021 (Dauer der Rechtshängigkeit 215 Tage), Insolvenzantrag am 15.11.2021. Für eine Anfechtung gemäß § 135 Abs. 1 Nr. 2 InsO wäre gewöhnlich der Anfechtungszeitraum bis zum 15.11.2020 zurückzurechnen (vgl. HK-InsO/*Thole* § 139 Rn. 7). Der Zeitraum verlängert sich um 215 Tage der StaRUG-Sache, dh er geht zurück bis 14.4.2020 (nicht 15.4., weil sonst der 15.11.2020 sowohl für den gewöhnlichen Anfechtungszeitraum als auch für den Verlängerungszeitraum zählte). Demnach besteht der Verlängerungszeitraum vom 14.4.2020 bis 14.11.2020 (215 Tage) und der gewöhnliche Anfechtungszeitraum vom 15.11.2020 bis 15.11.2021 (1 Jahr). Das gilt ungeachtet einer Mitwirkung oder Kenntnis des Anfechtungsgegners von der Restrukturierungssache (→ Rn. 2). Da die Rechtshandlung in den Zeitraum fällt, ist die Anfechtung in zeitlicher Hinsicht zu bejahen.

**9** **Beispiel Nr. 2:** Deckung am 2.8.2021, Anzeige nach § 31 am 1.11.2021, Ende der Rechtshängigkeit am 1.2.2022, Insolvenzantrag am 15.2.2022. Der Drei-Monats-Zeitraum des § 130 InsO ginge „normal" zurück bis 15.11.2021, Verlängerung um 93 Tage zum 14.8.2021. Daher trotz § 91 keine Anfechtung nach § 130 InsO. Das gilt, obwohl ein alternativer Insolvenzantrag am 1.11.2021 zur Anfechtung nach § 130 InsO geführt hätte.

# Kapitel 6. Arbeitnehmerbeteiligung; Gläubigerbeirat

## Beteiligungsrechte nach dem Betriebsverfassungsgesetz

**92 Die Verpflichtungen des Schuldners gegenüber den Arbeitnehmervertretungsorganen und deren Beteiligungsrechte nach dem Betriebsverfassungsgesetz bleiben von diesem Gesetz unberührt.**

**Schrifttum** *Giese/Jungbauer* Arbeitsrechtliche Implikationen des vorinsolvenzlichen Sanierungsverfahren nach der Restrukturierungsrichtlinie und dem StaRUG-Regierungsentwurf, BB 2020, 2679; *Göpfert/Giese* Die Arbeitnehmer im Gefüge des StaRUG, NZI-Beilage 2021, 55; *Göpfert/Giese* Die EU-Richtlinie im Arbeitsrecht: Verschärfte Konsultationspflichten in der vorinsolvenzlichen Sanierung?, NZI-Beilage 2019, 29 ff.; *Göpfert/Giese* Die Rechtsstellung der Arbeitnehmer im vorinsolvenzlichen Restrukturierungsverfahren, NZI-Beilage 2017, 43 ff.; *Göpfert/Brune* Die Rechtsstellung der Arbeitnehmer im vorinsolvenzlichen Restrukturierungsverfahren, NZI-Beilage 2017, 43 ff.; *Salamon/Krimm* Arbeitsrechtliche Aspekte und Herausforderungen im außerinsolvenzlichen Sanierungsverfahren, NZA 2021, 235; *Dzida/Schürgers* Die neue vorinsolvenzliche Sanierung nach dem StaRUG, ArbRB 2022, 51; *Mückl* Ein Jahr StaRUG – Aktuelle arbeitsrechtliche Streitfragen und Problemschwerpunkte, ZInsO 2022, 863 ff.; *Pannen* Festschrift Moll, 2019, S. 517 ff.

**Übersicht**

## I. Normzweck und Grundlagen

1 Der **Arbeitnehmerschutz** spielt für den europäischen Gesetzgeber in der Restrukturierungsrichtlinie RL (EU) 2019/1023 (im Folgenden: Restrukturierungsrichtlinie) eine wichtige Rolle (zum Arbeitnehmerbegriff iSd StaRUG siehe ausführlich: *Mückl* ZInsO 2022, 863 ff.). Denn das neue präventive Restrukturierungsverfahren folgt in arbeitsrechtlicher Hinsicht **zwei Leitgedanken** (so auch: *Pannen* FS Moll, 517 (521 f.).: Zum einen sollen Arbeitsplätze gesichert werden (vgl. Art. 4 Abs. 1 der Restrukturierungsrichtlinie, Erwgr. 2, 3, 4, 8, 16, 49 der Restrukturierungsrichtlinie), zum anderen ist ein umfassender Schutz der Arbeitnehmer- und Arbeitnehmervertreterrechte beabsichtigt (Art. 13 der Restrukturierungrichtlinie, Erwgr. 1, 3, 10, 11, 60, 61, 62 der Restrukturierungrichtlinie; *Giese/Jungbauer* BB 2020, 2679). Bereits Erwgr. (1) der Restrukturierungsrichtlinie stellt klar, dass die Grundrechte und Grundfreiheiten der Arbeitnehmer durch die Restrukturierungsrichtlinie nicht beeinträchtigt werden sollen.

2 Insbesondere sollen die Arbeitnehmerrechte unberührt bleiben, die in den weiteren europäischen Richtlinien zum Schutz der Arbeitnehmer manifestiert sind.

3 Dies betrifft insbesondere folgende Richtlinien (Pannen/Riedemann/Smid/*Pannen* StaRUG § 92 Rn. 2):

4 RL 98/59/EG (Massenentlassungsrichtlinie),

5 RL 2001/23/EG (Betriebsübergangsrichtlinie),

6 RL 2002/14/EG (Rahmenrichtlinie zur Unterrichtung und Anhörung der Arbeitnehmer),

7 RL 2008/94/EG (Richtlinie zum Schutz der Arbeitnehmer bei Zahlungsunfähigkeit des Arbeitgebers) und die

8 RL 2009/38/EG (Richtlinie über europäische Betriebsräte).

9 **Art. 13 der Restrukturierungsrichtlinie** bestimmt ausdrücklich, dass europäische und nationale Arbeitnehmerrechte durch das präventive Restrukturierungsverfahren nicht eingeschränkt werden dürfen. Vielmehr sollen individualarbeitsrechtliche und kollektivarbeitsrechtliche Rechte der Arbeitnehmer auch im präventiven Restrukturierungsverfahren vollständig gewahrt werden. Arbeitnehmer sollen während der gesamten Dauer des Verfahrens *„den vollen arbeitsrechtlichen Schutz genießen"*.

10 **§ 92** setzt diese europarechtlichen Vorgaben zu den Informations- und Beteiligungsrechten der Arbeitnehmervertretungen in deutsches Recht um und normiert die Aufrechterhaltung sämtlicher **betriebsverfassungsrechtlicher Beteiligungsrechte** nach dem BetrVG. Bestimmte Einschränkungen arbeitsrechtlicher Grundsätze, die im Rahmen des eröffneten Insolvenzverfahrens vorzufinden sind (§§ 108, 113, 120–128 InsO), finden im präventiven Restrukturierungsrahmen nach dem StaRUG keine Anwendung (*Göpfert/Giese* NZI-Beilage 2021, 55 (55)).

Beinhaltet das präventive Restrukturierungsverfahren also Maßnahmen oder Umstände, welche die Aufgaben, Rechte und Befugnisse des Wirtschaftsausschusses, des Betriebsrates oder anderer Arbeitnehmervertretungsgremien und die Pflichten des Arbeitgebers diesen gegenüber betreffen, so werden diese durch die Inanspruchnahme des präventiven Restrukturierungsverfahrens in keinerlei Hinsicht gekürzt (Begr. zu § 99 (jetzt § 92), RegE SanInsFoG, 215), aber auch nicht erweitert (so auch: *Göpfert/Giese* NZI-Beilage 2021, 55 (55). **11**

## II. Anwendungsbereich und Normadressat

§ 92 betrifft die Aufgaben, Rechte und Befugnisse des Wirtschaftsausschusses, des Betriebsrates oder anderer Arbeitnehmervertretungsgremien und diesen gegenüber bestehenden Pflichten des Arbeitgebers. **12**

Die Regelung stellt auf die Verpflichtung der Schuldnerin gegenüber den „Arbeitnehmervertretungsorganen" ab. Nach der Vorschrift bleiben die Verpflichtungen des Schuldners gegenüber den **Arbeitnehmervertretungsorganen** und deren Beteiligungsrechte nach dem Betriebsverfassungsgesetz unberührt. Der Begriff der Arbeitnehmervertretungen wird im Gesetz nicht definiert. Vor dem Hintergrund der Feststellungen in **§ 13 Abs. 1 der Restrukturierungsrichtlinie**[1] muss man davon ausgehen, dass mit dem Wortlaut **alle kollektivrechtlichen Mitbestimmungsgremien** gemeint sein müssen, die ihre Basis im BetrVG haben oder sich jedenfalls darauf beziehen (Braun StaRUG/*Saenger* StaRUG § 92 Rn. 3). **13**

In der Regierungsbegründung werden der **Betriebsrat** gem. **§ 1 BetrVG,** womit auch der Gesamtbetriebsrat und der Konzernbetriebsrat nach **§ 54 BetrVG** gemeint sind, und der **Wirtschaftsausschuss** gem. **§ 106 Abs. 1 S. 1 BetrVG,** der in Betrieben mit in der Regel mehr als einhundert ständig beschäftigten Arbeitnehmern zu bilden ist, explizit genannt. Unproblematisch werden auch etwaige von diesen Vorgaben abweichende **betriebsverfassungsrechtliche Organe gem. § 3 BetrVG** von der Norm erfasst (Morgen/*Röger* § 92 Rn. 4). **14**

Umstritten und noch nicht abschließend ist, ob auch **weitere Mitbestimmungsgremien,** die im BetrVG angelegt sind, in den Schutzbereich des **§ 92** einzubeziehen sind. **15**

Der Verweis auf die Arbeitnehmervertretungsgremien im Allgemeinen untermauert, **dass Sinn und Zweck der Norm** eine weite Auslegung des Schutzbereichs erfordern (so auch Braun StaRUG/*Saenger* StaRUG § 92 Rn. 3). **16**

Angesichts des **weiten Schutzes** als Ziel der Restrukturierungsrichtlinie sprechen die besseren Argumente dafür, dass auch die **Personalvertretungen des BetrVG nach §§ 114 ff. BetrVG** und Organe wie der **Sprecherausschuss, die Jugend- und Auszubildendenvertretung (§ 60 JAV)** **17**

[1] *„Die Mitgliedsstaaten stellen sicher, dass die individuellen und kollektiven Rechte der Arbeitnehmer nach dem Arbeitsrecht der Union und dem nationalen Arbeitsrecht durch den präventiven Restrukturierungsrahmen nicht beeinträchtigt werden; (…)"*

und die **Konzern-Jugend- und Auszubildendenvertretung (§ 73a BetrVG)** erfasst sind (aA zB *Morgen/Röger* § 92 Rn. 4; Arg.: *„vorgenannten Organe sind keine dem Betriebsrat gleichberechtigt gegenübergestellten Organe und haben keine eigenen Beteiligungsrechte (…)"*.

Streitig ist, ob auch außerhalb des BetrVG stehende Arbeitnehmervertretungen (wie bspw. Sprecherausschuss, Arbeitnehmervertretungsorgane wie Personalvertretungen gem. § 117 Abs. 3 BetrVG und die Personalvertretungen des öffentlichen Dienstes gem. § 130 BetrVG oder Mitarbeitervertretungen des Kirchenarbeitsrechts) von § 92 erfasst sind. Dies wird unter Hinweis auf den lediglich klarstellenden Charakter von § 92 teilweise ausgeschlossen (Morgen/*Röger* § 92 Rn. 5). Die Gegenansicht bejaht die Anwendung des § 92 auf außerhalb des BetrVG stehende Arbeitnehmervertretungen und begründet die Ansicht mit den Schutzwecks der Norm und deren richtlinienkonformer Auslegung (*Mückl* ZInsO 2022, 863 (867).

## III. Regelungsinhalt

### 1. Inhalt und Umfang der Beteiligung

18 Das StaRUG normiert für die Arbeitnehmervertretungsgremien keine eigene spezifische Beteiligung im präventiven Restrukturierungsverfahren. Insbesondere sind die Arbeitnehmervertretungen keine unmittelbaren Verfahrensbeteiligten (*Göpfert/Giese* NZI-Beilage 2021, 55 (55)). Die Unterrichtungs- und Anhörungsanforderungen der Restrukturierungsrichtlinie werden stattdessen durch die jeweils geltenden spezifischen Regelungen, insbesondere diejenigen der **§§ 106 ff., 111 ff. BetrVG,** erfüllt (*Göpfert/Brune* NZI Beilage 2017, 43(43); *Göpfert/Giese* NZI-Beilage 2019, 29 (39)). Es handelt sich somit um eine externe Beteiligung der Arbeitnehmervertretungen.

19 Eine unmittelbare Verfahrensbeteiligung findet allein über einen Gläubigerbeirat nach **§ 93** statt, dessen Einrichtung jedoch auch beim Vorliegen der Voraussetzungen des **§ 93 Abs. 1** im Ermessen des Gerichts liegt (ausführlich dazu § 93).

20 **§ 92** ist nicht auf die Regelungen des BetrVG beschränkt. Hierfür spricht auch die Regelung des **§ 4 Nr. 1,** nach dem Forderungen von Arbeitnehmern aus und in Zusammenhang mit Arbeitsverhältnissen einer Gestaltung durch einen Restrukturierungsplan nicht zugänglich sind. Das weite Verständnis von **§ 92** ist wichtig, da sich Rechte der Arbeitnehmervertretungen häufig auch aus anderen Gesetzen, insbesondere aus dem **KSchG,** ergeben können.

21 **a) Betriebsverfassungsrechtliche Beteiligungsrechte im Allgemeinen.** Die Beteiligungsrechte nach dem BetrVG sind bereits umfassend normiert, sodass sich der Gesetzgeber in Umsetzung der Richtlinie auf einen allgemeinen Verweis auf das BetrVG beschränken konnte (Wolgast/Grauer/*Saenger* StaRUG § 92 Rn. 9).

Es wird unterschieden zwischen 22
- **Mitwirkungsrechten,**
- **Informationsrechten und**
- **Mitbestimmungsrechten.**

Mitwirkungsrechte sind im BetrVG unterschiedlich ausgestaltet. Sie reichen von einer geringen Intensität in Form bloßer Informations- und Fragerechte (**§ 80 Abs. 2** und **§§ 92 ff. BetrVG**) über Anhörungsrechte und Beratungsverpflichtungen bis hin zu Widerspruchsrechten sowie Rechten mit hoher Intensität in Form von echten Zustimmungserfordernissen wie zB bei personellen Einzelmaßnahmen nach § 99 BetrVG. 23

Die **Mitbestimmungsrechte** stellen die stärkste Form der Beteiligung nach dem BetrVG dar. Von besonderer Bedeutung sind insbesondere die Beteiligungsrechte bzgl. **personeller Einzelmaßnahmen** nach **§ 99 BetrVG** und in **sozialen Angelegenheiten** nach **§ 87 Abs. 1 BetrVG** (Braun StaRUG/*Saenger* StaRUG § 92 Rn. 9). Rechte der Arbeitnehmervertreter auf Anhörung finden sich insbesondere in **§§ 90, 92, 106, 110, 111 BetrVG, § 613 BGB** und **§ 17 KSchG.** 24

Der Schuldner behält im Stabilisierungs- und Restrukturierungsrahmen die Arbeitgeberstellung und ist gegenüber den betriebsverfassungsrechtlichen Gremien weiterhin verhandlungs- und abschlussbefugt (Wolgast/Grauer/*Saenger* StaRUG § 92 Rn. 26). 25

**b) Beteiligungsrechte von Arbeitnehmervertretern in Restrukturierungssituationen iRd § 92 im Einzelnen.** In einer Restrukturierung sind neben der Reduzierung von Personalkosten durch Eingriffe in die Vergütungsstruktur insbesondere auch Personalabbaumaßahmen von Relevanz. 26

Zu den praktisch relevanten Beteiligungsrechten der Arbeitnehmervertretung bei Restrukturierungsmaßnahmen im Einzelnen: 27

**aa) Recht auf Unterrichtung und Anhörung der Arbeitnehmervertreter nach Art. 13 Abs. 1b der Restrukturierungsrichtlinie.** Nach **Art. 13 Abs. 1b i der Restrukturierungsrichtlinie** sind die „Arbeitnehmervertreter über die jüngste Entwicklung und die wahrscheinliche Weiterentwicklung der Tätigkeit und der wirtschaftlichen Situation des Unternehmens oder des Betriebs zu unterrichten, damit sie dem Schuldner ihre Bedenken hinsichtlich der Geschäftssituation und in Bezug auf die Notwendigkeit, Restrukturierungsmechanismen in Betracht zu ziehen, mitteilen können“. 28

Nach Art. 13 Abs. 1b ii der Rechtstrukturierungsrichtlinie sind die „Arbeitnehmervertreter über alle **präventiven Restrukturierungsverfahren** zu unterrichten, die sich auf die Beschäftigung auswirken können, etwa auf die Möglichkeit der Arbeitnehmer, ihre Löhne und etwaigen zukünftigen Zahlungen, auch im Rahmen der betrieblichen Altersversorgung, einzutreiben“. 29

Nach Art. 13 Abs. 1b iii der Restrukturierungsrichtlinie sind die Arbeitnehmervertreter schließlich „über Restrukturierungspläne zu unterrichten und anzuhören, bevor diese gem. **Art. 9 der Restrukturierungsrichtlinie** 30 zur Annahme oder einer Justiz- oder Verwaltungsbehörde gem. **Art. 10 der Restrukturierungslinie** zur Bestätigung vorgelegt werden".

31 Bei diesen Beteiligungsrechten handelt es sich um reine Informationsrechte.

32 **bb) Anhörungsrecht nach 102 BetrVG.** Im Rahmen kündigungsrechtlicher Streitigkeiten ist **die Anhörung des Betriebsrates gem. § 102 BetrVG von hoher praktischer Relevanz.** Vor jeder Kündigung ist im Geltungsbereich des BetrVG der Betriebsrat anzuhören. Über den Verweis sorgt § 92 BetrVG – und ergänzend auch § 99 BetrVG – für die Klarheit, dass Einschränkungen des Anhörungsverfahrens im präventiven Restrukturierungsverfahren unzulässig sind (Wolgast/Grauer/*Saenger* StaRUG § 92 Rn. 19).

33 **cc) Beteiligung des Wirtschaftsausschusses nach § 106 BetrVG.** Beschließt der Arbeitgeber, ein präventives Restrukturierungsverfahren einzuleiten, ist zunächst der **Wirtschaftsausschuss gem. § 106 Abs. 3 Nr. 1, 10 BetrVG** zu unterrichten und die Angelegenheit mit ihm zu beraten.

34 Maßnahmen im Rahmen des Stabilisierungs- und Restrukturierungsrahmens berühren die wirtschaftlichen Angelegenheiten eines Unternehmens unmittelbar. Der Wirtschaftsausschuss ist von dem Arbeitgeber in eben diesen wirtschaftlichen Angelegenheiten rechtzeitig und umfassend zu unterrichten. Bereits die beabsichtigte Anzeige eines Restrukturierungsvorhabens gemäß § 31 Abs. 1 führt zur Unterrichtungs- und Beratungspflicht des Wirtschaftsausschusses nach § 106 Abs. 2 S. 1, Abs. 3 Nr. 10 BetrVG (Wolgast/Grauer/*Saenger* StaRUG § 92 Rn. 25; Morgen/*Röger* § 92 Rn. 19).

Die Information des Wirtschaftsausschusses hat zu einem Zeitpunkt zu erfolgen, zu dem der Wirtschaftsausschuss noch Einfluss auf die Willensbildung des Unternehmers nehmen kann (Fitting BetrVG § 106 Rn. 30). Der Arbeitgeber hat den Wirtschaftsausschuss somit vor der Abgabe eines Planangebots bzw. vor der Stellung eines Antrags nach § 45 StaRUG zu informieren und sich mit ihm zu beraten. Dies folgt daraus, dass der Restrukturierungsplan dem Angebot bzw. dem Antrag jeweils beizufügen ist, § 17 Abs. 1 Satz 2 StaRUG bzw. § 45 Abs. 2 StaRUG (*Dzida/Schürgers* ArbRB 2022, 51 (53)).

35 **dd) Beteiligung des Betriebsrates nach § 109a BetrVG.** In Kleinunternehmen ohne Wirtschaftsausschuss werden hingegen Beteiligungsrechte des Betriebsrates allein durch die beabsichtigte Einleitung des präventiven Restrukturierungsverfahrens nicht ausgelöst; dies gilt insbesondere für die Rechte nach § 111 BetrVG (*Göpfert/Brune* NZI-Beilage 2017, 43 (43)). Für die Mitwirkungsrechte des Wirtschaftsausschusses ist es unerheblich, ob sich Betriebsänderungen aus einer wirtschaftlichen Zwangslage ergeben oder nicht. Diese bestehen auch bei Betriebsänderungen, die teilweise durch die vorhandene wirtschaftliche Situation vorgeschrieben werden (*Göpfert/Brune* NZI-Beilage 2017, 43 (44); Fitting BetrVG § 111 Rn. 38).

36 Bei Betrieben, die nicht die Voraussetzungen des § 106 Abs. 1 BetrVG erfüllen und in denen ein Wirtschaftsausschuss nicht besteht, hat der Arbeit-

geber den Betriebsrat nach **§ 109a BetrVG** zu unterrichten, **wenn Restrukturierungskonzept oder Restrukturierungsplan eine Unternehmensübernahme vorsehen** (Braun StaRUG/*Saenger* StaRUG § 92 Rn. 13).

**ee) Unterrichtung der Arbeitnehmer nach § 110 BetrVG.** Im Fall des § 110 Abs. 1 BetrVG besteht die Pflicht des Arbeitgebers zur schriftlichen Unterrichtung der Arbeitnehmer über die wirtschaftliche Lage des Unternehmens mindestens einmal im Jahr (*Salamon/Krimm* NZA 2021, 235 (239)). In den Fällen des § 110 Abs. 2 BetrVG kann die Unterrichtung auch mündlich erfolgen. 37

**ff) Beteiligungsrechte nach § 111 BetrVG.** Umfangreiche Mitwirkungsrechte der Arbeitnehmervertretungen bestehen auch im präventiven Restrukturierungsverfahren bei Betriebsänderungen gem. **§ 111 BetrVG.** 38

Die **Eröffnung eines präventiven Restrukturierungsverfahrens** stellt für sich genommen keine Betriebsänderung dar, sodass der Betriebsrat bei der Stellung eines Einleitungsantrags nicht zu beteiligen ist (*Göpfert/Brune* NZI-Beilage 2017, 43 (44)). Für den zeitlich vorgelagerten **Beschluss des Schuldners,** ein solches Verfahren in Anspruch nehmen zu wollen, kann nichts anderes gelten (so auch: *Giese/Jungbauer* BB 2020, 2679 (2683)). 39

Die Beteiligungsrechte nach §§ 111 ff. BetrVG sind nur dann vor dem Planangebot bzw. dem Antrag nach § 45 StaRUG zu beachten, wenn der Restrukturierungsplan betriebsändernde Maßnahmen so detailliert beschreibt, dass der Arbeitgeber die Stufe der Vorüberlegungen eindeutig verlassen hat und er ohne Vorbehalt zum Ausdruck bringt, dass er diese Maßnahmen umsetzen wird (*Dzida/Schürgers* ArbRB 2022, 51,(53)).

**gg) Personalplanung nach §§ 92 ff. BetrVG.** Ebenso erfasst sind die im Rahmen von Restrukturierungsmaßnahmen besonders bedeutsamen Maßnahmen der Personalplanung und die damit zusammenhängende Unterrichtungspflicht des Arbeitgebers gem. **§ 94 BetrVG** sowie die Mitbestimmung bei personellen Einzelmaßnahmen gem. **§ 99 BetrVG.** Weiter bleiben die Gegenstände der betrieblichen Mitbestimmung gem. § 87 BetrVG, das Mitbestimmungsrecht wegen Änderungen der Arbeitsplätze, des Arbeitsablaufs oder der Arbeitsumgebung gem. § 91 BetrVG unberührt. 40

**hh) Weitere restrukturierungsrelevante betriebsverfassungsrechtliche Regelungen.** Darüber hinaus bleiben durch die Inanspruchnahme eines Stabilisierungs- und Restrukturierungsrahmens durch den Schuldner die Pflichten und Rechte von Arbeitnehmern wie 41

- die Unterrichtungs- und Erörterungspflichten des Arbeitgebers gem. **§ 81 BetrVG;**
- Rechte der Arbeitnehmer, nämlich das Anhörungs- und Erörterungsrecht gem. **§ 82 BetrVG,**
- das Recht auf Einsicht in die Personalakte gem. **§ 83 BetrVG,**
- das Beschwerderecht des Arbeitnehmers gem. **§ 84 ff. BetrVG** sowie
- das Vorschlagrecht des Arbeitnehmers gem. **§ 86a BetrVG**

unberührt (Pannen/Riedemann/Smid/*Pannen* StaRUG § 92 Rn. 11). 42

43 **c) Sonstige Beteiligungsrechte.** Die Vorschriften der **§§ 17, 18 KSchG** wurden auf Grundlage der Massenentlassungsrichtlinie RL 98/59/EG in das deutsche Recht umgesetzt. Bereits Art. 13 Abs. 1c der Richtlinie über Restrukturierung und Insolvenz bestimmt, dass auch Rechte aus der Massenentlassungsrichtlinie durch den präventiven Restrukturierungsrahmen nicht beeinträchtigt werden dürfen (Wolgast/Grauer/*Saenger* StaRUG § 92 Rn. 23).

44 Auch wenn sich § 92 ausdrücklich nur auf die Einhaltung der Rechte aus dem BetrVG bezieht, ist davon auszugehen, dass im außerinsolvenzlichen Restrukturierungsrahmen auch die Regelungen des KSchG uneingeschränkt gelten (→ Rn. 20). Hingewiesen sei an dieser Stelle auf den Grundgedanken des § 1 KSchG, der das Kündigungsschutzgesetz für grundsätzlich anwendbar erklärt, wenn das Arbeitsverhältnis länger als sechs Monate besteht, sowie den Sonderkündigungsschutz des Betriebsrats nach § 15 KSchG, woran erkennbar ist, dass der Kündigungsschutz stets unangetastet bleibt. So genießen Betriebsratsmitglieder sogar in der Insolvenz des Arbeitsgebers den Sonderkündigungsschutz des § 15 KSchG (BAG ZIP 2006, 918). Weiterhin lässt sich beispielsweise auch der tarifliche Sonderkündigungsschutz nicht aushebeln.

45 Im Rahmen des **Konsultationsverfahrens** muss der Arbeitgeber nach **§ 17 Abs. 2 S. 1 Nr. 1–6 KSchG** die Gründe für die geplanten Entlassungen unter Angabe des Sachverhalts, die Zahl und die Berufsgruppen der zu entlassenden Arbeitnehmer, die Zahl der Berufungsgruppen der in der Regel beschäftigten Arbeitnehmer, den Zeitraum, in dem die Entlassungen vorgenommen werden sollen, die vorgesehenen Kriterien für die Auswahl der zu entlassenden Arbeitnehmer und die für die Berechnung etwaiger Abfindung vorgesehenen Kriterien mitteilen (ErfK/*Kiel* KSchG § 17 Rn. 21 ff.). Die Unterrichtung soll den Betriebsrat in die Lage versetzen, konstruktive Vorschläge zur Vermeidung oder Einschränkung der Massenentlassung zu unterbreiten (ErfK/*Kiel* KSchG § 17 Rn. 21). Sieht der Restrukturierungsplan einen Personalabbau im anzeigepflichtigen Umfang vor, müssen die Beteiligungsrechte parallel gewahrt werden, Erfolgt all dies nicht, oder nicht richtig, sind die ausgesprochenen Kündigungen gemäß **§ 134 BGB** wegen Verstoßes gegen ein gesetzliches Verbot nichtig (Wolgast/Grauer/*Saenger* StaRUG § 92 Rn. 23).

### 2. Dokumentation ordnungsgemäßer Beteiligung

46 Der Arbeitgeber ist sowohl im Hinblick auf die Vollständigkeit seines Restrukturierungsplans als auch hinsichtlich der Rechtzeitigkeit und des hinreichenden Umfangs seiner Konsultation mit den Arbeitnehmervertretern **darlegungs- und beweisbelastet** (*Göpfert/Giese* NZI-Beilage 2021, 55 (56)). Dies gilt gegenüber einem Gericht, welches über die Bestätigung des Restrukturierungsplans entscheiden muss sowie gegenüber Gläubigern, deren Bereitschaft zu einem teilweisen Forderungsverzicht auch davon abhängen wird, dass arbeitsrechtliche Maßnahmen durchgeführt werden (*Göpfert/Giese* NZI-Beilage 2021, 55 (56)).

### 3. Verstoß gegen Beteiligungsrechte

Bei Verstößen gegen die Beteiligungsrechte besteht gemäß **§ 5 iVm Anlage zu 5 II StaRUG** unmittelbar das Risiko einer gerichtlichen **Versagung der Planbestätigung nach § 63 Abs. 1 Nr. 2,** wenn die Vorschriften über den Inhalt und die verfahrensmäßige Behandlung des Restrukturierungsplans in **einem wesentlichen Punkt** nicht beachtet worden sind und der Schuldner den Mangel nicht beheben kann oder innerhalb einer angemessenen, vom Restrukturierungsgericht gesetzten Frist nicht behebt (Wolgast/Grauer/*Saenger* StaRUG § 92 Rn. 27). 47

Die spezifisch arbeitsrechtlichen Angaben im Restrukturierungsplan gem. **§ 5 iVm Anlage zu 5 II StaRUG** stellen zugleich auch eine **Informationsgrundlage** für die Arbeitnehmervertretungsgremien in den selbständigen kollektivarbeitsrechtlichen Beteiligungsverfahren nach §§ 106 ff., 111 ff. BetrVG dar (*Giese/Jungbauer* BB 2020, 2679 (2684)). Versäumt der Arbeitgeber eine entsprechende Unterrichtung bzw. Beratung hinsichtlich der vorgegebenen Mindestinhalte, drohen bei nicht ausreichender Plangestaltung ebenso wie bei sonstigen Konsultationsmängeln eine Ahndung als **Ordnungswidrigkeit (§ 121 BetrVG)** (*Giese/Jungbauer* BB 2020, 2679 (2684)). 48

Zudem können sich aus der Verletzung von Rechten aus dem BetrVG weitere Folgen ergeben, bspw. die Geltendmachung von Unterlassungsansprüchen (Wolgast/Grauer/*Saenger* StaRUG § 92 Rn. 28). 49

## Gläubigerbeirat

**93** (1) [1] **Sollen in einer Restrukturierungssache mit Ausnahme der in § 4 genannten Forderungen die Forderungen aller Gläubiger durch einen Restrukturierungsplan gestaltet werden, und weist die Restrukturierungssache gesamtverfahrensartige Züge auf, kann das Gericht einen Gläubigerbeirat einsetzen.** [2] **§ 21 Absatz 2 Satz 1 Nummer 1a der Insolvenzordnung gilt entsprechend.** [3] **In dem Beirat können auch nicht planbetroffene Gläubiger vertreten sein.**

(2) **Ist ein Gläubigerbeirat eingerichtet, tritt an die Stelle des gemeinschaftlichen Vorschlags der Planbetroffenen nach § 74 Absatz 2 Satz 3 der einstimmige Beschluss des Gläubigerbeirats.**

(3) [1] **Die Mitglieder des Beirats unterstützen und überwachen den Schuldner bei seiner Geschäftsführung.** [2] **Der Schuldner zeigt dem Beirat die Inanspruchnahme der Instrumente des Stabilisierungs- und Restrukturierungsrahmens an.**

(4) [1] **Die Mitglieder des Gläubigerbeirates haben Anspruch auf Vergütung für ihre Tätigkeit und auf Erstattung angemessener Auslagen.** [2] **Die Höhe der Vergütung richtet sich nach § 17 der Insolvenzrechtlichen Vergütungsverordnung.**

**Schrifttum** *Salamon/Krimm* Arbeitsrechtliche Aspekte und Herausforderungen im außerinsolvenzlichen Sanierungsverfahren NZA 2021, 235 ff.; *Göpfert/Giese* Die Arbeitnehmer im Gefüge des StaRUG, NZI-Beilage 2021, 55 ff.; *Ahrens* Der Gläubigerbeirat gem. § 93 StaRUG, NZI-Beilage 2021, 57 ff.; *Sämisch* Der Gläubigerbeirat nach dem StaRUG, ZRI 2021, 361 ff.; *Brünkmans* Geschäftsleiterpflichten und Geschäftsleiterhaftung nach dem StaRUG und SanInsFoG, ZInsO 2021, 1 ff.; *Schluck-Amend* Mehr Befugnisse für die Gläubiger im Restrukturierungs- und Insolvenzverfahren?, NZI-Beilage 2021, 88 ff.; *Keller* Die Vergütung der Mitglieder des Gläubigerausschusses – Fragen zur praktischen Anwendung des § 17 InsVV, DZWiR 2022, 123 ff.

**Übersicht**



# I. Normzweck und Grundlagen

## 1. Gläubigerbeirat im Kontext des präventiven Restrukturierungsverfahrens im Sinne der Norm

1 Bei einem präventiven Restrukturierungsverfahren handelt es sich im Unterschied zum Insolvenzverfahren nicht um ein **sog. Gesamtverfahren**[1].

[1] Als Gesamtverfahren ist ein Insolvenzverfahren zu bestimmen, das die Gesamtheit des Schuldnervermögens sowie der Gläubiger des Schuldners betrifft und die Ausgleichung ihrer Forderungen nur in einem gemeinsamen Verfahren unter Ausschluss der Einzelrechtsverfolgung erlaubt.

So kann bei der außerinsolvenzlichen Sanierung allein der Schuldner entscheiden, von nur einem Teil oder von einer bestimmten Gruppe seiner Gläubiger Sanierungsbeiträge einzufordern. Eine verfahrensmäßige Vertretung der Gläubigergesamtheit im präventiven Restrukturierungsverfahren kann sogar zu Nachteilen führen, da nur diejenigen entscheidungsbefugt sein sollen, die von den Maßnahmen auch betroffen sind (Wolgast/Grauer/*Proske* StaRUG § 93 Rn. 2).

### 2. Richtlinienbezug und Umsetzung

Zwar ist bereits in der Restrukturierungsrichtlinie RL (EU) 2019/1023 (im Folgenden: Restrukturierungsrichtlinie) die Möglichkeit der Einsetzung eines „Gläubigerausschusses" als ein die Gläubiger vertretendes Organ erwähnt (RL (EU) 2019/1023, Erwgr. 68 und 88), konkrete Regelungen zu einem solchen Organ enthält die Richtlinie allerdings nicht. Sie berücksichtigt die Interessen der Gläubiger aber an zahlreichen Stellen und räumt ihnen so eine zentrale Rolle im Verfahren ein. So kommt der Restrukturierungsplan grundsätzlich nur unter Zustimmung der Mehrheit der Gläubiger zustande (Art. 9 Abs. 2, 6 RL (EU) 2019/1023) und darf die zustimmenden Gläubiger nicht schlechter stellen als im Falle einer Liquidation (vgl. Erwgr. 52 und Art. 10 Abs. 2 lit. d iVm Art. 2 Abs. 1 Nr. 6 der Restrukturierungsrichtlinie). 2

Im Referentenentwurf des BMJV und im Regierungsentwurf zum StaRUG war der Gläubigerbeirat ebenfalls noch nicht angelegt. Erst durch einen Änderungsantrag der Bundestagsfraktionen von CDU/CSU und SPD in der Beratung des Ausschusses für Recht und Verbraucherschutz am 15.12.2020 wurde die Regelung zum Gläubigerbeirat als eine **ergänzte Arbeitnehmerbeteiligung** für das neue präventive Restrukturierungsverfahren tatsächlich umgesetzt (*Göpfert/Giese* NZI-Beilage 2021, 55 (56)). 3

Die Idee eines Gläubigerbeirats war jedoch nicht völlig neu. Der Gläubigerbeirat war als Gremium für die Schaffung von Transparenz und Informationsaustausch bereits bekannt. Die Einsetzung eines Gläubigerbeirats als Organ des Insolvenzverfahrens wurde schon im Jahr 1985 vom Gesetzgeber erwogen, jedoch letztlich verworfen (*Sämisch* ZRI 2021, 361 (361); vgl. auch Bundesministerium für Justiz (Hrsg.), Erster Bericht der Kommission für Insolvenzrecht, 1985, Ls. 1.3.1.5, S. 131 ff.). 4

Mit dem Gläubigerbeirat wird im StaRUG ein **neues Organ** eingeführt. Der Gesetzgeber stärkt damit insgesamt die Möglichkeit der Gläubigerbeteiligung in Sanierungsverfahren. 5

## II. Anwendungsbereich

### 1. Voraussetzungen

Das Gericht kann nach **§ 93 Abs. 1 S. 1** in einer Restrukturierungssache, in der Forderungen aller Gläubiger gestaltet werden sollen und die gesamtverfahrensartige Züge aufweist, einen Gläubigerbeirat einsetzen, wenn die 6

Forderungen sämtlicher Gläubiger mit Ausnahme der in **§ 4** genannten Forderungen durch einen Restrukturierungsplan gestaltet werden sollen. Die genannten Voraussetzungen müssen kumulativ vorliegen (*Riggert* NZI-Beilage 2021, 40) und sind mehrstufig geregelt.

7 **a) Restrukturierungssache. § 93** setzt zunächst eine (rechtshängige) **Restrukturierungssache** voraus. Dies erfordert die Anzeige des Restrukturierungsvorhabens durch den Schuldner beim zuständigen Gericht gemäß **§ 31 Abs. 3,** bei dem zur nachhaltigen Beseitigung einer drohenden Zahlungsunfähigkeit die Instrumente des Stabilisierungs- und Restrukturierungsrahmens vom Schuldner in Anspruch genommen werden (*Ahrens* NZI-Beilage 2021, 57 (58).

8 **b) Gesamtverfahrensrechtliche Züge.** Die Einsetzung eines Gläubigerbeirats kommt nur in Betracht, wenn das präventive Restrukturierungsverfahren **sog. gesamtverfahrensartige Züge** aufweist. Dabei handelt es sich um einen **unbestimmten Rechtsbegriff,** der jedoch gleichwohl der vollen gerichtlichen Überprüfung unterliegt (Pannen/Riedemann/Smid StaRUG § 93 Rn. 9). Gesamtverfahrensrechtliche Züge liegen nur dann vor, wenn eine Vielzahl von Gläubigern mit inhomogenen Interessen vertreten ist, was eine Einigung über einen Restrukturierungsplan erschweren könne (BT-Drs. 19/25353, 10). In dieser Situation soll ein Gläubigerbeirat zu einer Interessenbündelung führen und so die Einigung über einen Restrukturierungsplan fördern (Wolgast/Grauer/*Proske* StaRUG § 93 Rn. 6).

9 An den zwingend erforderlichen gesamtverfahrensrechtlichen Zügen fehlt es, wenn sich die betroffene Gläubigergesamtheit ausschließlich aus wenigen Gläubigern mit vergleichbaren Interessen zusammensetzt (BT-Drs. 19/25353, 10).

10 Für die Unterscheidung verschiedener Gläubigerinteressen kann auf die Einteilung der planbetroffenen Gläubiger in Gruppen nach **§ 9** Bezug genommen werden (*Sämisch* ZRI 2021, 361 (363)). Die Planbetroffenen werden dort vor Abstimmung über den Plan in **verschiedene Gruppen** eingeteilt, soweit sie mit unterschiedlicher Rechtsstellung betroffen sind. Dies geschieht, um eine Benachteiligung einzelner Gläubigergruppen zu vermeiden. Grundsätzlich sieht **§ 9 Abs. 1** eine Einteilung in vier Gruppen vor:

- Inhaber von Absonderungsanwartschaften,
- sog. einfache Restrukturierungsgläubiger (Inhaber von Forderungen, die im Fall der Eröffnung eines Insolvenzverfahrens als nicht nachrangige Insolvenzforderungen geltend zu machen wären),
- sog. nachrangige Restrukturierungsgläubiger (Inhaber von Forderungen, die im Fall der Eröffnung eines Insolvenzverfahrens nach § 39 Abs. 1 Nr. 4, 5 oder Abs. 2 der Insolvenzordnung als nachrangige Insolvenzforderungen anzumelden wären),
- Inhaber von Anteils- oder Mitgliedschaftsrechten.

Daneben regelt **§ 9,** dass sowohl Gläubiger aus gruppeninternen Drittsicherheiten **(Abs. 1 S. 3)** als auch Kleingläubiger **(Abs. 2 S. 4)** jeweils eine Gruppe bilden. 11

Die gebildeten Gruppen spiegeln die unterschiedlichen Interessen der Gläubiger wider. Muss in einem Verfahren mehr als eine Gruppe gebildet werden, so divergieren die Interessen der Gläubiger und das präventive Restrukturierungsverfahren weist gesamtverfahrensrechtliche Züge auf (*Sämisch* ZRI 2021, 361 (363)). Auch wenn sich innerhalb der Gruppe Interessenskonflikte ergeben, liegen gesamtverfahrensrechtliche Züge vor (*Sämisch* ZRI 2021, 361 (363)). 12

Weist das Verfahren gesamtverfahrensartige Züge auf, soll dieses mit einem (vorläufigen) **Eigenverwaltungsverfahren** vergleichbar und die Einsetzung eines Gläubigerbeirats gerechtfertigt sein (Wolgast/Grauer/*Proske* StaRUG § 93 Rn. 6). 13

**c) Gestaltung der Forderungen aller Gläubiger. § 93** erfordert weiterhin, dass die Forderungen aller Gläubiger gestaltet werden sollen. Von vornherein vom Gesetzeswortlaut ausgenommen sind lediglich **Forderungen nach § 4,** also Arbeitnehmerforderungen, deliktische Forderungen sowie Forderungen nach **§ 39 Abs. 1 Nr. 3 InsO.** 14

Es ist davon auszugehen, dass unter **„alle Gläubiger"** sämtliche Gläubiger zu verstehen sind (str., dafür: Wolgast/Grauer/*Proske* StaRUG § 93 Rn. 6; *Sämisch* ZRI 2021, 361 (362)). Der Gesetzgeber scheint hier bewusst auf den Begriff der Planbetroffenheit verzichtet zu haben. Die Wortwahl „Gestaltung" ist weiter als die „Planbetroffenheit". Für ein Gestalten von Forderungen reicht es aus, wenn diese durch den Plan und das präventive Restrukturierungsverfahren beeinflusst werden. Eine Beeinflussung ist anzunehmen, wenn sich die voraussichtliche Befriedigungsquote eines nicht planbetroffenen Gläubigers durch den Restrukturierungsplan in positiver oder negativer Hinsicht verändert (So auch: *Sämisch* ZRI 2021, 361 (362)). 15

**§ 93 Abs. 1 S. 3** regelt zwar, dass auch nicht planbetroffene Gläubiger im Gläubigerbeirat vertreten sein können. Hieraus im Umkehrschluss abzuleiten, dass sich der Wortlaut „alle" nur auf die Gesamtmenge der planbetroffenen Gläubiger iSd **§ 7 Abs. 1** bezieht, da die Forderungen von nicht planbetroffenen Gläubigern durch den Restrukturierungsplan auch nicht gestaltet werden, ist abzulehnen. Da die Forderungen der planbetroffenen Gläubiger stets gestaltet werden, wäre das Tatbestandsmerkmal immer erfüllt und es käme zu einem **Zirkelschluss,** der das Merkmal überflüssig machen würde (so auch: *Sämisch* ZRI 2021, 361 (362)). 16

**d) Zuständigkeit des Restrukturierungsgerichts. § 93 Abs. 1 S. 1** sieht vor, dass für die Berufung des Gläubigerbeirates das **Restrukturierungsgericht** zuständig ist. Nach **§ 34 Abs. 1** ist das Amtsgericht, in dessen Bezirk ein Oberlandesgericht seinen Sitz hat, als Restrukturierungsgericht für den Bezirk des Oberlandesgerichts ausschließlich zuständig. 17

### 2. Einsetzung

18 Die Entscheidung über die Einsetzung eines Gläubigerbeirates trifft das Gericht nach pflichtgemäßem Ermessen, **§ 93 Abs. 1 S. 1** („*Ein Gläubigerbeirat **kann** gebildet werden*").

19 Bei der Ermessensvorschrift steht der dem Gesetz zugrunde liegende Leitgedanke im Vordergrund, dass sich der Schuldner selbst im Verhandlungswege mit seinen Gläubigern einigen kann, und zwar „ohne ein Insolvenzregime" (Braun StaRUG/*Hirte* StaRUG § 93 Rn. 4). Um das präventive Restrukturierungsverfahren einfach und flexibel zu gestalten, existieren keine speziellen **Verfahrensbestimmungen. § 93 Abs. 1 S. 2** ordnet für die Bestellung des Gläubigerbeirates die entsprechende Anwendung des **§ 21 Abs. 2 Nr. 1a InsO** an. Diese durch das ESUG eingeführte Vorschrift sieht vor, dass das Insolvenzgericht im Zusammenhang mit der von ihm zu treffenden vorläufigen Sicherungsanordnungen über die Einsetzung eines vorläufigen Gläubigerausschusses zu entscheiden hat.

20 Für das Verfahren zur Einsetzung gelten die Grundsätze aus **§ 39.** Gemäß **§ 39 Abs. 3** ergeht die Entscheidung ohne mündliche Verhandlung und ohne Anhörung der von der Restrukturierungssache Betroffenen. Regelmäßig ist aber die vorherige Anhörung zumindest des Schuldners sachgerecht, um geeignete Mitglieder zu bestimmen. Einzelne Gläubiger können angehört werden, soweit dies sachgerecht erscheint (Wolgast/Grauer/*Proske* StaRUG § 93 Rn. 10).

21 Wollen sich einzelne Gläubiger unabhängig vom Schuldner zu Gehör bringen, bleibt ihnen nur die eigene Einbringung, insbesondere mittels einer **Schutzschrift** im Vorfeld einer möglichen Anzeige eines Restrukturierungsvorhabens durch einen Schuldner (Wolgast/Grauer/*Proske* StaRUG § 93 Rn. 10).

22 Der Beirat darf nur eingesetzt werden, um **die Sanierungsaussichten zu erhöhen.** Dies kann der Fall sein, wenn externer Sachverstand beigezogen werden soll, um Interessengegensätze bei den Gläubigern zu überwinden (*Ahrens* NZI-Beilage 2021, 57 (59)).

23 Regelmäßig werden verbesserte Sanierungsperspektiven und damit ein Einsetzungserfordernis anzunehmen sein, wenn außerhalb des präventiven Restrukturierungsverfahrens Sanierungsbeiträge der Arbeitnehmer erforderlich sind (*Ahrens* NZI-Beilage 2021, 57 (59)).

24 Um seine Mitwirkung an der Entscheidung über den Restrukturierungsbeauftragten nach **§ 93 Abs. 2** zu sichern, sollte der Gläubigerbeirat möglichst früh eingesetzt werden (so auch: *Ahrens* NZI-Beilage 2021, 57 (59)).

25 Mangels einer Verweisung auf **§ 22a Abs. 2 InsO** oder einer entsprechenden Regelung besteht kein das Gericht bindende Antragsrecht eines Beteiligten. Wohl aber können Schuldner, Gläubiger und – gem. **§ 92 iVm § 106 BetrVG** – Arbeitnehmervertreter seine Einsetzung anregen (iErg auch: Pannen/Riedemann/Smid StaRUG § 93 Rn. 30, *wonach im Zusammenspiel mit § 21 Abs. 2 Nr. 1a InsO der § 22a Abs. 2 InsO auf die Entscheidung des Gerichts über die Berufung eines Gläubigerbeirats entsprechend anzuwenden ist. Der Schuldner könne beim Gericht durch Benennung von zur Übernahme des Amtes bereiten Personen anregen, einen Gläubigerbeirat zu bestellen*).

Noch ungeklärt ist weiterhin die Frage, ob neben verfahrensinternen Kriterien auch außerhalb des präventiven Restrukturierungsverfahrens liegende Umstände (bspw. Effekte aus der die finanzwirtschaftliche Sanierung, regelmäßig begleitenden organisatorischen und operativen Umgestaltung des Unternehmens) die Einsetzung eines Gläubigerbeirats rechtfertigen können. **26**

Gegen die Einsetzungsentscheidung des Gerichts ist kein Rechtsmittel statthaft, **§ 40 Abs. 1.** **27**

### 3. Besetzung

**a) Geltende Normen.** Über den Verweis auf **§ 21 Abs. 2 S. 1 Nr. 1a InsO** in **§ 93 Abs. 1 S. 2** gilt **§ 67 Abs. 2 InsO** für die Besetzung des Gläubigerbeirats entsprechend. Danach sollen im Gläubigerbeirat die Gläubiger mit Absonderungsanwartschaften, die Gläubiger mit den höchsten Forderungen und die Kleingläubiger vertreten sein (Wolgast/Grauer/*Proske* StaRUG § 93 Rn. 12). **§ 93 Abs. 1 S. 3** erweitert zudem den Personenkreis und lässt die Benennung nicht planbetroffener Gläubiger zu. **28**

Gemäß **§ 67 Abs. 2 S. 2 InsO** soll dem Gläubigerbeirat auch ein Vertreter der Arbeitnehmer angehören. Dies wird durch die Klarstellung in **§ 93 Abs. 1 S. 3** sichergestellt (BT-Drs. 19/25353, 10). **§ 67 Abs. 2 S. 2 InsO** ist eine Sollvorschrift, sodass die Einsetzung eines Arbeitnehmervertreters nicht zwingend ist. **29**

Ob daraus zwingend folgt, dass dem vorinsolvenzlichen Gläubigerbeirat auch Gewerkschaftsvertreter angehören, ist unklar, wird in der Literatur aber überwiegend bejaht und erscheint auch im Zuge von ausstehenden Verhandlungen über einen Sanierungstarifvertrag sinnvoll (*Göpfert/Giese* NZI-Beilage 2021, 55 (57); *Schluck-Amend* NZI Beilage 2021, 88 (90)). **30**

**b) Größe des Gläubigerbeirats.** Vorgaben für die **Größe des Gläubigerbeirats** bestehen nicht. Um schnelle Abstimmungen zu ermöglichen und Kosten gering zu halten, sollte die Anzahl der Mitglieder jedoch überschaubar bleiben. In der Regel dürften drei bis maximal fünf Mitglieder ausreichen. Empfehlenswert ist zur leichteren Entscheidungsfindung eine ungerade Zahl an Mitgliedern. **31**

**c) Mitgliedschaft im Gläubigerbeirat.** Das Gericht bestimmt die Mitglieder des Beirats. Dabei ist das Gericht an Vorschläge des Schuldners oder anderer Gläubiger für die Besetzung nicht gebunden (*Ahrens* NZI Beilage 2021, 57 (59)). Als Mitglieder kommen sowohl **natürliche als auch juristische Personen** in Betracht. Die hierzu zum Gläubigerausschuss entwickelten Grundsätze finden entsprechende Anwendung (Siehe hierzu Braun/*Hirte* InsO § 67 Rn. 8 ff.). **32**

Ob Behörden Mitglied im Gläubigerbeirat werden können, ist zweifelhaft (BGHZ 124, 86 (90 f.)). Denn ihnen fehlt bereits dann die Personenqualität, wenn diese ihnen in den Verwaltungsverfahrensgesetzen nicht verliehen worden ist. Dieses Problem besteht ebenfalls bei juristischen Personen des Privatrechts und des öffentlichen Rechts, da sie Vertreter entsenden müssen, um im Gläubigerbeirat zu handeln. Dies wirft insbesondere im Hinblick auf **33** die besonderen Verschwiegenheitspflichten Probleme auf (Jaeger/*Gerhardt* InsO § 69 Rn. 30; Pannen/Riedemann/Smid StaRUG § 93 Rn. 46).

34 Die **Mitgliedschaft** des Beirats beginnt mit der Annahme des Amts durch das jeweilige Mitglied des Beirats. Sie muss gegenüber dem Gericht erklärt werden. Die Mitgliedschaft endet mit Entlassung (→ Rn. 37) oder der Aufhebung der Stabilisierungsanordnung bzw. mit Rechtskraft der Planbestätigung (Braun StaRUG/*Hirte* StaRUG § 93 Rn. 8).

35 Eine **Beendigung, Kündigung oder Niederlegung** des Beiratsamts ist grundsätzlich nicht vorgesehen (Braun StaRUG/*Hirte* StaRUG § 93 Rn. 9, siehe hierzu auch Braun/*Hirte* InsO § 70 Rn. 5). Etwas anderes gilt ausnahmsweise dann, wenn die Beiratstätigkeit nicht mehr zumutbar ist. Dies ist zB dann der Fall, wenn die Kosten einer angemessenen Versicherung vom Schuldner nicht mehr getragen werden bzw. getragen werden können (Braun StaRUG/*Hirte* StaRUG § 93 Rn. 9).

36 Die Mitgliedschaft im Gläubigerbeirat stellt ein **höchstpersönliches Amt** dar. Eine Vertretung ist unzulässig.

37 Gemäß **Abs. 1 S. 2 iVm § 70 InsO** kann das Gericht ein Mitglied des Gläubigerbeirats aus wichtigem Grund aus dem Amt entlassen. Die Entlassung kann von Amts wegen oder auf Antrag des Mitglieds des Gläubigerbeirats erfolgen. Ein wichtiger Grund liegt vor, wenn das Verbleiben im Gläubigerbeirat unzumutbar ist, zB bei Unfähigkeit, Ungeeignetheit oder Abwesenheit (vgl. hierzu Braun/*Hirte* InsO § 70 Rn. 5 f.). Vor der Entscheidung des Gerichts ist der Gläubigerbeirat zu hören, **vgl. § 70 Abs. 3 InsO.** Eine Entlassung auf dessen Antrag oder den der Planbetroffenen entsprechend **§ 70 S. 2 InsO** ist nicht möglich.

## 4. Aufgaben des Gläubigerbeirats

38 Der Gläubigerbeirat dient grundsätzlich dazu, den Gläubigern innerhalb des präventiven Restrukturierungsverfahrens Gehör zu verschaffen. Bei der Wahrnehmung ihrer Aufgaben unterliegen die Mitglieder des Gläubigerbeirates den gleichen Beschränkungen wie die Mitglieder eines Gläubigerausschusses, so zum Beispiel bezüglich der Pflicht zur Wahrung der **Vertraulichkeit** (Wolgast/Grauer/*Proske* StaRUG § 93 Rn. 23; *Ahrens* NZI Beilage 2021, 57 (59)).

39 **a) Bestellung der Person des Restrukturierungsbeauftragten, Abs. 2.** Ist ein Gläubigerbeirat eingesetzt, kann dieser den Restrukturierungsbeauftragten mit einstimmigem Beschluss bindend vorschlagen, **Abs. 2, § 74 Abs. 2 S. 3.** Von seinem einstimmigen Vorschlag darf nur abgewichen werden, wenn die vorgeschlagene Person offensichtlich ungeeignet ist.

40 Ähnliche Grundsätze gelten bei der Auswahl eines Sachwalters in der Eigenverwaltung. Nach §§ 56a Abs. 2, 274 Abs. 1 InsO ist das Gericht verpflichtet, einen vom vorläufigen Gläubigerausschuss mit einstimmigem Beschluss vorgeschlagenen Sachwalter zu bestellen, es sei denn, die vorgeschlagene Person ist für das Amt ungeeignet (Kübler/Prütting/Bork/*Holzer* InsO § 274 Rn. 6).

Nach dem Wortlaut des **§ 93** bleibt unklar, ob auch nicht planbetroffene Gläubiger bei Ausübung dieses Vorschlagsrechts stimmberechtigt sind. Davon ist auszugehen, da § 93 Abs. 1 S. 3 festlegt, dass auch nicht planbetroffene Gläubiger Mitglieder im Gläubigerbeirat sein können (→ Rn. 28). Ebenfalls ist dem StaRUG selbst keine Differenzierung zwischen planbetroffenen und nicht planbetroffenen Gläubigern im Hinblick auf das Stimmrecht zu entnehmen. 41

**b) Unterstützung und Überwachung des Schuldners, Abs. 3.** Aufgabe des Gläubigerbeirates ist es – parallel zu der Aufgabe eines Gläubigerausschusses im Insolvenzverfahren – den Schuldner bei der Geschäftsführung zu unterstützen und zu überwachen, **§ 93 Abs. 3 S. 1.** Dabei soll er unterschiedliche Interessen und Betroffenheiten koordinieren (BT-Drs. 19/25353, 10). 42

**aa) Überwachungsaufgaben.** Der Schuldner zeigt dem Beirat die Inanspruchnahme der Instrumente des Stabilisierungs- und Restrukturierungsrahmens an, **§ 93 Abs. 3 S. 2.** Die Pflichten aus **Abs. 3** stellen Individualpflichten dar und betreffen damit jedes einzelne Mitglied des Gläubigerbeirates (*Brünkmans* ZInsO 2021, 125 (130)). Ein Weisungsrecht des Gläubigerbeirates gegenüber dem Schuldner existiert nicht (Nerlich/Römermann/*Weiß* InsO § 69 Rn. 11). 43

Die Prüfungspflichten des Gläubigerbeirates haben lediglich Warncharakter. Besondere Prüfungspflichten werden nur dann ausgelöst, wenn der Schuldner Verstöße gegen **§ 32** begangen hat und der Gläubigerbeirat diese kannte oder hätte erkennen können. 44

**bb) Unterstützungsaufgaben und Warnpflichten.** Den Schuldner und seine Berater treffen die Pflichten aus Art. 19 der Restrukturierungsrichtlinie (*Smid* ZInsO 2019, 2081 ff.). Die Mitglieder des Gläubigerbeirates haben zu überwachen, ob diese Pflichten eingehalten werden. Diese Überwachungspflicht besteht unabhängig von darauf gerichteten Aufgaben und Pflichten des Restrukturierungsbeauftragten. 45

Im Falle des Eintritts der materiellen Insolvenz des Unternehmens sind die Mitglieder des Gläubigerbeirates verpflichtet, den Schuldner über das voraussichtliche Wiedereintreten der Insolvenzantragspflicht zu unterrichten und darauf zu drängen, dass der Schuldner angemessene Maßnahmen zum Schutz seiner Gläubiger ergreift (Pannen/Riedemann/Smid StaRUG § 93 Rn. 55). 46

**cc) Aufgabenbestimmung nach Abs. 2 und 3.** Nicht abschließend geklärt ist, ob die Aufgabenbestimmung des Gläubigerbeirats in **Abs. 2 und 3** abschließend ist (so *Ahrens* NZI-Beil. 2021, 57 (59)) oder über die Verweisung in **§ 93 Abs. 1 S. 2 auf §§ 21 Abs. 1 Nr. 1a, 69 InsO** die Aufgaben des Gläubigerbeirates denen des Gläubigerausschusses im Insolvenzverfahren entsprechen. 47

Gegen eine abschließende Aufgabenbestimmung in **Abs. 2** und **3** spricht die Gesetzesbegründung, die davon ausgeht, dass die Aufgaben des Gläubigerbeirates denen eines Gläubigerausschusses im Insolvenzverfahren gemäß § 69 S. 1 InsO entsprechen (BT-Drs. 19/25353, 11). 48

49 Eine entsprechende Anwendung der Aufgabenbestimmung wäre nicht widerspruchsfrei möglich: Wenn man nach **§ 93 Abs. 1 S. 2** die Regelungen des **§ 21 Abs. 2 S. 1 Nr. 1a InsO** entsprechend anwendet und danach wiederum **§ 69 InsO** entsprechend gilt, haben die Beiräte sich dem Grunde nach über den Gang der Geschäfts zu unterrichten sowie die Bücher und Geschäftspapiere einzusehen und müssen den Geldverkehr und -bestand prüfen lassen, **§ 69 S. 2 InsO.**

50 Eine Pflicht für den Gläubigerbeirat entsprechend dem Gläubigerausschuss „den Geldverkehr und-bestand prüfen zu lassen" stünde nicht in Einklang mit der Systematik des StaRUG. Der Grund dafür liegt in der anderen Struktur einer Restrukturierungssache im Vergleich zu einem Insolvenzverfahren (Wolgast/Grauer/*Proske* StaRUG § 93 Rn. 19): Während in einem Insolvenzverfahren das schuldnerische Vermögen ab Insolvenzeröffnung treuhänderisch gebunden ist, arbeitet der Schuldner im Restrukturierungsverfahren grundsätzlich wie gewohnt ohne Bindung weiter, trotz Anhängigkeit einer Restrukturierungssache (Wolgast/Grauer/*Proske* StaRUG § 93 Rn. 19). Es fehlt mithin bereits der „Anknüpfungspunkt" der Prüfung nach **§ 69 S. 2 InsO** (Wolgast/Grauer/*Proske* StaRUG § 93 Rn. 19).

51 Gemessen an dem nicht mit einem Insolvenzverfahren vergleichbaren Charakter und Struktur der Restrukturierungssache ist eine entsprechende Anwendung der Aufgaben im Ergebnis abzulehnen.

52 **c) Beauftragung Dritter.** Der Gläubiger kann sich bei der Wahrnehmung seiner Aufgaben auch der Hilfe Dritter, zB Wirtschaftsprüfer, bedienen. Um dem Schuldner die Kosten für einen Dritten auferlegen zu können, muss der Umfang des schuldnerischen Unternehmens den Einsatz des Dritten erfordern (*Pape* ZInsO 1999, 675 (682)).

53 **d) Verfahren.** Angelehnt an das Vorschlagsrecht des vorläufigen Gläubigerausschusses im Insolvenzverfahren tritt nach **Abs. 2** an die Stelle des gemeinschaftlichen Vorschlags der Planbetroffenen nach **§ 74 Abs. 2 S. 2** für die Person des Restrukturierungsbeauftragten der einstimmige Beschluss des Gläubigerbeirates (BT-Drs. 19/25353, 11).

54 Liegt ein bindender Vorschlag des Schuldners nach **§ 74 Abs. 2 S. 2** nicht vor, darf das Gericht von dem Beschluss des Gläubigerbeirats nur abweichen, wenn die vorgeschlagene Person offensichtlich ungeeignet ist (*Ahrens* NZI-Beilage 2021, 57 (59)).

55 Wenn das Gericht dem Beschluss des Gläubigerbeirates folgt, kann es zudem einen weiteren Restrukturierungsbeauftragten bestellen und diesem im Rahmen des **§ 74 Abs. 3** dessen Aufgaben übertragen.

56 **e) Rechtsstellung der Mitglieder des Gläubigerbeirats.** Der Gläubigerbeirat untersteht nicht der Leitung durch das Gericht. Die Übernahme eines Amtes als Mitglied eines Gläubigerbeirats stellt – wie im Insolvenzverfahren – die Annahme eines **Auftrags nach § 662 BGB** dar. Die dem Auftrag zugrunde liegende Tätigkeit hat drittschützende Qualität (Pannen/Riedemann/Smid StaRUG § 93 Rn. 57).

57 Durch die entsprechende Anwendung des **§ 75 Abs. 4 S. 1 und S. 2** gelten die Pflichten des Restrukturierungsbeauftragten auch für die Mit-

glieder des Gläubigerbeirates. Nach **§ 74 Abs. 4** hat der Restrukturierungsbeauftragte, und deshalb auch das Mitglied des Gläubigerbeirates, seine Aufgaben mit der gebotenen Sorgfalt und Gewissenhaftigkeit zu erfüllen und seine Aufgaben unparteiisch wahrzunehmen.

**f) Haftung.** Der Haftungstatbestand des **§ 71 InsO** kommt im präventiven Restrukturierungsverfahren zur entsprechenden Anwendung. Nach **§ 93 Abs. 1 S. 2 StaRUG iVm §§ 21 Abs. 2 S. 1 Nr. 1a, 71 S. 1 InsO** sind die Mitglieder des Gläubigerbeirats den absonderungsberechtigten und den planbetroffenen Gläubigern schadensersatzpflichtig, wenn sie schuldhaft aus dem StaRUG resultierende Pflichten verletzen (vgl. Uhlenbruck/*Kopf* InsO § 71 Rn. 5). 58

Als Verschuldensmaßstab gilt **§ 276 BGB.** Die Mitglieder des Gläubigerbeirats müssen also mit Vorsatz oder Fahrlässigkeit handeln. Der zugrunde liegende Maßstab ist die Sorgfalt eines ordentlichen und gewissenhaften Gläubigerbeirats. 59

Mangels Verweisung findet **§ 75 Abs. 4 S. 3,** der die Haftung für den Restrukturierungsbeauftragten regelt, keine entsprechende Anwendung. 60

Darüber hinaus kommt eine vertragliche und deliktische Haftung der Mitglieder des Gläubigerbeirates in Betracht. Das Mitglied übernimmt das Amt gerade aus dem Grund, um die ihm als Mitglied obliegenden Aufgaben und Pflichten zu erfüllen (Pannen/Riedemann/Smid StaRUG § 93 Rn. 63). 61

Gemäß **§ 93 Abs. 1 S. 2 iVm §§ 21 Abs. 2 S. 1 Nr. 1a, 71 S. 2 InsO** gilt für die Verjährung der Haftungsansprüche § 62 InsO entsprechend. Danach gilt grundsätzlich die regelmäßige Verjährung nach dem BGB. Spätestens verjähren Haftungsansprüche jedoch in drei Jahren vom Zeitpunkt der Aufhebung der Restrukturierungssache an, **§ 62 S. 2 InsO.** 62

**g) Vergütung und Auslagen.** Nach **§ 93 Abs. 4 S. 1** haben die Mitglieder des Gläubigerbeirats **Anspruch auf eine Vergütung** für ihre Tätigkeit sowie Erstattung angemessener Auslagen (Wolgast/Grauer/*Proske* StaRUG § 93 Rn. 27). Zur Vergütung der Mitglieder des Gläubigerbeirates verweist § 93 Abs. 4 StaRUG pauschal auf § 17 InsVV, regelt aber nicht, wer Schuldner der Vergütung ist und wie diese festgesetzt werden soll (*Keller* DZWiR 2022, 123 (124)). Die Vorschrift entspricht der Vergütungsregelung für Mitglieder des Gläubigerausschusses im Insolvenzverfahren in **§ 73 Abs. 1 S. 1 InsO** (BT-Drs. 19/25353, 11). 63

Die Festsetzung erfolgt gemäß **§ 93 Abs. 1 S. 2 StaRUG iVm §§ 21 Abs. 2 S. 1 Nr. a, 73 Abs. 2, 64 InsO** durch das Gericht (Wolgast/Grauer/*Proske* StaRUG § 93 Rn. 27). Der Stundensatz für die Mitglieder des Gläubigerbeirats ist wohl entsprechend zu § 81 Abs. 4 S. 1 StaRUG bei Bestellung des Gläubigerausschusses durch das Gericht festzusetzen (so *Keller* DZWiR 2022, 123 (130). 64

Die Vergütung der Beiratsmitglieder richtet sich gemäß **§ 93 Abs. 4 S. 2 nach § 17 InsVV.** Danach beträgt die Vergütung regelmäßig zwischen 50 und 300 EUR (netto) je Stunde (Braun StaRUG/*Hirte* StaRUG § 93 Rn. 28). Bei der Festsetzung des Stundensatzes sind der Einzelfall sowie insbesondere der Umfang der Tätigkeit und die berufliche Qualifikation des jeweiligen Beiratsmitglieds zu berücksichtigen (Braun StaRUG/*Hirte* Sta- 65

RUG § 93 Rn. 29). In besonderen Fällen kommt eine Abweichung von der Stundenabrechnung in Betracht, sodass Pauschalbeträge möglich sind (Braun StaRUG/*Hirte* StaRUG § 93 Rn. 29).

**66** Der Vergütungs- und Auslagenerstattungsanspruch des Gläubigerbeirats richtet sich gegen die Staatskasse. Dies ergibt sich aus **Nr. 9017 KV GKG,** wonach zu den gegenüber der Staatskasse zu erstattenden Auslagen des präventiven Restrukturierungsverfahrens die an die Mitglieder des Gläubigerbeirats nach dem StaRUG zu zahlende Beträge gehören (Wolgast/Grauer/*Proske* StaRUG § 93 Rn. 30).

**67** Der Beirat hat seinen Antrag auf Festsetzung zu begründen und durch Aufzeichnung seines Zeitaufwands und seiner Auslagen (Reisekosten ua) zu belegen. Vergütungsfähig sind alle Tätigkeiten im Zusammenhang mit der Beiratstätigkeit (auch: Reisezeiten, Aktenstudium, Vorbereitung, Teilnahme und Nachbereitung von Sitzungen (Braun StaRUG/*Hirte* StaRUG § 93 Rn. 30)).

**68** Alleiniger Kostenschuldner gegenüber der Staatskasse ist gemäß **§ 25a Abs. 1 GKG** grundsätzlich der Schuldner (BT-Drs. 19/24181, 218).

# Teil 3. Sanierungsmoderation

## Vorbemerkung

Mit der Sanierungsmoderation hat sich der deutsche Gesetzgeber für die Einführung eines rein konsensualen Verfahrens, welches so in der Richtlinie nicht vorgesehen war, entschieden, um insbesondere Kleinstunternehmen und KMU im Falle von wirtschaftlichen oder finanziellen Schwierigkeiten eine kostengünstige Begleitung durch einen in Sanierungs- und Restrukturierungsfragen sachkundigen Dritten zu ermöglichen. Der gerichtlich bestellte Sanierungsmoderator soll die Unternehmen bei der Auserarbeitung einer Lösung zur Überwindung der wirtschaftlichen oder finanziellen Schwierigkeiten unterstützen. Der Rückgriff auf den Sanierungsmoderator als Vermittler soll allerdings nur so lange möglich sein, wie der Schuldner nicht zahlungsfähig oder, falls es sich bei diesem um einen haftungsbeschränkten Rechtsträger handelt, keine offensichtliche Überschuldung eingetreten ist. Bei erfolgreichem Verlauf kann das Ergebnis der Gespräche und der Konsens mit den in das Verfahren einbezogenen Gläubigern im Rahmen eines Sanierungsvergleiches anfechtungsrechtlich privilegiert werden. 1

Es ist streitig, ob das Instrument der Sanierungsmoderation als Teil der Umsetzung der Restrukturierungsrichtlinie in das deutsche Recht eingeführt wurde. Teilweise wird vertreten, dass die Sanierungsmoderation gerade nicht auf die RestruktRL zurückgehe (*Hoegen* NZI-Beil. 2021, 59 f.; Wolgast/Grauer/*Marwedel* Vor §§ 94 ff. Rn. 1; Morgen StaRUG/*Ziegenhagen* § 94 Rn. 7). Eine weitere Ansicht weist darauf hin, dass die Sanierungsmoderation in Umsetzung der Richtlinie erfolgte. Auch die Sanierungsmoderation sei ein Instrument der Insolvenzprävention, das den in den Erwägungsgründen 1–3 RestruktRL dargelegten Zielen und dem in Art. 1 Abs. 1 RestruktRL formulierten Gegenstand der Richtlinie entspreche, entsprechend Erwägungsgrund 10 RestruktRL dialogorientiert sei und mit Unterstützung einer gerichtlich bestellten Person iSv Art. 2 Abs. 1 Nr. 12 lit. a RestruktRL eine Restrukturierung im Sinne der Definition in Art. 2 Abs. 1 Nr. 1 RestruktRL ermöglichen solle (BeckOK StaRUG/*Hänel* § 94 Rn. 9). 2

Nach der hier vertretenen Auffassung wurde die Sanierungsmoderation anlässlich der Richtlinienumsetzung und nicht als Teil derselben kreiert. Das ergibt sich bereits daraus, dass der deutsche Gesetzgeber mit den in Teil 2 des StaRUG erlassenen Vorschriften die Vorgaben der Restrukturierungsrichtlinie zum präventiven Restrukturierungsrahmen erfüllt hat. Auch ist die Sanierungsmoderation nicht als Teil des präventiven Restrukturierungsrahmen zu zählen (so wohl *Cranshaw/Portisch* ZInsO 2020, 2561 (2576)). Schließlich soll die Sanierungsmoderation als autonomes Verfahren ohne den Rückgriff auf die Instrumente der §§ 29 ff. eine konsensuale Sanierungslösung ermöglichen. Lediglich beim Scheitern der Gespräche fungiert die 3

Sanierungsmoderation als Vorstufe zur Inanspruchnahme von Instrumenten des Stabilisierungs- und Restrukturierungsrahmens.

**4** Die deutsche Sanierungsmoderation ist dem Vorbild der französischen Präventivverfahren, dem *Mandat ad hoc* und insbesondere der *Conciliation* nachempfunden(*Gruber* NZI 2021, 249 (249)), auch wenn sich dies nicht explizit aus den Gesetzesmaterialien ergibt (so aber Bundesjustizministerin Lambrecht und MinRat *Bornemann* InDAT 2021 Heft 2, S. 29 und 74).

**5** Bei dem *Mandat ad hoc* handelt es sich um ein Verfahren welches, aus der Praxis der Handelsgerichte im Pariser Großraum stammend, dem Unternehmer ermöglicht, bei dem für ihn zuständigen Handelsgericht die Bestellung eines *mandataire ad hoc* zu beantragen. Dieser wird per Verfügung des Präsidenten des Handelsgerichts bestellt, wobei dem Schuldner ein Vorschlagsrecht zusteht. Der Aufgabenkanon des *mandataire ad hoc* wird ebenfalls wie die Dauer des Verfahrens durch die Entscheidung des Gerichtspräsidenten definiert. Dabei kann flexibel auf die Bedürfnisse des Antragstellers eingegangen werden. Das Verfahren ist vertraulicher Natur. So müssen insbesondere auch der Betriebsrat oder sonstige Arbeitnehmervertretungen nicht unterrichtet werden. Lediglich die Wirtschaftsprüfer werden über die Bestellung informiert.

**6** Das Verfahren der *Conciliation* ist ein freiwilliges und streng vertrauliches Verfahren, welches den Schuldnern offen steht, die sich mit rechtlichen, wirtschaftlichen oder finanziellen Schwierigkeiten konfrontiert sehen, seien sie vorhersehbar oder bereits existent, sofern das Unternehmen nicht mehr als 45 Tage zahlungsunfähig ist. Auf begründeten Antrag des Schuldners eröffnet der Präsident des zuständigen Handelsgerichts das auf vier Monate, nach Verlängerung maximal fünf Monate, befristete Verfahren und benennt, gegebenenfalls unter Berücksichtigung des Vorschlags des Antragstellers, den *Conciliateur.* Diesem obliegt es, auf den Abschluss eines Vergleiches zwischen dem Schuldner und seinen Hauptgläubigern, gegebenenfalls auch Vertragspartnern, hinzuwirken, durch welchen die Schwierigkeiten des Unternehmens überwunden werden. Unter gewissen Voraussetzungen kann dies auch die Vorbereitung einer sich im anschließenden Insolvenzverfahren abzuwickelnden übertragenden Sanierung als Pre-pack beinhalten. Er ist angehalten den Gerichtspräsidenten entsprechend über den Fortgang seiner Bemühungen unterrichtet zu halten.

**7** Während des Verfahrens besteht die Möglichkeit einer gerichtlichen Stundungsanordnung auf Antrag des *Conciliateur* durch den Präsidenten des Handelsgerichts für die Dauer des Verfahrens.

**8** Die unter der Ägide des *Conciliateur* getroffene Sanierungsvereinbarung kann auf Antrag vom Gerichtspräsidenten festgestellt *(constatation)* werden, sofern der Schuldner zum Zeitpunkt des Abschlusses nicht zahlungsunfähig war oder der Abschluss die Zahlungsfähigkeit wiederhergestellt hat. Die Vereinbarung bleibt vertraulich und aber zugleich als zwischen Parteien rechtsverbindlich und vollstreckbar festgestellt. Alternativ kann eine Vergleichsvereinbarung auch vom Gericht genehmigt werden *(homologation),* sofern zusätzlich die folgenden Voraussetzungen vorliegen: zum einen muss die Betriebsfortführung sichergestellt sein und zum anderen darf durch die Vereinbarung den Interessen der nicht beteiligten Gläubiger nicht geschadet werden. Die Entscheidung des Gerichts wird zwingend veröffentlicht, sodass das Verfahren mit seinem Abschluss seinen vertraulichen Charakter verliert. Lediglich durch eine Genehmigungsentscheidung können im Rahmen des Verfahrens zur Verfügung gestellte neue Finanzmittel, sogenanntes new money, im Rahmen einer etwaigen Folgeinsolvenz privilegiert werden.

Es besteht die Möglichkeit den *Conciliateur* auf Antrag mit der Über- **9**
wachung der Erfüllung der Vergleichsvereinbarung zu beauftragen (zum Ganzen Kindler/Nachmann/*Bitzer,* Handbuch Insolvenzrecht in Europa, 9. EL Mai 2021, Frankreich (Jobst), Rn. 42–82).

Neben dem deutschen Gesetzgeber hat auch Italien hat unter dem Einfluss **10**
der *Conciliation* ein rein konsensuales Präventivverfahren eingeführt, die sog. „composizione negoziata della crisi" („verhandlungsweise Beilegung der Krise") (Art. 12 ff. *codice della crisi d'impresa e dell'insolvenza,* in der Fassung des gesetzesvertretenden Dekrets Nr. 83 vom 17.6.2022 (G. U. Nr. 152 vom 1. Juli 2022), am 15.7.2022 in Kraft getretet.

). Es handelt sich um ein freiwilliges Verfahren ohne Öffentlichkeit, welches von Unternehmen über eine bei den Handelskammern eingerichtete telematische Plattform eingeleitet werden kann, sofern deren wirtschaftliche Situation die Entstehung einer Krise wahrscheinlich macht. Den Unternehmern wird ein unabhängiger und sanierungserfahrener Fachmann zur Seite gestellt, dessen Aufgabe es ist, die Verhandlungen mit Gläubigern und sonstigen Betroffenen zu fördern, um eine Lösung zu erarbeiten, die eine Überwindung des wirtschaftlichen Ungleichgewichts erlaubt.

In der deutschen Praxis hat das Instrument der Sanierungsmoderation **11**
bisher wenig Resonanz gefunden. Ganze 5 Sanierungsmoderationen sollen im ersten Jahr der Geltung des StaRUG beantragt worden sein (*Madaus* NZG 2022, 385). Der Branchenreport InDat präzisiert, dass 3 von diesen fünf Sanierungsmoderationen zu einem bestätigten Sanierungsvergleich geführt haben (InDat Report 2002 N 1 S. 79).

Eine automatische europaweite Anerkennung über die EuInsVO wird der **12**
Sanierungsmoderation verwehrt bleiben. Zum einen wird weder das Verfahren noch der Sanierungsmoderator in den Anhängen A und B der EuInsVO aufgeführt. Zum Anderen erfüllt die Sanierungsmoderation insbes. aufgrund der fehlenden Öffentlichkeit nicht die Voraussetzungen des Art. 1 EuInsVO und der darin enthaltenen Definition eines Insolvenz- bzw. Sanierungsverfahrens, welches zwingend öffentlich sein muss. Der Beschluss des Restrukturierungsgerichts zur Bestätigung des Sanierungsvergleichs dürfte allerdings als Entscheidung iSd Art. 36 EuGVVO in den Genuss einer Anerkennung kommen. Die Bereichsausnahme nach Art. 1, welcher die Anwendbarkeit der EuGVVO auf Konkurse, Vergleiche und ähnliche Verfahren ausschließt, dürfte nicht zum Tragen kommen. Die Sanierungsmoderation dürfte aufgrund ihres vollkonsensualen Charakters und fehlender Eingriffe in die Gläubigerrechte auch nicht als Vergleich im Sinne eines Zwangsvergleichs eingestuft werden.

## Antrag

**94** (1) [1] **Auf Antrag eines restrukturierungsfähigen Schuldners bestellt das Gericht eine geeignete, insbesondere geschäftskundige und von den Gläubigern und dem Schuldner unabhängige natürliche Person zum Sanierungsmoderator.** [2] **Dies gilt nicht, wenn der Schuldner offensichtlich zahlungsunfähig ist.** [3] **Handelt es sich bei dem Schuldner um eine juristische Person oder eine Person ohne Rechtspersönlichkeit, für deren Verbindlichkeiten keine natürliche Person als unmittelbarer oder mittelbarer Gesellschafter haftet, gilt Satz 2 auch bei einer offensichtlichen Überschuldung.**

(2) [1] **Im Antrag sind anzugeben:**

**1. der Gegenstand des Unternehmens und**

**2. die Art der wirtschaftlichen oder finanziellen Schwierigkeiten.**

[2] **Dem Antrag sind ein Verzeichnis der Gläubiger und ein Verzeichnis des Vermögens sowie die Erklärung des Schuldners beizufügen, nicht zahlungsunfähig zu sein.** [3] **Handelt es sich bei dem Schuldner um eine juristische Person oder eine Person ohne Rechtspersönlichkeit, für deren Verbindlichkeiten keine natürliche Person als unmittelbarer oder mittelbarer Gesellschafter haftet, hat sich die Erklärung auch darauf zu erstrecken, dass keine Überschuldung vorliegt.**

(3) **Der Antrag ist an das für Restrukturierungssachen zuständige Gericht zu richten.**

**Schrifttum:** *Cranshaw/Portisch* Paradigmen des Unternehmensstabilisierungs- und -restrukturierungsgesetzes (StaRUG) nach dem Regierungsentwurf aus Gläubigersicht – Teil 1, ZInsO 2020, 2561; *Deppenkemper* Ziel erreicht? Außergerichtliche Sanierung bereits ab 1.1.2021!, ZIP 2020, 2432; *Müller* Die Umsetzung der EU-Richtlinie über präventive Restrukturierungsrahmen. ZIP 2020, 2253; *Kahlert* Neue Tätigkeitsfelder für den Steuerberater nach dem StaRUG, ZIP 2021, 668; *Schülke* Überwindung der Krise: Die Restrukturierung mit dem neuen StaRUG – ein Überblick DStR 2021, 621; *Hoegen* Die Sanierungsmoderation, NZI-Beil. 2021, 59; *Thole* Der Entwurf des Unternehmensstabilisierungs- und restrukturierungsgesetzes (StaRUG-RefE), ZIP 2020, 1985; *Smid* Der Restrukturierungsbeauftragte in den Regelungen des StaRUG, ZInsO 2020, 2184; *Vallender* Aufgaben und Befugnisse des Restrukturierungsgerichts nach dem Gesetz über den Stabilisierungs- und Restrukturierungsrahmen für Unternehmen (Teil 2), ZInsO 2020, 2677.

**Übersicht**

## 1. Normzweck

1 Die Vorschrift des § 94 normiert die Voraussetzungen für die Einleitung einer Sanierungsmoderation. Neben den Anforderungen an den Antrag des Schuldners und der Gerichtszuständigkeit werden die Qualifikationen für die Bestellung als Sanierungsmoderator definiert.

## 2. Antragsverfahren

2 Das Verfahren der Sanierungsmoderation ist ein ausschließlich auf Antrag des Schuldners einzuleitendes Verfahren. Der mit wirtschaftlichen oder finanziellen Schwierigkeiten konfrontierte Schuldner kann somit die „erste gerichtliche Eskalationsstufe eines Sanierungsprozesses" (Braun StaRUG/*Blümle/Erbe* vor §§ 94–100 Rn. 2) aufrufen, wenn er der Auffassung ist, dass dieser im außergerichtlichen Bereich nicht erfolgreich geführt oder zu Ende geführt werden könne. Das Verfahren ist rein freiwillig (vgl. BT-Drs. 19/24181, 94), so dass die Entscheidung des „ob" allein beim Schuldner verbleibt und die Nichtinanspruchnahme als solche ihm nicht zum Nachteil gereichen kann.

3 Die Vorschriften zur Sanierungsmoderation lassen offen, was unter wirtschaftlichen oder finanziellen Schwierigkeiten zu verstehen ist. Im Gegensatz zur frz. *Conciliation* wurde davon abgesehen, den Anwendungsbereich des Verfahrens auch für das Vorliegen rechtlicher Schwierigkeiten zu öffnen. Dies ist auch stimmig, sind doch rechtliche Themen – solange sie keine wirtschaftlichen oder finanzielle Schwierigkeiten generieren – außerhalb der Verfahren zur Insolvenzprophylaxe einer Klärung zuzuführen. Es bedarf daher gerade keines „Triggers" in Form einer drohenden Zahlungsunfähigkeit iSd § 18 InsO. Teilweise wird ein solches Erfordernis aus der Gesetzesbegründung (vgl. BT-Drs. 19/24181, 183) gelesen, wonach die Sanierungsmoderation als „Vorstufe zur möglichen Inanspruchnahme von Instrumenten des Stabilisierung- und Restrukturierungsrahmen" zu qualifizieren sei (so *Cranshaw/Portisch* ZInsO 2020, 2561 (2576)). Die gesetzgeberische Intention war es, den Zugang so niedrigschwellig auszugestalten, dass auch Kleinst- und Kleinunternehmen die Antragsformalitäten erfüllen und das Gericht unter Ausschluss einer Insolvenzantragspflicht im Wege der Evidenzkontrolle den Zugang zum Verfahren gewähren können. Der Schuldner soll sich gerade so früh wie möglich an das Gericht wenden können, um die Sanierungschancen zu erhöhen (so auch *Deppenkemper* ZIP 2020, 2432 (2436), *Müller* ZIP 2020, 2253 *Kahlert* ZIP 2021, 668 (671); *Schülke* DStR 2021, 621 (624)). Zu Recht wird allerdings darauf hingewiesen, dass

dieses Problem sich in der Praxis entschärfen wird. Schließlich werden die Gläubiger in der Regel nur dann mittels eigener Sanierungsbeiträge dem Schuldner helfen, sofern aufgrund der Zuspitzung der Krise in Richtung drohender Zahlungsunfähigkeit ein hinreichender Einigungsdruck entsteht (*Hoegen* NZI-Beil. 2021, 59 (60)).

4 Fraglich ist indes, ob der Schuldner beliebig oft einen Antrag auf Bestellung eines Sanierungsmoderators stellen kann. Dies insbesondere vor dem Hintergrund, dass ein immerwährendes Antragsrecht die in § 95 geregelte Dauer der Bestellung des Sanierungsmoderators und deren Verlängerung gemäß Abs. 1 S. 2 de facto aushebeln könnte. Für die Erfolgsaussichten einer Sanierungsmoderation dürfte aber gerade der zeitliche Druck ein ganz wesentlicher Faktor sein, um unter Hinweis auf ein mögliches Umschwenken auf ein Restrukturierungs- oder Insolvenzverfahren eine konsensuale Lösung mit den Gläubigern erreichen zu können. In der gerichtlichen Praxis sollte daher im Wege der Missbrauchskontrolle eine Karenzzeit zwischen Ende der Sanierungsmoderation und der Neubestellung eines Sanierungsmoderators für denselben Schuldner eingehalten werden. Im Gegensetz zur frz. *Conciliation* (Art. L 611-6 Abs. 2 letzter Satz Code de Commerce) mit einer 3-monatigen Sperrfrist befinden sich keinerlei entsprechende Vorschriften im Teil 3 des StaRUG. Auch ein Verweis auf § 33 Abs. 2 S. 1, Abs. 1 Nr. 4 S. 2–4 ergibt sich aus dem Gesetzestext nicht, so dass das Kriterium der nachhaltigen Sanierung und die gesetzliche Vermutung für einen Dreijahreszeitraum nicht zur Anwendung kommen. Eine Übertragung dieses Zeitraums auf die Sanierungsmoderation wäre nicht adäquat, zielt er doch darauf ab, einen Missbrauch des Verfahrens durch mehrfache Eingriffe in Rechtspositionen von Gläubigern oder Anteilsinhabern vorzubeugen (vgl. BT-Drs. 19/24181, 140). Zu solchen Eingriffen kann es allerdings in der Sanierungsmoderation nicht ohne das Einverständnis der Gläubiger kommen, sodass eine erheblich kürzere Frist zur Anwendung kommen sollte. Zur Sicherstellung einer einheitlichen Handhabung der Missbrauchskontrolle durch die Gerichte ist *de lege ferenda* eine Klarstellung dringend erforderlich.

### 3. Gerichtszuständigkeit

5 Der Antrag auf Bestellung eines Sanierungsmoderators ist an das für Restrukturierungssachen zuständige Gericht zu richten. Somit kommen die Vorschriften der §§ 34, 35 zur Anwendung (vgl. Kommentierung zu §§ 34 ff.). Ob neben der sachlichen und örtlichen Zuständigkeit auch mit § 36 die Vorschrift zur Zuständigkeitskonzentration innerhalb des Gerichts zu Gunsten der Abteilung, die für die erste Entscheidung zuständig war, zum Tragen kommt, kann offen bleiben. Schließlich erschöpft sich die Zuständigkeit der erstbefassten Abteilung des Restrukturierungsgerichts nicht in der Entscheidung über den „Eröffnungsantrag" nach § 94 Abs. 1, sondern erstreckt sich auf alle Folgeentscheidungen, die im Rahmen der Sanierungsmoderation nach den §§ 94–100 zu treffen sind (BeckOK StaRUG/*Hänel* § 94 Rn. 13). Die Vorschrift zum Gruppen-Gerichtsstand (§ 37) bei Konzernsachverhalten dürfte vom (inzidenten) Verweis umfasst sein. Es ist allerdings fraglich, ob es einer Zuständigkeitskonzentration bei Konzernsach-

verhalten im Rahmen der Sanierungsmoderation bedarf. Schließlich können auch Konzernunternehmen als Dritte an den Verhandlungen unter der Ägide des für ein anderes Unternehmen der Gruppe bestellten Sanierungsmoderators teilnehmen, ohne dass es einer separaten rechtsträgerspezifischen Sanierungsmoderation bedürfte.

### 4. Mindestinhalt des Antrags

Der Antrag auf Bestellung des Sanierungsmoderators hat als Mindestinformationen Ausführungen zum Unternehmensgegenstand und die Art der wirtschaftlichen oder finanziellen Schwierigkeiten zu enthalten. Ferner sind ihm ein Verzeichnis der Gläubiger, eine Vermögensaufstellung sowie die Erklärung des Schuldners, nicht insolvenzreif zu sein, beizufügen. Diese selbst im Vergleich zu den Angaben im Rahmen der Anzeige des Restrukturierungsrahmens gemäß § 31 doch übersichtigen Informationen müssten auch für Klein- und Kleinstunternehmen schnell und ohne großen Aufwand greifbar sein. Sie stellen die Prüfungsgrundlage für das Restrukturierungsgericht dar, welches – ohne eigene Ermittlung anstellen zu können, da §§ 38 –39 und damit der Amtsermittlungsgrundsatz mangels Verweises nicht zur Anwendung kommt – lediglich eine Evidenzkontrolle durchführt, ob eine offensichtliche Insolvenzreife vorliegt. Nur wenn ganz offensichtlich eine Insolvenzantragspflicht gegeben ist, ist zum Schutze vor den Insolvenzverschleppung und im Hinblick auf den Schutz der Gläubigerinteressen der Weg in die Sanierungsmoderation versperrt. Darüber hinaus nutzt das Restrukturierungsgericht diese Informationen, um einen geeigneten Sanierungsmoderator auszuwählen und anhand einer Aufwandsabschätzung den Kostenvorschuss zu definieren. 6

Durch die bewusst niedrig gehaltenen Anforderungen an den Antrag soll sichergestellt werden, dass der Zugang zum freiwilligen Verfahren der Sanierungsmoderation nicht unnötig durch zeitintensive Vorarbeiten oder die kostenpflichtige Beauftragung von externen Dienstleistern erschwert wird. Nichtsdestotrotz steht es dem Antragsteller natürlich frei, über die Mindestanforderungen hinaus sachdienliche Informationen dem Restrukturierungsgericht zur Verfügung zu stellen. Auf diese Weise kann ein Beitrag für eine zügige Bescheidung des Antrags und einen effizienten Tätigkeitsbeginn durch den Sanierungsmoderator geleistet werden. 7

Im Einzelnen hat der Antrag zumindest die folgenden Elemente zu enthalten:

**a) Unternehmensgegenstand.** Gemäß § 94 Abs. 2 S. 1 Nr. 1 ist im Antrag der Gegenstand des Unternehmens und somit der Tätigkeitsbereich des Schuldners anzugeben. Hier kann auf den Handelsregisterauszug oder die entsprechenden Regelungen des Gesellschaftsvertrags Bezug genommen werden. Es bietet sich jedoch an, genauere Ausführungen zu Geschäftsbetrieb, Umsatz, Anzahl der Beschäftigten, Kunden- und Lieferantenstruktur und etwaigen Sondersachverhalten zu machen. Je genauer die Angaben desto eher kann durch das Gericht sichergestellt werden, dass für die Situation des Unternehmens möglichst geeigneter Sanierungsmoderator bestellt wird. 8

9 **b) Darstellung der Krisensymptome.** Gemäß § 94 Abs. 2 S. 1 Nr. 2 sind ferner im Antrag die Art der wirtschaftlichen und/oder finanziellen Schwierigkeiten, mit welchen sich der Schuldner konfrontiert sieht, anzugeben. Die Detailtiefe und der Umfang der Angaben wird von der Größe und dem Organisationsgrad des antragstellenden Unternehmens abhängen, so dass insbes. bei Klein- und Kleinstunternehmen keine zu hohen Anforderungen an die Ausführungen zu stellen sind. Sogleich wird typischerweise der Schuldner, der sich zur Beantragung einer Sanierungsmoderation entschlossen hat, ein solches Problembewusstsein aufweisen, dass er die Krisensituation „auf den Punkt bringen kann". Die schuldnerischen Angaben sollen auch hier dem Gericht eine Beurteilung ermöglichen, in welchem Krisenstadium das Unternehmen sich befindet und welche Sanierungsmaßnahmen, operativ und/oder finanziell, mithilfe des Sanierungsmoderators definiert werden müssen. Angaben zu den vermeintlichen Krisenursachen sind in diesem Zusammenhang natürlich auch hilfreich.

10 **c) Verzeichnis der Gläubiger.** § 94 Abs. 2 S. 2 sieht ferner vor, dass dem Antrag auf Bestellung des Sanierungsmoderators auch ein Verzeichnis der Gläubiger beizufügen ist. Damit ist ein Verzeichnis aller Gläubiger gemeint (AG Düsseldorf ZInsO 2021, 1453 (1454) unter Hinweis auf die Pflicht zur Prüfung des Vorliegens einer offensichtlichen Zahlungsunfähigkeit), und nicht nur etwa der wichtigsten Gläubiger (so bei der Conciliation, vgl. Art. R 611-22 Code de Commerce) oder gar lediglich der Gläubiger, die in die Verhandlungen einbezogen werden sollen (so auch BeckOK StaRUG/*Hänel* § 94 Rn. 49). Bei natürlichen Personen sind auch die Gläubiger aufzunehmen, die nicht dem unternehmerischen Bereich zuzuordnen sind und somit als private Gläubiger bezeichnet werden können. Zwar sind natürliche Person gemäß § 30 Abs. 1 S. 2 nur dann restrukturierungsfähig, soweit sie unternehmerisch tätig sind, allerdings können private Verbindlichkeiten (mit)ursächlich für den Eintritt der Zahlungsunfähigkeit sein. Aus Sinn und Zweck der Sanierungsmoderation als Insolvenzvermeidungsverfahren sollten daher auch die Forderungen privater Gläubiger eines weiterhin unternehmerisch tätigen Schuldners im Sanierungskonzept Berücksichtigung finden können, sofern dessen Schwerpunkt auf der Lösung unternehmerischer Schwierigkeiten liegt (so auch BeckOK StaRUG/*Hänel* § 94 Rn. 49).

11 Entgegen der Vorgaben der § 13 Abs. 1 S. 3 und § 305 Abs. 1 Nr. 3 InsO kann sich der Schuldner dabei darauf beschränken, lediglich die Informationen zu den Gläubigern aufzuführen (bei der *Conciliation* sind dagegen Forderungen und Verbindlichkeiten mit Fälligkeit im Antrag anzugeben, vgl. Art. R 611-22 Code de Commerce). Eine Auflistung der Forderungen nach Höhe und unter Angabe der Fälligkeit ist nach dem Wortlaut gerade nicht zwingend erforderlich (aA BeckOK StaRUG/*Hänel* § 94 Rn. 51 unter Hinweis auf die Evidenzkontrolle zur Zahlungsunfähigkeit). Da die Vorschrift nach der Gesetzesbegründung lediglich Mindestinformationen für das Gericht definiert, sollte der sorgsame Antragsteller tunlichst darüber hinaus die volle Bandbreite der ihm zur Verfügung stehenden Informationen übermitteln (vgl. BT-Drs. 19/24181, 183). Andernfalls ist mit Nachfragen des Gerichts und einer zeitverzögerten Antragsbescheidung zu rechnen. Schließ-

lich dürfte es sich um einen Redaktionsfehler handeln, der durch den Zusatz „und ihrer Forderungen" zeitnah behoben werden sollte.

**d) Vermögensverzeichnis.** Das Gesetz macht wiederum keine Angaben zum konkreten Inhalt und Umfang des zusammen mit dem Antrag einzureichenden Vermögensverzeichnisses. In Betracht kommen neben der Vermögensübersicht gemäß § 153 InsO (Wolgast/Grauer/*Marwedel* § 94 Rn. 14 f.), eine Anlehnung an die Vermögensauskunft gem. § 802c Abs. 2 S. 1 ZPO (BeckOK StaRUG/*Hänel* § 94 Rn. 53) oder an das Bilanzschema des § 266 HGB (Braun StaRUG/*Blümle*/*Erbe* § 94 Rn. 14). Entsprechend der Ausführungen zu den Krisensymptomen wird die Detailtiefe und der Umfang der Angaben von der Größe und dem Organisationsgrad des antragstellenden Unternehmens abhängen, so dass insbes. bei Klein- und Kleinstunternehmen keine zu hohen Anforderungen an die Ausführungen zu stellen sind. Folglich dürfte in aller Regel keine Einzelauflistung von Vermögensgegenständen erforderlich, sondern eine zusammenfassende Übersicht ausreichend sein. Aus dieser sollten sich neben den liquiden Mittel und Werten der Aktiva, insbes. auch die Verbindlichkeiten herauslesen lassen, um dem Gericht die Evidenzkontrolle im Hinblick auf die Insolvenzreife zu ermöglichen. 12

**e) Schuldnererklärung zur fehlenden Insolvenzreife.** Schließlich hat der Schuldner eine Erklärung dahingehend abzugeben, dass keine Zahlungsunfähigkeit vorliegt. Sofern es sich bei dem Schuldner um eine juristische Person oder eine Person ohne Rechtspersönlichkeit, für deren Verbindlichkeiten keine natürliche Person als unmittelbare oder mittelbare Gesellschafter haftet, handelt, ist die Erklärung dahingehend zu erweitern, dass keine Überschuldung vorliegt. Die Erstreckung der Erklärung auf die Überschuldung wurde erst im Regierungsentwurf aufgenommen. Im Gegensatz zu § 270d Abs. 1 InsO wird hier gerade von der Vorlage einer mit Gründen versehene Bescheinigung eines besonders dafür qualifizierten Dienstleisters abgesehen. Dadurch soll gewährleistet werden, dass die Kosten und der Zeitaufwand für die Beantragung der Sanierungsmoderation gering gehalten werden und Klein- und Kleinstunternehmen den Weg in das Verfahren finden. Dass diese typischerweise Rückgriff auf externe Dienstleister werden nehmen müssen, um nicht „ins Blaue hinein" Angaben zur Zahlungsfähigkeit bzw. Überschuldung zu machen, wird wohl vor dem Hintergrund des Gläubigerschutzes als akzeptable Mindesthürde angesehen. Von einer Begutachtung der Insolvenzreife durch das Gericht ist abzusehen. Zum Einen werden die dem Gericht vorliegenden Unterlagen dafür in der Regel nicht ausreichen. Zum Anderen dürfte dem Gericht mangels Anwendung des Amtsermittlungsgrundsatzes die Möglichkeit genommen sein, eine gutachterliche Stellungnahme einzuholen, zumal dies die gesetzgeberische Intention eines niedrigschwelligen Zugang zum Verfahren kontrakarieren würde. Somit ist die Erklärung zum Nichtvorliegens eines Insolvenzgrunds das Pendant zum auf Offensichtlichkeit beschränkten Prüfungsauftrags des Gerichts. 13

Eine falsche Erklärung zur Insolvenzreife hat als solche keinen Einfluss auf das Verfahren. Der Sanierungsmoderator wird erst abberufen und damit das Verfahren beendet, sofern dem Gericht die Insolvenzreife durch den Mode- 14 rator angezeigt wurde (§ 99 Abs. 1 Nr. 2 iVm § 96 Abs. 4 S. 1). Eine Abberufung von Amts wegen kommt mangels Verweises auf § 33 Abs. 1 Nr. 1, welcher die Aufhebung der Restrukturierungssache in diesem Fall vorsieht, nicht in Betracht, da es auch an einer planwidrigen Regelungslücke fehlt (so auch Braun StaRUG/*Blümle/Erbe* § 94 Rn. 18). Allerdings kommen die Straf- und Haftungsvorschriften der §§ 15a, b InsO zur Geltung, da die Insolvenzantragspflichten eben gerade nicht suspendiert sind.

### 5. Form des Antrags

15 Mangels Schriftformerfordernis im Wortlaut des § 94 kann der Antrag wohl auch zu Protokoll der Geschäftsstelle abgegeben werden. Vor dem Hintergrund der zusammen mit dem Antrag bei Gericht einzureichenden Dokumente dürfte es sich dabei wohl um eine für die Praxis wenig relevante Option handeln.

### 6. Prüfungsumfang des Gerichts

16 Das Gericht prüft neben der Frage der Restrukturierungsfähigkeit lediglich im Wege einer Evidenzkontrolle das Vorliegen der negativen Tatbestandsmerkmale des Nichtvorliegens der Zahlungsunfähigkeit und bei haftungsbeschränkten Rechtsträgern der Überschuldung. Das Vorliegen einer etwaigen drohenden Zahlungsunfähigkeit hat das Gericht nicht zu prüfen.

17 **a) Restrukturierungsfähigkeit.** Zur Prüfung der Restrukturierungsfähigkeit des Schuldners wird das Gericht hier auf § 30 und die darin enthaltenen Legaldefinition Rückgriff nehmen müssen. Danach können die Instrumente des Stabilisierungs- und Restrukturierungsrahmen gemäß Kapitel 2 des StaRUG von jedem Schuldner in Anspruch genommen werden, der insolvenzfähig gemäß § 11 InsO ist, dh über dessen Vermögen ein Insolvenzverfahren eröffnet werden kann.

18 Der Gleichlauf zwischen Restrukturierungs- und Insolvenzfähigkeit wird allerdings dahingehend eingeschränkt, dass bei natürlichen Personen dies nur gilt, soweit sie unternehmerisch tätig sind. Dies entspricht dem in der Richtlinie unter Art. 1 Abs. 2 lit. h definierten Ausschlusstatbestand. Davon zu trennen ist die Frage inwieweit private Verbindlichkeiten eines Schuldners im Sanierungsmoderationsverfahren berücksichtigt werden können (vgl. dazu → Rn. 10). Ferner legt Abs. 2 fest, dass die Unternehmen der Finanzbranche iSd § 1 Abs. 19 des Kreditwesengesetzes ebenfalls entsprechend Art. 1 Abs. 2 lit. H, Abs. 3 RestruktRL nicht in den Anwendungsbereich des Kapitel 2 des StaRUG fallen.

19 **b) Keine offensichtliche Insolvenzreife.** Zum Schutze der Gläubigerinteressen und im Hinblick auf die Vermeidung der Verschleppung von Insolvenzanträgen soll die Inanspruchnahme der Sanierungsmoderation nur so lange möglich sein, wie der Schuldner nicht offensichtlich zahlungsunfähig ist oder, falls es sich bei diesem um einen haftungsbeschränkten Rechtsträger handelt, keine offensichtliche Überschuldung eingetreten ist (vgl. BT-Drs. 19/24181, 184). Entgegen der in der § 270a Abs. 1 S. 1 InsO aF (keine

offensichtliche Aussichtslosigkeit des Antrags auf Eigenverwaltung) und § 270b Abs. 1 S. 1 InsO aF (keine offensichtliche Aussichtslosigkeit der angestrebten Sanierung) sowie § 231 InsO Abs. 1 Nr. 7 (offensichtlich fehlende Aussicht auf Annahme oder Bestätigung des Insolvenzplans) normierten Offensichtlichkeitsprüfungen handelt es sich im hiesigen Fall um keine Prognoseentscheidung des Gerichts. Vielmehr hat das Gericht anhand der ihm vorliegenden Unterlagen und im Übrigen zugänglichen Informationen im Wege einer Evidenzkontrolle zu prüfen, ob der Antragsteller bereits insolvenzreif ist. Von Amtsermittlungen oder einer Bestellung eines Sachverständigen ist abzusehen, denn nur die sich Gericht aufdrängenden, eindeutigen Fallgestaltungen auf Grundlage der Situation zum Zeitpunkt der Entscheidungsfindung können auf eine offensichtliche Insolvenzreife schließen lassen und die Abweisung des Antrags nach sich ziehen.

Von einer offensichtlichen Zahlungsunfähigkeit wird das Gericht ausgehen dürfen, wenn sich bereits aus den Antragsunterlagen ergibt, dass der Schuldner die Zahlungen eingestellt hat. Die Zahlungseinstellung als „äußeres Kennzeichen seiner Zahlungsunfähigkeit“ kann von der Nichtzahlung von Sozialversicherungsbeiträgen, Löhnen und den sonst fälligen Verbindlichkeiten über einen Zeitraum von mehr als drei Wochen nach Fälligkeit abgeleitet werden (MüKoInsO/*Eilenberger* InsO § 17 Rn. 27 f.). Ob die (widerlegbare) Vermutung des § 17 Abs. 2 S. 2 InsO hier dahingehend zur Anwendung kommt, dass aus der Zahlungseinstellung auch auf die Offensichtlichkeit der Zahlungsunfähigkeit geschlossen werden kann (so *Thole* ZIP 2020, 1985 (2000)); *Smid* ZInsO 2020, 2184 (2194); kritisch zum unbestimmten Rechtsbegriff der Offensichtlichkeit vgl. Stellungnahme des Gravenbrucher Kreises zum RefE SanInsFoG, S. 15) ist zumindest fraglich, da der Rechtsausschuss das Regelbeispiel „insbesondere weil er die Zahlungen eingestellt hat“ gestrichen hat. Begründet wurde die Streichung damit, dass „sich in der Verwendung der Begriffe Zahlungsunfähigkeit und Zahlungseinstellung keine Abweichungen zu § 17 Abs. 2 S. 2 InsO ergeben“ sollen (BT-Drs. 19/25353, 11). 20

Die Prüfung einer offensichtlichen Überschuldung dürfte die Gerichte vor erhebliche Schwierigkeiten stellen. Selbst wenn die dem Gericht vorgelegten Unterlagen – was typischerweise nicht der Fall sein dürfte – die Erstellung einer Überschuldungsbilanz ermöglichen, wird es dem Gericht in der Regel schwerfallen, eine Fortbestehensprognose zu erstellen und zu prüfen. Aus diesem Grunde dürfte bei der Überschuldung das Kriterium der Offensichtlichkeit iSv offenkundig zu verstehen sein. Folglich ist zu prüfen, ob die Überschuldung für jedermann ohne weiteres zuverlässig feststellbar und auf der Hand liegt (*Hoegen* NZI-Beil. 2021, S. 59 (60), kritisch dazu BeckOK StaRUG/*Hänel* § 94 Rn. 26). 21

Es wird zurecht angemerkt, dass die Evidenzkontrolle nicht geeignet ist, „jede Insolvenzreife aufzudecken“(Flöther/*Schubert* § 94 Rn. 10). Dies sei aber zu akzeptieren, um die gerichtliche Verfahrensbeteiligung möglichst gering zu halten, da der Schutz der Gläubigerinteressen und die Vermeidung von Insolvenzverschleppungen anderweitig ausreichend gewährleistet würden. Zum einen sind die Insolvenzantragspflichten im Sanierungsmoderationsverfahren (im Gegensatz zu § 42 Abs. 1) nicht suspendiert und zum 22 anderen hat der Sanierungsmoderator eine ihm bekannt gewordene Zahlungsunfähigkeit bei Gericht anzuzeigen (§ 96 Abs. 4 S. 1), welches mit seiner Abberufung von Amts wegen zu reagieren hat (§ 99 Abs. 1 Nr. 2). Ferner kann nur so gewährleistet werden, dass der niedrigschwellige Zugang zum Verfahren nicht durch langwierige Prüfungen durch das Gericht „ausgebremst" wird.

### 7. Anforderungen an den Sanierungsmoderator

23 Bei Vorliegen der vorstehend beschriebenen Voraussetzungen – und nach Eingang des Kostenvorschusses – hat das Gericht gemäß Abs. 1 S. 1 auf Antrag eine geeignete, insbesondere geschäftskundige, natürliche Person, die vom Schuldner und von den Gläubigern unabhängig ist, zum Sanierungsmoderator zu bestellen. Laut Gesetzesbegründung wurden die Anforderungen an den Sanierungsmoderator „in Analogie" zur Regelung für den Insolvenzverwalter und den Sachwalter gemäß §§ 56 Abs. 1, 274 Abs. 1 InsO definiert. Allerdings hat der Sanierungsmoderator nicht zwingend bei Gericht als zur Übernahme des Amtes grundsätzlich zulässig gelistet zu sein (vgl. BT-Drs. 19/24181, 183). So sieht die Vorschrift auch nicht vor, dass der Sanierungsmoderator zwingend aus dem Kreis aller zur Übernahme des Amtes bereiten Person auszuwählen ist. Ob sich daraus ableiten lässt, dass für die Sanierungsmoderatoren seitens der Restrukturierungsgerichte keine Vorauswahllisten erstellt und geführt werden, darf bezweifelt werden. Eine Vorauswahlliste ermöglicht es dem Restrukturierungsgericht gerade Kandidaten für das Amt des Sanierungsmoderators auf ihre Eignung hier zu prüfen, was im Hinblick auf konkrete Anträge eine wertvolle Zeitersparnis mit sich bringt. Schließlich darf nicht vergessen werden, dass auch Insolvenzverwalter und Sachwalter ohne Listung beim jeweiligen Gericht bestellt werden können, was in diesem Fall allerdings eine gesonderte Prüfung der Eignung zur Folge hat. Vor dem Hintergrund, dass das Gesetz gerade eben kein Vorschlagsrecht zugunsten des Schuldners im Rahmen des Antrags auf Bestellung eines Sanierungsmoderators vorsieht, dürfte die Erstellung von entsprechenden Vorauswahllisten bei den Restrukturierungsgerichten zu begrüßen sein. Es sollte sich dabei allerdings nicht um gemeinsam mit dem Insolvenzgericht geführte Listen handeln, da im Rahmen der außergerichtlichen vollkonsensualen Sanierung Qualifikationen abgefragt werden, die nicht notwendigerweise bei Personen vorhanden sind, die es gewohnt sind, „mit dem gesetzlichen Rückenwind des Insolvenzrechts „Herr des Verfahrens"„ zu sein (*Hoegen* NZI-Beil. 2021, 59 (61)).

24 **a) Natürliche Person.** Das Gesetz sieht ausdrücklich vor, dass lediglich eine natürliche Person zum Sanierungsmoderator bestellt werden kann. Dies stimmt mit den Regelungen für den Restrukturierungsbeauftragten (§ 74 Abs. 1 S. 1), dem Insolvenzverwalter (§ 56 Abs. 1 S. 1 InsO) und dem Sachwalter (§ 274 iVm § 56 Abs. 1 S. 1 InsO) überein. Man mag der Auffassung sein, dass der Ausschluss juristischer Personen von Trägerschaft der vorstehend genannten Ämter kritikwürdig ist (*Braun* NZI 2020, 1 (8)). Eine Verpflichtung zur Zulassung auch juristischer Personen ergibt sich nach Ansicht des Gesetzgebers auch nicht aus der Richtlinie (BT-Drs. 19/24181,

172–173). Eine Zulassung bei der Sanierungsmoderation wäre aus zweierlei Gründen wenig zielführend gewesen. Zum einen ist die persönliche Eignung des Sanierungsmoderators bei seiner Tätigkeit als Vermittler gemäß § 96 Abs. 1. von besonderer Bedeutung, zum anderen stellt die Sanierungsmoderation eine „Vorstufe zur möglichen Inanspruchnahme von Instrumenten des Stabilisierungs- und Restrukturierungsrahmens" dar (BT-Drs. 19/24181, 183), so dass ein Ineinandergreifen der Verfahren unnötig erschwert worden wäre.

**b) Geeignetheit.** Entgegen den Anforderungen an den Restrukturierungsbeauftragten (§ 74 Abs. 1 S. 1) und dem Insolvenzverwalter (§ 56 Abs. 1 S. 1 InsO) hat der Sanierungsmoderater dem Wortlaut nicht „für den jeweiligen Einzelfall geeignet zu sein". Das Gericht hat daher seine Auswahlentscheidung nicht auf die konkreten Begebenheiten des zu restrukturierten Unternehmens zu stützen und die diesbezüglichen Kompetenzen des Moderators zu ermitteln. So ist beispielsweise gerade nicht auf eine spezifische Kenntnis der Branche oder des Marktsegments abzustellen. Diese Passungenauigkeit ist im auf eine Mediationslösung ausgerichteten Sanierungsmoderationsverfahren zu akzeptieren, zumal dadurch die Bestellung nicht durch eine zeitintensive Überprüfung seitens des Gerichts verzögert wird. Zum Teil wird daraus geschlossen, dass dies das „Mitbringen des Moderators" durch den Schuldner erleichtert (Braun StaRUG/*Blümle*/*Erbe* § 94 Rn. 35). 25

**c) Geschäftskundigkeit.** Das Gesetz stellt für die Geeignetheit insbesondere auf die Geschäftskundigkeit und die Unabhängigkeit von den Gläubigern und dem Schuldner ab. Wie beim Insolvenzverwalter hat der Sanierungsmoderator somit in der Lage sein, die mit der Bestellung einhergehenden Aufgaben, wie sie in § 96 definiert sind, zu übernehmen. So sollte der Sanierungsmoderator sowohl über theoretische Kenntnisse als auch praktische Erfahrungen im Bereich der Verhandlungsführung und der Mediation verfügen. Daneben sind betriebswirtschaftliche und rechtliche, insbes. insolvenzrechtliche, Kenntnisse gefordert, um nicht nur die finanziellen oder wirtschaftlichen Problemfelder zu identifizieren, sondern auch Lösungsansätze erarbeiten oder auf Plausibilität zu prüfen und die Folgen eines etwaigen Scheiterns bzw. die Vorteile einer Sanierungsvereinbarung aufzeigen zu können. 26

Entgegen den Anforderungen an den Restrukturierungsbeauftragten (§ 74 Abs. 1 S. 1) wird allerdings nicht verlangt, dass es sich beim Sanierungsmoderator um einen Restrukturierungs- und Insolvenzsachen erfahrenen Steuerberater, Wirtschaftsprüfer oder Rechtsanwalt oder eine sonstige Person mit vergleichbaren Qualifikationen handelt. Diese Asymmetrie dürfte der gesetzgeberischen Intention geschuldet sein, die Sanierungsmoderation für Klein- und Kleinstunternehmen attraktiv, da in der Regel kostengünstiger, gestalten zu wollen. Dabei wird übersehen, dass ein Übergang von der Sanierungsmoderation in den Restrukturierungsrahmen gemäß § 100 Abs. 1 unter Beibehaltung des gerichtlich bestellten Amtsträgers eben nur dann möglich ist, wenn die Eignungsvoraussetzungen des Restrukturierungsrahmens erfüllt werden. Der mit der fehlenden Personenidentität verbundener 27

Zeitaufwand, insbes. für die Einarbeitung, dürfte etwaige Kostenvorteile zu Nichte machen. In der Praxis werden daher voraussichtlich auch für die Sanierungsmoderation überwiegend Mitglieder der Berufsgruppen bestellt werden, die über den rechtlichen und betriebswirtschaftlichen Sachverstand kombiniert mit insolvenzrechtlicher Expertise verfügen. Die Gerichte sollten allerdings dafür Sorge tragen, dass die mediativen Fähigkeiten (vgl. dazu *Vallender* ZInsO 2020, 2677 (2686)) ebenfalls ausreichend Berücksichtigung finden.

**28** **d) Unabhängigkeit.** Der Sanierungsmoderator muss vom Schuldner und von den Gläubigern unabhängig sein, um als neutraler Mittler bei der Herbeiführung einer Lösung zur Überwindung der wirtschaftlichen oder finanziellen Schwierigkeiten erfolgreich sein zu können. Lediglich bei Bestehen eines Vertrauensverhältnisses sowohl mit dem Schuldner als auch mit den Gläubigern wird die Vereinbarung einer konsensualen Sanierungslösung in Betracht kommen. Bereits lediglich bei der Besorgnis einer fehlenden Neutralität sollte daher die Bestellung unterbleiben (so auch MüKoInsO/*Graeber* InsO § 56 Rn. 25 bzgl. der Insolvenzverwalterbestellung im Hinblick auf die Wahrung der Gläubigerinteressen). Es reicht dafür jede gegenwärtige oder vergangene, wirtschaftliche oder tatsächliche Verpflichtung des Kandidaten für das Amt des Sanierungsmoderators mit dem Schuldner oder einem Gläubiger aus. Dies ist beispielsweise der Fall, wenn der Sanierungsmoderator mit dem Schuldner Geschäfte getätigt hat, soweit diese nicht ausnahmsweise geringfügig waren. Im Zweifelsfalle ist die Beauftragung einer Person, bezüglich derer die Besorgnis besteht, dass etwaige Mängel der Unabhängigkeit vorliegen könnten, zu unterlassen (MüKoInsO/*Graeber* InsO § 56 Rn. 27).

**29** Da das Gericht in der Regel über keine Informationen verfügt, die es in die Lage versetzt, die Unabhängigkeit des Kandidaten zu prüfen, ist der Sanierungsmoderator bei der Bestellung und während der Amtsausübung verpflichtet, alle die Sachverhaltselemente dem Gericht anzuzeigen, die die Besorgnis der Befangenheit im Hinblick auf die Ausübung seines Amtes rechtfertigen könnten (BGH NZI 2016, 913 (915) mwN; Braun StaRUG/*Blümle/Erbe* Rn. 32; Wolgast/Grauer/*Marwedel* Rn. 27). Eine Verletzung dieser Anzeigepflicht dürfte eine Entlassung aus wichtigem Grund iSd § 96 Abs. 5 S. 2 rechtfertigen können. Es wäre daher insbesondere im Hinblick auf Sanierungsmoderatoren, die über keine Erfahrung als Insolvenzverwalter oder Sachwalter verfügen, *de lege ferenda* sinnvoll, Regelbeispiele für eine Befangenheit zu formulieren. In der frz. *Conciliation* beispielsweise darf der Amtsträger in den letzten 24 Monaten vor seiner Bestellung auch mittelbar keine Honorare oder sonstige Zahlungen vom Schuldner oder dessen Gläubigern erhalten haben. Ferner hat er seine Unabhängigkeit bei der Bestellung zu versichern (Art. L 611-13 Code de Commerce).

**30** Im Gegensatz zu § 74 Abs. 2 sehen die Vorschriften zur Sanierungsmoderation kein Vorschlagsrecht – ein solches wäre in diesem Zusammenhang ob seines Antragmonopols nur für den Schuldner denkbar – und noch weniger eine Bindung des Restrukturierungsgerichts an den Vorschlag vor. Nichtdestotrotz wird der Schuldner oft den Weg zum Restrukturierungsgericht nicht antreten ohne im Vorfeld Kontakt zu potentiellen Sanierungsmoderatoren aufgenommen und – sofern ein Vertrauensverhältnis besteht – eine aus seiner Perspektive geeignete Person vorzuschlagen. Ein solcher Vorschlag alleine ist nicht geeignet, eine bestehende Unabhängigkeit zu beschädigen oder eine berechtigte Befürchtung hinsichtlich einer unzureichenden Unabhängigkeit zu rechtfertigen (MüKoInsO/*Graeber* InsO § 56 Rn. 34a, wonach die Vorschrift des § 56 Abs. 1 S. 3 Nr. 1 InsO deklaratorischer Natur sei). So stellt auch die Gesetzesbegründung bzgl. des Restrukturierungsbeauftragten klar, dass „allein die Tatsache, dass ein Beteiligter den Beauftragten vorgeschlagen hat, nicht dessen Unabhängigkeit infrage stellt" (Vgl. BT-Drs. 19/24181, 172). Dieser allgemeine Grundsatz hat auch beim Sanierungsmoderator zur Anwendung zu kommen. Das Restrukturierungsgericht sollte Vorschläge des Schuldners wohlwollend prüfen und, sofern die Geeignetheitskriterien erfüllt werden, ihnen auch stattgeben, nicht zuletzt, weil der Schuldner als Herr des Verfahrens einen Sanierungsmoderator gemäß § 99 Abs. 1 Nr. 1 abberufen und gemäß Abs. 2 einen anderen an dessen Stelle bestellen lassen kann.

Es ist weltfremd zu glauben, dass der Schuldner, der einen potentiellen 31
Sanierungsmoderator konsultiert, nicht Informationen zum Gang des Verfahrens und die Ergebnisszenarien abfragt und zu klären versucht, ob dieser ihm als geeignet erscheint, durch das Verfahren zu führen. Weder die Vorschriften zum Restrukturierungsbeauftragten noch die Vorschriften zum Sanierungsmoderator enthalten allerdings eine dem § 56 Abs. 1 S. 3 Nr. 2 InsO entsprechende Regelung. Danach soll eine Beratung durch den späteren Insolvenzverwalter in allgemeiner Form über den Ablauf des Insolvenzverfahrens und dessen Folgen nicht dazu führen, dass die beratende Person nicht mehr als unabhängig iSd § 56 Abs. 1 anzusehen ist. Im Verfahren des Sanierungsmoderation kann auch ohne spezifische gesetzliche Regelung nichts anderes gelten. Der Grad der Anforderungen an die Unabhängigkeit des Kandidaten muss sachgerecht und unter Berücksichtigung des Verhältnismäßigkeitsgrundsatzes im Hinblick auf das Verfahren und die Aufgaben und Prärogativen des Amtsträgers definiert werden. In einem ausschließlich vom Schuldner zu initiierenden Verfahren, in welchem die Gläubiger nur freiwillige Sanierungsbeiträge leisten können und auch sonst nicht in Gläubigerrechte eingegriffen werden kann, ist das Zurverfügungstellen allgemeiner Informationen zum Verfahren nicht geeignet, die Besorgnis der Befangenheit des späteren Moderators zu generieren. *De lege ferenda* wäre natürlich eine gesetzgeberische Klarstellung diesbezüglich wünschenswert.

Mit der Unabhängigkeit lässt es sich – wie beim Insolvenzverwalter – 32
nicht in Einklang bringen, wenn der Schuldner oder Gläubiger bzw. deren Gesellschafter, gesetzliche Vertreter oder nahe Angehörige im Vorfeld vom potentiellen Amtsträger juristisch, wirtschaftlich oder steuerlich beraten wird oder wurde (Nerlich/Römermann/*Delhaes/Römermann* InsO § 56 Rn. 17) oder dieser gestaltend bzw. nach außen vertretend agiert (K. Schmidt InsO/*Ries* InsO § 56 Rn. 21). In diesem Fall ist der die Unabhängigkeit beeinträchtigende Beratungsumfang erreicht, was im Übrigen unterschiedslos für Rechtsanwälte, Steuerberater und Wirtschaftsprüfer gilt (Uhlenbruck/*Zipperer* InsO § 56 Rn. 44). Es darf daher bezweifelt werden, dass der mit der

laufenden steuerlichen Beratung des Schuldners betraute Steuerberater im Hinblick auf seine etwaige Bestellung zum Sanierungsmoderator als unabhängig angesehen werden kann (so allerdings *Kahlert* ZIP 2021, 668 (671)).

## Bestellung

**95** (1) [1]**Die Bestellung des Sanierungsmoderators erfolgt für einen Zeitraum von bis zu drei Monaten.** [2]**Auf Antrag des Moderators, welcher der Zustimmung des Schuldners und der in die Verhandlungen einbezogenen Gläubiger bedarf, kann der Bestellungszeitraum um bis zu drei weitere Monate verlängert werden.** [3]**Wird innerhalb dieses Zeitraums die Bestätigung eines Sanierungsvergleichs nach § 97 beantragt, verlängert sich die Bestellung bis zur Entscheidung über die Bestätigung des Vergleichs.**

(2) **Die Bestellung wird nicht öffentlich bekannt gemacht.**

**Schrifttum:** *Thole* Der Entwurf des Unternehmensstabilisierungs- und restrukturierungsgesetzes (StaRUG-RefE), ZIP 2020, 1985; *Smid* Der Restrukturierungsbeauftragte in den Regelungen des StaRUG, ZInsO 2020, 2184; *Vallender* Aufgaben und Befugnisse des Restrukturierungsgerichts nach dem Gesetz über den Stabilisierungs- und Restrukturierungsrahmen für Unternehmen (Teil 2), ZInsO 2020, 2677.

**Übersicht**



### 1. Normzweck

1 Die Vorschrift normiert in ihrem Absatz 1 – entgegen der Überschrift nicht die Bestellung des Sanierungsmoderators als solche (vgl. dazu § 94), sondern – die Dauer derselben sowie etwaige Verlängerungen des Initialzeitraums. Abs. 2 legt den nicht-öffentlichen Charakter des Verfahrens fest.

### 2. Bestellungszeitraum (Abs. 1)

2 Das Restrukturierungsgericht bestimmt im Rahmen des Bestellungsbeschlusses den Zeitraum, für welchen der Sanierungsmoderator bestellt wird und in den Grenzen dessen eine Konsensuallösung mit den in den Verhandlungen beteiligten Gläubigern zu erreichen versucht werden kann. Aus Gründen der Praktikabilität und zur Vermeidung von Missverständnissen hinsichtlich Beginn und Ende des Verfahrens sollte das Gericht nicht für den Zeitraum, sondern das Enddatum des Bestellungszeitraums im Be-

schluss festlegen (BeckOK StaRUG/*Hänel* § 95 Rn. 11). Der so festgelegte Zeitraum kann allerdings zum einen auf Antrag um bis zu 3 weitere Monate und zum anderen automatisch bis zur Bestätigung des Sanierungsvergleichers verlängert werden.

### 3. Initialdauer der Bestellung (Abs. 1 S. 1)

Wie sich aus dem Wortlaut ergibt, kann das Gericht den Sanierungsmoderator zunächst für einen Zeitraum „von bis zu drei Monaten" (im Referentenentwurf war noch eine gesetzliche Dauer von 3 Monaten vorgesehen, vgl. § 96 Abs. 1 S. 1 StaRUG-RefE) bestellen. Ob das Gericht von der Möglichkeit Gebrauch macht, die Höchstdauer anzusetzen, liegt in dessen Ermessen, welches unter Berücksichtigung der Besonderheiten des Einzelfalles auszuüben ist. Grundsätzlich ist es wünschenswert, dass das Gericht sich hier großzügig zeigt und dem Schuldner ausreichend Zeit einräumt, um die Gespräche mit den Gläubigern zu führen. Allerdings gibt es weder eine gesetzliche Mindest- noch eine Regeldauer von 3 Monaten (so wohl aber Flöther/*Flöther* § 95 Rn. 7, Braun StaRUG/*Blümle/Erbe* § 95 Rn. 2). 3

Nach der Gesetzesbegründung soll der Zeitraum der Bestellung eines Sanierungsmoderators grundsätzlich auf drei Monate begrenzt werden, um Ineffizienzen, Missbrauch oder gar Insolvenzverschleppungen zu verhindern (vgl. BT-Drs. 19/24181, 184). Obgleich die Begrenzung der Verfahrensdauer auf drei bzw. sechs Monate für die Erreichung des gesetzgeberischen Zieles eines effizienten Verfahrens zuträglich ist, lässt sich nicht nachvollziehen, inwiefern eine Gefahr des Missbrauchs oder gar der Insolvenzverschleppung durch das Führen einer Sanierungsmoderation bestehen soll. Zum einen sind die Insolvenzantragspflicht ja gerade nicht suspendiert und zum anderen erfolgt die Beteiligung der Gläubiger rein freiwillig, sodass ein missbräuchlicher Eingriff in deren Rechte nicht befürchtet werden muss (Braun StaRUG/*Blümle/Erbe* § 95 Rn. 3). 4

Die Ausführungen im Hinblick auf die Dauer der Stabilisierungsanordnungen gemäß § 53 können für die Begründung der gewählten Maximaldauer der Initialbestellung ebenfalls herangezogen werden (vgl. BT-Drs. 19/24181, 156). Danach ist der Zeitraum von bis zu drei Monaten für die Erstanordnung an die Maximaldauer von drei Monaten für die Ausarbeitung und Vorlage eines Insolvenzplan im Schutzschirmverfahren angelehnt. Nach Auffassung des Gesetzgebers ist dieser Zeitraum regelmäßig ausreichend, um einen Restrukturierungsplan zu erarbeiten und mit den Gläubigern in den Verhandlungen Fortschritte zu erzielen. Diese Überlegungen dürften auch bei der Definition der Dauer der Initialbestellung eine Rolle gespielt haben, obgleich die Ausarbeitung eines Sanierungsvergleichs grundsätzlich weniger Zeit in Anspruch nehmen dürfte als ein Insolvenzplan. Hier gilt es allerdings nicht zu vernachlässigen, dass im Rahmen der Sanierungsmoderation alle Gläubiger dem Sanierungsvergleich zustimmen müssen, was wiederum zeitintensiv sein kann. 5

Die gerichtlich festgelegte Initialdauer der Bestellung gilt auch für den Fall, dass der Schuldner gemäß § 99 Abs. 1 Nr. 1 die Abberufung des 6

Sanierungsmoderators beantragt und gemäß § 99 Abs. 2 die Bestellung eines anderen Moderators veranlasst hat. Allerdings ist der Zeitraum zwischen Abberufung und Neubestellung zum Schutze des Schuldners nicht zu berücksichtigen (→ § 99 Rn. 6). Das Gericht sollte daher von der festgelegten Initialdauer die bereits bis zur Beantragung der Abberufung konsumierten Zeitraum abziehen und im Beschluss zur Bestellung des Nachfolgers nach Berechnung der Restlaufzeit das Ende der Moderation kalendarisch neu definieren. Der vom Gericht festgelegte Initialzeitraum kann – im Gegensatz zur Bestellung als solchen – nicht im Nachhinein verlängert werden. Sofern das Gericht von der Möglichkeit, drei Monate für die Sanierungsmoderation vorzusehen, keinen Gebrauch gemacht und einen kürzeren Zeitraum definiert hat, bleibt lediglich die Möglichkeit des Verlängerungsantrag gemäß Abs. 1 S. 2.

### 4. Verlängerung der Bestellung auf Antrag (Abs. 1 S. 2)

7 Die Bestellung des Sanierungsmoderators kann auf Antrag um bis zu drei Monate verlängert werden, so dass die Gesamtdauer – sofern zuvor die Initialdauer mit drei Monaten voll ausgeschöpft wurde – maximal sechs Monate betragen kann. Auch hier kann das Gericht den Besonderheiten des Einzelfalles Rechnung tragen und die Dauer der Verlängerung entsprechend anpassen.

8 Die Verlängerung ist seitens des Sanierungsmoderators zu beantragen, wobei sowohl die Zustimmung des Schuldners als auch die der in die Verhandlung einbezogenen Gläubiger vorliegen muss. Ein entsprechender Antrag wird insbesondere dann für den Moderator infrage kommen, wenn er der Auffassung ist, dass eine Einigung mit den beteiligten Gläubigern vor dem Hintergrund der bisher geführten Gespräche weiterhin möglich ist und für den erfolgreichen Abschluss der Verhandlungen der zeitliche Rahmen anzupassen ist. Obwohl das Gesetz keine Pflicht zur Begründung des Antrags vorsieht, ist eine solche empfehlenswert, um das Gericht über die monatliche Berichtserstattung (→ § 96 Rn. 12) hinaus über die Gründe für den Verlängerungsantrag und den Stand sowie die Erfolgsaussichten der Verhandlungen in Kenntnis zu setzen. Auch gibt es kein Formerfordernis für Antrag und Stellungnahmen der Gläubiger, so dass beides zu Protokoll der Geschäftsstelle abgegeben werden kann. Auch hier ist eine schriftliche Antragstellung, falls möglich gemeinsam eingereicht mit entsprechend dokumentierten Zustimmungen der Gläubiger, für eine zügige Bearbeitung durch das Gericht zu präferieren.

9 Der Antrag ist vor Auslaufen der Initialbestellung zu stellen, da andernfalls das Amt des Sanierungsmoderator endet, bevor eine Verlängerung desselben beschieden werden kann. Dabei ist auf den Eingang des Verlängerungsantrags bei Gericht und nicht etwa die Entscheidung des Gerichts abzustellen. Ergeht letztere nach Ende der Initialdauer, wirkt die Verlängerung entsprechend zurück, da andernfalls die Gefahr bestünde, dass etwaige Verzögerungen im gerichtlichen Ablauf zu Lasten des Schuldners gingen. Falls der Antrag verspätet, daher nach Ablauf des Initialzeitraums eingeht, ist eine Verlängerung ausgeschlossen. Eine Neubeantragung gemäß § 94 ist mangels

gesetzlich vorgeschriebener Karenzzeit nicht ausgeschlossen, dürfte allerdings mit einem nicht unerheblichen Vertrauensverlust gegenüber dem Sanierungsmoderator und ggf. dem Schuldner bei den Gläubigern und ggf. auch beim Gericht einhergehen.

Das Gericht prüft das Vorliegen der Zustimmung des Schuldners und der in die Verhandlungen einbezogenen Gläubiger, wobei sich der Kreis der relevanten Gläubiger sich aus den Berichten des Sanierungsmoderators gemäß § 96 Abs. 3 S. 2 Nr. 2 ergeben sollte. Da sich der Kreis der Gläubiger, derer Zustimmung es bedarf, im Laufe der Gespräche ändern kann, sollte, insbes. wenn Divergenzen zum letzten Bericht bestehen, der Sanierungsmoderator – um entsprechenden Nachfragen des Gerichts und einer Verzögerung zuvorzukommen – bereits im Antrag zur Vollständigkeit der vorliegenden Zustimmungen Stellung nehmen. 10

Die „Kann" Vorschrift des § 95 Abs. 1 S. 2 stellt die gerichtliche Entscheidung über die Verlängerung dem Wortlaut nach ins Ermessen des Gerichts. Die Entscheidung ergeht per Beschluss. Bei Fehlen der Zustimmung aller relevanten Gläubiger ist der Antrag abzulehnen. 11

### 5. Automatische Verlängerung der Bestellung (Abs. 1 S. 3)

Sofern im Zeitraum der bis zu sechs Monate währenden Sanierungsmoderation ein Sanierungsvergleich zwar abgeschlossen, aber nicht gerichtlich bestätigt werden konnte, verlängert sich die Bestellung des Sanierungsmoderators, sofern ein entsprechender Antrag zur Bestätigung gestellt wurde, bis zur Gerichtsentscheidung diesbezüglich. Nach dem Willen des Gesetzgebers soll damit verhindert werden, dass die Sanierung kurzfristig wegen des Ausscheidens des Moderators als wichtiger Bezugsperson noch scheitert (Vgl. BT-Drs. 19/24181, 183). Die Vorschrift ist Art. L 611-6 Abs. 2 S. 2 Code de Commercenachempfunden, die ebenfalls eine automatische Verlängerung des Verfahrens der *conciliation* nach Beantragung der Vergleichsbestätigung vorsieht. 12

### 6. Die Nichtöffentlichkeit der Bekanntmachung (Abs. 2)

Abs. 2 legt fest, dass die Bestellung des Sanierungsmoderators nicht öffentlich bekannt gemacht wird. Dies gilt über den Wortlaut hinaus, wie sich aus den Gesetzesmaterialien ergibt, für das gesamte Verfahren der Sanierungsmoderation (*Flöther* § 95 Rn. 15; BeckOK StaRUG/*Hänel* § 95 Rn. 42). Entgegen der Regelungen §§ 84 ff. für den Restrukturierungsrahmen steht die öffentliche Bekanntmachung auch nicht zur Disposition des antragstellenden Unternehmens. Durch das Absehen von einer Bekanntmachung soll – so die Gesetzesmaterialen – die Vertraulichkeit der Sanierungsmoderation gewahrt und gleichzeitig deren Erfolgschancen erhöht werden (vgl. BT-Drs. 19/24181, 184). Ein Bekanntwerden der Sanierungsmoderation könnte tatsächlich nicht unerhebliche Auswirkungen zum einen auf den Geschäftsbetrieb der Schuldnerin und zum anderen auf die Verhandlungen mit den in das Verfahren einbezogenen Gläubigern haben. Dies gilt umso mehr, als dass die Sanierungsmoderation bei wirtschaftlichen und/oder finanziellen 13

Schwierigkeiten, also weit vor einer drohenden Zahlungsunfähigkeit, in Anspruch genommen werden kann, und mit der Veröffentlichung für das Unternehmen, welches unabhängig von der Schwere der Krise als Insolvenzkandidat wahrgenommen werden könnte, ein Reputationsschaden einhergehen kann.

**14** Die Diktion der Gesetzesbegründung ist zumindest missverständlich, da durch eine Nichtöffentlichkeit keine Vertraulichkeit sichergestellt werden kann. Entgegen der französischen Verfahren des *Mandat ad hoc* und der *conciliation,* die für die Einführung der Sanierungsmoderation Pate gestanden haben, wird gerade keine gesetzliche Verschwiegenheitspflicht für die am Verfahren beteiligten Parteien normiert (Art. L 611-15 Code de Commerce, der seit 2005 nach Abschaffung des Straftatbestands eine zivilrechtliche Haftung bei Verstößen vorsieht). Dies gilt sowohl für den Sanierungsmoderators als auch für die beteiligten Gläubiger. In der Praxis wird die fehlende Verschwiegenheitsverpflichtung beim Sanierungsmoderator zumindest dann nicht ins Gewicht fallen, sofern ein Rechtsanwalt, Steuerberater oder Wirtschaftsprüfer, daher ein Angehöriger einer Berufsgruppen, die ohnehin berufsrechtlich zur Verschwiegenheit verpflichtet sind, bestellt wird (für den Rechtsanwalt ist § 43a Abs. 2 BRAO, für den Wirtschaftsprüfer § 43 Abs. 1 S. 1 WPO, für den Steuerberater § 57 Abs. 1 StberG einschlägig). Da der Moderator allerdings keiner dieser Berufsgruppen angehören muss, steht und fällt damit auch die gesetzlich normierte Verpflichtung zur Verschwiegenheit (so auch *Flöther* § 95 Rn. 17). Bei den Gläubigern ist das Problem umso akuter, da einzelne in der Verhandlung geneigt sein können, die Öffentlichkeit und damit insbesondere den Reputationsschaden als Druckmittel zu nutzen, um die eigene Position zu stärken.

**15** Es wird zu Recht darauf hingewiesen, dass es dem Schuldner freisteht, mit dem Sanierungsmoderator oder/und mit den in die Verhandlungen einbezogenen Gläubigern eine Vertraulichkeitsvereinbarung abzuschließen (Braun StaRUG/*Blümle/Erbe* § 95 Rn. 10; *Flöther* § 95 Rn. 17; BeckOK StaRUG/*Hänel* § 95 Rn. 7). Sollte sich der Sanierungsmoderator weigern, eine entsprechende Vereinbarung abzuschließen, so kann der Schuldner von seinem Recht auf Abberufung gemäß § 99 Abs. 1 Nr. 1 Gebrauch machen und die Bestellung eines anderen Moderators bei Gericht beantragen. Dies ist allerdings mit einem gegebenenfalls erheblichen Zeitverlust verbunden. Ferner kann der Schuldner auch nicht sicher sein, dass der neu bestellte Sanierungsmoderator einer Vertraulichkeitsvereinbarung aufgeschlossen gegenübersteht. Spätestens zu diesem Zeitpunkt sollte der Schuldner darauf drängen, dass ein bereits berufsrechtlich zur Verschwiegenheit verpflichteter Sanierungsmoderator bestellt wird. Gegenüber den Gläubigern verfügt der Schuldner über kein entsprechendes Druckmittel. Auch wird er bei für die Verhandlungen wichtigen Gläubigern zusammen mit dem Sanierungsmoderator mehr Energie darauf verwenden wollen, eine Beteiligung an den Gesprächen zu erreichen als in Vorverhandlungen über eine Vertraulichkeitsvereinbarung einzutreten und entsprechend Zeit zu verlieren. Es müsste daher Aufgabe des Gesetzgebers sein, die Rahmenbedingungen für ein vertrauliches Verfahren zu schaffen. Die Erfahrungen in Frankreich zeigen, dass eben diese Vertraulichkeit eine hohe Akzeptanz des Verfahrens generiert und das Forum schafft, welches für die Erarbeitung von rein konsensualen Sanierungslösungen zuträglich ist.

## Sanierungsmoderation

**96** (1) **Der Sanierungsmoderator vermittelt zwischen dem Schuldner und seinen Gläubigern bei der Herbeiführung einer Lösung zur Überwindung der wirtschaftlichen oder finanziellen Schwierigkeiten.**

(2) **Der Schuldner gewährt dem Moderator Einblick in seine Bücher und Geschäftsunterlagen und erteilt ihm die angeforderten zweckmäßigen Auskünfte.**

(3) [1]**Der Sanierungsmoderator erstattet dem Gericht über den Fortgang der Sanierungsmoderation monatlich schriftlich Bericht.** [2]**Der Bericht enthält mindestens Angaben über**

1. **die Art und Ursachen der wirtschaftlichen oder finanziellen Schwierigkeiten;**
2. **den Kreis der in die Verhandlungen einbezogenen Gläubiger und sonstigen Beteiligten;**
3. **den Gegenstand der Verhandlungen und**
4. **das Ziel und den voraussichtlichen Fortgang der Verhandlungen.**

(4) [1]**Der Sanierungsmoderator zeigt dem Gericht eine ihm bekannt gewordene Zahlungsunfähigkeit des Schuldners an.** [2]**Handelt es sich bei dem Schuldner um eine juristische Person oder um eine Gesellschaft ohne Rechtspersönlichkeit, bei der kein persönlich haftender Gesellschafter eine natürliche Person ist, gilt dies auch für die Überschuldung des Schuldners.**

(5) [1]**Der Sanierungsmoderator steht unter der Aufsicht des Restrukturierungsgerichts.** [2]**Das Restrukturierungsgericht kann den Sanierungsmoderator aus wichtigem Grund aus dem Amt entlassen.** [3]**Vor der Entscheidung ist der Sanierungsmoderator zu hören.**

**Schrifttum:** *Cranshaw/Portisch* Paradigmen des Unternehmensstabilisierungs- und -restrukturierungsgesetzes (StaRUG) nach dem Regierungsentwurf aus Gläubigersicht – Teil 1, ZInsO 2020, 2561; *Smid* Der Restrukturierungsbeauftragte in den Regelungen des StaRUG, ZInsO 2020, 2184; *Vallender* Aufgaben und Befugnisse des Restrukturierungsgerichts nach dem Gesetz über den Stabilisierungs- und Restrukturierungsrahmen für Unternehmen (Teil 2), ZInsO 2020, 2677.

**Übersicht**

## 1. Normzweck

1 Die Vorschrift definiert in Abs. 1 den Kern der Sanierungsmoderation dahingehend, dass der Sanierungsmoderator als vermittelnde Instanz zwischen dem Schuldner und den Gläubigern versucht, eine Lösung zur Überwindung der wirtschaftlichen oder finanziellen Schwierigkeiten herbeizuführen. Die folgenden Absätze definieren die Aufgaben und Befugnisse des Moderators und des Schuldners. Abs. 5 normiert im Übrigen die Rolle des Restrukturierungsgerichts als Aufsichtsorgan.

## 2. Richtlinie und Rechtsvergleich

2 Die Regelung zum Restrukturierungsgericht als Aufsichtsorgan dient laut der Gesetzesbegründung zu § 75 Abs. 1 S. 1 der Umsetzung von Art. 27 Abs. 1 der Restrukturierungsrichtlinie zur Beaufsichtigung von Verwaltern für den Bereich der präventiven Restrukturierung (vgl. BT-Drs. 19/24181, 173). Sofern man entgegen der hiesig vertretenen Auffassung (→ Vor § 94 Rn. 2) die Sanierungsmoderation zumindest als Teil der Umsetzung der Restrukturierungsrichtlinie ansieht, dürfte Art. 27 Abs. 1 der Richtlinie, ob des Verweises in der Gesetzesbegründung, auch bei der Sanierungsmoderation zur Anwendung gekommen sein.

## 3. Kernaufgabe des Sanierungsmoderators

3 Laut Gesetzesbegründung soll der Sanierungsmoderator zwischen dem Schuldner und seinen Gläubigern vermitteln, um die Krise des Schuldners möglichst zu überwinden. Zu diesem Zwecke soll er zusammen mit dem Schuldner etwaige *Sanierungsperspektiven auszuloten* und die *Vergleichsverhandlungen* zwischen den verschiedenen an der Sanierung Beteiligten *moderieren* (BT-Drs. 19/24181, 94, 184). Ziel ist dabei der Abschluss eines Sanierungsvergleiches, der über eine gerichtliche Bestätigung anfechtungsfest ausgestaltet werden kann, um den Schuldner aus der finanzwirtschaftlichen Krise zu führen.

4 Der Sanierungsmoderator ist als zentrale Figur des Verfahrens berufen, die Positionen der Beteiligten zu eruieren, bereits vorliegende Sanierungskonzepte zu plausibilisieren, etwaige Informationsasymmetrien zu beheben und vermittelnde Lösungsansätze zu erarbeiten. Die Gestaltung der Vermittlungstätigkeit im Einzelnen steht im freien Ermessen des Sanierungsmoderators (*Vallender* ZInsO 2020, 2677 (2687)). Für das Gelingen seiner „Mission“ wird allerdings entscheidend sein, dass er von allen Beteiligten als unabhän-

giger und neutraler Vermittler mit entsprechender Sanierungsexpertise wahrgenommen wird.

5 Neben der klassischen Mediation zwischen dem Schuldner und seinen Gläubigern (und ggf. Gesellschaftern) wird der Sanierungsmoderator auch mit Gläubigern mit unterschiedlichen wirtschaftlichen oder rechtlichen Positionen konfrontiert werden. Regelmäßig erwarten die einbezogenen Gläubiger, dass die übrigen vergleichbaren Gläubiger sich ebenfalls an der Sanierungslösung beteiligen. Der Sanierungsmoderator muss daher die Interessen der unterschiedlichen einbezogenen Gläubiger berücksichtigen, um eine Sanierungslösung erreichen zu können (Morgen StaRUG/*Ziegenhagen* § 96 Rn. 8).

6 Ferner wird er neben der eigentlichen vermittelnden Tätigkeit sein Know-how als Sanierungsexperte bei der Erstellung oder Überarbeitung des Sanierungskonzepts einbringen sowie bei der Ausarbeitung des Sanierungsvergleichs Hilfe leisten. Dies ist bei Kleinst- und Kleinunternehmen, die im Besonderen Fokus des Gesetzgebers bei der Einführung der Sanierungsmoderation standen, zwingend, da der Sanierungsmoderator bei dieser Zielgruppe gerade den Sanierungsberater ersetzen soll (BT-Drs. 19/24181, 183).

### 4. Befugnisse des Sanierungsmoderators

7 Bei der Sanierungsmoderation handelt es sich um ein freiwilliges, ausschließlich vom Schuldner zu initiierendes und jederzeit durch ihn zu beendendes, Verfahren zur Bewältigung einer Unternehmenskrise im vorinsolvenzlichen Bereich. Zentrale Figur des Verfahrens ist der Sanierungsmoderator, der durch sein Sanierungsknowhow und sein Verhandlungsgeschick, die Zustimmung der Gläubiger und ggf. anderer betroffener Personen zu einer möglichst nachhaltigen Sanierung erreichen soll. Es liegt daher im Interesse des Schuldners den Sanierungsmoderator vollumfänglich über die Krisensituation des Unternehmens zu informieren und ihm alle Unterlagen offenzulegen. Für den Fall, dass sich der Schuldner nicht von sich aus tätig wird, sieht das Gesetz vor, dass der Sanierungsmoderator Einsicht in die Bücher und Geschäftsunterlagen nehmen und zweckmäßige Auskünfte anfordern kann.

8 **a) Einsichtnahme.** Der Schuldner gewährt dem Sanierungsmoderator Einsicht in seine Bücher und Geschäftsunterlagen, damit dieser sich ein Bild von der wirtschaftlichen Situation des Unternehmens machen und Sanierungsoptionen prüfen oder ggf. bereits bestehende Konzepte plausibilisieren kann. Unter Bücher sind die einer ordnungsgemäßen Buchhaltung entsprechenden Unterlagen gemeint. Als Geschäftsunterlagen sind nicht nur Buchhaltungs- und Kontenunterlagen einzustufen, sondern sämtliche Unterlagen mit Bezug zum schuldnerischen Geschäftsbetrieb, so wie zB Vertragsunterlagen, Finanzierungsunterlagen, Sicherheitenverträge, Gesellschaftsverträge etc. Alle Schriftstücke oder Papiere sind abgedeckt, die einen Einblick in das Geschäftsgeschehen verschaffen können. Die Möglichkeit der Einsichtnahme ist selbstredend zeitlich auf die Dauer der Sanierungsmoderation beschränkt.

9 **b) Auskunftsersuchen.** Ferner ist der Schuldner gehalten, dem Sanierungsmoderator die „angeforderten zweckmäßigen Auskünfte“ zu erteilen. Dies gibt dem Sanierungsmoderator die Möglichkeit über die bereits im Rahmen der Antragstellung eingereichten Dokumente und Unterlagen sowie die im Rahmen der Einsichtnahme in Bücher und Geschäftsunterlagen gewonnenen Erkenntnisse hinaus, gezielt Informationen beim Schuldner abzurufen.

10 **c) Konsequenzen der Einsichts- bzw. Auskunftsversagung.** Welche Folgen einer Verweigerung der Einsichtnahme oder der Auskunftserteilung durch den Schuldner hat, sieht das Gesetz nicht vor. Eine analoge Anwendung des § 98 Abs. 1 InsO dahingehend, dass das Restrukturierungsgericht auf Anregung des Sanierungsmoderators die Möglichkeit hat, eine Versicherung an Eides Statt des Schuldners anzuordnen, er habe die von ihm verlangte Auskunft nach bestem Wissen und Gewissen *richtig und vollständig* erteilt, ist abzulehnen (so aber Flöther/*Schubert* § 96 Rn. 15). Die Gesetzesmaterialen verweisen gerade nicht auf § 98. Vielmehr soll danach der „Moderator“ – wie ein (vorläufiger) Insolvenzverwalter oder ein Sachwalter nach § 22 Abs. 3, §§ 97, 274 Abs. 2 S. 2 InsO – in der Lage sein, die Geschäftspapiere des Schuldners einzusehen, um sich aus eigener Anschauung ein Bild über die wirtschaftliche oder finanzielle Lage des Schuldners zu machen und dessen Angaben zu überprüfen“ (RegE, BT-Drs. 19/24181, 184). Auch eine Anordnung des Gerichts analog zu § 97 Abs. 3 ist abzulehnen, wird sie doch dem Wortlaut der Vorschrift und dem privatautonomen Charakter der Sanierungsmoderation nicht gerecht. Richtigerweise wird der Moderator, sollte er der Auffassung sein, dass ihm Informationen oder Unterlagen vorenthalten werden, das Restrukturierungsgericht informieren (§ 96 Abs. 3) und, sofern ihm dadurch die Erfüllung seiner gesetzlichen Aufgaben wesentlich erschwert wird, seine Abberufung beantragen. Allein die „Drohung“ mit diesem Schritt dürfte den Schuldner typischerweise zur Raison bringen. So obliegt es auch nicht dem Restrukturierungsgericht im Rahmen der Bestätigung des Sanierungsvergleichs eine unterbliebene bzw. unzureichende Mitwirkung des Schuldners zu berücksichtigen und die Bestätigung aus diesem Grund ggf. abzulehnen (so wohl Flöther/*Schubert* § 96 Rn. 15, § 97 Rn. 14 ff.). Somit ist festzuhalten, dass § 96 Abs. 2 – der pauschale Verweis auf die Auskunftspflichten gegenüber einem vorläufigen Insolvenzverwalter und einem Sachwalter in den Gesetzesmaterialien ist ob der mangelnden Vergleichbarkeit mit dem Amt des Sanierungsmoderators wenig hilfreich – eine Mitwirkungs- und Auskunftsobliegenheit und keine entsprechende Pflicht statuiert (ebenso Wolgast/Grauer/*Marwedel* Rn. 9; BeckOK StaRUG/*Hänel* § 96 Rn. 26).

### 5. Pflichten des Sanierungsmoderators

11 In den Abs. 3 und 4 werden die Pflichten des Sanierungsmoderators normiert.

12 **a) Berichtspflicht gegenüber dem Restrukturierungsgericht.** Gemäß Abs. 3 der Sanierungsmoderator dem ihn bestellenden Restrukturie-

rungsgericht jeden Monat schriftlich über den Fortgang des Sanierungsmoderationsverfahrens und die erreichten Fortschritte Bericht zu erstatten, um nach der gesetzgeberischen Intention „Ineffizienzen, Missbrauch oder gar Insolvenzverschleppung durch den Schuldner zu verhindern". Ferner dient die Berichterstattung der Rechenschaftslegung des Sanierungsmoderators gegenüber dem ihn bestellenden Restrukturierungsgerichts im Hinblick auf seine Tätigkeit (Vgl. BT-Drs. 19/24181, 184).

S. 2 legt den Mindestinhalt der Berichterstattung durch den Sanierungsmoderators fest. Zum einen hat der Bericht, wie der Antrag auf Bestellung des Moderators gemäß § 94 Angaben über die Art der wirtschaftlichen und finanziellen Schwierigkeiten zu enthalten. Darüber hinaus soll der Sanierungsmoderator nunmehr auch über die Ursachen der Schwierigkeiten Bericht erstatten. Ferner hat der Bericht den Kreis der in die Verhandlungen einbezogenen Gläubiger und die sonstigen Beteiligten sowie den Gegenstand der Verhandlungen zu schreiben. Schließlich soll das Gericht über den voraussichtlichen Fortgang der Verhandlungen informiert und deren Ziel beschrieben werden. 13

Durch die Berichterstattung soll dem Gericht die Möglichkeit gegeben werden, über den bisherigen Verlauf, den derzeitigen Stand und den voraussichtlichen Fortgang des Verfahrens kontinuierlich unterrichtet zu bleiben. Nach dem Wortlaut der Vorschrift hat der Sanierungsmoderator im monatlichen Turnus zu berichten, ohne dass dem Gericht die Möglichkeit gegeben wäre, einzelfallbezogene Berichtsintervalle festzusetzen. Dies wird dahingehend kritisiert, dass dadurch für Klein- und Kleinstunternehmen die Gefahr einer „Überbürokratisierung" der Sanierungsmoderation, verbunden mit einem unnötigen Kosten- und Zeitaufwand, entstünde (Flöther/*Schubert* § 96 Rn. 18). Dem ist nur bedingt zuzustimmen, liegt es doch im Ermessen des Sanierungsmoderators wie ausführlich er unter Beachtung des Mindestinhalts berichtet. Nach dem ersten Bericht dürften sich die Ausführungen der Folgeberichte auf den Verhandlungsstand und den voraussichtlich weiteren Fortgang beschränken, so dass der Aufwand überschaubar sein dürfte. Schließlich würde eine dem § 75 Abs. 1 S. 1 nachempfundene Regelung, nach welcher das Gericht jederzeit Auskünfte oder einen Bericht verlangen kann, ebenfalls die Gefahr einer Überlastung des Sanierungsmoderators zum Nachteil des die Kosten tragenden Schuldners beinhalten. Schließlich stünde eine Regelung im Widerspruch zur passiven Verfahrenseinbindung des Gerichts in der Sanierungsmoderation. 14

Unklar ist, wer neben dem Gericht und dem Schuldner als Herr des Verfahrens berechtigt ist, Einsicht in die Berichte des Sanierungsmoderators zu nehmen. Im Insolvenzverfahren können bekanntlich alle Gläubiger Einsicht in die Insolvenzakte nehmen. An der Sanierungsmoderation werden in aller Regel allerdings nicht alle Gläubiger zur Teilnahme berufen sein, so dass das Recht auf Einsichtnahme in die Berichtserstattung an die Beteiligung am Verfahren geknüpft werden sollte. Andernfalls besteht die Gefahr der „Ausspähung und Aufmunitionierung" für ein späteres Restrukturierungs- oder Insolvenzverfahren durch die Gläubiger, die gerade nicht bereit sind, über eine konsensuale Sanierungslösung zu verhandeln (Braun StaRUG/*Blümle/Erbe* § 96 Rn. 13). Ein generelles Unterverschlusshalten der 15

Berichte durch das Gericht bzw. das Gericht dürfte seitens der gesprächsbereiten Gläubiger zurecht als ein Mangel an Transparenz eingestuft werden und könnte ggf. einen negativen Einfluss auf den Gang des Verfahrens haben sowie die Chancen auf einen erfolgreichen Abschluss vermindern. Ein Recht auf Akteneinsicht bei Gericht dürfte allerdings mangels Anwendbarkeit der ZPO – ein Verweis auf § 39 fehlt bekanntlich in den Vorschriften zur Sanierungsmoderation – nicht gegeben sein. Vielmehr sollte der Sanierungsmoderator – und nicht etwa der Schuldner (so Braun StaRUG/*Blümle/Erbe* § 96 Rn. 13) – in seiner Eigenschaft als neutraler Vermittler die Gläubiger umgehend nach Übermittlung seines Berichts an das Gericht entsprechend informieren. Dies dient auch als Kontrolle für den Moderator, dass er den Verhandlungsstand korrekt dargestellt hat und kann Anstoß bzw. Grundlage für die weiteren Gespräche sein.

**16** **b) Anzeige der Zahlungsunfähigkeit.** Der Sanierungsmoderator hat gemäß Abs. 4 S. 1 dem Restrukturierungsgericht eine ihm bekannt gewordene Zahlungsunfähigkeit des Schuldners anzuzeigen. Sofern es sich bei dem Schuldner um eine juristische Person oder um eine Gesellschaft ohne Rechtspersönlichkeit handelt, bei der kein persönlich haftender Gesellschafter eine natürliche Person ist, gilt dies nach S. 2 auch für die Überschuldung des Schuldners. Die Anzeige führt gemäß § 99 Abs. 1 Nr. 2 zur Abberufung des Sanierungsmoderators von Amts wegen und somit zur Beendigung der Sanierungsmoderation.

**17** Dies trägt dem gesetzgeberischen Willen Rechnung, dass die Sanierungsmoderation nur so lange möglich sein soll als dass beim Schuldner keine Insolvenzreife vorliegt. Als Korrektiv zu der auf eine Evidenzkontrolle beschränkte und daher niedrigschwellige Zugangskontrolle zum Verfahren durch das Gericht taugt die Anzeigepflicht des Sanierungsmodertors indes nicht (so aber BeckOK StaRUG/*Hänel* § 96 Rn. 39). Es besteht für den Sanierungsmoderator gerade keine Verpflichtung zur fortlaufenden Prüfung des Vorliegens einer möglichen Insolvenzreife. Dies ergibt sich bereits aus dem im Regierungsentwurf aufgenommenen Zusatz, wonach die Anzeigepflicht lediglich die dem Sanierungsmoderator „bekannt gewordene" Zahlungsunfähigkeit bzw. Überschuldung des Schuldners betreffen soll. Es handelt sich daher gerade nicht um eine vom Sanierungsmoderator anhand von spezifischen Prüfungen festgestellte und aktiv eruierte Insolvenzreife. Einem etwaigen Informationsdefizit des Gerichts bei Bearbeitung des Antrags auf Bestellung der Sanierungsmoderators wird mangels Prüfungsauftrag nicht entgegengewirkt. Vielmehr ist ein Informationsgleichlauf im Rahmen des Verfahrens intendiert.

**18** Die Anzeige hat unverzüglich nach Kenntniserlangung zu erfolgen. Dies ergibt sich im Gegensatz zur Parallelvorschrift des § 76 Abs. 1 nicht aus dem Wortlaut, entspricht aber der *ratio legis.* Auch ist es unerheblich, ob die Insolvenzreife während des Verfahrens entstand oder bereits davor eingetreten war.

## 6. Haftung des Sanierungsmoderators

Anders als beim Restrukturierungsbeauftragten (§ 75 Abs. 4) sieht der Gesetzgeber keine spezifische Haftungsregelung für den Sanierungsmoderators vor. Dies ist dahingehend überraschend als dass das Haftungsregime des von Amts wegen zu bestellenden Restrukturierungsbeauftragten über die Verweisung in § 78 Abs. 3 auch beim fakultativ zu bestellenden Restrukturierungsbeauftragten zur Anwendung kommt und auch dann wenn er in Anwendung von § 77 Abs. 2 keine weiteren Aufgaben gemäß § 76 zugewiesen bekommen hat. In einer solchen Konstellation ist der fakultative Restrukturierungsbeauftragte berufen, den Schuldner und die Gläubiger bei der Ausarbeitung und Aushandlung eines Restrukturierungskonzepts und des entsprechenden Sanierungsplans zu unterstützen und ist daher funktionell mit dem Sanierungsmoderator vergleichbar. Darüber hinaus erfolgt die Vergütung – in welcher typischerweise Haftungsrisiken „eingepreist" werden – nach denselben Maßstäben wie beim Restrukturierungsbeauftragten, wie sich aus dem Verweis gemäß § 98 Abs. 2 ergibt. Eine analoge Anwendung dürfte indes mangels planwidriger Regelungslücke auszuschließen sein, schließlich war das Fehlen einer Haftungsregelung bereits während des Gesetzgebungsverfahrens thematisiert worden (*Cranshaw/Portisch* ZInsO 2020, 2561 (2577)). Auch kann unabhängig davon kaum angenommen werden, dass der Gesetzgeber auf der einen Seite ein Haftungsregime für den Restrukturierungsbeauftragten kreiert, und auf der anderen Seite die Frage der Haftung beim Sanierungsmoderator übersieht. **19**

Es ist fraglich, welche Konsequenzen aus dem Fehlen einer Haftungsregelung für den Sanierungsmoderator zu ziehen sind. Teilweise wird für die Anwendung der für einen anwaltlichen Mediator geltenden Haftungsmaßstäbe der Rechtsanwaltshaftung plädiert (*Smid* ZInsO 2020, 2184 (2195)). Im Übrigen wird eine Haftung nach den allgemeinen Vorschriften des § 280 Abs. 1 BGB in Betracht gezogen (Wolgast/Grauer/*Marwedel* § 94 Rn. 30). Hier gilt es allerdings zu bedenken, dass wegen der Verschuldensvermutung nach § 280 Abs. 1 S. 2 BGB in diesem Fall der Sanierungsmoderator schärfer als der Restrukturierungsbeauftragte gemäß § 75 Abs. 4 haften würde. Dies sei nur für eine Haftung gegenüber dem Schuldner, nicht aber gegenüber den Gläubigern, sachgerecht. Es ist wiederum fraglich, ob dies vom Gesetzgeber gewollt war, ist doch die Tätigkeit als Sanierungsmoderators im Gegensatz zum Restrukturierungsbeauftragten nicht auf die haftpflichtversicherten Berufsstände der Steuerberater, der Wirtschaftsprüfer und Rechtsanwälte beschränkt (Flöther/*Schubert* § 95 Rn. 6). **20**

## 7. Das Restrukturierungsgericht als Aufsichtsorgan

In Abs. 5 wird die Rolle des Restrukturierungsgerichts als Aufsichtsorgan im Hinblick auf die Amtsausübung durch den Sanierungsmoderator definiert. Danach soll entsprechend der Regelung zur Restrukturierungsbeauftragten (§ 75 Abs. 1 S. 1) auch der Sanierungsberater unter der Aufsicht des Gerichts stehen (vgl. BT-Drs. 19/24181, 184). Die Gesetzesbegründung zum Restrukturierungsbeauftragten verweist wiederum auf die §§ 58–60, **21**

274 Abs. 1 InsO mit dem Hinweis, dass die Aufsicht die Entlassung des Amtsträgers aus wichtigem Grund nach sich ziehen kann (vgl. BT-Drs. 19/24181, 173).

22 **a) Auf Berichterstattung beschränkte Aufsichtspflicht.** Allerdings beschränkt sich die Aufsicht durch das Restrukturierungsgericht nach der gesetzgeberischen Intention, die sich im Wortlaut der Vorschrift in S. 1 jedoch in keiner Weise widerspiegelt, bei der Sanierungsmoderation auf die Einhaltung der Berichtspflicht gemäß Abs. 3. Neben der Kontrolle der Einhaltung der monatlichen Frist zur Vorlage des jeweiligen Berichts umfasst die Aufsicht auch eine Prüfung der Berichte dahingehend, „ob diese im wesentlichen Ausführungen zu den Punkten halten, zu denen die Sanierungsmoderation mindestens berichten soll" (vgl. BT-Drs. 19/24181, 184). Es soll sich allerdings dabei wie bei der Fristenkontrolle um eine rein formale Prüfung handeln, denn die inhaltliche Richtigkeit der Berichte ist zunächst einmal nicht Gegenstand des Prüfungsauftrags des Restrukturierungsgerichts. Eine solche inhaltliche Prüfung kommt nach den Gesetzesmaterialien lediglich dann zum Tragen, wenn die Berichte ganz offensichtlich fehlerhaft sind oder von offensichtlich falschen Angaben ausgehen. Das Gericht – funktionell ist hier gemäß Art. 92 GG, § 1 DRiG mangels Anpassung des Rechtspflegergesetzes der Richter zuständig– wird daher gehalten sein, über eine Prüfung der Vollständigkeit hinaus, die Eingaben des Sanierungsmoderators auf Schlüssigkeit und Plausibilität zu sichten (so auch Flöther/*Schubert* § 96 Rn. 31). Sofern der Richter in diesem Rahmen auf Fehler oder Widersprüche stößt, wird er typischerweise von der Möglichkeit Gebrauch machen, den Sanierungsmoderator unter Hinweis auf seine Feststellungen zur Berichtigung, Klarstellung und gegebenenfalls Ergänzung seiner Ausführungen auffordern.

23 Die auf die Berichterstattung beschränkte Aufsichtspflicht ist dem Umstand geschuldet, dass der Gesetzgeber dem Gericht lediglich eine passive Rolle im Rahmen des auf eine vollkonsensuale Sanierungsvereinbarung ausgerichteten Verfahren zugedacht hat. Dies schließt natürlich eine darüberhinausgehende Kommunikation zwischen Gericht und Sanierungsmoderator nicht aus. Diese sollte allerdings nicht dazu führen, dass das Gericht aktiven Einfluss auf die Vermittlungstätigkeit des Sanierungsmoderators nimmt oder gar Vorgaben im Hinblick auf dessen Amtsführung macht. Die laufende informatorische Unterrichtung des Gerichts über die in § 96 Abs. 3 definierten wesentlichen Angaben zur laufenden Sanierungsmoderation dient auch einer zügigen Bearbeitung durch das Gericht eines etwaigen Antrags des Schuldners § 97 auf Bestätigung des Sanierungsvergleichs. Von der Berichtspflicht abzugrenzen ist allerdings die nach § 97 Abs. 2 vorgesehene Stellungnahme des Sanierungsmoderators zu den Voraussetzungen des Abs. 1 S. 2 im Hinblick auf die Bestätigung des Sanierungsvergleichs. Hier kommt laut Gesetzesbegründung dem Sanierungsmoderator die Aufgabe eines Sachverständigen zu, der mit seiner Stellungnahme das Gericht bei der Entscheidungsfindung unterstützt und somit eine über den Maßstab der Berichtsprüfung hinausgehende Prüfung gebietet (so im Ergebnis auch BeckOK StaRUG/*Hänel* § 96 Rn. 54).

24 **b) Entlassung des Sanierungsmoderators aus wichtigem Grund.** Gemäß S. 2 verfügt das Restrukturierungsgericht über die Möglichkeit, den Sanierungsmoderator bei Vorliegen eines wichtigen Grundes aus seinem Amt zu entlassen. Die Vorschrift ist wortgleich mit den Parallelvorschriften für den Restrukturierungsbeauftragten (§ 75 Abs. 2 S. 1) und für den Insolvenzverwalter (§ 59 Abs. 1 S. 1 InsO). Als Pendant zur in S. 1 normierten Aufsicht kann laut der Gesetzesbegründung ein Entlassungsgrund darin liegen, dass der Sanierungsmoderator seiner „Berichtspflicht nicht oder offensichtlich unzureichend" nachkommt (vgl. BT-Drs. 19/24181, 184). Ein wichtiger Grund kann auch durch die Nicht- oder Schlechterfüllung der Pflicht zur Stellungnahme des Sanierungsmoderators gemäß § 97 Abs. 2 erfüllt sein. Neben diesen Verletzungen seiner Informationspflichten durch den Sanierungsmoderator gegenüber dem Restrukturierungsgericht können noch andere verhaltensbedingte Entlassungsgründe seitens des Gerichts festgestellt werden. Das ist beispielsweise der Fall, wenn der Sanierungsmoderator es bei Bestellung und während der Amtsausübung unterlässt, das Gericht über alle die Sachverhaltselemente zu informieren, die die Besorgnis der Befangenheit im Hinblick auf die Ausübung seines Amtes rechtfertigen könnten. Ob dagegen die Unterlassung der Anzeige einer Insolvenzreife gemäß § 96 Abs. 4 als wichtiger Grund qualifiziert werden kann, ist fraglich (dafür Braun StaRUG/*Blümle/Erbe* Rn. 16). Richtigerweise kann nur ein bewusstes Unterlassen der Anzeige an das Gericht einen Entlassungsgrund darstellen, da dem Sanierungsmoderators es gerade nicht obliegt, eine fortlaufende Prüfung der Insolvenzreife des Schuldners durchzuführen (so auch BeckOK StaRUG/*Hänel* § 96 Rn. 68). Sofern der Sanierungsmoderator trotz positiver Kenntnis der die Insolvenzreife begründenden Umstände dieselbe nicht erkennt, dürfte es bereits an der Eignung zur Übernahme des Amtes mangeln. Weitere personenbedingte Entlassungsgründe können insbes. bei fehlender Unabhängigkeit oder Integrität bestehen. Insoweit kann auf die Ausführungen bei Restrukturierungsbeauftragten verwiesen werden.

## 8. Verfahren und Rechtsmittel

25 Im Unterschied zum Restrukturierungsbeauftragten (§ 75 Abs. 2 S. 2) besteht kein Antragsrecht auf Entlassung des Sanierungsmoderators aus wichtigem Grund. Dies ist auch stimmig, da ob fehlender Eingriffsmöglichkeiten in die Rechte der Gläubiger diesen es bereits an einem Rechtsschutzbedürfnis mangelt. Der Schuldner hingegen hat die Möglichkeit ohne Vorliegen eines wichtigen Grundes die Abberufung des Moderators gemäß § 99 zu veranlassen. Diese Möglichkeit besteht im Übrigen auch für den Sanierungsmoderator. Es obliegt somit ausschließlich dem Restrukturierungsgericht von Amts wegen entsprechende Ermittlungen aufzunehmen, wenn es von Umständen Kenntnis erlangt, die als Entlassungsgrund qualifiziert werden könnten. Für die Gläubiger besteht indes die Möglichkeit, unter Übermittlung entsprechender Informationen an das Restrukturierungsgericht, die Entlassung des Sanierungsmoderators anzuregen. Das Gericht, welches neben den Informationen aus dem Antrag auf Bestellung eines Sanierungsmoderators lediglich über die Berichte desselben über den Ablauf des Ver-

fahrens verfügt, wird typischerweise auf den Input der Gläubiger angewiesen sein, um von etwaig entlassungsrelevanten Sachverhalten Kenntnis zu erlangen. Gläubiger wiederum werden in der Regel diesen Weg – statt sich aus den Verhandlungen „zu verabschieden" – nur dann wählen, wenn sie weiterhin an einer konsensualen Sanierungslösung für den Schuldner Interesse haben und der Auffassung sind, dass das Verhalten oder die Person des Sanierungsmoderators nicht zuträglich ist. Ferner können die Gläubiger in einer solchen Situation versuchen, Druck auf den Schuldner dahingehend auszuüben, dass dieser die Entlassung des Sanierungsmoderators gemäß § 99 Abs. 1 Nr. 1 veranlasst und gemäß § 99 Abs. 2 durch einen anderen Moderator ersetzen lässt.

**26** Als Ausprägung des grundgesetzlich verbrieften Grundsatzes des rechtlichen Gehörs (Art. 103 GG) sieht S. 3 hervor, dass der Sanierungsmoderator vor der Entscheidung des Gerichts über seine etwaige Entlassung zu hören ist. Dieser hat in diesem Rahmen Gelegenheit zu den gegen ihn vorgebrachten Vorwürfen oder seitens des Gerichts ermittelten Sachverhalten Stellung zu nehmen. Dies kann auch per mündlicher Einvernahme geschehen.

**27** Der eine Entlassung rechtfertigende wichtige Grund liegt nicht schon alleinig deshalb vor, weil der Sanierungsmoderator eine Frist versäumt oder die Anforderungen an den Mindestinhalt des Berichts nicht erfüllt. Vielmehr muss dem Sanierungsmoderator bei verhaltensbedingten Entlassungsgründen die Gelegenheit gegeben worden sein, seine Säumnis zu heilen. Lediglich wenn auf gerichtliche Rüge hin keine Aussicht auf ordnungsgemäße Verfahrensführung mehr besteht, ist die Schwelle zum Entlassungsgrund überschritten. Denn insbesondere dann werden die negativen Auswirkungen einer Beibehaltung des Sanierungsmoderators auf den Verfahrensablauf so erheblich sein, dass es in Anbetracht der berechtigten Belange der Beteiligten sachlich nicht mehr vertretbar erscheint, den Moderator in seinem Amt zu belassen (für den Insolvenzverwalter BGH NZI 2011, 282; 2012, 619 Rn. 21; 2015, 20). Auf eine Vorwerfbarkeit des Verhaltens oder ein Verschulden kommt es nicht an (MüKoInsO/Graeber InsO § 59 Rn. 37 für den Insolvenzverwalter).

**28** Liegt ein wichtiger Grund vor, so liegt die Entscheidung über die Entlassung im pflichtgemäßen Ermessen des Gerichts (Uhlenbruck/*Vallender*/*Zipperer* InsO § 59 Rn. 13; aA BeckOK StaRUG/*Hänel* § 96 Rn. 63, der auf Rechtsfolgenseite kein Ermessen zulassen möchte). Es hat dabei alle wesentlichen Umstände zu würdigen und ist berufen, unter Berücksichtigung des Gesetzeszwecks und des Verhältnismäßigkeitsgrundsatzes über die Entlassung zu entscheiden (für den Insolvenzverwalter BGH NZI 2017, 667 Rn. 8–9).

**29** Die Entscheidung über die Entlassung ist als *actus contrarius* zur Bestellung im Beschlusswege zu fassen. Der Beschluss ist – obwohl kein Rechtsmittel vorgesehen ist – mit einer Begründung zu versehen. Diese kann vom Restrukturierungsgericht allgemein zur Eignungsprüfung und insbes. dann herangezogen werden, wenn der Sanierungsmoderator in derselben oder einer anderen Sache auf Grundlage eines Schuldnervorschlags erneut bestellt werden soll.

Ein Rechtsmittel ist nicht vorgesehen. Andres als bei der Entlassung des Restrukturierungsbeauftragten (Art. § 75 Abs. 3 S. 1) eröffnet das Gesetz keine sofortige Beschwerdemöglichkeit gegen die Entlassungsentscheidung. Teilweise wird daraus geschlossen, dass sich die Rechte des Sanierungsmoderators im Recht auf rechtliches Gehör erschöpfen (Flöther/*Schubert* § 96 Rn. 37). Teilweise wird vertreten, dass die Beschwerdefähigkeit verfassungsmäßig geboten sei und per Analogie zum Restrukturierungsbeauftragten (§ 75 Abs. 3 S. 1) oder über einen Antrag nach § 23 Abs. 1 EGGVG darzustellen sei (BeckOK StaRUG/*Hänel* § 96 Rn. 75–76). Dabei wird übersehen, dass der Sanierungsmoderator mit seiner Bestellung und der Übernahme des Amtes von vorneherein akzeptiert, dass er jederzeit auf Schuldnerantrag gem. § 99 Abs. 1 Nr. 1 ohne Begründung (und Grund) durch das Gericht von seinem Amt abberufen werden kann. Sofern die Beendigung der Tätigkeit nunmehr aus wichtigem Grund vorgenommen wird, besteht für den Sanierungsmoderator erst recht mangels Grundrechtseingriff kein Rechtsschutzbedürfnis. Das Berufsbild des Sanierungsmoderators gewährt eben gerade keine gesicherte Stellung wie dies beim Insolvenzverwalter nach Bestätigung durch die Gläubigerversammlung der Fall ist (vgl. BVerfG ZIP 2005, 537 zur Abwahl des Insolvenzverwalter in der ersten Gläubigerversammlung). Andernfalls müsste auch dem Schuldner als Herr des Verfahrens ein Beschwerderecht gegen die Entscheidung des Gerichts eingeräumt werden. **30**

Mit der Entlassung endet das Sanierungsmoderationsverfahren. Eine analoge Anwendung des § 99 Abs. 2 und damit die Neubestellung eines anderen Moderators nach Abberufung des erstbestellten Amtsträgers ist mangels planwidriger Regelungslücke ausgeschlossen. Allerdings bleibt dem Schuldner die Möglichkeit, sofern die Voraussetzungen weiterhin vorliegen, einen neuerlichen Antrag auf Bestellung eines Sanierungsmoderators beim Restrukturierungsgericht zu stellen. Die Dauer des per Entlassung beendeten Verfahrens ist bei der Entscheidung über den Zeitraum nach § 95 Abs. 1 S. 1 nicht in Anrechnung zu bringen, da die Beendigung des Verfahrens nicht auf einer Entscheidung des Schuldners (vgl. § 99 Abs. 1 Nr. 1 Alt. 2, Abs. 2), sondern einer Ordnungsentscheidung des Gerichts beruht. **31**

## Bestätigung eines Sanierungsvergleichs

**97** (1) [1]**Ein Sanierungsvergleich, den der Schuldner mit seinen Gläubigern schließt und an dem sich auch Dritte beteiligen können, kann auf Antrag des Schuldners durch das Restrukturierungsgericht bestätigt werden.** [2]**Die Bestätigung wird versagt, wenn das dem Vergleich zugrunde liegende Sanierungskonzept**

1. **nicht schlüssig ist oder nicht von den tatsächlichen Gegebenheiten ausgeht oder**
2. **keine vernünftige Aussicht auf Erfolg hat.**

(2) **Der Sanierungsmoderator nimmt zu den Voraussetzungen des Absatzes 1 Satz 2 schriftlich Stellung.**

(3) **Ein nach Absatz 1 bestätigter Sanierungsvergleich ist nur unter den Voraussetzungen des § 90 anfechtbar.**

**Schrifttum:** *Cranshaw/Portisch* Paradigmen des Unternehmensstabilisierungs- und -restrukturierungsgesetzes (StaRUG) nach dem Regierungsentwurf aus Gläubigersicht – Teil 1, ZInsO 2020, 2561; *Thole* Der Entwurf des Unternehmensstabilisierungs- und restrukturierungsgesetzes (StaRUG-RefE), ZIP 2020, 1985; *Smid* Der Restrukturierungsbeauftragte in den Regelungen des StaRUG, ZInsO 2020, 2184; *Herbert* Überlegungen zu Sanierungsmoderation und Mediation, SanB 2021, 91; *Deppenkemper* Ziel erreicht? Außergerichtliche Sanierung bereits ab 1.1.2021!, ZIP 2020, 2432; *Hoegen* Die Sanierungsmoderation, NZI-Beil. 2021, 59; *Vallender* Aufgaben und Befugnisse des Restrukturierungsgerichts nach dem Gesetz über den Stabilisierungs- und Restrukturierungsrahmen für Unternehmen (Teil 2), ZInsO 2020, 2677; *Schoppmeyer* Sanierungsprivilegien im Insolvenzanfechtungsrecht nach dem StaRUG, ZIP 2021, 869; *Bork* Die Regelungen zur Insolvenzanfechtung im StaRUG, ZInsO 2020, 2177; *Frind* Überreguliert statt saniert?, ZInsO 2020, 2241; *Hölzle* Zur Umsetzung des präventiven Restrukturierungsrahmens in Deutschland, ZIP 2020, 585; *Müller* Die Umsetzung der EU-Richtlinie über präventive Restrukturierungsrahmen, ZIP 2020, 2253; *Desch* Der neue Stabilisierungs- und Restrukturierungsrahmen nach dem Regierungsentwurf StaRUG in der Praxis, BB 2020, 2498; *Skauradszun* Neuralgische Punkte der Restrukturierungsverfahren nach dem StaRUG, ZRI 2020, 625.

**Übersicht**



## 1. Normzweck

1 Gesetzgeberisches Ziel der Sanierungsmoderation ist es, insbesondere Kleinst- und kleineren Unternehmen im Falle von wirtschaftlichen oder finanziellen Schwierigkeiten unter Inanspruchnahme des gerichtlich bestellten Sanierungsmoderators die Möglichkeit zur Erarbeitung eines Sanierungskonzepts und den Abschluss eines Sanierungsvergleichs zu geben (BT-Drs. 19/24181, 183). Die Vorschrift des § 97 regelt die Voraussetzungen und die Wirkungen der gerichtlichen Bestätigung eines solchen Vergleichs.

Die mit der Bestätigung des Sanierungsvergleichs verbundene Privilegierung im Hinblick auf etwaige Anfechtungstatbestände im Rahmen eines nachfolgenden Insolvenzverfahrens dürfte – neben dem privatautonomen Charakter, der Nichtöffentlichkeit und den niedrigschwelligen Eintrittsvoraussetzungen – als wesentlicher Anreiz für die Nutzung des Verfahrens dienen. Dies auch insbesondere vor dem Hintergrund, dass das Restrukturierungsgericht im Hinblick auf das Sanierungskonzept lediglich ein eingeschränktes Prüfungsrecht ausübt und somit die Insolvenzfestigkeit des Sanierungsvergleichs die Regel darstellen dürfte. 2

## 2. Umsetzung der Vorgaben der Richtlinie/Rechtsvergleich

§ 97 greift mit dem Anfechtungsschutz gem. § 97 Abs. 3 iVm § 90 als sogenannte *Safe harbor* Vorschrift den in Art. 17 Abs. 1 lit. a und Abs. 2 RestruktRL sowie Art. 18 RestruktRL normierten Gedanken auf, dass Finanzierungsbeiträge und sonstige Transaktionen im Zusammenhang mit einem Restrukturierungsplan anfechtungsfest ausgestaltet werden sollen. Die Umsetzung geht über diese Vorgaben hinaus, da das Anfechtungsprivileg nicht auf Finanzierungsbeiträge im Rahmen des Planes beschränkt ist. Die Richtlinie sieht ferner vor, dass der Anfechtungsschutz unter dem Vorbehalt einer gerichtlichen Bestätigung des Restrukturierungsplans gestellt werden kann. Selbstredend erfüllt der Sanierungsvergleich nicht die formalen Voraussetzungen des Restrukturierungsplans, so wie sie sich aus der Richtlinie eingeben, so dass der Sanierungsvergleich als solcher nicht als eigenständiger präventiver Restrukturierungsrahmen eingestuft werden kann. Vielmehr stellt er einen anlässlich der Richtlinienumsetzung eingeführten Restrukturierungsrahmen nach nationalem Recht gemäß Art. 4 Abs. 5 Hs. 1 RestruktRL dar (aA wohl BeckOK StaRUG/*Hänel* § 97 Rn. 9 „andere Lösung zur Abwendung einer Insolvenz" iSv Art. 4 Abs. 1 RestruktRL; *Cranshaw/Portisch* ZInsO 2020, 2561 (2576), „Variante des Restrukturierungsrahmens" iSv Art. 4 Abs. 5 Hs. 2 RestruktRL). 3

Die frz. *Conciliation,* die für die Einführung der Sanierungsmoderation Pate gestanden hat, kennt im Gegensatz zum *mandat ad hoc* die Möglichkeit der gerichtlichen Bestätigung *(homologation)* des Sanierungsvergleich. Im Gegensatz zur bloßen Feststellung *(constatation)* des Sanierungsvergleichs, die dem Schuldner im frz. Recht alternativ zur Verfügung steht, bewirkt die Bestätigung die Insolvenzfestigkeit des Sanierungsvergleichs. Nur in diesem Rahmen wird durch das Gericht geprüft, dass der Schuldner sich nicht (mehr) im Zustand der Zahlungsunfähigkeit befindet, durch die Übereinkunft die dauerhafte Fortführung der Betriebstätigkeit sichergestellt wird und durch die Vereinbarung die Interessen der nicht beteiligten Gläubiger nicht verletzt werden (Art. L 611-8 Code de Commerce). Durch die gerichtliche Bestätigung verliert Sanierungsvergleich seine vertrauliche Natur, wird im Amtsblatt veröffentlicht und kann von jedermann bei Gericht eingesehen werden (Art. L 611-11 Code de Commerce). 4

### 3. Sanierungsvergleich

5 **a) Rechtsnatur.** Der Begriff des Sanierungsvergleich ist weder im Gesetzestext noch in der Gesetzesbegründung legal definiert oder näher erläutert. So ist der Begriff auch nur an zwei Stellen des Gesetzes zu finden, nämlich § 97 und § 95 Abs. 1 S. 3. Der Sanierungsvergleich ist nicht als Vergleich im Sinne von § 779 BGB einzuordnen, unabhängig davon, ob er bestätigt oder nicht gerichtlich bestätigt wurde (so auch BeckOK StaRUG/*Hänel* § 97 Rn. 10; aA *Smid* ZInsO 2020, 2184 (2189), Morgen StaRUG/*Ziegenhagen* § 98 Rn. 1, Flöther/*Flöther* § 98 Rn. 6). Sofern man die Krise eines Unternehmens, die zum Auseinanderfallen der Interessen des Eigen-des Fremdkapitals führt, als Auseinandersetzung versteht (*Herbert* SanB 2021, 91 (91)) im Hinblick auf § 1 Abs. 1 Mediationsgesetz), kann die Krisenüberwindung im Wege eines Vergleichs im diesem Sinne erfolgen. So kommt der Abschluss des Sanierungsvergleichs sowie dessen gerichtliche Bestätigung nur in Betracht, wenn diesem alle in den Vertrag einbezogenen Parteien zugestimmt haben (*Flöther* § 97 Rn. 3). Dies geschieht aber nicht zwingend im Wege gegenseitigen Nachgebens. Im Kontext von § 97 ist daher unter einem Sanierungsvergleich eine auf einem Sanierungskonzept basierende Vereinbarung zur insolvenzabwendenden Überwindung wirtschaftlicher oder finanzieller Schwierigkeiten zu verstehen, die im Rahmen einer Sanierungsmoderation zustande gekommen ist (BeckOK StaRUG/*Hänel* § 97 Rn. 11).

6 Ein gerichtlich bestätigter Sanierungsvergleich ist auch kein Prozessvergleich iSd § 794 Abs. 1 Nr. 1 ZPO (*Thole* ZIP 2020, 1985 (2000); *Smid* ZInsO 2020, 2184 (2189); Wolgast/Grauer/*Marwedel* Rn. 6; aA *Cranshaw/Portisch* ZInsO 2020, 2561 (2576)); Braun StaRUG/*Blümle/Erbe* § 97 spricht von einem „gerichtlichen Vergleich"). Ferner führt die gerichtliche Bestätigung des Sanierungsvergleichs auch nicht zu einer Titulierung der Ansprüche aus dem Vergleich (*Smid* ZInsO 2020, 2184 (2189)). Eine dem § 71 entsprechende Vorschrift oder ein Verweis fehlt in den Vorschriften zur Sanierungsmoderation und von einer unplanmäßigen Regelungslücke ist nicht auszugehen. Allerdings kann dem Sanierungsvergleich die Qualität eines Vollstreckungstitels dadurch zukommen, dass eine notarielle Beurkundung mit Unterwerfungserklärung gem. § 794 Abs. 1 Nr. 5 ZPO durchgeführt wird (Wolgast/Grauer/*Marwedel* Rn. 6). Sofern alle am Vergleich beteiligten Parteien anwaltlich vertreten sind, kommt auch ein Abschluss unter den Voraussetzungen und mit den Einschränkungen eines nach § 796a ZPO für vollstreckbar erklärbaren Anwaltsvergleichs in Betracht.

7 **b) Beteiligte. aa) Gläubiger.** § 97 Abs. 1 S. 1 legt fest, dass der Sanierungsvergleich zwischen dem Schuldner und seinen Gläubigern geschlossen wird, wobei Dritte sich ebenfalls beteiligen können. Es handelt sich dabei wie sich aus § 95 Abs. 1 S. 2 sowie aus § 96 Abs. 3 S. 2 Nr. 3 ergibt, um die in die Verhandlung einbezogenen Gläubiger und nicht etwa um die Gesamtheit der Gläubigerschaft (vgl. auch BT-Drs. 19/24181, 94). Eine Gläubigermehrheit ist ebenfalls nicht nötig. Vielmehr kann ein Sanierungsvergleich als Instrument der Insolvenzvermeidung auch nur mit einem Gläubiger ge-

schlossen werden, da dieser auch antragsberechtigt iSd § 14 InsO wäre (BeckOK StaRUG/*Hänel* § 97 Rn. 14). Ferner kann der Sanierungsvergleich auch mit Gläubigern geschlossen werden, deren Forderungen gemäß § 4 einer Gestaltung durch den Restrukturierungsplan nicht zugänglich sind, da der Anwendungsbereich hier weiter gefasst ist (BeckOK StaRUG/*Hänel* § 97 Rn. 15).

**bb) Dritte.** Dritte können in den Sanierungsvergleich mit einbezogen werden, sofern sie einen wie auch immer gearteten Beitrag im Rahmen der konsensualen Sanierungslösung erbringen. Typischerweise wird es sich um Gesellschafter, verbundene Unternehmen, Geschäftsführer oder andere Personen handeln, die ob ihrer Beziehung zum Schuldner ein Eigeninteresse am Erfolg der Sanierungsmoderation haben. **8**

**cc) Auswahl der Beteiligten.** Es steht dem Schuldner frei zu entscheiden, wen er in das Verfahren der Sanierungsmoderation mit einbezieht und mit wem der Sanierungsvergleich abgeschlossen wird. Der Schuldner hat vor dem Hintergrund der zeitlichen Begrenzung des Sanierungsmoderationsverfahrens ein Interesse, die für die Sanierung wesentlichsten Stakeholder so früh wie möglich in die Verhandlung einzubeziehen. Dabei wird es sich typischerweise um die Finanzgläubiger und die wesentlichsten Lieferanten des Schuldners handeln. Es ist dem Schuldner allerdings unbenommen, den Kreis der Gesprächspartner – hier ist eine Einbeziehung des Sanierungsmoderators bei der Entscheidungsfindung empfehlenswert – im Nachhinein zu erweitern oder zu verkleinern. **9**

### 4. Inhalt und Struktur des Sanierungsvergleichs

Als Ausfluss des privatautonomen Charakters des Sanierungsvergleichs sind die Parteien frei in der Gestaltung desselben. Eine Orientierung am Restrukturierungsplan und den diesbezüglichen Vorgaben der §§ 5–16, gegebenenfalls unter Zuhilfenahme der in § 16 vorgesehenen Checkliste für Restrukturierungspläne, hat den Vorteil, dass der Übergang von der Sanierungsmoderation in den Stabilisierungs- und Restrukturierungsrahmen gemäß § 100 erleichtert wird. So kann der Sanierungsvergleich entsprechend den Regelungen zum Restrukturierungsplan (Teil 2 Kapitel 1 Abschnitt 3) zur Abstimmung gestellt und gegebenenfalls nach Übergang in den Stabilisierungs- und Restrukturierungsrahmen vom Restrukturierungsgericht bestätigt werden (vgl. dazu explizit RegE, BT-Drs. 19/24181, 122). Für Kleinst- und kleinere Unternehmen wird hingegen zum Teil für eine Orientierung am Schuldenbereinigungsplan gemäß § 305 Abs. 1 Nr. 4, § 307 InsO plädiert (vgl. *Deppenkemper* ZIP 2020, 2432 (2435)). **10**

### 5. Bestätigungsverfahren

**a) Erforderlichkeit eines Antrags des Schuldners.** Die gerichtliche Bestätigung des Sanierungsvergleiches setzt den Antrag des Schuldners voraus. Es steht im alleinigen Ermessen desselben, ob ein entsprechender Antrag beim Restrukturierungsgericht eingereicht wird. Zum Teil wird in diesem Zusammenhang bemängelt, dass das Gericht mangels gesetzlich vor- **11**

gesehener Involvierung bezüglich des Zustandekommens des Sanierungsvergleichs mangels *Antrags* keine Kenntnis erhielte und der Vergleich somit nicht aktenkundig würde (BeckOK StaRUG/*Hänel* § 97 Rn. 46). Nach der hier vertretenen Ansicht sollte der Sanierungsmoderator unabhängig von der Form der Verfahrensbeendigung einen Schlussbericht an das Gericht adressieren, sodass es keiner separaten Pflicht zur Unterrichtung *de lege ferenda* bedarf (→ § 99 Rn. 3). Als Ausfluss des privatautonomen Charakters des freiwillig vom Schuldner initiierten und betriebenen Verfahrens kommt das alleinige Antragsrecht dem Schuldner zugute. Anträge anderer Beteiligter insbesondere von Gläubigern sind vom Gericht als unzulässig abzuweisen (Pannen/Riedemann/Smid/*Riedemann* § 97 Rn. 12).

**12** Die Bestätigung des Sanierungsvergleich ist, ob des damit verbundenen Schutzes vor Anfechtungen gemäß § 97 Abs. 3 iVm § 90, insbesondere für die beteiligten Gläubiger von Interesse. Sofern die Zustimmung zum Sanierungsvergleich von der Beantragung oder gar der Bestätigung desselben abhängig gemacht werden soll, ist es angezeigt, eine entsprechende aufschiebende Bedingung in den Vergleich aufzunehmen.

**13** Mangels einer gesetzlichen Regelung kann der Antrag formlos und insbesondere zu Protokoll der Geschäftsstelle gestellt werden. Auch eine Begründung ist nicht zwingend vorgesehen, ist allerdings genauso wie die schriftliche Antragstellung zu empfehlen und dürfte einer effizienten Bearbeitung zuträglich sein.

**14** In zeitlicher Hinsicht ist zu beachten, dass der Antrag zusammen mit dem bereits abgeschlossenen Sanierungsvergleich vor Ende des Bestellungszeitraums des Sanierungsmoderators – sei es des Initialzeitraums des § 95 Abs. 1 S. 1 oder nach Verlängerung gemäß § 95 Abs. 1 S. 2 – bei Gericht eingehen muss. Nur in diesem Fall verlängert sich die Bestellung des Sanierungsmoderators automatisch über die eigentliche Dauer hinaus bis zur Entscheidung des Restrukturierungsgerichts über die Bestätigung des Vergleichs gemäß § 95 Abs. 1 S. 3.

**15** **b) Stellungnahme des Sanierungsmoderators.** Gemäß § 97 Abs. 2 hat der Sanierungsmoderator eine schriftliche Stellungnahme zum Vorliegen etwaiger Gründe für die Versagung der Bestätigung des Sanierungsvergleich gemäß Abs. 1 S. 2 vorzubereiten. Die Stellungnahme des Sanierungsmoderators ist sachdienlich und wird typischerweise für das Gericht zielführend sein, hat es doch ob der geringen Einbindungstiefe in das Sanierungsmoderationsverfahren ggf. nicht ausreichend Zugang zu den für die Prüfung der Versagungsgründe relevanten Information. Die Aufgabe des Sanierungsmoderators ist es daher, dem Gericht zu bestätigen, dass das dem Vergleich zu Grunde liegende Sanierungskonzept schlüssig ist, von den tatsächlichen Gegebenheiten ausgeht und darüber hinaus eine vernünftige Aussicht auf Erfolg hat. Da der Sanierungsmoderator die Ausarbeitung des Sanierungskonzepts im Rahmen des Verfahrens begleitet hat, wird er in der Lage sein, auf Grundlage der vom Bundesgerichtshof entwickelten Rechtsprechungsgrundsätze bezüglich der Schlüssigkeitsprüfung eines Sanierungskonzeptes die Versagungsgründe zu prüfen.

16 Das Vorliegen eines Sanierungskonzeptes ist Grundvoraussetzung für die Bestätigung des Sanierungsvergleichs und dürfte daher als erster Punkt in der Stellungnahme Berücksichtigung finden. Dabei ist nicht etwa auf die Erfüllung bestimmter Formalien, wie sie etwa vom Institut für Wirtschaftsprüfer eV im Standard IDW S 6 oder seitens des Instituts für die Standardisierung von Unternehmenssanierung (ESU) als Mindestanforderungen an Sanierungskonzept aufgestellt wurden, abzustellen. Die Einhaltung der dort für erforderlich gehaltenen Voraussetzungen mag für eine erfolgreiche Sanierung in der Regel eine positive Prognose ermöglichen. Sie ist aber nicht zwingend erforderlich und vor allem bei kleinen Unternehmen nicht immer in vollem Umfang geboten. (BGH NZI 2016, 636 Rn. 19; 2018, 840 Rn. 10).

17 Dennoch muss die wirtschaftliche Lage des Schuldners im Rahmen seiner Wirtschaftsbranche analysiert und müssen die Krisenursachen sowie die Vermögens-, Ertrags- und Finanzlage erfasst werden (BGH NJW 1998, 1561). So darf auch von Klein- und Kleinstunternehmen im Rahmen eines vollkonsensualen Sanierungsverfahrens gefordert werden, dass zumindest Ausführungen zu den folgenden Punkten verständlich dargelegt und mit entsprechenden Zahlenmaterial untermauert werden:

- Analyse der Krisenursachen und der Möglichkeit deren künftiger Vermeidung,
- Beurteilung der Erfolgsaussichten und der Rentabilität des Unternehmens in der Zukunft
- Maßnahmen zur Vermeidung oder Beseitigung einer ggf. drohenden Insolvenzreife

18 Bei einem Sanierungsvergleich ist ferner darzulegen:

- Art und Höhe der Verbindlichkeiten
- die Art und Zahl der Gläubiger und die zur Sanierung erforderlichen Quote des Erlasses der Forderungen
- Art und Höhe des einzuwerbenden frischen Kapitals sowie die Chance auf dessen Gewährung (BGH NZI 2016, 636 Rn. 18)

19 Zum Teil wird vertreten, dass eine Bestätigung des Vergleichs ohne Stellungnahme des Sanierungsmoderators ausgeschlossen, da die Abgabe derselben eine zwingende Voraussetzung für die gerichtliche Bestätigung sei (*Flöther* § 97 Rn. 23). Dagegen wird zum Teil angeführt, dass, soweit ersichtlich, die Bestätigung noch nicht einmal zwingend voraussetze, dass ein Sanierungsmoderator bestellt war und die Informationen gemäß § 96 Abs. 3 erhoben wurden (so VID-Stellungnahme zum RefE SanInsFoG, S. 74 zu RefE). Es dürfte unstrittig sein, dass der Wortlaut dem Sanierungsmoderator die Pflicht zur Abgabe einer Stellungnahme auferlegt. Zum Zwecke einer Verfahrensbeschleunigung ist es angezeigt, die Stellungnahme des Sanierungsmoderators zusammen mit dem Antrag auf Bestätigung dem Gericht zur Verfügung zu stellen. Eine Frist sieht das Gesetz für die Abgabe indes nicht vor. Es steht vielmehr im Ermessen des Gerichts, dem Sanierungsmoderator eine angemessene Frist für die Abgabe seiner Stellungnahme aufzuerlegen. Sollte der Sanierungsmoderator der Fristsetzung nicht nachkommen, besteht für das Gericht die Möglichkeit denselben aus wichtigem

Grund gemäß § 96 Abs. 5 S. 2 aus dem Amt zu entlassen. Bei Ausbleiben der Stellungnahme trotz Fristsetzung besteht für das Restrukturierungsgericht die Möglichkeit, die Prüfung der Versagungsgründe ohne eine Eingabe des Sanierungsmoderators durchzuführen. Obgleich nach Beantragung der Bestätigung des Sanierungsvergleich die Dauer der Sanierungsmoderation von max. sechs Monaten gemäß § 95 Abs. 1 S. 3 bis zur Entscheidung des Restrukturierungsgerichts verlängert wird, ist eine zügige Bearbeitung durch das Gericht geboten. Diese wäre nach Entlassung des Sanierungsmoderators und Bestellung eines Nachfolgers, ob der Dauer der Einarbeitung, typischerweise nicht gegeben.

20 **c) Prüfungskompetenz des Gerichts.** Das Restrukturierungsgericht prüft eigenständig – eine Bindungswirkung der Stellungnahme ist zu verneinen – die in Satz 2 Nr. 1 und 2 definierten Versagungsgründe. Danach wird die Bestätigung versagt, wenn das dem Vergleich zu Grunde liegende Sanierungskonzept einerseits nicht schlüssig oder nicht von den tatsächlichen Gegebenheiten ausgeht oder andererseits keine vernünftige Aussicht auf Erfolg hat. Sind die vorgenannten Versagungsgründe erfüllt so ist das Restrukturierungsgericht dahingehend gebunden, dass die Bestätigung zu versagen ist. Ein Ermessensspielraum existiert nicht.

21 **d) Entscheidung.** Das Restrukturierungsgericht entscheidet durch Beschluss. Im Gegensatz zur Entscheidung über die Bestätigung des Restrukturierungsplans (vgl. § 60 Abs. 1 S. 1) ergibt sich das ausdrücklich weder aus dem Gesetz noch aus den Gesetzesmaterialien. Es fehlt ebenfalls eine Parallelvorschrift zu § 66, welcher im Hinblick auf die Entscheidung über die Bestätigung des Restrukturierungsplans sowohl für die Planbetroffenen als auch für den Schuldner den Rechtsbehelf der sofortigen Beschwerde vorsieht. Für eine analoge Anwendung des § 66 im Rahmen des Bestätigungsverfahrens der Sanierungsmoderation fehlt es an einer planwidrigen Regelungslücke (so auch BeckOK StaRUG/*Hänel* § 97 Rn. 76; aA *Flöther* § 97 Rn. 12–13). Die Entscheidung ist zu begründen (*Vallender* ZInsO 2020, 2677 (2687); *Hoegen* NZI Beilage Heft 5/2021, 59 (63)).

22 Im Falle der Bestätigung des Sanierungsvergleiches bedarf es gerade keines Rechtsmittels für die Parteien, welche sich freiwillig im Rahmen einer vollkonsensualen Vereinbarung verpflichtet haben. Im Gegensatz zum Restrukturierungsplan werden im Rahmen des Sanierungsvergleich keine dissentierenden Gläubigerminderheiten überstimmt. Von der gerichtlichen Bestätigung des Vergleichs geht eben gerade kein gesetzlicher Kontrahierungszwang aus. Ferner wird in der Praxis üblicherweise der Vergleich unter die aufschiebende Bedingung der Bestätigung durch das Gericht gestellt werden, sodass auch die freiwilligen Sanierungsbeiträge der Parteien des Vergleichs nur im Falle der Bestätigung durch das Gericht abgerufen werden können. Sofern die Analogie mit den Rechtswirkungen der Vergleichsbestätigung und insbesondere der Anfechtungsprivilegierung begründet wird, greift dieser Argumentation nicht, da eine etwaige Benachteiligung unbeteiligter Gläubiger durch den privilegierten Sanierungsvergleich nicht durch den Rückgriff auf § 66 ausgeglichen werden kann, da er diese Vorschrift nur den Planbetroffenen ein Beschwerderecht zugesteht.

23 Fraglich ist allerdings, ob dem Schuldner im Falle einer den Antrag auf Bestätigung ablehnenden Entscheidung des Restrukturierungsgerichts ein Rechtsmittel in Analogie zu zuerkennen ist. Dies ist ebenfalls nicht der Fall, da die Sanierungsmoderation mit der Entscheidung über die Bestätigung des Sanierungsvergleiches endet. Dies ergibt sich aus § 95 Abs. 1 S. 3 für den Fall der Entscheidung nach Ablauf der Initialbestellung des Sanierungsmodertors gem. § 95 Abs. 1 S. 1 oder des Verlängerungszeitraums nach § 95 Abs. 1 S. 2. Dem Schuldner bleibt es allerdings unbenommen, im Rahmen eines erneuten Antrags auf Bestellung eines Sanierungsmoderators die Bestätigung des dann gegebenenfalls nachgebesserten Sanierungsvergleich weiter zu verfolgen. Sofern die Entscheidung vor Ablauf des Bestellungszeitraums des Sanierungsmoderators ergeht, kann der Schuldner einen erneuten Antrag auf Bestätigung des ggf. nachgebesserten Sanierungsvergleichs stellen.

### 6. Rechtswirkungen

24 **a) Ausbleiben der Bestätigung.** Das Ausbleiben der Bestätigung hat keine Auswirkungen auf einen bereits wirksam zwischen den Parteien der Sanierungsmoderation abgeschlossenen Sanierungsvergleich. Der Vergleich bleibt für die Parteien bindend. In der Praxis wird typischerweise die Bestätigung als aufschiebende Bedingung für die Wirksamkeit des Sanierungsvergleichs vereinbart werden. Dies wird insbes. dann der Fall sein, wenn die Gläubiger ihren Sanierungsbeitrag von der mit der Bestätigung einhergehenden Anfechtungsprivilegierung abhängig machen wollen. Ohne Bestätigung kommt der Vergleich allerdings nicht in den Genuss der Anfechtungsprivilegierung.

25 **b) Anfechtungsprivilegierung.** Gemäß § 97 Abs. 3 kann ein gerichtlich bestätigter Sanierungsvergleich lediglich unter den Voraussetzungen des § 90 angefochten werden.

26 Die Vorschrift des § 90 privilegiert in Anlehnung an Artikel 18 Abs. 5 der Richtlinie den Vollzug des gerichtlich bestätigten Restrukturierungsplans. Die Beteiligten sollen grundsätzlich von der Stabilität des Plans und der in seinem Vollzug vorgenommenen Handlungen ausgehen dürfen (BT-Drs. 19/24181, 182). Danach sind die Regelungen eines rechtskräftig bestätigten Restrukturierungsplan sowie die Rechtshandlung, die im Vollzug eines solchen Planes erfolgen, bis zur nachhaltigen Restrukturierung einer Anfechtung nur dann zugänglich, wenn die Bestätigung auf der Grundlage unrichtiger oder unvollständiger Angaben des Schuldners erfolgte und dem anderen Teil dies bekannt war. Die Folgen eines rechtskräftigen Restrukturierungsplans werden damit grundsätzlich der Anfechtung entzogen.

27 Von der Anfechtungsprivilegierung sind allerdings ausgenommen, zum einen Forderungen im Rang des § 39 Abs. 1 Nr. 5 der Insolvenzordnung und zum anderen Sicherheitsleistungen, die nach § 135 der Insolvenzordnung oder § 6 des Anfechtungsgesetzes anfechtbar sind. § 6a des Anfechtungsgesetzes, der sachlich § 135 Abs. 2 InsO entspricht, fehlt in der Aufzählung aufgrund eines Redaktionsversehens (*Schoppmeyer* ZIP 2021, 869 (877)). Ferner gilt der Anfechtungsschutz gemäß Abs. 2 im Zusammenhang mit einem Plan, der die Übertragung des gesamten schuldnerischen Ver-

mögens oder wesentlicher Teile davon vorsieht, nur, soweit sichergestellt wurde, dass die nicht planbetroffenen Gläubiger, sich gegenüber den Planbetroffenen vorrangig aus der dem Wert des Gegenstands der Übertragung angemessenen Gegenleistung befriedigen können. Diese Gegenausnahme begründet sich damit, dass die Übertragung des gesamten oder beinahe gesamten schuldnerischen Vermögens die wirtschaftlichen Interessen der nicht planbetroffenen Gläubiger am Erhalt der Haftungsmasse in besonderem Maße beeinträchtigt (BT-Drs. 19/24181, 182).

**28** Die Regelungen zur Sanierungsprivilegierung im Anfechtungsrecht und ihre Eingliederung in das StaRUG wurden zum Teil heftig kritisiert (vgl. *Bork* ZInsO 2020, 2177 ff.; *Thole* ZIP 2020, 1985 (1999 f.); *Frind* ZInsO 2020, 2241 (2248 f.); *Hölzle* ZIP 2020, 585 (593); *H.-F. Müller* ZIP 2020, 2253 (2257); *Desch* BB 2020, 2498 (2511); *Skauradszun* ZRI 2020, 625 (627)). Da die Anfechtbarkeit im Rahmen von Sanierungen ex post geklärt wird und damit der Gefahr einer mangelnden Berücksichtigung der ex ante Perspektive einhergeht, ist die gesetzliche Regelung unter dem Blickwinkel der Rechtssicherheit zu begrüßen (*Schoppmeyer* ZIP 2021, 869 (881)).

**29** Die in § 90 statuierte Sanierungsprivilegierung kommt aufgrund des Verweises in § 97 Abs. 3 auch beim Sanierungsvergleich zum Tragen, sofern dieser gerichtlich bestätigt wurde. Entgegen der Regelung zum Restrukturierungsplan kommt es hier nicht auf die Rechtskraft an. Der Verweis ist uneingeschränkt, so dass der Anfechtungsschutz nicht nur den Sanierungsvergleich, sondern auch die Rechtshandlungen erfasst, die im Vollzug des Sanierungsvergleichs erfolgen (*Bork* ZInsO 2020, 2177 (2183), *Thole* ZIP 2020, 1985 (2000), Schoppmeyer ZIP 2021, 869 (880)). Auch die Gegenausnahme des § 90 Abs. 2 kommt zum Tragen. Der Anfechtungsschutz für einen gerichtlich bestätigten Sanierungsvergleich entspricht damit dem eines rechtskräftigen Restrukturierungplans. Es wird im Übrigen auf die Kommentierung von §§ 89–91 verwiesen.

**30** Der Verweis ist auf § 90 beschränkt, so dass die Regelung zur Hemmung der Anfechtungsfristen (§ 91) nicht zur Anwendung kommt. Dies ist sachgerecht, da mangels Suspendierung der Insolvenzantragspflicht die Vergleichbarkeit der Interessenlage fehlt (so zurecht Wolgast/Grauer/*Marwedel* § 97 Rn. 35). Auch § 89 ist auf die Sanierungsmoderation nicht anwendbar.

## Vergütung

# 98

(1) [1]**Der Sanierungsmoderator hat Anspruch auf eine angemessene Vergütung.** [2]**Diese bemisst sich nach dem Zeit- und Sachaufwand der mit der Sanierungsmoderation verbundenen Aufgaben.**

(2) **Die §§ 80 bis 83 finden entsprechende Anwendung.**

**Schrifttum:** *Frind* Überreguliert statt saniert?, ZInsO 2020, 2241; *Flöther* Der Restrukturierungsbeauftragte: Neue Figur in altbekanntem Gewand?, NZI-Beilage 2021, 48; *Ganter* Die Regelung der Vergütung des Restrukturierungsberaters im Vergleich mit Vergütungsregelungen für den Insolvenzverwalter und den Sachwalter, NZI 2022, 97; *Cranshaw/Portisch* Paradigmen des Unternehmensstabilisierungs- und -restrukturierungsgesetzes (StaRUG) nach dem Regierungsentwurf aus Gläubigersicht – Teil 1, ZInsO 2020, 2561.

**Übersicht**



## 1. Normzweck

1 Die Vorschrift bildet die Grundlage für den Vergütungsanspruch des Sanierungsmoderators.

2 Der Abs. 1 definiert rudimentär den Anspruch des Sanierungsmoderators auf eine angemessene Vergütung für die seinerseits wahrgenommenen Aufgaben. Diese soll sich nach dem Gesetzeswortlaut nach dem Zeit- und Sachaufwand bemessen. Abs. 2 verweist pauschal auf die Regelungen der für Vergütung des Restrukturierungsbeauftragten, die für den Sanierungsmoderator entsprechend zur Anwendung kommen sollen. Nach dem Willen des Gesetzgebers sollen im Einverständnis mit dem Schuldner und dem Sanierungsmoderators auch andere Vergütungsmodelle zulässig sein (vgl. BT-Drs. 19/24181, 184).

3 Durch verbindliche Vorgaben für die Vergütung soll verhindert werden, dass die Ziele des StaRUG dadurch vereitelt werden, dass sich für den Schuldner Kostenbelastungen ergeben, welche die durch die Sanierungsbeiträge der Gläubiger bewirkten Verbesserung der finanziellen Situation des Schuldners weitestgehend oder sogar vollständig aufzehren würden. Zur Vermeidung einer Umgehung der Vorgaben ist die Festsetzung der Vergütung durch das Restrukturierungsgericht und Vergütungszahlungen nur durch die Staatskasse vorgesehen (vgl. BT-Drs. 19/24181, 176).

## 2. Vorgaben der Richtlinie

4 Die Richtlinie legt den Mitgliedstaaten explizit die Pflicht auf, die Vorschriften hinsichtlich der Vergütung der Verwalter derart auszugestalten, dass sie mit dem Ziel eines effizienten Abschlusses der Verfahren im Einklang stehen (Art. 27 Abs. 4 RestruktRL). Inwieweit der Sanierungsmoderator als „Verwalter in Restrukturierungssachen" einzuordnen und von dieser Vorschrift betroffen ist, bleibt ob des Fehlens einer Definition und der Nichtaufnahme in Annex B der EuInsVO fraglich (so Pannen/Riedemann/Smid/

*Cranshaw* RL (EU) 2019/1023 Art. 27 Rn. 26). Der deutsche Gesetzgeber hat sich allerdings im Wesentlichen für den Gleichlauf der Vergütungsmodalitäten bei Restrukturierungsbeauftragten und Sanierungsmoderator entschieden.

5 Ferner entspricht die Regelung in § 82 Abs. 3 den Vorgaben der Richtlinie geeignete Verfahren zur Streitbeilegung bei Gebührenstreitigkeiten zu schaffen.

### 3. Grundsätze für die Vergütung des Sanierungsmoderators

6 Der Sanierungsmoderator hat – wie der Restrukturierungsbeauftragte auch – einen Anspruch auf eine angemessene Vergütung (Honorar und Auslagen). § 98 Abs. 2 verweist zur Festlegung derselben auf die Vorschriften des Abschnitts 3 „Vergütung" des Kapitels 3 „Restrukturierungsbeauftragter", die §§ 80–83 des StaRUG. Auf die Kommentierung dieser Vorschriften wird verwiesen. Die Vorschriften sind nicht dispositiver Natur, da Vergütungsvereinbarungen nur dann Wirksamkeit entfalten können, sofern die Regelungen der §§ 81–83 zu Inhalt und Verfahren beachtet werden (§§ 98 Abs. 2, 80 S. 2). Ferner wird durch den per SanInsFoG modifizierten § 1 Abs. 2 S. 1 RVG klargestellt, dass sich die Vergütung für die Tätigkeit als Sanierungsmoderator ausschließlich nach § 98 und nicht etwa nach dem RVG richtet (BT-Drs. 19/24181, 220).

7 Der Gleichlauf der Vergütung von Restrukturierungsbeauftragten und Sanierungsmoderators erfährt zum Teil nicht unerhebliche Kritik. So wird angeführt, dass die Gleichstellung bei der Vergütung nicht dem deutlich geringeren Aufgabenprofils und reduzierten Haftungsrisiko Rechnung trägt (Flöther NZI Beilage Heft 5/2021, 48 (51)). Auch widerspräche der Gleichlauf der gesetzgeberischen Ausrichtung der Sanierungsmoderation auf „Kleinst- und kleine Unternehmen (...), die sich eine Beratung und Unterstützung durch professionelle Sanierungsberater zur Herbeiführung einer freien Sanierung nicht leisten können, aber auf Unterstützung von dritter Seite angewiesen sind" (vgl. BT-Drs. 19/24181, 183, *Cranshaw/Portisch* ZInsO 2020, 2561 (2576); *Frind* ZInsO 2020, 2241 (2248)). Es handele sich bei der Vergütung des Restrukturierungsbeauftragten/Sanierungsmoderators um einen Fremdkörper, der nicht auf die Vergütung des Sachwalters im Eigenverwaltungsverfahrens ausstrahlen dürfe (*Ganter* NZI 2022, 97 (106)). Der Gesetzgeber hätte gut daran getan, dem privatautonomen und vollkonsensualen Charakter der Sanierungsmoderation dahingehend Rechnung zu tragen, die Vergütung des Sanierungsmoderators von der des Restrukturierungsbeauftragten abzukoppeln und die Vergütungsvereinbarung als Regelfall zu definieren. Die Missbrauchskontrolle des Gerichts hätte um Höchstbeträge für Kleinst- und Kleinunternehmen ergänzt werden können.

8 Vergütungsschuldner ist die Staatskasse. Der Sanierungsmoderator erhält seine Vergütung, vorbehaltlich etwaiger Abschlagszahlungen, nach Anschluss des Verfahrens. Die seitens der Staatskasse ausgezahlte Vergütung des Sanierungsmoderators wird über Nummer 9017 des Kostenverzeichnisses zum Gerichtskostengesetz als in voller Höhe zu erstattende Auslage definiert und

dem sogenannten „Auslagenschuldner“, dem Antragsteller der Sanierungsmoderation, als Teil der Gerichtskosten auferlegt (§ 25a GKG).

**a) Regelvergütung (§§ 98 Abs. 2, 81).** § 81 normiert die Regelvergütung des Restrukturierungsbeauftragten und über den Verweis in § 98 des Sanierungsmoderators. Die Vergütung setzt sich aus Honorar und Auslagen zusammen. 9

**aa) Honorar.** Die Tätigkeiten des Sanierungsmoderators werden auf Stundensatzbasis vergütet. Dies gilt sowohl für sein persönliches Tätigwerden als auch für den unterstützenden Einsatz von qualifizierten Mitarbeitern, soweit deren Einsatz im konkreten Fall erforderlich ist (§§ 98 Abs. 2, 81 Abs. 1, 2). Dies ist insbesondere dann der Fall, wenn im Rahmen des Verfahrens mehr qualifizierte Tätigkeiten anfallen als ein Sanierungsmoderator in eigener Person in der zur Verfügung stehenden begrenzten Zeit bewältigen kann. Mitarbeiter sind nach der Gesetzesbegründung dann qualifiziert, sofern ihre Aufgaben über rein administrative Tätigkeiten hinausgehen und sich spezifisch auf die Restrukturierung beziehen und dabei besondere rechtliche oder betriebswirtschaftliche Kenntnisse voraussetzen, die der jeweilige Mitarbeiter aufgrund einer entsprechenden Ausbildung nachweislich besitzt (vgl. BT-Drs. 19/24181, 176). 10

Die Höhe der Stundensätze wird seitens des Restrukturierungsgerichts verbindlich festgelegt. Dieses berücksichtigt bei der Bemessung die Unternehmensgröße, Art und Umfang der wirtschaftlichen Schwierigkeiten des Schuldners und Qualifikation des Sanierungsmoderators bzw. der qualifizierten Mitarbeiter (§ 81 Abs. 3 S. 1). Für die persönliche Tätigkeit des Sanierungsmoderators wird ein Höchststundensatz von 350 EUR festgelegt. Bei der Tätigkeit der qualifizierten Mitarbeiter zieht der Gesetzgeber die Grenze bei 200 EUR (§ 81 Abs. 3 S. 2). Nach dem Willen des Gesetzgebers wird bei der Höhe der festzulegenden Stundensätze nicht zwischen der Tätigkeit des Sanierungsmoderators und der des Restrukturierungsberaters differenziert. Es ist daher auch nicht angezeigt, in der Gerichtspraxis die Stundensätze für den Sanierungsmoderator ob eines vermeintlich weniger komplexen Tätigkeitsfeld – bei gleicher Qualifikation – niedriger als beim Restrukturierungsberater anzusetzen. Der wesentliche Unterschied zum Restrukturierungsbeauftragten besteht letztlich nur in dem vermutlich häufig zeitlich geringerem Umfang der Tätigkeit des Moderators (*Cranshaw/Portisch* ZInsO 2020, 2561 (2576)). 11

**bb) Auslagen (§§ 98 Abs. 2, 81 Abs. 5 iVm Justizvergütungs- und entschädigungsgesetz).** Für den Ersatz der Auslagen des Sanierungsmoderators kommen die folgenden Vorschriften des Justizvergütungs- und Entschädigungsgesetzes entsprechend zur Anwendung: 12

- § 5 Abs. 2 S. 1 Nr. 2 (Fahrtkostenersatz)
- § 6 (Aufwandsentschädigung)
- § 7 (Ersatz für sonstige Aufwendungen)
- § 12 Abs. 1 S. 2 Nr. 4 (Ersatz für besondere Aufwendungen – auf die Vergütung entfallende Umsatzsteuer).

13 Davon zu unterscheiden sind die Auslagen der Staatskasse, die der Vergütung des Sanierungsmoderators entsprechen und grds. dem Schuldner auferlegt werden. Nicht zu Unrecht wird kritisiert, dass das Gesetz durch die Verwendung zwei verschiedener Auslagenbegriffe „verwirrungsanfällig" sei (BeckOK StaRUG/*Hänel* § 98 Rn. 39).

14 **b) Außerordentliche Vergütung (§§ 98 Abs. 2, 83).** Nach dem Wortlaut des Gesetzestextes kann „in besonderen Fällen" von der Regelvergütung abgewichen werden.

15 Dies kann zum einen dahingehend geschehen, dass das Gericht Stundensätze als Grundlage für das Honorar festsetzt, die die Höchstbeträge des § 81 Abs. 3 übersteigen. Zu rechtfertigen ist das nach Auffassung des Gesetzgebers insbesondere dann, wenn sich ansonsten keine geeignete Person zur Übernahme des Anbieters bereit erklärt (§ 83 Abs. 1 Nr. 2) oder alle voraussichtlichen Schuldner der Auslagen iSd Nummer 9017 des Kostenverzeichnisses zum Gerichtskostengesetz und damit der Vergütung des Sanierungsmoderators zustimmen (§ 83 Abs. 1 Nr. 1). Bei der Sanierungsmoderation ist eine Beantragung des Verfahrens durch Gläubiger im Gegensatz zur Bestellung eines fakultativen Restrukturierungsbeauftragten durch Gläubigerantrag ausgeschlossen, sodass ausschließlich das Unternehmen bzw. der Unternehmer, der den Antrag gestellt hat, die Vergütung des Sanierungsmoderators zu tragen und seine Zustimmung zu erteilen hat. Nach der Gesetzesbegründung hat das Restrukturierungsgericht aber auch in diesen Fällen eine Kontrolle dahingehend vorzunehmen, ob die konsentierte Vergütung sachgerecht ist und insbesondere nicht zu erheblichen Fehlanreizen für den Sanierungsmoderator oder zu einer erheblichen Gefährdung der Befriedigungsaussichten nicht an der Vereinbarung beteiligter Gläubiger führt (vgl. BT-Drs. 19/24181, 178).

16 Zum anderen kann das Restrukturierungsgericht durch die Vorlage einer Vereinbarung zwischen dem Vergütungsschuldner und dem Sanierungsmoderator im Hinblick auf die Bemessung der Vergütung gebunden werden. Nach der Intention des Gesetzgebers hat das Restrukturierungsgericht im Gegensatz zu Abs. 1 Nr. 1 „kein Ermessen, trotz des Vorliegens der positiven und des Nichtvorliegens der negativen Voraussetzungen des Abs. 2 von der Vereinbarung abzuweichen" (vgl. BT-Drs. 19/24181, 178).

17 § 83 Abs. 2 setzt nach dem Wortlaut allerdings voraus, dass der Amtsträger, „auf Antrag und auf Vorschlag aller voraussichtlichen Auslagenschuldner bestellt wird". Ein Vorschlagsrecht ist für den antragsstellenden Schuldner im Rahmen der Sanierungsmoderation gerade nicht gesetzlich normiert. Allerdings ist das Gericht gehalten, entsprechende Anregungen des Antragstellers bei der Ermessensausübung bei der Auswahl des Sanierungsmoderators zu berücksichtigen (vgl. dazu Kommentierung → § 94 Rn. 30). Die Vorschrift ist daher dahingehend teleologisch auszulegen, dass der Antragsteller, da er die Vergütung des Sanierungsmoderators in fine trägt, zumindest bei dem seinerseits vorgeschlagenen Kandidaten die Möglichkeit erhält, dessen Vergütung einvernehmlich mit ihm zu regeln. So könnte die Vorlage einer unter dem Vorbehalt der Bestellung des vorgeschlagenen Kandidaten unterzeichnete Vergütungsvereinbarung bereits mit dem Antrag

bei Gericht vorgelegt werden. Diese Vorgehensweise würde die Bestellung beschleunigen, da die Ermittlung der adäquaten Vergütung entfiele bzw. auf eine Missbrauchskontrolle reduziert wäre. Die privatautonome Festlegung der Vergütung umfasst auch die Modalitäten derselben. Das ergibt sich aus dem Wortlaut, welcher auf eine Vereinbarung hinsichtlich der Vergütung und nicht etwa nur der Stundensätze abstellt. Auch die Gesetzesbegründung sieht lediglich den Grundsatz der Bemessung der Vergütung auf Stundensatzbasis vor (vgl. BT-Drs. 19/24181, 184). So kennen die Vorschriften zur Vergütung der §§ 80 ff. – wenn auch nur unter bestimmten Voraussetzungen – die Möglichkeit einer pauschalen Bemessung auf Grundlage des Wertes der einbezogenen Forderungen oder des Unternehmensvermögens, so dass der in § 80 S. 2 normierte Wirksamkeitsvorbehalt hinsichtlich Inhalt und Verfahren nicht greift. Folglich kann auch die im französischen *Conciliation* Verfahren übliche Kumulation von Stundensätzen und erfolgsabhängigem Pauschalhonorar dem Tätigwerden des Sanierungsmoderators zu Grunde gelegt und ein Anreiz für einen erfolgreichen Abschluss des Verfahrens gesetzt werden. Diese Vergütungslösung wird Rechtsanwälten aufgrund von § 49b BRAO allerdings verwehrt bleiben.

Das Gericht ist in diesem Fall an die Vergütungsvereinbarung gebunden, **18** es sei denn, es vertritt die Auffassung, dass eine unangemessene Vergütung vorliegt. Für die Prüfung der Angemessenheit der vereinbarten Vergütung durch das Restrukturierungsgericht fehlen gesetzliche Vorgaben. Als Maßstab könnte die vom Gericht auf Grundlage der in § 81 Abs. 3 S. 1 genannten Kriterien (Unternehmensgröße, Art und Umfang der wirtschaftlichen Schwierigkeiten des Schuldners, Qualifikation des Sanierungsmoderators) determinierte Vergütung dienen, wobei lediglich im Falle eines krassen Missverhältnisses die privatautonome Festlegung des Honorars des Sanierungsmoderators keine bindende Wirkung für das Gericht entfaltet. Die Angemessenheitsprüfung auf § 138 BGB zu beschränken, erscheint nicht adäquat, da damit gerade nicht sichergestellt werden könnte, dass Kostenbelastungen für den Schuldner die durch die Sanierungsbeiträge bewirkten Verbesserungen der finanziellen Situation des Schuldners weitestgehend oder sogar vollständig aufzehren (so aber Flöther/*Erdmann* § 83 Rn. 41).

Fraglich ist, bis zu welchem Zeitpunkt eine Vergütungsvereinbarung bei **19** Gericht vorgelegt werden kann. Aus der fehlenden Vorgabe im Wortlaut wird zum Teil gefolgert, dass während des gesamten Verfahrens und somit auch nach Festsetzung von Stundensätzen gemäß § 81 Abs. 4 eine Vergütungsvereinbarung wirksam abgeschlossen werden kann. Dies spräche auch dafür, Vergütungsvereinbarungen auch ohne Schuldnervorschlag zur Person des Sanierungsmoderators zuzulassen (BeckOK StaRUG/*Hänel* § 98 Rn. 25). Dabei wird aber übersehen, dass der Gesetzgeber eben nicht nur auf die Zustimmung der Auslagenschuldner zu einer Anwendung abweichender Vergütungsgrundsätze, wie in Abs. 1 Nr. 1, abstellt, sondern kumulativ die Bestellung des Amtsträgers auf ihren Antrag oder Vorschlag fordert (vgl. BT-Drs. 19/24181, 178). Die Gesetzesbegründung divergiert im Übrigen vom Gesetzeswortlaut, der eine Bestellung auf Antrag und (statt oder) Vorschlag aller voraussichtlichen Auslagenschuldner verlangt, was auf ein Redaktionsversehen hindeuten könnte.

20 Die in § 83 Abs. 1 Nr. 3 und S. 2 aufgeführte Möglichkeit einer Bemessung der Vergütung auf Grundlage des Wertes der einbezogenen Forderungen oder des Unternehmensvermögens kommt im Rahmen der Sanierungsmoderation mangels Vergleichbarkeit mit einem in Eigenverwaltung geführten Insolvenzverfahrens nicht zum Tragen.

### 4. Verfahren

21 Das Restrukturierungsgericht setzt die Vergütung des Sanierungsmoderators in zwei Schritten fest. Mit der Bestellung werden zunächst die Stundensätze und ein Gesamtbudget festgelegt. Die Höhe der Stundensätze wird verbindlich – für den Sanierungsmoderator und jeden einzelnen von ihm benannten Mitarbeiter separat – für das gesamten Verfahren definiert.

22 Nach Beendigung des Amtes des Sanierungsmoderators setzt auf Antrag desselben das Gericht die Vergütung durch Beschluss fest.

23 Sowohl gegen die Festsetzung des Stundensatzes als auch die Bestimmung oder Anpassung des Höchstbetrages sowie gegen die Festsetzung der Vergütung steht dem Sanierungsmoderator der Rechtsbehelf der sofortigen Beschwerde zu. Auch der Auslagenschuldner kann von diesem Rechtsbehelf Gebrauch machen (§§ 98 Abs. 2, 82 Abs. 3).

24 **a) Budgetierung.** Das Gesetz sieht vor, dass das Restrukturierungsgericht mit der Bestellung des Sanierungsmoderators, dh im Beschluss gemäß § 94, zum einen die Stundensätze und zum anderen auf Grundlage von Stundenbudgets einen Höchstbetrag für das Honorar verbindlich festlegt. Zu diesem Zwecke wird das Restrukturierungsgericht sowohl die zu bestellende Person als auch den sogenannten Auslagenschuldner iSd Nummer 9017 des Kostenverzeichnisses zum Gerichtskostengesetz, der die Vergütung des Sanierungsmoderators zu tragen hat, anhören. So soll insbesondere der Qualifikation des Sanierungsmoderators und seiner Mitarbeiter Rechnung angemessen getragen und der voraussichtliche (Höchst-)Aufwand ermittelt werden. Es darf bezweifelt werden, dass bei der Sanierungsmoderation im Vergleich zur Vergütung des Restrukturierungsbeauftragten grundsätzlich vor dem Hintergrund des geringeren Aufgabenspektrums und des Dreimonatszeitraums (§ 95 Abs. 1 S. 1) das Stundenbudget einfacher zu ermitteln ist (so hingegen Morgen StaRUG/*Ziegenhagen* § 98 Rn. 4). Sofern sich während der Sanierungsmoderation herausstellt, dass die festgelegten Stundenbudgets für eine sachgerechte Wahrnehmung der Aufgaben und Befugnisse nicht ausreichen, kann das Restrukturierungsgericht auf Antrag des Sanierungsmoderators eine Budgetanpassung vornehmen. Zu diesem Zweck hat der Sanierungsmoderator Grund und Ausmaß des Erhöhungsbedarfs darzulegen. Das Gericht entscheidet nach Anhörung des Auslagenschuldners unverzüglich (§§ 98 Abs. 2, 82 Abs. 5, 6). Es ist zu befürchten, dass der Sanierungsmoderator regelmäßig beim Budget nachjustieren muss, da er vor Beginn seiner Tätigkeit kaum realistisch wird abschätzen können, welcher Zeitaufwand im anstehenden Sanierungsmoderationsverfahren anfallen wird.

25 **b) Vorschuss.** Da sich der Vergütungsanspruch des Sanierungsmoderators gegen die Staatskasse richtet, soll die öffentliche Hand davor geschützt

werden, mit den Kosten in Vorleistung gehen zu müssen und unter Umständen den gegen den Auslagenschuldner bestehenden Ersatzanspruch später nicht realisieren zu können. Zu diesem Zweck ist vorgesehen, dass der Auslagenschuldner einen Vorschuss auf die Sanierungsmoderatorenvergütung und die Gerichtskosten zu leisten hat. Entsprechend der Regelung beim fakultativen Restrukturierungsbeauftragten, der ebenfalls lediglich auf Antrag und nicht von Amts wegen bestellt werden kann, soll die Bestellung des Sanierungsmoderators erst nach Zahlung des Vorschusses erfolgen (§ 81 Abs. 5). Im Rahmen der gem. § 81 Abs. 4 S. 3 vorgesehenen Anhörung sollte zunächst die für das Amt des Sanierungsmoderators zu bestellende Person zu Stundensatz und Budgetierung gehört werden, damit im nächsten Schritt der Antragsteller und Auslagenschuldner konsultiert und über den zu leistenden Vorschuss informiert werden kann. Entsprechend der Regelung in § 81 Abs. 4 S. 1, 2 setzt das Restrukturierungsgericht die Stundensätze und das Budget mit der Bestellung des Sanierungsmoderators fest.

**c) Vergütungsfestsetzung.** Gemäß § 82 Abs. 1 setzt das Restrukturierungsgericht auf Antrag des Sanierungsmoderators nach Beendigung der Sanierungsmoderation die Vergütung durch Beschluss fest. 26

Eine Honorarfestsetzung über das ursprüngliche oder das vom Gericht ausdrücklich erhöhte Budget hinaus ist ausgeschlossen. Der Sanierungsmoderator ist daher in seinem eigenen Interesse gehalten, einen erkennbaren Budgetanpassungsbedarf mit ausreichend Vorlauf beim Restrukturierungsgericht zu melden, damit über einen etwaigen Anpassungsantrag entschieden werden kann, bevor das bisher festgesetzte Budget aufgebraucht ist. Andernfalls läuft er Gefahr, dass dem Antrag nicht stattgegeben wird und für das Budget übersteigende Stunden keine Vergütung erhält (vgl. BT-Drs. 19/24181, 177). 27

Gemäß § 82 Abs. 4 kann lediglich auf Antrag ein angemessener Vergütungsvorschuss vor Beendigung des Amtes des Sanierungsmoderators ausgezahlt werden, wenn ihm erhebliche Auslagen entstanden sind oder voraussichtlich entstehen werden bzw. die zu erwartende Vergütung für bereits erbrachte Leistungen 10.000 EUR übersteigt. Dadurch soll verhindert werden, dass der Restrukturierungsbeauftragte bzw. der Sanierungsmoderator in einem unzumutbaren Umfang in Vorleistung treten muss, wenn die Auslagen oder die Vergütung für bereits erbrachte Arbeiten ein auch unter Berücksichtigung der Höhe der festzusetzenden Stundensätze erhebliches Ausmaß erreichen (vgl. BT-Drs. 19/24181, 177). 28

## 5. Gerichtsgebühr

Für das Verfahren über den Antrag auf Bestellung eines Sanierungsmoderators wird eine Gebühr nach Nummer 2514 des Kostenverzeichnisses zum Gerichtskostengesetz in Höhe von 500 EUR fällig. Damit sind sämtliche Tätigkeiten des Gerichts im Verfahren einschließlich der Bestätigung eines Sanierungsvergleich und der Aufsicht über den Sanierungsmoderator abgegolten. 29

## Abberufung

**99** (1) **Der Sanierungsmoderator wird abberufen:**

1. **auf eigenen Antrag oder auf Antrag des Schuldners,**
2. **von Amts wegen, wenn dem Restrukturierungsgericht durch den Moderator die Insolvenzreife des Schuldners angezeigt wurde.**

(2) **Wird der Moderator nach Absatz 1 Nummer 1 abberufen, bestellt das Gericht auf Antrag des Schuldners einen anderen Moderator.**

**Übersicht**



1 Die Vorschrift regelt die Modalitäten der Abberufung des Sanierungsmoderators, auf Antrag des Schuldners oder des Sanierungsmoderators und eine etwaige Neubesetzung auf Antrag des Schuldners. Ferner wird die Abberufung des Moderators und das Ende des Verfahrens bei Eintritt der Insolvenzreife normiert.

### 1. Abberufung auf Antrag

2 Gemäß Abs. 1 Nr. 1 wird sowohl auf Antrag des Schuldners als auch auf Antrag des Sanierungsmoderators selbst der Moderator von seiner Bestellung entbunden. Der Antrag auf Abberufung ist weder zu begründen -es bedarf insbes. keinen wichtigen Grundes – noch an zeitliche Vorgaben gebunden. Er ist als *actus contrarius* zur gerichtlichen Bestellung an das Restrukturierungsgericht zu richten (Flöther/*Schubert* § 99 Rn. 1) Das Restrukturierungsgericht hat keinerlei Ermessensspielraum oder Prüfungskompetenz und hat dem Antrag umgehend stattzugeben. Dies ist Ausfluss des gesetzgeberischen Willens, die Sanierungsmoderation als freiwilliges Verfahren auf alleinige Schuldnerinitiative so zu gestalten, dass dem Schuldner auch nach Beginn des Verfahrens und der Bestellung des Moderators die Möglichkeit gegeben werden soll, das Verfahren zu beenden oder den Moderator abberufen zu lassen. Obwohl der Gesetzgeber diesbezüglich auf den Beispielfall des gestörten Vertrauensverhältnisses abstellt, bedarf es gerade keiner in der Person des Moderators gelegenen Ursache für die Abberufung (vgl. BT-Drs. 19/24181, 185). Ein Rechtsmittel ist nicht vorgesehen. Dessen bedarf es auch unter grundrechtlichen Gesichtspunkten nicht. Die Abberufung ist Ausfluss der Schuldnerautonomie und das dadurch geprägte Berufsbild des Sanierungsmoderators vermittelt eben gerade keine gesicherte Stellung wie dies beim Insolvenzverwalter nach Bestätigung durch die Gläubigerversammlung der Fall ist (vgl. BVerfG ZIP 2005, 537 zur Abwahl des Insolvenz-

verwalter in der ersten Gläubigerversammlung). Schließlich akzeptiert der Sanierungsmoderator die Bestellung in Kenntnis des Rechts des Schuldners gemäß § 99 Abs. 1 Nr. 1.

Als Pendant zum Antragsrechts des Schuldners hat der Gesetzgeber zurecht dem Sanierungsmoderators ebenfalls die Möglichkeit gegeben, seine Abberufung zu initiieren. Ein Sanierungsmoderator, der seine Mediationsbemühungen als (nunmehr) aussichtlos ansieht, sei es weil die Gläubiger Gesprächsbereitschaft vermissen lassen oder sei es weil das Vertrauensverhältnis zum Schuldner gestört ist, wird typischerweise nicht in der Lage sein, das Verfahren erfolgreich zu Ende zu führen. Das Gericht sollte ihn allerdings anhalten, mit dem Antrag oder vor Bescheidung desselben einen Schlussbericht einzureichen (Braun StaRUG/*Blümle/Erbe* § 99 Rn. 3). Eine entsprechende Verpflichtung ergibt sich zwar nicht aus dem Gesetzestext, sollte allerdings als *best practice* möglichst weitreichend umgesetzt werden, zumal ein solcher Schlussbericht für einen etwaigen im Anschluss daran bestellten Sanierungsmoderator die Einarbeitung erleichtern und wertvolle Hinweise für die konkrete Problemstellung enthalten kann. 3

### 2. Kein Antragsrecht der Gläubiger

Die Abberufung des Moderators auf Gläubigerantrag ist im Gesetz nicht vorgesehen. Dies ist auch stimmig, da die Beteiligung der Gläubiger am Moderationsverfahren auf rein freiwilliger Basis stattfindet, sodass das Ausscheiden einzelner, solange damit nicht eine materielle Insolvenzreife einhergeht, nicht zum Ende des konsensualen Verfahrens führen darf (dagegen beim Restrukturierungsbeauftragten § 75 Abs. 2 S. 3 bei mangelnder Unabhängigkeit). Es muss dem Schuldner gerade möglich sein, seine Verhandlungen mit den übrigen Gläubigern mit der Unterstützung des Moderators im Hinblick auf die Erreichung eines Sanierungsvergleichs weiter zu führen. Auch für eine Beendigung des Verfahrens von Amts wegen durch das Gericht nach einer Anzeige der Gläubiger dahingehend, dass ihrerseits kein Vertrauen mehr in das Verfahren oder den Sanierungsmoderator bestünde, findet sich im Gesetz keine Grundlage. Auch die etwaige fehlende Effektivität eines auf drei Monate beschränktes und von vornherein aussichtslosen Moderationsverfahrens führt nicht zu einer Opportunitätskontrolle durch das Gericht (aA Braun StaRUG/*Blümle/Erbe* § 99 Rn. 10). Vielmehr obliegt es dem Sanierungsmoderator, sobald er die Fortführung des Verfahrens für nicht zielführend hält, sich durch den entsprechenden Antrag von dem Amt entbinden zu lassen. 4

### 3. Bestellung eines anderen Sanierungsmoderators auf Schuldnerantrag

Soweit keine materielle Insolvenzreife vorliegt, hat der Schuldner die Möglichkeit nach Abberufung des Sanierungsmoderators auf eigenen Wunsch oder auf Antrag des Schuldners, einen anderen Moderator durch das Gericht bestellen zu lassen. Dazu bedarf es eines Antrags gemäß § 94 (so explizit die Gesetzesbegründung vgl. BT-Drs. 19/24181, 185) und insbeson- 5 dere der neuerlichen Erklärung zur Zahlungsfähigkeit und ggf. zum Fehlen einer Überschuldungssituation. Dadurch wird sichergestellt, dass – solange kein Insolvenzantragsgrund vorliegt – das Verfahren seitens des Schuldners mit einem seinerseits akzeptierten Moderator fortgeführt werden kann. Das „Auswechseln" des Moderators auf Schuldnerinitiative wird eine gewisse Zeit in Anspruch nehmen, so dass der Schuldner im Hinblick auf die Höchstdauer des Verfahrens dafür Sorge tragen sollte, dass der Antrag auf Abberufung mit dem Antrag auf Bestellung eines anderen Moderators kombiniert wird. Auch im Falle der Erstellung eines Abschlussberichtes durch seinen Vorgänger wird sich der neue Moderator darüber hinaus erst einmal in den Sachverhalt einarbeiten müssen. Vor diesem Hintergrund dürfte der Schuldner kein Interesse daran haben, von seinem Recht auf Abberufung des jeweiligen Moderators so lange Gebrauch zu machen, bis der von ihm präferierte Moderator durch das Gericht stellt wird. Vielmehr sollte das Gericht etwaige Vorschläge des Schuldners im Hinblick auf die Person des Sanierungsmoderators wohlwollend prüfen und lediglich dann ablehnen, wenn es Zweifel an der Unabhängigkeit oder der Geeignetheit gibt (so wohl auch Braun StaRUG/*Blümle/Erbe* § 99 Rn. 11).

6 Der Zeitraum zwischen der Abberufung des Sanierungsmoderators und der Bestellung seines Nachfolgers ist für die Berechnung der Höchstdauer des Bestellungszeitraums gemäß § 95 Abs. 1 S. 1 nicht zu berücksichtigen. Andernfalls könnte ein überraschender Rücktritt des Moderators oder etwaige lange Bearbeitungszeiten beim Restrukturierungsgericht dem Schuldner zum Nachteil gereichen. Allerdings hat das Gericht bei der Bestellung eines anderen Sanierungsmoderators den Bestellungszeitraum seines Vorgängers (oder seiner Vorgänger) dahingehend zu berücksichtigen, dass kumuliert der Höchstzeitraum von drei Monaten nicht überschritten wird.

### 4. Abberufung von Amts wegen bei Eintritt der Insolvenzreife

7 Abs. 1 Nr. 2 sieht vor, dass das Restrukturierungsgericht den Moderator von Amts wegen abzurufen hat, wenn dieser die Insolvenzreife des Schuldners angezeigt hat. Der Moderator wiederum ist gemäß 96 Abs. 4 zur Information des Restrukturierungsgerichts verpflichtet, sobald er Kenntnis von der Zahlungsunfähigkeit bzw. bei einem haftungsbeschränkten Rechtsträger von der Überschuldung Kenntnis erlangt hat. Nach der Gesetzesbegründung ist nach Eintritt der Insolvenzreife eine Sanierungsmoderation zum Schutz der Interessen der Gläubigergesamtheit nicht mehr tunlich (vgl. BT-Drs. 19/24181, 185). Da das Verfahren keine Suspendierung der Antragspflichten vorsieht, soll auch vermieden werden, dass sich der Schuldner ob der Fortsetzung der Sanierungsmoderation in einem verfahrensrechtlichen Rahmen wähnt, der ihn von seinen Pflichten zur Beantragung eines Insolvenzverfahrens befreit. Als Unterstützungsverfahren soll die Sanierungsmoderation gerade eben den Schuldnern zur Verfügung stehen, die von dem Instrument rechtzeitig Gebrauch machen, daher bevor sie zahlungsunfähig oder überschuldet sind.

8 Eine Prüfung der Insolvenzreife durch das Restrukturierungsgericht nach Eingang der Anzeige des Sanierungsmoderators ist gesetzlich nicht vorgese-

hen und dürfte auch vom Gericht mangels ausreichender Einbindung in das Verfahren weder geleistet noch gefordert werden können. Die Anhörung des Schuldners ist dann angezeigt, wenn der Anzeige durch den Sanierungsmoderator keine Stellungnahme beigefügt wurde (Braun StaRUG/*Blümle/Erbe* § 99 Rn. 8). Im Falle von divergierenden Auffassungen im Hinblick auf den Eintritt der Insolvenzreife wird das Gericht letztlich der Auffassung des Sanierungsmoderators folgen müssen. Dies ergibt sich bereits aus dem Wortlaut, der ausschließlich auf die Anzeige durch den Sanierungsmoderator stellt. Es ist sinnvoll, dass das Gericht den Schuldner in diesem Falle noch mal ausdrücklich drauf hinweisen, dass die Bestellung eines Sanierungsmoderators keine Suspendierung der Insolvenzantragspflichten mit sich bringt. Dies insbesondere vor dem Hintergrund, dass der Schuldner geneigt sein könnte, einen Sanierungsmoderator abzuberufen, bevor dieser die Zahlungsunfähigkeit anzeigt. Der Sanierungsmoderator sollte allerdings auch in diesem Fall angehalten sein, in seinem Schlussbericht auf die seiner Ansicht nach bestehende Insolvenzreife hinzuweisen, wodurch dem Gericht die Gelegenheit gegeben wird, bei einem etwaigen Antrag des Schuldners auf Neubestellung eines Moderators diesen damit zu konfrontieren.

## Übergang in den Stabilisierungs- und Restrukturierungsrahmen

**100** (1) **Nimmt der Schuldner Instrumente des Stabilisierungs- und Restrukturierungsrahmens in Anspruch, bleibt der Sanierungsmoderator im Amt, bis der Bestellungszeitraum abläuft, er nach § 99 abberufen wird oder ein Restrukturierungsbeauftragter bestellt wird.**

(2) **Das Restrukturierungsgericht kann den Sanierungsmoderator zum Restrukturierungsbeauftragten bestellen.**

**Schrifttum:** *Arnold/Slawik* „La boîte à outils française" und seine Einflüsse auf das StaRUG, NZI-Beilage 2021, 79; *Thole* Der Entwurf des Unternehmensstabilisierungs- und Restrukturierungsgesetzes (StaRUG-RefE), ZIP 2020, 1985.

**Übersicht**



### 1. Normzweck

Die Vorschrift regelt das Zusammenspiel von Sanierungsmoderation und Stabilisierung- und Restrukturierungsrahmen und stellt als Ausfluss des Grundsatzes der Verfahrensökonomie sicher, dass eine fließende Überleitung vom rein konsensualen Moderationsverfahren in ein mehrheitsgetriebenes 1

Restrukturierungsverfahren ohne Brüche und gegebenenfalls auch unter Beibehaltung der handelnden Person umgesetzt werden kann. Es soll insbesondere vermieden werden, dass der Schuldner sich einer Situation wiederfindet, in welcher er ohne fachmännische Begleitung die Sanierungsbemühungen fortsetzen muss, und dies ausschließlich aufgrund einer fehlenden Verzahnung zwischen den beiden im StaRUG vorgesehenen Verfahrensarten.

2 Die Richtlinie sieht in Art. 4 Abs. 5 ausdrücklich vor, dass die Mitgliedstaaten die Vorgaben für die Einführung des präventiven Restrukturierungsrahmen Rahmens durch die Einführung eines oder mehrerer Verfahren umsetzen können. Auch wenn es sich bei der Sanierungsmoderation nicht um einen präventiven Restrukturierungsrahmen im Sinne der Richtlinie handelt (vgl. → vor § 94 Rn. 2), so ist das Verfahren doch als Vorstufe und im Falle des Scheiterns als Vorbereitung für ein nachfolgendes Restrukturierungsverfahren zu verstehen. Der Gesetzgeber tut daher gut daran, nach Nutzung der flexiblen Gestaltungsmöglichkeiten der Richtlinie das effektive Zusammenspiel der verschiedenen Verfahrensformen durch entsprechende Überleitungsvorschriften sicherzustellen.

3 Dies entspricht auch den Erfahrungen mit dem Restrukturierungsrecht und der Umsetzung der Richtlinie in Frankreich. Die *conciliation* fungiert dort im Falle des Scheiterns als Vorbereitung für den Restrukturierungsrahmen der *sauvegarde accélérée,* in welche direkt auf Antrag des Schuldners übergeleitet werden kann. Somit können obstruierende Gläubiger zeitnah im Wege einer Mehrheitsentscheidung in einen Sanierungsplan einbezogen werden, was in der Praxis oftmals dazu führt, dass der Hinweis auf die Möglichkeit der Überleitung des Verfahrens für mehr Kooperationsbereitschaft ausreicht. Allerdings muss seitens des Schuldners dargelegt werden, dass ein die Betriebsfortführung des Unternehmens sicherstellender Planentwurf erarbeitet wurde und dieser Entwurf von einer solch großen Mehrheit mitgetragen wird, die die Annahme des Plans im Restrukturierungsrahmen als wahrscheinlich erscheinen lässt (*Arnold/Slawik* NZI Beilage 2021, 79 (82)).

4 Die Überleitung in den Stabilisierung- und Restrukturierungsrahmen setzt vor, dass der Schuldner die Instrumente des Stabilisierung- und Restrukturierungsrahmens gem. §§ 29–72 nach Anordnung der Sanierungsmoderation in Anspruch nimmt. Allerdings hat der Schuldner hier das Vorliegen der Vorrausetzungen des Stabilisierung- und Restrukturierungsrahmens und insbes. die drohende Zahlungsunfähigkeit nachzuweisen, so dass die Verknüpfung beiden Verfahrensarten zurecht als (zu) schwach bezeichnet wird (*Arnold/Slawik* NZI Beilage 2021, 79 (81 f.); *de lege ferenda* sollte hier über eine Anpassung nachgedacht werden).

### 2. Anhängige Sanierungsmoderation

5 Der Übergang von der Sanierungsmoderation in den Stabilisierungs- und Restrukturierungsrahmen setzt zunächst einmal voraus, dass das Restrukturierungsgericht einen Sanierungsmoderator gemäß § 94 eingesetzt hat. Das Gesetz lässt offen, zu welchem Zeitpunkt der Übergang in den Restrukturie-

rungsrahmen initiiert werden kann. Es ist daher davon auszugehen, dass der Schuldner in seinem freien Ermessen den Zeitpunkt für die Einleitung dieser weiteren Eskalationsstufe wählen kann. Typischerweise wird sich das im Laufe der vom Sanierungsmoderators geführten Gespräche abzeichnen, ob eine Vereinbarung getroffen werden kann, die von der Gesamtheit der Gläubiger mitgetragen wird. Wenn dem nicht so ist, ist es angezeigt, ein zumindest von der Mehrheit mitgetragenes Konzept zur Abstimmung zu stellen. Unabhängig vom Fortschritt der Verhandlungen mit den Gläubigern besteht grundsätzlich die Möglichkeit, dass zur Wahrung der Aussichten auf die Umsetzung des Restrukturierungsziels eine Vollstreckungs- oder Verwertungssperre beim Restrukturierungsgericht beantragt und damit das Terrain der rein konsensualen Sanierungsmoderation zu verlassen.

### 3. Inanspruchnahme der Instrumente der Stabilisierungs- und Restrukturierungsrahmen

Dem Schuldner steht es frei, im laufenden Sanierungsmoderationsverfahren die Instrumente des Stabilisierungs- und Restrukturierungsrahmens gemäß § 29 Abs. 2 Nr. 1–4 in Anspruch zu nehmen. Dies wird typischerweise der Fall sein, wenn eine konsensuale Lösung, sei es wegen einer Akkordstörerproblematik oder fehlender Sanierungsbeiträge, nicht mehr erreichbar erscheint und ein Rückgriff auf den modularen Instrumentenkasten des Stabilisierungs- und Restrukturierungsrahmens angezeigt zu sein scheint. 6

Voraussetzung für die Inanspruchnahme ist die Anzeige des Restrukturierungsvorhabens beim zuständigen Restrukturierungsgericht gemäß § 31. Dabei dürfte der Schuldner insbesondere bei der Darstellung des Stands der Verhandlungen mit den Gläubigern gemäß Abs. 2 Nr. 2 auf die Berichte des Sanierungsmoderators gemäß § 96 Abs. 3, sofern diese bereits erstellt und bei Gericht eingereicht worden sind, Bezug nehmen können. Inwieweit das bei der Darstellung des Restrukturierungskonzepts sowie der angestrebten Maßnahmen zur Erreichung des Restrukturierungsziels (Abs. 2 Nr. 1), der Vorkehrungen zur Einhaltung des Pflichtenkanons des StaRUG (Abs. 2 Nr. 3), der Strukturierung der betroffenen Gläubigerkategorien (Abs. 2 S. 2) und einer etwaig dissentierenden Gläubigergruppe (Abs. 2 S. 3) der Fall ist, wird vom Einzelfall abhängen. Im Zweifel, und insbesondere wenn der Schuldner keine Kenntnis vom Inhalt der Berichte des Sanierungsmoderators haben sollte und somit entsprechende Bezugnahmen ausgeschlossen sind, wird der Schuldner den Dokumentationspflichten nachkommen müssen. Ein Schuldner, der bereits das Instrument der Sanierungsmoderation nutzt, sollte *de lege ferenda* dahingehend privilegiert werden, dass seinerseits nicht dieselben Dokumentationspflichten zu erfüllen sind, die bei direkter Anzeige des Restrukturierungsvorhabens auferlegt werden. Zu diesem Zweck könnten die Berichtspflichten des Sanierungsmoderators entsprechend angepasst werden und eine wenig zeitintensive Vorbereitung der Anzeige und der schnellere Übergang in den Restrukturierungsrahmen sichergestellt werden. 7

Die Inanspruchnahme der Instrumente des Stabilisierung- und Restrukturierungsrahmens muss ferner zur nachhaltigen Beseitigung einer bereits bestehenden drohenden Zahlungsunfähigkeit des Antragstellers geeignet sein. 8

Darüber hinaus sind die Anwendungsvoraussetzungen des jeweiligen Instruments zu erfüllen.

### 4. Rechtsfolge: Beendigung der Sanierungsmoderation

9 Die Inanspruchnahme der Instrumente des Stabilisierung- und Restrukturierungsrahmens führt nicht per se und automatisch zur Abberufung des Sanierungsmoderators. Vielmehr endet die Sanierungsmoderation abhängig von den Umständen des Einzelfalls alternativ

- durch Abberufung
- durch Bestellung des Restrukturierungsbeauftragten
- durch Zeitablauf

10 Gemäß § 99 kann der Sanierungsmoderator auf eigenen Antrag oder auf Antrag des Schuldners abberufen werden (§ 99 Abs. 1 Nr. 1). Ferner ist eine Abberufung von Amts wegen dann vorgesehen, wenn dem Restrukturierungsgericht durch den Moderator gemäß § 96 Abs. 4 die Insolvenzreife des Schuldners angezeigt wurde (§ 99 Abs. 1 Nr. 2). § 99 Abs. 2 und die damit einhergehende Möglichkeit für den Schuldner die Bestellung eines anderen Moderators im Falle von § 99 Abs. 1 S. 1 zu beantragen, kommt im Rahmen von § 100 nicht zur Anwendung. Dies ergibt sich bereits aus dem Wortlaut, der ausschließlich auf die Abberufung abstellt. Es ist also im Interesse des Schuldners die Entscheidung über die Inanspruchnahme der Instrumente des Stabilisierung- und Restrukturierungsrahmens, welche allein im Ermessen des Schuldners liegt, mit dem Sanierungsmoderators abzustimmen, um einen „Rücktritt" des Sanierungsmoderators und somit das Ende des Sanierungsmoderationsverfahrens zu vermeiden.

11 Das Amt des Sanierungsmoderators endet mit der Bestellung eines Restrukturierungsbeauftragten, unabhängig davon, ob es sich um einen fakultativen oder von Amts wegen zu bestellenden Restrukturierungsbeauftragten handelt. Eine Bestellung von Amts wegen kommt dann in Betracht, wenn einer der Tatbestände des § 73 Abs. 1 Nr. 1–2 oder Abs. 2 erfüllt wurde. Praxisrelevant dürfte insbesondere § 73 Abs. 1 Nr. 1 Alternative 2, daher die Sperrung der Forderungsdurchsetzung von Verbrauchern oder mittleren, Klein- oder Kleinstunternehmen durch eine Stabilisierungsanordnung sein. Nur eine Stabilisierungsanordnung, die – sofern sie sich nicht gegen alle oder im Wesentlichen alle Gläubiger richtet (§ 73 Abs. 1 Nr. 2) – auf Großunternehmen bezogen ist, führt nicht zwingend zur Bestellung eines Restrukturierungsbeauftragten. Eine Bestellung des sogenannten fakultativen Restrukturierungsbeauftragten gemäß § 77 kommt auf Antrag des Schuldners in Betracht. Darüber hinaus steht ein entsprechendes Antragsrecht den Gläubiger gemeinschaftlich zu, die zum einen mehr als 25 % der Stimmrechte einer Gruppe voraussichtlich auf sich vereinen und zu anderen bereit sind die Kosten der Beauftragung gesamtschuldnerisch zu übernehmen.

12 Schließlich endet die Sanierungsmoderation durch Zeitablauf gemäß § 95. Dabei kann es sich um das Ende des Zeitraums der Initialbestellung oder das Ende der Verlängerung im Sinne von § 95 Abs. 1 S. zwei handeln, je nachdem wann der Schuldner auf die Instrumente des Stabilisierungs- und Restrukturierungsrahmens zurückgreift. Wird ferner vor Ende des Bestel-

lungszeitraumes des Sanierungsmoderators die Bestätigung eines Sanierungsvergleichs nach § 90 beantragt, so verlängert sich dessen Bestellung bis zur Entscheidung über die Bestätigung des Vergleichs per legem. Vor Ablauf des Bestellungszeitraums kann das Gericht auf Antrag des Moderators dessen Bestellung um bis zu drei weitere Monate verlängern (aA wohl Braun StaRUG/*Blümle/Erbe* § 100 Rn. 2, Höchstdauer von 3 Monaten). Gemäß § 95 Abs. 1 S. 2 bedarf es der Zustimmung des Schuldners und der in die Verhandlung einbezogenen Gläubiger. Einen solchen Antrag wird der Sanierungsmoderator nur dann stellen, wenn er der Überzeugung ist, dass trotz oder gerade aufgrund der Inanspruchnahme der Instrumente des Stabilisierungs- und Restrukturierungsrahmen ein Sanierungsvergleich iSd § 97 mit den Gläubigern erreicht werden kann. Eine Verlängerung über den Initialzeitraum hinaus ist auch deshalb gerechtfertigt, weil diese nur im Einvernehmen mit dem Schuldner und insbesondere auch den davon betroffenen Gläubigern angeordnet werden darf.

### 5. Ernennung des Sanierungsmoderators zum Restrukturierungsbeauftragten

Abs. 2 gibt dem Restrukturierungsgericht die Möglichkeit den Sanierungsmoderators zum Restrukturierungsbeauftragten zu bestellen. Damit soll – sofern angezeigt – eine Kontinuität in persönlicher Hinsicht und damit verbunden, die Nutzbarkeit der bisherigen Ergebnisse der Tätigkeit des Sanierungsmoderators und dessen Kenntnis der Unternehmenssituation sichergestellt werden und der Zeitaufwand für die Einarbeitung vermieden werden. Diese personelle Kontinuität ist ein wesentlicher Bestandteil für die Verzahnung beider Verfahren und einen effektiven Übergang aus dem rein konsensualen Moderations- in das mehrheitsgetriebene Restrukturierungsplanverfahren. 13

Das Gericht sollte daher von seinem Ermessen dahingehend Gebrauch machen, dass lediglich im Falle gewichtiger Argumente gegen die „Weiterbeschäftigung" des Sanierungsmoderators davon abgesehen wird (gegen einen Automatismus *Thole* ZIP 2020, 1985 (2000)). Dies gilt insbesondere dann, wenn auf Antrag des Schuldners oder eines Gläubigers ein fakultativer Beauftragter mit unterstützenden Aufgaben nach § 77 ff. bestellt werden soll (so auch die Intention des Gesetzgebers, vgl. BT-Drs. 19/24181, 185). Lediglich wenn der Sanierungsmoderator bei einer Mehrzahl seiner Gesprächspartner im Rahmen seiner vermittelnden Tätigkeit seine Glaubwürdigkeit, ggf. aufgrund mangelnder Neutralität oder unsachgemäßer Vorschläge, ganz offensichtlich verloren hat, dürfte der mit einer „Auswechslung" einhergehende Kosten- und Zeitaufwand zu rechtfertigen sein. Sofern dem Restrukturierungsbeauftragten eine Überwachungsfunktion zukommt, sei es ob der Bestellung von Amts wegen oder weil ihm entsprechende Aufgaben auf Antrag gemäß § 77 Abs. 2 zugewiesen worden sind, wird das Gericht allerdings näher prüfen müssen, ob Umstände in der Person des Sanierungsmoderators, insbesondere im Hinblick auf seine Unabhängigkeit, gegen eine pflichtgemäße Aufgabenerfüllung spricht. Gegebenenfalls kann gemäß § 74 Abs. 3 ein weiterer Restrukturierungsbeauftragter mit den 14

Überwachungsaufgaben beauftragt werden. Es ist indes auf jeden Fall angezeigt, dass das Gericht den Sanierungsmoderators im Hinblick auf eine etwaige Bestellung zum Restrukturierungsrahmenbeauftragten anhört (Braun StaRUG/*Blümle/Erbe* § 100 Rn. 4).

**15** Sollte der Schuldner mit einer Ernennung des bereits tätigen Sanierungsmoderators zum Restrukturierungsbeauftragten nicht einverstanden sein, empfiehlt es sich, dass er den Abberufungsantrag gemäß § 99 Abs. 1 Nr. 1 Alt. 2 noch vor der Anzeige des Restrukturierungsrahmen gemäß § 30 stellt, denn nur so ist im Fall der Bestellung eines Restrukturierungsbeauftragten von Amts wegen eine neue Auswahl unter Berücksichtigung seines Vorschlagsrechts gemäß § 74 Abs. 2 S. 1 sichergestellt (*Deppenkemper* ZIP 2020, 2432 (2441)). Das Gericht berücksichtigt allerdings auch die Vorschläge der Gläubiger und Anteilseigner, sofern keine Bindungswirkung des Schuldnervorschlags gemäß § 74 Abs. 2 S. 2 sichergestellt wurde. In dieser Konstellation kann ggf. auch der Gläubigervorschlag unter den Voraussetzungen des § 74 Abs. 2 S. 2 zu einem verpflichtenden Vorschlag erstarken.

**16** Eine spätere Bestellung zum Insolvenzverwalter des Sanierungsmoderators bzw. des Restrukturierungsbeauftragten hängt, sofern ein vorläufiger Gläubigerausschuss gemäß § 22a InsO einzusetzen ist, von dessen Zustimmung ab (§ 56 Abs. 1 S. 2 InsO). Sofern kein vorläufiger Gläubigerausschuss bestellt wurde, wird es Aufgabe des Gerichtes sein zu bewerten, ob die Kontinuität in der Person und die vor Befassung mit dem Sachverhalt für alle Beteiligten von Vorteil sein kann. Eine generelle Ablehnung der Unabhängigkeit des Sanierungsmoderators dürfte auf Grund seiner vermittelnden Tätigkeit nicht gerechtfertigt sein (so wohl auch Braun StaRUG/*Blümle/Erbe* § 100 Rn. 9).

# Teil 4. Frühwarnsysteme

## Informationen zu Frühwarnsystemen

**101 Informationen über die Verfügbarkeit der von öffentlichen Stellen bereitgestellten Instrumentarien zur frühzeitigen Identifizierung von Krisen werden vom Bundesministerium der Justiz und für Verbraucherschutz unter seiner Internetadresse www.bmjv.bund.de bereitgestellt.**

**Schrifttum:** Siehe Schrifttum zu § 1.

**Übersicht**



### I. Normzweck

Die Norm dient der Transparenz von Frühwarnsystemen und der **Umsetzung** von Art. 3 Abs. 3 und insbesondere von Abs. 4 der RestrukturierungsRL 2019/1023. Nach Art. 3 Abs. 3 der RL stellen die Mitgliedstaaten sicher, dass die Schuldner und die Arbeitnehmervertreter Zugang zu relevanten und aktuellen Informationen über die Verfügbarkeit von Frühwarnsystemen sowie zu Verfahren und Maßnahmen zur Restrukturierung und Entschuldung haben. Gemäß Art. 3 Abs. 4 sollen die Informationen über die Verfügbarkeit des Zugangs zu Frühwarnsystemen öffentlich online zur Verfügung stehen und dass diese Informationen insbesondere für KMU leicht zugänglich sind und nutzerfreundlich aufbereitet werden. In Erwägungsgrund Nr. 22 wird auf eine **einzurichtende Webseite** Bezug genommen. 1

### II. Einzelheiten

Die Webseite ist auf den Seiten des BMJ eingerichtet worden (abrufbar unter: https://www.bmj.de/DE/Themen/FinanzenUndAnlegerschutz/Fruehwarnsysteme/Fruehwarnsysteme.html;jsessionid=2A7F4A901C1E988B1EB97ADC2DAD1A17.1_cid289?nn=18222514). Dort finden sich Hinweise auf eine Reihe von Merkblättern und Checklisten. Inhaltlich erfasst die Informationsbereitstellung die Informationen über die Verfügbarkeit der von **öffentlichen Stellen bereitgestellten Instrumentarien** zur Krisenfrüherkennung. Nach der Begründung RegE (BT-Drs. 19/24181, 187) kann die einzurichtende Webseite zur 2

Vermeidung von Doppelungen an den geeigneten Stellen auf das **Existenzgründungsportal** des BMWi sowie auf die von diesem Ministerium geführte Förderdatenbank weiterverweisen; das ist auch geschehen. Das betrifft die Seite www.existenzgruender.de, auf der schon bisher unter dem Register „Herausforderungen meistern" weitere Informationen auch zur Früherkennung angeboten werden, ua mit einem Crashtest „Schwachstellen-Früherkennung" und einer „Früherkennungstreppe", Hinweisen zur Stärken/Schwächen-Analyse und zu entsprechenden Finanzkennzahlen, die eine (fehlende) Stabilität erkennen lassen. Daneben ist der Hinweis auf Beratungsangebote der Industrie- und Handelskammern und Handwerkskammern denkbar, vgl. § 1 Abs. 2 IHKG, § 91 Abs. 3a HwO (Flöther/*Denkhaus/von dem Bussche* StaRUG § 101 Rn. 2).

3 Außerdem soll sich die Bereitstellung auf die öffentlich angebotenen Informationen sowie die Informationen über staatliche Beratungsangebote und Fördermöglichkeiten beschränken, da eine Dauerhaftigkeit nur für diese Informationen und nicht für solche privater Informationsanbieter gewährleistet werden kann.

4 Die Checkliste iSd § 16 ist nicht Bestandteil der Informationen über Frühwarnsysteme, wird aber ebenfalls auf einer entsprechenden Internetseite des Ministeriums integriert werden. Damit wird dann der in Art. 3 Abs. 3 RL 2019/1023 angesprochenen Pflicht, auch Informationen zu den Verfahren und Maßnahmen zugänglich zu machen, Rechnung getragen.

5 Weitere Pflichten gegenüber den Arbeitnehmervertretern, etwa nach § 106 Abs. 2 BetrVG, bleiben unberührt (vgl. Morgen StaRUG/*Gerig* StaRUG § 101 Rn. 15).

## Hinweis- und Warnpflichten

**102** **Bei der Erstellung eines Jahresabschlusses für einen Mandanten haben Steuerberater, Steuerbevollmächtigte, Wirtschaftsprüfer, vereidigte Buchprüfer und Rechtsanwälte den Mandanten auf das Vorliegen eines möglichen Insolvenzgrundes nach den §§ 17 bis 19 der Insolvenzordnung und die sich daran anknüpfenden Pflichten der Geschäftsleiter und Mitglieder der Überwachungsorgane hinzuweisen, wenn entsprechende Anhaltspunkte offenkundig sind und sie annehmen müssen, dass dem Mandanten die mögliche Insolvenzreife nicht bewusst ist.**

**Schrifttum** *Kahlert* Neue Tätigkeitsfelder für den Steuerberater nach dem StaRUG, ZIP 2021, 668; *Kayser* Beraterhaftung für falsche oder unterlassene Auskünfte zur Insolvenzreife, ZIP 2014, 597; *Mock* Gatekeeper und Insolvenzverschleppungshaftung, KTS 2020, 245; *Pape* Hinweis- und Warnpflichten des Steuerberaters bei Insolvenzreife des Mandanten NZI 2019, 260; *Thole* Die Vertragshaftung des Steuerberaters gegenüber der Gesellschaft und ihrem Geschäftsführer für Insolvenzschäden – ein Prüfstein für die Grundsätze der Expertenhaftung, ZfPW 2015, 31.

**Übersicht**



## I. Normzweck

1 Die mit dem SanInsFoG eingeführte Vorschrift legt eine Pflicht von Jahresabschlusserstellern wie Steuerberatern und Wirtschaftsprüfern fest, regelt aber nicht die Folgen einer Pflichtverletzung. Rechtsystematisch zielt § 102 auf eine mittelbare haftungsrechtliche Verantwortung von Dritten ab (BeckOK StaRUG/*Mock* StaRUG § 102 Rn. 3; teils kritisch *Mock* KTS 2020, 245 ff.) und will insofern mittelbar auch eine frühzeitige Insolvenzantragsstellung fördern. § 102 kodifiziert einen Teil der maßgeblichen **Entscheidung des BGH vom 26.1.2017** (BGH NJW 2017, 1611). Dort hatte sich der BGH sowohl zu der Frage der Mangelhaftigkeit eines vom Steuerberater erstellten Jahresabschlusses verhalten als auch zu der Frage einer Nebenpflicht des Steuerberaters zum Hinweis auf die Insolvenzreife. Der Gesetzgeber hat diese zweite Pflichtenbindung in § 102 übernommen (zu den berufsständischen Vorgaben Flöther/*Denkhaus/von dem Bussche* StaRUG § 102 Rn. 4), die BStBK in ihre Verlautbarungen (vgl. Morgen StaRUG/*Gerig* StaRUG § 102 Rn. 25). Die Hinweispflicht ist im Verständnis des Gesetzgebers zugleich Teil des von der RL 2019/1023 geforderten Frühwarnsystems, allerdings als solche nicht von der Richtlinie verlangt (Begr. RegE, BT-Drs. 19/24181, 188; zur Kritik der BStbK Flöther/*Denkhaus/von dem Bussche* StaRUG § 102 Rn. 14). Im Kern handelt es sich um eine gesetzlich übernommene Rücksichtnahmepflicht auf das Vermögen des Mandanten iSd §§ 280, 241 Abs. 2 BGB (unklar BGH NJW 2017, 1611 Rn. 43; kritisch noch *Thole* ZfPW 2015, 41 ff.)

2 Soweit in § 102 auf §§ 17–19 InsO Bezug genommen wird, beruht die **Einbindung des § 18 InsO** offensichtlich auf einem **Redaktionsversehen.** Die Anknüpfung an die drohende Zahlungsunfähigkeit hätte vor allem Sinn ergeben, wenn der Gesetzgeber das Konzept der §§ 2, 3 StaRUG-RegE umgesetzt und schon ab drohender Zahlungsunfähigkeit den *shift of duties* angeordnet hätte (dazu → § 1 Rn. 34). Ohne entsprechende Pflichtenbindung der Geschäftsleiter ist eine flankierende Pflicht der Steuerberater und Abschlussersteller fraglich. Das gilt umso mehr, als § 102 seinem Wortlaut nach auf die an §§ 17–19 anknüpfenden Pflichten der Geschäftsleiter und Mitglieder der Überwachungsorgane abstellt, mithin insbesondere

auf § 15a InsO und – wäre dies umgesetzt worden – § 2 StaRUG-RegE (näher zu dem Hinweis auf die Pflichten → Rn. 14). Es bleibt aber zu überlegen, ob statt einer teleologischen Reduktion gleichwohl an einer Hinweispflicht auch bei drohender Zahlungsunfähigkeit festgehalten werden kann. Dafür spräche, dass die Geschäftsleiter dann rascher reagieren und zB einen Restrukturierungsplan anstreben könnten. Freilich dürfte die Liquiditätsplanung genuine Pflicht der Geschäftsleiter sein. Auch angesichts des nicht eindeutig abgrenzbaren Eintritts der drohenden Zahlungsunfähigkeit spricht deshalb mehr für die teleologische Ausklammerung des Falls des § 18 InsO. Allerdings kommt es darauf regelmäßig nicht an, weil die Hinweispflicht unabhängig davon greift, ob ein Insolvenzgrund tatsächlich vorliegt („möglicher Insolvenzgrund") und deshalb die Anhaltspunkte, die für § 17 InsO greifen, hier gleichermaßen beachtlich sind. Der Hinweis auf die mögliche Zahlungsunfähigkeit schließt in aller Regel den Hinweis auf die mögliche drohende Zahlungsunfähigkeit ein, mag auch die Hinweispflicht erst mit der konkreten Gefahr der Zahlungsunfähigkeit (oder Überschuldung) ausgelöst sein.

## II. Voraussetzungen

### 1. Verpflichtete Personen

3 Zum Hinweis auf die Insolvenzreife verpflichtet sind Steuerberater, Steuerbevollmächtigte, Wirtschaftsprüfer, vereidigte Buchprüfer und Rechtsanwälte. Da die Hinweispflicht nur gegenüber dem **Mandanten** greift und es **allein um die Erstellung des Jahresabschlusses** geht (§§ 238–289 f. HGB), müssen die verpflichteten Personen maßgeblich in die Erstellung (nicht nur in die bloße Bestätigung oder Prüfung, Braun StaRUG/*Weber/Dömmecke* StaRUG § 102 Rn. 6) eingebunden sein (BeckOK StaRUG/*Mock* StaRUG § 102 Rn. 7); das ist insbesondere bei Rechtsanwälten ggf. fraglich (vgl. auch Morgen StaRUG/*Gerig* StaRUG § 102 Rn. 37 f.).

4 Fraglich ist, wer bei **Mandatierung einer Gesellschaft** verpflichtet ist. Die Begr. RegE nimmt auf § 3 Abs. 1 StBG Bezug (BT-Drs. 19/24181, 188) und scheint daher eher an die einzelnen **Berufsträger** anzuknüpfen (so auch Braun StaRUG/*Weber/Dömmecke* StaRUG § 102 Rn. 3). Das ließe sich unter Hinweis auf den berufsrechtlichen Hintergrund begründen. Da es aber um eine vertragliche Rücksichtnahmepflicht geht, die lediglich klarstellend gesetzlich kodifiziert wird, spräche viel für die Anknüpfung an die regelmäßig im Rahmen eines Gesamtmandats mandatierte Gesellschaft, die ohnehin nach § 278 BGB für die Pflichtverletzung ihrer Berufsträger haftet (zur Abgrenzung bei einer Anwaltssozietät OLG Koblenz NJW-RR 1997, 952). Ist dagegen ein Einzelmandat erteilt, wäre auch insoweit nur der mandatierte Berufsträger verpflichtet.

### 2. Geschützte Personen

5 Die Hinweispflicht besteht nach dem ausdrücklichen Wortlaut **gegenüber dem Mandanten,** also der Gesellschaft, nicht gegenüber dem Geschäfts-

leiter und den Überwachungsorganen, selbst wenn auf die sich an die Insolvenzreife anknüpfenden Pflichten dieser Organe hingewiesen werden muss. Die Hinweispflicht besteht auch, wenn der Mandant keine Gesellschaft ist, für die § 15a InsO gilt, zB bei einer OHG. Die Pflicht aus § 102 besteht auch dann, wenn die Antragspflicht ausgesetzt ist, wie zB nach § 1 COVInsAG/SanInsKG (*Kahlert* ZIP 2021, 668 (677)).

Der BGH bejaht darüber hinaus einen möglichen eigenen Anspruch des Geschäftsführers und ggf. der Gesellschafter aufgrund eines **Vertrags mit Schutzwirkung für Dritte** (BGH NZI 2012, 853 (854); NJW-RR 2013, 983 (986); NZG 2011, 1384 Rn. 6 ff.; zustimmend *Römermann* GmbHR 2013, 513 (515); *Klusmeier* ZInsO 2013, 1347 (1348); *Meixner/Schröder* DStR 2013, 1152; grundsätzlich zustimmend, aber ablehnend bezogen auf den Drittschutz *H. F. Müller* ZInsO 2014, 2181 (2187); ablehnend *Zugehör* WM 2013, 1967 ff.; abl. zu einer Pflicht zum Hinweis auf die Insolvenzreife *Mock* KTS 2020, 245 (267) mangels Pflicht gegenüber der Gesellschaft; anders für Fall eines allgemeinen Beratungsvertrags und Nebenpflicht OLG Köln BeckRS 2021, 22718 = ZInsO 2021, 2249). Das dürfte auch tatbestandlich für § 102 gelten (zurückhaltend wohl für Nebenpflichten OLG Köln BeckRS 2021, 22718 Rn. 64 = ZInsO 2021, 2249, aber wohl bejahend bei Abschlusserstellung). Der Ansatz ist zwar richtig und die Einbeziehung in den Schutzbereich der Pflicht angesichts ihres Inhalts naheliegend, aber nicht mit dem Näheverhältnis zwischen Gesellschaft und Geschäftsführer zu begründen, sondern mit dem Interesse der Gesellschaft daran, über die Einhaltung der Insolvenzantragspflicht ihr eigenes Vermögen zu erhalten (näher *Thole* ZfPW 2015, 31 (51 f.)). Mit der Lösung über den Vertrag mit Schutzwirkung für Dritte sind in der Rechtsprechung bisher wenig erkannte schwierige Fragen des Verhältnisses zwischen dem Anspruch der Gesellschaft und dem Anspruch des Geschäftsführers aufgeworfen (näher *Thole* ZfPW 2015, 31 (55 ff.)). Dies berührt auch das Verhältnis zwischen der Haftung des Geschäftsführers gegenüber der Gesellschaft für die verspätete Antragstellung und der Haftung des Steuerberaters gegenüber der Gesellschaft und sodann den Haftungsschaden des Geschäftsführers. Bei Annahme einer Gesamtschuld von Geschäftsführer und Berater hätte der Geschäftsführer einen eigenen Anspruch gegen den Berater aus § 426 BGB, was seine Schutzbedürftigkeit in Frage stellte. Eine Lösung könnte darin bestehen, auf der Rechtsfolgenseite den Insolvenzvertiefungsschaden der Gesellschaft, der sich im Haftungsschaden des Geschäftsführers widerspiegelt, nicht über den Vertrag mit Schutzwirkung für Dritte zu regulieren. Insoweit liegt die Anspruchsberechtigung ausschließlich bei der Gesellschaft/Insolvenzverwalter. Der Anspruch des Geschäftsführers gegen den Steuerberater aufgrund des Vertrags mit Schutzwirkung ist dann auf den Ausgleich sonstiger Nachteile beschränkt (näher *Thole* ZfPW 2015, 31 (55 ff.)). 6

Die **eigene Prüfungspflicht der Geschäftsleiter und Überwachungsorgane** wird durch § 102 nicht berührt, so dass Versäumnisse des Steuerberaters diese Organe nicht entlasten (Begründung RegE, BT-Drs. 19/24181, 188), jedenfalls nicht im Verhältnis zu den Gläubigern. 7

### 3. Möglicher Insolvenzgrund

8 Die Hinweispflicht besteht auch dann, wenn sich im Ergebnis herausstellt, dass kein Insolvenzgrund bestand. Es genügt die ernsthafte Möglichkeit der Insolvenzreife. Die **Hinweispflicht** ist davon **unabhängig,** ob der **Jahresabschluss** mangelhaft oder **mangelfrei** ist (BGH NJW 2017, 1611 Rn. 43). Zur drohenden Zahlungsunfähigkeit und § 18 InsO → Rn. 2.

9 Fraglich kann sein, wann die Insolvenzreife „möglich" ist. Es wird auf die Möglichkeit abgestellt, weil der Ersteller selbst keine Fortbestehensprognose für die Überschuldung vornehmen kann oder vorzunehmen hat, wie der BGH auch im Urteil vom 26.1.2017 betont hat (BGH NJW 2017, 1611 Rn. 47); ob wirklich Insolvenzreife vorliegt, stellt sich also später heraus. Eine **bloß abstrakte Insolvenzgefahr** kann **nicht** ausreichen, weil ein Hinweis in dieser Situation bloße Förmelei wäre. Ist aber zB bereits **rechnerische Überschuldung** eingetreten, ist die Insolvenzreife möglich, weil die Überschuldung nur noch von der Fortbestehensprognose abhängt. Generell wird die Insolvenzreife immer dann möglich sein, wenn nach Lage der Dinge ihre genauere Prüfung veranlasst ist. Eine allgemeingültige Abgrenzungsformel lässt sich kaum entwickeln, sondern es kommt auf die bewertende Betrachtung des Falls an, was an bei derartigen Nebenpflichten und Vermögenswahrungsinteressen in der Natur der Sache liegt. Wenn beispielsweise die Liquiditätsplanung maßgeblich auf dem Zufluss von staatlichen Zuwendungen (zB Corona-Hilfen) beruht und der Steuerberater erkennt, dass mit dem Zufluss aufgrund der Förderbedingungen nicht zu rechnen ist, kann dies bereits ein Fall der möglichen Insolvenzreife sein und eine Hinweispflicht begründen.

### 4. Entsprechende Anhaltspunkte offenkundig

10 Anhaltspunkte, bei denen eine mögliche Insolvenzreife offenkundig sind, können in wiederholten **nicht durch Eigenkapital gedeckten Fehlbeträgen,** also in der bilanziellen Überschuldung liegen (BGH NJW 2017, 1611 Rn. 45), oder wenn erkennbar ist, dass **keine stillen Reserven** bestehen (BGH NJW 2017, 1611 Rn. 45). Im Übrigen kommt es jeweils auf den Einzelfall an (Flöther/*Denkhaus/von dem Bussche* StaRUG § 102 Rn. 18). Anhaltspunkte sind nicht nur solche, die sich aus dem Bilanzbild ableiten lassen, sondern auch solche, die sich aus den Unterlagen und der Mandatsbeziehung ergeben, insbesondere beim **Dauermandat** (ebenso Braun StaRUG /*Weber/Dömmecke* StaRUG § 102 Rn. 9). Die Anhaltspunkte können (teil-)identisch sein mit denen, die zugleich einer Bilanzierung zu Fortführungswerten unter § 252 Abs. 1 Nr. 2 HGB entgegenstehen (dazu Flöther/*Denkhaus/von dem Bussche* StaRUG § 102 Rn. 18). Offenkundig sind Anhaltspunkte auch dann, wenn sie nur dem Steuerberater/Abschlussersteller offenkundig sind; es kommt nicht auf die Offenkundigkeit für die Allgemeinheit an, denn der Steuerberater muss sich an seinen **beruflichen Sonderkenntnissen** messen lassen (Braun StaRUG /*Weber/Dömmecke* StaRUG § 102 Rn. 8). Wohl aber reichen bloß abstrakte Gefahren einer Insolvenz nicht aus. Auch ist der Berufsträger zu **weiteren Nachforschun-**

**gen nicht** von sich aus **verpflichtet** (BeckOK StaRUG/*Mock* StaRUG § 102 Rn. 9). Das OLG Köln ließ den Hinweis des Geschäftsführers auf eine nachhaltige Existenzgefährdung aufgrund Umsatzrückgangs in einem wesentlichen Geschäftsbereich nicht genügen; dies betraf aber ein allgemeines Prüfmandat (OLG Köln BeckRS 2021, 22718 Rn. 53 = ZInsO 2021, 2249 (2252)) und lässt sich daher auf die Abschlusserstellung nicht ohne weiteres übertragen.

### 5. Anzunehmende Nichtkenntnis der Insolvenzreife

Die Pflicht besteht nur, wenn die handelnden Personen annehmen müssen, dass dem Mandanten die mögliche Insolvenzreife nicht bewusst ist. Ob sie dem Mandanten tatsächlich nicht bewusst ist, ist unerheblich (→ Rn. 12). Auf das Bewusstsein der sich an die Insolvenzreife anknüpfenden Pflichten kommt es insoweit nicht an. Ob dem Mandanten, dh der Gesellschaft, aus Sicht des Berufsträgers die mögliche Insolvenzreife nicht bewusst ist, hängt davon ab, ob ihren Wissensvertretern die mögliche Insolvenzreife nicht bewusst ist. Die Pflicht zum Hinweis entfällt grundsätzlich, wenn aus der Perspektive des Berufsträgers **einem von mehreren Geschäftsleitern** oder auch einem Mitglied des Überwachungsorgans die Insolvenzreife bewusst ist. Anders wird man das im Lichte des Schutzzwecks der Norm sehen müssen, wenn sich nach Lage der Dinge und dem sich dem Berufsträger bietenden Erkenntnisstand die „wissenden" Organe zurückhalten, mit Insolvenzantrag oder vertiefter Prüfung nicht zu rechnen ist oder der Wissensvertreter nicht konkret beteiligt ist, während zum Beispiel dem maßgeblich aktiven Geschäftsführer die mögliche Insolvenzreife unbekannt zu sein scheint. 11

Ob die Insolvenzreife dem Mandanten **wirklich nicht bewusst** ist, spielt für die Pflichtverletzung **keine Rolle,** weil es allein darauf ankommt, ob der Steuerberater annehmen muss, dass sie ihm nicht bewusst ist. Ist dem Mandanten allerdings die mögliche Insolvenzreife bereits bewusst, dürfte der eintretende Insolvenzverschleppungsschaden bei der Gesellschaft oder ihren Gläubigern nicht zurechenbar kausal auf die Pflichtverletzung zurückzuführen sein. 12

„Annehmen müssen" ist ein **auszufüllender Begriff.** Entscheidend muss sein, ob dem Steuerberater der Eindruck entsteht, die mögliche **Insolvenzreife in ihrer konkreten Gestalt** sei dem Mandanten nicht bewusst. Daher entlastet es nicht schon dann, wenn dem Mandanten isoliert einzelne Krisenanzeichen bewusst waren. Laut BGH fehlt es an dem „Annehmen müssen", wenn der Steuerberater davon ausgehen darf, dass sein Mandant sich der Umstände, die auf einen Insolvenzgrund hinweisen, bewusst ist und in der Lage ist, die tatsächliche und rechtliche Bedeutung dieser Umstände einzuschätzen (BGH NJW 2017, 1611 Rn. 50). Entscheidend ist, ob der Geschäftsführer des Mandanten über das konkrete tatsächliche und rechtliche Wissen verfügt, um sich veranlasst zu fühlen, zu überprüfen, ob er das Unternehmen in seiner bisherigen Form fortführen kann. Hierzu kann es genügen, wenn der Mandant dem Berufsträger gegenüber erklärt hat, das Problem der bilanziellen Überschuldung sei bekannt. 13

## III. Rechtsfolgen

### 1. Hinweis auf mögliche Insolvenzreife und Pflichten

14 Liegen die Voraussetzungen vor, muss der Berufsträger auf die mögliche Insolvenzreife und die sich daran anknüpfenden Pflichten der Geschäftsleiter und Überwachungsorgane hinweisen. Der **Wortlaut** ist **zu weit geraten.** Der Steuerberater und Abschlussersteller hat den Mandanten nicht über rechtliche Pflichtenbindungen zu beraten oder zu informieren (so schon *Thole* ZfPW 2015, 31 (42)). Es ist **nicht seine Aufgabe,** den Geschäftsleiter mit der Insolvenzantragspflicht, den Pflichten aus §§ 32, 43 bei Eintritt der Insolvenzreife während der Rechtshängigkeit einer StaRUG-Sache, mit strafrechtlichen Gefahren oder mit Haftungsgefahren aus § 15b InsO oder aufgrund gesellschafsrechtlicher Sanierungspflichten (→ § 1 Rn. 11 ff.) vertraut zu machen (so aber Braun StaRUG /*Weber/Dömmecke* StaRUG § 102 Rn. 11). Deren Kenntnis betrifft die genuine Sphäre der Geschäftsleitung. Wie sich aus der Entscheidung vom 26.1.2017 ableiten lässt, ging es dem BGH, dessen Urteil durch § 102 teilkodifiziert wird, allein um die Frage der Fortbestehensprognose unter § 19 InsO. Liegt eine rechnerische Überschuldung vor, ist der Mandant bzw. ihr Geschäftsführer aufzufordern, eine Fortbestehensprognose anzustellen, um eine insolvenzrechtliche Überschuldung zu prüfen (BGH NJW 2017, 1611 Rn. 47).

### 2. Verletzung der Warn- und Hinweispflicht

15 Verletzt der Berufsträger die Pflicht des § 102 StaRUG, kommt eine Haftung gegenüber der Gesellschaft in Betracht, ebenso – angesichts der Einbeziehung in den Schutzbereich der Pflicht – auch gegenüber dem Geschäftsführer und ggf. auch gegenüber Gesellschaftern. Die Haftung kommt jedenfalls gegenüber der Gesellschaft (→ Rn. 5) auch auf den – allerdings schwer darzulegenden (*Pape* NZI 2019, 260 (264) – Insolvenzverschleppungs- bzw. -vertiefungsschaden in Betracht. § 102 ist wohl nicht Schutzgesetz iSd § 823 Abs. 2 BGB zugunsten der Gläubiger (BeckOK StaRUG/*Mock* StaRUG § 102 Rn. 22). Für die **Schadensberechnung** gelten **allgemeine Regeln.** Dabei ist hinsichtlich der **Kausalitätsprüfung** in den Fällen der Antragspflicht unter § 15a InsO davon auszugehen, dass die Geschäftsleitung ihren an die Insolvenzreife anknüpfenden Pflichten gerecht geworden wäre, sie also den Antrag gestellt hätte, wenn sie von der Insolvenzreife gewusst hätte. Hier dürfte entsprechend der Vermutung des beratungsgerechten Verhaltens normgemäßes Verhalten vermutet werden können. Das setzt freilich einen Zwischenschritt voraus, weil bei der Überschuldungsprüfung weiter zu unterstellen sein wird, dass die Geschäftsleitung eine Fortbestehensprognose angestellt hätte. Eine Haftung scheitert dann, wenn die Fortbestehensprognose positiv ausgefallen wäre (und dann nur später aus anderen Gründen der Insolvenzantrag gestellt worden ist). Soll die Haftung allein damit begründet werden, dass bei Erteilung des Hinweises

Sanierungsschritte eingeleitet worden wären, kann deren Erfolg nicht einfach vermutet oder unterstellt werden. Es gilt der Maßstab des **§ 287 ZPO.**

Die **Haftungsbeschränkung** des § 323 Abs. 2 HGB gilt auch für § 102 (BeckOK StaRUG/*Mock* StaRUG § 102 Rn. 18.1). 16

Es sind auch **berufsrechtliche** Folgen denkbar (vgl. §§ 89 ff. StBerG; § 67 WPO). Das Berufsrecht kann den Steuerberater auch zur Niederlegung des Mandats zwingen. Liefert der Mandant eine untaugliche Fortbestehensprognose oder bleiben Zweifel, ist kraft berufsrechtlicher Vorgabe das Mandat niederzulegen (vgl. Verlautbarungen BStBK vom 13/14.3.2018 Rn. 92). Einer Anweisung des Mandanten, Fortführungswerte zugrunde zu legen, darf der Steuerberater nicht folgen, wenn sie den objektiven Gegebenheiten widerspricht. Zudem schützt die Anweisung nicht vor einer Haftung gegenüber den Gläubigern (BStBK vom 13/14.3.2018 Rn. 96; *Kahlert* ZIP 2021, 668 (676 f.)). 17

### 3. Weitere Leistungs- und Nebenpflichten

§ 102 betrifft nur die Hinweispflicht bei der Erstellung des Jahresabschlusses. Die Vorschrift schließt weitere Hinweis- und Nebenpflichten außerhalb des beschränkten Mandatsgegenstands nicht aus (*Kahlert* ZIP 2021, 668 (677)). 18

Die im Urteil vom 26.1.2017 behandelten Fragen der **Mangelhaftung** für die Abschlusserstellung betreffen demgegenüber die **Leistungspflichten.** Insofern gelten die dort entwickelten und auch die allgemeinen vertragsrechtlichen Maßstäbe. Steht bereits auf der Grundlage der dem Steuerberater für die Erstellung des Jahresabschlusses zur Verfügung gestellten Unterlagen und der ihm bekannten Umstände fest, dass die Fortführungsvermutung des § 252 Abs. 1 Nr. 2 HGB nicht mehr zutrifft, ist eine **Bilanzierung nach Fortführungswerten** mangelhaft (BGH NJW 2017, 1611 Rn. 31). Weiter ist die – zu Unrecht Fortführungswerte zugrunde legende – Leistung des Steuerberaters aber auch dann mangelhaft, wenn aus den ihm zur Verfügung gestellten Unterlagen und den ihm bekannten Umständen tatsächliche oder rechtliche Gegebenheiten folgen, die einer Bilanzierung nach Fortführungswerten entgegenstehen können, und der Steuerberater es unterlassen hat, vom Mandanten abklären zu lassen, ob gleichwohl noch Fortführungswerte zugrunde gelegt werden können. Entscheidend ist, ob der Steuerberater bereits aufgrund der im Rahmen der Erstellung des Jahresabschlusses erlangten oder sonst bei ihm vorhandenen Kenntnisse von Umständen weiß oder wissen müsste, die ihrer Art und ihrer Bedeutung nach geeignet sind, als tatsächliche oder rechtliche Gegebenheiten der Fortsetzung der Unternehmenstätigkeit entgegen zu stehen (BGH NJW 2017, 1611 Rn. 32). 19

# Sachverzeichnis

Die fetten Zahlen bezeichnen die Paragraphen,
die mageren Zahlen die Randnummern.